손문의 혁명

이 도서의 국립중앙도서관 출판예정도서목록(CIP)은 서지정보유통지원시스템 홈페이지(http://seoji.nl.go.kr)와 국가자료공동목록시스템(http://www.nl.go.kr/kolisnet)에서 이용하실 수 있습니다.
CIP제어번호: CIP2018006522(양장), CIP2018006844(학생판)

손문의 혁명

孫文的革命

이승휘 지음

한울
아카데미

차례

책을 펴내며

동료, 선후배 연구자들로부터 저서를 받을 때마다, 빚진 마음, 부러운 마음이 들곤 했다. 더구나 한 연구자로부터 여러 권의 저서를 받는 경우에는 더욱 그러해, 한 권이라도 출판해야 하지 않을까 하는 생각이 들었다. 하기야 연구의 성과가 반드시 책으로 출판되어야 하는 것은 아니지 않는가. 그러나 한편으로, 저서 출판은 연구자로서 오랜 기간 몸담은 학계에 대한 '의무'라는 생각도 들었다.

그러나 천성이 게을러 마음을 따라가지 못해 차일피일하다가, 문득 '외력으로 강제'하는 것은 어떨까 하는 생각이 들어 학술연구재단의 '저술 사업'에 응모했다. 그때가 지금으로부터 10년 전이다. 그러니 책을 출간하기까지 10년이 걸린 셈이다. 필자의 게으름 탓이었다.

박사 학위논문을 바탕으로 첫 저서를 출판하는 경우가 종종 있으나, 이 책은 주제 면에서 필자의 박사 논문과는 상당히 거리가 있다. 그러나 박사 논문을 쓰는 과정에서 나름의 문제의식이 생겨났다. 당시 논문의 주제가 1920년대 초반 상해(上海, 상하이) 상인들의 정치 활동이었는데, 특히 북경정부의 부패와 무능, 일본의 경제 침략에 대한 대응에 초점을 맞췄었다. 그런데 상인들의 정치적 대응에 대해 중국공산당은 적극적으로 지지했지만, 중국국민당은 거의 대응하지 않았다. 상인들을 굳이 계급으로 나눈다면 부르주아 계급이라고 할 수 있는데, 부르주아에 적대적이어야 할 공산당은 그들의 정치적 주장을 지지하고, 부르주아적이어야 할 국민당은 오히려 냉담하게 대응한 셈이다. 게다가 상인들이 정치적 대안으로 '국민회의 개최'를 강력히 주장하던 1923년에는 조용하던(실제로는 반대하던) 손문이, 1924년 말에 와서야 '철 지난 국민회의 개최'를 요구했고, 이후 국민당은 개최 요구를 운동의 차원으로까지 끌어올렸다. 따라서 '반대'와 '주장' 사이의 공백을 메워야 하지 않을까 생각했다.

한편 일본의 한 연구자(野澤豊)가 손문의 국민회의 개최 주장을 '민중의 소리'를 반영한 '중국 국민혁명의 연원'으로 평가한 이후, '국민회의'가 손문 혁명의 중요한 상징으로 부각된 것으로 보인다. 다른 한편으로는 중국 혁명에 대한 '기대'가 문화대혁명으로 무너지자, '억압의 대륙'이나 '반공의 대만(臺灣, 타이완)'이 아닌 새로운 출로를 찾는 과정에서, 즉 '좌우를 다 아우를 수 있는 대상'을 모색하는 속에서 손문이 떠오른 것은 아닐까 하는 생각도 들었다. '손문 신화'는 연구에서 시작된 것이 아니라 손문 사후 국민당 정권이 만들어낸 것이지만, 손문 연구에도 '신화'의 모습이 담겨 있는 듯하다. 여하튼 국민회의에 대한 평가보다, 손문의 '반대'와 '주장' 사이의 공백을 설명하는 것이 먼저라고 생각했다. 이와 관련해 국민회의를 다룬 몇 편의 논문을 쓰다 보니, 국공합작으로 관심의 폭이 넓어졌다.

'손문은 국공합작을 왜, 어떻게 진행했는가?' 이 단순한 문제 제기와 관련해 그동안의 연구가 상당히 많으리라 생각했는데, 의외로 찾기 어려웠다. 그래서 이 규명 작업을 책의 주제로 정하고 보니, 국공합작과 관련해 손문뿐 아니라 많은 인물들이 떠올랐다. 10년 전 연구 계획서를 제출할 때는 손문만이 아니라 보로딘(Mikhail Borodin), 보이틴스키(Grigori Naumovich Voitinsky), 진독수(陳獨秀, 천두슈), 장개석(蔣介石, 장제스) 등까지 포함시켰다. 그래서 연구 제목도 '1차 국공합작의 스펙트럼'이었을 것이다. 이처럼 '장대한' 초기 구상은 결국 능력이 부쳐 처음의 문제의식인 '손문은 국공합작을 왜, 어떻게 진행했는가'로 귀결되었다.

이 주제와 관련해 몇 편의 논문을 썼고, 이 책에도 일부 반영했다. 이 책을 준비하는 과정에서 요구된 주제를 새로운 논문으로 작성해, 이를 모아 한 권의 책으로 출판할까도 고민해보았다. 그러나 논문 역시 그 자체의 완결성을 위해 시간이 걸릴 수밖에 없고, 또한 간혹 본래의 주제를 벗어나기도 해, 논문 쓰기를 접고 책의 완성에 집중했다. 일단 분량이 상당히 많아 분권으로 출판할 생각도 했지만, 주제의 일관성을 위해 단권으로 결정했다. 여전히 빈 곳이 많지만, 일단 끝내고 나니 솔직히 후련하다. 앞으로 계속 수정해갈 생각이다.

이 책이 나오기까지 많은 분들의 도움을 받았다. 먼저 고 민두기 선생님의 논문을 들지 않을 수 없다. 1923년을 전후해 손문이 전개한 국민당 개진에 대해 기존 연구들이 개진의 내용으로 손문을 평가한 반면, 선생은 '손문이 왜 개진을 행했는가'라는 문제의식에서 출발해 개진의 성격을 밝혔다. 이 책의 연구틀도 여기에서 기인한다. 신해혁명(辛亥革命) 이후의 토원전쟁, 호법, 오사운동(제국주의, 민중운동)에 대한 대응, 소련과의 접근, 손단동맹, 반직삼각동맹, 북벌, 혁명정부의 수립, 국공합작 등 일련의 혁명 과정을 손문이 '왜, 어떻게 추진했는가'를 살펴보고자 했다. 그래서 책명을 '손문의 혁명'으로 정했다.

또한 한성대학교 윤혜영 교수와 서울대학교 김형종 교수의 연구 덕분에 많은 노력과 시간을 줄일 수 있었다. 윤 교수의 연구 대상 지역이 북경(北京, 베이징)이고, 내용도 매우 치밀해 매우 큰 도움을 받았다. 이 책의 주제는 아니지만 손문을 다루려면 신해혁명을 거론하지 않을 수 없었고, 이 부분에서 김 교수의 연구에 큰 도움을 받았다. 특히 김 교수는 구입한 사료집(『各方致孫中山函電匯編』, 전 10책)을 포장도 뜯기 전에 보내주었다. 연구상의 도움도 도움이거니와, '소유와 독점'이 아닌 '이용과 공유'를 담고 있는 김 교수의 마음에 고마움을 표한다. 어려울 때 내미는 도움의 손길은 무엇보다 고맙기 마련인데, 필자가 힘든 처지에 놓였을 때 이해와 격려를 해주신 김용덕 선생님께 마음으로 감사드린다.

이 외에도 자료 수집에 도움을 준 분들이 많다. 국회도서관의 김장환 연구관, 김은실 선생, 동북아역사재단의 이효원 양, 복사와 스캔 작업으로 고생한 조교 신동훈 군과 박수연 양 등에게 고마움을 표한다. 직접 뵌 적도 없는데 선뜻 도움을 준 상해(上海, 상하이) 복단(復旦, 푸단)대학의 김지서 님 덕택에 책을 마무리하는 데 필요한 자료를 구할 수 있었다. 고맙기 그지없다. 분량도 많은 데다, 출판 독촉으로 힘들게 편집해준 한울엠플러스(주)의 최진희 씨와 이 책의 출간에 선뜻 응해준 김종수 사장께도 고마움의 뜻을 전한다.

가족, 특히 아내나 자녀 덕분에 책이 나올 수 있었다는 머리말을 종종 보며, 어떤 도움을 주었기에 그럴까 생각하기도 했다. 속 좁게도, 사료 정리나 윤문 등에 도움을 줄지는 몰라도, 글 쓰는 데 방해가 되면 되었지 도움받을 일은 없을 것 같았다. 그런데 필자가 이 책을 출판하기까지 10년이 걸렸으니, 이를 바라보는 가족들은 얼마나 애가 탔겠는가. 그런데도 '왜 2층으로 올라가지 않느냐'고 핀잔 한 번 주지 않은 가족들의 배려야말로 크나큰 도움이었다고 생각한다. 아내(고관희), 아들(이동익), 딸(이성임)에게 문면 이상의 고마움을 표한다. 또 가족의 대소사를 도맡아 해준 아우(이용휘)에게도 감사의 말을 전한다.

며칠 전 학과의 신년 하례식에서 사회를 맡은 학생이 "하고자 하는 바, 모두 이루어지기를 바란다"라고 서두를 꺼냈다. 그러나 부르는 데가 적어서 그렇지 할 일이 많은 학생들과 달리, '하고자 하는 바'가 그리 많지 않은 때에 이른 것 같다. 최근에 '하고자 하는 바'를 이리저리 생각하다가, 특별한 재주가 없으니 이제껏 해온 연구를 계속하는 수밖에 없겠다는 생각이 들었다. 다시금 노력과 분발을 다짐한다.

2018년 2월

이승휘

서론

손문(孫文, 쑨원)에 관한 연구는 매우 많다. 아마 근대의 인물 연구 중 모택동(毛澤東, 마오쩌둥) 연구의 뒤를 잇지 않을까 추측된다. 손문 연구만을 다루는 잡지도 있고, 손문 연구를 위한 학회도 있다.[1] 손문의 탄생이나 사망, 그의 정치적 행위를 기념할 만한 해에는 국제학술대회가 '전 세계'적으로 개최되는 듯하다. 손문과 관련된 사료도 일찍부터 정리되어 나왔고, 이후 기존 사료집에서 빠진 부분이 계속 보충되고 있다. 연보류나 사진집 등도 상당수 출간되었다. 이처럼 많은 양을 감안하면, 손문 연구의 대상 중 다루어지지 않은 부분은 거의 없을 듯 보인다. 그런데 그간의 손문 연구를 일견해보면, 의외로 연구상 채워지지 않은 부분이 많음을 알 수 있다. 그것도 손문의 정치 행위나 혁명을 설명하기 위해 불가결한 것들이 충분히 밝혀지지 않은 채 남아 있다.

대표적인 예가 '손문과 오사(五四)사건의 관계'일 것이다. 손문의 전기류나 연구서의 목차를 보면, '손문과 오사사건'은 장절(章節)에도 없을 정도이다. 그

1 예컨대 중국에는 ≪孫中山研究≫(廣東人民出版社 출판)를 간행하는 廣東省孫中山研究會가 있고, 일본 神戸에는 孫文記念館이 있다. 이 기념관은 孫文紀念會를 운영하고 있는데, 손문기념회 산하 孫文研究會는 학술지 ≪孫文研究≫를 매년 두 차례 출판하고 있다.

런데도 훗날 국공합작을 추진한 원인으로 손문의 사상적 변화를 거론하며, 그 단초를 오사사건에서 분출된 '민중의 힘'이라고 설명한다. 아주 단순하게 해석한다면, 오사사건에 손문이 직접 관여하거나 참여하지 않았지만, 오사사건이 운동으로 발전하는 과정에서 '민중의 힘'을 목도하고 이제까지 자신의 혁명 방식에 변화를 일으켰다고 생각할 수 있다. 그렇다고 하더라도, 손문이 왜 오사사건에 관여나 참가를 하지 않았는지는 밝혀야 하지 않을까. 오사사건이 갖는 의미 때문에, 손문이 반드시 관여해야 한다는 것은 아니다. 다만 오사사건은 당시 손문으로 하여금 사건에 대응하도록 하기에 충분한 '기회'였다. 오사사건이 발생하기 딱 1년 전인 1918년 5월 4일, 손문은 1차 광동(廣東, 광둥)정부를 포기하고 상해(上海, 상하이)로 돌아와 정치적 재기를 위해 절치부심하고 있던 터였다. 오사사건이 정점을 향해 치닫고 있던 때, 손문이 발표한 「호법선언(護法宣言)」[2]은 자신의 정치적 재개를 공개적으로 밝힌 것이나 다름없었다. 물론 「호법선언」에는 오사사건에 관한 언급이 없다. 오사사건에서 '민중'이 향한 대상은 북경정부였고, 당시 북경정부는 단기서(段祺瑞, 돤치루이)의 환계(皖系)가 장악하고 있었다. 1차 광동정부에서 손문은 단기서의 북경(北京, 베이징)정부를 '거짓 공화'라고 주장하며, 이를 타도하기 위해 '참 공화'를 위한 북벌을 시도했다. 손문과 단기서는 서로 체포령을 내렸다. 단기서는 상해에 도착한 손문을 자파 군벌에게 제포하라고 지시할 정도였으며, 마찬가지로 손문에게도 단기서의 북경정부는 타도의 대상이었다. 이런 북경정부가 오사사건으로 궁지에 몰린 것은, 손문에게는 '절호의 기회'였을 것이다. 설사 손문이 오사운동의 추진 세력이나 방법을 탐탁지 않게 평가했더라도, 자신의 적인 단기서를 정치적으로 공격하기에 얼마나 좋은 기회였겠는가. 그러나 오사사건의 정점을 이룬 곳인 상

2 「護法宣言」(1919.5.28), 『孫中山全集』 5, pp.60~61[『孫中山全集』 5는 廣東省社會科學院歷史研究所 外 合編, 『孫中山全集』 第1~11卷(北京: 中華書局, 1981~1986) 중 5권을 의미한다].

해에 있으면서, 손문은 아무런 공식적 대응을 하지 않았다. 이런 손문의 태도에 대한 설득력 있는 설명 없이, 오사운동이 손문의 사상에 변화를 가져왔다든가, 오사사건이 중국국민당을 창당(1919.10.10)하게 했다는 주장은, 논리적으로 이해하기 어렵다. 어찌 보면 손문과 오사사건의 관계는 손문의 혁명의 실제를 보여줄 수 있는 중요한 고리일 수도 있다.

손문 연구에서 가장 많이 다루어지면서도, 가장 빈 공간으로 남아 있는 주제는 '손문과 국공합작(國共合作)'이라고 생각한다. 국공합작의 최대 결실은 1924년 1월의 중국국민당 제1차 전국대표대회일 것이다. 특히 대회에서 통과·발표된 「대회선언(大會宣言)」은 결실의 핵심이라고 할 수 있다. 여기에까지 이르는 과정에 대해 기존 연구가 제시한 것들을 대충 정리하면 다음과 같다. 우선 러시아 혁명에 대한 손문의 관심, 코민테른이나 소련 인사와의 만남 등을 제시하고, 이어 진형명(陳炯明, 천중밍)의 '반변(叛變)'으로 정치적 곤경에 빠진 상황도 국공합작으로 나가게 하는 계기로 설명한다. 앞서 서술한 대로 오사 이래 분출된 '민중의 힘'이 손문으로 하여금 사상적 변화를 겪게 했다는 것도 더해진다. 정치적 행위로 설명한다면, 공산당원의 국민당 입당, 국민당 개진, 「손문-요페 연합선언」을 거쳐, 이후 보로딘(Mikhail Borodin)과 함께 국공합작은 '완성' 되었다는 결론에 이른다.

초기 코민테른이나 소련과의 접촉, 공산당원의 국민당 입당, 국민당 개진, 「손문-요페 연합선언」 모두 그 '실체'를 밝힐 필요가 있다. 이는 본문으로 넘기고, 다만 여기서는 손문이 보로딘과 함께 국공합작을 '완성'했다는 부분만 거론하고자 한다. 보로딘이 광주(廣州, 광저우)에 온 것이 1923년 10월 초이니, 이후 세 달 반이라는 시간을 거쳐 국공합작이 '완성'된 셈이다. 그렇다면 이 기간에 어떤 과정을 거쳐 합작에 이르렀는가. 즉 손문과 보로딘이 서로 의기가 투합해 당 개조(黨改組)에 대한 의견 일치로 합작에 이르렀는지, 아니면 보로딘이 당 개조에 대한 의견을 제시하자 손문이 이를 받아들인 것인지, 혹 손문이 당 개조의 내용을 제시하자 보로딘이 받아들여 이루어진 것인지, 양자 사이에 의견의 차이는 없었는지, 차이가 있었다면 그것은 무엇이고 이를 어떻게 양자가 해소했는지 등에 대한 연구를 필자는 아직 본 적이 없다.

본문에서 밝히겠지만, 당 개조가 기존 연구처럼 순조롭게 진행된 것은 아니다. 1923년 11월 손문과 보로딘 사이에 당 개조에 대한 합작이 이루어졌다(이하 「11월 개조」). 이후 두 달 뒤 일전대회의 개조(이하 「1월 개조」)는 앞선 「11월 개조」를 확대·발전시킨 것이 아니라, 차원이 전혀 다른 당 개조였다. 즉 「11월 개조」를 폐기하고 「1월 개조」가 새롭게 만들어진 것이다. 「11월 개조」에서 「1월 개조」로의 이행에 대한 연구를 필자는 찾지 못했다. 「11월 개조」가 어떻게 만들어졌고 그 내용은 무엇인지, 이에 대해 손문, 보로딘, 소련, 코민테른, 중국공산당은 어떻게 대응했는지, 이후 「1월 개조」를 누가(즉 손문 혹은 보로딘 아니면 다른 누가) 제기했는지, 그것을 손문은 왜, 어떻게 받아들였는지 등등이 '사상적 변화' 혹은 '상황적 어려움'(진형명의 '반변')으로 덮어버린 느낌이다. 이는 「1월 개조」로의 이행에 관한 사실을 밝힌다는 의미를 넘어, 국공합작의 성격을 분명히 할 수 있는 '반드시 넘어야 할 산'이라고 생각한다.

「1월 개조」로의 이행과 관련하여 삼민주의(三民主義) 해석에 관한 연구를 살펴보자. 국공합작의 핵심은 국민당 일전대회 선언인데, 그중에서도 합작의 의미를 가장 잘 보여주는 것이 삼민주의에 대한 해석이다. 민족주의란 민족의 해방과 중국 내 각 민족의 일률적 평등으로 해석했으며, 특히 민족의 해방은 국민당이 민중(지식계급, 농민, 노동자, 상인)과 결합해 제국주의에 반대하는 투쟁이라고 해석했다. 민권주의는 천부인권이 아니기 때문에, 군벌과 제국주의에 충성한 자들은 이를 향유할 수 없다고 해석했다. 평균지권과 절제자본을 원칙으로 한 민생주의에는, 토지 분배는 아니지만 '농민에 대한 토지 제공'을 명문화했다. 이는 분명, 기존 손문의 삼민주의와는 다르다. 따라서 이를 '신삼민주의(新三民主義)'라고 칭하는 것은, 명실공히 부합하는 명칭이다. 그런데 일전대회에서 '신삼민주의'가 통과된 시기에 손문은 삼민주의에 대한 긴 강연을 시작했다(실제로는 일전대회 이전에 시작했다). 오늘날 손문의 삼민주의라고 하면, 이 강연을 문자화한 것이다. 이 두 삼민주의의 관계를 생각해볼 때 일전대회에서 기존과는 전혀 다른 해석의 '신삼민주의'를 선포했으니, 이를 해명 내지 해설할 필요가 있었을 것이고, 그것이 강연의 삼민주의여야 합리적이지 않겠는가. 그런데 강연의 삼민주의는 신삼민주의를 해명하거나 해설한 것이 아니라, 전혀 다른 내용과 의미를 담고 있다. 심지어 강연의 삼민주의는 '신삼민주의'를 부정한다고 해도 지나친 평가는 아니다. 같은 시기에 발표된 두 개의 삼민주의가 서로 모순된다면, 그 이유는 밝혀져야 한다. 어찌 보면 이는 그리 어려운 일은 아니다. 두 삼민주의의 내용을 비교·분석하면 될 일이다.[3] 그런데도 두 삼민주의의 내용을 분석해, 양자의 모순에서 국공합작의 의미를 찾고자 한 연구를 필자는 보지 못했다.

손문에 대한 전기류나 연구서의 차례를 보면, 국공합작이 상당 부분을 차지한다. 일부의 연구는 반 이상을 국공합작에 할애한다. 손문의 국공합작은 진형명의 '반변'으로 상해로 온 이후, 공산당원의 국민당 입당 혹은 손문과 요페(Adolph Abramovich Yoffe) 사이의 합작에서 시작되었다고 보는 것이 일반적이다. 시기적으로는 1922년 8월부터 시작하는 이 국공합작은 손문이 사망할 때까지 지속되었다. 그런데 「국공합작」을 전개하고 있던 시기에 손문은 '반직삼각동맹(反直三角同盟)'이라는 또 다른 '합작'을 진행하고 있었다. 실제로 후자는 전자보다 훨씬 이른 시기부터 시작되었고, 손문이 사망할 때까지 지속되었다. 그런데도 '반직삼각동맹'이라는 손문의 정치 활동에 대해 전기류나 연구서들은 장(章)은커녕 절(節)조차도 '배려'하지 않는다. 여하튼 손문은 마지막 시기에 두 개의 '합작'을 병행해 추진했다.

그런데 하나는 민중과 결합해 반제(反帝)·반군벌(反軍閥)의 혁명을 추진하기

---

3 이 두 '삼민주의'는 『孫中山全集』에 함께 실려 있다. 「中國國民黨第一次全國代表大會宣言」(1924.1.23), 『孫中山全集』 9, pp.118~122; 「三民主義」(一九二四年一月至八月), 『孫中山全集』 9, pp.183~426.

위한 소련과의 합작이라면, 다른 하나는 북경의 직계(直系) 군벌을 타도하기 위해 또 다른 중앙 군벌인 봉계(奉系) 및 환계와 동맹을 맺은 것이다. 방향이 정반대이니, 함께 설명하기 어려울 수밖에 없다. 그래도 같은 시기에 진행된 두 정치 행위의 '관계'를 밝히지 않고, 한쪽만을 설명한 채 끝내버려서는 안 될 일이다. 예컨대 국공합작을 위한 반직삼각동맹이었는가, 아니면 반직삼각동맹을 위한 국공합작이었는가, 혹은 또 다른 손문의 혁명을 위한 두 개의 '합작'이었는가라는 도식적 결론이라도 있어야 하지 않을까 생각한다. 따라서 두 '합작'의 내용과 관계를 면밀히 살필 필요가 있다.

이 시기 손문의 정치 행위는 국공합작이어야 한다는 전제를 내세우면, '반직삼각동맹'은 설명할 길도 없고, 한다고 해도 국공합작을 위한 하나의 작은 수단 정도로 해석할 수밖에 없다. 그러나 반직삼각동맹은 이 시기 손문의 혁명을 크게 규제하고 있었고, 그 크기나 의미가 국공합작보다 결코 작다고 할 수 없다면, '합작'과 '동맹'의 관계는 재검토되어야 할 것이다. 북벌(北伐)을 예로 들 수 있다. 손문은 세 차례 북벌을 추진했다. 두 번째와 세 번째의 북벌은 반직삼각동맹하에서 진행되었다. 북벌의 승리 즉 세 동맹자의 승리를 혁명의 완성이라고 보지 않는 이상, 손문은 북벌 승리 이후의 혁명을 '구상'하지 않을 수 없었을 것이다. 그 '구상'의 내용은 무엇인가, 그리고 그 '구상'은 국공합작과 어떤 관계를 맺고 있을까. 또 근자에 손문 혁명의 새로운 '아이콘'으로 거론되는 '국민회의 소집론'도, 사상적 변화의 결과인 국공합작의 흐름에서 파악하기보다는, 반직삼각동맹의 돌변 즉 풍옥상(馮玉祥, 펑위샹)의 북경정변(北京政變)에서도 볼 수 있지 않을까. 반직삼각동맹은 적어도 국공합작과 같은 수준에서 다루어져야 마땅하다.

여하튼 손문 연구에 이런 공백이 존재하는 것은 일단 사료의 충분치 못함으로 설명할 수 있겠으나, 역사 연구에 사료가 충분한 적이 있었던가. 오히려 손문 연구를 위한 사료는 다른 분야보다도 풍부하다고 생각한다. 필자가 이 연구를 진행하는데, 그 연구 방법으로써 큰 귀감을 준 연구가 있었다. "손문이 개진(改進)에서 개조로 한층 더 깊이 나아갔다는 것은 손문 사상의 내재적 발전으로도 볼 수 있겠으나, 손문이 원조를 대가로 하여 소련 측에 양보한 것으로 해석해도 좋은 것인바, 개진과 개조를 포함한 국공합작을 손문 사상의 내재적 발전으로만 설명하기는 곤란하다"[4]라는 연구의 결과뿐만 아니라, 논문의 문제 제기는 손문 연구의 공백을 메워줄 방법을 제시하고 있다. "왜 개진에도 불구하고 곧바로 1년 뒤, 또 다른 단계의 국공합작, 즉 '개조'가 필요했는가? 개진과 개조의 내용 차이가 무엇인가? 개진은 중국국민당사 또는 중국 현대사에서 어떤 위치를 점하고 있는가에 대해서는 **애매하게밖에** 다루어져 있지 않고 있다. '개진'에 대한 이러한 무관심은 아마도 그것이 '**개조의 그늘**'에 가려져 있기 때문"[5](강조는 인용자)이라고 지적하고 있다. 말하자면 손문은 어떤 환경에서, 왜 '개진'을 했고, 그 '개진'의 내용은 무엇인가라는 역사 연구의 본원적 문제가 '개조의 그늘'에 가려져 다루어지지 않고 있음에 의문을 제기한 것이다.

이런 연구 태도는 '개진'뿐만 아니라, 앞에서 제기했던 손문 연구의 빈 공간을 채우는 데도 귀감이 된다. 예컨대 오사운동과 손문의 관계를 다룬 연구에서 늘 빠지지 않고 등장하는 것이, 1920년 1월 손문이 해외 국민당원들에게 보낸 편지의 내용이다.[6] 인용되는 글귀는, 신문화운동과 오사운동은 출판과 선전의 힘이 그 바탕이 되었다는 '짧은 문장'이다. 이를 '짧은 문장'이라고 한 것은 이 편지가 상당한 분량의 장문의 편지이기 때문이다. 더구나 편지의 주된 내용은 '인용되는 부분'의 내용과는 거리가 있다. 또 오사운동이 출판과 선전의 힘으로 추동된 점은 있지만, 그렇다고 오사운동의 본질은 아니다. 즉 손문에게 오사운동과 '국공합작'을 잇고자 한다면, 오사운동에서 분출된 '민중의 힘'일 터인데, 이 편지의 핵심 내용은 그와는 결을 달리하고 있다. 손문이 오사사건에 어떻게

4 민두기, 「중국국민당의 '改進'과 '改組': 제1차 국공합작에 있어서의 '개진'단계의 성격에 관한 시론」, 『중국초기혁명운동의 연구』(서울대학교 출판부, 1997)에 재수록, 234쪽[이 논문은 ≪동방학지≫, 제33집(1982)에 처음으로 발표되었다].

5 민두기, 「중국국민당의 '改進'과 '改組'」, p.212.

6 「致海外國民黨同志函」(1920.1.29), 『孫中山全集』 5, pp.207~212.

대응했으며, 소극적 대응이든 적극적 대응이든 아니면 무대응이든, 그 이유가 무엇인지를 밝혀야 할 것이다. 나아가 분출된 '민중의 힘'을, 손문은 어떻게 자신의 혁명과 연결시키고자 했는지를 통해 그의 '사상적 변화'를 설명해야 한다. 이와는 달리 몇 구의 문장이나 몇몇 단어로 손문과 오사운동의 관계를 규정하는 것이야말로, '사상적 변화'를 전제로 한 '그늘'에서 벗어나지 못하게 하는 것이 아닐까 생각된다.

이 책은 손문의 「혁명방략(革命方略)」에서 출발한다. 「혁명방략」의 연원은 동맹회(同盟會) 성립 전까지 거슬러 올라가지만, 손문이 「혁명방략」을 확정한 것은, 1914년 일본에서 중화혁명당(中華革命黨)을 창당할 때였다. 1924년 「건국대강(建國大綱)」까지 내용상 약간의 변화는 있지만, 「혁명방략」은 손문 혁명의 원칙이었다. 「혁명방략」은 혁명당에 의한 혁명군, 혁명정부가 추진해야 할 혁명의 내용을 담고 있다. 「혁명방략」을 추진할 주체가 '혁명당', 바로 중화혁명당이었다. 그 이전에도 중국혁명동맹회라는 혁명당에 준하는 조직이 있었지만, 이는 손문의 혁명당이 아니었다. 따라서 동맹회도 「혁명방략」이 있었지만, 손문의 「혁명방략」과는 달랐다.

손문의 혁명은 중화혁명당 창당으로부터 시작한다. 일반적으로 1919년 10월 10일의 중국국민당 창당을 국민당 혁명의 이정표로 삼지만, 손문에게 의미를 부여할 만한 당은 아니다. 이에 대해서는 본문에 상세히 밝혔다. 1, 2차 혁명의 실패 원인이 혁명당의 부재였고, 따라서 혁명당에 의한 혁명 과정이 없었기 때문이라고 확신했다. 어찌 보면 「혁명방략」은 혁명의 환경에 따라 바뀔 수도 있는 '전략'일 수밖에 없는데, 손문은 「혁명방략」을 혁명의 원칙으로 삼았다. 「혁명방략」에 따라 혁명을 수행할 수 없는 상황에서 「혁명방략」과는 동떨어진 전략을 행하면서도, 「혁명방략」은 혁명 완수를 위해 반드시 걸어가야 할 길이라고 '고집'했다. '현실'과 '원칙' 사이에서 손문의 혁명은 굴절되고 왜곡되었다. 그 굴절과 왜곡으로부터 호법(護法), 오사사건에 대한 대응, 북벌, 혁명정부의 건립, 반직삼각동맹, 국공합작이라는 손문의 혁명이 이어진 것으로 보인다.

1장

중화혁명당 창당과 「혁명방략」

1. 삼민주의와 「혁명방략」

손문의 정치이념 혹은 정치사상의 핵심을 삼민주의라고 하는 데는 이의가 없는 것 같다. 삼민주의란 민족주의(民族主義), 민권주의(民權主義), 민생주의(民生主義)인데, 신해혁명(辛亥革命) 이전의 민족주의는 만주족의 청조(淸朝)를 붕괴시키는 것이고, 민족주의의 완성 후 즉 청조 붕괴 후 새롭게 수립할 정치체제를 공화제로 한다는 것이 민권주의이다. 새 입헌공화국을 '서구보다 더 나은 공화국'으로 만들기 위해 '새로운' 토지세를 실시하는 것이 민생주의이다. 이 세 주의도 시간의 흐름에서 본다면, '서구 이상의 공화국'을 수립하기 위한 과정이라고 할 수 있다. 무엇보다도 먼저 청조를 붕괴시키는 것이 첫 번째 일이었다. 이어 청조 붕괴와 함께 공화제라는 정치체제를 수립하고, 수립된 공화제에서 토지세를 통해 민생주의를 실현해 '서구 이상의 공화국'을 세운다는 것이다. 공화제의 수립을 목표로 청조를 붕괴시키는 과정에서 '지권(地權)의 평균'을 일부 실행한다고 생각하면, 굳이 세 주의를 시간적으로 생각할 필요는 없을 것이다. 그러나 당시 약화되었다고는 하지만 청조의 세력을 감안하면, 더구나 중국의

손문(孫文, 1866~1925)

1866년 광동 향산현(香山縣, 샹산현: 현 中山縣) 취정촌(翠亭村, 추이팅)에서 출생했다. 이름은 문(文), 자는 덕명(德明), 호는 일선(逸仙)이다. 1897년 일본에서 중산초(中山樵)라는 이름을 사용하여, 이후 중산(中山)이라는 호가 생겼다. 가난으로 10세가 되어서야 서당에 들어갔다고 한다. 일찍이 형이 하와이에서 화교로 성공했기 때문에, 1878년 모친을 따라 미국 하와이로 가서 영미 교회가 설립한 학교에 다녔다. 1883년 귀국해 홍콩의 학교를 다니다가, 1886년 광주의 박제의원(博濟醫院) 부속 남화의학교(南華醫學校)에서 의학을 공부하며 혁명 활동을 준비했다. 1892년 학교 졸업 후 마카오와 광주에서 의원을 개설하면서 회당과 관계를 맺어 혁명 활동을 지속했다. 1894년 11월 흥중회를 조직하고, 1895년 10월 첫 무장봉기를 시도했으나 실패한 후 일본으로 망명했다. 1896년 영국 런던에서 청조의 영국 주재 공사에게 체포되었으나, 은사 캔틀리의 도움으로 석방되었다. 1900년 10월 혜주(惠州, 후이저우) 봉기를 조직했으나 실패했다. 1905년 일본에서 황흥(黃興, 황싱), 송교인(宋教仁, 쑹자오런) 등과 함께 혁명파 연합의 혁명 조직인 중국동맹회를 조직했다. 이후 여러 봉기를 시도했으나 실패했으며, 1911년 4월 최대 규모의 황하(黃河, 황허)봉기가 실패한 후 미국으로 떠나 있을 때인 10월 10일 무창(武昌, 우창)봉기가 성공했다. 이후 미국에서 영국으로, 다시 프랑스를 거쳐 1911년 12월 25일 상해에 도착해, 1912년 원단에 남경(南京, 난징)에서 임시대총통에 취임했다. 1912년 2월 청조 마지막 황제 부의(溥儀, 푸이)가 퇴위한 다음날 손문은 사직하고, 원세개(袁世凱, 위안스카이)가 임시대총통을 계임했다. 원세개 정부로부터 전국철로독판(全國鐵路督辦)에 임명되어, 일본을 방문했다. 그러나 1913년 3월 송교인이 상해에서 피살되자 2차 혁명을 발동했으나 실패하고 일본으로 망명했다. 1914년 7월 일본에서 중화혁명당을 조직해 중화혁명당으로 반원(反袁) 투쟁을 지도했으나, 원세개의 사망으로 상황은 일단락되고, 실제 권력은 호국군(護國軍)과 원세개 부하들에게로 넘어갔다. 이 시기 노모정(盧慕貞, 루무전, 1885년 결혼)과 일본에서 정식으로 이혼하고, 1915년 송경령(宋慶齡, 쑹칭링)과 결혼했다. 귀국 후 장훈(張勳, 장쉰)의 복벽 사건을 계기로 호법운동을 전개했다. 세 차례에 걸쳐 광주(廣州, 광저우)에 군정부를 수립하고, 매번 북벌을 추진했으나 실패했다. 1919년 초 북경의 군벌 단기서(段祺瑞, 돤치루이)와 동맹을 맺고, 나아가 봉천(奉天, 펑톈)의 장작림(張作霖, 장저우린)도 가담해 반직삼각동맹이 이루어졌다. 한편 진형명(陳炯明, 천중밍) '반변'으로 상해로 쫓겨온 이후, 소련과의 관계를 적극적으로 도모했다. 한편으로는 반직삼각동맹하에서 다른 한편으로는 소련과의 합작하에서 마지막 3차 북벌을 시도했으나, 풍옥상(馮玉祥, 펑위샹)의 북경정변으로 반직전쟁이 일단락되자 북상했다. 상해에 도착한 후 일본을 거쳐 천진(天津, 톈진), 북경에 도착했으나, 병세(간암)가 악화되어 1925년 3월 북경에서 향년 59세의 나이로 서세했다. 사진은 30세인 1896년에 미국에서 찍은 것이다.

지역적 크기를 감안하면, 청조를 단시간 내에 붕괴시키기는 그리 쉽지 않은 일이었다. 여기에다 손문이나 혁명파 측이 갖고 있는 힘의 크기까지 생각한다면 더욱 그렇다. 이런 점에서 삼민주의는 혁명에 이르는 세 단계의 내용을 담은 큰 그림이라고 할 수 있다. 따라서 '서구 이상의 공화국'을 건립하기까지 당장 필요한, 그리고 좀 더 구체적인 그림인 「혁명방략」이 필요했다.

사실 삼민주의 중에 손문이 할 수 있었던 것은, 신해혁명까지는 청조 타도를 위한 무장투쟁이었고, 그 이후 성립된 중화민국은 민생주의가 실현된 '서구 이상의 공화제'는커녕 '서구 정도의 공화제'도 수립되지 못했기 때문에, 손문은 '서구 정도의 공화제'를 실현하기 위해 힘겨운 싸움을 했다. 물론 그것마저 이루지 못했다. 그러니 손문이 행한 실제 혁명이란 중앙 정치 세력(청조와 이후 군벌정부)과의 간단없는 투쟁이었다. 이 간단없는 투쟁을 위한 혁명 설계가 「혁명방략」이다. 즉 「혁명방략」은 봉건왕조 청조나 '공화를 부정하는 군벌정부'를 타파하고 공화의 중국으로 통일하기까지의 방략이다.

손문의 「혁명방략」으로 거론되는 것은 「중국동맹회 혁명방략(中國同盟會革命方略)」(1906)과 「중화혁명당 혁명방략(中國革命黨革命方略)」(1914)이다. 그러나 「동맹회의 혁명방략」을 손문의 「혁명방략」이라고 보아야 할지는 검토해볼 필요가 있다. 손문은 동맹회의 총리였고, 「동맹회의 혁명방략」이 그의 '결재'를 거쳤다고 하더라도, 동맹회가 손문의 생각을 그대로 집행하는 손문의 조직은 아니었기 때문에, 손문의 「혁명방략」이라고 단정 짓기는 어렵다. 이를 위해서는 「동맹회의 혁명방략」이 나오기 이전 손문의 「혁명방략」부터 살펴볼 필요가 있다.

2. 동맹회 이전 '손문의 약법(約法)'

1894년 11월 손문은 "오랑캐를 몰아내고 중국을 회복하며 합중(合衆) 정부를 창립하자"라고 제기하며, 이를 위해 (하와이)흥중회(興中會)를 조직해 혁명을 시작했다.[1] 이때 손문의 나이가 28세였으니, 당시로서는 당찬 행동이었다. 당찬 행동인 만큼 호응은 매우 저조했다. 손문 스스로도 "홍중회를 창립하여 해외 화교를 규합하려고 했으나, 의외로 기풍이 트이지 않았고 인심은 닫혀 있어 수개월에 걸쳐 선전을 했지만 응하는 자가 드물었다"[2]라고 회고하고 있다.

더구나 화남(華南)에서 일으킨 봉기가 실패하자, 혁명의 전망은 그리 밝지 않았기 때문에, 손문은 혁명의 불씨를 지키는 데 급급했다. 청조를 붕괴시키고 전 중국에 공화국을 세운다는 것은 엄두도 내지 못했고, 단지 양광(兩廣)만을 청조로부터 독립시켜 공화국을 세우고자 생각했으나, 이마저도 타인에게는 '공중누각'으로 비칠 정도였다.[3] 1900년에 이르러서도 "우리의 최종 목적은 화남 인민과 협의하여 중화제국의 일부를 분할해 하나의 공화국을 새롭게 건설하는 것"[4]이라고 했다. 심지어 손문은 월독(粵督) 이홍장(李鴻章, 리훙장)과 합작하여, 광동(廣東) 독립정부를 세우고 그를 추대하려는 생각까지도 했다.[5]

---

1 하와이 홍중회는 혁명 단체가 아니고, 1895년 광주봉기의 계획은 공화 건국의 목표를 제시하지 않은 반청 운동에 불과하며, 손문의 명확하고 확고한 그리고 기본적인 체계를 갖춘 민주혁명 사상은 (기존 통설처럼 1895년이나 1900년이 아니라) 1903~1904년경에 가서야 갖춰졌다는 주장도 있다. 이에 대해서는 김형종, 「신해혁명의 전개」, 서울대동양사학연구실 편, 『강좌중국사』 6(지식산업사, 1989), 124쪽 참고.

2 「建國方略之一: 孫文學說 - 行易知難(心理建設)」(1919年 春夏間), 『孫中山全集』 6, pp.229~230.

3 1895년 3월 손문은 홍콩 주재 일본 영사 中川恒次郎(나카가와)에게 무장봉기에 대한 원조를 청했는데, 나카가와는 국내에 다음과 같이 보고하고 있다. "손문 등이 이야기하는바, 양광을 독립시켜 공화국을 세우겠다는 것은 공중누각에 불과할 뿐이다." 原敬文書硏究會 編, 『原敬關係文書』 第2卷(書翰編)(東京: 日本放送出版協會, 1984), pp.392~396.

4 「離橫濱前的談話」(1900年 6月上旬), 『孫中山全集』 1, p.189.

5 홍중회와 밀접한 관계를 맺고 있던 홍콩 議政局 위원 何啓 박사는 시국의 긴급으로 瓜分의 禍가 있어 만약 광동이 스스로 보호를 꾀하지 않으면 결코 보존할 수 없다고 생각해, ≪中國日報≫ 사장 陳少白에게 혁명당과 粵督 李鴻章의 합작을 손문에게 조언하라고 했다. 즉 먼저 이홍장을 끌어들여 만청 정부 및 각국에 兩廣의 자주를 선포하고, 손문이 홍중회 회원을 이끌고 돕는다는 것이었다. 진소백이 이를 손문에게 상세히 전보로 보고하니, 당시 요코하마에 거주하고 있던 손문은 전보를 받고 크게 기뻐하며, 즉시 진소백에게 찬성의 전보를 보냈다. 「孫總理庚子運動廣東獨立始末」, 馮自由, 『革命逸史』, 第4集(臺灣

이런 상황하에서는 혁명에 대한 전망이나 전략을 구체적으로 구상하기 어려웠다. 당시 손문의 「혁명방략」이라고 한다면 다음과 같은 정도였다.

나는 인군(人群)의 자치를 정치의 극치로 본다. 그러므로 정치의 정신은 공화주의를 취해야 한다. 공화주의를 어떻게 얻을 수 있을 것인가. …… 우리 국민은 이상이 풍부하고 진보의 기조가 크게 있다. …… 만약 호걸의 의사가 일어나 오랑캐 청조(淸虜)의 정부를 타도하고, 선정을 베풀며 약법삼장(約法三章)으로 그 기갈(飢渴)을 해소하면 무릇 애국지사가 분기하여 진취의 기상을 떨치고 일어날 것이다.[6]

혁명군이 일부 지역을 평정한 뒤, 한(漢) 고조(高祖)가 제시한 바와 같이 약법을 제시하고 선정을 베풀면, 전국이 일어나 승리할 수 있다는 정도가 당시 손문의 「혁명방략」이었다. 그러나 시간이 갈수록 국내외에 새로운 혁명 세력이 일어나, 혁명의 분위기는 성숙해가고 있었다. 더구나 의화단운동의 실패로 청조의 권위는 더욱 추락했고, 이는 혁명을 고무시켰다. 1900년 12월 단행된 두 번째 봉기(惠州起義)는 실패했지만, 상황은 크게 호전되고 있음을 손문은 다음과 같이 말하고 있다.

경자(庚子)의 역(役)(혜주기의)은 나의 두 번째 실패였다. 이 실패를 거친 후 중국의 인심을 돌이켜볼 때, 이전과 다름을 느낄 수 있었다. 최초의 실패 때는 세론이 우리를 난신적자, 대역무도하다며 저주하는 소리가 귀에 끊이지 않았다. 가는 곳 어디서나, 우리를 알고 있는 사람들은 우리를 거의 독사나 맹수처럼 여기고 아예 교제하고자 하지 않았다. 그런데 경자 실패 후에는 사람들의 악담을

商務印書館, 1969), p.92.

6 「與宮崎寅藏平山周的談話」(1897年 8月 中·下旬), 『孫中山全集』 1, pp.172~173.

듣지 않게 되었을 뿐 아니라, 유식자들 중에는 우리를 위해 분개해하며 일이 이루어지지 않음을 애석히 여기는 자가 많게 되었다. 전후를 비교해보면 하늘과 땅 정도의 차이가 있었다. …… 더구나 8개국 연합군이 북경으로 쳐들어가자, 황후와 황제는 달아났고 화의의 배상금은 9억 냥이었다. 그리하여 청조의 위신은 떨어질 대로 떨어지고 인민의 생계는 날로 절박해졌다. 국세의 위급이 가히 하루도 그칠 날이 없었다. 이에 뜻있는 사람들은 모두가 구국의 생각을 일으켰으며, 혁명의 풍조는 점차 싹트기 시작했다.[7]

이처럼 혁명의 분위기가 익어가자, 손문은 희망이 보이는 앞날에 대한 방략을 내놓았다. 그는 공화제로 가는 과정에 민심의 향배가 성공을 결정한다고 보았다. 손문은 프랑스 혁명 이후 황제가 된 나폴레옹과, 공화제의 대통령이 된 미국의 워싱턴을 예로 들었다. 당시 프랑스의 민심이 황제를 요구했기 때문에, 나폴레옹이 비록 민주를 행하려고 했어도 불가능했고, 이런 상황에서는 권력을 잡은 자가 나폴레옹이 아니고 워싱턴이었다고 해도 마찬가지로 황제가 되었을 것이라며, 혁명으로 가는 길에 가장 걸림돌은 중국인의 '제왕(帝王) 사상'이라고 했다.[8] 이 제왕 사상을 극복하고 공화제를 이루기 위해서는 반드시 '약법(約法)'을 제정해야 한다고 손문은 주장했다.

중국의 수십 행성(行省) 전체가 (만주 지배로부터) 회복하려면 반드시 여러 통솔자가 필요하고, 이들은 각기 수십백만의 대군을 거느리고 각지의 전쟁터에 웅거해 큰소리치며 왕래해야 한다. 가령 여러 통솔자가 공화의 정치를 존중해 백성에게 그 권리를 주려고 해도, 그 옛 부하들이 그를 신황제로 추대하여 …… 큰 자

7 「建國方略之一: 孫文學說 - 行易知難(心理建設)」(1919年 春夏 間), 『孫中山全集』 6, p.235.
8 「與秦力山的談話」(1902年 2月 下旬), 郝盛潮 主編, 王耿雄 外 編, 『孫中山集外集補編』(上海人民出版社, 1994), p.18(이하 『孫中山集外集補編』).

는 왕, 작은 자는 제후가 되고자 하면, 진교지변(陳橋之變)처럼 황제 제도는 여전하다. (제왕 사상의) 폐해를 피하려면 군법(軍法)과 지방자치법 사이를 약법으로 연결해야 한다.

군법이라는 것은 군정부의 법이다. 군사가 처음 일어나면 그 경계 내의 인민은 반드시 군법으로 다스려 오랜 악폐를 떨쳐내야 한다. 지방이 이미 함락되어 전쟁터로부터 멀어지면 군정부는 지방자치를 약속한다. 지방에 (능력 있는) 사람이 있으면 그에게 맡기고 군정부의 지휘를 받게 하며, (능력 있는 사람이) 없으면 군정부가 선발해 그에게 맡긴다. 5년을 기한으로 그 지방이 완전한 자치를 이루면 정부의 간섭을 폐지한다. 약속이란, 만약 지방이 학교, 경찰, 도로 등 제정(諸政)을 어느 정도 행하면, 현마다 (현민들은) 전방에 약간의 병사와 약간의 군량을 보내는 것이다. 5년 동안 정도가 미치지 못하면 군정부가 다시 간섭하고, 약속대로 되면 해제한다. 이것은 군정부가 (지방에) 지방자치를 약속하는 것이다. 지방은 군인과 군량 약간을 보내기로 군정부에 약속하고, 전사(戰事)가 있으면 군인과 군량을 전선에 보내고, 전쟁이 끝나면 주둔자 이외에는 각 지방으로 퇴병한다. 군 지도자(軍帥)가 다른 뜻을 품으면, 군인과 군량을 거두어들이고, 지방이 군인과 군량을 내지 않는 곳에 대해서는 군정부가 이를 징계할 수 있다. 이것은 지방이 군정부에 약속하는 것이다. 군정부가 지나고 지방자치가 이루어지는데 약법이 과도의 연결고리가 되는 것이니, 비록 제왕 정책을 품은 자가 있더라도 또한 그 뜻을 펼 수 없을 것이다.[9] - 괄호는 인용자

여기서의 약법은 앞에서 서술한 '약법삼장'의 그것과는 다르다. 손문이 「혁명방략」의 하나로 처음 '약법'을 제시한 것이다. 혁명이 일어나도 민심이 공화를 실행할 수 없으면 다시 군주제로 돌아갈 수밖에 없으니, 약법을 두어 민심이 스스로 자치를 할 수 있도록 만들어야 한다는 것이다. 즉 혁명군이 한 지역

9 같은 글, p.18.

을 장악하는 동안은 군정부를 세워 군법으로 다스리고, 완전히 장악하면 즉 그 지역이 전선에서 멀어지면 군정부와 지방은 서로 약속을 하는데, 먼저 지방은 전선에 군량과 군인을 보내기로 군정부에 약속하는 한편, 군정부는 지방에 자치를 약속하는 것이다. 5년 정도, 군정부와 지방 사이의 약속 즉 약법이 시행되면, 민심은 자치의 능력을 갖추어 공화로 이행할 수 있다고 생각했다. 「혁명방략」의 하나로서 손문의 약법은 좀 더 구체화되어가는데, 동맹회가 성립되기 직전인 1905년 가을 왕정위(汪精衛, 왕징웨이)에게 약법의 중요성을 다음과 같이 언급하고 있다.

> 군권과 민권의 전환, 그 관건의 소재를 살피는 것은, 혁명 시 병권과 민권의 관계를 먼저 정하기 위함이다. 대개 그때는 병권이 전권을 갖고, 민권은 초창(草創)이므로 서로 침범하지 않고 서로 유지한다. 병권이 한 번 늘어나면 민권도 또한 한 번 늘어난다. 일이 정해짐에 미쳐 병권을 풀어 민권을 주면 천하가 안정된다. 이 관계를 정하는 것이 약법이다. 혁명 초에는 반드시 군정부를 설립한다. 이 군정부는 병사에 대한 전권을 갖고 있을 뿐 아니라 정권도 잡는다. 한 현(縣)이 평정되면 군정부와 인민은 서로 약속하여 무릇 인민에 대한 군정부의 권리 의무, 군정부에 대한 인민의 권리 의무에 관한 중요한 것들을 모두 규정한다. 군정부는 명령을 내려 지방행정 관청을 조직하고 관리를 파견해 다스린다. **인민은 지방의회를 조직하는데, 그 의회는 오늘날 공화국의 의회가 아니라 단지 군정부가 약법을 준수하는지 여부를 감시하는 것이 그 중요한 직책일 뿐이다.** 이어서 을현(乙縣)을 평정하면 갑현(甲縣)은 을현과 서로 연합해 함께 약법을 지킨다. 이어 병현을 평정하면 갑·을현은 또 병현과 서로 연합하여 함께 약법을 지킨다. 각 성, 각 부도 미루어 이와 같다. 국민이 약법을 위반하면 군정부는 강제할 수 있으며, 군정부가 약법을 위반하면 그 얻은 바의 지역이 서로 연합하여 이행 의무를 지지 않고 군정부의 모든 권리를 인정하지 않는다. …… 국민은 지방자치에 힘을 쏟고, 그 선성조심(繕性操心)의 날이 오래되면 도야(陶冶)되어 공화국 국민의 자격을 이루

게 된다. 일단 약법을 근본으로 하여 헌법을 만들면, 민권입헌 정체는 반석과 같아 동요할 우려가 없다.[10] - 강조는 인용자

지방이 군인과 군량을 군정부에 공급하고, 군정부는 지방에 자치를 약속하는 정도의 약법을 넘어, 인민에 대한 군정부의 권리와 의무, 그리고 군정부에 대한 인민의 권리와 의무를 규정한 약법을 제시하고 있다. 그리고 군정부의 약법 준수를 감시하기 위해 자치 조직(지방의회)의 설립을 지방에 허용함으로써, 즉 약법을 통해 지방민은 자치를 행하여 공화국 국민의 자격을 갖추게 된다는 것이다. 물론 자치 조직(지방의회)는 감시기구일 뿐 지방민의 선거에 의해 이루어지는 것은 아니다. 약법은 혁명군이 점령한 지역에서 행해질 임시적 '법규'를 넘어, 군주제하에서 '제왕 사상'에 젖어 있는 인민을 민주적 시민으로 전환시킬 돌다리인 셈이었다. 즉 약법은 공화제 수립의 전제 조건으로 자리매김하고 있었던 것이다.

3. 동맹회의 「혁명방략」

1905년 8월 손문을 비롯한 여러 혁명파가 결집해 중국혁명동맹회(이하 동맹회)를 조직했다. 이듬해 손문은 황흥(黃興, 황싱), 장태염(章太炎, 장타이옌) 등과 함께 「중국동맹회 혁명방략」을 제정했다. 혁명의 선두주자로서 손문이 총리로 당선되었지만, 동맹회가 손문의 혁명 조직이라고 할 수는 없었다. 예컨대 동맹회의 기치(旗幟)를 정할 때, 손문은 청천백일기(青天白日旗)를 주장했다. 청천백일기는 광주봉기 때 순사한 육호동(陸皓東, 루하오둥)이 제작한 것으로, 이후 혜주(惠州, 후이저우)기의 때 처음 사용되었다. 이에 대해 황흥은 기치(旗幟)의 미관 등

10 「與汪精衛的談話」(1905年 秋), 『孫中山全集』 1, pp.290~291.

청천백일기

정자기

을 빌미로 청천백일기 대신 정자기(井字旗)를 주장했다. 두 사람의 대립은 갈라설 정도의 '감정싸움'으로 발전했다.[11] 결국 두 사람은 화해했지만, 청천백일기가 동맹회의 기치로 결정된 바는 아직 문건상 존재하지 않는다.[12] 순사한 육호동에 대한 애정도 있었겠지만, 손문은 동맹회를 자신이 이끌었던 혁명의 연장선상에 놓고자 했을 것이고, 황흥은 여러 혁명파의 결합인 동맹회를 흥중회의 연장선에 두려는 손문의 처사에 불만을 품었을지 모른다.

동맹회의 기치를 둘러싼 대립에서 볼 수 있듯이, 동맹회는 손문의 조직은 아니었다. 따라서 「동맹회총장(同盟會總章)」이나 「혁명방략」 등에 손문의 뜻이 반영되었다고 해도, 여러 혁명파의 의견을 모은 결정이라고 해야 할 것이다.[13] 여하튼 동맹회의 성립으로 크게 고무된 혁명파는, 이후 각지에서 일어날 기의

---

11 1907년 2월 손문은 청천백일기의 모델을 담 위에 걸어놓고 황흥의 의견을 청하자, 황흥이 보고 "청천백일기는 형식상 미관이 좋지 않고 태양을 상징하는 것이 일본 국기를 모방한 것 같으니 즉각 없애버려야 한다. 우리는 井字旗로 평균지권의 뜻을 표시해야 한다"라고 답했다. 손문은 화가 나 큰 소리로 "내가 남양에 있을 때 수만의 동지들이 모두 청천백일기를 승인했다. 네가 이 기를 훼손하고자 한다면, 나를 먼저 내쳐라"라고 말했다. 황흥도 자연 화를 내며 "만약 이렇다면 내가 동맹회를 나갈 수밖에 없다!"라고 응수했다. 이후 宮崎滔天(미야자키 도텐)의 중재로 화해했다. 王曉華, 「中華民國國旗之爭」, ≪世紀≫, 2002-3 참조.

12 민국 성립 전후로 전개된 국기에 대한 논쟁이나 국기의 제작 과정에 대해서는 賀素敏, 「民國初年國旗問題反映的政治鬪爭」, ≪歷史教學≫, 2006-11; 王曉華, 「中華民國國旗之爭」, ≪世紀≫, 2002-3; 趙友慈, 「中華民國國旗考」, ≪文史春秋≫, 2000-3; 李學智, 「民元國旗之爭」, ≪史學月刊≫, 1998-1 참조.

13 이런 점에서 손문의 언론을 집대성한 『孫中山全集』에 「中國同盟會總章」, 「中國同盟會革命方略」을 게재하는 것은 문제가 있다.

에 응용하기 위해 「혁명방략」을 제정했다.[14] 「동맹회 혁명방략」은 혁명의 달성 과정으로 세 단계를 설정했으니, '군법의 정치(軍法之治)', '약법의 정치(約法之治)', '헌법의 정치(憲法之治)'가 바로 그것이다.

> 의사(義士)는 이미 일어나 각지에서 반정(反正)을 하고, 토지와 인민은 새로이 만주의 굴레에서 벗어난다. …… **이미 적을 격파한 지방 및 아직 적을 무찌르지 못한 지방의 행정은 군정부가 이를 총집행하여** 차차 적폐를 소거해야 한다. 정치의 해독, 즉 정부의 압제, 관리의 탐욕, 근로의 착취, 형벌의 잔혹, 징세의 횡포, 변발의 굴욕 등과 같은 것은 만주의 세력과 동시에 쳐 없애야 한다. 풍속의 해독, 즉 노비의 축양(畜養), 전족의 잔인, 아편의 유독, 풍수의 저해 등과 같은 것은 일체 금지한다. 아울러 교육을 실시하고 도로를 닦고 경찰, 위생 제도를 세워 농공상 실업의 이원(利源)을 일으킨다. **군법의 정치는 1현마다 3년을 그 한도로 삼고, 3년이 채 미달되어도 이미 효과가 이루어지면 모두 군법을 해제하고 약법을 선포한다.**
>
> 제2기는 약법의 정치이다. 하나의 현에서 군법이 이미 해제된 후에, **군정부는 그 지방의 인민에게 지방자치권을 부여한다. 지방의회의원 및 지방행정장관은 모두 인민이 선거한다.** 군정부의 인민에 대한 권리, 의무 그리고 인민의 정부에 대한 권리, 의무도 모두 약법에 규정하고 군정부와 지방의회 및 인민은 모두 이를 준수해야 한다. 법에 어긋나는 사람이 있으면 그 책임을 묻는다. **천하 평정 후 6년을 한계로 하여 비로소 약법을 해제하고 헌법을 포고한다.**
>
> 제3기는 헌법의 정치(憲法之治)이다. 전국에 **약법을 행하기를 6년 후 헌법을 제정**하고 군정부의 병권, 행정권을 해제하고 국민은 **대총통을 선거**하고 의원을 선거하여 **국회를 조직**하고 한 나라의 정사는 헌법에 의해 이를 행한다.[15] - 강조는 인용자

14 鄒魯, 『中國國民黨史稿』 上(上海: 東方出版中心, 2011), p.55.

15 「中國同盟會革命方略」(1906年 秋冬間), 『孫中山全集』 1, pp.296~297.

동맹회 회원

1905년 8월 20일 흥중회(興中會), 화흥회(華興會), 광부회(光復會)가 합병하여 도쿄에서 성립했다. 손문이 총리로 피선되어 「군정부선언」, 「중국동맹회총장」, 「혁명방략」 등을 제정하고, 국내외에 지부와 분회를 건설하여 혁명 세력을 규합하고자 했다. 기관 잡지 ≪민보(民報)≫를 통해 혁명을 선전하고, 보황파의 ≪신민총보≫와 격렬히 논전을 벌였다. 1907년 내분이 발생하자 손문은 왕정위, 호한민 등과 함께 남양에서 별도의 조직을 만들어 활동을 했다. 사진은 동맹회 회원의 합동사진으로, 하단 중앙이 손문, 하단 오른쪽 두 번째가 황흥이다.

3년과 6년을 설정한 근거는 알 수 없는데, 아마 혁명의 완성, 즉 청조를 완전히 타도하고 전 중국을 동맹회가 장악하는 데 걸리는 시간을 대략 9년으로 상정했던 것 같다.

혁명의 세 단계라고 해도, 더 절실했던 것은 각지에서 무장봉기를 일으킨 직후의 문제였다. 즉 무장봉기가 일정 지역에서 성공하면 당장 어떻게 해야 할 것인지를 정해야 했으니, 무엇보다 첫 단계인 '군법의 정치'의 내용을 구체적으로 설정해놓아야 했다. 그래서인지 세 단계의 혁명 과정을 선언한 「동맹회 혁명방략」이라는 것도, 그 내용은 군정부에 관한 것뿐이다. 즉 각지에서 봉기한 국민군과 군정부와의 관계, 군대의 편제, 전사에 대한 포상, 군율 등등이다. 단지 방략 첫 장인 「군정부선언」에 사강(四綱: 驅除韃虜, 恢復中華, 建立民國, 平均地權)의 실시 순서로서 세 단계의 혁명 과정이 기술되어 있을 뿐이다.

'군정부(軍政府)와 각지 국민군(國民軍)의 관계'를 규정하고 있는 제2장을 보면 세 단계 「혁명방략」의 의미를 확인할 수 있다. 각지에서 혁명에 호응한 국민군이 일어나면 각 지역마다 1명의 도독(都督)을 두는데, 기의(起義)의 수령을 도독으로 임명하며(1조), 이 군도독(軍都督)이 군무 관장의 전권을 소유하고, 시의에 따라 일을 처리할 권리를 갖는다(2조). 다만 일부 사항(중대한 외교, 국체의 제정, 국기, 군정부선언, 안민포고, 대외선언, 略地, 因糧 등)은 군정부의 명에 따라야 한다고 규정했다(3~6조). 그런데 앞의 사항을 열거한 후 제7조에서 "이상 각 조항은 군정부와 군도독이 **아직 교통 내왕하기 이전의 규정**이므로, 그 내왕이 가능하게 된 이후에는 따로 규칙을 정해 이를 처리한다"(강조는 인용자)라고 했다.[16]

「동맹회 혁명방략」의 '군법의 정치'는, 군정부가 혁명으로 전국을 장악한 후의 정치를 말하는 것은 아니다. 또 동맹회의 무력이 직접 장악한 지역의 정치만을 말한 것도 아니다. 일부 지역에서 동맹회에 호응해 봉기를 일으키면, 군정부는 봉기를 일으킨 수령을 도독으로 임명하고 그에게 일부 사항을 제외한 전권을 부여하는 것이다. 여기에서 지방이란 구체적으로 현(縣)을 단위로 하고 있음을 알 수 있다. 즉 전국적으로 혁명이 진행되고 있는 동안, 즉 혁명전쟁이 진행 중인 동안, 국민군(혁명군)이 장악한 현에서 실시되는 정치는 기의를 일으킨 그 지역의 수령인 도독에 의해 총집행된다는 것이다. 「동맹회 혁명방략」에서 제시한 '군법의 정치'는 3년간 군정을 행하지만, 기존 손문의 군법은 혁명군이 지역을 점령하는 기간에 실시되고, 지역을 완전히 장악하면 5년간의 약법의 정치로 넘어간다. 동맹회의 '군법의 정치'가 손문의 그것보다 좀 더 구체적이라고 할 수 있으나, 내용상 큰 차이는 없다.

그런데 「동맹회 혁명방략」의 '약법의 정치'를 보면, 기존에 손문이 주장했던 '약법'의 내용과는 다르다. 손문이 약법의 시기를 설정한 가장 중요한 이유는, 군주제하에서 '제왕 사상'에 물든 인민을 민주 시민으로 도야하기 위해서였다. 따라서 이 기간에 설치된 지방의회는 지방민의 선거에 의한 조직이 아니라 군정부의 약법 준수를 감시하기 위한 자치 조직에 불과했다. 그러나 「동맹회 혁명방략」의 '약법의 정치'는 지방 인민에게 직접 자치권을 부여해 지방의회 의원과 지방행정 장관을 지방 인민이 직접 선출하는 것이다. 말하자면 지방 단위에서 공화제가 이루어지는 셈이다. 다만 군정부가 전국을 장악하지 못했기 때문에, 공화제가 이루어지지 못하는 곳이 있을 뿐이다. 따라서 군정부는 전국을

---

16 같은 글, pp.298~299.

점령할 때까지는 존속할 필요가 있지만, 전국을 장악하면(청조 붕괴) 전국의 지방이 공화제를 수립하는 것이니, 이를 바탕으로 헌법을 만들어 중앙 단위의 공화제를 완성시키면 군정부는 존속할 필요가 없어진다. 반면 손문의 약법은 군정부와 지방 인민이 '서로 약속한 법'으로, 군정부는 지방 인민에게 앞으로 지방자치를 부여할 것을 약속하며, 지방 인민은 군정부에 군인과 군량의 공급을 약속한다는 것이다.

앞서 지적한 것처럼 「동맹회 혁명방략」은 '군법의 정치'에 관한 내용뿐이고, '약법의 정치'나 '헌법의 정치'에 대한 내용은 없다. 그렇다면 나름대로 내용을 갖추고 있는 '군법의 정치'는 어떤가. 먼저 동맹회, 군정부, 도독 간의 관계가 설정되어 있지 않다. 동맹회 본부가 발표한 「혁명방략」이니 동맹회가 주체인 것은 알 수 있지만, 군정부가 언제, 어떻게 건립되는지는 알 수 없다.

먼저 도독부터 보자. 1906년 광동 동부에서 기의가 일어나자 허설추(許雪秋, 쉬쉐추)를 '국민군 동군도독(東軍都督)'으로, 광서 남부에서 기의를 주도하던 왕화순(王和順, 왕허순)을 '중화민국군 남군도독'으로 임명했다.[17] 이때의 '도독'은 "각지에서 혁명에 호응해 국민군이 일어나면 각 지역마다 1명의 도독을 두고, 도독은 기의의 수령이 된다"는 「혁명방략」 제1조의 규정에 따른 것이다. 반면, 기의를 주도한 황흥은 '중화민국군 남군총사령(南軍總司令)'의 명의로 고시문(告示文)을 발포했고, 또 손문은 상사(上思)기의에서 황흥을 '운남(雲南)국민군 총사령'으로, 하구(河口)기의에서는 황명당(黃明堂, 황밍탕)을 '운남국민군 총사령'으로 임명하고 있다.[18] '도독'과 '총사령'은 어떻게 다르고 어떤 관계인지는 확실치 않으나, '고시문' 즉 '안민포고(安民布告)'는 군정부가 발표하는 것이므로,[19] 군정부의 수장을 '총사령'으로 하려 했던 것 같다.[20]

---

17 이평수, 「20세기 초 중국의 공화혁명과 비밀결사: 동맹회와 천지회의 무장기의를 중심으로」, ≪중국근현대사연구≫, 제54집(2012), 85, 88쪽.

18 이평수, 같은 글, 96, 97, 110쪽.

19 「中國同盟會革命方略」의 '軍政府와 각처 國民軍의 관계' 5조, 『孫中山全集』 1, p.298.

이 '안민포고'를 포함해 '중대한 외교'나 '국체의 제정' 등에서 도독은 군정부의 명을 받게 되어 있으므로,[21] 시간상 군정부가 먼저 조직되고 이후 각지에서 일어난 기의의 수령을 도독으로 임명하면 도독은 그 지역의 군무에 대해 전권을 갖게 된다. 이 경우 군정부의 명을 받는 것이 순서일 것이다. 그런데 1907년 손문은 "(광서의) 남녕(南寧, 난닝)을 점령한 후 나는 이곳에 즉각 군정부를 건립해 각 혁명군의 체계를 세우고, 그때 가서 장정을 상세히 정하려고 한다"[22]라고 했다. 또 손문은 1908년 동남아 동맹회 회원들에게 원조를 요청하는 편지에서 "원조를 얻을 수 있으면 우리 군의 세력은 10배나 증가할 수 있으며, 이 목적을 달성하면 기초가 공고해져 이에 오래 버틸 수 있고, 오래 버틸 수 있으면 군정부를 성립시킬 수 있다. 군정부가 성립되면 내지에서 군비를 조달할 수 있고, 외국에서 차관을 빌릴 수" 있으니 급히 도와달라고 청했다.[23]

이렇게 볼 때 동맹회가 군정부를 조직한 상태에서 무장 기의를 추진하는 것이 아니라, 무장 기의를 추진해 일부 지역에서 성공하면 그 기의의 수령을 도독으로 임명하고, 더 나아가 요지를 점령해 공고해지면 그곳에 군정부를 세워 이때부터 각지의 도독과 연결하고 또 상호 간의 규정을 새로이 만들고자 했던 것이다. 그러니 앞서 '황홍을 총사령'으로 임명한 것은, 황홍이 점령한 지역을 군정부로 하고 그 장을 '총사령'으로 하려고 생각한 것인지 모른다. 그러나 혁명의 현실은 지역 단위[24]의 기의가 성공하지 못하는 상황이었으므로, 결국 군정부가 제대로 조직되지 못한 채 무창(武昌, 우창)기의를 맞이했던 것이다. 그러니 군정부의 조직이나 구성뿐 아니라 군정부를 건립하는 주체인 동맹회와 군

20 그러나 도독이 '고시문'을 발포하는 경우도 있었다. 이평수, 「20세기 초 중국의 공화혁명과 비밀결사」 참조.

21 「中國同盟會革命方略」의 '軍政府와 각처 國民軍의 관계', 3~6조, 『孫中山全集』 1, p.298.

22 「致鄧澤如函」(1907.10.8), 『孫中山全集』 1, p.347.

23 「致挂羅庇勝同盟會員函」(1908.4.22), 『孫中山全集』 1, p.365.

24 아마 처음의 구상에는 縣을 상정했을 터인데, 실제로는 '남군 도독', '동군 도독' 등으로 임명한 것으로 보아, 반드시 현이 단위가 되지는 못하는 상황이었던 것 같다.

정부의 관계를 설정할 정황조차 없었다고 보아야 할 것이다. 예컨대 동맹회의 총리가 군정부의 '총사령' 혹은 '대원수'를 임명할 것인지, 겸임할 것인지도 명확히 하지 못한 채 끝나버린 셈이다.

1906년 「동맹회 혁명방략」을 제정할 당시 손문이나 혁명파의 「혁명방략」을 재구성해보면 각지(縣)에서 무장 기의가 일어나면 그 수령을 그 현의 도독으로 삼고, 이후 혁명이 발전해 성을 장악할 정도가 되면 성성(省城)에 군정부를 세워 각 현의 도독과 교통하고 아울러 도독과 군정부의 관계를 규정하고자 했던 것 같다. 이 시기가 대체로 '군법의 정치'이고, 성 단위의 군정부가 안정되어 가면 현은 '군법의 정치'에서 '약법의 정치'로 넘어가 지방자치를 실시하는 가운데, 전국을 통일할 때쯤이면 전국의 반 이상의 현이 '약법의 정치'를 진행해 왔으므로 이제 '헌법의 정치'를 구현해 공화 혁명을 완성시키려 했던 것 같다. 기간은 공화혁명의 완성까지 9년으로 설정했다. 이렇게 볼 때 「동맹회 혁명방략」은 하나로 뭉친 혁명파가 의욕적으로 혁명에 임하면서 이후 전개될 혁명을 '예측'한 것으로 볼 수 있다. 다만 그 '예측'은 완전히 빗나갔다.

4. 신해혁명과 「동맹회 혁명방략」

1905년 중국동맹회가 결성되고, 이듬해 「혁명방략」이 정해졌다. 그러나 혁명은 방략처럼 진행되지 못했다. 동맹회가 주도한 대륙 곳곳의 봉기는 모두 실패로 끝났다. 동맹회의 조직이 거의 기능을 하지 못하고, 손문도 동맹회를 지도할 수 없는 상황에서 동맹회 본부와 직접적으로 관련이 없는 조직에 의해 기의가 성공했다.

상술한 것처럼 동맹회, 혁명파 내에서 손문의 위상이 어떠했는가는, 기치의 선택 과정이 잘 보여준다. 1911년 10월 무창에서의 기의가 극적으로 성공했다. 그러나 기의 직후 호북군정부 정문 앞에 걸린 기는 청천백일기도, 황홍이

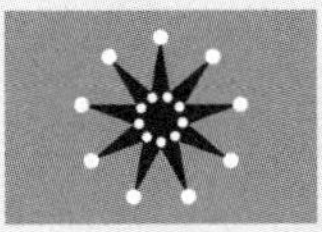

무창기의와 18성기(星旗)

1911년 10월 11일 무창기의 직후 혁명당인이 중화민국 군정부를 선포하고, 호북 군정부(軍政府) 문 앞에서 게양했다. 공진회의 지도자 유공(劉公, 류궁), 손무(孫武, 쑨우) 등은 문학사(文學社)로 연합해 반청기의를 준비하고 있었다. 유공이 무창중등공업학교의 학생 진뢰(陳磊, 천레이: 陳潭秋의 형) 등을 자기 집으로 불렀다. 그들은 기계제도(機械製圖)를 배웠기 때문에 유공은 그들에게 18성기를 그리게 하여 기의에 사용하기로 했다. 유공은 도안의 함의를 설명하기를 붉은 바탕과 검은 9개의 별은 '철혈(鐵血)'을 상징하는데, 이는 혁명에 반드시 무력을 사용해 철혈로 "구제달로 회복중화(驅除韃虜 恢復中華)"를 이루겠다는 뜻이며, 별 안과 외곽의 18개의 황금색 둥근 별은 19개 행성을 상징한다. 황색은 황제(黃帝)의 자손을 표시하여 민족대단결의 혁명을 의미한다(王曉華, 「中華民國國旗之爭」, ≪世紀≫, 2002.3, p.25).

주장했던 정자기도 아닌 '18성기(星旗)'였다. 18성기는 1911년 5월 호북 혁명 단체 공진회(共進會)가 도안한 기치였다. 그러나 무창기의 후 런던을 경유해 귀국하던 손문은 교민들에게 공화국의 기치는 청천백일기라고 언명하고 있다.[25] 그러나 귀국 후 임시대총통에 취임하기 위해, 1912년 1월 1일 손문이 상해를 출발해 남경(南京)의 양강(兩江) 총독부에 도착했을 때, 문에 걸려 있는 것은 청

25 10월 하순 손문은 뉴욕을 떠나 영국 런던에 도착해 유명한 사보이 호텔에 투숙했다. 런던의 중국 거류민들이 손문에게 국기 제작을 청하자, 손문은 青天白日滿地紅이라고 하며 손수 청천백일의 모습을 그려주고, 그 길이와 폭도 적어주었다. 50폭의 기가 만들어져 이틀간 차이나타운에 걸렸다. 羅家倫 主編, 黃季陸 增訂, 『國父年譜』 上, 1911年 10月 下旬, (臺北: 中國國民黨中央委員會黨史史料編纂委員會, 1969), p.379[『國父年譜(增訂本)』 上·下는 이하 『國父年譜』].

오색기(五色旗)

오색은 홍(紅)·황(黃)·남(藍)·백(白)·흑(黑)으로, 한(漢)·만(滿)·몽(蒙)·회(回)·장(藏)족이 전통적으로 좋아하고 중시하던 색이다. 따라서 오색기는 '오족공화(五族共和)'를 의미한다. 오색기는 중화민국 건국 초기에 집정한 남경(南京, 난징)임시정부와 북양정부가 채택했던 국기이다. 손문 사후 1925년 광주에 건립된 국민정부는 오색기 대신 '청천백일만지홍'기를 국기로 결정했다. 이후 북벌이 완성된 후에도 동북에서는 오색기가 여전히 국기였으나, 1928년 12월 장학량(張學良, 장쉐량)이 이른바 '동북역치(東北易幟)'를 단행하여 오색기 대신 '청천백일만지홍'기를 게양함으로써, 오색기는 역사에서 사라지게 되었다. 왼쪽 사진은 1912년 원단에 중화민국의 성립이 선포되자 이를 경축해 상해 남경로(南京路)에 오색기를 내건 모습이다.

천백일기도, 정자기도, 18성기도 아닌 오색기(五色旗)였다.[26] 1월 10일 임시참의원은 오색기를 중화민국 국기로 의결하고 임시대총통 손문에게 반포를 요청했다. 손문은 오색기를 '트집' 잡아 '거부'했다. 그러나 1912년 3월 10일 참의원은 오색기를 국기로, 18성기를 육군기로, 청천백일기를 해군기로 결정하자 북경정부가 이를 공포했다.[27]

1911년 10월 11일 혁명당인은 중화민국군정부를 선포했다. 상술했듯이 군정부 문 앞에는 대형 '18성기' 두 개가 걸렸다. 손문의 위상은 창립된 중화민국 내에서뿐만 아니라, 혁명파 내에서도 마찬가지로 흔들렸다. 무창기의에 성공한 혁명파들은 「혁명방략」을 따르지 않았다. 현실적 상황이 손문의 기존 「혁

26 王曉華, 「中華民國國旗之爭」, p.25.
27 같은 글, pp.24~25.

명방략」은 물론이고, 「동맹회 혁명방략」을 수행할 수 없게 하는 측면도 있었으나, 그보다는 「혁명방략」이 혁명파 모두에게 수행해야 할 '지침'으로 받아들여지지 않았기 때문일 것이다. 무창봉기 이후 혁명의 진행에 대해 손문은 불만을 품고 있었다.

> 우리 당의 책임은 민족주의로 끝나는 것이 아니라, 실로 민권주의와 민생주의가 다 함께 완성되어야 하는 것이므로 전자는 그 시발점이요, 후자는 그 궁극을 이루는 것이다. …… 우리 당의 동지는 각지로 흩어져 혹은 벽지에 있거나 혹은 바다의 한 모퉁이에 떨어져 있으니 산천이 가로막혀 서로 소식을 교환할 수가 없다. 그 때문에 의견이 통일되지 못하고 의론이 천만 가지로 갈라지고 있다. …… 임시정부를 조직할 때는 특히 그 화근이 심대했다. …… 우리 당은 목적을 광익(廣益)에 두고 훌륭한 인물을 망라하여 그 힘을 크게 발휘케 해야 한다. 그러나 반드시 먼저 스스로 결합하여 동지들이 깨뜨려지지 않도록 단결할 필요가 있다. 세력이 강해지면, 부합하는 자가 실로 많아질 것이다. …… 이것이야말로 본회의 개조와 우리 당의 연합이 급선무이며, 더 이상 방치할 수 없는 이유이다. 또한 우리 당의 비겁자들은, 혁명군이 일어났으니 혁명당은 사라져야 한다는 설을 주장하고 공공연하게 신문지상에 싣고 있는 실정이다. …… 일고의 가치조차 없는 유생들의 잠꼬대라고 하겠다. …… 우리 당은 삼대주의를 표방해 민족에서 민권, 민생에 이른다. 그 진행에 때로 선후가 있으나 원만한 국가를 조성하고 그로써 초지를 달성하려고 하면 이 삼대주의를 완전히 관철해야 한다. 즉 우리 당의 책임은 민족주의에서 끝나는 것이 아니라 민권, 민생의 두 주의를 함께 완수함으로써 끝난다는 것은 의심할 여지가 없다.[28]

무창기의의 성공이 혁명의 완수라고 생각하고, 섣불리 다른 세력을 끌어들

28 「中國同盟會意見書」(1911.12.30), 『孫中山全集』 1, p.577.

中華民國臨時約法

중화민국임시약법(中華民國臨時約法)
1912년 3월 11일 참의원이 '중화민국임시약법'을 심의해 통과시키자, 같은 날 대총통이 공포했다. 총 7장 56조로 되어 있는 이 '중화민국임시약법'은 민국 원년의 약법으로, 헌법과 같은 효력을 지녔다. 훗날 외친 '호법'이란 이 민국 원년의 약법 체제를 지키자는 것을 뜻한다.

여 혁명당을 포기하려는 것에 대해 손문은 크게 반발했다. 무창기의의 성공은 단지 민족주의의 완성일 뿐 이제 민권주의를, 즉 공화제를 완성시켜야 한다는 것이다. 공화제로 가는 길에 대해서도 손문은 나름의 약법정치를 주장했었고, 동맹회는 세 단계의 「혁명방략」을 제시했었다.

그러나 1912년 3월 '중화민국임시약법(中華民國臨時約法)'이 제정되었다. 이 약법에 의하면 인민은 선거 및 피선거권을 갖으며(제12조), 인민의 선거를 통해 국회가 조직되고, 국회는 중화민국의 헌법을 제정한다(제54조)고 규정하고 있다.[29] 이어 1912년 8월 '중화민국국회조직법(國會組織法)', '중의원(衆議院)의원선거법', '참의원(參議院)의원선거법' 등이 제정되었다. 12월에는 국회의원 선거가 실시되어 국민당이 제일당이 되었다.[30]

동맹회 이전 손문의 「약법」 및 「동맹회의 혁명방략」에서 본다면 '군법의 정치'와 '약법의 정치'를 뛰어넘어 곧바로 '헌법의 정치'로 넘어온 셈이고, 삼대주의(삼민주의)에서 본다면 민족주의와 민권주의를 달성하고 이제 민생주의의 실

29 「中華民國臨時約法」(1912.3.10), 中國第二歷史檔案館 編, 『中華民國史檔案資料滙編』 第2輯(江蘇古籍出版社, 1991), pp.107~108.

30 이에 대해서는 張憲文 外, 『中華民國史』 第1卷(南京大學出版社, 2006), pp.134~135; 田中比呂志, 『近代中國の政治統合と地域社會: 立憲·地方自治·地域エリ-ト』, 第8章(東京: 研文出版, 2010)을 참조.

행 단계로 넘어온 셈이다. 이런 '성급함'에 불만이던 손문도 '예상을 웃도는 목표 달성'(국회의원 선거에서 국민당의 승리)에 고무된 듯 「혁명방략」을 포기했다.

> 정당은 모두 국민복리를 전제로 하며, 정당들은 상호 형제처럼 대해야 한다. 문명 각국이 하나의 정당만을 갖고 있지 않음을 알아야 한다. **만약 하나의 정당만 있다면 이것이 바로 전제정체이어서, 정치는 진보할 수 없다.** 우리나라 황제 또한 성명(聲名)의 군주였으나 우리나라의 정치는 진보가 없고 독재의 폐만 있었다. 그러므로 이런 폐해를 막고자 하면 정당은 반드시 양당 혹은 여러 당이 있어 서로 감독하고 부조해야 정치가 비로소 진보할 수 있다. 그러므로 정당은 의견이 다르고 행위가 같지 않더라도 요지는 국민복리를 위함이다. 금일 5당 합병에 제군들 모두 이런 관념을 가져야만 민국의 전도에 영원히 위험이 없을 것이다. 우리 동맹회가 본래 주장하는 바에 세 가지 주의가 있으니, 하나는 민족주의요, 둘은 민권주의요, 셋은 민생주의이다. **지금 민족, 민권은 이미 목적을 달성했으니, 오직 민생(民生) 문제만이 아직 해결을 기다리고 있다.**[31] – 강조는 인용자

혁명당이 존재할 이유를 찾을 수 없다. '혁명군이 일어났으니 혁명당은 취소되어야 한다'고 주장한 사람을 '우리 당의 비겁자'라고 비난했던 손문이, 스스로 혁명당의 존재를 부인한 셈이다. 민족주의와 민권주의의 목적이 달성되었으니, '군정'뿐만 아니라 '약법에 의한 국민의 도야'도 필요 없게 되었다. 손문은 스스로 임시대총통의 지위를 넘겨준 원세개에게, 혁명의 완성인 '헌법의 정치'를 기대했다.

> (무창기의 후) 남과 북이 싸울 때 원항성(袁項城, 즉 袁世凱)은 군주입헌을 표시해 우리의 의견과 부합하지 않았기 때문에 함께 일할 수 없었다. 후에 원(袁)이

31 「在國民黨成立大會上的演說」(1912.8.25), 『孫中山全集』 2, p.408.

원세개(袁世凱, 1859~1916)

하남 항성현(項城縣, 샹청현)인으로, '원항성(袁項城)'으로 불린다. 자는 위정(慰庭) 혹은 위정(慰廷), 호는 용암(容庵)이다. 1882년 조선에서 임오군란이 발생하자, 조선에 파견되었다. 이후 조선의 신군 훈련을 지도하는 등, 조선에서의 활동이 호평을 받아 조선의 명사들로부터 '원사마(袁司馬)'라는 칭호를 들었다. 1894년 7월 귀국 후 이듬해 신건육군독판(新建陸軍督辦)에 임명되었다. 1905년에는 북양군 6진을 편성하여 '북양군'의 총수령이 되었다. 1907년 군기대신 겸 외무부 상서가 되었으나 1909년 파면되었다. 1911년 무창기의 후 청 정부의 내각총리대신으로 임명되었다. 1912년 남북이 대립하자 원세개는 대립을 끝내기 위해 공화 지지를 선언하고, 2월 청 황제를 퇴위시켜 청조의 중국 통치에 종지부를 찍었다. 1912년 2월 15일 남경의 참의원들은 선거를 통해 원세개를 임시대총통으로 선출했고, 원세개는 3월 20일 북경에서 중화민국 대총통에 취임했다. 1913년 제1차 국회의원 선거에서 국민당이 승리한 뒤 국민당 이사장 송교인 암살 사건이 일어나 2차 혁명이 발발했다. 원세개는 2차 혁명을 진압한 후 국민당을 해산시키고, 1914년 「중화민국약법」을 공포해 내각제를 총통제로 바꾸는 등 전제를 강화했다. 제1차 세계대전이 발발하자 일본의 '21개조' 요구를 받아들였다. 이후 원세개는 총통제에서 황제제로 전환하고자 시도했으나, 격렬한 반대가 일어나 마침내 호국전쟁으로 발전하자 1916년 3월 제제를 취소했다. 그로부터 3개월 후 지병으로 사망했는데, 향년 57세였다. 사진은 임시대총통직을 손문으로부터 계임받은 것을 기념해 찍은 것이다.

공화, 남북 통일에 찬성하여 원과 우리의 의견이 같아졌다. 남방의 인사들만은 오히려 (원세개의 공화 주장은) 진의에서 나온 것이 아니며, 민국은 거짓 공화라고 보았지만, 나는 그것이 (원세개의) 진심에서 나온 것이라고 보았다. 정견(임시대총통을 원세개에게 이양한다)을 선포한 후에도 후회의 여지는 없다. 대장부가 일을 함에 서로 믿을 수 있으면 이에 행하는 것이다. …… 내가 북경에서 원 총통과 대화를 나눌 때 국가의 대정책을 토론했고, 또한 세밀한 데까지 들어갔다. 그러므로 나는 원의 사람됨을 믿으며, 아주 시원시원하고, 두뇌 또한 아주 청초하다는 것을 알았다. 천하의 일을 보는 눈이 고루 명철하고 사상 또한 아주 참신하다. 그러나 일을 하는 수완은 조금 구식이다. …… 그러나 민국을 다스리고자 하면 신사상, 구경륜, 구수단을 모두 갖추지 않으면 안 되니, 원 총통이 적당하다. 그러므로 내가 원항성을 추대한 것은 결코 오류가 아니다. 모르는 사람들이 원 총통이 제제(帝制)의 뜻을 갖고 있다고 의심하나 살펴보건대 그러하지 아니하다.[32] – 괄호는 인용자

'혁명의 완성'을 기대하며, 손문은 정치를 떠나 '건설'(주로 철로 건설)을 위해 국내외를 분주히 오갔다. 그러나 손문의 기대와는 정반대로 정국이 진행되었다. 손문의 믿음과는 달리, '모르는 사람들'이 말한 대로 원세개의 공화 주장은 진의가 아니었으며, 원세개는 황제의 뜻을 갖고 있었다.

5. 1·2차 혁명의 실패 원인

원세개의 전제정치, 나아가 군주제로의 회귀 가능성 때문에 2차 혁명이 일어났지만, 원세개의 탄압으로 손문을 비롯한 국민당 지도자들은 일본으로의 망명길에 올랐다. 천신만고 끝에 1913년 8월 9일 일본 고베(神戶)에 도착했다. 얼마 전만 해도 그토록 요란하게 환영하던 일본이었건만(뒤에 상세히 서술), 이제는 일본을 떠나라는 소리까지 들어야 했다.[33] 8월 18일 어렵사리 도쿄에

32 「在上海國民黨歡迎會的演說」(1912.10.6), 『孫中山全集』 2, pp.484~485.
33 이날 밤 兵庫縣 知事가 손문에게 와서 "일본에 오래 머무는 것은 上策이 아니다"라며 선생

도착한 후 도야마 미쓰루(頭山滿)의 배려로 겨우 거주지를 마련하게 되었다.[34] 그사이 국내에서는 2차 혁명이 종결되었다. 망명자들 사이에 패배 분위기가 그득하던 일본에서, 손문 특유의 '혁명에 대한 불굴의 의지'가 힘을 발휘했다. 일본으로 도망 나온 지 두 달도 채 되지 않은 9월 27일 손문은 중화혁명당을 만들고 당원 다섯 명을 받아들였다.[35] 국민당이 아닌 '중화혁명당'을 조직한 이유는 무엇일까. 일찍이 동맹회 시절 거듭되는 봉기의 실패 과정에서 손문은 당원들로부터 비판받았고, 심지어는 공개적으로 모멸을 당하기도 했다. 이에 손문은 동맹회와는 다른 자신만의 당을 만들어 '중화혁명당'이라 명명한 것이다.[36] 이번에도 국민당이 아닌 중화혁명당이었으니, 어찌 보면 손문은 동맹회 이후 1, 2차 혁명까지의 실패 원인을 나름대로 분석해 새로운 조직을 만든 것이다.

그렇다면 당시 손문은 혁명의 실패 원인을 무엇이라 파악한 것일까? 그동안 많은 연구자들에 의해 신해혁명의·실패 원인이 구명되어왔다. 신해혁명 이후 100년 이상이 지난 오늘날의 연구자들이 제기하는 실패 원인과 손문이 제기하는 실패 원인을 비교해보는 것도 의미 있는 방법일 것이다. 신해혁명에 대한 많은 연구를 종합해 신해혁명의 실패 원인을 명쾌하게 정리한 국내 연구자의 글을 빌리기로 한다.[37]

첫째, 동맹회는 통일적인 혁명 정당으로서 많은 약점이 있었다. 사상적인 면

에게 일본을 떠날 것을 촉구하자, 손문은 "중국 남방의 형세는 아직 회복의 희망이 있기 때문에 일본에 잠시 거주하며 중국의 시국을 관찰한 연후에 자신의 진퇴를 결정하겠다"라고 답했다. 知事가 협박하며 말하기를 "만약 당신이 일본을 이웃 나라 감시의 책원지로 삼는다면 자연히 곤란을 초래할 수 있으니, 충분히 주의하기를 청한다"라고 경고했다.「兵庫縣知事致牧野外務大臣電」(1913.8.15), 兪辛焞 外 譯,『日本外務省檔案 孫中山在日活動密錄(1913.8~1916.4)』(天津: 南開大學出版社, 1990), p.3(이하『孫中山在日活動密錄』).

34 乙秘1180(1914.8.18), 乙秘1190(1914.8.19),『日本外務省檔案』, pp.5~6.

35 『國父年譜』上, 1913.9.27, pp.539~540.

36 손문은 신해혁명 전에 '중화혁명당'을 두 차례 조직했는데, 이에 대해서는 張篤勤,「辛亥革命前孫中山兩次組建中華革命黨論析」, ≪武漢大學學報≫, 64-4(2011) 참조.

37 김형종,「신해혁명의 전개」, 서울대동양사학연구실 편,『강좌중국사』6(지식산업사, 1989).

장병린(章炳麟, 章太炎, 1868~1936)

절강 여항(余杭, 위항)인으로 자는 매숙(枚叔), 호는 태염(太炎)이다. 후에 이름을 병린으로 바꾸었다. 1897년 ≪시무보(時務報)≫ 찬술을 담당하다가 체포되었다. 일본으로 망명했다가 1903년 혁명 활동으로 투옥되었다. 1904년 채원배 등과 광복회(光復會)를 발기했으며, 1906년에는 일본으로 건너가 동맹회에 참가하며 기관지 ≪민보(民報)≫를 주편했다. 1911년 상해가 광복을 맞은 후 귀국해 ≪대공화일보(大共和日報)≫를 주편을 맡았으며, 손문이 임시대총통으로 있을 때 총통부 추밀고문을 담당했다. 통일당(統一黨)에 참가해 "혁명군이 일어났으니 혁명당은 소멸되어야 한다"는 언론을 산포했으며, 1913년 송교인 피살 후 토원에 참가해 투옥되었다가 원세개 사후에 석방되었다. 1917년 소주(蘇州, 쑤저우)에서 장씨국학강습회(章氏國學講習會)를 설립해 교육에 종사했다. 1935년에는 소주에서 장씨국학강습회(章氏國學講習會)를 주지하며, 잡지 ≪제언(制言)≫의 주편을 지냈다. 만년에는 일본의 중국 침략에 분개해 항일 운동에 찬조했으며, 1936년 병으로 세상을 떠났다.

을 보더라도 손문이 제시한 삼민주의의 수용에 회원 간에 많은 편차가 있었고, 회원 간에도 국수주의, 무정부주의 등 다양한 사상적 경향이 존재하면서 그 통일성을 가로막고 있었다. 또한 조직 면에서 동맹회 회원은 본부의 통제를 거의 받지 않은 채 자유 활동을 하는 등 조직 자체가 통일성과 강제력 면에서 매우 느슨했다.[38]

이런 현상은 무창봉기 이후에도 나타났으니, 혁명파는 일단 청조에 반대하고 공화 혁명에 찬성하기만 하면 구관료이건 입헌파이건 간에 모두 받아들여 합작했다. 이러한 혁명파의 이론적 인식의 한계는 결국 혁명에서 핵심적인 과제인 권력 장악에 실패(이것이 바로 혁명의 실패로 직결된다)라는 결과를 낳았을 뿐 아니라, 그들 중 일부는 혁명파에서 이탈해 구입헌파나 구세력과 행동을 같이 하는 방향으로 나가는 등 혁명파 자체의 분화를 초래했다.[39]

38 김형종, 같은 글, 143쪽.
39 김형종, 같은 글, 160쪽.

남경임시정부의 수립에도 혁명군 내부는 통일적인 모습을 거의 보여주지 못하고 있었다. 이미 1911년 12월 초 "혁명군이 일어났으니 혁명당은 취소되어야 한다"고 주장하며 동맹회의 해산을 요구했던 장병린(章炳麟, 장빙린)은, 1912년 1월 3일 이에 호응하는 구입헌파계와 연합해 중화민국연합회를 결성함으로써 동맹회와 결별·대립하는 자세를 보였다. 또한 임시정부의 구성에서 거의 배제당한 수의(首義) 지구 호북(혁명이 발생한 지역)의 혁명파들도 여원홍(黎元洪, 리위안훙)을 앞세워 민사(民社)를 조직해 남경 측에 대항하는 등 구혁명파, 입헌파, 관료 등의 새로운 이합집산에 의한 정계 재편과 혁명파의 분화 현상이 활발하게 진행되고 있었던 것이다. 이뿐만 아니라 동맹회로 다시 결집한 혁명파도, 1월 22일의 남경대회에서 나타난 것처럼, 혁명 수행을 위한 비밀 조직으로서 동맹회를 계속 유지시킬 것인지 아니면 공개적인 정당으로 개조할 것인지에 대해서도 의견이 분분했으며, 총통제와 내각제, 중앙집권과 지방분권 등 통치의 기본 방침에 대해서도 의견의 정리가 이루어지지 않고 있었다.[40]

둘째, 혁명군 측은 북벌 전쟁에 의한 청조의 타도를 포기하고 원세개에게 의존하는 정치적 타협을 꾀했다.[41]

셋째, 혁명군 측의 개혁 조치는 매우 제한된 효과밖에 거둘 수 없었는데, 이는 재정 면에서 열강의 세관 수입 동결로 재원이 막힌 데다가, 지방 각 성으로부터도 그다지 재정적인 지원을 받지 못했기 때문이다.[42] 특히 남경임시정부가 정식 정부로서의 승인을 요청했으나 열강이 이를 거부하여 혁명군 측의 중요한 재정 수입원으로 이용될 수 있는 세관의 수입마저 봉쇄하는 등 남경임시정부를 외교적 고립 상태로 몰아넣고 있었던 것은 혁명군 측의 입지를 더욱 제한시켰다.[43]

넷째, (동맹회 성립 이전) 손문을 포함한 혁명파는 국내의 대중적인 선전이나 조

40 김형종, 같은 글, 167쪽.
41 김형종, 같은 글, 163쪽.
42 김형종, 같은 글, 166쪽.
43 김형종, 같은 글, 168쪽.

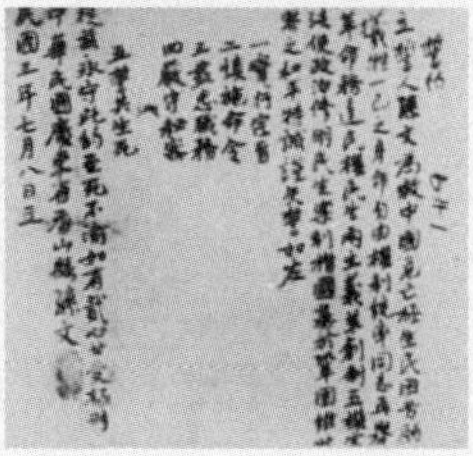

손문이 작성한 서약서

「중화혁명당 총장」 제7조는 "무릇 본당에 들어온 자는 반드시 자신의 신명, 자유, 권리를 희생해 혁명의 성공을 도모하는 것을 조건으로 하는 입약 선서를 하며 영구히 준수한다"라고 규정하고 있다.

직을 거의 고려하지 않은 채 소수의 무장 세력을 해외로부터 '수입'해 봉기를 일으킴으로써 국내에서의 호응을 기대하는 군사적 모험주의의 성격이 강했다는 점, 대부분의 경우 무기와 자금, 인원을 해외로부터 반입할 때 수반된 장애가 봉기의 실패에서 결정적인 비중을 차지했다는 점, 봉기의 주력으로 삼은 회당(會黨), 유용(游勇) 등이 금전이나 투기에 유혹되어 모집된 것이어서 규율이나 전투력이 결여되고 이들과의 연락도 대부분 그 상층부에만 한정되었다는 점 등이 일반적으로 지적되고 있다.[44] 이런 현상이 나타난 것은 동맹회를 중심으로 한 혁명파 또한 국민적 대중운동에 대체로 소극적인 반응을 보였기 때문이다.[45]

다섯째, 제국주의 내지 당시의 국제적인 정세에 대한 혁명파의 환상 또는 지나친 낙관을 들 수 있다. 즉 반식민적인 중국의 국제적 위치를 어떻게 개선하겠다는 의사나 방침이 전혀 없었다.[46]

첫 번째로 지적된 '동맹회의 통일성 결여'에 대해 살펴보자. 손문도 혁명의 실패 원인을 통일성을 갖추지 못한 혁명 정당에서 찾았다. 손문은 이를 극복하기 위해 중화혁명당의 영수인 자신에 대한 절대복종을 통해 조직과 사상의 통일을 이루고자 했다. 먼저 복종의 증거로 입당 시 '절대복종 선서'와 서약서, '지

44 김형종, 같은 글, 141쪽.

45 김형종, 같은 글, 154쪽.

46 김형종, 「신해혁명에서의 반제문제의 인식과 실천: '혁명과분론'과 혁명파의 대응」, ≪동양사학연구≫, 제30집(1989).

장 날인'을 요구했다. 그러자 이에 대한 반발이 불거졌다. 황흥은 "손(孫) 선생에 복종하며 다시 혁명을 일으킨다"라고 서약 내에 쓰는 것은 한 개인에게 복종하는 것이고 한 개인을 도와 혁명을 하는 것과 같으며, 서약 내에 지장을 찍는 것은 범죄인의 공소장과 같으니, 전자는 불평등하고 후자는 지나치게 모욕적이라고 지적했다. 이에 대해 손문은 다음과 같이 답했다.

> 과거 혁명이 실패한 가장 큰 원인은 바로 영수(領袖)의 명령에 복종하지 않은 데 있다. 우리가 혁명에 성공하려면 이후 당 내의 일거일동을 영수에게 지도받고 전체 당원이 복종해야 한다. 누가 영수가 되느냐는 다른 문제이다. 가령 황 선생(황흥) 당신이 영수가 되고자 한다면 우리는 서약 내에 "황 선생에 복종한다"라고 명확히 쓸 것이며, 나 개인도 물론 당신에게 복종한다고 서약할 것이다. 만약 당신이 영수가 되고 싶지 않아 내가 영수가 된다면, 그러면 당신은 나에게 복종해야만 한다. 서약상 지문을 찍는 것은 혁명에 가입한다는 결심을 완전히 표시하는 것이지, 굴욕을 주려는 뜻은 결코 없다.[47]

중화혁명당을 조직한 후, 손문은 그동안 자신을 꾸준히 도와주었던 남양의 동지들에게 신당 조직의 이유를 다음과 같이 알렸다.

> 작년에 이곳(도쿄)에 오자마자, 다시 새롭게 당을 재건하기로 하고 권토중래해 동지들과 비밀 조직을 만들었다. 이전 **산만함과 불통일의 병폐**를 감안해, 이번 입당(立黨)에는 당수의 명령에 복종하는 것에 특히 주안점을 두었다. 아울러 모두 서약서를 써서 생명, 자유, 권리를 희생하고, 명령에 복종하고, 직무에 충실하며 생사를 함께할 것을 선서하도록 했다. 이미 500~600명을 얻었는데 모두 다 아주 믿을 만한 동지들이다. …… 곧 장정과 새로운 혁명방략을 만들 것이

47 「與黃興的談話」(1914年 春), 邱捷 外 編, 『孫中山全集續編』 第2卷(北京: 中華書局, 2017), p.5.

다. …… 이전 분붕(分崩)의 모습은 모두 이미 사라졌다. 금후 거사는 과거의 전철을 밟아서는 안 되니, 나 한 사람의 통솔하에 두려고 한다. …… 이번 조직에서 **나 한 사람에게 반드시 복종을 서약해야 하는 이유는, 원래 제1차 혁명과 제2차 혁명 때에 당원들이 모두 독단으로 행동하고, 각기 옳다며 통일이 없었기 때문이다.** 이로 인해 세력을 잃고 시기를 놓친 것이 적지 않았다. 식자가 우리 당의 패배를 논함에 산만 탓으로 돌리는 것은 정말 맞는 말이다. 예컨대 남경정부 때 나는 총통이 되었으나 허수아비와 같아, 무엇 하나 주장할 수 없었다. …… 2차 혁명 전 '송안(宋案)'이 발생했을 때, 나는 당장 개전(開戰)을 주장했으나 극강(克强, 황흥)이 허락하지 않고 시일을 끌다가 개전이 늦어져 결국 패했다. 복종과 통일이 이루어지지 않으면 패배하지 않을 수 없음을 알 수 있다.[48] – 강조는 인용자

앞에서 살펴본 것처럼 중화혁명당을 조직해 첫 번째로 받아들인 다섯 명의 가입자 중 1명인 왕통(王統, 왕둥)의 입회 서약은 다음과 같다.

입서인(立誓人) 왕통은 중국의 위망을 구하기 위해, 민생의 곤고(困苦)를 구제하기 위해, 원컨대 자신의 생명, 자유, 권리를 희생하고 **손(孫) 선생을 따르며** 다시 혁명을 일으켜 **민권, 민생**의 양 목적을 힘써 달성한다. 아울러 **오권헌법(五權憲法)**을 창제해 정치로 하여금 맑게 하고, 민생을 복리하며 나라의 기초를 공고하게 만들며 세계의 화평을 유지케 한다. 특히 삼가 다음과 같이 선서한다. 1. 종지(宗旨)의 실행, 2. 명령에 복종, 3. 직무에 충실, 4. 비밀 엄수, 5. 생사를 함께하며, 이후 이 약속을 영원히 지키며, 죽을 때까지 변치 않는다. 만약 다른 마음을 가지면 극형을 감수한다. 중화민국 절강성(浙江省, 저장성) 영가현(永嘉縣, 융자현) 왕통 친필(지인) 민국 2년 9월 27일(중화혁명당 당부 인장).[49] – 강조는 인용자

48 「致南洋革命黨人函」(1914.4.18), 『孫中山全集』 3, pp.81~82.

49 「誓約元件」 및 「中華革命黨黨員名册」, 『國父年譜』 上, 1913.9.27, pp.539~540. 1914년 7월 8일 손문은 중화혁명당 총리에 취임하며 스스로도 서약서를 썼는데, 왕통이 쓴 서약

서약의 내용으로 보면 혁명의 목적은 '민권, 민생주의의 실현', '오권헌법의 창제'임을 알 수 있다. 그런데 "자신의 목숨, 자유, 권리를 희생하고 손 선생을 따른다", "명령에 복종한다", "생사를 함께한다"라는 글귀에서 비밀결사적 분위기를 물씬 풍긴다. 여하튼 손문이 혁명의 실패 원인을 영수, 즉 손문 자신의 명령에 복종하지 않은 탓으로 돌리는 데는 나름의 이유가 있었다. '선서와 지문' 문제는 황흥만 제기한 것이 아니었는데, 그때 손문의 해석이다.

> (선서를 해야 하는 이유는) 첫째, 혁명에는 반드시 유일한(숭고하고 위대한 - 원문) 영수가 있어야 하며 ……, 둘째, 혁명당은 오합지졸이거나 영수를 다투어서는 안 되며 반드시 유일한 영수하에서 절대복종해야 하고, 셋째, 나는 전제를 전복하고 공화를 건립하는 데 가장 먼저 실행한 자이다. **만약 나를 떠나 공화를 말하고, 민주를 말하는 것은 목적과 행위가 서로 상반되는 것과 마찬가지이다.** 충심의 혁명 동지라면 '개인에 대한 복종'이라는 관점을 가져서는 안 된다. 이런 생각은 잘못이다. 나는 혁명 목적을 관철하기 위해 혁명 동지들에게 나에 대한 복종을 요구한다. **나는 절대적으로 동지들에 대해 책임지며 결코 동지들을 전제의 길로 영도하지 않을 것이다. 넷째, 동지들이 다시 혁명을 하려면 나에게 복종하지 않으면 안 된다.** 나는 혁명을 독단하지 않았으며 필생 동안 국민혁명에 힘을 다했다. **혁명 도리에 대해 정확한 인식과 투철한 견해가 있다. 「혁명방략」에 대해 적절한 대책이 있다.** …… 나 이외에 혁명의 지도자는 없다고 감히 말할 수 있다. …… (지장을 찍는 이유는) 첫째, 믿음을 밝히고 ……, 둘째, 성실을 증험하고 ……, 셋째, 희생을 중시하며, …… 넷째, 단결을 명확히 보여주기 위함이다.[50] - 강조는 인용자

서와 거의 같은 내용이지만, "손 선생을 따르며" 부분이 "동지를 통솔하며"로 되어 있다. 『國父年譜』 上(1914.7.8), p.554.

50 居正, 「中華革命黨時代的回憶」, ≪近代史資料≫, 總61號(中國社會科學出版社, 1986), pp.35~36.

공화 건설을 위해 이제까지 진행된 역사로 보나, 앞으로의 공화 건설을 위해 보나 '정확한 인식과 투철한 견해 및 올바른 혁명방략'을 지닌 지도자는 자신뿐이기 때문에 절대복종을 요구한다는 주장을 '독재자'의 일면으로 보기보다는, 이제까지 전제를 전복하고 공화를 건립해왔으며, 앞으로 결코 전제의 길로 가지 않을 것이며, 혁명을 독단하지 않고 필생 국민혁명에 다하겠다는 언명에서 볼 수 있듯이 1, 2차 혁명의 실패에서 기인한 것으로 보아야 할 것이다. 그렇다면 손문이 자신한 「혁명방략」은 어떤 것인가?

6. 중화혁명당의 「혁명방략」

1913년 9월 중화혁명당을 만들어 처음 당원을 받았고, 1914년 4월 초에는 「중화혁명당 혁명방략」을 만들어 배부했다.[51] 6월 16일 중화혁명당 간부에 대한 인선이 이루어졌고,[52] 6월 21일에는 당원 47명(혹은 48명)이 모여 당원대회를 열어 진기미(陳其美, 천치메이)가 「중화혁명당총장(中華革命黨總章)」의 각 조항을 상세히 설명했다.[53] 다음 날 총리의 선거도 행해져 손문이 중화혁명당 총리로 당선되었다.[54] 7월 8일 손문은 총리 취임과 동시에 「중화혁명당 총장」을 공포했다.[55] 이미 4월 초에 만들어진 「중화혁명당 혁명방략」은 9월부터 12월까지 17차례의 토론회를 거쳐 완성되었다.[56] 「중화혁명당 총장」과 「중화혁명당 혁명방략」이라는 명칭에 어울리지 않게 서로 바뀐 내용도 있어,[57] 두 문건을 묶

51 乙秘746(1914.4.8), 『孫中山在日活動密錄』, p.632.

52 總務部長 陳其美, 黨務部長 田桐, 財政部長 張人傑, 軍事部長 柏文蔚, 政事部長 胡漢民.

53 乙秘1123(1914.6.22) 『孫中山在日活動密錄』, p.632.

54 邵元冲 口述, 許師愼 筆錄, 「中華革命黨史略」, pp.50~51.

55 鄒魯, 『中國國民黨史稿』 上, p.154.

56 토론 과정에 대한 기록은 「中華革命黨議事錄」, ≪近代史資料≫, 總61號(中國社會科學出版社, 1986)을 참고.

중화혁명당

송교인의 피살로 시작된 2차 혁명이 실패하자, 원세개의 탄압을 피해 많은 혁명가와 단체가 일본으로 망명했다. 손문은 일본 도쿄에서 일반 정당인 국민당을 대신해 혁명당인 중화혁명당을 조직했다. 중화혁명당을 조직하면서 많은 혁명가들과 갈등을 겪었다. 한편 손문은 중화혁명당을 조직하면서 혁명당의 혁명 전략인 「혁명방략」을 함께 마련했다. 사진은 1914년 중화혁명당 성립 당시 지도부의 모습이다. 앞 줄 오른쪽부터 전동(田桐, 톈퉁), 요중개(廖仲愷, 랴오중카이), 거정(居正, 쥐정), 호한민, 손문, 진기미, 허숭지, 정학년(鄭鶴年, 정허녠), 등갱(鄧鏗, 덩겅)이며, 두 번째 줄 왼쪽에서 네 번째가 영무(寧武, 닝우)이다.

어서 볼 수밖에 없다. 이제 「동맹회 혁명방략」과 비교하며 살펴보자. 먼저 손문은 「혁명방략」, 즉 혁명의 단계론에 따라 혁명을 진행하지 않은 것이 혁명 실패의 원인이라고 지적한다.

민국 창건 초기에 나는 「혁명방략」의 시행을 극력 주장했고, 혁명 건설의 목적을 달성하여 삼민주의 정치의 실현을 기했으나 우리 당의 많은 인사들은 입을 모아 이것은 불가하다고 했다. 나는 이에 굴하지 않고 몇 번이고 이를 설명하고 혹은 논박했으나 성과를 거두지 못했다. 그리고 사람들은 나의 이상을 너무 높다고

57 예를 들면 「동맹회 혁명방략」에 들어 있는 '3단계 혁명단계론'이 「중화혁명당 총장」에 들어 있다.

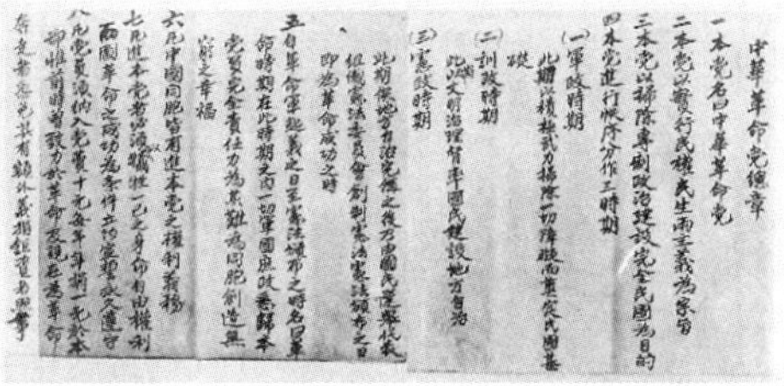

「중화혁명당총장」
1914년 7월 8일 도쿄의 쓰키지 세요켄(築地精養軒)에서 중화혁명당 성립대회를 거행할 때 공포되었다. 총 39개조로 이루어진 '총장'은, 혁명의 질서로 '군정 - 훈정 - 헌정'의 세 단계를 제시하고 있다.

단정했지, 행이지난(行易知難: 행하기는 쉬우나, 알기는 어렵다)을 인정하는 사람이 없었다. 오호라, 어찌 나의 이상이 높기 때문이라고 하는가. 당시 당원의 지식이 저급했기 때문이 아닌가. …… (원세개에게 총통을 이양하지 않고) 내가 총통의 자리에 있었다 해도 당원 대부분은 혁명의 성공 후에 혁명의 서약을 지키지 않고, 영수의 주장에 따르지 않았을 것이다. 그런 까닭에 혁명당으로써 중국을 통일하는 것도, 혁명의 건설을 실현하는 것도 불가능했을 것이다.[58] - 강조와 괄호는 인용자

무창기의 후 구체적으로 「혁명방략」에 따라 혁명을 진행해야 한다고 하지는 않았지만, 혁명은 민족주의의 달성(무창기의의 성공)으로 끝나는 것이 아니라 민권과 민생주의까지 관철해야 하기 때문에 혁명당의 역할이 계속되어야 한다고 주장했음은 상술한 바이다.[59] 그러나 '임시약법'의 제정과 국민당의 선거 승리 후 손문도 정당정치의 필요성을 강조했을 뿐 아니라 혁명으로 민족주의와 민권주의는 완성되었으니, 이제 민생주의만 남았다고 선언했음도 앞에서 본 바이다.[60] 상술한 것처럼 신해혁명 관련 연구들이 제시한 혁명의 실패 원인으로 '「혁명방략」의 불이행'을 거론하는 연구는 없는 듯하다. 반면 손문은 신해

58 「孫文學說: 行易知難(心理建設)」(1919年 春夏間), 『孫中山全集』 6, p.205.
59 「中國同盟會意見書」(1911.12.30), 『孫中山全集』 1, p.577.
60 「在國民黨成立大會上的演說」(1912.8.25), 『孫中山全集』 2, p.408.

혁명 이후 「혁명방략」에 따라 진행되지 못했기 때문에 혁명이 실패했다고 줄곧 주장했으며, 이는 그의 혁명에 큰 줄기를 이룬다.

손문이 자신한 '적절한 혁명방략'은 「혁명방략」이 아니라 「총장」에 제시되어 있으므로, 먼저 「총장」부터 살펴보자. 「총장」 제4조에는 「동맹회의 혁명방략」에 들어 있는 것과 비슷한 혁명의 세 단계가 다음과 같이 규정되어 있다.

> 제4조 본당은 다음 세 시기로 나누어 혁명을 진행한다.
>
> 1. 군정(軍政) 시기
>
> 이 시기는 적극 무력으로서 모든 장애를 일소하여 민국의 기초를 닦는다.
>
> 2. 훈정(訓政) 시기
>
> 이 시기는 문명치리(文明治理), 독솔국민(督率國民)으로 **지방자치**를 건설한다.
>
> 3. 헌정(憲政) 시기
>
> 이 시기는 지방자치가 완비된 후, 국민이 대표를 선거하여 헌법위원회를 조직하여 헌법을 창제한다. 헌법 반포일이, 즉 혁명 성공의 때이다.[61] - 강조는 인용자

이 세 단계를 「동맹회 혁명방략」의 세 단계와 비교하면 얼핏 비슷하다. 동맹회의 '군법의 정치'는 군대에 의해 그동안의 적폐를 일소하는 것이고, '약법의 정치'는 인민에게 지방자치권을 부여해 지방의회 의원 및 지방행정장관을 인민이 선거하는 것이며, '헌정의 정치'는 헌법을 제정해 군정부가 해제되고 대총통과 의원을 선거하는 것으로 혁명은 완성된다.

그러나 '군법의 정치'와 '군정'을 비교할 때 무력의 주체가 다르다. 전자는 혁명에 동조하는 각지의 기의군(起義軍)이다. 즉 "각지에서 혁명에 호응한 국민군이 일어나면 각 지역마다 1명의 도독을 두는데, 기의의 수령을 도독으로 임명

61 「中華革命黨總章」(1914.7.8), 『孫中山全集』 3, p.97(이하 「中華革命黨總章」).

하며", "이 도독이 군무의 전권을 소유하고, 일을 처리"한다. 물론 기의군이 동맹회 회원일 경우도 있지만, 기본적으로는 각지에서 혁명에 동조해 일어난 '동맹회와 관계를 갖지 않은' 기의군일 수도 있다. 후자에게도 독군의 지위를 부여함으로써 혁명을 수행할 수밖에 없는 상황이었고, 이들을 이후 조직되는 동맹회의 군정부가 통제하고자 했던 것이다.[62]

반면에 「중화혁명당 혁명방략」의 군정은 손문과 당에 절대복종하기로 서약한 혁명당인이 동심협력하여, "전제 정부의 타도, 완전 민국의 건설, 인민 생업의 계발(啓發), 국가주권의 공고"라는 혁명의 목적을 수행하는 것이다.[63] 즉 중화혁명당의 군사력에 의해 '모든 장애를 일소해 민국의 기초'를 닦는다는 것이니, 이른바 '이당치국(以黨治國)'이라고 할 수 있다.

다음으로 「혁명방략」은 "적극 무력으로 모든 장애를 일소"[64]한다고 명문화했다. 앞에서 설명했듯이 신해혁명 연구들이 지적하는 이른바 "혁명군 측은 북벌 전쟁에 의한 청조의 타도를 포기하고 원세개에 의존하는 정치적 타협을 꾀했다"라는 실패 원인과 연관해보면 「혁명방략」의 '적극 무력'은 신해혁명의 실패에서 도달한 결과이고, 특히 2차 혁명 때 자신의 '적극 무력'이 관철되지 않았기 때문에 나온 것이다.[65] 또 중화혁명당 창당 당시, 황흥이나 구사연구회(歐事研究會) 등이 '혁명의 유보'와 '원세개를 포함한 거국일치의 대외 저항(禦侮)'을 주장하는 데 대한 분명한 답변이기도 했다. 이후 '적극 무력'은 손문이 죽을 때까

62 각지에서 혁명에 호응해 일어난 기의군은 화남의 경우 주로 會黨 세력이었다. 즉 黃岡起義에서 河口起義까지는 군정부가 수립되지 못한 상태였기 때문에 베트남의 하노이에서 무장기의를 지휘하고 있던 손문 등 혁명파가 군정부의 역할을 대신하고 있었다. 따라서 손문 등 혁명파는 군정부 성립의 주체가 되는 것이고, 천지회 등 회당의 수령들과 회당 세력은 국민군의 도독과 군대인 셈이다. 이평수, 「20세기 초 중국의 공화혁명과 비밀결사」, 110쪽.

63 「中華革命黨革命方略」, 鄒魯, 『中國國民黨史稿』 上, p.163.

64 「中華革命黨總章」의 제4조, p.97.

65 손문은 중화혁명당을 조직하는 이유를 다음과 같이 설명한다. "2차 혁명 전 '宋案'이 발생했을 때, 나는 당장 開戰을 주장했으나 克强(황흥)이 허락하지 않고 시일을 끌다가 개전이 늦어져 결국 패했다." 「致南洋革命黨人函」(1914.4.18), 『孫中山全集』 3, pp.81~82.

지 변함없이 추진한 중요한 혁명 방법, 즉 북벌이었다.

다음으로 용어상의 변화를 보인 두 번째 시기에 대해 살펴보자. 동맹회의 '약법의 정치'에 해당하는 것이 '훈정'이다. 앞에서 설명했듯이 동맹회의 「혁명방략」은 '약법의 정치'의 기간에 "매 1현이 이미 군법을 해체한 후로, 군정부는 그 지방의 인민에게 지방자치권을 부여한다. 즉 지방의회의원 및 지방행정장관은 모두 인민이 선거한다"라고 규정했다. 중화혁명당의 「혁명방략」도 훈정기에 "지방자치를 건설한다"라고 규정하고 있지만, '지방자치'의 실체를 이해하기 위해서는 「중화혁명당 총장」 제11, 12, 13조를 살펴볼 필요가 있다.

> 제11조 혁명기의 전의 입당자는 수의(首義) 당원이라고 명한다. **혁명기의 후, 혁명정부 성립 이전**에 입당한 자는 협조(協助) 당원이라고 한다. 혁명정부 성립 후에 입당한 자는 보통(普通) 당원이라고 명한다.
>
> 제12조 **혁명성공의 날** 수의 당원은 모두 원훈공민이 되어 모든 참정, 집정의 우선 권리를 얻는다. 협조 당원은 유공공민으로 선거 및 피선거 권리를 얻는다. 보통 당원은 선진공민으로 선거 권리를 향유한다.
>
> 제13조 비당원은 혁명 시기에 공민 자격을 얻지 못한다. 헌법이 반포된 후에야 비로소 헌법으로부터 공민 자격을 획득할 수 있다. 헌법 반포 이후 국민은 일률적으로 평등하다.

시간의 흐름에 따르면, 기의를 일으킨 후 혁명이 성공하면 혁명정부를 수립한다는 것이다. 즉 훈정기의 주체는 혁명정부인 반면, 군정기의 경우는 군정부이다. 물론 혁명의 성공이 중국의 통일을 의미하는 것은 아니기 때문에 일정 지역을 장악해 군정이 순조롭게 이루어지면, 혁명정부를 건립한다는 구상이다. 군정기가 '이당치국'이라면, 훈정기는 '이당건국(以黨建國)'이라고 할 수 있다. 혁명정부란 임시정부이지만, 정식정부인 동시에 원세개의 북경정부를 부인하는 것이다. 이런 구상은 동맹회의 「혁명방략」과는 다르다. 동맹회의 「혁명방략」에 따르면 혁명 시기 즉 '군법의 정치'와 '약법의 정치' 시기에는 모두 군정부만 있을 뿐이며, '약법의 정치' 시기에도 군정부는 인민에게 권력을 이양해 지방자치를 돕는 기관이다. 혁명정부 = 임시정부 = 정식정부의 건립은 손문의 「혁명방략」에 중요한 관건으로 작용하게 되며, 혁명정부 건립의 시기도, 후에는 앞당겨진다. 이에 대해서는 뒤에 상세히 설명하겠다.

다시 세 단계의 시간적 구성을 보자. 먼저, 무력 봉기를 하기 전(혁명기의 전)의 시기가 있고(A), 기의를 일으켜 일정 지역(縣)을 장악하여 마침내 혁명정부 성립(혁명 성공의 날)까지의 시기가 있으며(B), 혁명정부가 성립한 후 전국을 장악해 헌법을 반포할 때까지의 시기(C)로 나눌 수 있다. 따라서 B의 시기가 군정기, C의 시기가 훈정기이고, C 이후의 시기가 헌정기가 되는 셈이다. A 시기의 입당자가 수의 당원, B시기의 입당자가 협조 당원, C 시기의 입당자가 보통 당원이 되고, C 시기에도 입당하지 않은 자는 비당원이다. 그리고 B와 C 두 시기가 혁명 시기이다(제5조). 이렇게 본다면 C 시기인 훈정기에는 A 시기에 입당한 수의 당원이 원훈공민으로 모든 참정, 집정의 우선 권리를 갖기 때문에 훈정기 점령 지역의 권력 기구의 핵심은 이들에 의해 구성되는 것이고, B 시기에 입당한 협조 당원은 일부 권력 기구에 입후보할 수 있으며, C 시기에 입당한 당원은 피선거권을 갖지 못하고, 비당원은 선거권이 없는 셈이다.

이렇게 본다면 총장 제4조의 '지방자치의 건설'은 동맹회의 '약법의 정치'와는 전혀 다르다. 즉 동맹회의 '약법의 정치'는 '지방의회 의원과 지방행정 장관을 선거하는 지방자치권을 지방 인민 모두에게 부여'하는 지방 단위에서의 실질적 공화제인 반면, 훈정기의 '지방자치 건설'은 상기의 과정을 통해 지방민이 지방자치를 도야하는 시기로 보아야 할 것이다. 이리하여 전국을 통일할 때쯤이면, 민주 시민으로서 자격을 갖춘 비당원을 포함한 전 인민이 지방자치를 행할 수 있게 되어, 대표를 선거하여 헌법위원회를 조직해 헌법을 창제함으로써 혁명은 완수되고 공화제도 완성되는 것이다. '약법의 정치'의 주체는 지방자치권에 의해 선거된 권력이고, 군정부는 이에 협조할 뿐이다. 반면 훈정의 주체는 혁명정부이고, 혁명정부에 의해 지방 인민은, 지방자치로 나아가는 과정 속에 지방자치를 완성하게 되는 것이다. 따라서 훈정은 동맹회의 '약법의 정치'가 아니라, 앞서 언급한 '동맹회 이전의 손문의 약법정치'와 정신상 같은 선상에 있다.

「중화혁명당 총장」에 대해 당내 토론에서도, 특히 훈정에 대해 많은 이의가 제기되었다. "굳이 훈정의 시기를 둘 필요가 있는가", "훈정은 황제 시대의 수작으로서 황제가 소백성을 가르치는 것이고, 혁명당은 황제가 아닌데 어떻게 훈정을 말할 수 있는가" 등의 이의가 제기되었다. 이에 손문은 "상(商)나라 때 이윤(伊尹)이 태갑(太甲)을 훈육해 좋은 황제로 만들었듯이, 오늘날 4억의 황제(인민)가 유치하여 친정할 수 없으니 혁명당이 이를 훈육해야 한다"라며 다음과 같이 설명하고 있다.

> 훈정을 경과하지 않고 곧바로 헌정으로 간다면, 그야말로 자신을 속이고 남을 속이는 것으로 민국을 건립할 수 없다. 과거 민국 원년 임시정부의 실패는 비록 말이 잡다하게 많았지만, 실제로는 우리 동지들이 동맹회의 정강 정책, 분기포치(分期布治)를 자신 있게 집행할 수 없었기 때문이다. 마치 모래 위의 집처럼. …… 그러므로 '2차 혁명'의 실패는 원세개가 우리를 타도한 것이 아니라 실제로는 우리 자신이 타도한 것이다. …… 이 훈정 시기는 혁명 시기 중 생략할 수 없는 과정으로, 혁명의 성패는 오로지 이 시기로 가늠할 수 있다.[66]

당원을 '수의 당원', '협조 당원', '보통 당원'으로 나눈 것에 대한 비판도 있었는데, 손문은 이에 대해 "신해혁명 후 정부가 성립되자 동맹회에 가입하는 것을 영예로 삼거나 이를 빙자해 허장성세를 부려 동맹회의 명예를 크게 손상시켰다. 이렇게 된 데는, 구별이 없었기 때문이다. 나는 이제 입당 당원에 대해 그 선후를 구별하고, 이로써 장려하며 또 당원 훈련의 깊은 뜻을 두고자 한다"라

66 居正, 「中華革命黨時代的回憶」, pp.38~39.

고 답변했다.[67] 신해혁명 후 동맹회, 그리고 국민당에 무분별한 입당으로 당이 통일적인 모습을 보여주지 못한 것에 대해 손문은 당원의 등급으로 당의 순수성을 지키고자 했다. 훈정은 중화혁명당 창당 시기에만 나왔던 일회성 「혁명방략」은 아니다. 손문은 죽을 때까지 혁명은 반드시 훈정을 거쳐야 한다고 일관되게 인식했다.

(1919년 봄) 이런 희망과 요구는 어떤 이론에 기초를 두고 있는가. 이것은 내가 실제 정치상의 과정으로서 과도 시기를 창안하여, 그 결함을 보완해 태풍의 위험에서 모면할 수 있도록 한 것이다. 그 과도 기간에는 약법정치를 시행하여 인민을 정치적으로 훈도하면서 지방자치를 실행하고자 했던 것이다. 애석하게도, 그 당시 나의 동지들은 그 중대 이유와 진의를 명백히 인식하지 못하고 내 주장을 받아들이지 않았다. 그리하여 다만 내가 말하는 약법의 이름만 받아들여 임시헌법을 정해 공화의 기초로 삼았다. …… 중화민국은 인민의 나라이다. …… 이제 주인이 된 것이다. …… 이것은 혁명이 성공하여 전제가 파괴된 결과이다. 이것은 우리나라 역사 이래 미증유의 변국이며, 하늘도 놀랄 만한 우리 민족의 장거이다. 그렇기 때문에 민국의 주인은 실로 낳은 지 얼마 되지 않는 갓난아이와 똑같다. 혁명당은 바로 이 갓난아이의 어머니이다. 이미 아기를 낳았으면 이를 양육하고 이를 교육하고 그리하여 혁명의 책임을 다하지 않으면 안 된다. 「혁명방략」에 훈정 시기가 있는 것은 이 때문이며, 갓난아이인 이 주인공에게 정치적 교육을 시행해 훌륭한 성년으로 양육한 후 이에게 정권을 반환하려는 것이다.[68]

(1920년 11월) '훈정' 두 글자를 반드시 설명할 필요가 있다. …… 시험 삼아 보면, 민국이 성립된 지 이미 9년인데, 인민은 아직 공화의 참뜻을 알지 못하고

67 居正, 「中華革命黨時代的回憶」, p.39.
68 「孫文學說: 行易知難(心理建設)」(1919年 春夏間), 『孫中山全集』 6, p.208, p.211.

있다. 그러므로 우리로 하여금 다시 혁명을 하도록 한다. 현재 나는 단지 혁명으로 저 열악한 정치를 제거해야 할 뿐 아니라 혁명의 수단으로 건설을 해야 한다. 그래서 '훈정'이라고 하는 것이다. 이 '훈정'은 마치 제정 시대에 사용한 명칭 같지만, 그러나 실제로 제제(帝制)와는 전혀 다르다. 공화국이란 황제가 곧 인민이라는 것을 알아야 한다. 5000년 동안 압박받아 노예였던 인민을, 일단 황제 자리에 올려주었으나 결코 그렇게 될 수 없다. 그러므로 우리 혁명당인은 응당 그들을 교훈시켜야 한다, 마치 이윤이 태갑을 가르쳤듯이. 내가 '훈(訓)' 자를 쓴 것은 바로 '이훈(伊訓)'의 훈을 사용한 것이다.[69]

(1921년 3월) 민국이 성립된 지 10년이 넘어서도 일반 인민은 아직도 공화제가 무엇인지 이해하지 못할 뿐만 아니라 그들은 스스로 국민이라는 것을 생각하지 않고 오로지 유민(遺民)이라 생각하고 있기 때문에, 모두가 천명을 받은 천자의 출현을 기다리며 태평스러운 신하가 되고 노예적인 백성답게 준비를 하고 있는 것이다. 여러분 생각해보라. 이런 상태에서 어떻게 현장(縣長)의 민선을 행하겠는가.[70]

(1923년 1월) 「혁명방략」은 앞서 말한 바와 같이, 혁명 진행의 시기를 셋으로 나누었다. 제1기 군정기, 제2기 훈정기, 제3기 헌정기이다. 이는 구악을 청소하고 새로운 정치를 촉진하기 위해 필요한 과정으로, 어느 하나 빼놓을 수가 없는 것이다. 그리고 민국이 민국다운 이유는 여기에 의거한다. 불행히 신해혁명은 「혁명방략」을 소홀히 하고, 이를 저버리고 의논하지 않았으며 행하지도 않았기 때문에 근본적인 착오가 생겨나고, 그 착오가 가지를 쳐서 퍼져나가 민국은 마침내 믿고 나갈 바가 없게 되었으니, 이것은 참으로 통탄할 일이다![71]

69 「在上海中國國民黨本部會議的演說」(1920.11.9), 『孫中山全集』 5, pp.400~401.
70 「在中國國民黨本部特設駐粤辦事處的演說」(1921.3.6), 『孫中山全集』 5, p.472.
71 「中國革命史」(1923.1.29), 『孫中山全集』 7, p.66.

(1924년 1월) 건설의 순서를 군정 시기, 훈정 시기, 헌정 시기의 3기로 나눈다.

군정 시기에는 일체의 제도가 군정 아래 예속되며, 정부는 한편으로 병력을 가지고 국내의 장애를 제거하고, 한편으로 주의를 선전함으로써 전국의 인심을 개화시키고, 국가의 통일을 촉진한다.

한 개의 성이 완전히 평정된 때로부터 군정을 정지하고, 훈정 개시의 시기로 한다.

훈정 시기에는 정부가 훈련과 시험을 통과한 합격자를 각 현에 파견해 인민과 협조, 자치를 준비한다. 그리하여 전 현의 인구조사, 토지측량, 경위(警衛)의 관리, 도로의 수축이 완료되고, 4권 행사의 훈련을 거쳐 국민의 의무를 이해하면, 혁명의 주의를 행할 것을 선서한 인민에 의해 현관을 선거하고 1현의 정치를 집행하며, 아울러 의원을 선거해 1현의 법률을 의정하는 정도로서 완전한 자치현으로 삼는다.

완전한 자치현의 인민은 직접 관리를 선거하고, 직접 관리를 파면하며, 직접 법률을 창제하고, 직접 법률을 복결하는 권리를 지닌다.[72]

(1924년 9월) 삼민주의의 실행에는 반드시 그 방법과 절차가 있어야 한다. …… 그러나 오늘에 이르도록 삼민주의의 실행이 단서도 얻지 못한 것은, 파괴 후 처음부터 예정의 순서에 의거하지 않고 건설로 나아갔기 때문이다. …… 신해혁명 후 임시약법의 제정으로 국민의 기초가 정해졌다고 황급하게 생각했다. 그러나 결과는 정반대였다. 그 근본 원인은 임시약법의 내용이 나빠서가 아니라 군정, 훈정의 두 시기를 거치지 않고 바로 헌정 시대로 들어간 때문이다.[73]

72 「國民政府建國大綱」(1924.1.23), 『孫中山全集』 9, p.126.

73 「制定〈建國大綱〉宣言」(1924.9.24), 『孫中山全集』 11, pp.102~103.

7. 혁명당과 혁명정부

앞에서 본 바와 같이 「동맹회 혁명방략」은 동맹회 본부가 만든 것이면서도, 동맹회와 군정부의 관계, 말하자면 혁명당과 군정부의 관계가 명확하지 않았다. 물론 군정부의 조직과 구조도 정하지 못했다. 「중화혁명당 혁명방략」은 이를 어떻게 규정하고 있는가.

「중화혁명당 혁명방략」은 현재 두 가지가 존재한다. 하나는 1914년 4월 초에 손문이 만든 것(제명은 혁명방략)을 필사본으로 만들어 주변에 돌리다가,[74] 1914년 8월에 인쇄본으로 대량 제작했다[75](이하 「혁명방략 1」). 이어 1914년 9월부터 12월까지 「혁명방략 1」에 대한 토론회를 17차례 개최해,[76] 심의·수정·보충을 통해 또 하나의 「혁명방략」(제명은 「중화혁명당 혁명방략」이나 이 장에서는 「혁명방략 2」라고 칭한다)을 만들었다.[77]

「혁명방략 1」과 「혁명방략 2」는 내용뿐만 아니라 분량에서도 상당한 차이가 있어 수정했다기보다는 새로 만든 것이라고 할 수 있다. 이 두 편의 「혁명방략」을 비교해보면, 당시 손문의 혁명 전략이 어떻게 바뀌어가고 있는지를 볼 수 있다. 「혁명방략 1」의 군정부 조직을 보면 "혁명군은 대원수 1명을 두어 전

---

74 1914년 4월 8일 자 일본 경찰의 비밀 보고에 의하면 "얼마 전 손문이 [illegible] 원고를 집필했는데, (4월) 5일 전후해 내방자 중 중요 인물에게 楷字로 복사한 「혁명방략」(小版 美濃紙 약 20여 장)을 비밀리에 산포하고 각 조목마다 설명을 가했다"라고 한다. 「孫文動靜, 乙秘第746號」(1914.4.8), 『孫中山在日活動密錄』, p.632.

75 일본 외무성은 1914년 8월, "손문이 '혁명방략'이라는 제명의 인쇄물을 비밀리에 약 2000부 인쇄해 근일 동지들에게 산발하고 있다"라고 보고하고 있는데[日本外務省 政務局 第1課 大正 3年(1914) 8月 30日 乙秘 第1689號], 이는 앞서 4월의 「혁명방략」일 것이다[≪近代史資料≫, 總61號(中國社會科學出版社, 1986), p.1의 「中華革命黨革命方略」에 대한 설명을 참조]. 「혁명방략 1」은 같은 글, pp.2~21에 있다.

76 손문은 17차례의 토론회에 모두 주석으로 참석했고, 회의록도 남아 있다. 「中華革命黨議事錄」, pp.22~32.

77 「혁명방략 2」는 鄒魯, 『中國國民黨史稿』 上의 pp.160~238에 있다.

국의 각 총사령, 사령을 통솔하며, 전국의 육해군의 일을 장악하고 대원수의 주절처(駐節處)를 대원수로 칭한다”(제4조)라고만 되어 있다. 그러나 「혁명방략 2」에서는 중화혁명당 총리가 “중화혁명군 대원수가 되며”(제4조), “대원수는 육해군을 통솔하며 대원수 밑에 최고통솔부로 대본영을 둔다”(제5조), 또한 대원수는 “중화민국을 대표하여 대총통으로, 정부를 조직하여 전국의 정무를 총람하며 일체의 범령 조례는 대원수가 제정·공포한다”라고 규정했다. ‘중화혁명당 총리 = 중화혁명군 대원수 = 중화민국 대총통’의 등식이 만들어졌다.

중화혁명당의 총리가 중화민국의 대총통으로서 정부를 조직한다는 설정은, 중화혁명당이 단지 혁명군을 이끌고 전쟁을 수행할 뿐만 아니라 정부를 수립한다는 이른바 ‘이당건국(以黨建國)’을 의미했다. 손문의 ‘이당건국’ 구상은 「총장」의 ‘협찬회(協贊會)’를 통해 확인할 수 있다.[78]

혁명이 완수되는 헌정 시기까지 손문이 당(중화혁명당 총리), 정(중화민국 대총통), 군(중화혁명군 대원수)을 장악한 체제의 임시정부(혁명정부) 수장인 셈이다. 「중화혁명당 총장」은 당에 관한 내용을 규정하고 있는 반면, 「혁명방략 2」은 군에 관한 내용을 담고 있을 뿐 아니라 정부 조직에 관한 내용을 대폭 추가했다.[79] 임시정부가 수립되면 「중화혁명당 총장」에서 규정한 ‘협찬회’의 4원이 행정부와 함께 오권헌법을 구성하게 된다. 1914년 전반기까지만 해도 손문은 동맹회나 국민당을 대신한 새로운 혁명당과 혁명군을 조직해 ‘적극 무력’으로 원세개 토벌에 나서고자 했다(「혁명방략 1」). 그러나 1914년 하반기부터는 북경정부를 부정하고, 혁명정부인 임시정부를 만들어 혁명을 추진하고 했다(「혁명방략 2」). 임시정부의 구상은 기치에서도 나타났으니, 「혁명방략 1」에서 ‘혁명군의 기치’(제12, 13, 13조) 였던 청천백일기도, 「혁명방략 2」에서는 ‘중화민국 국기’(제8조)로 바뀌었다.

78 「中華革命黨總章」, pp.100~102.

79 「혁명방략 2」에는 「혁명방략 1」에 없던 ‘제2편’ 군정부가 추가되었는데, 여기에는 중앙 각부(외교부, 내무부, 육군부, 해군부, 재정부) 및 지방 행정조직(총독부, 부지 사서, 현지 사서) 그리고 경찰총서 등을 규정하고 있다. 그 분량도 전체의 95%를 차지한다.

제26조 모든 소속 당원은 총리 및 소재지 지부장의 당사(黨事) 진행에 찬조할 책임을 진다. 그러므로 통칭으로 **협찬회라 하여 사원(四院)으로 나누어 본부와 함께 다섯으로 병립한다.** 그리하여 사람들로 하여금 경험을 얻게 하여 **오권헌법의 기반으로 삼는다.** 그 조직은 다음과 같다.

1. 입법원(立法院)
2. 사법원(司法院)
3. 감독원(監督院)
4. 고시원(考試院)

제27조 협찬회 회장 1인, 부회장 1인은 총리가 임명하며, 각 원의 원장(院長)은 당원이 선거한다. 다만 회장에 대해 책임을 진다.

조직표

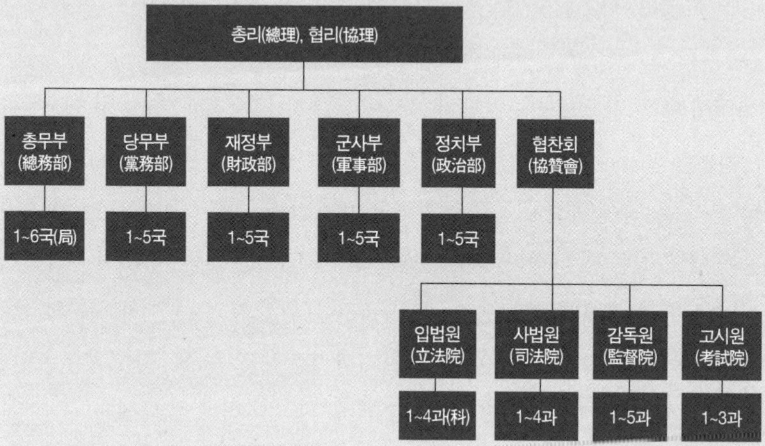

주: 그러므로 총리가 회장, 부회장을 임명하는 것은 당무의 통일을 기하기 위함이며, 만약 정부가 성립되었을 때 **정부회장이 취소되면 4원은 각기 독립기관이 되어 행정부와 평행해 오권으로 병립한다.** 이를 오권헌법이라고 한다(「中華革命黨總章」 내의 설명이고, 인용자의 설명은 아니다).

「중화혁명당 총장」과 「혁명방략 2」을 통해 살펴본 손문의 「혁명방략」을 요약해보면, 첫째, 중화혁명당 총리인 손문에 대한 절대복종을 명문화했다. 이를 담보하기 위해 서약서, 선서, 지문 날인을 의무화했다. 둘째, 혁명은 세 단계(군정, 훈정, 헌정)로 진행하는데, 첫 단계인 군정 시기에는 군정부가 '적극 무력'을 통해 모든 장애를 일소하고 민국의 기초를 세울 것을 명문화했다(以黨治國). 셋째, 훈정 시기에는 혁명정부를 건립하고, 혁명정부는 '지방자치'를 통해 인민을 도야하는 시기이지 지방민에 의한 자치의 시기는 아니다. 넷째, 당의 '순수성'을 유지하기 위해 입당 시기에 따라 권리와 의무를 차별화했다(以黨建國). 다섯째, 중화혁명당의 총리는 혁명당의 수장일 뿐 아니라 혁명군을 이끄는 대원수이며, 중화민국을 대표하는 혁명정부의 수장임을 명문화했다.

혁명의 순서에 따라 다시 정리해보자. 당시 손문은 일본에서 중화혁명당을 조직해놓았을 뿐 국내에 이렇다 할 근거지도 없는 상태였기 때문에, 군정(軍政)도 진행할 형편이 되지 못했다. 그러나 손문의 기대와 예측은 있었으니, 시간이 되면(예컨대 원세개의 제제가 시작되면) 중화혁명당 당원들에 의해 그리고 '적극 무력'을 통해 국내에 일정 지역을 확보해 군정을 실시하고, 이어 지역이 확대되면 혁명정부를 건립하여 헌정을 실시해 인민에게 공화를 도야시킨다는 구상이었다. 이때 혁명정부의 권력은 혁명당원들에 의해 장악됨으로써 관료나 군벌 등 반혁명 세력과의 결탁이나 유입을 방지하고자 했다. 나아가 지배 지역이 더욱 확대되고, 훈정에 의한 인민의 자치 능력이 갖춰지면, 혁명은 종료되고 헌정이 시작되어 혁명정부 대신 통일된 공화국이 수립되어 혁명은 완성된다는 구상이었다.

손문의 「혁명방략」은 1, 2차 혁명의 실패 원인을 분석하여 마련한 것이다. 앞서 언급한 바, 오늘날 연구자들에 의해 분석된 신해혁명의 실패 원인과 손문의 그것을 비교·정리해보자.

흔히 지적되는 실패 요인으로, 동맹회는 조직이나 사상 면에서 통일적인 혁명정당으로서 많은 약점을 지니고 있었고, 신해 이후 국민당도 무분별한 확대로 혁명당으로서의 이념이 모호해져 결국 권력 장악에 실패했다는 것이다.

손문은 동맹회도 아닌, 국민당도 아닌 '새로운 명칭'의 '중화혁명당'을 조직했다. 중화혁명당을 만든 이유로 '거짓 혁명당(僞革命黨)의 도태'를 제기하며, 1차 혁명 시대에 이당분자들이 당에 들어와 거짓(僞)이 참(眞)을 어지럽혔기 때문이라고 했다.[80] 조직 면에서의 불통일을 치유하기 위해, 손문은 영수 = 손문에 대한 당원의 절대복종을 요구했다. 절대복종이라는 단결력과 순수성이 중화혁명당 이후 국민당이 어려운 상황 속에서도 살아남을 수 있는 하나의 요인이었고, 심지어 손문 사후에도 국민당의 일체성을 가져다주는 요인이었다고 생각된다. 그러나 절대복종을 요구함으로써, 황흥을 비롯한 많은 혁명파들이 떨어져 나갔다. 중화혁명당은 5명의 입당자로 시작했다(1913.9). 첫 당원대회(1914.6.21)에 모인 당원은 50명이 채 되지 않았다. 당 성립대회(1914.7.8)에는 예상보다 인원이 많았지만, 그 수는 205명이었고, 당시 당원 대부분은 일본에 있었다. '적극 무력'은 사실상 불가능했다. 그러나 손문은 오히려 달리 생각했다.

> (2차 혁명의) 실패의 원인을 추구하면 우리 당의 분자가 너무 잡다하고, 권리가 너무 많은 데 있다. …… 그 자초지종을 추구하면, 만약 원세개를 무너뜨렸다고 해도, (우리 당끼리) 서로 전쟁하는 것을 면할 수 없었을 것이다. 이번 실패는 우리 당의 나쁜 것을 도태시킨 것이기에 불행 중 다행이다. …… 나는 이제 새로 시작한다. **순수하고 깨끗한(純淨) 분자를 모아 순수한 혁명당**을 조직해 다시 일어나고자 한다. 우리 당의 순수한 혁명 목적, 즉 민권·민생주의에 도달하기를 힘써 구하고자 한다. …… 이후 사람을 선발함에 많음을 구하지 않고, 뜻을 실행할 사람을 구하고자 한다. 생명과 자유와 권리를 희생해 국가를 위해 백성에게 행복을 만들어 줄 수 있는 자이어야 선발될 수 있다. …… 우리 당은 비록 완전히 실패했지만, 그러나 이 저항의 사실은 원 씨로 하여금 공개적으로 감히 칭제를 할 수 없게 만들었기에, 비록 졌지만 이긴 것이다. 전쟁의 목적(원 씨의 제제에 저항)은 이미 달성했다. 그러므로 나는 이번 실패에 대해 심히 낙관하고 있다.[81]

80 「中華革命黨成立通告」(1914.9.1), 『孫中山全集』 3, p.113.
81 「復黃芸蘇函」(1914.10.23), 『孫中山全集』 3, pp.128~129.

송교인(宋敎仁, 1882~1913)

호남(湖南, 후난) 도원(桃源, 타오위안)인으로, 자는 둔초(桃源人), 호는 어부(漁父)이다. 1904년 봄 송교인은 황흥, 진천화(陳天華, 천톈화) 등과 함께 장사(長沙, 창사)에서 혁명 단체 화흥회(華興會)를 조직했다. 같은 해 11월 장사에서 거행한 무장봉기가 실패하자 일본 도쿄로 가서 도쿄법정대학, 후에는 와세다(早稻田)대학에 입학했다. 일본에서 잡지 ≪이십세기지지나(二十世紀之支那)≫를 발행했으며, 1905년 중국동맹회가 성립하자, 사법부장, 호남분회 부회장을 담당했다. ≪이십세기지지나≫는 동맹회 기관보로 되었다가, 후에 ≪민보(民報)≫로 개칭했다. 동맹회가 주도한 무장 폭동에 참가했으며, 1910년 광주신군기의(廣州新軍起義)에서 실패한 후 봉기의 중심을 양자강 유역으로 옮길 것을 주장했다. 상해로 돌아온 후 우우임(于右任, 위유런)과 함께 ≪민립보(民立報)≫를 창간했으며, 1911년 7월 상해에서 동맹회중부총회를 조직했다. 10월 10일 무창기의가 폭발하자 황흥과 함께 무한으로 가서 호북도독부에서 외교를 담당했으며, 1912년 8월 동맹회를 기본으로 몇 개의 소당파와 합병하여 국민당을 조직해 1912년 말부터 1913년 초까지 치러진 국회의원 선거에서 국민당이 압도적 승리를 얻어냈다. 1913년 3월 20일 오후 10시 상해에서 북상하는 중 기차역에서 저격당해 22일 사망했다. 후일 암살을 주도한 사람이 임시대총통 원세개로 밝혀졌다.

혁명의 실패 원인으로 거론되는 또 하나의 지적은, 무창기의 후 혁명군 측이 북벌 전쟁에 의한 청조의 타도를 포기하고 원세개에 의존하는 정치적 타협을 꾀했다는 것이다. 손문은 무창기의 후 귀국해 북벌을 주장했고,[82] 송교인(宋敎仁, 쑹자오런) 암살 사건 후에도 북벌을 주장했다.[83] 중화혁명당을 결성하며 "2차 혁명 전 '송안(宋案)'이 발생했을 때, 나는 당장 개전을 주장했으나 극강(황흥)이 허락하지 않고 시일을 끌다가 개전이 늦어져 결국 패했다"며 손문은 분개했다.[84]

손문에게 '헌정', 즉 혁명의 완성까지 '적극 무력'은 일관된 혁명의 방법이었

82 「致陳炯明電」(1912.1.4), 『孫中山全集』 2, pp.7~8.

83 「與日本駐滬總領事有吉明的談話」(1913.4.1), 「與日本駐滬總領事有吉明的談話」(1913.4.6), 『孫中山集外集』, p.206, p.207[郝盛潮 主編, 王耿雄 外 編, 『孫中山集外集』(上海人民出版社, 1990)](이하 『孫中山集外集』).

84 「致南洋革命黨人函」(1914.4.18), 『孫中山全集』 3, pp.81~82.

다. 물론 현실적으로 '적극 무력'이 불가능할 때 '평화적 방법'을 제시하기도 했지만, 이는 임기응변이었다. '적극 무력'이 '군사우선주의'라는 부정적 평가도 있으나, 당시 중국의 상황에서 무력 이외의 방법이 가능할 것인가라는 관점에서 볼 때, 손문의 '적극 무력'은 나름의 타당성이 있다. 그러나 '적극 무력'은 엄청난 비용을 요구했다. 더구나 동맹회 때와는 달리, 이제 손문 개인이 책임져야 했다. 그렇다고 변변한 근거지도 갖고 있지 못했다. 무기가 없으면 '적극 무력'도 불가능했으므로, 재정적 지원을 얻기 위해 사방팔방으로 뛰었고, 수단과 방법을 가리지 않았다. 손문 혁명의 모든 굴절은 여기에서 나왔다고 해도 과언이 아닐 것이다(이에 대해서는 후술하겠다).

1, 2차 혁명의 세 번째 실패 원인으로, 혁명군 측의 제한된 개혁 조치를 거론한다. 개혁 조치를 제한시킨 것은, 주로 제국주의 열강이기 때문에 굳이 혁명군 측의 실패 요인이라고 할 수는 없다. 그러나 개혁 조치는 네 번째 실패 요인으로 거론되는 '민중에 대한 선전과 조직의 결여'와도 관련된다. 당시 일본에 망명해 있었기 때문에, 즉 국내에 근거지조차 없었으므로, 중화혁명당이 개혁 조치를 진행할 대상이 없었다. 그렇다고 하더라도 개혁 조치를 제시함으로써 국내에서 대중적 선전과 조직을 활성화할 수 있었을 터인데, 「혁명방략」이 제시한 것은 '삼민주의와 오권헌법'이었다. 손문은 삼민주의와 오권헌법을 통해 '서구 이상의 공화제'가 가능하다고 생각했다.

> 중국이 사회혁명(민생주의의 평균지권)을 실시하면, 개인은 영원히 납세할 필요가 없으나, 지조(地租)만 거둬도 지구상에서 가장 부유한 나라가 될 것이다. 이런 사회의 국가를, 다른 어떤 나라도 결코 따를 수 없는 것이다. …… 오권 분립은 각국의 제도에 없을 뿐만 아니라, 학설상으로도 많이 볼 수 있었던 것이 아니므로 파천황의 정체(政體)라고 말할 수 있다.[85]

85 「在北京〈民報〉創刊周年慶祝大會的演說」(1906.12.2), 『孫中山全集』 1, p.329, p.331.

> 내가 주장하는 삼민주의는 중외의 학설을 모아서 세계의 조류에 응해 얻은 것이다. …… 현재 본당의 최대 목표는 본당의 주의를 완성하는 것이다. 이래야만 인민은 비로소 진정한 행복을 누릴 수 있다.[86]

오권헌법이란 입법, 행정, 사법의 3권 분립에 고시권과 감찰권을 추가한 것인데, 사실 '추가'라기보다는 행정권에 속한 두 기능을 분리해 독립시켰다고 할 수 있다. 더욱이 민생주의의 평균지권은 엄밀한 의미에서 일종의 토지세에 관한 법률이라고 할 수 있으니, 이를 헌법에 넣을 만한 내용인지도 의문이다. 실제로도 당시 손문이나 중화혁명당(이후 국민당) 이외에 '삼민주의와 오권헌법'을 반드시 추구해야 할 목표로 생각한 사람이나 집단은 드물었다. 손문조차 이를 대외적 정치 목표로 주장한 적이 없다. 즉 북경정부가 민생주의와 오권헌법을 채택하지 않았기 때문에 타도하겠다고 내세운 적은 없다. '서구 이상의 공화제' 수립 혹은 오권 분립은 구체성 있는 개혁 조치로 보기는 어렵다. 민중 측에서 본다면, 그들의 이익과 결부된 개혁 조치는 아니었다. 개혁 조치를 통해 민중에게 선전하고, 민중을 조직해 그들과 함께는 아니더라도 그들의 도움으로 공화를 이루려는 생각이 손문에게 없었던 듯하다. 당시 중국의 상황에서 국가의 통일과 공화를 완성하려면, '적극 무력' 이외에는 불가하다는 인식이 손문을 붙들고 있지 않았나 생각된다.

마지막으로 혁명파가 제국주의에 대해 지나치게 낙관한 것도, 신해혁명 실패의 중요 원인을 지적된다. 이와 관련해, 손문이 제국주의의 간섭을 1, 2차 혁명의 실패 원인으로 보고 있지 않았음은 분명하다. '적극 무력'으로 혁명의 단계를 거쳐 공화를 완성한다면, 제국주의 문제는 모두 해소될 것이라고 믿었다. 뒤에 다시 설명하겠지만, 손문은 제국주의가 중국에 대한 침략만을 의미하기보다 도움과 귀감이 될 수도 있다고 보았다. 제국주의 국가뿐만 아니라, 훗날 소

86 「在中國國民黨本部特設駐粵辦事處的演說」(1921.3.6), 『孫中山全集』 5, p.475, p.480.

련이나 코민테른에 대해서도 마찬가지였다. 손문은 제국주의에 대해 말 그대로 지나치게 낙관했다. 따라서 「혁명방략」에 제국주의와 관련된 내용은 없다.

손문이 결론 내린 '1, 2차 혁명의 실패 원인'은 혁명당의 통일성 결여, 그리고 북벌을 포기하고 원세개와 타협한 것이었다. 따라서 혁명당에 의한 혁명, '적극 무력'을 통한 통일이야말로 손문의 「혁명방략」의 핵심이었다. 반면 민중에 대한 선전과 조직, 반제국주의는 혁명이 이루어지면 자연스럽게 해결될 문제였다. 「혁명방략」은 이후 혁명을 추진하는 힘이 되기도 했지만, 한편으로는 굴절시키기도 했고 더 나아가 왜곡하기도 했다.

2장

손문과 오사사건

1. 평행선을 달리는 연구들

중화혁명당을 창당하고 「혁명방략」을 확정한 이후 손문이 혁명을 어떻게 전개했는지를 살펴보는 것이 순서이겠으나, 이에 앞서 오사사건에 손문이 어떻게 대응했는지를 보고자 한다. 순서를 바꾼 것은 오사사건에 대한 손문의 대응이 기존의 손문 연구를 재검토할 수 있게 할 뿐 아니라 손문의 혁명 전개를 이해하는 단초를 제공하므로, 글의 흐름상 편할 듯하다고 생각했기 때문이다.

손문과 관련한 연구를 검토하다 보면, 각 연구 간에 괴리가 있음을 느낀다. 연구란 나름의 주장이 있기 마련이어서, 연구들 사이에 논지의 차이가 있음은 당연하다. 그러나 손문 연구의 경우 그 정도가 뚜렷하거나 정반대인데도 서로 영향을 미치지도 받지도 않으면서, 마치 '평행선'을 달리는 듯한 느낌을 받는다. 특히 '손문과 오사운동'에 관한 주제도 그중 하나로 생각되는데, 다음과 같은 네 개의 '평행선'으로 요약할 수 있을 것 같다.

첫째, 손문이나 오사운동을 다룬 전저(專著) 중 '손문과 오사운동'의 관계를 전혀 언급하지 않는 경우이다.[1] 이는 관련성이 없거나, 있더라도 그다지 의미가 없다는 뜻일 것이다. 그러나 다음의 연구에서 볼 수 있듯이 오사운동은 손문의 사상뿐 아니라 이후 국공합작 등 손문의 정치 행위에 영향을 미쳤다고 하며, 심지어 결정적인 영향을 미쳤다는 주장도 있다.

둘째, 오사운동이 손문에게 영향을 주었을 뿐 아니라 손문이 운동에 직접 관여했고, 심지어 운동을 주도했다는 것이다.[2] 이런 연구들은 1990년대 이후 크게 증가해 현재 주류를 이루고 있는 듯하다.

셋째, 손문은 오사사건에 직접 혹은 적극적으로 관여하지는 않았지만 운동이 확대되면서 운동을 지지했고, 이후 오사운동은 손문의 사상적 '발전'의 계기가 되었다는 것이다. 즉 손문은 오사운동으로 분출된 '민중의 힘'을 목도한 이후 '조직과 선전'의 중요성을 깨달아, 결국 국공합작이라는 정치 행위에 이르렀다고 한다. 이런 흐름의 연구는 주로 일본에서 시작해 우리 학계에서도 일반화되고 있는 추세이다.[3]

---

1 예를 들면 1979년과 1981년 대만에서 오사운동에 관한 연구 논문집이 출간되었는데, 총 34편의 논문 중 '손문과 오사운동'을 다룬 연구는 한 편도 없다[汪榮祖 編, 『五四硏究論文集』(臺北: 聯經出版事業公司, 1979); 張玉法 主編, 『中國現代史論集』 第6輯(五四運動)(臺北: 聯經出版事業公司, 1981)]. 대륙이나 미국의 대표적 손문 연구도 이와 같은데, 茅家琦 外, 『孫中山評傳』(南京大學出版社, 2000), C. Martin Wilbur, *Sun Yat-Sen: Frustrated Patriot*(N. Y.: Columbia Univ, Press, 1976) 등을 들 수 있다. 이뿐만 아니라 손문 연구의 고전으로 불리는 연구서도 '손문과 오사운동'의 관계를 대부분 다루고 있지 않다[吳相湘, 『孫逸仙先生傳』 上·下(臺北: 遠東圖書公司, 1982); 尙明軒, 『孫中山傳』(北京出版社, 1979); 王樞之, 『孫文傳』(東京: 改造社, 1931); 高橋勇治, 『孫文』(東京: 日本評論社, 1944)].

2 劉永明, 『國民黨人與五四運動』(北京: 中國社會科學出版社, 1990); 周建華, 「五四運動與孫中山政治思想的轉變」, ≪岭南學刊≫, 1999年 3期; 左瑞成, 「孫中山 - "五四"背後的巨人」, ≪貴州師範大學學報≫(社會科學版), 2000年 第4期; 楊宏雨·肖妮, 「五四新文化運動與『星期評論』的創刊」, ≪歷史教學問題≫, 2011年 第3期.

3 일본 연구의 이러한 흐름에 대해서는 横山宏章이 그의 한 저서 서문에서 깔끔하게 정리해 놓았다[『孫中山の革命と政治指導』(東京: 研文出版, 1983)의 「導言」을 참조]. 그러나 横山은 정작 이 저술에서 '손문과 오사운동'의 관계를 다루고 있지는 않다. 대륙의 연구로는

넷째, '손문과 오사운동'의 관계를 매우 부정적으로 보는 연구가 있다. 즉 손문이 오사운동에 관여하지 않았음은 물론이고, 운동을 부정적으로 평가했다는 것이다. 따라서 오사운동이 손문에게 미친 영향은 거의 없거나 매우 제한적이었다는 평가이다. 미국의 시프린(Harold Z. Schiffrin)과 일본의 요코야마 히로아키(橫山宏章)의 연구가 그 대표적인데,[4] 두 사람의 연구를 살펴보면, 오사운동과 관련해 손문의 행동이나 사상을 '비아냥거리는' 듯하다.

앞서 언급했듯이 이런 연구의 흐름이 서로 영향을 주지도 받지도 않으며 각기 '평행선'을 달리는 것처럼 보이는데, 우선 손문이 오사운동 혹은 오사사건에 어떻게 관여했느냐는 사실에 관한 문제이다. 따라서 관련 사료로 확인하면 된다.

오사사건이 전개될 당시 손문은 상해에 있었다. 공교롭게도 오사사건이 발생하기 딱 1년 전인 1918년 5월 4일 손문은 광동군정부(廣東軍政府)의 대원수직을 사임하고 광주를 떠나 일본을 경유해 6월 26일 상해에 도착했다. 이후 1920년 11월 진형명의 도움을 받아 다시 광동으로 돌아갈 때까지 상해에 머물렀다. 한편 북경에서 시작된 오사사건은 이후 전국으로 확산되었다. 특히 상해에서의 삼파투쟁(三罷鬪爭)으로 운동은 절정에 달했고, 결국 북경정부는 6월

다음을 들 수 있다. 蘇生文, 「孫中山與五四運動」, ≪文史知識≫, 1999-4; 董德福, 「孫中山與五四運動關係辨正」, ≪學術硏究≫, 2006年 2期; 徐衛東, 「試論五四運動對孫中山的影響」, ≪江西教育學院學報≫(社會科學版), 20-1(1999); 徐衛東·瞿紅, 「試論孫中山聯俄政策的內在動因」, ≪江西電力職工大學學報≫, 15-1(2002). 우리 학계의 경우는 '손문과 오사운동'의 관계를 직접 다룬 연구는 없고, 손문의 측근에 대한 연구나 국민회의에 관한 연구 등에서 오사운동이 사상적으로 손문에 영향을 주었다고 설명한다. 백영서, 「『建設』誌와 朱執信의 역할: 五四期 중국국민당 지도층의 사상적 모색」, ≪동양사학연구≫, 제19집(1984); 유용태, 『직업대표제, 근대중국의 민주유산』(서울대학교출판문화원, 2011); 배경한, 『왕징웨이 연구』(일조각, 2012).

4 Harold Z. Schiffrin, *Sun Yat-sen; Reluctant Revolutionary*, Boston and Toronto(Little Brown and Company, 1980)[해럴드 시프린, 『손문평전』, 민두기 옮김(지식산업사, 1990)]; 橫山宏章, 『孫文と袁世凱: 中華統合の夢』(東京: 岩波書店, 1996); 橫山宏章, 『素顔の孫文: 國父になった大ぼら吹き』(東京: 岩波書店, 2014); 橫山宏章, 『中國の愚民主意: 「賢人支配」の100年父』(東京: 平凡社, 2014).

10일 운동의 직접적 표적이던 '매국적' 관료 3인을 파면하고, 이어 파리강화회의의 서명을 거부하기에 이른다. 따라서 손문은 오사운동이 가장 극적이고 절정에 달했던 지역의 한복판에 있었던 셈이다.

오사사건의 대상은 좁은 의미로 보면 당시 북경의 권력이었다. 즉 단기서를 우두머리로 하는 환계(晥系)였다. 그러나 환계를 대상으로 한 손문의 정치투쟁은 오사사건 이전에 시작되었다. 손문의 1차 광동정부(광동군정부)가 추진했던 호법투쟁과 북벌이 바로 그것이다. 광동군정부 내부의 갈등으로 물러날 수밖에 없었던 손문에게 오사사건은 '호법을 위한 반환계(反晥系) 투쟁'을 재개할 수 있는 절호의 기회였을 것이다.

'정치혁명'을 업으로 삼는 손문이 미증유의 정치적 사건인 오사사건에 당연히 응했을 것 같고, 더구나 자신이 추진하던 호법투쟁, 즉 반환계 투쟁과 관련해서는 다른 어떤 정치 세력보다 더 적극적으로 대응했을 법하다. 그런데 만약 손문이 오사운동에 대응하지 않았거나 혹 소극적으로 대응했다면 그 나름의 이유가 있을 터였다. 앞서 일부 연구에 대해 '비아냥거린다'는 표현을 쓴 것은 '손문과 오사사건'의 관계에 대한 부정적 평가가 문제라기보다는, 부정적 평가의 근거를 제시하지 않고 '폄하'했기 때문이다.

이 장에서는 먼저 '손문과 오사사건'의 사실 관계를 확인하고자 한다. 손문이 오사사건에 적극 관계했다는 연구에서 제시하는 '사료'를 검토해보면, 오사사건에 연루되었던 사람들의 회고가 주를 이루고 있다. 따라서 먼저 이들의 회고를 검토하고, 이후 '1차 사료'를 통해 사실 관계를 명확히 하고자 한다.

2. 손문의 대응에 대한 회고

소력자(邵力子, 사오리쯔)가 5월 4일의 북경 사건 소식을 접한 것은 5월 6일 아침이었다. 당시 상해≪민국일보(民國日報)≫의 총편집이자 복단대학(復旦大學)

복단대학(復旦大學)

마상백(馬相伯, 마샹보)이 상해에서 건립한 진단학원(震旦學院)에서, 1905년 프랑스 신부가 학교 행정과 교과 방침에 간섭하자, 우우임, 소력자 등 학생들이 수업 거부 운동을 일으키고 학교에서 나와 마상백을 추대해 복단공학(復旦公學)을 창립했다. 중국인이 창립한 첫 번째 사립대학으로, 1912년 손문의 도움으로 교지(徐家汇의 李鴻章 祠堂)를 얻었다고 한다. 1917년 사립 복단대학(私立復旦大學)으로 개명했다. 사진은 1920년대 복단대학(상해)이다.

문과 교수였던 그는, 당시 상황을 다음과 같이 회고하고 있다.

5월 6일 아침 북경의 전보를 받고, 북경 학생의 애국·반제 시위 상황을 상해 ≪민국일보≫에 보도했다. 아울러 선생(孫文)에게 전화로 보고했더니, 선생이 이르기를 "**북경 학생들이 전개하는 반제·애국 운동을 ≪민국일보≫에 보도해 크게 선전해라. 그리고 즉시 상해 학생을 조직하고 발동하여** (북경에) **향응하라. 그 선두는 복단대학이다**"라고 했다. 이에 나(소력자)는 5월 6일 아침, ≪민국일보≫를 손에 들고 복단대학으로 달려가 직접 타종해 상해학생연합회 총간사이자 상해 복단대학 학생자치회 주석 주중화(朱仲華, 주중화)를 불러 전교생을 긴급 집합하라고 했다. (학생들이 모이자) 내가 직접 단상에 올라가 당일 신문의 뉴스를 선독하며, 감격하여 "북경 학생들은 이렇게 애국에 열심인데, 우리 상해는 (애국 열정이) 없다는 말입니까!?"라고 외쳤다. 그 후 상해도 반제·애국 운동이 크게 일어났다.[5]_괄호와 강조는 인용자

소력자는 5월 6일 아침 상해학생연합회(上海學聯) 총간사 주중화를 불렀다고

---

5 ≪揚州晚報≫, 1978.5.4(『孫中山年譜長編』 下, 1919.5.6, pp.1172~11723에서 재인용), 陳錫祺 主編, 『孫中山年譜長編』 上·下(北京: 中華書局, 1991)를 인용할 경우, 예컨대 1922년 6월 3일 조의 경우는 '『孫中山年譜長編』 下, 1922.6.3'으로 표기한다.

소력자(邵力子, 1882~1967)

자는 중휘(仲輝), 절강(浙江, 저장) 소흥(紹興, 사오싱)인이다. 향시에 합격(擧人)했으며, 1905년 복단대학에 입학했다. 1908년 도쿄에서 동맹회에 가입했고, 1910년 우우임 등과 함께 ≪민립보(民立報)≫를 창간하고 편집을 담당했다. 1915년 창간된 상해 ≪민국일보≫의 경리 겸 편집을 맡았으며, 동시에 복단대학 국문학과 교수가 되었다. 1922년에는 상해대학 부교장이 되었으며, 1925년에는 상해를 떠나 광주로 가서, 황포육군군관학교 정치부 주임을 지냈다. 1926년 1월 국민당 2전대회에서 중앙감찰위원으로 피선되었으며, 11월 모스크바에서 개최된 코민테른 7차 집행위원회 확대회의에 참가한 뒤 모스크바 중산대학에 입학했다. 1927년 7월에 귀국해 국민당 중앙정치위원회 위원, 북벌 때는 국민혁명군 총사령부 비서장을 지냈으며, 1936년 서안사변 때 구금되기도 했으나, 후에 중공과 담판해 서안사변을 평화적으로 해결하는 데 일조했다. 1937년 국민당대표단을 조직해 중공 대표와 담판해 제2차 국공합작의 기초를 세웠다. 1940년 소련 주재 대사가 되었으며, 1945년에는 국민당 대표로 중경담판(重慶談判)에 참가했다. 1949년 중국인민정치협상위원회 상무위원에 당선되었으며, 이후 대만과의 평화통일에 기여했다고 하여 '화평노인(和平老人)'으로 칭송받았다.

하는데, 상해학련의 조직에 대한 토론이 이루어진 것은 5월 8일이었고, 11일 오후에야 상해학련 성립대회가 열렸으며, 여기에서 복단대학생 하보인(何葆仁, 허바오런)이 회장으로 선출되었다.[6] 여하튼 이 회고는 오사운동에 대한 손문의 반응뿐만 아니라, 손문이 이후 운동의 전략(선전과 조직)까지도 제시했음을 보여준다. 따라서 손문이 오사운동을 적극적인 지지뿐 아니라 지도까지 한 증거로 인용되기도 한다.

비록 필자가 원문을 찾지는 못했지만,[7] 이 회고는 소력자가 세상을 떠난 후

6 任建樹 主編, 『現代上海大事記』(上海辭書出版社, 1996), pp.12~13.

7 이를 인용한 연구자도 필자와 마찬가지로 『孫中山年譜長編』 下에서 재인용하고 있다(左瑞成, 「孫中山: "五四"背後的巨人」). 이 회고가 게재된 『揚州晩報』는 소재를 찾기도 어렵지만, 회고가 실린 1978년 5월 4일은 회고자인 소력자가 이미 고인이 된 때이다. 소력자는 1967년 12월에 사망했다. 朱順佐, 『邵力子』(保定: 花山文藝出版社, 1997); 傅學文, 「邵

에 발표된 것으로 보아 그가 생전에 썼던 것을 게재한 듯하다. 다만 그의 문집(『邵力子文集』)에 실려 있지 않을 뿐 아니라 손문이 오사운동에 처음부터 적극적으로 참여했음을 보여주는 이와 같은 생생한 증언이 다른 유사한 회고에는 전혀 언급되어 있지 않다.[8] 소력자의 회고와 비슷한 또 다른 회고도 있다.

> 손중산은 오사운동 소식을 소력자로부터 전화로 보고받고, 소력자가 당일 ≪민국일보≫에 애국·반제의 북경 학생 시위를 보도한 것에 대해 크게 칭찬했다. 손중산은 지시하기를 "**북경 학생들이 전개하는 반제·애국 운동을 ≪민국일보≫에 보도해 크게 선전해라. 그리고 즉각 상해 학생을 조직하고 발동하여** (북경에) **향응해라. 그 선두는 복단대학이다**"라고 했다.[9] -강조는 인용자

다만 소력자의 회고와 채개송(蔡開松, 차이카이쑹)의 회고에서 손중산의 지시

力子生平簡史」, 傅學文 編, 『邵力子文集』 上册(中華書局, 1985).

8 소력자는 1956年 22期 ≪中國青年≫에서 오사운동기 손문의 활약상을 다음과 같이 서술하고 있다. "(손중산 선생은) 당시 상해에서 저술에 종사하고 있었다. 그러나 이 시기 거대한 조류의 격동은 그로 하여금 활기를 불어넣어, 곧 남방의 군벌 관료와의 결렬을 선고하게 했다. …… 오사운동의 起因은 1915년 袁世凱와 일본 제국주의가 몰래 체결한 매국적 조약 '21개조'이다. 손중산 선생은 이때 북경의 학생들에게 보내는 답장 편지에서 원세개의 음모를 폭로했다. 그러므로 오사운동의 흥기는 바로 손중산 선생의 애국 바람과 부합하는 것으로, 그의 흥분을 일으켰다. 그는 남방 군벌 관료와 결렬을 통전한 지 4일째 되던 날, 上海寰球學生會에서 연설을 발표해 구국의 두 가지 길을 지적했다. 하나는 합법 국회를 회복해 1912년 경영한 것과 같은 제도를 회복해 영구적 화평을 유지하는 것이고, 다른 하나는 혁명 사업을 다시 시작해 근본적 개혁을 구하는 것이라고 했다. 그러나 어떤 길이라도 모두 전국 인민의 역량에 의존해야 한다고 했다. 용감하게 전진하던 손중산 선생은 이 시기 이미 군중을 자신과 결합하기 시작했다. 그는 거듭 이야기했다. "제군은 이 지상의 주인이다. 제군들은 진실로 자신의 힘을 쓸 줄 알아야 하며, 결코 힘의 부족을 걱정해서는 안 된다"라고 했다[邵力子, 「孫中山先生的青年時代和他對青年的希望」, 『邵力子文集』 下(中華書局, 1985), p.1111]. 그러나 소력자는 앞에서 인용한 손문의 지시와 전략을 서술하고 있지 않다.

9 蔡開松, 「五四運動中的孫中山」, ≪團結報≫, 1992.5.6[「給邵力子的指示」(1919.5.6), 『孫中山集外集補編』(1994), p.231에서 인용].

내용(강조한 부분)이 글자 하나 틀리지 않아, 진실성에 의문이 든다. 그러나 같은 내용을 담고 있지만, 유운파(兪雲波, 위윈보)는 좀 다르게 회고하고 있다.

(1919년) 5월 5일 심야, ≪민국일보≫ 총편집이자 복단대학 국문 교사인 소력자는 북경의 전보를 접하고, 다음 날 아침 복단대학[당시 교정은 서가회(徐家匯, 쉬자후이) 이공사(李公祠, 리궁치)에 있었다]으로 달려가 친히 대종을 치며, 학생들을 집합해 북경의 소식을 보고했다. 이에 학생들은 상해학생연합회를 조직해 직접 상해 학생을 지도하며 북경 학생의 애국운동에 향응했다. 동시에 상해 각 대학, 중학교 학생들은 분분히 북경정부에 타전해 체포된 학생의 석방을 요구했다. 이후 상해 학생들은 여러 차례 시위를 진행했고, 대규모 학생들의 수업 거부(罷課), 상인들의 일본 상품 불매운동(罷市), 노동자의 파업(罷工)운동을 발동했다. 상해 학생의 애국운동은 손중산 선생의 크나큰 관심을 불러일으켰다. 5월 26일 손중산 선생은 상해학생연합회 주석이자 싱가포르 귀국 화교 학생인 하보인을 서장로(西藏路, 시창루) 노금룡 음식점(老金龍菜館)으로 초청해 만났다. 첫 만남에서 손중산은 매우 열정적으로 학생들의 애국 행동을 고무·격려하며, 그들에게 "이런 애국운동은 아주 좋다"라고 칭찬해주었다. 아울러 "민중을 환기시키고 각계와 연합할 것"을 건의했다. 이에 상해 각 대학교, 중학교의 학생들은 민중을 환기시키기 위해 상해학련(上海學聯)이라는 통일된 조직하에 분분히 상해 부근의 지역(城鎭, 鄕村)으로 가서 집회, 강연, 전단 살포를 했다.[10]

앞의 두 회고와는 달리 오사사건이 상해에서 삼파투쟁으로 발전해가자, 이에 손문이 고무되어 5월 26일에야 학생들과 접하게 되었다는 것이다. 여하튼 손문에 대한 회고는 이후에도 이어진다. 5월 29일 손문은 상해학생연합회에

10 兪雲波, 「孫中山先生與上海五四運動」, ≪團結報≫, 1988.5.3[『孫中山年譜長編』 下(1919.5.6), p.1173에서 재인용].

전화를 걸어 저녁에 노금룡 음식점에서 밀담을 갖자고 통지했다. 상해학생연합회 회장 하보인, 총간사 주승순(朱承洵, 주청쉰)이 먼저 왔고, 손문은 직접 가지 않고 대리인을 파견했다. 대리인은 학생 지도자들에게 손문의 구두 의견을 다음과 같이 전달했다.

> 학생 여러분의 이번 수업 거부(罷課)는 완전히 애국 열정에서 나온 것으로 중산 선생은 극히 찬성한다. 그러나 지금처럼 뜨뜻미지근한 방법으로는 성공할 수 없으며, 시간만 질질 끌다가 기회를 놓칠 것이다. 중산 선생은 다음과 같이 이야기했다. 학생 여러분은 더욱 대담하게 활동을 진행해야 하며, 이런저런 걱정을 해서는 안 된다. 희생정신이 있어야 하며 돌격운동이 있어야 한다. 전선을 확대해야 하며, 노도와 같이 일어날 방법을 세워야 한다. 만일 당국(工部局)이 여러분들을 체포할까 봐 중산 선생이 이미 여러분을 위해 외국 변호사를 초청해놓았다. 한 분은 프랑스적(籍) 변호사이고, 또 한 분은 영국적(籍) 변호사이다. 제군들은 마음 놓고 대담하게 행동하라고 하셨다.[11]

이에 주승순은 손문의 지시에 따라 곽흠광(郭欽光, 궈친광) 추도회[12] 당일 학생 대오를 이끌고 시위를 진행해 처음으로 조계로 돌진했다. 이것은 당시 엄청난 사회적 반향을 일으켰고, 상해 학생의 오사운동에 반제(反帝)의 색채를 더욱 강하게 띠게 했다는 평가를 받고 있는데, 이는 주중화의 회고에서 기인한다. 즉 시위대의 조계 돌진에 대해 "너희들이 상해의 저 제국주의의 완고한

---

11 朱仲華, 「我有幸多次得見孫中山先生」, 『孫中山與浙江』, 1986.3[「對上海學聯的口頭意見」(1919.5.29), 『孫中山集外集補編』, p.233에서 인용].

12 郭欽光은 북경대 학생으로 오사사건 중 프랑스인이 시내에서 운영하던 한 병원에서 사망했다. 사망은 사건 중에 입은 부상과 과도한 긴장 탓이었다. 이는 학생들의 분노를 더욱 부추기는 사건 중 하나가 되었다. Chow Tse-tsung, *The May Fourth Movement: Intellectual Revolution in Morden China*(Harvard Univ. Press, 1960)[조병한 옮김, 『5·4운동』(광민사, 1980), 111쪽].

곽흠광(郭欽光, 1896~1919)

원명은 곽서붕(郭書鵬, 궈수펑), 자는 보정(步程), 해남(海南, 하이난) 문창인(文昌人)이다. 1913년 광주초급사범학교에 입학해 1916년 졸업 후 고향에서 교사가 되었다. 1917년에는 북경대학 예과(豫科)에 입학했다. 오사사건이 발생한 당일 시위 도중 조여림(曹汝霖, 차오루린) 집의 호위병에게 구타당해 병원으로 옮겨졌으나 사망했다. 이후 그의 희생을 추도하는 대회는 오사운동을 더욱 확산시켰다. 사망 당시 24세였으며, 오사사건의 첫 번째 사망자이자 유일한 학생 희생자였다.

보루를 돌파한 것은, 놀라운 승리다! 이것이야말로 일치단결한 동학의 역량이다!"라고 손문이 칭찬했다는 것이다.[13] 같은 날 손문과의 만남에 대한 또 다른 회고가 있다.

> 6월 2일 손중산 선생은 하보인과 다른 한 학생 영수 주중화를 막리애로(莫利愛路, 모리아이루)의 자택에서 면회했다. 손중산 선생은 아주 진지하고 상세하게 학생운동과 관련된 상황과 문제를 물었다. 손은 하, 주의 설명을 다 들은 후 매우 기뻐하며 학생들의 행동은 "아주 대단한 승리"라고 했다. 손중산 선생은 사상과 정신상에서 상해학생운동을 고무하고 지지했을 뿐 아니라 학생운동을 지지하기 위해 많은 실제적 일도 했다. …… 당시의 학생 지도자들은 회고에서, 상해학생이 조계에 여러 차례 충격을 줄 수 있었던 것은 "중산 선생의 구체적이고 유력한 지지와 떼어낼 수 없다"라고 했다.[14]

13 朱仲華, 「五月憶漏」, ≪上海青運史資料≫, 1984年 第1期「與何葆仁, 朱承洵的談話」(1919.6.2), 『孫中山集外集補編』, p.234에서 재인용.

14 兪雲波, 「孫中山先生與上海五四運動」(『孫中山年譜長編』 下, 1919.5.6, pp.1173~1174에서 재인용).

6월 10일 북경정부는 조여림(曹汝霖, 차오루린), 장종상(章宗祥, 장쭝샹), 육종여(陸宗輿, 루쭝위)의 직무를 파면한다는 명령을 내렸다. 이 소식을 전달하러 손문을 찾아간 하보인과 주승순에게 손문은 영어로 "단결은 힘이고, 분열은 멸망으로 이끈다"라고 말해주었다고 한다.[15] '매국적 3인'이 파면된 후 상해학련의 일부가 상인의 개시(開市)에 찬성하지 않자, 신속하게 이들의 사상을 통일하도록 지도하기 위해, 그리고 투쟁 전략에 변화를 주기 위해 손문은 사지(謝持, 셰츠)를 파견해 하세정(何世楨, 허스전) 등 상해학련 책임자들에게 자신의 집으로 오라고 통지했다. 손문은 파면 소식을 확인한 후 이 학생 지도자들에게 "너희들이 파시를 발동한 것은 아주 잘한 일이다. 그러나 뿌렸으면 거둘 수 있어야 한다", "파시는 이미 일주일이 지났다", "이미 승리를 쟁취했으니, 학생회가 주동적으로 상인에게 개시를 권하는 것이 낫다. 이렇게 하면 상인은 이후 너희들의 말을 더욱 잘 들을 것이다"라고 충고하자, 하세정은 이 지시에 따라 상해학련으로 돌아가 회의를 열어 토론 끝에 마침내 인식을 통일하고 투쟁 전략을 바꾸어 곧바로 학생을 조직해 개시에 동원했다고 한다.[16]

'매국적 3인의 파면'이라는 승리를 뛰어넘는 오사운동의 성과는 무엇보다도 '민중의 연합'이라 할 수 있으니, 상해에서 조직된 전국학생연합회가 대표적이다. 6월 16일 전국학생연합회가 상해(先施公司 東亞酒樓 禮堂)에서 성립대회를 개최했다. 단석붕(段錫朋, 돤시펑), 허덕형(許德珩, 쉬더헝), 장몽린(蔣夢麟, 장멍린) 등 전국 각지에서 온 30여 개 단위의 학생 대표 200여 명이 대회에 참가했다.[17] 당시 성립대회 참가자의 회고이다.

---

15 朱仲華, 「我有幸多次得見孫中山先生」[「與何葆仁, 朱承洵的談話」(1919.6.10), 『孫中山集外集補編』, p.234에서 재인용].

16 『辛亥革命七十周年文史資料紀念專輯』 17~18(劉永明, 『國民黨人與五四運動』, p.188).

17 許德珩, 「五四運動在北京」, 中國社會科學院近代史研究所 編, 『五四運動回憶錄』 上册(中國社會科學出版社, 1979), p.217.

1919년 5월 4일 북경학생의 반제·반매국 군벌의 시위운동으로 인해 우리 31명의 학생과 1명의 시민이 체포되는 사건이 발생한 후, 손중산 선생은 이 운동에 지지를 보냈다. 그는 당시의 북양(北洋, 베이양) 군벌 두목 단기서에게 통전해 체포된 학생을 속히 석방하라고 촉구했다. 손중산 선생과 사회 기타 인사들 및 인민 군중 자신의 단결·노력으로 체포된 학생들이 아주 빨리 출옥될 수 있었다. 이해 5, 6월 사이에 각지 학생 대표들이 상해에 모여 전국학생연합회를 조직하고 학생운동을 확대하려 할 때, 손 선생도 학생을 지지했다. 그는 일찍이 여러 차례 우리를 자신의 상해 거처로 불러 담화하고, 나 자신도 두 차례나 이 모임에 참가했다. 그는 매번 아주 친절하고 자애롭게 우리를 도와주고 격려해 주었다. 1919년 6월 16일 전국학생연합회가 성립되고 얼마 지나지 않은 어느 날, 우리는 손중산 선생을 학생회로 초청해 강연을 부탁했다. 강연한 곳은 상해 환구학생회(上海環球學生會)이었다. 손 선생은 그날 우리에게 당시 파리화회(和會)를 분석해주고 러시아 혁명을 말하며 우리 학생을 고무시켰다.[18]

그러나 회고와 달리 상해환구학생회에서 행해진 손문의 연설에는 러시아 혁명에 대한 언급은 없었다.[19] 여하튼 회고에 따르면 손문은 오사운동 주동 학생들과 자주 접촉했다고 한다. 즉 5월 29일 허덕형은 북경을 떠나 상해에 도착하자마자 황일규(黃日葵, 황리쿠이) 및 몇몇 상해학련 대표와 함께 손문을 '알현'해, 손문에게 북경 학생 투쟁의 상황과 북경정부의 학생 진압의 죄행을 보고했으며, 아울러 상해에서 전국학련을 조직하고자 한다고 말하자, 손문은 이에 대해 '학계의 투쟁에 동정과 지지를 표시'했다. 손문의 이런 고무와 지지 때문에 전국학생연

18 許德珩, 「孫中山先生對五四學生運動的同情和支持」, 中國社會科學院近代史研究所 編, 『五四運動回憶錄』 下册(中國社會科學出版社, 1979), p.637. 許德珩의 회고에 따르면 손문은 6월 16일 전국학생연합회 성립대회에도 참석해 강연했다고 하는데, 그에 대한 기록은 없다. 上海寰球學生會에 참석해 강연한 것은 10월 18일이다.

19 「在上海寰球中國學生會的演說」(1919.10.18), 『孫中山全集』 5, pp.138~142.

합회를 아주 빨리 조직할 수 있었다고 회고했다.[20] 1919년 5월 말 허덕형은 상해에 도착하자마자 손문을 '알현'했다고 하지만, 그러나 장국도(張國燾, 장궈다오)의 회고에 따르면 1920년 1월까지 허덕형은 손문을 방문한 적이 없다고 했다.[21] 모두 회고여서 어느 것이 사실인지는 확인할 수 없다.

전국학련이 조직된 이후에도 손문은 학생들에게 도움을 주고, 지도했다고 한다. 당시 전국학련 임시위원회 위원장으로 안휘(安徽, 안후이) 학생 대표를 맡고 있던 상종회(常宗會, 창쭝후이)의 회고에 의하면 전국학련 성립 후 손문은 청년국민당 요인 황대위(黃大偉, 황다웨이)를 파견해 상해에 온 전국 각지의 학생 대표와 연계시켰고, 6월 중순 상종회가 상해에 도착한 후 7월에 손문을 만나 가르침을 받고 싶다고 황대위에게 전하자 손문은 기꺼이 허락했다고 한다. 면담 중 손문에게서 애국민주운동을 위해 분투·노력하는 데 대해 격려받은 한편, "학문을 소홀히 해서는 안 된다"라는 충고도 들었다고 한다. 상종회는 그때의 일을 다음과 같이 회고하고 있다.

---

20 許德珩, 「孫中山先生對五四學生運動的同情和支持」, 『五四運動回憶錄』 下册, pp.219~220.

21 장국도의 회고는 이러하다. "1920년 1월 어느 날 정오 나는(장국도) 許德珩, 康白情, 그리고 천진 여학생 대표인 劉淸揚과 함께 법조계의 한 음식점에서 점심을 먹고 난 후 프랑스 공원을 산책했다. 강백정이 길 저편을 가리키며 "莫利愛路 29호가 바로 손중산 선생의 집이야"라고 하자, 허덕형이 "**우리는 이제까지 그(손문)를 예방한 적이 없으니**, 지금 이참에 보러 가는 것이 어떨까"라고 했다. 내가 부화해 "좋지! 나는 나가륜과 며칠 내로 그를 방문하자고 했는데, 애석하게도 저 대문호(나가륜)는 오늘 여기에 없네." …… 이에 우리는 길을 건너 손 선생 댁의 문 앞에 이르러 수위에게 온 이유를 말하자, 大元帥(손문)를 알현하려면 미리 약속을 해야 하는데 예약하지 않았으니 불가능하다고 답했다. 허덕형이 좀 화가 난 듯 고성으로 항의하기를 "우리는 대원수에게 뭔가를 구하려고 온 것이 아니라 단지 인사드리려고 온 것이요. 예약하지 않았더라도 통보는 해줄 수 있지 않습니까?"라고 했다. 허덕형의 고성에, 아래층에 있던 요중개가 놀라 뛰어나와, 우리를 객청으로 안내하고 2층으로 올라가 손 선생에게 (우리의 방문을) 알렸다." 따라서 장국도의 회고에 따르면 허덕형이 손문을 처음 만난 것은 1920년 1월이다. 張國燾, 『我的回憶』 第1册(香港: 明報月刊出版社, 1972), p.70.

상종회(常宗會, 1898~1985)

안휘(安徽, 안후이) 전초현(全椒縣, 취안자오현) 출신으로 상만원(常萬元, 창완위안)은 별명이다. 안경성립제일사범학교에 입학했고, 오사운동에 참가했다. 같은 해 프랑스로 근공검학(勤工儉學)을 떠나 낭시(Nancy)대학 이과에서 박사 학위를 취득했다. 1925년 귀국 후 국립 동남대학, 중앙대학 등에서 교수로 지내며, 양잠업[蠶桑]과 목축[畜牧] 등에 종사했다. 항일전쟁 시기 곤명(昆明, 쿤밍)에서 잠상개진소 부소장 겸 농장장으로 오랫동안 근무했다. 항일전쟁 후 오스트레일리아를 방문했으며, 중화인민공화국이 성립된 뒤 귀국해 하얼빈 농학원(農學院) 교수, 남경농학전과학교(南京農學專科學校) 교수 등을 역임하다가 1985년 병으로 사망했다.

> 황대위의 소개로 상해에서 (손문을) 만났을 때, …… 손 선생은 "중국의 장래, 중국의 운명, 이 중대한 책임은 완전히 너희 청년들의 어깨에 달려 있다. 너희들은 과학을 배워야 하며 애국을 해야 한다. 그렇지 않으면 비록 애국심이 있더라도 역량이 충분하지 못해 작용도 크지 않을 것이다. 학문이 있어야 비로소 더욱 큰 역량을 발휘해 애국할 수 있다"라고 했다. …… 내가 프랑스로 근검공학(勤儉工學)을 구했을 때, 손 선생은 그 자리에서 격려하며 "미국으로 가겠다면 내가 이 자리에서 추천서를 써줄 것이고, 프랑스로 간다면 (황)대위에게 도와주라고 하겠다"라고 했다. …… 만난 자리에서, 손 선생은 친필로 제목을 쓴 「건국대강(建國大綱)」을 내게 선물로 주셨다.[22]

손문이 「건국대강」을 쓴 것은 1924년 1월경이기 때문에 상종회가 받았다면, 아마 1919년 3월에 탈고한 〈건국방략(建國方略)〉(『孫文學說』)일 것이다.[23] 여하튼 손문은 당시 오사운동의 주도 세력이던 청년 학생들에게 큰 기대를 걸고 있었음을 보여주며, 그들을 지속적으로 도와주었음도 보여준다. 북경 시위 때

22 常宗會, 「一九一九年在上海兩次見到孫中山先生」, 尙明軒 外 主編, 『孫中山生平事業追憶錄』(北京: 人民出版社, 1986), pp.290~291.

23 「건국대강」이 만들어진 시기에 대해서는 뒤에서 서술하겠다.

굴무(屈武, 1898~1992)

본명은 굴유(屈儒), 자는 경문(經文)으로, 섬서(陝西省, 산시성) 위남(渭南, 웨이난)인이다. 오사운동 때 섬서성 학생연합회 회장을 맡았으며, 1919년 7월 제1차 전국학생대표대회에 참가하기 위해 상해에 왔다가 우우임의 소개로 손문을 만났다. 1923년 사회주의청년단에 가입했고, 1924년 10월에는 북경정변에 참여했다. 12월 하순 손문이 천진에 도착했을 때 우우임, 호경익(胡景翼, 후징이)의 위탁을 받아 손문을 알현했다. 1925년 중공 당원으로 전환했고, 1926년 국민당 2전대회에서 중앙후보집행위원으로 당선됐다. 이후 중공북방구위(中共北方區委)에 의해 모스크바로 파견되어 중산대학에 입학했다. 1930년 졸업을 앞두고 소련 내 노선 투쟁에 휘말려 유배되었다. 항일전쟁이 발생한 후 국민정부감찰원 원장 우우임이 중국 주재 소련 대사와 교섭해 1938년 가을 중경(重慶, 충칭)으로 돌아온 후, 중국국민당의 여러 직책을 담당했다. 1950년 신중국 성립 후 다시 중국공산당에 입당했으며, 문화대혁명 중 박해를 받았다. 1979년 복권된 이후 여러 직책을 담당했으며, 1983년 이후 사망할 때까지 정협전국위원회(政協全國委員會) 부주석을 지냈다.

총통부에서 피를 흘린 섬서(陝西, 산시)의 학생 대표 굴무(屈武, 취우)도 비슷한 회고를 하고 있다. 7월 전국학련회의에 참가하기 위해 상해에 온 굴무를 접견한 손문은 "(북경에서 행한) 너의 용감성 그리고 희생을 두려워하지 않는 애국 행동은 찬양할 만하다.[24] 너는 섬서로 돌아가 뜻이 있는 청년 속에서 삼민주의의 도리를 선전하고 구국 사업을 해야 한다"라고 했으며, 이어 의미심장하게 "중국의 희망은 너희 청년들의 어깨에 달려 있다"고 말했다고 한다.[25]

손문은 전국학련 평의부의 폐막식(1919.8.5)에도 참석했는데, 제일 먼저 등단해 연설했다. 그는 "오늘 회의에 온 각계 대표는 각계 인민을 대표하는데, 나는 어느 계(界)를 대표하는가? 나는 바로 혁명당의 대표이다"[26]라고 하고는, 이어

24 屈武, 「三見孫中山」, ≪團結報≫, 1980.3.4(劉永明, 『國民黨人與五四運動』, p.205에서 재인용).

25 屈武, 「激流中的浪花: 五四運動回憶片斷」, 中國社會科學院近代史研究所 編, 『五四運動回憶錄』下(中國社會科學出版社, 1979), p.865.

26 常宗會, 「一九一九年在上海兩次見到孫中山先生」, 『孫中山生平事業追憶錄』, p.291.

"전국학련은 전국 학생을 지도해 민중을 환기시키고 암흑 세력과 계속 투쟁하기를 희망하며, 이렇게 해야 중국에 광명의 전도가 있다"[27]라고 지적했다고 한다. 연설이 끝나자 장내에 우레와 같은 박수가 끊이지 않았고, "후에 손중산 선생은 우리와 기념 촬영을 했다. 이 진귀한 문물은 해방 후인 1951년 남경의 한 강당에서 한 차례 전람회를 열었다"고 한다.[28] 그렇다고 당시의 모든 학생들이 손문을 이상의 회고처럼 평가했던 것은 아니다.

> 오사운동 중 최초로 개최된 상해 군중대회에서 한 북경대학의 학생 대표가 "손중산 선생의 혁명은 혁명이라고 할 수 없다. 그의 혁명은 단지 대청문(大淸門)의 편액을 중화문(中華門)으로 바꾸었을 뿐이다. 이러한 혁명은 철저하다고 할 수 없다. 우리는 이제 철저한 혁명을 하려고 한다"라고 말했다. 당시 손중산은 상해에 있었고, 이 대회에도 참가했었다. 손중산은 이를 들은 후 열렬히 박수를 쳤다. 대회 후 그는 북경대학 학생에게 간절하게 말하기를 "내가 영도한 바의 혁명에, 만약 여러분과 같은 동지들의 참가가 있었다면 분명히 성공했을 것이다"[29]라고 했다.

회고자는 오사운동에 대한 손문의 지지를 보여주고자 했겠지만, 오사운동에 대한 손문의 '소극성'에 일부 학생들이 불만을 품고 있었음도 보여주고 있다.

이상에서 살펴본 많은 사람들의 회고를 종합하면 다음과 같다. 우선 북경의 사건을 접하자마자, 손문은 이에 대한 전략(선전과 조직)을 소력자에게 지시했다. 이후 운동이 수업 거부에 그친다고 생각한 손문은 학생 지도자들을 몰래 불러 좀 더 과감한 운동을 주문했다. 즉 외국 국적의 변호사를 선임해놓았으니

27 屈武, 「三見孫中山」(劉永明, 『國民黨人與五四運動』, p.205에서 재인용).
28 常宗會, 「一九一九年在上海兩次見到孫中山先生」, 『孫中山生平事業追憶錄』, p.291.
29 金毓黻, 「五四運動瑣記」, ≪歷史教學≫, 1951.6[『五四運動回憶錄』 上(中國社會科學出版社), p.331]

시위의 범위를 조계로 확대해도 좋다고 지시했고, 이에 호응해 학생들의 시위는 처음으로 조계를 돌파했다. 6월 10일 북경정부가 '매국적 3인'을 파면했으나 일부 학생들이 상인의 개시에 반대하자, 손문은 사상 통일과 투쟁 전략의 변화를 위해 상해학련 지도자 하세정 등을 자택으로 불러 개시를 지시했고, 이에 하세정 등은 상해학련으로 돌아가 학생들을 개시에 동원하기로 결정했다. 이후에도 손문은 전국학생연합회의 조직을 지원하고 측면에서 지원했으며, 전국학생연합회의 초청을 받아 그들에게 '파리강화회의'를 분석해주고, '러시아 혁명' 소식도 알려주었다는 것이다.

또한 많은 회고가 손문이 혁명에서의 청년 학생의 중요성, 나아가 그들을 혁명의 견인력으로 인식하고 있었음을 보여준다. 손문은 찾아온 청년 학생들을 따뜻하게 격려해주고, 나아가 실제적이고 구체적인 도움도 주었다. 이에 오사운동과 관련해 당시 학생 지도자들은 운동의 전개는 "중산 선생의 구체적이고 유력한 지지와 떼어낼 수 없다"[30]든가, 전국학생연합회의 조직은 손문의 지지 덕분에 "아주 빨리 실천에 옮길 수 있었고"[31], 손문은 "전국학련의 조직에 지도적 작용을 일으켰다"[32]라고 평가하고 있다.

당시의 회고만을 이용해 혹은 회고를 주로 사용해 '오사사건과 손문'의 관계를 재구성하기에는 문제가 있다. 우선 회고가 지닌 '사료'로서의 불완정성이다. 앞서 지적한 바와 같이 사실과 다르거나 모순되는 부분이 상당히 존재한다. 이는 회고가 갖는 기본적 한계에서 비롯되지만, 또 회고자가 의도적으로 내용을 왜곡할 수도 있다. 앞서 인용한 회고는 모두 해방 후 대륙에 남은 사람들에 의한

---

30 兪雲波, 「孫中山先生與上海五四運動」(『孫中山年譜長編』 下, 1919.5.6, pp.1173~1174에서 재인용).

31 許德珩, 「孫中山先生對五四學生運動的同情和支持」, 『五四運動回憶錄』 下冊, pp.219~220 재수록.

32 邵力子, 「黨成立前後的一些情況」, 1961.7[中國社會科學院現代史研究室, 『"一大"前後』 二, 中國革命博物館黨史研究室 選編(人民出版社, 1985), p.66].

것이다. 따라서 회고가 갖는 사료로서의 한계도 있지만, 회고의 '정치성'도 배제할 수 없다. 일찍이 모택동이 손문에 대해 높이 평가했고,[33] 따라서 손문은 '대륙과 대만'을 이어줄 수 있는 좋은 '정치적 인물'이었으니,[34] 손문에 대한 회고를 문자 그대로 받아들이기는 어렵다. 이런 이유에서인지 일부 연구들은 회고를 거의 인용하지 않는다. 그렇다고 회고 전체를 부정할 수는 없고, 부정할 만한 근거를 찾기도 쉽지 않다. 따라서 회고가 사료로서의 가치를 갖기 위해서는 1차 사료를 엄정하게 분석한 후 회고를 '보충 자료'로 인용할 때 가능할 것이다.

3. 오사사건에 대한 손문의 대응

오사사건을 둘러싸고 당시 수많은 편지와 전보(函電)가 오고 갔다. 수취인에 손문의 이름이 들어간 것도, 발송인에 손문의 이름이 들어간 것도 매우 많다. 그러나 그중 대부분은 손문과 직접적으로 관련이 없다. 광동군정부 의회가 대원수직을 폐하고 7명의 총재 체제로 변경하자, 손문은 이에 반발해 1918년 5월 4일 대원수직을 사임하고 상해로 올라와 버렸다. 그러나 광동군정부는 손문을 7총재 중 하나로 선출했다.[35] 손문은 상해에 머물며 총재 직무를 수행하지 않았지만, 총재를 사임한 것은 아니었고, 1919년 8월 7일에 가서야 총재직을 사임했다.[36] 따라서 이 시기 광동정부로 보내온 전문이나 성명에는 손문을 포함

33 이에 대해서는 橫山宏章, 『孫中山の革命と政治指導』, pp.2~3을 참조.

34 대표적으로 소력자가 그러하다. 그는 해방 후 대륙에서 民革中央委員會가 조직한 '和平解放臺灣工作委員會'에서 일했다. 傅學文, 「邵力子生平簡史」, p.42.

35 非常國會는 1918년 5월 4일 통과시킨 「修正軍政府組織法案」에 따라, 5월 20일 孫文, 唐紹儀, 伍廷芳, 唐繼堯, 林葆懌, 陸榮廷, 岑春煊 등 7명을 軍政府 政務總裁로, 岑春煊을 主席總裁로 선출했다. 21일 손문은 사직을 통전하고, 오후 배를 타고 廣州를 떠났다. 張憲文 外, 『中華民國史』 第1卷, p.221.

36 『孫中山年譜長編』 下, 1919.8.9, p.1195.

1917년 복벽이 발생하자 광주로 내려와 1차 광동 정부를 건립한 손문은 이듬해 자신을 대원수로 추대했던 비상국회가 '대원수제'를 '7총재제'로 바꾸는 「중화민국군정부조직대강수정안」을 통과시키자, 1918년 5월 4일 대원수를 사임하고 상해로 올라왔다. 사진은 상해로 돌아온 후 막리애로의 우소(寓所)에서 '저술에 몰두'하는 모습이다.

한 일곱 총재의 이름이 있고, 광동정부가 대외적으로 보내는 전문이나 성명에도 손문의 이름이 여섯 총재와 함께 연명되어 있다.[37]

그렇다고 손문이 상해에서 광동정부의 일에 전혀 관여하지 않았느냐 하면, 그렇지도 않다. 광동에 있던 자신의 측근을 통해 광동의 정세를 원격 조정하기도 했고,[38] 어떤 경우는 주석(主席)총재 잠춘훤(岑春煊, 천춘쉬안) 등과 연락해 전문(電文)이나 성명을 발표하기도 했다.[39] 따라서 일곱 총재가 연명해 보낸 전문이나 성명 중 손문의 뜻이 담겨 있는 것도 있으나 이를 찾아내기는 쉽지 않다. 오사사건과 관련해 당시 광동군정부의 이름으로 보낸 전문 중 하나는 손문의 뜻이 담긴 것이라고 호한민(胡漢民, 후한민)이 공개적으로 말했다고 한다.[40] 전문의

---

37 『孫中山全集』은 손문의 이름이 연명된 함전만 게재하고 있지 않지만, 『孫中山集外集補編』과 『各方致』에는 모두 게재하고 있다.

38 당시 徐謙이 孫文의 駐軍政府 代表로 있었다. 예컨대 林森(린썬), 徐謙(쉬찬), 호한민에게 편지를 보내 伍朝樞(우자오수)를 군정부 대표로 유럽화평회의에 참가시키라고 지시했고(『孫中山年譜長編』 下, 1919.1.6, p.1145), 鄒魯(쩌우루) 등에게 편지를 보내 광동성장의 추대를 거절하라고 지시하기도 했다. 「復鄒魯葉夏聲函」(1919.2.23), 『孫中山全集』 5, p.24.

39 예컨대 1919년 1월 2일 岑春煊 등과 연명해 徐世昌에게 劃界停戰을 상의하자는 전보를 쳤고, 같은 날 역시 연명으로 李純에게 전보를 보내 陝西民軍問題에 대해 해결법을 제시하기도 했다. 『孫中山年譜長編』 下, 1919.1.2, pp.1143~1144.

40 학생으로 오사운동에 참여했던 羅家倫은 훗날(1942) 다음과 같이 연설했다. "총리(손문)는 오사운동을 찬조했다. 그는 여러 차례 강연한 외에도, 당시 연합군 정부의 6총재가 보낸 「北京徐菊人先生」이라는 전보로도 증명할 수 있다. 당시 西南軍政府의 文電에 관해

내용은 다음과 같다.

듣기로는 북경 학생들이 산동(山東, 산둥) 문제 때문에 조여림, 장종상, 육종여 등에게 경고하는 과정에 다치는 일이 발생했다는데, 장차 학생들을 극형에 처하고 대학을 해산한다는 말에 놀라지 않을 수 없습니다! 청년 학생은 단순한 애국심에 일시적으로 용감한 혈기를 뽐내다 거동이 상도를 좀 벗어나기는 했지만, 그래도 정상을 참작할 만한 일입니다. …… 만일 근본적 방법을 취하지 않고, 폭력을 빌려 문약무조(文弱無助)의 학생 한두 명을 죽여 이로써 백성을 누르고자 한다면 백성은 죽음을 무릅쓸 것이니, 시작은 미미할지 모르나 그 끝은 심각할 것입니다. …… 일을 집행함에 인과(因果)를 분명히 하고 선악을 식별하여 합리적으로 처리해 천하의 인심을 안심시키기 바랍니다. …… 잠춘훤(岑春煊), 오정방(伍廷芳, 우팅팡), 임보역(林葆懌, 린바오이), 육영정(陸榮廷, 루룽팅), 당계요(唐繼堯, 탕지야오), 손문(孫文). 가(佳)[41]

이것이 손문의 뜻을 전달한 전문이라는 호한민의 설명이 맞는다면, 이 전문은 손문이 오사사건에 대해 공식적으로 발표한 최초의, 그리고 유일의 문건일 것이다(뒷부분에서 설명할 것이다). 그런데 문맥을 보면, 당시 다른 성명들과 비교해 아주 '점잖은 표현'이라고 할 수 있다.

손문이 이처럼 온화한 표현을 쓴 데는 대략 세 가지 원인이 있다고 나가륜(羅家倫, 뤄자룬)은 지적하는데, 하나는 학생의 생명이 북양 군벌의 손에 있었고, 또 하나는 북방 혁명의 거점으로서 북경대학을 지켜야 했기 때문이며, 마지막으

총리가 모두 참여하거나 찬성한 것은 결코 아니다. 그러나 이 전보는 胡漢民 선생이 공개적으로 말했듯이 총리의 뜻이 전달되어 나온 것이다." 羅家倫, 「從近事回看當年」(1942.5.4, 重慶), 『黑雲暴雨到明霞』(重慶商務印書館, 1943)[『羅家倫先生文存』 第1冊(臺北: 國史館, 1976)에 재수록], p.147.

41 「致徐世昌電」(1919.5.9), 『孫中山集外集補編』, p.232.

나가륜(羅家倫, 1897~1969)

자는 지희(志希), 절강 소흥(紹興, 사오싱)인으로, 교육가이다. 1917년 북경대학에 입학해 부사년(傅斯年, 푸스녠) 등과 함께 신조사(新潮社)를 조직하고, 잡지 ≪신조(新潮)≫를 창간했으며, 오사운동에 적극적으로 투신했다. 1920년 미국으로 유학해 프린스턴대학에서 역사와 철학을 연구했으며, 1921년 컬럼비아대학으로 전학했고, 1922년 영국 런던대학으로 옮겨 그곳에서 부사년과 재회했다. 1923년 독일로 가서 베를린대학에서 연구했으며, 1925년 다시 프랑스 파리대학에 전학해 역사와 철학을 연구했다. 나가륜은 10년간 국내(북경대학) 외(미국, 영국, 독일, 프랑스) 5개 대학에서 연구했으며, 귀국 후 교육에 전념해 특히 중앙대학(中央大學)을 최고의 대학 반열에 오르게 했다. 1950년 대만으로 옮겨 국민당중앙당사편찬위원회(國民黨中央黨史編纂委員會) 주임위원, 고시원 부원장, 총통부 국책고문, 중앙평의위원 등을 역임했다.

로는 당시 기타 총재들의 태도가 심히 분명치 않았기 때문이라는 것이다.[42] 그러나 아무리 보아도 당시 상황에 어울리지 않는 표현에 대한 '변명'으로 보인다. 특히 손문이 북경대학을 북방 혁명의 거점으로 당시 생각하고 있었는지는 매우 의심스럽다. 이에 나가륜은 손문의 뜻이 담긴 또 하나의 성명을 제시했다. 이는 앞의 성명과 거의 같은 시기에 나온 광주의 비상국회(非常國會)가 발한 성명이다.

> 매국노 조여림, 장종상, 육종여는 외국의 주구로 비밀리에 일본과 기꺼이 결탁했다. 밖으로는 규슈 대표의 요구를 막아 중일밀약 폐기 및 청도(青島, 칭다오) 반환을 취소했다. 안으로는 상해화회(上海和會)를 파괴시켜 매국적 음모를 달성하고자 기도했다. 그들의 죄상이 너무나 뚜렷해 하늘도, 사람도 공분하고 있다. 북경과 천진의 학생들은 망국의 비참함에 조급해하고, 적당(賊黨)의 횡포를 목격하자 몸을 돌보지 않고 의용을 발해 조여림의 집을 불 지르고 흉악한 장종상

42 羅家倫, 「從近事回看當年」, p.148.

을 구타했으니, 유사 이래 이보다 더 통쾌한 일은 없다. 그러나 북방 정권은 이 매국노들을 모두 주살해야 함에도, 오히려 멋대로 학생들을 체포했고, 이후 이들을 처형하고 대학을 해산한다는 소문이다. 국민이 이 소식에 놀람을 금치 못하고 있다. 특히 5월 9일(佳日) 광주의 양원(참의원, 중의원)은 이 소식에 놀라 5월 9일 합동회의를 소집하고, 격분해 일치된 결의를 해 각 성에 통전해 다음을 요구한다. "북방 정권은 구속 학생들을 즉시 석방하고, 각 학교의 현상을 유지시키며, 매국적 조여림, 장종상, 육종여를 엄벌함으로써 천하에 사과하라." 여러분의 애국심이 젊은 학생들에 뒤지지 않으리라 믿으며, 일치해 성토하고 힘을 합쳐 구원합시다. ……

참의원 의장 임삼(林森, 린썬), 중의원 의장 오경렴(吳景濂, 우징롄), 부의장 저보성(褚報成, 추바오청) 및 전체 의원[43]

나가룬은 당시 광주의 국회를 손문이 장악하고 있었기 때문에, 이 글은 손문의 뜻을 담은 것이라면서 "이 전보야말로 얼마나 격앙 강개하고 통쾌한가! 오사운동에 대한 이 정치상 평론으로 볼 때 당시 총리(손문)와 현재의 원수(林森, 1941년 당시 국민정부 주석)의 뜻을 기억하지 않을 수 있겠는가?"라고 격찬했다.[44] 그러나 손문이 장악하고 있다던 광동군 정부의 국회(참·중 양 의원)는 1년 전 「수정군정부조직법안(修正軍政府組織法案)」을 통과시켜, 손문으로 하여금 사표를 던지고 상해로 가게 만들었던 장본인이니,[45] 당시 국회가 손문의 뜻을 받아 이 전

43 「廣州參衆議院要求釋放學生嚴懲國賊通電」(1919.5), 中國社會科學院近代史研究所, 中國第二歷史檔案館史料編輯部 編, 『五四愛國運動檔案資料』(北京: 中國社會科學出版社, 1980), pp.232~233.

44 당시 주석 林森에 대해 나가룬은 공자처럼 溫良恭儉讓의 성품을 지녔다고까지 표현했다. 羅家倫, 「從近事回看當年」, p.148.

45 두 인용을 모두 인용하고 있는 周策縱도, 전자는 호한민의 말대로 손문의 뜻이 담긴 것이지만, 후자는 남방 정부의 입장을 표현한 것으로 보고 있다. Chow Tse-tsung, 『5·4운동』, 조병한 옮김, p.121~122.

문을 보냈을 가능성은 없어 보인다.

그렇다면 오사사건과 관련해 광주군정부를 통하지 않고, 손문과 직접 왕래한 내용을 보자. 5월 8일 남경 화교 학생 대표 진한명(陳漢明, 천한밍)은 손문에게 다음과 같은 편지를 보냈다.

> 중산 선생 균감(均鑒)
>
> 외교가 날로 급박하고 내쟁이 끊이지 않으니 전도가 심히 두렵습니다. 현재 청도 문제가 날로 위기에 처해, 우리 국민이 지금 분기해 싸우지 않으면 후회가 막급할 것입니다. 동인(남경화교학생회)은 6일 저녁 전체대회를 개최해 긴급 방법을 마련했습니다. …… 표결을 통해 광주정부에 전보로 청도 반환, 밀약 취소를 견지하고, 친일의 악인을 엄히 징벌해 장래의 귀감으로 삼으라고 했습니다. 파리의 우리 대표에게도 전보를 보내 조금도 양보하지 말고 싸우라고 했습니다. 북경정부에도 전보를 보내 4일 구속된 학생의 석방을 요구했고, …… 선생은 공화의 원훈이자 국가의 동량으로, 한마디 말과 행동이 전국에 적잖이 영향을 미칩니다. …… (선생께서) 군정부 및 각 요인에게 협력·견지하고 대외에 일치·대응하여 위기를 벗어나자고 청하십시오.[46]

이에 대해 손문은, "지금 한 줌의 힘이라도 있으면 다 쏟으라"고 평(批)했다.[47] 다음 날인 5월 9일 남경의 방정동(方井東, 팡징둥)도 손문에게 비슷한 내용의 편지를 보냈다.

> 조여림, 장종상 등의 매국에 전국이 그들의 살을 먹고 그들의 골을 파내고자 하는데, 마침 북경의 학생들이 발분해 열성으로 구국에 나선 것은 국인의 뜻과

---

46 「陳漢明致孫中山函」(1919.5.8), 『各方致』 4, p.289.
47 「批陳漢明函」(1919.5.8), 『孫中山全集』 5, p.53.

정말로 합치하는 일입니다. 그러나 이번 외교의 어려움은, 외국에 아부해 자기의 이익을 챙기는 도적들 때문이라는 것을 모든 사람들이 보았습니다. 청컨대 선생께서 떨쳐 일어나 큰 소리로 전국에 통전해, 저 매국노들을 엄징하고 국법으로 다스리라고 하십시오. 그래야 국민들은 다소나마 격분을 풀 수 있을 것입니다. 오늘 남경 학계 또한 전체가 가두시위를 했고, 군민의 양장(兩長)이 모두 매국노의 주살을 크게 외쳤습니다. …… 외람되지만, 명망의 선생께서 전국에 통전해 국세를 신장시키십시오. 존망이 일거에 있으니 엎드려 부탁드립니다.[48]

이에 대한 답장은 찾을 수 없다. 그러나 앞서 진한명의 편지에 대해서는 12일에 비서를 시켜 답장을 보냈다.

이번 외교의 급박은, 북경정부가 외국에 아부하고 국권을 상실해 매국했기 때문에 우리 국민들이 함께 깊이 분개한 것이다. 다행히 북경 학생 제군이 먼저 분기하고 상해가 다시 후순(後盾)이 되어 크게 질호하니 죽음에 직면한 인심을 환기해 각성케 했다. 중산 선생은 국민의 한 사람으로서 제군의 애국 열정에 대해 극력 동정을 표시하며, 능력이 미치는 바를 다해 제군의 후순이 될 것이라 했다. 자주 이런 뜻을 동인들에게 전하고 일치해 진행하라. 제군들이 이 기회를 이용해 견지하고 더욱 노력해 국혼을 환기시키기 바란다. 민족의 존망은 이 일기에 있으니 제군들은 힘써 꾀하라![49]

이는 훗날 ≪중앙당무월간(中央黨務月刊)≫(제12기, '特載')에 실린 것으로, 손문이 직접 답한 것은 아니라 하더라도 손문의 의중이 전달된 것으로 보아야 한

48 「方井東致孫中山函」(1919.5.9), 桑兵 主編, 『各方致孫中山函電匯編』(이하 『各方致孫中山函電』) 第4卷(北京: 社會科學文獻出版社, 2012), pp.291~292.
49 「復陳漢明函」(1919.5.12), 『孫中山全集』 5, p.54.

다. 손문은 받은 편지에 대해 대리 답변을 하는 경우가 종종 있었다. 이 답장은 오사사건 직후 손문이 사건의 의미와 중요성을 정확히 알고 있음을 보여준다. 따라서 앞에서 본 회고의 내용을 부정할 수는 없다. 오사사건에 대해 '정확하게' 인식하고 있던 손문이 자신을 찾아온 학생 지도자들에게 사건의 의미를 해석해주거나 전술적 방법을 제시했을 수도 있다. 또 측근을 통해 학생 지도자들에게 나름의 방법을 '지시'했을 가능성도 배제할 수는 없다. 그런데도 이후 사건과 관련해 손문이 취한 행동을 보면 상당한 괴리가 있다. 즉 방정동과 진한명의 요구는 손문에게 공개적으로 입장을 밝히라는 것이었는데, 이후 손문의 공개적 표명은 없었다.

5월 4일 이후의 운동은 지역적으로 점점 확산되었고, 질적으로도 성숙한 모습으로 발전했다. 5월 18일까지는 주로 지식, 정치, 사회지도자들의 규합, 학생 자체의 조직화, 시위, 청원서 배포, 가두 강연에 국한되었으나, 5월 19일부터는 총동맹 휴학과 격렬한 일본 상품 배척이 북경정부와 일본에 대항하는 주요 무기가 되었다. 6월 2, 3, 4일 정부에 의해 자행된 대대적인 학생 체포는 6월 5일에 일어난, 학생을 지원하는 상인의 철시, 도시노동자의 파업을 재촉했다. 결국 6월 10일 북경정부는 '매국적 3인'을 파면했다.[50]

그런데 어찌된 일인지, 오사사건에 대해 '정확히' 인식하고 있던 손문이 이 절정의 시기에 어떤 성명이나 대책, 대응도 발표하지 않았다.

앞의 회고에 의하면 이 시기 손문은 국민당인이나 학생 지도자들을 만나 선전과 전략을 지시했다고 하나, 공식적으로 발표된 전문이나 성명은 없었다. 이러니 침묵하는 손문에 대해 불만이 터져 나왔다. 6월 5일 마봉백(馬逢伯, 마펑보)은 다음과 같은 편지를 손문에게 보냈다.

이번 외교의 실패를 생각함에, 무릇 혈기 있는 자로 분기하지 않는 사람이 없

50 오사운동의 전개 상황에 대해서는 Chow Tse-tsung, 『5·4운동』, 조병한 옮김, 5장 참조.

마봉백(馬逢伯, 1889~1968)
자는 지원(志援), 호는 천기(天驥), 절강 승현(嵊縣, 성샹)인으로, 승현중학에 입학해 수석으로 졸업했다. 광복회, 동맹회에 가입했으며, 1911년 항주봉기에 참가했다. 1912년 국민당에 가입했고, 2차 혁명 때 진기미의 명을 받아 상해에서 항주로 가서 반원(反袁)을 밀모해 7월 고향에서 토원봉기를 일으켰으나 실패하고, 상해로 피신했다가 중화혁명당에 가입했다. 원세개가 칭제하자 절강의 독립을 선포했으며, 1917년에는 군벌 양선덕(楊善德, 양산더)의 절강 도독 임명에 반대하다가 체포되었다. 이후 광주에 와서 호법군 정부의 자의(咨議)에 임명되었고, 1927년 이후 영해(寧海, 닝하이), 신창현(新昌縣) 현장 등을 역임했다. 장개석(蔣介石, 장제스)이 손문의 유지를 배반했다고 직언하고, 절강 정치의 적폐를 질책해 성(省) 주석 장정강(張靜江, 장징장)의 원한을 샀다. 1929년 체포되어 투옥되었다가 1932년 석방되었고, 해방 후 중국국민당혁명위원회에 가입했으며, 1956년부터는 상해문사관(上海文史館) 관원으로 종사했다.

습니다. 그러나 아공(我公: 손문)은 입 다물고 아무 말도 하지 않아 개국의 위인으로서 울지 않는 매미와 같으니, 정말로 사람들이 이해하지 못하고 있습니다. 떠도는 말에 의하면, 아공이 서(徐: 徐樹錚), 단(段: 段祺瑞)과 한통속이라고 하는데, 그렇습니까? 아공이 이런 조소를 풀려고 하지 않으면 또한 어쩔 수 없지만, 그렇지 않다면 한마디 하셔서 국인의 바람을 위로해야 하지 않겠습니까?"[51]

이 편지에 대한 손문의 대리 답변은 간단했다. "선생은 근일 문을 닫고 저술에 몰두해 바깥일에 불문하고 있으니, 만약 국민이 선생의 말을 듣고자 한다면 책이 출판되었을 때 진파하기 바란다"라는 것이었다.[52]

나단후(羅端侯, 뤄돤허우)도 6월 6일 "청도 문제가 발생한 이후 전국이 들끓고 있는데, 그 연원을 거슬러 올라가면 모두 조여림, 장종상, 서수쟁(徐樹錚, 쉬수정), 육종여 등의 도적들이 단초를 열어 화를 자초한 것으로 아름다운 우리나라를 남에게 넘기니, 이는 조선(朝鮮)의 화(禍)가 미칠 날도 머지않다"면서, 손문에게

51 「馬逢伯致孫中山函」(1919.6.5), 『各方致孫中山函電匯編』 4, p.364.
52 「批馬逢伯函」(1919.6.5), 『孫中山全集』 5, p.64.

『손문학설(孫文學說)』

출판 광고에 따르면, 『손문학설』은 원래 세 권을 세트로 발행하려 했다고 한다. 제1권이 『행이지난(行易知難)을 논함』, 제2권이 『삼민주의를 논함』, 제3권이 『오권헌법을 논함』이었다. 그러나 이후 제1권의 제명을 『손문학설』(총 8장)로 하고, 여기에 1917년 민권의 행사 방법을 서술한 『민권초보(民權初步)』(총 5권 20장), 그리고 1919년에 국제 공동투자에 의한 철로 건설 계획을 주 내용으로 하는 『실업계획』을 세트로 하여 '심리 건설', '사회 건설', '물질 건설'이라는 편명을 붙여 『건국방략(建國方略)』이라는 제명으로 출판했다. 『손문학설』은 "알기는 쉬우나 행하기는 어렵다"는 통설에 반해, "행하기는 쉬우나 알기가 어렵다"는 주장으로 유명하다. 사진은 1919년 6월 9일 자 상해≪민국일보≫에 실린 광고이다.

해결책을 묻는 편지를 보냈다.[53] 이에 대한 손문의 답도 마봉백에게 한 답과 마찬가지로 "선생은 근일 문을 닫고 저술에 몰두해 바깥일을 불문하고 있어, 묻는 바에 대해 답할 겨를이 없다"였다.[54]

손문이 몰두하고 있던 저술은 『손문학설(孫文學說)』인데, 사실 이 글은 1919년 봄에 탈고해 5월 20일 인쇄에 들어가 6월 5일 상해화강인서국(上海華强印書局)에서 발행했으며, 6월 9일에는 상해≪민국일보≫에 광고가 실렸다.[55] 따라서 마봉백과 나단후의 편지를 받았을 때는 손문의 '저술'이 이미 출판된 뒤였다. 그렇다고 대외적으로 '문을 닫았던 것'도 아니다. 같은 시기에 보내온 다른 편지에 대해서는 답장을 했다. 예컨대 등모한(鄧慕韓, 덩무한)이 광동 언론계의 활동

53 「羅端侯致孫中山函」(1919.6.6), 『各方致孫中山函電匯編』 4, p.366.

54 「批羅端侯函」(1919.6.5), 『孫中山全集』 5, p.64.

55 "(『孫文學說』은) 破天荒의 학설이요, 救國의 良藥"이라는 광고 문구로 선전했다. 上海≪民國日報≫, 1919.6.9.

을 보고하자, 손문은 "적극 진행하기 바란다"고 답신을 보냈으며,[56] 5월 31일 주화중(朱和中, 주허중)이 "호북에서 조만간 당극명(唐克明, 탕커밍), 방화남(方化南, 팡화난)을 토벌하고자 한다"라고 전하자,[57] 손문은 "그들을 토벌해 채제민(蔡濟民, 차이지민)의 원수를 갚기 바란다"라고 답신을 주었다.[58]

더구나 5월 28일에는 「호법선언」을 발표해(5.28), 국회로 하여금 완전히 자유롭게 직권을 행사할 수 있도록 회복하면 영구히 합법적 평화를 얻을 수 있다고 선언하고, 다시 정치에 적극적으로 뛰어들기 시작했다.[59] 그러나 「호법선언」 속에는, 당시 치열하게 전개되고 있던 오사사건에 대한 언급은 없었다. 따라서 손문이 저술 때문에, 오사사건에 대응을 할 수 없다는 답변은 변명에 불과하다고 할 수 있다. 전술한 진한명에 대한 답변에서 보았듯이, 손문은 오사사건의 의미와 중요성을 분명히 알고 있었다. 그렇다면 의도적으로 오사사건에 대한 공식적 견해 표명을 회피했으며, 특히 5월 중순 이후부터는 오사사건에 대한 견해를 묻는 사적 편지에 대해서도 답변을 거절했던 것은 아닐까. 회고를 액면 그대로 수용한다면, 손문은 5월 중순 이후 사적으로 혹은 비공개적으로 학생 지도층이나 측근에게 오사사건에 대한 지지를 표명했고 더 나아가 전략을 지시했지만, 공적으로는 전혀 언급하지 않았을 뿐 아니라 공적 견해 표명을 요구하는 편지에 대해서도 의도적으로 답변을 회피했던 것이다.

그렇다면 손문이 오사사건의 의미를 인식하면서도, 이에 대한 개입을 의도

56 「鄧慕韓致孫中山函」(1919.5.28), 『各方致孫中山函電』 4, pp.346~347.

57 「朱和中致孫中山函」(1919.5.31), 『各方致孫中山函電』 4, pp.352~353.

58 『孫中山全集』 5, p.63. 이 밖에도 「臧善達致孫中山函」(1919.5), 『各方致孫中山函電匯編』 4, p.353; 「陳福祿致孫中山函」(1919.6.8), 『各方致孫中山函電匯編』 4, p.373; 「趙義致致孫中山函」(1919.6.14), 『各方致孫中山函電匯編』 4, p.392; 「陳炯明致孫中山函」(1919.6.15), 『各方致孫中山函電匯編』 4, p.393; 「劉煥藜致孫中山函」(1919.6.16), 『各方致孫中山函電匯編』 4, p.398; 「徐東垣致孫中山函」(1919.6.30), 『各方致孫中山函電匯編』 4, p.432 참고.

59 「護法宣言」(1919.5.28), 『孫中山全集』 5, pp.60~61.

적으로 거부했던 이유는 무엇일까? 또 회고에서처럼 사적으로나 비공개적으로는 오사사건에 지지를 보내고 나름의 역할을 했다고 한다면, 공적으로는 왜 침묵으로 일관하고, 심지어 대책을 묻는 요구에 대해서는 의도적으로 답변을 거부한 것일까. 이에 대한 실마리 중 하나를 찾기 위해, 신해혁명 직후로 돌아가야 할 것 같다.

3장

「혁명방략」과 제국주의

1. 손문-가쓰라 다로 회담

손문의 일본관으로 종종 대아시아주의가 거론된다. 특히 그가 세상을 떠나기 직전, 일본으로 가서 대아시아주의에 관한 연설을 했기 때문에 더욱 주목을 받고 있다. 아시아주의는 서양의 침략에 직면해 같은 문자(한자), 같은 종교(유교와 불교), 같은 인종(황인종), 같은 풍속, 같은 운명의 동양 제 민족이 단결해 동양을 지켜내고 부흥시켜야 한다는 언설이다. 즉 서양의 진출을 계기로 서양을 다자화하면서 아시아의 문명적·인종적 근친성과 운명공동체성을 입론의 근거로 삼아 아시아를 하나의 정치 단위로 상정해 아시아의 연대와 단결 혹은 통합을 주장하는 언설이라고 할 수 있다.[1] 그러나 아시아주의를 이처럼 단순하게 정의 내릴 수만은 없다. 주체에 따라, 시기에 따라 아시아주의는 다를 수 있고, 정반대 입장일 수도 있기 때문이다. 예컨대 중국, 식민지 조선, 일본이 갖는 아

1 강창일, 『근대일본의 조선침략과 대아시아주의: 우익낭인의 행동과 사상을 중심으로』(역사비평사, 2002), 17쪽.

시아주의, 집권 세력과 민중이 갖는 아시아주의, 또는 서양과의 접촉이 시작된 시기, 침략과 피침략이 이루어지던 시기, 아시아주의를 공개적으로 내세우며 대동아공영을 주장하던 시기에 따라 아시아주의는 의미를 달리할 수밖에 없을 것이다.

여하튼 손문과 대아시아주의의 관계를 볼 때 좀처럼 이해하기 어려운 점들이 있다. 첫째, 혁명에 이르기까지 손문은 미국의 교육을 받아 서구에 대한 지식도 매우 풍부하고, 또 서구 제국주의 침략에 대해서도 남달리 배척감이 없었기 때문이다. 또 하나는 일본의 중국 침략이 가속화되기 시작한 시기에, 일본과의 연대 내지 연합을 주된 내용으로 하는 대아시아주의를 주장했다는 점이다. 이런 점에서 손문이 대아시아주의를 갖게 된 형성 과정을 주의 깊게 살펴볼 필요가 있다. 기존 연구에서는 손문의 대아시아주의가 일본의 대아시아주의와 다르다는 점을 강조해 손문의 대아시아주의를 나름대로 평가하는 듯하다. 인종주의에서 출발하는 대아시아주의가 근대 제국주의 체제를 극복할 수 있는 이념은 분명히 아니며, 일본의 침략 속에서 일본과의 연대를 통한 대아시아주의가 받아들여질 가능성도 거의 없었던 것으로 보이기 때문이다.

임시대총통 자리를 원세개에 넘기고, 국내와 일본을 두루 돌아다니며 연설을 하던 때가, 손문으로서는 아마 가장 융숭한 대접을 받던 시절이었을 것이다. 1913년 2월 14일부터 3월 5일까지 일본을 방문한 손문은 말 그대로 극진한 대접을 받았다. 당시 손문의 직위는 중화민국철도협회장이었으나, 일본 각계의 주요 인물들이 모두 그를 만나고자 했다. 정치계,[2] 재계[3] 등 각 분야에서 그를

2 정계의 거물급만 소개한다면, 원로 山縣有朋, 원로 松方正義, 전 수상 桂太郎, 수상 山本權兵衛, 중의원 의장 大岡育造, 전 수상 大隈重信, 외무대신 牧野伸顯, 전 외무대신 加藤高明, 전 遞信대신 後藤新平, 도쿄 시장 阪谷芳郎 등을 들 수 있다. 兪辛焞, 『辛亥革命期の中日外交史研究』(東方書店, 2002), p.371와 이 시기의 『孫中山年譜長編』 上 참조.

3 澁澤榮一, 大倉喜八郎, 益田孝 등 재계의 거물이 친히 마중을 나왔다. 日本郵船, 日本鐵道協會, 三正物産, 橫浜正金銀行, 大倉組, 三菱財團, 日華實業協會, 日本貿易協會, 은행 관계자 등은 손문을 위한 환영회나 연회를 열었다. 2월 21일에는 도쿄의 일류 은행과 대기

가쓰라 다로(桂太郎, 1848~1913)

주슈(長州) 번사(藩士) 출신으로 무진전쟁(戊辰戰爭)에 참가했으며 메이지유신 후에 독일로 유학했다. 귀국 후 야마가타 아리토모(山縣有朋) 밑에서 군제(軍制)를 배웠고, 육군차장, 제3사단장, 대만 총독을 역임했으며 이후 육군대신이 되었다. 1901년 수상에 취임해 영일동맹을 체결하고 러일전쟁을 승리로 이끌었다. 사이온지 긴모치(西園寺公望)와 교대로 수상을 맡아, 이 시기를 '계원시대(桂園時代)'라고 불렀다. 제2차 내각 때 한일병합을 강행했으며, 제3차 내각 때 일어난 제1차 호헌운동에 대항해 신당(후에 立憲同志會)을 구상했으나 실현하지 못하고, 정계에서 은퇴했다. 1913년 지병의 악화로 하야마(葉山), 가마쿠라(鎌倉) 등을 전전하다가 10월 뇌혈전으로 사망했다.

초청하고, 연회를 베풀었다. 과거 혁명 과정에서 사귀었던 친우들도 만나고, 민간단체의 환영 초청회에도 참석해 연설했다.[4] 손문이 일본에 도착한 직후, 가쓰라 다로(桂太郎)로부터 총리대신을 넘겨받은 야마모토 곤노효에(山本權兵衛) 수상은 "우리 내각이 존재하는 한 반드시 중일동맹의 목적을 달성할 수 있다"고 하면서, 더 나아가 "중국의 정부가 정식으로 성립하면 솔선해 승인하겠다"고 다짐했다. 시부사와 에이이치(澁澤榮一) 등 금융 및 재계 인사들과, 중국흥업주식회사(中國興業株式會社)를 설립하기 위해 교섭하기로 했고, 도쿄의 7개 은행(第1, 第5, 正金, 安田, 大倉, 三菱, 三井)이 손문에게 차관을 제공할 의향을 표명했다.[5]

이처럼 융숭한 대접, 회담, 연실 등으로 이어진 일본 방문 중 눈에 띄는 것은 손문과 가쓰라의 15~16시간에 걸친 밀담이다. 두 사람의 만남은 2월 20일과 3월 2일 두 차례 있었는데, 밀담이 어느 날 이루어졌는지, 당사자(손문과 가쓰

업 등 44社가 공동으로 주최해 대연회를 열어, 澁澤榮一 등 백수십 명이 출석했다. 兪辛焞, 『辛亥革命期の中日外交史研究』, p.371와 이 시기의 『孫中山年譜長編』 上 참조.

4 친우들로는 犬養毅, 頭山滿, 寺尾亨, 副島義一, 根律一, 梅屋庄吉 등이 있고, 초청 민간단체는 東亞同文會, 日華協會, 基督敎靑年會, 鐵道靑年會 등을 들 수 있다. 兪辛焞, 『辛亥革命期の中日外交史研究』, p.371와 이 시기의 『孫中山年譜長編』 上 참조.

5 兪辛焞, 『辛亥革命期の中日外交史研究』, p.371.

로)와 통역인 대계도(戴季陶, 다이지타오) 외에 누가 참석했는지, 모두 불분명하다.[6] 비밀의 만남이었고, 문서도 남기지 않았으며, 영원히 비밀로 하자고 했기 때문에 당시에는 알려지지 않았는데, 두 사람의 대화를 통역했던 대계도가 밀담 후 15년이 지난 1928년에 출판한 『일본론(日本論)』에서 밀담 내용을 밝혀, 세상에 알려졌다. 밀담이라고 하지만, 가쓰라가 손문에게 한 담화가 주를 이루고 있다. 대계도가 말하는 밀담 내용(가쓰라의 언설)은 양이 꽤 되지만, 내용을 모두 옮기면 다음과 같다.[7]

> 청나라 시대는 동방의 위기가 극에 달했던 시기였으며, 동시에 실망이 극에 달한 시기였다. 그 부패한 조정과 정부에는 존립과 발전 가능성이 전혀 보이지 않았다. 더구나 서방으로부터의 압박은 강해질 뿐이었는데, 특히 군국주의의 대륙국 러시아는 강대 무적의 무력으로 북방에서부터, 그리고 해상의 패왕 영국은 강대무적의 경제력으로 남방에서부터 각각 압박을 가해오고 있었다. 당시 일본은 자력으로 생존을 도모하는 것 외 다른 도리가 없었다. ① **자력 생존을 위해 일본으로서는 영국과 러시아에 동시에 대항할 수는 없었다. 다행히 아시아에서 영국과 러시아는 이해가 날카롭게 대립하고 있었기 때문에, 우리(일본)는 대립을 이용해 영국과 동맹을 체결함으로써 요행히 러시아를 이길 수 있었다.**
>
> 러시아라는 적은, 동방에서 최대의 적은 아니지만, 가장 다급한 적이었다. 이제 러시아를 패퇴시킴으로써 당면한 위기는 넘겼으나, 이렇게 되면 동방이 영

---

6 당시 통역으로 회담에 참가했던 戴季陶의 회상에 의하면, 손문과 가쓰라 회담은 두 차례 15, 16시간에 걸쳐 이루어졌다고 한다. 회담의 날짜에 대해서는 『國父年譜』는 2월 20일과 3월 2일이라고 했다. 秋山定輔는 회상에서 세 차례라고 서술하고 있으며, 그의 전기 편집자는 3월 1일에 1차 회담을 했을 가능성이 있다고 서술하고 있다. 대계도 외에 누가 참석했는지는 불분명하지만, 『秋山定輔傳』의 편집자는 桂太郎의 女婿 長島隆二와 秋山定輔가 참석했다고 기술했다. 兪辛焞, 『辛亥革命期の中日外交史研究』, p.372.

7 戴季陶, 『日本論』(上海: 民智書局, 1928)[박종현 옮김, 『일본론』(도서출판 소화, 2006), 153~157쪽].

국에 독점될 우려가 있다. 일본의 해군력은 영국에 대적할 수 없으며, 일본의 경제력은 영국에 미치지 못한다. 나는, 러일전쟁까지는 영일동맹의 역할을 다 하려고 열심히 노력했다. 그러나 ② 러일전쟁의 결과가 나온 지금, 영일동맹의 역할은 이미 끝났다. 이후 일본에 연영책(聯英策)은 필요하지 않으며, 영국에도 연일책(聯日策)은 필요하지 않을 것이다.

③ 지금 태평양에서 영일 양국은 완전히 적대 관계에 있다. 앞으로 일본의 활로 및 동방 민족의 활로는 단 하나, 즉 영국과 러시아의 결합을 분단시키고 독일과의 연계를 강화하는 일, 이것뿐이다. 영일동맹을 대신해 일독동맹을 성사시키고, 대러시아 작전에 대신해 ④ 대영국 작전을 전개해 반드시 영국의 패권을 무너뜨리지 않으면 안 된다. 이렇게 해야만 동방은 평화로워지며, 일본의 존속도 가능해지는 것이다. 일본의 안위뿐만 아니라 다르다넬스 해협(에게해와 마르마라해를 잇는 터키 북서쪽의 해협)에서 태평양에 이르는 전체 동방 민족의 운명이 이 계획의 성패에 달려 있다. ⑤ 오늘날 세계의 큰 문젯거리라면 터키, 인도, 중국 세 나라의 문제이다. 이 세 나라는 모두 영국의 무력과 경제력에 압도되어 있다. 그러나 무력의 압박이 제거된다면 경제력의 압박은 별로 큰 문제가 되지 않는다. 세 나라는 모두 풍요로운 생산국이 될 수 있는 조건을 갖추고 있기 때문이다. 하지만 이 세 나라들에게 일본과의 협력 관계를 기대하는 어렵다. 특히 ⑥ 중국은 일본과의 협력 관계가 기대되지만 실제로는 그렇지 못하다. 중국은 지난 수십 년 이래 내정이 극도로 어지러워 이권을 열강에게 빼앗기고 있으며, 일본에 대해서는 원교근공(遠交近攻)의 정책을 취했나. ⑦ 만약 청일전쟁 때 중국이 좀 더 강성했더라면 러일전쟁은 일어나지 않았을 것이다. 또한 중국이 강했다면 중·러·일 3국 간의 전쟁이 되든가, 중러의 전쟁이 되었을 것이며, 그렇게 되었다면 일본만 희생당하는 일도 없었을 것이라고 단언한다. 지난 두 번의 전쟁에서 일본은 인민의 생사와 국가의 존망을 걸고 싸웠는데, 이를 어찌 침략전쟁이라고 하겠는가. 중국이 나약해 유럽 열강의 침략을 감수한다고는 하나, 일본까지 존망의 위기에 처해졌던 것은 참으로 유감스러운 일이다.

이러한 생각에서 나는 지난해 모스크바를 방문했다. 러시아 방문에 대해 세간에서는 러일동맹을 체결하지나 않을까 하고 억측이 나돌기도 했으나, 러시아와 우호 관계를 유지하는 것은 좋은 일이지만, 동맹이 체결될 리도 없고, 또한 체결된다고 해도 양국에 어떤 도움도 되지 않는다. 실로 내가 계획한 것은 일독동맹이었다. 이 일은 다른 사람에게 맡길 수 없는 일이었다. 그러나 내가 독일에 가면 이목을 끌 염려가 있었기 때문에 ⑦ **독일 정부와 협의해 모스크바에서 만나 협상하기로 했다.** 그러나 선제(先帝: 明治天皇)의 병이 악화되어 모스크바에 도착하자마자 귀국을 종용하는 전보가 빗발쳤다. 결과적으로 이 계획은 지금까지 보류된 상태이다. 참으로 통탄할 일이다. 하지만 나는 내가 정권을 쥐고 있는 동안 언젠가는 그 계획을 수행할 생각이다. 이는 나의 최대 비밀이며, 또한 일본으로서도 최대의 비밀이다. 만일 이 계획이 조금이라도 누설되면 일본은 대단히 불리한 입장에 처하게 된다. 일독동맹이 실현되기 전에 영국이 전력을 쏟아 일본에 대항한다면, 일본은 도저히 저항할 수 없기 때문이다.

이제 ⑧ **중국의 대일본 정책에 대한 선생의 생각을 듣고 충고를 받았으니 매우 만족스럽다. 이제까지 국내에서는 나의 정책을 이해해주는 동지를 찾을 수 없었다. 오늘 선생으로부터 동조의 말씀을 듣고 보니, 하늘에라도 오른 기분이다. 중국에 손 선생이 있는 한 아무런 염려가 없다. 앞으로 우리 두 사람은 상호 신뢰를 바탕으로 우리의 공동의 목적을 달성해나갈 뿐이다.** ⑨ **즉 중국, 일본, 터키, 독일, 오스트리아가 동맹을 결성해 인도 문제를 해결하고자 한다. 인도 문제만 해결된다면, 전 세계의 유색인종은 되살아나게 된다. 이 사업이 성공하면, 일본은 이민할 땅이나 무역국에 대한 걱정이 없어지므로 중국 침략 등의 졸책은 절대 취하지 않을 것이다.** 이로써 대륙과의 절대적 보장을 획득하고, 미국, 오스트레일리아 쪽으로의 발전에 전력을 투구하는 일이야말로 일본 민족의 발전을 위한 정도(正道)인 것이다. 대륙의 발전은 중국이 책임을 맡아야 한다. 중국과 일본 양국이 제휴한다면 동양의 평화를 유지할 수 있으며, 중국, 일본, 터키, 독일, 오스트리아 5개국이 제휴한다면 전 세계의 평화가 유지될 수 있다. 이런 계획의 성패 여부는 오로지 우리 두 사람의 노력 여하에 달려 있다.

오늘날 중국은 역경에 처해 있으며, 국력이 부족해 선생의 웅비도 곤란한 상태이다. 앞에서 원세개에 대한 원조 운운했는데, ⑩ **나의 견해는 원세개는 결국 중화민국을 위하는 충실한 정치가가 아니어서 마침내 중화민국의 적 또는 선생의 적이 될 존재이다.** 그러나 지금 당장 그와 싸우는 일을 도모한다면 백해무익할 것이다. 선생의 생각대로 잠시 동안은 중국의 간선 철도망 정비에 전력을 기울이는 일이 중요하다. 간선 철도망의 완성을 위해 나도 온 힘을 다해 선생을 돕겠다. 현재의 세계정세 속에서 영국에 대적해 쓰러뜨릴 수 있는 사람은 나와 선생과 독일 황제, 이 세 사람을 빼고는 없다. – 강조와 번호는 인용자

이를 간략히 요약하면 다음과 같다.

① 생존을 위해 일본은 영국과 동맹을 맺어 러일전쟁에서 이길 수 있었다. 만약 그때 중국이 강했더라면 러일전쟁은 일어나지 않았을 것이고, 일본만 희생당하는 일도 없었을 것이다. 러일전쟁이 왜 침략 전쟁인가?
② 러일전쟁 후 영일동맹의 역할은 끝났다.
③ 지금 태평양에서 영일 양국은 완전히 적대 관계에 있고, 앞으로 일본의 활로 및 동방 민족의 활로는 단 하나, 즉 영국과 러시아의 결합을 분단시키고 독일과의 연계(일독동맹)를 강화하는 일뿐이다.
⑦ 얼마 전 자신(가쓰라)이 러시아에 간 것은 일독동맹을 위해 독일 정부와 협의하기 위해서였다.
⑩ 일독동맹에 관한 것은 절대 비밀이다.
④ 영국의 패권을 무너뜨려야 동방 민족 전체가 평화로워지며, 일본의 존속도 가능해진다.
⑤ 영국을 무너뜨리면 터키, 인도, 중국 세 나라는 경제적으로 풍요로워질 수 있다.
⑨ 인도 문제만 해결하면, 즉 인도로부터 영국을 쫓아내면 전 세계의 유색인종이 살아날 수 있으며, 일본의 중국 침략도 없을 것이다. 이를 위해 중국,

일본, 터키, 독일, 오스트리아가 동맹을 결성해야 한다.

⑥ 중일의 협력 관계가 어려웠던 것은, 중국이 일본에 대해 원교근공의 정책(일본을 멀리하고 영국과 협력하는 정책, 즉 원세개의 대외정책)을 취했기 때문이다.

⑧ 손문의 정책을 듣고 매우 만족했으며, 나의 정책을 이해해주는 동지(손문)가 있어 하늘에라도 오른 기분이다. 나의 정책의 성공은 우리 두 사람의 어깨에 달려 있다.

먼저 가쓰라가 손문에게 비밀리에 말해준 내용의 진위부터 살펴보자. 작은 문제까지도 세밀히 연구하는 일본의 연구 특성을 감안할 때, 가쓰라에 관한 연구에서 이 인용문의 내용을 다룬 연구가 거의 없다는 점이 특이하다. 내각총리대신(수상)을 세 번이나 지낸 만큼 가쓰라의 경력은 화려하다.[8] 당시 수상을 세 번이나 지낸 사람은 없었으니, 일본에서 그의 정치적 위상을 가늠하고도 남는다. 신해혁명이 발발하자 당시 육군대장 가쓰라는 조선 총독 데라우치 마사다케(寺內正毅)에게 보낸 편지에서 "(혁명이) 이전 의화단 난처럼 중국 전역에 확대될 것이기에, 일본이 간섭 행동을 하지 않을 수 없는 사태가 될 것"이라 우려하고 있다.[9] 신해혁명에 대해 가쓰라가 정부에 제출한 건의는 "일본과 동맹 관계에 있는 영국, 러시아와 의사를 소통하고, 제휴해 대처할 것이 필요하다"라고 했다. 이 대책은 제2차 가쓰라 내각이 실행해왔던 제3차 영일동맹과 제2차 러일협약을 활용해 대처해야 한다는 것으로 국제 관계를 중시하는 대응이었다.[10]

1912년에 들어서면서 만주로의 출병 문제가 표면화되어가자, 육군과 마찬

8 臺灣總督(第2代), 陸軍大臣(第10·11·12·13代), 內閣總理大臣(第11·13·15代), 內務大臣(第22代), 文部大臣(第23代), 大藏大臣(第13代), 貴族院議員, 元老, 內大臣, 外務大臣(第25代) 등을 역임했다.

9 宇野俊一, 『桂太郎』(吉川弘文館, 2006), p.227.

10 宇野俊一, 같은 책, p.227.

가지로 가쓰라도 당시 내각(사이온지 내각)의 소극적 방침을 강력히 비판하고, 집권 정당(정우회)은 당의 이익만 생각하고 국익을 몰각한 이권 집단이라고 규탄하면서 새로운 정당(후에 입헌동지회)를 구상하게 된다.[11] 가쓰라가 구상한 새로운 정당의 창립 정신은 "간단히 말하면 지나(支那: 중국) 문제의 해결이 첫 번째 주안점이다"라고 했고, 신당 결성을 공공연히 한(1.20) 직후의 시점에서 가쓰라는 신당을 결성하면 "이번에는 정말 만주 문제를 해결하겠다"라고 다짐했다.[12] 가쓰라는 영일동맹을 체결해 러일전쟁을 승리로 이끌고, 조선을 식민지화하며(한일병합), 이어 적극적으로, 끊임없이 대륙 정책(식민지 경영)을 추진했다. 이런 가쓰라가 중국과 연합을 통해 '대아시아주의'를 추구한다는 것 자체가 있을 수 없는 일이었다. 손문과의 대화가 얼마나 허구였는지, 다시 말해 손문을 이용하려 했다는 것을 잘 알 수 있다.

자신의 모스크바 여행에 관해 손문에게 한 말도 허구임을 보여준다. 대화에서 가쓰라는 여행의 목적은 일독동맹을 위한 것인데, 남의 이목을 피하기 위해 모스크바로 가서 독일과 비밀리에 만나려고 했다는 것이다. 그런데 가쓰라가 모스크바로 가기 전 데라우치에게 보낸 편지를 보면, 여행 목적에 대해 "종래의 정책 실현에서 벽이 되어 타협할 수밖에 없던 정당이 아니라 자신의 이상을 실현할 수 있는, 정치 실천에 도움이 되는 정당을 만들고자 하며, 이를 위해 (정당의) 선진국인 영국이나 프랑스, 나아가 일본이 모델로 하고 있던 독일도 꼭 방문하고 싶다"고 했다.[13] 자신의 정치적 이상(대륙 정책, 만주 문제 해결)을 위해 자신의 정당(입헌동지회)을 설립하기 위해 간 것이고, 가려고 한 나라 중 독일도 있었던 것이지, 일독동맹을 위한 것은 아니다.

---

11 小林道彦, 『日本の大陸政策 1895~1914: 桂太郎と後藤新平』(東京: 南窓社, 1996), pp.269~270.

12 小林道彦, 같은 책, p.287.

13 宇野俊一, 『桂太郎』, p.242.

2. 일본 낭인과 대아시아주의

그렇다면 가쓰라는 손문에게 왜 이런 거짓을 이야기했던 것일까. 당시 신해혁명을 계기로 일본 내에서 영일동맹에 대한 불만이 있었다. 무창봉기 소식을 접한 육군은 봉기가 각지로 비화하는 것을 필지의 사실로 보고, 만주로의 단독 출병과 화북(華北, 화베이), 양자강(揚子江, 양쯔강) 유역으로의 열강과의 협동 출병을 준비하고자 했으며, 참모본부에서는 협동 출병을 상정해 육해군의 군사적 연계 사항에 대해서도 연구를 진행하고 있었다. 반면 해군과 당시 내각(제2차 사이온지 내각)은 중국에서의 권익 확대에 원칙적으로 동의하면서도, 형세의 추이를 지켜보자거나 영국과 러시아를 비롯한 열강과의 협조 외교 및 '만주에서의 잠정적 현상 유지'라는 소극책을 취하고 있었다. 그 후 내각이 공공연히 추진했던 정책은 영일이 협조해 청국 정세에 개입해 입헌군주제를 수립하고자 했던 것이다. 그러나 영국 정부는 일본과 사전 협의 없이 단독으로 혁명군과 북경 양군 사이의 휴전을 주선했고, 결국 영국 정부의 중재에 의해 상해에서 남북 강화 교섭이 개시되었다. 영국은 북양 군벌의 최대 협력자 원세개와 제휴해 공화제 수립을 내세워 청국 정세 수습의 주도권을 장악했던 것이다. 결국 일본으로는 최악의 조합이라고 할 수 있는 '원세개와 공화제의 결합'이 이루어진 것이다. '일본 제국이 가장 바라지 않던' 사태가 영국에 의해 만들어졌다.[14] 이에 영일동맹에 대한 불만이 커져갔다.

영일동맹에 대한 불만, 영국에 의한 공화제와 원세개 정권의 성립에 대한 불만이라는 정치적 동요를 배경으로, 일본 특유의 낭인들이 활동하기 시작했다. 영국에 지지를 받는 원세개 정권과 이에 대한 반대 세력으로서의 혁명파 손문이라는 구도를 설정하고, 손문을 지원해 원세개 정권을 붕괴시켜 '친일'의 혁명파 정권을 수립하고자 했던 것이다.

14 小林道彦, 『日本の大陸政策 1895~1914』, pp.265~266.

가쓰라가 "원세개는 결국 중화민국을 위하는 충실한 정치가가 아니어서, 마침내 중화민국의 적 또는 선생의 적이 될 존재"라고 설정한 것은, 독재자 원세개와 혁명가 손문이라는 구도에서 나온 것이 결코 아니다. 대륙 정책을 추진해온 가쓰라는 영국의 지원을 받는 원세개와 이에 반대하는 '친일의 손문'을 설정하고 싶었던 것이다. 당시 손문은 원세개를 매우 긍정적으로 평가하고 있었다.[15]

신해혁명 전부터 그리고 그 이후에 손문을 실제로 도왔던 사람들 중 상당수가 이른바 대륙의 낭인들이었다. 그중에서도 손문과 가쓰라의 회담을 주선하고 회담에도 참석했다는 아키야마 데이스케(秋山定輔)가 이후 2, 3차 혁명에서도 손문을 도왔고, 손문도 어려울 때 그를 찾았다.[16] 가쓰라가 입헌동지회를 조직할 때, 그는 참가자 그룹 중 '국민주의적 대외 강경파' 그룹의 중심인물이었다.[17] 아키야마는 "지나 문제를 해결하기 위해 다시금 재상의 자리에 오르라"라고 가쓰라를 설득하고 있었다.[18] 신해혁명 이전부터 손문을 도와준 또 한 명의 대륙 낭인으로 도야마 미쓰루이다.

1894년 조선에서 동학혁명이 일어났다. 이때 친청(親淸)의 민씨(閔氏) 정권이 중앙 권력을 잡고 있었다. 조선 낭인(혹은 대륙 낭인이라고도 한다)들은 청조와의 전

---

15 손문은 일본 체류 중 호한민에게 보낸 전보에서 원세개를 다음과 같이 아주 긍정적으로 평가하고 있다. "현임 원 총통은 뛰어난 재주와 원대한 계략을 갖고 있어 모두가 우러르고 있다. 취임 이래 모든 조치를 中外가 두려워 복종하고 있다. 남방의 각 독군과 연락해 함께 동정을 표하기를 청한다. 한편으로는 국회의 찬성을 종용해 인심을 일치시켜 어려운 국면을 지탱하라." ≪民立報≫, 1913.2.27, 『孫中山年譜長編』 上, p.776에서 재인용.

16 일본 외무성 기록에 나타난 손문과 秋山定輔의 상호 방문 기록만도 12차례나 된다(乙秘1235號, 1913.9.6; 乙秘1412號, 1913.10.6; 乙秘12號, 1914.1.4; 乙秘767號, 1914.4.12; 乙秘807號, 1914.4.22; 乙秘637號, 1915.4.4; 乙秘1444號, 1915.7.4; 乙秘1604號, 1915.8.5; 乙秘3183號, 1915.12.2; 乙秘366號, 1916.3.19; 乙秘472號, 1916.4.8; 乙秘484號, 1916.4.17(『孫中山在日活動密錄』, 날짜는 보고일이다).

17 桂太郎의 신당인 立憲同志會에 참가한 사람은 ① 後藤新平, 加藤高明 등 관료 출신자, ②大石正巳 등 舊入憲國民黨 개혁파 그룹, ③ 秋山定輔 등 '國民主義的 對外强硬派'(舊國民黨 非改革派) 그룹으로 대별된다. 小林道彦, 『日本の大陸政策 1895~1914』, p.288.

18 小林道彦, 『日本の大陸政策 1895~1914』, p.289.

도야마 미쓰루(頭山滿, 1855~1944)

후쿠오카(福岡) 번사 출신으로, 16세 때 후쿠오카번 근황파에 속하는 다카바 오사무(高場亂)라는 남장 여의사가 설립한 흥지숙(興志塾)에 입문했다. 흥지숙은 다른 숙에서 쫓겨난 폭력 청소년들을 주로 입문시켜 불량 청소년들의 소굴이었다고 한다. 도야마는 이곳에서 훗날 겐요샤를 창설할 멤버들을 만났다. 한때 자유민권 운동에도 참가했으나, 1878년 고향으로 돌아와 불량배들을 모집해 고요샤(向陽社)를 결성한 뒤, 그 지역 탄광 노동자들의 불만이나 반발을 탄압했다. 이후 겐요샤의 총수가 되었다. 겐요샤는 국가주의 운동을 행한 민간 조직으로, 애국주의 단체나 우익 단체의 길을 걸었다. 일찍부터 대외 강경 노선을 취해, 러일전쟁 개전론을 주장했다. 이와 동시에 조선의 김옥균, 중국의 손문이나 장개석, 베트남의 판보이쩌우(潘佩珠) 등 일본에 망명한 아시아 각국의 민족주의자와 독립운동가들을 원조했다. 사진은 1880년경, 약 25세 때의 모습이다.

쟁을 부추기며, 동학혁명군을 반민씨 혁명 세력 즉 반청 혁명 세력으로 설정하고, 동학혁명군을 지원해 친청의 민씨 정권을 붕괴시키고 동학혁명군에 의한 친일 정권을 세우려고 했다. 이런 구도하에 조선 낭인들이 동학혁명군에 들어가 전봉준을 만나 혁명군을 직접 돕기도 했다. 이 조선 낭인들의 조직이 '양산박(梁山泊)', '천우협(天佑俠)'이었는데, 이들에게 자금을 대주었던 것은 이로쿠신보사(二六新報社)와 겐요샤(玄洋社)였다. 전자의 사장이 바로 아키야마였고, 후자의 핵심 인물이 도야마였다.[19]

장차 있을 영국과의 대립(전쟁)에 대비해, 친영의 원세개 정권을 혁명 세력인 손문을 통해 붕괴시켜 친일의 손문 정권을 구축하는 것이 일본 낭인들의 의도였다. 이는 손문과 대화를 나눈 가쓰라의 언설에 그대로 담겨 있다. 그리고 이를 주선한 사람이 아키야마였다. 이는 1894년 조선에서 벌어진 일련의 구도가 대륙 낭인(아키야마, 도야마 등)에 의해 다시 재현된 것이라고 할 수 있다. 대륙 팽창의 주창자인 가쓰라는 이런 대륙 낭인들을 이용해 중국에 친일 정권이 수립

19 이에 대해서는 강창일, 『근대일본의 조선침략과 대아시아주의』, 제1장 참조.

되기를 바랐고, 이를 위해 대아시아주의로 손문을 부추긴 것으로 보인다.

3. 대아시아주의의 '발전'

손-가쓰라 대화에서 제기한 가쓰라의 대아시아주의를 세상에 알렸던 대계도의 평가를 보자. "가쓰라 다로의 업적은 세간에 알려지지 않은 사안으로 그는 러일전쟁 후의 계획으로 놀랄 만한 복안을 가지고 있었다. 그의 높은 식견, 예리한 통찰력, 임기응변의 재능은 확실히 최근의 일본 정치가들에게서는 기대할 수 없는 탁월한 것이었다",[20] "가쓰라의 부고를 접하고 중산 선생(손문)은 한숨을 내쉬며 '일본에는 이제 천하를 함께 논할 정치가가 없다. 이제는 일본에 동방 정국의 전환을 기대할 수 없게 되었다'라고 한탄했다"고 한다. 한편 대계도는 가쓰라가 임종하는 병상에서 "손문의 원세개 타도를 원조해 동방 민족 독립의 큰 계획을 달성할 수 없게 되어 참으로 통한스럽다"라는 '유언'을 옆에 있던 친구에게 남겼다고 전하고 있다.[21] 그리고 "이 이야기는 정치 윤리의 입장에서 중산 선생도 나(대계도)도 모두 시종일관 비밀을 지켜왔던 내용이다. 가쓰라가 타계하고 유럽에서는 전쟁이 발발했으며, 일본이 독일에 선전포고를 함에 이르러서야 비로소 선생(손문)은 이 사실을 극히 친한 몇몇 동지에게 말씀하셨다. 지금 가쓰라의 말을 세계대전 전후의 정세에 비추어보니, 만약 가쓰라가 살아 있었다면 동방의 국면은 현재와 다른 양상을 띠고 있을 것이 틀림없다"[22]라고 가쓰라의 정치적 식견을 높이 찬양하고 있다. 가쓰라가 살아 있다면 중일 관계가 훨씬 좋아졌을 것이라고 믿어 의심치 않는 것은, 대계도뿐 아니라 아마 당시

20 戴季陶, 『日本論』(박종현 옮김, 152쪽).
21 戴季陶, 같은 글(박종현 옮김, 152쪽).
22 戴季陶, 같은 글(박종현 옮김, 158쪽).

손-가쓰라 회담을 '대동아동맹'의 초석이 된 두 영웅의 만남이라고 해석한, 친일파 홍승구의 글에 게재된 표제 그림이다. 손문(오른쪽 아래)부터 시계 방향으로 리홍장, 가쓰라 다로, 서태후(西太后)이며, 가운데가 장개석이다[木春山人, 「夢大의 先覺者」, ≪半島の光≫, 第64號(1943), p.6].

손문도 마찬가지였던 것 같다. 앞서 인용한 밀담에서 가쓰라가 한 "손문의 충고에 매우 만족스럽다. 나의 정책을 이해해주는 동지다. 손문의 말씀을 듣고 하늘에라도 오를 기분이다. 두 사람의 상호 신뢰를 바탕으로 공동의 목적을 달성하자"라는 언설에서도 알 수 있듯이, 밀담에서 손문이 가쓰라에게 한 말은 가쓰라의 그것과 크게 어긋나지 않았음으로 알 수 있다.

따라서 1936년 중일 관계가 전쟁으로 치닫는 가운데 손-가쓰라 회담은 일본이 중국을 침략하는 데 이용하기 좋은 소재였고,[23] 손문의 대외관에는 부정적

23 그 한 예로 조선의 친일파 홍승구의 글을 보자. "孫(文), 桂(太郎) 두 영웅이 회견하던 때, 통역 노릇 하던 손 씨의 비서 戴天仇(대계도)가 손 씨의 뜻을 받아 桂公의 작고 후 밀담한 내용의 일부를 기록해 세상에 알려준 것이 있다. 그에 의하면 계공(桂太郎)은 손 씨(손문)에게 아래와 같이 말했다. ……'다시 힘을 기르고 피차의 관계를 共死同生하는 데까지 견고히 하고, 한편으로 독일과 동맹하여 日·支·獨 3국의 단합된 힘으로써 英·美·露·佛의 모든 침략국 그중에도 밉고 미운 영국에 큰 철퇴로 체재를 내려 철저하게 驅逐하지 않고서는 아무것도 아니 된다. …… 그리고 지나와 참으로 동포의 관계를 맺어 서로 장단과 강약을 보급하고 **손 선생 같은 이를 절대로 신뢰하며 원조해 대동아동맹이 樞軸되기를 기대하는 한편으로**, 독일과 꾀해 삼국동맹을 체결할 결심이다. 이것은 나의 일생의 큰 비밀이다.' …… 桂公의 꿈은 또한 손문의 꿈이다. 손문이 계공에게 경심 감복해 그가 회포했던 대아시아주의의 신념에 일층 자신을 갖게 되었으며, 일본을 신뢰하고 일본의 원조가 없이는 지나의 갱생이 불가능한 것을 더욱 깨달았다. …… 日·獨·伊 삼국이, 樞軸되어 영미 격멸의 큰 기치를 세우고 홍패와 생사를 결단하는 대동아전쟁에 남경 국민정부(왕정위 괴뢰정부)가 참전하는 것을 보고 지하의 두 영웅은 감개무량하게 흔연히 박수를 교환할 것이요, 스승의 뜻을 어기고 국부의 유훈을 벗어나며 영미의 노예가 되어 대동아의 반역 구실을 달게 입수하는 장개석이여, 지금쯤은 날마다 밤마다 손문 씨의 영혼으로부터 고문에 지내가는 악몽

일 수밖에 없었을 것이다. 이를 걱정해서인지 호한민은 손-가쓰라 회담에 관련한 뒷이야기를 다음과 같이 전했다.

(손-가쓰라 회담이 있은 지 반년 후, 즉 2차 혁명 실패 후) 민국 2년(1913), 내가 선생(손문)을 모시고 도쿄에 가서 수상 가쓰라를 방문했다. 손 선생이 가쓰라에게 이야기하기를 "대아시아주의의 정신에 대해 말한다면 실로 진정한 평등 우호를 원칙으로 해야 합니다. 러일전쟁 전 중국은 일본에 동정했으나, 러일전쟁 후 중국은 반대로 동정을 표시하지 않았습니다. 그 원인은 일본이 전승한 틈을 타서 조선을 취했기 때문입니다. 조선이 과연 일본에 어떻게 도움이 되었습니까? 그러나 일본의 조선 점유는 금후 일체에 영향을 미쳐 헤아릴 수가 없습니다. 이런 조치는 지혜로운 자가 할 일이 아닙니다." 가쓰라가 이 말을 듣고 오싹해하며 손 선생에게 말하기를 "내가 이번 조각(組閣)의 명을 받은 지 겨우 세 달이니, 내가 정권을 1년 내내 잡는다면 반드시 힘써 돌이켜 놓아 보고하겠습니다!"라고 했다.[24] - 괄호는 인용자

에 고민할 것이다"(괄호 인용자). 木春山人, 「夢大의 先覺者」 下, ≪半島の光≫, 第65號(朝鮮金融組合聯合會, 1943), pp.10~11.

홍승구(洪承耉, 1891~1961): 충북 옥천 출생으로, 호는 木春, 필명은 木春山人 등이다. 1905년 옥천군 사립 진명학교 속성과를 졸업하고, 한일병합 후인 1910년 10월 황해도 내무부 서기가 되었다. 1918년 후반에 ≪매일신보≫ 기자로 입사했으며, 1920년에는 도쿄 특파원을 지냈다. 1926년 11월 매일신보사 사직 이후 조선총독과 정무총감의 조선 통치를 찬양하고, 일제의 식민지 정책을 정당화하는 글을 ≪매일신보≫와 각종 잡지에 지속적으로 기고했으며, 특히 1936년 8월 8일부터 ≪매일신보≫에 「오는 총독 가는 총독」을 다섯 차례에 걸쳐 연재하며, 역대 조선총독의 조선 통치를 찬양했다. ≪신시대≫ 1941년 6월 호와 12월 호에 伊藤博文(이토 히로부미)의 조선 통치를 찬양하는 「유신 3걸전」과 「명치원훈 伊藤公」을 기고했다. 1943년 6월 호 ≪半島の光≫에 기고한 「米英蠻行 漫畵鏡」에서는 태평양전쟁을 "하늘을 대신하여 불의를 치는 우리의 사명"이라고 선동하기도 했다. 해방 후 1946년 3월 ≪국민일보≫가 충북 청주에서 창간되자, 편집국장으로 재직했다. 친일인명사전편찬위원회, 『친일인명사전』(민족문제연구소, 2009), 953쪽.

24 「大亞細亞主義與抗日」(1936.2.21), 中國國民黨中央委員會 黨史委員會 編輯, 『胡漢民先生文集』 第2册(臺北: 中央文物供應社, 1978), p.539.

호한민(胡漢民,1879~1936)

자는 전당(展堂)이다. 광동 번우(番禺, 판위) 출신으로 어릴 때부터 시문에 뛰어났으나, 건강이 나빠 병이 잦았다. 1901년 과거에 합격해 거인(擧人)이 되었다. 1902년 오치휘(吳稚暉, 우즈후이)와 함께 일본에 유학을 갔다가 일본 경찰의 행동에 분노해 귀국했다. 1904년 다시 일본으로 유학해 니혼법정대학(日本法政大學) 속성법정과에 입학했다. 1905년 중국동맹회에 가입했으며, 이후 손문을 따라 싱가포르, 하노이 등의 혁명 기관을 순회하며 혁명 자금의 조달을 담당했다. 1909년 동맹회 남방 지부가 홍콩에 성립되자 지부장으로 임명되어, 황흥 등과 함께 무장봉기를 기획했다. 신해혁명 후 광동도독(廣東都督)에 임명되었으나, 1913년 6월 원세개가 면직시켰다. 1914년 일본에서 중화혁명당에 입당했으며, 1916년 상해로 돌아와 진기미의 반원 투쟁을 지원했다. 1917년 9월 1차 광동정부가 성립되자 교통총장이 되었고, 1921년 2차 광동정부에서는 총참의 겸 문관장, 정치부장을 역임했다. 1924년 일전대회에서 대회 주석단(5인)에 들어갔다. 1924년 이후부터 반공을 주장했으며, 1927년 4월 장개석과 반공에 합작해 영한(寧漢) 분열 때 장개석을 지지했고, 남경 국민정부의 중앙정치회의 주석으로 지내면서 반공청당(反共淸黨)에 참여했다. 1928년에는 국민정부 입법원장 등을 역임했으며, 1930년에는 『총리전서(總理全書)』를 주편했다. 세력이 날로 커지자 1931년에 장개석에 의해 연금되었다가, 9·18 사변 후 연금에서 해제되어 광주로 돌아와 남방파의 영수가 되었다. 항일(抗日), 반공, 반장(反蔣)의 정치를 주장했으며, 장개석을 '신군벌'이라고 칭했다. 1936년 돌연 병으로 사망했다.

호한민은 회억과 함께 "손중산 선생의 대아시아주의는 함의가 지극히 명현하다. 간단히 말하면 (손 선생의 대아시아주의는) 동방의 왕도(王道)주의적인 것이지, 서방의 패도(霸道)주의적인 것이 아니다. 약자를 구하고 넘어지는 자를 잡아주자는 주의이지, 교묘한 방법이나 완력으로 빼앗자는 주의가 아니다. 삼민주의의 민족주의적인 것이지 제국주의의 독점주의적인 것이 아니다. 그러므로 근일 일본인이 부르짖는 이른바 아시아먼로주의와는 또한 크게 다르다"[25] 라고 평가했다.

25 같은 글, p.539.

먼저 호한민의 회억의 진실 여부를 따져보자. 2차 혁명 실패 후 호한민이 손문과 함께 일본으로 간 것은 사실이다. 두 사람이 일본 고베(神戶)에 도착한 것은 1913년 8월 9일이고, 도쿄에 도착한 것은 8월 18일이다. 가쓰라는 이보다 앞서 2월 20일에 내각총리직을 사퇴했기 때문에 당시 수상이 아니었다. 따라서 "내가 이번 조각(組閣)의 명을 받은 지 겨우 세 달이니, 내가 정권을 1년 내내 잡는다면 반드시 힘써 돌이켜 놓아 보고하겠습니다!"라는 말은 있을 수 없는 말이다. 더구나 가쓰라는 1913년 6월부터 지병이 악화되어 하야마(葉山), 가마쿠라(鎌倉)를 전전했으며, 10월에는 뇌혈전이 발병해 결국 10월 10일 사망했다.[26] 또 내각총리를 세 번이나 한 일본의 최고급 원로인 67세의 가쓰라가 당시 47세의 망명객 손문의 말에 오싹해하며(悚然) 잘못을 고쳐 보고하겠다는 반성투의 말을 했다고 상상하기 어렵다. 또 호한민의 연보에도 이 시기 가쓰라를 만났다는 내용은 없다.[27] 더구나 이 시기 일본 경찰은 손문의 일거수일투족을 모두 기록·보고하고 있었는데, 그 보고에도 손문이 가쓰라를 만났다는 기록은 없다.[28] 따라서 2차 혁명 실패 후 일본에 간 손문이 가쓰라를 만났다는 것은 현실적으로 불가능하다. 즉 호한민의 회억은 거짓이다. 호한민이 굳이 거짓말을 해서라도 손문을 변호하려 했던 것은 손문의 대아시아주의가 가쓰라의 그것과 같은 의미였거나, 아니면 당시(1936)의 대아시아주의와 같은 의미로 받아들여질까 봐 걱정했기 때문일 것이다. 그렇다면 가쓰라의 '대아시아주의'가 과연 손문에게 영향을 주었는지 절을 바꾸어 살펴보자.

26 宇野俊一, 『桂太郎』, p.271.
27 蔣永敬 編著, 『民國胡展堂漢民先生年譜』(臺北: 臺灣商務印書館, 1981).
28 예컨대 손문이 일본 망명 후(1913.8.5)부터 가쓰라가 사망한 1913년 10월 11일까지 일본 경찰이 외무성에 보고한 기록이다. 『孫中山在日活動密錄』, pp.586~598.

4. 손문의 대아시아주의

일본에서 융숭한 대접을 받은 손문은 가쓰라와 밀담을 하고 1913년 3월 25일 상해로 돌아왔다. 이틀 후 국민당 상해 교통부에서 상해로 온 국회의원들을 상대로 일본 방문 후 소감과 이후 중일 관계에 대해 강연했다.

> 실업 조사를 위해 이번에 일본으로 가서 일본인의 심리를 세심히 관찰했다. 일본인이 민국에 대해 결코 악의가 없음을 처음으로 알았다. …… 현재 조야의 일본 정객은 모두 세계적 안광과 지식을 갖고 있으며 **대아시아주의를 품고 있다.** …… 금후 우리 정부와 인민은 민국에서의 일본 및 각 우방의 **정당한 이익**에 대해 모두 지나치게 제한하여 감정을 상하게 할 필요는 없다. …… **내치가 완선(完善)되고 공화가 이루어지면**, 민국에 대해 외인 또한 침략의 야심을 품고 **동방의 화평**을 결코 소란스럽게 하지 못할 것이라고 생각한다.[29] - 강조는 인용자

일본 정계의 '대아시아주의'는 세계적 안광과 지식을 담고 있다고 보았다. 또 주목할 것은 "내치가 완선되고 공화가 이루어지면", 즉 공화의 통일국가가 이루지면 대외 침략 문제는 자연히 해소될 것이라는 손문의 대외관이다. 이에 대해서는 후술하겠다. '동방의 화평'을 위해, 즉 중일 연합을 위해 손문은 다시 일본에 갈 작정이었지만, 송교인 암살 사건으로 방일을 뒤로 미루었다. 뒤에 다룰 것이지만, 손문은 송교인 암살 사건에 대한 대응이나 토원(2차 혁명)에 일본의 지원을 크게 기대했다.[30] 신해혁명 때 혁명파 측에 재정 원조를 했던 이노우에 가오루(井上馨)에게 원세개와 관련하여, 중국의 화평은 일본을 포함한 동

29 ≪民立報≫, 1913.3.29,『孫中山年譜長編』上, p.795.

30 '宋案'의 처리를 둘러싼 손문과 일본과의 관계는 일본 상해 총영사 有吉明이 본국의 牧野伸顯 외무대신에게 보낸 전보에서 확인할 수 있다. 陳明 譯,「有關孫中山, 黃興反對袁世凱鬪爭的日本外交文書選譯」,『民國檔案』, 1988-3.

아의 화평이라고 손문은 강조하고 있다.

> (나 손문이) 걱정하는 바는, 구파(舊派)의 사람들은 오로지 이익만을 추구해 비록 매국이라도 개의치 않을 것이며, 또 장차 **유럽의 세력을 빌려 우리와 이해가 있는 우방(즉 일본)을 배척할 것입니다.** 원 씨의 간계는 귀국 인사가 모두 아는 바이며, 이번에 듣기로, 러시아와 은밀히 내통했다고 합니다. 이는 장차 **동방**에 더욱 불리하게 작용할 것입니다. 원 씨가 뜻을 얻으면 어찌 우리나라만 불행하겠습니까! 우리나라 국민과 현 정부의 충돌은 우리나라 국내의 일에서 시작하는 것이나, 이것이 세계 대국(大局)과 유관함을 각하가 유의하기 바랍니다. …… 만약 우리나라가 화평을 지킬 수 있으면 **동아의 화평**도 보존될 수 있습니다. …… 우리나라는 귀국과 가장 절친하니 도와주시면 심히 다행이겠습니다.[31]

당시 미국의 상해 총영사 아모스 윌더(Amos P. Wilder)는 이와 같은 손문의 대일 집착에 대해 "손문은 일본에 완전히 속아 그들의 손아귀에 들어갔다"고 하면서, "손문은 영토 문제에서 일본에 양보함으로써, 일본이 혁명에서 도움을 줄 것이라고 믿는 것 같다. 아마 중국의 혁명은 일본이 마음먹은 대로 될 것 같다"라고 예측했다.[32]

그러나 윌더의 예측과는 달리 손문은 일본으로부터 제대로 도움을 받지 못한 채, 2차 혁명의 실패를 뒤로하고 일본으로 간신히 도망했다. 4개월 전과는 달리 손문은 망명객으로 일본에 왔다(1913.8.9). 대접도 180도 달랐다. 일본을 떠나라는 지방관의 촉구에 손문은 "중국 남방의 형세는 아직 회복될 희망이 있으니, 일본에 잠시 거주하며 중국의 시국을 관찰한 연후에 진퇴를 결정하겠다"라고 사정해야 했다.[33] 산장에 거주하다가 8월 18일에야 도쿄에 도착했다. 손

---

31 「致井上馨函」(1913.5.17), 『孫中山全集』 3, p.61.

32 C. Martin Wilbur, *Sun Yat-Sen: Frustrated Patriot*, p.82.

33 乙秘302號 1913.8.18, 『孫中山在日活動密錄』, p.4.

문에게 거주지를 마련해준 사람은 흑룡회의 도야마였다.[34]

마키노 노부아키(牧野伸顯) 외무대신은 중국 정부에 "손문을 엄중히 감시해 우리 영토(일본)가 이웃 나라(중국) 동란의 진원지가 되지 않도록 하겠다. 제국 정부(일본)는 중국에 다시 동란이 출현하기를 바라지 않는다. 이 때문에 우리의 보호 권한하의 지역에서는 관헌이 충분히 유망자(流亡者)를 단속하고 있으니, 이에 대해 중국 관민은 안심해도 좋다"라고 통보했다.[35] 이에 경찰은 단속 대상인 유망자 손문이 거주하는 집에, '형사실'을 두고 철저히 감시했다. 경찰은 손문의 매일 매일의 활동, 방문자 등을 '손문 동정', '손문 활동' 등의 표제를 붙여 상세히 경시청에 보고했다.[36] 그 '덕분'에 손문의 재일 기간(1913.8~1916.4)의 활동을 상세히 살펴볼 수 있다.[37]

이 시기 손문이 중화혁명당을 조직해 다시 혁명을 준비하고 있었음은 앞서 본 바이다. 일본에 머무는 3년 동안 손문이 만난 일본 사람은 주로 일본 낭인[38] 들이거나 이들이 주선한 일부 일본 정치가들이었다. 일본은 망명객인 손문에게 정부 차원의 대우나 교섭을 할 수 없었기 때문에 대륙 낭인들이 개입했으며, 일본의 일부 정치 세력들은 이들을 통해 대중국 정책을 조종하고자 했다. 반면 '적극 무력'이라는 「혁명방략」을 결정한 손문에게 필요한 것은, 일본으로부터 군자금과 무기를 원조받는 것이었다. 물론 이를 행하거나 중개한 사람들도 주로 낭인들이었다. 다급한 손문은 심지어 사이비 종교 단체와 비슷한 '정신단(精神團)'과 서약서까지도 작성했다. 다음은 서약의 내용이다.

---

34 乙秘1176, 1180號 1913.8.18, 『孫中山在日活動密錄』, pp.5~6.

35 電送第2473號(第416號牧野外務大臣致山座駐中國公使電), 1913.8.27, 『孫中山在日活動密錄』, p.596.

36 吉迪 譯, 「孫中山在日本」의 설명 부분 참조. ≪近代史資料≫, 總58號(1985), p.1.

37 俞辛焞 外 譯, 『孫中山在日活動密錄 孫中山在日活動密錄(1913.8~1916.4)』(天津: 南開大學出版社, 1990).

38 頭山滿, 古島一雄, 前川虎藏, 菊池良一, 島田經一, 萱野長知, 三上豊夷, 山本條太郎, 秋山定輔, 鈴木宗言, 飯野吉三郎, 飯野吉三郎 등이다.

비인(손문)은 이번에 안전한 중국을 만들기 위해, 그리고 그것을 실행하기 위해, 특히 귀단(貴團: 精神團)의 도움을 받아 이로써 이후 귀단과 일치 협력해 그 발전을 도모하며, 더욱 귀단의 정신의 소재를 존중하며 특히 아래와 같이 보증합니다.

상술의 행동 과정 중 혹은 그 후에도 완전히 귀단을 신뢰하여 영원히 일중 양국의 심교(深交)와 화평을 구하며 결코 **외국이 무단으로 중일 양국의 국교를 해치는 것을 결코 허락하지 않는다.** 만약 **정치상 혹은 경제상 기타 외국과 부득이 합작하려 할 때는 먼저 귀단 혹은 귀단이 지정한 대표자에게 통고하고, 그 동의를 얻은 후 실행한다.**[39]

물론 이 서약은 원조를 받기 위해 작성한 것이었다.[40] 손문은 이 서약을 훗날 철회했지만, 이 서약은 원조를 받기 위해서는 무엇이라도 하려는 그의 외교를 보여주는 좋은 예일 것이다. 오쿠마 시게노부(大隈重信)가 내각을 조직하자, 손문은 혁명에 유리하다고 판단해 다음과 같은 편지를 보냈다.

금일 일본이 지나(支那: 중국)의 혁신을 도와 **동아의 위국**(危局)을 구하면, 그에 대한 **보답으로**, 지나의 전국 시장을 개방해 일본의 상공업에 혜택을 주겠습니다. …… 그러면 일본은 정말로 일약 영국의 현재 지위 정도로 뛰어오를 수 있어 세계의 수웅(首雄)이 되며, 지나 또한 영토를 보존하고 이원(利源)을 크게 개발해 대륙의 부국이 될 수 있습니다. 이로써 **서로 보완하고 의지하여 세계의 화평을 유지하고 인도**(人道)**의 진하를 더욱 늘릴 수 있습니다.** 이는 천고에 없던 기적 같은 공적으로, 필세의 지대한 위업입니다. 기회가 이미 익었으니 때를 잃지 않

39 「關於孫文動靜之事」(1913.9.26), 『孫中山在日活動密錄』, p.606에는 서약서의 내용이 생략되어 있다. 그래서 『孫中山年譜長編』上, 1913.9.13, p.848에서 재인용했다.

40 "손문이 飯野吉三郎을 신뢰하여 접근한 것은 아닌 것 같다. 飯野는 정신단의 주재자이고 또 육군 내의 중요 부문에 知己가 있기 때문에, 손은 이런 관계를 이용하면 무기를 얻기가 쉽다고 생각했다. 그러나 손은 무기를 구매할 자금을 얻을 수 없기 때문에, 飯野도 적극적으로 활동하지 않았다. 그러므로 飯野와 관계를 끊고, 당초 교환했던 서약서를 물렸다." 「孫的秘書某某談」, 『孫中山在日活動密錄』, pp.608~609(문서번호와 날짜가 없다).

아야 합니다. …… 일본과 지나는 지세가 접근하고 이해가 밀접하여 혁명의 도움은 일본이 선구가 되는 것이 세(勢)이며, …… **일본은 동종동문의 나라**로서 또 혁명 시기의 관계가 있어 믿고 돕는 것이 또 세입니다. …… 지금 지나가 국제상의 속국에서 벗어나고자 불평등조약을 수정하고자 하면, 더욱 일본의 외교적 도움을 구해야 합니다. 예컨대 법률, 재판, 감옥은 일본의 지도를 받아 개량하고, 영사재판권의 취소를 일본이 먼저 승인하면 내지에 일본인이 함께 거주하는 것이 더욱 편리할 것이며, 지나로 하여금 관세 자주의 권리를 갖게 하면 일본과의 관세동맹으로 일본의 제조품이 지나에 수입될 때 면세되고, 지나의 원료가 일본에 수입될 때도 또한 면세됩니다. 지나의 물산이 날로 개발되면 일본의 공·상업은 날로 확장됩니다. 예컨대 영국은 단지 세 개의 섬으로, 심히 확대할 수 없으나 국력이 날로 팽창한 것은 모두가 아는데, 그것은 인도 대륙을 모국의 대시장으로 얻었기에 세계열강이 비로소 (영국과) 다툴 수가 없게 되었습니다. 일본의 지력(地力) 발전은 이미 다했기 때문에 여지가 거의 없으나, 지나는 지대물박(地大物博)하고 아직 발전이 없습니다.[41]

손-가쓰라 밀담에서 가쓰라가 주장한 내용과 일치하는 부분이 상당히 있음을 알 수 있다. 특히 손문이 열강으로부터 원조를 얻고자 할 때, 이권 양도를 먼저 제시하는 '거래 형식의 대외관'도 잘 드러난다. '동아의 안위', '동종동문의 나라'를 내세우며, 원조의 대가로 중국을 '영국의 인도'로 제공하겠다고 한 것이다.

5. 제1차 세계대전과 원세개 타도

1914년 7월 28일 제1차 세계대전이 일어났다. 일본은 이를 이용해 대륙 팽

41 「致大隈重信函」(1914.5.11), 『孫中山全集』 3, pp.84~85.

창을 노렸다. 그 먹이는 중국에서의 독일의 이권이었다. 이는 정부 차원에서 그러했고, 일본 낭인들은 이참에 영국에 의지한다고 생각한 원세개 정권을 친일 정권으로 바꾸려 했다. 반면 손문은 세계대전이야말로 원세개 정권을 타도할 절호의 기회라고 생각했다. 유럽, 특히 영국이 중국을 돌아볼 여유가 없기 때문에 이제 원세개는 고립무원의 상태에 빠질 것이라고 생각했다. 손문과 일본 낭인의 목표는 원세개 타도라는 점에서 일치했다.

절호의 기회를 놓치지 않으려는 손문은 급해졌다. 손문이 자주 찾은 사람은 도야마였다. 이들의 만남에서는 "유럽 전쟁이 중국 3차 혁명의 절호의 시기(時機)이다", "거사 일이 가까워지는 때 반드시 일치 행동을 취해야 한다"[42]라는 말이 오갔다. 손문은 이누카이 쓰요시(犬養毅)를 회견해 곧 있을 혁명 계획에 지지를 요청하며 "동아 문제를 해결할 수 있는 근본은 인종 문제에 있다. 그러므로 황인종은 단결해 백인종에 대항해야 한다", "유럽 전란은 중국 혁명의 미증유의 좋은 기회이다", "지금 만약 중국 내지에서 동란이 발생하면, 일본에도 극히 큰 이익을 가져다줄 수 있기 때문에, 이를 위해 일본 정부는 필히 중국 혁명을 지원해야 한다", "비록 어떤 조건이라도 좋다. 각하의 원조를 믿겠다"라고 하자, 이누카이도 "지금이 바로 혁명의 대기를 올릴 절호의 시기이다. 자금 조달에 관한 일은 도야마 씨와 충분히 상의한 후 답하겠다"라고 했다.[43]

정치권과 손문 사이의 연결고리는 도야마와 같은 낭인만 있었던 것은 아니다. 손문을 적극 도왔던 미쓰이(三井) 물산회사의 상무이사 야마모토 조타로(山本條太郎)의 이야기를 들어보자. "손문의 자금 조달에 관해 작년 시부사와 에이이치(澁澤榮一) 남작과 야스카와 게이이치로(安川敬一郎) 등 부호 등이 함께 협조하기로 승낙했다. 다만 외무, 육군 당국의 의논이 분분해 일치된 결론을 내리지 못해 중도에 그만두었다. 그 후 본인이 손문, 이부사와 남작, 나카노[中野武勇

42 「中國流亡者伍壽祺之談話」(1914.8.21), 『孫中山在日活動密錄』, p.686.
43 「犬養毅與孫文會見之事」(1914.8.27), 『孫中山在日活動密錄』, p.688.

(營)] 등과 여러 차례 왕래했다", "중국 혁명 문제에 대해 본인은 줄곧 남방을 동정해왔고, 또 이에 대해 오쿠마 수상, 가토 외상과 친근한 회담을 진행해왔다. 우리는 모두 원(袁) 정부에 대해 불쾌감을 느끼고 있다. 그러나 시국의 변화가 일본의 대중국 정책에 장차 어떤 영향을 미칠지 예측하기 매우 어렵다. 이 때문에 정부는 명확한 방침을 경솔하게 정할 수 없는 것이다. 본인은 이번 기회(제1차 세계대전)를 이용해 혁명파를 원조해 일거에 원세개 정부를 뒤엎고, 민국 정부를 조기에 건립하기 희망한다".[44]

대륙 낭인들을 중심으로 이른바 '중국 문제에 뜻을 둔 자의 모임'도 만들어졌다.[45] 도야마는 중국 혁명에 대한 일본 정부의 태도에 불만을 표하는 담화를 발표했다. 일본 정부가 "지금 중국 내지에 혁명이 발생하면 진압할 책임이 있다"는 협정을 영국과 맺었는데, 이는 혁명당인(革命黨人)의 감정을 크게 상하게 하고, "장래 일중 외교에 반드시 장애가 될 것"으로 "실로 양책이 되지 못한다"고 하면서, "당국은 이 점에 충분히 유의하기 바라며", "일부 역량을 남방(혁명당인)에 경주해야 한다"고 주장했다.[46] 일본 육군 예비역 100여 명이 35일간 훈련을 받았고, 그중 5명은 매월 150원을 받고 3차 혁명에 참여하기 위해 청도(青島)로 파견되었다.[47] 3차 혁명을 위해 일본의 재향 해군 군인도 비밀리에 모집되었다.[48]

손문은 이런 움직임에 고무되어 "반동 정부가 영원히 분쇄될 날이 얼마 남지 않았다"[49]라고 낙관했다. 그런데 일본 낭인들이 손문의 혁명당을 지원한 이유

---

44 「山本條太郎談中國革命」(1914.8.27), 『孫中山在日活動密錄』, p.603.

45 萱野長知, 田中弘之, 副島義一, 宮崎寅藏, 宮崎民藏, 美和作次郎, 島田經一, 末永節, 前川虎造, 古島一雄, 伊藤知也, 內田良平, 杉田成次郎 등 38명이 도쿄에서 집회를 열었다.「有志於中國問題者集會之事」(1914.10.6), 『孫中山在日活動密錄』, p.748.

46 「頭山滿之談話」(1914.9.9), 『孫中山在日活動密錄』, p.689.

47 「關于中國革命軍之事」(1914.19.9), 『孫中山在日活動密錄』, p.714.

48 「關于陸軍豫備役軍人之外交活動」(1914.10.14), 『孫中山在日活動密錄』, p.714.

49 「致咸馬里夫人電」(1914.9.13), 『孫中山全集』 3, p.117.

는 무엇일까. 상술한 것처럼 친영의 원세개 정부 대신, 친일의 손문의 공화 정부를 수립하기 위한 것일까. 일본 흑룡회 대표가 각 대신(大臣)과 원로(元老)들에게 보낸 의견서를 통해 살펴보자.

> 만약 우리가 중국의 미래 운명을 통찰하지 못하고, 맹목적으로 원(袁) 정부를 지지해 중국과 방어동맹을 체결하여 원 정부를 돕고, 혁명당인을 진압해 우리의 목적을 실현하고자 한다면, 이는 잘못된 정책임이 분명하다. 왜 그런가? 악명이 자자한, 그리고 지위가 불안정한 원세개는 대다수 중국 인민에게 모든 신임을 잃었다. …… 그리고 원세개는 또, …… 권모술수를 좋아하는 정객에 속한다. 그가 일시적으로 우리에게 우호를 표시할 수 있으나, 유럽 전쟁이 끝나면 **그는 반드시 우리를 버리고 기타 열강과 손잡을 것이다.** …… 그렇기 때문에 **우리는 혁명당인, 종사당인(宗社黨人) 및 기타 실의분자로 하여금 전국 범위 내에서 소동을 일으키도록 해야 한다.** 국가가 온통 혼란에 빠지면 원(袁) 정부는 이 때문에 붕괴될 것이다. 그때 우리가 4억의 중국인 중에서 가장 세력 있고 저명한 인물을 선택해 그를 도와 신정부를 조직하여 전 중국을 통일한다. **동시에 우리 군대가 필히 전국의 화평과 질서를 회복하는 것을 도와야 한다.** …… **그러면 신정부는 자연 일본을 믿고 의지할 것이다.** …… 현재가 중국 혁명당인 및 실의분자로 하여금 기의를 일으키게 사주할 가장 적당한 시기이다. …… **새로운 통치자를 선택하는 문제에서 우리는 역시 종사당인(宗社黨人)으로 하여금 복벽(復辟)케 하든가, 아니면 종사당 내에서 가장 재간 있는 인물을 선택하든가, 아니면 혁명당 내에서 가장 명망 높은 인물을 물색하면 된다.** 가장 바람직한 방법은, 지금 이 문제에 대해 말하지 않는 것이라고 생각한다.[50] - 강조는 인용자

50 復旦大學歷史系 中國近代史教硏組 編, 『中國近代對外關係史資料選輯(1840~1949)』 上卷 第2分册(上海人民出版社, 1977), pp.359~361(『孫中山年譜長編』 上, 1914.10.29, pp.912~913에서 재인용).

종사당(宗社黨)

종사당의 조직과 활동은 두 단계로 나뉘는데, 첫 단계는 청말민초의 정치조직으로 정식 명칭은 '군주입헌유지회(君主立憲維持會)'이다. 만주 귀족이 조직한 단체로, 1912년 1월 신해혁명에 대항해 청조의 황실 귀족들이 융유태후(隆裕太后)에게 군주 주권을 견지하라고 요구하며 공화에 반대했다. 이들은 원세개 타도, 남방 혁명 세력과의 결전을 계획했으나, 원세개가 왕정위의 도움으로 종사당의 양필(良弼, 량비)을 암살하고 이어 선통제가 퇴위하자, 종사당은 해산됐다. 두 번째 단계는 1914년 4월 오쿠마 시게노부의 제2차 내각 후 일본 정부가 '만몽 독립운동'을 적극 지지했으므로, 종사당이 일본에서 다시 성립되었다. 총본부를 도쿄, 지부를 대련(大連, 다롄)에 설립했는데, 숙친왕(肅親王) 선기(善耆, 산치) 등 만주 귀족, 여기에 몽골 귀족과 일본인 가와토리(川島浪速), 도야마 등 30여 명이 주요 구성원이었다. 1915년 12월에 원세개 제제 반대운동이 일어나자, 대련의 선기 등이 가와토리와 공모해 1916년 3월 '근왕군(勤王軍)'을 조직했으며, 이어 몽골에서도 일본의 사주를 받은 종사당이 군대를 발동했다. 이에 장학량(張學良, 장쉐량)이 진압에 나섰다. 1916년 6월 원세개가 사망하고 이어 단기서 친일 내각이 조직되자 일본의 대중국 정책이 바뀌면서, 근왕군은 해산되었다. 사진은 종사당의 군사 훈련 모습이다.

대륙 낭인 등이 손문, 즉 중국 혁명을 돕는 것은 '공화 혁명'이 아님을 알 수 있다. 대륙 진출을 위해서는 중국에 친일 정권이 수립되어야 하지만, 그 주체가 부활한 청조이든, 청조의 잔당(종사당인) 세력이든, 혁명 세력이든 간에 누가 되든 상관이 없었다.

그러나 일본 정부의 생각은 대륙 낭인들과 조금 달랐다. 정부는 북경에 친일 정권이 들어서면 좋지만, 원세개라도 기회가 생기면 침략을 감행했다. 일본은 독일에 선전포고를 하고(8.3), 청도를 총공격했다(10.31). 11월 7일 영일 연합군은 청도를 점령했다. 이는 원세개에 대한 도발이 아니라 중국에 대한 침략이었다. 따라서 일본의 원조를 간절히 바라고 있던 손문에게는 난감한 문제였다. 아사히(朝日) 신문의 기자가 청도 함락 문제에 대해 손문의 의견을 듣고자 방문했다. 손문은 회견을 거부했다.[51] 청도가 점령당한 지 5일 후 대계도가 대신 담화를 발표했다. 그런데 일본의 청도 점령을 비난하는 내용은 없고, 무엇을 말하려는지 알기 힘든 두루뭉술한 담화였다.[52] 손문은 이러한 일본의 행보에 대해 "영일동맹의 관계로 인해 일본 정부의 태도는 우리에게 결코 우호적이 아니다. 그러나 일본 인민은 우리와 우리의 사업에 대해 극히 동정하고 있다"라고 해석했다.[53] 손문이 말하는 '혁명당에 우호적인 일본 인민'은 도야마 등의 대륙 낭인과 흑룡회 등의 조직이었다.

6. 21개조

일본의 침략은 해를 넘기면서 더욱 노골화되었다. 1915년 1월 18일 일본은 원세개에게 '21개조'를 제출했다. 산동에서의 독일의 권익을 일본이 계승하는 것을 골자로, 중국에서의 일본의 독점적 권익을 요구했다.[54] 비밀리에 진행하려는 일본의 속셈과는 달리 외부에 알려지면서, 중국 내에서뿐 아니라 일본 내의 유학생들이 격분했다. 이에 대한 기자의 회견 요청 또한 손문은 사절했다.[55] 한편 손문과 대륙 낭인들이 자주 접촉하는 가운데 1915년 2월 5일 '중일맹약'을 체결되었다. 중국 측에서는 손문과 진기미가, 일본 측에서는 전(前) 만철주식회사(滿鐵株式會社) 이사장 이누즈카 노부다로(犬塚信太郎)와 만철주식회사 사원 야마다 준자부로(山田純三郎)가 서명했다. 그 내용은 다음과 같다.

---

51 「孫文動靜」(1914.11.8), 『孫中山在日活動密錄』, p.268.
52 「中國流亡者戴天仇之談話」(1914.11.12), 『孫中山在日活動密錄』, p.711.
53 「致戴德律函」(1914.11.19), 『孫中山全集』 3, p.136.
54 '21개조'의 성립과 처리 과정 및 내용에 대해서는 張憲文 外, 『中華民國史』 第1卷, pp.265~271 참조.
55 「孫文動靜」(1915.1.24), 『孫中山在日活動密錄』, p.318.

중일맹약(中日盟約)[56]

중화 및 일본은 동아의 영원한 복리를 유지하기 위해 양국은 서로 제휴하며 다음과 같이 맹약한다.

제1조 중일 양국은 서로 제휴한 이상, 기타 외국과의 동아에 관한 중요 외교 사건에 대하여 양국은 먼저 서로 협정을 통지해야 한다.

제2조 중일 협동 작전을 위해 중화가 필요로 하는 육해군 병기, 탄약, 병구(兵具) 등은 일본과 같은 방식을 취해야 한다.

제3조 전 항의 목적으로, 만약 중화 육해군이 외국인을 초빙할 시, 일본 군인을 주로 써야 한다.

제4조 중일이 정치상의 제휴를 확실히 하기 위해, 중화 정부 및 지방 공서(公署)가 만약 외국인을 초빙할 시에는 주로 일본인을 써야 한다.

제5조 중일 경제상의 협동 발달을 기하기 위해 중일은행 및 그 지부를 중일의 중요 도시에 설립해야 한다.

제6조 전 항의 동일한 목적으로 중화가 광산 철도 및 연안 항로를 개발할 경우 만약 외국 자본 혹은 합판이 필요할 시에는 먼저 일본과 상의하고, 만약 일본이 응할 수 없다면 다른 외국과 상의할 수 있다.

제7조 일본이 중화의 화폐 정책의 개량에 필요한 원조를 주고 또 속히 성공시켜야 한다.

제8조 일본은 중화의 내정 개량, 군비 정돈, 건전한 국가의 건설을 도와야 한다.

제9조 일본은 중화의 조약 개정, 관세 독립 및 영사재판권의 철폐 등의 사업에 찬조해야 한다.

제10조 상기의 각 항의 범위에 속하는 약정으로 양국 외교 당국자 혹은 맹약 기

---

56 이 맹약의 진위 문제에 대해 논쟁이 있었다. 일본 학자 藤井昇三이 「二十一條交涉時期的孫中山和"中日盟約"」에서 이 맹약이 진실이라는 것을 고증했으므로, 이 설을 따른다. 이 논문은 ≪嶺南文史≫(1986年 第2期)와 ≪國外辛亥革命史研究動態≫(第5輯)에도 실려 있다.

명 양국인의 허락을 거치지 않으면 다른 사람과 체결할 수 없다.
제11조 본 맹약은 조인한 날부터 10년간 유효하며, 양국의 희망에 따라 연장할 수 있다.[57]

중국의 권익 상실이라는 면에서 보면, 일본 정부가 원세개의 북경정부에 제시한 '21개조' 그 이상이지 그 이하는 아니었다. '21개조'가 구체적이었다면, '중일맹약'은 포괄적이었다. 손문이 서명한 이 '중일맹약'은 "늑대를 끌어들여 호랑이를 막는 술책으로, 양심이 허용하지 않는 바요, 지략이 허락하는 바도 아니다"라는 비난을 옛 동지들로부터 들어야 했다.[58] 일본 정부는 북경정부를 상대로, 대륙 낭인들은 손문을 상대로, 중국으로부터 권익을 보장받으려 하고 있었다.

한편 '21개조' 요구에 반대하는 목소리가 더욱 커져갔다. 일본의 중국 유학생들은 2월 11일 도쿄에서 비가 내리는 가운데 집회를 열어, 일본의 '21개조' 제출에 항의하는 시위를 벌였다. 그런데 이에 대한 대계도의 담화는 오히려 항의 시위의 부당함을 지적하는 듯했다.

혁명당은 유학생을 선동해 일중 교섭에 반대한 적이 없으며, …… 어떤 사람은 개인 자격으로 모종의 이익을 위해 활동에 참가한 것일 뿐이고 …… 혁명당원으로 활동에 참가한 것은 아니다. (중국)공사관이 이런 유언비어를 산포하는 목적은 혁명당의 명예를 파괴하여 혁명당을 어렵게 만들려고 하기 위함이다.[59]

57 『小池宛書簡』, 『孫中山年譜長編』 上, 1915.2.5, pp.934~935에서 재인용.
58 중화혁명당을 조직하면서 의견 차이로 갈라섰던 林虎, 熊克武, 程潛, 李根源 등이 "혁명 일시 정지, 대외 일치"를 외치며 손문을 비난했다. ≪正誼≫, 第7號(1915.2.15)[『孫中山年譜長編』 上(1915.2.5), p.935에서 재인용].
59 「中國流亡者戴天仇之談話」(1915.3.1), 『孫中山在日活動密錄』, p.717.

'21개조'에 반대하는 민중운동을 진압하기 위해 거리를 통제하는 상해의 제국주의 경찰의 모습이다.

손문은 앞서 서명한 '중일맹약'을 외무성 정무국장에게 보내면서, 일본 정부가 원세개 정부에 제출한 이른바 '일지(日支) 교섭 사건', 즉 '21개조'는 "일지 친선 및 동아 평화를 위한 것이니, 이런 점은 불초가 제창하는 주장과 서로 일치해 기쁘기 그지없다"[60]라고 하며 '21개조'에 찬성했다. 당시 손문에게 일본 원조가 아무리 절실했다 하더라도, 이런 생각과 주장을 가지고 있었기 때문에 오사사건의 대응에서 한계를 노정할 수 밖에 없었을 것이다.

상해에서는 3, 4만 명이 모여 '21개조' 교섭에 반대하는 국민대회를 개최했다. '21개조'를 북경정부가 승낙한(제5조는 보류) 5월 9일을 국치기념일로 정했다. 국내 및 일본 내의 이런 반대 운동에도, 손문은 주저주저했다. 다만 일본이 원세개와 결탁하는 것에 대해서는 반대 의사를 분명히 했다. "원세개는 이미 일본 정부와 밀약을 체결해 각종 특권을 허락했고, 일본으로부터 무기를 얻어 혁명당인을 소탕하고 독존적 지위를 굳히려 하고 있다",[61] "(일본에 양보하는 대가로) 원세개는 두 가지를 요구했는데 하나는 황제가 되는 것을 도와달라는 것이고, 또 하나는 내란(혁명당)을 평정해달라는 것이다".[62]

손문이 체결한 '중일맹약'에 대한 소문도 없지는 않았다. 물론 손문 측은 이

60 「1915년 3월 14일 小池政務局長에게 보내는 손문의 편지」(外務省文書), 藤井昇三, 『孫文の研究: とくに民族主義理論の發展を中心として』(東京: 勁草書房, 1966), p.86에서 재인용.
61 「致某某函」(1915.3.30), 『孫中山集外集補編』, p.163.
62 『國父年譜』 上, 1915.4.9, p.595.

21개조(二十一條)

1915년 1월 18일 일본 주중 공사 히오키(日置益)는 원세개와 만나, 5개 항 총 21개조로 구성된 내용을 제출하며 조약 체결을 요구했다. 1915년 5월 25일 체결된 이 조약은 총 21개 조항으로 이루어졌다고 해서 '21개조'로 불린다. 주요 내용은 다음과 같다. 산동에서 독일이 갖고 있던 모든 권익을 일본이 계승하고, 산동성을 타국에 양도 혹은 조차해서는 안 된다. 남만주와 내몽골 동부에서의 일본인의 주거권, 왕래권, 공상(工商) 경영권, 철로 건축 및 탄광 채굴의 독점권을 요구하며, 아울러 여순, 대련의 조차 기간과 남만(南滿)과 안봉(安奉) 철로의 관리 기한을 99년 연장한다. 한야평(漢冶萍) 공사를 중일 합판으로 개정한다. 중국 연해 항만 도서를 제3국에서 양도해서는 안 된다. 중국 정부는 정치, 군사 등에서 일본인 고문을 고용한다. 몇 개월간의 비밀 담판을 한 후 일본은 5월 7일 48시간 내에 답변할 것을 원세개에게 최후통첩을 했다. 원세개의 북경정부는 제5호에 대해서는 이후 협상한다는 조건으로 일본의 모든 요구를 접수했다. 사진은 '21개조'를 체결하는

중일 대표이다. 왼쪽부터 중국의 외교차장 조여림, 외교총장 육징상(陸徵祥, 루정샹), 비서 시이본(施履本, 시루번)이고 일본의 참찬(參贊) 오바타 유키치(小幡酉吉), 주중공사 히오키 에키(日置益), 서기관 참찬 다카오(高尾)이다.

를 부인했다. 일본인과 맹약을 체결한 일이 없다며, 이는 "유언비어로 원세개가 날조해 혁명당에 죄를 덮어씌우려는 것"이라고 질책하며, "어찌 조국의 산하를 들어 타 족(일본)에게 갖다 바치겠는가!", "그러므로 우리 당은 이번 교섭에 의연히 우리의 목적을 갖고 맹진할 것이며, 추호의 동요도 없으며, 원 씨가 매국의 수괴임을 안다면 토적(討賊)을 늦추어서는 안 된다"라는 통고를 발했다.[63]

여론이 '21개조'와 관련하여 일본의 침략성을 성토하는 것과 달리, 손문 측의 통고는 원세개에 대한 성토와 맹약이 없었다는 변명뿐이었다. 그러나 일본 침략에 대한 여론이 갈수록 거세지자 혁명당 내에서도 이에 대응하자는 요구

63 「散發印刷品之事」(1915.4.26), 『孫中山在日活動密錄』, pp.722~723. 다음 글에도 이와 비슷한 통고가 실려 있다. 「關于孫文向在東京革命黨員散發格文之事」(1915.5.5), 『孫中山在日活動密錄』, pp.725~726.

가 나왔다. 도쿄에 거주하던 혁명당원들이 21개조에 대해 반대 성명을 내자는 데 의견을 모으고 손문의 의사를 구하고자 했다. 손문은 각자의 이름으로 성명을 내는 것은 허락했으나, 자신은 따로 대책이 있다면서 함께하기를 거부했다. 이리하여 이들은 손문이 아니라 황흥의 이름으로 성명을 발표했다.[64]

물론 손문은 따로 성명을 발표하지 않았다. 다만 이 시기에 북경의 학생으로부터 '21개조'에 관한 편지를 받고 이에 답장을 했는데, 여기에 '21개조'에 대한 생각을 잠깐 내비쳤다.

> 유럽이 전쟁(제1차 세계대전)으로 동쪽 일을 돌볼 틈이 없자, 그 틈을 타고 (원세개는) 제호(帝號)를 참칭하고 구원을 일본에 청하게 되었다. **이번 교섭은 실로 원세개 그 자신이 간청한 것이다.** 일본인이 조건을 제시한 것에 대해서도 그는 상당한 대가를 거절할 수 없음을 알고 모든 것을 비밀리에 처리하고자 했으나, 일단 외신이 이를 발표해 여론이 비등해지고, 그와 가까운 단(段棋瑞, 된치루이), 풍(馮國璋, 펑궈장)과 같은 부류도 나서서 반대하므로 교섭은 천연(遷延)되지 않을 수 없었다. 일본인이 강경한 태도로 나오면 이를 승인하고, 국력으로서는 어찌할 수 없었다며 마지못해 한 듯이 구실을 꾸며내려는 것이다.
>
> 일본의 요구 조건을 보면 산동, 만주, 동몽(東蒙), 복건, 한야평의 철, 석탄 등은 모두 중대한 이권이다. 그런데 원은 최후통첩을 받기 이전에도, 이미 그다지 반대하지 않았다. 제5항은 우리나라를 실로 제2의 고려(식민지)로 만드는 성하(城下)의 맹세와 같은 것으로서, 국외자(局外者)조차 의심하는 바이다. 일본은 국민에게 전의가 없고, 또 국제상으로 원만한 수단을 취해야 함을 알았기 때문에, **잠시 양보해 뒷날 협상하자고 한 것이다.** 그러나 원 씨는 회답문 속에 "제5조의

64 柏文蔚, 「五十年經歷」, ≪近代史資料≫, 總40號(1979-3), p.42. 柏文蔚은 1914년의 일이라고 회고하고 있으나, 북경정부가 21개조를 승낙한 것이 1915년이었으므로, 회고 중 '민국 3년'은 '민국 4년'으로 해야 맞다.

5항(顧問: 무기, 학교, 병원, 남만주철도, 종교 등 다섯 문제)에 대해 일본 정부의 제안을 승인하며, 민국 정부는 중일 양국의 영원한 평화를 희망하므로 이 일체의 현안이 조속히 해결될 것을 원한다"라고 했다. …… 이상으로 볼 때, 원세개는 제위를 참칭하기 위해 자진해서 나라를 팔고 화근의 괴수가 되는 것을 사양하지 않은 것이다.[65]

손문의 답변 내용을 가만히 들여다보면 일본은 뒷날 협상하자는 '예의'를 보인 반면, 원세개는 '21개조'를 간청했다고 하면서 매국 수뇌로 몰아가고 있다. '21개조' 교섭에서 일본이 빠져 있는 모양새이다.

7. 토원전쟁

한편 1915년 8월부터 원세개는 제제 운동을 시작하여 12월에는 1916년을 홍헌(洪憲) 원년으로 한다고 명하고, 1916년 원단(元旦) 등기대전(登基大典: 황제 등극 행사)의 거행을 준비하도록 했다. 이에 1915년 12월 25일 운남의 채악(蔡鍔, 차이어)이 "(원세개는) 민국을 배반한 죄인으로 당연히 원수의 자격을 상실했다"라고 엄히 질책하며, 운남은 "오늘 독립을 선언한다"라고 선포했다. 27일에는 「토원격문(討袁檄文)」을 발표했다. 원세개에 대한 호국(護國)전쟁이 정식으로 시작되었다. 호국전쟁은 국내의 정치 세력뿐 아니라 열강에도 큰 영향을 미쳤다.[66] 특히 손문과 일본은 호국전쟁으로 말미암아 전개될 상황을 감안해 '새로운 판'을 짜야 했다. 손문에게 호국군은 원세개 타도를 위한 '우군'이라기보다는 경쟁 상대였다. 손문은 서둘러야 했다(이에 대해서는 뒤에서 설명하겠다). 한편 일

65 「復北京學生書」(1915.5), 『孫中山全集』 3, pp.175~176.
66 張憲文 外, 『中華民國史』 第1卷, p.170.

제제(帝制)

원세개의 제제(帝制)는 1915년 여름부터 시작되었다. 8월 3일 자신의 헌법고문 굿나우(Frank Johnson Goodnow)가 「공화와 군주론」을 발표해 현재의 중국에는 황제제도가 공화제도보다 더 낫다고 하며 분위기를 띄우고, 8월 14일 주안회(籌安會)를 조직해 제제를 본격화했다. 조직한 많은 어용 단체들로 하여금 황제 추대를 요구하도록 추동해, 12월 19일 등극대전 준비 기관을 정식으로 조직했다. 1915년 12월 31일 원세개는 1916년을 홍헌 원년으로 선포하고, 총통부를 신화궁(新華宮)으로 개칭했다. 1916년 원단에 원세개는 황제 자리에 올랐다. 사진은 원세개의 칭제표준상(稱帝標準像)이다.

본은 호국전쟁의 전개에 따라 '원세개 이후'를 생각하기 시작했다.

호국군의 우세가 보이기 시작하자 1916년 3월 일본 내각은 중국 정세에서 반원(反袁) 세력이 우세해지고 있다고 판단하며, 원세개가 '물러나도록(引退)' 강박하고, 적당한 시기에 호국군(護國軍)을 '교전 단체'로 승인하기로 했다. 아울러 민간 형식으로 중국 국내의 반원 활동 등을 지지하기로 결정했다. 21일 일본 외상이 직접 중국에 가서 중국 주재 일본 공사 등에게 이런 결정을 전달했다.[67] 한편 주일 중국 공사 육종여가 북경정부에 대해 도움을 요청하는 조회를 일본 정부에 보냈으나, 일본 정부는 거절했다.[68] 일본 정부는 '원세개를 대신할 수 있는 세력'에게 민간 형식으로 지원하여 친일 정권을 들어서게 하려고 했다. '원세개를 대신할 세력'에는 물론 손문의 중화혁명당도 들어 있었다. 손문은 '민간 형식'을 통해, 즉 대륙 낭인이나 자본가들을 통해 실질적으로 도움을 받았다.[69] 예컨대 2월 19일 손문은 구하라 후사노스케(久原房之助)와 70만 일엔(日

67 『孫中山年譜長編』 上, 1916.3.7, p.979.

68 『孫中山年譜長編』 上, 1916.4.11, p.987.

69 이에 대해서는 勝田主計, 王一凡 徐明 譯, 「確定對中國借款方針」, ≪近代史資料≫, 總45號(1981-2)를 참고.

오쿠라쿠미(大倉組)

오쿠라 기하치로(大倉喜八郎)가 설립한 일본의 중견 재벌 기업이다. 18세에 에도(江戶: 도쿄)로 온 오쿠라는 21세에 독립해 오쿠라오쿠(大倉屋)라는 건물점(乾物店)을 열었다. 이후 철포옥(鐵砲屋), 무역업 등으로 사업을 확장했으며, 오쿠보 도시미치(大久保利通), 이토 히로부미, 야마가타 아리토모(山縣有朋) 등과 깊은 관계를 맺어 대재벌이 되었다. 1872년 자비로 해외 시찰을 한 후 일본 최초의 무역상사 오쿠라구미상회(大倉組商會)를 창립했고, 일본인 최초로 해외 지점을 런던에 개설했다. 1881년 토목업에 진출해 청일전쟁을 배경으로 군수품 수입 회사인 내외용달회사(內外用達會社)를 설립했으며, 1893년에는 오쿠라구미상회와 내외용달회사를 합병해 오쿠라쿠미를 조직했다. 사진은 1920년대 오쿠라쿠미 본사이다.

元)의 차관을 체결했는데, 손문은 이 차관과 관련해 구하라에게 다음과 같이 편지를 썼다.

> 앞서 보내준 70만 엔을 잘 받았습니다. …… 이번에 제가 계획하는 사업은 각하의 원조로 인해 성공할 수 있을 것입니다. …… 제가 반드시 상환의 책임을 지겠습니다. 금후 중국의 모든 실업에 관해, 만약 각하가 계획한 바가 있으면 저와 저의 동지들은 반드시 책임을 다할 것이며, 민국의 정부와 실업가로 하여금 각하의 사업을 찬조하게 하여 호의에 보답하겠습니다.[70]

'70만 일엔'의 대가치고는 너무 큰 보상을 약속했다. 그만큼 손문은 일본의 원조가 절실했다. 물론 일본의 지원 대상은 손문만이 아니었고, 잠춘훤도 자금 지원을 받았다. 전쟁 때마다 군수물자 조달로 거액을 벌어들인 오쿠라구미(大倉組)는 여순(旅順, 뤼순)으로 피난한 숙친왕(肅親王)을 옹립해 만주, 몽골을 하나

70 「致久原房之助函」(1916.2.22), 『孫中山全集』, pp.243~244.

로 묶어 독립국을 세우려고 획책했다.[71] 다나카 기이치(田中義一)도 관동군에 밀령을 내려 종사당 및 복벽 세력을 이용해 동북 지구에서 '만몽 독립'을 획책했는데, 여기에는 흑룡회의 조직원도 참여했다. 이들은 진황도(秦皇島, 친황다오), 장하(莊河, 좡허), 복주(復州, 푸저우), 요양(遼陽, 랴오양), 본계호(本溪湖, 번시후) 등지에서 폭동을 일으켰으나, 원세개의 갑작스러운 사망으로 책동을 더 이상 전개하지는 못했다.[72]

한편 호국전쟁으로 다급해진 손문은 1916년 5월 1일 상해로 귀국하여 중화혁명군을 진두지휘하고자 했다. 손문의 기대와는 달리 중화혁명군은 계속 실패를 거듭했다. 손문은 다나카에게 정세를 보고하며 원조를 간절히 청했다.

> 남방의 독립 각 성의 실제 상황은 일반 관찰에 근거하면 실력 차이가 상당히 큽니다. 북방에 공세를 취하는 것은 곤란할 뿐 아니라 남방을 고수하는 것 또한 쉬운 일이 아닙니다. …… 이뿐만 아니라 내부 또한 공고하지 못합니다. 반대로 원파(袁派)의 형세를 관찰하면 여전히 남방에 비해 강합니다. …… 가령 원 씨가 퇴위한다고 해도, 원 씨의 세력이 여전히 정치상의 중심 권력을 장악하고 있기 때문에, **신사고를 지닌 혁신파의 주장은 절대로 그들이 수용할 바가 아닙니다. 만약 이번 혁명이 불행하게도 타협으로 끝난다면, 중국 정치상의 암흑은 의연히 제거될 수 없고, 동양의 화평은 의연히 무망합니다.** 금일의 대세로 보건대, 만약 순수한 혁신파가 믿고 의지하는 바의 세력이 출현한다면 남방 각 성의 사기는 반드시 날로 커질 것이며, 단결 또한 날로 공고해질 것입니다. 문(文)이 상해로 돌아와 선언을 발표한 후 다시 각 방의 중요 인사와 의견을 교환해보니, 각 방 인사들도 모두 이제 타협해서는 안 된다고 충분히 깨닫고 있으나, 다만 북방의 실력이 강하니 타협을 피할 수 없을까 걱정하고 있을 뿐입니다. 그러므로 금일 만약 위급한 남

71 勝田主計, 「確定對中國借款方針」, 王一凡·徐明 譯, ≪近代史資料≫, 總45號(1981-2).
72 『孫中山年譜長編』 上, 1916.4.7, p.986.

다나카 기이치(田中義一, 1863~1929)
오기(荻) 번사 출신으로, 20세에 육군교도단(陸軍教導團)에 들어간 후 육군사관학교, 육군대학교를 거쳐 청일전쟁에 종군했다. 이후 러시아로 유학해 러일전쟁 전에는 육군의 러시아 통을 자부했다. 러시아에 대해 강력하게 개전론을 주장했다. 러일전쟁에서는 만주군 참모로 근무했으며, 1915년 육군대신에 올랐다. 1925년 정우회(政友會) 총재로 취임하면서 현역에서 물러났다. 1927년에는 입헌정우회 총재로서 내각을 조직(내각총리대신)했다.

방의 독립 각 성을 구하고자 한다면 공고한 실력을 다시 새롭게 건립하는 것 외에는 달리 양책이 없습니다. 산동은 본래 우리 당의 동지가 장기간 경영하는 땅입니다. …… 땅이 남북의 요충지에 있고, 또 철로, 해운이 편리합니다. 만약 산동에 2개 사단 이상의 주력군을 건립한다면 산서, 섬서, 하남 각 성은 반드시 일어나 더불어 호응할 것입니다. 이어 북으로 향해 북경을 취하고 남으로 향하면, 장강 유역 각 성의 표변(豹變)을 촉진할 수 있습니다. 이런 이유에 기초해 문(文)은 이미 산동으로 친히 나가 동지의 역량을 결집해 전력을 쏟고자 결심했습니다. 그러나 일의 성패는 오로지 무기 공급 유무에 달려 있습니다. 이 때문에 현재 상해의 아오키(青木) 장군에게 위탁해 두 개 사단에 필요한 무기를 제공받고자 하니 …… 충분한 원조를 해주십시오.[73]

손문은 중국의 진정한 혁명을 위해, 동아의 평화를 위해, 즉 대아시아주의의 실현을 위해 지원해달라고 일본에 요청했다. 남북이 타협으로 끝나면 정치상 암흑이 오고 아시아의 평화는 무망하게 될 것이라고 손문은 우려했으나, 이러한 혼돈 상황은 앞에서 보았듯이 다나카 등 일본이 기대하는 것이었다. 손문의 편지를 받았을 당시, 다나카는 앞에서 이미 언급했듯이 만주에서 종사당이나

73 「致田中義一函」(1916.5.24), 『孫中山全集』 3, pp.294~296.

복벽 세력을 이용해 '만몽 독립'을 획책하고 있었다.

8. 중국 존망 문제

1917년 5월 대독 선전을 왜 해서는 안 되는지에 대한 답으로, 손문은 「중국존망문제(中國存亡問題)」라는 장편의 글을 썼다. 주집신(朱執信, 주즈신)의 이름으로 나온 이 책은 손문의 외교 정책을 정확히 이해할 수 있는 글이라고 대계도는 평가했다.[74] 손문은 세계사, 세계지리, 당시 세계 사정 등에 대한 자신의 해박한 지식을 현란하게 구사하며 글을 전개해간다. 필자는 이 글 속에 나타난 손문의 대외관, 제국주의관을 '손-가쓰라 회담'에서 가쓰라가 손문에게 주장한 '대아시아주의'와 관련해 살펴보고자 한다. 당시 가쓰라의 주장을 요약하면 "영국의 패권을 무너뜨려야 동방 민족 전체가 평화로워지며, 일본의 존속도 가능해진다. 구체적으로 터키, 인도, 중국 세 나라가 경제적으로 풍요로워진다. 특히 인도 문제가 해결되면, 즉 인도로부터 영국을 쫓아내면 유색 인종이 살아날 수 있으며, 일본의 중국 침략도 없을 것이다. 인도에서 영국을 쫓아내기 위해서는 중국, 일본, 터키, 독일, 오스트리아가 동맹을 결성해야 하며, 좀 더 좁혀서 말하면 독일과 동맹을 맺고, 영국과 러시아의 결합을 분단시켜야 한다"는 것이다. 가쓰라가 손문에게 언급한 '대아시아주의'와 대외관을 염두에 두고, 손문의 「중국존망문제(中國存亡問題)」를 살펴보자.

> …… 독일이 자신의 정복지 인민을 좀 단속한다고 해서 이를 용서할 수는 없다. 그러나 영국은 매년 인도로부터 거액의 양식을 취해 자기네 양식으로 사용

---

74 1928년 上海 民智書局에서 重刊될 때는 손문의 이름으로 출판되었다. 「中國存亡問題」(1917년 5月), 『孫中山全集』 4, p.39의 주; 茅家琦 外, 『孫中山評傳』, p.511 참조.

하고, 반면에 인도에서는 최근 10년간 아사자 수가 1900만 명에 달하고 있다. 인도는 결코 곡식을 생산하지 않는 것이 아니라 자신이 생산한 것을 영국에 빼앗기고 자신은 굶주려야만 하니, 이것을 어찌 인도(人道)라 할 수 있는가. 독일의 잠수함 공격보다 더욱 잔인한 것이 아니고 무엇인가.[75]

만약 지금 공리(公理)를 지키기 위해 싸우려 하는 자가 있다면, 그 사람은 반드시 먼저 영국, 프랑스, 러시아와 싸워야 하며, 독일이나 오스트리아와 먼저 싸울 필요는 없다. 그러므로 우리가 영국, 프랑스, 러시아에 대해 선전(宣戰)을 주장하지 않는 이상, 독일, 오스트리아에 선전할 하등의 이유가 없는 것이다.[76]

중국이 독일과 단교하는 것은 공도(公道) 때문이 아니고, 방위를 위해 단교하는 것도 아니며, 다만 뇌물을 받기 위해 하는 것이다. 여기서 뇌물이라는 것은 공적으로 말자면 관세율 증가, 배상금 지불 정지, '경자조약' 개정이다. 뇌물을 사적으로 말하자면 모두가 아는 바로, 여기서 증명할 겨를은 없다. …… 그렇다면 (관세율 증가, 배상금 지불 연기, '경자조약' 개정 등의 제1차 세계대전의) 가입 조건은 과연 국가의 운명을 걸고 전쟁해야 할 필요가 있는 것인가? 아니다! 그렇지 않다. 이러한 모든 조건은 모두 외교 수단으로 구할 수 있는 것이다.[77]

('경자조약'을 개정해 천진에) 보루를 축조할 수 있고, 군대 수송이 좀 자유로워진다고 해도 이는 체면치레에 지나지 않는다. 어떻게 한 나라의 수도에 외국군이 주둔해 그 정부를 감독해 (국민들이) 외국인에게 죄짓지 못하도록 하면서 체면을 말할 수 있고, 주권의 존엄을 이야기할 수 있는가! 체면으로 이야기한다면, 전쟁 전 독일은 주둔병의 감축을 주장하지 않았던가.[78]

75 「中國存亡問題」(1917.5), 『孫中山全集』 4, p.42.
76 같은 글, p.43.
77 같은 글, p.46.

중국이 협상국 측에 가입하면 구미 각국이 호감을 가질 것이므로, 장차 그들의 원조를 바랄 수 있으리라는 생각은 중국의 전통적 원교근공의 유산으로, 완전히 어리석은 책략이다.[79]

그렇다면 중국 정부로서는 친미가 친일보다 유리할까? 그렇지도 않다. 중국의 구관료들은 친미주의를 마음속에 품고 있으나, 아직 친미의 시기가 오지 않았다고 생각한다. 그래서 못 이기는 척 일본을 따르고, 훗날 남의 힘으로 자기의 원수를 갚으려고 기다릴 수밖에 없는 실정이다. 이 때문에 지금은 황공스럽게 도쿄 정부에 경의를 표하지만, 일단 시기가 오면 복수하려고 생각하고 있다.[80]

우리가 알아야 할 것은 중국에서 독일의 무역이 성대할 수가 있었던 것은 그 상품의 신용과 영업의 정신, 그리고 중국인에 대한 정밀한 연구가 다른 나라의 상인이나 상품이 미칠 수 없었기 때문이다. 그 때문에 뒤늦게 일어났으면서도 기반 없이 단시일 내에 능히 영국의 지반을 침식하고 이와 다투어 이길 수가 있었던 것이니, 인력을 가지고서는 막아낼 수 없는 것이었다.[81]

이번에 중국의 참전을 권유함에 일본, 미국 양국이 그 절충을 맡고, 영국은 방관적 태도를 취한 것 같다. 그러나 그 실제를 살펴보면 영국이 그 주동자이고 일본, 미국의 행동은 때마침 영국 정부에 이용되었을 뿐이다.[82]

당시 일본이 중국의 (협약국) 가입을 원치 않는 원인이 오쿠마 시게노부 내각

78 같은 글, p.48.
79 같은 글, p.59.
80 같은 글, p.60.
81 같은 글, p.61.
82 같은 글, p.62.

이 원세개의 제제를 돕고 싶지 않았기 때문이라고 말하지만, 이것은 결코 주요 원인이라고 할 수는 없다. 주요 원인은, 중국의 가입이 중국 자신을 위해 불리했기 때문이다. 공정한 관찰로 당시 일본의 태도를 비평한다면, 첫째, 중국을 위해 이해를 꾀하고, 일본 자신의 이해는 뒤로했던 것이다(당시 중일의 이해가 같았음은 말할 필요도 없다). 일본은 우정으로 중국의 위급을 구하고, 안정을 도모하고자 했다. 그러나 중국의 논자들은 감사할 줄은 모르고, 오히려 우리 외교의 독립을 상실하는 것이라 하여 칼을 들어 복수하고자 했으니, 정말로 이 관료들의 생각에는 이성이 존재한다고 말할 수 없을 것 같다. 정말로 일본이 보기에 중국이 가입하다고 해도 연합국의 독일 격파에 절대로 도움을 줄 수 없으며, 일단 가입하면 어느 쪽이 이기고 지든 간에 중국은 반드시 희생을 면치 못할 것이라고 생각한다. 중국의 희생으로 중국이 불리하면, 이것은 또한 일본에 불리한 것이다. 이런 불리함을 피하기 위해, 일본은 연합국에 죄를 짓는 것도 서슴지 않았다. …… 어떤 논자는 그것이 중국을 지배하기 위함이라고 말하고 중국 외교의 독립을 빼앗은 것이라 하지만, 그것은 동아가 연합해 발전할 기회를 상실하고 백인에게 이용당한 것이다. 원세개의 제제에 무궁한 희망을 걸었던 저 '홍헌유신(洪憲 遺臣)'들이 일단 일이 좌절되자, 분노의 대상을 바꾸어 일본에 깊은 원한을 품었던 것이다. 어떤 논자들은 일본의 '21개조' 요구야말로 중국의 이익 독점과 침략의 실천이라고 말했다. 그러나 이 요구는 처음부터 일본의 뜻은 아니었다. 원세개가 황제를 칭하며 일이 급해지자, 제5항의 권리를 일본에 제공할 것을 제의했으나 일본은 받아들이지 않았다. 바야흐로 원세개는 이미 국회를 해산하고 약법을 고치고, 제2 차관도 곧 성립하려 하고 있는데, 돌연 제1차 세계대전의 발발로 실패하자, 종래의 배일적 태도를 친일로 바꾸어 일본에 제제(帝制)의 승인을 구하고 이권을 그 대가로 허락했다. 이른바 21개조 요구는, 원세개 스스로가 일본에 원하는 바를 제출케 하여 자기의 제위를 승낙받고자 한 것이지, 일본이 자발적으로 원세개를 핍박한 것은 아니다. 원세개의 배일은 이전부터 분명했고, 일본인도 사건(제제 승인)이 이루어지면 죄를 뒤집어쓸 것을 알고 있었다. 그래서 일본은 그 권리를 거듭 찾아, 후환을 막고자 했다. 그런데 뜻밖에도 이 일이 누설되어 국민의 반대를 받고, 각국의 비난을 사게 되었다. 원세개는 오히려 자신의 주장을 관철하려고, 비밀리에 일본의 대중국 파병을 청하고, 최후통첩을 선포해 국내의 반대자를 진압하여 일본의 주장을 승인하는 데 이롭게 했다. 그러나 끝내 제5항을 감히 승낙하지 않았다. 이리하여 반년 후 제제 운동을 일으키자, 운남이 봉기했다. 원세개는 주자제(周自齊, 저우쯔치)를 특사로 일본에 파견하여, 거국적 반대를 무릅쓰고 일본의 제5항을 승낙하고 다른 이권도 더 주려 했다. 그때 일본은 원세개를 도와 민당을 평정하고 이권을 더 취하는 것이 손바닥을 뒤집듯 용이했다. 그런데도 거국적으로 반대하자, 마침내 원세개는 실행할 수 없었다. 이 두 가지를 비교해보면, **일본은 중국에 대해 반드시 침략을 목적으로 삼고 있지 않았으며, 그 행동은 늘 중국을 위해 이익을 도모하려고 했지, 해를 주려고 하지 않았음을 알 수 있다. 그런데도 논자들은 이를 알지 못하고 부질없이 일본에 야심이 있다고 하는데, 이는 타당한 논리라고 할 수 없다.** 일본이 중국의 (조약국) 가입을 찬성하지 않고, 주자제의 뇌물을 받지 않은 것은 모두 순수한 정의에서 나온 것이다. 우리가 오쿠마의 거동에 진실로 완전히 찬동하는 것은 아니나 공론(公論)은 없앨 수가 없다. 즉 일본이 이번에 태도를 바꾸어 우리의 가입을 권하지만, 이는 이해(利害)를 깊이 살핀 것이지, 반드시 우리를 참화에 빠뜨리려고 한 것이 아님을 나는 믿는다. 그렇기 때문에 일본은 이른바 가입 조건이라는 것에 조속히 동의하지 않은 것이다. 일본은 영국과 동맹 관계에 있으므로 영국의 요구를 계속 거절할 수는 없으며, 그렇다고 우리를 꾀어 협상국에 가입시켰다는 책임은 지고 싶지 않으니, 다만 말만으로 권할 뿐이며 뇌물을 요구하려 들지 않았다(관세 개정, 배상금 지불 정지 등을 가입 조건으로 하는 것은 모두 뇌물로 보아야 한다). …… 더구나 (가입 조건을 제공하지 않는다는 태도를) 견지하고 있는 것으로 보아, 마음으로는 정말로 중국을 위험에 빠지지 않게 하려고 생각하기 때문이며, 그것으로 자신들의 양심을 스스로 위로하고 있는 것이다. 하물며 종국적 이해를 보더라도 중국이 보존되지 못하면 동시에 일본도 또한 쇠망한다. 일본이 우리나라에 가입을 권하는 것은 결코 그들의 본심이 아니다. **이상 언급한 외교의 비밀은 모두 확실한 근거가 있는 바이며, 책임 소재 때문에 여기에 그것을 명기할 수는 없다.** 요컨대 그간의 사실은 당국자 자신도 허구가 아님을 알고 있을 것이다. 또 나의 기술 역시 개인적 이익을 위해 덜고 더한 바가 결코 없다. 나는 나의 양심과 명예를 걸고 이를 맹세하는 바이다.[83]

이상에서 서술했듯이 우리나라에 항의를 권유한 미국이나 가입을 권유한 일본이 모두 우리의 가입으로 인해 별다른 이익을 얻지 못하고, 유럽의 협상국으로 중국을 협상국에 가입시킬 이유가 결코 없다. 그렇다면 무엇 때문에 7개국의 공사가 재삼 독일에 대한 우리의 이른바 '독립 외교'에 재삼 간섭하는 것을 주저하지 않았는가? 그 주동자는 영국으로, 영국은 백방으로 중국을 끌어들일 기회를 노리고 있다. 원세개의 칭제는 하나의 기회였으나, 불행히도 일본의 간섭으로 좌절됐었다. 그래서 이번에는 미국의 권유를 이용해 중국의 배일 감정을 선동하고 있다.[84]

영국에는 수백 년 이래 오늘까지 일괄해 불변의 정책이 있다. 즉 자기의 희생물로 삼을 수 있는 자를 구해 우방으로 삼는 것이다. 중국은 마침 그 선택의 대상에 들어간 것이다.[85]

인도를 제쳐놓으면 대영제국도 세계의 삼등국에 불과하다는 것을, 영국인 스스로가 인정하는 바이다[≪엠파이어 리뷰(empire review)≫]. 영제국은 무엇으로 제국의 기초를 삼는가? 런던 시장은 무엇으로 인해 세계시장의 중심이 될 수 있는가? 영국의 외교는 왜 늘 사람들로 하여금 가장 유력한 자라고 존경받게 하는

83 같은 글, pp.63~64.
84 같은 글, p.65.
85 같은 글, p.66.

가? 유럽 서북쪽 세 섬에 치우쳐 있으면서도 그 영토는 지구를 둘러싸고 그 국기가 나부끼는 곳에 해가 지지 않는 것은 어떠한 술책을 쓰기 때문일까? 이것은 결코 의회정치의 힘도 아니고, 두 강국의 해군 표준 정책에 의한 결과도 아니며, 튜턴 민족의 신사적 정신의 힘도 아니다. **영국이 오직 의존하는 것은 인도뿐이다.** 오직 인도가 있기 때문에 비로소 능히 지구를 둘러싸고 있는 식민지를 통할할 수가 있으며, 런던 시장도 세계의 중심일 수가 있고, 지금까지 유럽을 주름잡고 세계를 횡행할 수 있는 것이다. 영국의 군주는 대브리튼 국왕이자, 인도의 황제를 겸하고 있다. 따라서 영국이 제국인 이유는 실로 인도에 있는 것이지, 그 본국에 있는 것은 아니다.[86]

어쨌든 영국 경제의 기초, 즉 그 국가의 명맥이 인도에 있음은 분명한 사실이다. 만약 이 기초를 상실하면 대영제국은 오직 와해가 있을 뿐이다. …… 그러므로 인도가 없으면, 호주, 캐나다도 무의미하게 되고, 아프리카에 있는 영토와 말레이시아 반도는 생각할 필요도 없다. 그런고로 영국이 능히 그 국기를 해가 지지 않는 식민지에 내걸 수 있는 이유는 바로 인도가 있기 때문이다.[87]

영국의 제국주의는 인도를 그 기초로 의지하고 있으며, 이 때문에 영국인들은 백방으로 계획을 다해 인도의 유지에 애쓰고, 이를 위해서는 어떤 희생도 아끼지 않는다.[88]

영국은 스페인의 무적함대에 승리를 거둔 이후 대외적으로는 일정한 국시(國是)를 가지고 있으니, 즉 비교적 빈약한 국가와 연합해 그 시대의 최강국을 억압·분쇄하는 것이다.[89]

---

86 같은 글, p.66.
87 같은 글, p.69.
88 같은 글, p.72.

따라서 (중국이) 힘이 없으면, 삼가 영국의 우방이 되지 말아야 한다. 힘이 없으면서도 영국의 편이 되면, 반드시 영국의 희생양을 면치 못한다. 만약 힘이 없으면서도 희생을 모면하려면 중립이 상책이다.[90]

(가령 협상국이 승리한 후 영국은 어떻게 할까? …… 러시아와 연합해야 하는데) 러시아와의 연합은 말로만 효과를 낼 수 없으며, 러시아가 인도의 이익을 침해하지 못하게 하려면 반드시 먼저 러시아에 이익을 주어야 하는데, 이는 또한 영국 세력이 미치는 범위여야 한다. …… 그러니까 결국 영국은 러시아와 손을 잡으려면 인도를 훼손해야 하고, 인도를 훼손시키지 않으려면 인도에 상당하는 것을 러시아에 선물해야 한다. 현재 제2의 인도로서 자격을 갖추어 러시아를 만족시킬 수 있는 것은 중국만 한 것이 없다. 그러므로 영국과 러시아가 수교하는 날이야말로 중국이 인도처럼 희생을 면치 못하는 때인 것이다.[91]

러시아의 속셈으로는 자국의 발전에 도움이 된다면, 기꺼이 인도를 버리고 중국을 취할 것이다. 러시아는 시베리아 철도의 복선에 의한 수송력으로 오랫동안 북만주, 외몽골 및 신강(新疆, 신장)에 배치되어 있어 포위 상황을 만들고 있다. 만약 영국이 러시아를 도와 일본을 억누른다면, 러시아의 남하는 손쉬운 일이다. …… 영국과 러시아는 한쪽은 바다의 왕이 되고, 한쪽은 육지의 황제가 되어, 양쪽이 서로 방해하지 않으면 앉아서 100년의 안정을 누릴 수 있게 될 것이다.[92]

(협상국에 패전하거나 승패가 나지 않고, 강화 후 영국의 외교는) 독일의 욕망을 채워주기 위해 반드시 중국을 미끼로 러시아와 연합할 것이다.[93]

---

89 같은 글, p.72.
90 같은 글, p.76.
91 같은 글, p.81.
92 같은 글, pp.82~83.

그 때문에 영국은 이기든 지든 영국의 국운이 쇠퇴할 우려가 있으며, 이에 종전의 정책을 바꾸어, 강자와 결합해 이익을 함께함으로써 비로소 100년의 안정을 꾀할 수 있다.[94]

이런 경우 영국은 러시아의 인도 진출을 막기 위해 중국에서 러시아를 돕고, 일본을 제어하리라는 것은 당연한 이치다. 그렇다면 일본은 어떤 태도를 취할 것인가? 남진하면 영국과 충돌하고, 북진하면 러시아와 충돌한다. 그런데도 스스로 수비를 하는 데 부족하고 도움을 구해도 응하는 자가 없다. 이 때문에 영국과 러시아의 결합은 곧 일본 국운의 쇠망이며, 또한 황인종 세력의 전멸이고, 아시아는 영구히 유럽인에 예속될 것이 지극히 분명해 생각할 것도 없다. 이와 반대로 영국이 승리하지 못하고 독일과 제휴한다면, 독일 또한 러시아와 지위를 이어받아 일본을 누르고 자기 세력을 확장할 것이다. 그러므로 중국이 가입하면 앞날은 다만 중국의 존망이 걸려 있을 뿐만 아니라, 일본의 흥망성쇠와도 관계되는 바이며, 이는 아시아인 전체가 마땅히 주의해야 할 바이다.[95]

적어도 중립을 지키고 시종 변하지 않는다면 그 상태도 이전과 다름이 없을 것이다. 즉 만약 독일이 전승해도 영국은 중국을 미끼로 독일의 환심을 살 수는 없을 것이며, 또 러시아가 홀로 강성하게 되어 영국이 중국의 이익을 러시아에 주었다고 해도, 러시아인은 영국인에게 감사하지 않을 것이다. …… 중국을 과분(瓜分)하기보다도 존치하는 편이 좀 더 유리하다고 생각할 것이다. …… 중국의 가입은 오직 영국에 유리하고, 중국이 가입하면 영국은 중국을 희생으로 삼을 것이다. 그러므로 가입은 멸망을 부르는 길이고, 중립은 보존을 구하는 술책이다. …… 지금 망국을 면하고자 한다면 오직 중립을 지키는 것이고, 그

93 같은 글, p.85.
94 같은 글, p.87.
95 같은 글, pp.87~88.

외에는 별도리가 없다는 것을 알아야 한다.[96]

…… 오늘날 혹자는 친미로서 배일을 하자고 주장하고, 혹자는 친일로서 배미를 주장하는데, 모두 잘못이다. 일본과 미국은 다 같이 친선할 수는 있으나, 그 한쪽에 친근하고 다른 쪽을 배척하는 것은 결코 중국이 취해야 할 바가 아니다. 이제 일본을 논하자면, 중국과의 관계는 친밀하다고 할 수 있으나, 중국의 친일은 일본으로 하여금 미국과 충돌하지 않게 해야만, 중국을 돕는 임무를 완전히 수행할 수 있다. 중국 관료들이 즐겨 미국의 세력을 끌어들여 일본에 반항하려는 것은 큰 잘못이다. 만약 병력만으로 논하면, 일본은 정말로 미국을 따라가지 못한다.[97]

중국이 금일 우방을 구하겠다고 생각한다면 일본과 미국 이외에는 구할 수가 없다. 일본과 중국의 관계는 실로 존망안위(存亡安危)가 모두 서로 관련된다. 일본이 없으면 중국도 없고, 중국이 없으면 일본도 없다. 그러므로 양국이 100년의 안정을 도모하기 위해서는 두 나라 사이에 조금의 불화도 있어서는 안 된다. 다음으로 미국인데, 그 땅은 중국에서 떨어져 있어 지리적 관계로 당연히 우리나라를 침략하지 않고, 우리의 우방이 될 수 있다. 하물며 양국이 모두 민주국이기 때문에 의리상으로도 상호 부조해야 한다. 중국이 발전의 전망이 없다면 그만이지만, 정말 기회가 있다면 반드시 자본을 미국과 일본에서 구해야 한다. 인재, 자본, 재료 등 모두를 이 두 우방에서 구해야 하는데, 일본은 우리와 동종동문(同種同文)이기 때문에, 우리의 개발을 도울 힘이 더 많다. 이 때문에 양국을 조화시킬 수 있어야, 비로소 중국은 그 복리를 누릴 수 있으며, 양국도 그 안정에 의지하면 세계의 문화도 역시 이로 말미암아 번창할 것이다. 중국은

96 같은 글, pp.92~93.
97 같은 글, p.93.

종족으로 말하면 일본과 형제의 나라이며, 정치로 논하면 미국과 사제지간의 나라이다. 그러므로 중국은 실로 일본 및 미국과 잘 조화할 수 있는 지위에 있으며, 또 그럴 의무가 있다. 어리석은 자의 망언을 믿을 것인가? 무릇 중국과 일본은 아시아주의로써 태평양 서쪽의 부원(富源)을 개발하고, 미국은 또한 그 먼로주의로써 태평양 동쪽의 세력을 통합하여 각각 그 생장을 수행해야 100년 충돌의 염려가 없다. 나아가 장차 3국이 협력해 병력을 풀고 원수를 풀어 세계의 영원한 평화를 도모해야 한다. 단지 중국은 그 복리만을 입는 것이 아니다. 중국이 만약 이런 방법으로 외교를 수행한다면, 외교상 멸망을 초래할 원인을 근절할 수가 있을 것이다.[98]

가쓰라가 손문에게 들려준 내용을 좀 더 장황하게 설명한 것이라고 보아도 무방할 것 같다. 손문이 '대아시아주의'에 공감한 것은 분명하나, 가쓰라와는 달리 손문은 중미 연합도 중일 연합만큼 중요시했다. 일본의 입헌군주제가 아닌 미국의 공화제, 미국의 거대한 자본과 기술은 중국의 발전에 반드시 필요하다고 손문은 생각했다. 이에 대해서는 후술한다.

9. 1차 광동군 정부 시기의 손문와 일본

「중국존망문제」를 발표할 당시(1917년 5월경) 손문은 아무것도 할 수 없는 상태였다. 원세개 사망에 이르기까지 호국전쟁(토원전쟁)에서 손문은 이렇다 할 성과를 내지 못했다. 북경정부의 권력은 원세개 부하들에게 넘어갔고, 남방은 호국혁명에서 나름의 역할을 한 지방 군벌 세력들이 장악했다. 신해혁명 이후 만들어진 남북 대치가 다시 부활했다. 이런 가운데 손문에게 활기를 불어넣은

98 같은 글, pp.94~95.

것은 장훈의 복벽(1917.6.13)이었다. 손문은 광동으로 초대되어 군정부를 세우고, 이어 대원수직에 올랐다(1917.9.1). 물론 손문은 북벌을 추진했다. 또다시 자금이 필요했고, 손문은 일본에 기대했다.[99]

한편 중일 관계에 큰 영향을 미치는 사건이 발생했다. 협약국의 하나였던 러시아에서 사회주의혁명이 발생했다(1917.11.7). 이에 경악한 것은 제국주의 열강이었다. 특히 만주에서의 이권을 갖고 있던 일본은 더욱 그랬다. 북경의 단기서 정권은 일본에 우호적인 친일 정권이었고, 남방의 손문 역시 일본에 우호적인 친일 권력이었다. 일본은 남북이 대결 국면을 종식하고 일본과 함께 사회주의 러시아에 대응하기를 바랐다. 일본은 손문에게 다음과 같이 요구했다.

> 러시아의 내란은 러시아의 독일 포로들이 선동한 것으로, 중국에 들어와 선동해 **동아의 평화**를 소란스럽게 하면 중국에 대한 정책이 일변할 우려가 있습니다. 어제 각의는 협상국과 상의해 결정하기를, 남북이 타협해 중국이 조기에 화평으로 돌아가야 함으로 남방이 많이 양보해 동아 대국의 일치를 구하는 것이 지금 필요하다고 생각합니다. 급히 서남 각 성의 사람을 일본에 파견해주시고, 남방을 대표해 일본에 신용이 있는 장계(張繼, 장지), 왕조명(汪兆銘, 왕자오밍: 汪精衛)을 파견하는 것이 좋겠습니다.[100]

이에 대해 손문은 "협상국이 중국의 인력과 물력을 이용해 러시아를 공격한다는 이야기가 있다. 대독 선전으로 이미 크게 잘못을 저질렀는데, 이제 러시아와 독일을 방어한다면, 반드시 나라는 망한다!"[101], "데라우치가 방침을 정해,

---

99 「致日本首相 寺內正毅函」(1917.6), 『孫中山全集』 4, pp.108~109.
100 「致唐繼堯電」(1917.11.29), 『孫中山全集』 4, p.251.
101 같은 글, p.251.

중국의 남북으로 하여금 화해하게 하여 중국의 인력과 물력을 이용해 러시아를 공격하고자 하는데, 만약 이 일이 이루어지면 중국은 고려(식민지)가 된다. …… 지금 나라를 구하는 묘책은 남북이 분열해 데라우치에게 이용되지 않도록 하는 것"[102]이라고 일본의 제의를 거부했다. 손문이 공감하던 '대아시아주의'도 「혁명방략」을 제어하지는 못했다. '동아의 평화'를 위한다는 '일본의 제의'도 손문의 북벌 의지를 꺾지 못했다.

그러나 광동조차 장악하지 못한 손문이 북벌을 추진하기에는 역부족이었다. 각방으로 자금을 조달하고자 했으나 효과가 거의 없었다. 손문은 대륙 낭인을 포함한 일본의 친구들에게 도움을 청했다.[103] 그러나 대륙 낭인들은 일본 정부보다 더 '반공(反共)'이었다. 이들은 손문을 설득하기 위해 일본 방문을 요청했다.[104] 손문은 정식 국회(광주의 비상국회)가 열릴 예정이기 때문에 갈 수 없다고 하면서 자신의 의지를 다음과 같이 피력했다.

> 귀하께서 아시다시피, 본인은 공화 국체가 공고히 될 수만 있다면 **정권을 포기할 수 있으며,** 공화 국체가 만약 위태로워지면 공화를 유일한 생명으로 생각하는 본인으로서는 할 수 있는 모든 것을 다해 공화를 옹호할 것입니다.[105]

공화국체를 위해서라면 정권을 포기한다는 손문의 발언은, 친일의 손문 정

102 「致孫洪伊電」(1917.11), 『孫中山全集』 4, p.256.

103 손문은 1918년 1월 자신의 편지를 지참한 殷汝耕을 일본으로 파견해 이들에게 협조를 구했다. 「致宮崎寅藏函」(1918.1.21), 「致犬塚木函」(1918.1.21), 「致寺尾亨函」(1918.1.21), 「致頭山滿函」(1918.1.21), 「致今井嘉行等函」(1918.1.21), 「致萱野長知函」(1918.1.21), 「致菊池寬函」(1918.1.21), 『孫中山全集』 4, pp.305~308.

104 "귀국이 남북으로 대치된 이래 세계 정국이 어지러워 끝날 줄을 모르고 있습니다. 저는 동아 대국을 위해 깊이 우려합니다. 이제 각하의 일진일퇴는 실로 동방치란과 관계되는 바, 이에 저희는 각하와 얼굴을 맞대고 상의하고 싶습니다. 각하가 도쿄로 친히 와주십시오." 『國父年譜』 下, 1918.3.2, p.718.

105 「復頭山滿犬養毅函」(1918.3.29), 『孫中山全集』 4, pp.421~422.

권을 구상하는 일본 낭인들에게는 손문에 대한 지원이 의미가 없다는 것을 뜻했다. 손문에게 '공화의 완성'을 위한 「혁명방략」이 '줄기'였다면, '대아시아주의', '일본의 원조'는 '잔가지'였다.[106] 일본은 손문을 버리고 북경의 단기서와 중일군사협정을 비밀리에 체결했다(1918.5.16). 그 대가로 1억 4500만 원에 달하는 자금을 단기서 정권에 제공했다(西原借款). 서남 세력의 지원을 받지 못하던 손문의 유일한 지원 창구는 일본이었다. "무기는 일본이 유일한 공급원이다. 일본 정부가 역(逆: 북경의 단기서)과 친하니, 서남 군사의 발전을 기대한 후에야 비로소 북벌을 도모할 수 있다"[107]라고 훗날을 기약하며, 손문은 결국 대원수직을 사임하고(1918년 5월 4일) 상해로 떠났다.

상해로 가는 길에 손문은 일본에 들러 또 한 번 원조를 구했다. 이때 그를 영접한 사람은 역시 도야마, 데라오 도루(寺尾亨) 등 낭인들이었다.[108] 그 결과에 대해 "일본에 도착한 후 외교 활동을 했지만, 모든 것이 실행되지 못했다. 현재 일본 당국은 단기서를 돕기로 결심하고 있다"[109]며 손문은 희망을 접었다. 그렇다고 손문이 일본으로부터의 원조를 포기한 것은 아니나[110] 원조를 받을 위치에 있지도 못했고, 상황도 그렇지 못했다. 손문은 상해 주재 일본 총영사에게 "일본 정부가 그동안 보내준 우정에 대해 심심한 감사를 표합니다. 사정이 이 지경에 이르렀으니, 시기를 기다리는 외에 별도리가 없다고 생각합니다"라고 그동안 지원해준 데 대해 고마움을 표시했다.[111]

---

106 「在廣州全國學生評議會的演說」(1923.8.15), 『孫中山全集』 8, p.115, p.116, p.118, p.119.

107 「復張開儒電」(1918.4.1), 『孫中山全集』 4, p.426.

108 『孫中山年譜長編』 上, 1918.6.11, p.1126.

109 「致陳炯明函」(1918.7.13), 『孫中山全集』 4, p.486.

110 11월 26일 상해 주재 일본 총영사에게 "남북화평회의 중 만약 남북 양파 사이에 타협이 달성되면, 일본 세력은 동아에서 구축되고 영미 양국이 일본을 대신한다", "일본이 현재 묵묵히 앉아서 영미의 발호를 보는 것을 바꾸어, 동아연맹을 견지하는 조치를 과감히 취하여 본인을 원조하면 장래의 대계를 실현할 수 있다", "그러니 이를 신속히 일본 정부에 전달하라"라고 당부했다. 「與日本駐滬總領事有吉明的談話」(1918.11.26), 『孫中山集外集補編』, p.225.

11월 11일 협약국이 독일과 정전협정을 체결함으로써 제1차 세계대전은 끝났다. 결과는 손문의 예측을 벗어났다. 상술했듯이 손문은 협약국이 승리할 경우 영국은 인도를 지키기 위해 중국을 러시아에 넘길 것이라고 예측했다. 영국과 러시아 사이에 낀 일본은 쇠망할 것이며, 이렇게 되면 황인종은 전멸해, 아시아는 유럽인에 의해 영원히 예속될 것이라고 확신했다. 그러나 전쟁 중 러시아는 혁명으로 협약국에서 탈퇴했고, '중국과 운명을 같이할 일본'의 대륙팽창은 그칠 줄 몰랐다. 중국은 거국적으로 저항(오사운동)했다.

10. 제1차 세계대전 후 손문과 미국

1918년 6월 23일 손문은 광주를 떠나 일본 고베를 거쳐 상해에 도착했다. 이 시기 손문은 여전히 광동군 정부의 7총재 중 하나라는 직책이 있었지만, 실질적 힘은 전혀 없었다. 어찌해볼 도리가 없었다. 손문은 이런 상황에서 새로운 구상을 시작했다. 이에 대해서는 다음 장에서 설명한다. 여하튼 무엇도 할 수 없던 이 시기에 손문은 영문으로 된 한 편의 글을 쓴다.

> 세계대전의 마지막 1년간에 각국은 전쟁 비용으로 매일 2억 4000만 미국 달러를 소비했다. …… 이제 전쟁이 끝났으니 전쟁용품의 소비지가 동시에 없어졌으므로, 우리는 선후 대책을 강구하지 않으면 안 된다. …… 각 교전국이 다시 생산에 들어간다면, …… 또 천수백만 명의 군인들이 소비자에서 일전하여 생산에 종사하게 되면, 그 결과로 생산 과잉을 초래할 것은 필지의 사실이다. …… 나는 이것을 '제2의 공업혁명'이라고 명명하고자 한다. …… 묻건대 구미 각국은 세계의 어디에서 판매지를 구해, 전쟁 후 남아도는 생산품을 어떻게

---

111 「與日本駐滬總領事有吉明的談話」(1918.12.5), 『孫中山集外集補編』, p.226.

처분하려는 것일까?

만약 전후 공업이 정리되면, 1년에 219억 달러에 달하는 무역을 소화할 곳은 없다. …… 그러나 다행한 것은 중국은 천연 재원이 극히 풍부해 적당히 개발할 수 있다면, 무궁무진의 세계 시장이 될 수 있을 것이다. 1년에 219억 달러에 달하는 전쟁 생산 잉여를 모두 소비할 수는 없다고 해도, 그 대반은 소비할 수 있음은 의심할 여지가 없다.

중국은 지금도 수공으로 생산하며 아직 공업혁명의 제1보에도 들어가지 못했으나, 구미가 이미 제2 혁명에 임박해 있는 것과는 크게 차이가 있다. 그러므로 중국은 이 두 가지 혁명을 동시에 일으켜, 수공을 폐하고 기계를 채용하며, 또 이를 통일시켜 국유로 하는 것이다. 이때 중국은 거대한 농업을 경영하기 위해, 풍부한 광산 자원을 개발하기 위해, 무수한 공장을 세우기 위해, 그 운수를 확장시키기 위해, 공공사업을 발전시키기 위해 기계가 필요하게 된다. ……

그러므로 이번 나의 제안은 중국으로 하여금 신시장을 열게 하여, 자국 생산의 재화를 소비시킬 뿐 아니라 외국 생산품도 소비하게 할 수 있다. 이 둘 사이에는 서로 장애가 없다. 나의 정책은 다음과 같다. ……

이상의 계획이 만약 차례로 거행된다면 중국은 각국의 잉여 생산품의 소비지일 뿐만 아니라 실로 경제를 흡수하는 대해양(大海洋)이 될 것이며, 공업국들이 갖고 있는 여유의 자본을 중국은 모두 흡수할 수 있다. 중국뿐 아니라 전 세계에서도 이른바 경쟁이나 상전(商戰)이라는 것을 영원히 다시 찾아볼 수 없게 될 것이다. ……

미국의 상공업이 발달한 이래 세계는 이미 그 이익을 크게 받았다. 그러나 이 4억 인구의 중국이 일단 상공업을 발달시키면, 경제적 안목에서 보아 어찌 새로운 세계가 열리지 않겠는가? 이 개발에 참여한 나라 또한 상상을 초월한 이익을 반드시 얻으리라는 것은 의심할 바 없다. ……

그러나 본 계획을 순조롭게 거행시키기 위해 나는 다음 세 단계를 두었으니, 제1보는 투자할 각 정부들은 반드시 공동의 행동, 통일적 정책을 위해야 한다.

하나의 국제단을 조직해야 한다. ……

만약 자본단(資本團)이 나의 제안에 찬성한다면 나는 더 상세히 설명을 계속 하겠다.[112]

영문으로 쓰인 이 글의 제목은 'The International Development of China'이다. 영문으로 쓰인 것으로 보나, 손문이 글을 보낸 사람으로 보나, 손문에게 답장을 보낸 사람들[113]로 보나 이 글은 미국을 염두에 두고 쓴 것이다. 제1차 세계대전 후 손문의 예상으로는 과잉투자에 따른 과잉생산과, 이에 따른 소비지가 부족할 수밖에 없는데, 소비지와 투자지로서 중국이 가장 적당하기 때문에 국제 공동의 자본단을 구성해 중국에 투자해달라는 내용이다.

내용을 분석하면 무엇보다 눈에 띄는 것이 계획의 방대함이다. 철도 10만 마일(약 16만 킬로미터), 포장도로 100만 마일(약 160만 킬로미터)의 건설 등은 방대함이라기보다는 비현실적이라고 표현하는 것이 나을 듯하다. 손문은 지도상에 선을 그으면 그곳에 철도를 놓을 수 있다고 생각했다. 당시 미국 상무장관 윌리엄 레드필드(William C. Redfield)는 손문의 글을 받고서 다음과 같이 답했다.

각하가 제기한 계획은 너무 복잡하고 너무 장대해, 그 세세한 계획을 마치는 데도 수년이 걸릴 것입니다. 각하도 아시다시피, 편지 중 작은 부분도 수십억 금원이 필요하며, 그중 대부분은 초기 연간에 필요합니다. 따라서 그 투자한 바의 이자와 경비를 상환할 수 없을 것입니다. 그러므로 이를 어떻게 처리할지가 첫째로 해결해야 할 문제입니다. 중화민국의 수입으로 현재의 국채 이자를 상환하기

112 「建國方略: 篇首」(1918年 末 혹은 1919.1), 『孫中山全集』 6, pp.249~253.

113 손문이 편지를 보낸 사람으로는 북경 주재 미국 공사 라인슈(Reinsch), 캔틀리 부인 등이 있고, 손문의 계획에 답한 사람으로는 라인슈, 미국 상무장관 레드필드, 이탈리아 육군대신 등이 있다. 「駐京美國公使芮恩施復函譯文」, 「美國商務總長復函一通」, 「美國名士寓居羅馬以世界中都計劃著名之安得生君復函」, 『孫中山全集』 6, pp.405~411.

에도 너무 버거운데, 새로 늘어나는 이자를 확보하기는 어려울 것 같습니다.[114]

손문은 외자 도입을 구상하며 당시의 제국주의 체제를 염두에 두지 않았다. 염두에 두지 않았다기보다는 제국주의는 손문에게 문제가 되지 않았다고 보아야 할 것이다. 손문의 제안, 즉 외자 도입을 통해 실업을 발전시키려는 구상에 대한 국내적 비판에 대한 손문의 답변을 보면 그런 추정이 더욱 힘을 얻는다.

군이 외자를 반대하는데, 미국과 영국의 예가 우리의 모범이 될 수는 없다. 이 두 나라는 백수십 년 전에 우리보다 더욱 궁핍하고 더욱 약했음을 (그대는) 알지 못한다. 이 두 나라는 우리와 너무 멀어 군이 알지 못하는 바이다. 지금 근자의 것으로 말하면 일본, 시암(Siam: 태국)이 어떠한가. 일본은 외자외법(外資外法)으로 수십년 만에 일약 강국이 되었다. 내가 군에게 하나는 알고 둘은 모른다고 하는 것은, 군이 외자가 무엇인지 모르기 때문이다. 또 …… 외자는 돈만을 가리키는 것은 아니다. 만약 돈이라면 우리 또한 있다. 하필 빌려야 하는가. 중국이 금일 결여한 자본은, 금은이 아니라 생산의 기기(機器)이다. 중국의 실업을 일으키려면 수십억 마력의 기기가 아니면 안 된다. 그러나 이 기기를 마련하는 것은 일시에 할 수 있는 바가 아니다. …… 금일 부국족민(富國足民) 하고자 하면 외자 이외에는 다른 도리가 없다.[115]

손문은 중국의 실업을 발전시키는 데 필요한 요소를 다음과 같이 지적했다.

미국의 실업 대왕 록펠러가 말하기를 "실업을 발전시키는 요소는 네 가지로서 노력, 자본, 경영의 재능, 주고(主顧)의 사회"를 들고 있다. 우리 중국은 지대물박

114 「美國商務總長復函一通」(1919.5.12), 『孫中山全集』 6, p.407.
115 「復李村農函」(1919年 秋), 『孫中山全集』 5, pp.121~122.

하여 미국과 같아, 우리나라의 농산의 풍부함, 광질의 풍부함은 미국에 비하면 나으면 나았지 못하지 않다. 저 실업 대왕이 거론한 발전의 네 가지 요소 중 노력의 인공은 우리가 미국에 네 배, 주고의 사회 역시 미국의 네 배, 우리에게 결여된 것은 자본, 재능이다. 우리가 이 두 요소를 얻을 수 있다면 우리의 실업 발달은 미국과 겨룰 수 있을 뿐 아니라 미국의 네 배이다. 그러한즉 중국의 실업 발전을 꾀하고자 한다면 마땅히 중시해야 할 문제는 바로 자본과 인재일 뿐이다.[116]

손문의 방법은 아주 간단하다. 중국이 제국주의 열강으로부터 외자와 인재를 받아들이면 중국의 발전은 자명하다고 확신했다. 일본이 이를 증명한다는 것이다. 이런 대외 개방에 더해 중국에 투자하면 그 투자는 투자자인 제국주의 열강에도 큰 이익이 된다는 것을 손문은 강조한다. 대외 개방이 '국권의 상실', '국익의 상실'을 가져오기보다는 '상호 이익'이 된다고 손문은 확신했다. 신해혁명 직후로 돌아가 보자.

손문이 무창기의 소식을 듣고 귀국길에 경유한 프랑스 파리에서, 앞으로 중국이 필요로 하는 것에 대해 기자들에게 이야기하기를 "상무의 발달, 재정과 경제 기관의 정리, 천연자원의 이용은 우리 당이 가장 주의하는 바이다. 그러나 이런 목적을 달성하려면, 정말로 큰 외조(外助)가 필요하다. 본국(중국)의 자본은 한계가 있다. 예컨대 광산 개발이나 철도 건설 등의 일은 동시에 일으키기 어렵기 때문에 반드시 외채로 부족분을 메워야 한다. 하물며 과학 전문 지식과 기술자의 경험은 아직 유치한 단계이기 때문에 외국에서 인재를 구하지 않을 수 없다"[117], "외국 자본과 기술자가 중국을 위해 광산을 개발하고 철로를 놓는 것을 환영하며 …… 청조와 외국이 체결한 조약 및 차관을 존중한

116 「中國實業如何能發展」(1919.10.10), 上海≪民國日報≫, 1919年 10月 10日 副刊, ≪星期評論≫, 『孫中山全集』 5, pp.133~135.

117 「與巴黎『巴黎日報』記者的談話」(1911.11.21~23), 『孫中山全集』 1, p.562.

다"고 했다.[118] 외국 자본의 도입은 외국에 의한 중국의 '과분(瓜分)'으로 이어질 수 있다는 생각은 구시대의 생각이라고 하면서 "나는 오히려 서로의 이익이라는 견지에서도 상인들에게 외자의 차용을 권한다"고 했다.[119]

무창기의 이후 열강의 개입을 걱정한 손문이 열강을 안심시키기 위해 이런 제의를 했을 수도 있다. 그러나 국내의 실업 단체를 향해서도 "자본으로 말한다면 외채는 빌리지 않을 수 없다. 그러나 합판(合辦)은 그 유폐가 너무 크다. 내 생각에 개방주의가 가장 좋다고 본다. 장차 조약을 수정하고, 치외법권을 회수하여 중국이 주권을 갖게 되면, 어떤 나라에서든지 외채를 빌릴 수 있고, 외인의 투자도 금지하지 않을 것이다"[120]라고 말했다. 또한 언론계의 환영회에 참석해 행한 연설에서도 손문은 다음과 같이 말했다.

> 현재 세계 각국이 서로 통상하고 있다. 우리도 이런 조류를 환영하며 문호개방 정책을 행해 공상업을 진흥시켜야 한다. 마치 일본이 문호개방주의를 채택한 것처럼. …… 중국은 아직 영사재판권을 회수하지 못하고 있다. 중국이 영사재판권을 회수하기 위해 만약 문호 개방의 실행을 교환 조건으로 삼는다면, 완전한 독립국이 될 수 있을 것이다.[121]

이 글은 대외 통상을 위해 문호 개방 정책을 실시해야 한다는 손문의 의지와 함께 그 모델이 일본이었음을 보여준다. 손문은 영사재판권의 회수로 완전한 독립국이 될 수 있다고 생각한 것 같다. 다만 손문이 영사재판권의 회수와 문호 개방을 교환 조건으로 보는 것은, 문호 개방이 열강이 원하는 것이고 열강에 이익이 된다고 생각했기 때문이다. 다시 말해 문호 개방은 열강이 원하는

118 「與法國記者的談話」(1911.11.24), 『孫中山集外集』, p.154.
119 「在香港與『士蔑西報』記者的談話」(1912.5.20), 『孫中山全集』 2, p.366.
120 「在上海中華實業聯合會歡迎會的演說」(1912.4.17), 『孫中山全集』 2, p.340.
121 「在上海報界公會歡迎會的演說」(1912.10.12), 『孫中山全集』 2, p.499.

바이고 그들에게 경제적 이득을 가져다주는 일이지만, 중국에도 이익이 된다고 보았던 것이다.

실제로 손문은 임시대총통에 취임한 후, 일본 재계의 사카타니 요시로(阪谷芳郎)에게 중앙은행의 설립을 위탁했다.[122] 훗날 구설수에 올랐던 한야평매철창광유한공사(漢冶萍煤鐵廠礦有限公司)와 일본 미쓰이 물산 주식회사(三井物産株式會社)의 합작 조약도 손문이 임시대총통으로 있을 때 체결된 것이다.[123]

그런데 앞의 인용문 중 눈에 띄는 것은, 손문과 제국주의와의 관계에서 나타나는 '영사재판권의 회수와 문호 개방의 교환'과 같은 '거래 형식의 대외관'이다. 통상구안(通商口岸)을 폐지하려는 이유(아마 조계를 폐지하려는 이유)를 묻는 기자에게 "우리는 반드시 독립하고자 하며, 더욱이 중국에서 서양인의 지배를 받고 싶지 않다. 그러나 (조계 철폐에 대한) 보상으로 우리는 각 지역을 개방할 것이다. 또 이 일은 즉시 행해지는 것은 아니고, 먼저 제대로 자립을 이루어 유럽 제국이 만족한 연후에 각 조계를 철수시킬 것이다. 이 시기에 도달하면 각국도 항거하지 않을 것이다"라고 말했다.[124] 제국주의가 중국을 지배하고 있는 것(예컨대 조계)을 알지만, 이를 철폐하는 보상으로 대외 개방을 하겠다는 것이다. 손문에게 중국의 자립이란 자신의 혁명에 의한 공화제의 완성이지, 제국주의로부터의 해방은 아니었다. 공화 혁명에 의해 독립국가가 건립되면, 제국주의로부터의 해방은 자연히 해결될 문제이기 때문이었다. 손문의 「혁명방략」에 제국주의 문제는 없다. 「혁명방략」에 따라 공화의 독립국가가 되면, 즉 헌정에 이르면 제국주의 문제는 자연히 해소될 것이기 때문이다.

앞에서 서술했듯이 손문은 제국주의 열강으로부터 원조를 얻거나 이권을 회수하고자 할 때, '거래 형식'을 취했다. 즉 먼저 '교환 조건' = 이권을 열강에 제시하는 것이다. 앞에서 본 '국제공동발전중국계획'에서도 중국에 대한 투자

122 李廷江, 「孫中山委託日本人設立中央銀行一事的考察」, ≪近代史研究≫, 1985-5.
123 『孫中山年譜長編』 上, 1912.1.26, pp.639~640.
124 「在香港與〈南淸早報〉記者威路臣的談話」(1912.6), 『孫中山全集』 2, p.389.

는 중국이라는 거대한 소비지를 구미가 얻을 수 있는 것이고, 이것은 또한 중국의 발전이라고 파악했다. 급하면 급할수록 이권은 커져, 심지어는 '국권의 상실'에까지 이르기도 했다. 손문이 임시대총통에 취임한 후 정세는 매우 어렵게 전개되었다. 손문은 "화의가 어떻게 되든 북벌을 단연코 늦출 수 없다"[125]라고 했지만, 북방의 혁명군 정부가 성립되자마자 청군에게 패했다. 자금 마련을 위해 발행한 1억 원의 군수 공채 중 팔린 것은 겨우 700만 원을 조금 웃돌았다. 임시정부에 대한 승인 요구도 열강은 거부했다. 급할 대로 급해진 손문은 일본에 원조를 요청했는데, 그 담보는 '만주 조차'였다.[126]

1913년 3월 손문이 일본에서 후한 대접을 받고 상해로 돌아오기 직전, 송교인 암살 사건이 발생했다. 이에 대한 대응으로 손문은 원세개 토벌을 생각하고 있었다. 내전이 발생하면 일본이 만주를 점령할지 모른다는 우려에 대해 손문은 "만주는 중국이 아니다"라고 답하는가 하면, 러시아가 몽골을 점령할지 모른다는 경고에 대해서는 "남은 땅이야말로 진정한 중국"이라고 답했다.[127]

손문의 '대아시아주의'에 대해 정리해보자. 손문이 일본과, 구체적으로는 일본 낭인들과 '대아시아주의'를 공유한 것은 분명하다. 그러나 '대아시아주의'의 목적은 서로 달랐으니, 일본 낭인은 북경정부가 비(非)친일 정권일 때 '대아시아주의'로 손문을 '원조'해 친일의 손문 정부를 세우고자 했다. 물론 북경의 친일 정부를 통해 대륙을 지배하기 위함이었다. 손문의 '대아시아주의'는 동문동종인 일본과 서로 도움을 주고받을 수 있다는 의미였지, 일본과 함께 영미와 대결하고자 한 것은 아니다. 앞에서 기술한 미국의 투자에 대한 기대나 후술할 미일의 경쟁을 이용한 일본에 대한 비판, 일본 제국주의 야욕을 거론하며 추진한 소련과의 합작 등으로 볼 때, 손문의 '대아시아주의'는 일본의 대아시아주의

125 「致陳炯明電」(1912.1.4), 『孫中山全集』 2, p.8.
126 손문의 '滿洲租借'에 대해서는 楊天石, 「孫中山與"租讓滿洲"問題」, 『國民黨人與前期中華民國』(中國人民大學出版社, 2007), pp.25~42 참조.
127 C. Martin Wilbur, *Sun Yat-Sen: Frustrated Patriot*, pp.81~82.

와 달랐음이 분명하다. 그러나 일본에 원조를 구할 때마다 '대아시아주의'를 내세운 것으로 보아, 손문은 일본 낭인들의 '대아시아주의의 목적'을 몰랐다고 보아야 할 것이다. 이렇게 보면 일본은 손문을 속였고, 손문은 일본에 속았다고 볼 수 있다. 그러나 손문의 대외관이 '대아시아주의'에 입각한 것은 아니었으니, 원조를 얻기 위해 '대아시아주의'를 일본에 거론한 손문의 의도도 진정성은 없다고 보아야 할 것이다. 그러나 양측 모두 실질적인 결과를 얻지 못했다. 손문도 일본으로부터 변변한 원조를 받지 못했고, 일본도 손문의 '친일적 북경정부'를 만들어내지 못했다.

여하튼 '중일관계', '21개조', '일본으로부터의 원조' 등과 마주할 때, '대아시아주의'의 그늘이 손문에게 있었음은 분명하다. 따라서 손문이 오사사건에 적극 대응하지 않은 이유 중 하나도, '대아시아주의'가 배경을 이룬다는 점을 부정할 수는 없을 것이다. 그러나 손문의 대외관, 나아가 제국주의관에서 '대아시아주의'는 어떤 위치를 차지하고 있을까?

일본은 1920년 1월 19일 산동 문제의 선후책으로 중일 직접 교섭을 요구했다.[128] 이에 대해 ≪익세보(益世報)≫의 기자가 손문에게 질문하자 손문은 다음과 같이 답했다.

> **나는 본래 '21개조'는 응당 폐지되어야 한다고 주장했다.** 일본은 조차 기간 만료 후 만주 각지에서 물러나야 한다. 고려(한국)의 독립 문제는 '마관조약'에 따라 중국 또한 관여해야 한다. 내가 ('21개조'에 대해) 주장하는 바가 이러한즉, 산동 문제도 불문가지이다. 이번 일본의 통첩(중일 직접 교섭)은 따져볼 것도 없다. 일본은 교주, 청도를 점거할 이유가 전혀 없다. …… 일본이 결국 교(膠州)와 청(靑島)의 점거를 강행한다면 강도 행위와 다름없다! 일본이 강도가 된다면, 우리나

128 『中華民國史事日誌』 1, 1920.1.19, p.480[郭廷以 編著, 『中華民國史事日誌』(1912~1925) 第1册(臺北: 中央硏究院近代史硏究所, 1979), 이하 『中華民國史事日誌』 1].

라는 단연코 강도와 교섭할 수 없고, 더욱이 강도에게 우리 국토를 강탈할 권리가 있다고 승인할 수 없는 것이다. 하물며 **우리나라는 이미 조약 체결을 거부했으니, 일본과 직접 교섭할 이유가 없다.**[129]

이는 의외의 대답이다. 아니 의외라기보다는 모순된 답이다. 앞에 본 것처럼 일본이 중국에 '21개조'를 요구한 것은 1915년이다. 이때 '21개조'는 중일 친선 및 동아 평화를 위한 것으로 자신의 주장과 일치해 기쁘기 그지없다든가,[130] '21개조'는 원세개의 간청이고, 일본이 오히려 뒷날 협상하자는 예의를 보였다고 손문은 평가했었다.[131] 손문은 애초에 '21개조'가 폐지되어야 한다고 주장하지 않았다. 또한 '파리강화조약'을 거부하라는 거국적 오사운동 때, 손문은 "문 닫고 저술 활동을 하며 바깥일에는 관여하지 않았다"며 공식적 논평조차 거부했다. 1920년 11월에도 손문은 보이틴스키에게 "일본 정부와 원세개 사이의 그 유명한 '21개조'는 결코 일본 측의 압력으로 체결된 것이 아니라, 원세개 본인이 일본에 제출해 이루어진 것"[132]이라며, 1915년의 견해를 여전히 갖고 있었다. 그러니 한편으로는 '일본의 요구가 아닌 21개조'라고 하면서, 다른 한편으로는 '21개조'가 일본의 '강도 행위'라고 한 것이다.

손문은 이 시기에 특히 미국 기자나 미국의 유력 인사와 접촉이 잦았는데, 만날 때마다 일본의 중국 침략을 강조했다. 그리고 일본의 중국 침략의 상징으로 제시한 것이 '21개조' 요구와 장작림(張作霖, 장쭤린)의 만수 지배였다. 직환(直皖)전쟁이 끝난 지 얼마 지나지 않은 1920년 8월 5일 상해에 온 미국 의원대표단을 환영하는 자리에서, 손문은 중국의 현안에 대해 다음과 같은 해결책을 제시했다.

129 「與〈益世報〉記者的談話」(1920.1.26), 『孫中山全集』 5, p.206.
130 이 책 131쪽의 주 60 참고.
131 이 책 134쪽의 주 65 참고.
132 「與維經斯基的談話」(1920年 11月 下旬), 『孫中山集外集』, p.250.

중국은 지금 극히 혼란 속에 있다. 최근 3년간 남북이 싸웠다. …… 어떻게 해야 비로소 현재 중국의 혼란을 정지시킬 수 있는가. 나는 이미 알고 있다. 이 문제의 해결의 관건은 '21개조'의 폐지이다. 만약 이 '21개조'가 폐지될 수 있다면 더는 혼란이 없을 것이다. …… 유럽 대전이 홀연 끝나자, …… 일본 군벌은 이미 중국 정복 프로그램을 생각해냈다. 즉 중국의 군벌을 이용해 중국을 정복하는 것이다. 이에 두 명의 군벌 두목을 만들어냈다. 북경의 군벌 두목은 단기서이며, 다른 또 하나의 군벌 두목은 봉천에 있다. …… 이후 얼마 지나지 않아 단기서가 먼저 나에게 연락했다. …… 근 1년 만에 단 씨가 나의 조건을 윤허해 군사협정의 폐기를 동의하기에 이르렀다. …… '21개조'를 폐지하면 중국의 통일은 곧 실현될 수 있다. …… 이것이 중국 문제를 해결하는 유일한 방법이다.[133]

손문은 미국 국회의원들에게 무엇 때문에 이런 내용을 이야기했을까? 연설 말미에 미국 의원들에게 일본에 가면 '21개조' 폐지를 주장해달라고 주문했다. 앞에서 말한 것처럼 손문은 1915년 '21개조'를 제기한 일본을 오히려 감쌌고, 그것이 발단이 된 오사사건에도 관여하지 않았다. 그런데 갑자기 중국 혼란(군벌 간의 전쟁)의 주범을 '21개조'라고 지목한 것이다. '21개조'가 폐지되면 중국의 혼란이 끝나 통일이 실현된다고 손문은 정말 믿었을까?

진형명의 도움으로 광주로 돌아가 '중화민국정부'를 건립하고 대총통에 오른 시기에 미국 기자와의 담화에서 손문이 "각국이 중국에 간섭하지 않는다면, 중국의 형세는 날로 좋아질 것"이라고 하자, 기자는 "각하가 (간섭한다고) 지칭하는 각국에 미국도 포함됩니까?"라고 물었다. 손문은 이렇게 답했다.

아니다. 내가 지적하는 것은 일본뿐이다. 일본은 중국에서 자신의 세력을 확충하고자 해, 고려인(한국인)에게 취한 수단을 우리에게 실시해 중국을 일본의

133 「在上海歡迎美國議員團的演說」(1920.8.5), 『孫中山全集』 5, pp.296~301.

> 식민지로 바꾸고자 한다. 단지 이런 일본의 정책은 다행히도 일본 신민이 모두 찬성하는 바는 아니고, 저 군벌 내의 야심가가 주장할 뿐이다. …… (남북 화해에 대한) 우리의 조건은 '21개조'를 반드시 일본으로부터 회수해야 한다는 것이다. 그런데 북경정부는 이를 할 수 없다. 그러므로 우리는 이후 전쟁의 수단으로 시국을 해결할 수밖에 없다. 지금 각국이 만약 (우리를) 승인할 수 있다면, 북방을 통일하는 것은 곧 성공하리라고 나는 믿는다.[134] – 괄호는 인용자

미국이 중국에 무관심하니 일본이 중국을 식민지로 만들고자 하는 것이며, 만약 미국이 손문 자신의 정부를 승인하면 북방은 곧 통일될 것이고, 이는 중국에서 일본에 대한 미국의 승리가 될 것이라는 주장이었다. 한 걸음 더 나아가 손문은 하딩(Warren Harding) 미국 대통령에게 직접 '경고성' 편지를 보냈다. "일본의 만주 점령 계획은 중국을 정복하고 병탄하는 오래된 방법이며, 1925년에 이르면 일본은 만주를 완전히 점령할 것이고, 이후에는 미국과 직접 작전할 것"이라며, 일본의 공구인 북경정부에 대한 승인을 철회하고 자신의 합법적 정부를 승인하라고 압박했다.[135]

아마 손문의 의도는 제1차 세계대전 후 중국을 둘러싼 미국과 일본 간의 '경쟁과 대립'을 이용해 미국을 자극하면, 미국이 일본의 중국 독점을 우려해 손문에게 접근해 광동정부(중화민국정부)를 승인하고 자본을 투자할 것으로 기대했기 때문일 것이다. 몇 년 전 똑같은 기대를 일본에 했을 때, 그 기대의 고리는 '대아시아주의', '동아의 평화'였다. 반면 미국에는 '문호 개방'이 기대의 고리였다. 손문은 미국 기자와의 회견에서 "현재 미국이 일본과 항쟁하여 일본의 침략야심을 억눌러야 하며, 만약 지금 미국이 구설로 일본과 싸우지 않으면, 장래에는 반드시 무기로 사투를 해야 할 것"이라고 경고하면서 "중국 남부의 인민(광동정부)

134 「與美國記者辛默的談話」(1921年 4月 上旬), 『孫中山全集』 5, pp.514~515.
135 「致美國總統哈定函」(1921.9.16), 『孫中山集外集補編』, p.267.

은 미국인이 주장하는 바의 문호개방주의를 취하고 있는데, 미국이 혹시 이런 사실을 모르고 있는지 모르겠다. 미국인이 중국 남방 정부를 돕고자 하면 지금 속히 해야지 그렇지 않으면 의미가 없다"[136]고 다그쳤다. '문호 개방'을 통한 미국의 자본 투자를 위해 영문으로 글(The International Development of China)을 썼음은 앞에서 언급했다.

한때 손문과 손을 잡았던 일본인들은 미국으로 선회하는 손문에 대해 경계하지 않을 수 없었다. 물론 손문이 일본을 완전히 포기한 것은 아니었다. 손문은 자신을 친미파라고 하는 것은 현재 일본 당국뿐이며,[137] 일본의 중국 침략 정책은 일본 국민이 아니라 일본 군벌 내의 야심가에 의한 것이라고 주장했다.[138] 그렇다고 해서 손문이 대아시아주의를 포기한 것은 아니었으니, "백인종의 침략에 저항하기 위해 아시아대동맹을 발기해야 한다"[139]든가, "모든 유럽인으로부터 배척을 받아 유럽의 백인종과 갈라선 소련[140]까지 끌어들여 일본, 러시아, 지나 삼국이 동맹하면, 동양의 영원한 평화는 가능하다"라고도 했다.[141]

한편 소련과 거래할 때, 손문은 일본과 구미 열강을 모두 싸잡아 공격했다. 앞서 북만주에서 일본을 견제하라고 미국에 했던 요구를, 손문은 소련에도 그대로 하고 있다. 요페에게 보내는 편지에서 "중동철도에서의 소련의 이익을 일본에 넘겨줄 것인가? 말할 필요도 없이 나(손문)는 소련이 북만주에서 일본의 지위 강화를 제지하기를 바라고 있다"[142]라고 했다. '사관구(使館區: 제국주의 열

136 「與美國記者金斯來的談話」(1921.9.18), 『孫中山全集』 5, pp.603~605.

137 「與宮崎滔天萱野長知的談話」(1921.3.12), 『孫中山全集』 5, p.482.

138 「與美國記者辛默的談話」(1921年 4月 上旬), 『孫中山全集』 5, p.515.

139 「致李烈鈞電」(1924.10.13), 『孫中山全集』 11, p.180.

140 「亞細亞連盟 孫文氏素懷を犬養氏に」, ≪中外商業新報≫, 1924.11.26[高綱博文, 「ワシントン體制と孫文の大アジア主義: 孫文の日中ソ提携論を中心として」, 池田誠ほか 編, 『世界のなかの日中關係』(法律文化史, 1996), p.94에서 재인용].

141 「對神戶商業會議所等團體的演說」(1924.11.28), 『孫中山全集』 11, pp.401~409.

142 「孫逸仙이 Ioffe에게 보내」(1922년 8월 27일, 上海 莫里哀路 29호), 『聯共(布), 共産國際檔案資料』 1, p.111; ВКП(б), КОМИНТЕРН И НАЦИОНАЛЬНО - РЕВОЛЮЦИОННОЕ

강)의 명령을 받는 북경정부', '미국을 모범이라고 요구하는 북경정부'와 소련이 국교정상화를 추진한다면, 새로운 외교적 실패를 당하게 될 것이라고 소련을 설득했다.[143]

손문의 대외관 내지 대외 노선은 참으로 혼란스럽다. '대아시아주의'에 의거해, 황인종이 동맹하여 백인종에 대항할 것인가, '문호개방주의'로 미국 등의 자본을 적극 받아들여 국가를 건설할 것인가, 아니면 열강의 도구인 북경정부를 타도하기 위해 반제국주의 노선을 취할 것인가.

1923년 8월 전국학생연합회는 제5차 평의회를 광주에서 개최하고, '국제 자본주의 타도', '국내 군벌 타도'를 결의했다. 평의회 개막식에 참가한 손문은 결의에 대해 다음과 같이 평가했다.

> 오늘 제군들의 언설과 발표한 바의 선언을 보면 대개 외교, 내정 두 방면을 중시한다. 이른바 밖으로 열강에 저항하고, 안으로 군벌을 타도하자는 것이다. 내 생각에 이 두 문제는 서로 함께 논할 수 없다고 본다. …… **외교는 순전히 내정에 따르는 것이니, 내정이 만약 좋다면 외교는 결국 문제가 되지 않는다. …… 우리는 근본 문제를 중시해야지 절대로 잔가지를 보아서는 안 된다.** 근본 문제, 즉 혁명이 아직 성공하지 않았다는 것이다. …… 현재 (열강이 중국을) 공동으로 관리한다는(共管) 설

ДВИЖЕНИЕ В КИТАЕ ДОКУМЕНТЫ, Т. I. 1920~1925(1)(Moscow, 1994). 중역본으로는 中共中央黨史硏究室第一硏究部 譯, 『俄共(布), 共産國際與中國國民革命運動(1920~1925)』(北京圖書館出版社, 1997)[이하 『聯共(布), 共産國際 檔案資料』 1]와 李玉貞 譯, 『聯共, 共産國際與中國(1920~1925)』 第1卷(臺北: 東大圖書公司, 1997) 두 가지가 있다. 전자의 중역본을 기본으로 했으며, 표기된 쪽수는 모두 그에 따랐다. 다만 번역이 애매한 부분에 대해서는 원본과 李玉貞의 번역본을 참조했다. 이 중역본은 『共産國際, 聯共(布)與中國革命檔案資料叢書』의 첫 번째 권에 해당하는데, 두 번째 권인 『共産國際, 聯共(布)與中國革命文獻資料選輯(1917~1925)』는 '『聯共(布), 共産國際 檔案資料』 2'로, 네 번째 권인 『俄共(布), 共産國際與中國國民革命運動(1926~1927)』 下는 '『聯共(布), 共産國際 檔案資料』 4'로 표기한다.

143 「復加拉罕函」(1923.9.17), 『孫中山全集』 8, p.219.

이 있는데, 이는 30년 전의 과분(瓜分)의 설과 이해를 같이한다. …… 그들(열강)이 공관하려면 공관하라지, 뭐가 두려운가. 공관을 부르짖는 사람들은 세계 지식이 없는 사람들이다. 유럽 전쟁 후 사실 각국이 만신창이가 되어, 단지 미국만이 일본과 함께 전전(戰前)의 지위를 갖고 있을 뿐 다른 나라들은 거의 환자와 다름없다. 환자들이 우리를 관리할 수 있다고? …… 우리는 중국에 있는 저 무료한 외국 기자들과 상인들의 말을 지나치게 믿어서는 안 된다. …… 일본의 예를 보자. 30년 전 일본인은 단지 3000만 명이었고, 매우 우매했다. 그러나 위로는 천황으로부터 아래로는 서민에 이르기까지 모두 자만하지 않고, 많은 서정 기관이 거의 외국인을 고용했다. **외국인이 나쁜 점도 있지만, 좋은 점도 정말로 많아, 일을 하는 데 아주 효과적이다.**[144] - 강조는 인용자

손문에게 '외교'나 '반제'는 부차적인 문제였으니, 열강의 침략은 근본 문제인 혁명(중국통일)이 성공하면, 모두 해결될 문제라고 손문은 확신했다.[145] 더구나 혁명의 성공을 위해 '외교'가 도움이 된다면, '대아시아주의'든 '문호 개방주의'이든 '반제국주의'이든 손문은 어느 것이나 활용했다. 따라서 그의 「혁명방략」에 반제에 대한 방략은 없었다. 더 근본적으로 손문은 외국인이 나쁜 점도 있지만, 좋은 점도 정말 많다고 생각했다. 공화를 완성하기 위해서는 제국주의 열강에 반대하기보다 "영국의 공정한 태도, 미국의 원대한 (자본)규모, 그리고 프랑스의 애국정신을 모범으로 삼고", "독일의 인재와 학문"[146]을 받아들여야 하는데, 이에 대한 모범이 바로 일본이라고 손문은 생각했다.[147] 물론 손문의

144 「在廣州全國學生評議會的演說」(1923.8.15), 『孫中山全集』 8, p.115, p.116, p.118, p.119.

145 이보다 앞서 전국학생총회 대표 楊文炤가 국민당이 민중운동에 더 많은 힘을 보내달라고 하자, 손문은 "중국의 10여 년 喪亂은 모두 혁명이 철저히 이루어지지 않았기 때문이다. 학생들이 구구절절 시끄럽게 외교에 나서는 것은 의미가 없다는 것을 나는 일찍이 이미 알고 있었다"며 '의미 없는' 학생들의 반제 운동을 지적했다. 「與楊文炤的談話」(1923.7.20), 『孫中山全集』 8, p.49.

146 「在摩軒號艦對幕僚的談話」(1922.8.9), 『孫中山全集』 6, p.516.

이런 대외관은 제국주의뿐만 아니라 소련과의 합작에 대해서도 마찬가지였으니, 북벌에 승리(중국 통일)만 하면 소련도 국민당의 노선에 따를 수밖에 없을 것이며, 따라서 국공합작(연소 용공 정책)은 북벌 승리를 위한 전략일 뿐이었다[148](국공합작에 대해서는 뒤에서 자세히 서술하겠다). 이런 점에서 소련과의 합작은 '사상적 변화'에서 기인한다기보다는, 손문의 '실용적'이고 '낙관적'의 대외관에서 나온 것으로 볼 수 있지 않을까. 여하튼 손문의 '대아시아주의'를 그가 오사사건에 소극적으로 대응하게 한 요인으로 설명할 수 있을 것이다. 그러나 사상가가 아닌 정치가 손문을 상정할 때, 이는 선뜻 납득하기 어렵다. 또 다른 현실적 요인이 있지 않았을까.

147 「在廣州全國學生評議會的演說」(1923.8.15), 『孫中山全集』 8, p.119.

148 장개석이 소련을 방문한 후 1924년 1월 손문에게 방문 결과를 보고하자, 국공합작에 부정적인 자신에게 손문이 다음과 같이 말했다고 한다. "우리가 북벌 전쟁에 이기기만 하면 삼민주의도 틀림없이 실행될 것이다. 그렇게 되면 공산당이 우리 국민혁명을 파괴하려 해도 어쩔 수 없을 것이며, 하물며 소련이 중국 혁명에 대해 오로지 본당만을 혁명을 영도할 유일한 정당으로 인정하고 아울러 적극 공산당원에게 권해 본당에 가입시켜 본당 영도에 복종케 하며, 또한 중국에서는 공산주의를 실천할 가능성이 없다는 것을 인정하게 되겠으니 국부도 용공 연소 정책의 결의를 견지하게 되었던 것이다." 蔣中正, 『蘇俄在中國: 中國與俄共三十年經歷紀要(訂正本)』(臺北: 中央文物供應社, 1957, 初版은 1956年)[중국학회 옮김, 『중국 안의 소련』(隆宇社, 1958), 25~26쪽].

4장

「혁명방략」과 민중운동

1. 노동운동과 농민운동

오사사건이 전개되고 있던 시기에 손문은 상해에 칩거하며, 사건에 대해 공식적인 대응을 전혀 하고 있지 않았다. 북경정부가 시위 학생을 대거 체포하자, 운동은 학생을 지원하는 상인의 철시, 노동자의 파업으로 확산되었다(三罷鬪爭). 상인과 노동자가 합류하자 북경정부는 결국 '매국적 3인'을 파면함으로써 오사사건은 일단 '승리'로 끝났다(6.5). 이와 같은 '민중의 연합'은 상해가 중심이 되었고, 당시 손문은 상해에 있었다. '민중의 힘'이 승리한 직후인 6월 22일 손문은 대계도와 대화를 나눈다. 대화는 대계도가 발표한 글을 손문이 읽고 감명을 받아 이루어진 것이다.[1] 꽤 긴 담화였는데, 추려보면 다음과 같다.[2]

---

1 戴季陶는 1919년 6월 15일 上海≪民國日報≫ 부간 ≪星期評論≫에 「國際同盟和社會問題」라는 글을 썼다. 손문이 이를 본 후 상해 자택으로 대계도를 불러 사회노동 문제 및 당시 사회 사조의 상황 등에 대해 이야기했는데, 담화 내용은 戴季陶가 당일(1919.6.22) 『星期評論』상에 '訪孫先生的談話'라는 제목으로 발표했다. 『孫中山全集』에는 '與戴季陶的談話'라는 제목으로 수록되었다. 「與戴季陶的談話」(1919.6.22), 『孫中山全集』 5, p.68의 각주.

선생(손문) 문: ≪성기평론(星期評論)≫ 속에 「국제동맹과 노동문제」라는 글이 있던데, 이것은 자네(대계도)의 글인가? 자네도 이 문제에 관심이 있는가?

(대)계도 답: 맞습니다. 이 노동문제에 대해 중국인들은 아직 거의 주목하지 않고 있습니다. …… 그러나 상해 지방에 대해 말한다면 노동자의 수가 30만 내지 40만 명이나 있고, 또 파업 사건도 늘 발생합니다. 사실 며칠 전 (상인들의) 철시 풍조 때 동시에 대파업을 일으켰습니다. 북경정부가 조(曹汝霖), 육(陸宗輿), 장(章宗祥)에 대한 파면 명령을 내렸기에 다행이지, 만약 하루, 이틀만 늦었더라면 아마 전시(全市)의 총동맹 파업으로 변했을 것입니다. 당시 지식이 있는 상해인 중 초조해하지 않는 사람은 거의 1명도 없었습니다. 모두들 방법을 생각해, 노동계의 사람들에게 파업을 하지 말라고 권했는데, 이는 무엇 때문이겠습니까? 즉 파업하는 대다수는 조직이 없고, 교육받지 못하고, 훈련이 없고, 또 준비도 없는 파업이기 때문에 극히 위험할 뿐 아니라 또한 노동자 자신에게도 불리한 것입니다. 그러나 이번 현상을 보면 노동자가 직접 정치·사회 운동에 참가하는 일이 이미 막이 열린 셈입니다. 만약 지식이 있고 학문이 있는 사람이 이 문제를 연구하지 않는다면, 그리고 사상상, 지식상 이치에 맞지 않고 시기에 맞지 않는 쪽으로 그들을 지도해간다면, 이는 정말로 아주 위험합니다. 그러므로 저는 파업 풍조에 충격을 받아, 온화한 사회사상을 써서 사회상의 대다수를 지도하는 것은 아주 긴요한 일이라고 생각했습니다. ……

문답이 여기에 이르자 선생은 또 이르기를, 너의 그런 생각은 아주 좋다. 중국을 개혁하려는 우리의 주의는 삼민주의이다. 삼민주의 정신은 바로 극히 화평하고 극히 자유롭고 극히 평등한 국가를 건설하려는 것이다. 정치상에서 민권의 평등을 꾀할 뿐만 아니라 또한 사회상에서도 경제상에서도 평등을 구하려 한다. …… 현재 중국의 노동자는 지식이 없을 뿐 아니라 지식계급에 속한다고 하는 사람들조차 마찬가지로 지식이 없다. 지식계급에 속하는 사람들

2 「與戴季陶的談話」(1919.6.22), 『孫中山全集』 5, pp.68~71.

대계도(戴季陶, 1891~1949)

이름은 전현(傳賢), 자는 계도(季陶)이고, 필명은 천구(天仇)이다. 저장성 호주(湖州, 후저우)가 원적이나 쓰촨성 광한(廣漢, 광한)에서 출생했다. 1905년 니혼대학(日本大學)에 입학했다. 1911년 동맹회에 가입해, 무창기의 후 진기미, 유영건(紐永建, 뉴융젠) 등이 조직한 상해기의에 참가했다. 1912년 상해에서 ≪민권보(民權報)≫를 창간했으며, 이후 손문의 비서로 활약했다. 1917년 1차 광동정부에서 법제위원회 위원장, 대원수비서장, 대리외교차장을 역임했고, 오사운동을 전후해 ≪성기평론(星期評論)≫을 창간해 당시의 공산주의로 중국 윤리 문제를 설명했다. 그러나 노동자계급에 의한 사회주의국가의 건립을 인정한 것은 아니다. 중국공산당 창당 및 활동에 적극 참여했으나 중국공산당에는 가입하지 않았다. 후일 국민당 우파로 반공의 대표적인 인물이 되었다. 1925년 『손문주의의 철학기초(孫文主義之哲學基礎)』와 『중국혁명과 중국국민당(中國革命與中國國民黨)』으로 반공 이론을 체계화했다. 이를 '대계도주의'라고 불렀다. 1927년 4·12 반공 쿠데타에 적극 참여했으며, 1928년 이후 국민정부위원, 고시원 원장 등을 역임했고, 1948년에는 국사관(國史館) 관장이 되었다. 1949년에 수면제를 먹고 자살했다.

은 단지 유해한 지식이 있고, 유익한 지식은 없다. 전혀 지식이 없는 자에 대해 지식을 주는 것은 쉽다. 그러나 지식이 있다고 하는 자에 대해 시비이해를 판별하도록 가르치는 것은 오히려 아주 어렵다. …… 말[馬]을 교련할 때 교련사는 먼저 말의 의사를 알아야 한다. 말 교련사는 말 앞에서 사람의 지혜를 조금도 쓸 수 없는 것이다. …… 그러므로 우리가 많은 사람을 지도하려면 먼저 자신의 지식·학문을 수장하고, 곳곳에서 그들(노동자나 지식계급)의 성질에 따라 그들의 자각을 이끈 연후에야 …… 비로소 도달할 수 있다.

계도 문: 지금 이 시대는 사상적 혼란이 이미 극에 달해 있고, …… **노동자를 선동하는 저들은 수박 겉핥기식으로 체계도 불분명한 사회공산주의를 무지식의 병사와 노동자 속에 전파하고 있습니다.** 요 며칠 군대 속에서 『병사수지(兵士須知)』라는 제명의 소책자가 발견되었다고 언론에 보도되었는데, 바로 이런 사실입니다. 만약 이런 무의식의 선동이 동란을 발생시킨다면 정말로 엉망진창이 되어 어

쩔 수 없게 됩니다. 선생님은 이 문제에 대해 어떤 의견이 있습니까?

선생 답: **이것은 확실히 위험한 것이다.** …… 중국은 현재 사회사상과 생활에서 아직 발달하지 못했고, 인민의 지식이 보급되지 않았고, 국가의 민주적 건설이 아직 기초가 없는 때여서 **이런 불건전한 사상은 확실히 위험하다. 그러나 이 또한 과도 시대의 일종의 자연스러운 일이다.** 만약 그것을 방지하면 오히려 사람들의 호기심을 선동하여 불합리한 동란을 조성한다. 좀 더 냉정하게 생각하면 **어떤 곳에서든 황무지를 개간할 때 초출에는 반드시 많은 잡초와 독초가 있으며,** 결코 한 번에 저절로 오곡이 나올 수 없으며 또한 홀연 모란과 작약이 나오지 않는다. 이런 경과는 사조의 혼란 시대에는 거의 필연적인 일로, 비록 유해하지만 그다지 걱정할 필요는 없다. – 괄호와 강조는 인용자

오사운동 시기에 분출된 '민중의 힘', '민중을 선동하는 사상'을 위험하다고, 손문과 대계도는 평가했다. 다만 걱정하는 대계도와는 달리, 이는 황무지 개간 때 생기는 '잡초나 독초'처럼 시간이 지나면 없어질 것이기에 그다지 걱정할 필요가 없다고 손문은 보았다. 오사운동 시기의 '민중의 힘'의 분출로 이후 주도 세력의 방향이 좌우로 갈렸다는 기왕의 연구에서 본다면, 손문은 '우'로 향했다고 볼 수 있다. 좀 더 정확히 말하면 손문이 '민중의 힘'을 목격하고 '우'로 향했다기보다는 이전과 다름이 없이 '우'였다고 보아야 할 것이다.

'진형명 반변'으로 간신히 상해로 빠져 나온 후, 같은 시기 북경에 도착한 소련 전권대사 요페와 힘겨운 외교를 했했다. 이에 대해서는 뒤에 상세히 살펴보겠지만, 외교의 주요 내용은 '오패부(吳佩孚, 우페이푸)와 합작, 장작림과의 결별을 요구하는 요페의 요구를 어떻게 바꿀 것인가'였다. 당시 손문은 반직(反直), 즉 오패부 타도를 위해 장작림과 동맹을 맺고 있었기 때문이다. 손문은 '현란한 정치 언어'로 결국 요페를 '자신의 신도'로 만들었고, 그 결과 「손문-요페 연합선언」(1923.1.26)을 이끌어냈을 뿐 아니라, 결국 소련의 원조를 얻어냈다. 「손문-요페 연합선언」이 발표된 지 10여 일 만인 1923년 2월 7일 한구(漢

口, 한커우)에서 철도 파업 노동자를 유혈 탄압한 이른바 「2·7 참안(二七慘案)」이 발생했다. 50여 명이 살해되고, 300여 명이 부상했으며, 마링, 진독수(陳獨秀, 천두슈), 이대쇠(李大釗, 리다자오) 등에 대한 체포령이 내려졌다. 당시 이를 주도한 것은, 북경정부의 실권자 오패부였다. '반혁명적 참사'를 따지지 않더라도, 반직삼각동맹의 적이자 소련 원조의 걸림돌인 오패부를 공격하기에 얼마나 좋은 '기회'였는가. 그러나 손문은 물론 국민당도 '참안'에 대해 공식적인 성명은 물론이고, 비공식적인 언급도 없었다.[3] 이에 대해 코민테른은 크게 분노했고, 얼마 뒤 모스크바를 방문한 장개석은 지노비예프(Gregory Zinoviev)로부터 "(한구파업에 대한) 국민당의 냉담한 태도는 사람들을 실망시켰다"[4]라는 지적을 받아야 했다.

어찌 보면 손문의 이런 태도는, 그가 기본적으로 계급 간의 갈등을 인정하지 않기 때문이다. 인정하지 않는다기보다는, 중국에는 계급 간의 갈등이 존재하지 않는다고 생각했다. 다음은 '일전대회' 후 「민생주의」에 대한 손문의 강연이다.

> 중국에 있는 사실은 무엇인가. 그것은 곧 대부분이 받고 있는 빈궁의 고통이다. 중국인은 모두 가난하고, 대부(大富)라고 할 만한 특수 계급은 없으며, 단지

3 '참안에 대한 국민당의 태도'에 코민테른은 매우 분개했다. 회의 말미에 지노비예프가 이에 대해 일침을 놓았다. "내가 얻은 소식이 정확한지 잘 모르겠지만, 어떤 사람이 나에게, 오늘 저녁 우리가 토론한 그 파업 즉 한구파업 시기, 국민당의 지지는 응당 있어야 할 그런 지지가 아니었다고 한다. 국민당의 냉담한 태도는 사람들을 실망시켰다." 「국민당대표단이 참가한 코민테른집행위원회 회의 속기 기록」(1923.11.26, 모스크바), 『聯共(布), 共産國際 檔案資料』 1, pp.335~336.

4 이와 같은 지노비예프의 비평에 앞서 코민테른 집행위원회는 회의에 참석한 장개석에게 "당신들은 노동자의 파업을 지지한다고 말하면서, 한구파업 때 어떤 지지를 주었는가? 무엇을 지지한다고 하는 것인가?"라고 다그쳤다. 장개석은 '(「2·7 참안」) 당시 우리는 재정상의 도움을 주었고, 경한철도파업에 적극적 작용을 한 노동조합의 회원 중 일부는 국민당원'이라고 둘러댔다. 같은 글, pp.334~335.

일반적으로 가난할 뿐이다. 중국인에게 있어 이른바 빈부의 불균등이라는 것도, 가난한 계급 속에서의 대빈(大貧)과 소빈(小貧)의 구별에 지나지 않는다. 실제로 중국에서 가장 으뜸가는 자본가를, 외국의 자본가에 비교하면 소빈에 불과하다. 그 밖의 가난뱅이들은 대빈이라고 해야 한다. 중국의 대자본가가 세계 속에서는 가난뱅이에 불과한 이상 중국인은 누구나 할 것 없이 가난하며, 대부는 없고 오직 대빈과 소빈의 구별만 있을 뿐이다. …… 중국에는 오늘날까지 비록 대지주는 없으나, 소지주는 있다. 이런 소지주의 시대에 대다수의 지방은 평온무사하며 지주와 부닥칠 사람은 없다.[5]

토지 문제의 해결에서는 만약 우리나라의 지주가 (구미의) 대지주들처럼 이미 막대한 세력으로까지 성장하여 있다면 그 해결은 몹시 어려울 것이다. 그러나 중국에는 오늘날 다행히 그러한 대지주는 없다. 일반 소지주의 권력은 아직 그다지 크지 않아서 지금 당장 해결에 착수하면 쉽게 그 목적을 달성할 수 있을 것이다. 만약 이 기회를 놓친다면 장래에 가서는 더욱더 해결하기가 어렵다. 이 문제를 설명하면 지주는 물론 일종의 공포심이 생기겠지만, 우리 국민당이 하는 방식에 따르면 지금의 지주는 크게 안심해도 좋다.[6]

2. 학생운동

오사운동의 핵심인 학생운동에 대한 손문의 반응을 보자. 1920년 1월 오사사건의 핵심 멤버들(張國燾, 許德珩, 康白情, 劉淸揚)이 상해의 손문 자택을 방문해 오사운동에 대한 손문이나 국민당의 태도에 불만을 토로하자,[7] 손문은 이렇게

5 「三民主義-民生主義」, 第2講(1924.8.10), 『孫中山全集』 9, pp.381~382.
6 같은 글, p.388.

답변했다. "여러분들이 북경정부의 행동에 반항하는 것은 아주 좋다. 여러분들의 혁명 정신도 매우 감동적이다. 그러나 여러분들은 단지 글을 쓰고, 대회를 열고, 청원 시위를 하고, 분주히 돌아다니며 호소할 뿐이다. 여러분들의 최대 성과라는 것도 몇만 명을 모아 시위행진을 하고, 수업을 거부하며, 파업하고, 철시할 뿐이다. 북경정부는 단지 몇 자루의 기관총으로 몇만 명의 시위 학생을 해결해버릴 수 있다. 내가 현재 바라는 것은 여러분들에게 500자루의 총을 주고 싶다. 만약 여러분들이 죽음도 두려워하지 않는 진정한 500명의 학생을 찾아 총을 넘긴다면, 북경의 저 패류(悖謬)를 칠 수 있다. 이것이야말로 진정한 혁명이다." 이 말을 들은 오사의 주역들은 당시, '손 선생은 학생운동과 신문화운동을 업신여길 뿐 아니라 도시 노동자, 상인, 일반 하층 백성에 주의하지 않는다'고 느꼈다고 한다.[8]

손문은 학생운동에 대해 극히 부정적이었는데, 이는 '민권과 자유'에 대한 그의 독특한 '사고방식'에서 기인한다. 혁명당이 '자유를 위한 혁명'을 주장하지 않고, '삼민주의에 의한 혁명'을 주장한 것은 아주 깊은 뜻이 있는 것이라며, 손문은 그 이유를 다음과 같이 설명하고 있다.

> 왜 일반 신청년들이 자유를 제창하는 게 옳지 않은가? 반면에 당시의 유럽에서 자유를 이야기하는 것은 왜 옳은가? …… 어느 목표를 세워 사람들을 분투케 하려면, 인민의 피부에 와닿는 고통을 인민과 함께해야, 인민은 비로소 열심히 따라온다. 유럽의 인민들은 이전부터 전제의 고통을 너무 뼈아프게 받아왔기 때

7 이들은 손문에게 그동안 전개되었던 학생 운동과 일반 운동의 상황을 설명하고 "민중운동에 대한 국민당인의 태도가 마땅치 않다", "남북 정국은 한통속으로 손 선생은 어떤 방침과 계획을 갖고 있는가", "손 선생은 단지 상층의 정치 활동을 중시할 뿐으로 외교, 군대, 토비에나 뛰어다니고, 오사 이래의 각층의 민중운동과 신문화운동에 대해서는 충분히 중시하지 않는다"라는 등 불만을 토로했다. 張國燾, 『我的回憶』 第1册, pp.70~71.

8 같은 책, p.71.

문에, 자유가 제창되자 모두 한마음으로 찬성한 것이다. 가령 지금 중국에서 자유를 제창한다고 한들, 인민은 원래 이런 고통을 받은 일이 없기 때문에 물론 아랑곳하지 않는다.[9]

유럽과는 달리 중국에는 민권 사상이 있었고,[10] 또한 중국에는 근대 유럽이나 미국이 쟁취하려는 자유가 있었기 때문에, 중국의 인민은 민권의 뜻을 모르고, 알려고 하지도 않는다는 것이다. 즉 중국의 인민은 전제(專制)의 괴로움을 별로 받지 않았기 때문에,[11] 말하자면 중국에는 자유가 너무 많았기 때문에 자유를 요구하지 않고 있는 것인데, 신청년이나 유학생들은 이런 중국의 역사와 상황을 모른 채 서구의 자유를 외친다고 비판했다.

중국 학생들은 (서양의) 자유사상을 얻어들었으나, 이것을 쓸데가 없어서 학내로 가져가 사용한다. 이에 학생운동[學潮]를 일으키고는, 자유를 쟁취하기 위한 것이라고 미화하고 있다. …… 이 학설을 갖고 바깥 사회로 나가보지만, 환영하는 사람이 없기 때문에, 다시 학교로 갖고 돌아온다. 이 때문에 늘 시끄러운 학생운동이 발생하고 있다. 이래서 자유가 제자리를 찾지 못한 것이다. …… 중국에는 고래로 …… 자유가 극히 충분했기 때문에 더 요구할 필요가 없다.[12]

---

9 「三民主義-民權主義, 第2講」(1924.3.16), 『孫中山全集』 9, p.277.

10 『禮記』나 『孟子』의 글귀를 인용해 중국에서 민권론은 2000년 이상이 지났지만, 유럽이나 미국에서는 겨우 150여 년밖에 되지 않았다고 손문은 주장한다. 「三民主義-民權主義, 第1講」(1924.3.9), 『孫中山全集』 9, p.262.

11 전통 중국에서 인민이 전제의 고통을 받지 않은 이유에 대해 손문은 다음과 같이 설명하고 있다. "'인민은 황제의 자리를 넘보지 않는 한 어떤 짓을 해도 황제는 상관하지 않았고, 인민도 누가 황제가 되건 조세만 납부하면 자신의 책임을 다한 것으로 여겼다. 정부는 인민이 조세를 납부하기만 하면 다른 것은 일절 상관하지 않았다." 「三民主義-民權主義, 第2講」(1924.3.16), 『孫中山全集』 9, p.275.

12 「三民主義-民權主義, 第2講」(1924.3.16), 『孫中山全集』 9, pp.280~281.

따라서 "학생들이 구구절절 시끄럽게 외교에 나서는 것은 의미가 없는데, 중국의 10여 년간의 동란은 모두 혁명이 철저히 이루어지지 않았기 때문"[13]이라는 것이다. 손문이 말하는 '철저한 혁명'은 '500자루의 총'인 '적극 무력'에 의한 혁명이었다.

3. 상민운동

앞에서 말한 것처럼 노동운동에 대한 손문의 인식을 감안할 때, 그렇다면 상민(商民)운동에는 적극적이었는지를 보면 실상 그렇지도 않다. 손문은 상민운동에 대해서도 부정적이었다. 1920년대 초 중국의 상공 계층, 특히 상해의 상공 계층이 반군벌·반제 운동에 중요한 역할을 했다.[14] 이 시기 상해에서 상당한 시간을 보냈던 손문이 상해의 상공 계층과 관계하거나 그들의 운동을 지지한 적이 없다. 지지는커녕 반대했으니, 대표적인 것이 1923년 6월 북경정변(직계의 여원홍 축출)에 대한 상해 상공 계층의 저항에 반대한 것이다. 당시 혁명 방법에 대해 손문과 마링은 첨예하게 대립하고 있었다. 상해 상공 계층의 반군벌 운동(일본 상품 보이콧 운동, 국민회의운동)에 적극 참여하자는 마링의 주장에 대해 손문은 "상인의 행동을 지지할 수 없으며, 상인의 행동은 어떤 결과도 가져올 수 없기 때문에, 국민당은 상인들과 손을 잡아서는 안 된다"고 분명히 선을 그으며, "일본 상품의 보이콧에 대해서도 태도를 표명해서는 안 되는데, 머지않아 우리는 일본과 반드시 합작할 것이기 때문"이라고 했다. 물론 국민회의운동에 대해서도 마찬가지였다. "행동으로 논한다면 단지 군사행동만 있을 뿐"이라는 것이었다.[15]

---

13 「與楊文炤的談話」(1923.7.20),『孫中山全集』8, p.49.

14 이승휘, 「1920년대초 상해총상회의 정치적 성격」, ≪동양사학연구≫, 제20집(1984.12).

앞서 인용한바 '중국의 대자본가라 할지라도, 세계 속에서는 가난뱅이에 불과하다'는 인식 때문인지, 손문은 국내 자본가들의 힘을 경시했다. 일본, 미국 등 열강뿐만 아니라 소련에도, 심지어는 군벌 장작림에게도 도움을 청했건만, 국내 자본가들에게는 손을 내밀지 않았다. 반면에 그의 학생이던 장개석은 훗날 소련 대신 상해 자본가들의 도움을 선택한 후, '중국통일'을 이루었다.

오사사건으로 분출된 민중의 힘은, '삼파' 투쟁으로 상징된다. 앞에서 말한 것처럼 손문은 분출된 민중운동(학생운동, 상민운동, 노동운동)에 소극적이거나 부정적이었다. 오사사건 때만이 아니라 그 후에도 마찬가지였다. "몇만의 학생 시위보다는 500자루의 총"이야말로 "혁명"이라거나, "일본 상품 배척 운동은 공언(空言)에 불과하다"는 손문의 생각은, 그의 「혁명방략」을 놓고 보면 충분히 이해가 간다. 또 당시 세 민중운동의 크기와 질로 볼 때, '적극 무력'이 갖는 의미도 부정할 수는 없다. 그러나 당시의 민중운동이 크기와 질에서 아직 낙후해 있었다고는 해도 그것이 반제국주의와 결합되었기 때문에 낙후한 크기와 질을 넘어 큰 힘을 발휘할 수 있었던 것이고, 상해의 삼파 투쟁이 바로 그것이었다. 그러나 앞에서 본 것처럼 손문의 제국주의관으로는, 반제와 연관된 민중운동을 받아들이기는 어려웠을 것이다. "외교는 순전히 내정에 따르니, 내정이 만약 좋다면, 외교는 결국 문제가 되지 않는다"[16]는 것이 손문의 확신이었고, 근본 문제인 내정은 '적극 무력'에 의해서만 해결될 일이었기 때문이다.

---

15 「致達夫謙和越飛的信: 北京危機與孫中山計劃」(1923.7.13), 中國社會科學院近代史研究所 李玉貞 主編, 『馬林與第一次國共合作』(北京: 光明日報出版社, 1989), p.287(이하 『馬林與第一次國共合作』). 비슷한 내용을 거의 같은 시기에 부하린과 코민테른 집행위원회에도 보고하고 있다. 「致布哈林的信」(1923.7.14), 『馬林與第一次國共合作』, p.285; 「向共産國際執行委員會的報告: 關于中國形勢和6月12日-7月15日的工作」(1923.7.15, 廣州), 『馬林與第一次國共合作』, p.288.

16 「在廣州全國學生評議會的演說」(1923.8.15), 『孫中山全集』 8, p.116.

4. 신사상과 삼민주의

상술한 것처럼 오사 핵심 인물과 만난(1920.1) 지 10일 뒤, 손문은 장국도를 불러 단독으로 만났다. "마르크스주의를 공부하고 싶다고 들었는데, 맞는가?"라는 손문의 물음에 장국도가 그렇다고 답하자, 손문은 "사회주의의 파별(派別)은 아주 많다. 마르크스주의는 그중 하나에 불과하다. 내가 유럽에 있을 때 사회주의 각파의 영수들과 모두 접촉한 적이 있다. 각파의 이론도 모두 연구했다. 나는 사회주의 각파의 이론을 참작하고, 그 정수를 뽑고, 중국의 실제 정형에 맞춰 비로소 삼민주의를 창립했다"라고 하면서, 영문 서적으로 꽉 찬 서가를 가리키며 "이 책들은 모두 사회주의에 관한 것이다. 보고 싶으면 가져가 보아라"라고 했다. 이어 손문은 "학생운동 속에서 민중운동과 노동운동을 중시한다고 들었는데, 맞는가?"라고 묻고는, 동석자[17]의 입을 통해 "노동자로 하여금 삼민주의, 특히 민생주의를 신앙토록 해야 비로소 노동운동은 방향을 잡을 수 있다"고 대답했다.[18] 손문이 사회주의 각파의 이론을 모두 연구했는지는 밝힐 수 없지만, 그가 사회주의 각파의 영수들을 만난 것은 사실이 아니다. 여하튼 손문의 주장은 자신이 사회주의 각파의 영수를 다 만나보았고, 각파의 이론을 모두 연구해 그 진수만을 모아 삼민주의를 만들었으니, 노동자들은 사회주의보다 훨씬 뛰어난 민생주의를 신봉해야 노동운동도 제대로 나갈 수 있다는 것이다. 사회주의에 대해 잘 알지도 못하는 젊은이들[19]이, 마치 '유행병'처럼 사회주의를 신봉하고 노동운동에 뛰어드는 데 대해 '훈계'하는 듯한 대화이다.

이런 손문의 생각은 그 뒤에도 계속 이어진다. 1921년 3월 국민당원들에게 한 연설에서도 "민생주의는 곧 요즘 말하는 사회주의이다. …… 그러나 국인

17 손문은 담화 중간에 노동운동 전문가라며 朱卓文을 동석시켰다. 장국도는 손문이 미리 계산하여 그를 합석시킨 것 같다고 느꼈다. 張國燾, 『我的回憶』 第1冊, p.73.

18 張國燾, 『我的回憶』 第1冊, pp.73~74.

19 張國燾의 나이는 당시 23세였다.

장국도(張國燾, 1897~1979)
자는 개음(愷蔭), 이명은 특립(特立)이다. 강서(江西, 장시) 평향(萍鄉, 핑샹)인이다. 1916년 북경대학교에 입학했고, 재학 중에 오사운동에 적극 가담해 북경학련(北京學聯)의 주석을 맡았다. 1920년에 이대쇠를 따라 북경 공산주의 소조에서 활동했다. 중국공산당의 창당에 참여했으며, 1921년 중국공산당 일대(一大)에서 중국공산당 중앙국 조직주임이 되어 중국공산당 창당의 1인으로 참여했다. 1921년 8월 중국공산당의 중국노동조합서기부가 성립하자, 초대 총주임을 담당했다. 1922년 중국공산당 이대(二大)에서 중앙집행위원회 위원, 중앙조직부장으로 당선되어 2·7 파업에 참가했다. 1923년 중국공산당 삼대(三大)에서 국민당과의 합작에 반대해 좌경으로 비판받았다. 1924년 5월 직계의 북경정부에 의해 체포되었다가, 10월 북경정변 후에 석방되었다. 1925년 1월 중국공산당 사대(四大)에서 중앙집행위원회 위원, 농공부주임으로 5·30(五卅) 운동을 지도했다. 이후 중국공산당의 중요 직책을 맡았고, 장정(長征)에 참여했다. 제2차 국공합작과 전면 항일이 결정된 후, 1938년 당시 섬감영변구(陝甘寧邊區, 산간닝 변구) 정부의 부주석이던 장국도는 연안(延安, 옌안)을 탈출해 서안으로 가서 중국국민당에 투신하자, 중국공산당 중앙은 장국도를 제명했다. 1948년 정치 환경의 변화에 따라 타이베이(臺北)를 거쳐 홍콩으로 이주했다. 1966년 미국 캔자스대학에서 『아적회억(我的回憶)』을 집필해 홍콩≪명보월간(明報月刊)≫에 중문판을 게재했다. 이후 캐나다로 이주했고, 토론토에서 병으로 사망했다.

은 왕왕 민생주의의 진수를 오해하고 있다. …… 요즘 사람들이 말하는 민생주의는 핵심에서 동떨어진 것으로 오리무중에 빠진 것과 같다. …… 나의 민생주의는 구체적인 방법이 있는 것으로, 저 호기심에 빠진 자들이 탁상공론에 빠져 일시적으로 만족하는 따위가 아닌 것이다"[20]라고 했다. '호기심에 빠진 자들'이란 당시 사회주의자들을 일컫는 것이 분명하다. 다만 삼민주의에 대한 손문의 자기 확신은 다른 이론이나 주의를 경멸 조로 보기는 했어도, 배척하지는 않았다. 앞서 '대계도와의 대화'에서 본 바와 같이 '삼민주의의 완성으로 가는 길에 거쳐야 할 과정' 정도로 보거나, 그런 사조들은 이미 옛 중국에 있었던 것에 불과하든가, 자신의 삼민주의 안에 내포되어 있는 일부에 불과하다고 보았다. 손

20 「在中國國民黨本部特設駐粵辦事處的演說」(1921.3.6), 『全集』 5, p.476.

민생주의와 사회주의, 공산주의

일전대회가 개최되자 민생주의를 둘러싼 논란이 있어났다. 이에 손문은 사회주의, 공산주의, 집산주의는 민생주의 안에 포괄되는 것이므로 민생주의를 따르면 된다고 설명했다. 그림은 손문이 설명을 하며 직접 그린 것이다.

문이 제시한 그림은 사회주의나 공산주의에 대한 그의 생각을 잘 표현해주고 있다.[21]

손문의 자기 확신, 특히 삼민주의에 대한 과도한 확신은 갈수록 굳어져 가는 반면, 사회주의나 공산주의에 대한 폄하는 갈수록 심해졌다. 1921년 12월 광서를 통일한 후 각계의 환영회에서 "본 대총통(손문)이 이번에 (계림에) 온 이유는, 중국을 신세계로 조성하려는 것이다. 삼민주의는 바로 본 대총통이 신세계를 만드는 도구"[22]라고 설명했다. 같은 시기에 계림(桂林)으로 찾아온 마링(G. Maring)에게 "마르크스주의의 내면에는 무슨 새로운 것은 없다. 중국의 경전학설(經典學說)이 이미 2000년 전에 다 이야기한 것이다"라고 말했다. 또한 청년 군관들이 국민당에 입당하기 전, 손문은 그들에게 8일간 하루 8시간씩 강의를 했는데, 자신이 공자(孔子)로부터 현재에 이르는 위대한 개혁가들의 뒤를 잇는 직접적 계승자라고 설명하면서, 만약 "내가 생전에 중대한 변혁을 일으키지 못하면 중국의 진일보한 발전은 600년 늦춰질 것"[23]이라고 마링에게 말했다. 마링

21 「關于民生主義之說明」(1924.1.21), 『孫中山全集』 9, p.112.

22 「在桂林軍政學七十六團體歡迎會的演說」(1921.12.7), 『孫中山全集』 6, p.8.

23 伊羅生, 「與斯內夫利特談話記錄: 關于1920~1923年的中國問題」, 『馬林在中國的有關資料』, pp.24~25. 이 기록은 1935년 8월 19일 H. Isaaks가 Sneevliet(즉 Maring)와 담화한 기록이다.

이 혁명의 기초가 무엇이냐고 묻자 손문은 "중국에는 도통(道通)이 있다. 요, 순, 우, 탕, 문, 무, 주공, 공자가 서로 계속 이어져 끊이지 않았다. 나의 사상의 기초는 바로 이런 도통을 잇는 것이다"[24]라고 답했다. 손문은 도통과 관련해, 자신의 삼민주의와 레닌(Vladimir Il'ich Lenin)의 공산주의를 다음과 같이 설명했다.

> 나의 삼민주의는 먼저 맹자(孟子)에게까지 거슬러 올라가며, 정이천(程伊川)의 설에 기초하고 있다. 맹자는 실로 우리 민주주의의 비조이다. 사회 개조는 본래 정이천에게서 나왔기에 그는 민생주의의 선각이다. …… 다만 민족주의에 대해 나는 맹자에게서 암시를 얻었고, 근세의 세계정세에 다시 비추어 제창한 것이다. 요컨대 삼민주의는 **레닌의 찌꺼기[糟粕]가 아니라**, 중화 3000년 동안 한민족이 보유하고 있던 치국평천하의 이상에서 연역해 이루어진 것이다. **내가 비록 불초하나 어찌 레닌 등의 찌꺼기를 맛보겠는가? 하물며 공산주의 같은 것은 중국 고대에 있던 작은 이상에 불과하다.**[25]

손문의 이 설명은 '국공합작'의 최대 성과인 1전대회가 끝난 직후에 이루어진 것이다. 반면에 이 담화 바로 직전인 1월 21일 레닌이 죽자, 손문은 3일간의 휴장과 반기 게양을 명하고 "러시아 혁명이 중국보다 (시간상) 뒤처졌으나 성공은 오히려 중국보다 앞섰다. 신기에 가까운 위대한 업적은 세계혁명사의 전대미문의 일이다. 그 이유는 실로 그 영수 레닌 선생의 개인적 분투와 그의 조리(條理)와 조직의 완선(完善)에 의한다. 그러므로 혁명의 관점에서 그의 사람됨을 살펴보면 그는 혁명의 대성공을 이룬 인물이자 혁명 중의 성인이며, 혁명 중의 가장 좋은 모범"이라고 레닌을 치켜세웠다.

오사운동 이후 손문에게서 사상적 변화를 찾기는 어렵다. 그런데 신문화운

24 『國父年譜』 下, 1921.12.23, p.854.
25 「與日人某君的談話」(1924.2), 『孫中山全集』 9, p.532.

동과 오사운동 후 손문이 '조직과 선전'을 중시하게 되었다는 것도, 그의 사상적 변화의 지표로 자주 거론된다. 기실 '조직과 선전'을 중시하지 않는 정치가나 정치조직이 어디 있을 것인가. 신문화운동 후 분출된 간행물과 그 힘에 영향을 받았다고 해서 이를 곧바로 '사상적 변화'라고 할 수 있겠는가. 다만 오사 후 '조직과 선전'에 대한 중시를 '사상적 변화'의 내용으로 보려면, 그것이 '민중에 대한 조직과 선전'을 중시한 것인지로 판단해야 할 것이다. 민중이라면 오사운동 이후 정치의 전면에 등장하기 시작한 학생, 민족부르주아, 노동자, 농민 등일 것이다. 이들에 대한 '조직과 선전'이란 그들을 위한 구체적 정책을 제시하며 그들을 조직해 당으로 끌어들이고, 나아가 그들의 이익에 반하는 군벌과 제국주의에 대한 투쟁에 민중의 조직과 운동을 끌어들이는 것 아니겠는가. 오사 후 손문의 사상적 변화의 한 측면인 '선전의 중요성'을 보여주는 것이라며, 연구에서 종종 인용되는 다음의 글을 보자.

> 북경대학 학생들이 오사운동을 일으킨 이후, 일반 애국 청년들은 혁신 사상으로 장래 혁신 사업을 준비하고 있다. 이에 크게 일어나 언론을 폈고, 국내 각계 여론은 일치해 한목소리를 냈다. 열성적인 청년들은 각종 새로운 출판물을 시의적절하게 만들어내니 …… 마침내 사회에 절대적 영향을 미쳤다. 완열(頑劣)한 거짓 정부로는 그 예봉을 막아낼 수 없었다. 이런 신문화운동은 금일 우리나라의 사상계에서 공전의 대변동을 이루고 있다. 그 시작을 유추하면 출판계의 한두 각성자가 제창한 것에서 비롯해 마침내 여론이 커지고 다채로워졌으며 학생 시위가 전국에 퍼지니, 사람들이 모두 양심을 격발시켜 목숨을 걸고 애국운동을 하게 되었다. 만약 계속 지속되고 고양된다면, 그 장래의 효과는 위대하고 또 구원(久遠)할 것이 의심할 바 없다. 우리 당이 혁명의 성공을 거두고자 한다면 반드시 사상의 변화에 의지해야 한다. …… 본당의 동지들이 (이에 자극받아) ≪건설(建設)≫과 ≪성기평론(星期評論)≫ 등 양대 출판물을 발행해 이미 사회의 환영을 받고 있다.[26]

신문화운동과 오사운동이 가져온 출판과 선전의 힘을 강조한 것이다. 그렇다고 '민중이 혁명에 담당자가 될 수 있다고 깨달은 글'이라고 딱히 말할 수는 없다. 사실 이 글은 손문이 기금을 모금하기 위해 해외에 거주하는 국민당 동지들에게 보낸 장문의 편지의 일부이다. 그런데 편지의 주된 내용은 두 가지로, 하나는 국민당의 정신을 외국에 전달하기 위해 영문 잡지(월간)를 만들자는 것이다.[27] 또 하나는 국민당의 주장을 펼 수 있도록 국내 최대, 최신식의 인쇄기관을 설립하자는 것이다.[28] 이런 구상은 저서를 출판하려 했지만 거절당한 데서 나온 측면이 있다.[29] 당시 근거지를 잃고 상해에 칩거하고 있던 상황에 국민당의 정신을 영문으로 세계에 알리겠다는 것이, 과연 오사운동에서 비롯된 선전에 대한 인식의 결과라고 평가할 수 있을지, 또 거금(50만 원)을 들여 최대, 최신식의 인쇄소를 건립하겠다는 것이 현실성 있는 것인지 의심스럽다. 오사 후 손문이 선전을 중시하기 시작했다는 증거로 이 글이 자주 거론되는 것은, 아마 신문화와 오사사건의 영향을 보여주는 손문의 글이 매우 적어, 그만큼 희소가치가 있기 때문 아닐까 생각된다.

손문은 "소련을 모범으로 삼아야 한다", "소련으로부터 배워야 한다"라고 여러 차례 강조했다. 물론 이런 손문의 표현은 '사상적 변화'의 증거로 종종 인용된다. 그러나 문제는 소련으로부터 배워야 할 것이 무엇이냐이다. 이와 관련된 손문의 주장을 보자. 손문의 사상적 변화, 그리하여 국공합작에 이르게 한 대표적 문건으로 인용되는 글이다.

> 대개 병력으로 싸워서 성공한 것은 믿을 만하지 못합니다. 당원의 역량으로

26 「致海外國民黨同志函」(1920.1.29), 『孫中山全集』 5, pp.209~210.

27 같은 글, pp.208~209.

28 같은 글, pp.209~211.

29 당시 손문은 자신이 쓴 『孫文學說』을 商務印書館에 출판을 의뢰했으나 거절당했다. 같은 글, p.210.

분투하여 성공해야 믿을 만한 것입니다. 소박하게 말한다면 병력에 의지한다면 성공했다고 말할 수 없으며, 당원에 의존한 것이 성공입니다. 즉 병력으로 승리한 것은 진정한 성공이 아니고, 당원으로 싸워 승리한 것이 진정한 성공입니다. 어떻게 당원으로 싸워 이기는가? 모든 당원이 모두 책임을 맡고, 사람마다 모두 당을 위해 분투하며, 사람들이 모두 당의 주의(主義)를 위해 선전하는 것입니다.

…… 러시아 혁명의 발동은 우리나라보다 6년이 늦었지만, 러시아는 한 번의 혁명으로 그들의 주의를 관철하고, 또 혁명 이후 혁명정부는 날로 공고해졌습니다. 똑같은 혁명인데 어찌 러시아는 성공할 수 있었는데, 중국은 성공할 수 없었습니까? 대개 러시아 혁명이 성공할 수 있었던 것은 완전히 당원의 분투에서 나온 것이기 때문입니다. 한편으로는 당원의 분투, 다른 한편으로는 또 병력의 도움, 이 때문에 성공할 수 있었습니다. 그러므로 우리가 혁명의 성공을 바란다면, 러시아의 방법을 배워 조직하고 훈련해야 비로소 성공의 희망이 있을 수 있습니다.[30]

병력에 의존하는 것이 아니라 당원에 의존해야 한다는 것은 구체적으로 어떤 의미인가. 또 그렇다고 소련의 주의는 배울 것이 없는가. 이에 대한 답은 다음의 문답에 잘 나타나 있다.

손문: 혁명당이 요구하는 바는 인민의 자유이고 인민의 평등이지, 개인의 자유평등이 아니라는 것을 그들(국민당원들)은 알지 못했었다. 인민을 위해 자유와 평등을 요구하려면 자신의 자유와 평등을 희생해야 하고, 당의 명령에 복종해야 하며, 당의 구속을 준수해야 한다. …… 예컨대 러시아(소련)의 경우, 레닌 사후 노동정부는 여전히 흔들리지 않고 우뚝 서 있다. 이는

30 「在廣州大本營對國民黨員的演說」(1923.11.25), 『孫中山全集』 8, p.431, p.438.

그의 당원들이 개인의 자유, 개인의 의지를 희생하여 당의 자유와 의지를 달성케 하기 때문이다. 당의 역량은 대단히 크고, 당의 기초는 대단히 공고하여 하나의 영수가 죽어도 추호도 영향이 발생하지 않았다.

질문: 그렇다면 국민당이 시행하는 것은 러시아의 주의입니까?

손문: **아니다! 러시아는 러시아이고, 중국은 중국이다.** 러시아는 러시아의 주의가 있고, 중국은 중국의 주의가 있다. **내가 방금 말한 러시아에 관한 것은 러시아 혁명당의 조직을 말한 것이지, 러시아 혁명의 주의를 말한 것은 아니다.** 러시아의 혁명이 성공한 것은 러시아의 당에 의지가 있고, 당원이 모두 자신의 자유를 희생하고, 당의 기율을 받아들였기 때문이다. 중국 혁명이 실패한 이유는 이것이 결여되었기 때문이다.[31]

손문이 소련으로부터 배우고자 한 것은, 분명 그 주의가 아니었다. 혁명당에 대한 당원의 절대복종이었다. 이는 손문에게 새삼스러울 것도 없다. 이전 중화혁명당 결성 때는, 신해혁명의 실패 원인 속에서 당의 영수인 손문 자신에 대한 절대복종을 요구했다. 이제는 소련을 예로 들어 당에 절대복종할 것을 요구하고 있는 셈이다. 여하튼 손문이 소련에 접근하고, 결국 소련과 합작하기에 이른 원인을 오사운동 이후 '사상적 변화'에서 찾기는 어렵다.

손문에게는 반제와 민중의 힘을 끌어들일 방략이 없었다. 반제와 민중의 힘은 중국 혁명의 완수에 그다지 도움이 된다고 생각하지 않았기 때문이다. 반제와 민중의 힘에 대한 손문의 이런 의식이 오사사건에 적극 대응하지 않게 한 요인이었음은 분명하다. 그렇다고는 해도 단기서의 북경정부와 대립각을 세우며 정치를 재개할 수 있었던 절호의 '호재'인 오사사건에 공식적으로 대응하지 않은 것을 모두 설명하지는 못한다.

'국제공동발전중국계획'을 다시 상기해보면, 손문은 중국에 투자하라고 구

31 「在廣州與清華大學學生的談話」(1924.2.9), 『孫中山集外集』, p.305.

미 각국에 요청하고 있다. 그 투자 과정을 3단계로 설정했는데 먼저 투자국의 각 정부가 하나의 국제단체를 조직하고, 다음으로 중국인의 신용을 얻을 방법을 강구하여 투자 사업에 적극 지지하도록 한 다음, 마지막으로 중국 정부와 정식 회담을 열어 계약을 맺자는 것이다. 그렇다면 중국 정부란 누구인가. 이 글을 각국에 보내던 1919년 초 당시의 북경정부를 의미하는 것일까. 물론 아닐 것이다. 국제 투자단이 계약을 맺는 중국 정부는 물론 손문이 세운 정부여야 했다. 그런데 당시 손문의 상황은 전혀 그럴 만한 상황이 아니었다. 광동군 정부로부터 '밀려나' 상해로 와 있었고, 그가 그토록 기대했던 일본은 북경의 단기서 정부를 지원하고 있었다. 그렇다면 손문에게 나름의 '새로운 구상'이 있었던 것은 아닐까.

5장

「혁명방략」의 전개

토원전쟁

1. 토원 준비

2차 혁명의 실패 후 손문은 일본에서 중화혁명당을 조직했다(1914.7.8). 1914년 말에는 중화혁명당의 「혁명방략」도 완성되었다. 손문은 1, 2차 혁명의 실패를 반복하지 않기 위해 새로운 혁명당을 조직한 것이다. 우선 자신에게 절대적으로 복종하는 당원들로 구성된 '순수한' 혁명당으로 삼민주의와 오권헌법을 완성시켜 '서구 이상의 공화제'를 이룩하겠다는 것이다. 그 방법은 첫째, 군정기에는 '적극 무력'으로 혁명을 진행하며, 훈정기는 완전한 공화제를 이루기 위해 반드시 필요한 기간으로 설정했다. 이 시기는 약법에 의해 통치된다. 혁명당은 기존 정당과 달리 혁명 완수까지 책임을 져야 했으므로, 혁명당이 (임시)정부를 세워 운영해야 했다(以黨建國).

손문은 자신에 복종하지 않는 구혁명당인을 철저히 배제했다. 특히 많은 사람들로부터 여전히 지지와 존경을 받고 있던 황흥과의 단절도 분명히 했다. 손문으로부터 지속적인 자금 원조를 요구받고 있던 데이트릭(James Deitrick)[1]은 뉴

데이트릭(James Deitrick, 1864~1932)
중국명은 대덕률(戴德律)로, 자수성가한 미국인 사업가이다. 12세 때 전보 기사, 16세 때 기차 발차 계원, 20세 때 철도 회사 관리자, 35세 때는 철도 회사의 사장이 되었다. 이런 경력을 토대로 그는 미국과 시베리아에 철도 건설, 몽골 및 니카라과의 광산과 토지 개발을 기획했다. 아마 1911년 후반에 런던에서 손문을 처음 만났을 것으로 추정된다. 현존하는 손문과의 첫 편지는 1912년의 것이다. 당시 데이트릭은 대서양-태평양 철도회사(Atlantic-Pacific Railway)의 부사장으로, 철도 운송, 하운, 해운을 담당하고 있었다. 손문은 혁명에 필요한 자금 등을 그에게 요청했다.

욕에서 100만 원이라는 거액의 차관이 가능하다고 생각하고, 당시 미국에 있던 황흥의 도움을 받고자 했다. 이를 손문에게 전하자 그는 "금후 황흥과 차관을 이야기하지 말라"고 단속하고, 나아가 데이트릭에게 "황 및 황의 사람들과 지나치게 왕래해서는 안 된다. 그들은 2차 혁명 실패 후 내가 창건한 신단체(중화혁명당)에 참가하지 않았기 때문이다. 그가 나에게 충성을 다할 것을 맹세하지 않고, 나의 명령에 절대적으로 복종하지 않겠다면 나는 그를 비롯해 그의 사람들과 추호도 관계를 맺지 않을 것"이라고 단절 이유를 설명했다.[2] 1915년 3월에 혁명을 잠시 늦추고 관망하며 만전을 기하자는 황흥의 전략[3]에 대해 "내가 비록 어리석으나 (당신의 책략을) 이해할 수 없다"라고 반박했다.[4] 혁명당인이 일치를 보지 못하는 이유는 황흥의 혁명 보류에 있다고 손문은 생각했다.[5]

중화혁명당의 혁명 사업, 즉 원세개의 북경정권을 무력으로 타도하는 사업은 「혁명방략」의 단계에서 볼 때 군정부를 세우는 단계이다. 혁명당이 일본에 있었기 때문에 혁명당원을 일본에서 내지로 침투시켜 그곳에서 조직과 선전, 나아가 봉기를 일으켜 일정 지역을 장악해 군정부를 건설하는 것이 순서이었

1 데이트릭과 손문의 관계는 C. Martin Wilbur, *Sun Yat-Sen: Frustrated Patriot*, pp.85~91 참조.
2 C. Martin Wilbur, *Sun Yat-Sen: Frustrated Patriot*, pp.96~97.
3 「黃興復孫中山書」(1915.5.21), 『各方致孫中山函電』 2, p.447.
4 「致黃興函」(1915.3), 『孫中山全集』 3, pp.166~167.
5 「復伍平一函」(1915.5.15), 『孫中山全集』 3, p.170.

일본의 산동 점령
1914년 7월 제1차 세계대전이 발발하자, 일본은 8월 23일 독일에 선전포고를 하고, 9월 2일 독일의 조차지였던 산동에 상륙했다. 10월 3일 일본군은 교제철도(膠濟鐵道)를 따라 진군해 6일 제남을 점령하고, 11월 7일 청도(青島, 칭다오)의 독일군이 항복하자 산동에서의 독일 권익을 모두 강점했다. 사진은 청도에 상륙해 독일군을 포격하기 위해 명령을 기다리는 일본군의 모습이다.

다. 그러나 이런 혁명 전략은 내지의 정세와 밀접히 관련될 수밖에 없었다. 즉 원세개의 북경 정권의 동요 여부가 매우 중요했다. 일본의 '21개조' 요구, 원세개의 칭제 준비(주안회의 조직 등), 칭제 포고, 원세개 사망 등 일련의 과정은 혁명 전개에 매우 민감하게 작용했다.

1915년 1월 일본의 '21개조' 요구는 국내외를 크게 진동시켰다. 원세개의 북경정부가 거국적 저항에 부딪히자 손문의 중화혁명당도 3차 혁명을 본격적으로 준비하기 시작했다. 5월 진중부(陳中孚, 천중푸)는 손문의 명을 받아 3차 혁명의 발동에 관해 담화를 발표했다.

> 이번 중일 교섭 문제의 해결에 대해 우리 동지들이 예측하기를, 국내외 불만분자들이 장래에 맹목적 행동을 반드시 취할 것이다. 우리의 계획은 나가사키(長崎)에 있는 동지들 및 현재 싱가포르에 있는 진기미 등과 연락을 취해, 이번 기회에 제3차 혁명을 발동할 것이다. 국내 정세를 살피고 국민을 선동하기 위해 이미 북경 및 상해로 각기 1명의 동지를 파견했고, 앞으로 또 보내려고 사람을 물색 중이다. 이번(중일 교섭 문제)의 해결은 우리 당의 정치 책략에 절호의 기회를 가져다줄 것이다. 이 때문에 정세에 근거하여 과감한 봉기를 결심하고 있다.[6]

손문과 송경령의 결혼

2차 혁명 실패 후 송경령(宋慶齡, 쑹칭링)의 부모, 언니가 손문과 함께 일본으로 망명했다. 송경령은 미국 웨슬리언대학을 졸업하고, 1914년 일본으로 건너와 손문의 영문 비서가 되었다. 1915년 초 양측은 결혼 문제를 서로 상의했으며, 송경령은 부모의 반대를 물리치고 1915년 10월 25일 도쿄에서 요중개(寥仲愷, 랴오중카이), 야마다 준사부로(山田純三郎) 등이 참석한 가운데 결혼식을 거행했다.

노모정(盧慕貞, 1867~1952)

1885년에 손문과 결혼했으나, 1915년 3월 일본에서 손문과 협의 이혼했다. 그 후 아들 손과(孫科, 쑨커), 딸 손연(孫娫, 쑨옌), 손완(孫琬, 쑨완)을 양육했다. 전하는 바에 따르면 노모정은 오랫동안 남편을 돕지 못했으며, 다리에 병을 앓았다. 그녀는 "나는 시골 사람으로 글자도 모르고 영어도 모르니 남편의 일을 도울 수 없고, 다리마저 아파 걷기도 불편한데 어떻게 도울 수 있겠는가?"라고 주변에 말했다고 한다. 처음에 노모정은 손문에게 첩을 권했지만 손문이 거절하니, 마침내 이혼을 제의하고 고의로 남편을 기피했다. 손문이 몇 차례나 불러도 만날 수 없었다. 손문이 이혼을 허락하자 비로소 일본으로 가서 손문과 이혼했다고 한다. 손문은 "당신은 영원히 손가(孫家)의 사람이다. 손과는 영원히 당신의 아들이다. 고향에 돌아간 후 기독교에 귀의한다"라는 조건을 제시하니, 노모정이 이를 하락했다고 한다.

그러나 '21개조' 요구로 불거진 국내외의 정세를 손문의 중화혁명당은 적절히 이용할 수 없었다. 혁명의 주도권을 잡기 위해서는 '21개조'를 요구한 일본을 강력히 성토하고, 원세개에 대한 국내외의 분노를 끌어들여야 했다. 그러나 이를 막은 것은 '중일합작[日支提携]'이라는 '대아시아주의'를 매개로 한 '일본의 원조'였다. '21개조'의 요구는 원세개가 칭제를 위해 일본에 요구한 것으로, 원세개를 타도해야 한다는 것이지 일본을 탓해서는 안 된다는 것이 손문의 견해였다. 이는 앞에서 이미 서술했다.

6 「中華革命黨員陳中孚之談話」(1915.5.21), 『孫中山在日活動密錄』, p.733.

원세개의 칭제운동은 1915년 여름부터 본격화되었다.[7] 8월 3일 원세개의 헌법고문 굿나우(Frank Johnson Goodnow)는 「공화와 군주론」를 써서 현 중국의 상황에서는 군주제가 낫다고 주장했다. 황제 제도로의 복귀야말로 구국이라고 주장해온 양탁(楊度, 양두)은 8월 14일 '주안회(籌安會)'를 조직하고, 중국은 하루 빨리 황제제를 실행해야 한다고 선전했다. 손문은 "근래 북경에는 주안회가 조직되어 제제의 목소리가 높아지고 있고, 이에 반대하는 사람들이 잡혀간다고 한다. 원 씨의 죄악이 여기에 이르니, 장래 반발은 청 말에 비해 더욱 클 것이다. 우리 당은 이에 대처하여 더욱 노력해야 한다"[8]라며, 혁명의 발동을 걸기 시작했다. "시사(時事)가 급하니, 속히 혁명해야 후에 나라가 있을 수 있다, 그렇지 않으면 사기(事機)를 잃는다"라며 혁명이 다가왔음을 알리는 통고도 발했다.[9]

9월 25일에는 중화혁명당 총부로 쓰이는 민국사(民國社)에서 혁명을 위해 귀국하는 30여 명과 이별을 기념하는 촬영을 했다.[10] 당시 손문과 중화혁명당은 혁명을 어떻게 추진하려 했는가는, 당시 일본 경찰의 보고를 통해 그 대강을 알 수 있다.

> 도쿄의 혁명당원들이 제3차 혁명의 발동을 계획하고 있음은 이미 26일의 「을비(乙秘) 제1885호」 문건에서 보고했다. 진일보한 정탐에 근거하면, 제제(帝制) 문제가 발생한 이래 중국의 민심은 형세에 크게 압박받아 표면으로는 비록 찬성을 표하지만, 실제 속으로는 충심으로 반대하고 있다. 얼마 전 양지강 연안 일대의 인민이 대표를 우리나라(일본)로 특파하여 손문에게 제제와 관련한 문제에 대해 의견을 묻고, 아울러 손에게 토원기의군을 발동하자고 선동했다. 동시

7 원세개의 帝制의 과정에 대해서는 張憲文 外, 『中華民國史』 第1卷, pp.136~160 참조.

8 「復古宗堯陳鐵伍函」(1915.9.3), 『孫中山全集』 3, p.190.

9 제16호 통고로, 居正의 이름으로 발표되었다. 「中華革命黨黨務部爲駁斥籌安會謬論通告」(1915.9.18), 『革命文獻』 46, pp.12~17.

10 「中國革命黨問題」(1915.9.26), 『孫中山在日活動密錄』, p.735.

에 남양 방면의 동지들은 물론이고, 기타 방면의 일반 중국인들도 제제에 반대하며 토원 거사를 촉구하고 있다. 또한 보황당(保皇黨: 光緖皇帝派)의 수령 양계초(梁啓超, 량치차오)조차 원(袁)의 제제에 강력히 반대하고 있다(梁은 일찍이 제제를 회복한다면 宣統帝를 복위시켜야 하며, 공화제를 취한다면 강유위를 대총통으로 삼아야 한다고 주장했다). 주장하는 쪽마다 뜻이 혁명당과 같지는 않다고 하더라도, 만약 원이 황제에 오르면 혁명당과 공동 행동을 취하겠다고 표시하고 있다. 또한 전술한 바처럼 일반 민심도 강력히 반대해 그 기세가 날로 치열해지고 있다. 이리하여 인심이 자연히 혁명당으로 돌아가는 경향이 출현했다. 이 때문에 혁명당이 이런 호기를 놓치면 다시는 좋은 기회를 얻기 어려울 것이다. 남양 및 미국 방면의 동지들과 연락을 취하며 토원의 깃발을 내걸고 진정한 공화정치의 대기를 세우겠다고 결심하고 있다. 원이 황제로 즉위하면(혁명당은 원이 내년 1월 1일 즉위할 것을 확신하고 있다), 중국 남방에서 토원의 대기를 들고 일어나, 민심과 하늘이 내린 기회를 이용해 일거에 원(袁)을 전복하려 한다. 이 계획을 준비하기 위해 도쿄의 혁명당원 중에는 손문, 대천구(대계도), 왕통일(王統一, 왕퉁이), 전동(田桐, 톈퉁), 김좌치(金佐治: 요중개)(이 네 사람은 간부 중에서 가장 일본어에 정통하다) 등 수명 외에 대다수 주요 인물은 모두 어제부터 원 정부의 이목을 피하기 위해 삼삼오오 나뉘어 귀국을 시작하고 있다. 행동은 극히 비밀이다. 귀국의 순서는 일본으로부터 상해로 직접 가면 발각될 우려가 있어 대부분 대련, 대만 등지로 우회한 후 홍콩으로 가서 다시 비밀리에 상해의 프랑스 조계로 진입한다. 첫 번째 귀국단은 28일 고베에서 출항하는 가사토마루(笠戶丸)호를 타고 떠났는데, 호한민, 허숭지, 황복생 등 5, 6명이 먼저 귀국했고, 이어 두 번째, 세 번째 귀국단이 뒤를 이었다. 진기미도 10월 10일 전후로 귀국하는데, 진기미가 상해로 돌아간 후 도쿄의 혁명당 총부는 상해 혹은 한구로 옮기고 도쿄는 단지 통신 지점으로만 남을 것이라 한다. 남양 방면의 혁명당원은 현재 각기 비밀리에 행동을 취해 귀국을 준비 중에 있다. 페낭(Penang, 말레이시아)의 이열균(李烈鈞, 리례쥔)은 이미 싱가포르를 경유해 최근 중국 경내의 모처에 잠입했을 가능성이 있다. 미국의 황흥은 이전에 손문과 의견이 크게 불일치했었다. 이번 행동에 관해 시기를 두고 또한 의견이 같지 않다(손문은 복벽 제제와 동시에 행동을 취하자는 것이고, 황은 복벽 후 시기가 자연 성숙하기를 기다리자고 주장하고 있다). 그러나 미국의 동지들이 손문에게 조정·화해를 요구하고 있어, 이 때문에 대천구를 중심으로 도쿄의 황파(黃派) 동지들과 상의를 반복하고 있다.[11] - 괄호는 원문

국내의 인심도 원세개를 떠나고 있고 국내 각 세력도 원의 제제에 적극 반대하고 있기 때문에, 손문은 이런 기회를 이용하여 원세개가 황제로 등극하면 봉기를 시작할 예정이었다. 이를 위해 일본, 남양, 미국 등의 혁명당인들을 비밀리에 국내로 잠입시켜 토원 봉기를 준비하고 있었다. 그러나 봉기를 적극 발동할 수 없었던 가장 큰 이유는 군자금과 무기 때문이었다. 군자금의 경우, 손문은 종래의 화교 원조 이외에 일본에 크게 기대고 있었다. 그러나 앞에서 보았듯이 일본 정부는 중국 내에서의 반원투쟁의 전개를 보며 저울질하고 있었다. 중국 내에서 반원 세력의 우세가 분명해진 1916년 3월이 되어서야 일본 정부는 원세개가 물러나도록 강박하고, 아울러 민간 형식을 빌려 반원 세력을 지원하기로 결정했다.[12] 당시 손문은 일본의 도움 없이 국내에서 독자적으로 봉기를 일으킬 수 없는 상황이었다. 중화혁명당을 조직하면서, 그동안 함께해온 많은 혁명당인이 떨어져 나갔고, 국내에는 이렇다 할 지역적 기반도 없었기 때문이다. 그러나 손문은 일본의 지원을 믿었고, 또 그 지원으로 혁명이 순조로울 것이라 낙관했다.

나의 모든 계획은 실제 정세에 따라 아주 순조롭게 진전되고 있습니다. …… 일본 내각의 개조 이래, 대중국 정책은 확실히 개변하는 바가 있습니다. 비록

---

11 「關于中華革命黨之事」(1915.9.27), 『孫中山在日活動密錄』, p.735.

12 『孫中山年譜長編』上(1916.3.7), p.979.

호국전쟁(護國戰爭)

1915년 여름부터 원세개의 제제(帝制)가 노골화되어가자, 당시 여론의 주목을 받던 양계초가 1915년 8월 말 제제 반대의 태도를 분명히 하며, 채악 등이 호응하며 서남을 기지로 무장 투쟁을 준비했다. 원세개 정부에서 여러 직무를 맡고 있던 채악이 원세개와 결별하고 북경을 떠나 운남으로 가서 이열균 등과 토원전쟁을 준비했다. 1915년 12월 27일 이들은 「토원격문(討袁檄文)」을 발표하고 운남의 독립을 선포함으로써 호국전쟁이 정식으로 시작되었다. 사진은 호국군 장령들, 오른쪽 세 번째가 채악, 네 번째가 이열균이다.

오쿠마(大隈)가 여전히 원세개를 굳게 지지하고 있으나, 각원(閣員)의 다수는 원(袁)의 사람됨과 그 재간에 대해 모두 신임을 표하고 있지 않습니다. 그러므로 격렬한 반대에 임한 오쿠마는 본인의 뜻과는 달리 다수에 복종하지 않을 수 없어, 최후의 시각에는 중국에 경고의 조회를 발표할 것입니다. …… 나는 미국으로 가서 강연하려는 계획을 완전히 포기했습니다.[13]

일본의 지원이 늦어지면서 토원의 깃발을 올리지 못하고 있던 중, 원세개는 예상대로 1916년을 홍헌(洪憲) 원년으로 고치라고 명하고, 1916년 원단(元旦) 황제 등극 예식(登基大典)의 거행을 준비시켰다. 이에 토원전쟁이 발발했다. 그러나 전쟁을 발동한 것은 손문의 중화혁명당이 아니었다.

1915년 12월 25일 당계요(唐繼堯, 탕지야오)와 채악이 각 성에 운남의 독립을

13 「致咸馬里夫人函」(1915.11.20), 『孫中山全集』 3, p.208; 「致咸馬里夫人函」(1916.1.11), 『孫中山全集』 3, p.231.

통전하고, 27일에는 「토원격문」을 발표해 호국전쟁이 정식으로 시작되었다.[14] 운남에서의 호국전쟁 폭발은 전국을 진동시켰다. 국내 각파 정치 세력들은 고무되어 더욱 활기를 띠었다. 원세개의 북경정부에 대해 독립을 선포하는 지역이 줄을 이었다. 봉기의 주동 세력은 진보당, 지방 실력자, 그리고 이전 국민당원인 이열균, 이근원(李根源, 리건위안) 등이었다. 손문과는 다른 노선의 세력이거나 중화혁명당에서 떠나거나 멀어진 세력들이었다.

2. 호국군과의 경쟁

호국전쟁이 발생하기 전 당계요는 전쟁 발동을 위해 사람을 상해로 특파해 각 방과 연계를 꾀했으며, 아울러 손문에게 "모든 적절한 대책을 수시로 지시해주기 바랍니다"라는 편지를 보내는 동시에, 진기미에게도 도움을 청하는 글을 보냈다.[15] 손문은 이런 제의에 대해 다음과 같이 응했다. 다음은 손문이 호놀룰루의 혁명당인들에게 보내는 편지 속 내용이다.

> **저들 내부에 균열**이 자생하여 …… 모두 일어나 반항을 꾀하며, 아울러 각기 사람을 파견하고 우리 당과 접촉하여 거사를 연락하고 있다. 나는 이를 기회라고 생각할 뿐이며(**전부터 관료들은 족히 믿을 비기 못 된다**), 주동은 나에게 있어야 한다. 그러므로 지금 우리의 힘을 두텁게 모아 이번 시기를 이용하여 **선수를 쳐**

---

14 호국군은 당계요가 都督으로 그 아래 3군을 두었다. 제1군 총사령은 채악으로 운남에서 사천을 공격하고, 제2군 총사령 李烈鈞은 운남의 남쪽으로부터 출발해 광동을 공격하고, 제3군 총사령인 戴戡은 귀주로 들어가 사천을 공격했다. 호국전쟁의 전개 과정에 대해서는 張憲文 外, 『中華民國史』 第1卷, pp.170~174 참조.

15 雲南檔案史料館 編, 『雲南檔案史料』 第1期(1985), p.17(『孫中山年譜長編』 上, 1915.10, p.963에서 재인용).

> **주도권을 잡아야 한다.** …… 먼저 서남에서 우리의 근거지를 만든다. 장강 각 성에 이르러 **저 관료**들이 반정(反正)을 한다고 해도, **우리도 반드시 요지를 점거하여 그들에게 뒤처져서는 안 된다.** 계산해보면 원적(袁賊)을 없애는 데 수개월이 걸리지 않을 것이기에, 중원 대국을 평정하기는 어렵지 않다.[16] - 괄호는 원문

손문은 호국군을 원세개 세력의 내부에서 나온 관료들이라 평가하고, 그들의 혁명성은 믿을 수 없기 때문에, 혁명당이 이들보다 앞서 토원의 성과를 거두어야 한다는 했다. 1차 혁명은 바로 이런 세력들(관료)이 혁명당에 들어와 실패했기 때문에, 순수한 혁명당인 중화혁명당이 혁명을 이끌어가야 한다는 것이다. 따라서 문제는 별로 어려움이 없는 원세개 토벌이 아니라 토원전쟁에서의 선점이었다.

그러나 호국군의 힘과 영향은 손문이 생각을 훨씬 뛰어넘었다. 손문은 조급해졌다. 손문이 힘을 쏟은 곳은 동북의 대련 지방, 산동 지방 그리고 상해였다. 사실 이 지역은 손문의 지역 기반과는 거리가 먼 곳들이다. 손문과 중화혁명당이 이 지역을 선택한 이유 중 하나는 일본과의 관계 때문일 것이다.

대련 지방은 만주의 일본 세력으로부터 무기와 자금을 받을 수 있는 곳이었다. 1915년 10월 가야노 나가토모(萱野長知)는 손문에게 "유럽 전쟁으로 무기 구입이 어려운데, 대련 방면에서 총 500자루를 모을 수 있으니 속히 구매하기 바란다. …… 그렇지 않으면 더욱 구하기 어려울 것"[17]이라고 조언하고 있다.

산동 지방은 '21개조' 요구의 지역으로 일본 점령지여서, 이곳을 점령하면 일본과의 거래를 통해 일본으로부터 원조와 정부 승인을 받을 수 있는 지역이었다. "좋지 않은 정황에 산동이 생기를 북돋우어 전체 국면을 일으켜야" 한다며, 일본으로부터 얻은 자금 중 "그 반을 산동에 충당하라"고 거정(居正, 쥐정)에게 지

16 「復希爐革命黨人函」(1915.11.10), 『孫中山全集』 3, p.203.
17 『國父年譜』 上, 1915.10.27, p.607.

가야노 나가토모(萱野長知, 1873~1947)

일본의 정치운동가이자 민간 외교가이며, 대륙 낭인으로, 아시아주의자의 대표적 인물이다. 고치현(高知縣) 출신으로 한때 자유민권운동에 경도되기도 했다. 후에 중국으로 건너가 중국어를 배우고, 광동, 홍콩에서 신문통신원으로 일하며 신해혁명 중 손문과 알게 되어, 아시아주의자의 견지에서 신해혁명을 지원했다. 러일전쟁 때 겐요샤(玄洋社)에서 편성한 만주의군(滿洲義軍)에 참가했다. 1925년 3월 손문의 병세가 위급해지자 이누카이 쓰요시(犬養毅)와 도야마의 부탁을 받고 북경에 병문안을 와서 임종에 즈음한 손문을 만났다. 만주사변의 해결을 위해 이누카이의 명을 받아 장개석과 정전 평화 교섭에 나섰지만, 당시 일본 육군의 방해로 실패했다.

손문이 가야노 나가토모에게 보낸 서필

시하고, "이달 내에 속히 움직여 제남(濟南)을 선취해야 한다"라고 산동의 중요성을 강조했다.[18] 이어 다시 거정에게 편지를 보내 "현재 각처의 정세를 비교해 보면 산동이 중요할 뿐 아니라 가장 유망하다. 그러므로 형이 온 힘을 쏟아 반드시 제남을 점령하라. 그러면 동북 전국(全局)이 순조롭게 풀린다. …… 만약 제남을 얻으면 내가 직접 가겠다"[19]라고 지시했다.

상해는 진기미가 진두지휘하며 중화혁명당 국내 세력의 중심 역할을 하고 있었다. 손문도 "지금 전력을 상해에 쏟아야 만전을 기할 수 있다. 상해를 얻은 후에는 자금과 무기 조달이 쉬워진다"[20], "내일 아침 자금 조달에 온 힘을 쏟을 것이나, 10만 원을 얻기는 어려울 듯하다. 만약 상해를 얻은 후에는 100만 원

18 「致直魯晋省革命同志函」(1916.3.13), 『孫中山全集』 3, p.247.
19 「復居正函」(1916.4.4), 『孫中山全集』 3, p.262.
20 「致上海革命黨人電」(二)(1916.3.28), 『孫中山全集』 3, p.256.

진기미(陳其美, 1878~1916)

자는 영사(英士)로, 저장 후저우(湖州) 출신이다. 1906년 일본으로 유학해 동맹회에 가입했다. 1908년 손문의 명을 받고 귀국해 각지의 혁명당인들을 중개했다. 1910년 송교인, 담인봉(譚人鳳, 탄런펑) 등과 함께 중국동맹회 중부 총회를 조직해 장강 유역의 혁명 활동을 추동했다. 1911년 상해에서 봉기를 발동해 상해 광복 후 호군도독(滬軍都督)으로 추대되었다. 1913년 2차 혁명 때 상해토원군 총사령에 임명되어 강남제조국(江南制造局)을 공격했으나 실패했다. 11월에는 손문의 명을 받아 일본으로 가서 반원 투쟁을 계속했다. 1914년 중화혁명당에 가입해 총무부장을 지냈으며, 1915년 2월 상해로 돌아와 반원 무장투쟁을 책동하고, 11월 상해진수사(上海鎮守使)이자 해군상장(海軍上將) 정여성(鄭汝成, 정루청)을 암살했다. 호국 반원 투쟁이 일어나자 저장성 일대에서 반원 군사행동을 이어갔다. 1916년 5월 원세개의 사주를 받은 장종창(張宗昌, 장중창)이 정국서(程國瑞, 청궈루이)를 보내 토원 자금을 위한 계약에 서명하자고 꾀어, 일본인 야마다 준사부로(山田純三郎)의 집에서 암살했다.

도 가능하다"[21] 며 상해의 중요성을 강조했다.

반면 원세개는 호국군의 기세에 밀려 3월 22일 제제 취소령을 내리고, 다음 날 홍헌 연호 역시 취소령도 내렸다. 호국군의 기세에 원세개의 북경정부가 밀리는 형세 속에 중화혁명군의 봉기는 실패를 거듭했다. 손문의 조바심은 갈수록 커졌다.

> 움직일 수 있으면 즉시 움직여라. 만약 **저들**(호국군 - 인용자)**의 정부가 성립되면 우리 당의 외교는 더욱 지위를 잃는다.**[22]

> 원세개는 반드시 무너진다. 이것은 별문제가 아니다. 그러나 지난 신해의 일

21 「致上海革命黨人電」(1916.4.7), 『孫中山全集』 3, p.265.
22 「致上海革命黨人電」(1916.4.4), 『孫中山全集』 3, p.263.

에 비추어보면, (지금의) 원세개 타도를 성공으로 생각하는 잘못은, 실로 이전 만주 타도를 성공으로 본 잘못과 같다. 진정한 민당(民黨)이 아니면, 공화를 유지하고 민국을 진흥시킬 수 없다. **일반 관료가 부활한즉 제2, 제3의 원 씨와 다름없다.** …… 중국의 앞날의 분규를 예측해보면 결코 쉽지가 않다. 그러므로 우리는 어려움을 피해서는 안 되며, 앞으로 나가려고 노력해야 한다.[23] - 강조는 인용자

원세개가 무너지고 호국군 정부가 성립하는 것은 신해 때와 마찬가지로 제2의 원세개 정부가 들어서는 것과 같다는 의미이다. 혁명당에 의한 정부 수립만이 진정한 공화로 갈 수 있는 길이고, 호국군 등 다른 세력, 즉 관료 세력에 의해 정부가 수립된다면 이는 신해의 재판(再版)이라고 생각했기 때문에, 손문은 호국군을 우군으로 보지 않았다. 오히려 진정한 공화제 수립에 장애로 보았던 것이다. 만약 호국군에 의해 정부가 수립되면 혁명당이 세운 정부의 외교, 즉 외국 특히 일본으로부터의 정부 승인은 어려워지기 때문이다. 손문은 일본에서 이리저리 뛰어다녀 얻어낸 자금 11만 원을 상해로 송금하며, "승리의 소식을 간절히 기다린다"[24]고 간절함을 표현하기도 했다.

그러나 손문이 애절하게 기다리던 승리의 소식은 없었다. 일본 내각은 이보다 앞서 3월에 호국군을 '적당한 시기에 교전 단체'로 승인하기로 결정했다.[25] 일본은 반원 투쟁에서 호국군이 주도권을 잡은 것으로 파악했다. 혁명당의 '외교'는 지위를 잃어가고 있었다

그래도 중화혁명군이 나름의 성과를 올리고 있었던 곳이 산동 지역이고, 이곳의 지도자는 중화혁명군의 산동사령관 오대주(吳大洲, 우다저우)와 그의 부하 부자명(簿子明, 부쯔밍)이었다. 그러나 1916년 5월 거정의 명을 받은 오대주와 부자명이 산동의 주촌(周村, 저우춘)을 정복하고 나서, 중화혁명군의 청천백일기

23 「致鄧澤如等函」(1916.4.10), 『孫中山全集』 3, pp.267~268.
24 「致上海革命黨人電」(1916.4.8), 『孫中山全集』 3, p.266.
25 『孫中山年譜長編』 上, 1916.3.7, p.979.

오대주(吳大洲, 1884~1918)

원명은 정정(廷禎), 자는 좌주(佐周)로, 산동 낭야(琅琊, 량예) 출신이다. 북양육군속성학당과 보정(保定)군관학교 등에서 교육을 받았다. 1908년 중국동맹회에 가입해 산동, 동북 등에서 반청 활동을 전개했으며, 1911년 무창기의 후에는 산동 군정부 도독으로 임명되었다. 2차 혁명이 발발하자 산동에서 향응했으나, 실패한 뒤 일본으로 갔다가 대련으로 돌아왔다. 부자명 등과 함께 중화혁명당 산동 지부를 설립했으며, 1915년 12월 부자명과 함께 조직한 산동민군은 원세개의 정예군에 승리했다. 1916년 손문은 거정을 산동으로 파견해 중화혁명군 동북군총사령으로 임명하고, 제4지대 지대장으로 임명했다. 2월에 오대주는 지대(支隊)를 산동호국군으로 바꾸고 산동도독(山東都督)이 되었으며, 원세개 사후 오대주의 호국군은 여원홍에 의해 북경정부의 군대로 편성되었다. 1917년 단기서가 군사에 대해 자문한다는 명목으로 오대주를 북경으로 불러들인 후 군율부엄(軍律不嚴) 등의 죄명으로 체포해 투옥시켰다. 오대주는 1918년 11월 옥중에서 사망했다.

대신 오색기를 내걸며 산동호국군(山東護國軍)으로 개칭했다.[26] 오대주와 부자명의 '배반'은 중화혁명군과 호국군의 관계를 극명히 보여주는 것으로, 둘이 적대 관계였음을 알 수 있다. 거정의 보고를 받은 손문은 "나를 배반했다고 할지라도 우군으로 대우하라"고 답할 수밖에 없었다.[27]

4월 말에 이르기까지 토원투쟁을 주도한 것은 호국군이었다. 산동에서의 오대주의 '배반'은 이런 정세를 극명히 보여주는 사건이었다. 더구나 상해에서 중화혁명군을 진두지휘하던 진기미가 피살되었다(5.18). 4월 말 2년 8개월의 일본 망명 생활을 접고 귀국길에 오른 손문은, 중국의 전도를 묻는 질문에 "약법과 국회는 공화국의 명맥이며, 명맥이 존재하지 않으면 국체를 어찌 의탁하겠는가?"[28]라고 답했다. 결국 혁명을 포기한 것이다. 이에 대해서는 뒤에 다시 서술

26 「中華革命軍山東討袁始末」, 『文史資料選輯』 제48호, pp.89~90, 『孫中山年譜長編』 上, 1916.5.4, p.991에서 재인용. 산동에서의 중화혁명군의 반원 투쟁에 대해서는 王友明, 「中華革命黨山東反袁鬪爭述論」, ≪軍事歷史研究≫, 2004-3 참조.

27 「中華革命軍山東討袁始末」, ≪文史資料選輯≫, 第48號, pp.89~90(『孫中山年譜長編』 上, 1916.5.4, p.991에서 재인용). 이후에도 손문은 오대주와 화해할 것, 오색기를 받아들일 것을 계속 지시했다. 「致居正電」(1916.5.30), 『孫中山全集』 3, p.301.

하기로 한다.

귀국 후 상해에 도착한 손문은 5월 9일 「토원선언」을 발표했다. 중화혁명당이 비로소 공식적으로 원세개의 북경정부에 전쟁을 선포한 것이다.[29] 토원선언은 호국군보다 5개월이나 늦었다. 여하튼 이제 손문이 중화혁명군의 토원투쟁을 직접 지휘했지만, 여전히 성과는 없었다. 손문은 호국군에 손을 내밀었다. 손문은 잠춘훤에게 "당파, 지역(省)을 불문하고 주의, 목적이 같으면 함께 힘을 모아 진행하자"[30]라고 제의했다. 한 달 전만 하더라도 손문은 잠춘훤을 "본래 구관료로서 그의 견식과 사상은 극히 어리석고 좁아, 단연코 중국을 유지하기에 족하지 않으며, 받드는 자도 괴뢰일 뿐"[31]이라고 하며 '전형적 관료'로 비난했다. 손문의 논리에 따르면 공화에 장애가 되는 세력이었다. 매몰차게 내치던 황흥에게 "원세개 타도는 필지의 일이나 그 미래는 민당과 관료파의 싸움이 될 것이므로, 누가 이기고 지느냐는 피차의 단결 여하에 달려 있으니, 이후 관료파와의 싸움을 위해 무력을 키우는 것을 늦출 수 없다"며 손을 내밀었다.[32] 호국군과 손을 잡겠지만, 이후를 생각하여 무력을 준비하고자 했다.

그러나 시간이 지날수록 손문의 혁명당은 혁명의 색깔이 옅어졌다. 손문은 "각 지방이 피차 협력하지 않으면 원적(袁賊)으로 하여금 시간을 벌게 한다. 청컨대 형(兄) 등은 이 뜻을 살펴 일체의 일은 토원 각파와 협동하여 여러 전략과 힘을 모으는 효과를 얻으라. 기치(旗幟)에 대해서는 운남, 귀주, 광서, 절강이 모두 일치하여 이미 오색기를 준용하고 있으니, 우리 당도 또한 일률적으로 따르라. 그래야 동일한 토적군인데도 의심을 받지 않을 수 있다"[33]라고 지시했다.

---

28 「在東京與某某的談話」(1916.4), 『孫中山全集』 3, p.281.
29 「討袁宣言」(1916.5.9), 『孫中山全集』 3, pp.283~285.
30 「致岑春煊電」(1916年 5月 上旬), 『孫中山全集』 3, p.287.
31 「致胡維壎函」(1919.4.10), 『孫中山全集』 3, p.269.
32 「致黃興電」(1916.5.20), 『孫中山全集』 3, p.287.
33 「致田桐等電」(1916.5.23), 『孫中山全集』 3, p.292.

손문 자신과 동지들이 피 흘리며 수행해온 혁명, 그리고 그 혁명의 정통성은 청천백일기로 상징된다고 손문은 생각했다. 그러나 동맹회 설립 때는 황흥이 반대했고, 무창기의, 중화민국 성립 때도 청천백일기는 국기로 받아들여지지 않았다. 손문은 중화혁명당을 창당하면서 중화민국 국기로 못 박았던 '청천백일기'[34]를 스스로 내려놓고, 오색기를 들라고 지시한 것이다. 이 지시에 근거하여 거정은 「중화혁명군동북군선언(中華革命軍東北軍宣言)」을 발표하며 다음의 네 가지를 확정하여 발표했다.

> 첫째, 본군(중화혁명군)은 원세개가 선서를 어기고 나라를 배반하고 법을 위배하고 백성을 재앙에 빠뜨렸기 때문에, 그를 국민의 공적이라고 생각한다. 본군은 특히 서남 각 성(省)의 **호국군과 상호 호응하여 일치해 토적한다.** 원의 장수나 사병 중 성심으로 귀순하는 자는 논공행상한다.
>
> 둘째, 본군은 **민국 원년의 약법을 존중하며** 오족(五族)을 사랑하는 마음으로 **오색 국기를 존중해 사용한다.**
>
> 셋째, 본성은 지방을 극복하고 군정을 임시로 행하여 인민의 생명·재산을 일률적으로 법에 따라 보호한다. 지방의 안녕·질서는 절대적으로 유지한다.

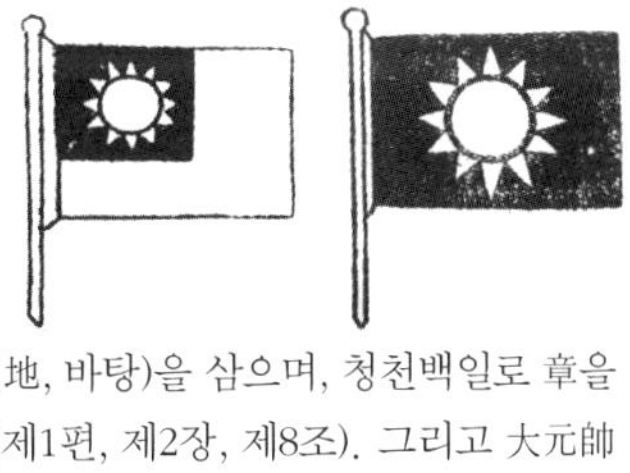

34 1914년 9월부터 12월까지, 1914년 8월의 「혁명방략」을 심의·수정·보충해 만들어진 「혁명방략」(제명은 「中華革命黨革命方略」, 이 책 제1장에서는 이를 「혁명방략 2」라고 칭했다)에서는 "중화민국은 청천백일기를 국기로 하며, 그림은 다음(왼쪽 그림)과 같다"라고 했다. "旗는 홍색으로 땅(地, 바탕)을 삼으며, 청천백일로 章을 삼는데, 章은 기의 위 모서리에 둔다"라고 규정했다(제1편, 제2장, 제8조). 그리고 大元帥의 帥旗 및 軍旗는 확정되기 전까지는 靑天白日의 旗章을 군기로 하며 다음(오른쪽 그림)과 같다"고 규정했다(제9조)(鄒魯, 『中國國民黨史稿』 上, pp.165~166). 따라서 원래의 청천백일기는 군기가 되어, 청천백일을 기장으로 하고 바탕을 홍색으로 한 이른바 '靑天白日滿地紅'이 국기로 되었다.

넷째, 본군은 국제 관계에서 국제 조례를 엄격히 준수하며, 무릇 본군의 군정 관리 구역 내에서 우방 거류 인사의 생명·재산은 일체 보호한다.[35]

그렇다고 손문이 완전히 포기한 것은 아니었다. 문제는 자금이었다. 일본의 다나카 기이치에게 장문의 편지를 썼다.

남방의 독립 각 성의 실제 상황은 일반 관찰에 근거하면 실력 차이가 상당히 큽니다. 북방에 공세를 취하는 것이 곤란할 뿐 아니라 남방을 고수하는 것도 또한 쉬운 일이 아닙니다. …… 내부 또한 공고하지 못합니다. 반대로 원파(袁派)의 형세를 관찰하면 여전히 남방에 비해 강합니다. …… 가령 원 씨가 퇴위한다고 해도, 원 씨 세력이 여전히 정치상의 중심 권력을 장악하고 있기 때문에 신사고를 지닌 혁신파의 주장을 절대로 그들이 수용하지 않을 것입니다. 만약 **이번 혁명이 불행하게도 타협으로 끝난다면, 중국 정치상의 암흑은 의연히 제고될 수 없고, 동양의 화평은 의연히 무망합니다.** …… **그러므로 금일 만약 남방의 독립 각 성의 위급을 구하고자 한다면 공고한 실력을 다시 새롭게 건립하는 것 외에는 달리 양책이 없습니다.** 산동은 본래 우리 당의 동지가 장기간 경영하는 땅입니다. …… 땅이 남북의 요충지에 있고, 또 철로, 해운이 편리합니다. 만약 산동에 2개 사단 이상의 주력을 건립한다면 산서, 섬서, 하남 각 성은 반드시 일어나 더불어 호응할 것입니다. 이에 북으로 향해 북경을 취하고 남으로 향하면 장강 유역의 각 성은 표변할 수 있습니다. 이런 이유에 기초하여 본인은 이미 산동으로 친히 나가 동지의 역량을 결집해 전력을 쏟고자 결심했습니다. 그러나 일의 성패는 오로지 군화(軍貨) 공급의 유무에 달렸습니다. 이 때문에 현재 상해의 아오키(青木) 장군에게 위탁하여 두 개 사단에 필요한 무기를 제공받고자 합니다.[36] - 강조는 인용자

35 「中華革命軍東北軍宣言」(1916.5.25), 『革命文獻』, 第46輯, p.285.

36 「致田中義一函」(1916.5.24), 『孫中山全集』 3, pp.293~296.

다나카에게 손문이 주장하는 바는 남북이 타협해서는 안 되며, 남방의 독립 각 성이 실력을 강화하는 것이고, 다른 한편 자신이 산동에서 주력군을 이끌고 북경을 점령하면 중국은 정치상 암흑을 벗어날 뿐 아니라 일본을 포함한 동양의 화평이 이루어질 것이라며 무기 원조를 바랐다. 북방의 원세개 세력과 남방의 대결 구도에서 타협하지 않고 남방이 승리해야 혁명을 이룰 수 있다는 것이다. 그러나 일본은 이미 남방을 주력군으로 보고 있었기 때문에 손문이 이런 제의를 한 것이고, 실제로 손문은 남방의 세력을 포함한 호국군 세력도 '관료 세력'으로 보고 있었다. 데이트릭에게 급히 자금을 조달해달라고 보낸 편지에서 손문은 다음과 같이 이야기하고 있다.

> 중국은 현재 극도의 위험한 관두에 처해 있다. 나는 급히 중국으로 하여금 혼란을 벗어나 다시 화평과 질서를 구하고자 한다. 원세개 1인을 넘어뜨리는 것은 어렵지 않으나, 오히려 나의 목표는 그 아래의 모든 관료를 동시에 청소하여 중국이 다시는 이 무리들의 사악한 영향을 받지 않도록 보증하는 것이다. …… (이를 위해) 즉각 단호한 조취를 취해야 하며 아울러 모든 각종 역량을 다시 한 차례 나의 통제하에 두어야 한다. …… 금원 500만 원을 조달해주면, 내 일생의 주요한 바람과 목표, 즉 단기간에 우리나라의 화평을 회복하는 것을 실현할 수 있다. …… 즉 가장 중요한 북경을 공격할 수 있다.[37]

형세가 호국군 쪽으로 기울어가자, 한편으로는 호국군에 손을 내밀어 합작을 요청하면서, 다른 한편으로는 원조만 충분하다면 지금이라도 북경을 점령해 임시정부를 세울 수 있다고 손문은 생각했다.[38] 그러면서 열강 특히 일본은

37 「致戴德律函」(1916.5.27), 『孫中山全集』 3, pp.299~300.

38 5월 27일에 데이트릭에게 보낸 편지에서 500만 원의 자금을 빌려달라고 했지만, 이후 원세개의 사망으로 급격히 상황이 변하자 손문은 차관을 취소하면서 "만약 당초 내가 급히 필요했던 자금을 얻을 수 있었다면, 나는 본래 원세개가 죽기 전에 임시정부를 성립시켜

자신의 임시정부를 승인해줄 것이라고 굳게 믿고 있었다. 그러나 6월 6일 원세개가 사망함으로써 모든 것이 정지되었다.

3. 토원전쟁의 실패와 '혁명'

원세개 사후 '임시약법'에 의해 제정된 '총통선거법'에 따라 부총통인 여원홍이 총통직을 잇고, 약법과 국회가 다시 회복되었다. 원의 사망 이전으로 돌아가면 토원(제제 반대) 운동을 둘러싸고 크게 세 세력이 있었으니, 하나는 토원의 대상인 원세개의 북경정부 세력이고, 또 하나는 호국군 세력이며, 마지막으로 손문의 중화혁명당 세력이 있었다. 원세개 사망 직전의 형세를 보면, 손문의 혁명당 세력은 계속 실패를 반복하고 있었고, 호국군은 북경정부를 압박해 토원투쟁을 주도해가고 있었다. 이런 상황에서 원세개가 사망했기 때문에 북경에는 여원홍 총통뿐 아니라 원세개의 부하 특히 단기서로 대표되는 군 세력이 존재했고, 호국군은 토원전쟁에서의 주도적 역할 덕에 이제는 북경정부에 대응하는 '독립적인 남방 세력'을 구축했다.

반면 손문의 혁명당은 원세개 사후 내세울 만한 것이 없었다. 1차 혁명(무창기의) 때와 비교해보면, 무창기의 때도 손문의 역할 특히 군사적 역할은 거의 없었다. 다만 무창기의의 연원을 거슬러 올라가면, 공화혁명의 원조가 손문이었기 때문에, 중화민국 임시대총통으로 선출되었던 것이다. 그러나 이후 혁명을 계속 추진하지 못하고 원세개에게 정권을 양도했다. 그 원인은 앞에서도 살펴보았지만, 크게 보면 손문은 세 가지를 가지고 있지 못했다. 근거지, 재정과 무

남북 타협의 문제가 출현하지 않을 수 있었다"라고 했다. 이를 통해 손문이 북경에 들어가 임시정부를 건립할 수 있다고 생각하고 있었음을 알 수 있다. 「致戴德律函」(1916.7.5), 『孫中山全集』 3, p.316.

제제취소일소회(帝制取消一笑會) 기념사진

1916년 3월 22일 원세개가 제제를 취소한다고 발표하자, 도쿄에서 손문 등은 '제제취소일소회'를 개최해 제제 취소를 축하했다. 앞줄 오른쪽으로부터 세 번째가 하향응(何香凝, 허샹닝), 네 번째가 손문, 다섯 번째가 송경령이고, 뒷줄 오른쪽으로부터 두 번째가 대계도, 다섯 번째가 호한민, 여섯 번째가 요중개이다.

력, 혁명당이었다.

토원투쟁(손문은 제3차 혁명이라고 한다) 때 손문은 혁명당을 갖고 있었다. 그러나 재정과 군사는 마찬가지로 호국군에 비해 매우 열악했다. 손문은 국내에 기반도 없었다. 없었다기보다 손문은 국내 기반과 근거지를 그다지 중요시 여기지 않았다. 자금과 무기만 있다면 혁명은 쉽사리 해결될 수 있다고 낙관했다. "2개 사단만 있으면 산동을 취하고 나아가 북경을 점령할 수 있다"[39]거나 "당시 500만 원이 있었으면 나는 북경을 취하고 임시정부를 수립할 수 있었을 것"[40]이라고

39 「致田中義一函」(1916.5.24), 『孫中山全集』 3, pp.293~296.

40 「致戴德律函」(1916.5.27), 『孫中山全集』 3, pp.299~300; 「致戴德律函」(1916.7.5), 『孫中山全集』 3, p.316.

낙관했다. 토원투쟁에서 손문은 이렇다 할 역할을 하지 못했기 때문에 이제 그의 지위는 신해혁명 때보다 훨씬 못했다. 원세개 사후 그가 받은 것은 여원홍이 수여하는 훈장(大勛位) 정도였다.[41]

봉기의 실패가 병가(兵家)에게는 일상적인 것이기는 하지만, 손문에게는 결정적이었다. 그의 「혁명방략」은 '적극 무력'에 의해 군정부를 세우고, 이어 혁명정부하의 훈정을 거쳐 헌정으로 나가는 것이기 때문에, 토원전쟁에서의 무력 실패는 예상한 혁명 단계로 나갈 수 없게 만들었다. 더 근본적인 것은 손문이 혁명당을 만든 혁명의 목표에 있었다고 하겠다. 손문이 굳이 새로운 혁명당을 조직하여 혁명을 추진한 이유는, 삼민주의와 오권헌법을 완성시켜 '서구 이상의 공화제'를 이루기 위함이었다. 손문 자신은 평균지권의 실시로 지구상에서 가장 부유하고 다른 나라가 도저히 따르지 못하는 나라가 될 것이고, 오권헌법은 학설상 파천황의 정체이기에 이를 통해야만 인민은 비로소 진정한 행복을 누릴 수 있다고 생각했다.[42]

그러나 따지고 보면 삼민주의나 오권헌법이 '공화제'를 뛰어넘는 것은 아니었다. 북경 권력이 공화제를 인정하는 이상 평균지권과 오권헌법을 내세워 혁명을 추진할 수는 없었다. 원세개의 제제운동이나 복벽 등 공화제를 부정할 경우, 삼민주의나 오권헌법은 혁명의 목표 내지 종지로 내세울 수 있겠으나, 그것은 공화제에 포함되는 내용일 뿐이다. 따라서 일반 국민이나 일반 여론이 제제에 반대하는 호국군의 공화제 주장과 제제에 반대하는 손문의 공화제 주장에 차이를 생각했을 리는 없었다. 삼민주의와 오권헌법은 정당의 정강은 될 수 있겠지만, 국체의 문제는 아니었다. 어찌 보면 '총통(대통령)중심제'와 '내각중

41 1916년 10월 9일 여원홍 총통이 대훈위를 수여하기로 결정하자, 손문이 이를 받아들였다. 1917년 1월 16일 여원홍은 육군중장 高佐國을 상해로 파견해 선생의 집에서 대훈위 수여식을 거행했다. 예식은 간단했고, 참여자는 10여 명이었다. 『國父年譜』下, 1917.1.16, p.665.

42 「在北京〈民報〉創刊周年慶祝大會的演說」(1906.12.2), 『孫中山全集』 1, p.329, p.331; 「在中國國民黨本部特設駐粵辦事處的演說」(1921.3.6), 『孫中山全集』 5, p.475, p.480.

심제' 혹은 '중앙집권제'와 '연방제'의 차이보다 더 작은 문제라고 할 수도 있다. 따라서 원세개 사후 북경정권이 공화제를 수용한다고 한 이상, 손문이 혁명을 지속할 명분은 없었다. 송교인의 암살과 2차 혁명을 거치면서 원세개는 독재 정치를 강화해갔지만, 그가 공화제를 부정하고 제제로 나설 때까지는 혁명을 유보해야 한다는 황흥 등의 주장도 나름대로 일리가 있었다.

3차 혁명(토원전쟁)에서의 무력 실패는 손문의 「혁명방략」이 지닌 모든 문제점을 드러냈다. 동맹회(혁명당)가 국민당으로 전환되면서, 이질분자(관료)를 받아들인 것이 혁명 실패의 가장 큰 요인이라고 손문은 생각했다. 따라서 혁명 영수인 자신에게 절대복종하는 사람들을 모아 중화혁명당을 조직했다. 따라서 중화혁명당은 동맹회와 달리 손문의 당이었다. 그러나 손문에 복종하지 않는 구혁명당인들을 배척함으로써 혁명당의 세력은 양적으로 크게 줄었다. 3차 혁명이 봉기하기 전부터 성공하지 못할 것이라는 예측이 혁명당원들 사이에서도 있었다.[43] 국내 근거지도 없이 일본 등으로부터의 자금 조달만 믿고, 소수의 당원을 국내로 잠입시켜 혁명을 일으키기에는 수적으로 너무 적었다.

또 다른 측면에서 손문에 대한 절대복종은 무력 실패 후 손문에게 큰 후유증을 남겼으니, 이제 손문은 혁명에 대해 모든 책임을 져야 했다. 무엇보다 각지로부터 빌렸던 자금을 상환해야 했다. 무창혁명 때는 동맹회가 일시적이나마 권력을 잡았기 때문에, 혁명 과정에서 발생한 차금을 어느 정도 수습할 수 있었고, 또 이에 대해 손문이 모든 책임을 질 필요도 없었다. 손문이 토원투쟁을 위해 각지로부터 혁명 자금을 차입했는데, 그것은 손문 개인의 이름으로 빌린 것이나 마찬가지였다. 그러나 원세개 사후 손문과 혁명당은 북경정권 등에 참여할 정도로 토원투쟁에서 역할을 하지 못했으니, 북경정부로부터 차관 상환

43 1915년 3월 혁명당원들은 "당시의 상황으로는 3차 혁명을 계획하는 것이 불가하다", "차라리 남양으로 가서 재기하는 것이 좋을 것 같다", "현재로서는 일본에 머물며 時機를 기다리는 것이 낫다" 등 혁명 성공에 대해 부정적이었다[「關於流亡者聚會之事」(1915.3.5), 『孫中山在日活動密錄』, p.717].

을 요구하기가 쉽지 않았다. 그러나 큰돈이 나올 곳은 북경정부 이외에는 없었던 듯하다.

> 이제 대국이 대충 안정되었으니 화교에게 빌린 군자금에 대해 내가 정부에 제의해 상환을 청구하기 위해, 요중개(廖仲愷, 랴오중카이)를 북경으로 특파해 일을 교섭하고자 한다. 현 정부를 보면 재정이 파산에 이르렀고 차관도 어려워 제1차 혁명 때보다 더욱 심하다. 상환 여부 및 언제 상환할지는 예측하기 어렵다. …… 현재 정부가 우리 당을 자못 존중하고 있다. 이에 최근 여 총통과 왕래한 편지와 전보를 첨부한다.[44]

'상환에 대한 가능성과 보증'으로 여원홍과의 왕래 편지와 전보를 첨부할 정도이니, 당시 얼마나 어려웠는지 짐작이 간다. 상환에 대한 독촉도 심했던 것 같다.[45] 손문은 마침내 친히 북경의 의원들에게 편지를 보내 "공화가 이미 회복되었고" 이 과정에서 중화혁명당이 나름의 역할을 했으니 "정부가 대신 채무를 상환해주어야 하며, 이는 내 개인의 신용을 지키기 위한 것은 아니"라고 하며, 그 액수로 "화교에게 빌린 170만 원, 일본 상인에게 빌린 100만 원"을 제시하고 있다.[46] 총 270만 원에 해당하는 차관이 토원전쟁 때 빌린 전부인지, 원사후 의원들에게 편지를 보낸 시점(1916.12.22)까지 어느 정도 변제하고 남은 것인지는 알 수 없다. 다만 손문이 그토록 일본에 기대했던 원조가 고작 100만 원이었다. 이후 일본이 북경의 단기서 정부를 친일로 끌어들이기 위해 니시하라 가메조(西原龜三)를 통해 제공한 차관 액수가 1억 4500만 원에 달했다.

---

44 「復郭標函」(1916.9.2), 『孫中山全集』 3, p.357.

45 손문은 편지에서 "현재 이곳은 돈도 다 떨어지고 원조도 끊겼는데, 해외 화교는 또 채무 상환을 강요하고 있다"며 채무 상환 압박을 전하고 있다. 「批某某函」(1916.12.11), 『孫中山全集』 3, p.402.

46 「致參衆院議員函」(1916.12.22), 『孫中山全集』 3, p.408.

화교토원감사대(華僑討袁敢死先鋒隊)

1919년 가을 원세개의 제제 움직임에 반발해 화교들의 조직인 군사사(軍事社)가 귀국해 원세개를 토벌하자고 화교들에게 요청하면서 조직되었다. 1915년 10월 대표들이 도쿄의 손문을 방문해 경과와 진행을 보고하자, 손문이 상해 일대로 파견을 명하고, 진기미에게 지휘를 맡겼다. 정식 명칭은 중화혁명당토원미주화교감사선봉대(中華革命黨討袁美州華僑敢死先鋒隊)였다가 캐나다 화교가 합류했다. 참가자가 500여 명에 이르렀다. 사진 왼쪽의 깃발은 불분명하지만, 오른쪽의 깃발은 오색기이다.

자금과 관련되는 또 하나의 어려움은 혁명에 참가한 군인들에 대한 문제였다. 일본으로부터 본토에 잠입한 혁명당인들은 현지에서 군대를 조직해 봉기를 일으키는 것 이외에도, 해외의 화교들이 군대를 조직해 본토에 투입되기도 했다. 이 군대가 바로 중화혁명군화교의용단(中華革命軍華僑義勇團)이다. 이들은 주로 광동과 산동에서 활동했는데, 광동의 토원 운동에 참여한 병사는 주로 남양의 영국, 네덜란드, 프랑스령의 화교에 의해 조직되었고, 미주와 일본의 화교들도 일부 가담했다. 산동에서 활동한 화교대는 주로 캐나다, 미국의 화교로 조직되었고, 남양과 일본의 화교가 일부 참가했다. 비행대도 조직되어, 교사를 초빙해 비행을 연습시키고 시험비행까지 했으나 실전에 참가하지는 못했다.[47] 차관 상환과는 달리, 병사에 대한 급여와 해산비는 급한 문제였다. 자금이 없는 상황이기 때문에 화교대의 해산과 귀국은 빠르면 빠를수록 좋았다.

손문의 명을 받아 중화혁명당 본부는 "원적(袁賊)이 사망하고, 여(黎) 대총통이 법에 의거해 총리직에 올랐으니, 각 성의 당 군은 활동을 정지하라"고 통고

47 「致中華革命黨各支分部函」(1916.12.10) 『孫中山全集』 3, pp.399~400.

했다.[48] 일부 군대가 해산에 반대하자 손문은 편지, 연설 등을 통해 해산을 촉구했다.

> 해산을 명한 통고에 복종하여 빨리 마무리하고 자신의 의견을 고집해서는 안 된다. 정부와 다시 충돌이 발생하면 소란만 발생시킬 뿐이다.[49]

> 비록 하늘이 원을 죽여 우리가 손쓸 틈이 없었으나, 전제가 무너지고 공화가 다시 조성되어 우리 당의 원래의 희망 중 과반은 이루어진 셈이니 군대 해산을 권한다.[50]

> 화교대(華僑隊)가 해외로부터 귀국하여 혁명 사업에 참가한 것은 중화혁명군의 영광일 뿐 아니라 국민사상과도 크게 관계된다. 국민들은 실제 평화를 바라고 있으며 정부도 이미 공화에 찬성했으니, 우리도 스스로 마무리하지 않을 수 없다. 이는 실제로 국민의 심리에 순응하는 것이다.[51]

> 군대를 해산하는 것은 우리 당의 혁명의 뜻이 호법에 있는 것이지, 이익을 위한 것이 아님을 보여주는 것이다. 여원홍이 약법을 지킨다니 우리 당의 목적은 이미 도달한 것이다. 그러므로 산동, 광동 및 각지의 군대에 일률적으로 즉시 해산할 것을 명한다.[52]

군대를 해산해야 할 명분이 '원의 사망과 약법의 회복'이었다. 손문이 중화

48 「中華革命黨本部通告」(1916.7.25), 『孫中山全集』 3, p.333.
49 「致陳中孚等電」(1916.8.31), 『孫中山全集』 3, p.355.
50 「復郭標函」(1916.9.2), 『孫中山全集』 3, p.357.
51 「在滬歡迎從軍華僑大會上的演說」(1916.9.30), 『孫中山全集』 3, pp.370~371.
52 「致全國各同志函」(1916.10.13), 『孫中山全集』 3, p.376.

하중민(夏重民, 1885~1922)
광동 번우(番禺, 판위)인이다. 일본에 유학해 와세다(早稻田)대학, 도쿄제국대학에 입학했다. 동맹회에 가입해 일본에서 ≪대강보(大江報)≫, ≪일화신보(日華新報)≫ 등을 창간했다. 무창기의 전 귀국해 동맹회 광동 지부 조직원 겸 총무과 주임을 맡았다. 원세개가 대총통이 된 후 미국으로 건너가 사영백(謝英伯, 셰잉보)과 ≪신민국일보(新民國日報)≫를 창간해, 반원구국(反袁救國)을 선전했다. 1913년 귀국 후 2차 혁명이 실패하자 다시 일본으로 건너가 중화혁명당에 참가했다. 1914년 캐나다로 가서 화교의용단 및 항공대를 조직했으며, 손문의 명을 받고 귀국해 토원전쟁에 참가했다. ≪천민보(天民報)≫, ≪향항신보(香港晨報)≫ 등을 창간해 호법을 선전했다. 1920년 광동으로 돌아와 언론을 통해 손문에 반대하는 진형명의 활동을 폭로했다. 1922년 6월 진형명의 '반변' 후 체포되어 살해되었다.

혁명당을 조직하여 혁명을 재기한 것은 약법의 회복이 아니라, '적극 무력'으로 정부를 건립해 혁명을 완수하는 것이었다. 그런데도 약법을 명분으로 해산하라고 하니 반대도 있었다. 하중민(夏重民, 샤중민)은 손문에게 다음과 같은 의견을 보낸다.

> 이번 혁명으로 우리 당이 얻은 이와 같은 결과는, 선생이 기대한 바와 전혀 상반되는 것입니다. 수년 동안 선생의 참담한 경영, 그리고 우리 당의 큰 희생이 사라져버렸으니 말 그대로 마음이 찢어집니다. 현재 국회와 약법이 비록 회복되고 여 씨(黎元洪)가 취직했다고 하지만, 황제의 서얼들이 존재하고 관료들이 여전히 도사리고 있으며 우리는 뒷받침할 건전한 군대가 없으니, 전도는 여전히 낙관할 수 없습니다. 근본적 개혁을 위해 일전을 벌여야 한다고 저는 주장합니다. 화평이라는 꿈같은 말을 결코 듣고 싶지 않습니다. …… 어제 상해의 신문을 보니, 선생이 중화혁명당을 취소하기로 확정했음을 알았습니다. 정말로 이러한 선생의 고충은 상황 때문인 것이겠지만, 요즘 화교들을 보면 매우 화가 나, 분노가 얼굴에 드러납니다. 제가 재삼 설명해도, 여전히 분한 말을 쏟아냅니다. 제 생각으로는 이번 혁명은 결코 끝내지 말아야 앞으로 해외 화교의 도움

을 많이 받을 수 있습니다. …… 선생이 도쿄에 계실 때 오자키(尾崎)에게 자동차 1대, 오토바이 2대의 구입을 부탁했습니다. 이는 학생들에게 초보적인 비행 연습을 시키기 위함이었습니다. 현재 자동차는 오자키의 집에 있고, 오토바이는 사숭생(謝崧生, 셰쑹성)과 요국인(廖國仁, 랴오궈런) 두 사람이 각기 1대씩 사유하고 있습니다. 요즘 (비행을 배우려는) 학생은 모두 14명(그중 10명은 미주에서 온 사람)인데 연습기는 겨우 1대로, 실로 부족합니다. 만약 오자키의 자동차와, 오토바이를 여기로 옮기면 진보가 매우 빠를 것입니다. 선생이 오자키와 속히 상의하기 바랍니다.[53]

부채 상환, 군대 해산뿐 아니라 심지어 자동차나 오토바이 문제까지 손문이 책임져야 했다. 손문은 결코 군대를 해산하고 싶어 하지 않았다. 하중민의 말대로 손문이 바라던 것과는 전혀 상반대된 결과였기 때문이다. 약법과 국회의 회복은 해산을 위한 명분일 뿐이었다. 손문 자신도 마지못해 하는 것이었다. 손문은 대외적으로 약법과 국회가 회복되니 혁명은 일단락되었고 전도를 낙관한다고 말했지만,[54] 속뜻은 하중민과 같았을 것이다. 손문의 이런 심정은 중화혁명당 각 지부에 보내는 편지에도 잘 나타나 있다.

동지들이 열심히 나라를 사랑하고 혁명의 원리를 깊이 이해하며, 간난과 위험을 피하지 않음은 천성에서 나온 것이다. 애석하게도 원 씨가 죽어버리자 대국은 곧

53 「夏重民爲華僑同志對黨務意見及航空隊事致孫中山函」(1916.8.8), 『各方致孫中山函電』 2, pp.514~515.

54 원세개 사망 직후 손문은 기자들에게 다음과 같이 담화를 발표했다. "나는 금일의 시국에 대해 자못 낙관한다. …… 금후 남북의 각 집권자는 約法을 존중하고 共和를 옹호하며 자리를 탐내 싸우는 사심을 버리고, 무인이 정치에 간섭하는 악습을 바꾸어 애국의 眞誠으로, 평화의 정신으로, 국가의 기초를 굳건히 하고 국정을 건설하는 사업에 힘을 다하면, 원의 죽음으로 중국은 진실로 크게 다스려질 것이다."「在上海對某記者的談話」(1916.6.8), 『孫中山全集』 3, p.303.

> **변하여, 더는 혁명을 위해 무력을 쓸 수가 없게 되었다. 해산은 실로 만부득이한 일이니, 참으로 처음에는 미처 헤아리지 못했던 바이다.** 각 동지 중 아직도 많은 이가 군적(軍籍)에 머물러서 군사학을 학습하고자 하나, 현재의 정세에서 우리 당은 정권을 다투지 않을 것이니, 화교 제군이 머물러 군사학을 학습해도 또한 쓸데가 없게 되었다. 그러므로 각 동지에게 조속히 돌아갈 것을 힘껏 권하는 바이다. …… 무릇 종군한 동지들은 비상한 열성과 결사의 각오로 (고국에) 귀국한 사람인데 오늘날 이 결과를 얻으니 **비록 이미 공화가 회복되고 제정이 이미 제거되어 종군자 모두 무한한 영광을 얻었다고 할 수 있으나, 용맹한 마음을 품고도 무용을 쓸 여지가 없으니 즐겁지 못하다. 울울하고 불만족한 것은 인정에 속하는 일이니 이해할 수 있겠으나, 한스러운 바는 사세(事勢)가 이리되어 그 우울함을 달랠 길이 없고, 우리 또한 어찌할 도리가 없다는 것이다.** 각 동지에게 바라고 싶은 것은 종군한 화교로서 아직 귀환하지 않은 자에 대해 다 같이 구두 또는 서면으로 힘써 권유하고 설득하여 모름지기 실망·낙담하는 일이 없도록 하라.[55] – 강조는 인용자

원세개의 죽음은 공화제의 완성은 아닐지라도, 공화제의 완성을 앞당기는 '기쁜 일'이었을 터인데, 손문에게는 '애석한 일'이었다. 이제 어찌할 도리가 없었다. 신해혁명 전 끊임없이 봉기를 일으키고 많은 희생을 감수하며, 청조를 타도하고 공화제를 세우고자 했다. 5년 전 갑작스러운 무창기의는 청조의 붕괴를 초래해 손문은 혁명을 그만둘 수밖에 없었다. 비슷한 상황이 다시 재현된 것이다. 상황은 무창기의 때보다 훨씬 나빴다.

원세개에게 권력을 넘겨준 뒤에 그랬듯이, 손문은 다시 실업에 관심을 기울인다. "현재 대국(大局)은 아직 정해지지 않았고, 우리 당 또한 권력이 없으니, 문(文)은 실업부터 착수하고자 한다"[56]라는 표현에서 볼 수 있듯이, 실업에 대

55 「致中華革命黨各支分部函」(1916.12.10)『孫中山全集』 3, pp.400~401.
56 「批某某函」(1916.12.4), 『孫中山全集』 3, p.395.

한 손문의 관심은 어찌할 도리가 없는 상황 때문이었다. 그는 실업을 위해 미국행을 생각한 것 같다.[57] "나는 최근 실업 방면에 다시 종사하려 하고 있다. 때가 되면 선생(데이트릭)에게 우리나라 실업 발전을 도울 수 있는 인사를 대신 물색해달라고 청하겠다. 이런 상황에 나는 또한 되도록 빨리 미국으로 다시 가서, 각 방면의 자본가를 회견하고 인재를 초빙하겠다"[58]라는 편지를 데이트릭에게 보냈다. 3차 혁명 중 자금 부족을 절실히 느꼈던 손문은 자신이 경영하는 실업을 구상했던 것 같다. 미국 거주 화교들을 주주로 하여 은행 설립도 구상했고,[59] 심지어 사금 채취 사업도 생각했다.[60] 자신을 도와준 일본인에게 광산 개발도 제안했다.[61] 무엇 하나 할 수 없는 손문의 처지를 보여주는 듯하다.

4. 중화혁명당의 존폐

이제 중화혁명당에 대해 살펴보자. 중화혁명당은 당시 황흥 등 국민당원들이 원세개 토벌이라는 혁명을 잠시 유보하자는 데 반대해 손문이 조직한 것이다. 그러나 더 근본적인 이유는, 신해혁명 때 동맹회라는 혁명당을 국민당이라는 일반 정당으로 바꾼 것이 혁명 실패의 주된 원인이라고 생각했기 때문이다. 즉 공화제를 완성할 때까지 혁명당이 존재해야 하고, 그것을 실행해야 한다고 믿었던 것이다. 그러나 원세개 사망으로 명분이 없어졌다. 원세개가 사망한 시, 두 날이 채 안 된 7월 25일 손문의 명을 받아 중화혁명당 본부는 다음과 같이 통고했다.

---

57 「致咸馬里夫人函」(1916.10.19), 『孫中山全集』 3, p.379.
58 「致戴德律函」(1916.7.5), 『孫中山全集』 3, p.316.
59 「致美洲中華會館函」(1916), 『孫中山全集』, p.341; 「批某某函四件」(四)(1916~1917), 『孫中山全集』 4, p.282.
60 「復丁石生函」(1916.12.6), 『孫中山全集』 3, p.396.
61 「致久原房之助函」(1916.8.15), 『孫中山集外集補編』, p.190; 「復久原房之助函」(1916.9.18), 『孫中山集外集補編』, p.192.

> 총리 손 선생의 명을 받아 알린다. 본당은 계축(癸丑)혁명(1913년의 2차 혁명)의 뒤를 이어 성립되었다. 그 중요 목적은 전제를 뒤엎고, 다시 민국을 조성하는 데 있었다. 원의 사망에 이르러 여(黎) 대총통이 법(즉 '임시약법')에 따라 취직했기 때문에 각 성의 당 군에 진행을 정지하라고 명했다. 이제 약법이 회복되고 국회가 정기적으로 소집되니, 파괴는 끝났고 건설이 바야흐로 시작된다. 혁명의 명의(名義)는 이제 더 이상 존재하지 않으니, 모든 당무도 또한 정지해야 한다. 앞으로 어떻게 당을 개조할지, 어떤 방법으로 개조할지에 대해서는 국내외 각 지부, 분부에 의견을 구할 것이다.[62] – 괄호는 인용자

중화혁명당의 당무는 정지시켰지만, 해산이 아니라 이후 개조하겠다는 것이다. 그러나 파괴가 끝났기 때문에, 즉 혁명의 필요성이 없어졌기 때문에 혁명의 명분(名義)은 더 이상 존재하지 않는다는 것이다. 혁명이 필요 없는데 혁명당이 존재할 필요는 없는 셈이다. 그렇다면 손문은 혁명을 포기한 것인가, 나아가 정치 자체에서 손을 뗀 것인가. 혁명당의 해산, 혁명의 포기를 의미하는 듯한 내용이 마음에 걸렸던지, 손문은 통고에 대한 해석을 다시 알렸다.

> 우리 당은 계축(2차 혁명) 이후 토적의 기치를 들지 않은 날이 없었고, 환난을 미연에 방지하고자 천하의 선도가 되었다. 비록 하늘이 원(袁) 역적을 죽이는데 우리의 손을 빌리지 않았으나, 전제가 무너지고 공화가 다시 회복되어 **우리 당의 원래 희망의 반이 이루어진 셈이다. …… 앞서 '혁명의 명의는 더는 존재하지 않는다'는 통고 또한 이런 뜻이었다.** …… 그러나 금후 공화가 올바른 궤도에 오를지는 아직 알 수가 없으니, 우리는 미리 예방하며 유비무환의 정신을 가져야 한다. 이에 동지들과 저금의 방법으로 군력을 모으고자 한다.[63]

62 「中華革命黨本部通告」(1916.7.25), 『孫中山全集』 3, p.333.
63 「致中華革命黨各支部函」(1916.9.10), 『孫中山全集』 3, p.362.

현재 이루어진 공화의 회복은 혁명 목표의 반 정도 완수된 것이기 때문에 혁명당의 존재는 필요하고, 이를 위해 준비를 해야 한다면서 비축금을 모으기 위한 장정까지 마련해 보냈다.[64] 그러나 손문은 앞의 편지에 대한 의미를 다음과 같이 해석하여 한 달 뒤 전국 동지들에게 또 편지를 보낸다.

> **여원홍이 법을 지킬 수 있으면 우리 당의 목적은 이미 도달한 것이다.** 그러므로 산동, 광동 및 각 로 군대에 즉시 일률적으로 정지하라고 명했다. 단 씨(段棋瑞)가 내각을 조직함에 비록 **우리 당**의 몇 명이 들어갔지만, 실로 내가 바라는 바는 아니다. 내가 **우리 당**의 동인(同人)들에게 바라는 바는 단결하여 정부의 주의(主義)를 감독해 시기(時機)를 기다려 우리 당의 정책을 펴는 것일 뿐이다. 첫째는 당무 확충이다. 현재 재경 의원 및 각 도시의 동지들은 모두 국민당에 복귀할 뜻을 갖고 있으며, 국회의원 중 국민당 당적을 가진 자가 아직 다수 있다. 비록 불건전한 분자가 있기는 하지만, 그러나 이번 변란 후 진실로 회개한 자 또한 많다. 그러므로 지난달 호한민에게 입경해 일체를 주지하라고 했다. 이전 진보(進步), 공화(共和) 양당 중 일부는 **우리 당**에 대한 심신이 깊고 굳으며, 지공무사(至公無私)로 날로 접근해 합병을 꾀하려는 뜻이 있다. 그러나 북경의 정쟁이 너무 치열해 합병에 이르지 못하고 있다. 현재 나는 당무를 확장하기 위해 여러 의견을 듣고 있으며, 복당을 준비하기 위해 수속 절차를 준비하고 경비를 마련하려 한다. 일전에 각지에 통고하기를 당원의 월 납입금 및 입당 기금을 다시 거두려는 것은 이 때문이다.[65] - 강조는 인용자

정부를 감시하고 시기에 이르면 '우리 당'의 정책을 펴기 위해서는 당무 확충

64 이 편지에 부록으로 첨부해 보냈다(「黨員自由儲蓄救國金簡章」, 『孫中山全集』 3, pp.362~363).

65 「致全國各同志函」(1916.10.13), 『孫中山全集』 3, pp.376~377.

이 필요한데, 당무 확충의 내용은 '국민당의 재건'이다. 내용으로 보면 '우리 당' 이란 중화혁명당이 아니라, 국민당을 의미한다. '국민당'은 혁명당이 아니라 일반 정당이다. 손문이 호한민을 북경에 파견한 것에 대해 당시 상해에 있던 황흥은 "호한민은 중화혁명파 속에서 주장하는 바가 아니다. 그의 정견은 내가 믿기에 적절하며 우리 당을 대표하기에 족하다"[66]며 호한민과 합작을 지시하고 있다. 당시 북경에서 진행되고 있던 새로운 정당, 즉 국민당 재건은 혁명당이 아니라 일반 정당으로서 북경정치에 참여하려는 것임을 알 수 있다. 이 시기 북경에서 진행되고 있던 '국민당 재건' 즉 '신당 창당'에 대해 손문은 찬성하기는 했지만, 자신의 참여는 없다고 분명히 하고 있었다.

> 문(손문)은 근래 당사(黨事)에 참여하고자 하지 않으며, 오로지 건설 사업에 힘을 쏟고 있다. 그러나 우리 당 구동지들은 속히 대정당을 조직하기 바란다. 소천(少川: 唐紹儀), 백란(伯蘭: 居正)이 이미 조직을 시작했는데, 이 두 사람은 모두 우리와 뜻이 같으니 제군들은 그들을 찬조하라.[67]

> 정당의 조직에 관해 소생(손문)이 이를 찬성하지 않는 것은 결코 아니다. **공화국은 헌법을 운영하는데 정당이 있어야 하며, 대의정치는 결코 산만한 의원들로서 활용할 수 없다.** 그러나 소생은 정계에 들어가고자 하지 않기 때문에 비록 정당의 조직에 심히 찬성한다고 할지라도 결코 가입하지 않으며, 당의 모든 운영은 당소천(唐紹儀)군에 위임했다.[68]

신당 창당에 동의하면서도 자신은 참여하지 않겠다는 것은 아마 혁명당이 아니기 때문일 것이다. 손문의 이런 모습은 신해혁명 이후 국민당 창당 때도

66 「致何成濬書」(1916.9.4), 湖南省社會科學院 編, 『黃興集』(北京: 中華書局, 1981), p.455.
67 「批舊同志組織大政黨事函」(1916), 『孫中山全集』 3, p.415.
68 「復宋元愷函」(1917.1.27), 『孫中山全集』 4, p.6.

있었다. 혁명당(동맹회)을 일반 정당(국민당)으로 전환하는 것을 원하지는 않았지만, 대세에 밀려 국민당 창당에 찬성하며 "공화국에는 정당이 필요하다"고 했다.[69] 다만 그때는 명목상이나마 국민당 이사장의 지위가 있었고, 혁명당인 동맹회는 해산되었다. 그러나 지금은 신당에 참여하지 않았고, 공식적으로 중화혁명당을 해산하지도 않았다. 혁명당이 필요하지만, 조직을 유지할 뾰족한 수가 없음을 다음과 같이 전하고 있다.

> 모든 사업은 당무(黨務)를 정돈하는 데서 시작한다. 조당(組黨)의 방법은 당강(黨綱)과 규정을 다시 정하는 것이다. 당강이 만들어지기까지는 국민당 명의로 입당을 받는데, 그 수속은 중화혁명당 장정(章程)을 참작하여 처리하고 **중화혁명당의 이름을 사용하지 않을 뿐이다.**[70]

> 원 씨 사후, 세력은 여전히 저들 당도(黨徒)의 손에 있으며 민당(民黨)은 권력이 없어 만사가 불가하다. 하나의 생기가 있다면, 각 성의 동지들이 단체를 집합시키고 지반을 굳건히 하여 먼저 지부를 성립시키되, 마음대로 명목을 채용하고 여러 성의 성립이 있은 연후에 본부는 이에 따라 성립할 수 있다. **그렇지 않으면 할 도리가 없다.**[71] – 강조는 인용자

중화혁명당을 유지할 수도 개조할 수도 폐지할 수도 없는, 말 그대로 '어찌할 도리가 없는 상황'이었다. 그렇다면 손문은 원세개 사망 후를 어떻게 전망하고 대처하려 했을까. 원세개 사망 직후 기자를 만난 손문은 "나는 금일의 시

69 "문명 각국은 하나의 정당만을 갖고 있지 않다. …… 반드시 양당 혹은 여러 당이 있어 서로 감독하고 부조해야 정치가 비로소 진보할 수 있다"며, 손문은 국민당 성립에 찬조했다. 「在國民黨成立大會上的演說」(1912.8.25), 『孫中山全集』 2, p.408.

70 「復郭標函」(1916.6.13), 『孫中山全集』 3, p.382.

71 「批□幼伯函」(1916~1917), 『孫中山全集』 4, p.279.

국에 대해 자못 낙관한다. 금후 남북의 각 집권자가 약법을 존중하고 공화를 옹호한다면 원의 죽음으로 중국은 진실로 크게 다스려질 것"이라고 낙관하고 있다.[72] 당원들에게 "이제 약법이 회복되고 국회가 정기적으로 소집되니, 파괴는 끝났고 건설이 바야흐로 시작된다"는 통고도 보냈다.[73] 여원홍 총통에 대해서도 "그의 사람됨이 유순하고 나태해, 제왕의 야심을 품지 않으리라 나는 믿는다. 그는 민심에 순응하여 온 힘을 다할 것이고, 권력을 빌려 사리를 도모하지는 않을 것이다. 모든 국가 대사와 국제 사무는 정부가 모두 나에게 자문하고 있다. 나는 비록 직에 오르지 않았지만, 영향의 크기가 지난날과 다름없으며, 또한 인민의 신임을 깊게 얻고 있다"[74]라고 했다. 북경정부의 공화가 거짓이라는 주장에 대해서는 "진짜와 가짜를 분별하는 단서는 장래의 증거가 되는데, 현재는 단서를 들어 결정할 수 없다. 사람들이 공화제 회복에 찬성을 공포했으니 억지로 거짓이라고 하는 것은 불가하다. 반드시 시험의 기간을 주어야 한다. 우리 당이 무력을 마무리하고 평화로 돌리는 것은 그에게 시험의 기회를 주는 것이다"[75]라며 소문을 다독이는 편이었다.

그러나 전도를 낙관만 한 것은 아니다. 언론에서 손문이 단기서를 깊이 믿고 있다는 보도에 대해 "단기서가 비록 제제(帝制)를 반대했지만, 앞으로 공화를 옹호할지 등은 알 수 없으니, 멋대로 억측해서는 안 된다"라고 부인하면서 "현재의 시국은 아직 해결이 쉽다고 말할 수 없다. 원당(袁黨: 원세개 무리)이 여전히 요지에 둥지를 틀고 있고, 국회의원은 아직 정식으로 모이지 못했으며, 완전한 책임내각도 아직 성립되지 않았다. 지금의 민군(民軍)은 아직 짐을 내려놓을 수는 없으나 국시는 이미 크게 정해졌다고 할 수 있다. 그래서 어제 광동, 산동, 복건의 제군에게 보내는 전문에서 잠시 진행을 정지하지만, 짐을 내려놓으라

72 「在上海對某記者的談話」(1916.6.8), 『孫中山全集』 3, pp.303~304.
73 「中華革命黨本部通告」(1916.7.25), 『孫中山全集』 3, p.333.
74 「致戴德律函」(1916.7.5), 『孫中山全集』 3, p.316.
75 「在滬歡迎從軍華僑大會上的演說」(1916.9.30), 『孫中山全集』 3, p.371.

고 말하기는 쉽지 않다"[76]라고 전했다. 짐을 내려놓고 쉴 수도, 짐을 계속 들고 있을 수도 없는 상황을 손문은 "절반의 성공"이라고 표현했다.

> 비록 하늘이 원을 죽여 우리가 손쓸 틈이 없었으나 전제가 무너지고 공화가 다시 조성되었으니, 우리 당의 원래 희망의 과반은 이루어진 셈이다. …… 현재 북방에는 많은 제제의 서얼들이 잠복해 있다. 또 중앙에 투기꾼이 없지 않다. 예컨대 장훈(張勛, 장쉰), 예사충(倪詞冲, 니치충)의 무리가 여전히 발호하고 있음은 세인이 지적하는 바와 같다. 지금 반동이 없을 것이라고 장담하기 어렵다.[77]

장래의 대비책으로 적금을 들라고 중화혁명당 각 지부에 통전하고, 장정까지 만들어 보냈음은 상술했다.[78] 신문기자나 혁명당원들에게 전한 낙관과 비관이 섞인 언론과는 달리 외국 인사들에게는 부정적인 전망을 토로했다. 일본의 다나카에게 대계도를 보내며 원조를 구하는 편지에 "얼마 전 원세개가 죽고 여원홍이 법에 의거하여 계임했으며, 지금 '임시약법'을 회복하고 구국회를 소집했으니, 무릇 이 네 가지는 모두 호국군의 요구에 응한 것이기에 스스로 전쟁의 종결을 천하에 밝히지 않을 수 없었습니다. 그러나 정국의 혼돈은 이전과 여전히 같으니, 혁명 사업과 대동아 문제는 여전히 그 사람을 기다려야 합니다"[79]라고 했다. 손문은 줄곧 자신의 속내를 털어놓던 캔틀리 부인에게도 "금일의 중국 상황은 절대로 낙관할 수 없습니다. 불량한 인소가 이전과 같으며 이런 것들은 여전히 내부로부터 민국의 명맥을 해치려 하고 있습니다"[80]라고

76 「在上海與徐郎西的談話」(1916.6.16), 『孫中山全集』 3, pp.308~309.
77 「復郭標函」(1916.9.2), 『孫中山全集』 3, p.357.
78 「致中華革命黨各支部函」(1916.9.10), 『孫中山全集』 3, p.362; 「黨員自由儲蓄救國金簡章」, 『孫中山全集』 3, pp.362~363.
79 「致田中義一函」(1916.7.3), 『孫中山集外集』, pp.375~376.
80 이보다 앞서 캔틀리 부인은 손문에게 중국 내지를 여행하고 싶다고 편지를 보냈다. 이에 대해 손문은 같은 편지에서 중국의 사정이 구미와는 전혀 달라 내지 여행은 불가능할 것

전하고 있다.

이런 비관과 우려가 동시에 존재하는 상황에서 손문이 어떻게 대처해야 할 것인가. 앞에서 말한 바와 같이 손문은 전국의 동지들에게 보내는 편지에서 네 가지를 주문하고 있다.[81] 그러나 네 가지 중 어느 하나도 제대로 되는 것이 없었다. 손문은 자조 섞인 투로 "원 씨 사후, 세력은 여전히 저들 당도(黨徒)의 손에 있으나 민당(民黨)은 권력이 없어 만사가 불가하다"[82]라고 토로했다. 그러나 이처럼 어려운 상황에 함께 상의할 사람도 없었다. 그가 조직한 중화혁명당은 손문에게 절대복종하는 당원들로만 구성되어 있었다. 자신의 「혁명방략」을 포기하고 호법으로 가닥을 잡은 손문은, 5월 초 비혁명당원인 황흥에게 전보를 보냈다. "원은 죽었고 여(黎)가 약법을 회복하고 국회를 소집해 분쟁을 종식시키고 건설에 종사하여 신의를 밝히면 국본(國本)이 굳어진다. 형은 어떻게 생각하는가?"[83] 자신의 「혁명방략」을 포기하고 호법으로 나가는 것에 동의를 구할 사람이 황흥 정도였다.[84] 그런 황흥마저도 같은 해 10월 31일 세상을 떠났다.[85]

이며, 연해 도시의 여행이라면 가능하고 자신도 돕겠다고 전했다. 「致咸馬里夫人函」(1916.10.19), 『孫中山全集』 3, p.379.

81 당무 확충, 화교 채권의 상환, 실업 진흥, 기관보 발행이다. 「致全國同志函」(1916.10.13), 『孫中山全集』 3, pp.376~378.

82 「批□幼伯函」(1916~1917), 『孫中山全集』 4, p.279.

83 「致黃興電」(1916.6.13), 『孫中山全集』 3, p.308.

84 황흥은 남방이 요구하는 약법과 국회의 회복을 여원홍이 받아들인다면, 대나무가 갈리듯 만사가 해결될 것이라며 손문의 동의에 전적으로 찬동한다는 답장을 보냈다. 「黃興復孫中山電」(1916.6.14), 『各方致孫中山函電』 2, p.507.

85 『中華民國史事日誌』 1, 1916.10.31, pp.267~268.

6장

「혁명방략」의 굴절

호법

1. 손문과 '호법'

'약법(約法)'이라는 명칭은 민국 원년 전후 시기에 중국 정치사, 특히 손문에게 특별한 의미가 있는 용어이다. 약법은 단순한 법률적 의미를 넘어 '호법(護法)'이라 칭하며, 민국 초년의 정치 구호로 손문뿐만 아니라 서남 등의 여러 정치 세력이 북경정부와 각을 세우는 구호로 제기했었다. 또한 단지 '구호'에만 그치지 않고, '호법투쟁', '호법전쟁' 등 정치 행동으로 표출되기도 했다.

'호법'이란 문자 그대로 풀이하면 '중화민국임시약법을 지키자'는 뜻이다. 구체적으로 말하면 1912년의 '중화민국임시약법'을 바탕으로 제정된 '국회조직법' 및 '국회의원선거법', 그리고 이에 의거하여 선출된 총통과 국회를 회복시키자는 것이다. 1914년 원세개가 '임시약법'을 폐지하고 '중화민국약법'을 제정했기 때문이다. '임시약법' 체제에 의해 총통이 된 원세개가 사망했으니 부총통인 여원홍이 총통이 되어야 하고, '임시약법'에 따른 선거로 당선되었던 국회의원들에 의해 국회를 다시 구성해야 한다는 것이 호법의 내용이다.

'약법'이란 진나라 말기 유방(한 고조)의 '약법삼장'처럼, '간단한 법', '약속하는 법'이라는 뜻이 있다. 또 상기의 '임시약법'처럼 헌법이 제정되기 전, 즉 헌법이 제정될 때까지 한시적이지만 헌법에 준하는 내용을 지닌 법을 의미하기도 한다.

청조가 붕괴되고 공화제가 성립된 이후에도, 손문은 '공화의 완성'을 위해 혁명을 계속했다. 추로(鄒魯, 쩌우루)는 이 시기의 혁명을 네 개의 투쟁으로 구분하는데, '토원지역(討袁之役)', '홍헌지역(洪憲之役)', '호법지역(護法之役)', '토적지역(討賊之役)'이 그것이다.[1] 추로에 따르면 '토원지역'의 기간은 두 달 정도,[2] '홍헌지역'은 6개월이 채 되지 못하며,[3] 마지막의 '토적지역'은 1년 9개월 정도이지만,[4] 세 번째인 '호법지역'은 중간에 단절이 있기는 했지만, 5년이라는 긴 기간의 혁명이었다.[5] 그러나 실제로 손문이 호법을 중단한 것은 1923년 후반이므로,[6] 호법의 기간은 7년이나 된다. 신해혁명 이후 손문이 '왜곡된 공화'를 바로잡기 위해 투신한 혁명의 10여 년 중 호법의 이름으로 추진한 혁명이 대부분의 기간을 차지한다. 과연 '호법'은 손문의 혁명 추구에 그토록 중요했던가. 또

---

1 鄒魯, 『中國國民黨史稿』 中, 第3篇, 3~6章.

2 1913.7.12~1913.9.12. 원세개에 의한 송교인 암살 이후 일어난 이른바 '2차 혁명'을 일컫는다.

3 1915.12.25~1916.6.6. 1915년 12월 원세개가 '중화제국 대황제'로 추대되고 이듬해를 '洪憲 원년'을 정하자, 호국전쟁과 중화혁명당의 토원투쟁이 일어났다. 이는 1916년 6월 6일 원세개가 사망함으로써 끝났다. 이른바 '3차 혁명'이다.

4 1923.1.15~1924.10.23. 이 혁명은 진형명에 의해 광주에서 축출되었던 손문이 1923년 1월 다시 진형명을 쫓아내고 양광 통일을 꾀하는 한편, 직계인 조곤과 오패부와 치른 전쟁을 말한다. 1924년 10월 풍옥상의 북경정변으로 2차 봉직전쟁에서 직계가 패함으로써 막을 내렸다.

5 1917.7.17~1922.8.9. 장훈의 복벽으로 광주로 내려간 손문이 호법을 기치로 혁명을 시작했으나, 桂系의 반대로 상해로 돌아왔다(1918.5.21, 제1차 호법운동). 이후 진형명의 도움으로 1920년 11월 28일 광주로 돌아온 손문은 군정부를 수립하고 다시 호법운동을 재개했으나, 진형명의 반대로 상해로 피신함으로써 2차 호법운동은 끝났다.

6 윤혜영, 『중국현대사연구: 북벌전야 북경정권의 내부적 붕괴과정(1923~1925)』(일조각, 1991), 96쪽.

손문 혁명의 중요한 목표였는가.

민국 원년을 전후로 한 시기에 존재했던 '약법'은 대략 7개나 된다. 이에 대해서는 상술한 바 있는데, 제시된 '약법'을 시기적으로 나열하면 다음과 같다.

(A) 동맹회가 성립되기 전 손문이 주장한 '약법'

혁명 세력이 일정 지역을 장악해 안정되면 그곳에 군정부를 세우는데, 인민에 대한 군정부의 권리와 의무, 그리고 군정부의 인민에 대한 권리와 의무를 규정한 것이 약법이다. 군정부의 약법 준수를 감시하기 위해 자치 조직인 지방의회(선거에 의한 의회는 아니다)가 설립된다. 이를 통해 즉 **약법을 통해 지방민은 공화국 국민의 자격을 갖추게 된다.** '헌법'에 준하는 '임시헌법'은 아니고, 군정부와 지방 인민이 서로 약속하는 내용을 담고 있는 법이다.

(B) 동맹회 「혁명방략」의 '약법'

기의(起義)를 일으킨 수령인 도독(都督)은 3년간 군법에 의해 그 지역을 지배하고, 이후 5년간 약법의 정치를 하는데, 그 주된 내용은 **지방 인민에게 직접 자치권을 부여해 지방의회 의원과 지방행정 장관을 지방 인민이 직접 선출하는 것이다.** 말하자면 지방 차원에서 공화제가 이루어지는 셈이다.

(C) 민국 원년의 '중화민국 임시약법'

1912년 3월 11일 손문은 임시대총통으로서 '중화민국임시약법'을 공포했나. 이 임시약법을 바탕으로 '중화민국국회조직법', '중의원의원선거법', '참의원의원선거법', '주비국회사무국관제' 등이 제정되었다. **헌법적 성격을 구유(具有)한 근본 대법**으로, 임시약법을 중심으로 한 국회 조직 및 '의원선거법'을 약법 체제라 하며, 약법 체제에 근거해 선출된 국회의원으로 구성된 국회를 '구국회'라 한다. 이후 약법 체제가 왜곡되면서 '법통'으로 불리기도 한다.

(D) 민국 3년의 '중화민국 약법'

1914년 5월 원세개가 '중화민국임시약법'을 폐지하고, 제정·공포한 것으로,

'신약법'이라고 한다. 입법원의 권리를 크게 축소하고 총통의 권력을 극대화한 것이 특징이다.

(E) 중화혁명당의 「혁명방략」의 '훈정' 시기의 약법[7]

훈정이란 백성을 이끌어 지방자치를 건설하는 시기인데, 혁명당에 입당하지 않는 사람들은 피선거권은 물론이고, 선거권도 갖지 못한다. 따라서 '지방자치의 건설'이란 '공화 완성 때까지(헌정까지)' 그 지방의 인민이 지방자치를 도야함을 의미한다.

(F) 호법운동(호법투쟁, 호법선언, 호법전쟁, 호법정부 등)의 '약법'

민국 원년의 중화민국 임시약법 체제를 회복하자는 운동이므로, 여기에서의 약법이란 바로 중화민국 임시약법(구약법, C)이다.

(G) 「건국대강(建國大綱)」의 '훈정(訓政)'

「건국대강」은 1924년 1월 전후로 작성되었다고 추정되는데, 혁명의 세 단계(군정-훈정-헌정) 중 '훈정'은 (E)의 '훈정'과 일치한다.

7개의 '약법' 중 '중화민국 약법'(D)은 원세개가 만든 '공화에 크게 어긋나는 법'이니, 다른 '약법'과는 질적으로 다르다. 나머지는 5개의 '약법' 중 '호법'의 '약법'(F)은 '중화민국 임시약법'(C)을 회복하자는 것이므로, 같은 '약법'이다. '헌법'에 준하는 '임시헌법'이라고 할 수 있다. 나머지 (A), (E), (G)는 손문의 '약법'이라 할 수 있는데, 공화의 완성을 위해 혁명 과정에서 '국민을 도야하기 위한 약법'이라는 점에서 의미적 동질성이 있다고 하겠다.

앞에서 말했듯이 1917년 7월 장훈의 복벽 후, 손문을 포함한 서남의 세력들이 북경정부에 대해 '호법'을 요구한 것을 호법운동의 시작으로 보는 것이 일반

7 「중화혁명당 총장」의 내용을 토론하는 과정에서 "훈정이라는 명사가 약법과 비교해 더 고전적이고 타당"하다며, 손문은 훈정이라는 단어에 애착을 표시했다. 따라서 표현만 다를 뿐 손문의 훈정은 곧 '약법의 정치'이다. 「討論中華革命黨總章時的談話」(1914年 夏), 『孫中山集外集』, p.223.

적이다. 그런데 1914년 5월 원세개가 '중화민국임시헌법'(C)을 폐지하고, '중화민국약법'(D)을 제정했을 때는 호법의 주장이 그다지 없었다. 원세개 사후 복벽을 진압한 단기서가 국회(구국회)를 회복하지 않자, 손문은 광주에서 국회비상회의를 소집하고 이어 군정부를 조직함으로써 호법운동이 본격적으로 시작되었다. 이렇게 볼 때 호법운동은 단기서가 원세개처럼 '임시약법'을 폐지했기 때문에 시작된 것은 아니다. 따져보면 어떤 총통과 국회가 법통인가의 문제일 수 있기 때문에, '호법'은 북경정부와의 권력 다툼의 성격도 매우 짙다. 서남 군벌 등이 주장한 '호법'도, 실제로는 '진정한 공화'를 위해서라기보다 자신의 세력 기반을 유지·확장하려는 측면이 더 컸다.

그렇다면 손문의 호법은 어떠한가. 이 6개 약법에서 알 수 있듯이 손문의 약법(A, E, G)은 호법의 약법과 궤를 달리한다. 궤를 달리한다기보다는 손문은 임시약법(C), 즉 호법의 약법(F)을 부정하고 있었다. "민국이 성립된 지 10년이 넘어서도 일반 인민은 공화제가 무엇인지 여전히 이해하지 못하고",[8] "신사상이 결핍되어 권리를 포기했기 때문에, 마침내 강도 관료가 이를 틈타 나라의 정권을 조정했다."[9] 그래서 손문은 "민국 초기 「혁명방략」의 시행을 극력 주장했으나, 우리 당의 많은 인사들은 입을 모아 이것은 불가하다고 했다",[10] 즉 "민국 초 약법정치를 시행해 인민을 정치적으로 훈도하면서 지방자치를 실행하고자 했으나, 단지 내가 말하는 약법의 이름만 받아들여 임시헌법(즉 임시약법, 상기의 C)을 정해 공화의 기초로 삼았다"[11]라고 했다. 따라서 "훈정(약법에 의한 정치)을 경과하지 않고 곧바로 헌정으로 간다면, 그야말로 자신을 속이고 남을 속이는 것으로 민국을 건립할 수 없다. …… 이 훈정 시기는 혁명 시기 중 생략할 수 없는 과정으로, 혁명의 성패는 오로지 이 시기로 가늠할 수 있다"라고 했다.[12]

---

8 「在中國國民黨本部特設駐粵辦事處的演說」(1921.3.6)『全集』 5, p.472.
9 「在桂林廣東同鄉會歡迎會的演說」(1922.1.4), 『孫中山全集』 6, p.55.
10 「孫文學說: 行易知難(心理建設)」(1919年 春夏間), 『孫中山全集』 6, p.205.
11 같은 글, p.208, p.211.

손문의 말에 따르면 훈정의 약법을 거치지 않고 '임시약법'을 시행했기 때문에 신해혁명이 실패로 끝나버렸다는 것인데, 손문은 이후 상당 기간 임시약법의 회복을 주장하는 호법투쟁을 전개했다. 물론 그사이 손문이 「혁명방략」의 수정을 제시한 적은 없다. 따라서 손문이 호법을 주장하는 과정을 면밀히 살펴볼 필요가 있다.

앞에서 언급한 추로에 따르면, 손문의 호법투쟁의 시작은 복벽 후 광주로 내려가 국회 비상회의를 소집해 군정부를 설립한 1917년 7월이다. 그러나 손문이 호법을 처음 제기한 것은 이보다 훨씬 전이다. 3년간의 망명 생활을 접고, 일본에서 귀국하려던 1916년 4월 말, 손문은 다음과 같이 혁명의 앞날을 전망했다.

> (임시)**약법과** (구)**국회는 공화국의 명맥이다. 명맥이 존재하지 않은데, 몸이 어찌 유지될 수 있겠는가?** 식자라면, 원세개가 약법을 파괴하고 국회를 해산했을 때 벌써 (원세개가) 황제를 칭하는 날이 있을 것을 알았을 터인데, 그 징조를 밝히고 큰 소리로 반대한 사람은 전혀 없었다. 나는 이때 무한한 비감함을 품고, 이에 혁명 두 글자를 동포에게 바쳐 근본해결을 하고자 했다. 마음은 곧으나 어진 우리 동포들은 원세개가 그렇게까지 하겠는가 했다. 이에 **나는 양심의 주장을 따르지 않을 수 없어 중화혁명당을 조직해 조국에 모든 충성을 다하고자 했다.** …… (원세개가) 주안회를 발기하자, 하늘이 우리나라를 도와, 전국의 호걸들이 문득 깨달아 들고 일어나 약법을 파괴하고 국회를 해산한 원세개의 죄를 물었다. **죄수의 우두머리가 주살되면 약법은 회복되고, 약법이 회복되면 민국은 소생한다.**[13] - 강조는 인용자

12 居正, 「中華革命黨時代的回憶」, pp.38~39.

13 「在東京與某某的談話」(1917.4), 『孫中山全集』 3, pp.281~282. 이 담화는 1916년 5월 6일자 上海≪民國日報≫에 실린 글이고, 손문이 도쿄를 떠난 것은 4월 27일 혹은 28일이므로 담화는 4월 27일 직전에 이루어진 듯하다.

원세개가 '임시약법'을 폐지하고 '중화민국약법'을 제정했을 때부터 손문 자신은 '무한한 비감함'을 품었다고 했지만, 손문이 약법과 국회의 회복을 주장한 것은 이 담화가 처음인 것 같다. 짧은 담화 속에도 서로 모순되는 내용이 있다. 앞에서 말했듯이 임시약법 제정과 중화혁명당의 조직(훈정의 제시)은 대립적 내용인데, 손문은 순리적으로 해석하고 있다. 여하튼 상기의 담화가 발표된 것은 1916년 4월 말이다. 이 시기 토원투쟁에서 중화혁명당의 봉기는 계속 실패하고, 호국군이 주도권을 잡아가던 시기였다. 물론 4월 말 전에도 중화혁명당이 주도권을 잡은 적은 없다. 말하자면 당시는 손문 자신의 「혁명방략」대로 혁명 진행이 어려운 상황이었다. 즉 원세개 정권의 붕괴가 어렵다기보다는, 붕괴 후 혁명당이 권력을 장악하기 어려운 상황이었다. 혁명당이 '적극 무력'으로 군정부를 수립하고, 이어 훈정을 실시하려는 「혁명방략」이 불가능한 상태에서 손문은 원세개 정권 붕괴 이후를 생각했다. 손문의 뛰어난 정치적 감각에서 생각해낸 것이 바로 '약법의 회복'이었다. 앞에서도 설명했지만 귀국 후 혁명당의 전황이 갈수록 나빠지자, 손문은 호국군과 협력할 것을 지시하면서 "본군(本軍)은 민국 원년의 약법을 존중하며 오족(五族)을 사랑하는 마음으로 오색 국기를 존중해 사용한다"[14]라는 선언을 발표하게 했다. 혁명의 상징인 청천백일기를 '포기'하고 오색기를 채택할 수밖에 없었던 것과 마찬가지로, 이제 혁명당의 「혁명방략」을 '포기'하고 호법의 방법을 취할 수밖에 없었던 것이다.

'예측은 했으나 기대하지 않았을' 원세개의 사망으로, 손문은 「혁명방략」을 포기할 수밖에 없었다. 이런 상황을 대비해 준비했던 약법의 회복을, 손문은 적극 주장하기 시작한다. 원세개 사망 3일 후 손문은 약법 복귀 선언을 발표하면서, 현재로서는 "약법을 복귀시켜 민의 기관을 존중하는 것이 유일무이한 방법"이라고 선언했다.[15] 이어 여원홍에게 "약법을 회복시키고 국회를 존중해 국

14 「中華革命軍東北軍宣言」(1916.5.25), 『革命文獻』 第46輯, p.285.
15 「規復約法宣言」(1916.6.9), 『孫中山全集』 3, p.305.

민과 더불어 건설에 종사"[16]하자고 제안했고, 단기서에게도 '약법을 회복하고 국회를 존중하는 것이 공화의 근본 대계'[17]라는 전보를 보냈다. 이에 호응하듯이 여원홍도 '임시약법'의 준수와 구국회의 소집을 선포하고, 단기서를 국무총리로 임명했다.[18] 약법 체제를 받아들이겠다니, 손문은 더 이상 대응할 것이 없었다. 그러나 손문이 생각한 혁명의 목표와 그 과정은 이런 것이 아니었다. 그렇다면 이후 손문이 전개한 호법운동은 손문 혁명의 포기를 의미하는가. 예컨대 앞서 7개의 '약법'의 예에서 중화혁명당 「혁명방략」의 훈정(E)을 포기하고, 민국 원년의 약법(C)을 혁명의 목표로 재조정했는가. 이에 대해서는 이후 손문의 혁명 전개 속에서 검토해보기로 한다.

2. 정치의 재개: 복벽

앞에서 본 바와 같이 토원투쟁에서 '실패'한 후, 손문에게 할 수 있는 힘도 할 일도 없었다. 1917년 대독 절교와 참전 문제가 불거지자, 손문은 북경 정치에 대해 목소리를 높이기 시작한다. 손문은 중국이 협약국의 일원으로 제1차 세계대전에 참여하는 데 반대했다. 반대의 이유를 장황하게 설명한 「중국존망문제」도 출판했다. 그러나 대독 절교나 참전 문제는 정책상의 문제이지 혁명을 일으킬 명분은 아니었다. 또 억지로 '명분'을 삼는다 해도, 이에 호응할 분위기

---

16 「致黎元洪電」(1916.6.9), 『孫中山全集』 3, p.310.

17 「致段祺瑞電」(1916.6.23), 『孫中山全集』 3, p.312.

18 『中華民國史事日誌』 1(1916.6.29), pp.249~250. 여원홍은 '임시약법'하에서 부총통이었고 '중화민국약법'에 의해서도 부총통이어서, 호법을 주장하는 세력은 여원홍이 '임시약법'에 따라 (원세개 총통이 사망했으니) 총통직을 '繼任'해야 한다고 주장하면서, '중화민국약법'에 의해 원세개 총통을 '代行'해서는 안 된다고 주장했다(張憲文 外, 『中華民國史』 第1卷, pp.183~185 참조). 그러나 어느 약법에 따르더라도 원세개 총통의 뒤를 잇는 것은 여원홍이기 때문에 총통 문제에서 큰 무리는 없었다.

도 아니었다.

손문은 정쟁을 정쟁으로 해결하려 하지 않았다. 즉 자신이 기존 정치에 참여하거나 혹은 자신의 정당으로 정치에 참여해 자신의 정책을 관철하려 하지 않았다. 당시 자신의 세력 일부가 북경에 들어가 대정당을 조직하고 있었지만, "정당의 조직에 관해 소생(손문)이 찬성하지 않는 것은 결코 아니다. …… 그러나 소생은 스스로 정계에 들어가고자 하지 않기 때문에, 비록 (우리 세력에 의한) 정당의 조직에 심히 찬성한다고 할지라도 결코 가입하지 않겠다"[19]라고 했다. 혁명 정당이 아닌 정당의 조직에는 찬성하지만, 참여하지 않겠다는 뜻이다. 신해 후 국민당을 조직할 때도 그랬다. 이후 손문이 일반 정당을 조직한 적은 한 번 있으나(1919년 10월의 중국국민당 조직), 정책으로 정치에 참여한 적은 없었다. 손문은 자신의 혁명당에 의한, 그리고 '적극 무력'에 의한 혁명을 관철하고자 했다.

북경에서는 대독 절교 문제로 여원홍과 단기서가 대립하며 서로 정쟁을 벌이다가, 단기서가 사직하겠다며 '협박'하자, 결국 북경정부는 독일에 외교 단절을 선포했다. 정쟁의 내용과 과정이 유치하기는 해도 국가적으로 중요한 결정이 권력자에 의해 좌지우지되지 않았다는 점에서, 공화국을 건립한 지 얼마 지나지 않은 '신흥 공화국'이 공화제의 완성을 위해 치러야 할 '비용과 시간'으로 볼 수도 있다. 다만 정쟁의 유치함이 독군단이라는 군인들의 협박과 국회의원 구타로 발전했으며, 더 나아가 변발한 군인들에 의한 '복벽'이라는 희대의 사건을 만들어내기에 이른다.

장훈의 복벽(1917년 6월 말)으로 7월 1일 부의(溥儀, 푸이)가 황제로 재추대되었다. 장훈의 예상과는 달리 각 성의 독군들이 호응을 하지 않았고, 결정적으로 단기서가 복벽에 정면으로 반대했다. 복벽은 장훈 개인의 해프닝만은 아니었던 것 같다. '수년 동안 단기서를 포함한 독군들이 밀모'한 것이라는 장훈의 폭

---

19 「復宋元愷函」(1917.1.27), 『孫中山全集』 4, p.6.

장훈(張勛, 1854~1923)

원명은 장화(張和), 자는 소헌(少軒), 소헌(紹軒), 호는 송수노인(松壽老人)으로, 강소 봉신(奉新, 펑신)인이다. 청 말 운남, 감숙, 강남 제독(提督)을 지냈으며, 청조 멸망 후 청실에 대한 충성을 표시하기 위해 소속 부대에 변발을 계속 강요해 '변수(辮帥)'라고 불렸다. 1913년 토원군을 진압하고, 장강순열사(長江巡閱使), 안휘독군(安徽督軍)에 임명되었다. 1917년 '부원지쟁(府院之爭)'을 조정한다는 명분으로 군대를 이끌고 북경에 진입해, 7월 1일 강유위(康有爲, 캉유웨이)와 함께 부의(溥儀)의 복벽을 단행했다. 당일 부의는 '즉위조(卽位詔)'를 내리고 '공화 해체'를 선포했다. 장훈은 의정대신(議政大臣) 겸 직예총독(直隸總督), 북양대신(北洋大臣)으로 임명되었고, 아울러 충용친왕(忠勇親王)에 봉해졌다. 그러나 12일 환계 군벌 단기서의 '토역군(討逆軍)'에게 격퇴되어 네덜란드 대사관으로 도망했고, 부의가 다시 퇴위되자 천진의 독일 조계 지구로 도피했다. 1920년 장작림이 장훈의 장강순열사 겸 안휘독군의 직위를 회복시키자고 서세창(徐世昌, 쉬스창)에게 요청했으나, 장훈이 거절했다. 1923년 9월 천진에서 사망하자, 정계 요인, 문화 명사 등이 그의 충정에 헤아릴 수 없이 많은 조전, 제문, 애시 등을 바쳤다. 이 조문들은 『봉신장충무공애만록(奉新張忠武公哀挽錄)』으로 편집되어 출판되었다.

로를 보거나,[20] 이전부터 만주에서 복벽을 획책하던 다나카 기이치가 복벽 직전 장훈을 직접 찾아왔고, 이런 낌새를 눈치 챈 손문은 대계도를 일본에 파견해 일본에서의 복벽 진행에 대해 조사케 한 것으로 보아, 복벽 전 나름의 분위기는 있었다 하겠다.[21] 그러나 복벽은 12일 만에 단기서에 의해 진압됨으로써, 말 그대로 해프닝으로 끝나버렸다. 복벽의 최대의 수혜자는, 장훈이 복벽을 함께 밀모했다고 한 단기서였다. 이제 단기서는 권력 장악과 권력 행사에 걸림돌이 되는 많은 장애물을 제거한 셈이다.

복벽의 '수혜자'가 또 하나 있었으니, 바로 손문이다. "전도는 요원한데, 믿을 만한 무력과 금전이 우리에게는 없고, 믿을 바는 국민의 동의와 애국의 정신뿐"[22]이라던 손문에게 복벽은 새로운 '힘과 희망'을 주었다. 대독 선전도, 구

20 張憲文 外, 『中華民國史』 第1卷, p.200.

21 戴季陶, 박종현 옮김, 『일본론』, pp.167~171.

국회와 약법의 회복 모두 공화제의 틀 안에 존재한 정쟁의 문제였으나, 복벽은 손문의 혁명 목표인 공화제를 부정하는 국체 변경의 문제였기 때문이다.

장훈이 군대를 끌고 북경에 들어와 총통(여원홍)에게 국회 해산을 강박하자, 6월 13일 여원홍은 국회 해산을 선포할 수밖에 없었다. 다음 날 손문은 '토역호법'을 위해 호한민을 광동에 파견했다.[23] 이어 국회의원 오종자(吳宗慈, 우쭝치)와 의견을 교환하고,[24] 앞에서 말했듯이 대계도를 일본에 파견해 일본에서의 복벽을 조사하도록 했다. 늘 하던 대로 손문은 혁명을 위한 자금 마련에 나섰다. 자금줄은 예나 마찬가지로 화교와 일본이었다. 중화혁명당 해외 각 지부에 자금을 마련하라고 통고[25]하는 한편, 일본 수상(데라우치 마사다케)에게도 편지를 보냈다.

> 각하가 집권한 이래 나의 마음은 속으로 기뻤습니다. 일월의 빛은 반드시 먼 곳까지 비추기 때문입니다. …… 동아의 평화와 중일 장래의 발전에는 반드시 두 나라 국민의 진정한 제휴가 필요하다고 마음속으로 생각하고 있습니다. 그래서 근래 귀국의 조야 인사가 주장하는, 양국의 오해를 풀고 진정한 친선을 도모하자는 것은 정말로 불변의 양책이라고 저는 믿고 있습니다. …… 그런데 매번 국제 문제가 일어날 때마다 중국인은 귀국의 친선에 야심이 있다고 의심합니다. …… (우리나라에서) 신구(新舊)가 충돌할 때 (귀국은) 표면적으로는 중립을 표방하지만, 실제로는 정의의 소재를 불문하고 오직 무력이 우세한 자를 벗 삼으니, 인민은 친선을 말하는 귀국의 말이 이익을 추구하기 위한 것으로 믿습니다. …… 지금 북양 군인이 비록 무력으로 약법을 파괴하고 국회를 훼손하고 총통을 가두고 있어 마치 우세한 것 같으나, 그것은 오래가지 못할 것이 분명합니다. …… 귀국의 대계를 위해서라도 정의로서 도우며, 힘없을 때 도와 성공하도

22 「致民友會同人函」(1917.5.4), 『孫中山全集』 4, p.29.
23 『孫中山年譜長編』 上, 1917.6.14, p.1030.
24 『孫中山年譜長編』 上, 1917.6.16, p.1031.
25 「通告中華革命黨海外各支部同志函」(1917.6.19), 『孫中山全集』 4, p.106.

록 해야 진정한 원조에 감격하고 사사로운 이익에서 나오는 것이 아니라고 믿게 되어, 친선의 감정은 결실을 맺고 동아의 화평도 가히 기대할 수 있다고 믿습니다.[26]

믿었던 일본에 대한 그간의 섭섭함에도 또다시 도움을 청해야 했다. 그러나 원조는 없었다. 반면 장훈의 복벽에 대한 국내의 반발은 매우 컸다. 각 세력은 각기 나름의 이해가 있어 복벽에 반대하기는 했지만, 이제 중국에서 '공화'는 부정할 수 없는 국체로 자리매김하고 있었다. 6월 16일, 육영정이 공화 유지, 원수(여원홍) 옹호를 주장하는 통전을 발했다.[27] 이어 6월 23일, 해군총장 정벽광(程璧光, 청비광)은 상해에서 해군 장령을 소집해 국회와 약법의 회복을 주장하며 독군단의 반변에 반대한다고 성명을 냈다.[28] 월계독군 진병혼(陳炳焜, 천빙쿤), 담호명(譚浩明, 탄하오밍)도 새로 임명된 국무총리 이경희(李景熙, 리징시)를 부인하는 통전을 냈다.[29] 7월 1일 양계초도 복벽에 반대하는 통전을 발함과 동시에 단기서에게 군대를 일으켜 복벽을 진압해야 한다고 주장했다.[30] 7월 3일 단기서는 장훈을 토벌하겠다는 포고를 발표했다.[31]

단기서가 장훈 토벌을 포고한 7월 3일, 손문은 자신의 집에서 장태염, 당소의, 정벽광과 함께 대책을 논의했다. 손문은 임시정부를 다시 세워 임시대총통에 오르고자 했으나, 당소의와 정벽광이 반대했다.[32] 손문과 달리 이들은 중앙의 합법 정부를 남방으로 옮기자고 했다. 즉 합법의 총통 여원홍이 불법으로 쫓겨났으니, 여원홍을 데려다가 다시 총통으로 추대해 합법 정부를 이루자는

26 「致日本首相寺內正毅函」(1917.6), 『孫中山全集』 4, pp.108~109.
27 『中華民國史事日誌』 1, 1917.6.16, p.308.
28 『中華民國史事日誌』 1, 1917.6.23, p.310.
29 『中華民國史事日誌』 1, 1917.6.25, p.310.
30 『中華民國史事日誌』 1, 1917.7.1, p.311.
31 『中華民國史事日誌』 1, 1917.7.3, p.312.
32 湯志鈞 編, 『章太炎年譜長編』 上冊(北京: 中華書局, 1979), p.548.

당소의(唐紹儀, 1861~1938)

자는 소천(少川)으로, 정치가이자 외교가이다. 청 정부 총리총판, 산동대학교 총장, 중화민국 초대 내각총리, 국민당정부 관원, 북양대학(현 천진대학) 총장을 지냈다. 1874년 청조의 제3차 미국 유학생(留美幼童)에 선발되어 미국에 유학해 컬럼비아대학에 입학했다. 1881년 귀국해 1882년 독일인 묄렌도르프(Paul Georg von Möllendorff, 중국명 穆麟德)의 수행원으로 조선에 가서 해관 사무를 담당했다. 1884년 갑신정변 때 위험을 무릅서고 총을 들고 묄렌도르프의 집을 방위해 당시 조선에 있던 원세개에게 깊은 인상을 남겼다. 1885년 주조선대신이던 원세개의 서기관, 1889년에는 주용산상무위원(駐龍山商務委員), 즉 주조선한성영사(駐朝鮮漢城領事)를 지내며 외교적 재능을 보였다. 1895년에는 주조선총영사(駐朝鮮總領事)로 파견되었다. 1898년 9월 부친상으로 귀국함으로써 조선에서의 근 10년에 걸친 외교 생활을 마감했다. 청 말 남북화회 때 북방 대표를 지냈으며, 원세개가 임시대총통으로 취임한 후에는 초대 내각총리가 되었다. 손문의 동의로 동맹회에 가입했으며, 1913년 원세개의 송교인 암살을 강력히 비판하며, 원세개가 제의한 정부총리직을 거절했다. 1915년에는 원세개의 제제에 반대했으며, 원세개 사후 환계의 단기서가 정권을 잡자 '구약법'과 구국회의 회복을 주장하며 손문의 호법에 동조했다. 1차 광동정부의 7총재 중 1명으로 추천되었고, 1919년 남북화회 때는 남방 총대표를 담당했다. 1920년 손문과 함께 상해에서 광동의 계계(桂系) 군벌에 반대하는 통전을 냈으며, 11월 계계 군벌이 광동에서 쫓겨나자 손문과 함께 광주로 와서 광동정부를 재건했다. 그러나 손문의 총통제 정치 주장에 반대해 군정부 재정총장직을 거절했으나, 이듬해 5월 손문이 임시대총통에 취임하자 재정부장(財政部長)이 되었다. 1929년 중산현(中山縣) 훈정실시위원회(訓政實施委員會) 주석에 취임해 25년의 시간을 들여 "중산현을 전국의 모범 현으로 건설하겠다"라고 선언했다. 1931년 중산현 현장을 겸임했으며, 9·18 후에 국민당감찰위원, 국민정부위원이 되었다. '영월분열(寧粵分裂)' 때 왕정위 등이 광주에서 조직한 반장연맹(反蔣聯盟)에 가입했다. 상해가 일본에 함락된 후 정치에서 물러났다. 그러나 일본 측이 당소의가 괴뢰정부를 조직했다고 선전하자, 국민정부는 특무(特務)를 파견해 살해했다.

것이다.[33] 이들은 청 말 관직에 있었고, 신해혁명 이후 여원홍에게 '은혜'를 입거나 좋은 관계를 맺고 있었기 때문이다. 이들에게는 '공화제의 회복'보다 '여

33 唐紹儀는 현재 북방도 '비합법 정부'인데 남방마저 '비합법 정부'(손문의 임시정부)를 설립할 수 없다면서, "합법의 중앙정부를 남방으로 옮겨 합법적 직무를 계속 집행하자"라고 주장했다. ≪時報≫, 1917.7.5(『孫中山年譜長編』 上, 1917.7.3, p.1033에서 재인용).

정벽광(程璧光,1861~1918)

광동 향산(香山, 샹산)인으로, 자는 항계(恒啓), 호는 옥당(玉堂)이다. 1875년 복주선정학당(福州船政學堂)에 입학해 항해술을 배웠다. 청일전쟁에 참가했으나 북양 함대가 패한 후 파직되었고, 이후 혁명에 참가했다. 원세개 사후 여원홍 총통의 추천으로 해군총장에 올랐으며, 이후 '부원지쟁(府院之爭)'에서 '부(府)'인 여원홍을 지지했다. 이후 단기서와 여원홍이 다툴 때도 함대를 대고(大沽)에 정박시켜 여원홍을 지지했다. 1917년 장훈의 복벽 후 함대를 이끌고 손문과 함께 광주로 남하해 호법에 참가했다. 1차 광동정부에서 해군총장에 임명되었으나, 이듬해 2월 광주에서 피살되었다.

원홍의 복귀'가 더 중요한 문제였다.

복벽 직후 손문의 태도에 대한 주변의 평가를 장태염은 다음과 같이 기술하고 있다. "손 공(孫公: 손문)은 중앙(북경)의 변고(복벽)를 듣자마자 기뻐하니 우리와는 정서가 달랐다. 석병(石屛, 스핑: 譚人鳳)이 손 공은 수장의 자리에 오를 자격이 없다고 했고, 나 또한 이에 대해 뭐라 말할 수 없었다. 그러나 중국의 수의(首義)는 사람들이 아는바 손(孫), 여(黎: 여원홍) 두 사람뿐이니 어쩔 도리가 없었다."[34] 중앙의 변고로 총통(여원홍)이 쫓겨났는데 기뻐하는 손문의 태도를 이들은 받아들일 수 없으나, 여원홍과 마찬가지로 개국 원훈이니 손문과 장래를 함께할 수밖에 없다는 뜻이다. 민국의 성립에서 여원홍을 손문과 같은 위상에 놓는 흐름, 즉 손문의 혁명 노선과 달리하는 흐름이 여전히 주류를 이루고 있었음을 알 수 있다.

그렇다고 손문이 중앙의 변고(복벽)가 자신에게 기회를 주었다고 기뻐한 것은 아닐 터이다. "단지 복벽에 반대할 뿐만 아니라 '진정한 공화국가 건설'을 도모"[35]하려는 뜻이었을 것이다. 신해혁명 이후 혁명 세력이 관료 세력과 입헌파

34 湯志鈞 編, 『章太炎年譜長編』 上册, p.548.

35 廖仲愷, 「致饒潛川等電」(1917.7.11), 尙明軒 外 篇, 『雙淸文集』 上册(人民出版社, 1985), p.82.

세력에 흡수되면서 혁명이 실패했다고 믿는 손문은, 혁명 주체로서 중화혁명당을 결성하고 나름의 「혁명방략」을 제정했다. 그러나 그 「혁명방략」은 토원전쟁에서 실패했다. 그렇다고 복벽을 계기로, 다시 「혁명방략」을 추진할 수도 없는 형편이었다. 우선 혁명당은 없는 셈이나 마찬가지였다. 혁명당이 없으니, 혁명군에 의한 '적극 무력'을 행할 수도 없거니와, 군정-훈정은 엄두도 못 낼 형편이었다.

그러나 분위기가 그리 나쁘지는 않았다. 손문은 공화의 원훈으로서 여원홍과 함께 반북경(反北京) 세력의 구심점이 될 수 있었기에, 서남도 손문을 환영하는 분위기였다. 더구나 해군총장 정벽광이 복벽 반대, 호법을 내세우며 군함을 이끌고 남쪽으로 향했고, 손문도 그 군함을 타고 광동으로 내려왔다. 손문이 광동으로 내려오는 사이, 북쪽에서는 단기서가 이미 복벽을 토벌했다. 광동 산두(汕頭, 산터우)에 도착한 손문은 환영회에서 다음과 같이 연설했다.

> 세계상 인물은 신구(新舊) 양종이 있는데, 신인물은 신사상, 신희망을 갖고 있어 모든 일이 늘 앞으로 나아간다. 반면 구인물은 반대로 뒤로 계속 후퇴한다. 이 신구 두 조류는 서로 용납되지 않는다. (민국 성립 후) 6년간 혼란의 원인은 바로 신구 조류가 충돌했기 때문이다. 충돌로 진보가 없었기 때문에 1차, 2차, 3차, 4차의 혁명이 있었다. …… 4차 혁명은 바로 금일 예사충(倪嗣冲)의 조반(造反)과 장훈의 복벽이다. 현재 민국은 이미 망했으니, 오늘은 민국 6년이 아니라 선통 9년이다. 그러나 민국은 형식상 비록 망했으나 민국 국민은 정신상 민국을 품고 있다. …… 지금 비록 남방은 출사(出師)하지 않았고 북방은 이미 출사했다. 이렇게 볼 때 장훈은 곧 평정될 것이다. 이전에는 모두들 남북이 서로 싸운다고 했으나, 지금은 남북의 싸움이 아니고, 신구의 싸움이다. 북방에도 공화를 옹호하는 사람이 있고, 남방에도 또한 복벽을 주장하는 사람이 있으니, 세인들이 지자(智者: 大學問家)라 칭하는 강유위(康有爲, 캉유웨이) 선생이 바로 그 사람이다. …… 복벽이 발생한 것은 신구 조류가 충돌했기 때문이다. 공화정체

는 구파 인물이 반대해온 바인데, 예컨대 예사충이나 단지귀(段芝貴, 돤즈구이) 등은 공화에 반대한 사람들이다. 그런데 그들 또한 복벽에 반대하는 사람들이 되었다. 지금 북방에서 적을 토벌한다며 기병한 사람들도 이전에는 복벽에 찬성하는 사람들이었다. …… 관료들은 국민이 공화를 사랑하는 것을 알고, 입으로는 공화를 말하지 않을 수 없다. (이런 자들이) 금일 복벽에 반대한다는 것은 거짓이다. (복벽 후) 세력을 잡으면 또 황제 제도를 주장하고, 복벽을 주장할 것이다. 지금 이런 곤란을 해결해야 한다. 즉 진공화(眞共和)와 가공화(假共和)를 구별해야 한다. 만약 진실과 거짓을 구별할 수 없으면 이후 결코 진보는 없다. 어떻게 구별할 수 있는가. 이전에 공화를 반대한 사람은, 이후에도 곧 공화를 반대할 사람이니 우리는 결코 그들을 믿어서는 안 된다. …… 거짓 공화를 제거해야만 비로소 진공화가 출현할 수 있고, 비로소 행복을 누릴 수 있으며, 국가가 비로소 영원히 태평해질 수 있다.[36]

손문은 복벽을 장훈의 단순한 해프닝으로 보고, 이것이 신구 두 조류의 충돌 즉 진공화와 가공화의 대결에서 발생했다고 파악했다. 어찌 보면 대결 구도를 의도적으로 만든 측면도 있다. 가공화 세력 속에 단기서의 동생인 단지귀는 포함시켰으나 복벽 토벌에 나선 단기서를 거명하지는 않았다. 손문이 황포(黃埔, 황푸)에 도착한 7월 17일에 복벽은 이미 단기서에 의해 붕괴되고 단기서는 '삼조공화'의 명예를 얻었다. 17일 손문이 황포에 도착하자, 복벽으로 내려온 국회의원, 광동성 성의회 의원 및 광동성 독군 진병혼, 광동성장 주경란(朱慶瀾, 주칭란) 등이 황포강안에 나와 손문을 환영했고,[37] 그들이 베푼 그날 밤의 환영연회에서 손문은 다음과 같이 이후의 전개를 이야기했다.

---

36 「在汕頭各界歡迎會上的演說」(1917.7.12), 『孫中山全集』 4, pp.112~113.

37 『國父年譜』 下(1917.7.17), p.681.

이번 변란은 제정(帝政)과 민정(民政)의 다툼도 아니고, 신구 조류(潮流)의 다툼도 아니며, 남북의 의견 다툼도 아니다. 정말로 진공화와 가공화의 다툼이다. 진공화를 회복하여 복리를 구하려면 반드시 두 가지 큰 위력이 있어야 하는데, 그 하나는 육군이고, 그 둘은 해군이다. …… 다만 해군은 반드시 근거지가 있어야 하는데, 현재 상해는 반란병들이 할거하고 있고, 절강과 복건 또한 그렇다. 광동을 해군 근거지로 한 연후에야 모든 대계획이 발전할 수 있다. …… 비인이 금일 제 공(公)에게 바라는 바는 즉시 연전(聯電)해, **해군 전체의 함대를 광주로 오라고 청하고, 연후에 광동에서 국회를 소집해 여(黎) 대총통을 광주로 오게 해 직무를 집행하게 하도록 하는 것이다.** …… 지금 국가의 흥폐가 관두에 처해 있고, 공화의 존망이 기로에 서 있다. 즉시 함대 및 의원들을 광동으로 오게 하여 **정부를 조직하자고** 전보를 쳐야 한다. **공화국가의 중추는 국회에 달려 있고, 국회의 소재지가 곧 국가 정부의 소재지인 것이다.**[38] – 강조는 인용자

혁명군은커녕 혁명당조차 갖추지 못한 형편이므로, 「혁명방략」을 진행할 수 없게 되자 택한 것이 호법이다. 즉 구국회와 여원홍을 불러들여 정부를 조직하자는 것이다. 정부의 조직은 북경정부를 부인한다는 의미이다. 이 시기 그리고 이후 중국 정치사에서, 중앙(북경)정부에 대한 부인은 정통성을 인정하지 못하겠다는 것을 뜻한다. 즉 정치적 이해에 따라 중앙정부를 압박하는 것이지, 자신의 권력이 정통 정부(중앙정부)라고 주장하는 것은 아니다. 그러나 손문은 북경정부를 대신해 광동에 정통 정부를 세우겠다는 것이다. 물론 이 정부는 「혁명방략」의 혁명 정부는 아니다. 당시 약법 체제에 의해 구성된 구국회의 국회의원들은 복벽으로 국회가 해산되어, 전국으로 흩어져 있었다. 손문은 이들을 광동으로 불러들이고, 군대 주력 중 하나인 해군을 광동에 집합시켜 북경정부를 대신하는 정통 정부를 세우자는 것이었다. 앞에서 서술했듯이 손문은 복벽

38 「在廣州黃埔歡迎會上的演說」(1917.7.17), 『孫中山全集』 4, pp.114~115.

직후 자신을 임시대총통으로 하는 임시정부의 수립을 주장했으나, '또 다른 비법 정부', '제2의 복벽'이라고 강력히 반대하는 목소리가 있었기 때문에 여원홍을 광주로 불러들이고자 '양보'했던 것이다. 그러나 손문의 주장은 여전히 '임시정부' 수립이었다. 손문 이외의 정치 세력, 특히 서남의 정치 세력들에게 손문의 주장은 받아들이기 어려운 '정치적 모험'이었다. 손문의 주장은 북경정부와 정면 무력 대결을 의미하기 때문이었다.

3. 손문과 단기서

손문의 주장에 '호응'이라도 하듯이 단기서 내각에 들어간 양계초, 탕화룡(湯化龍, 탕화룽) 등은 임시 참의원을 조직하기로 하고 구국회를 회복하지 않겠다고 선언했다.[39] 복벽에 의해 해산되어 뿔뿔이 흩어졌던 구국회의 국회의원들은 단기서 정권에 의해 또다시 버림받아, 갈 곳이라고는 손문이 부르는 광동밖에 없는 형편이 되었다. 이제 손문은 북경 단기서와의 투쟁을 정식으로 선언했다.

한편 손문은 복벽파를 복벽 급진파와 점진파로 나눴는데, 서세창과 단기서는 후자라고 주장했다.[40] 이어 단기서의 복벽 토벌은 '온건 복벽파와 격렬 복벽파의 전쟁'일 뿐이고, 복벽이 무너진 후 이제 단기서와 싸움이 시작되었는데, 이는 '진공화와 가공화의 싸움'이라고 손문은 주장했다.[41] 그렇다면 손문은 '점진 복벽파'인 북경의 단기서에게 어떻게 대응하려 했는가.

39 『中華民國史事日誌』 1, 1917.7.18, pp.318~319. 북경정부가 '국회조직법'과 '국회의원선거법'을 수정해 신국회를 구성한 것은 1918년 8월이었다. 『中華民國史事日誌』 1, 1918.8.12, p.393.

40 「在廣東省議會歡迎會上的演說」(1917.7.19), 『孫中山全集』 4, p.119.

41 「在駐粤滇軍歡迎會上的演說」(1917.7.20), 『孫中山全集』 4, pp.120~121.

단기서(段祺瑞, 1865~1936)

자는 지천(芝川), 안휘 합비(合肥, 허페이) 출신이다. 이 때문에 '단합비(段合肥)'라고도 한다. "북양의 호랑이"로 불린 환계 군벌의 수령으로 1916년부터 1920년까지 북양정부의 실권자였고, 1924~1926년에는 중화민국 임시집정에 올랐다. 단기서는 세 번의 공화를 만들었다고 칭송받는다. 첫 번째는 무창기의 후 혁명군을 토벌하라는 명을 받고서도 적극적으로 공격하지 않고, 오히려 청조에 공화를 주장했다(一造共和). 두 번째는 1915년 원세개의 칭제에 참여하지 않고, 원세개 사후 여원홍을 대총통으로 추대해 임시약법을 회복시켰다(二造共和). 세 번째는 1917년 장훈의 복벽 직후 토역군을 이끌고 복벽을 진압해 공화를 회복시켰다(三造共和). 이후 무력 통일을 주장하며 손문과 대립하다가, 직계의 북경정부를 무너뜨리기 위해 손문과 반직동맹을 결성했으며, 북경정변 후 임시집정에 올랐다. 1926년 3월 18일 단기서 정부는 북경의 학생운동을 유혈 진압했으나(「3·18 참안」), 단기서 본인은 당시 집정부에 있지 않았고, 사격 명령도 내리지 않았다고 주장했다. 이후 권좌에서 물러나 천진 조계의 집에 거처하며 불교에 심취했으며, 9·18 사변 후 일본은 단기서에게 동북의 괴뢰정권을 조직하라고 협박했으나 단기서는 단호히 거절했다. 1936년 11월 병으로 사망했다.

우리가 상해에서 광동으로 출발할 때는 원래 광동에서 출병하여 복벽의 역적을 토벌하는 데 (육군을 주력으로 하고) 해군을 보조로 취하고자 했다. 그러나 광동에 도착했을 때 복벽은 이미 타도되었다. 그러나 복벽을 무너뜨린 자는, 진정으로 공화를 옹호하는 자가 결코 아니다. 예컨대 단기서란 자는 복벽당의 중요한 인물로, 그가 장훈에 반대한 것은 순전히 개인의 이해 충돌 때문이었다. …… 지금 **구국의 제1보는 국회를 회복시키는 것이고, 그것도 광동에서 개회시키는 것이다.** …… (이어) 해군의 도움을 받아 **출병해 북상하면 열흘 만에 무창에 도달해 중원의 요지를 장악할 수 있다.** 이러면 북방의 거짓 공화파는 항복하거나 도망갈 것이다. **외교는 문제가 되지 않는다.** 국회가 개회하여 정부가 법에 따라 성립되면 타국의 승인은 기다릴 필요도 없을 것이다. …… 국회 내에서 민당(民黨)의 의원이 이미 다수를 차지하기 때문에, 광동으로 오는 자가 많을 것이 분명하다. …… 만약 법정수에 이르지 못하면 비상국회를 개회할 수도 있다.[42] – 강조는 인용자

당계요(唐繼堯, 1883~1927)

자는 명갱(蓂賡), 운남 회택(會澤, 후이저) 출신이다. 한족으로 전군(滇軍: 운남군)의 창시자이다. 1903년 청조에서 과거에 합격(秀才)했고, 이듬해 일본으로 유학해 도쿄진무학교에 입학했다. 이후 일본육군사관학교에 입학해 재학 중 동맹회에 가입했다. 1909년 귀국한 뒤 운남에서 혁명 활동을 했으며 1912년 운남이 광복된 후 채악이 운남도독에 취임해 북벌을 추진하자, 당계요는 귀양(貴陽, 구이양)을 점령하여 귀주도독으로 추대되었다. 1913년 채악의 뒤를 이어 운남도독에 올랐으며, 1915~1916년에는 채악, 이열균 등과 함께 호국전쟁에 참여해 전쟁이 끝난 후 운남독군 겸 성장에 올랐다. 이후 손문의 호법운동에 참가했다. 1926년 국민혁명군(북벌군)이 북벌에 나서자 돌연 "반공(反共)", "토적(討賊)"을 외치며 국가주의를 표방해 직계 군벌 오패부와 손잡고 혁명에 대항했다. 1927년 5월 병으로 사망했다. 사진은 호법선언 당시의 당계요이다.

이 담화 속에는 손문의 대응 방식이 응집되어 있다. 우선 북경을 적으로 하는 구도(복벽과 공화의 구도)를 만들고, 구국회의원들로 정부를 조직한다. 정부를 조직하면 열강은 당연히 승인할 것이라고 낙관한다. 그다음 북경의 적에 '적극 무력'으로 출사한다. 또 '비법'(비상국회)도 가능하다는 주장이다. 복벽과 공화의 구도, 비상국회의 합법화, 정부의 조직, 열강의 승인, 북벌 모두 손문의 논리라고도 할 수 있으나, 이 논리 중 「혁명방략」과 통하는 것은, 북벌 즉 '적극 무력'뿐이다. 손문은 이열균을 운남에 파견해, 당계요에게 "남방 정부를 조직하여 20만 대군을 한구에 파견해 북상하자고" 제의했다.[43] 그러나 자신이 지배하는 근거지도 없었고, 재정과 무기도 없었으며, 중화혁명당도 사실상 개점휴업 상태 속에서 북벌의 추진은 「혁명방략」의 굴절이자 왜곡이었다.

8월 25일 국회 비상회의가 광동성 의회에서 개막식을 거행했다. 참석한 의원은 120명으로 법정수가 부족해 비상회의로 시작했다. 8월 31일 국회비상회

42 「與廣州各報記者的談話」(1917.7.31), 『孫中山全集』 4, pp.126~128.

43 粤海關檔案, 「各項時事傳聞錄」, 1917.7.20(『孫中山年譜長編』 上, 1917.7.19, p.1041에서 재인용).

대원수로 추대된 손문

1917년 복벽 발생 후 광주로 내려온 손문은 남하한 구국회 국회의원들이 조직한 국회비상회의에서 '중화민국 군정부 대원수'로 추대되어, '1차 광동정부'를 건립했다. 그러나 1년도 채 못 되어 비상국회가 대원수제를 7총재의 위원제로 바꾸자, 손문은 1918년 5월 4일 대원수를 사직하고 광동을 떠났다.

의는 '군정부조직대강'을 통과시키고, 다음 날인 9월 1일 출석 의원 91명의 선거를 통해 손문을 '중화민국 군정부 대원수'로 선출했다(84표). 9월 2일에는 당계요(83표)와 육영정(76표)이 원수로 당선되었다. 손문은 국회를 조직할 때도 임시대총통을 원했으나, 주변의 반대와 장태염의 건의로 대원수로 결정되었다.[44] 손문은 국회가 통과시킨 각 부의 총장[45]을 정식으로 임명했고, 아울러 대원수로서 군과 대원수부의 장[46]을 임명했다(9.10).

8월 31일 국회비상회의에서 통과된 '중화민국 군정부조직대강'을 보면 "임시약법을 회복하기 위해 중화민국군정부를 조직하며"(제1조), "임시약법의 효력이 완전히 회복될 때까지 중화민국의 행정권은 대원수가 행하고"(제3조), "대원수는 대외적으로 중화민국을 대표한다"(제4조)라고 규정하고 있다.[47] 북경정

44 湯志鈞 編, 『章太炎年譜長編』 上册, p.548.
45 외교총장 오정방, 내무총장 孫洪伊, 재정총장 당계요, 육군총장 장개유, 해군총장 정벽광, 교통총장 호한민, 사법총장 서겸 등이다. 『孫中山年譜長編』 上, 1917.9.10, p.1057.
46 李烈鈞을 참모총장, 章太炎을 대원수부 비서장, 許崇智를 참군장, 林葆懌을 해군총사령, 方聲濤를 위수총사령, 李福林을 대원수부친군 총사령에 임명했다. 『孫中山年譜長編』 上, 1917.9.10, p.1057.
47 「中華民國軍政府組織大綱」(1917.8.31), 『孫中山集外集』, p.587.

육영정(陸榮廷, 1859~1928)

원명은 아송(亞宋), 자는 간경(干卿)으로, 광서 우밍(武鳴, 우밍)인이다. 장족(壯族)으로 1907년 유용(游勇)을 이끌고 혁명군을 진압했다. 1911년 광서제독(廣西提督)이 되었으며, 신해혁명 때 광서가 독립하자 부도독(副都督)으로 추대되었다. '계인치계(桂人治桂)'를 내세우며 광서도독에 올랐다. 동맹회, 혁명파를 와해시키고 구관료를 기용해 광서의 통치 체제를 구축했다(舊桂派). 2차 혁명 때 원세개를 지지하며 유주(柳州, 류저우)의 토원 활동을 진압하고 용제광(龍濟光, 룽지광)의 광동 공격을 지지해 원세개로부터 영무(寧武) 장군의 칭호를 받았다. 호국전쟁 전 원세개와 사이가 벌어져 토원(討袁)을 밀모했다. 1916년 3월 광서 독립을 선포하고 호남과 광동으로 출병했으며, 이후 광동도독(廣東都督), 양광순열사(兩廣巡閱使)에 올랐다. 계계(桂系) 세력은 광동으로 세를 확장했다. 호법운동이 시작되자 손문의 남하를 환영하며 호법을 지지해, 1차 광동정부의 월상계연군원수(粵湘桂聯軍元帥)로 임명되었다. 2차 광동정부 때인 1921년 월계(粵桂)전쟁에서 구계계(舊桂系)의 부대가 계속 패배하자 용주(龍州, 룽저우)로 물러나 하야를 선언하고 상해로 이주했다. 1922년 9월 광서로 돌아와 북양정부가 위임한 광서변방군무독판(廣西邊防軍務督辦)에 취임했다. 1924년 2월 북양정부는 육영정을 광서군무독판(廣西軍務督辦)으로 임명했다. 같은 해 3월 심홍영(沈鴻英, 선훙잉) 부대가 계림에서 육영정을 포위했지만, 호남 조항척(趙恒惕, 자오헝티)의 조정으로 풀려나 전주(全州, 취안저우)로 물러났다. 9월에 다시 하야를 선언하고 상해로 갔다가 소주로 이동했으며, 1928년 상해에서 병으로 사망했다.

부를 부정하고 '임시약법의 효력이 완전히 회복될 때까지', 손문의 혁명 단계로 말하면 헌정에 이르기까지 중화민국의 행정권과 대외적 대표권을 대원수가 갖는 '임시정부' 즉 '혁명정부'라고 하겠는데, 이 '혁명정부'는 '혁명당'이 아니라 구국회가 건립한 것이다.

여하튼 복벽 후 상해를 출발하여 광주에 도착한 것이 7월 17일이니, 이후 40일 만에 '국회비상회의조직대강'을 제정하여 국회비상회의를 조직하고, 이어 국회비상회의는 4일 만에 '군정부조직대강'을 제정해 제정 다음 날인 9월 1일 손문을 대원수로 선출했다. 한 달 반 만에 '임시정부'를 조직한 셈이다. 10월 6일 호남에서 남쪽의 호법군과 북쪽의 북양군 사이의 무력 충돌(湖南戰爭)로 이른바 호법전쟁이 시작되었다.[48] 이렇게 빠른 시간 내에 '임시정부' 수준의 군정부를 수립하고 전쟁으로 발전할 수 있었던 것은 단기서가 구국회를 인정하지 않았기 때문에 국회의원들의 호응이 있었고, 또 서남 세력이 단기서의 무력 통일 정책에 대응하여 결집하는 '일시적 지지'가 있었기 때문이다.

손문을 포함한 서남 세력이 북경의 단기서에 대항하여 이구동성으로 외친 구호가 '호법'이었다. 앞에서 서술했듯이 호법이란 민국 원년의 '임시약법' 체제를 지키자는 것이고, 좀 더 구체적으로 말하면 '임시약법' 체제에 의해 선출된 총통과 국회를 회복하자는 운동이었다. 이 '임시약법' 체제가 무너진 것은 원세개의 '중화민국 임시약법'에 의한 것이고, 원세개 사후 여원홍의 대총통 취임과 구국회의 회복은 약법 체제의 회복이었다. 그런데 복벽을 진압한 단기서의 북경정부가 여원홍을 사퇴시키고 구국회를 부인함으로써 서남 세력에 의한 호법운동이 일어난 것이다. 그런데 복벽 직전 여원홍이 장훈을 불러들인 것도 복벽을 불러온 원인 중 하나였기 때문에, 복벽 후 여원홍도 나름의 책임을 져야 했다. 따라서 여원홍의 사퇴는 단기서 측의 강압에 의한 것만으로 볼 수는 없다.[49] 당시 서남 세력들이 북경에 요구한 호법의 내용은 대동소이한데, 당시 운남도독 당계요의 호법 주장(8월 11일)을 보면 다음과 같다. "첫째, 총통(여원홍)이 만약 복직하지 않겠다면 국회에 사직을 청해야 한다. 둘째, 국회를 회복시켜야 한다. 셋째, 국무원은 국회의 동의를 거치지 않으면 무효이다. 넷째, 군사를 일으켜 항명한 화수(禍首)를 엄벌해야 한다"[50]는 것이었다. 단기서 등이 약법을 훼손했다고 하여 내세운 호법의 핵심은 여원홍과 국회의 복귀이고, 여원홍이 물러나려면 회복된 국회에 사직을 청해야 한다는 것이다.

반면 권력을 다시 잡은 단기서 등은 구국회 내의 소수파였던 연구계의 건의에 따라 임시약법에 의거해 민국 원년에 했던 것처럼 임시 참의원을 소집하고, 여기에서 '국회조직법'을 수정케 하여 신국회를 마련하자는 것이다. 물론 노리

48 『中華民國史事日誌』 1, 1917.10.6, p.332.
49 張憲文 外, 『中華民國史』 第1卷, p.201.
50 『中華民國史事日誌』 1, 1917.8.11, p.323.

는 바는 자파 세력을 중심으로 하는 새로운 국회를 구성하려는 것이지만, 어디까지나 약법의 틀 안에서 행함으로써 법통을 자임하려 했던 것이다.[51] 반면 서남 세력은 이런 북경의 노림수를 약법 파괴로 보아 호법을 주장했던 것이지만, 이들이 노리는 바도 북경과의 명분 대결을 통해 자신의 지반을 확보하려는 것이었다.

손문은 복벽을 계기로 재편된 정국과 자신에게 온 기회를 이용해 "진정한 공화제를 완성하고자" 했다. 그런데 앞서 본 바와 같이 손문의 「혁명방략」에 따르면 '임시약법' 체제는 '진정한 공화제 완성'에 걸림돌이어서 이 '임시약법' 체제야말로 1차 혁명을 실패시킨 원인으로 보았다. 따라서 손문에게도 호법은 북경과 대립하고 있는 세력들과 손잡기 위한 '명분'이었다.

손문의 「혁명방략」은 자신에게 절대적으로 복종하는 혁명당으로 삼민주의와 오권헌법을 완성시켜 '서구 이상의 공화제'를 이룩하겠다는 것이었다. 이를 위해 '적극 무력'으로 혁명을 진행하고(군정기), 완전한 공화제를 달성하기 위해 반드시 훈정기를 둔다는 것이었다. 그러나 손문이 '호법'이라는 명분하에 손을 잡았던 서남 군벌은 중화혁명당 당원들처럼 손문에게 결코 절대복종하지 않는 세력이었다. 따라서 시간이 갈수록 서로 대립하다가 '적대 관계'로 발전해갔다.

복벽이 발생하자 손문의 집에 모여 대책을 논의했던 장태염, 당소의, 정벽광은 모두 중화혁명당과 관계가 없는 사람들이었다. 국회비상회의가 선출한 두 명의 원수(당계요, 육영정) 및 각부 총장 중 교통총장 호한민만 중화혁명당원이었다. 대원수 손문이 직접 임명한 군과 대원수부의 장 가운데 중화혁명당원이었던 사람은 참군장에 임명된 허숭지 1명뿐이었다. 나머지 군정부의 지도자들은 중화혁명당과 관련이 없을 뿐 아니라 1차 혁명이 실패한 원인으로 손문이 지목한 '관료'에 속하는 사람들이 상당수였다. 따라서 이들이 손문의 명령을 고분고

51 이에 대해서는 윤혜영, 『중국현대사연구: 북벌전야 북경정권의 내부적 붕괴과정(1923~1925)』, 54~55쪽 및 54쪽의 주 179를 참조.

분 받아들일 리가 없었다. 예컨대 원수로 선출된 당계요와 육영정은 손문의 애타는 부름[52]에도 원수직을 받아들이지 않았고, 손문이 가장 기대를 건 군대의 핵심인 정벽광도 해군총장에 취임하지 않았다.[53]

그러면 손문을 대원수로 선출한 국회비상회의는 어떠한가. 구국회의 국회의원들은 단기서에 의해 의원직을 부정받자, 손문의 부름에 호응해 광주에 내려와 국회비상회의를 조직하고 손문의 요구에 따라 일사천리로 중화민국군정부를 조직하여, 그를 대원수로 선출했다. 그렇다고 국회비상회의가 손문의 뜻대로 움직여준 것은 결코 아니다. 복벽 이전 손문은 독일에 대한 단교, 나아가 선전(宣戰) 문제로 단기서와 대립각을 세우고 있었다. 상술했듯이 손문은 대독 단교 및 선전에 강력히 반대하고 있었다. 손문의 주장은 단지 단기서와의 대립에서만 나온 것이 아니고, 나름의 철저한 분석을 통해 내린 결론이었다. 손문은 대독 단교 및 대독 선전에 반대하는 이유를 장문의 『중국존망문제』에서 조목조목 설명했고, 이는 '손-가쓰라 회담' 이후 손문의 대아시아주의로 거슬러 올라갈 수 있다고 이미 설명했다.

독일에 대한 국교 단절을 둘러싸고 일어난 총통부(여원홍)와 국무원(단기서)의 격렬한 대립(부원지쟁)은 단기서의 국무총리 사퇴라는 해프닝을 거쳐 단기서의 뜻대로 대독절교안이 참의원에서 통과되었다.[54] 이어 독일에 대한 선전포고를 둘러싸고 또다시 총통부와 국무원이 한 치의 양보도 없는 싸움을 전개하는 가운데 단기서는 독군단을 끌어들였고, 나아가 어용의 '공민청원단'을 사주해 국회의원을 구타하는 추태로 발전했다. 독군단을 이끌던 장훈이 결국 복벽을 감행하자 독군단의 실질적 '맹주'인 단기서가 오히려 복벽을 붕괴시킴으로써 '공

52 「致唐繼堯電二件」(1917.9.29), 『孫中山全集』 4, p.201; 「致陸榮廷電」(1917.9.29), 『孫中山全集』 4, p.201; 「致唐繼堯電」(1917.10.8), 『孫中山全集』 4, p.212; 「致章炳麟電」(1917.10.8), 『孫中山全集』 4, p.213.

53 『孫中山年譜長編』 上, 1917.9.21, p.1064.

54 『中華民國史事日誌』 1, 1917.3.11, p.289.

화의 원흔'이 되었다. 다시 권력을 장악한 단기서는 국무회의에서 대독선전안을 통과시켰다.[55]

물론 손문은 대독 절교뿐 아니라 대독 선전도 줄곧 반대해왔다. 독일에 대한 선전포고는 '호법'보다 오히려 손문의 정치적 색깔을 더욱 분명히 할 수 있는 소재였다. 따라서 대원수에 취임한 손문은 단기서의 대독선전을 부인하고, 독일과 오스트리아에 대해 중립을 선포해달라고 국회비상회의에 동의를 구했다.

> 독일에 대한 선전포고 문제가 발생한 이래, 국민 중 찬동의 뜻을 표시하는 사람이 적었고, 사리를 따져도 멋대로 선전포고할 이유 또한 보이지 않았습니다. 그러나 국회가 강제로 해산된 후 장훈이 복벽을 감행해 이제 민국에는 이미 합법 정부가 없는데, 단기서가 참칭하여 군정부가 성립하기에 앞서 멋대로 독일과 오스트리아에 선전하여, 금일 민국과 독일 및 오스트리아 사이에는 교전 상태가 이미 성립되었습니다. **이치로 따지자면 위법적 이런 선전(宣戰) 행위는 군정부가 용인할 수 없는 것입니다. 추세로 이야기한다면 교전 상태가 이미 성립되었으니, 새로이 중립을 재선언하지 않으면 이 문제를 해결할 방법이 없습니다.** 무릇 일국의 외교는 먼저 자국의 이해 존재를 살펴 정책을 결정해야 합니다. 국회는 민의를 대표하니 이치와 추세를 살펴, 국가의 이익을 널리 꾀해 방침을 확정해주십시오. '국회비상회의조직대강' 제9조에 의거해 이후 독일, 오스트리아 양국에 대해 **중립 관계를 회복시킬 것인지 아니면 현재의 교전 상태를 잠시 용인할 것인지요?** 귀 회의의 빠른 결정을 바랍니다.[56] - 강조는 인용자

그러나 손문의 바람과는 달리 국회비상회의는 "현재의 교전 상태를 잠시 용인한다"고 답해왔다.[57] 손문은 또다시 그 문구의 의미를 정확히 해달라고 청했

55 『中華民國史事日誌』 1, 1917.8.2, p.322.

56 「咨國會非常會議諮詢外交方針文」(1917.9.18), 『孫中山全集』 4, pp.185~186.

다.[58] 국회비상회의는 현재의 교전 상태를 "잠시 용인한다"가 아니라 "승인한다"라고 답신을 보내왔다.[59] 1917년 9월 26일 손문의 군정부는 독일에 대해 선전포고를 했다.[60] 손문과 단기서 사이에 놓여 있던 가장 큰 정책적 차이는 없어진 셈이다. 총통인 여원홍이 단기서의 대독 선전을 받아들이지 않자 이에 불만을 품은 장훈이 복벽을 일으켰으나 오히려 단기서가 복벽을 진압했고, 대독 선전에 반대하던 손문이 스스로 조직한 군정부를 통해 독일에 선전 포고를 하는 셈이 되었다.

또한 손문은 "유리한 조건으로 외채를 모집해 군용(軍用)에 사용하기 위해, 현재 외국 자본가와 계약을 체결하여 외자 2억 원을 모집하고, 훗날 군정부가 반포할 전국토지증가세를 담보로 하려고 한다"며 국회비상회의에 동의를 구하자, 비상회의는 "외교 문제가 해결되지 않았기 때문에 이 자안(咨案)은 토론할 수 없다"[61]라고 답했다. 손문은 국회비상회의도 장악하지 못했을 뿐 아니라 이런 현상은 갈수록 심해져 갔다.

서남 세력들이 자신의 지반을 확보하기 위한 수단으로 '호법'을 주장했다면, 손문은 '진정한 공화제'를 세우기 위한 수단으로 어쩔 수 없이 '호법'을 주장했다. 그런데 그 방법으로 손문이 취한 것이 '임시정부' 건립과 '적극 무력'이었다. 서남 세력들은 이와 같은 손문의 방법에 저항했다. 물론 저항은 자신의 지반이 위태로워질 것을 걱정했기 때문이다. 그러나 나름의 이유가 없는 것은 아니었다. 광동독군 진병혼은 광주의 임시정부 설립에 반대하는 이유를 다음과 같이 주장했다.

---

57 「國會非常會議紀要」, "會議錄", pp.26~28(『孫中山年譜長編』 上, 1917.9.18, p.1063에서 재인용).

58 「咨國會非常會議改外交案詞句文」(1917.9.18), 『孫中山全集』 4, pp.185~186.

59 上海≪中華新報≫, 1919.7.30(『孫中山全集』 4, p.189의 주).

60 『中華民國史事日誌』 1, 1917.9.26, p.330.

61 「國會非常會議紀要」, "公文" p.4(『孫中山年譜長編』 上, 1917.9.18, p.1063에서 재인용).

진병혼(陳炳焜, 1868~1927)

자는 순금(舜琴), 강서 마핑(馬平, 마핑) 출신이다. 청 말 혁명당의 진남관(鎭南關)기의를 진압했다. 1911년 무창기의로 광서가 독립을 선포하고 육영정이 부도독에 이어 도독에 오르자, 진은 도독부 군정사(軍政司) 사장(司長)에 임명되었다. 1913년 2차 혁명 때 원세개의 명을 받아 계림에서 장익무(蔣翊武, 장이우)를 살해하고, 광서에서 유진환(劉震寰, 류전환)을 몰아냈다. 1914년 계림진수사(桂林鎭守使)를 겸임하며 계림의 군정과 민정 사무를 장악했고, 원세개의 제제 후에서는 육영정과 함께 토원 호국전쟁에 참가해 광동으로 들어갔다. 원세개 사후 진은 광서독군에 이어 1917년 광동독군이 되었다. 이후 육영정의 눈 밖에 나 광서로 물러났다. 1921년 광동을 공격하려고 했으나 손문에게 격퇴된 뒤 홍콩으로 물러나 문란한 생활을 하다가 1927년 병으로 사망했다.

1. 임시정부의 건립은 헌법에 맞지 않으며, 직권을 행사할 총통(여원홍 - 인용자)이 있는 상황에서, 다시 특별하게 대원수를 선거할 필요는 없다. 이 때문에 보통의 상식을 지닌 사람들은 그런 방법이 비합법이라고 생각한다.
2. 서남 각 성의 역량은 북방파에 저항할 수 없다. 북방에 정통 국회를 설립한 후 자주(自主) 취소에 반대할 사람은 없다.
3. 중앙정부가 독일, 오스트리아, 헝가리 제국에 선전을 한 이래, 동맹국은 줄곧 각 방면에서 북방을 원조하고 있다. 임시정부가 협약국의 승인을 얻는다는 것은 매우 어렵다.[62]

진병혼을 비롯한 서남 세력들의 호법은 여원홍과 구국회의 회복이었기 때문에, 북경정부를 부정할 생각까지는 없었다. 또한 북방의 군사력, 북경정부에 대한 열강의 지지 등 모든 면에서 '적극 무력'으로 북방과 대항할 수 없다고 판

62 粵海關檔案 「各項時事傳聞錄」, 1917년 9월 9일 條(『孫中山年譜長編』 上, 1917.9.8, p.1056에서 재인용).

단했다. 반면 손문은 예전과 마찬가지로 낙관적으로 전망했다. "(남방에) 합법 정부를 조직하면 외국이 승인할 것이다. 그때 출병하여 역적을 토벌하면 일은 반드시 이루어진다. 서남 6성이 난을 발하면 서북과 동북이 이에 향응을 약속할 것이고, 양자강 유역은 본래 민당의 군대가 많다. 이는 정말로 천재일우의 기회"[63]이며, "정부가 성립되면 이후 외국의 신용을 얻을 수 있다. 지금 단기서 또한 외채를 빌리고자 하나 외인의 신용을 얻을 수 없어 분명히 성공하지 못할 것이지만, 우리가 만약 법에 따라 정부를 조직하면 자금 조달은 걱정할 바 없을 것"[64]이라고 손문은 낙관했다. 그러나 손문의 예측은 모두 벗어났다. 남하한 국회의원에 의해 조직된 국회도 법정수 부족으로 '비상회의'라는 명칭을 붙여야 했고, 열강은 군정부를 인정하기는커녕 군정부를 무력으로 진압하겠다고 위협까지 했다.[65]

그렇다고 손문의 '호법'이 여론상 지지를 얻기도 어려웠다. 손문의 호법은 단순히 여홍원과 구국회의 회복이 아니었고, 북경정부에 대한 부정이었다. 따라서 손문은 북경정부를 '공화의 가면을 쓴 거짓공화(假共和)'로 규정하고, 이를 '적극 무력'으로 타도해야 했으니 임시정부의 수립은 불가피한 것이었다. 그러나 손문이 내세우는 혁명 목표란 국내 정치 체제로서의 '공화의 완성'이었기 때문에, 북경정부나 다른 기타 세력들이 '공화'를 부정하지 않는 이상 혹은 '공화'에 대한 노골적 파괴를 자행하지 않는 이상, '적극 무력'이나 '임시정부'에 의한 호법이 여론의 지지받을 명분을 얻기 어려웠다.

63 「致鄧澤如函」(1917.8.10), 『孫中山全集』 4, p.132.

64 「與廣州各報記者的談話」(1917.7.31), 『孫中山全集』 4, p.127.

65 "廣州 주재 각국 총영사는 사면에서 연일 집의해 南政府의 조직은 중국 통일에 실로 해가 되고 스스로 유럽에 파병해 협약국에 간접적으로 영향을 주기도 어려운데, 광동정부는 지금 오히려 태도를 표명을 하지 않고 있다. 우리 협약국 영사는 절교를 제출해 반성을 촉구한다. 만약 더 깨닫지 못한다면 홍콩에 주둔한 兵艦을 광동으로 보내, 영사단이 지휘케 하여 결렬시키겠다"라는 언론 보도도 있었다. 重慶≪國民公報≫, 1917.10.20(『孫中山年譜長編』 上, 1917.10.20, p.1072에서 재인용).

당시 상황에서 여론으로부터 가장 지지를 받을 수 있는 명분은 아마 '반제국주의'였을 것이다. 이는 곧 발생한 오사운동이 증명한다. 그러나 앞서 보았듯이 손문의 제국주의관에서 반제국주의가 나올 가능성은 거의 없었다. 오히려 손문은 열강의 물질적 도움을 얻어 '적극 무력'으로 '반공화(反共和)' 세력(원세개의 제제나 복벽)이나 '거짓 공화' 세력(단기서 등 군벌)을 제거하고자 했다. 특히 이번 '호법' 투쟁에서는 서남의 지방 세력과 손잡고 공화를 완성하고자 했다. '호법운동'(제1차 호법운동)의 실패는 서남 세력의 이해 때문이기도 하지만, 다른 한편으로는 「혁명방략」의 왜곡 때문이기도 했다.

'호법'이라는 명분은 같았지만 목적이 달랐기 때문에 손문과 서남 세력의 갈등은 처음부터 존재했고, 시간이 흐를수록 대립으로 치달았다. 대립은 서남 세력들이 손문을 따돌리는 식으로 진행되어갔는데, 무력 충돌로 발전하기도 했지만, 제도적으로 손문을 무력화함으로써 일단락되었다. 1918년 5월 국회비상회의는 대원수제를 폐지하고, 7명의 총재제를 채택함으로써 손문의 권한을 무력화해버렸다.[66] 손문은 "우리나라의 대환은 무인(武人)들의 다툼보다 큰 것이 없는데, 남과 북이 한통속이다. 비록 호법을 내세우는 성(省)도 법률과 국민에게 고개를 숙일 줄 모른다"[67]라는 성명을 발표하고 원수직에서 사임했다. 손문은 광주를 떠나 일본을 거쳐 6월 26일 상해에 도착했다.

66 국회비상회의는1918년 5월 18일 中華民國軍政府組織大綱을 수정했고, 이어 군정부 정무총재 7명을 선거했다. 孫文을 포함해 唐紹儀, 伍廷芳, 唐繼堯, 林葆懌, 陸榮廷, 岑春煊 등이 당선되었다. 수석 총재 투표에서 岑春煊과 孫洪伊가 동수의 표를 얻자, 결선 투표를 실시해 결국 岑春煊이 선출되었다(『孫中山年譜長編』 上, 1918.5.20, pp.1122~1123).

67 「辭大元帥職通電」(1918.5.4), 『孫中山全集』 4, p.471.

7장

손단동맹

1. 근본해결

손문의 타도 대상인 단기서의 북경정부(皖系)는 이 시기에 어떠했는가.[1] 서남과 마찬가지로 북양계도 분열을 거듭했다. 복벽을 진압한 단기서는 풍국장(馮國璋, 펑궈장)을 대리총통으로 임명하고, 이어 독일에 선전포고를 했다. 이어 단기서는 무력 통일 정책을 실현하기 위해 1917년 9월 서남에 대해 군사적 공격을 시작했다(호남전쟁). 그러나 11월 풍국장파로 분류되는 왕여현(王汝賢, 왕루셴)과 범국장(范國璋, 판궈장)이 전선에서 정전을 주장하면서, 결국 호남전쟁이 실패하고 단기서는 하야했다. 단기서 하야 후 주화파의 주도로 11월 25일 남방에 정전을 호소하기에 이르렀다. 그러나 단기서의 책사 서수쟁(徐樹錚, 쉬수정)이 단(段)의 무력 통일 정책을 위해 분주히 뛰어다닌 결과, 12월 18일 단기서가 참전독판에 임명되었다. 1918년 1월 천진에 모인 독군단은 서남에 '토벌령'을 내렸

1 이 시기 북경정부의 움직임에 대해서는 張憲文 外, 『中華民國史』 第1卷, pp.201~204를 참조.

서세창(徐世昌, 1855~1939)

자는 복오(卜五), 호는 국인(菊人), 직예(直隸, 즈리) 천진(天津)인 이다. 청 말 과거에 급제(擧人, 進士)하여 일찍이 원세개의 책사이자 맹우로 함께했다. 1905년 군기대신에 올랐으며, 원세개 칭제에 침묵했다. 1916년 칭제를 취소한 원세개에 의해 국무경(國務卿)에 기용되었다. 1918년 국회에서 중화민국 대총통으로 당선되어, 남방에 정전을 명하고, 이듬해에 남북화회(南北和會)를 개최했다. 1922년 6월 사직을 선언하고 천진 조계로 은퇴했으며, 이후 서화(書畵)에 심취해 지내다가 1939년 병으로 사망했다.

다. 이어 2월에는 왕읍당(王揖唐, 왕이탕) 주도로 안복구락부(安福俱樂部)가 조직되고, 6월에는 환계의 안복국회가 구성되었다. 그러나 1월의 독군단 회의를 계기로 환계와 직계의 투쟁이 시작되어, 5월 직계의 오패부는 서남의 계군(桂軍)과 화담(和談)을 시작했다. 바로 이때 광동의 국회비상회의는 대원수제를 폐지하여, 북벌을 주장하는 손문을 '무장해제' 시켰다. 손문이 "남북은 한통속"이라고 분노를 터뜨리며 광동을 떠나 상해로 오는 사이, 직계는 서남과 정전협정을 맺었다. 반면 단기서의 환계는 이른바 안복국회를 조직하고(6월), 9월 4일 서세창을 민국 제2대 대총통으로 선출했다. 단기서는 참전독판으로 북경정부를 실질적으로 지배했으나, 서세창이 화평을 주장하며 정전 명령을 내렸고, 이에 호응해 남방군 정부도 휴전을 선언했다. 그 결과 1919년 2월 상해에서 남북화회(南北和會)가 시작되었다.

서남 세력은 '호법'이라는 명분으로 손문과 손을 잡았지만, 무력의 방법으로 북방과 대결하고 싶지 않았기 때문에 대원수제의 폐지로 손문을 몰아냈다. 반면 북양계 내부에 새로 등장한 직계(오패부, 조곤)는 화평 통일 그 자체를 원했다기보다는, 단기서의 환계에 대항하기 위해 무력 통일을 조직적으로 반대했다. 이런 남북의 분열 속에 추진된 상해화회는, 단기서에 반대하는 직계와 손문에 반대하는 서남 세력의 이해가 일치된 결과였다. 반면 북의 단기서와 남의 손문은 상대방에 대한 무력 토벌을 주장했기 때문에, 정면충돌이 불가피했다. 그러나 무력으로 통일하겠다는 방법론에서는 일치하고 있었다.

다시 손문으로 돌아가 보자. 광동의 국회비상회의가 대원수제 대신 7총재제로 '군정부조직법'을 개정하자 손문은 대원수를 사직하고, 이어 왕정위에게 다음과 같은 전보를 보낸다.

> 국회(광동 국회비상회의)가 (나의 사직을) 만류하기로 결의했기에 잠시 광동을 떠나지 않을 것 같다. 그러나 **나의 정치 활동은 아마 국가에 도움이 되지 않을 듯하니, 이후 근본해결을 꾀할 것을 기대한다.** 상해에 내가 거처할 수 있을지, 각 방면에서 상세히 조사해 알려달라.[2]

앞으로의 전망과 관련하여 현재의 정치 활동, 즉 호법투쟁은 의미가 없으니 이후 '근본해결'을 꾀하겠다는 것이다. 이보다 앞서 1월에는 앞으로의 전망을 다음과 같이 언급했다.

> 이후 우리나라의 정세는 **서북(西北)**에 주의해야 한다. 만약 러시아의 현재 혁명정부가 안정될 수 있다면, 나는 그쪽에서 발전을 기대한다.[3]

1차 호법투쟁에서 실패한 후 손문의 혁명 전략에서 '근본해결'과 '서북'이 새로운 키워드로 등장한다. '서북'에 대해서는 다음 장에서 살피기로 하고 먼저 '근본해결'에 대해 보자. '근본해결(根本之解決 또는 根本解決)'이 '더욱 강하고 철저한 해결'이라는 형용사적 어투를 넘어, 손문이 '이전과는 다른 해결책'이라는 의미로 처음 쓴 것은 1916년 4월 말이 아닐까 생각된다. 당시 손문은 "이에 혁명 두 글자를 동포에게 바쳐 근본해결을 하고자 했다"라고 했다.[4] 2차 혁명 실

2 「致汪兆銘等電」(1918.5.8), 『孫中山全集』 4, pp.474~475.
3 「在廣州警界宴會上與何某的談話」(1918.1.28), 『孫中山全集』 4, p.320.

패 후 대부분의 혁명당원들이 '혁명의 잠정 중단'을 주장할 무렵, 손문은 '적극 무력'을 통해 원세개 정부를 타도하자며 중화혁명당을 조직했다. 따라서 이때의 '근본해결'이란 '적극 무력'에 의한 「혁명방략」을 의미했다. 그런데 앞서 왕정위에게 보낸 글에 나오는 "근본해결을 꾀한다"라는 문구가 무력에 의한 혁명만을 의미한다고 보기는 어렵다. 손문은 당시 호법투쟁을 무력으로 추진했기 때문이다. 따라서 왕정위에게 이야기한 '근본해결'이란 무언가 새로운 방법, 새로운 전환을 의미하는 듯하다. 상해로 온 후 손문은 "구국의 마음이 풀어진 적이 없다. 상해로 돌아온 이래 힘써 **근본**부터 생각하고 있다"[5]라고 했다. 이렇게 볼 때 '근본', '근본해결'이란 '적극 무력'이 아님은 분명하다.

신해혁명 이후 손문이 혁명에 실패하고 근거지로부터 떠난 경우는 세 차례 있었다. '2차 혁명'이 실패하자, 상해를 떠나 일본으로 망명해 혁명을 준비한 것이 처음이다(1913.8~1916.4). 두 번째는 복벽 후 광주로 내려가 군정부를 세우고 시작한 1차 호법운동이 실패하자 상해로 돌아온 것이다(1918.5~1920.11). 세 번째는 진형명의 광주 회복으로 다시 광동군 정부를 수립했으나, 진형명의 '반변'으로 광주에서 쫓겨나 상해로 돌아온 것이다(1922.8~1923.2). 첫 번째와 세 번째 경우는 원세개와 진형명에 의해 무력으로 쫓겨난 것이기 때문에, 손문은 무력으로 이들을 제거하고 재탈환하기 위해 혁명을 의기 있게 준비했다. 반면 두 번째의 경우는 달랐으니, 쫓겨났다기보다는 스스로 나온 것이다. 손문의 혁명방식(북벌)에 반대하며 손문을 무력화하기 위해 제도적 변경을 꾀했으나, 손문은 바뀐 제도에서도 여전히 7총재 중 한 명으로 선출되었다. 광동군 정부는 계속 '호법'을 명분으로 북경과 대립했고, 나중에는 정부의 명칭을 '호법정부'로 개정했으니, 광동정부를 무력으로 재탈환할 명분이 없었다. 더구나 무력을 운용할 힘과 근거지도 없었다.

4 「在東京與某某的談話」(1917.4), 『孫中山全集』 3, p.281.

5 「復李襄伯董直函」(1918.8.19), 『孫中山全集』 4, p.498.

서남 군벌들과 국회비상회의가 자신을 따돌리는 처사에 분통을 터뜨린 손문은 총재직을 수락하고 싶지 않았다. 총재직을 수락하라고 찾아온 오옥장(吳玉章, 우위장)의 회고에 의하면 손문은 "저들(광동군 정부)이 혁명을 한다고? 저들은 결코 혁명을 하지 않는다! 저들은 군정부를 갖고 북방과 화의를 통해 자신들의 개인적 권력과 자리를 지키려는 것이다. 나는 결코 저들 속에서 더렵혀지지 않겠다"[6]라고 하며 총재 수락을 단호히 거부했다. 이에 오옥장이 "비록 남방이 아주 좋지는 않지만, 호법이라는 기치를 내걸고 북방 군벌에 반대하고 있습니다. 우리는 혁명 세력을 지켜 발전을 꾀해야 하며, 혁명의 길에 곡절이 있다고 하여 혁명 전선을 벗어나서는 안 됩니다. 남방과 동맹하지 않고 자신만의 혁명을 하고자 한다면 이것도 쉽지 않습니다. 선생을 옹호하는 혁명역량이 아직 있고, 그들도 선생이 남방과 관계를 유지하며 자신들과 단결하기를 바라고 있습니다. 선생이 만약 스스로 나서고 싶지 않다면, 대표 1명을 파견하는 것도 가능합니다"라고 간곡히 설득하자, 손문은 눈물을 흘리며 총재직을 받아들였다고 한다.[7] 손문의 눈물은 오옥장의 설득이 감개무량하기도 했겠지만, 당시 자신의 어려운 처지가 부추긴 결과일 것이다.

상해로 온 손문은, 이후 누구를 대상으로 어떻게 혁명을 수행하려고 생각했을까. 손문을 따르는 당인과 군사력이 없는 것은 아니었다.[8] 그렇다고 해서 남쪽의 군정부나 서남 세력을 상대할 정도는 물론 아니었다. 게다가 명분도 없었다. 손문은 7명이 총재 중 1명의 총재로서 광동군 정부에 여전히 몸을 담고 있었기 때문이다. 그렇다면 혁명의 대상은 북경의 환계(단기서)인가 아니면 새로

6 「與吳玉章的談話」(1918年 7月 上旬), 『孫中山集外集補編』, p.219.

7 손문은 자신의 총재직 대표로 왕정위를 파견하고자 했으나, 후에 서겸을 광주로 파견했다. 같은 글, p.220.

8 오옥장의 분석에 의하면, 당시 손문을 따르는 세력으로는 광동의 陳炯明, 섬서의 于右任, 호남의 程潛, 호북에도 일부 혁명역량, 사천의 熊克武, 그리고 호북의 일부 혁명역량을 들고 있다. 같은 글, p.219.

등장하는 직계(오패부, 조곤)인가. 근거지도 없는 열악한 처지에서 손문은 혁명의 새로운 판을 짜야 했는데, '근본해결'과 '서북'은 새로운 판의 주요 혁명 전략이었다.

1919년 초 마봉백이 "단기서와 육영정이 손을 잡고 국부적 화의를 시도하고 있어, 우리 당의 계획이 단기서에게 이용되는 것 같다"[9]고 우려하자, "단기서와 육영정은 단연코 손을 잡지 않으며, 국부적(局部的) 화의(和議)는 바로 서세창과 육영정의 음모이다. 우리는 힘써 막아야 한다. 그렇지 않으면 민국은 끝장이다"[10]라고 손문은 단언했다. 손문의 이 단언은 앞으로의 혁명 전략과 관련해 여러 가지 의미를 제공한다. 환계(단기서)와 서남의 계계(桂系: 육영정)는 결코 손 잡지 않을, 대립하는 세력이라는 것이다. 그렇다면 손문이 어느 하나를 대상으로 삼아 혁명을 추진하면, 다른 하나는 임시적이라도 동맹의 대상이 될 수도 있다는 의미일까. "서세창과 육영정의 음모를 막아야 한다"라는 데서도 알 수 있듯이, 두 세력(서남에서는 계계의 육영정, 북경에서는 단기서와 대립하고 있는 서세창, 이후에는 풍국장, 더 나아가서는 직계)이 혁명의 대상임을 강조하고 있다. 이렇게 본다면 얼마 전 환계의 단기서를 타도하기 위해 서남 세력(육영정)을 끌어들이고자 했듯이(제1차 호법투쟁), 이제는 혁명의 대상인 서세창과 육영정을 타도하기 위해 단기서와 손을 잡을 수도 있다는 논리 구조도 가능해진다. 또 하나 "서세창과 육영정의 국부적 화의를 막지 못하면 민국은 끝장"이라는 말 속에서 '화의(남북화평회의)'는 절대로 받아들일 수 없는 혁명의 걸림돌로 보고 있음도 알 수 있다.

그러나 당시 화의는 화평을 바라는 여론과 민심, 게다가 열강의 요구[11]까지 있어 대놓고 반대할 수 없는 정치적 이슈였다. 상해 각계의 단체가 손문에게 화의의 재개를 요구하자,[12] 손문은 "여론을 고취하여 화평에 반대하는 자의 음

9 「馬逢伯致孫中山函」(1919.1.4) 『各方致孫中山函電』 4, p.7.
10 「批馬逢伯函」(1919.1.4), 『孫中山全集』 5, p.1.
11 미국, 영국, 프랑스, 일본, 이탈리아 공사는 회의를 열어, 남북 화의가 되도록 빨리 회복하기를 희망한다는 '권고'를 제출했다. 『孫中山年譜長編』 下, 1919.3.6, p.1160.

모를 깨뜨리는 데 일치 주장하라"[13]라고 답했지만, 실제로는 정반대였다.

사실 화의라고는 하지만 남북(육영정과 서세창)이 각기 자신의 이해를 챙기기 위한 수단이었으니, 화해의 장이 되기에는 근본적으로 불가능했다. 1919년 2월에 개최된 남북화평회의는 서로 받아들이기 어려운 요구[14]만을 내세워 5월 중순에 아무 성과 없이 끝나버렸다. 8월에 다시 재개했으나, 남방 측은 북방 측 총대표가 왕읍당이라는 이유로 거부하여 시작도 하지 못하고 끝나버렸다.[15] 북방에서는 단기서의 환계가 내심 화의를 반대하고 있었고, 손문도 마찬가지였다. 서남 세력이 화평 통일을 내세우며 손문을 따돌렸기 때문이기도 했지만, 손문의 「혁명방략」이 '적극 무력'에 의한 혁명인 데도 원인이 있었다.

'화의'로 인하여 구국 결심에 영향을 받아서는 안 된다.[16]

화의는 이루어지기 어렵다. …… 실력을 지키고, 내부를 정돈하여 시기(時機)를 기다려야 한다.[17]

화의는 모두 쌍방의 권리 다툼이다. 다투는 바가 권리의 분배 문제일 뿐이다. 이제 화의가 끝나버렸다. 그러나 가령 다시 열린다고 해도, 국사의 전도에는 추호의 희망도 없다. 진정한 공화를 이루고 **근본해결**을 꾀하려면, 우리 당의 순결·견정한 동지가 아니면 구국의 책임을 질 수가 없다.[18]

---

12 「各省旅滬公團致孫中山函」(1919.6.30), 『各方致孫中山函電』 4, p.432.

13 「批旅滬慈善教會各公團函」(1919.6.30), 『孫中山全集』 5, p.78.

14 쌍방 요구의 쟁점은 섬서에서의 정전, 중일군사협정의 취소, 참전군 취소 문제에다 신구 국회의 존폐를 두고 서로 다투었다. 張憲文 外, 『中華民國史』 第1卷, p.206).

15 張憲文 外, 『中華民國史』 第1卷, p.206.

16 「復胡仲堯函」(1919.1.16), 『孫中山全集』 5, p.11.

17 「復陳炯明函」(1919.2.4), 『孫中山全集』 5, p.17.

18 「復洪兆麟函」(1919.6.29), 『孫中山全集』 5, p.78.

그렇지만 앞에서도 설명했듯이 손문도 여론과 열강의 화해 요구에 대놓고 반대할 수는 없었다. 그래서 그는 대외적으로 '국회의 자유로운 직권 행사', 즉 '호법'으로 화의에 대처했다. 오사운동이 정점을 향해 치닫던 1919년 5월 28일 손문은 「호법선언」을 발표한다.

> 지금까지 화의가 이루어지지 않는 이유는, 이를 국가 조직의 근본에서 구하지 않고 개인의 권리 관계에서 구했기 때문이다. 국내의 분쟁은 모두 대법(大法)이 서지 않은 데서 기인함을 알아야 한다. 법률에 국회는 본래 해산될 수 없다고 되어 있다. 만약 국회가 완전히 자유로운 직권 행사를 회복할 수 없다면, 법률은 이미 그 힘을 잃은 것이니, 근본이 먼저 동요하는데 지엽을 무엇으로 바로잡을 것인가? 내란을 어떻게 영구히 근절할 것인가? 하물며 국가의 외환이 위급한데 …… 그래서 화의가 처음 열렸을 때, 나는 **국회의 자유로운 직권 행사의 회복**을 유일한 조건으로 삼아, 이후 남북 쌍방이 합법적 국회를 멸시하는 행동을 일체 끊어야 한다고 했다. …… 국회의 완전히 자유로운 직권 행사가 회복될 수 있으면, 영구적이고 합법적인 평화는 이로써 얻을 수 있을 것이니, 이것이 나의 간절한 바람이다. 만약 이 뜻을 막고 개인적 사사로움만 구하는 자가 있으면, 평화 파괴의 책임을 스스로 져야 할 것이다. 제(諸) 공들은 구국의 마음을 품고, 시기와 혐의를 버리고, 나와 더불어 중화민국을 거듭나게 할 목적을 달성하기 바란다.[19]

그렇다면 '국회의 자유로운 직권 행사의 회복', 넓은 의미에서는 '호법'[20]은 어떤 의미를 지니고 있는 것일까. 각 군에 보내는 전보에서도 "금일 화평구국

19 「護法宣言」(1919.5.28), 『孫中山全集』 5, pp.60~61.

20 호법 중 가장 중요한 것은 임시약법 체제의 국회를 회복하자는 것인데, 언제 성립된 국회가 진정한 호법인지는 호법을 주장하는 세력마다 크게 다를 뿐 아니라, 이것을 명분으로 대립하고 있었다.

의 방법은 국회의 완전히 자유로운 직권 행사의 회복뿐"[21]이라고 주장한 손문은, 거의 같은 시기에 혁명을 위해 다음과 같이 준비하라고 요상운(廖湘芸, 랴오샹윈)에게 지시한다.

> 최근 호법이라고 칭하는 여러 군대들은 이름은 비록 극히 正大하나, 실은 모두 권리의 다툼이다. 그러므로 구국의 책임은 **우리 당의 순결(純潔)·견정(堅貞)한 동지에**게 기대할 수밖에 없다. 힘써 진정한 공화를 조성하여 **근본으로부터** 국난(國難)을 숙청해야 한다. …… (혁명 동지들은) 상호 단결하고 실력을 늘려 때를 기다렸다가 위업을 수립하자.[22]

진정한 공화, 즉 혁명을 완성하기 위한 손문의 방법은 호법이 아니라 근본개혁이었다. 또 그 주체는 '우리 당의 순결·견정한 동지'이니, 즉 혁명당원이어야 한다는 것이다. 앞서 1차 광동정부는 혁명당에 의해 건립된 것이 아니라 호법 즉 구국회 의원들이 만든 것이었고, 또한 광동에 들어온 객군에 의지해, 즉 서남 군벌에 의지하여 북벌을 추진했던 것이다. 이제 호법의 국회의원들이 아닌 혁명당원들에 의해, 그리고 서남 군벌에 의지하지 않는 '근본적으로 다른 방법'을 취하겠다는 뜻이었다.

2. 손문과 단기서의 접근

손문의 근본개혁을 알아보기에 앞서 손문과 단기서(환계)와의 관계를 보자. 손문은 단기서를 '거짓공화(假共和)파', '점진 복벽파'로 규정하고 이를 무력으로

21 「致各軍電」(1919年 6, 7月間), 『孫中山全集』 5, p.88.
22 「復廖相芸函」(1919.6.29), 『孫中山全集』 5, p.76.

남북화회(南北和會)

남북이 화해를 모색한 것은 크게 보아 두 번 있었다. 첫 번째는 신해혁명 후 개최된 것으로, 무창기의 후 남북의 무력 충돌 속에 영국이 주재해 남북이 화해를 모색했다. 이를 남북의화(南北議和)라고도 한다. 남북 양측이 손문의 임시대총통 양보와 원세개의 청제 퇴위를 받아들여 성사되었다. 두 번째는 1919년에 상해에서 개최된 것으로, 1차 광동정부에서 북벌을 주장하는 손문이 계계(桂系)에 의해 물러나고, 북경정부에서는 대총통 서세창이 정전을 선포한 후 남북이 화해를 모색했다. 이를 남북화회(南北和會)라고 한다. 1919년 2월과 4월 두 차례 개최되었으나, 남북 양측의 이해충돌로 성과 없이 끝났다. 1920년 6월에 또다시 재개되었으나, 직환전쟁으로 중지되었다. 사진은 1911년 12월 상해에서 개최된 남북의화의 모습이다.

타도하기 위해 광동군 정부를 수립했고, 한편 단기서는 광동군 정부를 무력으로 무너뜨려 전국을 통일하고자 대립했다. 서로 내란의 '괴수'라고 하며 체포령을 내리기까지 했다.[23] 1918년 6월 손문이 군정부 대원수를 그만두고 상해로 돌아오자, 단기서는 노영상(盧永祥, 루융샹)에게 손문을 체포하라고 명하기도 했다.[24]

---

23 『孫中山年譜長編』上, 1917.9.29, p.1066; 「明正段祺瑞亂國盜權罪通令」(1917.10.3), 『孫中山全集』4, pp.206~209; 「緝拿亂國盜權首逆段祺瑞等令」(1917.10.3), 『孫中山全集』4, pp.209~210; 북경정부는 1919년 1월 8일 손문에 대한 체포령을 해제했다. 『孫中山年譜長編』下, 1919.1.8, p.1146.

24 『孫中山年譜長編』上, 1918.6.26, p.1127.

이후 오사사건이 발생하기 직전, 그리고 1차 남북화회의 파열(5.13)이 막바지로 치닫던 5월 초에 북경의 국회의원 두 명이 "뜬구름 잡듯 손문을 찾아와 단기서가 관계를 맺을 수도 있다"고 전했다고 한다. 손문은 이들에게 다음과 같이 말했다고 전해진다.

> **나는(손문) 본래 단기서 개인을 구적(仇敵)으로 삼지 않았다.** 그가 민국을 배반하는 일을 했기 때문에 그를 반대한 것이다. 만약 그가 스스로 참전군을 완전히 철폐할 수 있다면, 그의 손을 거친 모든 매국 조약을 취소할 수 있다면, 또 정말로 국회에 복종하고, 법률에 복종하고, 명명백백히 자신의 죄악을 모두 선포해 국민에게 사죄할 수 있다면, 그러면 자연히 모두가 어렵게 되지 않을 것이니 **연락을 하고 안 하고가 있겠는가?**[25]

내용으로 보면 단기서가 받아들일 수 없는 조건을 내세웠지만, 뉘앙스는 관계 요청에 대해 그리 부정적이지는 않은 느낌이다. 손문의 이 대답은 대계도가 언론에 전한 것인데, 이것이 손문과 단기서의 첫 번째 접촉인지, 아니면 북경에 있는 측근을 통해 단기서 측에 손문의 의중이 전달되어 단기서 측이 두 의원을 파견한 것인지 알 수는 없다. 전자라면 단기서 측이 손문에 먼저 접근한 것이고, 후자라면 손문 측이 단기서에게 손을 내민 것이라고 할 수 있다.

어하튼 이후 손문은 근본개혁을 통한 혁명 추진을 자주 언급한다. "진정한 공화를 조성하기 위해서는 근본으로부터 국난(國難)을 숙청해야 하니, 혁명 동지들은 상호 단결하여 실력을 늘려 때를 기다려야 한다",[26] "진정한 공화를 위한 근본의 해결은 우리 당의 순결·견정의 동지가 아니면 안 된다",[27] "현재는

25 「戴季陶君之談話」, 上海≪民國日報≫, 1919.6.2.
26 「復廖湘芸函」(1919.6.29), 『孫中山全集』 5, p.76.
27 「復洪兆麟函」(1919.6.29), 『孫中山全集』 5, p.78.

움직이지 말고, 실력을 양성하며, 각지에서 실력을 족히 양성한 후 기회가 될 때 일치하여 움직여야 한다."[28]

여론과 열강의 요구 속에 남북화회가 재개된 1919년 8월을 전후하여 손문은 근본개혁에 대해 확신이 선 듯하다. 남북화회가 다시 열릴 듯하자, 남측 대표였던 호한민은, 대표직을 사직하라는 손문의 지시[29]에 따라 광동군 정부에 사직서를 제출했다.[30] 손문은 8월 2일 오정방에게 보내는 편지에서, "근래 혼자 있으며 깊이 생각한바, 도탄에 빠진 인민을 구하고 무인들을 제거하려면 달리 양책이 있어야 한다"[31]면서, 군정부의 정무총재직을 사직하겠다는 뜻을 표했다. 8월 7일 광주의 국회비상회의에 정무총재직을 사임한다는 전보를 보낸 것이다.[32]

광동군정부와의 결렬, 즉 서남 세력과의 결렬은 서남 세력이 혁명의 대상이 될 수 있음을 의미한다. 바꾸어 말하면 단기서와 손을 잡는 것도 가능하다는 뜻이다. 이 시기 손문과 단기서의 관계를 손문은 이렇게 말하고 있다.

> 상해 화의가 개시된 후, 서세창과 단기서가 모두 이곳으로 사람을 파견하여 나의 의견을 구했다. 서세창이 파견한 사람은 서(徐: 서세창)의 동생 서세장(徐世章, 쉬스장)이었다. 나는 그에게 법률에 근거하여 일을 행하라고 했다. …… 서(徐)의 동생은 돌아간 후 아무 말이 없다. 단기서가 파견한 사람은 안복부인(安福部人)이다. 나의 학설 주장에 완전히 찬동할 수 있으면 이야기할 여지가 있다고 했다. 나의 『손문학설』이 출판된 후 왕읍당, 서수쟁, 증육준(曾毓雋, 정위쥔) 등이 이를 읽고서 극히 찬성했고, 상세한 비주를 가해 단기서에게 보라고 넘겼는데, 단기서도

28 「徐東垣致孫中山函」(1919.6.30) 『各方致孫中山函電』 4, p.432

29 「復在滬國會議員函」(1919.4.27), 『孫中山全集』 5, p.49.

30 호한민은 '南北 分治'를 주장하는 徐佛蘇의 주장을 반박하는 글에서 1919년 5월 1일 和會의 남방 대표직에서 사직했음을 밝히고 있다. ≪建設≫, 第1卷 第1期, 1919.8, 「通訊」의 p.11.

31 「復伍廷芳函」(1919.8.2), 『孫中山全集』 5, p.90.

32 「致國會電」(1919.8.7), 『孫中山全集』 5, p.95.

왕읍당(王揖唐, 1877~1948)
안휘 합비(合肥, 허페이)인이다. 청 말 마지막 과거에서 진사로 합격했다. 1904년 일본에 유학해 군사를 학습했으며, 귀국 후 북양신군육군협통(北洋新軍陸軍協統)에 올랐다. 신해혁명 후 통일당(統一黨) 이사장, 공화당(共和黨) 간사, 진보당(進步黨) 이사, 총통부(總統部) 비서, 육군중장 등을 역임했다. 1914년 참정원 참정, 1915년 길림순안시(吉林順安寺), 1916년 내무부 총장과 중의원, 1919년 북방화의(北方和議) 총대표를 지냈다. 1937년 이후 일본의 화북 괴뢰 임시정부에서 요직을 담당했으며, 1940년 일본을 방문해 야스쿠니 신사(靖國神社)를 참배하고 천황을 만났다. 1942년 괴뢰 국민정부 위원을 지냈으며, 1948년 북평(북평, 북경)에서 한간죄(漢奸罪, 친일죄)로 사형되었다.

또한 대체로 찬성했다고 하여, 그런 연후에 다시 사람을 파견해 상의했다. 나는 이에 근본 방법 및 현상 유지 방법 등 두 가지를 제시했다. 이른바 현상 유지 방법은, 즉 국회가 완전히 자유롭게 직권을 행사하는 것이다. 온 사람이 이미 이에 근거해 보고했겠지만, 이후 어떤지 아직 알 수가 없다. 그러나 나는 단기서가 나의 주장에 완전히 복종할 수 있다면, 동지로 생각할 수 있다.[33]

손문과 단기서의 관계가 점차 익어가는 모습이다. 다만 손문이 단기서 측에 제시한 두 가지 방법 중 현상 유지 방법만 이야기하고 있을 뿐 근본 방법은 언급하고 있지 않다. 현상 유지 방법이란 호법이다. 당시의 손문과 단기서의 관계를 잘 보여주는 사례는, 단기서 측의 북방 화의 대표 왕읍당을 둘러싼 남북의 대립이다. 왕읍당은 안복구락부를 조직하고 이를 바탕으로 이른바 안복국회를 만든 장본인이다. 안복구락부, 안복국회는 단기서의 환계가 북경정부를 전횡했음을 상징하는 것이었다.

따라서 왕읍당의 파견은 단기서와 대립하고 있던 남방뿐만 아니라 북방 내

33 「復林修梅函」(1919.8.17), 『孫中山全集』 5, pp.98~99.

의 오패부 등 직계로부터도 반대의 소리를 듣고 있었다.[34] 더구나 손문 측 내부의 진형명도, 나아가 일반 여론도 왕읍당의 파견에 반대했다.[35] 이런 와중에 왕읍당의 파견을 찬성한 '유일한' 사람이 손문이었다.

> 현재 북방은 왕읍당을 의화(議和)에 파견했다. 그러나 남방은 왕의 인사 문제로 그를 강력히 반대해 그와 의화하지 않는다. 우리는 실제로 남방의 뜻을 이해할 수 없다. 상해 각계 인사들도 연이어 왕을 반대했는데, 우리는 좀 잘못되었다고 생각한다. 현재 남북은 전쟁 상태에 처해 있어 피차 모두 적이다. 그래서 의화라는 일이 발생한 것이다. 만약 남북이 모두 친구라면 화(和)라는 글자는 필요 없다. 그러므로 우리는 적인이 파견한 대표에 대해 누구를 보내든 간에 우리는 그의 조건이 무엇인지를 물으면 되고, 인사 문제로 그를 반대해서는 안 된다. …… 따라서 북방을 적이라고 생각한다면, 적이 누구를 파견하든 우리는 그와 강화를 할 수 있어야 한다.[36]

9월 5일 광주군정부는 7총재의 명의로 서세창에게 전보를 보내 왕읍당이 전권 총대표가 되는 데 반대한다고 성명을 냈다.[37] 전보에 서명한 7총재 중에는 여전히 손문이 있었다. 이미 정무총재직을 사임한 손문은 "8월 10일 이후 발하는 문전(文電)의 서명에 본인의 이름이 있는 것에 대해 책임질 수 없으며, 이후 더 이상 본인의 이름을 넣지 않기를 바란다"[38]라고 전보를 보냈다. 이는 왕읍

---

34 『中華民國史事日誌』 1, 1919.8.17, 1919.8.18, 1919.9.4, 1919.9.5.

35 왕읍당의 파견에 반대하는 ≪申報≫의 기사는 다음과 같다. 「陳炯明電謂應拒絶與王開議」(1919.8.31); 「浙江學生通電反對王揖唐」(1919.9.13); 「江蘇省教育會等九團體電請另派總代表」(1919.9.19); 「中華一進會爲反對王揖唐告滬上各界書」·「江蘇省議員通電反對王揖唐南下」·「上海各方面對王揖唐抵滬之態度」(1919.9.21); 「各路商界聯合會開會反對王揖唐紀事」(1919.9.23); 「滬總商會對王揖唐抵滬不表態」(1919.9.27).

36 「在上海寰球中國學生會的演說」(1919.10.18), 『孫中山全集』 5, p.145.

37 「致徐世昌龔仙舟電」(1919.9.5), 『孫中山集外集補編』, pp.238~239.

38 「復廣州軍政府電」(1919.9.9), 『孫中山全集』 5, p.110.

당에 대한 광동군 정부의 대응에 반대한다는 뜻이기도 하지만, 이제는 단기서 측과도 손을 잡을 수 있으며 광동군 정부와는 결렬하겠다는 의미이기도 했다. 10월 10일 손문은 중국국민당을 창당했다. 이제 광동군 정부의 7총재 중 하나가 아닌, 자신의 정치조직으로 하겠다는 뜻이다.

손문이 '근본개혁'을 구체적으로 언급한 것은 1919년 10월 18일 상해환구중국학생회(上海寰球中國學生會)에서 행한 연설이다. 연설문은 두 가지가 있는데, 하나는 인쇄되어 나온 것이고, 다른 하나는 상해≪민국일보≫에 실린 것이다.[39] 전자는 후자보다 훨씬 간략하고 구체성이 떨어진다. 여하튼 전자에서 제기한 내용을 먼저 살펴보자.

> 우리가 민국을 구하고자 함에 취할 수 있는 길은 단지 두 가지이다. 그 하나는 현상을 유지하는 것이다. 즉 합법 국회를 회복해 진정하고 영구적인 화평을 유지하는 것이다. 또 하나는 혁명 사업을 다시 개시하여 근본적인 개혁을 구하는 것이다. …… 4억의 동포여! 만약 제2의 길을 선택한다면 빨리 정해야 한다. 우리는 남방에 적어도 애국 군대 15사(師)가 있어 국민의 지휘를 기다리고 있다. 북방에도 또한 적어도 5사의 군대가 있어 제군의 지휘를 기다리고 있다. 제군들은 왜 제군의 뜻을 수행할 힘이 없다고 걱정하는가![40]

인쇄본에서의 '근본개혁'은 혁명 사업이자 군사행동인데, 이를 수행할 군대가 남방뿐만 아니라 북방에도 있음을 보여준다. 그러나 상해≪민국일보≫의 기사는 '근본개혁'에 대해 상세히 기술하고 있다. 연설사는 매우 길어 두 번에

39 『孫中山全集』(第5卷, pp.138~149)에는 '在上海寰球中國學生會的演說'이라는 제목으로 1919년에 상해에서 인쇄물로 나온 것을 게재하고, 뒤에 '同題異文'이라는 제목의 부록으로 게재하고 있다. 여기에서는 후자의 경우를 '孫中山先生在寰球學生會的演說辭'(上海≪民國日報≫, 1919.10.21, 10.22)라고 표시해 달리한다.

40 「在上海寰球中國學生會的演說」(1919.10.18), 『孫中山全集』 5, p.139, p.141.

나누어 게재되었다.

우리의 구국 방법에는 두 가지가 있다. 하나는 현상을 유지하는 것이고, 다른 하나는 근본적으로 해결하는 것이다. 무엇을 현상 유지라고 하는가. …… 의화에서 우리의 유일한 조건은 국회를 회복해 국회로 하여금 자유로이 직권을 행사하게 하자는 것이다. 북방 무인이 이 조건을 받아들이면 남북은 곧 통일할 수 있다. …… (의화가 실패한 후) 북방은 또 여러 차례 대표를 파견하여 "어떻게 해야 화해할 수 있을지" 우리의 의견을 물었다. 국회의 회복, 국회의 자유로운 직권 행사 외에는 방법이 없다고 답했다. 그 후 또 북방은 대표 오정창(吳鼎昌, 우딩창)을 보내, "국회 회복은 이루기 대단히 어려우니 국회 문제를 제외하고 다른 방법이 없느냐"라고 물었다. …… (세 가지 방법을 말해주었더니 세 가지 모두 할 수 없다고 했다) 이 세 가지 방법을 모두 할 수 없다면 의화의 여지는 없다고 말해주었다.

원래 우리는 남북화회에 결단코 반대했었다. 그러나 국민이 평화를 요구하고 오대 강국이 권고했으며, 우리도 평화를 애호하는 사람이어서 자연히 이 현상 유지의 방법을 내어 국가를 구해야 했다. 현상 유지의 방법이 바로 남북화회로, 빨리 국회를 회복하여 국회로 하여금 자유롭게 직권을 행사하게 하는 것이다. 의화에 대한 우리의 유일한 조건은 바로 이 국회 문제이다. ……

(단기서가 보낸 북방의 의화 대표인) 왕읍당이 상해에 온 지 3일째 되던 날, 우리에게 와서 우리의 의화 조건을 물었다. 의화에 대한 우리의 조건은 다른 것이 없고 단지 국회가 자유로이 직권을 행사하는 것이고, 당신들이 이를 받아들이면 오늘 화의는 성립할 수 있다고 대답해주었다. 이것은 곤란하다고 (왕읍당이) 답했다. ……

북방이 만약 국회 문제를 받아들이지 않는다면, 그러면 나와 함께 다시 혁명을 하는 것이다. 즉 근본으로부터 이 시국을 해결하는 것이다. 혁명당은 군대도 없고 무기도 없이 몇십 명이 목숨을 걸고 혁명을 수행했다. 북방의 무인은 현재 병권을 장악하고 있으니, **만약 2만~3만 명의 군대를 보내, 나와 함께 혁명을 한다면 중국을 통일 하지 못할 것도 없다.** 이 방법을 북방이 할 수 있겠냐고 물었다. 이 방법에 대해서는 상의해볼 수 있다고 왕읍당이 대답했다. 그는 이 방법을 상의한다고 해놓고 지금까지 회신이 없다. 아마 아직 상의하지 않은 것 같다. ……

근본해결의 방법은 어떻게 하자는 것인가? (나는) **남북의 신구 국회를 모두 원하지 않는다.** 동시에 저들 부패 관료, 발호 무인, 악의 정객을 완전히 청소하여 그들이 다시 소란 피우고 악을 행하는 것을 막고, **국민 모두의 새로운 국가 즉 현재의 공화국에 비해 훨씬 좋은 국가**를 새롭게 창조하는 것이다. 이것이 근본해결의 방법이다.[41] - 강조와 괄호는 인용자

국회의 자유로운 직권 행사 즉 호법은 현상 유지의 방법이므로 본래 반대했던 것이나, 여론과 열강의 요구에 의해 내세운 데 불과하다는 것이다. 손문이 진정 원한 것은 '근본개혁'으로, 신국회이든 구국회이든 상관없이 단기서와 함께 무력으로 현 상황을 일소해 '현재보다 훨씬 좋은 국가'를 건설하자는 것이다.

3. 손문 주변의 반대

이후 단기서외의 동맹은 계속 발전해갔다. 단기서는 자신의 지반을 확내하기 위해 서수쟁을 서북주변사(西北籌邊使) 겸 서북변방총사령(西北邊防軍總司令)으로 임명해 내몽골, 감숙, 섬서 등을 세력권에 넣자 직계뿐 아니라 봉계까지도 불만을 일으켜, 결국 직봉(直奉)의 결합을 촉진했다.[42] 서북 총사령으로 임명된

41 「孫中山先生在寰球學生會的演說辭」(上海≪民國日報≫, 1919.10.21, 22), 『孫中山全集』 5, pp143~148.

42 오패부의 주도로 長江三督과 反皖 연합이 이루어졌고, 봉계 張作霖은 서수쟁의 서북 주도가 봉계 세력 범위를 직접 위협한다고 생각해 환계에 불만을 품었다. 1919년 추동 시기에

서수쟁은 서북에 들어가, 자치를 선언했던 외몽골로 하여금 자치를 취소케 하는 '성과'를 거두었다. 서수쟁은 고륜(庫倫, 쿠룬: 현 몽골의 울란바토르)에서 북경으로 돌아와 자신이 이룬 성과를 손문에게 보고했다.[43] 이에 손문은 "우리나라에 오랫동안 진탕(陳湯), 반초(班超), 부개자(傅介子)와 같은 인물이 없었는데, 일을 맡은 지 10일 만에 이런 기적 같은 공을 세우니, 고인과 비교하여 누가 나은지 모르겠다. …… 외몽골의 분규는 이미 7년이 되었는데 하루아침에 복귀하여 오족공화의 융성을 다시 보게 되었다. 이는 거국적으로 기쁘기 짝이 없는 일이다"[44]라고 서수쟁을 극찬했다. 아직 손문과 단기서의 관계를 알지 못하던 능월(凌鉞, 링웨)은 서수쟁과의 교신을 다음과 같이 힐책했다.

> 신문지상에서 (손문과 서수쟁의) 왕래 서신을 보고, 다 읽기도 전에 모골이 송연했습니다. 처음에는 간인(奸人)이 위조했다고 생각했습니다. …… 서역(徐逆: 서수쟁)은 매국 대죄를 범해 불구대천지 원수인데 …….[45] – 괄호는 인용자

이에 대해 손문은 "서(수쟁)의 몽골 회수는 그 공이 실로 반초, 부개자보다 크다. …… 근래에 듣기로는 서가 자못 각오를 다졌다고 한다. 만약 진실로 과거를 뉘우치고 회개하면 나는 당연히 수용하지 못할 바가 없다"[46]라고 답했다.

손단동맹(孫段同盟)은 공개적으로 진행된 것은 아니었다. 공개하여 다른 정파나 세력으로부터 공격당하고 싶지도 않았을 터, 특히 손문의 경우는 더욱 그러했을 것이다. 얼마 전까지만 해도 불구대천지 원수로서 전쟁을 벌이던 단기서와 손을 잡는다는 것은 명분상 주변을 설득하기 어려웠을 터이다. 심정일(沈

이르면 奉, 吉, 黑 3省과 直系 4省이 七省反皖同盟을 결성해 환계에 대항했다. 張憲文 外, 『中華民國史』 第1卷, p.207.

43 「徐樹錚致孫中山電」(1919.11.18), 『各方致孫中山函電』 5, pp.182~183.

44 「復徐樹錚電」(1919.11.26), 『孫中山全集』 5, p.169.

45 「凌鉞致孫中山函」(1919.12.9), 『各方致孫中山函電』 5, pp.203~204.

46 「復凌鉞函」(1919.12.23), 『孫中山全集』 5, p.177.

서수쟁(徐樹錚, 1880~1925)

자는 우쟁(又錚), 호는 철산(鐵珊)으로, 강소 소현(蕭縣, 샤오현)인이다. 동시대의 정치인 서세창(徐世昌)과 구별해 '소서(小徐)'라고 일컬어진다. 청 말 과거에 합격(秀才)했으며, 1901년 원세개 밑으로 들어가 군 생활을 시작했다. 1905년부터 1910년까지 일본에서 군사학습을 받았으며, 이후 단기서의 책사가 되어 단기서의 '삼조공화(三造共和)'를 이룰 수 있게 뒷받침했다. 풍국장과의 투쟁 중 장작림의 봉군을 입관시켜 환계 세력을 공고히 하고, '무력 통일'을 주장했다. 안복구락부를 조직해 국회를 조정하며 민국 초에 정치 무대에서 활약했다. 이후 남정(南征)의 실패와 군벌 간의 불화로, 방향을 서북으로 틀어 무력으로 외몽골의 무조건 자치 취소를 받아내고 외몽골을 중앙정부의 직할로 되돌렸다. 1920년 북경으로 돌아와 직환전쟁에 참여했으나 패한 후 일본으로 망명했다. 이후 단기서의 재기를 돕기 위해 손문과 장작림을 연결해 반직삼각동맹을 만들었다. 이후 복건에 들어가 건국군정제치부(建國軍政制置府)를 건립했으나 곧 실패하고 1924년 이후 국외를 유람했다. 1925년 겨울 귀국하여 손전방(孫傳芳, 쑨취안팡), 장작림과 연합해 풍옥상에 반대했다. 서수쟁은 이전에 풍옥상의 외삼촌을 암살한 적이 있었는데, 1925년 12월 30일 풍옥상에 의해 납치되어 살해당했다.

定一, 선딩이)은 호적(胡適, 후스)에게 보내는 편지에서 이런 사정을 소상히 밝히고 있다.

호적 선생에게

당신의 편지를 받았다. 당신이 알고 싶어 하는 일에 대해 일찍부터 편지를 쓰려고 했다. 오치휘(吳稚暉, 우즈후이) 선생이 일찍이 손 선생에게 "당신이 정치가가 되고 싶다면, 나쁜 사람, 나쁜 일도 포용하는 정치가가 되어야 한다"라고 말했다. **나는 정말로 이런 소식을 전하고 싶지 않아, 당신에게 편지를 쓰지 않았다.** 당신이 지금 이곳의 일을 물으니, 내가 아는 바를 이야기하리다.

(단기서가 보낸 북방 측 화회 대표인 왕읍당이 발표하기에 앞서) 허세영(許世英, 쉬스잉)이 서(서세창), 단(단기서)을 대표하여 상해로 와서 손 선생(손문)을 뵈었다. 초이당(焦易堂, 자오이탕), 사량목(謝良牧, 셰량무), 전동(田桐, 톈퉁), 광운금(光云錦, 광윈진) 등이 주선한 것이다. 손 선생은 허세영을 보자 당신과 독수(진독수)의 구속

심정일(沈定一, 1883~1928)

본명은 종전(宗傳), 자는 숙언(淑言), 검후(劍侯)이고, 호는 현로(玄廬)이다. 절강 소산(蕭山, 샤오산) 출신이다. 청 말 지방관을 지내다가 동맹회의 하구(河口, 허커우)기의를 몰래 돕다가 발각되어, 일본으로 망명했다. 일본에서 동맹회에 가입했다. 신해혁명 때 상해 광복을 위한 무장 기의에 참가했으며, 동시에 혁명 청년 1300여 명을 모아 상해에서 '중화민국학생단(中華民國學生團)'을 조직해 단장이 되었다. 1913년 2차 혁명에 응하다가 실패해 일본으로 피신했으며, 일본에서 유일학생총회(留日學生總會)의 총간사를 맡기도 했다. 1916년에 귀국해 9월에 제2계 절강성 의회 의장에 당선되었고, 이 시기에 성립(省立) 제2, 제3, 제6, 제8, 제9 사범학교를 건립해 인재 양성에 힘을 쏟았다. 1920년 진독수, 이달(李達, 리다) 등과 함께 상해에서 상해 공산주의 소조를 조직했다. 1922년 고향으로 돌아가 농촌 교육에 힘썼으며, 1923년 8월 '손일선박사대표단'에 참가해 장개석과 함께 소련을 방문했다. 귀국 후 국민당에 가입했고, 1924년 일전대회에서 중앙후보집행위원에 당선되었다. 1925년 상해에서 개최된 중국공산당 사대(四大)에 참가해 국공합작을 반대했다. 같은 해 5월에는 국민당에서 대계도와 함께 국공합작에 반대하며 반공을 주장했다. 중공 중앙에 의해 당적을 박탈당했고, 이후 반공의 '서산회의(西山會議)'에 참가했다. 1927년 8월 국민당 당내 투쟁으로 장개석이 하야하고 서산회의파가 중앙 대권을 장악하자, 국민당농민운동위원회 위원장에 올랐다. 이후 절강에서 국민당 청당위원회(淸黨委員會) 주임위원을 담임하면서, 1800여 명의 혁명가를 체포하고, 932명의 중공 당원을 살해했다. 1928년 장개석이 재기한 후, 심정일은 막간산(莫干山)으로 가서 대계도를 만나고 돌아오는 도중, 총에 맞아 사망했다. 일설에 의하면 장개석이 하응흠(何應欽, 허잉친)을 시켜 살해했다고 한다.

이야기를 했다. 당시 ≪매주(每周)≫가 봉쇄되었기 때문에 상해에서는 당신이 체포되었다는 유언비어가 크게 돌았다. …… 며칠 지나지 않아 우리는 독수가 출옥했다는 소식을 들었다. ……

초(焦), 사(謝)가 이번에 투기사업을 했다. **대**(대계도), **호**(호한민), **요**(요중개), **주**(주집신)**는 크게 반대했다.** …… **그러나 손 선생은 일종의 정책이라고 생각했다. 왕읍당이 상해에 온 이후 손 선생은 이 투기 사업을 기꺼이 받아들였다.** 별도로 거×(居×)와 허××(許××)를 찾아, 그들을 대표로 삼아 왕래 통화를 하게 했다. ……

(대)계도는 이번 일에 대해 근본적으로 반대하지만, 그와 손 선생 사이에는

호적(胡適, 1891~1962)
원명은 사미(嗣糜), 필명은 호적(胡適), 자는 적지(適之)이다. 원적은 안휘 징주(徵州, 정저우)인이다. 출생지는 절강 송강(松江, 쑹장)이다. 1910년 의화단배상금(庚子賠款) 유학생으로 미국으로 건너가 컬럼비아대학에 입학해 존 듀이(John Dewey)에게 가르침을 받았다. 1917년 귀국해 북경대학 교수를 지냈다. 1918년 신청년(新青年) 편집부에 들어가 백화문을 제창했으며, 개인의 해방, 사상의 자유를 고취하며 진독수 등과 함께 신문화운동의 지도자가 되었다. 1917년 그가 발표한 백화시(白話詩)는 현대 중국 문학사상 첫 번째 신시(新詩)이다. 실험주의 철학을 신봉해 오사운동 후, 마르크스주의를 받아들인 이대쇠, 진독수 등과 대립하며 '문제와 주의 논쟁'을 일으켰다. 1920년대 ≪노력주보(努力週報)≫, 1930년대 ≪독립평론(獨立評論)≫를 창간했고, 1940년대에 '독립시론사(獨立時論社)'를 설립했다. 1933~1942년에 국민정부 주미대사(駐美大使), 1946~1948년에 북경대학 교장(총장)이 되었으며, 1949년 미국으로 건너갔다가 1952년 대만으로 돌아와 중앙연구원(中央研究院) 원장을 역임했다. 1962년 타이베이에서 병으로 사망했다.

구두의 계약이 있다. "배후에서 그를 반대하지 않으며, 글로 그를 반대하지 않는다." 그래서 계도는 어떤 비평도 하지 않았다. 그가 나에게 한 말에 따르면 "장래 손 선생의 태도를 아주 존경할 수도 있고, 손 선생을 비판할 수도 있을 것이다." 이 '장래'라는 두 글자는 아마 이번 일로 조성되었을 것이다. **총체적으로, 孫+段='⿰子殳', '系'와 '阝'은 결코 합쳐지지 않는 글자이다. 형세상으로 볼 때 만약 '⿰子阝'이 성공하면, '系' 일파(손문 측)는 분명히 맨주먹의 신시상계와 융합할 것이다.** 이 외에 남북 각파의 변동도 또한 미루어 짐작할 수 있는 바이다. ……

당신의 편지를 계도는 아직 보지 못했고, 오늘 내가 그에게 줄 것이다. 그도 아마 당신에게 편지를 쓸 것이다. ……

심정일 드림 8, 12, 16/13[47] - 강조와 괄호는 인용자

47 「沈定一致胡適」(1919.12.16), 中國社會科學院近代史研究所 中華民國史研究室 編, 『胡適往來書信選』 上册(香港: 中華書局, 1983), pp.76~77.

편지는 손단동맹의 과정, 손문 측근의 동맹에 대한 반대 등을 보여주고 있다. 이뿐만 아니라 손문에 대한 측근의 '절대복종'도 잘 보여주고 있다. 또 하나 의미 있는 분석은 군벌과의 동맹이 일부 손문 측근들로 하여금 '맨주먹의 신사상계'(아마 공산당계)와 융합하게 할 것이라고 예측하고 있는 점이다.

4. 오사사건과 손단동맹

이제까지의 서술에서 큰 줄기 중 하나는 "손문이 왜 오사사건에 적극 대응하지 않았는가"이다. 오사사건이 제국주의, 특히 일본 제국주의에 대한 저항이었으니, 당시 손문의 '대아시아주의'(對日觀)이나 제국주의관으로는 오사사건에 참여하기가 어려웠음은 앞에서 살펴본 바와 같다. 또 민중운동에 대한 손문의 인식도 오사사건에 의미를 부여하지 못하게 했다. 그러나 직접적으로는 오사사건 중 전개되고 있던 손단동맹 때문에, 손문은 단기서 정권의 친일 행위에 대응하지 않았던 것이다. 오사사건에 대응하지 않는 손문에 대해 불만을 토로한 마봉백의 전문은 앞서 인용한 바 있는데, 다시 인용한다.

> 이번 외교의 실패를 생각함에 무릇 혈기 있는 자로 분기하지 않는 사람이 없습니다. 그러나 아공(我公: 손문)은 입 다물고 아무 말도 하지 않아 개국의 위인으로서 울지 않는 매미와 같으니, 정말로 사람들이 도무지 이해하지 못하고 있습니다. 떠도는 말에 의하면 **아공이 서**(서수쟁), **단**(단기서)**과 한통속이라고 하는데, 그렇습니까? 아공이 이런 조소를 풀려고 하지 않으면 또한 어쩔 수 없지만,** 그렇지 않다면 한마디 하셔서 국인의 바람을 위로해야 하지 않겠습니까?[48] – 강조와 괄호는 인용자

48 「馬逢伯致孫中山函」(1919.6.5), 『各方函電』 4, p.364.

마봉백은 손단동맹을 '한통속'이라고 조소하고, 이것이 사실이라면 오사사건에 대응하지 않는 것은 당연하다는 비난조의 말을 보냈는데, 물론 당시 손단동맹을 진행하고 있던 손문은 "근일 문을 닫고 저술에 몰두해, 바깥일에는 불문하겠다"[49]라고 하며, '국인의 바람'인 오사사건에 참여하는 것을 거부했다. 그렇다고 갈수록 확고해지는 손단동맹에 대해 손문도 나름의 명분을 세워야 했다. 그 명분은 '21개조'의 폐지였다. 앞에서도 서술했지만 손문이 '의외로' 일본에 대해 이처럼 강경한 태도를 취한 것은, 당시 일본과 경쟁하던 미국으로부터 원조를 얻어내기 위해서였다. 다른 한편으로는 손문에게 손단동맹의 명분이 필요했기 때문이기도 했다. 단기서가 손문에게 화평 협정의 조건을 제시하라고 요구했을 때, 손문이 내건 조건은 모든 대일 밀약을 폐지하라는 것이었고, 이후 마침내 단기서가 받아들였다는 것이다.[50] 1920년 6월 3일 손문은 당소의, 오정방, 당계요(광동군 정부의 정무 총재) 등과 함께 선언을 발표해, 북경의 단기서에게 '대일밀약 및 중일군사협정의 취소할 것'을 요구했다.[51] 이후 손문은 단기서가 이를 받아들였다고 하면서, "단기서의 행동은 성의에서 나온 것으로 보이며, 이로써 단기서는 일본의 굴레로부터 탈피했다. 이후 도쿄(일본)의 조정을 받는 장작림을 타도한다면, 60일 이내에 조곤과 오패부를 멸할 수 있다"라고 전망했다.[52] 또 단기서가 "21개조 및 이것으로 인하여 만들어진 협약을 취소하겠다"라고 손문에게 보증했다고도 했다.[53] 그러나 단기서가 손문의 요구에 동의했다거나 보증했다는 자료는 없다. 단시 손문이 주장할 뿐이다. 남북 화회에 대한 손문의 입장을 보자.

49 「批馬逢伯函」(1919.6.5), 『孫中山全集』 5, p.64.

50 「南北和談立場通電」(1919), 『國父全集』 第1册, 中華民國各界紀念國父百年誕辰籌備委員會學術論著編纂委員會 編(臺北, 1965, 이하 『國父全集』), pp.837~840.

51 「移設軍政府宣言」(1920.6.3), 『孫中山全集』 5, pp.267~268.

52 「與≪大陸報≫記者的談話」(1920.7.16), 『孫中山集外集』, p.247.

53 「與≪字林西報≫記者的談話」(1921.2.17), 『孫中山全集』 5, p.464.

(호법) 선언을 발표한 후 단기서가 자못 뉘우치는 마음이 있어 선언에 찬성한다고 통전하고, 아울러 (그가 파견한) 왕읍당이 화해와 성의를 표시했다. 이에 우리는 약법 파괴와 매국의 일을 고치겠다는 표시로, 화의가 재개되기 전에 적어도 먼저 중일군사협정의 폐지를 선포해 결심을 보여야 비로소 화해를 말할 수 있다고 했다. 이에 왕읍당이 강일통전(江日通電)을 발해, …… 중일군사협정의 폐지는 현재 수속을 밟아 정식 폐지의 실행을 협상하고 있다고 했다. 21개조 폐지에 대해 통전에서 아직 언급하지 않았지만, 구두의 승낙이 또한 있었다. 이에 우리는 화의를 속개할 필요가 있다고 생각하여, 상대방이 누구든지, 또 환계이든 직계이든 간에 약법 파괴와 매국을 고치고자 하는 자와는 화의를 말할 수 있다고 생각했다. …… (지금 직환전쟁에서 직계가 승리했기 때문에) 이후 만약 북방에서 직계가 화의를 주지한다면, 또한 먼저 중일군사협정의 폐지를 선언하고, 21개조 폐지를 승인해야 비로소 화회를 속개할 수 있다.[54] – 괄호는 인용자

단기서가 중일군사협정의 21개조 폐지를 공식적으로 직접 언급했다는 기록은 없는 것 같다. 오히려 방향을 단기서의 환계가 아닌 직계로 돌려, 21개조 폐지를 주장한 것은 반직(反直)을 선포한 것이나 다름없었다. 더구나 손단동맹의 과정을 상세히 소개한 상해환구학생회의 연설에서도, 손문이 제시한 환계와의 동맹 조건에 대일 밀약 폐지는 없었다.[55] 따라서 일본과의 밀약 폐기 등 이 시기 손문의 대일강경론은 손단동맹의 명분 중 하나로 제시된 것일 뿐이다.

1차 광동정부의 경험은 손문으로 하여금 "순결·견정한 동지에 의한 혁명당, 그리고 근거지, 이를 바탕으로 군정을 행하고, 북벌을 통해 일정한 지역을 확보해, 훈정을 행한 후 전국을 통일해 공화를 완성하는 혁명방략"으로 돌아가게

54 「南北和談立場通電」(1919), 『國父全集』 第1冊, p.840.

55 약법의 회복이나 화의를 통해서가 아니라, 남북(손문과 단기서)이 무력으로 새로운 국가를 건설하는 것이라고 했을 뿐이다. 이 책 6장의 주 41 참조.

했다. '근본개혁', 즉 단기서와의 동맹은 북벌을 통해 일정한 지역을 확보하기 위한 전략이었다. 근거지도 변변치 못한 손문이 북벌로 단번에 전국을 통일할 수 없다는 것을 1차 북벌에서 실감했기 때문이다. 한편, 근본개혁인 손단동맹을 추진하면서 우선 자신의 근거지를 확보해야 했다. 손문으로서 근거지란 일단 '광동'이었다.

> **계적(桂賊)을 멸하지 않고서는 민국은 생존할 수 없다.** 그러므로 구국은 반드시 적을 멸해 **남방을 통일하고, 그런 연후에 북으로 출사해 중원을 힘써 다투어야 한다.** 사기를 진작하며 시기(時機)를 기다려라.[56] – 괄호와 강조는 인용자

같은 시기에 손문은 이 내용과 비슷한 지시를 계속 내렸다.[57] 계적, 즉 광서군벌로 당시 광동군 정부를 지배하고 있던 육영정, 진병혼을 멸해 남방을 통일한 후, 단기서와 함께 '적극 무력'(북벌)으로 북경이 아닌 중원까지 얻고자 했다. 바로 '근본개혁'이다. 따라서 총재직을 사임해 광동군 정부와 결별한 것은, 명남방에 대한 무력 토벌에 나서기 위함이다. 손문은 상해에서 진형명, 이열균, 장개석, 주집신 등에게 작전을 지시하거나 전쟁을 독려했는데, 남방과의 전쟁은 진형명이 주도했다. 1920년 10월 22일 진형명은 혜주를 점령하고, 이어 광주를 총공격해 11월 1일 마침내 광주를 '탈환'했다. 이에 손문은 상해를 떠나 홍콩을 거쳐 11월 28일 광주에 도착했다.[58]

손문이 광동 탈환을 위해 상해에서 원격으로 진두지휘를 하고 있었지만, 동

56 「批伍毓瑞函」(1919.11.10), 『孫中山全集』 5, p.161.

57 "國事가 날로 좋지 않다. 근본해결이 아니면 안 되겠다. 화의는 이미 얘기할 것이 없다. 이후 구국은 오직 최후의 수단을 믿어야 …… 장래 안을 숙청하고 중원에 웅거해 실로 湘西를 기초로 삼는다"[「致田應詔函」(1919.11.11), 『孫中山全集』 5, p.162], "당장의 급무는 먼저 桂賊을 멸하여 남방을 통일하고 연후에 북으로 토벌할 수 있을 뿐이다"[「復彭素民函」(1919.11.11), 『孫中山全集』 5, p.163].

58 『孫中山年譜長編』 下, 1920.10.22(p.1299), 11.1(p.1308), 11.28(p.1320).

맹의 상대인 단기서에게 힘을 보태기는 어려웠다. 즉 단기서의 환계는 자신으로부터 떨어져 나간 직계, 그리고 직계와 손을 잡은 봉계의 연합 세력과 힘겨운 싸움을 하고 있었다. 결국 7월에 터진 직환전쟁은 환계의 완패로 끝나버렸다. 직환전쟁에서 손문은 군사적으로 단기서를 도와줄 처지가 아니었다. 단지 여론이나 외교적 노력[59]을 통해 직계와 봉계의 연합을 끊으려고 한 것이 전부였다. 손문은 자신의 말을 귀담아 듣는다고 생각한 다나카 기이치(당시 일본 육군대신)에게 직환전쟁 직전에 다음과 같은 편지를 보냈다.

> 최근 장작림이 돌연 입경해, **단 씨**(단기서)**와 민당**(국민당)**의 화해**를 막고자 하고 있습니다. …… 장작림은 본래 오랑캐 비적으로 금일의 지위를 얻은 것은 순전히 일본 덕택입니다. …… 근년 일본에 대한 중국 인민의 악감정이 날로 깊어지고 있는데 …… 일본 육군의 영수로서 각하가 장 씨의 음모를 제지해 민국 인민의 대일적분(對日積憤)을 완화시켜주십시오.[60] - 강조는 인용자

직환전쟁에서 단기서가 패했다고 해서 손단동맹에 이상이 온 것은 아니었으니, 손문은 직환전쟁에서의 직봉연합 세력의 승리를 다음과 같이 평가했다.

> 단 씨는 두 세력에 의해 무너졌다. 하나는 오패부를 두목으로 하는 배일(排日) 세력이고, 또 하나는 장작림을 수령으로 하는 친일(親日) 세력이다. 오패부는 전국적 여론과 외국 역량의 도움을 받고 있어, 많은 사람들이 모두 단 씨의 패배는 좋은 정세라고 생각한다. 그러나 우리는 현재 분명히 알 수 있다. 이는 좋지 않을 뿐 아니라 더 나쁜 길로 가는 것이니, 끓는 솥에서 뛰쳐나와 화로로 뛰어드는 것과 같다.[61]

59 「在上海青年會的演說」(1919.10.8), 『孫中山全集』 5, p.126; 「與≪大陸報≫記者的談話」(1920.7.16), 『孫中山集外集』, p.247.

60 「致田中義一函」(1920.6.29), 『孫中山全集』 5, p.277.

61 「在上海歡迎美國議員團的演說」(1920.8.5), 『孫中山全集』 5, p.300.

이쯤에서 일단 손단동맹의 과정을 정리해보자. 복벽이 발생하자, 손문은 광주로 내려가 광동군 정부를 조직하여 대원수에 오르는 사이 북경에서는 복벽을 진압한 단기서의 환계가 권력을 공고히 했다. 단기서는 무력 통일 정책으로 서남을 공격하고, 손문은 호법을 명분으로 북벌을 추진했다. 이에 불만을 품은 서남 세력은 대원수제 대신 7총재제로 직제를 변경하여 손문을 끌어내렸다. 이에 손문은 대원수직을 사임하고 상해로 물러났으나, 여전히 7총재 중 1명으로 광동군 정부의 일원이었다. 상해로 올라오는 도중 손문은 '근본해결'이라는 전망을 제시했다. '근본해결'의 낌새는 1919년 초부터 있었는데, 대체로 오사사건 직전쯤 본격적으로 추진되어, 8월 상해 화의의 북측 총대표로 온 왕읍당과의 만남에서 기본 틀이 만들어졌다. '근본해결'의 내용은 10월 상해환구학생회에서의 손문 연설에 의해 구체적으로 밝혀졌는데, 손단동맹을 통해 무력으로 통일하여 공화를 완성한다는 것이었다. 따라서 동맹할 손단의 적대 세력은 북쪽의 반단(反段) 세력과 남쪽의 반손(反孫) 세력이었다. 손문은 남쪽의 반손 세력을 구축하기 위해 광동군 정부의 총재직을 사임하고 자신의 정치조직인 중국국민당을 조직했다. 1920년부터 손문은 상해에서 서남 토벌을 원격 지도했으며, 마침내 10월 광동이 진형명에 의해 탈환되었다. 반면 손단동맹의 한 축인 북경의 단기서의 환계는 반단 세력(직계와 봉계)과의 전쟁(직환전쟁)에서 완패함으로써 북경에서 물러났다. 손단동맹 초기 손문에게는 근거지와 무력이 없었지만, 단기서는 북경을 장악하고 있었다. 반면 손문이 광동에 근거지를 마련하자, 단기서는 천진으로 물러나 북경을 잃어버렸다.

5. 중국국민당 창당의 '허상'

손단동맹의 과정에서 손문의 정치조직으로 만들어진 중국국민당에 대해 살펴보자(1919.10.10). 중국국민당은 1914년 손문이 일본에서 중화혁명당을 조직한 후, 5년 만에 창당한 조직이다. 중국국민당의 창당 이유에 대해 추로는 다음과 같이 설명하고 있다.

> 중화혁명당이 성립한 이후 정신적 단결은 날로 커져갔지만, 국외에서는 (당의 개조를 알았지만) 주재 정부의 입안 관계로 여전히 국민당이라는 명의를 쓰는 경우가 많았고, 또한 국내에서는 당이 이미 개조되었음을 알지 못해 국민당원이라 부르며, 대부분 본당(국민당)의 기치 아래 투쟁했다. 국외는 명실이 부합하지 않는 병폐가 있고, 국내의 경우 실제는 있는데 이름이 따르지 않는 혐의가 있었다. 이에 1919년 10월 10일 정식 통고를 통해 중국국민당으로 개명했는데, **'중국'이라는 두 글자를 덧붙인 것은 원년(1912)의 국민당과 구별하기 위해서이다.** (두 국민당의) **성격으로 말한다면 원년의 국민당은 오당 합당으로 이루어진 것이고, 지금의 중국국민당은 중화혁명당으로부터 나온 것이다.**[62]

추로의 말에 따르면 중국국민당은 1912년에 창당된 국민당을 잇는 것이 아니라, 중화혁명당의 정신을 계승했다는 것이다. 창당과 관련하여 "시세의 변천에 따라 본부가 개정안을 제출해 장시간의 심의를 거쳐 다수가 가결했다"[63]는 통고를 당원들에게 보냈다. '시세의 변천'으로 중화혁명당을 중국국민당으로 바꾸었다는 것인데, 그 구체적인 내용은 밝히고 있지 않다. 그렇다면 '시세의 변천'이란 그해 있었던 오사운동을 말하는가. 1912년 국민당의 「국민당 규약」, 1914년 중화혁명당의 「중화혁명당 총장」, 1919년 10월 10일 중국국민당의 「중국국민당 규약」 등을 통해 당의 계승 관계를 살펴보자.[64]

---

62 鄒魯, 『中國國民黨史稿』 上, p.260.

63 「中國國民黨通告及規約」(1919.10.10), 『孫中山全集』 5, p.127.

64 「國民黨規約」(1912.8.25), 鄒魯, 『中國國民黨史稿』 上, pp.133~137; 「中華革命黨總章」(1914.7.8), 『孫中山全集』 3, pp.97~102; 「中國國民黨規約」(1919.10.10), 『孫中山全集』 5, pp.127~131.

결론부터 말하면 이 세 개 조직의 당강이나 규약을 보면, 추로의 설명과는 정반대로, 1919년의 중국국민당 정신은 중화혁명당을 계승한 것이 아니라 오당 합당으로 만들어진 1912년의 국민당을 '그대로 재건한 조직'이다. 우선 국민당과 「중국국민당 규약」은 모두 6장으로, 각 장의 내용이 같다.[65] 글자까지 같거나 글자만 약간 다른 내용의 조문이 12조나 된다.[66] 「중국국민당 규약」이 총 32조이니 3분의 1 이상의 내용이 「국민당 규약」을 그대로 옮긴 것이다. 「중국국민당 규약」의 내용은 「국민당 규약」의 축소판이라고 할 정도로 간단하다(「국민당 규약」은 총 49개조). 다만 「국민당 규약」에서는 당의 종지로 "공화를 공고히 하고, 평민정치를 실행"(제1조)이라고 규정했고, 당강에 "민생 정책을 채용한다"(제2조의 6)라고 밝히고 있다. 이에 반해 「중국국민당 규약」에는 "본당은 공화를 공고히 하고 삼민주의를 실행하는 것을 종지로 삼는다(제1조)"라고 되어 있어, 종지로서 삼민주의를 분명히 했다는 점이 다르다고 하겠다.

이 외에는 내용상 다른 점은 거의 없다. 말하자면 중국국민당이 혁명당으로서의 면모를 보여주는 것은 전혀 없다. 즉 일반 정당으로서 국민당과 다를 바가 없다. 특히 입당을 위해서는 두 규약 모두 '당원 2인의 소개'만을 요구하고 있다(제2조/제5조). 반면 중화혁명당의 경우는 "반드시 자신의 신명, 자유, 권리를 희생하여 혁명의 성공을 도모하는 것을 조건으로 하는 입약 선서를 하고 이를 영구히 준수해야 한다"(제7조)는 내용의 서약서와 선서, 나아가 날인까지 해야 했다. 이처럼 당에 대한 복종을 서약하게 한 이유는 "제1차 혁명과 제2차 혁명 때 당원들이 모두 독단으로 행동하고 각기 옳다며 통일이 없었기 때문"[67]이

65 제1장 총강, 제2장 당원, 제3장 기관, 제4장, 직원, 제5장 직원의 선거와 임기, 제6장 회의, 제7장 당비, 제8장 부칙.

66 제6조와 제5조, 제8조와 제6조, 제9조와 제7조, 제11조와 제9조, 제36조와 제21조, 제40조와 제24조, 제42조와 제25조 및 제26조, 제제43조와 제27조, 제45조와 제28조, 제48조와 제31조, 제49조와 제32조.

67 「致南洋革命黨人函」(1914.4.18), 『孫中山全集』 3, pp.81~82.

라고 손문은 설명했다. 이뿐만 아니라 중화혁명당 총장은 입당 순서에 따른 당원의 참정권 차별과 비당원의 참정권 불허, '적극 무력'에 의한 혁명단계론 등 혁명당으로서 손문 특유의 주장을 담고 있다. 이런 내용이 중국국민당의 규약에는 전혀 없다.

앞서 추로는 "원년의 국민당은 오당 합당으로 이루어진 것이고, 지금의 중국국민당은 중화혁명당으로부터 나온 것"이라고 했지만, 세 개 당의 당장이나 규약의 내용을 보면 "지금의 중국국민당은 오당 합당으로 이루어진 원년의 국민당과 같고, 중화혁명당과는 전혀 다르다"라고 설명해야 맞다. 더구나 중국국민당 창당을 전후하여, 그리고 그 이후에도 창당의 이유나 의의에 대해 손문은 전혀 언급하고 있지 않다. 이는 중화혁명당 창당 때나 이후 당 개조[68](뒤에서 설명하겠다) 때와는 사뭇 다르다. 창당 이후 거의 1년간 알려진 당무 활동도 거의 없다.[69] 따라서 중화혁명당에서 중국국민당으로의 변화는 당장이나 규약의 내용으로 볼 때, 혁명당의 포기를 의미한다. 그렇다면 손문은 혁명당과 「혁명방략」을 포기하고 일반 정당을 창당해, 중앙 정치에 야당으로 참여하려는 것인가. 그렇지 않음을 중국국민당을 창당한 날 쓴 손문의 글에서 알 수 있다.

> 개국(신해혁명)이 진행될 때 많은 사람들이 관료의 주장에 부화하고, 입당 때의 신서(信誓)를 잊어버렸다. 삼민주의, 오권헌법을 까맣게 잊고, (그것이 너무)

---

68 중국국민당은 창당 이후 세 번에 걸쳐 개조하는데, 첫 번째는 1920년 11월의 '修改'이고, 두 번째는 1923년 1월의 '改進'이며, 세 번째는 1924년 1월의 '改組'이다. 세 번 모두 바뀔 때마다 손문은 그 이유와 의의를 당원들에게 설명했다. 이에 대해서는 후술한다.

69 총리는 매년 개최되는 당대회에서 선거하도록 되어 있는데(제19조, 제21조), 손문이 언제 열린 당대회에서 총리로 당선되었는지도 알려져 있지 않다. 다만 10월 13일 손문이 국민당 총리 신분으로 거정, 사지, 요중개를 중국국민당 총무부, 당무부, 재정부 주임으로 임명했고, 10월 23일 중국국민당 본부의 총무부 조직 요강을 비준한 것이 약 1년간 이루어진 당무 활동의 전부인 것 같다. 陳興唐 主編, 『中國國民黨大事典』(北京: 中國華僑出版社, 1993), p.117.

이상적이어서 행하기 어려운 것으로 보았다. 심지어 20년 동안 선혈의 피로 얼룩진 혁명당의 청천백일기가 국기로 채용되지 못하고 해군기로 전락했다. 반면에 청조 1품 무인의 오색기가 국기로 되었다. …… 오늘은 어떤 날인가. 바로 관료는 득의하고 무인은 전횡하며 정객은 휘젓고 다니나, 백성은 편치 못한 날이다. 그 화근을 거슬러 올라가면, 정객이야말로 만악(萬惡)의 괴수인 것이다. 혹자가 이야기하기를 "정객이 죽지 않으면 화란은 그치지 않는다"라고 한다. …… 관료는 비록 악하나 그중에 후덕한 선비가 없는 것은 아니며, **무인도 비록 횡포하나 그중에는 의를 숭상하는 기개 있는 자도 있다.** 오직 정객만이 완전히 사리사욕을 위해 음모를 꾸며내고 끊임없이 거짓으로 일관하고 염치와 도덕이 전무한 자들로, 정말로 말할 가치도 없는 자들이다. 정객! 정객! 너희들의 죄악이 이미 8년이나 되었다.[70]

같은 날 창당한 중국국민당에 대한 언급은 전혀 없고, 중화혁명당을 조직한 이유만을 설명하고 있다. 오당 합당으로 창당한 국민당이 관료들을 무분별하게 받아들였고, 당원들은 삼민주의와 오권헌법을 부정하고 혁명을 잊어버려 혁명당을 포기했기 때문에 신해혁명은 실패했다는 것이다. 그 후 "무인 중에는 의를 숭상하는 자가 있다"라고 한 것은 손단동맹의 단기서 등을 지칭하는 것일 터이다. 1920년 5월 당원에게 한 연설은, 손문이 혁명당을 포기하지 않았음을 분명히 보여준다.

본당을 개조한 이래 나는 여러 다른 일 때문에 본부에서 당의 일을 전심으로 처리할 수 없었다. …… 다만 이후 주의해야 할 일이 있다. 제군들은 모두 중화민국이 어떻게 이루어졌는지 아는가? 동맹회가 있었기 때문이다. 그러므로 동맹회가 시작했을 때는 수십 명에 지나지 않았지만, 1, 2년 후 약 만 명으로 발전했기에 신해년

70 「八年今日」(1919.10.10), 『孫中山全集』 5, pp.131~132.

에 이르러 일거에 중화민국 건국에 성공했다. 그러나 무창기의 후 (1911) 12월 내가 상해에 도착했을 때, 아주 괴기한 분위기를 느꼈다. 어떤 분위기였는가? 관료 모모 등과 혁명당 모모인이 부르짖기를 "혁명군이 일어났으니 혁명당은 취소되어야 한다"는 것이다. 당시 이런 언론의 공기가 사방에 충만해 있었다. …… 그래서 후에 혁명당의 실패는 모두 이 구절 한마디에 의한 것이며, 이는 우리 모두가 철저히 깨닫지 않으면 안 되는 것이다. 현재의 중화민국은 거짓 간판이다. 이후 다시 한번 대혁명이 있어야만, 비로소 진정한 중화민국이 될 수 있다. 그러나 내 생각에 **어느 때를 막론하고 혁명군이 일어나도 혁명당은 절대로 없어져서는 안 되며, 반드시 반대 당을 완전히 소멸해 전 국민이 모두 혁명당으로 변한 연후에 비로소 진정한 중화민국이 있을 수 있다.** 그러므로 우리의 책임은 이후 진정한 중화민국을 조성하는 것이다.

진정한 중화민국이란 어디에서 발생하는가? 바로 혁명당을 근본으로 삼는 데 있다. 근본이 영원히 존재해야 비로소 무궁한 발전을 바랄 수 있다. …… 우리의 중화민국은 한 그루의 큰 나무이며, 우리 혁명당은 바로 이 나무의 뿌리이다. 그러므로 우리는 각별히 유의하여 뿌리를 잘 배식해야 한다. …… 제군들은 반드시 알아야 한다. 당의 일은 혁명을 일으키기 위한 사업이며, 혁명이 아직 성공하지 않았을 때는 당을 생명으로 삼아야 하고, 성공 후에도 여전히 절대적으로 당으로서 유지해야 한다. 그러므로 당의 사업은 어떤 일보다도 중요시해야 한다.[71]

1914년 일본에서 중화혁명당을 조직할 때, 그 조직 이유를 밝힌 것과 거의 비슷한 내용이다. 손문이 당을 '개조'(중화혁명당에서 중국국민당으로 개조)한 이후 "다른 일 때문에 바빠 당무에 소홀히 했다"는 것인데, 다른 일이란 무엇일까. 이 시기(1919.10.10~1920.5) 손문이 상해에서 바삐 할 일은 그다지 없었다. 굳이 있었다고 한다면 앞서 본 바와 같이 '손단동맹'이었다. '손단동맹' 시기에 조직

71 「在上海中國國民黨本部的演說」(1920.5.16), 『孫中山全集』 5, pp.262~263.

한 중국국민당은 내용상 혁명당이 아니라 일반 정당이었기에, 손문은 혁명당의 절대적 필요성을 당원들이 알아야 한다고 강조한 것이다. 그런데 이런 혁명당을 재건하기 위해 중국국민당을 조직했다는 언급은 없다. 기실 손문이 중국국민당 창당에 대해 언급한 기록은 찾지 못했다.

그렇다면 결코 혁명을 포기하지 않는 손문이 왜 혁명당인 중화혁명당을 일반 정당인 중국국민당으로 바꾸었을까. 앞서 지적했듯이, 손단동맹을 추진하기 위해 손문은 광동군 정부와 완전히 관계를 끊었다(1919.8.7). 중화혁명당이 유명무실해졌기 때문에, 이제 손문에게는 자신의 정치조직이 없었다. 정치조직이 없으니, 직함도 없어졌다. 더구나 단기서와 동맹하기 위해서는 정치조직이 필요했다. 단기서의 환계가 갈수록 직계의 도전을 받았지만, 여전히 북경정부를 장악한 정치 세력이었다. 혁명당은 기본적으로 북경의 중앙정부를 상대로 혁명을 추구하는 것이니, 혁명당의 조직은 손단동맹의 걸림돌로 작용할 수 있었다. 더구나 창당 당시 손문은 이렇다 할 근거지나 무력을 갖추지 못한 '정객'일 뿐이었다. 그리하여 '임시 급조'한 것이 중국국민당이었다.

6. 중화혁명당으로의 회귀

그러나 1년 만에 상황이 바뀌었다. 1920년 7월 직환전쟁으로 '손단동맹'의 한 쪽이 패하여 북경에서 물러났다. 반면 손문은 혁명의 방향을 분명히 취할 수 있게 되었다. 혁명의 주적은 북경의 직계(이후 직봉 연합)이고, 또 하나는 직계와 손잡고 있다고 생각한 서남 세력이었다. 먼저 서남 세력을 무력으로 장악한 다음, 이를 근거지로 삼아 북경에서 밀려난 환계의 단기서와 함께 무력으로 북벌을 구상하고 있었다. 1919년 10월 중국국민당 창당 때와는 달리, 이제 북경을 주적으로 하는 혁명당을 조직하는 데 걸림돌이 없어진 셈이다. 혁명의 주적과 북경의 직계가 일치했기 때문이다. 더구나 1920년 10월 말에 진형명이 광동을 회복했다. 북경의 직계가 혁명의 주적이고, 남방에 근거지가 마련된 셈이다. 10월 말 손문은 일본 기자에게 "단언컨대 이번에는 신정부를 건립하고자 한다. 즉 우리 중국국민당이 전국을 통일한다는 의미가 있는 것이다. 결코 단순히 광동정부에 그치지 않는다"[72]라고 했다. 즉 중국국민당은 전국 통일의 혁명정부를 수립할 혁명당이지, 탈환한 광동의 지방정부를 목표로 하지 않는다는 의미이다.

그러기 위해 일반 정당이 아니라 혁명당이 있어야 했다. 손문은 중국국민당을 혁명당으로 바꾸기 위해 당장(黨章)을 개정했다. 창당 후 1년하고 한 달 만의 일이다. 그러나 내용을 보면 당장의 개정이 아니라 중화혁명당의 재건이었다. 손문은 이에 대해 상해에서 당원들에게 장시간의 연설을 행했다. 구체적으로 살펴보자. 당의 장정(章程)에 대한 역사로 서두를 시작한다.

> **본부의 장정은 일본 도쿄에서 정한 것이다.** 당시 토원(2차 혁명) 실패로 모두 낙담하며 혁명당의 세력은 이제 힘을 다했고, 다시 일어나기 어렵다고 다들 생각했다. 그러나 사업은 비록 실패했으나 일반 동지들은 여전히 존재하니, 다시 일어날 수 있다고 생각했다. 나는 모두가 계속 낙담해 흩어져 버릴까 아주 걱정했다. 그래서 급히 단결할 방도를 세워야 했기에, 중화혁명당을 발기했던 것이다. 그러나 그때는 해외에 망명해 있어, 내지에서의 당 운영과는 상황이 달랐다. 따라서 당시의 장정은 단지 해외 정황에 맞춰 정한 것이다. 이제 **우리가 국내에서 설 수 있고 국내에서 당무를 진행할 수 있으니, 당장도 수정할 부분이 다소간 있다.**[73] - 강조는 인용자

연설 내용을 보면 1919년 10월 10일의 「중국국민당 규약」을 수정하겠다는 것이 아니다. 1914년 창당된 중화혁명당의 장정을 상황 변화에 따라 다소 수정한다는 것이지, 1년 전에 만들어진 규약을 개정하겠다는 뜻이 아닐 뿐 아니라,

72 「與日本記者的談話」(1920年 10月 末), 『孫中山集外集補編』, p.258.

73 「在上海中國國民黨本部會議的演說」(1920.11.4), 『孫中山全集』 5, p.390.

이에 대한 언급조차 없다. 말하자면 이름만 개정된 것이지 혁명당으로서, 그리고 혁명정신에서 중화혁명당과 중국국민당은 동일하다는 것이다.[74] 따라서 일반 정당으로 1년 전의 중국국민당은 손문의 혁명 과정에 없는 존재였다. 이어 손문은 중화혁명당을 조직하게 된 이유에 대해 누차 반복했듯이 '혁명당의 취소'가 혁명을 실패하게 만들었고, 그래서 혁명당을 조직했다는 것이다.

> 무창기의의 성공은 의외로 빨랐다. 일반 동지들은 모두 황급히 정계로 달려나갔다. 그래서 혁명의 진행을 도중에 포기할 수밖에 없었다. 무창혁명 후 3개월이 지나지 않아 나는 상해에 도착해서야 여론을 들을 수 있었다. 그 여론이란 혁명당이 부화뇌동하고 소리 내는 것은 혁명당인이었다. 즉 "혁명군이 일어났으니, 혁명당은 취소되어야 한다"는 것이었다. 나는 당시 아주 괴이하게 생각했다. 혁명군이 일어나면 왜 혁명당이 취소되어야 하는가? 실제로 그들이 말하는 뜻을 알지 못했다. 현재 생각해보면 우리의 실패는 바로 여기에 있었다. 그때 …… 그래서 결과는 크나큰 실패였다! 후에 나는 이 실패를 거울삼아 따로 중화혁명당을 조직하여 우리가 품은 바의 주의를 실행하고자 했다.[75]

이어 중화혁명당을 조직할 때와 마찬가지로, 손문은 중국국민당의 종지와 목적으로 삼민주의와 오권헌법, 그리고 자신에 대한 절대복종을 주장했다.

> 그러므로 우리 당은 삼민주의를 종지로 삼고, 오권헌법을 목적으로 이 두 개를 합쳐 혁명을 이루어야 한다. 우리에게는 아주 좋은 동지가 있는데, 바로 주집신

74 1년 뒤에도 손문은 국민당원들에게 "제군은 알아야 한다. 우리 당의 현재 명칭은 중국국민당이지만, 실제로는 이전의 중화혁명당이다. 중화혁명당은 동맹회와 국민당이 탈바꿈해 이루어진 것이다"라고 했다. 「在梧州對國民黨員的演說」(1921.11.15), 『孫中山全集』 5, p.627.

75 「在上海中國國民黨本部會議的演說」(1920.11.4), 『孫中山全集』 5, p.391.

(朱執信)이다. 그는 학문도 매우 뛰어나고, 혁명 사업에도 매우 열심이다. 그가 나에게 일찍이 묻기를 "혁명을 함에 어찌 개인에게 복종해야만 합니까?"라고 했다. 나는 대답해주었다. "그 이유는 아주 간단하다. 바로 나의 주의에 복종하기만 하면 되는 것이다. 예컨대 도통(道統)은 개인으로 대표된다. 가령 공자의 도를 말할 수 있다. 또 종교 또한 그렇다. 예컨대 예수의 가르침, 불교류(類)를 말할 수 있다. 학설도 마찬가지이다. 예컨대 다윈의 학설, …… 양명학 …… 또 정책도 개인으로 대표된다. 예컨대 먼로주의, …… 이상 모두 개인으로 대표된다. 나의 삼민주의, 오권헌법도 손문혁명이라고 말할 수 있다. 그러므로 나에게 복종하는 것은 바로 내가 주장하는 바의 혁명에 복종하는 것이다. 나의 혁명에 복종하는 것은 물론이고, 나에게 복종해야 하는 것이다.[76]

언뜻 보면 상당히 억지스러운 논리인데, 여하튼 손문 자신에 대한 절대복종은 중화혁명당 때부터 요구되었던 것이다. 중화혁명당의 부활인 셈이다. 그러면서도 1년 전의 중국국민당에 대해서는 전혀 언급이 없다. '시세 변천'에 응해 즉 '손단동맹'을 위해 만든 '혁명을 포기한 임시 조직'이었기 때문에, 언급하고 싶지 않았을 것이다.

중화혁명당이 혁명당다운 것은 손문의 「혁명방략」에 있었다. 군정, 훈정, 헌정으로 이어지는 세 단계의 혁명단계론은 혁명 과정에 반드시 필요한 것이며, 특히 훈정을 거치지 않으면 혁명에 성공할 수 없고, 그래서 1차 혁명이 실패했다는 것이다. 손문 혁명에서 「혁명방략」은 핵심이다. 이 연설이 있은 지 5일 만에 손문은 또 상해에서 당원들에게 연설을 했다. 연설문이 게재된 ≪중앙당무월간(中央黨務月刊)≫에는 연설의 제목은 '훈정의 해석(訓政之解釋)'이었다.

민국이 성립된 지 이미 9년인데, 인민은 아직 공화의 참뜻을 알지 못하고 있

76 같은 글, p.393.

다. 그래서 우리는 다시 혁명을 하는 것이다. 현재 혁명으로 저 열악한 정치를 제거해야 할 뿐 아니라, 혁명의 수단으로 건설을 해야 한다. 그래서 '훈정'이라고 하는 것이다. 이 '훈정'은 마치 제제(帝制) 시대에 사용한 명칭 같지만, 그러나 제제와는 실제로 전혀 다르다. 공화국이란 황제가 곧 인민이라는 것을 알아야 한다. 5000년 동안 압박을 받아 노예로 있던 인민을 일단 황제 자리에 올려주었으나, 결코 그렇게 될 수 없었다. 그러므로 우리 혁명당인은 응당 그들을 교훈시켜야 한다. 마치 이윤(伊尹)이 태갑(太甲)을 가르쳤듯이 말이다. 내가 '훈(訓)' 자를 쓴 것은 바로 '이훈(伊訓)'의 훈을 사용한 것이다.

또 현재의 인민은 전제의 위세에 억눌려 일종의 노예성을 갖고 있어, 실제 개변하기가 쉽지 않음을 반드시 알아야 한다. 비록 억지로 그들을 주인공으로 끌어 올렸지만, 인민은 아무래도 편치 않다. ……

중국의 노예제는 수천 년이 되었다. 그러므로 민국이 비록 9년이 흘렀지만, 일반 인민은 아직 스스로 주인의 지위에 선 것을 깨닫지 못하고 있다. 현재 방법이 달리 없다. 단지 일부 강박의 수단으로, 그들을 주인이 되도록 연습시키고 연습시켜야 한다. 이것이 바로 내가 '훈정'을 사용하는 의미이다.[77]

손문이 혁명 단계로 훈정의 필요성을 강조하고, 그 의미를 이와 같이 처음 해석한 것은 1914년 일본에서 중화혁명당을 조직할 때였고,[78] 이후 강연이나 발표를 통해 훈정의 필요성을 지속적으로 주장해왔다.[79] 손문의 「혁명방략」을 상징하는, '손문에 대한 절대복종', '적극 무력', '군정과 훈정을 거쳐야 하는 단계론'이 1년 전 중국국민당 창당 때 만들어진 '규약'에는 없다. 앞에서 살펴본

77 「在上海中國國民黨本部會議的演說」(1920.11.9), 『孫中山全集』 5, pp.400~401.
78 居正, 「中華革命黨時代的回憶」, pp.37~38.
79 「孫文學說: 行易知難(心理建設)」(1919年 春夏間), 『孫中山全集』 6, p.208, p.211; 「在中國國民黨本部特設駐粵辦事處的演說」(1921.3.6), 『全集』 5, p.472; 「在桂林廣東同鄉會歡迎會的演說」(1922.1.4), 『孫中山全集』 6, p.55.

것처럼 일반 정당의 '규약'일 뿐이다. 이 '규약'이 1년 1개월 만에 손문의 혁명 목표와 「혁명방략」을 담은 「중국국민당총장」과 「중국국민당 규약」으로 개정되었다(이하 「수정총장」, 「수정규약」). 개정되었다기보다는 폐기되고, 다시 중화혁명당 때로 돌아간 것이다.

「수정총장」의 내용을 보자. 먼저 혁명의 시기를 '군정'과 '헌정' 두 시기로 나누었는데, 군정 시기는 "적극 무력으로 모든 장애를 일소하여 민국의 기초를 다지며, 동시에 정부는 훈정을 실시하여 문명(文明)으로 다스리고, 국민을 독솔해 지방자치를 건설하는" 시기이다. 이어 헌정 시기에 대해서는 "지방자치가 완성되면 국민이 대표를 선거하고 헌법위원회를 조직해 오권헌법을 창제한다"라고 규정했다.[80] 이는 「중화혁명당 총장」 제4조의 내용과 거의 똑같다.[81] 다만 「중화혁명당 총장」에서는 군정 시기와 훈정 시기를 나누어 3단계로 한 반면, 「수정총장」에서는 둘을 합쳐 군정 시기로 하고, 군정 시기 내에서 두 단계를 아울렀다. 특히 「수정총장」 제4조는 「중화혁명당 총장」의 제5조와 글자까지 거의 같다. 즉 "혁명기의의 날로부터 헌법 반포의 날까지 총체적 명칭을 혁명 시기라고 하며, 이 시기 동안에 모든 군국서정(軍國庶政)은 모두 본당이 완전히 책임진다"라고 했다. 또 「수정총장」 제6조에서 "무릇 본당에 입당하는 자는 반드시 선서를 하고, 본당의 신조를 영원히 준수해야 한다"라는 규정도, 중화혁명당 제7조와 같다.[82] 다만 혁명 입당 시기에 따른 당원의

80 「中國國民黨總章」(1920.11.9 修正), 『全集』 5, pp.401~402.

81 「중화혁명당 총장」의 제4조는 다음과 같다. "제4조 본당의 진행질서는 세 시기로 나누어 한다. 一. 군정 시기: 이 시기는 적극 무력으로 모든 장애를 일소해 민국의 기초를 다진다. 二. 훈정 시기: 文明으로 다스리고 국민을 독솔해 지방자치를 건설한다. 三. 헌정 시기: 지방지차가 완비된 후 국민이 대표를 선거하고 헌법위원회를 조직하여 헌법을 창제한다. 헌법이 반포되는 날이 곧 혁명 성공의 날이다." 「中華革命黨總章」(1914.7.8), 『孫中山全集』 3, p.97.

82 "무릇 본당에 입당하는 자는 자신의 생명, 자유, 권리를 희생해 혁명을 도모하는 것을 조건으로 삼으며, 선서를 하고 영원히 준수해야 한다." 같은 글, p.98.

차별적 권리, 그리고 당원과 비당원의 차별적 권리를 규정한 중화혁명당의 규정(제11~14조)은 삭제되었다.[83] 물론 이상의 내용들은 중국국민당 창당 당시 규약에는 전혀 없다. 다만 「중국국민당 규약」과 「수정총장」 및 「수정규약」에 공통하는 것은 "중화혁명당의 당원은 조건과 절차 없이 중국국민당 당원이 될 수 있다"라는 규정이다. 그런데 '수정 규약'에 따르면 "앞서 중화혁명당에 들어와 당원증을 가진 자는 새로운 증서(당증)로 교환하거나 다시 발급받을 수 있다"고 되어 있는데, 1년 전 중국국민당 창당 때 입당한 당원들에 대한 배려는 없다.[84] 1919년의 중국국민당은 존재하지 않는 듯하다. 1921년 11월 양광을 통일한 후 광서 오주(梧州, 우저우)에서 국민당원들에게 "제군들은 알아야 한다. 우리 당의 현재 명칭은 중국국민당이지만, 실제로는 이전 중화혁명당"이라고 언명했다.[85] 다만 1919년 10월 10일 일반 정당으로서의 중국국민당 창당은 앞서 본 대로 당시의 '시세 변천', 즉 손단동맹 때문이었다.

요컨대 '시세 변천'으로 일반 정당인 중국국민당을 만들 수밖에 없던 상황에서, 동맹의 한 축인 환계의 단기서가 북경에서 물러난 반면 진형명이 광동을 탈환함으로써 이제 근거지가 마련되자, 손문은 자신의 「혁명방략」에 따라 혁명을 추진하고자 했다. 3년 전 복벽 후 광동으로 내려갈 때보다 상황은 훨씬 좋았다. 당시 광동으로 갈 수 있었던 것은, 복벽을 계기로 지반을 공고히 하려는 남방 세력들이 손문을 추대했기 때문이다. 더구나 손문이 광동에 도착했을 때 복벽은 이미 단기서에 의해 진압되어버린 상태였다. 따라서 북경을 '거짓 공화', '점진적 복벽파'로 규정하고, '호법'을 주장했던 것이다.

---

83 같은 글, p.98.

84 「중국국민당 규약」 제4조(「中國國民黨規約」(1919.10.10), 『孫中山全集』 5, p.127); 「수정규약」 제5조(「中國國民黨規約」(1920.11.19), 『孫中山全集』 5, p.413).

85 손문은 梧州 국민당원들에게 한 연설에서 "제군들은 알아야 한다. 우리 당의 현재 명칭은 중국국민당(1919년 10월 10일의 중국국민당)이 아니라 장정을 수정한 중국국민당이지만, 실제로는 곧 이전의 중화혁명당이다"이라고 했다. 「在梧州對國民黨員的演說」(1921.11.15), 『孫中山全集』 5, pp.627~629.

그러나 이번에는 자신의 '부하'인 진형명이 무력으로 광동을 장악했고, 손단동맹의 한 축인 환계가 북경정부로부터 물러났기 때문에, 안정된 근거지에서 환계가 사라진 북경정부와 대적할 수 있는 구도가 만들어졌다고 확신했기 때문이다.

7. 2차 광동군 정부

방향을 바꿔 이 시기 광동군 정부의 정황을 보자. 광동군 정부가 대원수제를 7총재제로 개정하자 손문은 사직하고 상해로 올라왔으나, 여전히 7총재 중 하나였다. 그러나 상술한 바와 같이 이후 손단동맹을 추진하며, 1919년 8월 총재직을 사직하고 10월에는 중국국민당을 창당했다. 이 시기 광동군 정부 내에서도 갈등과 분열이 일어났다. 호국전쟁을 계기로 광동에 들어온 계계 군벌[86]은 계속 확장하여 "십만 대군"이라 불릴 정도의 무력을 바탕으로 중국 남방의 '패자'로 군림했다. 당시 "북풍남육(北馮南陸)", "북장남육(北張南陸)"이라 칭할 정도로, 계계 군벌의 수장 육영정은 정치 방면에서 북양 군벌 중 직계의 수반인 풍국장과 비견되었고, 군사 방면에서는 '동북왕'이라는 봉계 군벌의 수반 장작림과 견줄 정도였다.[87]

계계가 광동군 정부와 비상국회를 전횡하자, 남북화회에 참석한 남방 대표

86 광서에 기반을 둔 계계 군벌은 1917년 흥기해 1921년 손문의 援桂粵軍에게 소멸될 때까지 중국 남방을 지배했다. 역사적으로는 舊桂系라고 칭한다. 주요 인물은 陸榮廷, 陳炳焜, 譚浩明, 沈鴻英이다. 廣東民國史研究會 編, 『廣東民國史』 上册(廣東人民出版社, 2004), p.209.

87 광동에 주재한 계계의 부대로는 馬濟, 林虎, 沈鴻英, 劉志陸, 劉達慶의 부대가 있고, 유격군으로는 申葆藩, 鄧文輝의 두 부대가 있었다. 이 밖에 李根源이 지휘하는 滇軍, 魏邦平, 李福林의 粵軍이 있으며, 程璧光이 살해된 후 林葆懌의 지휘로 돌아간 해군이 있었다. 총 8, 9만 명이었다. 같은 책, p.241.

당소의(정무 총재)도 의화 파열 후 줄곧 상해에 남아 있었다. 광동 탈취를 위해 광서와 운남 군벌이 충돌하자, 운남 군벌 당계요(정무 총재)는 군정부에 파견한 정무 대표를 철수시켰다. 1920년 3월 오정방은 계계의 국회 전횡에 불만을 품고 떠나버렸다. 1920년 봄에 이르면 광동군 정부의 7명의 정무 총재 중 잠춘훤, 육영상, 임보역 세 총재만 광동에 남게 되었다. 더구나 비상국회 참중(參衆) 양원 의장인 임삼(林森, 린썬)과 오경렴(吳景濂, 우징롄)도, 오정방과 함께 광동을 떠나 상해로 오는 등 비상국회의 국회의원 다수가 광동을 떠나버렸다.[88]

손문의 2차 광동정부는 여기에서 출발한다. 1920년 6월 당소의, 오정방, 당계요(이열균이 대리) 및 운남 대표가 상해의 손문 집에 모여 회의를 열었다. 회의에서는 시국 대처 방법을 토론하고, 4총재(손문, 당소의, 당계요, 오정방)의 이름으로 선언을 발표하기로 했다. 기실 손문은 총재가 아니었다. 여하튼 4총재의 선언은 다음과 같다.

> 정무 총재의 법정수 부족으로 **광주에는 정부가 없으며**, 참중 양원이 동시에 다른 데로 가버렸으므로 **광주에는 국회가 없다**. …… 국민이 부탁하는 중책을 받아 같은 마음으로 힘을 합쳐 위난을 제거하며 주장을 관철하고자 한다. 이에 이미 공동으로 결의하기를, 군정부를 이전하기로 했다. (당)소의가 화의 총대표를 수임하며, …… **영구 화평을 위해 북방에 8조의 화의를 제출했으며**, 그중에서도 밀약과 군사협정은 처음부터 무효라고 선포하는 것을 가장 중시했다. 이제 임무를 계속하니 북방의 화답을 기다린다. …… **이후 호법을 주장하는 서남의 각 성구(省區), 각 군은 군정부의 공동 조직에 속한다**. 북방에 대해서는 화의를 계속하는데, 상

88 『孫中山年譜長編』 下, 1920.3.29, pp.1233~1234. 이보다 앞서 손문은 오정방에게 답한 편지에서 "내가 근래 혼자 있으며 깊이 생각한바, 水火에 빠진 인민을 구하고 무인들을 제거하려면 달리 양책(良圖)가 있어야 한다. …… 호법의 결과에 대해서는 이미 우리가 바라는 바와 어긋나기에 …… 몸을 깨끗이 하고 떠나는 길만 있을 뿐"이라며 총재직을 그만두라고 요구했었다. 「復伍廷芳函」(1919.8.2), 『孫中山全集』 5, p.90.

해를 의화의 지점으로 하며 의화 총대표는 개회를 준비한다. 현재 **광주에 있는 거짓 명의의 기관은 군정부 밖에 있는 것**이니, 그 일체의 명령, 행동, 북방과의 사사로운 접촉 및 차관은 모두 무효이다.[89] – 강조는 인용자

광주에 있는 광동군 정부와 국회를 부인하지만, 새로운 정부나 군정부를 세우는 것은 아니고 광동군 정부와 국회를 다른 곳으로 옮긴다는 것이다. 그러니 계계나 잠춘훤에 반대하는 서남의 각 세력은 여전히 신(新)군정부의 구성원이다. 말하자면 광동군 정부의 지배 세력(총재)을 교체해 광동군 정부 내의 계계 세력을 배제하겠다는 것이다. 새로 구성할 신군정부는 당시 북경정부(단기서의 환계)와 화의를 개최해 정국을 풀어나겠다고 하는 것이고, 단기서는 이런 제의를 받아들이겠다고 '구두'로 화답했다고 한다.[90] '손단동맹'의 일부가 구현되고 있던 셈이다.

그런데 이 선언 직후 북경에서는 직환전쟁이 발발해 단기서의 환계가 패배하고 물러났다. 이에 손문은 당소의, 오정방, 당계요와 함께 다시 선언을 발표하여 "남북을 막론하고 호법구국주의를 용납하는 자는 벗이고, 호법구국주의에 상반하는 자는 적이다. 이에 우리는 6월 3일 선언을 발표했는데, 북방에서 찬성을 표해온 자는 단지 단기서 및 그 부하 등이었다"[91]라고 주장했다.

이번 혁명 추진도 3년 전 복벽 후 그것과 그다지 차이가 없었다. 3년 전 복벽에 대처하기 위해 자신의 집에 모인 사람은 "장태염, 당소의, 정벽광"이었으나, 이번에는 "당소의, 오정방, 당계요"였고, 혁명의 슬로건도 '호법'이었다. 모인 사람은 손문에게 절대복종하는 사람들이 아니었다. 앞에서 말했듯이 1920년 11월 중국국민당은 혁명당으로 개조되었으나 '호법'과 '혁명'은 상반되는 것이

89 「移設軍政府宣言」(1920.6.3), 『孫中山全集』 5, pp.267~268.
90 「南北和談立場通電」(1919), 『國父全集』 第1册, p.838.
91 「重申護法救國宣言」(1920.7.28), 『孫中山全集』 5, p.289.

었으니, 이후 제2차 호법운동에서도 중심에 서지 못했다. 이어 광동을 탈환한 진형명도 과거 중화혁명당에 가입하지 않았고, 손문에게 절대복종할 당원도 아니었다. 진형명의 '원민월군(援閩粤軍)'도 기실 혁명군은 아니고, 광동이라는 지방의 군대였다.[92]

손문의 「혁명방략」은 자신에게 절대복종하는 당원들로 구성된 혁명당을 조직하고, 이어 혁명군에 의해 적극 무력으로 북경정부를 타도하는 것이었다. 혁명 추진은 군정과 훈정 단계를 거쳐, 헌정을 실시함으로써 공화를 완성시키는 것이다. 이를 전제로 혁명 시기인 군정기와 훈정기에 혁명당은 정식정부(혁명정부)를 수립하는데, 손문은 혁명당의 총리이자 혁명군의 대원수이며 정식정부의 대총통으로 당군정을 모두 장악하게 되어 있다. 그러나 자신에게 절대복종하는 당원, 그들로 구성된 혁명당과 혁명군이 제대로 갖춰지지 않은 상태에서 손문은 '적극 무력'(북벌)을 추진하려 했고, '정식정부'도 혁명정부가 아닌 북경에 대응한 '중화민국의 정식정부'였다. 「혁명방략」의 왜곡이었다. 1920년 12월 손문은 기자와의 담화에서 혁명의 방법을 다음과 같이 단호하게 말했다.

> 무력에 의거하여 남북 통일을 달성해야 한다. …… 간단히 추상적으로 말하면, 남북 통일은 반드시 혁명의 방법으로 행해야 한다. …… 나는 평생 혁명을 아주 애호해왔다. 이전에는 혁명으로 국가를 창조했는데, 지금은 혁명으로 국가를 개조하려 한다. 나는 혁명이 구국을 위한 유일무이한 방법이라고 믿는다. 혁명보다 더 나은 것은 실로 없다. …… 현재 광동의 신문 30여 개 중 평화를 주장하는 곳이 십중팔구이고, 의화에 찬성하는 인민이 다수이며, 군정부는 다만 민의에 순종하고 있다. …… 신문이 기왕의 잘못된 여론을 바로잡아, 목표를 무

92 진형명의 '援閩粤軍'의 내력은 이러하다. 손문이 광동군 정부의 대원수로 있을 때, 북양군이 끊임없이 복건에서 작전을 하자, 손문은 진형명으로 하여금 복건으로 진군하라고 했다. 복건에 진출한 진형명의 군대가 바로 援閩粤軍인데, 이후 확대 편성과 훈련을 통해 2만여 명의 군대로 발전했다. 廣東民國史硏究會 編, 『廣東民國史』 上册, pp.252~254.

력 통일이라는 정확한 방향으로 바꾸는 데 노력해주기 바란다.[93]

짧은 인용문 내에서 '혁명'이라는 단어를 몇 번이나 반복해 주장했지만, 자신이 외쳐온 「혁명방략」의 '혁명'은 아니다. 화평의 방법이 아닌, 무력에 의한 통일을 혁명이라고 할 뿐이다. 앞에서 본 바와 같이 당소의, 당계요(운남 군벌) 등과의 「연합선언」에서 북경과의 화의를 주장했지만, 이는 임기응변에 불과한 것이었다. 그러나 언론과 민심은 무력 통일을 원치 않고 있었다.

손문은 자신의 혁명당으로 혁명군을 조직해 적극 무력으로 혁명을 추진하는 과정에서, 초기의 군정부를 정식정부로 전환하고자 했다. 그러나 당시 혁명군이 없던 손문으로서는 운남 군벌 등의 세력과 함께하지 않을 수 없었기 때문에, 그리고 새로 등장한 직계의 북경정부가 공화를 부정하는 것도 아니어서 내세울 이렇다 할 명분도 없었기 때문에 내키지 않는 '호법'을 주장할 수밖에 없었던 것이다. 1917년부터 1922년까지 근 5년간의 기간을 손문의 '호법투쟁', '호법운동', '호법지역(護法之役)' 등의 시기로 일컫는 것에 대해서는 명실(名實)의 일치를 재고해야 할 것이다.

93 「與≪廣州新民國報≫記者的談話」(1920.12), 『孫中山集外集補編』, p.259.

8장

반직삼각동맹

1. 정부 수립과 대총통 선거

1921년 1월 8일, 손문은 평화적 남북 통일에 대한 전제 조건을 북방에 제시했다.

> 남북의 통일은 진실로 …… **군벌 전제를 타파**하지 않으면, 민치의 정신은 실로 볼 수 없다. …… 북방이 만약 평화를 꾀할 성의가 있다면 먼저 상해화회(上海和會)를 복구해야 한다. 그러니 회회가 열리는 날, 내가 생각하고 있던 **연성제**(聯省制)**와 폐독재병**(廢督裁兵)**의 양대 조건**을 완전히 인정하지 않으면 이야기할 여지는 없다. **광주는 호법을 위한 성**(省)으로, 장래 통일이 이루어진 후 **남북은 대등한 병력을 가져야 한다.** 그리고 **남북의 권리를 통솔할 최고 기관은 광주에 세워야 한다.** 그렇지 않으면 나는 **남방이 북방을 통일하는 것을 목적으로 할 수밖에 없다.**[1] - 강조는 인용자

1 「統一南北意見」(1921.1.8), 『孫中山全集』 5, p.453.

북방이 결코 받아들일 수 없는 제안이었다. 이전의 화회 조건이 국회의 자유로운 직권 행사였는데, 이제는 연성제와 폐독재병으로 바뀌었다. 당시 북경의 직계는 무력 통일을 구상하고 있었기 때문에 연성제와 폐독재병은 받아들일 리 없는 제안이었다.[2] 더구나 통일의 과정을 남방이 주도하겠다는 것은 북방이 더 더욱 수용할 리 없었다. 직환전쟁 후 북경을 장악한 직계를 부정하고자 했지만, 그다지 명분이 없었다. 손문의 혁명 목표가 '공화의 완성'인 이상, 군벌 전제는 공화의 완성을 저해하는 가장 큰 대내적 요인이라고 할 수 있었다. 그러나 '손단동맹'을 진행하고, 운남 군벌 당계요 등과 함께 혁명을 추진하는 이상, '군벌 전제의 타파'는 손문에게 그다지 명분을 제공해주지 못했다고 할 수 있다.

광동의 여론으로부터 지지를 받지 못하고 있었고 주변의 반대도 있었지만, 먼저 착수한 것이 정부의 건립이었다. 정부의 건립을 위해 국회의원의 남하를 촉구하고,[3] 남하한 국회의원의 수가 법정수에 미치지 못하자 3년 전 광동군 정부 때와 마찬가지로 '비상국회'라는 명칭을 채용했다. 정부 건립에 광동 회복의 일등 공신인 진형명이 반대했다. 진은 국회의원과 담화에서 정부 건립에 반대하는 이유를 다음과 같이 설명했다.

> 나는 손문 선생의 실패를 차마 볼 수가 없다. 그러므로 조기 총통 선거에 찬성하지 않는다. 현재 시기가 익지 않았기 때문에, 만약 광동이 총통을 선출하면 북방은 반드시 이를 구실로 광동을 공격할 것이다. …… 광동성의 기초는 아직 공고하지 않아 전쟁이 일어나면 실로 지극히 위험하다. …… 나는 연방의 실행을 위해 이미 호남성과 호북성에 사람을 파견했다. 장래 연방정부가 성립하면, 총통의 자리는 손 선생의 것이니, 시간을 잠시 늦추는 것뿐이다. 제군들(국회의

---

2 4월 25일 조곤, 장작림, 왕점원, 혁운봉 등 직봉 세력은 천진에서 집회를 열고, 무력으로 남방을 토벌하기로 의결했다. 27일 조곤 등이 連名해 광주비상국회를 통해 정부를 조직하는 데 반대한다고 통전을 보냈다. 『孫中山年譜長編』 下, 1921.4.25, p.1349.

3 「致吳景濂電」(1921.1.4), 『孫中山全集』 5, p.452.

원)이 정말 손 선생을 사랑한다면, 총통 선거를 잠시 늦추기 바란다. 그렇지 않아 의외의 일이 생기면 나는 책임을 질 수 없다.

인용문은 신문기사인데, 기사 말미에 "손문이 어제 각 군과의 회의를 열어, 만약 진(陳)이 반대 태도를 취한다면 허숭지(許崇智, 쉬충즈) 군장을 성장(省長) 겸 월군총사령(粤軍總司令)으로 임명하여 먼저 내부 문제를 해결해, 의외의 저항을 막으려고 한다. 현재 피차(손문과 진형명) 서로 갈수록 긴박하여, 여러 방면에서 관찰할 때 되돌릴 희망은 거의 없어 보인다"며, 손문과 진형명 간의 화해는 불가능하다고 전망했다.[4] 진형명은 광주와 홍콩의 거상들을 동원해 총통 선거를 반대하게 하고, 재정적으로도 압박했다.[5]

반대는 손문 측 내부에서도 나왔다. 중화혁명당 성립 이래 손문에게 절대복종하는 당원들은 손문에게 반론을 제시하는 것이 거의 불가능했다. 사사건건 반대 의견이나 견해를 직접 제시하지는 못했지만, 그래도 손문의 정책에 종종 반론을 제시한 측근이 장개석이었다. 장개석은 정부의 건립과 총통 선거를 앞두고 손문에게 편지를 보냈다(1921.3.5).

현재 중정(中正, 장개석)이 절실히 걱정하는 바가 하나 있습니다. 차마 말할 수

4 「粤省要聞：某政客口述陳炯明態度」, ≪香港華字日報≫, 1921.3.29[段云章 沈曉敏 編著, 『孫文與陳炯明史事編年』(增訂本)(廣東人民出版社, 2012), p.363에서 재인용](이하 『孫文與陳炯明史事編年』으로 표기).

5 당시 언론에서는 재정위원회의 조직과 관련해 다음과 같은 내용과 전망을 내놓았다. "광동에서 광서군을 축출한 이후 광동의 재정 상태는 상당히 좋지 않았다. 이에 진형명이 재정위원회의 조직을 제의하자 광주와 홍콩의 거상인 劉鑄伯, 陳席儒, 楊西巖, 陳賡如, 劉學詢 등이 모두 이 위원회에 함께하기를 희망했다. 진형명이 재정위원회를 조직한 데는 깊은 뜻이 있다. 유주백 등은 광동의 거상으로 그 잠재력은 매우 크다. 지난번 전보를 통해 군부의 재조직과 총통 선거 두 가지 일을 막고자 한 것은 모두 이들이 발기한 것이다. 이 회가 성립하면 아마 손 씨는 광동에서 활동할 수 없을 것이다." 「陳炯明組織財政委員會」, ≪晨報≫, 1921.4.4, 『孫文與陳炯明史事編年』, p.367에서 재인용.

없으나 말하지 않을 수 없는 것으로, 그것은 총통 선거의 문제입니다. 지난번은 이 일로 의견이 어긋나 오해가 생기기에 이르렀고, 그 후 여러 번 협의를 거듭한 끝에 비로소 해결할 수 있었습니다. 다만 현재 기일이 가까워지고 있는데도, 토대가 여전히 약하고 광서의 반역자가 아직 제거되지 않아, 서남은 통일을 바라보기 어렵습니다. (남하한) 의원의 수도 정족수에 미치지 못해 국회는 여전히 정식 국회가 아니기 때문에, 소견으로는 각 방면의 여론에 따라 총통 선거의 실시를 늦추어야 합니다.

전에 광동에 있을 때 이 일에 관해 여위(汝爲: 許崇智)와 자세히 연구했는데, 그는 당에 대해 다만 복종할 뿐이어서 정말로 이의는 없지만, 실제의 이해관계에서 말하면 광서를 평정한 후 먼저 대원수를 선거하고 이어 총통을 선거하면, 모든 것이 꽤 온당하게 진행된다고 말하고 있습니다. 그러나 이것은 중정 개인에게 한 여위의 사적인 발언이며, 선생 1인에게만 하는 중정의 사적 발언이기도 하니, 이것으로 여위도 선생에게 반대하는 사람이라고 보지 말아주십시오.[6]

총통 선거를 부정하는 것이 아닌 단지 시간을 늦추자는 제의인데도, 상당히 조심스럽다는 것을 알 수 있다. 그러나 손문은 단호했다. 손문은 총통 선거에 대한 담화(1921.3.29)를 통해 "엄청난 힘을 쏟아 비로소 광동을 회복할 수 있었다. 만약 총통 선거를 하지 않으면 서남이 발전할 전망이 없다. 내가 이번에 광동으로 돌아온 것은 배수의 진을 치고 광동과 존망을 같이하고자 하기 때문"[7]이라며 총통 선거를 분명히 했다. 4월 7일 국회의원들은 비상회의를 열어 「중화민국정부조직대강」, 비상대총통의 선거를 의결하고, 같은 날 손문을 중화민

6 中國第二歷史檔案館 編, 『蔣介石年譜』(北京: 九州出版社, 2012)가 기존에 주로 인용되던 毛思誠의 『民國十五年以前之蔣介石先生』을 보충한 것이어서, 이 책에서는 『蔣介石年譜』를 사용했다.

7 中國科學院近代史研究所 中華民國史組 編, 『中華民國史資料叢稿: 大事記』 第7輯(意見徵求稿)(中華書局, 1978), p.30.

주변의 반대에도 손문은 정식정부를 조직했다. 정부를 조직한 주체는 남하한 구국회 의원들이었는데, 정수에 미달해 비상국회라고 불렸다. 1921년 4월 7일 비상회의에 의해 「중화민국조직대강」과 비상대총통의 선거를 의결하고, 같은 날 중화민국대총통으로 선출했다. 사진은 비상대총통에 취임한 후 손문과 송경령의 모습이다.

국 대총통으로 선출했다.[8] 3년 전에는 군정부의 대원수였으나, 이제는 중화민국의 대총통으로 선출되었다. 역사에서는 정족수를 채우지 못한 비상국회에서 선출되었다고 하여 '비상대총통'이라고 하지만, 이는 어디까지나 별칭에 불과하다. 물론 혁명정부도 아니다. 이제 중국에는 중화민국정부와 그 수반인 대총통이 북경과 광주에 각각 있는 셈이 되었다.

그러나 손문의 실제 지배 지역은 아직 광동성 정도이고, 운남과 귀주가 행동상 일치할 뿐이었다. 바로 옆의 광서는 손문에게 가장 적대적인 지역이었다.[9] 그래서 "어떤 성(省)이 신총통에 속하는지요? 광동, 운남, 귀주입니까?"라는 비아냥조의 질문도 받아야 했다.[10] 그렇다면 진형명과 장개석 등의 반대에도 불구하고, 또 부정적인 여론과 언론 보도에도 불구하고, 손문은 왜 굳이 정부 건립과 대총통을 원했을까. 앞서 인용한 손문에게 보내는 장개석의 편지는 다음과 같이 원인을 분석하고 있다.

8 의원 220명이 출석했으며, 손문은 218표를 얻었다. 『孫中山年譜長編』 下, 1921.4.7, p.1344.
9 「在廣州招待國會議員茶會的演說」(1921.4.13), 『孫中山全集』 5, p.517.
10 이에 대해 손문은 "중화민국 전국의 총통이다"라고 반박했다. 「小山致孫中山函」(1921年 1月 下旬); 「復日本記者小山函」(1921年 1月 下旬), 『孫中山集外集』, pp.394~395.

…… 선생(손문)이 조기 선거를 주장하는 이유는 외교를 중시하는 것과 북경 정부에 대항하는 것을 최대 관건으로 보기 때문입니다. 그러나 중정(中正: 장개석)의 관찰에 의하면 그렇지 않을지도 모릅니다. 우리 당의 실패 역사를 회고하면 외교를 중시하다가 실패하지 않는 적이 없습니다. 민국 2년(1913: 2차 혁명) 및 민국 5년(1916: 토원혁명) 두 번의 혁명은 모두 선생이 일본의 힘을 빌려 우리 당에 도움이 된다고 보았는데, 일본은 반대로 원(袁)을 돕고 잠(岑: 岑春煊)을 지원하고, 우리 당에 대해서는 오히려 진행을 막았기 때문에 우리 당은 실리(失利)했습니다. 민국 7년에 이르러 선생은 해군을 이끌고 남하했는데 그 성세가 장대하지 않았다고는 할 수 없습니다. 그런데 또 미국 외교의 원조를 믿었기에 당연히 실패하지 않을 것이라고 생각했습니다. 그러나 뜻밖에도 서남의 주장이 어긋나 내부가 통일될 수 없었기 때문에 우리 당은 또 세를 잃어버렸습니다. 이때 영국이 중간에서 방해하는데도 미국은 오히려 팔짱 끼고 바라보고 있었습니다. 외교는 족히 믿을 바가 못 됨을 알 수 있습니다.[11] –괄호는 인용자

손문은 변변한 근거지와 무력을 갖고 있지 못했다. 따라서 2차 혁명과 토원혁명 때 군자금을 전적으로 일본에 기대했다. 말 그대로 쥐꼬리만 한 지원을 받고 실제로는 일본 낭인들에게 농락당한 셈이 되어버렸다. 1차 광동군 정부 내에서 잠춘훤 등에게 따돌림을 당하자 손문은 대원수직을 사직하고, 상해로 올라왔다. 오는 길에 손문은 다시 일본의 원조를 기대하며, 일본에 들렀다. 마중 나온 사람은 예나 다름없이 도야마 등 낭인들이었다.[12] 그러나 일본으로부터의 원조는 기대할 수 없었다. 상해로 돌아온 후 손문은 진형명에게 보내는 편지에서, 자신이 외교 활동을 했음에도 "일본 당국은 단기서를 돕기로 결심했

11 『蔣介石年譜』, p.54.

12 神戶 기차역에 도착했을 때 菊池良一이 도쿄로부터 마중 나왔고, 神戶의 今井嘉幸과 중국 국민당 신호지부장 楊壽彭도 영접했다. 이어 차가 國府津역에 도착하자 頭山滿, 寺尾亨, 殷汝耕이 영접했다. 『孫中山年譜長編』 上, 1918.6.11, p.1126.

다"라고 전했다.[13]

기실 큰 기대를 갖고 일본에 들른 것은 아니었기에, 그는 이 시기에 '근본해결'을 구상했고,[14] 그것이 손단동맹이었음은 앞에서 본 바이다. 그렇다고 외국으로부터의 원조를 포기한 것은 아니었다. 장개석이 보기에 "족히 믿을 바가 못 되는 외교"를 손문은 줄곧 기대했지만, 그렇다고 '외교'를 위해 정부 수립과 대총통 취임을 강행했다고만 볼 수도 없다. 제1차 세계대전이 종결된 후 1918년 11월부터 손문은 '중국의 실업을 국제가 공동으로 개발하는 계획서(The International Development of China)'를 영문으로 쓰기 시작해 1919년 1월에 완성했다. 주된 대상은 미국 자본이었다. 제1차 세계대전 후 남는 자본을 중국 실업에 투자하면 중국만이 아니라 세계경제가 살아날 수 있다는 주장이었다. 그렇다면 미국은 중국 누구에게 투자해야 할까. 물론 손문 자신이었다. 따라서 손문은 정부가 필요했다. 외국이 북방정부를 중앙정부로 승인하고 있는 상태에서는 북방정부와 대항할 수 없기 때문에, 정부의 건립은 하루라도 늦출 수 없는 일이기도 했을 것이다.[15] 미국 기자의 질문에 대한 손문의 대답은 당시 미국에 대한 손문의 기대를 잘 보여준다.

> 우리는 현재 철도를 건설하고, 도로를 닦고 공공사업을 개선해야 한다. 이런 것들은 외자의 도움을 빌지 않으면 성공할 수 없다. 다만 내가 희망하는 바는, 은행 차관이다. 군벌에게 주는 것과는 다르다. 이른바 북경정부에 차관을 주는 것은 중국에 불리하다. 왜냐하면 그것은 군벌에게 주는 것이기 때문이다.[16]

대총통에 취임하면서 발표한 「대외선언」에서도 "열강 및 그 국민이 조약,

13 「致陳炯明函」,(1918.7.13),『孫中山全集』4, p.486.
14 「致汪兆銘等電」(1918.5.8),『孫中山全集』4, pp.474~475.
15 「在廣州軍政府的演說」(1921.1.1),『孫中山全集』5, pp.450~451.
16 「與美國記者辛默的談話」(1921年 4月 上旬),『孫中山全集』5, p.516.

계약 및 관례에 의해 정당하게 취득한 합법적 권리는 존중된다. 이제 최대의 이원(利源), 천연자원 혹은 기술을 도모하는데, 문호개방주의를 채택하며 외국의 자본과 기술을 환영한다"라고 선언했다.[17] 당시 문호 개방을 주장하고 있던 미국을 대상으로 한 발표였다. 미국의 반응이 없었는지, 손문은 "중국 남부의 인민은 지금 미국인이 주장하는 바의 문호개방주의를 취하고 있는데, 미국이 혹 이런 사실을 모르고 있는지 모르겠다. 미국인이 중국 남방 정부를 돕고자 하면 지금 속히 해야지 그렇지 않으면 의미가 없다"라고 기자에게 재촉했다.[18]

또 하나 손문이 미국으로부터 기대했던 것은 '정부 승인'이었다. 물론 정부 승인은 미국에만 한정된 것은 아니고 일본 외교도 병행했지만,[19] 일본에 대해서는 큰 기대가 없었던 만큼 주로 미국에 집중되었다. 제1차 세계대전을 거치며 크게 성장한 미국과 일본은 중국을 둘러싸고 대립했다. 이 시기 벌어졌던 군벌 전쟁의 이면에는 미국과 일본 제국주의가 있었고, 동아시아에서 두 제국주의의 경쟁에 관해서는 이미 많은 연구에 의해 밝혀진 바이다. 앞에서 서술했듯이 이 시기 손문은 미국을 자신에게 끌어들이고자, 미국과 일본의 대립을 이용했다. 그러나 미국을 비롯한 어느 열강도 손문의 요구(남방 정부 승인, 남방 정부에 대한 자본 투자나 차관 제공 등)를 받아주지 않았다. 장개석의 말대로 "외교는 족히 믿을 바가 못 되는 것"이었다. 그러나 외교보다 자신의 실력(내부의 단결에 의한 근거지 확보와 군사력)의 강화를 우선해야 한다는 장개석의 지적은 일리가 있지만, 외교를 얻기 위해 손문이 정부 수립을 강행했다고 보기는 어렵다. 어쩌면 정부 수립 후 필요했던 것이 외교였지, 외교를 위해 정부를 수립하고자 했던 것은 아니다. 손문이 '무모하다' 싶을 정도로 정부를 건립하고자 한 이유를 '외

17 就任大總統職對外宣言」(1921.5.5), 『孫中山全集』 5, p.533.
18 「與美國記者金斯來的談話」(1921.9.18), 『孫中山全集』 5, pp.604~605.
19 1921년 1월 손문은 일본 정부의 승인을 얻기 위해 何天炯을 파견했다. 이에 대해서는 楊天石·狹間直樹, 「何天炯與孫中山: 宮崎滔天家藏書札研究」, ≪歷史研究≫, 1987-5, pp.146~147 참조.

교'로 설명하기 어려우니, 다른 측면에서 살펴볼 필요가 있다.

2. 손문과 진형명의 대립, 손장(孫張)동맹

손문은 진형명, 장개석 등 주변의 반대를 무릅쓰고 정부를 조직하고, 대총통에 취임하자마자 육영정이 지배하고 있는 광서토벌에 나섰다. 광서토벌에 대해서도 진형명은 연성자치의 정신을 들어 반대했다.

> 나는 연성자치(省人自治)를 실행해야 한다고 생각한다. 또한 지금은 민력을 휴양시키고 모든 일을 정리하고 싶다. 다른 일을 돌볼 여가가 없다. 광서의 신인물들이 군벌을 구축해 민치를 실현하고 있어, 나는 이에 대해 진실로 동정을 표한다. 광서토벌은 사람들로 하여금 침략했다는 우려를 낳게 할 뿐만 아니라 성인자치(省人自治)의 이념과도 서로 모순된다. 그러므로 광서군이 만약 광동을 침략한다면 정당하게 방위하며 전쟁을 불사할지언정, 내가 나서서 전쟁의 단서를 열려는 마음은 결코 없다.[20]

그런데 1921년 6월 13일 광동에서 지배력을 잃은 광서 군벌 육영정이 광동을 다시 얻으려고 광동으로 진군했으나,[21] 광동군의 반격을 받아 광시로 물러났다. 광동군은 이어 광서로 진군해 크게 승리했으며, 7월 21일 계림이 독립을 선포하자 육영정은 사직을 통보했다.[22] 진형명도 광서와의 전쟁에 참여했다. 이른바 양광 통일이었다. 손단동맹 직후 손문의 구상은 먼저 광서의 육영정(桂

---

20 「陳炯明派反對攻桂」, 北京≪晨報≫, 1921.4.1(『孫文與陳炯明史事編年』, p.362에서 재인용).
21 『孫中山年譜長編』 下, 1921.6.3, p.1358.
22 『孫中山年譜長編』 下, 1921.7.21, p.1368.

진형명(陳炯明, 1878~1933)

자는 경존(競存), 광동 해풍(海豊, 하이펑)인이다. 1899년 과거에 급제(秀才)했으며, 1906년에는 광동법정학당(廣東法定學堂)에 입학해 1909년 광동자의국의원(廣東諮議局議員)이 되었다. 같은 해 11월 상해에서 동맹회에 가입했고, 1911년 광동군 정부가 성립되자 부도독에 이어 대리도독으로 추대되었다. 1913년 광동 독립을 선포하고 원세개 토벌을 주장하다가 실패한 뒤 홍콩을 거쳐 싱가포르 등을 전전했다. 1915년 국민당인들과 연계해 중화수리촉성사(中華水利促成社)를 조직해 손문에게 비난받았다. 1917년 손문의 호법운동에 찬동해 1920년 월군(粵軍)을 이끌고 광동의 계계 군벌을 몰아냈다. 연성자치를 주장하며 손문과 대립했으며, 손문의 북벌에 반대해 '반변'을 일으켜 손문을 광동에서 몰아내고 월군총사령(粵軍總司令)에 올랐다. 1923년 손문의 서로토적군(西路討賊軍)에게 격퇴되어 동강으로 물러났으며, 1925년 손문 사후 혁명군의 두 차례 동정(東征)으로 기반을 잃고 홍콩으로 물러났다. 빈곤하게 생활하다가 1933년 홍콩에서 병으로 사망했다.

賊)을 멸해 남방을 통일하고(양광 통일), 이어 북으로 출사해 중원을 다투는 것(북벌)이었다.[23] 양광을 통일하자 손문은 곧바로 북벌에 착수했다. 8월 10일 국회 비상회의는 손문에게 북벌할 것을 청원했다.[24] 10월 8일에는 국회에 북벌안을 제출했다. 양광 통일로 득의에 찬 손문은 북벌군 장령에게 연회를 베풀며, 북벌 성공을 낙관했다.

> 제군들은 이번에 광서로 출병하여 한 달 만에 탕평했다. 광서군의 역량이 종래 세다고들 하지만, 아군의 일격을 당해낼 수 없었다. …… **어떤 사람을 막론하고, 즉 우리 광동의 3000만 국민과 군대 모두 중국 통일은 쉽지 않다고 생각한다.** 중국 통일이 정말로 어려운 일인가? 본 총통은 어렵지 않다고 본다. …… 무릇 중국의 통일은 북벌 출병이 아니고서는 이룰 수 없다. 양호(兩湖)가 이미 출병을 촉

23 「批伍毓瑞函」(1919.11.10), 『孫中山全集』 5, p.161.

24 中國科學院近代史研究所 中華民國史組 編, 『中華民國史資料叢稿: 大事記』 第7輯(意見徵求稿)(中華書局, 1978), p.79.

구하니 금일의 기회는 바로 하늘이 만들어준 것이다. 결론적으로 말하면 북벌의 거사는 우리가 하지 않으면 안 되며 ……, 이번 북벌은 서정(西征: 광서 토벌)에 비해 쉽다. 단연코 그럴 것이다.[25]

'하늘이 준 기회'라고 생각할 정도로, 당시만큼 상황이 좋았던 적이 손문에게 없었다. 문제는 광동 전체가 북벌에 반대한다는 사실이다(이에 대해서는 다음에 설명하겠다). 물론 진형명도 반대했다. 손문은 진이 주재하고 있는 남녕(南寧, 난닝)으로 직접 가서 북벌의 절박함을 호소하며 "내가 북벌에서 승리하면 일의 진행상 양광(兩廣)으로 돌아올 수 없고, 북벌에서 패하면 양광으로 돌아올 면목도 없다. 양광은 형이 주지하기를 청한다. 그러나 나의 북벌을 막지 말고 군량과 무기를 접제해달라"[26]고 사정했다. 그러나 진형명은 기자에게 "광동의 북벌은 아직 때가 아니다", "중산의 부하들은 모두 북벌을 따르지만, 나는 알지 못하는 바이다. 광동성은 스스로 자치를 완성하고자 한다"[27]라며 거부의 뜻을 단호히 밝혔다.

북벌은 진형명만이 아니라 이제까지 손문에게 협조적이던 당계요도 부담스러워했다. 당계요는 광서에 주둔하고 있던 군대를 북벌에 참가시키지 않고 운남으로 돌리려고 했다. 손문은 막으려 했지만, 당계요는 결국 3월 20일 운남으로 돌아갔다.[28] 그런데도 손문은 북벌을 계속 추진했다. 계림에 도착해 직접 대본영을 설치했다. 1922년 3월 11일에는 "계림으로부터 출발해 호남(長岳)을 거쳐, 호북의 무한에서 회사(回師)한 뒤 곧바로 하북(幽燕)에 도달한다"[29]는 긴급 통고를 발했다. 그런데 호남의 조항척(趙恒惕, 자오헝티)이 갑자기 북벌군의 호남

25 「在廣州宴請北伐軍將領時的演說」(1921.9.6),『孫中山全集』5, pp.597~598.
26 鄒魯,『中國國民黨史稿』中, p.1066.
27 「上海快信摘要」, 長沙≪大公報≫, 1921.11.21~22(『孫文與陳炯明史事編年』, p.434에서 재인용).
28 陶菊隱,『北洋軍閥統治時期史話(1895~1928)』4(海口: 海南出版社, 2006年度版), pp.115~116.
29 「出師北伐緊急通告」(1922.3.11),『孫中山全集』6, p.93.

통과를 거부하지[30] 북벌 계획은 출발부터 어려움에 처했다. 손문은 이에 굴하지 않고 계림 대본영에서 긴급 군사 회의를 열고, 부대를 나누어 광동으로 돌아가 강서 남쪽으로 길을 바꾸어 북벌하기로 결정했다.[31]

시간적으로 보나 상황적으로 볼 때, 손문이 북벌 추진을 아주 조급히 서두른다는 느낌이다. 이 시기 손문이 북벌과 관련하여, 이면에서 추진하고 있던 것이 장작림과의 동맹이다. 손문은 북벌이 광서토벌보다 쉽다고 호언했지만, '적극 무력'으로 북경을 취하는 것이 쉽지 않았음을 1차 광동정부의 북벌 때 알았다. '손단동맹'도 여기에서 나온 것이다. 이리하여 손문의 「혁명방략」은 재조정되었다. 중화혁명당의 「혁명방략」에 따르면, 혁명당과 혁명군이 '적극 무력'으로 근거지를 장악해 군정을 실시하고, 이어 북벌을 시작하여 확대된 지역에서 훈정을 실시한 후 마침내 전국 통일로 헌정에 이르는 것이다. 그러나 북경에 이르는 북벌의 어려움을 해결하고자 북방 세력과 손을 잡아 일단 중원 지역을 확보하고, 여기서 혁명정부를 수립해 훈정을 실시하며, 손잡았던 북방의 세력을 무너뜨리고 통일을 완수하고자 했다. 그러나 2차 북벌의 명분이 마땅치 않았다. 공화의 파괴인 복벽과 같은 일이 벌어진 것도 아니고, 환계를 몰아내고 들어온 직계에 대한 원성이 있었던 것도 아니기 때문이다. 명분은 오로지 '손문이 원치 않는 호법'뿐이었다. 그리하여 호법의 국회를 통해 정부를 수립하고, 북경정부를 부인하며 북벌을 추진하고자 했던 것이다. 그런데 왜 주변에서 반대하는 데도 북벌을 조급히 추진하려고 했는가.

손문이 북벌을 추진하자 단기서의 측근인 이성탁(李成鐸, 리청뒤)은 현재의 직계를 무너뜨리기 위해서는 협공이 필요하니 "오패부를 공격할 수 있는 **북방 세력**과 힘을 합쳐야 한다"[32]라고 조언했다. 이는 중원 장악에 도움을 줄 수 있었으니, 손문도 적극 공감했다. 여기서 북방 세력이란 물론 단기서를 의미하는

30 『國父年譜』 下, 1922.3.24, p.864.
31 『國父年譜』 下, 1922.3.26, p.865.
32 「致李成鐸函」(1921.9.11), 『孫中山全集』 5, p.601.

것은 아니다. 단기서와는 이미 동맹을 맺고 있었기 때문이다. 다만 그 내용은 불분명하다. 당시 북경에서 물러난 단기서 세력은 크게 약화되어 있었다.[33]

한편 직환전쟁 후 북경의 권력을 잡은 직계와 봉계는 시간이 갈수록 이해관계를 달리하며 다투다가, 1921년 하반에 이르러 직봉 사이의 모순은 갈수록 심화되었다.[34] 이에 봉계(장작림)와 환계(단기서)가 손을 잡았고, 환계가 봉계와 손문을 연결했다. 이성탁의 발언은 이런 가운데 나온 것이라고 생각한다. 연결 관계, 즉 손문과 장작림의 동맹 관계를 보자. 다음은 1921년 4월 손문이 광동군 간친회에서 한 연설이다.

> 원세개와 같은 자들은 사실 중화민국의 반도(叛徒)들이다. 광동의 용제광(龍濟光, 룽지광)에 대해 제군들이 잘 알 것이다. 이들은 없어지지 않고 계속 이어졌으니 **장작림**, 조곤 등과 같은 자들은 모두 군대를 사유하며, 중화민국을 교란시켜왔다.[35]

반란 무리의 반열에 단기서는 빠지고, 장작림은 이름을 올리고 있다. 장작림에 대한 평가는 더욱 험악해져 갔다. 광주에서 소비에트 기자에게 "(현재 우리의 적은) 일본의 명령을 듣는 반동 군주파 세력인데, 그 두목은 장작림이며 또 그가 기른 군대이다. 중국의 모든 암흑 세력과 적인은 모두 그의 주변에 모여 있다"[36]라고 했다. 손문은 8월에 치체린에게 보내는 편지에서 "원세개 사후 열강은 여전히 징치상·재정상으로, 일부 토황제(土皇帝)와 군벌을 지지하고 있다. 그중에는 과거 호비(胡匪)의 두목이던 장작림이라는 자가 있는데, 그는 명의상 만주 군대의 통수이자 독군이지만, 실제상으로는 북경 '정부'에 명령하는 두목

33 당시 단기서의 환계 세력은 양자강 유역에 何豐林(허펑린)과 盧永祥 정도였다.

34 직환전쟁 이후 직봉 사이의 대립 과정에 대해서는 張憲文 外, 『中華民國史』 第1卷, pp.209~212 참조.

35 「在粤軍第一, 二師懇親會的演說」(1921.4.23), 『孫中山全集』 5, p.522.

36 「在廣州與蘇俄記者的談話」(1921.4), 『全集』 5, p.527.

이다. 그러나 그 본인은 중대하거나 일본과 관련 있는 모든 일에 대해서는 도쿄의 명령을 받는다"[37]라고 썼다. 이상의 자료로 볼 때, 적어도 1921년 8월 말까지 장작림은 손문의 적이었다.

그런데 그해 12월 22일 단기서의 책사 서수쟁이 광동에 왔다. 당시 손문은 광서 계림에 있었는데, 요중개와 왕정위에게 전보를 보내 "양형(兩兄)과 장(장개석)은 나를 대표해 (서수쟁과) 군사의 진행을 잘 상의하라. 현재 우리 군은 (내년) 구정 후에 용병하려 하는데, 환계가 호응해 직계로 하여금 귀로를 차단하게 하기 바란다. 전략이란 원래 정략에서 기인한다. 우리의 정략은 이미 같아 남북이 일치하니 중국 평정은 희망이 있다"면서 서수쟁과 상의할 것을 촉구했다.[38] 이 지시는 '손단동맹'에서 볼 때 당연한 것이었다.

그런데 서수쟁이 1922년 1월 18일 손문을 만나기 위해 계림까지 왔다. 목적은 북방의 봉계 및 환계와 북벌군이 반직을 위해 출병하는 문제 때문이었다.[39] 1921년 12월 22일 광동에 온 서수쟁을 만나기로 되어 있는 요중개 등에게 보낸 손문의 지시에 봉계 장작림에 대한 언급이 없는 것으로 보아, 손장동맹의 시작은 1922년 1월 18일로 보아야 할 것이다. 서수쟁이 계림을 다녀간 직후인 1월 30일 상해의 양서감(楊庶堪, 양수칸)이 손문에게 전보를 보냈다.

> 봉장(奉張: 봉천의 장작림)이 그 신복인 이몽경(李夢庚, 리멍경) 대표를 광동으로 파견하여 계림으로 가서 선생을 뵙고 조건을 상의하려고 합니다. 영맹암(寧孟巖) 등이 동행합니다. 금일(30일) 상해를 떠났습니다. 이(李)의 말에 근거하면, 장(張)의 뜻은 심히 확고하다고 하며, 또 저에게 빠른 출사(出師: 북벌)를 촉구했습니다. 잘 대접하십시오.[40] – 괄호는 인용자

37 「孫中山致俄羅斯蘇維埃社會主義共和國外交部信」(1921.8.28), 『中蘇國家關係史資料匯編: 1917~1924』(中國社會科學出版社, 1993), p.673.

38 『國父年譜』 下, 1921.12.22, p.853.

39 陶菊隱, 『北洋軍閥統治時期史話(1895~1928)』 4, p.108과 같은 쪽의 각주 참조.

이몽경(李夢庚, 1876~1946)

본명은 이희련(李希蓮), 길림 농안(農安, 눙안)인으로, 청 말에는 공생(貢生)이었다. 손문을 추종해 1917년 광동으로 남하하여, 군정부 대부원수부의 자의(咨議)에 임명되었다. 1924년 손문의 명을 받고 동북으로 돌아가 중앙당부 길림특파선전원에 임명되어 당의 선전과 당무를 맡았다. 국민정부 성립 후 농광부 동북 국유림 정리위원회 주임위원에 임명되었고, 1931년 2월에는 감찰원감찰위원이 되었으며, 1945년 중국국민당 제6계 중앙감찰위원에 당선되었다. 저서로는 『호법사(護法史)』, 『책임문제(責任問題)』 등이 있다.

이몽경이 계림에 도착한 것은 2월 12일이고, 21일 손문을 만나 봉계의 군사 주장, 즉 공동 출병하여 직계를 타도하자는 전략을 설명했다.[41] 같은 날 손문은 장개석과 봉계와의 동맹 전략을 상의하고,[42] 답례로 3월 8일 오조추(伍朝樞, 우차오수)를 봉천으로 보냈다.[43] 이 사이 단기서 측의 대표 주선배(周善培, 저우산페이)도 광동에 도착하여 동맹을 상의하고 있었다.[44] 이로써 남방의 손문, 환계의 단기서, 봉계의 장작림이 동맹한 이른바 '반직삼각동맹(反直三角同盟)'이 완성된 것이다.

시간상으로 볼 때 앞에서 이미 언급한 바 있는 손문의 '북벌 출사의 긴급 통보'(3.11)[45]는 반직삼각동맹의 구도 아래 나온 것이다. 얼마나 좋은 환경인가. 이제 환계뿐만 아니라 북경정부의 일원인 봉계까지 북벌군과 협공하겠다고 하니, 중원 장악은 여반장으로 생각되었다. 손문이 주변의 빈대를 무릅쓰고 무리

40 「楊庶堪致孫中山電」(1922.1.30), 『各方致孫中山函電』 6, p.206.

41 『蔣介石年譜』, p.73.

42 『國父年譜』 下, 1922.1.21, p.862.

43 이때 장작림이 200만 원을 손문에게 전달했다는 소문이 있으나, 근거는 없다. 胡玉海·里蓉 主編, 『奉系軍閥大事記』(遼寧民族出版社, 2005), p.284.

44 『國父年譜』 下, 1922.2.20, p.862.

45 계림에서 출발해 호남을 거쳐 호북의 무한에서 回師한 뒤, 곧바로 하북으로 출병한다고 북벌을 선언했다. 「出師北伐緊急通告」(1922.3.11), 『孫中山全集』 6, p.93.

하게 북벌을 조급히 추진한 것은, 반직삼각동맹에 의한 '기회' 즉 중원을 장악할 수 있는 기회 때문이었다. 이것은 정부 수립의 강행과도 밀접히 연결된다(이에 대해서는 뒤에 다루겠다).

직계와 봉계의 전운이 짙어질수록, '동맹'의 일원인 손문은 북벌을 다그쳐야 했다. 그러나 조항척이 호남의 길을 내줄 수 없다고 하자 길을 바꿀 수밖에 없었고, 진형명의 비협조, 당계요의 운남으로의 군 철수 등으로 북벌은 지지부진했다. 4월 10일부터 장작림이 관내로 들어오자, 25일 직계의 오패부는 장작림의 10 대 죄상을 발표했다. 결국 4월 29일 장작림이 직계를 향해 선전포고를 발함으로써 1차 봉직전쟁이 시작되었다. 전쟁은 발발했으나 봉계의 동맹인 손문은 북벌을 추진하지 못한 채 아무런 도움도 못 주고 있었다. 손문은 장작림에게 편지를 보냈다.

> 아군의 후방 문제를 먼저 해결해야 해서, 지난달 길을 바꾸어 출사했습니다만, 광동의 국면을 다시 평정하며 북정을 촉구하고 있습니다. 귀군(봉군)이 이미 입관했다고 하는데, 동시에 서로 상응할 수 없어 매우 안타깝습니다. 일의 형세가 구속하는바 양해를 바랍니다. …… 문(손문)은 6일 소관(韶關, 사오관)으로 가서 토적 출사를 선언하고, 각 군에게 (북벌을) 속히 진행할 것을 명령했습니다. **초지불변으로 이전의 약속을 지킬 것입니다.** 귀군의 정예를 잃지 말고 때를 기다려 반공하여 그 수미로 하여금 동시에 돌아볼 수 없게 합시다. 저 오랑캐들(직계)은 이리저리 뛰다 지치면, 최후의 승리는 우리에게 있습니다. 오충신(吳忠信, 우중신) 여장(旅長)을 군사전권대표로 파견합니다.[46] - 강조는 인용자

손문이 이 편지를 보낼 즈음, 봉군 3만여 명이 직계에 포위되어 무장해제를 당하고 있었다. 장작림은 남은 부대를 이끌고 난주(蘭州, 란저우)로 도망갔다. 5월

46 「致張作霖函」(1922.5), 『孫中山全集』 6, p.141.

중순 영국 영사관의 조정을 거쳐 봉군은 관외로 돌아갔다. 이제 직계는 단독으로 북경정부를 장악했고, 오패부의 '명성'은 하늘을 찌를 듯했다. 오패부의 명성은 전쟁의 승리로 말미암은 것만은 아니었다. 1919년 남북화회의 촉성을 요구한 이래 계속해서 국민대회의 소집을 통한 국시 해결(1920.8), 여산(廬山)국시회의의 소집(1921.9) 등을 주장해왔던 사실 등에서 연유한 것이다. 더구나 직봉전쟁의 주된 원인이 장작림의 비호를 받고 있던 양사이(梁士詒, 량스이) 내각에 대한 오패부의 공격에서 비롯되었다. 오가 양을 공격한 표면적 이유 중 하나가 양의 친일적인 정책 즉 워싱턴 회의에서 중국 측이 회수하게 된 교제(膠濟)철로를 일본 차관으로 회수하려 한 데 있었기 때문에, 오패부의 전승은 곧 애국적인 독군의 승리로 받아들여졌다.[47] 게다가 오패부는 장작림의 군대를 관외로 몰아낸 직후 다음과 같은 전문을 장령들에게 보냈는데, 이는 물론 언론에 공개되었다.

> 민국을 공고히 하려면 먼저 통일을 해야 한다. 남북 통일의 파열은 법률 문제를 디딤돌로 삼고 통일로 가는 길은 법통의 회복이 첩경이니, 마땅히 여황피(黎黃陂: 黎元洪) 전임 총통에게 복위를 청하고, 6년의 구국회(民六國會)를 소집하여 헌법을 속히 완성하며, …… 비상정부(손문의 남방 정부)는 호법을 위해 건립된 것이니, 법통이 회복되었으므로 깃발을 내려야 한다.[48]

손문이 호법으로는 '근본해결'을 할 수 없다며 북벌까지 치달았지만, 명분은 호법밖에 없었다. 오패부의 법통 회복 주장은 손문의 명분을 완전히 빼앗는 것이었다. 어찌 보면 궁지에 몰린 손문은 이에 대한 대응으로 '공병계획선언(工兵計劃宣言)'을 발표했다. 선언에서 "호법에 찬동한다면 성의와 호법 복종의 표시를 위해 직계가 먼저 소속 부대를 반으로 줄여야 한다"[49]라고 주장했다. 자신

47 윤혜영, 『중국현대사연구: 북벌전야 북경정권의 내부적 붕괴과정(1923~1925)』, 29~30쪽.
48 上海≪民國日報≫, 1922.5.19.
49 「工兵計劃宣言」(1922.6.6), 『孫中山全集』 6, pp.146~147.

은 북벌을 추진하고 있으면서, 상대에게 군을 반으로 줄이자는 것은 전혀 현실성이 없는 제안이었다. 현실성이 없는 제안이라기보다는 오패부의 법통 회복에 대한 거부라고 보는 편이 낫다. 손문은 달린(Dalin)과의 대화에서 "오패부의 성명은 과거 의회를 해산한 죄의 자백서이다. 따라서 의회가 북경으로 돌아가는 조건은, 민국의 최고 입법기관을 해산한 화수(禍首)를 징벌하고, 오패부의 무장을 해제해야 한다. 다른 조건은 남방의 군대를 북경으로 진군시키는 것이다. 의회가 총통을 새로 선거하는 것에 대해서도 거절한다"[50]며 북벌의 계속을 주장했다. 손문은 열강이 오패부에게로 기울 것을 방지하고, 북벌을 계속 추진하기 위해 각국의 중립을 요구하면서 그 이유를 다음과 같이 밝혔다.

> 구국회의 회복은 물론 우리의 주장과 일치한다. 문제는 오 씨의 주장의 동기가 어떠한지에 있다. 그가 진심으로 구국회를 회복해 국가 통일의 근본을 여기에 둔다면 반대할 이유가 없다. 내가 보는 바로는, 오의 주장은 단지 궁여지책으로 미명일 뿐이다. …… 그는 서남의 실력을 두려워하기 때문에 장작림을 격파한 지금, 서남으로 향하는 것은 곤란하다. 그래서 한편으로는 구국회의 회복을 내걸어 각 단체의 양해를 구하며, 다른 한편으로는 대표 및 모모 외국인을 통해 나에게 타협을 구하고 있는 것이다.[51]

그러나 손문의 생각과는 정반대로 정국은 흘러갔다.[52] 조곤, 오패부 등 직예파 독군들이 연명으로 민육(民六)국회, 신국회, 국민회의, 연성자치 중 어느 것

---

50 C. A. ДАЛИН, КИТАЙСКИЕ МЕМУАРЫ 1921~1927, ИЗДАТЕЛЬСТВО〈НАУКА〉(Moscow, 1975)[侯均初 外 譯, 『中國回憶錄 1921~1927』(北京: 中國社會科學出版社, 1981), p.119] (이하 C. A. 達林, 『中國回憶錄(1921~1927)』).

51 「與日本『朝日新聞』社記者的談話」(1922年 6月 上旬), 『孫中山全集』 6, p.148.

52 오패부에 의한 법통 회복 과정에 대해서는 윤혜영, 『중국현대사연구: 북벌전야 북경정권의 내부적 붕괴과정(1923~1925)』의 55~61쪽에 잘 정리되어 있다.

을 택할 것인지를 묻는 통전을 내자, 양계초, 채원배(蔡元培, 차이위안페이), 왕총혜(王寵惠, 왕충후이) 등 북방 학계의 중심인물들이 민육국회 회복에 찬성하며 수습책을 건의했고, 이어 서남의 잠춘훤도 국회 회복에 찬성했다. 이런 흐름 속에 서세창이 총통직을 사직하고 여원홍이 복직했다. 6월 12일에는 민국 6년(1917) 6월에 내렸던 '국회해산령'을 취소함으로써 법통 회복을 마무리했다. 이제 이런 흐름에서 남은 것은 북벌을 추진하고 있던 남방의 대총통 손문이었다. 손문의 하야를 요구하는 각계의 요구[53]가 이어졌다. 이처럼 대세가 손문의 퇴위 및 법통 회복의 요구로 전환된 것은, 당시 일반적 염원이던 평화통일의 기치를 오패부가 든 반면, 북벌이라는 무력 수단을 채택한 손문의 태도는 그에 역행하는 셈이었기 때문이다.

손문의 하야를 요구하는 전국적 여론에 가장 힘을 얻은 것은 진형명이었다. 거기에 광동성의 여론, 특히 상인들의 여론은 손문이나 북벌에 크게 부정적일 수밖에 없었다(이에 대해서는 뒤에 설명하겠다). 6월 14일 진형명은 석룡(石龍, 스룽)에서 소속 부대 장령회의를 소집해 '반란'을 시작했다. 16일 손문의 거처를 포격했고, 손문은 해군사령부로 도피했다. 이후 손문의 저항이 있기는 했지만, 실패로 끝났다. 손문은 광주를 떠나 홍콩을 경유해 8월 14일 상해에 도착했다. 진형명의 광동 탈환으로 상해를 떠난 지 1년 8개월 만에 다시 상해로 돌아왔다.

반직삼각동맹으로 돌아가 보자. 1919년 전반기에 이루어진 손단동맹은 1922년 1월경 반직삼각동맹으로 발전했다. 손단동맹 중 발생한 직환전쟁(1920.7) 때 손문은 근거지나 군사력이 없었기 때문에 동맹의 대상인 단기서의 환계를 도와주지 못했다. 전쟁의 결과 단기서의 환계는 패해 북경의 권력에서

53 6월 초순 채원배는 손문에게 호법 사업은 이제 끝났으므로 국민 자격으로 국사에 전념해 달라는 퇴위 권유 전보와 여원홍의 복직을 독촉하는 전보를 준비하고 있었다. 민간단체로서 全國商會聯合會가 黎의 복직과 孫의 퇴위를 요구하는 전보를 쳤고, 북경각계연합회 등 제 단체들도 법통 회복을 요구하는 전보를 쳤다. 윤혜영, 『중국현대사연구: 북벌전야 북경정권의 내부적 붕괴과정(1923~1925)』, 61쪽.

물러났다. 1922년 4월에 발생한 제1차 직봉전쟁에서 손문은 진형명 등과의 갈등으로 북벌을 추진하지 못해, 반직삼각동맹의 일원으로 역할을 전혀 할 수 없었고, 전쟁 결과는 봉계의 패배로 끝났다. 이어 손문마저 진형명의 '반변'에 의해 상해로 물러남으로써, 반직삼각동맹의 동맹자 셋은 모두 전쟁과 '반변'에서 패해 북경과 광동에서 밀려나 버렸다. 그중 봉계의 장작림은 동북 지역에 근거지와 무력을 탄탄히 보유하고 있었으나, 환계의 단기서는 장강 유역에 하풍림과 노영상 정도의 동조 세력이 있었을 뿐이다.

상해에 도착한 후 손문은 두 번의 선언을 거듭 발표했다. 선언에서 호법에 의한 화평 통일을 주장했지만, 북경정권(직계)이 받아들일 수 없는 내용이었다.[54] 사실 손문은 화평 통일을 원치도 않았고, 가능하다고 보지도 않았다. 이 시기에 손문을 만나고 북경으로 돌아온 이대쇠는 당시 손문의 생각을 다음과 같이 전하고 있다.

> 내(손문) 생각에 합법적 국회, 호법총통, 호법정부를 회복해야 하며, 이와 동시에 중앙으로 하여금 사실상 강대한 무장 역량을 갖추게 하여, 이로써 각 독군의 세력을 없애야 한다. 이것이 통일을 촉진하는 최선의 방법이다. 나는 현재와 같은 독군 할거의 연성자치를 승인하지 않으며, 한편으로는 중앙에 병력을 집중하는 방법을 취하고, 다른 한편으로는 현의 자치 권력을 확대시킴으로써 현재의 독군 권력을 없애야 한다고 생각한다.[55]

여기서 중앙이란 물론 북경정부를 의미하지는 않는다. 자신의 강대한 무장 역량으로 북경을 장악한 후 각 독군 세력을 없애 통일을 하겠다는 것이다. 당시 손

54 군대의 수를 반으로 줄이자든가 연성자치는 불가하든가 등 기존의 주장(6월 6일의 「工兵計劃宣言」)을 되풀이했다. 「宣布粤變始末及統一主張」(1922.8.15), 『孫中山全集』 6, pp.520~523; 「對外宣言」(1922.8.17), 『孫中山全集』 6, pp.524~526.

55 「與李大釗的談話」(1922.8.23), 『孫中山集外集』, pp.277~278.

장작림(張作霖, 1875~1928)

자는 우정(雨亭), 봉천(奉天, 펑톈) 해성(海城, 하이청)인으로, 한족(漢族)이다. 청일전쟁에 참가한 뒤 녹림(綠林)에 투신해 세력을 키웠다. 장작림을 소탕할 힘이 없던 청조는 그를 끌어들였고, 장작림도 청조의 토비 세력 소탕에 협조해 봉천독군, 동삼성순열사 등에 올라 '동북왕'으로 불리며 북양군 봉계의 수령이 되었다. 1920년 직환전쟁에서 직계와 손잡고 환계에 승리했다. 이후 직계와의 대립이 가속화되어 1922년 제1차 직봉전쟁으로 발전했으나, 그는 직계에 완패해 동북으로 물러났다. 이 과정에서 손문, 단기서와 반직동맹을 맺고, 제2차 봉직전쟁에서 승리한 후 북경으로 진출해 육해군대원수에 올라 중화민국 최고 통치자가 되었다. 일본의 회유와 매국적 조약 체결을 거절했다. 1928년 6월 전세가 불리해져 동북으로 돌아가는 도중, 열차가 일본 관동군에 의해 폭파되어 중상을 입었다. 이를 황고둔(皇姑屯) 사건이라고 칭하며, 당일 심양(瀋陽, 선양)의 관저로 후송되었으나 사망했다. 1928년 12월 장작림의 아들 장학량은 지배 지역인 "동삼성과 열하성은 남경국민정부에 복종한다"는 이른바 '동북역치(東北易幟)'를 선포했다.

문이 오패부와 제휴한다는 설이 있었다. 이에 대해 "각하(손문)가 일찍이 단기서와 제휴했고 지금은 구적인 오패부와 서로 제휴하니, 장래 각하와 단 씨의 감정상에 어긋남이 없겠습니까?"라고 기자가 묻자, 손문은 "단 씨는 나의 충심을 자못 이해하고 있고, 통일을 도모하기 위해서는 단조오(段曹吳: 단기서, 조곤, 오패부) 등과 상의하는 것은 좋다. 또한 장작림 씨와 꾀하는 것 또한 불가하지 않다. 다만 과연 조오가 통일에 대해 성의가 있는지는 아직 의문이다. 만약 저들이 이런 성의가 없다면 나는 물론 그들과의 제휴를 거절할 것"[56]이라고 대답했다. 손단동맹의 불변, 직계인 조오에 대한 불신, 장작림과의 동맹에 대한 공론화를 시작했다.

북경에서 밀려난 단기서(천진)와 장작림(봉천), 진형명에게 쫓겨난 손문(상해)은 세력을 만회하기 위해 반직삼각동맹을 더욱 강화해갔다. 반직삼각동맹이라 해도 혁명의 목표가 같기 때문에 맺어진 것은 아니었다. 또 신해혁명 전부터 관

56 「與日本大阪『每日新聞』駐滬特派員村田的談話」(1922.8.29), 『孫中山全集』 6, pp.533~534.

계가 있었던 것도 아닐뿐더러 동맹 이전에는 오히려 서로 대립했던 관계였다. 북경에 대응해 결성한 단순 무장 동맹일 뿐으로, 서로 요구하는 바는 상대방의 힘을 빌리고자 함이다. 특히 근거지와 무력이 변변치 않은 손문으로서는 동맹을 통해 자금을 얻고자 했다. 이 때문에 봉천과의 동맹이 무엇보다 필요했다. 손문과 장작림은 서로 사람을 파견해 동맹을 굳혀갔고,[57] 특히 손문은 장작림

---

57 1922년 1월부터 제2차 직봉전쟁 직전까지 손문과 장작림의 관계를 보면 다음과 같다.

1922년 1월 12일	장작림 대표 李夢庚이 계림에 도착해 손문을 만나, 討直 문제를 협상함.
1922년 3월 8일	손문 측 대표 오조추가 봉천에 왔다 떠남. 소문에 의하면 장작림은 손문에게 200만 원의 자금을 지원했다고 함.
1922년 9월 중순	장작림 東三省 兵工廠 督辦 韓麟春이 상해로 가서 손문을 만나, 조곤과 오패부에 대한 공격 등을 상의함. 27일 손문은 汪精衛를 봉천에 파견해 장작림과 만나게 함.
1922년 9월 27일	손문이 파견한 대표 汪精衛와 前湖南總司令 程潛이 봉천에 도착함. 28일 장작림과 만남. 그 후 奉省 各 縣이 연일 환영 宴會를 개최함. 10월 2일 教育會가 汪精衛, 程潛 2인을 접대, 10월 7일 돌아감.
1922년 10월 24일	손문이 파견한 李某가 이날 저녁에 봉천에 도착, 장작림을 만나고 興業銀行에 기거함.
1922년 11월 12일	汪精衛가 손문의 명을 받고 며칠 전 도착함. 興業銀行 總辦 談國桓, 會辦 姜德純이 오후에 왕정위 및 함께 온 路孝忱에게 宴會를 베풂.
1923년 1월 31일	손문 측 대표 周信富가 봉천에 도착, 다음 날 장작림을 만남.
1923년 4월 10일	장작림, 張學良과 郭松齡 등에게 손문 측 대표 汪精衛를 배동해 北大營을 참관시킴.
1923년 4월 12일	손문 측 대표 汪精衛, 路孝忱이 선후로 봉천에 옴. 이날 함께 남행. 장작림은 吳光新 顧問을 파견함.
1923년 7월 31일	손문이 파견한 李實이 봉천에 옴.
1923년 12월 16일	葉恭綽이 봉천에 도착함. 장작림이 사람을 역에 파견해 영접함.
1923년 12월 18일	손문 측 대표 葉恭綽, 李實, 合肥 대표 吳光新과 奉直 調解人 王占元이 선후로 봉천에 도착, 장작림이 省長公署에서 연회를 열고 王永江 등 6명이 배동함.
1924년 3월 16일	손문은 吳朝樞를 대표로 봉천에 파견해 장작림의 壽辰을 축하하고 아울러 시국 대처 방법을 토의함. 21일 오조추가 天津으로 가서 段祺瑞 알현함. 또한 손문은 왕정위 역시 봉천으로 파견해 장작림에게 祝壽하도록 하고, 아울러 삼각연맹에 박차를 가함.
1924년 3월 31일	장작림이 顧問 顧人宜를 남쪽으로 보내 손문과 시국 대처 문제를 토론케 함.

과의 동맹에 성의를 다하는 모습을 보였다.[58] 1922년 9월에 이르면 삼각동맹의 내용은 어느 정도 정리가 된다. 다음은 왕정위의 기술을 정리한 것이다.[59]

> 선생(손문)은 일찍이 조곤, 오패부를 협격하기로 장작림과 약조했다. 봉 측 대표 한린춘(韓麟春, 한린춘)이 상해로 파견되어 손문을 알현했다. 연일 동맹 방법을 토론했다. 선생은 나(왕정위)를 봉천에 파견해 동맹 일을 토의하게 했다. 출발 전 단기서, 장작림과의 동맹 계획을 정했는데 그 대의는 다음과 같다.
>
> 군사 방면: 우리(손문)의 군[60]은 우선 광동을 평정하지만, 만약 중원에서 전사가 생기면 방향을 북으로 돌려 도울 것이다. 현재 각 부대를 보충할 필요가 있는데, 이를 위해서는 200, 300만 원이 급히 필요하다. 차관을 주면 좋겠다.
>
> 정치 방면: ① 현재 북경정부는 합법이 아니므로 승인하지 않는다. ② 만약 장래 합법 정부가 성립하면 서로 일치해 화평 통일을 꾀해야 한다. ③ 합법 정부가 성립되기 이전, 사적으로 이익을 취하는 행위는 국가의 장애가 되므로 공적으로 삼아 함께 제거한다. ④ 적인(북경의 직계)에 대처하는 진행 방법은 다음과 같다.[61] ⑤ 장래 적인에 대한 전쟁이나 강화는 모두 일치 행동하며, 단독 행위

1924년 9월 15일 손문의 아들 孫科가 봉천에 도착함.

자료: 胡玉海·里蓉 主編, 『奉系軍閥大事記』, pp.282~370.

58 대만에서 출간된 『國父全集』에 보면 손문이 장작림 부자에게 보낸 전문이 11통이나 된다. 서신은 모두 손문 자신이 친히 쓴 것이다. 서신 맨 뒤에는 "張 총사령관께 孫文 씀"이라고 썼다. 용지는 大本營 공용 용지였다. 문자는 손문의 표준 해서체였으며 글씨체가 엄격하고 한 줄도 흐트러짐 없이 문장이 단아했다. 빠진 글자 두 자를 행간에 작은 글씨로 정성 들여 써 넣은 것이 보인다. 유가현 옮김, 『만주군벌 장작림』(아지랑이, 2011), 238쪽 [徐徹, 『張作霖: 一代梟雄』(廣西師範大學出版社, 2007)].

59 『國父年譜』 下, 1922.9.22, pp.911~912.

60 손문은 "1. 李協和 및 朱培德 소속의 부대 滇軍, 李明揚 소속의 贛軍, 陳嘉祐 소속의 湘軍 약 만여 명이 현재 호남 남부에 있다. 2. 許崇智, 黃大偉, 李福林 소속의 부대가 약 만여 명으로 현재 강서 동부에 있다"라고 자신의 군대에 대해 장작림에게 상세히 보고했다. 『國父年譜』 下, 1922.9.22, p.911.

61 甲. 현재 광주 주재의 함대를 북으로 파견하여 적당한 지점에 정박한다.

를 해서는 안 된다. ⑥ 적인을 소제한 이후 합법 정부의 조직은 협상 동의로 정한다. - 강조는 인용자

호남 남부와 강서 동부에 있는 손문의 부대는 광동을 수복하는 것이 우선이지만, 만약 북경의 직계와 전사가 발생하면 절강(환계) 및 봉천(봉계)과 협력하여 군을 파견하겠다는 것이다. 전후 방침에 대해서는 상의해 정부를 세운다는 원론적인 내용뿐이었다. 삼각동맹에서 손문이 바라던 가장 중요한 것은 군사적 원조(200, 300만 원)였다.

삼각동맹이 숙성되는 동안 손문은 진형명을 누르고 광동을 되찾았다. 진형명에 의해 쫓겨난 지 6개월 만에 다시 광주로 돌아왔다(1923.2.21). 광주로 돌아온 날 환영연을 베푼 군인들에게 현재의 상황과 전략을 다음과 같이 설명했다.

우리가 현재 공화 국가를 다시금 건설하고자 한다면, 먼저 서남의 도적 무리(陳炯明 세력)의 반역을 제거하지 않으면 안 된다. 그리하여 다시금 무력과 여론의 힘을 함께 사용한다면 북방은 반드시 찬성할 것이다. 현재의 중국 정세를 논하자면, 역량으로 볼 때 동북방에는 봉천의 장우정(張雨亭: 張作霖)이 있고, 동방에는 절강의 노자가(盧子嘉: 盧永祥)가 있다. 그다음에는 단기서의 환계 그리고 혁명의 발원지인 서남의 각 성들이 있다. 그러나 노자가는 환계에 속하므로 간

乙. 현재 강서 동부에 주둔하고 있는 허숭지 등의 부대는 복건으로 들어가도록 한다.
丙. 현재 호남 남부에 주둔하고 있는 이열균 등의 부대는 호남을 평정한다.
丁. 만약 적이 먼저 봉천에서 개전하면, 절강 및 복건과 호남의 각 부대 그리고 함대는 힘을 합해 동맹하여 적인의 세력을 소제한다.
戊. 만약 적이 절강으로 개전하면, 봉천 및 복건과 호남의 각 부대 그리고 함대는 동맹하여 적인의 세력을 소제한다.
己. 만약 적인이 복건과 호남으로 개전한다면, 봉천과 절강이 동맹하여 적인의 세력을 소제한다.
자료: 『國父年譜』 下, 1922.9.22, p.912.

략히 분류한다면 봉계, 환계, 서남의 세 계파라고 할 수 있다. **이 세 계파는 이미 제휴하고 있다.** 그러나 북방에 또 하나의 계파가 있으니, 표면상으로는 아주 강해 보이는데, 즉 직예, 산동, 하남, 호북 등 몇몇 성에 군림하고 있는 직계가 바로 그것이다. 이 일파는 북방정부를 지배하며 온갖 악을 다 저지르고 있다.[62]

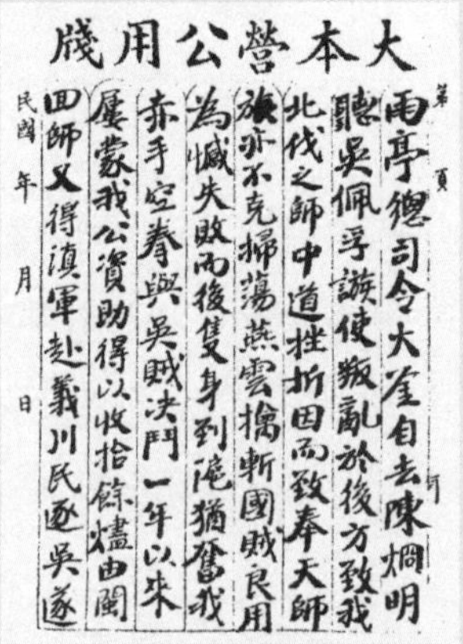

大本營公用牋

第 頁

雨亭總司令大鑒自去陳烱明
聽吳佩孚嗾使叛亂於後方致我
北伐之師中道挫折因而致奉天師
旅亦不克掃蕩燕雲擒斬國賊良用
為憾失敗而後隻身到滬猶奮我
赤手空拳與吳賊決鬥一年以來
屢蒙我公資助得以收拾餘燼由閩
回師又得滇軍赴義川民逐吳遂

民國 年 月 日

1923년 11월 25일 장작림에게 보낸 손문의 편지

자료: 劉大年 主編, 『孫中山書信手迹選』(北京: 文物出版社, 1986), p.171.

이제 손문은 반직삼각동맹을 공공연히 드러내놓고 밝혔다. 이보다 한 달 앞선 1월 26일에는 이른바 「손문-요페 연합선언」을 통해 신흥 소비에트 러시아와의 합작을 대외에 선언했다. 앞에서 설명했듯이 손문은 장작림으로부터 자금 지원을 절실히 바라고 있었다.

실제로 상당한 자금을 받았다고 추정되지만, 그 구체적 액수는 알 수 없다. 다만 1923년 11월 손문이 장작림에게 보내는 편지의 내용으로 보아 광동을 회복하는 데 상당한 지원을 받았음을 알 수 있다.

우정(雨亭: 장작림) 총사령관 귀하

작년부터 진형명이 오패부의 사주를 받고 후방에서 반란을 일으켜 나의 북벌군은 중도에서 좌절되었습니다. 이로 인해 봉천의 군대 역시 북경을 소탕하여 국적(國賊)을 없애지 못한 것이 정말 유감입니다. 실패 이후 몸만 상해로 빠져 나왔으나, 맨주먹으로 적 오패부와 결전을 준비했습니다. **지난 1년간 여러 차**

62 「在廣州滇桂軍歡迎宴會的演說」(1923.2.21), 『孫中山全集』 7, p.120.

례 아공(我公, 장작림)께서 자금을 지원해주어 남은 여력을 수습하여 복건성에서 군대를 돌아오게 할 수 있었습니다. 또 운남군의 기의, 사천민의 오패부군 축출로 마침내 서남의 국적 세력은 계속 박멸되어 근거지 광주를 다시 회복했습니다. **이 모두가 공이 보내주신 큰 힘 덕택입니다.** …… 이후 광동 내부의 평정을 기대할 수 있게 되어, 북벌 계획도 역시 이제 시행할 수 있게 되었습니다. ……

손문 민국 12년 11월 25일[63] - 괄호와 강조는 인용자

반직삼각동맹은 이듬해 제2차 직봉전쟁 때 발생한 북경정변 때까지 지속되었다. 삼각동맹이라고는 하지만, 장작림의 자금 지원 때문에 손문과 장작림의 관계가 매우 친밀해졌다. 북경정변 후 일본에 들렀다가 천진에 도착한 당일(1924.12.4), 손문은 병든 몸으로 친히 장작림을 예방했다. 회담 자리에는 그간 손장동맹을 위해 분주했던 양측의 인사가 배석했다.[64] 손문은 "이번 직봉전쟁은 귀군(장작림의 군대)의 역량에 의해 오패부를 격퇴해 조오의 통치를 무너뜨릴 수 있었다"라고 치하하며, 그동안 장작림이 보내준 원조에 대해 감사를 표시했다.[65] 손문은 이후 북경에서 사망할 때(1925.3.21)까지 삼각동맹의 한 축인 단기서와는 서로 만나지 않았다.

손문이 중앙 군벌인 환계 및 봉계와 손을 잡은 반직삼각동맹이 유지되는 동안, 손문은 다른 한편으로 소비에트 러시아와 손을 잡고, 소비에트 러시아의 요구를 받아들여 국민당을 개조했다. 물론 그들로부터 물질적·인적 지원도 받았다. 정치적으로 전혀 방향을 달리하는 '반직삼각동맹'과 '국공합작'을 손문은 추진했다.

---

63 「致張作霖函」(1923.11.25), 『孫中山全集』 8, pp.439~440.

64 손문 측에서는 왕정위, 이열균, 손과, 소원충이 참석했고, 장작림 측에서는 張學良, 吳光新, 楊宇霆, 葉恭綽이 배석했다. 「與張作霖的談話」(1924.12.4), 『孫中山集外集補編』, p.454의 주석.

65 「與張作霖的談話」(1924.12.4), 『孫中山集外集補編』, pp.454~455.

9장

소련의 초기 손문 인식

소비에트 러시아(이하 소련[1])와 손문의 관계를 살피려면 복잡하기는 하지만 당시 상황을 이해해야 한다. 이유는 양쪽이 각각 급변하는 상황에 처해 있었기 때문이다. 러시아 혁명 이후 손문의 행보를 살펴보면, 러시아 혁명이 발생한 11월 손문은 1917년 광동군 정부를 수립하고 대원수에 올라, 북경의 단기서(환계)와의 전쟁(1차 북벌)을 준비하고 있었다. 이후 서남 세력이 손문의 「혁명방략」에 반대하자 손문은 1918년 5월 대원수직을 사임하고 상해로 가서 칩거했다. 1919년 초부터 손문은 '근본해결'을 위해 단기서와 동맹을 추진했다. 이 시기 오사사건이 전국을 뒤흔들고 있었다. 1920년 7월 직환전쟁에서 단기서가 패한 반면, 손문은 진형명의 광동 탈환으로 다시 광주로 돌아가(1920.11.28) 중화민국정부를 건립하고 대총통에 올랐다. 그러나 북벌 추진에 반대하는 진형명에 의해 손문은 또다시 상해로 물러났다(1922.8.10).

1 러시아 혁명 직후인 1917년 11월 러시아 소비에트연방 사회주의공화국이 성립되었고, 이어 12월에 우크라이나 소비에트 사회주의공화국, 1919년 1월 백러시아 소비에트 사회주의 공화국이 성립됐다. 이 세 공화국이 합쳐져 1922년 12월 30일 소비에트 사회주의공화국 연맹, 즉 소련이 등장하게 된다.

한편 러시아는 혁명 후부터 1922년 12월 30일 '소련(소비에트 사회주의공화국 연맹)'으로 '안정적인 국가'를 이루기까지 내부적으로는 반혁명의 백군과 싸워야 했고, 국제적으로는 부르주아국가의 침공에 대처해야 했다. 결국 이런 어려움 속에서 1921년 3월을 계기로 소비에트 러시아는 '부르주아와의 거래'를 시작했다.[2] 손문을 포함한 중국과의 '공식적 관계'는 1921년 말 파이케스(Paikes)의 중국 파견부터 시작되었다.[3] 그러나 후술하겠지만 파이케스는 중국에서 아무런 성과 없이 1922년 8월에 러시아로 돌아갔고, 이어 요페가 뒤를 이었기 때문에 실질적 중소 관계 및 손문과 소련의 관계는 1922년 8월 이후부터 시작되었다고 볼 수 있다.

그렇다고 요페가 중국에 오기 전까지 소련과 손문 사이에 관계가 전혀 없었던 것은 아니다. '소련'이란 좁은 의미에서 이 시기의 '소비에트 러시아'(러시아 소비에트 연방 사회주의공화국)를 지칭한다. 그러나 소련이 동쪽으로 영토를 확장하면서 '일본'과 충돌을 피하기 위해 지역 정권들[4]을 만들었고, 다른 한편으로는 '혁명 수출'을 위해 코민테른을 조직했다. 따라서 '소련'이란 넓은 의미에서 '소비에트 러시아'뿐만 아니라, 이 지역 정권들과 코민테른을 포함할 수 있다. 요페와 접촉 전에 손문과 소련의 관계는 주로 이 지역 정권들이나 코민테른에서 파견된 사람들(보이틴스키, 마링, 달린 등이 대표적 인물이다)을 통해 이루어졌다. 요페가 북경에 도착한 1922년 8월까지 소련의 '지역 정권'이나 코민테른이 손문을 어떻게 평가하고 관계를 맺어갔는지를 먼저 살펴보자.

코민테른의 설립이 '혁명을 수출'하기 위한 것이었기에 1920년대 초까지만

---

2 1921년 3월 소련은 국내외적으로 세 가지의 큰 변화가 있었다. 첫째, 독일 중심부에서 일어난 '3월 행동'이 기대와는 달리 처참하게 실패했고, 둘째, NEF(신경제정책)를 도입했으며, 셋째, 영국과 무역협정을 체결했다. Kevin McDermott and Jeremy Agnew, *The Comintern* (Palgrave Macmilan, 1996)[황동하 옮김, 『코민테른』(서해문집, 2009), 62쪽].

3 파이케스는 1921년 12월 12일 북경에 도착해, 이듬해 8월 북경을 떠났다.

4 이와 같은 지역 정권들을 통합해 1920년 4월 '극동공화국'(혹은 '원동공화국')이 성립되었다가, 1922년 11월 시베리아에 출병한 일본군이 철수하자 소련에 편입되었다.

게오르기 치체린(Georgy Chicherin, 1872~1936)
중국명은 계절림(契切林)이다. 러시아 탐보프(Tambov)의 부유한 귀족집안에 태어났다. 1897년 러시아 외교부에 들어가 기록보존소에서 근무했다. 그는 한때 멘셰비키였지만, 제1차 세계대전 기간에 볼셰비키로 전향했다. 1918년 트로츠키의 도움으로 부외교인민위원이 되었다. 1918년 3월 브레스트 조약 체결에 참가했으며, 다양한 언어(독일어, 프랑스어, 이탈리아어, 영어)를 구사하고 이해가 깊어 1918년부터 1930년까지 외교인민위원으로 소련을 대표해 여러 국제회의에 참가했다. 1925년과 1927년에는 제14, 15차 당대표대회에서 중앙위원으로 당선되었다. 1930년 퇴직해 1936년 모스크바에서 사망했다.

해도 코민테른에서 파견된 사람들은 이 목적에 충실했고, 소련도 그러했다.[5] 예컨대 각국 인민의 혁명 운동을 지원하는 것이었다.[6] 혁명 활동을 전개하기 위해 이들은 나름의 중국 정세를 분석했고, 이러한 정보는 코민테른 혹은 소련의 외무인민위원회로 보내졌다. 정세 분석에는 중국의 정치지도자(실력자)와 정치 정세도 포함되었는데, 이는 코민테른 2차 대회에서 결정된 '민족부르주아지와의 연합'을 실현하기 위해 연합의 대상을 찾으려는 측면도 있었다. 코민테른이나 본국(외무인민위원부나 중앙정치서기국)에 보고한 중국의 정치지도자 중 가장 긍정적 평가를 받은 인물은 단연 손문이었다.

1920년 10월 상해에서 손문을 만난 페도로프[7]는 손문을 "중국의 저명한 사회주의자이자 남방 혁명 운동의 영수"라고 평가했다.[8] 포타포프[9]도 상해에서

5 Kevin McDermott and Jeremy Agnew, 황동하 옮김, 『코민테른』, 1장 참조.
6 그 구체적 내용은 학생이나 노동자 속에 공산주의 조직을 건설하는 것, 군대에서 공산주의를 선전하는 것, 노조를 조직하는 것, 출판 사업을 조직하는 것 등이었다. 「Vilensky-Sibiriakov가 國外 東亞人民工作에 대하여 코민테른 집행위원회에 보내는 보고」(1920. 9.1, 모스크바), 『聯共(布), 共産國際 檔案資料』 1, p.39.
7 Lyu, 즉 Fedorov(?~1920)는 당시 러시아 공산당 Amursk州 中國部 書記이다. 중소 국경을 넘어간 후 살해되었다. 『聯共(布), 共産國際 檔案資料』 4, 附錄 '人名 索引', p.544.
8 「Lyu가 러시아공산당(볼셰비키) Amursky州 委員會에 보내는 보고」(1920.10.5,

손문을 만난 경험을 치체린(Georgii Chicherin)에게 보고하면서 "광열한 반영자(反英者)인 손문은 중국 각지에 자신의 추종자들을 거느리고 있으며, 많은 자본가들이 그에게 물질적 지지를 제공하고 있다. 그는 무력으로 중국을 통일하고, 통일 후에는 선거를 통해 의회를 조직하고자 한다"라고 전했다.[10] 시간이 지날수록 손문에 대한 평가는 높아졌다. 소콜로프(Konstantin Sokolov)[11]는 손문과 광주 정부에 대해 다음과 같이 상세히 보고했다.[12] "손문이 이끄는 당의 기본 목표는 사회주의혁명"이라는 신문기사를 소개하고, "국민당과 광주정부의 제일 중요한 임무는 국내에서 봉건 군벌을 소멸하는 것이다. 이는 전쟁을 통해서만 이 목표를 실현할 수 있고, 전쟁의 결과 북양 군벌 정부는 반드시 붕괴될 것이다. 소련의 목표와 임무는 광주인의 그것과 아주 비슷하기 때문에, 소련과 친밀한 관계"를 맺기 바란다며, 가장 좋은 방법으로 "비밀리에 대표를 보내 서로 정보를 교환하고 필요한 협의를 체결하자"라는 이열균의 이야기를 전했다. 아울러 손문의 혁명성을 확인하기 위해 소코로프는 "상해의 노동자와 수공업자들이 살고 있는 빈민굴에 갔는데 그곳에서 손문의 초상화를 자주 볼 수 있었다"라고 하면서 "이와 같은 광주정부를 이용하면, 동아시아에서 국민혁명을 추진할 도구를 얻을 수 있고, 결국 중국으로 하여금 제국주의 국가들과 대립하게 할 수 있다"라고 했다. 따라서 "광주정부와 빨리 관계를 맺는 것은, 우리의 동

Blagoveshchensk), 『聯共(布), 共産國際 檔案資料』 1, p.45.

9 A. C. Potapov(중국명 波塔波夫)는 1921년부터 제정러시아 군대의 장군을 지냈으며, 10월 혁명 후 소비에트로 전향했다. 1920년 말부터 교육에 종사했다. 『聯共(布), 共産國際 檔案資料』 4, 附錄 '人名 索引', p.518.

10 「Potapov가 Chicherin에게 보내는 보고」(1920.12.12, 모스크바), 『聯共(布), 共産國際 檔案資料』 1, pp.47~48.

11 Konstantin Sokolov(1896~1937)는 1919년부터 1921년까지 단속적으로 중국에서 지하공작을 했다. 1921년 코민테른 집행위원회 원동 부서기에 임명되었고, 이후 군사와 외교 방면에서 일했다. 『聯共(布), 共産國際 檔案資料』 4, 附錄 '人名 索引', p.562.

12 「廣州政府에 관한 Sokolov-Strakhov의 보고」(1921.4.21, 극비), 『聯共(布), 共産國際 檔案資料』 1, pp.58~64.

아시아 정책 중 가장 긴박한 임무"라고 결론 맺고 있다.

소련은 '부르주아와의 거래'와 '혁명 수출' 사이에서 갈등했다. 치체린(외교인민위원)은 '혁명적 손문과 광주정부'가 국교정상화에 걸림돌이 될 것을 걱정했다.[13] 이런 갈등 속에 손문으로부터 편지를 받자,[14] 1921년 11월 치체린은 레닌에게 다음과 같은 편지를 보냈다.

> 존경하는 블라드미르 일리치(레닌)
>
> (나에게 보낸) 손문의 편지[15]를 보냅니다. 그 속에는 당신에 대한 문안도 있소. 그는 당신을 자신의 친구라 했는데, 당신은 그를 알고 있습니까? …… (북경에 대표 기구를 설립하기) 전에 **우리가 손문에게 편지를 하는 것은 적절하지 않다고 생각합니다.** 작년에 우리가 그에게 편지[16]를 쓴 것과는 상황이 다릅니다. 왜냐하면 당시에는 북경과의 담판이 시작되지 않았기 때문입니다.[17] - 괄호와 강조는 인용자

중국과 국교정상화를 바라며 최초의 소련 전권대사 파이케스를 파견하려는

---

13 치체린은 광주에 대표단을 보낼 것인지를 자문하는 편지에서 다음과 같은 걱정을 털어놓았다. 광주에 대표단을 파견하면 "북경과의 관계를 맺는 데 영향을 주지 않을까? 북경은 민족 통일의 상징이므로 우리는 우선 북경과 왕래를 해야 한다. 만일 우리가 동시에 광주와 왕래를 하면 북경과의 관계가 중단되지 않겠는가?" 「Chicherin이 Ianson에게 보내는 편지」(1921.10.31, 모스크바), 『聯共(布), 共産國際 檔案資料』 1, p.65.

14 「孫中山致俄羅斯蘇維埃社會主義共和國外交部信」(1921.8.28), 『中蘇國家關係史資料匯編: 1917~1924』(中國社會科學出版社, 1993), p.673.

15 「復蘇俄外交人民委員齊契林書」(1921.8.28), 『孫中山全集』 5, pp.591~593.

16 1920년 10월 31일 치체린이 손문에게 보낸 편지의 내용은 다음과 같다. "귀국 인민이 세계적 압박에 맞서 제국주의와 투쟁하는 길에 나서 위대한 성공을 획득한 것을 삼가 경하합니다. 중국의 형제들이여, 떨쳐 일어나십시오. 당신들을 압박하는 세력은 하루하루 쇠락하고 있습니다. 조금만 기다리면 당신들은 승리할 수 있습니다. 그러나 시간을 낭비할 필요는 없습니다. 빨리 양국의 무역관계를 회복해야 합니다." 「契切林致孫中山函」(1920.10.31), 『各方致孫中山函電』 5, p.468.

17 「Chicherin이 Lenin에게 보내는 편지」(1921.11.6, 모스크바), 『聯共(布), 共産國際 檔案資料』 1, p.66.

참이었기 때문에, 치체린은 북경정부와 대립하고 있던 손문과 거리를 두고자 했다. 이에 대해 레닌은 다음과 같이 답했다.

> 치체린 동지
>
> 나는 손문을 모르고, 우리는 서로 편지도 주고받지 않았소. 그러나 내 생각에는, 가능한 한 열정적으로 대해주고 자주 편지를 주고받아야 하지만, **비밀리에** 진행해야 하며, 우리의 사람을 광주에 파견하는 것이 좋을 성싶습니다.[18] -강조는 원문

레닌 나름의 근거에 의한 것인지, 혁명적 감각에서 나온 것인지는 확실치 않지만, 레닌은 손문과 관계를 맺는 것이 의미가 있다고 보았다. 레닌의 의중을 알아차린 치체린은 중국으로 떠나려는 파이케스(12월 12일 북경 도착)에게 급히 전보를 보내 "광주정부와의 접촉은 중국의 민주·민족 해방운동에 대한 동정에 기초해야 한다"면서, 손문에게 보낼 자신의 편지를 전했다. 물론 북경에 대한 정책(관계 정상화)에 영향을 주지 않도록 비밀을 유지하라고 당부했다.[19]

중국과의 관계정상화, 그리고 손문과의 비밀 접촉이라는 임무를 수행하기 위해 중국에 온 소련 최초의 공식 대표 파이케스가 북경에 체류하는 동안(약 9개월), 중국의 국내 정세는 매우 혼란스러웠다. 1922년 4월 1차 봉직전쟁이 일어나 장작림의 봉천계가 만주로 물러나고, 직계인 조곤과 오패부가 권력을 잡았다. 한편 손문은 손단동맹을 반직삼각동맹으로 발전시켜 합작의 범위를 넓힌 뒤 북벌을 선언했다. 그러자 이에 반대하는 진형명이 반란을 일으켰다(1922.6). 손문은 상해로 간신히 도망 나왔다(8월 상해에 도착). 여기에다 직계의 북경정부

---

18 「Lenin이 Chicherin에게 보내는 편지」(1921.11.7, 모스크바), 『聯共(布), 共産國際 檔案資料』 1, p.67.

19 「Chicherin이 Paikes에게 보내는 전보」(1921.12.7, 모스크바), 『聯共(布), 共産國際 檔案資料』 1, p.69.

는 소련에 몽골로부터 철수할 것을 주장했다. 파이케스는 아무런 소득 없이 모스크바로 돌아와야 했다.[20] 물론 손문과도 관계를 맺지 못했다.

이 시기 빌렌스키(Vilensky)는 레닌에게 중국의 정세를 상세히 적어 보낸다.[21] 중국의 정치 세력을 넷으로 분류했는데,[22] 직예파가 가장 유리한 전략적 위치에 있기 때문에 봉천, 광주, 안복파(환계)가 '연합'할 가능성을 있음을 시사하고 있다. 꽤 예리한 분석이다. 빌렌스키는 당시 손문이 추진하고 있는 '토벌 행동'(북벌)은 "매우 큰 정치적 선동 작용을 갖고 있어, 이는 필연코 손문의 정치적 지분의 역량을 증가시킬 것이고, 그를 중화민국의 원수로 승인받는 데 도움이 될 것"이라며, 결국 중화민국의 원수가 될 가능성이 있기 때문에 "러중 연맹을 위해 적극적으로 중국의 정치 활동에 참여할 필요가 있다"라고 권고했다.

전운(1차 봉직전쟁)의 먹구름이 짙어지는 1922년 4월 초 빌렌스키는 라데크(Karl Bernhardovich Radek)에게 보낸 편지에 "현재 중국 정치의 혼란은 너무 얽혀 있어, 투쟁의 각 축은 한차례의 술자리 후에 무력으로 분쟁을 해결할 수밖에 없다"라고 북방의 정치 정세를 표현했다. 그는 합법적 활동을 위해 활동의 기지를 남방의 광주로 옮기기로 했다고 보고했다.[23] 광주에 파견된 리덴(Liden: 당

---

20 북경에서의 파이케스의 활동에 대해서는 Б. Н. Славинский , Д. Б. Славинский, Советско-китай ские отношения и Япония: Дипломатическая история 1917~1937 гг [加藤幸廣 譯, 『中國革命とソ連』(東京: 共同通信社, 2002)], pp.78~82 참조.

21 「Vilensky-Sibiriakov가 Lenin에게 보내는 편지」(1922.3.15, 북경, 기밀), 『聯共(布), 共産國際 檔案資料』 1, pp.73~76. 빌렌스키는 1920년 극동 주재 소련 전권대표로 임명되었고, 1922년에는 중국 주재 소련 외교단의 일원으로 근무하고 있었다. 『聯共(布), 共産國際 檔案資料』 4, 附錄 '人名 索引', p.566.

22 "張作霖 원수를 수령으로 한 봉천파, 曹錕과 吳佩孚 원수를 선두로 한 직예파, 段祺瑞의 안복파, 화남(광동, 광서, 귀주, 운남, 사천성)은 정치상에서와 군사상에서의 연합을 실현했는데, 孫逸仙 박사와 陳炯明 장군이 국민당에 의거해 이 파벌을 지도하며, 정치 중심은 광주"라고 분석했다. 같은 글, p.73.

23 「Vilensky-Sibiriakov가 Radek에게 보내는 편지」(1922.4.6, 북경), 『聯共(布), 共産國際 檔案資料』 1, p.81.

시 코민테른 극동서기처 중국 주재 대표)도 광주에 대해 같은 정보를 보고하고 있다.[24]

중국에 파견된 코민테른이나 소련의 활동가들이 손문이나 국민당 혹은 광주에 대해 평가한 것을 종합해보면, 먼저 손문을 사회주의적 성향을 띤, 적어도 소련과 대립하지 않고 함께할 수 있는 인물로 높이 평가하고 있다. 그러나 소련은 북경정부와의 외교 관계 수립을 위해 비밀리에 접촉할 것을 요구했다. 손문과 광주에 대한 평가는 시간이 지날수록 높아져, 코민테른은 활동의 중심을 광주로 옮기기로 결정하기에 이른다.

손문 이외 다른 정치가들에 대한 소련과 코민테른의 평가를 보자. 손문 이외에 높은 평가를 받고 있는 인물은 진형명과 오패부였다. 진형명의 경우는 그가 손문과 손을 잡고 있던 시기에 광주로 파견된 활동가들에 의해 소개되었다. 진형명은 "직업 군벌이 아니며", "반혁명 세력과 봉건 정권에 반대하는 투쟁"을 전개하고 있으나, 그는 "북경과 싸우는 것이 아니라 광주의 정권을 공고히 해 광동성을 모범성을 만들고자 하는 점에서 손문과 다르다"라고 평가받았다.[25] 그러나 1922년 6월 진형명이 손문과 결별하자, 그에 대한 평가는 관심에서 벗어났다.

1922년 4월 1차 봉직전쟁에서 승리한 오패부에 대해 소련과 코민테른이 내린 평가도 매우 의미가 있다. 단지 군사적 실세로서의 오패부를 평가한 것이 아니기 때문이다. 물론 오패부가 군사적 실력자였기에 전쟁 전에도 그에 대한 정보가 모스크바에 전달되었지만,[26] 봉직전쟁 후에는 일반 여론과 마찬가지로

24 「중국에서의 활동정황에 대해 Liden이 코민테른집행위원회 극동부에 보내는 편지」(1922.5.2), 『聯共(布), 共産國際 檔案資料』 1, p.95.

25 「廣州政府에 관한 Sokolov-Strakhov의 보고」(1921.4.21, 극비), 『聯共(布), 共産國際 檔案資料』 1, p.60; 「Vilensky-Sibiriakov가 Lenin에게 보내는 편지의 부록 "督軍"」(1922.3.15), 『聯共(布), 共産國際 檔案資料』 1, p.79.

26 봉직전쟁 전 빌렌스키가 오패부에 대한 정보와 평가를 보낸 것에 대해서는 「Vilenskii-Sibiriakov가 Lenin에게 보내는 편지」(1922.3.15, 북경, 기밀), 『聯共(布), 共産國際 檔案資料』 1, pp.73~74; 「Vilenskii-Sibiriakov가 Lenin에게 보내는 편지의 부록 "督軍"」(1922

오패부에 대한 평가를 손문 정도의 수준으로 끌어올렸다. 1922년 7월 빌렌스키는 치체린과 트로츠키에게 보내는 편지에서 "현재 중국 정치에서 주요 인물은 오패부 장군이며, 그는 군대, 재정, 교통, 내정부를 장악하고 있고, 남방의 다수 성(省)이 현재 오패부에게 의탁했으며, 그 결과 손문 정부가 거의 무너질 정도에 이르렀다. …… 나는 오패부의 초청으로 그의 대본영을 방문했고, 아주 의의 있고 유익한 담화를 나눴다"라고 전했다.[27] 소련이 오패부에게 특히 주목한 까닭은 손문과 마찬가지로 오패부도 소련에 적극성을 띠었기 때문일 것이다. 오패부는 빌렌스키를 만난 자리에서 트로츠키에게 서신을 전하며 러시아와 중국은 극동에서의 임무가 같다고 하자, 빌렌스키는 이를 중국과 러시아 사이에 체결될 군사·정치 협의의 출발점이라고까지 생각했다. 오패부는 한발 더 나아가 "소련과 협의를 체결하는 것은 자신이 최후의 승리를 얻기 위한 필요조건"이라 말했다고 한다.[28]

반면 소련이나 코민테른으로부터 악평을 받고 있던 것은 장작림이었다. "일본의 주구",[29] "악명 높은 독군"[30] 등의 표현에서 볼 수 있듯이, 그는 제거의 대상이었다. 요페는 아마 이상의 정보를 갖고 중국에 왔을 것이며, 이는 이후 그의 활동에 크게 작용하게 된다.

년 3월 15일 북경에서), 『聯共(布), 共産國際 檔案資料』 1, p.79 참조.

27 「Ianson이 Karakhan에게 보내는 전보」(1922.7.10, Chita 극비), 『聯共(布), 共産國際 檔案資料』 1, p.97.

28 「Paikes가 Karakhan에게 보내는 전보」(1922.8.4, 북경), 『聯共(布), 共産國際 檔案資料』 1, p.98.

29 「Lyu가 러시아공산당(볼셰비키) Amursky州 委員會에 보내는 보고」(1920.10.5, Blagoveshchensk), 『聯共(布), 共産國際 檔案資料』 1, p.46.

30 「Vilensky-Sibiriakov가 Lenin에게 보내는 편지」(1922.3.15, 북경, 기밀), 『聯共(布), 共産國際 檔案資料』 1, p.73.

10장

서북

1. 서북 제기

복벽이 발생하자 손문은 광주로 가서 광동군 정부를 세워 대원수에 올라 북방과의 전쟁을 시작했다. 그러나 손문의 이러한 '적극무력'(북벌)에 서남 세력은 냉담했다. 손문의 권위와 권력이 흔들리던 1918년 1월 "이후 우리나라의 정세는 서북에 주의해야 한다. 만약 러시아의 현재 혁명정부가 안정될 수 있다면, 나는 그쪽에서 큰 발전을 기대할 수 있다"[1]며 뜬금없이 '서북(西北)'의 중요성을 이야기했다. 이로부터 한 달 반 뒤 "적을 토벌하기 위해 군대를 일으키고, 또 장래에 러시아와의 관계를 맺는 데 서북 변을 미리 주의해야 한다"[2]면서 '서북'의 중요성을 다시 강조했다. 며칠 뒤 당계요에게 보낸 편지에서 "섬서의 의군(義軍)과 회합하여 서북을 점령해 호북의 배후를 치면, 비교적 쉽게 효과를 얻을 수 있을 것"[3]이라는 전략을 제시했다. 이와 같은 발언으로 본다면 손문에게 '서

1 「在廣州警界宴會上與何某的談話」(1918.1.28), 『孫中山全集』 4, p.320.
2 「致黃馥生電」(1918.3.13), 『孫中山全集』 4, p.394.

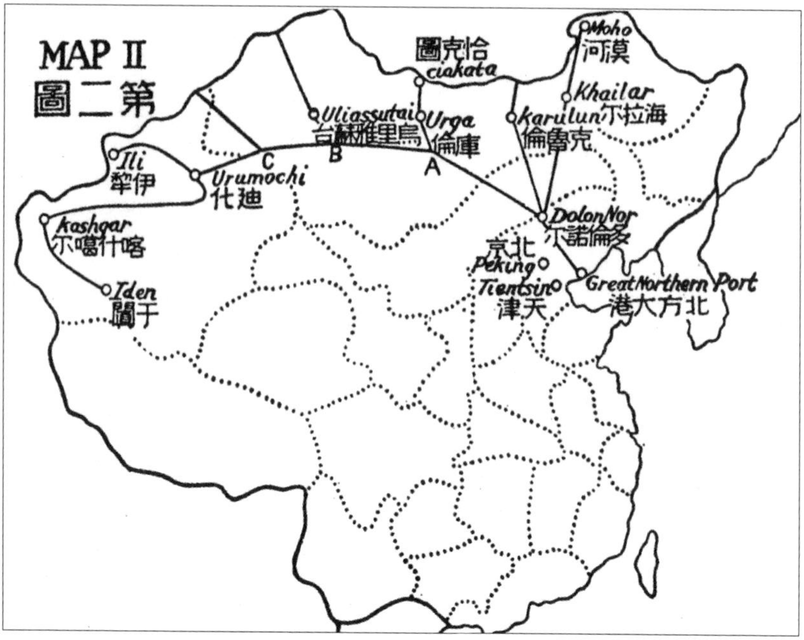

자료: 「建國方略之二: 實業計劃(物質建設)」, 『孫中山全集』 6, p.260.

북'은 군사 전략과 관련되고, 혁명을 막 치른 소련과도 연관이 있으며, 당장의 일이라기보다는 장래의 일로서 제기된 것임을 알 수 있다. 실제로 손문이 '서북'과 관련한 언급을 다시 시작한 것은 그로부터 몇 년 뒤였다.

중국에서 서북 지역이라 하면 섬서, 감숙, 영하, 청해, 신강, 내몽골의 서부 지역을 가리킨다.[4] 행정적으로는 내몽골의 서부를 뺀 나머지 다섯 성(省)과 자치구(自治區)만을 "서북오성(西北五省)"이라고도 한다. 그렇다면 손문이 생각하던 서북이란 어느 지역을 지칭할까. 1919년부터 1921년까지 장기간 집필했던 10만여 자에 달하는 「실업계획(實業計劃)」에서 손문이 구상한 서북 철도 계획을

3 「致唐繼堯電二件」(1918.3.19), 『孫中山全集』 4, p.406.

4 包茂宏, 「중화인민공화국 건국 후의 서북개발과 환경」, ≪동양사학연구≫, 제99집(2007), p.157.

보여주는 지도를 보면, 그가 당시 생각하고 있던 '서북'을 알 수 있다.[5] 손문의 '서북'은 신강, 몽골, 흑룡강성 일부까지를 포함하고 있음을 알 수 있다. 즉 오늘날 몽골인민공화국인 외몽골도 중국의 영토일 뿐 아니라 서북 철도 계획상 신강으로 가기 위해 반드시 거쳐야 하는 지역이었다. 그림에서 보듯이 고륜(庫倫, Urga: 현 몽골인민공화국의 수도 우란바토르)은 북쪽으로 러시아의 캬흐타(恰克圖)로 가고, 서쪽으로는 울리아수타이(烏里雅蘇臺, Uliastai: 현 몽골인민공화국의 서부 중심 도시)를 거쳐 신강의 우루무치(迪化, Wulumuqi), 카스(喀什噶尔, Kashi), 이리(伊犁, Ili)에 이르는 중요한 요충지였다. 이곳은 러시아(이후 소련)와 국경을 맞대고 있는 지역이 되었다.

러시아 혁명이 일어난 이듬해 여름(1918년 여름), 손문은 중국혁명당 명의로 "귀국의 혁명당이 이룬 고난의 투쟁에 대해 깊은 감동을 표하며, 아울러 중국과 러시아 양당(兩黨)의 단결과 공동의 투쟁을 원한다"라는 축전을 보냈다.[6] 러시아 혁명에 축전을 보냈다는 사실은 당시 중국의 정치가들과는 다른 면모를 보여주는 것이며, 세계정세에 대한 손문의 풍부한 지식과 폭넓은 '외교'를 보여주기에 충분하다. 그렇다고 이를 손문의 '사상적 접근'으로 단정할 수 없으니, 사실 손문은 이런 유의 편지를 여러 나라의 원수이나 명사들에게 종종 보냈다.[7] 어찌 보면 중화민국을 대표하는 정부의 수장임을 자처하는 측면도 있다.

---

5 「建國方略之二: 實業計劃(物質建設)」, 『孫中山全集』 6, p.260.

6 「致列寧和蘇維埃政府電」(1918年 夏), 『孫中山全集』 4, p.500.

7 미국 윌슨 대통령에게 편지를 보내 호법의 정당성을 주장하는가 하면[「致美國總統威爾遜電」(1918.11.18), 『孫中山全集』 4, p.512], 광동에 건립한 중화민국 정식정부를 승인해달고 미국 하딩 대통령에게 편지를 보냈다[「致美國總統哈定函」(1921.5.5), 『孫中山集外集補編』, pp.5262~263)]. 물론 하딩은 손문의 정부를 승인하지 않았지만, 손문은 하딩의 사망에 애도를 표하며 장례 첫날 반기를 게양하라고 대본영 각 부에 명령했다[「致楊庶堪等電」(1923.8.7), 『孫中山全集』 8, pp.85~86]. 일본에서 관동대지진이 발생하자(1923.9.1) 당시 일본의 섭정이던 裕仁 친왕(후에 昭和)에게 위문의 전보를 보냈고[「致日本國攝政裕仁親王電」(1923.9.4), 『孫中山全集』 8, p.198], 심지어는 이스라엘인 이스라(Ezra)에게 편지를 보내 조국의 重建을 위한 그의 노력을 치하하기도 했다[「致伊斯拉函」(1920.4.24), 『孫

치체린도 손문에게 보내는 답신에서 "우리의 성공이 바로 당신들의 성공이며, 우리의 멸망은 당신들의 멸망을 의미합니다. 전 세계 무산계급의 공동 이익을 쟁취하는 위대한 투쟁 속에서 더욱 긴밀하게 단결"하자는 의례적인 내용이었고, 특별한 관계를 요구하지는 않았다.[8] 당시는 양측이 서로 관계를 맺을 만큼 여유로운 상황이 아니었다. 이후 손문이 소련(소비에트 러시아의 지방정부나 코민테른도 포함) 측의 인사와 접촉하기 시작한 것은 1920년 말부터였다.

그사이 소련은 이른바 「카라한 선언」을 발표했고, 1920년 4월 북경정부는 이를 접수했다. 한편 코민테른은 제2차 대표대회를 개최해(1920.7.19~8.7), '민족 및 식민지 문제에 관한 테제'를 채택해 반제 혁명을 위해 (반)식민지 국가의 민족부르주아와의 합작을 천명했다. 손문은 광동에서 물러나 상해에 가 칩거하며 단기서와 동맹하고 있었다. 한편 1920년 7월 직환전쟁에서 직계가 승리하자 단기서는 북경에서 물러났다. 1920년 9월 상해에서 절치부심하며 재기를 노리던 손문은 장담(章曇, 장탄)이라는 사람으로부터 편지를 받는다.

> 금일 우리가 사회주의 정치를 실행하고자 하면 반드시 먼저 근거지를 세워야 합니다. 국내를 돌아보면 관료 도적의 지반이 아닌 곳이 없습니다. 남북 관료가 모두 한통속입니다. 다만 서북 3성만은 병력이 적어 오히려 발붙일 빈 곳이 있습니다. 또 땅이 러시아와 인접해 있고, 저쪽이 사회주의를 실행하고 있으며, 영토를 침략할 야심을 없기 때문에 서로 동하기가 쉽습니다. …… 신강의 우인이 보내온 편지를 받았는데, 레닌 정부가 중국인 노동자 수만 명을 모아 훈

中山全集』, p.257]. 북벌이 임박하던 1924년 6월, 손문은 미국 실업가 헨리 포드(Henry Ford)에게 "열강에 대해 지나친 바람과 환상을 가질 수 없으니, 외국의 뛰어난 실업가가 중국 경제의 발전을 촉진해주기 바란다"라는 편지도 보냈다. 「致福特函」(1924.6.12), 『孫中山全集』 10, p.269.

8 「契切林致孫中山函」(1918.8.1), 薛銜天 外 編, 『中蘇國家關係史資料匯編: 1917~1924』(北京: 中國社會科學出版社, 1993), p.671.

련시키고 있다고 합니다. 만약 중국인 장관의 지휘를 얻어 신강에 진군할 수 있다면 섬서, 감숙, 신강 3성은 '즉시 점거'할 수 있습니다. …… 만약 사회주의로 전국에 호소하면 …… 국내의 관료 정치는 숙청될 수 있을 것입니다.[9]

일찍이 소련과 관련해 서북을 전략 지역으로 생각하고 있던 손문에게는 예기치 못한 반가운 소식이었다. 이에 손문은 장담이 누구인지 알아보고, 또 그를 크게 칭찬하라고 지시했다.[10] 그렇다면 손문이 왜 서북에 이처럼 관심을 기울였던 것인가. 가능한 추론으로는 먼저 당시 근거지인 광동을 잃고 상해에 있었기 때문에 손문은 이제 광동을 포기하고 새로운 근거지로 서북을 고려했을 수 있다. 또 다른 추론으로는 광동의 근거지를 회복한 이후 중국 통일을 위해 서북의 전략적 중요성을 염두에 두었을지도 모른다. 당시 근거지도 없는 상태에서, 손문이 서북에 대해 군사전략지 이상으로 관심을 둘 여유는 없었을 것 같다. 또 서북을 전략적으로 중시했다고 하더라도 구체적인 방법은 없어 보인다. 소련의 혁명이 안착될지 확실치 않았고, 혁명이 안정된다 하더라도 재정과 군사 면에서 도와줄 수 있을 정도의 정부가 될지도 모르는 상황이었다. 장담의 구상, 즉 소련 내의 중국인 군인과 조직으로 구성된 군대[11]를 신강에 집결한 뒤 서북 3성을 장악하는 것, 그 이상의 구상은 없었던 것 같다. 사실 이런 가능성도 광동의 상황과 밀접하게 연관되어 있었을 터이니, 광동을 근거지로 탈환하지 못했을 때 가능성은 더욱 커질 것이고, 광동을 근거지로 탈환하면 서북의 문제는 후순위로 밀려날 수밖에 없었을 것이다.

진형명에 의한 광동 탈환이 가시화되고 있던 1920년 10월, 손문은 상해에서 소련 측 인사(페도로프)[12]와 다음과 같이 협의했다. ① 북방의 반동 정부에 반대

9 『孫中山年譜長編』 下, 1920.9.8, pp.1278~1279.

10 「批章曇函」(1920.9.8), 『孫中山全集』 5, p.321.

11 1918~1920년 사이 소련 내 중국인 군대(紅軍)와 공산주의 조직에 대해서는 『聯共(布), 共産國際 檔案資料』 2, pp.1~47에 있는 사료 및 연구를 참조.

이장달(李章達, 1890~1953)

광동 동완(東莞, 둥관)인으로, 주집신의 소개로 동맹회에 가입했다. 1911년 무창기의에 참가했으며, 이후 토원전쟁에도 참가했다. 손문의 경위단(警衛團) 단장, 대원수부(大元帥府) 참군(參軍) 등을 역임했다. 1920년 말 요중개의 지원을 받아 소비에트 러시아에 갔다가 국내 전쟁으로 귀국했다. 1924년 국민당 개조 후 요중개를 도와 당무를 처리했으며, 1933년 복건사변(福建事變)에 참가했고, 전국 각계 구국회(舊國會) 화남구(華南區) 총부를 조직해 항일 활동을 했다. 1941년 이후 중국민주정단동맹(中國民主政團同盟)을 조직하는 데 참여했으며, 1948년 중국국민당혁명위원회(中國國民黨革命委員會) 상무위원, 신중국 성립 후애눈 중화인민공화국 중앙인민정부위원, 광동성 인민정부부주석, 광동성 정협부주석(政協副主席), 광주시부시장(廣州市副市長), 중국민주동맹 중앙상무위원, 남방총지부주임원(南方總支部主任員) 등을 역임하고, 1953년 병으로 사망했다.

하기 위해 소련의 중부 및 극동 지구에 있는 중국 혁명 세력과 화남의 손문 세력이 연합한다. ② 이 두 연합 세력을 지도할 수 있는 기구를 극동의 블라고베셴스크(海蘭泡, Blagoveshchensk)에 둔다. ③ 두 연합 세력의 군대는 신강에 집결한다. 아울러 손문은 이를 위해 모스크바에 2명의 대표를 파견하겠다고 했다.[13] 앞에서 언급한 장담의 구상이 좀 더 구체화되었다.

1920년 11월 블라고베센스크에서 이장달(李章達, 리장다)을 만난 사람은 소코로프였다. 그는 이장달을 통해 들은 손문의 건의를 다음과 같이 보고하고 있다.

> 1921년 1월 12일, ≪민국일보≫ 편집자 대계도 동지가 나(소코로프)에게 상해에 와 있는 국민당 중앙위원이고 광주정부 임원인 이열균을 만나보라고 건의했다. …… 이열균은 광주의 상황을 이야기했는데, 이장달이 이전에 했던 말을 실

12 Fedor Fedorov(중국명 劉江), 소비에트 러시아 아무르스키州 러시아공산당 州委員會 中國部 서기이다. 『聯共(布), 共産國際 檔案資料』 4, '人名索引', p.544.

13 「劉江이 俄共(布) Amurskii州委에 보내는 보고」(1920.10.5), 『聯共(布), 共産國際 檔案資料』 1, p.45.

증했다. 즉 손일선 박사가 체결하고자 하는 군사협정이란 홍군이 소련의 투르키스탄 쪽에서 신강 쪽으로 춘계 공세를 발동해, 중국 서남 사천성의 수부(首府, 成都)로 진격해 달라는 것이다. 이장달에 의하면 사천성에는 약 4만 명의 국민당원이 있어, 홍군을 맞을 준비가 다 되어 있다고 했다.[14] - 강조는 원문

문자 그대로 해석하면 소련군의 중국 침공을 부탁하는 것인데, 여기서 '홍군' 이란 소련의 군대라기보다는 앞에서 언급한 "소련 내에서 러시아 혁명 완수를 위해 참가하고 있던 중국인 군인(中國人紅軍隊, 中國赤衛隊)"을 의미할 것이다. 진형명이 광동을 탈환하기 전까지 손문은 중국인 홍군을 신강으로 불러들이고, 그곳에 사천의 국민당군을 집결시켜 북경으로 진격할 구상이었던 것으로 보인다. 이는 단지 구상에 그쳤고, 손문도 소련도 이런 구상을 실현시킬 여유가 없었다.

1920년 말 진형명이 광동을 탈환하자 손문은 광주로 내려가기 직전, 보이틴스키(코민테른 대표)와 상해 자택에서 담화를 나누었다. 이 자리에서 손문은 "광주와 소련의 지리적 위치가 둘 사이의 관계를 불가능하게 하니, 소련의 블라디보스토크나 만주에 아주 효율적인 무선전화국을 세우면 서로 연락할 수 있을 것 같다"[15]면서 무선전화국 설립을 제안했다. 근거지가 확보되어서인지 아니면 상대가 코민테른의 대표이기 때문인지, 손문은 서북 전략에 대해 언급하지 않았다.

손문이 광주로 내려간 직후 손문을 만난 포타포프는 치체린에게 다음과 같이 보고했다. "손문은 자신과 소련과의 관계를 비밀로 하고 싶어 한다. 왜냐하면 협약국(서구 열강) 때문이라는 것이다. 그리고 손문은 우리가 소련에서 공산

14 「廣州政府에 관한 Sokolov-Strakhov의 보고」(1921.4.21), 『聯共(布), 共産國際 檔案資料』 1, p.62.

15 「與維經斯基的談話」(1920年 11月 下旬), 『孫中山集外集』, p.250.

주의를 성공적으로 실현할 수 없을 것이라 믿는다고 여러 차례 이야기했다. 그는 중국 인민의 경험을 그 논거로 제시했다."[16] 손문은 '안정적 근거지'로 광동을 확보하자 소련과의 합작보다는 합작이 가져올 위험(열강과의 관계)을 걱정하며, 서북에 대한 기존 전략을 거두어들인 것 같다.

2. 장개석의 서북 제기

손문이 광동군 정부를 재조직하고(1920.11.28) 곧이어 군정부가 아닌 '중화민국정부'를 세우려고 할 때, 이번에는 장개석이 '서북'의 전략적 중요성을 제기했다. 1921년 1월 10일 장개석은 손문과 당원들에게 9개 항목에 달하는 군사의견서를 제출했다. 군사의견서라고는 하지만, 내용은 군사 이상의 것을 담고 있다.

(1) 시국에 대한 의견: **광서를 평정한 후, 먼저 사천의 문제를 해결해야 한다.** ······ 복건과 절강은 잠시 회유를 주로 한다. ······

(2) 군사 준비에 대한 의견: **사천을 우리의 세력 범위로 끌어들이지 않으면 안 된다.** 그러므로 군사 준비는 광동과 사천을 병렬로 논한다. ······

(3) 북벌 준비에 대한 의견: **근본적으로 해결할 계획은 서북을 제1의 근거지로 하고, 동북을 가정(假定)의 목적지로 삼아야 한다.** 금후의 삭선 계획은 때를 보아 정해야 하지만, 이를 대강(大綱)으로 하지 않을 수 없다. 내 의중의 대북 작전은 사천의 6개 여단으로 먼저 **서북을 평정하고**, 이어 섬서로부터 정형(井陘, 즉 井陘關: 지금의 河北省井 陘縣의 동북부)의 길로 나간다. 사천의 3개 사단은 호북으로 나가 경한(京漢)철도(북경-무한)를 따라 북상하며, 광동의 3개 사단은 동

16 「Potapov가 Chicherin에게 보내는 보고」(1920.12.12), 『聯共(布), 共産國際 檔案資料』 1, p.48.

남을 평정한 후 곧바로 남경으로부터 진포(津浦)철도(천진-남경)를 따라 전진하고, 광동의 나머지 6개 여단은 해로를 따라 태황도(太皇島)로 나가며, 호남의 2개 사단, 2개 여단을 총예비대로 삼아, 동시에 서남의 내부를 억누르는 데 사용한다.

(4) 사천 처리에 대한 의견: 사천 문제를 해결하기 전에 3개 혼성 여단을 파견해 사천인이 사천을 처리하는 것(川人治川)을 도와야 한다. (이렇게 하면) **크게는 서북을 평정하고 서남을 누를 수 있으며**, 작게는 사천의 북양 군대도 견제할 수 있고, 사천과 운남의 분쟁을 해결할 수 있다. …… 사천이 호북으로 출병할 수 없으면, 호남의 2개 사단과 2개 여단에 약간의 광동군을 더해 호북으로 나아가 경한로를 따라 북상한다. **서북 문제는 따로 계획해 추진할 수밖에 없다.**

(5) 군비 예산: …….

(6) 군제에 대한 의견: …… 각 군은 모두 여단을 단위로 한다. **군제에 대해서는 노농병제(勞農兵制)를 참고해야 하나**, 중국 군대의 성질에 적합하게 참작하여 결정해야 한다.

(7) 외교에 관한 의견: **동북의 군벌을 목적의 적으로 하는 것은 옳지 않고, 중국 동북의 작전을 동방 문제의 해결의 단서로 보아야 한다.** 그러므로 우리 군은 작전 계획을 신중하게 내지 않을 수 없다.

(8) 무기 공장의 준비에 대하여: …….

(9) 월한(粤漢)철로의 건설에 대하여: …….[17]

장개석의 '근본해결'은 서북을 근거지로 하여 북경을 점령하는 것인데, 그러기 위해서는 사천을 끌어들여 한다는 것이다. 사천을 통해 서북을 평정할 수 있고, 또 사천을 통해 서남을 통제할 수 있기 때문이라는 것이다. 서북을 평정하면 그곳으로부터 섬서를 거쳐 하북의 정형관을 지나 북경으로 진격하자는

17 『蔣介石年譜』, 1921.1.10, pp.48~49.

전략이다. 같은 의견을 거의 같은 시기 진형명에게도 제시했다.[18] 손문과는 달리 장개석의 서북은 섬서 정도를 의미했지 신강이나 투르키스탄을 생각했던 것은 아니다. 따라서 서북군사계획에 소련의 중국 홍군을 언급하지 않았다. 다만 군제 개편에 노농병제, 즉 소련식을 참고해야 한다고 주장했다. 이보다 앞서 아직 광동을 탈환하기 전인 1920년 9월, 손문은 상해에서 장개석을 불러 '소련, 사천, 광동' 중 가고 싶은 곳을 임의로 택하라고 제의했다.[19] 세 곳은 장개석의 의중을 알고 이야기하는 것이니, 사천은 장개석의 군사의견서에서 볼 수 있듯이 '근본해결'을 위해 서북을 목표로 먼저 도모해야 할 지역이었고, 광동은 당장 군사적으로 회복해야 할 곳이었다. 그렇다면 소련도 역시 장개석에게 나름의 의미가 있는 곳임이 분명하다. 장개석은 군사의견서를 낸 후 손문의 대총통 취임에 반대하는 편지를 보내 손문의 외교 치중에 대해서도 비판을 가했는데, 이는 앞에서 이미 살펴보았다. 그런데 이 편지에서 장개석은 성공 사례로 소련을 들고 있다.

> (손 선생이 그리도 중시하는) 외교는 족히 믿을 바가 못 된다는 것을 알 수 있습니다. 최근 소련 외교의 근황을 보면 바로 증명됩니다. 열강 각국이 소련을 압박하는 데는 모두 그 극단을 다 쓰고 있습니다. 무력 압박에 그치지 않고 이어서 봉쇄를 가하고 있습니다만, 그 봉쇄가 효과를 올리지 못하자 폴란드 및 반노농군(反勞農軍)을 이용하여 러시아를 교란했습니다. 그러나 러시아는 마침내 괴로워하지 않고 내부 단결의 강화와 실력의 충실로 믿음에 차 있었고, 두

18 진형명에게 보내는 편지에서 "실제로 사천의 재앙이 강소의 재앙보다도 더 급하며, 사천에 대처하는 것이 호북에 대처하는 것보다도 용이하기 때문에 이렇게 하지 않을 수 없다. 근본적인 해결을 위해서는 서북이 장강보다도 중요하기 때문에 사천에 重心을 두고 급히 계획을 세워야 한다"면서 근본해결로 서북의 중요성을 강조했다. 『蔣介石年譜』 1921.1.21, p.52.

19 『國父年譜』 下, 1920.9.22, p.800.

장개석(蔣介石, 1887~1975)

이름은 중정(中正), 자가 개석(介石)이다. 조적(祖籍)은 강소 의흥(宜興, 이싱)이지만, 절강 봉화(奉化, 펑화)에서 태어났다. 1907년 보정 육군속성학당에 입학했다가 1908년 일본으로 건너가 동경진무학교(東京振武學校)에 입학하고 동맹회에 가입했다. 1910년 졸업 후 일본 육군 제13사단 제19연대의 사관후보생이 되었다. 신해혁명 폭발 후 상해로 돌아와 진기미의 명을 받아 항주로 가서 절강의 광복 전쟁에 참가했다. 1913년 2차 혁명 때 강남제조국 공격에 참가했다가 실패하고 상해에서 은거하는 중에 중화혁명당에 가입하고, 11월에 다시 일본으로 건너갔다. 상해, 하얼빈으로 파견되어 토원투쟁에 참가했다. 중화혁명군이 해산된 후 상해에서 청방(青幇) 두목 황금영(黃金榮, 황진룽), 두월생(杜月笙, 두웨성) 등과 교제했다. 1917년 2차 광동정부에서 월군총사령부 작전과 주임에 임명되었다. 1922년 6월 진형명의 '반변' 때 40여 일간 손문을 호위하여 손의 신임을 크게 얻었고, 장은 『손대총통몽난기(孫大總統蒙難記)』라는 서명의 책을 저술했다. 1923년 대원수부 대본영 참모장으로 임명되었고, 8월에는 '손일선박사대표단'을 이끌고 소련을 방문했다. 1924년 1월 국민당 일전대회에서 육군군관학교의 건립이 결정되자, 손문은 장을 군교 교장 겸 월군총사령부 참모장으로 임명했다. 1924년 10월 손문의 북상 후 상단반란을 진압하고 이어 진형명 군대를 진압했으며, 1925년 6월에는 양희민(楊希閔, 양시민), 유진환 등과의 전투에서 승리해 권력의 중심에 들어갔다. 1926년 1월 국민당 이전대회에서 중앙집행위원, 중앙상무위원이 되었고, 2월에는 국민혁명군 총사령을 겸임했다. 1926년 7월 북벌전쟁을 개시한 후 남경으로 천도를 주장해, 무한 천도를 주장하는 중앙과 대립했다. 1927년 4·12쿠데타로 반공을 분명히 했다. 1928년 북경을 평정함으로써 '중국통일'을 완성했으나, 한편으로는 중국공산당과 전쟁을 하고, 다른 한편으로는 군벌들과 혼전을 계속했다. 1931년 9·12 사변 이후 일본의 중국 침략에 대해 '선안내(先安內)' 정책을 취하다가, 1936년 서안사변을 계기로 항일전쟁에 나섰다. 항일전쟁이 제2차 세계대전으로 확대되자 '연합군 중국 전구 최고 통수'가 되어 전쟁을 수행했다. 전후 공산당과의 전쟁(해방전쟁)에서 패해 1949년 12월 대만으로 물러났으며, 이후 반공독재의 강압 정치로 대만을 지배하며 경제 성장을 이끌었다. 1975년 4월 대만에서 병으로 사망했다.

려워하는 바도 없었습니다.

외국인의 눈으로 볼 때, 우리 당이 표방하는 바는 노농제(勞農制)의 화신으로 보입니다. 그러므로 미국이든 프랑스든 우리 당과 개인적으로 최선의 감정을 가진 자라도 일단 본국의 정책에 생각이 미치면, 그 정책으로 인해 우리를 반대하고 저해합니다. 따라서 본당은 다만 내부를 단결시키고, 외교를 방기하고, 소련의 자강·자립을 모범으로 삼고, 코사크 등 반동군이 외교에 의지해 실패한 것을 교훈으로 삼아야 합니다. 즉 내부를 공고하고, 실력을 충실히 해야, 스스로 발전의 여지가 있을 수 있습니다. **장래 광서의 반역자가 평정되면, 장강을 따라 내려가든가 서북으로부터 나아가 황룡(黃龍: 적의 본진)을 직접 두드리면 중국의 통일은 본래 어려운 일이 아닙니다.** 만약 총통 선거 후에 당에 의견 불일치가 나타나고 그 때문에 내부가 하나가 되지 않으면, 서남의 국세(局勢)도 곧 이완되어 또 민국 7년의 전철[20]을 밟게 될 것입니다.[21] - 강조는 인용자

이 시기 장개석은 "외교에 의지하지 않고, 공고한 내부와 충실한 실력으로 외세를 막아낸 소련"을 배워야 할 모범으로 생각하고 있었다. 따라서 앞서 손문이 장개석에게 가고 싶은 곳으로 소련을 제시한 것은 이런 배경이 있었기 때문이다. 이 편지에서도 중국의 통일, 즉 북경의 점령을 위해서는 서북이 매우 중요한 군사적 요충지라고 강조하지만, 소련과의 관계 속에서 서북을 거론한 것은 아니다.

다시 군사의견서로 돌아가면, 장개석의 의견이 손문에게 이후 상당한 영향을 주었던 것은 분명하다. 서북군사계획도 그렇고 "동북의 군벌을 목적의 적이 아니라 가정의 적"으로 하자는 장개석의 의견도, 이후 반직삼각동맹과 맥을 같이하고 있다. 통일의 '근본해결'로서 서북을 제시한 장개석의 군사적 의견은 앞서 서북에 대한 나름의 구상을 갖고 있던 손문에게는 국공합작의 과정에서 크게 작용한다.

20 손문의 북벌에 반대해 1918년 서남 군벌과 잠춘훤 등이 '광동군 정부 조직법'을 개정해 대원수제를 7인 총재제로 바꾸자, 손문은 대원수직을 사임하고 상해로 돌아왔다.

21 『蔣介石年譜』 1921.3.5, p.55.

3. 소련의 관계 요구 거절

1921년 6월 손문은 치체린으로부터 "무역 관계를 회복하자는 편지를 받았는데,[22] 치체린이 10개월 전에 보낸 편지였다. 여하튼 손문은 치체린의 제의를 다음과 같이 '거절'했다.

> 나는 1920년 10월 31일 당신이 모스크바에서 보낸 편지를 21년 6월 14일에야 받았습니다. …… 먼저 당신에게 알려주어야 할 것은, **이 편지가 당신 혹은 소련으로부터 받은 첫 번째 편지이자 유일한 편지입니다.** …… (원세개 사후) 열강은 여전히 정치상·재정상으로 토황제(土皇帝)와 군벌을 지지하고 있습니다. 그중 과거 비적(胡匪) 두목이 1명 있는데, 장작림이라고 합니다. 그는 …… 모든 일에 대해서는 도쿄(일본)의 명령을 듣습니다. …… 북경은 실제상 도쿄의 공구입니다. 모스크바는 자신과 북경의 모든 공식 관계에서 이런 정황을 잘 계산해야 합니다. …… 단지 남방의 혁명 역량이 북경정부를 타도할 때, …… 소련은 비로소 중국과 우호 관계의 회복을 기할 수 있습니다. …… **당신이 나에게 편지를 보낸 후, 나는 광주 국민정부의 총통으로 당선되었습니다. 이것은 합법적 정부입니다.** …… 그러나 **현재 지리적 조건 때문에 나는 당신들과 유효한 상업 관계를 할 수 없습니다.** 지도를 보시면 곧 알 수 있듯이, 나의 정부가 관할하는 영토는 양자강 이남입니다. 이 영토와 만주 및 몽골의 '문호' 사이를 장작림과 그 동맹자들이 가로막고 있습니다. 내가 계획한 중국 철도 체계인 대철도 간선을 아직 건설하지 못했기 때문에 **신강을 통과할 어떤 '문호'도 없고, 또 있을 수 없습니다.** …… **이 기간에 나는 당신 및 모스크바의 기**

22 "귀국 인민이 세계적 압박에 맞서 제국주의와 투쟁하는 길에 나서 위대한 성공을 획득한 것을 삼가 경하합니다. 중국의 형제들이여, 떨쳐 일어나십시오. 당신들을 압박하는 세력은 하루하루 쇠락하고 있습니다. 조금만 기다리면 당신들은 승리할 수 있습니다. 그러나 시간을 낭비할 필요는 없습니다. 빨리 양국의 무역관계를 회복해야 합니다." 「契切林致孫中山函」(1920.10.31), 『各方致孫中山函電匯編』 5, p.468.

타 우인과 사적 접촉을 갖고 싶습니다. 우리는 늘 당신들의 사업에 주의하고 있으며, 특히 당신들의 소비에트의 조직, 당신들의 군대 및 교육의 조직에 대해 주의하고 있습니다.[23]

앞서 본 바와 같이 손문은 코민테른이나 소련의 지역 정권의 인사들과 만났었다. 그런데도 치체린(소련의 외무인민위원)의 편지를 소련으로부터 받은 첫 번째 편지라고 하는 것은 손문이 소련과 코민테른의 차이를 분명히 인식하고 있음을 알 수 있다. 또한 자신의 정부가 중국의 유일한 합법 정부이고 자신이 총통임을 자임하면서도, 중소 국교 관계는 아직 적절한 시기가 아니므로 사적인 관계만을 유지하겠다고 통보했다. 무역 관계를 회복하자는 치체린의 요구를, 손문은 국교 관계를 체결하자는 것으로 판단했다. 결국 손문은 이를 거부했다. 그런데 이 시기 자신의 정부를 미국과 일본으로부터 인정받고자 얼마나 애쓰고 있었던가. 이 편지를 보낸 시기는, 광서를 통일하고 이어 북벌안이 통과되어 북벌을 본격적으로 구상하던 시기이다. 늘 그러했지만 손문은 북벌을 낙관하고 있었다. 북벌의 대상은 북경이었으니, 직계와 봉계의 연합정권이었다. 그런데 앞의 편지에서 군벌 중 장작림을 거론하고 있다. 이는 만주에 이해관계가 있는 소련과 장작림을 의식했던 것이다. 그러나 4개월여 뒤 손문은 단기서의 알선으로 장작림과 손을 잡아 반직삼각동맹을 만들어간다. 여하튼 양광 통일과 북벌 준비 등으로 전망이 낙관적이던 이 시기에, 손문은 소련의 제안을 '거절'하고, 서북군사계획도 제기하지 않고 있다.

한편 이 시기 소련의 상황은 앞에서도 이야기했지만, 치체린이 편지를 보낼 때(1920.10.31)와는 달라져 있었다. 즉 1921년 3월 이후 '부르주아와 거래'를 시작한 소련은 중국과의 국교 수립을 위해 북경정부에 파이케스를 보내는 한편, 치체린은 국교 수립을 위해 손문과의 관계를 잠시 중단하자고 했으나 오히려

23 「復蘇俄外交人民委員齊契林書」(1921.8.28), 『孫中山全集』 5, pp.591~593.

레닌의 요구에 따라 비밀 접촉이 지속되었다. 파이케스는 손문과 비밀리에 접촉하라는 사명까지 받고 1921년 12월 12일 북경에 도착했다. 바로 거의 같은 때에 코민테른의 사자 마링이 북벌을 준비하고 있던 손문과 계림에서 회견하고 있었다. 1921년 12월 23일 계림에 온 마링은, 10여 일간 머물며 손문을 세 차례 만났다.[24]

장개석에 의하면 손문이 마링과 만난 후 "마음으로부터 소련과의 합작에 뜻"을 두게 되었다고 하는데,[25] 그 회담의 내용을 보면 반드시 그렇지도 않다. 손문과 마링의 회견에 대한 1차 사료는 없고, 대체로 그 자리에 참석한 사람들이 훗날 쓴 회고 형식의 글로 남아 있다. 손문은 중국에서 공산주의가 실행되는 데 부정적이었다. 마링에 따르면 손문은 "마르크스주의의 내면에 그다지 새로운 것은 없다. 2000년 전의 중국 경전 학설에서 이미 다 이야기된 것"[26]이라고 했으며, 국민당과 중국공산당(코민테른) 혹은 소련과의 합작에 대해서도 "소련 혁명은 겨우 4년밖에 지나지 않아 알려진 바가 적다. 혁명의 주의는 각국마다 다르다. 공산이 소련에서 행해졌다고 해도 중국에서는 단연코 행해질 수 없다. 하물며 우리 군대가 북벌을 준비하고 있고 영국의 세력 범위와 마주보고 있는데, 영국이 소련과의 연합을 알면, 북벌군이 위험해진다. 안전을 위해 지금은 단지 소련과 도의상 연락만 하고, 통일이 되면 다시 구체적인 합작을 꾀해도 늦지 않을 것"[27]이라며 소련이나 중국공산당과의 합작을 거부했다. 물론 마링

---

24 마링이 누구의 소개와 요청을 받아 계림에 간 것인지, 계림으로 가는 여정과 노선은 어떠했으며 계림에서 손문과 몇 차례 담화했고, 체류 시간이나 회담 내용 등에 대한 기록이나 당사자들의 회고는 각기 다른 점이 많다. 이에 대해서는 『孫中山年譜長編』 下, 1921.12.23, pp.1408~1413에 잘 정리되어 있다.

25 『蔣介石年譜』, 1921.12.23, p.68.

26 伊羅生(H. R. Isaacs), 「與斯內夫利特談話記錄: 關于1920~1923年的中國問題」, 『馬林在中國的有關資料』(人民出版社, 1980), pp.24~25.

27 鄧家彥, 「馬丁謁總理實記」, 『革命文獻』 第9輯, pp.204~205. 마링은 코민테른집행위원회에서 "북벌이 완성되지 않는다면 聯蘇는 실제상 불가능하다"고 하면서 "북벌 후 즉각 소련과 공개적으로 결맹하겠다"는 손문의 말을 보고했다. 「向共産國際執行委員會的報告」

이 손문에게 요구한 것은, 소련과 광동정부의 합작이 아니라 중국공산당(코민테른)과 국민당의 합작이었다.

그렇다고 손문이 소련과의 관계를 단절한 것은 아니었으니, 극동노동인민대표대회에 장추백(張秋白, 장추바이)을 국민당 대표로 파견했다.[28] 치체린은 대회가 끝난 후 손문에게 편지를 보냈다.[29]

> 우리는 **중국 인민의 진보적 해방 역량**에 완전히 동정적입니다. 그러나 **북경정부가 어떤 성격의 정부라고 해도, 북경정부는 결국 중국의 정식 정부여서**, 우리는 북경정부와의 정식 관계를 힘써 구하고자 합니다. 장래에 국민당 대표와의 회담, 그리고 각하를 예방하는 우리 친구와의 회담, 또 우리 지도자와의 회담 과정에서 **우리는 관계 범위를 더 명확하게 규정할 것**입니다.[30]

소련은 북경에 파견한 파이케스를 통해 북경정부와 정식 관계를 추진할 것이고, 국민당(중국인민의 진보적 해방 역량)과의 관계 범위는 이후 명확히 하겠다고 하면서 국민당과 소련의 합작 내지 관계 설정을 '거부'했다.

손문은 북벌의 진행을 위해서도, 또 공산주의에 대한 자신의 인식에서도, 소련이나 코민테른과의 정식 관계를 '거부'했고, 소련은 정식정부인 북경정부와의 국교 수립을 위해 손문이나 국민당과의 관계를 '거부'했다. 그러나 상황은 양쪽 다 뜻대로 진행되지 못했다. 소련의 전권대표 파이케스는 북경에서 별나른 소득을 얻지 못했을 뿐 아니라 전권대표로 인정받지도 못하는 형편이었다. 더구나 4월에 발생한 직봉전쟁으로 북경은 혼란 그 자체였다.

(1922.7.11), 『馬林與第一次國共合作』, p.73.

28 張國燾, 『我的回憶』 第1册, p.196.

29 손문이 이 편지를 받은 것은 4월 27일 광주에서 달린을 접견했을 때로, 달린에게서 직접 받았다. 『孫中山年譜長編』 下, 1922.4.26, p.1443.

30 「契切林致孫中山信」(1922.2.7), 『各方致孫中山函電匯編』 6, pp.209~210.

1922년 4월 초 소련의 전권대표 파이케스의 고문을 맡고 있던 빌렌스키가 북경에 도착해, 앞서 중국에 온 코민테른 대표 달린을 북경으로 불러 모스크바의 새로운 지시를 전달했다. 달린에게 전한 임무는 "손문과 직접적 관계를 수립할 것, 손문의 국내외 정책, 소련에 대한 그의 태도, 가까운 시기의 계획, 그리고 광주 정부에서의 국민당의 정책 중 중요한 것을 분명히 파악하라"는 것이었다.[31] 이리하여 달린은 코민테른 대표가 아니라 소련 정부의 '전권대표'로 손문에게 파견되었다. 달린은 손문이 만난 최초의 '소련의 정식 전권대표'인 셈이다. 소련은 파이케스에 의한 북경정부와의 교섭이 지지부진하자, 이제 손문과의 관계에 적극적으로 나선 것이다.

달린은 상해를 경유해 홍콩을 거쳐 광주에 도착해 1922년 4월 27일 손문과 회견을 했다. 이후 6월 16일까지 매주 두 차례 회담을 할 정도로 둘은 자주 만났다. 손문은 당시 북벌을 둘러싸고 진형명과 대립하고 있었으나, 달린과 만나는 기간 동안 아직 무력 충돌에 이르지는 않았다. 다음은 달린이 회고한 손문과의 대화 내용이다.

> 손문은 "내가 당신에게 하나의 산구(山區), 아주 황량한, 현대 문명의 교화를 받은 바 없는 현(縣)을 하나 주겠다. 그곳에는 묘족인(苗族人)들이 살고 있다. 그들은 우리 도시 사람들에 비해 공산주의를 더 잘 접수할 것이다. 왜냐하면 현대 문명이 도시인들로 하여금 공산주의의 반대자로 만들기 때문이다. 당신들은 이런 현에서 소비에트 정권을 조직해라. 만약 당신들의 경험이 성공적이라면, 나는 반드시 전국에 이 제도를 실시하겠다"라고 말했다.[32]

> (통일을 하면) "그때 나는 소련을 정식으로 승인하겠다." …… 손문은 낮은 소리

31 C. A. 達林, 『中國回憶錄(1921~1927)』, pp.64~65.
32 같은 책, p.103.

로 나에게 "당신은 국민당의 모든 당원들이 모두 소련에 찬성한다고 생각하는가? 심지어 나의 정부와 의회 내에도 소련의 적이 있다"라고 이야기했다. 그는 암시하기를 광주정부의 외교부장 겸 광동성장 오정방도 이런 일파에 속한다고 했다. 그는 이어서 "잊지 말기를 부탁드린다. 홍콩이 바로 옆에 있어 만약 내가 현재 소련을 승인하면, 영국인은 나에게 반대하는 행동을 취할 것이다"라고 말했다.[33]

이제까지와 마찬가지로 손문은 공산 조직이나 소비에트를 비현실적인 것으로 보며, 달린에게 그에 대한 회의를 가감 없이 전달하고 있다. 또 소련과의 관계 수립도 '거부'한다고 달린에게 전했다.

손문이 달린과 만날 때는 이미 손단동맹을 넘어 봉천의 장작림과 손을 잡고 반직삼각동맹을 맺고 있었다. 달린을 만나기 바로 직전 손문은 오조추(伍朝樞)를 봉천에 보냈는데(1922.3.8), 소문에 의하면 장작림으로부터 200만 원을 얻었다고 한다.[34] 소문이니 원조의 규모가 달랐을지 모르나, 반직삼각동맹의 완성을 드러내는 대목이다. 달린과 만나고 있던 시기에 북경에서는 봉직전쟁이 발생했고(1922.4.19), 여기서 패한 장작림은 봉천으로 물러났다. 손문은 진형명과의 갈등으로 직봉전쟁에서 봉계에 전혀 도움을 주지 못했다. 삼각동맹이라고는 하지만, 혁명의 목적으로 동맹한 것은 아니다. 예컨대 손단동맹 이후 손문은 동맹의 이유를 이렇게 말했다.

금일의 계책은 북과 손을 잡을 수밖에 없다. 그러나 연계할 북방의 장수는 단지 한 사람만은 아니며 "환계와 손잡고 직계를 타도하거나(聯皖排直)", "직계와 손잡고 환계를 타도해야(聯直排皖)" 수년 내에 그 효과를 볼 수 있다. 내가 보기에 법을 어지럽히고 나라를 팔아먹은 죄에서 볼 때 직계는 죄수(罪首)이고 환계는

33 같은 책, p.113.
34 胡玉海·里蓉 主編, 『奉系軍閥大事記』, p.284.

그 부종(附從)이니, 이제 힘없어 부득이 손을 잡는다면 비교적 신의가 있고 교활하지 않은 자를 선택해야 후에 일을 도모할 수 있다. 또한 근년 누구와 연합하고 누구를 타도한다고(聯某排某) 주장하는 것은 **임기응변의 일**이다. 이는 다름 아니라 **우리의 계획**으로 하여금 순조롭게 진행될 수 있도록 하려는 것뿐이다. 내가 단지천(段芝泉: 단기서)과 손잡는 것은 바로 이런 뜻이다.[35] – 강조는 인용자

'우리의 계획'이란 혁명의 완성, 즉 공화의 완성이다. 그러나 임기응변으로 동맹한 대상들과 함께 공화를 완성하거나, 완성할 수 있다고 손문은 생각하지 않았다. 사실 손문만이 아니라 단기서나 장작림 또한 그러했으니, 단지 북경의 직계 군사력에 대항할 힘이 부족해 손을 잡은 군사적 동맹에 지나지 않았던 것이다. 따라서 삼각동맹의 세 주체는 모두 목적 달성 후를 생각하고 있었다. 앞서 달린과의 담화에서 손문은 불쑥 당황스러운 질문을 했다.

우리(달린과 손문)는 군사 문제로 또다시 돌아갔다. 손문이 뜻밖에도 갑작스럽게 물었다. "소련은 몽골에서처럼, 만주에서 정변을 발동할 수 있나요?" 나(달린)는 질문을 받고 어찌할 바를 몰랐다. 그는 계속 이야기하기를 "우리는 공동의 적이 있는데, 즉 일본입니다. …… (일본은) 장작림의 도움 아래 우리의 만주를 패점하고 있습니다. 내가 오패부를 타도하면, 다음 차례는 장작림입니다. 그때 소련의 도움이 특히 필요합니다"라고 그 이유를 설명했다.[36] – 괄호는 인용자

삼각동맹으로 직계를 북경에서 쫓아낸 다음, 가장 군사력이 강한 장작림의 봉계를 처리하기 위해 손문은 소련의 역할을 생각해냈다. 즉 소련이 만주에서 군사적 발동을 해주면, 장작림은 근거지를 지키기 위해 북경의 군사력을 다시

35 「復王文華函」(1920.3.27), 『孫中山全集』 5, pp.236~237.
36 C. A. 達林, 『中國回憶錄(1921~1927)』, p.113.

만주로 되돌릴 것이라고 손문은 구상했다. 혹은 소련과 협공해 아예 만주의 봉계를 타도하려고 생각했을지도 모른다. 그러나 이는 여전히 '구상'에 지나지 않았다.

이제까지 살펴본 것처럼 손문이 소련이나 코민테른과 접촉한 이유는 '외교' 목적은 아니었다. 손문에게 '외교'란 혁명을 위해 원조를 얻거나, '국교'를 맺기 위함이었다. 즉 원조는 물질적인 군사원조였지만, '중화민국정부'의 대총통이 된 뒤부터는 중국의 유일한 정부로 승인받기를 원했다. 이 같은 외교의 대상은 주로 일본과 미국이었다. 그러나 손문은 달린을 만날 때까지 원조 면에서 소련을 '일본이나 미국' 정도로 생각하지 않았다. 손문은 원조를 얻고자 할 때 예외없이 중국에서 얻을 수 있는 이권을 상대국에 제시했다. 심하게는 영토의 할양도 제시했다. 그런데 소련이나 코민테른에는 아직 어떠한 이권도 제시하지 않았다. 그런 까닭에 소련 혹은 사회주의나 공산주의에 대한 자신의 생각을 가감없이 드러냈고 소련과의 관계도 거부했다.

그러나 사상이 맞지 않는다고, 혹은 당장 원조를 얻을 만한 대상이 아니라고 소련이나 코민테른을 내치지는 않았다. 어쩌면 손문의 긴 안목이라고 할 수 있겠는데, 당장은 아니더라도 나름의 전망과 정세 판단을 통해 그는 관계를 끊지 않았다. 소련에 사람을 파견하고, 소련으로부터 온 사람을 만나고, 편지를 주고받으며 관계의 끈을 이어갔다.

달린을 만날 때까지 손문과 소련의 관계를 정리해보자. 러시아 혁명 직후인 1918년 1월에 이미 "이후 우리나라의 정세는 서북에 주의해야 한다. 만약 러시아의 현재 혁명정부가 안정될 수 있다면, 나는 그쪽에서 큰 발전을 기대할 수 있다"[37]라고 하며, 자신의 혁명 과정에 소련이 나름의 역할을 하리라고 판단했다. 이후 서북의 역할은 좀 더 구체화되어 갔으니, 당시 소련에서 활동하고 있던 중국인 홍군을 신강으로 집결시켜 이들을 사천이나 북경으로 동원하고자

37 「在廣州警界宴會上與何某的談話」(1918.1.28), 『孫中山全集』 4, p.320.

했다. 한편 같은 시기에 장개석도 무력 통일에는 서북이 '근본해결'을 줄 수 있다고 손문에게 건의했다. 즉 사천을 통해 서북을 장악하고, 호북을 거쳐 북경으로 진격해야 한다는 전략이었다. 손문의 서북이 소련의 '중국인 홍군' 집합지 신강이었다면, 장개석의 서북은 서남의 군사력이 사천을 먼저 처리한 후 근거지로 삼을 섬서였다. '외교'를 중시하는 손문의 노선과 내실을 중시하는 장개석의 노선이, '서북'이라는 지역에서 만난 셈이다. 한편 상대인 소련도 당시에는 중국을 돌아볼 여유가 없었으므로, 그저 편지 정도 왕래하는 형편이었다.

그러나 1920년 7월 코민테른이 2차 대회에서 '민족부르주아'와의 합작을 (반)식민지의 혁명 노선으로 천명하고, 1921년 3월 이후 소련이 '부르주아와의 거래'를 시작하기로 하면서, 소련과 코민테른은 손문을 이전보다 더 적극적으로 대했다. 그러나 소련은 북경정부와의 국교 수립이 우선이었기 때문에, 손문과는 '비밀을 유지하는 관계'에 머물렀다. 손문 역시 손단동맹에서 반직삼각동맹으로 군사적 동맹이 더욱 탄탄해지고, 1921년 광주로 돌아와 중화민국정부를 건립해 대총통에 취임한 데 이어 광서를 통일해 북벌의 전망이 가시화되자, 북벌에 걸림돌이 될 수 있는 소련과의 공식적 합작을 거부했다.

11장

국공합작으로 가는 길

손문, 오패부, 요페

1. 진형명의 '반변'

손문은 진형명과의 갈등에도 북벌 전망을 낙관했기 때문에 소련 정부의 최초 전권대표라 할 수 있는 달린의 제안 즉 소련과의 관계를 제안받자, 소비에트에 대한 자신의 회의감을 털어놓으며 관계 수립을 거부했다. 달린이 떠날 때 손문은 "광동과 소련 사이의 거리가 너무 멀어 유감"이라며 거부에 대한 '변명 겸 예의'를 갖추었다.[1] 그러나 바로 그날 진형명의 '반변'이 시작되었다(1922.6.16). 6월 20일 진형명의 군대가 소관을 점령하자, 다음 날인 6월 21일 광동성 의회는 진형명을 임시 성장으로 추대하고 손문의 하야를 권고했다.[2] 6월 23일 손문은 진우인(陳友仁, 천유런)을 통해 아직 광주에 있던 달린에게 자신의 심정을 전했다.

1 C. A. 達林, 『中國回憶錄(1921~1927)』, p.122.

2 「廣東省議會推陳炯明爲臨時省長電」(1922.6.21), 中國第二歷史檔案館 編, 『中華民國史檔案資料滙編』 第4輯(二)(江蘇古籍出版社, 1991), p.697.

최근 며칠 동안 나는 중국 혁명의 운명에 대해 상당히 많은 생각을 했습니다. **나는 종전에 신앙하던 바의 모든 것에 거의 실망했습니다.** 현재 내가 깊이 믿는 바는 중국 혁명의 실제적이고 진실하며 유일한 벗은 소련뿐이라는 것입니다. …… 만약 내가 소련으로 갈 수 없다면, 차라리 상해로 가지 않고 장차 이곳에서 계속 투쟁하다가 생을 마치려 했습니다. 그러나 소련이 심지어 위난 중에서도 나의 유일한 벗이라고 확신합니다. 나는 상해로 가서 계속 투쟁하기로 결정했습니다. 만약 실패하면 소련으로 가겠습니다.[3] - 강조는 인용자

손문이 "종전에 신앙하던 바의 모든 것"에는 '믿었던 진형명'은 물론이고 '자신을 원조해주리라 생각했던 일본과 미국'도 포함되어 있었던 것 같다. 그러니 이제 믿을 바는 소련뿐이라고 '분통'을 터뜨린 것으로 보인다.

진형명을 다시 밀어내고 광주로 돌아온 1923년 3월 손문은 오랜 지인인 미국인 브로크먼(Fletcher S. Brockman)과의 대담에서 "미국, 영국, 프랑스 혹은 기타 열강의 원조에 대해 우리는 이미 희망을 잃었습니다. …… 남방의 우리를 도와주려고 하는 유일한 나라는 바로 러시아의 소비에트 정권"이라며, 열강에 대해 섭섭한 마음을 드러냈다. 이에 브로크먼이 "당신은 소비에트가 민주적이라고 생각합니까?"라고 묻자, 손문은 주저 없이 대답했다. "나를 도와 북경에 반대한다면 소비에트가 무엇이든 나는 개의치 않습니다."[4] 물론 손문이 반일·반미로 돌아선 것은 아니다. 그러나 이 대화는 손문 외교의 특징을 잘 보여준다. 자신의 혁명을 원조해준다면, 대상이 제국주의 국가이든 공산주의 국가이든 개의치 않았다. 손문의 외교적 행위로 '친일', '친미' 혹은 '친제국주의'라고 단정하기 어려운 것처럼, '사상적 변화에 따른 친소'라고 단정지울 수도 없음을 보여준다.

앞서 인용한 달린의 회고는 꽤 신빙성이 있어 보인다. 그가 손문으로부터 받

---

3 C. A. 達林, 『中國回憶錄(1921~1927)』, p.126.

4 C. Martin Wilbur, *Sun Yat-sen: Frustrated Patriot*, pp.145~146.

진형명의 '반변'

북벌을 둘러싸고 손문과 진형명의 갈등이 고조에 이르자, 1922년 6월 15일 월군(粵軍) 고급 장령들은 긴급회의를 열어 군사정변을 결정하고 손문을 구축해 하야시키기로 했다. 다음 날 섭거(葉擧)가 행동을 개시했으나, 손문을 죽이고자 하지는 않았기 때문에 전화를 걸어 빨리 달아나라고 알렸다. 손문이 대원수부를 떠나자 월군은 총통부를 포위 공격하기 시작했다. 손문은 군함에 오른 후 '반군'과 전쟁을 시작했는데, 당시 홍콩의 중외 언론이나 외교관들의 보도에 따르면 6월 17일 손문의 해군 포격으로 광주에서 평민 사상자가 100명 이상 나왔다고 한다. 사진은 손문의 영풍함이 광주를 공격하는 장면이다.

았다고 하는 '치체린에게 보내는 편지'의 날짜나 내용이 훗날 발견된 사료와 일치하고 있는 것[5]을 보면 회고의 내용을 분식한 것 같지는 않다. 또 이후 소련에 대한 손문의 태도에서도 나타난다. 광주를 포기하고 상해로 떠나면서, 손문은 선상에서 막료들에게 다음과 같이 소련에 대한 외교를 설명해주었다.

> 우리나라의 건설에는 영국의 공정한 태도, 미국의 원대한 규모, 프랑스의 애국정신을 모범으로 삼아 우리 민국의 천백 년 영구의 계획을 수립해야 한다. 그러나 금일 중국의 외교는 국토의 인접, 관계의 밀도로 말할 때 소련보다 나은 곳이 없다. 국제 지위로 말하면 우리나라와 이해가 서로 같고, 추호도 침략을

5 "자신(손문)이 처한 상황을 치체린에게 전해주길 바라며, 그는 투쟁을 정지하지 않을 것이고, 아울러 레닌에게 우정을 전달해달라고 나(달린)에게 부탁했다"[C. A. 達林, 『中國回憶錄(1921~1927)』, p.126]라고 달린은 회고하고 있는데, 당시의 사료는 다음과 같다. "존경하는 치체린. 달린으로부터 이미 귀하의 편지를 전해 받았습니다. 지금 몇 글자로 답을 보냅니다. 나는 진형명이 조성한 엄중한 위기를 겪고 있습니다. 그는 나에게 큰 은혜를 받았던 인물입니다. 달린이 장차 당신에게 전달할 것이며, 제가 어떤 상황에서 무엇을 하려는지도 전해줄 것입니다. 당신과 레닌에게 삼가 경의를 전합니다. 孫逸仙, 「1922年 6月 23日 黃埔 '永豐'艦에서」, 薛衔天 外 編, 『中蘇國家關係史資料匯編: 1917~1924』, p.676.

> 걱정할 필요가 없으며, 또 상호 양국의 이익을 위해 협력하는 것이라면 독일이다. 애석하게도 국인은 소련과 독일의 진상을 잘 모른다. …… 독일이 진실로 인재와 학문이 있어 우리나라의 실업 발전, 국가 건설에 족히 도움이 될 수 있음을 모른다. 또 볼셰비키를 두려워해 …… 소련에 대한 공포심은 여전히 예전과 같다. 금일 소련은 공산주의를 이미 변경해 국가자본주의를 채택했는데, 신경제정책이 바로 그것이다. 또한 사유의 금지를 푼 지 이미 1년이 넘었는데도 국인은 모르고, 지금까지 소련을 공산주의, 과격파라고 한다.[6]

이제 손문은 소련을 '외교의 대상'으로 생각했다. 손문이 광주를 떠나 상해에 도착한 것은 8월 14일이다. 이보다 이틀 앞서 요페가 소련 정부의 전권대표로 북경에 도착했다. 이후 5개월간 두 사람은 편지로, 또는 마링이나 게커(Gekker)를 중개인으로 하여 서로 의견을 교환한 끝에 상해에서 함께 만나 1923년 1월 26일 「손문-요페 연합선언」을 발표한다. '국공합작'의 시작인 셈이다.

2. 손문과 요페의 바람

요페가 북경에 도착한 것은 1922년 8월 12일이고, 1923년 1월 16일 북경을 떠나 상해로 와서 손문과 만나, 1월 26일 「손문-요페 연합선언」(이하 연합선언)을 발표하고 다음 날 일본으로 떠났다. 1923년 5월 1일 요페는 일본에서 소련 정부로부터 전해 받은 원조의 내용을 손문에게 전보로 알렸다. 요페로 볼 때 북경에 체류하던 5개월간의 활동의 '성과'는 「연합선언」뿐이라고 해도 과언이 아니다. 이후 소련의 원조를 손문에게 알려줌으로써 요페-손문의 합작을 마무리 지을 수 있었다. 시간상 약 9개월이었다.

6 「在摩軒號艦對幕僚的談話」(1922.8.9), 『孫中山全集』 6, pp.516~517.

반면 손문은 8월 14일 상해에 도착해 편지나 대리인을 통해 요페와 왕래하며 「연합선언」을 이끌어냈고, 1923년 5월 12일 소련의 원조에 대한 요페의 편지를 받았다. 이 사이 손문은 광동의 일부를 진형명으로부터 되찾아 1923년 2월 21일 광주에 도착해, 육해군 대원수에 올랐다. 손문과 요페가 접촉을 시작하고부터 손문에 대한 소련의 원조가 확정된 9개월간은 「연합선언」으로 양분할 수 있을 것 같다.

먼저 서로 왕래하기 전, 손문과 요페는 각각 무엇을 원했고, 합작에 어떤 어려움이 있었는지를 볼 필요가 있다. 손문은 진형명의 공격을 받아 상해로 올 수밖에 없는 처지에서, 돌파구의 하나로 소련을 생각했다. 이제까지 손문이 소련으로부터 무언가를 얻고자 했다면, 그것은 서북을 통한 군사적 지원이었다. 또 반직삼각동맹을 맺고 있던 손문으로서는 중국 통일 후 만주의 장작림을 견제하기 위해, 소련이 '동북'의 장작림에게 군사적 압력을 넣어주기 바라는 구상도 있었다. 그러나 소련과의 관계는 거부했다. 상해로 오기 전 '중화민국정부'의 대총통이었던 손문은, 자신의 정부에 대한 국제적 승인을 간절히 원했다. 대상은 미국과 일본이었고, 두 나라의 적(敵)인 소련은 배제되었다.

그러나 진형명의 '반변' 직후 달린에게 '진실하고 유일한 벗은 소련뿐'이라는 쪽지를 급히 보내고, 상해로 북상하는 선상에서 "중국 외교에서 소련보다 더 나은 곳은 없다"라고 할 정도로 소련에 대한 손문의 기대와 요구는 이전과 크게 달라졌음을 쉽게 예측할 수 있다. 다만 요페와의 '거래'에서 손문이 안고 있는 가장 큰 걸림돌은, 당시 손문에게 정치권력과 무력이 없고, 변변한 근거지도 없다는 점이다. 또 하나는 소련과의 관계가 공개적으로 진행되면, 자신의 정치 노선에 미치는 영향도 생각하지 않을 수 없었다. 특히 그가 공들여 이룬 반직삼각동맹은, 국공합작과 정치 노선이 전혀 달랐기 때문이다.

한편 요페는 코민테른이 아니라 소련 정부의 전권대표로 중국에 왔기 때문에, 무엇보다 가장 중요한 임무는 중국과의 국교 수립이었다. 국교 수립을 위해서는 중소 사이의 현안인 '만주철도 문제'와 '몽골 문제'가 큰 걸림돌이었다.

더구나 이 두 개의 문제는 '소련의 국가적 이해'와도 관련된 것이었다. 또 다른 임무는 소련에 우호적인 혁명가나 혁명 세력을 지원해 장기적으로 소련에 우호적인 북경정부를 조성하는 것이었다. 전자가 '국가적 이익'을 위한 것이라면, 후자는 '혁명적 이익'을 위한 것이라 할 수 있고, 전자가 조속히 해결해야 할 현안이라면, 후자는 장기적으로 추진할 전략이라고 할 수 있다. 요페에게 가장 큰 부담은 제국주의에 둘러싸인 북경정부와 국교를 수립하는 것이었다. 또 '몽골 문제'나 '만주철도 문제'는 민족적 이해, 국가적 이해와 관련되어 있었으니, 혁명가나 혁명 세력과 관계를 조성하는 데도 걸림돌로 작용할 수 있었다.

요페가 북경에 도착했을 때 손문의 상황은 아주 나빴다. 당시 손문은 진형명의 '반변'으로 광주에서 '탈출'해 상해에 있었다. 반면 오패부는 직봉전쟁의 승자로서, 또 전쟁 후 법통 회복을 주장함으로써 여론의 지지를 받고 있었다.[7] 요페가 북경에 도착하기 직전, 카라한은 두 통의 전보를 받았다.

> 중국 정치 중 주요 인물은 오패부 장군이며, 그는 군대, 재정, 교통, 내정부를 장악하고 있고, 남방의 다수 성(省)이 현재 오패부에게 의탁했으며, 그 결과 손문 정부는 거의 무너질 지경에 이르렀다. …… 6월 27일, 나(양송)는 오패부의 초청으로 그의 대본영을 방문해 아주 의의 있고 유익한 담화를 나눴다. 마지막에 오패부는 러시아 무장 역량의 영도자 트로츠키에게 보내는 한 통의 편지를 나에게 전달해달라고 했다. 오패부는 편지에서, 극동에서 소련과 중국의 임무는 일치한다고 언급했다. 나는 이것이 중국과 소련 사이에 체결할 군사·정치 협의의 출발점이라 생각한다.[8]

오패부는 소련과 협의를 체결하는 것이 그가 최후의 승리를 취득하기 위한

---

7 윤혜영, 『중국현대사연구: 북벌전야 북경정권의 내부적 붕괴과정(1923~1925)』, 55~59쪽.

8 「Ianson이 Karakhan에게 보내는 전보」(1922.7.10, Chita에서 극비), 『聯共(布), 共産國際 檔案資料』 1, p.97.

아돌프 요페(Adolph Abramovich Joffe, 1883~1927)

중국명은 월비(越飛)로 유대인이다. 1903년 러시아 사회민주노동당에 가입했고, 1906년 독일 베를린으로 갔다가 추방당해 빈(Wien)으로 가서 트로츠키와 함께 ≪프라우다(Pravda)≫를 편집했다. 1917년 10월혁명 때는 군사·외교 업무를 담당했다. 1918년에는 소련대표단을 이끌고 브레스트-리토프스크 조약 체결에 참가했다. 이후 소비에트 러시아의 베를린 주재 대표를 지냈으며, 1917년부터 1919년까지 러시아공산당(볼셰비키) 후보중앙위원으로 있었다. 1921년 8월 중국 주재 전권대표로 북경에 도착했다. 중국과의 담판에서는 성과를 얻지 못했으나 손문과의 협상을 통해 1923년 1월 「손문-요페 연합선언」을 발표했다. 이후 일본 이타미(熱海)에서 병으로 요양했다. 손문에 대한 요페의 적극적인 지지는 소련 중앙으로 하여금 손문에 대한 원조를 결정하게 했다. 1925년 러시아 공산당(볼셰비키) 내의 트로츠키, 지노비예프, 카메네프(Lev Kamenev) 등의 '신반대파'에 참가해 스탈린과 대립했다. 1926년 귀국해 날로 가중되는 정치적 압력을 견디지 못하고, 1927년 11월 모스크바 병원에서 자살했다. 1987년에 명예를 회복했다.

필요조건이라 생각했다. 나(파이케스)는 그를 국민당을 향해 손문과 화해하도록 설득하려 시도했으나 아직 효과를 거두지 못했다.[9]

오패부는 실력, 나아가 '혁명성'을 높이 평가받아 소련이 합작할 인물로 추천되었다. 전권대표 파이케스도 오패부의 '혁명성'을 높이 평가해 오패부와 손문의 화해를 시도했지만, 실패했음을 보고하고 있다. 이 시기 오패부는 소련의 눈에 손문을 능가하는 합작 대상이 되어 있었다. 물론 이와 같은 정보는 요페에게 전달되었을 것이므로, 요페는 북경에 도착하자마자 오패부와 손문에게 편지를 보냈던 것이다. 이 삼자의 교섭을 주제별로 나누어 설명하고자 한다.

9 「Paikes가 Karakhan에게 보내는 전보(적요)」(1922.8.4, 북경에서), 『聯共(布), 共産國際檔案資料』 1, p.98.

3. 손오연합정부

상해에서 망명객 신세였던 손문이 광주를 떠나오면서, 소련을 합작의 대상으로 삼았다는 것은 앞에서 이미 기술했다. 그런데 상해에 도착한 지 며칠 지나지 않아 뜻밖에도 요페로부터 편지를 받았다. 손문이 이전에 만난 '소련 측 사람'들은 대부분 코민테른이나 소련의 지역 정권의 인사들이었다. 또한 마지막으로 만난 달린은 개인적으로는 코민테른 인사이지만, 소련 전권대표 파이케스의 위임을 받은 '소련 정부의 대표' 격이었다. 그러나 이번에는 소련의 전권대표 요페가 직접 편지를 보낸 것이다. 중국에 대해 잘 모르니 알려달라는 외교적 언사로 시작해 손문에게 다음과 같이 질문했다.

① **장작림과 그 일당이 다른 파벌에 비하면 좀 더 반동적이지만**, 이들도 역시 민족해방파인지 혹은 다만 일본 제국주의의 대리인인지 저(요페)는 잘 알지 못합니다. 저는 또한 사회 계층적 각도에서 볼 때, 장작림이 누구에게 의거하는지, 북경에서 어떤 사람들이 그를 지지하는지 알고 싶습니다.

② 모르겠습니다만, 각하(손문)가 얼마 전 **오패부에 반대하는 협의를 장작림과 체결**했다고 하던데요, 이는 단지 더 강한 적을 지지해 다른 한 적을 소멸시키고, 단 하나의 적을 남긴 후 이를 소멸하기 쉽게 하려는 생각인가요, 아니면 장작림의 정책이 정말로 중국에 유리하다고 생각하는 것인가요? 이와 관련해 장작림에 대해 어떤 행동 방침을 취해야 하는지 저에게 건의해주기 바랍니다.

③ 각하와 진형명의 의견 분기에 대해 알고 싶습니다. 단지 전국 통일을 실현하는 출발점이 북경인가 광주인가의 차이만으로, 유혈 전쟁을 초래할 수는 없는 것이기 때문입니다.

④ 현재의 중국 의회 중 국민당의 자리가 있고 남방 정부가 총체적으로 중요한 작용을 하고 있는데, **당신은 왜 의회를 승인하지 않는지** 모르겠습니다.

⑤ 만약 **각하와 오패부가 제휴하면 각하와 국민당 세력은 분명히 크게 증가할 것입니다.**[10] - 강조는 인용자

편지는 마링을 통해 손문에게 전달되었다. 요페의 질문은 손문의 정곡을 찌르는 내용이었다. 손문의 혁명 방략 및 반직동맹과는 방향이 모두 달랐기 때문이다. 다른 군벌보다 더 반동적인 장작림과 반직삼각동맹을 맺은 이유는 무엇인지, 그것도 오패부에 반대하기 위해 동맹을 맺은 이유를 묻고 있다. 요페의 생각으로는 오패부와 손을 잡고, 오패부에 의해 '법통이 회복된 북경 의회'에 참가하면 국민당 세력은 훨씬 더 커질 터인데, 그렇게 하지 않는 이유를 묻는 것이다. 앞에서 말한 것처럼 이 시기의 여론은 오패부의 법통 회복에 기대를 걸며 찬성하고 있었다. 이런 상황에서 요페는 손문의 「혁명방략」을 이해할 수 없었다. 반면에 손문은 북경의 의회에 참가해 화평의 방법으로는 공화가 완성될 수 없다고 확신하고 있었기 때문에, 말하자면 '적극 무력'이어야 혁명을 완수할 수 있다고 믿었기 때문에 '적극 무력'의 부족한 부분을 위해 안으로는 반직삼각동맹을 체결한 것이고, 밖으로는 소련에 접근하고 있었던 것이다. 요페의 질문에 답하기에 앞서, 손문은 원론적으로 북경정부를 부정했다.

우선 현재의 북경정부는 누구의 지지도 받지 못하고 있으며 매우 유약해, 예컨대 **일부 열강들의 대리인**이라 해도 과언이 아닙니다. …… 중국과 소련 양국 간에 정확한 상호 관계를 수립하고자 한다면, 중국에 좋은 정부가 들어서야 합니다. …… **내가 북경정부를 다시 세울 때까지 기다려주기 바랍니다.** 시국의 분명한 변화로 보건대, 이 일은 머지않아 성공할 것입니다.[11]

---

10 「Ioffe가 孫逸仙에게 보내는 편지」(1922.8.22, 북경에서), 『聯共(布), 共産國際 檔案資料』 1, pp.104~105.

11 「孫逸仙이 Ioffe에게 보내는 편지」(1922.8.27, 上海 莫里哀路 29호 거처에서), 『聯共(布), 共産國際 檔案資料』 1, pp.109~110.

정곡을 찌르는 요페의 질문에, 손문은 정곡이 아닌 질문 전체에 대한 답으로 응수를 했다. 북경정부에 대한 부인은 요페의 모든 질문에 대한 답이었다. 거기에다 북경정부는 '열강의 대리인, 즉 제국주의의 대리인'에 불과하다며, 상대가 바라고 있을 '정치 언어'를 구사했다. 손문이 호법이든 반직(反直)이든, 북경과 제국주의의 결탁을 명분으로 내세운 적은 이제까지 없었다. 그런데 중소 국교정상화는 북경정부가 아닌 '더 좋은 중국 정부'인 자신의 정부와 해야 한다는 것은, 소련에 대한 손문의 요구에 중요한 변화였다. 앞서 말한 것처럼 손문은 소련과의 공식적 관계를 거부하면서, 서북에서의 군사적 협조와 만주의 장작림에 대한 견제를 기대하며 대응했을 뿐이다. 그러나 손문은 곧 북경에 정부를 재건할 수 있다고 낙관하며, 그때까지 국교정상화를 기다려달라는 것이었다. 그러나 손문의 '낙관'을 믿을 만한 상황도 아니었다. 당시 손문은 망명객에 불과했기 때문이다. 여하튼 손문은 북경정부를 부정하는 판을 깐 후 요페의 다섯 질의에 대해 다음과 같이 답했다.

1. 장작림은 중국인이다. 그가 조국으로 하여금 일부 열강의 노역을 받게 하거나, 이를 위해 애쓴다는 것은 상상할 수 없는 일이다. **나는 그가 일본인의 대리인이라고 생각하지 않는다.** 사회계급에서, 장작림은 어떠한 계급에도 의거하지 않고 자신의 군인에게만 의존함은 분명하다. 내가 아는 바로, 그를 지지하려는 인물이 북경정부에 아직 없다. 그러나 내가 앞에서 말했듯이 **현재 북경정부는 아예 무시해도 좋다.**
2. 내가 작년 겨울 장작림과 협의를 달성한 것은 주로 그가 대표를 광주에 파견했기 때문이다. 더 정확하게 말하면 계림(桂林)인데, 당시 나는 그곳에서 북벌을 준비하고 있었다. 장작림은 제휴해 나의 국가 통일 정책을 실행하자고 건의했다. **또 필요하다면, 그는 일본과 싸울 수도 있다고 분명히 약속을 했다.** 2년 전 비슷한 조건으로, 나는 단기서와 동맹에 동의했었다. 만약 내가 장작림과의 동맹 방침을 취하지 않는다면, **또 다른 한 가지 선택은 그와도 싸우고 오패부**

와도 싸우는 것이다. 장(張)이 나에게 제휴를 제기했음으로, 그의 성의를 의심할 권리는 없다. **만일 이후에 그가 성의 없음을 표명한다면 그때 다시 그와 맞서면 되지만, 지금은 시기가 아니다. 내 생각에 가장 중요한 것은 다시 중국을 통일하는 것이다.** 당시에도 그랬고 지금도 나의 조건을 받아들이는 **그 어떤 영수와 협력할 준비가 되어 있다. 지금 오패부와 관계도 이런 방침에 따라 취할 것이다.** 귀국이 장작림과의 관계를 설정하는데 내가 한마디 하고 싶다. 그를 일본 쪽에 몰아가지 말고, 그로 하여금 나의 영향을 받게 했으면 좋겠다. 지금 미영 두 나라가 오패부를 지지하는 것 같아, 장은 이 두 나라에 반대하고 있다고 한다. 귀국이 그를 지나치게 적대시한다면 누구도 완전히 고립되기를 싫어하기 때문에, **그로 하여금 외교상의 지지를 일본에서 찾게 할 수 있다.** 이 점에 주의하길 바란다.

3. 이 문제에 관해 나는 내가 서명한 광주 국세(局勢)에 관한 성명을 첨부해 보낸다. 이 성명은 내가 지난주에 열강들에 보낸 것이다. 진형명은 나쁜 사람이다. 정치추종자가 근본적인 정책 문제에서 의견을 달리해 자신의 정치지도자를 떠난다면 이는 이해할 수 있는 것이다. 그러나 이런 분열로 지도자를 모해하는 형식을 취한다면 정치 생명은 철저히 매장된다고 볼 수 있다.
4. 나는 이미 국민당의 모든 국회의원들에게 북경에 갈 것을 권유했고, 이 사실이 (당신의 네 번째) 문제를 답해줄 수 있다. ……
5. 만일 내가 중국 외교부와 모종의 접촉을 유지하고 있다고 생각하면, 당신의 생각은 틀린 것이다. 이 문제의 나머지 부분에 대한 나의 대답은 제1쪽의 설명을 참조하길 바란다.[12] – 강조와 괄호는 인용자, 번호는 원문

장작림은 결코 일본의 대리인이 아니라며, 손문은 반직삼각동맹 차원에서 그를 적극 옹호하고 나섰다. 얼마 전까지만 해도, 손문은 "친일 비적"[13], "반동군주

12 같은 글, pp.110~111.

파의 두목"[14] 등 격한 언어로 장작림을 공격했고, 1년 전 치체린에게 보내는 편지에서는 "과거 비적의 두목", "도쿄의 명령을 듣는 자"라고 했다.[15] 그런 장작림이 손문과 동맹을 맺으면서, 필요하다면 일본과도 싸우겠다고 맹세했다는데, 근거는 없다. 여하튼 손문은 장작림과 손잡겠다는 뜻을 분명히 했다. 그렇지 않으면 "오패부와도 싸우고 장작림과도 싸워야 한다"라고 했으니, 오패부와는 싸우겠다는 뜻이다. 따라서 "어떤 영수와도 협력할 준비가 되어 있고, 오패부도 그렇다"라고 한 것은, 오패부와의 합작을 요구하는 요페의 질문을 우회적으로 거부한 '외교적 언사'에 불과하다. 나아가 동맹자 장작림을 위해, 손문은 오패부와의 동맹 등으로 장작림을 고립으로 몰면 장이 결국 일본 쪽으로 넘어갈 것이라며 약간의 '협박'도 곁들였다. 즉 손문은 친장반오(親張反吳)을 분명히 했다. 장작림과 오패부에 대한 이런 태도는 손문의 주변에서도 마찬가지였다.[16]

손문의 "현재의 북경정부는 아예 무시해도 좋다"라는 표현에서 볼 수 있듯이, 북경정부에 참여하는 것 자체를 부정했다. 즉 북경정부는 '적극 무력'으로 타도해야 할 대상일 뿐이었다. 따라서 "국민당의 국회의원들에게 북경으로 가라고 했다"는 손문의 답변은 마지못해 한 내용 없는 답이었다. 그런데 요페가 집요하게 손오 합작을 위해 던졌던 마지막 질문(손오 합작의 장점)에 대해 손문은

---

13 손문은 미국인 신문기자의 물음에 "장작림의 친일은 모두 아는 바이다. 러일전쟁 때 그는 일본의 러시아 공격을 도왔다. 그때 그는 비적이었고, 전후 일본인이 중국에 제의해 비로소 중국군에 귀순해 두목이 되었다"라고 답했다. 「與美國記者辛默的談話」(1921年 4月 上旬), 『孫中山全集』 5, p.515.

14 소련인 기자의 물음에 손문은 "일본인의 명령을 듣는 反動君主派 세력으로 장작림을 두목으로 하는 군대가 있는데, 중국의 모든 암흑 세력과 적인은 모두 그의 주변에 모여 있다"라고 답했다. 「在廣州與蘇俄記者的談話」(1921.4), 『孫中山全集』 5, p.527.

15 「復蘇俄外交人民委員契切林書」(1921.8.28), 『孫中山全集』 5, pp.591~593.

16 다음은 당시 장개석의 분석이다. "連新은 連舊만 못하고, 連直은 連奉만 못하며, 連吳는 連曹만 못하며, 連奉은 또 連浙만 못하다고 생각한다. 절강(단기서), 봉천(장작림), 조곤은 모두 연대할 수 있지만, 吳에 대해서는 그가 마음으로 복종하는 때가 아니라면, 대표를 파견해 경솔히 그와 절대 연락하지 말기를 청한다." 『蔣介石年譜』, 1922.8.29, p.85.

가타부타 자신의 의견을 말하지 않고 있다.

손오 연합의 요구, 그리고 장작림과 동맹한 이유에 대해 오패부는 어떻게 대응했는지 살펴보자. 요페는 손문에게 첫 편지를 보내기 전에 오패부에게 먼저 편지를 보냈다. 그러나 요페는 이 편지에서 손문과 오패부의 연합에 대해서는 언급하지 않았다.[17] 그러나 편지를 갖고 간 게커가 오패부에게 요페의 손오 연합에 대한 의견을 타진했던 것 같다. 요페는, 오패부가 손문과의 관계를 다음과 같이 말했다고 모스크바에 전했다.

1. 현재의 중국 정부(북경정부의 내각)와는 거래할 가치가 없으며, 쓸모도 없다고 오패부는 말했다. 오(패부)는 앞으로 7~10일 내에 그들을 쫓아낼 것이다. 고유균(顧維鈞, 구웨이쥔) 외무부장은 친영(親英)분자이지만, 그가 노련한 것을 감안해 받아들일 수 있다.
2. 손문은 중국의 정신적 영수이고, 오(자신)는 군사적 영수이다. 두 사람이 연합한 후 곧 통일된 중국을 건립할 것이다. 현재 그들은 담판을 진행하고 있으며, 그들이 협의를 달성하면 손이 공화국 총통을 맡고, 자신은 군사부장과 총사령을 겸하길 바란다고 했다.

……

4. 봄이 오기 전에 장작림과 일본인을 소멸할 준비를 하고 있다.[18]

앞서 손문과는 달리 오패부는 손문과 연합할 것이며, 장작림을 제거하겠다는 것이다. 오패부의 손문에 대한 평가와 주장은 물론 외교적 언사일 뿐, 오패부도 손문을 적 중 하나로 상정하고 있었다. 어찌 됐든 오패부의 편지는 손오

17 「Ioffe가 吳佩孚장군에게 보내는 편지」(1922.8.19, 북경에서 기밀), 『聯共(布), 共産國際檔案資料』 1, pp.99~102.

18 「Ioffe가 Karakhan에게 보내는 전보」(1922.8.25, 북경에서 기밀), 『聯共(布), 共産國際檔案資料』 1, pp.107~108.

연합 정부를 바라는 요페가 원하던 바였다. 더구나 요페는 북경정부의 내각과 국교 수립을 놓고 난항을 겪고 있었는데, 오패부가 이들을 쫓아낼 것이라고 하니 더 말할 나위가 없었다.[19] 게다가 오패부의 편지를 받아온 게커가 오패부를 극찬했다.[20] 요페는 손문을 달래 오패부와 연합해 소련에 우호적인 북경정부를 세울 수 있다는 확신이 섰다. 요페는 손문에게 다시 편지를 썼다.

> 당신(손문)과 오패부가 연합해 중국의 중앙정부를 건립하는 것은, 중국에서 최상의 연합이라 생각합니다. 장작림으로 하여금 이 정부를 승인·지지하도록 하기 위해 그의 모든 칭호, 관직과 직함을 회복시켜주어야 합니다. 그러면 장작림은 이런 조건에 동의할 것이며, 이렇게 되면 이 정부는 사실상 중국을 통일한 것과 같습니다.[21]

요페는 게커를 상해에 파견해 손문에게 보내는 편지를 마링에게 전달했다. 마링이 손문에게 이 편지를 건넸다. 한편 요페는 게커를 통해 마링에게도 편지를 보내, 자신의 뜻을 확인시켰다.

> 내가 손문에게 보내는 두 번째 편지에서 당신은 알 수 있을 터인데, 현재 **가장 중요한 것은 손문과 오패부가 함께 정부를 조직하게 하고 장작림과 화해하게 하는**

19 직봉전쟁 후 승리한 직계 내부에서는 오패부의 '낙양파'와 조곤의 '진보파'가 대립하기 시작했는데, 특히 내각의 선임을 둘러싸고 대립은 갈수록 심화되어갔다. 이에 대해서는 윤혜영, 『중국현대사연구: 북벌전야 북경정권의 내부적 붕괴과정(1923~1925)』, 69~71쪽; 郭劍林, 『吳佩孚傳』 下册(北京圖書館出版社, 2006), pp.15~18 참조.

20 게커는 오패부를 만난 인상을 다음과 같이 말했다. "이제까지 이렇게 엄정한 군사 질서를 본 적이 없다. 질서와 기율은 극히 엄격했고 훈련은 말로 표현하기 어려울 정도로 훌륭했다. 최고의 예우를 받았으며, 군인들도 매우 열정적이었다." 「Ioffe가 Karakhan에게 보내는 전보」(1922.8.25, 북경에서 기밀), 『聯共(布), 共産國際 檔案資料』 1, p.107.

21 「Ioffe가 孫逸仙에게 보내는 편지」(1922.9.15, 長春에서), 『聯共(布), 共産國際 檔案資料』 1, p.127.

것이며, 적어도 장작림으로 하여금 손문-오패부 정부를 승인·지지하게 해야 한다. 나의 이 정책을 당신이 지지하기 바라며, 손문에게 이런 정부(손오 연합 정부)는 **소련의 지지를 얻을 수 있을 뿐만 아니라 전체 코민테른의 지지도 얻을 수 있다고 해석해 주었으면 좋겠다**. 내 생각에는 이런 정부를 성립하는 것이 현재 중국에서 가장 중요한 일이다.[22] – 괄호와 강조는 인용자

요페는 '어려운' 손오 합작을 위해 장작림을 '제거'하는 것이 아니라, 장작림을 손오 연합 정부로 끌어들이자며 손문에게 협조를 구했다. 게다가 소련과 코민테른의 지지라는 '선물'도 제시했다. 게커는 상해로 손문을 만나러 가는 길에 낙양에 들러 오패부에게도 요페의 편지를 전하면서 '손오 합작'의 중요성을 언급하고 오패부에게 '물질적 지원을 할 것임'을 암시했다.[23] 여하튼 1922년 9월 말 손문의 집에 손문, 게커, 마링 셋이 모였다. 게커는 오패부를 "중국의 통일과 독립을 위해 분투하는 민족주의자"라고 평했다.[24] 오패부와 연합 정부를 만들라는 요페의 요구에 손문은 에둘러 답했다.

---

22 「Ioffe가 Maring에게 보내는 편지」(1922.9.18, 長春에서), 『聯共(布), 共産國際 檔案資料』 1, p.130.

23 "내(요페) 개인적 생각으로는 오직 당신과 손문이 함께 정부를 건립해야만 중국으로 하여금 준엄한 국면에서 벗어나게 하고, 통일되고 독립된 중국 정부를 건립할 수 있다고 생각합니다. 이 정부는 소련의 전면적 지지를 완전히 받을 수 있으며, 중국을 대하는 문제에서 소련은 중국의 민족 통일을 전심으로 촉진할 것이고, 제국주의의 압박에서 벗어나도록 도와줄 것입니다. 동시에 나 또한, 최근 러시아는 사실상 대국으로서 그가 차지해야 할 지위를 차지하고 있으며, 그 강력한 지지하에서 새로운 중국 정부는 앞서 말한 임무를 수행할 수 있을 것이라 굳게 믿습니다." 「Ioffe가 吳佩孚장군에게 보내는 편지」(1922.9.18, 장춘에서), 『聯共(布), 共産國際 檔案資料』 1, p.132.

24 아울러 게커는 "그 자신이 오패부의 군사 조직을 보았는데, 오패부의 군대는 장작림의 군대보다 더 강대하다. 물론 오패부의 군비가 충분한지는 판단할 수 없었다. 오패부는 손문에게 호감을 갖고 있으며, 손문이 영도하는 정부를 건립하는 데 동의했다"라고 손문에게 전했다. 「Maring이 Gekker과 孫逸仙의 담화를 정리한 기록」(1922.9.26, 상해에서), 『聯共(布), 共産國際 檔案資料』 1, pp.135~136.

오패부와 장작림 사이의 새로운 내전을 방지하는 것은 불가능하다. 이 전쟁의 승리자는 장작림일 것이다. (오패부에 대한 게커의 호감과 높은 평가에 대해 손문은) 오(패부)와 장(작림)의 특징에 대해 분석해볼 필요가 있다. 오패부는 중국의 노련한 '학자(scholar)'이다. 그로 하여금 **새 사상을 받아들게 하는 것은 쉬운 일이 아니다.** 그는 '완성품'이지만, 비적(匪賊)인 장작림은 가공을 할 수 있는 '원자재'이다. 그가 일본인의 주구라고 생각하는 것은 틀린 것이다. 사실이 증명하듯이, 장은 자기 정책을 실행하고 있다. 장은 비록 문화의 정도가 낮지만, 총명한 사람이다. 오패부는 영국과 미국에 의지한다. 오는 중국인을 여러 번 속였기에 때문에, 그가 현재 소련에 대해 우호적 태도를 보이는 것도 의심스럽다. 그가 반일(反日) 정서를 지니고 있는 것은 의심할 나위 없지만, 그는 자기도 모르게 **영미 자본주의의 도구가 될 수도 있다. 오패부의 승리는 바로 영미의 승리이다.**[25] - 강조와 괄호는 인용자

장작림은 '소련의 신사상'도 받아들일 수 있는 '원자재'이며, 일본의 주구는 결코 아니라는 것이다. 반면 오패부는 새로운 것을 받아들일 수 없는 '구식의 학자'이고, 여러 번 국민을 속였으며, 영미 자본주의의 주구가 될 수 있다고 평했다. 같은 시기 손문은 장작림이 보낸 대표와 오패부 토벌 계획을 짜고 있었다.[26] 손문은 또한 장작림에게 보내는 편지에서 오패부를 협공할 계획을 다짐시키고 있었다.[27] 결국 반직삼각동맹을 깨고 오패부와 연합할 수 없을 뿐 아니

---

25 같은 글, pp.135~136. 손문, 게커, 마링 세 사람이 담화한 것을 마링이 기록한 것인데, 여기서 직접 인용할 때는 대화체로 바꾸었다.

26 장작림의 대표 韓麟春이 상해의 손문 집으로 와서 연일 합작 방법을 토론했다. 손문은 왕정위를 봉천에 파견해 합작일과 관련해 토의하게 했는데, 봉천으로 가기 전 단기서 및 장작림과의 합작 계획을 상세히 정했다. 『國父年譜』 下, 1922.9.22, pp.911~912.

27 "금후 적(오패부)을 격파할 대책으로 서남에서 먼저 출발해 적과 대치할 것입니다. 공(장작림)의 대임은 속히 북경, 천진, 保定(바오정)을 취해 적으로 하여금 의지할 바를 없게 하고, 연후에 重兵을 보내 적의 뒤를 따라가면 적은 싸우지도 못하고 스스로 괴멸할 것이니,

라, 단기서와 장작림의 도움을 받아 '적극 무력'으로 오패부를 타도할 준비를 하고 있었던 것이다.

앞에서도 이미 거론해 사족 같지만, '국공합작'의 의미를 재검토할 필요가 있다. 이상에서 본 바와 같이 손문과 요페는 손오연합, 반직삼각동맹을 둘러싸고 치열한 '외교전'을 펼치고 있었다. 바로 이 시기 손문은 공산당원의 국민당 입당을 선뜻 받아들이고, 이후에는 국민당 개진을 추진했다. 그런데 손문과 요페의 '외교전'에는 공산당원의 국민당 입당은 거론조차 되지 않았다. 당시 소련은 공산당원의 국민당 입당에 관심이 없었다. 어쩌면 소련은 '입당' 사실조차 몰랐을 수 있다. '입당'은 마링의 주장을 받아들인 코민테른의 결정이었을 뿐이다. 소련을 합작의 대상으로 하는 손문에게도 '입당'은 별문제가 아니었다. 다만 소련(요페)과의 합작을 유리하게 끌고 가기 위해 손문은 '입당'을 선뜻 받아들이고, 나아가 소련에 합작 의지를 보여주기 위해 '개진'을 추진했던 것이다. 중공당원의 국민당 입당과 국민당 개진은, 손문이 소련과의 합작을 위해 취한 '수단'이었던 것이다. 다시 말해 손문에게 국민당원의 국민당 입당은 국공합작이 아니었다. 이에 대해서는 뒤에 다시 설명하겠다.

다시 돌아가 손오연합에 대한 손문의 확고한 의지를 전해들은 요페는 난감했다. 요페는 치체린에게 다음과 같이 하소연했다.

> 손문과 오패부의 투쟁, 그리고 손문이 자신의 역량을 강화하기 위해 장작림과 친한 척하는 것이 정세를 더 복잡하게 만들고 있습니다. …… 손문의 기본 입장은 오직 군사 역량으로 중국 혁명을 완성하는 것입니다. …… 나는 그의 정책에 결함이 있음을 믿도록 하고 있습니다. 첫째, 현재 정세하에서 그가 오패부를 약화시키는 것은 민족 투쟁을 진행하고 있는 중국을 약화시키는 것

이는 공동 작전의 관건입니다. 바라건대 잘 살펴주십시오!" 「復張作霖函」(1922.9.22), 『孫中山全集』 6, p.559.

이기에, 궁극적으로 자신을 약화시키는 것이다. 둘째, 장(張)을 지지하는 것은 사실상 우리의 적을 지지하는 것이고, 이는 소중(蘇中) 두 나라의 우정에 어려움을 조성하는 것이다. 셋째, 언제나 혁명을 준비하는 상태에 있다는 것은 사실상 자신을 고립시키는 것이며, 발전하고 있는 혁명 정세에서 이탈하는 것이다.[28]

요페는 오패부와 손문을 모두 민족주의자로 보았다. 요페가 보기에 반제 투쟁을 위해 노동자 계급이 손잡을 수 있는 민족주의자가 오패부와 손문이었다. 반면 장작림은 일본 제국주의의 주구로서 혁명의 대상이자 소련의 적이었다. 따라서 요페의 눈에 손문의 전략(오패부와 적대, 장작림과 합작)은 중국의 민족 투쟁을 약화하고, 소련의 적을 지지하는 것이었다. 더구나 '언제나 혁명을 준비하는 상태', 즉 끊임없는 '적극 무력'은 손문을 고립시킨다고 보았다. 둘 다 민족주의자인바에야, 역량을 저울질해보아도 당시 중앙의 권력을 장악한 직계의 오패부가 손문보다 훨씬 더 현실적이었다. 그러나 10월 손문 측의 황대위(黃大偉, 황다웨이), 이복림(李福林, 리푸린) 등의 부대가 복주를 점령해 복건을 얻었다.[29] 요페는 "중국의 모든 사적 연합은 부단히 변화하고 있고, 이제 손문, 안복계(安福系: 단기서), 장작림의 봉계가 복건성에서 군사상의 승리를 거두었고, 오패부의 영향은 많이 약화되었다"라고 전했다.[30]

28 「Ioffe가 Chicherin에게 보내는 전보(적요)」(1922.10.17, 북경에서 기밀), 『聯共(布), 共產國際 檔案資料』 1, pp.140~141.
29 『蔣介石年譜』, 1922.10.8, p.90.
30 「Ioffe가 Chicherin에게 보내는 전보(적요)」(1922.11.1, 북경에서 기밀), 『聯共(布), 共產國際 檔案資料』 1, p.142.

4. 장작림을 위하여

한편 손문의 판단으로는 반직삼각동맹이 소련에 의해 붕괴될 '위험'이 생겨났다. 손문, 마링, 게커 셋이 모였을 때, 게커는 요페의 편지를 손문에게 전했다. 요페는 편지 말미에 약간의 '협박성 결심'을 손문에게 이야기했다. "본인(요페)은 각하(손문)가 주의해야 할 사실을 하나 제기하고 싶습니다. 내가 얻은 정보에 의하면 러시아의 백군들이, 일본군이 철수한 러시아 지구에서 북만주로 집결하고 있답니다. 물론 이런 움직임은 중소 관계를 복잡하게 할 수 있습니다. 왜냐하면 소련은 몽골에서처럼 북만주에도 백군의 기지가 세워지는 것을 허용할 수 없기 때문입니다."[31] 손문이 생각하기에 요페의 이 발언은 장차 소련이 몽골에서처럼 만주로 진주하고, 한편으로는 오패부를 도와 장작림을 제거하려는 것으로 판단했다. 손문에게는 최악의 상황이었다. 그동안 공들였던 반직삼각동맹이 소련에 의해 붕괴될 처지에 놓인 것이다. 결국 반직삼각동맹도, 소련과의 합작도, 나아가 오패부 타도에 의한 중국 통일도 모두 잃는 셈이다. 손문은 급히 요페에게 편지를 보냈다.

> 내가 파악한 정보에 의하면, 현재 나에 대한 오패부의 태도는 사실상 아주 강경합니다. 아마 그는 일단 장작림과 충돌하면, 우선 귀국(소련) 정부의 군사원조를 받아내려고 하기 때문인 것 같습니다. 이런 상황에서 두 사람(오패부와 장작림) 사이에 충돌이 발생하면, 중국뿐만 아니라 소련도 해롭습니다.
>
> 만일 오패부가 장작림과의 충돌 때 소련의 도움을 받으면, 장작림은 일본에 도움을 청할 가능성이 아주 큽니다. 이것으로 끝나는 것이 아니라 영국, 프랑스, 미국은 이런 정황을 알고, (소련과의 전쟁의) 진정한 초청을 받아 간섭을 할

31 「Ioffe가 孫逸仙에게 보내는 편지」(1922.9.15, 長春에서), 『聯共(布), 共産國際 檔案資料』 1, p.129.

것입니다. 왜냐하면 이 몇 개 대국은 귀국 정부와 소비에트 제도에 적대적 태도를 취하고 있기 때문입니다. 그 결과는 중국 측에서 보면 상상할 수 없는 것이며, 또한 당신들(소련)이 가장 힘든 상황에서 백군이 반(反)소비에트 행동을 회복할 가능성이 크고, 만일 일본이 기타 열강의 허락과 초청을 받아 이런 공격 행동을 원조하면 더욱 그렇게 될 것입니다.

…… 당신들이 만약 오패부 측에 서서 중국에 간섭한다면, 일본 군국주의 분자는 자기 정책을 위장해 당신들과 전쟁을 개시할 것입니다. 이 전쟁 중에 그들은 열강들의 도덕적·물질적 지지를 받을 것입니다. 그러나 **당신들은 침략자로 중국에 나타날 것이고, 심지어 나도 이 점을 부인할 수 없습니다.**

이런 이유로 나는 모종의 두려운 심정으로, 귀국 정부의 북만주로의 군대 파견은 중동철도에서 소련의 이익을 지키기 위한 것 같지만, 사실상 나의 추측으로는, 내년 봄 오패부를 도와 장작림을 공격하도록 하기 위함입니다.

내가 지적하고자 하는 것은 장작림을 소멸하기 위해 소련이 오패부에게 이런 도움을 제공하는 것은, 필연코 이런 원조를 이용해 나를 반대할 가능성을 품고 있다는 점입니다. 나는 귀국 정부가 나를 적으로 보려 하거나, 혹은 나를 적대하는 그 어떤 사람을 돕는다는 것은 상상할 수도 없습니다.

내 생각에 당신들이 장작림에게 부정적 태도를 취하는 이유는 그가 일본의 대리인으로 백군을 돕는다고, 혹은 귀국 정부에 대한 백군의 음모 활동을 허용하고 있다고 의심하기 때문입니다. 그러나 나는 그에게 만족스러운 승낙을 할 수 있도록 하게 할 것입니다. **사실상 나는 이미 조치를 취해 그로 하여금 내가 그와 협력하는 조건 중 하나가 바로 소련에 대한 나의 정책에 반드시 동의해야 한다는 것임을 알게 했습니다.** ……

나는 오패부와 협력하고 싶지만, 나에게 충실하고 국가 통일 계획을 원하는 옛 친구들과의 결별을 조건으로 하는 협력에 동의할 수 없습니다. 오패부는 나에게 장작림을 포기하는 것으로, 그에 대한 감사를 표시하라 했습니다. 이런 행동 방침을 나는 받아들일 수 없습니다. ……

마지막으로 나는 당신이 다음과 같은 두 가지 사실에 주의하길 바랍니다.

(1) **나는 오패부와의 거래가 힘들다는 것을 발견했습니다.** 그것은 그가 일단 장작림 및 나와 충돌이 발생했을 때, 소련의 원조를 받길 원하기 때문입니다.

(2) **나와 함께 행동하거나 혹은 나를 통해서만,** 귀국 정부는 장작림에게서 국가 관리라는 고도의 예술이 필요한 비제국주의적 소련의 이익에 적합한 것들을 얻을 수 있습니다.

당신이 이 편지를 모스크바에 있는 우리의 친구들, 특히 레닌, 트로츠키와 치체린에게 전해주기 바랍니다. 보도된 것처럼 모스크바가 북만주에 군대를 파견하는 문제를 토론하고 있다면, 이 편지의 기본 내용을 모스크바에 전해주기를 당신에게 부탁할 수 있을까요? 32 - 강조는 인용자

소련이 북만주에 군대를 파견하는 것은 곧 오패부를 돕는 것으로, 결국 손문 자신을 공격하는 것이며, 소련은 침략자로 낙인 찍힐 것이라고 요페를 압박했다. 즉 요페가 원하는 손오연합은 '소련의 만주 주둔 = 오패부 지원 = 장작림 제거' 때문에 이루어질 수 없다는 것이다. 따라서 장작림에 관한 일은 자신을 통해 외교적으로 해결해야 하고, 소련에 대한 자신의 정책을 장작림에게 동의시켰다고 했다. 그러나 손문이 장작림에게 요구했다든가 장작림이 동의했다는 기록은 없다. 손문은 매우 급박함을 느꼈다. 소련이 만주로 진공해 장작림이 제거되면, 그동안 모든 것이 수포로 돌아갈 것이라고 생각했기 때문에 손문은 레닌에게 직접 편지를 썼다.

친애하는 레닌

…… 저는 소련의 무장 역량이 만주 변경에 집결하고 있고 북만주를 점령하

32 「孫逸仙이 Ioffe에게 보내는 편지」(1922.11.2, 上海 莫里哀路29호에서), pp.144~146.

려 한다는 말을 들었습니다. …… **저 개인적으로는 모스크바의 이런 행동이 제국주의적 동기에서 출발한 것이라 생각하지 않습니다.** 실제로 귀하가 북만주를 점령하려는 것은 장작림에 대한 불신에서 나온 것임을 저는 확신합니다. 그러나 저를 통해 또한 저와 함께 행동하면, 장작림으로 하여금 이지적 범위 내에서 소련의 안전에 필요한 모든 것을 보장하도록 할 것입니다.

이 정책을 준수하면 귀하는 중국의 위험한 반동파들의 귀하에 대한 공격을 피할 수 있을뿐더러, 또한 저를 도와 중소의 공동 사업을 가속화하는 데 이로운 국면을 창조해줄 것입니다.

지난번 귀국의 성명(「카라한 선언」)은 우리나라 인민들에게 희망을 불러일으켰고, **그들로 하여금 제국주의 열강의 노역에서 벗어나 민족 해방을 보장해주는 친구로 소련을 생각하게 했습니다.** 귀국이, 북만주를 점령하는 등의 현명하지 못한 행동을 하지 말기 바랍니다. ……

동시에 다시 한번 말씀드리겠습니다. 중국의 현 정부와의 담판은 시간 낭비일 뿐만 아니라 또 아주 위험한 것입니다. **북경정부는 현재 제국주의 열강들의 노예이고 도구입니다. 그러므로 북경과 거래하는 것은 사실상 열강들과 거래하는 것입니다.** ……

당신에게 다시 한번 숭고한 경의를 표시합니다.

형제와 같은 경례를 올립니다.

손일선 드림[33] - 강조는 인용자

이 편지가 레닌에게 전달되었는지도 알 수 없거니와, 이로 인한 정책 변화도 없었다. 실제로 당시 소련은 만주에 출병할 계획도 없었고, 할 수도 없었다.[34]

33 「孫逸仙이 Lenin에게 보내는 편지」(1922.12.6, 상해에서), 『聯共(布), 共産國際 檔案資料』 1, pp.163~164.

34 「俄共(布)中央政治局會議 제24호 기록(적요)」(1922.8.31), 『聯共(布), 共産國際 檔案資料』 1, p.115; Ioffe가 Chicherin에게 보내는 전보(적요)」(1922년 11월 10일과 13일 북경에

"제국주의 열강", "민족 해방", "제국주의 열강들의 노예이고, 도구" 등의 용어는, 손문이 쓰지 않던 용어들이다. 손문 나름대로 소련의 요구가 무엇인지 알고 있었다. 나아가 손문은 '자신이 일본에 대해 잘 안다면서, 만주에서의 소련군 주둔은 일본의 반동파에 유리한 구실을 제공할 것이라고 했다. 또 곧 있을 일본 대선에서 내각총리는 자신의 친구 이누카이 쓰요시가 맡게 될 것이라고 하면서, 그러면 일본과 소련의 친선도 가능해질 것'[35]이라고 '허풍'을 쳤다. 덧붙여 소련의 대일 정책에 대해 "반드시 일본으로 하여금 미국과 영국에서 이탈하도록 하고, 일본이 중국에서 주도적인 지위를 차지하는 것을 저지해야 한다"라고 요페에게 충고까지 했다. 이에 요페는 "손문은 말할 나위 없이 우리(소련)보다 일본의 정세를 더 잘 알고 있다. 반드시 그의 의견을 진지하게 대해야 한다"며 감탄했다.[36] 요페는 점차 손문에게로 기울어가고 있었다.

요페에게 보내는 이 편지는 장계를 통해 전달된 것이다. 요페는 손오연합이 점점 더 어려워지는 것을 느끼며, 장계에게 하소연하듯 도움을 구했다. "내가 어떻게 해야 오패부를 설득시킬 수 있겠는가? 즉 우리가 오패부를 도와 장작림을 치게 한다는 것은 잘못된 것이라고 오패부에게 믿게 하려면 어떻게 해야 하는가?" 묻자, 장계는 "그런 뜻을 손문에게 알려주기만 하면 된다"라고 답했다.[37] 오패부를 설득시킬 필요가 없다는 것이다. 손문은 오패부와 연합하지 않고 그를 타도하려고 했기 때문이다.

반면 요페와 오패부의 관계는 별로 진진이 없었다. 진진이 없었다기보다는 대립으로 나아갔다. 요페는 손오연합정부를 접고 '중국을 구할 수 있는 두 사람' 중 한 사람을 선택해야 했다. 1922년 11월 요페는 마링에게 보내는 편지에

서), 『聯共(布), 共産國際 檔案資料』 1, p.153.

35 1922년에 일본에서는 대선도 없었고, 犬養毅가 내각총리가 된 것은 1931년이다.

36 「Ioffe가 Chicherin에게 보내는 전보(적요)」(1922.11.7일과 8일, 북경에서 기밀), 『聯共(布), 共産國際 檔案資料』 1, p.150.

37 「Ioffe가 Chicherin에게 보내는 전보(적요)」(1922년 11월 10일과 13일[1] 북경에서), 『聯共(布), 共産國際 檔案資料』 1, p.153.

장계(張繼, 1882~1947)

원명은 부(溥), 자는 부천(溥泉)으로, 직예(直隸, 즈리) 창주(滄州, 창저우)인이다. 1899년 일본에 유학해 와세다전문학교(早稻田專門學校)에 입학했다. 귀국해서는 ≪소보(蘇報)≫에 참여했다. 1904년 화흥회(華興會) 창립에 참여했으며, 이듬해 일본에서 중국동맹회에 가입해 동맹회 본부 사법부 판사 겸 ≪민보(民報)≫의 편집을 담당했다. 1908년 프랑스로 가서 이석증(李石曾, 리스정) 등과 ≪신세계(新世界)≫를 창간했다. 1913년 국회 참의원 의장으로 당선되었으며, 이후 토원 및 호법 투쟁에 참가했다. 1920년 광동군 정부의 고문을 지냈으며, 1924년 국민당 개조 후에는 중앙감찰위원으로 임명되어, 사지 등과 함께 공산당 탄핵안을 제출했다. 이듬해 서산회의 활동에 참가했고, 1927년 남경국 정부에서 국민당중앙특별위원회 위원, 사법원 부원장 등을 역임했다. 이후 국민정부에서 중앙감찰위원, 상무위원, 서경주비위원회(西京籌備委員會) 위원장, 국민당 주화북판사처(駐華北辦事處) 주임, 중국국민당사편찬위원회 주임 위원, 국사관주비위원회 주임 위원, 국사관(國史館) 관장 등을 역임했다. 1947년 12월 병으로 사망했다.

서 "손문은 진정한 혁명가이며, 오(吳) 대원수는 사리사욕에 정신이 팔린 군벌"[38]이라고 평가하기에 이른다. 해를 넘긴 1923년 1월 "만일 우리가 오패부와 손문 사이에서 선택해야만 한다면, 후자를 택해야만 하는 것은 의심할 바 없다"라고 모스크바에 보고한다.[39] 손문은 말 그대로 천신만고 끝에 손오연합을 주장하던 요페를 오패부에게서 떼어내어 자신에게로 끌어왔다.[40] 그렇다면 요

38 「Ioffe가 Maring에게 보내는 편지」(1922.11.17, 北京), 『馬林與第一次國共合作』, p.101.

39 「Ioffe가 러시아공산당(볼셰비키), 소련 정부, 코민테른 지도자에게 보내는 편지」(1923.1.13, 북경, 기밀), 『聯共(布), 共産國際 檔案資料』 1, p.196. 李玉貞은 이처럼 요페가 오패부를 버리고 손문을 선택한 데 대해 요페는 처음부터 오패부에게 불신을 품고 있었지만, 요페가 오패부에 접근한 이유는 손문과 오패부의 제휴를 기정방침으로 하는 본국의 지시 때문이라고 했다(李玉貞, 『孫中山與共産國際』). 오패부를 버리고 손문을 선택한 것은 그들과 접촉한 결과이다. 북경에 도착했을 무렵 요페는 오패부를 매우 높이 평가하고 있었다. 「Ioffe가 Karakhan에게 보내는 전보」(1922.8.25, 북경, 기밀), 『聯共(布), 共産國際 檔案資料』 1, p.107.

40 손문은 장개석에게 보내는 편지에서 당시의 어려움을 "(요페와 교섭하는 동안) 그 사정의

페는 왜 오패부를 버리고 손문을 선택했을까. 처음부터 요페나 소련 본국이 오패부보다는 손문에게 기울어져 있었다고 볼 수도 없다. 그렇다면 요페가 손문을 택한 요인을 다른 곳에서 찾아야 할 것이다.

복잡함, 사태의 번잡함이란 福州의 정세(복주의 탈환)에 비하면 아마 백수십 배가 더할 것"(괄호는 인용자)이라고 표현했다. 「致蔣中正函」(1922.11.21), 『孫中山全集』 6, p.616.

12장

손문-요페 연합선언

1. 몽골과 중동철도 문제에 대한 손문의 '외교'

요페가 소련의 전권대표로 중국에 온 첫 번째 임무는 북경정부와 국교를 수립해, 이를 바탕으로 중소 간의 현안인 몽골 문제와 중동철도 문제를 해결하는 것이었다. 이것이 긴급한 임무였다면, 장기적으로는 '혁명적 정치 세력'(좀 더 정확하게 말한다면 반식민지 중국의 노동자 계급과 연합할 수 있는 민족부르주아 정치 세력)을 지원해 이들에 의해 북경정부를 수립하는 것이었다. 그러나 북경정부와의 국교 수립은 첫 단추부터 풀리지 않았다. 국교 수립을 바탕으로 몽골 문제와 중동철도 문제를 해결하는 것도 북경정부가 몽골 문제를 제기함으로써 교섭이 중단되곤 했다. 이렇다 보니 요페는 소련에 우호적일 손오(孫吳) 연합 정부의 수립에 온 힘을 쏟았다. 11장에서도 살펴보았지만 요페는, 자신과 사이가 좋지 않은 북경정부의 내각을 교체하려는 실세 오패부와 손을 잡아 현안을 해결하려 했으며, 오패부에게 손문과 연합할 것을 요구했다. 손문에게는 '적극 무력'에 의한 통일만 고집하지 말고, 오패부와 제휴해 북경 의회에 참여할 것을 적극적으로 요구했다. 손문은 '적극 무력에 의한 통일'의 한 축인 장작림과의 동맹을 버

중동철로(中東鐵路)

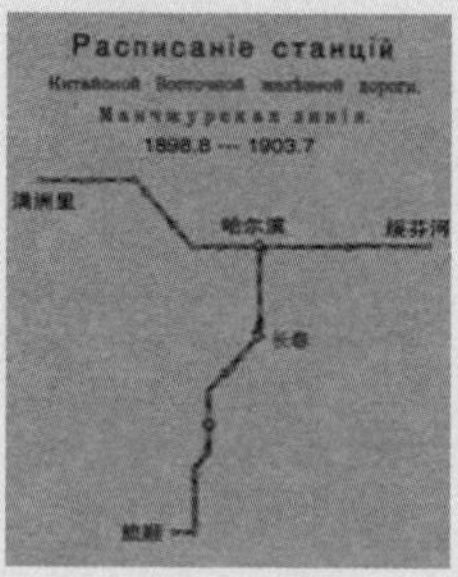

중동철로의 노선은, 하얼빈을 중심으로 서쪽으로 만주리(滿洲里, 만저우리), 동쪽으로 수분하(綏芬河), 남쪽으로 대련(大連)으로 뻗은 T 자형의 철로로, 총길이는 2400킬로미터이다. 초기의 명칭은 동청(東淸)철로였는데, 민국 이후 중국동방철로로 개칭되었고 약칭이 중동철로이다. 러일전쟁 후 장춘(長春)에서 대련에 이르는 남단 철로를 일본이 점령하여, 남만(南滿)철로라고 불렸다. 항일전쟁 후 소련이 지배하다가, 해방 후 중국에게 이교했다. 사진은 당시 중동철로의 노선을 보여주는 지도이다.

리고 오패부와 연합할 마음이 전혀 없었다. 그런데 손문과 오패부 둘 중 하나를 선택할 수밖에 없는 상황에 다다랐을 때, 요페는 손문을 택했다.

당시 몽골을 둘러싼 중소 간의 근본적인 대립은 몽골에 대한 중화민국의 종주권을 인정하는가 아니면 몽골의 자치를 허용하는가에 있었다. 구체적으로 소련은 몽골에 군사 주둔을 잠시 허용해줄 것, 소련과 몽골 인민 정부 간의 우호 협정을 인정해줄 것, 몽골 문제를 협의하는 데 몽골 인민 정부도 대표로 참가하게 해줄 것을 중국 측에 요구했다.[1]

1 중화민국 성립 이래 몽골을 둘러싼 중소 간의 마찰을 간단히 요약하면 다음과 같다. 1915년 캬흐타 삼국협정으로 몽골에 대한 중화민국의 종주권이 인정되고, 1919년 7월 서수쟁은 몽골 왕공으로부터 몽골 자치를 취소한다는 답변을 받아냈다. 그러나 1920년 가을 러시아의 반볼셰비키파 백군이 외몽골에 진입해 1921년 2월 자치정부가 부흥되었다. 한편 백군이 몽골에 진입하자, 1921년 7월 소련군은 몽골군과 함께 몽골에 진입해 백군 세력을 쫓아내고, 몽골 인민임시정부를 성립시켰다. 1921년 11월 5일 소련과 몽골은 우호 협정을 체결했다. 몽골 문제를 해결하기 위해, 소련은 1920년 유린(극동공화국 대표)을 중국에 보냈는데, 그때의 현안은 외몽골에 대한 중화민국의 주권과 소련군 주둔이었다. 이어 1921~1922년 파이케스(소련 전권대표)가 북경에 왔을 때 중소는 양국 협의에 몽골 대표를 참가시킬지를 놓고 대립했다. 별 성과를 얻지 못한 파이케스의 뒤를 이어 요페가 중국에 전권대표로 왔다. 몽골을 둘러싼 중소 간의 대립에 대해서는 青木雅浩, 「ロシア·モンゴル友好條約締結交涉におけるウリヤンハイ問題」, ≪東洋學報≫, 89-4(2008); 青木雅浩, 「1923年のモンゴル人民政府とソ連の交涉: 中ソ交涉におけるソ連の讓步と外モンゴル」,

한편 소련은 1920년 중동철도를 포함한 중국에 대한 이권을 모두 포기하겠다고 선언(제1차 「카라한 선언」)했으나, 이후 중국에 중동철도를 무상으로 인도하는 대신 '중동철도에 소련 수비대를 주둔시키고, 중동철도 이사회에 참여해 공동으로 관리'하는 것으로 방침으로 바꾸었다. 이에 중동철도 문제가 중소 간의 현안으로 대두되었다.[2]

몽골과 만주 두 곳은 소련에 반대하는 백군이 소련을 공격하기 위해 집결한 곳이다. 한편 중국에는 이 두 곳이 민족적 문제와 관련된 곳이었다. 여하튼 중소 양국이 나름의 이해관계로 대립할 수 있는 문제였고, 특히 몽골의 견지에서는 민족적·역사적 이해와도 관련이 있었다. 그러나 이 책에서는 몽골 문제와 중동철도 문제 자체는 다루지 않고, 두 현안에 대해 손문과 오패부가 어떻게 대응했는지를 살펴보고자 한다.

요페가 북경에 도착해 손문에게 보낸 첫 번째 편지에서 그는 몽골 문제를 다음과 같이 피력했다.

≪東洋學報≫, 91-3(2009); 廣川佐保, 「1920年代, 內モンゴルにおける制度變革とモンゴル王公: 北京政府, 張作霖との關係から」, ≪東洋學報≫, 91-4(2010) 참조.

2 1918년 7월 소련 외무 인민 대표 치체린은 중동철도를 포함한 만주에서의 모든 약탈물과 특권을 포기한다고 선언했다. 1년 뒤 이른바 제1차 「카라한 선언」(중국 인민 및 남북의 중국 정부에 대한 호소)를 통해 제정러시아 정부가 행한 모든 조약을 파기하고 중국으로부터 빼앗은 모든 것을 중국 국민에 반환한다고 선언했다. 그러나 이후 소련 언론에서는 중동철도의 무상 반환이라는 구절이 빠졌다. 치체린은 "우리는 중동철도가 중국의 소유가 되도록 중국에 무상으로 인도한다. 그러나 1920년에 발표한 우리의 聲明에 따라 철도 기능의 조건을 정한다. 우리는 보상이 아니라 군사적·경제적 보증을 요구한다"라고 발표했다. 치체린은 좀 더 논점을 정리해 다음과 같이 설명했다. "우리는 보상이 아니라 보증받아야 한다. 중국이 철도를 우리에게 매입한다면, 우리는 철도 운영에 관여할 수 없다. 그러나 우리가 철도를 무상으로 인도한다면, 철도에 대한 사실상의 완전한 운영을 우리 손에 넘겨야 한다는 점을 보증을 받아야 한다." 이어 운영에 대해서는 "중동철도에 소련의 수비대를 주둔시키고 중동철도 이사회에 소련 측 이사를 다수로 넣음으로써 공동 관리 형태를 만든다"라는 구체적인 두 가지 요구를 채택해 스탈린에게 보고했다. B. N. Slavinskiy, D. B. Slavinskiy(加藤幸廣 譯, 『中國革命とソ連』), pp.64~67.

세계제국주의자들의 생각에는 우리의 간섭으로 지금까지 자신들의 영향하에 두지 못한 중국의 유일한 영토, 즉 몽골을 자신의 영향하에 두려고 합니다. 그리하여 그들은 몽골 문제에서 우리의 명예를 파괴하며 우리를 '제국주의'라고 질책합니다.

중국 정부가 어떻게 이 속임수에 넘어갔는지, (중소 간의) 회담에 임하면 항상 '우리가 언제 몽골에서 군대를 철수하겠는가'로 시작하고, 동시에 …… 우리에게 몽골을 떠나도록 요구합니다. …… 우리는 정치상에서든 경제상에서든 몽골에 침투할 생각은 없습니다. 그러나 우리가 현재와 같은 혼란한 시각에 군대를 철수한다면, **일본 제국주의**가 기회를 틈타 들어갈 것입니다. 그러므로 우리가 현재 몽골을 떠나는 것은 중국에 불리하다고 생각합니다. 당신은 나의 의견에 동의합니까?[3]

요페의 이 질문에 대해 손문의 답은 명확했다.

나는 몽골에서의 귀국 정부의 성의를 완전히 믿습니다. 나는 모스크바가 이 지역을 중화민국 정치제도에서 벗어나게 할 의도가 없다는 보증을 받아들입니다. 북경을 개편한 후 귀국 정부와 담판을 진행할 수 있는 정부가 나타나기 전까지, 소련 군대가 그곳에 남아야 한다는 데 동의합니다. 귀국 군대가 즉각 철수한다면, 이는 **일부 열강**의 **제국주의적 이익**[4]에 영합할 뿐입니다.[5] – 강조는 인용자

3 「Ioffe가 孫逸仙에게 보내는 편지」(1922.8.22, 북경에서), 『聯共(布), 共産國際 檔案資料』 1, pp.105~106.

4 러시아 원문(편지의 원래 원문은 영문)에는 "империалистическим интересам(제국주의적 이익)"으로 쓰여 있는데, 대만본은 "열강 중 어떤 한 국가에게 유리할 뿐이다"라고 해석해 '제국주의'라는 표현을 쓰지 않고 있다. 李玉貞 譯, 『聯共,共産國際與中國(1920, 1925)』(東大圖書公司, 1997), p.81.

5 「孫逸仙이 Ioffe에게 보내는 편지」(1922.8.27, 上海 莫里哀路 29호 거처에서), 『聯共(布), 共産國際 檔案資料』 1, p.110.

몽골이 중국 영토라는 것을 전제로, 소련의 몽골 주둔에 동의할 뿐 아니라, 지금 철수하면 제국주의에 유리해지니 철수해서는 안 된다는 주장이다. 1919년 말에 서수쟁이 외몽골 자치를 취소하도록 하자,[6] 외몽골의 회수로 "오족공화의 융성을 다시 보게 되었다"라고 하며, 서수쟁을 "진탕, 반초, 부개자"보다 낫다고 극찬한 손문이었다.[7] 비록 손단동맹을 위해 서수쟁을 지나치게 치켜세우는 언사라 하더라도, 두말없이 소련의 몽골 주둔을 허용할 뿐 아니라 주둔해야 한다는 주장은 손문의 진심이라기보다는 소련에 보내는 '외교적 선물'이었다. '제국주의'는 손문이 좀처럼 쓰지 않는 단어이다.[8] 따라서 외교적 언사인 것은 분명하다. 그런데 손문은 답장 말미에 반어적 어투로 요페에게 또 다른 '요구'를 했다.

> 나도 당신에게 하나의 문제를 물어보고 싶습니다. 당신은 귀국 정부가 당신에게 일본과 담판하라는 명령을 내렸다고 말했습니다. 내가 알고 싶은 것은 일본에 양해를 구하기 위해, 혹은 더 정확하게 말해 일본과 협의를 달성하기 위해 귀국 정부는 중국의 이익을 희생하려는 것인지요. 내가 이 문제에 대해 구체적으로 이야기하는 것을 이해해주십시오. 알다시피 일본은 북만주에서 소련(의 이익)을 대신 취하려고 합니다. 마치 러일전쟁 후에 남만주에서 러시아(의 이익)를 대신 취한 것처럼 말입니다. 귀국 정부는 동의하는지요. 예를 들면 중동철도에서의 소련의 이익을 일본에 넘겨줄 것입니까? 말할 필요도 없이, 일본이 북만주에서 지위를 강화하려는 것을 소련이 제지하기를 저는 바랍니다.[9]

6 「徐樹錚致孫中山電」(1919.11.18), 『各方致孫中山函電匯編』 5, pp.182~183.
7 「復徐樹錚電」(1919.11.26), 『孫中山全集』 5, p.169.
8 요페와의 담화 이외의 글과 연설, 담화 등에서 손문이 '제국주의'라는 용어를 쓴 것은, 필자가 찾은 바로는 1923년 11월부터이다.
9 「孫逸仙이 Ioffe에게 보내는 편지」(1922.8.27, 上海 莫里哀路 29호 거처에서), 『聯共(布), 共産國際 檔案資料』 1, p.111.

몽골 주둔뿐 아니라 한술 더 떠 만주의 중동철도 관리에 소련이 참여해 소련의 이익도 챙기고, 북만주에서 지위를 강화하려는 일본을 억제해야 한다는 것이다. 요페도 중동철도에 대해 이야기하고 싶은 마음은 굴뚝같았겠으나, 손문과 장작림의 관계 등을 고려해 거론하지 않았을 것이다. 기대 이상의 답을 들은 요페는 "손문은 속임수에 넘어갔고, 모든 어려운 문제에 대답했다"라고 모스크바에 보고했다.[10] 한편 손문은 요페의 첫 편지를 받고 소련에 대한 외교를 나름대로 자신했던 것 같다. 손문은 장개석에게 편지를 보내 빨리 상해로 오라고 재촉하며, 요페와의 협의 상황을 다음과 같이 전하고 있다.

> 모(某: 요페)의 일은 최근 그 대표인 전문가(마링)가 편지를 갖고 와서 극동의 대국(大局) 문제와 그 해결법을 묻기에, 내가 이미 하나하나 답했다(8월 27일 손문이 요페에게 보내는 편지). 금후 피차 서로 교류하기로 했는데, **협의하기 쉬울 것이다.** 그는 군사 수행원(게커)을 동행하고 올 것이라 한다. 이 사람을 상해(손문)로 파견해 군사 정세를 상세히 묻고자 하는 것 같다. 곧 도착하리라 생각한다.[11] –괄호와 강조는 인용자

요페는 손문으로부터 어려운 문제를 해결했다고 하고, 손문은 요페와의 협상이 순조로울 것이라고 생각했다. 몽골 문제와 중동철도 문제도 손문과 요페의 관계에 걸림돌이 되지 못했다.

---

10 「Ioffe가 Karakhan에게 보내는 전보」(1922.8.30, 북경에서 기밀), 『聯共(布), 共産國際檔案資料』 1, p.113.

11 「致蔣中正函」(1922.8.30), 『孫中山全集』 6, pp.535~536.

2. 몽골과 중동철도 문제에 대한 오패부의 '외교'

몽골 문제와 중동철도 문제에서 얻고자 하는 답을 손문에게서 충분히 얻었기 때문에, 요페는 이 문제로 손문과 더 협의하거나 다툴 일이 없어졌다. 또한 자신이 정권을 잡을 때까지 북경정부와의 국교 수립을 좀 더 기다려달라는 손문의 요구 역시 손문의 요구를 차치하더라도 요페와 북경정부 사이의 교섭이 결렬되어 국교가 수립되지 않은 상태이므로 문제될 것이 없었다. 그렇다면 같은 문제(몽골과 중동철도 문제)에 대해 오패부는 어떻게 반응했을까. 요페는 손문보다 먼저 오패부에게 편지를 보냈다. 손문에게 보낸 것과 비슷한 내용을 전달하면서,[12] 몽골 문제를 제기했다.

> 기타 다른 지역에서처럼 몽골에서도 소련은 제국주의적 목적을 추구하지 않을 것입니다. …… 전략상의 고려에서, 소련은 …… 그곳에 지금까지 일부 군대를 유지할 수밖에 없었습니다. 그 이유는 첫째, 백군과 그 수령들이 몽골에 머무는 것을 중국이 허용하는 한, 우리 군대가 몽골에서 철수하면 그들은 (우리를) 향해 새로운 공격을 발동할 것이기 때문입니다. 만약 중국이 조약을 통해 (우리를) 적대시하는 그 어떤 부대도 그곳에 머무는 것을 허용하지 말아야 …… (그래야) 우리는 시름을 놓을 수 있을 것입니다. 둘째, 우리의 군대가 지금 **몽골에서 철수하는 것은, 장작림이 곧 몽골을 점령하는 것임을 의미합니다. …… 또한 당신이 자신의 군대를 곧 몽골에 파견하겠다는 것도 부당한 일입니다.** 앞에서 말했듯이 몽골 문제는 오직 조약 체결을 통해서만 해결할 수 있기 때문입니다.[13]

12 "중소 양국 사이의 국교 수립이 가장 우선이고, 일본과도 담판해야 한다"라는 등의 내용이 담겼다. 「Ioffe가 吳佩孚장군에게 보내는 편지」(1922.8.19, 북경에서 기밀), 『聯共(布), 共產國際 檔案資料』 1, pp.100~101.

13 같은 글, pp.100~102.

몽골 문제를 거론하면서 '친일 장작림의 몽골 점령' 등으로 반일과 반장작림 노선의 오패부를 부추기고, 군대 파견의 부당함과 조약의 체결을 거론했다. 요페 나름대로 상대를 평가해 오패부에게는 군사 전문가 게커를, 손문에게는 마링을 보냈다. 요페는 게커를 통해 오패부의 답을 받았는데, 이를 보고 "(오패부가) 자신(요페)의 의견에 완전히 동의했다"[14]고 보고하면서, 몽골 문제에 대한 오패부의 방침을 다음과 같이 모스크바에 전달했다.

> 어제 일부 몽골 왕공이 오패부에게 와서 군대를 몽골에 파병해달라고 청하면서, 파견해주면 몽골 인민들이 파병 군대를 부양할 것이라고 했답니다. 오패부는 정예의 부대로 1923년 봄 몽골을 점령하려 합니다. 그는 우리나라와 전면적으로 담판할 때 몽골 문제를 해결하겠다는 데 동의했습니다(우리 소련 군대가 1923년까지 몽골에 주둔하는 것에 대해 오패부가 동의했는지는 불분명합니다).[15] - 괄호는 원문

요페는 자신의 의견에 오패부가 완전히 동의했다고 했지만, 이 글을 보면 소련 측이 만족스러워 할 만한 내용은 별로 없어 보인다. 소련은 왕공 지배를 부인하는 몽골 인민정부와 우호조약을 체결하고 있었기 때문에 이후 몽골 문제에 대한 국제 협상에서 몽골 인민정부의 참여를 요구했고, 몽골 인민정부의 요청이라는 명목하에 소련군을 주둔시키고 있었다. 어찌 보면 오패부의 답변은 이를 모두 부인하는 것이었다. 몽골 주둔을 허용해야 하며, 소련군의 철수는 제국주의를 이롭게 할 뿐이니 당장 철수해서는 안 된다는 손문의 주장과는 전혀 달랐다. 그런데도 요페는 오패부가 자신의 의견에 완전히 동의했다는 모순된 보고를 한 것이다. 그렇다 보니 무언가 덧붙이지 않으면 안 될 것 같아 "소련

14 「Ioffe가 Karakhan에게 보내는 전보」(1922.8.25, 북경에서 기밀), 『聯共(布), 共産國際檔案資料』 1, p.107. 요페가 카라한에게 이 답장을 보낼 때, 8월 22일 손문에게 보낸 편지의 대답을 아직 받지 못했다.

15 같은 글, pp.107~108.

군대의 몽골 주둔을 오패부가 동의했는지 불분명하다"라고 부연해야 했다. 더 나아가 오패부와의 협상의 걸림돌인 몽골 문제에 대해 요페는 몽골에서 철수할 것을 약속하자고 모스크바에 건의하며 이를 받아줄 것을 강력히 요구했다.[16] 그러나 모스크바는 이 요구를 거부했다.[17] 이제 요페는 몽골에서 소련군 주둔을 허용해야 한다고 오패부를 설득해야 했다.

요페는 게커를 상해의 손문에게 보내면서 낙양에 들러 오패부에게도 답장을 전하도록 했다. 그 편지에서 '손오연합'의 중요성을 언급하고,[18] 아울러 몽골 문제도 다시 언급했다. 손문에게는 첫 답장을 받은 이후 몽골 문제를 제기하지 않은 것으로 비춰보아, 오패부와는 몽골 문제가 해결되지 않았음을 알 수 있다.

> 몽골 문제가 지금 우리의 우호 관계를 회복하는 데 엄중한 장애가 되고 있습니다. …… 나는 지난 편지(8월 19일 오패부에게 보낸 첫 편지)에서 이미 말했습니다. 몽골에서 우리 군대를 철수하는 것은 중국 인민의 이익에 부합되지 않으며, **당신**

16 같은 글, p.108.

17 이에 대해 소련 중앙정치국은 스탈린의 이름으로 다음과 같이 요페에게 답변을 보냈다. "몽골의 국가적 법률 지위, 몽골에서의 철수 문제를 협상할 때, 소련, 중국, 몽골이 함께 협상해야 한다. 이 문제들을 처리할 때 몽골을 배제해서는 안 된다. 이는 우리가 몽골에 대한 중국의 주권을 승인하는 것과 모순되지 않는다. 중동철도 문제에서 우리에게 유리한 조건과 보증을 먼저 규정해야 한다. 예컨대 소련, 극동공화국, 중국이 중동철도의 관리에 평등하게 참여해야 한다는 것이다." 「俄共(布)中央政治局會議 제24호 기록(적요)」(1922.8.31), 『聯共(布), 共産國際 檔案資料』 1, p.115.

18 "내 개인적 생각으로는 오직 당신과 손문이 함께 정부를 건립해야만 중국으로 하여금 준엄한 국면에서 벗어나게 하고, 통일되고 독립된 중국 정부를 건립할 수 있다고 생각합니다. 이 정부는 소련의 전면적 지지를 완전히 받을 수 있으며, 중국을 대하는 문제에서 소련은 중국의 민족 통일을 전심으로 촉진할 것이고 제국주의의 압박에서 벗어나도록 도와줄 것입니다. 동시에 나는 또한, 최근 러시아는 사실상 대국으로서 그가 차지해야 할 지위를 차지하고 있으며, 그의 강력한 지지 아래 새로운 중국 정부는 상술한 임무를 수행할 수 있을 것이라 굳게 믿습니다." 「Ioffe가 吳佩孚장군에게 보내는 편지」(1922.9.18, 장춘에서), 『聯共(布), 共産國際 檔案資料』 1, p.132.

은 이 문제에서 나의 의견에 동의했고, 나는 이에 대해 아주 영광스럽게 생각합니다.

모든 제국주의자는 중국에서 추진한 자신들의 침략과 난폭한 정책을 변명하려고, 몽골을 이용해 우리를 공격합니다. 유감스러운 것은 중국 사회의 일부 인사들도 제국주의와 중국 인민의 적들이 교묘하게 설치한 올가미에 걸려들어, 외국 군대의 북경 주둔, 세력 범위에 따른 중국 분할, 주권국가로서 허용할 수 없는 유사한 행동에는 반대하지 않고, 도리어 모든 정력과 항의를 소련군의 몽골 주둔에 쏟고 있습니다. 신문 보도에 의하면, 조곤(曹錕, 차오쿤) 원수가 북경정부에 항의서를 제출했다고 합니다. 의회가 소련과 담판할 필요가 있을 때, 몽골에 주둔하는 소련군은 철수해야 한다고 말입니다. 이 모든 것들은 사실상 제국주의에만 유리합니다. 현재 상황에서 우리 군대가 몽골에서 철수하면 장작림이 그곳을 점령할 수 있고, 장작림을 통해 외국 열강들도 그곳을 점령할 수 있기 때문입니다. 그러므로 **즉시 이런 행동을 정지하는 것이 중국 인민의 이익에 부합된다**고 저는 생각합니다.[19] - 괄호와 강조는 인용자

오패부는 이 편지를 갖고 온 게커에게 몽골에 대한 자신의 의지를 시위했다. 즉 오패부는 "내년(1923) 3월 자신의 군대를 파견해 외몽골을 점령할 것"이라고 하면서, 출병을 준비하고 있는 사단을 게커에게 참관하게 한 것이다.[20] 그러나 정작 게커를 통해 요페에게 보내는 편지에서 몽골 문제를 글로 언급하지 않고, 다만 "당신의 고문(게커)이 나의 편지에서 언급하지 않은 상황을 전달하게 할 것"이라고만 했다. 오패부도 몽골에서의 소련군의 '철수'나 '주둔 허용'을 딱 부러지게 전달할 수 없음을 보여준다. 소련군 철수를 주장하는 여론도 의식했을 것이고, 북경정부의 실세인 오패부로서는 국가적·민족적 이익과 관련되는 것

19 같은 글, p.133.

20 「Ioffe가 Chicherin에게 보내는 전보(적요)」(1922.11.1, 북경에서 기밀), 『聯共(布), 共産國際 檔案資料』 1, p.143.

을 쉽사리 결정할 수 없었을 것이다. 그러나 무엇보다도 오패부가 가장 큰 적인 장작림을 제거하는 데 소련의 도움을 기대하고 있었기 때문일 것이다.

난감한 것은 요페였다. 모스크바 본국은 몽골에서의 철수에 분명히 반대하고, 주둔을 허용하는 손문은 요페가 몽골 주둔의 명분으로 삼고 있는 장작림을 적극 옹호하고 있었기 때문이다. 요페는 본국에 "장차 몽골에서 철수할 것이라고 선언만이라도 하자"라고 제의했고, 손문에게는 장작림 대신 오패부와 제휴할 것을 계속 요구했지만, 어느 하나도 이루어지지 않았다. 특히 손문 측이 복건을 점령하자 '손오연합'은 점점 요원해졌다.[21] 요페는 최후통첩의 뉘앙스를 풍기는 편지를 오패부에게 보냈다.

> (장래의 중소 담판 때) 가장 엄중한 문제는 여전히 몽골 문제입니다. **여기서 우리는 당신과 일치된 의견에 도달했습니다.** 즉시 몽골에서 우리의 군대를 철수하는 것은 중국의 이익에 부합되지 않는다는 것입니다. 우리는 엄청난 정력을 들여 몽골인을 설득해 중국의 주권을 승인하도록 했습니다. 그러나 만일 중소 회담에서 중국 대표단이 중국과 몽골 간의 문제를 완전히 해결하고자 한다면, 외몽골 대표가 참가하지 않은 상황을 우리는 절대 동의할 수 없습니다.
>
> 두 번째로 중요한 문제는 중동철도 문제에서 …… 우리는 제정러시아의 약탈적인 정책을 완전히 포기할 것이지만, 우리는 이 철도에서의 이익을 포기할 수 없습니다. 구체적으로 말하면 우리는 철도관리권의 장악, 그리고 철도를 보호할 군대와 안보 부대의 설치를 보증해달라고 지금까지 요청해왔습니다. 이 철도가 우리를 적대시하는 장작림, 일본 혹은 기타 제국주의 외국인들에게 점령당해서는 안 됩니다.

21 요페는 치체린에게 "손문은 복건에서 군사적 승리를 거두자 오패부와 화해하려 했지만, 후자가 거절했다. 그러나 과거에는 이와 정반대였다"라고 당시 상황을 전했다. 같은 글, p.142.

고유균(顧維鈞, 1888~1985)
자는 소천(少川)으로, 강소 가정(嘉定, 자딩)인이다. 1899년 상해영화서원(上海英華書院), 1901년에는 성약한서원(聖約翰書院)에 입학했다. 1904년 미국 컬럼비아대학에 입학해 국제법과 외교를 전공해 박사 학위를 취득했다. 1912년 귀국 후 원세개 총통의 영문비서, 내각비서, 외무부 고문, 헌법기초위원 등을 역임했고, 1915년 북양정부의 멕시코, 미국, 쿠바, 영국 주재 공사를 역임했다. 1917년 미국의 제1차 세계대전 참전으로 중국의 협약국 가입이 유리하다고 판단해 북경 중앙정부에 참전을 적극 건의했으며, 1919년과 1921년에는 중국 대표단 단원으로 파리와 워싱턴 회의에 참가했다. 파리평화(강화)회의에서 산동의 주권 회복을 위해 뛰어난 변론으로 역설했으며, 1922년부터 1926년까지 북양정부의 외교총장, 재정총장, 국무총리 대리 등을 역임했다. 1924년 5월 소련과 중아해결현안대강협정(中俄解決懸案大綱協定)을 체결했다. 1931년 9·18 사변 후에는 중국 대표로 국제연맹 리튼 조사단에 참여해 일본 제국주의의 중국 침략을 조사했다. 1932년 이후 프랑스, 영국, 미국, 국제연맹 주재 대사를 역임했다. 1945년 중화민국(국민당 정부)의 유엔대사로 임명되었다. 1972년에는 모택동의 초청으로 중국 대륙을 방문하기도 했다. 1985년 뉴욕에서 사망했는데, 그가 남긴 600여 만 자의 『고유균회억록(顧維鈞回憶錄)』은 중국근현대 외교사의 중요 자료이다.

나는 첫 번째 관점이든 두 번째 관점이든 당신들의 이익에도 부합되고 우리의 이익에도 부합된다고 생각합니다. 그러므로 당신은 담판 때 유력하게 나를 지지해야 합니다. …… 중국 인민의 이익을 위해 도움을 주는 데 나는 결코 거절하지 않을 것이지만, 동시에 나도 당신의 협조를 기대합니다. …… **고유균이 집행하는 것은 중국의 정책이 아니라 제국주의 국가의 정책이기 때문에, 민속을 생각하고 제국주의의 영향에서 벗어나려는 중국인의 도움이 없이는, 그 어떤 협의도 달성하지 못할 것이기 때문입니다.**[22] – 강조와 괄호는 인용자

요페는 여전히 몽골 문제에서 오패부와 의견 일치를 보았다고 우겼다. 그리

22 「Ioffe가 吳佩孚장군에게 보내는 편지」(1922.11.18, 북경에서), 『聯共(布), 共産國際 檔案資料』 1, pp.157~158.

고 이번에는 중동철도 문제도 제기했다. 마지막으로 중소 교섭에서 제국주의 정책을 집행하는 고유균을 배제해달라고 요구했다. 이에 오패부도 결판을 보려는 듯한 답장을 보냈다.

> 몽골에서의 군대 철수에 대해서는 지난번에 게커 고문이 낙양(洛陽)에 왔을 때 이미 협의를 달성했습니다. 일단 **중국이 몽골을 접수할 수 있다면, 소련 군대는 즉시 철수한다는 것**입니다. 얼마 전 외교부장 고유균이 먼저 담판을 하고 나중에 철수 문제를 토론하는 것에 관한 성명도, 이를 의미합니다. **몽골대표단이 회의에 참가하는 문제에 대해 한 번도 언급하지 않았습니다.** 몽골은 중국에 속하며, 중국 중앙정부는 몽골 인민의 소원을 존중할 것이고, 또 다른 문제를 파생할 필요는 없습니다. **중국 중앙정부는 이른바 몽골 정부를 승인하지 않기 때문에, 중국 정부는 몽골 정부와 소련 정부가 체결한 조약이 효력이 있다고 승인하기 어렵습니다.** 그러므로 **외교부장 고유균과 나는 이런 건의에 반대하지 않을 수 없습니다.**
>
> 중동철도 문제를 놓고 지난번 게커 고문이 낙양에 왔을 때 그 주요 실질에 관해 이 문제를 제기했었습니다. 당신이 외교부에 보내는 비망록에 천명한 의견은, 나의 의견과 별로 다른 점이 없는 것 같습니다. 문제는, 중국이 중동철도를 접수할 능력이 있을 때, 소련은 진심으로 또 무조건적으로 이를 중국에 넘겨줄 것이며, 중국 측에서도 반드시 소련의 이익을 보장해주어 스스로 소련에 대한 우정을 표시해야 합니다. 이것이 바로 쌍방이 모두 승인하는 원칙입니다. …… 내가 받은 편지에서 당신은 두 가지 문제를 언급했습니다. 1. 관리국의 인사 변경, 즉 소련 정부가 위임한 사람으로 반혁명분자를 대체하는 것에 관한 문제, 2. 과거의 조약에 근거하여 철도경찰과 철로 보호부대를 파견하는 것에 관한 문제입니다. **내 생각에, 이것은 임시적 조치로서 기본 원칙을 위배하지 않는다고 생각합니다.**[23] - 강조는 인용자

23 「吳佩孚가 Ioffe에게 보내는 편지」(1922.11.20, 洛陽에서), 『聯共(布), 共産國際 檔案資料』 1,

장작림과의 적대적 관계에 있던 오패부는 중동철도 문제에 대해서는 요페의 의견에 대체로 수긍했다. 반면 손문은 중동철도 문제를 해결하기 위해 소련이 만주에, 결국은 '장작림'에게 군대를 파견하는 것을 격렬히 반대했다. 몽골 문제에서 오패부는 "내년(1923) 3월 몽골을 군사적으로 접수하면 소련은 즉시 철수해야 하며, 또한 중국은 몽골 정부를 인정하지 않기 때문에 그들이 회의에 참가하는 것은 물론이고 소련과 체결한 조약도 인정할 수 없다"고 단호히 결론 내렸다. 몽골 문제에 관해 고유균과 의견을 같이한다고도 밝혔다. 몽골 문제에 대한 요페의 요구를 모두 거부한 셈이다. 이후 요페와 오패부 사이에 서신 교환이나 인적 교류가 더는 없었다. 이처럼 오패부와 요페의 사이가 틀어지고 있을 때, 손문은 요페에게 편지를 보냈다.

> 만일 귀국 정부의 정책이 북경의 현 정부를 중국의 정식 통치자로 받든다면, 각하가 북경정부와 담판하려고 시도하는 것은 틀림없이 정확합니다. 이는 **자본주의 열강과 일치된 행동**으로, 국제 승인이라는 길을 통해 위신을 세울 것입니다. 그러나 각하가 북경과 담판하는 것은 사실상 **자본가의 논점을 묵인하는 것입니다.** …… 그들(자본주의 열강)은 나를 중국 혁명의 화신으로 보고 있으며, 조치를 취해 나를 반대하고 공격하고, 진압하려 합니다.[24]

자본주의 열강과 한패인 북경정부를 택할지, 자본주의 열강에 공격당하는 손문 자신을 택할지 결정하라고 요페를 압박했다. 자본주의 열강이 손문을 계급의 입장에서 공격한 적은 없었고, 손문도 '자본주의 열강'을 계급적으로 보지 않았다. 미국의 자본을 기대하고 있었고,[25] 일본에 대해서는 '대아시아주의'의

---

pp.159~160.

24 「孫逸仙이 Ioffe에게 보내는 편지」(1922.12.20, 상해에서), 『聯共(布), 共産國際 檔案資料』 1, p.165.

25 손문은 미국 기자와의 담화에서, 유럽으로부터 얻은 중국의 막대한 채무를 미국이 이관

세계관으로 보고 있었다.[26] 여하튼 이 편지를 받은 요페는 북경에서의 마지막 편지를 모스크바로 보냈다.

> 우리는 누가 중국의 진정한 정부이고, 누구와 어떻게 거래해야 하는가 하는 문제에 직면했습니다. …… 아무 쓸모도 없는 제국주의의 노역을 받는 중국 중앙정부를 예전처럼 예의로 대해야 하는지, 아니면 손문이 최근에 나에게 보내온 편지[27](편지를 첨부하는 데 관심을 갖기 바랍니다)에서 요구한 것처럼 해야 하는지, 즉 진정으로 혁명적인 정책을 취해 손문의 혁명정부를 중국의 합법적인 정부로 승인하고 오직 그와 거래를 해야 하는지의 문제입니다.[28] - 괄호는 원문

요페가 모스크바에 선택하라는 투로 썼지만, 요페는 이미 손문으로 결정했다. "나 자신의 모든 역량을 이용해, 오패부와 우리의 관계가 파열 지경에까지 이르게 하지는 않겠지만, 만일 우리가 오패부와 손문 사이에서 선택할 수밖에 없다면, 우리는 후자를 선택할 것입니다."[29]

받아, 중국의 재정을 건전하게 만들어주기를 바랐다. 「與客人的談話」(1922.8.25), 『孫中山全集』 6, p.533.

26 일본 기자와의 담화에서 손문은 일본과 소련이 제휴해야 할 이유를 다음과 같이 설명하고 있다. "가령 일본이 진정으로 아시아인이 아시아를 다스리는 국면을 보고 싶다면 일본은 반드시 러시아인과의 관계를 강화해야 한다. 러시아인도 아시아인이다. 그들의 혈관 속에는 아시아인의 혈액이 뛰고 있다. 따라서 앵글로색슨인의 침략에 반대하려면 일본은 반드시 러시아인과 공동으로 투쟁해야 한다. 아시아인의 권리를 지키기 위해 투쟁을 진행할 때 러시아와 합작·제휴해야 일본과 기타 동방 국가들이 대재앙으로부터 구원받을 수 있는, 유일한 희망을 볼 수 있게 될 것이다. 앵글로색슨인의 끝없는 탐욕의 야심은 이 국가들을 고난의 심연 속으로 떨어뜨릴 것이다. 「與≪日本廣告報≫記者的談話」(1922.11.26), 『孫中山集外集』, p.282.

27 손문은 12월 20일 자 편지에서 서북 문제에 대해 소련의 도움을 구했다. 「孫逸仙이 Ioffe에게 보내는 편지」(1922.12.20, 상해에서), 『聯共(布), 共産國際 檔案資料』 1, p.166.

28 「Ioffe가 俄共(布), 소련 정부, 코민테른 지도자에게 보내는 편지」(1923.1.13, 북경에서 기밀), 『聯共(布), 共産國際 檔案資料』 1, p.197.

29 같은 글, p.196. "현실적인 정치가"가 "본말 전도의 대담한 혁명가 손문"을 도와야 한다는

나는 시간을 낭비하면서 손일선을 평가하고 싶지 않습니다. 다만 그는 정직한 혁명가이고, 성실하고 진지한 열정가임을 말하고 싶습니다. 어쩌면 이 뒤 한 가지야말로 그의 계획과 사고방식(이것들이 비록 혁명적 진실과 혁명적 대담성을 구유하고 있을지라도)의 본말을 전도하는 것 같아, 1명의 더 현실적인 정치가가 이를 실행할 수 있도록 해야 한다고 생각합니다.[30]

소련도 요페의 결정을 받아들였다.[31] 이어 요페가 상해로 가서 직접 손문과 만나 결론을 낸 것이 「손문-요페 연합선언」이다. "사람들은 이 선언을 소련과 손문 사이의 협의로 알고 있다"라는 요페의 말처럼, 국가 간의 선언은 아니다. 물론 당시 광동의 상황이 손문에게 유리하게 진행되고 있었지만(이에 대해서는 뒤에 설명하겠다), 지역 정부조차 갖고 있지 못한 상태였기 때문에 국가적 선언은 불가능했다.

3. 「연합선언」의 내용

선언은 주지하다시피 네 항목으로 이루어져 있다. 한 항목씩 살펴보자.[32]

1. 손일선 박사는 공산 조직뿐 아니라 소비에트 제도까지도 사실상 모두 중국에 이입하는 것은 불가능하다고 생각한다. 왜냐하면 중국은 이런 공산 조직 혹은 소비에트 제도를 성공시킬 수 있는 상황에 놓여 있지 않기 때문이다. 이

요청을 받아, 소련은 보로딘을 파견한다.

30 「Ioffe가 俄共(布), 소련 정부, 코민테른 지도자에게 보내는 편지」(1923.1.26, 상해 기밀), 『聯共(布), 共産國際 檔案資料』 1, p.210.

31 「俄共(布)中央政治局會議 제42호기록(적요)」(1923.1.4, 모스크바에서), 『聯共(布), 共産國際 檔案資料』 1, p.187.

32 「孫文越飛聯合宣言」(1923.1.26), 『孫中山全集』 7, pp.51~52.

견해에 요페 씨는 완전히 동의했다. 또한 중국에 가장 중요하고 또 긴급한 문제는 민국 통일의 성공과 완전한 국가 독립의 획득이라고 생각하고 있다. 요페 씨는 역시 이 대사업에 관해 중국은 소련 국민의 가장 진지하고 열렬한 동정을 얻을 수 있으며 나아가 **소련의 원조**에 의지할 수 있을 것이라고 손 박사에게 확언했다.

중국에는 공산 조직, 소비에트 조직이 불가능하다는 손문의 주장에 요페가 동의했다는 문구는, 국공합작에 임하는 손문의 의지를 가장 잘 보여주는 것으로 종종 인용된다. 특히 대만의 연구에서 그러하다. 그러나 공산 조직이나 소비에트 조직을 요구하는 소련이나 요페의 요구를 손문이 거부했기 때문에 만들어진 결과는 결코 아니다. 이 시기 소련, 나아가 코민테른도 손문의 정부가 공산 조직이나 소비에트 조직이어야 한다고 생각하지 않았다. 코민테른 2차 대회의 민족(반)식민지 문제에 관한 결의가 보여주듯이 민족부르주아 세력과의 연합은 공산국가의 건립이 먼 훗날에나 가능한 일이기 때문에 나온 전략이다. 소련공산당 중앙정치국은 1923년 8월 2일 보로딘을 손문의 정치고문으로 임명하면서 "손문과의 사업에서 중국 민족 해방운동의 이익을 준수해야 하며, 절대로 중국에서 공산주의를 육성하는 목적에 전념하지 말아야 한다"[33]라고 지시했듯이, 당시 소련이 손문에게 공산주의를 요구하지도 않았을 뿐 아니라 요구해서도 안 되는 것이었다.

따라서 중국에 공산 조직, 소비에트 조직이 불가능하다는 것은 요페나 손문의 공통된 의견이고, 요페의 요구가 있었던 것도 아니기 때문에 이 문구가 들어간 것은 손문의 요구에 의한 것임을 알 수 있다. 좁게는 반직삼각동맹을 위해, 넓게는 손문의 외교 때문이라고 보아야 할 것이다. 소련과의 합작은 분명

33 「俄共(布)中央政治局會議 제21호 기록(적요)」(1923.8.2, 모스크바에서), 『聯共(布), 共産國際 檔案資料』 1, p.265.

중동철로 본사 건물

중동철로는 19세기 말 20세기 초 제정러시아가 중국 동북의 자원을 취하기 위해, 건설한 T 자형 철로이다. 1897년에 시공해 1903년에 정식으로 운행했다. 철로 완성 후 대량의 자본이 유입되어 상무(商貿)가 급속히 발전해 30여 개 국가가 이곳에 영사관과 은행을 설립했으며, 러시아 혁명 후 철로의 북단은 중소 합판으로 운영했다. 1950년 중소는 담판을 진행해 중동철로를 중국에 이관하기로 합의해 1952년 12월 31일 중소 공동 관리를 끝내고 중국에 완전히 이전되어 중국 소유가 되었다.

반직삼각동맹과 노선상 완전히 배치되는 정책이다. 예컨대 중동철도 문제는 장작림과 직접 관련되는 사안이다. 그래서 손문은 다음에서 살필 제3항의 '중동철도 문제'에서 장작림에 대한 배려를 잊지 않았다. 그래도 이 연합 선언과 관련해 장작림의 '우려'를 불식시키기 위해 노효침(路孝忱, 루샤오천)을 만주로 파견해 "러시아 외교에 관련되는 바가 아주 많기 때문에 노효침이 만나 뵙고 그 상세함을 말씀드릴 것입니다. 제가 요페 씨와 이야기한 것 중, 언론에 번역·기재되는 과정에서 요점을 빠뜨린 것이 있어 보충해야 하기에 별지에 썼으니 보십시오. 의견이 있으면 제가 힘닿는 데까지 하겠으니, 노효침에게 전달하십시오"라고 이해를 구해야 했다.[34] 이후에도 반직동맹을 위해 손문은 동맹자들에게 국공 관계에 대해 '이해'를 구해야 했다.[35]

소련과 합작한다고 해서 손문이 일본이나 미국의 원조를 포기한 것도 아니었다. 앞서 인용한 것처럼 "소비에트가 민주적이냐"라는 미국 기자의 질문에

34 「致張作霖函」(1923.1.28), 『孫中山全集』 7, pp.57~58. 손문이 노효침을 통해 장작림에게 보낸 편지는 현재 찾을 수 없다.

35 1924년 3월 장작림은 "손문이 광동에서 공산을 시행하고, 봉계에 대한 정책과 반직 계획에 대한 정책을 변경했다"는 소식을 듣고, 양대실을 광동에 파견하자 손문은 그런 적이 없다고 하면서 "국민당의 공산, 적화는 모두 역당이 날조한 것으로 雨亭(장작림)에게 믿지 말아달라"고 했다(「粤奉互勉戡戰定國」, 上海≪民國日報≫, 1924.2.28). 손문은 "광동에서 공산을 시행한 적이 없으며, 봉계와 직계에 대한 정책 또한 변경한 바 없다"는 전보를 보냈다. 「奉張代表楊大實抵粤」, 廣州≪民國日報≫, 1924.3.26.

"나를 도와 북경에 반대한다면, 소비에트가 무엇이든 나는 개의치 않는다"[36]라는 손문의 대답을 뒤집어보면 소련이 아닌 누구라도 원조를 주면 받겠다는 것이니, 일본과 미국의 원조도 염두에 두었어야 했을 것이다. 손문은 '요페와 오패부 사이'에서, 그리고 '소련의 원조와 장작림의 원조 사이'에서 줄다리기를 해야 했다. 이어 「손문-요페 연합선언」의 두 번째 항을 보자.

> 2. 이 정황들을 명료하게 하기 위해 손일선 박사는 1920년 9월 20일 자 소련 정부의 대중국 통첩(「카라한 선언」)에서 열거했던 원칙에 대해 다시 적절히 성명할 것을 요페 씨에게 요구했다. 요페 씨는 손 박사에게 소련 정부는 제정러시아 시대의 중러조약(중동철도 등의 협약을 포함)을 파기하는 것을 기초로 하고 별도로 중소 교섭을 개시할 용의가 있으며, 또 이를 바라고 있음을 거듭 선언했다.

제정러시아와 중국과의 조약 파기를 다시 한번 확인한 조항인데, 이는 아마 다음 제3, 4조항의 '손문의 양보'가 일시적이고 제한적임을 보여주고자 했기 때문일 것이다.

> 3. 중동철도에 관한 모든 문제는 적절한 중소 회의에 의해서만 해결될 뿐임을 승인한 뒤 손일선 박사는, **현재로서 중동철도의 관리는 사실상 현상을 유지할 수밖에 없다고 생각한다.** 또한 요페 씨와는 현행의 '철도관리법'에 대해 중소 양 정부는 편견에 잡히지 않고 **쌍방의 실제 이익과 권리에 기초해 적당한 때 개정할 것에 동의했다.** 동시에 손일선 박사는 이 점에 대해 **장작림 장군과 협의**해야 한다고 생각하고 있다.

36 C. Martin Wilbur, *Sun Yat-sen: Frustrated Patriot*, pp.145~146.

이 조항은 소련의 주장을 그대로 수용한 것이다. 수용이라기보다는 앞에서 말했듯이 손문이 소련의 의도를 알고 먼저 제시한 '외교적 선물'이었다. 다만 반직삼각동맹을 고려해 만주의 지배자 장작림에 대한 배려(장작림 장군과의 협의)를 빠뜨리지 않았다.

4. 요페 씨는 손 박사에 대해 소련의 현 정부는 외몽골에서 제국주의적 정책을 실시하거나 혹은 외몽골을 중국으로부터 분리시킬 의도나 목적을 조금도 갖고 있지 않으며, 또 이전부터도 갖고 있지 않았다는 것을 정식으로 선언했다(이 점은 손 스스로도 만족스럽게 생각하고 있다). 따라서 손 박사는, 소련 군대는 중국의 실제적 이익과 필요를 위해 즉시 외몽골로부터 철수하는 데는 이르지 않았다고 생각한다. 왜냐하면 중국의 현 북경정부는 소련군 철수 후 적색 러시아에 반대하는 백계 러시아의 음모와 적대 행위가 발생하거나 현재보다도 더 중대한 국면이 야기되는 경우에 이를 방지할 힘을 갖고 있지 않기 때문이다.

이 조항도 소련의 바람을 반영해 손문이 건네준 '외교적 선물'이다. 양측의 이해타산을 계산해보자. 먼저 요페 측이나 소련 측에서 보면 손문이 공산 조직이나 소비에트 조직을 적극 수용하리라고 기대하지 않았다. 제2, 3, 4조항은 소련이 원래 주장했던 바이지만, 이는 국가 간의 협의에 의해 결정될 사항이지, 상해에 망명해 있는 일개 정치인과 협의할 내용은 아니다. 효력 면에서 본다면 소련이나 요페가 '정치적 선전' 이상으로 얻은 것은 없다고 해도 과언은 아니나, 성명으로 손해를 본 것도 없었다.

그렇다고 손문이 크게 이득을 얻은 것도 없어 보인다. 북경정부뿐만 아니라 일반 여론도 손문의 '외교적 선물'을 국가적 손해라고 볼 것이기 때문에, 손문으로서는 정치적으로 공격당할 명분을 준 셈이었다. 2명의 정치인 사이의 선언이기 때문에 전국적인 반향을 일으키지 못한 이 선언은, 양측 모두 별로 얻은 것이 없어 보인다. 다만 이런 '손해'를 보면서도 손문이 요페와 연합선언을 한 것은 '소련의 원조'를 명문화하기 위함이었다(제1항). 이로써 소련의 원조를 받을 수만 있다면, 손문은 '자신에게 익숙한 외교적 선물'을 얼마든지 줄 수 있었기 때문이다. 반면 소련도 '소련의 원조'를 통해 손문이라는 정치 세력을 소련의 우군으로 만들고, 나아가 소련에 우호적인 중앙정부를 북경에 들어서게 할 수만 있다면, 나름의 큰 소득을 얻는 셈이었다. 따라서 「손문-요페 연합선언」은 소련으로부터 원조를 받지 못한다면 의미가 없는 선언일 뿐이다.

13장

소련의 원조

1. 손문의 요구

앞서 본 바와 같이 손문은 요페의 첫 편지를 받자 답장을 통해 '몽골 문제'와 '중동철도 문제'에서 요페에게 '외교적 선물'을 선사했다. 자신의 요구는 전혀 이야기하지 않았다. 이는 손문이 외교를 할 때 종종 쓰는 방법이다. 즉 먼저 '선물'을 주거나 제시하고 자신의 요구를 드러내는 방식이다. 요페는 게커를 통해 답장을 보내면서 상해의 마링에게 "소련의 정책을 지지하면 소련의 지지를 얻을 수 있음"을 전하라고 지시했다.[1] 이리하여 1922년 9월 밀 상해의 손문의 집에 세 명이 모였다.[2]

---

1 「Ioffe가 Maring에게 보내는 편지」(1922.9.18, 長春에서), 『聯共(布), 共産國際 檔案資料』 1, p.130.

2 요페가 상해로 떠나는 게커를 통해 2통의 편지를 써서 손문과 오패부에게 보냈는데, 편지를 쓴 날짜가 각각 9월 15일, 18일이고, 손문, 게커, 마링의 담화를 정리해 마링이 요페에게 보낸 편지의 날짜는 9월 26일이니, 세 사람이 모인 날짜는 9월 26일 직전일 가능성이 크다.

게커가 손문에게 어떤 군사 문제를 이야기하고 싶은지 말해보라고 하자, 손문은 '첫째, 소련 원조의 원칙성 문제, 둘째, 어떤 방식으로 원조해줄 수 있는가'를 물었다. 이에 소련은 원칙상 중국의 통일 사업을 도와주려 하고 있고, 손문이 이런 통일을 실현시킬 사람임을 의심하지 않는다고 답했다.[3] 그러자 손문은 자신의 요구를 처음으로 제시했다.

> 서북 변경 지대 혹은 투르키스탄에 우리는 군사조직을 세우려는데, 소련으로부터 무기와 탄약을 얻고자 한다. 그곳에 양식은 있지만, 교통이 불편할 뿐이다. 어떻게든 이런 군사조직을 건립해야 한다. **오패부와 장작림 사이의 전쟁이 끝난 후, 이 방면의 사업을 할 수 있다. 둘 사이의 전쟁이 발생하지 않더라도, 이런 조직은 건립해야 한다.**
>
> 남방의 광동, 강서, 광서, 귀주, 운남, 사천 등 성(省)에는, 우리의 군사 조직이 있지만, 이들은 장비가 아주 낙후하다. 서부(서북부)에 이런 무장 조직을 세우는 것에 대해 소련은 동의하는가?[4]

이 밖에도 손문은 "소련이 비행기를 원조할 수 있는지, 비행기를 제조할 수 있는지, 자동차가 있는지, 어떤 종류의 대포가 있는지, 기관총은 많은지' 등등을 물었다.[5] 이로 볼 때 손문은 소련으로부터의 원조를 생각하고 있었으나, 소련의 물질적 능력을 크게 기대하지 않았기에, 서북 군사 기지에 대한 무기와 탄약 공급 정도를 생각하고 있었던 것 같다. 이에 게커는 터키의 예를 들며, 소련의 능력을 손문에게 전했다.[6] 소련의 원조에 대한 기대가 커지자, 손문은 서

---

3 「Maring이 Gekker과 孫逸仙의 담화를 정리한 기록」(1922.9.26, 상해에서), 『聯共(布), 共産國際 檔案資料』 1, p.135.

4 같은 글, pp.136~137. 원문은 손문과 게커의 담화를 마링이 정리해 요페에게 보고하는 형식이지만, 이 책에서는 대화체로 바꾸어 썼다.

5 같은 글, p.137.

북군사계획을 좀 더 구체화하고, 원조의 크기도 늘렸다. 요페는 이런 손문의 요구에 대해 치체린에게 동의를 구했다.[7]

> 북방에서 손문의 혁명 군대를 조직하는 문제에 관해 그는 이렇게 자신의 계획을 구체적으로 설명했다. 손문은 자신의 명의로, 다시 말하면 직접 자신의 요구에 근거해 **우리의 한 개 사단이 동투르키스탄의 신강성을 점령해주기를** 바랐다(그곳에는 단지 4000명의 중국 병사만 있기 때문에 저항을 할 수 없다고 한다). 인접한 사천성에는 비록 10만 명의 사병이 있는데, 이들은 모두 자기편에 설 것이라고 했다. 손문에 의하면 신강에는 풍부한 광산 자원이 있다고 한다. 자기의 계획을 실현하기 위해 그는 반드시 우리 군대의 점령하에 그곳에 소련, 독일, 중국의 삼국연합회사를 건립해 광산 자원을 개발하고 제강 공장과 무기 공장을 세워야 한다고 했다. **손문은 또 스스로 친히 신강에 가서 그곳에 어떠한 제도, 심지어 소비에트 제도라도 건립할 것**이라고 보충해 말했다. …… 손문은 그의 **한 장군**을 나에게 파견해 비밀리에 이 문제를 상의하려 하기에, 나는 당신의 의견을 듣고 싶다.[8] - 괄호는 원문, 강조는 인용자

대담하고도 황당한 서북군사계획이다. 소련으로 하여금 군대를 파견케 해

---

6 게커는 자신이 터키에 갔고 그곳에서의 투쟁에도 참가했다면서, 케말의 승리는 바로 러시아의 승리라고 했다. 가난한 러시아가 다른 사람을 원조할 수 없다는 말을 자주 듣는데, 터키가 증명하듯이 이런 말이 얼마나 황당한 것인지를 알 수 있다며, 소련의 능력을 손문에게 전했다. 같은 글, p.137.

7 손문도 몽골을 생각하고 있었다. 이보다 앞서 요페가 치체린에게 보낸 편지에서 "손문이 자신을 도와 동투르키스탄 혹은 몽골에 혁명 군대를 조직해줄 것을 요구했는데, 나는 그의 이 요구에 대한 당신의 태도를 알고 싶습니다"라고 묻고 있다. 이에 대해 치체린은 답하지 않았다. 「Ioffe가 Chicherin에게 보내는 전보(적요)」(1922.10.17, 북경, 기밀), 『聯共(布), 共産國際 檔案資料』 1, p.140.

8 「Ioffe가 Chicherin에게 보내는 전보(적요)」(1922년 11월 7일과 8일, 북경, 기밀), 『聯共(布), 共産國際 檔案資料』 1, p.149.

신강을 점령토록 하고, 제강 공장과 무기 공장을 세우면 손문 스스로 그곳에 가겠다는 것이다. 그곳에서 "소비에트 제도라도 건립할 수 있다"라는 말은 외교적 언사일 것이다. 여하튼 이것이 가능하다면 한 사람의 장군을 파견해 상의하겠다는 것인데, 그는 틀림없이 장개석일 것이다. 그렇다면 장개석과 이미 서북군사계획에 대해 의견을 함께하고 있다는 뜻이다. 앞서 본 바 있지만, 장개석은 이전 손문에게 올린 편지에서 소련의 혁명 과정을 높이 평가한 바 있었다. 다만 높이 평가한 이유는 소련이 외부의 힘(외교)에 의지하지 않고, 자신의 힘으로 혁명을 수행했기 때문이다. 소련에 호감을 갖고 있는 장개석이 훗날 소련의 '외교적 선물'인 서북군사계획을 수행하기 위해 '국민당 대표단' 단장으로 모스크바에 간 것도 여기에서 유래한다.

요페는 자신이 전한 손문의 서북군사계획에 대해 소련 당국으로부터 대답을 받지 못하자, 손문에게 특별히 전해줄 말이 없었다. 요페가 오패부로부터 손문으로 기울어지던 1922년 12월 하순, 손문은 또다시 요페에게 서북군사계획을 원조해달라고 요구했다.

> 진형명의 반변으로 광주를 떠난 후부터, **광주를 근거지로 한다는 것은 모험적임을 알게 되었습니다.** 왜냐하면 이곳이 영국 세력과 그 해군의 중심이기 때문입니다. 그러나 일부 특수한 원인 때문에 **나는 광주를 포기할 수 없습니다.** 지난 몇 달 동안, 나는 귀국 정부에 협력 건의를 제출할 수 있도록 조건을 창조하기 시작했습니다.
>
> 나는 현재 약 1만 명을 동원해 사천에서 감숙(甘肅)을 거쳐 내몽골로 갈 수 있으며, 이리하여 최종적으로 북경의 서북에 위치한 역사상의 진공 노선을 장악할 수 있습니다. 그러나 우리는 무기, 탄약, 기술, 전문가 등 면에서의 원조를 받고 싶습니다.
>
> 귀국 정부는 고륜(庫倫)을 통해 나를 지원할 수 있겠습니까? 만일 가능하다면, 어느 정도로 해줄 수 있는지요? 또 어느 방면에서 해줄 수 있는지요?

만일 이 계획을 실시할 수 있다면, 나의 진정한 적은 오패부라고 솔직하게 말하겠습니다. 영국과 기타 국가들은 필연코 그가 나를 반대하는 것을 지지할 것입니다. 심지어 현재 영국은 오패부와 진형명이 '화해'할 것을 주장하고 있으며 복건에서 나의 군대를 '소멸'하려 하고 있습니다. ……

만일 나의 계획(이는 대담하고 신선한 계획이며, 또한 혁명적 계획)이 귀국 정부의 주의를 불러일으킨다면, 1명의 권위 인사를 파견하여 행동을 취하기 위해 이 계획을 놓고 더욱 토론하고 싶습니다. 만일 이 계획을 내년에 실행할 수 있다면, 성공할 가능성은 더욱 클 것입니다. 지연은 자본주의 열강들이 반동 세력을 도와 그들이 중국에서의 지위를 공고히 하는 데 유리할 뿐입니다.[9] - 괄호는 원문

손문은 자신의 서북 계획이 대담하고 신선할 뿐 아니라 '혁명적인 계획'이라고 강조했다. 즉 손문은 '오패부와 진형명'을 영국과 묶어 한통속의 제국주의라고 규정하고, 서북군사계획이야말로 소련이나 요페가 바라는 반제국주의를 실천하는 길이라고 강조했다. 다만 이제까지의 '서북군사계획'을 보면, 지역적으로는 신강을 제시하기도 하고 몽골을 제시하기도 했다. 또 시기적으로도 오패부와 장작림의 전쟁 후라 하기도 하고, 오패부 타도를 위해 추진하는 계획이라고도 했다. 또 내용상으로도 '무기와 탄약에 대한 원조'를 요구하는가 하면, 심지어 '소련의 신강성 점령을 통한 군사 합작'까지도 요구했다. 마지막에는 손문 자신이 스스로 사천에서 군대를 이끌고 감숙을 거쳐 내몽골을 통해 북경을 진격할 때, 고륜을 통해 '무기, 탄약, 기술, 전문가'를 지원해줄 것을 요구했다.

상술했듯이 1923년 1월 요페는 손문을 선택했고, 이에 손문은 요페로부터 소련의 원조 가능성을 확인했다. 한편 손문은 진형명을 몰아내고 나서 다시 광동을 회복하는 데 거의 성공하고 있었다. 손문은 광동 회복을 전제로, 소련의

9 「孫逸仙이 Ioffe에게 보내는 편지」(1922.12.20, 상해에서), 『聯共(布), 共産國際 檔案資料』 1, p.166.

원조를 두 가지로 나누어 요페에게 요청했다.

손문은 먼저 진형명을 철저히 소멸시키려 하는데, 그러면 오패부와의 충돌을 피할 수 없게 된다고 상정했다. 따라서 진형명 세력을 진압한 후, 손문은 자신의 호남과 사천의 두 부대로 하여금 오패부가 버티고 있는 하남을 공격하도록 할 계획이었다. 이때 손문과 동맹을 맺고 있는 장작림이 필연코 북경을 공격해 점령할 것이다. 이후 장작림은 북경을 손문에게 넘겨줄 것이고, 손문은 통일 중국의 대표로서 북경에 진주하게 된다. 이것이 손문이 구상한 첫 번째 계획이다. 그런데 이 계획에는 두 가지 약점이 있어, 소련의 도움이 필요하다는 것이다. 첫째 약점은 자금이 부족한 것인데, 필요한 자금은 최대 약 200만 멕시코원(200만 금루블에 상당)으로 이를 소련이 원조해달라는 것이다. 둘째 약점은 장작림이 북경을 점령한 후 북경을 손문에게 내주기를 꺼려 할 경우이다. 이에 대해 손문은 소련이 만주에서 양동 작전을 발동해, 장작림의 군사력을 북경에서 만주로 이전시켜주기를 원했다.[10]

손문의 두 번째 계획은 첫 번째 계획이 여러 가지 원인으로(여기에는 소련의 200만 금루블의 원조가 불가능한 것도 포함된다) 성공하지 못할 경우를 대비해 만들어진 것이다. 손문은 오패부의 세력 범위를 건드리지 않는 경로를 이용해 자신의 10만 명 군대를 사천에서 몽골 변경지구로 이동시키고, 이후 동투르키스탄과 고륜을 거쳐 소련과 직접 접촉할 수 있는 곳에 주둔시키려 계획했다. 이때 이 10만 명의 군대에 소요되는 장비와 군사 교관이 필요한데, 이를 소련이 원조해달라는 것이 손문의 두 번째 계획이었다. 1, 2년에 걸쳐 군대가 전투 상태를 충분히 갖추게 되면, 최후의 '북벌'[엄밀한 의미에서 '동벌(東伐)']을 추진하면 반드시 성공할 것이라고 손문은 확신했다. 더구나 연안에 집중하고 있는 제국주의 세력이 내지로 진군하는 모험을 하지 않을 것이기 때문에 성공은

10 「Ioffe가 俄共(布), 소련 정부, 코민테른 지도자에게 보내는 편지」(1923.1.26, 상해, 기밀), 『聯共(布), 共産國際 檔案資料』 1, pp.211~213.

의심할 바 없다는 것이다.[11] 요페는 손문의 두 계획을 다음과 같이 세 가지로 정리해 모스크바에 전했다.

> ① 우리는 손문에게 즉시 200만 금루블 혹은 또 다른 액수(얼마?)를 제공할 수 있는지요?(만일 동의한다면 돈은 반드시 사절을 통해 나에게 전해주어야 할 것입니다).
> ② 우리는 필요할 때 장작림을 향해 공격을 발동해 그를 북경으로부터 흡인할 수 있을지요?
> ③ 우리가 1, 2년 사이에 손문의 10만 군대에 무기(일정한 양의 교관도 제공)를 제공할 수 있는지요? 물론 이는 유럽의 현대화된 무기 장비가 아닙니다. 만일 이렇게 할 수 없다면, 우리는 어떤 규모에서 또 어떤 시기에 손문에게 무기를 제공할 수 있는지요?[12] – 괄호는 원문

요페는 문장 말미에 "나 자신은 이 세 문제에 대해 모두 긍정적으로 생각한다"면서 손문 계획에 대한 자신의 평가를 덧붙였다. 끝으로 요페는 손문에 대해 굳게 믿는다고 하며 다음과 같이 편지를 끝맺었다.

> 손문은 터키의 케말이 아니고, 그는 우리의 사람이며 혁명가입니다. **만일 우리가 지금 그와 함께 전진한다면 그는 우리를 결코 배반하지 않을 것입니다.** 그리고 세계에서 중국의 분량은 어쨌든 터키보다 못하지 않습니다. 200만 루블의 가치가 없겠습니까?[13] – 강조는 원문

---

11 같은 글, p.214.
12 같은 글, p.215.
13 같은 글, p.217.

2. 소련의 원조 승인

요페의 믿음과 확신이 담긴 요청은 소련 정부를 움직였다. 나름의 조사를 거쳐[14] 다음과 같은 결정을 내렸다.[15]

① 계획 중 일본의 간섭을 일으킬 만한 위험한 부분들은 모두 부결한다.

② 중국 서부에 완전한 군사 기지를 건립하는 형식으로, 혁명 군대의 기초를 세우는 것은 바람직하다고 생각한다.

③ 손문에게 약 200만 멕시코원을 원조해줄 수 있다고 생각한다.

④ 반드시 손문의 동의를 거친 후, 손문에게 정치와 군사고문 소조를 파견해야 한다고 생각한다.

⑤ 요페 동지에게 모스크바로 와서 상의할 것이며, 모스크바에 올 시간은 요페 동지가 정하는 것이 바람직하다고 생각한다.

⑥ 순수한 군사행동에 지나치게 집착하는 손문의 행동은 조직의 준비 사업에 손상을 미칠 것 같다고 정치국이 걱정하고 있음을 요페 동지는 지적해야 한다.

⑦ 치체린, 라데크(Radek), 트로츠키 동지로 구성된 위원회를 조직해 정치국의 다음 회의 이전에, 통과한 지시의 기초 위에 요페 동지에게 보낼 지시 초안을 제정해야 하며, 초안을 정치국 전체 위원들에게 나누어주어야 한다. 위원

---

14 트로츠키는 총사령관 레프 카메네프(Lev Kamenev)에게 요페의 편지와 그에 대한 평가를 보내달라고 요청했고, 코민테른에게도 요페나 게커로부터 얻은 정보를 보내라고 지시했다. 「Trotsky가 Kamenev, S.S.에게 보내는 편지」(1923.2.6, 모스크바, 기밀), 『聯共(布), 共産國際 檔案資料』 1, pp.222~223.

15 모스크바가 손문에게 거액을 원조하기로 결정한 배경에는 당시 유럽에서의 혁명 부진도 있었다. 독일에서의 혁명이 좌절되고, 헝가리의 혁명 운동이 퇴조했으며, 폴란드나 터키에서는 혁명이 실패로 끝나버렸다. 이처럼 유럽에서의 심각한 좌절이 요페와 손문의 요청을 받아들이는 배경이 되었다. Slavinsky, 같은 책, p.109.

회는 트로츠키 동지가 소집한다.

중앙서기 스탈린[16]

손문이 요청한 세 가지 중 만주에서 양동 작전을 펴 장작림을 북경에서 만주로 끌어내자는 요구는 "일본의 간섭을 일으킬 위험한 것"이기 때문에 받아들여지지 않았으나, 나머지 둘은 모두 받아들여진 셈이다. 일본에서 병 요양 중이던 요페는 중앙정치국의 결정문을 받고, 1923년 5월 1일 마령을 통해 손문에게 이 소식을 알렸다.

우리 두 사람이 당초 만나서 상의한 당신의 장원한 계획에 대한 우리 정부의 회답을 지금 받았습니다.

(a) **우리는 광범한 사상적·정치적 준비 공작을 잠시라도 그만두어서는 안 되며, 당신의 군사 혁명 행동과 당이 지도하는 가능한 집중적인 기구의 설립은 모두 이를 기초로 해야 합니다.**

(b) 우리는 당신의 조직에게 **200만 금루블의 금액을 중국 통일과 민족 독립 쟁취를 준비하는 공작용**(工作用)**으로 제공하려 합니다. 이 원조금은 1년 치이며** 몇 차례 분급하는데, 매번 5만 금루블만 지불합니다.

(c) 우리는 또한 **당신이 중국 북방 혹은 중국 서북의 성을 이용해 하나의 큰 작전 단위를 건설하려는 것에 협조하려 합니다.** 그러나 유감스러운 것은 우리의 물질 원조의 액수는 아주 작으며, 많아야 8000정의 일본 보총(步銃), 15대의 기관총, 4문의 대포(粤里薩卡炮), 2대의 장갑차입니다. 당신이 동의한다면 우리나라가 원조하는 군사 물자와 교련원을 이용해 각 병종(兵種)을 포괄하는 내부 학교(야전 군대가 아님)를 건립할 수 있습니다. 이것은 곧 북부와 서부의 혁명

16 「俄共(布)中央政治局會議 제53호 기록(적요)」(1923.3.8, 모스크바에서」, 『聯共(布), 共産國際 檔案資料』 1, p.226.

군대에서 정치와 군사훈련을 제대로 만들 수 있는 조건을 제공할 것입니다.
(d) 우리나라의 원조에 대해 비밀을 **엄수해야** 합니다.[17] - 강조는 인용자

손문이 요구한 세 가지 중 두 가지를 소련이 흔쾌히 받아준 것이다. 그러나 손문이 원하는 '적극 무력'에 의한 중국 통일도, 서북군사계획도 나아가 조직 개편도 모두 사상적·정치적 준비 공작을 끊임없이 준비해 병행해야 한다고 주문했다. 여하튼 앞서 소련공산당 중앙정치국이 원조를 결정한 때가 3월 8일이고, 요페가 이 소식을 전한 것이 5월 1일이다. 이 사이에 그 내용이 좀 더 구체화되었을 뿐 큰 틀의 변화가 없었다. 소련의 원조 소식을 요페로부터 전해 받은 손문은 곧바로 요페와 모스크바에 '감동'의 답장을 보낸다.

귀국의 5월 1일 전보는 우리로 하여금 큰 희망을 느끼게 했습니다.
첫째, 우리는 귀국의 흔쾌한 윤허에 감사합니다.
둘째, 우리는 귀국의 **모든 건의에 동의**합니다.
셋째, 우리는 대부분의 정력을 써서 이 건의들을 실시할 것이며, 대표를 모스크바에 파견해 상세히 상의할 것입니다.[18] - 강조는 인용자

손문은 '사상적·정치적 준비 공작'의 실행에 동의했다. 또한 서북군사계획을 위해 모스크바에 사람을 파견하겠다고 했다. 이보다 앞선 1923년 2월 21일, 손문은 광주로 내려가 육해군 대원수에 올랐다. 그러나 진형명 등 손문에 반대하는 세력이 완전히 괴멸된 것은 아니었기 때문에, 손문은 그들과 싸워야 했다. 소련이 원조를 승인했다는 소식을 받고 감사의 편지를 보낸 5월 12일은 손문이

---

17 「收越飛本年5月1日熱海來電: 轉蘇聯政府致孫中山電」(1923.5.1), 『馬林與第一次國共合作』, pp.170~171.

18 「轉孫中山致越飛的電報」(1923.5.12), 같은 책, p.174.

겨우 진형명 부대의 공격을 막아내고 한숨을 돌렸을 때이다. 이에 5월 13일 장령들이 전사가 이미 끝났으니 이제 오패부 토벌과 북벌을 실행할 것을 손문에게 청했다.[19] 물론 이런 '여유'도 얼마 가지 못해 또다시 '반군'의 공격을 받아야 했다.

여하튼 안으로는 반직삼각동맹으로 북경을 압박하며, 특히 장작림으로부터 일정 정도 자금 지원을 받고, 밖으로는 소련의 원조도 얻어냈다. 사실 소련 원조는 손문 생애에 처음이자 마지막 '외교적 성과'였다. 물론 중화혁명당을 조직하고 반원 투쟁을 시작할 때 일본으로부터 원조를 받았지만, 그 양은 소련의 원조와 비교될 수 없을 정도로 미미한 것이었고, 또 일본 정부로부터 받은 것이 아니라 낭인들에게서 사적으로 차입한 것이었다. 200만 금루블은 손문이 요구한 액수이지만, 손문이 기대했던 것 같지는 않다. 앞서 손문의 두 가지 계획 중 두 번째 계획은 첫 번째 계획인 '200만 금루블의 원조'가 불가능할 때, 차선책으로 생각했던 것으로 보아, 손문은 당시 소련의 형편으로 '200만 금루블'이 가능할 것이라고 생각하지 않았던 듯하다. '200만 금루블'은 손문에게만이 아니라 소련 측에도 큰 액수였다. 당시 코민테른의 지원을 받고 있던 중국공산당의 1923년 지출 예산은 고작 1만 2000금루블이었다.[20]

손문은 요페와의 교섭에서 오패부를 밀어내고, 또 교섭의 큰 걸림돌인 장작림을 지켜냄으로써 '반직삼각동맹'을 그대로 유지시킨 채 '소련의 원조'를 얻어냈다. 그렇다면 이런 성과는 단지 몽골 문제와 중동철도 문제에서의 '외교적 선물'에 의한 결과였는가. '외교적 선물'이라고 하지만, 실제로 소련이 받은 것

19 「本社專電」, 上海≪民國日報≫, 1923.5.14.

20 사파로프가 모스크바(코민테른)에 보고한 월 지출 내역을 보면 ≪嚮導周報≫ 발간비 210, 노동자 신문 발간비 40, 전단과 선언 등의 인쇄비 60, 각 지역(한구 3명, 호남 3명, 북경 4명, 상해 3명, 홍콩 1명, 광주 1명, 산동 2명)의 조직원과 선전원의 비용 총 370, 두 명 중앙위원 출장비 100, 두 명의 고정 연설가의 숙박비 120, 기타 100금루블로 총 1000금루블이었다. 「중국공산당 1923년 지출예산」(1922.12, 모스크바, 기밀), 『聯共(布), 共産國際 檔案資料』 1, p.185.

은 없다. 손문은 국가적 협정을 체결할 수 있는 자격이 없었다. 소련이 '자격 없는' 손문에게 '국가적 규모'의 지원을 결정한 데는 '소련에 우호적인 중앙 정부'를 북경에 만들고자 하는 '장기적인 결정'일 수도 있다. 그러나 아무리 그렇다고 하더라도, 중국공산당의 1년 예산의 거의 만 배 가까운 자금을 지원하고, '황당'하기까지 한 '서북군사계획'을 승인한 데는 좀 더 설명이 필요할 것 같다.

3. 중국혁명에 대한 요페의 열정

당시 소련은 나름의 대중국 정책을 세워 요페를 파견한 것은 아니었다. 그저 국교 수립, 몽골 문제, 중동철도 문제라는 과제만 부여했을 뿐이다. 바꾸어 말하면 소련 당국은, 정보 분석을 통해 중국에 대한 정책을 결정할 정도는 아니었다고 보아야 할 것이다. 소련은 신생국이었다. 특히 중국에 대해서는 '신생국'이었다. 소련 정부가 부여한 과제를 어떻게 처리하고, 이후 어떤 정책을 취할 것인가에 대해서는 요페에게 크게 의존할 수밖에 없었다. 따라서 손문과 요페의 협상 과정에서 요페의 역할에 주목할 필요가 있다. 요페는 중국에 오자마자, 이곳이 세계혁명의 중심이라고 느꼈다.

> 스탈린에게 보내시오. 이곳은 우리에게 매우 유리하고, 세계자본주의와의 투쟁에 아주 큰 의의와 거대한 성공 기회를 지니고 있소. 여기에서는 세계 정치 사조가 아주 강함을 느낄 수 있는데, 예를 들면 레닌이 같은 의의를 부여한 중아시아보다 더 강해 보입니다. 중국은 국제 충돌의 초점이고 국제 제국주의가 가장 약한 곳입니다. 나는 지금 제국주의가 유럽에서 위기를 겪고 있고, 그곳의 혁명이 곧 도래할 시기에, 제국주의 세력이 가장 약한 곳에서 그들에게 타격을 주는 것은 아주 의의 있다고 생각합니다.[21]

폴 라인슈(Paul Samuel Reinsch, 1869~1923)

중국명은 예은시(芮恩施)로, 미국의 학자이자 외교관이다. 1898년부터 1913년까지 미국 위스콘신대학의 정치학 교수를 지냈으며, 1913년부터 1919년까지 주중국 미국 공사를 역임했다. 이 기간에 원세개의 칭제(稱帝)에 찬성(1915)하고, 대독선전을 권유(1917)했으며, '랜싱-이시이 협정'(1917)을 체결하는 등 활동을 했다. 그러나 1919년 5월 파리평화회의가 중국의 이익을 침해하자, 미국 정부의 배신이라고 생각하며 사직했다. 9월에 미국으로 떠나면서 서세창의 요청을 받아, 매란방(梅蘭芳, 메이란팡)의 미국 공연을 성사시켰다. 1920년 미국으로 돌아가 워싱턴에서 법률사무소를 개설해, 주로 중국 정부에게 법률 자문을 했다. 1922년 7월 중국 정부의 요청으로 북경을 방문해 금융 시스템에 대해 자문했다. 이 시기 급성 폐렴으로 1923년 상해에서 사망했다.

제국주의가 가장 약한 곳인 중국에서 소련이 제국주의자들과 차별성을 얻을 수 있다면 제국주의자들을 붕괴시킬 수 있다고 요페는 믿었다. 요페는 제국주의 열강에 시달리고 있는 중국 정부(북경정부)를 물질적인 면에서 도와야 한다고 생각했다. 그렇게 한다면 중국 인민에게 소련은 '구세주'가 될 수 있다고 확신한다며, 원조를 소련 정부에 요청했다. 그런데 그 물질적 도움이 무려 2000만 달러였다.[22] 이런 발상은 전 중국 주재 미국 대사인 라인슈(Paul Samuel Reinsch)가 요페에게 제기한 것인데, 매월 200만 달러씩 10개월을 대부해주자는 것이다.[23] 소련 당국으로서는 어이없는 제안이었다. 중앙정치국은 "요페 동

21 「Ioffe가 Karakhan에게 보내는 전보」(1922.8.30, 북경, 기밀), 『聯共(布), 共産國際 檔案資料』 1, p.112.

22 "(만일 우리가 이 유리한 시기를 이용하여 북경정부에게 2000만 달러를 제공한다면) 전 세계 인민들의 눈에 우리는 구세주처럼 보일 것이고 제국주의의 명성은 여지없이 떨어질 것입니다. 이 대출로 우리의 명예가 재고될 것은 당연하며, 각국의 피압박 인민에게도 희망을 줄 것입니다." Ioffe가 Karakhan에게 보내는 전보」(1922.8.31, 북경, 기밀), 『聯共(布), 共産國際 檔案資料』 1, p.116.

23 「Ioffe가 Karakhan에게 보내는 전보」(1922.9.4. 북경, 기밀), 『聯共(布), 共産國際 檔案資料』 1, p.124.

지의 건의에 대해 아주 놀랄 수밖에 없는데, 요페 동지는 소련의 재정 상황을 알아야 한다"라고 답했다.[24]

북경정부와의 협상에서 몽골 문제가 풀리지 않자 요페는 "몽골로부터의 철수를 선언하자"라고 주장했으나, 소련 정부는 받아들이지 않았다. 그러자 요페는 몽골 문제에서 아예 손을 떼자고 주장했다.

> (몽골 철수는 불가하다는) 치체린의 통보가 정확하다고 해도, 몽골 문제에서 하나의 주요한 점을 소홀히 했는데, 즉 우리의 세계 정책이다. …… 몽골의 200만 주민들이 모두 우리를 옹호하고 중국에 반대한다면 치체린의 관점은 원칙적으로 정확하지만, 전략적으로는 틀린 것이다. 물론 우리가 소민족이 대민족에 반대하는 폭력을 지지하지만, 만일 몽골인의 투쟁이 아무런 반향도 일으키지 못하고 중국인의 투쟁이 전 세계에서 거대한 반향을 불러일으킨다면, 세계에서 아무런 작용도 없는 200만 몽골인을 위해, 거대한 작용을 일으키고 있는 4억의 중국인과의 관계와 모든 정책에 손상을 줄 필요는 없다. …… 그러므로 나는 당신들에게 나의 계획과 책략에 동의할 것을 다시 한번 부탁한다.[25]

요페의 건의는 받아들여지지 않았다. 중국 혁명에 대한 요페의 열정은 뜨거웠지만, 그만큼 현실성은 떨어졌다. 요페는 중동철도 문제에서도 혁명을 위해 무상으로 돌려주자고 제언했는데,[26] 이에 대한 본국 소련의 입장은 트로츠키의 다음 답변에서 잘 드러난다.

---

24 「俄共(布)中央政治局會議 제25호 기록」(1922.9.7, 모스크바), 『聯共(布), 共産國際 檔案資料』 1, p.125.

25 「Ioffe가 Chicherin에게 보내는 전보」(1922.11.7, 북경, 기밀), 『聯共(布), 共産國際 檔案資料』 1, p.148.

26 1922년 11월 25일 요페는 소련과 코민테른 지도자들에서 보내는 편지에서 중동철도의 소유권을 중국에 '무상 반환'하자고 주장했다. 러시아 기록보존소 기록 RG 5, Series 1, file 2145(『聯共(布), 共産國際 檔案資料』 1, p.200의 주4에서 재인용).

중동철도 문제에 대해 당신(요페)이 어떻게 생각하든, 나는 왜 제국주의를 포기하는 것이 우리의 재산권 포기를 선결 조건으로 하는지 지금까지도 이해할 수 없다. …… 우리는 중국 농민이 왜 러시아 농민에 의해 만들어진 철도를 소유해야 하는지 이해할 수 없다. …… 왜 손문 혹은 다른 사람들은 중국 인민의 철도 사용 비용을 우리에게 부분적이나마 조금씩 갚지 못하겠다는 것인가? 왜 이를 제국주의라 하는가?

당신은 중국이 가난하다고 반복적으로 말했다. …… 친애하는 아돌프 아블라모비치(요페), 내가 당신을 일깨워주는 것을 허락해달라. 러시아도 매우 가난해서, 근본적으로 주위의 식민지, 반식민지 국가의 인민을 원조할 능력이 없다. 두말할 것도 없이, 중국에 대해 중동철도의 재산을 포기하는 것은, 8억 루블을 증정하는 것과 같다. 이 외에 또 4000만 루블의 (회수할 수도 없는) 대출을 제공하는 것은 사람을 아주 유혹하는 조치이다. 중국인은 철도를 얻고 4000만 루블도 곧 다 써버릴 것이며, 이러고 나서 계속 대출을 요구할 것이다. 만일 이런 것들을 얻지 못한다면 그들은 미국으로 향할 것이고, 자기의 호감을 그곳으로 돌릴 것이다. 이는 우리가 이미 터키의 예에서 보아왔다.[27]

요페는 이에 개의치 않았다. 당시 병을 앓고 있던 요페는 휴가를 얻어[28] 남방으로 가는 길에 손문을 만나러 상해에 잠시 머물기로 했다. 휴가에 대해 요페는 "나의 남방행을 단순한 휴가로 보지 말기를 진심으로 부탁합니다. 내가 이렇게 말하는 것은, 이후에도 또 휴가를 내려는 것이 아닙니다. …… 솔직히 말해 나는 반드시 남방(상해)에 가서 거대하고 복잡한 사업을 해야 하는데, 내가 남방에 가는 것도 이 목적을 위해서이지, 치료 때문이 아닙니다"라고 하며, 이어 위기

27 「Trotsky가 Ioffe에게 보내는 편지」(1923.1.20, 모스크바, 비밀), 『聯共(布), 共産國際 檔案資料』 1, pp.200~201.

28 「俄共(布)中央政治局會議 제42호기록(적요)」(1923.1.4, 모스크바에서), 『聯共(布), 共産國際 檔案資料』 1, p.187.

에 처한 중국 혁명의 중요성을 다음과 같이 확신에 차 이야기하고 있다.

나는 중국이 역사상 지금처럼 진정으로 민족 통일에 접근해본 적이 아직까지 없었다고 생각합니다. 그러나 다른 한편으로, 중국의 민족 해방운동도 이제까지 지금처럼 이렇게 많은 어려움에 직면한 적이 없었다고 생각합니다. 우선 중국 내부의 혼란과 분열 때문에 비록 민족 해방운동이 일정한 성과를 취득했지만, 혼란과 분열은 감소하지 않았을 뿐만 아니라 내가 앞에서 지적했듯이 도리어 확대되고 있습니다. 중국 독립의 적인 세계제국주의 때문입니다.[29]

요페는 상해에서 손문을 만나 여러 차례 회담을 했다. 회담의 결과를 보고하는 편지에서 오패부에 대해 "소련의 모든 적의 대합창 속에 자신의 목청을 높이고 있다"[30]라고 비난하면서, 손문에 대해서는 다음과 같이 길게 평가했다.

내가 여기서 손문을 알고, 눈으로 직접 그가 지도하는 운동의 규모와 의의를 보았을 때 이렇게 해야 한다는 결심을 더욱 확고히 했습니다. 그러므로 나와 손문의 관계, 그에 대한 나의 친근함을 숨기고 싶지 않습니다. …… 나는 시간을 낭비하면서 손문을 평가하고 싶지 않습니다. 다만 그는 정직한 혁명가이고, 성실하고 진지한 열정가임을 말하고 싶습니다. 어쩌면 이 뒤의 한 가지야말로 그의 계획과 사고방식(이것들이 비록 혁명적 진실과 혁명적 대담성을 구유하고 있을지라도)의 본말을 전도케 하는 것 같아, 1명의 좀 더 현실적인 정치가가 이를 실행 가능하게끔 해야 합니다. …… 만약 어떤 사람이 그에게 착오를 지적한다면 그는 곧 동의할 것이고, 필요하다면 수정할 것입니다.[31]

---

29 「Ioffe가 俄共(布), 소련 정부, 코민테른 지도자에게 보내는 편지」(1923.1.13, 북경, 기밀), 『聯共(布), 共産國際 檔案資料』 1, p.198.

30 「Ioffe가 俄共(布), 소련 정부, 코민테른 지도자에게 보내는 편지」(1923.1.26, 상해, 기밀), 『聯共(布), 共産國際 檔案資料』 1, p.209.

손문은 분명 혁명가이자 열정가였다. 손문의 혁명과 열정은 본말이 전도되었다고 평했지만, 요페 역시 손문 못지않은 혁명적 열정가였다. 성향이 비슷한 둘의 만남에서 요페는 손문의 '신도'가 되었고, 손문에 대한 원조를 본국에 열정적으로 요청했다. "우리(소련)의 사람이자 혁명가이며 우리를 배반하지 않을 손문에게 200만 금루블의 가치가 없겠습니까?"[32] 중국 혁명과 손문에 대한 요페의 열정과 믿음이 소련으로 하여금 원조를 결정하는 데 나름의 역할을 한 것이 틀림없다.

4. 중국혁명에 대한 마링의 열정

손문과 소련의 합작에 빠질 수 없는 사람이 또 하나 있으니, 손문과 요페를 오가며 연락을 맡은 마링이다.

마링은 요페보다 먼저 코민테른의 대표로 세 차례 중국에 왔다. 세 차례 왔다기보다는 1921년 6월 처음으로 중국에 와서 1923년 8월 모스크바로 돌아갈 때까지, 중국에서의 활동을 보고하기 위해 코민테른 집행위원회에 두 차례 참가했다 돌아온 것이기 때문에, 실제로는 중국에서 2년여 동안 활동한 셈이다.[33] 1921년 6월 3일 상해에 도착한 마링은 전임 보이틴스키의 업무를 이어받았다. 그는 1921년 7월 중국공산당 제1차 대표대회에 코민테른 대표로 참가했다. 1921년 말 손문은 진형명의 광동 회복에 힘입어 광주로 돌아왔다. 이어 광

31 같은 글, p.210.
32 같은 글, p.217.
33 제1차 중국 체류 기간: 1921년 6월~1922년 6월
코민테른 집행위원회 활동: 1922년 7월~8월
제2차 중국 체류 기간: 1922년 8월~12월
코민테른 집행위원회 활동: 1922년 12월~1923년 1월
제3차 중국 체류 기간: 1923년 2월~8월

홍콩의 해원(海員) 노동자 파업

1922년 1월 12일 세 차례에 걸친 임금 인상 요구가 거절되자, 홍콩의 해원 노동자들은 해원공회연합회의 지도하에 대규모 파업(香港海員大罷工)에 돌입했다. 파업은 일주일 만에 홍콩에서부터 광주로 확대되었다. 2월 초부터는 임금 인상을 요구하는 경제 투쟁에서, 반제의 정치 투쟁으로 발전해갔다. 3월 8일 56일간의 파업은 승리로 끝났다. 사진은 파업 중에 가두시위를 하는 장면이다.

서를 토벌하고 광서 계림에 북벌대 본영을 세웠다. 12월 23일 마링은 장태뢰(張太雷, 장타이레이)와 함께 계림에 도착해 약 2주간 머물면서 손문과 세 차례 회담했다. 손문은 "마르크스주의의 내면에 그다지 새로운 것은 없다"[34]라고 하면서, 북벌군의 안전을 위해 "지금은 단지 소련과 도의상 연락만 취하고, 통일이 되면 다시 구체적인 합작을 꾀해도 늦지 않을 것"[35]이라며 합작을 거부했다. 마링은 손문을 만난 후 계림을 떠나 광주로 갔다.

1월 23일 마링이 광주에 도착했을 때 마침 홍콩의 해원 노동자들의 파업이 전개되고 있었다. 마링은 노동운동을 조사하면서 10일 동안 광주에서 청년 집회에 참가하고, 장계 등 국민당 지도자와 만났으며, 진형명과도 여러 차례 회담했다. 이후 상해로 돌아왔으나, 다시 상해를 떠나 육로로 산두(汕頭, 산터우)로 가서 산두의 노동자 파업 정황을 목도했다. 마링은 2월 28일 편지에서 파업을 다음과 같이 묘사했다.

> 오늘 내가 산두에 머문 지 9일째이다. 얼마나 견디기 어려운 시간이었던가!

34 「與斯內夫利特談話記錄: 關于1920~1923年的中國問題」, 『馬林在中國的有關資料』, pp.24~25.
35 鄧家彥, 「馬丁謁總理實記」, 『革命文獻』 第9輯, pp.204~205.

그러나 운 좋게도 나를 위안케 하는 것이 있었으니, 중국의 해원 노동자 속에서 중요한 사건이 발생했다. 그들이 파업했다. 이 파업으로 남해로 가는 배, 근해를 운항하는 배, 수많은 미국의 배들의 운항이 마비되었다. 파업은 시종일관 아주 멋지게 진행되었다. 파업을 동정하는 군중의 표정으로부터 볼 때, 이번 파업은 서구의 허다한 '대파업'보다 훨씬 훌륭하다.[36]

마링은 홍콩 해원 노동자의 파업에 크게 감명받았다. 그리고 손문이 이끄는 국민당이 이 파업을 주도한다고 생각했다. 같은 시기 마링이 다음과 같은 기사를 네덜란드 신문에 기고했다.

이번 파업은 초기 중국 노동운동에서 가장 중요한 사건이 틀림없다. …… 파업 지도자들은 매일 국민당 지도자와 접촉하는데, 후자는 그들에게 당의 목표와 주장을 선전했다. …… 1월 24일 나는 광주에서 조사를 했는데, 파업자가 이미 만 명에 달했고, 절대다수가 광주에 거주하며, 국민당(손문의 당)은 그들을 위해 숙식을 제공하고 파업 운동을 지도했다. …… 이번 사건은 국민당의 금후 발전에 분명히 영향을 미칠 것이다. …… 이 당의 지도자는 광동 노동계 속에 자신의 세력을 아주 잘 알고 있다고 나에게 말했다. 명령 하나만 내리면 홍콩에서부터 콜롬보(Colombo) 일대의 중국 노동자들이 파업을 일으킬 수 있다고 말이다. 이 말이 얼마나 정확하지 확정할 수는 없으나, 광주, 홍콩, 산두 파업 해원에 대한 국민당의 영향이 매우 크다는 점은 분명하다. 광주에 중국공산당 소조라고 칭하는 소조가 있는데, 이 소조는 파업 노동자와 아무 접촉도 없었다.[37] - 괄호는 원문

36 Dov Bing, 「斯內夫利特和初期的中國共産黨」, 『馬林在中國的有關資料』, p.40.

37 마링은 네덜란드 신문에 주중국 기자 신분으로 「遠東通訊」이라는 제목의 기사를 1922년 3월 19일 자로 기고했다. 신문에 실린 날짜는 5월 6일과 8일이다. 『馬林與第一次國共合作』, pp.354~358.

해원 노동자 대표들
홍콩의 해원 노동자 파업이 승리한 후 촬영했다. 앞줄 오른쪽 세 번째가 파업 지도자 소조징(蘇兆徵, 쑤자오정)이다.

훗날 마링은, 본인도 이 파업의 영향을 크게 받았다고 했다.[38] 그러나 파업은 손문 및 국민당과 별로 관계가 없다는 것이 일반적인 평가이다.[39] 마링도 1년 후 손문과 직접 합작을 추진하던 1923년 5월 민중운동과는 동떨어진 군사활동에만 전념하는 "손문에게 원조를 주어서는 안 된다"[40]라고, 손문에 대한 평가를 완전히 바꾸었다. 이에 대해서는 뒤에 상세히 다루겠다.

여하튼 손문과 국민당을 높이 평가한 반면, 중국공산당에 대해서는 민중운동에서 전혀 역할을 하지 못한다고 당시 마링은 확신했다. 따라서 중국공산당원이 국민당에 입당해 혁명을 진행해야 한다는 믿음이 굳어졌고, 마링은 이 믿

38 요중개에게 보내는 작별 편지에서 "나는 국민당의 지위와 발전 전망에 대해 일찍이 상당히 좋은 인상을 갖고 있었다. 해원 파업 사건 및 파업에 대한 국민당의 지지는 당시 나의 사고방식에 아주 큰 영향을 주었다"라고 썼다. 「致廖仲愷的信」(1923.7.21), 『馬林與第一次國共合作』, p.301.

39 파업의 지도자 중 일부는 이전 동맹회 회원이었던 적이 있지만, 파업은 당시 국민당과 직접적인 관계는 없었다. 특히 손문과는 관계가 없었다. 손문도 국민당도 파업에 대한 공식적이든 비공식적이든 성명이나 입장을 발표한 적이 없다. 이에 대한 논란은 劉麗, 「香港海員大罷工是國民黨領導的」, ≪近代史研究≫, 1986-2; 禤倩紅·盧權, 「香港海員大罷工是國民黨領導的嗎?」, ≪近代史研究≫, 1987-5 참조.

40 「致越飛,達夫謙和季諾維也夫的信」(1923.5.31, 廣州), 『馬林與第一次國共合作』, p.197.

음을 7월 모스크바의 코민테른 집행위원회에서 강력히 주장했다.

> 금년 1월 해원 대파업 기간에 나는 분명히 노동자와 국민당 사이의 연계 상황을 보았다. 이 정치조직(국민당)의 지도자가 파업의 전 과정을 지도했고, 파업 노동자들은 이 당의 민족·민주주의적 시위에 참가했다. 모든 도움은 국민당 쪽으로부터 왔다. 광주의 공산주의 소조는 파업 해원과 연계가 완전히 없었고, 파업을 지지하는 어떤 행동도 취하지 않았다. …… 그래서 나는 우리 동지(중국공산당원)에게 국민당을 배척하는 태도를 바꾸고 아울러 국민당 내부에서 공작을 전개하라고 건의했다. 국민당을 통하면 남방의 노동자 및 병사와 관계를 맺기에 아주 용이하기 때문이다.[41]

결국 코민테른은 마링의 건의를 받아들였다. 코민테른은 "당의 기지를 광주로 옮기고, 마링 동지와 밀접하게 배합해 당의 모든 공작을 진행하라"고 중국공산당 중앙에 명령을 내렸다.[42] 코민테른의 결정을 얻어낸 마링은 1922년 8월 새로운 소련의 전권대표 요페와 함께 북경으로 돌아왔다. 이후 마링은 코민테른 대표로서 상해를 중심으로 '중국공산당원의 국민당 가입'을 추진하고, 아울러 북경과 상해를 오가며 요페와 손문을 중개했다. 손문이나 국민당에 대한 마링의 생각이 오패부와 손문 연합을 추진하던 요페에게 전달되었을 것이고, 이는 요페가 손문을 선택하게 하는 하나의 요인이었을 것이다. 요페가 오패부를 버리고 손문을 택한 이유는 손문의 '외교적 선물'(몽골에서의 소련군 주둔 허용, 중동철도 관리에 소련의 참여) 이외에, 요페의 혁명적 열정과 손문에 대한 마링의 '고평가'가 더해진 것이었다.

41 「向共産國際執行委員會的報告」(1922.7.11), 『馬林與第一次國共合作』, p.71, p.75.
42 「共産國際給中國共産黨中央委員會的命令」(1922.7.18), 『馬林與第一次國共合作』, pp.77~78.

5. 공산당원의 국민당 입당

그렇다면 손문은 단지 '외교적 선물'만으로 소련 원조를 얻어낸 것일까. 손문이 소련의 원조를 적극적으로 구상한 것은 진형명에 의해 광주를 잃고 상해로 쫓겨 오던 때부터였음을 앞에서 보았다. 소련의 원조를 구하던 손문에게 요페의 편지가 도착하자 합작은 급물살을 탔지만, 이보다 앞서 손문이 먼저 판을 깔았다. 순서로 따지면 마링(코민테른)이 먼저 그 판을 꺼내들었지만, 이를 냉큼 받아 깐 사람은 손문이었다.

손문이 광주에서 진형명의 공격을 받아 고전하고 있을 때인 7월 11일, 마링은 모스크바의 코민테른 집행위원회에서 '중국에서의 공작 상황'을 보고하면서, 손문과 국민당에 대해 매우 긍정적으로 보고했다.[43] 같은 시기 중국공산당은 제2차 전국대표대회를 상해에서 거행해(7.16~23), "군벌 타도, 제국주의 타도"를 주장했지만, 국민당과의 관계에 대해서는 언급이 없었다.[44] 그러나 중공 2전대회가 진행 중이던 7월 18일 코민테른 집행위원회는 "손문 지지, 국민당과의 합작"을 주장하는 마링의 의견을 실행에 옮기라고 중공에 지시했다.[45]

마링이 중공 당원의 국민당 입당을 어떻게 실현시켰는지 살펴보자. 손문이 상해에 도착한 것은 1922년 8월 14일인데, 마링은 이보다 앞서 8월 12일 상해로 돌아왔다. 공산당의 국민당 가입과 관련해 여러 가지 다른 해석이 있다. 다른 해석이 나오는 이유는 서호회의(西湖會議)의 개최 시기 때문이다. 주지하다시피 이 회의에서 공산당원의 국민당 입당이 결정되었다. 서호회의의 개최 시기 중 가장 빠른 해석은 8월 8일인데, 장국도의 회억에 근거한다.

---

43 앞서 살핀 바와 같이 1922년 1월 마링이 홍콩 해원 노동자의 파업을 목격하고 이를 손문과 국민당이 주도했다고 보았기 때문이다.

44 中央檔案館 編,『中共中央文件選集』第1册(中共中央黨校出版社, 1989), pp.59~128.

45 「共産國際給中國共産黨中央委員會的命令」(1922.7.18),『馬林與第一次國共合作』, pp.77~78.

1922년 8월 13일 손 선생이 상해에 도착했는데, 이는 서호회의 후 5일째 되던 날(8월 8일)이다. 진독수, 이대쇠, 마링은 각기 그를 방문했다. 손 선생은 그 자리에서 중공 당원의 국민당 가입에 찬성해, 국공합작의 주장을 실현시켰다. 원래 국민당 입당 때 행하던 지문 날인과 손문에 대한 복종 선서를 취소해주고, 민주적 원칙에 따라 국민당을 개조했다. 며칠 후 진독수, 이대쇠, 채화삼(蔡和森, 차이허썬), 장태뢰 등이 장계의 소개로 손 선생의 직접적 주맹(主盟)하에 정식으로 국민당에 들어가 당원이 되었다.[46] - 괄호 인용자

장국도에 따르면 손문이 상해에 도착하기 이전인 8월 8일, 마링은 서호회의를 개최해 공산당원들에게 국민당 입당을 '설득'했고, 이후 상해로 온 손문을 찾아가니 손문이 흔쾌히 받아들여 입당, 즉 '국공합작'이 이루어졌다는 것이다.[47]

또 다른 해석으로 8월 17일에 서호회의가 개최되었다는 『손중산연보장편』[48]에 근거해 "8월 17일 마링은 서호회의를 소집해 국공 관계를 공산당원들과 토론해 설득시키고, 8월 25일 손문에게 공산당원의 국민당 가입에 대한 코민테른의 결정을 설명하니, 손문의 흔쾌히 접수했다"는 것이다.[49]

그런데 이후 공개된 마링의 업무 수첩에 따르면, 서호회의는 8월 28~30일에 개최되었다.[50] 이에 근거한 대표적 연구는 다음과 같이 '국공합작'을 설명하고 있다. "마링은 8월 12일 비밀리에 상해에 도착했다. …… 도착하는 날 장태뢰와

46 張國燾, 『我的回憶』, p.249.

47 장국도의 회고에 근거한 연구로 波多野善大, 『國共合作』(東京: 中央公論社, 1973), p.54가 대표적이다.

48 『孫中山年譜長編』 下, 1922.8.17, p.1493. 그러나 8월 17일에 개최되었다는 근거는 밝히고 있지 않다. 다만 『我的回憶』의 "손문이 상해에 도착한 13일은 서호회의가 개최된 후 5일째의 일이다"를 '5일 후에 서호회의가 개최되었다'로 본 것이 아닐까 생각된다.

49 茅家琦 外, 『孫中山評傳』, pp.677~679.

50 Tony Saich, *The Origins of the First United Front in China I* (Leiden: E. J. Brill, 1991), p.337; 『馬林與第一次國共合作』, p.83.

장계를 회견하고 그들과 합작 문제를 토론한 결과, 충분히 가능하다고 판단했다. 그들은 즉시 북경의 이대쇠에게 상해로 오라고 전보를 쳤다. …… 8월 14일 손문이 상해에 도착했고 …… 8월 23일 이대쇠가 중국공산당을 대표해 막리애로(莫利愛路, 모리아이루: 손문의 우소)로 가서 손문을 방문해 합작을 바란다고 말하고 …… 이틀 후인 8월 25일 마링이 두 번째로 손문을 회견해 …… 손문을 설득시킨 후 중공중앙위원회에 즉시 회의 개최를 건의했는데, 이것이 1922년 8월 28일부터 30일까지 항주에서 개최된 이른바 서호회의이다. 그 중심 과제는 코민테른집행위원회의 '지령'(국공합작)을 실현하기 위함이었다"[51](괄호 인용자). 앞의 두 해석과는 달리 마링은 먼저 손문을 설득해 '국공합작'을 받아들이게 하고, 이후 '서호회의'에서 중공 당원을 설득했다는 것이다.[52]

회고록보다는 '업무 수첩'이 갖는 사료의 높은 신빙성으로 볼 때, 후자의 해석이 더 타당한 듯하다. 즉 마링이 먼저 공산당원들에게 국민당 입당을 '설득'한 것이 아니라, 손문에게 먼저 제의하자 손문이 흔쾌히 받아들였던 것이다. 그도 그럴 것이 코민테른의 '지시'를 중공 당원에게 '강요'할 수 있지만, 마링이 손문에게 '강요'할 수는 없기 때문이다. 즉 중공 당원을 '강요'해 '설득'시킨다고 해도, 이후 손문이 반대하면 어쩔 도리가 없기 때문이다. 여하튼 공산당원이 개인 자격으로 국민당에 입당하도록 하자는 '마링의 제안'을 손문이 받아들인 것을 '마링식 국공합작'이라고 해 이를 제1차 국공합작으로 부르기도 한다.[53]

51 李玉貞, 『孫中山與共産國際』(臺北: 中央硏究員近代史硏究所, 1996), pp.158~160. 다음의 글도 같은 해석이다. Tony Saich, "introduction," *The Origins of the First United Front in China I*, pp.114~115.

52 서호회의의 개최 일시가 8월 28~30일이라고 하면서도, 마링이나 공산당원들이 손문을 설득한 것은 서호회의 후인 9월 초라는 해석도 있다. 王功安·毛磊 主編, 『國共兩黨關系史』(武漢出版社, 1988), pp.23~24.

53 예컨대 다음 연구를 보라. 波多野善大, 『國共合作』(東京: 中央公論社, 1973). 그러나 1924년 1월의 일전대회개최와 국민당의 개조를 '제1차 국공합작'의 정식 건립으로 보는 것이 일반적이다.

그런데 그 과정을 살펴보면, 선뜻 이해되지 않는 것들이 있다. 첫째, '합작'의 의미를 볼 때 손문의 경우와 마링의 경우가 같을 것인가. 마링의 입장은 분명하다. 마링은 1922년 광주에서 목도한 해원 노조의 파업이 국민당과 손문에 의해 주도된 것으로 보고, 이를 코민테른 집행위원회에 보고해 공산당원의 국민당 가입을 결정하게 하고, 이를 손문과 공산당에 관철시켰던 것이다. 마링에게 '합작'은 중국 혁명을 위한 '통일전선'이었다. 그렇다면 손문은 왜 '합작'을 결정했을까. 둘째, '합작'에 이르는 과정에서의 상대를 보면, '국공' 즉 국민당과 공산당은 빠져 있다. 실제는 손문과 마링, 즉 손문과 코민테른의 합작이다. 물론 국민당에서의 손문의 위치, 그리고 코민테른 지부로서의 공산당의 지위를 감안하면 큰 문제는 아니다. 그러나 더 큰 의문은 이 '합작'에 소련 정부의 역할이 보이지 않는다는 점이다. 셋째, '합작' 과정을 보면 극히 짧은 시간에 '합작'이 성사되었고, 특히 손문의 경우를 보면 너무나도 '쉽고 간단히' '합작'이 이루어졌다는 점이다. 진형명의 공격에 구사일생으로 광주를 빠져나와 상해에 도착한 것이 8월 14일인데, 8월 25일 마링을 만나 '합작'을 받아들였던 것이다.

8월 25일 손문은 구면인 마링을 만나 "현재 나는 소비에트 러시아와 더욱 긴밀한 관계를 맺는 것이 절대적으로 필요하다고 느낀다"[54]면서, 소련과의 합작을 마링에게 처음 제시했다. 그러나 손문은 두 달 전만 하더라도, 달린과 만난 자리에서, '공산 조직이나 소비에트 제도의 비현실성'을 이야기하며, '소련과의 관계 수립'을 거부했다.[55] 손문의 이런 변화를 두 달 사이에 있었던 진형명의 '반변'으로 설명하는 것이 일반적이다. 그렇지만 이런 변화를 '사상적 변화'나 '내재적 발전'으로 설명하기에는 두 달이라는 시간은 너무 짧지 않은가. 따라서 '반변'이 '합작'으로 연결되기 위해서는 더 많은 설명이 필요한 것 같다. 여하튼 소련과의 합작을 절실히 요구하는 손문에게 마링은 "군사행동으로만 광주를

54 Dov Bing, 「斯內夫利特和初期的中國共產黨」, 『馬林在中國的有關資料』, p.44.
55 이 책 10장 3절의 348쪽 참조.

회복하려 하지 말고, 상해를 기반으로 하나의 대중적 선전운동을 전개할 것"을 권하며, "코민테른은 이미 중국공산당원들의 국민당 가입을 통지했다"라고 전하자 손문은 선뜻 마링의 의견을 받아들였던 것이다.[56]

국공합작에 관련한 연구를 보면 '코민테른, 중국공산당, 소련'을 하나로 묶어 '공(共)'으로 간주한다. 코민테른과 중국공산당 사이의 갈등을 설명할 때는 두 조직을 나누어 보기는 하지만, 코민테른과 소련을 구분하는 경우는 거의 없어 보인다. 그러나 연구와는 달리, 손문은 코민테른과 소련을 분명히 구분하고 있었다. 손문, 달린, 마링 사이에 오간 내용을 살피면, 손문이 상대하고자 하는 것은 소련이었고, 마링이 손문에게 전달한 것은 코민테른의 요구였다. 8월 25일 손문이 마링을 만나 '소련과 더욱 긴밀한 관계'를 갖자고 한 요구는 '소련과 국민당의 합작'이고, 마링이 손문에게 요구한 것은 '중국공산당(코민테른)과 국민당의 합작'(공산당원의 국민당 입당)이었다. 손문에게 중국공산당이나 코민테른은 '합작'의 대상이 아니었다. 반면 손문에게 중국국민당, 즉 혁명당은 단순히 하나의 정파적 조직이 아니라 중화민국을 건립할 혁명당이었다. 즉 당으로 국가를 건립하는 '이당건국(以黨建國)'의 당이었다. 따라서 외부에서 보는 국민당과 손문이 보는 국민당은 전혀 달랐다. 그러나 마링, 코민테른, 공산당에게 국민당이란, 합작할 만한 일개 정치조직일 뿐이었다. 손문을 만난 이대쇠가 코민테른에 가입되어 있다고 하자, 손문은 "그것은 별문제 아니다. 한편으로는 코민테른 활동을 하면서, 다른 한편으로는 국민당에 가입해 나를 도와달라"라고 했듯이, 공산당원의 국민당 가입은 손문에게 그다지 문제되지 않았다. 즉 코민테른이 볼 때 '공산당원의 국민당 가입'이란 통일전선으로서의 '국공합작'이었겠지만, 손문에게는 '국공합작'이 아니었다.

다시 말하자면 손문의 대상은 소련이지 코민테른이 아니었다. 또 마링은 소련 정부의 대표가 아니라 코민테른의 대표임도 잘 알고 있었다. 그런데도 마링

56 「與馬林的談話」(1922.8.25), 『孫中山集外集』, p.278.

에게 '소련과의 합작'이 절실하다고 말한 것은 무엇 때문일까. 당시 손문을 찾아온 마링은 코민테른을 대표해서 온 것이 아니라, 소련 정부의 전권대표 요페가 파견했기 때문이다. 따라서 '소련과의 합작'을 마링 즉 코민테른에게 요구한 것이 아니라, 요페에게 전달해달라고 요구한 것이다. 8월 25일 마링이 손문을 만날 때 요페의 첫 편지도 전달되었다. 손문 측에서 볼 때 '합작'은 이제 시작이었다. 물론 소련 측에서 볼 때도 이제 손문과 '합작'을 시작한 것이었다.

따라서 대화 도중 마링이 코민테른의 결정을 말하자 손문이 주저 없이 공산당원의 국민당 가입을 받아들인 것은 '소련과의 합작'을 위한 손문의 '선물'인 셈이었다. 게다가 요페에게 가는 마링에게 손문은 '더 큰 선물'을 주었다. "몽골에서의 소련군 주둔을 허용하고", "소련과의 합작을 실현할 수 있다면, 그가 장차 전국의 정권을 취득한 후에 소련이 중동철도 관리에 참가하는 것을 허락하겠다"라는 것이었다. 이를 "더 큰 선물"이라고 표현한 것은 소련도 '공산당원의 국민당 입당'에 그리 관심이 없었기 때문이다. 관심이 없었다기보다는 공산당원의 국민당 가입을 알지도 못했을 것이다. 그렇다면 손문이 주저 없이 공산당원의 가입을 받아들인 '합작'은 소련과의 '진짜 합작'에 도움이 되었을까. 요페가 손문으로 기울어져 가고 있을 즈음, 요페는 치체린에게 보내는 편지 말미에 다음과 같이 쓰고 있다.

> 만약 레닌, 트로츠키, 치체린이 손문에게 보내는 친필의 편지를 나에게 주면, …… 아주 유익할 것입니다. 어찌 되었든 손문은 우리에게 가장 친근하며, **특히 공산당원들이 그의 당(국민당)에 가입하기 시작한 이후 더욱 그렇습니다.**[57]

손문이 "우리, 즉 소련과 가장 친근하다" 함은 소련과 손문의 합작을 의미한

57 「Ioffe가 Chicherin에게 보내는 전보(적요)」(1922.11.10일과 13일 북경에서), 『聯共(布), 共産國際 檔案資料』 1, p.153, pp.154~155.

다. 그런데 그 합작과 관련해 중국공산당원의 국민당 가입이 손문의 진정성을 보여주고 있다고 하니, 소련과의 합작에 나름의 역할을 하고 있음을 볼 수 있다.

6. 국민당 개진

손문은 요페의 첫 편지를 받고 답장한 후, 소련과의 외교에 자신이 생겼던 듯하다.[58] 9월 4일 손문은 돌연 장계 등 각 성의 국민당원 53명을 소집했는데, 국민당 개진에 대해 의견을 교환하기 위해서였다. '의견교환'이라기보다는 손문이 새로운 정책을 설명하고 지시하기 위해 소집했다고 해야 할 것이다. 53명 전원이 참석했다.[59] 9월 6일에는 국민당개진안 기초위원 9명을 지정했는데, 여기에는 중국공산당의 진독수도 들어갔다.[60] 12월 국민당 개진 선언에 대한 심사를 마치고, 1923년 원단 「중국국민당선언」과 「중국국민당당강」을 발표하고, 다음 날 중국국민당 개진대회를 열어 당강과 총장을 통과시켰다. 아울러 1920년 11월에 공포한 「중국국민당총장」 및 「규약」은 폐지되었다. 주요 내용을 보면 「중국국민당 선언」[61]은 "소극적으로는 민족 간의 불평등을 제거하고, 적극적으로는 국내 각 민족이 단결해 일대 중화민족을 완성한다. 유럽전쟁 이래 민족자결주의가 날로 제창되고 있어 우리는 이 정신을 기본으로 하여 안으로는 전국 민족의 진화를 촉진하고, 밖으로는 세계민족의 평등을 꾀한다"며, 이를 위해 "조약 개정에 힘써 중국의 국제상 자유, 평등의 지위를 회복한다"라

58 손문은 장개석에게 보내는 편지에서 "某의 일(요페, 즉 소련과의 외교)은 최근 그 대표인 전문가가 편지를 갖고 와서 원동의 大局 문제 및 그 해결법을 물어와 내가 이미 하나하나 답했다. 금후 피차 서로 교류하기로 하여 **무릇 일을 협의하기 쉬울 것이**"이라며 자신감을 보였다. 「致蔣中正函」(1922.12.21), 『孫中山全集』 6, pp.535~536.

59 『國父年譜』 下, 1922.9.4, p.908.

60 같은 책, p.909.

61 「中國國民黨宣言」(1923.1.1), 『孫中山全集』 7, p.3.

고 했다. "소극적으로는 민족 간의 불평등을 제거한다"는 것은, 손문의 민족주의를 반제로 해석할 여지를 제공한 것이고, "적극적으로는 국내 각 민족이 단결하여 일대 중화민족을 완성한다"는 것은 소련과의 관계에서 몽골을 염두에 둔 것임이 분명하다. 또 현행 대의제도를 소수자가 조정하는 계급선거로 규정해 "자산을 표준으로 하는 계급선거를 폐지하고, 보통선거를 실시한다"라고 선언했다. 경제면에서는 '불균'이 다툼의 원인이기 때문에 "일정 시기 이후 개인의 토지소유권은 법정 한도를 초과할 수 없고", "철도, 광산, 삼림, 수리 및 기타 대규모의 상공업은 전 국민에 속하므로 국가가 기관을 설립해 경영·관리하며, 노동자는 일부 관리(경영)에 참여할 권리가 있다"라고 선언했다. 1년 전 국민당 총장이나 규약에는 전혀 언급되지 않은 내용일 뿐 아니라 '계급선거', '노동자의 경영 참여' 등 종래 손문이 거의 사용하지 않은 단어가 등장했다. 「중국국민당당강」[62]에서는 삼민주의와 오권헌법을 명시했는데, 민생주의의 대요로서 기존의 '대규모 실업의 국가 경영'과 '평균지권' 외에 '화폐제도의 개혁'을 제시해 구체성을 띤 정책 대안이 제시되었다. 개진대회에서 손문은 "당무를 진행함에는 선전을 중시해야 한다", "선전의 효력은 군대에 비해 훨씬 크다", "소련이 5, 6년 전 혁명에 성공한 것도 바로 선전으로 힘을 얻었기 때문이다"[63]라며 국민당 개진이 소련과 관계되어 있음을 분명히 했다.

손문과 요페의 협의가 시작될 때 손문은 공산당원의 국민당 가입을 흔쾌히 받아들였고, 요페와의 협의가 진행되고 있을 때 국민당 개진을 진행했다. 「손문-요페 연합선언」이 나오기 직전 개진이 선언되었다. 진독수가 개진 기초위원 9명 속에 들어갔으나, 그가 개진의 내용에 참여했다는 기록은 없다. 따라서 개진은 손문의 의중이었고, 손문이 공산당이나 소련과 상관없이 스스로 추진한 것이었다. 앞서 본 바와 같이 요페와의 협상이 오패부와 장작림에 의해 꼬

62 같은 글, pp.4~5.

63 「在上海中國國民黨改進大會的演說」(1923.1.2), 『孫中山全集』 7, pp.6~7.

여갈 때인 1922년 11월의 편지를 살펴보자. 이 편지는 국공합작 연구에서 종종 인용되는 자료이다. 손문이 장개석에게 보낸 편지로, 광동을 회복하기 위해 복주(福州)에 남아 계속 군사 활동을 해달라고 장개석을 달래는, 애절함이 담긴 편지이다.

> 형(장개석)은 일찍이 **서도**(西圖)의 뜻을 두었지만, 내가 최근 상해에서 형을 대신해 이를 행하고 현재 크게 그 요령을 얻었다. 그러나 그동안 사정의 복잡함, 사태의 번잡함이란 복주(福州)의 정세에 비하면 아마 백수십 배가 더할 것이니, 우리나라의 지사(志士) 중, 홍에 겨워 페테르그라드(상트페테르부르크)로 간 자들이 모두 다 흥을 깨고 돌아온 것도 당연한 일이다. 그런데 나는 다행히 교섭 수단을 손에 넣었기 때문에 지금부터 날로 접근할 수 있을 것이다. **그러나 근본적인 방법은, 우리가 조금이라도 의지할 곳**(근거지)**이 있는가에 있다. 그래야 조치할 바가 있을 수 있는 것이다.** 만약 의지할 곳이 전혀 없다면, 비록 마치 우리나라의 청년공산당이 저들(소련)의 주의와 완전히 같다고 하더라도 또한 어찌할 수 있겠는가? 그래서 **페테르그라드의 인사가 국민당에 가입하라고 공산당에게 권유하는 것은 오로지 그 때문인 것이다.** 이를 두고 보더라도 우선 의지할 곳(근거지)을 얻지 않으면 안 되며, 의지할 곳을 얻으려면 반드시 광동을 회복해야만 한다는 것을 알 수 있다. 이번에 광동을 회복하면 서남은 반드시 통일할 수가 있다. 이리하여 서남 몇 성(省)을 우리의 **근거지로 삼을 수 있다면 크게 방법을 마련할 수 있다.** 이번 **터키 혁명당의 성공도 이것이다. 그러므로 형이 앞서 가진 뜻을 이룰 수 있을지는 오로지 복주를 지키는 데 달려 있다.** …… (우리가) 하루 동안 복주(福州)를 가질 수 있다면 우리는 하루 동안 의지할 곳이 있는 것이고, 따라서 **외교내응**(外交內應)도 모두 그것(근거지)으로 뒷받침할 수 있는 것이다. 이것이 없으면 나는 조계의 한 망명객에 지나지 않으니, …… 그러므로 형에게 바라는 바는, 나를 위해 (복주에) 머물고 진보가 없다고 해서 결코 떠나지 말기를 부탁한다.[64] – 괄호와 강조는 인용자

장개석이 "모스크바로 가서 학습하고 고찰하고자 함"을 일반적으로 '서도(西圖)'라고 해석하나,[65] 이는 서북군사계획의 실현을 위해 원조를 얻으려 소련으로 가고자 함이 분명하다. 즉 "내가 상해에서 형을 대신해 이를 행한다는 것"은 손문이 서북군사계획을 요페와 협상하고 있음을 말한다. 당시 손문은 반직삼각동맹을 유지하기 위해, 요페의 손오연합을 제어하고 장작림을 보호하기 위해 전력을 다하고 있었음은 이미 서술했다. "복잡함과 번잡함이 복주의 정세에 비해 백수십 배가 더하다"라는 것은 이를 두고 한 표현일 것이다. 손문이 손에 넣은 '교섭 수단'은 아마 '몽골 문제나 중동철도 문제의 해결책'을 제시한 것일 수도 있고, 공산당원의 국민당 입당을 의미할 수도 있고, 둘 다를 포함할 수도 있을 것이다. 그러나 아무리 교섭 수단을 얻어 협상을 진행한다 하더라도 근거지가 없으면, 우리 나름대로 조치할 방도가 없다는 것이다. 마치 소련과 주의(공산주의)가 같은 공산당도 근거지가 없으니 '하기 싫은 국민당 가입'을 어쩔 수 없이 받아들일 수밖에 없지 않느냐고 반문하고 있다. 따라서 서남에 근거지를 마련할 수 있다면 "앞서 가진 형의 뜻", 즉 서북군사계획도 가능함을 다시 강조하고 있다. 즉 터키 혁명처럼 소련의 원조를 받아 민족적 독립을 할 수 있다는 것이다. 근거지가 있다면, 소련의 원조(外交)뿐만 아니라 반직삼각동맹(內應)도 뒷받침할 수 있다는 것이다. 소련과의 합작을 추진하는 이유를 진솔하게 표현한 이 인용문으로 볼 때, 손문이 '사상적 발전'에 의해 소련에 접근했다기보다는 소련의 원조 특히 서북군사계획의 필요성 때문에 합작을 추진하고 있음을 알 수 있다.

다시 개진으로 돌아가 보자. 앞서 본 바와 같이 국민당 개진은 그 '선언', '당강'과 '총장'을 통해 이전과는 달리 진보적이고 구체적인 정책을 제시했다. 이어 1920년 11월에 공포한 「중국국민당총장」 및 「규약」은 즉시 폐지한다고 통고했다.[66] 앞에서도 살펴보았지만, 1920년 11월에 공포한 「중화국민당총장」

64 「致蔣中正函」(1922.11.21), 『孫中山全集』 6, pp.616~617.

65 같은 글, p.616의 주.

66 「實施新頒宣言黨綱總章通告」(1923年 1月 上旬), 『孫中山全集』 7, p.23.

과 「중화국민당규약」은 손문의 「혁명방략」을 담아 과거 중화혁명당의 정신을 재건한 것이다. 그러나 이번 개진 때 개정된 「총장」과 「규약」에는 혁명단계라든가, '적극 무력'이라는 손문의 「혁명방략」이 없을 뿐 아니라 입당 시 서약도 제시하지 않고 있다.[67] 그렇다면 손문은 개진을 통해 기존의 「혁명방략」을 포기한 것일까. 즉 '입당 시 서약'부터, '적극 무력', '혁명 단계, 특히 훈정의 필요성' 등을 포기하고 민중에 대한 조직과 선전을 통한 혁명으로 전환한 것일까.

기존 「혁명방략」이 빠진 개진에 대해 당원들은 좀 당혹했을 것이다. 먼저 서약을 둘러싼 논란이 있었던 것 같다. 입당 서약은 중화혁명당 창당 시 손문이 매우 중시했던 절차이고, 이에 대해 황흥을 비롯한 많은 국민당원들이 반대했던 것이다. 사실 서약을 매우 중시한 것은 손문이었고, 손문을 따르는 당원들도 시간이 흐를수록 서약의 필요성을 느끼지 못했던 것 같다. 거기에 개진으로 만들어진 「중국국민당총장」에 서약에 대한 규정이 빠지자 연석회의를 열어 선서가 불필요하다고 결정했지만, 아무래도 손문의 뜻과는 다를 듯해 손문의 의견을 물었다.[68] 이에 대해 손문의 답은 단호했다. "입당(入黨)과 수직(受職) 모두 마땅히 선서해야, 본당의 정신을 진흥시킬 수 있다."[69] 같은 시기 손문은 장편의 「중국혁명사」라는 글을 발표했는데, '혁명단계론'과 '혁명의 실패'의 관계를 다음과 같이 설명하고 있다.

67 "당원 2인 이상의 소개를 받아 입당 원서를 제출해 본당의 당원증을 받으면 본당 당원이 될 수 있다"라고 규정했다. 다만 "입당 규칙은 별도로 정한다"라고 했지만, 이후 입당 규칙은 만들어지지 않은 것 같다. 「中國國民黨總章」(1923.1.2), 『革命文獻』 8, p.41.

68 2월 8일 팽소민이 손문에게 '입당 선언에 관한 연석회의의 결과'를 고지하면서 "선서가 불필요하다고 주장합니다만, 단지 일이 중대해 결정에 총리의 가르침을 청해 표준으로 정하자고 합니다"라고 하면서, 손문의 의견을 청했다. 「彭素民致函孫中山關于入黨宣誓問題」(1923.2.9), 『各方致孫中山函電匯編』 7, p.66.

69 「批彭素民呈」(1923年 2月 上·中旬), 『孫中山全集』 7, p.109.

나의 「혁명방략」에는 혁명 진행의 시기를 3기로 규정하고 있다. 제1기를 군정 시기, 제2기를 훈정 시기, 제3기를 헌정 시기라고 한다. 제1기는 파괴의 시기로, 이 기간 중에는 군법을 시행해 혁명군으로 하여금 만주 전제의 타파, 부패 관료의 소탕, 퇴폐풍조의 개혁 등을 담당하게 한다. 제2기는 과도 시기로서 이 기간 중에는 약법(현행의 것이 아니다-원문)을 시행해야 지방자치를 건설하고 민권의 발달을 촉진할 수 있다. …… (신해혁명 이후 1923년 1월까지) 12년간 민국은 이름만 있을 뿐 내실이 없었던 것에 대해 …… 세인들이 머리를 쥐어짜서 그 원인을 탐구해도 얻을 수 없을 것이다. **나에게 간단한 한마디로 이를 설명하라고 한다면, 즉 「혁명방략」을 행하지 않은 과오 때문이다.**[70] -괄호와 강조는 인용자

개진을 발표한 후 당강이나 총장을 개정해 자신의 「혁명방략」을 빼버렸지만, 「혁명방략」을 포기한 것은 결코 아니었음을 알 수 있다. 손문이 국민당 개진을 소련이나 요페의 요구에 응해 추진한 것은 아니었다. 손문 스스로 추진한 것이다. 이는 소련으로부터 원조를 예상해 원조에 대한 대가로 소련에 사상적 '양보'를 보여주기 위한 것이었다.[71] 사실 손문의 이런 '양보'는 소련과의 합작에서 요페로 하여금 손문의 요구를 지지하게 하는 데 일조했다. 요페가 오패부를 버리고 손문으로 결정한 후 모스크바(소련공산당, 소련 정부, 코민테른 지도자)에 보낸 편지에서 개진을 다음과 같이 평가하고 있다.

---

70 「中國革命史」(1923.1.29), 『孫中山全集』 7, p.62, p.66.

71 민두기는 당시 소련 측 사료를 이용할 수 없었음에도, '개진'과 '개조'의 내용과 상황을 분석해 다음과 같이 결론을 내리고 있다. "손문이 개진에서 개조로 한층 더 깊이 나아갔다는 것은 손문 사상의 내재적 발전으로도 볼 수 있겠으나 손문이 원조를 대가로 하여 소련 측에 양보한 것으로 해석해도 좋은 것인바, 개진과 개조를 포함한 국공합작을 손문 사상의 내재적 발전으로만 설명하기는 곤란하며 그것보다는 외적 자극에 민감하여 시행착오나 양보를 통해 유연성 있게 그것에 대처하는 손문전략의 넓은 폭을 가지고 설명하는 것이 더 적절할지도 모르겠다." 민두기, 「中國國民黨의 '改進'과 '改組'」, ≪동방학지≫, 제33집(1982)[민두기, 『중국초기혁명운동의 연구』(서울대출판부, 1997) 재수록, 234~235쪽].

또한 손문의 당, 즉 국민당과 손문 본인이 **우리의 사상적 영향하에서**, 최근 몇 달간 상당한 정도에서 **자기의 본질을 바꾸었다**는 데 주의해야 합니다. 국민당은 확실히 중국의 대중적 정당으로 변하고 있고, 이 당은 성립 이후 처음으로 **자기의 강령**을 공포했는데 이 강령도 편지에 동봉합니다.[72]

'자기의 강령'이란 앞서 본 「중국국민당선언」과 「중국국민당당강」일 것이다. 요페 자신 및 소련의 '사상적 영향'을 받아 손문과 국민당이 자신의 '본질'을 바꾼 것이 '개진'이라고 요페는 해석했다. 손문으로서는 자신의 의도가 요페에게 성공적으로 작용했음을 의미한다. 요페로부터 첫 편지를 받은 다음 날(8.23), 손문은 북경에서 온 이대쇠를 만나 국민당 개진에 대해 이야기했다.

나는 현재 중국국민당을 개조(당시 구상하고 있던 것은 '개진')하여 **본당으로 하여금 더 많은 노동자가 참여하도록 하고자 한다.** 이처럼 개조를 거친 후, 대정당은 한편으로 정치 수단의 운용을 토론해 일반 정당이 해야 할 일을 해야 하며, 다른 한편으로는 사회의 근본개혁을 꾀하기 위해 민중의 각성을 환기시키는 노력을 해야 한다. 결국 그것(중국국민당)을 하나의 군중혁명의 선봉 조직으로 건설하고자 한다. 요컨대 우리나라가 가까운 시기에 단기간의 통일로 영구적인 평화를 실현하는 것은 비현실적이다. 4억 민중의 각성과 진정한 군중성 개혁 외에 달리 방법은 없다.[73] – 괄호와 강조는 인용자

만약 손문의 뜻이 정말로 이와 같았다면, 즉 이후 국공 간의 합작은 무리 없이 진행되었을 것이다. 그러나 합작 후 소련 측과 국민당(손문)은 개조의 지향

72 「Ioffe가 俄共(布), 소련 정부, 코민테른 지도자에게 보내는 편지」(1923.1.13, 북경, 기밀), 『聯共(布), 共産國際 檔案資料』 1, p.197.

73 「與李大釗的談話」(1922.8.23), 『孫中山集外集』, p.278.

에서 개조의 방법에 이르기까지 크게 달랐다. 손문은 민중의 참여를 통해 혁명을 진행하려 하지 않았다. 그는 자신의 「혁명방략」인 '적극 무력'에 의지했다. 손문에게 오패부의 타도는 혁명의 목표나 마찬가지였다. 그래서 반직삼각동맹의 일원으로 참여했다. 따라서 '손오연합'을 요구하는 요페로부터 오패부를 떼어내야, 오패부 타도를 위한 소련의 원조가 가능했다. 오패부는 반직삼각동맹의 적이자, 소련 원조의 걸림돌이었다. 이에 손문은 소련으로부터 원조를 얻기 위해 공산당원의 국민당 입당을 흔쾌히 받아들였고, 국민당 개진을 단행했다. 그 결과 「손문-요페 연합선언」이 만들어졌다. 「연합선언」이 발표된 후 열흘이 채 안 된 2월 7일, 오패부는 정주, 한구 등지에서 경한철도 파업 노동자를 유혈 진압했다. 50여 명이 살해되고, 300여 명이 부상했다. 이어 북경정부는 마링, 진독수, 이대쇠 등에 대해 체포령을 내렸다. 앞에서 인용한 손문의 발언대로라면 이는 손문에게도 반혁명적인 참사였다. 반혁명적 참사를 따지지 않더라도, 반직삼각동맹의 적이자 소련 원조의 걸림돌인 오패부를 공격하기에 얼마나 좋은 '기회'였던가. 그러나 손문은 물론이고 국민당도, '참안'에 대해 공식적인 성명뿐 아니라 비공식적인 언급도 없었다. 오사사건 때와 마찬가지였다. 2월 15일 상해를 떠나 광주로 가기 전까지 손문은 광동의 심홍영(沈鴻英, 선홍잉) 등을 몰아내라거나 투항시키라는 지시만 내리고 있었다.[74]

손문과 소련의 합작 과정을 정리해보자. 1922년 6월 손문은 달린(소련 전권대표 파이케스가 파견한 대표)에 의해 처음으로 소련 정부로부터 합작 의사를 타진받았지만, 거부했다. 달린과의 만남 직후 손문은 진형명에 의해 광주에서 쫓겨나

74 2월 8일부터 2월 14일까지 손문이 광동의 군사 등에 관해 내린 지시만 15통이나 된다. 「復劉玉山函」(1923.2.8); 「復劉震寰函」(1923.2.8); 「復陳天太函」(1923.2.8); 「復楊希閔函」(1923.2.8); 「復梁鴻楷函」(1923.2.8); 「致張開儒函」(1923.2.9); 「致胡漢民等函」(1923.2.10); 「復陸世益函」(1923年 2月 上·中旬); 「致謝文炳 □育麒函」(1923.2.12); 「復沈鴻英函」(1923.2.12); 「復熊寶慈函」(1923.2.12); 「致馬福祥等函」(1923.2.12); 「復蔣中正函」(1923.2.13); 「復溫樹德函」(1923.2.13); 「復王永泉函」(1923.2.14), 『孫中山全集』 7, pp.90~114.

상해로 오면서, 소련의 원조를 돌파구로 생각했다. 한편 1921년 말 코민테른 대표 마링은 손문을 계림에서 만나고 돌아가는 길에 광주에서 홍콩 해원 노동자의 파업을 목격하는데, 손문과 국민당이 파업을 지도한다고 파악해 중국공산당원의 국민당 가입의 필요성을 확신했다. 모스크바 코민테른 집행위원회에서 마링은 공산당원의 국민당 가입을 허락받고, 소련 정부의 전권대표로 임명되어 요페와 함께 1922년 8월 중국으로 돌아왔다. 이후 손문과 요페의 협상은 마링과 게커의 중개로 진행되었다. 손문은 협상에서 손오연합정부를 주장하는 요페를 설득해 자기 쪽으로 끌어들었다. 여기에는 '소련군의 몽골 주둔 허용'과 '중동 철도 관리에서 소련의 참여'라는 손문의 '외교적 선물'이 크게 작용했다. 또한 요페의 혁명적 열정은 그로 하여금 '손문의 신도'가 되게 하여, 손문을 합작 대상으로 소련 정부에 강력히 추천했다. 한편 손문은 소련의 원조를 이끌어내기 위해, '외교적 선물' 이외에 마링이 요구한 '공산당원의 국민당 가입'을 선뜻 받아들였고, 국민당 개진이라는 '사상적 양보'를 주저하지 않았다. 그리하여 개인 차원에서 「손문-요페 연합선언」이 이루어졌고, 소련은 손문의 요구를 전폭적으로 받아들인다는 결정을 내렸다. 5월 12일 손문은 소련의 원조 소식을 전달받자마자, 감사와 함께 "귀국의 모든 건의에 동의하며, 장차 대부분의 정력을 써서 이 건의들을 실시할 것이고, 아울러 대표를 모스크바로 파견해 상세히 토의하겠습니다"[75]라는 답장을 보냈다. 이후 소련 원조의 내용에 변화가 있기는 하지만, 손문이 사망할 때까지 소련의 원조는 이어졌다. 이런 점에서 1923년 5월 손문에 대한 소련의 원조 결정은, 손문과 소련 간의 합작이 일단락된 것으로 볼 수 있다.

'국공합작'이란 글자 그대로 풀이하면, 중국국민당의 '국'과 중국공산당의 '공'의 합작이다. 따라서 일반적으로 국공합작이라 하면, 중국공산당원이 개인 자격으로 국민당에 가입하는 것에서 시작한다. 코민테른 측에서 보면 '국공합

75 「轉孫中山致越飛的電報」(1923.5.12), 『馬林與第一次國共合作』, p.174.

작'이란 코민테른 2차 대회의 정신을 구현하기 위한 전략으로 볼 수 있다. 그러나 이상에서 보았듯이 '국공합작'의 실질은 '손문과 소련의 합작'이고, 공산당원의 국민당 가입이라는 '국공합작'은 소련과의 합작을 위해 손문이 '사상적 양보'를 한 조치에 지나지 않는다. 따라서 '국공합작'을 문자에 얽매이지 않고, 중국현대사에 자리매김할 수 있는 '역사 용어'로 본다면, 코민테른이 아닌 소련과 손문의 합작을, '국공합작'으로 보아야 할 것이다.

중국공산당원의 국민당 가입은 이후 국공합작의 전개에 큰 영향을 미쳤고, 특히 손문 사후에 갈등과 분열의 원인이 되었으니, 국공합작의 역사에 공산당원의 국민당 가입은 빼놓을 수 없는 사건이다. 그러나 '공산당원의 국민당 가입'과 '소련과의 합작'은 별개로 진행되었고, 다른 차원의 일이기도 했다. 따라서 적어도 손문이 살아 있을 때까지 국공합작이라 함은 '손문(국민당)과 소련의 합작'이라고 보는 것이 타당하지 않을까 생각한다.

14장

손문과 마링의 충돌

1. 근거지 확보를 위한 전쟁

「손문-요페 연합선언」(1923.1.26) 직후 요페는 병 치료 차 일본으로 떠났다. 이어 손문도 광동을 회복해 광주로 돌아가 육해군 대원수직에 올랐다(2.21). 소련의 원조가 구체적으로 어떻게 결정 날지 모르는 상황에서 손문은 원조를 기대할 뿐이었다. 진형명에게서 광주를 회복한 것은 다행이었으나, 상황은 아주 나빴다. 단순히 군사력만 보아도 당시 손문의 군사력은 약 6만 5000명이었고,[1] 진형명의 군대도 약 6만 명에 달했다.[2] 4월 16일 심홍영이 손문의 하야를 요구

1 손문의 군사력으로는 동·서 양로의 토적군이 있었다. 동로토적군은 허숭지가 이끄는 월군의 주력으로 3개 군, 약 2만여 명에 이르렀다. 동로토적군은 손문의 명을 받아 복건에서 광동의 동쪽으로 진입해 진형명 '반군' 토벌에 참가했으며, 서로토적군은 전·계·월·연군으로 그중 楊希閔(양시민)의 전군이 약 1만 5000명에 달했다. 유진환의 계군이 약 4000명, 심홍영의 계군(뒤에 진형명 쪽으로 감)이 약 1만 명, 월군 제1·3사 약 1만 명으로, 총병력은 6만 5000명이었다. 이 밖에 해군 함대의 함선이 수십 척이었다. 廣東民國史研究會 編, 『廣東民國史』 上册, p.319.

2 진형명 군대가 광주에서 축출된 후 東江, 潮梅 일대로 물러났다. 진형명의 병력은 이때에

하자, 이 기회를 이용해 5월 8일 진형명이 광주를 공격했다. 손문의 군대가 심홍영과의 북강전투에서 승리해 겨우 숨을 돌린 것은 5월 13일이었다. 이보다 며칠 앞서 소련의 원조 소식을 요페로부터 전해 들었다. 앞에서 본 것처럼 소련 정부(소련공산당 중앙정치국)는 손문이 요구한 '200만 금루블의 현금 원조'와 '서북 군사계획에 대한 군사적 지원'을 받아들이면서 "순수한 군사행동에 지나치게 집착하는 손문의 행동은 조직의 준비 사업에 손상을 입힐 것 같다"는 우려를 요페에게 전달했다.[3] 요페는 소련의 우려를 다음과 같이 손문에게 전달했다.

광범한 사상적·정치적 준비 공작을 잠시라도 그만두어서는 안 됩니다. 당신의 군사 혁명 행동, 그리고 가능한 한 당이 지도하는 집중적인 기구의 설립은 모두 이를 기초로 해야 합니다.[4]

이에 손문은 "귀국의 모든 건의에 동의하며, 장차 대부분의 정력을 써서 이 건의들을 실시하겠다"[5]고 답했다. 군사행동에만 치중하지 않는 '사상적·정치적 준비 공작'의 이행이야말로 손문과 소련의 합작에 중요한 관건이었다. 물론 손문에게 사상적 변화가 있어 국공합작이 추진되었다면 양자 사이의 갈등은 그다지 문제될 것이 없다. 그렇지 않다면 손문의 '적극 무력'이라는 「혁명방략」은 소련의 요구와 충돌할 수밖에 없었다. 물론 '충돌'이라고 해도 국공 분열을 의미하는 것은 아니고, 적어도 손문 생진에는 양측의 '줄다리기'로 보아도 될 것이다. 이 줄다리기가 국공합작의 전개일진대, 여기에는 국내 상황과 반직삼

도 3, 4만 명에 이르렀고, 더욱이 23년 5월에는 심홍영의 주력인 이익표와 동로토적군 황대위 부대를 얻어 합계 6만에 달했다. 같은 책, p.321.

3 「俄共(布)中央政治局會議 제53호 기록(적요)」(1923.3.8, 모스크바에서」, 『聯共(布), 共産國際 檔案資料』 1, p.226.

4 「收越飛本年5月1日熱海來電: 轉蘇聯政府致孫中山電」(1923.5.1), 『馬林與第一次國共合作』, pp.170~171.

5 「轉孫中山致越飛的電報」(1923.5.12), 『馬林與第一次國共合作』, p.174.

각동맹이 큰 영향을 미쳤다. 북강전투에서 승리하고 소련 원조 소식을 전해받자 손문 측은 크게 고무되었다.[6] 그러나 진형명의 반격이 시작되어 동강 전선이 위태로워졌다. 이후 손문은 거의 모든 시간을 전선에서 보냈다.

요페가 소련 정부로부터 전해 받은 원조 소식을 손문에게 전달한 사람은 마링이었고, 원조에 대한 감사의 편지를 요페에게 전달한 사람도 마링이었다. 마링은 1922년 말 코민테른 집행위원회에 참가하고 1923년 1월 31일 북경으로 돌아왔다. 이후 북경과 상해를 오가며 「2·7 참안」 대책을 논의하는 등 분주한 시간을 보내다가, 4월 말 광주로 가서 손문과 만나 국민당의 개조 공작에 투입되었다. 그러나 마링은 코민테른 대표였다. 따라서 소련 원조에 관여할 위치는 아니었다. 사실 이 시기 소련은 손문에 대한 원조를 결정했지만, 손문과의 연결선을 마련하지 못했다. 소련 정부의 전권대표 요페가 병 치료 차 일본을 갔기 때문에, 9월 1일 카라한이 도착할 때까지 약 7개월간 소련 정부를 대표할 사람이 북경에 없었다. 더구나 손문과 카라한을 연결시켜줄 보로딘[7]이 광주에 도착한 것은 10월 6일이므로, 약 8개월간 손문과 소련 정부의 공식적 연결고리가 없었다. 따라서 이 시기 그래도 소련 측의 역할을 한 사람은 마링이었다. 마링은 코민테른의 대표이기 때문에, 손문의 의견을 일본에 있는 요페나 북경의 주중국 소련대표처 참찬(參贊) 다프티얀(Davtyan, 중국명 達夫謙)을 통해 전달할 수밖에 없었다.

---

6 북강전투에서 승리한 聯軍 장령들은 오패부 토벌을 청했다. 「本社專電」, 上海≪民國日報≫, 1923.5.14.

7 소련공산당 중앙정치국은 8월 2일 보로딘을 손문의 정치고문으로 임명하면서 "손문과의 사업에서는 중국 민족해방운동의 이익을 준수해야 하며, 절대로 중국에서 공산주의를 육성한다는 목적에만 전념해서는 안 된다", "북경 주재 소련전권대표(카라한)와 사업을 조절해야 하며, 후자를 통해 모스크바와 서신 왕래를 해야 한다", "정기적으로 모스크바에 사업보고(가능한 한 한 달에 한 번씩)를 제출해야 한다"라고 지시를 내렸다. 「俄共(布)中央政治局會議 제21호 기록(적요)」(1923.8.2, 모스크바에서), 『聯共(布), 共産國際 檔案資料』 1, p.265.

요페나 소련 정부가 합작 대상으로 손문을 선택하기까지 마링의 역할이 컸음은 앞서 본 바이다. 그리고 손문에 대한 높은 평가는 1922년 홍콩 해원 노동자 파업을 손문의 국민당이 지도한다고 보았기 때문이다. 1923년 4월 말 광주에 도착한 마링은 손문을 만났다. 이어 5월에는 요페가 보내온 소련의 원조 소식을 손문에게 전달했다. 마링은 원조의 대가로 '사상적·정치적 준비 공작'을 손문에게 요구했고, 또 중국 혁명을 위해 손문이 해주기를 원했다. 원조를 확인한 손문은, 다프티얀과 요페에게 보내는 편지에서 다음과 같이 말했다.

> 나는 즉시 당의 개조를 시작할 것입니다. 광주, 상해, 하얼빈에서 일간지를 창간할 것이며, 북경, 상해에서 주보를 낼 것입니다. 상해에 통신사를 설립하며 광주에서는 월간지를 낼 것입니다. 되도록 조속히 북방의 병사들에게 선전을 전개할 것입니다. **승낙한 지원금 중 제1차 지불금을 보내주길 청합니다. 즉시 모스크바에 전보를 쳐주십시오. 서북 변계에서 군사 역량을 조직하는 일에 관해, 대표를 아주 빨리 모스크바로 보내 상세히 상의토록 할 것입니다.** 철로 협정에 관해 장작림이 받아들이도록 이미 두 번이나 봉천의 대표에게 강경한 건의를 제출하라고 했습니다.[8]

핵심은 자금을 보내주고, 서북군사계획을 위해 대표단을 보내겠다는 것이었다. 앞서 본 바와 같이 손문은 광동을 군사적으로 장악하기 위해 신형병, 심홍영 등과 힘든 싸움을 하고 있었으나, 자금이 모자랐다. 손문이 기대할 수 있는 곳은 장작림[9]과 소련이었다. 시간이 흐를수록 소련 측이 우려했던 상황이

8 「孫中山致達夫謙和越飛的電報」(1923.5.23), 『馬林與第一次國共合作』, p.176.

9 장작림에게도 직접 요청했고[「復張作霖函」(1923.5.3), 『孫中山全集』 7, p.423], 같은 날 비슷한 내용을 당시 봉천에 파견한 왕정위에게도 간곡히 부탁했다. "雨亭(장작림)의 편지는 이미 받았다. (군자금이) 필요하다. 최근 戰事가 극렬하여 비용이 아주 커 겸해서 돌아보기 어렵다. 형(왕정위)이 우공에게 도와달라고 힘써보시오"라고 쓰여 있었다. 「致汪精

이어졌다. 즉 손문은 광동을 장악하기 위한 군사행동에 전력을 쏟았다. 근거지가 마련되어야 '적극 무력'인 북벌을 발동할 수 있고, 또 이 북벌은 반직 동맹자들의 요구이기도 하기 때문에, 손문으로서는 사활이 걸린 문제였다. 그러나 마링에게는 우려스러운 행동이었다.

> 손문은 이미 당의 개조 계획에 동의했고, 반제 선전을 통해 사상 전선을 세울 필요성을 인식했지만, 그러나 만약 광동에 대한 그의 미약한 장악을 유지하는 데 전력을 쏟는다면, 상술한 두 가지 공작이 아주 큰 효과를 거둘 수 있을지 걱정하지 않을 수 없습니다. …… 개인적인 생각으로는 만약 우리의 원조가 이전의 책략(군사행동)의 지속에만 유리하고, **혁명적 국민당원과 전혀 무관한 장령**들을 부양한다면, 만약 이런 위험이 존재한다면, 원조해주어서는 안 됩니다. 원조를 남방의 군사행동에 쓰지 않는다는 것을 상대방이 보증한 후에야 원조 제공을 개시하는 것이 가장 좋습니다.[10] - 괄호와 강조는 인용자

"혁명적 국민당원과 전혀 무관한 장령"들이란 광주를 회복하고 이어 진형명과 싸우기 위해 손문이 받아들인 객군들인데, 이에 대해서는 뒤에 다시 설명하겠다. 여하튼 마링의 우려는 갈수록 커져갔다.

> 손문이 오로지 관심을 기울인 것은 '진형명을 정복하고 지반을 확보할 수 있는가'라는 문제입니다. 그는 단지 군사 형세에만 관심이 있습니다. …… 국민당의 개조와 정치 선전의 필요성 문제에 대해 손(孫)에게 물었습니다. 대답은 광동 문제를 해결한 후 착수할 수 있다는 것입니다. 빨리 대표를 모스크바에 파견하라고 건의했으나, 그는 가타부타 말하지 않고, 오히려 현재 남방은 재정 원조가

衛電」(1923.5.3), 『孫中山全集』 7, p.424.

10 「致越飛,達夫謙和季諾維也夫的信」(1923.5.31, 廣州), 『馬林與第一次國共合作』, p.197.

절박하다고 말했습니다. 그가 가장 관심 있는 것은 이 하나임이 분명합니다. …… 그러나 나는 이전에 비해 더욱 굳게 생각합니다. 만약 당의 개조를 진행하지 않으면 원조를 주어서는 안 됩니다. 어떻든 광동에서의 전쟁을 지원해서는 안 됩니다.[11] – 강조는 인용자

손문은 진형명 부대와 싸우는 데 전력을 쏟았고, 마링은 사상적·정치적 준비 공작을 하지 않는 손문을 비판했다. 둘 사이의 갈등은 손문과 상해 상인 및 중국공산당과의 갈등으로 확대되며, '국민회의' 문제로 절정에 달했다.

2. 마링의 '국민회의' 개최 주장과 손문의 반대

제1차 세계대전 후 특히 일본 제국주의에 의해 경제적 어려움을 겪고 있던 상해 상인들 스스로가 열강과의 직접적인 경제적 대결로 나아갔고, 다른 한편으로는 제국주의의 경제적 침략을 제지하지 못하는 북경의 직계 정권과 정치적으로 대립했다. 전자의 예로는 일본 상품 보이콧, 나아가 경제절교를 주장했고, 북경정부의 차관이나 채권 모집까지도 거절했다. 후자의 예로는 상해총상회가 군대의 감축, 재정의 정리, 헌법의 제정을 추진하기 위해 1922년 12월 재병이재제헌위원회(裁兵理財制憲委員會)를 조직한 것을 들 수 있다. 특히 북경 권력의 직계가 조곤을 총통으로 선출하기 위해 여원홍 총통을 북경에서 몰아내려 하자, 마침내 여원홍은 북경을 떠나 천진으로 갔다(북경정변, 6.13). 이에 상해 상인들은 국민회의를 소집해 국시를 해결하자고 하고, 북경정부와 국회를 부인했으며, 아예 '상인정부'를 조직하자는 주장까지 나왔다.[12]

---

11 「致越飛和達夫謙的信」(1923.6.20), 『馬林與第一次國共合作』, pp.261~262.

12 이 시기 상해 상인들의 경제적·정치적 활동에 대해서는 이승휘, 「1920년대초 상해총상회

상해 상인의 이런 정치적 주장에 호응한 것은 마링이다. 다음은 상인의 국민회의 주장이나 정치적 행동에 대한 마링의 평가이다.

상해의 자산 계급과 소자산 계급은 위기 국면에 대해 아주 진보적인 태도를 지니고 있는데, 국민회의 개최를 요구하고 있다.[13]

정치가들의 음모와 비교해 상해의 자산 계급과 소자산 계급의 행위는 생기발랄하고 진취적이다. 상회(商會)는 성명하기를 조곤을 총통 후보자로 내세우는 것을 받아들일 수 없으며, 아울러 외교사단(外交使團)에게 '북경정부'에 재정 원조를 제공하지 말 것을 절박하게 요구했다. 소상인연합회는 상인, 각 성 의회 및 각종 자유직업 단체의 대표로 구성된 국민회의의 개최를 요구했다.[14]

이에 대한 손문의 반응을 마링은 다음과 같이 전하고 있다.

(손문은) 반드시 **자신의 혁명 역량을 건립**해야 한다고 주장한다. 비록 **당원이 개인 신분으로 상인의 행동을 지지하는 것에 반대하지는 않지만, 그러나 그 자신은 상인의 행동을 지지할 수 없으며, 어떤 결과도 있을 수 없기 때문에, 당은 상인들과 손을 잡아서는 안 된다.** …… (일본 상품에 대한) 보이콧 문제에 대해서도 태도를 표명해서는 안 된다. 왜냐하면 머지않아 우리는 반드시 **일본과 합작할 것이기 때문이다**. 당원 개인이 단지 국민회의 운동과 같은 것을 지지할 수도, 보이콧 운동을 지지할 수도 있다. (우리 자신의 혁명 역량을 건립할 때까지) 당은 단지 지극히 위급할 때만 나서야 한다. 광동성을 기지로 하여 서남에 하나의 혁명적 군사 역량을 건립하

의 정치적 성격」, ≪동양사학연구≫, 제20집(1984).

13 「致布哈林的信」(1923.7.14), 『馬林與第一次國共合作』, p.285.

14 「向共産國際執行委員會的報告: 關于中國形勢和6月12日 - 7月15日的工作」(1923.7.15, 廣州), 『馬林與第一次國共合作』, p.287.

> 고, 서북 혹은 동북에도 반드시 이렇게 해야 한다. 이렇게 해야 승리를 잘 준비할 수 있다고 했다. …… 행동으로 논한다면 단지 군사행동만 있을 수 있고, 당은 인민과 제휴하는 행동을 해서는 안 된다는 것이다. 적어도 당의 이름으로 제휴해서는 안 된다. 당원은 개인으로 이렇게 할 수는 있다는 것이다.[15]

손문은 '상민운동'에 대해 일단 부정적이다. 따라서 그들이 주장하는 국민회의 운동이나 보이콧 운동을 자신도 지지하지 않으며, 당도 지지해서는 안 된다는 것이다. 사실 상민운동뿐만 아니라 노동운동이나 학생운동에 대해서도 마찬가지로 손문은 부정적이었다. 앞서 서술했듯이 노동운동을 '잡초'에 비유한 대계도와의 대화, 「2·7 참안」에 대한 대응, 수업 거부나 학생 시위 등의 학생운동보다는 '500자루의 총'을 잡는 편이 낫다고 한 장국도와의 대화가 그 예라고 할 수 있겠다.

여원홍을 축출한 북경정변을 계기로, 상해 상인들을 비롯해 각계가 북경정부를 부인할 정도로 여론은 비등했다. 이런 분위기에서 손문도 국민회의 개최를 정면으로 부정할 수 없어 "당원이 개인 신분으로 국민회의 운동을 지지하는 것에 반대하지는 않는다"라고는 했으나 이는 한마디로 거부였다. 이런 식의 거부는 손문이 이전에도 썼던 방법이다. 1915년 초 일본이 '21개조'를 북경정부에 요구했다는 '비밀'이 드러나자, 특히 이에 대한 저항이 일본에서 거세게 일어났다. 당시 손문은 일본에서 '중화혁명당'을 조직해 일본의 원조를 바라고 있던 때이므로, '21개조'를 왜곡해 해석하며 일본을 지지했다. 그러나 혁명당 내에서도 '21개조'에 대응하자는 요구가 나왔고, 이어 도쿄에 거주하던 혁명파들이 21개조에 반대 성명을 내자는 데 의견을 모으고 손문의 답을 구하고자 했

15 「致達夫謙和越飛的信: 北京危機與孫中山計劃」(1923.7.13), 『馬林與第一次國共合作』, p.287. 비슷한 내용을 거의 같은 시기에 부하린과 코민테른 집행위원회에도 보고하고 있다. 「致布哈林的信」(1923.7.14), 같은 책, p.285; 「向共産國際執行委員會的報告: 關于中國形勢和6月12日 - 7月15日的工作」(1923.7.15, 廣州), 같은 책, p.288.

다. 손문은 각자 개인의 이름으로 성명을 내는 것은 허락했으나, 자신은 따로 대책이 있다면서 함께하기를 거부했다. 이리하여 이들은 손문이 아니라 황홍의 이름으로 성명을 발표했다. 물론 손문은 따로 성명을 발표하지 않았다.[16]

민중운동에 대한 손문의 평가가 국민회의 운동을 지지하지 않게 했더라도 선뜻 이해할 수 없는 것은 북경정부에 대한 태도이다. 손문은 반직삼각동맹으로 북경 직계 정부의 붕괴를 노리고 있었던 터라, 앞에서 말한 상인이나 여론의 반직계 정치 행동은 북경 타도를 주장하기에 아주 좋은 기회였다. 그런데도 국민회의 운동을 거부했다. 문제는 운동 방식이었다. 국민회의 운동이란 각계 혹은 각 직업 단체가 국민회의를 구성해 궁극적으로 헌법을 만들어 새로운 정부를 세우자는 것이다. 반면 손문의 「혁명방략」, 즉 자신의 혁명 역량(근거지)을 만들어 '적극 무력'으로 직계의 북경정부를 타도해야만 가능하다는 방략은 손문에게 확고한 것이었다. 더구나 반직삼각동맹과 소련의 원조로 그 어느 때보다 자신의 「혁명방략」을 실현하기에 가장 좋은 기회였기 때문이다.

일본 상품에 대한 보이콧이나 경제절교의 효과에 대해 부정적이었을 뿐 아니라, 이는 손문이 늘 구상하고 있는 '외교'에 걸림돌이었다. 손문은 자신의 「혁명방략」에 따라 자신이 집권하면, 미국 및 일본과의 '외교'를 통해 자본을 끌어와 자신이 구상한 '실업 계획(The International Development of China)'을 구현하고자 했던 것이다.

그러나 국민회의에 대한 마링의 생각은 중국공산당의 전략으로 나타났으니, 중공은 제2차 시국선언을 통해, 그리고 8월 광주에서 개최된 전국학생연합회의 결의를 통해 '국민회의'의 조직과 개최를 받아들이라고 손문과 국민당에게 요구했다.

> 국민혁명의 사명을 짊어지고 있는 국민당이 전국의 상회, 공회, 농민협회, 학

---

16 이 책 3장 6절의 132~134쪽 참조.

생회 및 그 밖의 직업단체에 호소해 다수의 대표를 선거하여 적당한 지점에서 국민회의를 개최하라. …… (만약 국민당이 이를 수행하지 못할 경우) 예컨대 상해총상회가 발기자로 되어 있는 민치위원회 같은 것이 이 대임을 짊어질 것이며 …… 국민회의가 만든 정부야말로 진정한 국민혁명 세력이다.[17]

현 시국을 해결할 유일한 방법은 전국 민중 세력이 연합해 공동으로 군벌과 외부 세력을 제거하는 것이라고 우리는 믿는다. 본회는 상회, 학생회, 공회, 농회, 교육회 및 그 밖의 직업 단체가 적당한 지점에서 국민회의를 거행해 시국을 해결할 것을 주장한다. 국민회의는 본회가 상해총상회, 국민당 등을 소집해 공동으로 발기하는 것이 가장 좋은 길이라고 생각한다.[18]

이에 손문은 크게 분노했다. 손문의 태도를 마링은 다음과 같이 전하고 있다.

손문은 중국어로 요중개와 돈에 관한 전보를 담론했다. 그러다가 그는 돌연 영어로 나에게 말했다. 진독수가 주보(≪嚮導週報≫)상에서 국민당을 비판하는 일을 더는 허용하지 않겠다. 만약 그의 비평 속에 국민당보다 더 좋은 제3의 당을 지지하는 기색이 있으면, 나는 반드시 그를 제명할 것이다. 만약 내가 내 마음대로 공산당인을 국민당에서 내쫓을 수 있게 되면, 나는 재정 원조를 받지 않아도 좋다. 그는 아주 흥분하여 이야기했다. 이때 요중개와 호한민 같은 사람은 조용히 물러나 위축은 듯 있었다. 내가 받은 느낌에 요중개는 그의 그림자였다. 나는 진독수를 위해 변호하고, 국민당의 소극성과 피동성을 비판한 문장 일부는 내가 쓴 것이라고 말해주었다. 그러나 나도 이야기했다, 원조 문제는 공산당의 국민당 잔류와는 전혀 관계가 없다고. …… 우리(나와 진독수)의 생각에, 손문

17 「中國共産黨對于時局之主張」(1923.8.1), 『中共中央文件選集』 第1冊(1989), pp.177~178.
18 「第五次全國學生總會開會記」, 『學生雜誌』 第10卷 第10號(1923.10).

의 홍분은 홍콩 신문이 중국공산당의 선언(제2차 시국선언)을 비판한 데서 일어 난 것이다. 이 당은 처음으로 유럽 언론에 비판을 받은 것이다. 신문(유럽 언론)은 손중산에게 이런 선동성 출판물(≪嚮導週報≫)이 광주에서 인쇄되는 것을 금지시키라고 요구했다.[19]

이 글은 국공합작의 전개에서 손문과 마링이 서로 충돌하기 시작했음을 보여준다. 사상적·정치적 준비 공작을 하지 않는 손문에 대해 마링은 분노했고, 손문은 일개 유치한 공산당이 감히 비판하는 것을 참을 수 없었다. 물론 손문은 소련의 원조가 절실했다. 중국어로 말하다가 영어로 말한 것은, 마링에게 공산당 단속을 요구한 것이다. 그러나 마링은 손문에 대한 기대를 접고, 중국공산당과 함께 국민회의 운동을 계속하자고 주장했다.

우리의 중국 동지들은 본부를 상해로 옮기기로 이미 결정했습니다. 왜냐하면 그들은 광주에서 많은 일을 할 수 없기 때문에, 북방에 새로운 조직을 건설해 …… 국민당으로 하여금 새로운 국민당을 건립하게 하는 것입니다. 이 밖에 동지들은 학생운동 및 현재 노동자 조직을 통해 국민회의 개최에 관한 상인들의 주장을 지지하려고 합니다. 이 때문에 그들은 상해에서 학생대표회의와 노동대회를 거행하려 합니다. 내가 보기에 경제상으로 손(孫)의 군사 계획을 지지하는 것은 전혀 무익하며, 그 계획은 사실 혁명적 의의도 없습니다. 내 생각에 우리 동지들(공산당원)이 진행하는 국민회의 개최에 대한 선전을 지지하는 것이 훨씬 유익합니다. 나는 당신들(다프티얀과 요페)이 그렇게 하기를 바랍니다.[20]

우리의 (중국공산당) 중앙위원회는 느꼈습니다. (사상적·정치적 공작을 잊은) 건

19 「致越飛和達夫謙的信」(1923.7.18), 『馬林與第一次國共合作』, pp.294~295.

20 「致達夫謙和越飛的信: 北京危機與孫中山計劃」(1923.7.13), 『馬林與第一次國共合作』, p.283.

망의 손문의 태도를 바꾸어 국민당의 선전을 새로운 궤도에 올릴 희망은 없다고 생각합니다. 군중 공작을 전개하기 위해 우리의 사람들(공산당원)이 광주에서 손 놓고 기다릴 수는 없습니다. 현재의 문제는 손씨(孫氏) 왕조가 광동을 장악하도록 200만 원을 남방 장령들의 허리춤에 밀어 넣어서는 안 되며, 가장 좋은 것은 2만 1000원[21]을 들여 얼마 되지 않는 공산당인을 원조해 국민당의 선전에 종사케 하는 것입니다.[22] – 괄호는 인용자

국공합작에 이르기까지, 즉 요페와 소련이 손문을 선택해 그에게 원조를 결정하기까지 마링의 열정이 일정한 역할을 했음을 앞서 살펴보았다. 마링은 1922년 1월 홍콩 해원 노동자들의 파업을 손문의 국민당이 주도하는 것으로 판단했으며 신생 중국공산당의 역할은 보잘것없다고 평가해 코민테른에 공산당원의 국민당 가입을 주장해 관철시키고, 공산당의 활동을 위해 본부를 상해에서 광주로 옮기도록 했다. 마링의 이런 주장은 코민테른에 의해 모두 받아들여졌고, 손문에 대한 마링의 평가는 국공합작(소련 정부의 손문에 대한 원조)에 일조했다. 홍콩 해원 노동자의 파업 후 1년 반 만에, 그리고 국공합작 후 2개월 만에 마링의 평가는 완전히 바뀌었다. 손문의 무의미한 무력 행위에 원조해서는 안 되며, 공산당의 국민회의 운동을 지지하고, 중국공산당 본부를 상해로 옮겨야 한다고 주장했다. 앞서 손문과 교류한 요페 그리고 이후 손문과 만날 보로딘과 달리, 마링은 코민테른의 '혁명가'였지, 소련 정부의 '외교가'가 아니었다. '혁명가' 마링은 손문의 「혁명방략」과 '충돌'할 수밖에 없었다. 손문도 그를 '예우'하지 않았다. 마링은 소련 정부의 대표가 아니라 코민테른의 대표였기 때문에, 즉 소련의 원조와는 무관했기 때문이다. 마링이 손문에 대한 원조가 무의미하

21 본문에는 2만 1000만 원으로 되어 있으나, 2만 1000원의 오기이다. 마링은 다른 편지에서 공산당이 국민회의 선전을 위해 필요한 반년간의 비용을 3만 원으로 계산하고 있다. 「致達夫謙和越飛的信: 北京危機與孫中山計劃」(1923.7.13), 『馬林與第一次國共合作』, p.284.

22 「致越飛和達夫謙的信」(1923.7.18), 『馬林與第一次國共合作』, p.295.

다고 전했음에도 소련은 원조 중단을 결정하지 않았다. 마링의 의견이 곧바로 소련 중앙에 전달되지도 않았을지도 모른다.

열정적 혁명가 마링은 손문과 '충돌'했지만, 손문 휘하의 당원들은 마링의 열정적 혁명에 '감동'했던 것 같다. 예컨대 대표단을 이끌고 모스크바에 간 장개석은 어려운 문제가 생겼을 때 마링을 찾았고, 또 그가 중국에 다시 돌아와 함께 일하기를 바랐다.[23] 광주를 떠나기 직전 마링은 "국민당원 중 가장 뛰어난 사람"[24]이라고 칭송하던 요중개에게 편지를 썼다.

> (1921년) 11월 21일부터 나는 국민당 지도자들과 접촉을 시작하며, …… 일찍이 국민당의 지위와 발전 전망에 대해 상당히 좋은 인상을 갖고 있었습니다. 해원 파업 사건 및 파업에 대한 국민당의 지지는 당시 나의 사고방식에 아주 큰 영향을 주었습니다. …… (국민당 내에는) 내가 보기에 일부 뛰어난 사람들이 있습니다. 예컨대 장계는 비록 정계를 위해 잠시라도 떨어질 수 없지만, 그러나 소실되어버렸습니다. 다른 사람들은 국민당의 지도를 신임하지 않고 국민당에 반대했기 때문에 반동분자와 배반자가 되었습니다. 예컨대 진형명입니다. …… 당의 책략에 관해 지도자가 단순히 군사행동과 군대 장령을 믿고 의지한다면, 즉 북방에 있는 무인들과 같은 봉건 방식을 채용한다면, 아마 신중국 건설에 당의 전도는 암담할 것입니다. 신중국, 진정한 독립적 공화국을 세우고자 한다면, 혁명적인 굳은 신념으로 멀리 내다볼 수 있는 당원으로 구성된 현대화된 정당으로 거듭나서 불퇴의 혁명 투쟁을 벌여야 합니다.[25]

23 「蔣介石致斯內夫利特的信」(1923.11.12); 「張太雷致斯內夫利特的信」(1923.11.14); 「蔣介石致斯內夫利特的信」(1923.11.28); 「張太雷致斯內夫利特的信」(1924.4.21), 『馬林與第一次國共合作』, p.308, p.309, p.310, p.323.

24 「致越飛,達夫謙和李諾維也夫的信」(1923.5.31, 廣州), 『馬林與第一次國共合作』, p.197.

25 「致廖仲愷的信」(1923.7.21), 『馬林與第一次國共合作』, p.301, p.305.

마링은 국민당이 '당개조'를 통해야 '현대화된 정당'으로 거듭날 수 있다고 국민당 친구들에게 전하며, 상해를 거쳐 모스크바로 돌아갔다(1923.7). 이후 그는 중국에 파견되지 않았다. 마링에 이어 10월 5일 보로딘이 광주에 도착했다.

3. 소련의 원조에 대한 코민테른의 반대

그렇다면 국공합작의 또 하나의 내용, 즉 손문에 대한 소련의 원조는 어떻게 진행되었는지 살펴보자. 소련의 원조는 손문이 요구한 세 가지 중 두 가지였다. 하나는 현금 원조(200만 멕시코달러)이고, 또 하나는 서북군사계획에 대한 소련의 지원이었다.

상당한 액수의 원조와 서북군사계획의 지원은 소련으로서도 무시할 수 없는 양과 질의 원조였기 때문에 원조와 관련해 제반 관리가 요구되었다. 소련공산당 중앙정치국은 위원회를 조직하도록 하고, 이 위원회로 하여금 요페에게 보낼 지시 초안을 만들도록 했다.[26] 그러나 현재 지시 초안은 발견되지 못한 상태인데, 다만 위원회의 주석을 맡았던 트로츠키(Leon Trotsky)는 앞의 정치국 회의 직후 다음과 같은 지시를 내린다.

> 나는 중국 군사 상황에 관한 자료를 써달라고 부탁한 적이 있다. 라데크 동지에 의하면 **코민테른과 외교인민위원부**에는 아주 많은 자료가 있다고 한다. 이 일은 아주 긴박하다. 특히 토론해야 할 문제는 **손문이 상당한 규모의 작전 단위(1個師, 1個軍團)를 건립하는 방면에서, '우리가 그에게 도움을 줄 것인지, 어디에 세울 것인지' 등과 관련되는 문제이다.**[27] - 강조는 인용자

26 「俄共(布)中央政治局會議 제53호 기록(적요)」(1923.3.8, 모스크바에서), 『聯共(布), 共産國際 檔案資料』 1, p.226.

트로츠키가 긴박하게 자료를 수집해 토론하려는 문제는, 손문의 서북군사계획임이 분명하다. 그런데 트로츠키가 자료의 수집 대상을 소련 정부 부처인 외교인민위원회뿐만 아니라 코민테른에도 요구하고 있다. 따라서 이후 손문의 서북군사계획에 대한 소련의 대응에 코민테른으로부터의 정보가 일정 정도의 역할을 하게 된다.

코민테른 인사 중 마링의 경우처럼 손문을 매우 긍정적으로 평가하는 경우도 있었다. 물론 국공합작 이후 손문에 대한 마링의 평가는 완전히 뒤바뀌었다. 이전부터 코민테른의 일반적인 견해는 손문과 국민당에 대해 매우 부정적이었다. 특히 민중운동에 대한 손문이나 국민당의 태도, 그리고 당시 손문이 정성을 쏟고 있던 반직삼각동맹에 아주 부정적이었다. 대표적으로 보이틴스키는 "손문은 주요 정력을 독군과 군사연맹을 맺는 데 쓰지 말고, 전국성 정당을 건립하는 데 두어야 하며, 둘째, 노동자와 학생운동을 지지하고, 셋째, 장작림, 단기서와의 연계를 단절"해야 한다고 주장했다.[28] 코민테른은 1923년 제1분기 사업 보고에서 손문과 반직삼각동맹을 다음과 같이 평가하고 있다.

> 우리는 습관적으로, 손문을 사상적인 면에서 민족혁명의 대표로 보고 있으나, 그는 개별 독군에 의거해 군사행동을 실현하고자 한다. 또 국민당은 **지도적 지위에 있는 민족 자산 계급의 정당이 아니다.** …… 손문은 독립적인 무장 역량이 없고, 가장 반동적인 북방 군벌 장작림, 단기서와 연맹을 맺기를 바라고 있다. 국민당은 이 연맹으로 인해 중국 각계 인사들 사이에서 위신을 잃게 되었다. 반직삼각연맹을 군사적인 면에서 전망해본다면, 그 결과는 **중국의 민족 통일을 더욱더 의심스럽게 한다.** 이 연맹의 완전한 승리(이는 가능한 일이다)는 연약한 **손문에**

---

27 「Trotsky가 Sklianskv와 Kamenev, S.S.에게 보내는 편지」(1923.3.13), p.232.

28 「Voitinsky가 Safarov에게 보내는 전보」(1923.3.27), 『聯共(布), 共産國際 檔案資料』 1, p.238.

> 
>
> **그리고리 보이틴스키**(Grigori Naumovich Voitinsky, 1893~1953) 중국명 유경사기(維經斯基), 중국 체류 기간에는 오정강(吳廷康)이라는 중국명을 사용했다. 필명은 위금(魏琴), 위금(衞金) 등을 사용했다. 1913년 미국으로 건너가 1915년 미국의 사회당에 입당했고, 1918년 소련으로 돌아와 러시아공산당(볼셰비키)에 가입했다. 1920년 1월 블라디보스토크에서 코민테른 활동에 참가했으며, 1920년 4월 북경에 와서 10월혁명과 소비에트의 정황을 소개하고 중국공산당의 창당을 도왔다. 1920년 11월 상해에서 손문을 회견하고, 1921년 1월 귀국했다. 1924년까지 코민테른 극동서기국 국장을 지냈으며, 1924년부터 25년까지 다시 코민테른의 사자로서 중국에 체류하며 중국공산당 활동에 참여했다. 1926년 귀국한 후 중국 문제에 관해 언론, 출판 활동을 했다. 코민테른 대표로서 중국을 세 번째 방문했으며, 4·12 정변 후 장개석에 반대하며, 중공 오대(五大)에 참가했다. 1927년 7월 귀국해 코민테른 활동을 중단하고, 과학과 교육 분야에서 활동했다. 스탈린주의자들의 숙청에서 살아남았으며, 1953년 사망했다.

게 우세한 지위를 주지 않을 것이다.[29] - 강조와 괄호는 원문

9개월 전만 해도 '공산당원의 국민당 입당'을 지시했던 코민테른 집행위원회의 입장[30]이 반대로 바뀌었다. 그러나 힘의 크기로 보면 소련공산당 중앙정치국은 최고의 결정 기관이고, 코민테른은 사실상 집행 기관에 불과했다. 마찬가지로 중국 내에서도 코민테른 관계자들은 외교인민위원회가 파견한, 실제로는 중앙정치국이 파견한 요페와 비교할 수 있는 위치가 아니었다. 따라서 코민테른의 불만은 내부적인 데 그치는 감이 없지 않았다. 코민테른 소속이지만 요페와 함께 일했던 마링이 부하린에게 토로한 다음의 호소는 이런 분위기를 잘 보여준다. "코민테른 집행위원회는, 우리가 국민당과 연합한 일에 대해 심하게 비평을 합니다. 나는 정말 어떻게 해야 국민당과의 관계에 제대로 대처할 수 있을

29 「1923년 제1분기 사업에 관하여 코민테른 집행위원회 주석단에 보내는 동방부의 보고」(1923.4.4), 『聯共(布), 共産國際 檔案資料』 1, p.240.

30 「共産國際給中國共産黨中央委員會的命令」(1922.7.18), 『馬林與第一次國共合作』, pp.77~78.

지 모르겠습니다."[31] 그러나 코민테른 집행위원회 극동부 주임 사파로프(Safarov)는 1923년 4월 작심한 듯, 중앙정치국 앞으로 코민테른의 의견을 보냈다. 오패부의 세력 범위를 건드리지 않고 감숙, 영하(寧夏, 닝샤) 등의 성(省)을 통해 몽골 변경지구로, 사천에 있는 10만의 군대를 이동시킨다는 계획, 즉 손문의 서북군사계획에 대해 "이는 마치 부하라[Bukhara: 우즈베키스탄 자라프샨(Zeravshan)강 유역의 도시]에서 페트로그라드(Petrograd)까지 도보로 행군하는 것과 같다"며 계획의 무모함을 지적하고, 아울러 "손문 자신과 우호적인 독군 부대를 국민당의 부대라고 생각하는 것은 유치할 뿐 아니라, 그 부대를 북으로 파견할 수도 없을 것"이라며 계획의 불가능성을 지적했다.[32] 따라서 "**손이 군사 방면에 치중할수록 정치상에서 자산계급 민주파 대표의 작용을 상실할 것**"[33](강조는 원문)이라고 계획의 후과(後果)를 예측했다. 사파로프는 다음과 같이 결론을 내리며 "만일 필요하다면 나를 불러 해석하도록 하라"는 말로 끝을 맺었다. 사파로프는 정치국에 다음 세 가지를 요구했다.

① **소비에트 러시아가 손-장-단연맹(反直三角同盟)을 지지한다는 것은 아주 이해하기 어려운 일이며**, 이는 중국에서의 우리의 정책에 치명적인 결과를 가져올 수 있다.

② 중국에서의 구호는 "독군 제도를 반대한다(손의 독군제도도 반대한다)"로 해야 한다. 왜냐하면 손문(독군들의 원조에 의지하고 있고, 또 이런 원조에 의해서만 싸울 수 있는 손문)도 사회 역량을 조직해 전국 통일을 실현할 것을 주장하기 때문이다.

③ **학생 및 국민당과 국민혁명통일전선을 결성하는 동시에 독립적인 노동운동을 지지**

31 「致布哈林的信」(1923.5.31), 『馬林與第一次國共合作』, p.194.

32 「Safarov가 俄共(布)中央政治局에 보내는 편지」(1923.4.4), 『聯共(布), 共産國際 檔案資料』 1, p.245.

33 같은 글, p.247.

해야 한다. 문제는 정치 활동을 진행하는 데 있는 것이지 독군들의 결맹이 아니기 때문이다.[34] - 강조와 괄호는 원문

소련공산당 중앙정치국은 손문과 국민당에 대한 코민테른의 평가를 보고 받았기 때문인지, 특히 서북군사계획에 대한 지원에 수정을 가한다. 1923년 8월 2일 자로 스탈린은 손문의 정치고문으로 보로딘을 임명하고, 카라한(Lev Mikhailovich Karakhan: 북경 주재 소련 전권대표)과 함께 부임할 것을 결정했다.[35] 보로딘이 광주에 도착한 당일, 카라한은 보로딘에게 다음과 같은 지시를 내린다.

> 당신은 **북방에서부터 진군하려는 손의 기상천외한 계획**에 대해 잘 알고 있을 것이다. 그러므로 만일 그가 다시 이 문제를 제기한다면, 당신은 이 계획은 바로 실시하기 힘들다는 것을 그에게 설명해주어야 한다.[36] - 강조는 인용자

"바로 실시하기 힘들다"라는 것은 외교적 표현이고, "기상천외한 계획"에 대한 지원을 소련이 포기했음을 의미한다. 국공합작의 전개에서 첫 충돌인 손문과 마링의 충돌은 서북군사계획에 대한 원조의 철회라는 결과를 가져왔다.

---

34 같은 글, p.248.

35 「俄共(布)中央政治局會議 제21호 기록」(1923.8.2), 『聯共(布), 共產國際 檔案資料』 1, p.265. 카라한과 보로딘의 경로는 비슷하나 함께 온 것 같지는 않다. 카라한은 8월 18일 봉천에 도착해 장작림을 만나고, 9월 2일 북경에 왔다. 보로딘도 8월 심양에서 장작림을 만나 중동철도 문제를 논의하고 9월 북경에 도착했다. 9월 23일 카라한이 손문에게 보내는 소개장을 갖고 보로딘이 광주에 도착한 것은 10월 6일이었다. 『中華民國史事日誌』 1, 1923.8.18, 9.2, 9.23, p.742, p.745, p.750; 「鮑羅廷在中國活動紀要」, 『鮑羅廷在中國的有關資料』(北京: 中國社會科學出版社, 1983), p.292.

36 「Karakhan이 Borodin에게 보내는 편지」(1923.10.6), 『聯共(布), 共產國際 檔案資料』 1, p.295.

15장

「11월 개조」

1. 임시중앙집행위원회

1923년 5월 초 소련 정부로부터 원조 소식을 전해 받은 손문은 "귀국의 모든 건의에 동의하며, 장차 대부분의 정력을 써서 이 건의들을 실시하겠다"[1]고 답했다. 이로써 국공합작이 시작되었다. 내용은 국민당 개조였으며, 개조의 첫 마무리는 1924년 1월 20일 중국국민당 제1차 전국대표대회의 개최로 일단락되었다. 약 8개월간 국민당 개조가 진행된 셈인데, 전반기(1923년 5~7월)의 소련 측 담당자는 마링이었고, 후반기(1923년 10월~1924년 1월) 담당자는 보로딘이었다. 8월과 9월에는 국공합작의 한 축인 소련이 없었다. 14장에서 보았듯이 손문과 마링은 합작과 관련해 갈등만 있었지, 합작이라고 할 만한 내용이 없었다. 따라서 실제적인 합작, 즉 국민당 개조는 10월 6일 손문의 정치고문 자격으로 광주에 온 보로딘과 손문 사이에서 이루어졌다. 그러니 3개월 만에 국민당 개조가 이루어진 셈이다.

---

1 「轉孫中山致越飛的電報」(1923.5.12), 『馬林與第一次國共合作』, p.174.

미하일 보로딘(Mikhail Borodin, 1884~1951)

중국명 포라정(鮑羅廷), 벨라루스 비첩스크(Vitsebsk)에서 출생했다. 1903년 러시아 사회민주노동당에 가입했으며, 1907년에는 미국 시카고에서 미국사회당에 가입했다. 1918년 10월혁명 후 러시아로 귀국해 소비에트 러시아 인민위원회에서 근무했다. 1919년 코민테른 1차 대회에 출석한 후 미국, 멕시코, 영국 등에서 지하공작에 종사했다. 1923년 광주로 파견되어 광주정부 주재 소련 전권대표를 역임하면서 손문과 함께 국공합작을 성사시켰다. 손문 사후 광주의 국민정부에서 정치고문으로 추대되었으며, 1926년 국민당 중앙집행위원회 최고 고문으로 임명되었다. 1927년 4·12 정변 이후 남경정부에 의해 체포되었다. 같은 해 7월 무한을 떠나 몽골을 거쳐 소련으로 돌아가, 소비에트 노동인민위원에 임명되었다. 1949년 미국 기자 애너 스트롱(Anna Louise Strong)의 간첩 활동에 연루되어 시베리아로 유형을 떠났으며, 1951년 이르쿠츠크에서 노동 개조를 받다가 사망했다.

보로딘의 광주 도착과 함께 국민당 개조가 본격화되었다. 10월 17일 손문은 중국국민당 상해중앙간부회의에 보내는 전보에서 "당의 장정을 수정해 당의 대개혁과 확장이 있을 것"이라며 당 개조를 전했다.[2] 당의 장정을 수정해 당 개조를 진행하려는 것이 손문의 뜻임을 엿볼 수 있다. 다음 날 손문은 보로딘을 국민당 조직 교련원으로 임명하고,[3] 이와 동시에 요중개, 왕정위, 장계, 대계도, 이대쇠를 국민당개조위원으로 임명했다.[4] 이어 상해의 손홍이(孫洪伊, 쑨훙이)에게 지시하기를 "개조위원으로 임명된 이대쇠에게 상해로 오라고 밀전을 보내라"라고 했다.[5] 10월 24일에는 요중개, 등택여(鄧澤如, 덩쩌루)에게 "특별회의를 소집해 본당의 개조 문제를 상의하며, 상세히 심의하고 충실히 설계해 본당의 기초를 공고히 하는 데 힘쓰고, 당무 활동을 통해 우리의 종지와 목적을 달성토록 하라"[6]고 지시했다. 다음 날 개조를 위한 임시집행위원회 위원 9명과

2 「復上海中央幹部會議電」(1923.10.17), 『孫中山全集』 8, p.294.
3 「給鮑羅庭委任狀」(1923.10.18), 『孫中山全集』 8, p.300.
4 陳福霖(美)·余炎光, 『廖仲愷年譜』(長沙: 湖南出版社, 1991), p.199(이하 『廖仲愷年譜』).
5 「致上海事務所電」(1923.10.19), 『孫中山全集』 8, p.310.

알렉산드르 체레파노프(Aleksandr Cherepanov, 1895~1984)

중국명 절렬파락부(切列帕落夫)이다. 1915년 복무를 위해 입대했으며, 제1차 세계대전에 참전해 1918년 정식으로 소련군에 가입했다. 1924년 광동에 파견되어 황포군관학교 수석고문으로, 황포군교 창설 업무에 참여했다. 이후 국민혁명군 제1군 고문으로 상단(商團) 사건 평정에 참여했으며, 1926년 북벌 전쟁 때 제1군 고문으로 참여했다. 1929년 아프가니스탄으로 들어가 사단장으로 참전했으며, 항일전쟁 후 중국 주재 소련 대사관 무관으로 임명되어 중국 군대의 군사 총고문을 담당했다. 제2차 세계대전 시 독소전쟁에 참전했으며, 1955년 퇴역했다. 1984년 병으로 사망했다.

후보 위원 5명을 임명하고, 보로딘을 고문으로 삼았다.[7]

손문이 지시한 특별회의는 10월 25일 광주에서 열렸는데, 100여 명의 국민당원이 참가했으나,[8] 손문은 참가하지 않았다. 보로딘은 연설을 통해 "피억압국가는 억압자와 투쟁하기 위해 단결해야 한다", "러시아에서 볼셰비키당은 강력한 투쟁을 위해 인민 군중을 단결시켰다. 중국에서 유사한 임무를 완성하려면 국민당도 개조를 추진해 인민이 아주 쉽게 이해할 수 있는 혁명 강령을 만들고, 아울러 각종 알기 쉬운 통속적 방법으로 광대한 군중에게 이 강령을 소개해야 한다", "강대하고, 엄밀한 조직을 갖춘 당이 있어야만 전국 통일과 독립이라

6　「致黨內同志函」(1923.10.24), 『孫中山全集』 8, p.334.

7　임시중앙집행위원으로 胡漢民, 林森, 廖仲愷, 鄧澤如, 楊庶堪, 陳樹人, 孫科, 吳鐵城, 譚平山, 후보위원으로 汪精衛, 李大釗, 謝英伯, 古應芬, 許崇淸을 임명했다(같은 글; 『國父年譜』 下, 1923.10.25, p.1018). 공산당계 인물로 譚平山과 李大釗가 들어갔다.

8　『廖仲愷年譜』, p.199. 참석자는 50여 명이라는 회고도 있다. Aleksandr Cherepanov, *Zapiski Veonnogo Sovetnika v Kitae*(Moscow, 1976)[亞·伊 切列潘諾夫 著, 中國社會科學院近代史研究所飜譯室 譯, 『中國國民革命軍的北伐: 一個駐華軍事顧問的札記』(北京: 中國社會科學出版社, 1981), p.37]. 체레파노프가 회고록을 처음 출판한 것은 1964년인데 여기에는 1924년까지의 회고만 담아 출간했고, 이후 1926년부터 1927년까지의 회고를 담아 1968년에 출간했다. 또한 1976년에는 두 회고록을 합치고, 수정·보충해 출판했다. 중국어 번역본은 1976년에 출판한 회고록이다. 이 책에서는 중국어 번역본을 인용했으며, 책명은 『中國國民革命軍的北伐』로 표기했다.

는 목표를 달성할 수 있다"[9]고 하며, 국민당 개조의 필요성과 방법을 제시했다고 한다.[10] 보로딘의 당 개조는 당과 인민 군중과의 결합, 즉 당이 민중을 조직하는 것을 의미했다. 반면 특별회의를 주지한 요중개는 당 개조 이유를 "첫째, 기왕의 당 조직이 엄밀하지 못했고, 둘째, 본당의 내용이 상당히 완비되지 못했으며, 셋째, 기율이 결여되었기" 때문이라고 설명했다.[11] 보로딘, 요중개 모두 개조의 이유를 당 조직의 강화에서 찾았지만, 보로딘이 인민 군중과의 결합을 통해 당 조직을 강화하고자 했다면 요중개나 손문은 당 조직의 변화에서 구하고자 했기 때문에 갈등으로 나갈 가능성도 잠재하고 있었으나, '당 조직의 엄밀화'라는 큰 틀에서 각자의 주장을 하는 듯했다. 이어 토론의 주제는 '개조의 진행 계획, 개조의 이유, 강령과 장정의 제정, 전국대표대회 개최, 개조 위원의 선거' 등이었다. 여기에서도 별다른 이견이 나오지 않았고, 개조를 추진할 개조 위원으로 전날 손문이 임명한 임시중앙집행위원회 위원과 후보가 발표되었다.[12]

이상의 과정을 보면 보로딘이 온 후, 그에 대한 손문의 '대응'은 마링에 대한 대응과 사뭇 다름을 알 수 있다. 마링과 함께한 시기는 진형명과의 전쟁에 급급해 당 개조를 생각할 여유가 없었기 때문에, 당 개조를 요구한 마링과 대립했던 것인가? 결코 그렇지 않다. 보로딘이 광주에 도착했을 때, 손문은 광주의 함락과 함께 탈출을 생각할 정도로 위급한 때였다. 마링은 코민테른의 사람이고 보로딘은 소련의 사람임을 손문은 분명히 구분하고 있었다.

이제 국민당 개조는 임시중앙집행위원회(이하 임시중집위)를 통해 추진되는 모양새를 갖추었다. 제1차 임시중집위가 열린 것은 10월 28일이다. 임시중집위의 위원과 후보 위원, 고문 보로딘도 참석했다.[13] 회의에서 토론된 주요 내용을

---

9 『中國國民革命軍的北伐』, p.37.

10 『中國國民革命軍的北伐』, p.37.

11 『廖仲愷年譜』, p.200.

12 『中國國民革命軍的北伐』, pp.37~38; 『廖仲愷年譜』, p.200.

13 ≪國民黨週刊≫의 「會務彙記」에는 임시중집위 회의록의 적요를 게재하고 있는데, 참가자 명단에 鮑代表(보로딘)이 기재된 회의는 제7차 회의(1923.11.19)뿐이다. 그런데 제8차

간추리면 다음과 같다.

① 광주(廣州) 분부(分部) 조직 문제
② 전국대표대회 개최 문제
③ 당의 기관지 출판
⑤ 임시중집위 상해집행부 조직
⑦ 개조 선언에 대한 기초[14]

상해집행부는 호한민, 왕정위, 장계, 섭초창(葉楚傖, 예추창), 대계도 등 5인으로 조직되는데, 요중개가 상해로 파견되어 주지하기로 결정했다. 국민당의 핵심인물인 이들이 개조에 대한 구체적 진행을 손문으로부터 위임받았다고 보아야 할 것이다. 다음으로 사영백(謝英伯, 셰잉보), 담평산(譚平山, 탄핑산)이 「중국국민당 개조선언」(이하 「개조선언」)을 기초하고, 양서감(楊庶堪, 양수칸)이 수정하기로 결정했다.[15] 개조의 이유를 밝히는 「개조선언」은 이후 국민당 일전대회에서 발표하기 위해 상해에서 준비한 선언 초안(이하 「상해의 일대선언 초안」), 그리고 훗날 국민당 일전대회에서 발표된 선언(이하 「일대선언」)과 관련해 매우 중요하다. 구체적 내용은 후술한다.

회의록(1923.11.22)의 적요를 보면, 참가자 명단에는 없지만 회의 내용에는 "鮑某君의 제의", "某君의 제의"라고 기록되어 있어 보로딘이 참석했음을 알 수 있다. 또 임시중집위 제1차 회의록의 적요를 게재한 ≪國民黨週刊≫(제1기)의 참석자 명단에 보로딘이 없지만, 실제 회의록 원본에는 보로딘이 참석자로 되어 있다(『臨時中央執行委員會第一次會議記錄』, 1923.10.28, 『廖仲愷年譜』, p.200에서 재인용). ≪국민당주간≫이 공개 간행물이었기 때문에 보로딘의 참석을 의도적으로 은폐했던 것으로 보인다.

14 당원의 등기를 위해 등기위원회를 조직하고, 전국대표대회는 1924년 1월 15일 개최하며, 참가 대표는 각 省區마다 6명씩 파견하는데 3명은 성구의 당원에 의해 선출되며 3명은 총부가 지명한다. 당 기관지에는 회의 기록 및 개조 의견을 게재하기로 결정했다. 「會務彙記」, ≪國民黨週刊≫, 第1期, 1923.11.25.

15 「會務彙記」, ≪國民黨週刊≫, 第1期, 1923.11.25.

≪국민당주간≫ 제1기에 실린 중국국민당 광주시 당원대회 모습

광주시 당원대회(中國國民黨廣州市全體黨員大會)는 개조의 첫 결실이라고 할 수 있다. 대회에 앞서 당원의 등기를 통해 당원증을 발급하고, 당원들만의 입장이 허락되었다. 1923년 11월 11일 오후 1시 광주고등사범학교에서 개최되었다. 요중개가 참석하지 못한 손문의 훈사를 대독하고 개조의 진행 방법을 토론하는 자리였으나, 그동안 임시중집위가 진행해온 개조의 결과를 공식 발표하는 자리였다. 대회에서 「11월 개조」의 「개조선언」, 「당강초안」, 「당장초안」이 발표되었다. 이 자리에는 1500여 명이 참석해 호황을 이루었다. 사진은 ≪국민당주간≫ 제1기에 실린 당원대회의 모습이다.

11월 1일에 열린 제2차 임시중집회 회의에서는 기관지의 명칭을 ≪국민당주간≫으로 정하고, 11월 8일 창간호[16]를 출판하기로 결정했다. 아울러 11월 11일 광주시 당원대회를 개최하기로 결정했다.[17] 특히 창간호에 「개조선언」을 게재하기로 결정했다.[18] 따라서 임시중집위는 당 개조의 이유를 밝히는 「개조선언」을 만들어 11월 8일 창간되는 ≪국민당주간≫에 게재하고, 이어 11일에 광주시 당원대회를 개최해 당의 개조를 공개적으로 선언하는 순서로 개조를 진행하고자 했다. 11월 5일의 제3차 임시중집위에서는 「중국국민당 장정초안(章程草案)」(이하 「장정초안」)이 토론되었다.[19] 11월 8일의 제4차 임시중집위 회의에는 광주에 있던 위원 및 후보위원 전원이 참석했는데,[20] 회의는 「개조선

16 실제로는 11월 25일에야 발행되었다.
17 「會務彙記」, ≪國民黨週刊≫, 第1期, 1923.11.25.
18 같은 글.
19 같은 글.
20 회의록에 의하면 참석자는 "요중개, 진수인, 임삼, 허숭청, 등택여, 사영백, 양서감, 손과, 담평산, 오철성" 10명이라고 하는데[「臨時中央執行委員會第四次會議記錄」(1923.11.8), 『廖仲愷年譜』, p.227의 주 88에서 재인용], ≪國民黨週刊≫에 실린 회의 내용의 요약 기록을 보면, 양서감은 휴가를 청해 참석하지 않은 것으로 되어 있다(「會務彙記」, ≪國民黨週刊≫, 第2期, 1923.12.2).

≪국민당주간≫

≪국민당주간≫은 「11월 개조」의 일환으로 1923년 11월 25일 광주에서 발행되었다. 창간 예정일인 1923년 11월 8일을 지나 11월 25일에야 창간호가 발행되었다. 이후 제42기(1924.10.26)까지 발행되었지만, 제1기부터 제8기(1924.1.13)까지는 ≪국민당주간≫이라는 이름으로 국민당 임시중집위(제1기는 국민당 임시집행위원회)의 명의로 발간되었고, 일전대회 이후 중앙집행위원회가 정식으로 조직된 후에는 중앙집행위원회의 명의로 제9기(1924.2.24)부터 제42기(1924.10.26)까지 발행되었으며, 명칭도 ≪중국국민당주간(中國國民黨週刊)≫으로 바뀌었다. 이 외에도 1926년에 발행된 ≪중국국민당주간(中國國民黨週刊)≫이 있는데, 이는 반공 입장에 섰던 서산회의파의 중앙집행위원회가 발행한 것으로, 앞의 주간과는 관계가 없다[江崎隆哉, 「≪國民黨週刊≫ ≪中國國民黨週刊≫紹介」, ≪近代中國硏究彙報≫, 14(1992), pp.7~12 참조]. ≪국민당주간(國民黨週刊)≫의 크기는 일반 신문 크기로 제1기만 8쪽이고, 그 이후 제8기까지는 4쪽에 불과해 주간이라고 하기에는 분량이 적은 편이다. 사진은 창간호 1면이다.

언」과 「중국국민당 당강(黨綱)」(이하 「당강초안」) 등의 문제를 토론했다. 회의 기록에 따르면 "「개조선언」, 「당강초안」, 「장정초안」을 전단지로 먼저 5000부를 인쇄해 대회에서 배포한다"고 되어 있다.[21] 여기서 '대회'란 당원대회이고 "먼저 배포한다"는 것은 전단지로 대회에서 '비공식적으로' 배포하고, 이후 '공식적으로' 발표한다는 뜻일 것이다. ≪국민당주간≫을 제때(11.8) 발간할 수 없게 되자, 순서를 바꾸어 먼저 당원대회에서 개조의 뜻을 전단지 형태로 밝히고, 이어 창간되는 ≪국민당주간≫에 게재하기로 수정한 것이다. 당원대회(11.11) 후 11월 25일에 출판된 ≪국민당주간≫ 창간호에는 「개조선언」, 「당강초안」, 「장정초안」이 모두 발표되었다.[22]

정리하면 개조의 문건이 만들어지기까지 전후 두 과정으로 나눌 수 있다.

21 「會務彙記」, ≪國民黨週刊≫, 第2期, 1923.12.2.

22 ≪國民黨週刊≫, 第1期, 1923.11.25. 이보다 앞선 11월 20일에 출판된 ≪中國國民黨本部公報≫, 第1卷 第31號에 「당강초안」이 발표되었다. 『革命文獻』 第8輯, pp.72~76.

10월 6일 보로딘이 광주에 도착한 후, 10월 17일 손문은 상해중앙간부회에 개조가 있을 것임을 전보로 보냈다.[23] 다음 날 손문은 보로딘을 조직교련원으로 임명하고, 국민당 개조 위원 5명을 임명했다. 10월 24일 손문은 개조를 위한 특별회의의 소집을 지시했고, 아울러 임시집행위원회 위원 및 후보 위원을 임명했다. 10월 25일 특별회의는 개조 및 임시중집위의 성립을 발표했다.[24]

이상의 전반부는 국민당 개조를 위한 조직으로서 임시중집위가 만들어지기까지의 준비 과정이라고 할 수 있으며, 이를 주도한 것은 손문이었다. 이후 임시중집위에 의해 추진된 개조 과정이 후반부에 해당한다. 네 차례의 임시중집위 회의[25]를 통해 「개조선언」, 「당강초안」, 「장정초안」이 '확정'되어 제4차 임시중집위 회의(11.8)에서는 11월 11일 광주시 당원대회를 개최해 개조를 공개적으로 천명하고 전단지로 이 세 문건을 '비공식적으로' 배포하기로 하고, 이후 ≪국민당주간≫에 공식적으로 게재하기로 결정했다. 따라서 광주시 당원대회는 국민당개조를 공개 선언하는 매우 중요한 자리였기에, 임시중집위는 이에 대한 상세한 회의 일정을 토론할 정도였다.[26]

23 1923년 2월 손문은 광주로 내려와 대원수부를 설치하고 대원수에 올랐지만, 중국국민당 본부를 광주로 옮긴 것은 아니다. 따라서 개조 당시 중국국민당 본부는 상해에 있었기 때문에 당무 처리는 '중앙간부회의'의 일이었다. 손문은 광주로 떠나기 전 중앙 간부 임시회의를 개최해 "이후 국민당 본부의 당무는 (상해의) 동지들에게 넘기며, 장계가 오늘부터 주석을 대리한다"라고 선포하고 퇴석했다. 『國父年譜』 下, 1923.2.13, p.955.

24 이 시기의 당무 전개는 원칙적으로 1923년 1월 2일에 제정된 「중국국민당총장」에 따라야 한다. 그런데 「총장」에는 '특별회의', '중앙집행위원회' 등에 관한 규정이 없다. '중앙집행위원회'라는 조직은 손문이 보로딘으로부터 자문을 받았을 법한데, 여하튼 국민당의 당무는 '규정'보다는 손문의 '뜻'에 따라 진행되었다고 해도 과언은 아니다.

25 10월 28일, 11월 1일, 11월 5일, 11월 8일.

26 제4차 임시중집위 회의는 광주시 당원대회와 관련해 다음을 확정했다. '이날 대회 주석은 요중개, 등택여, 임삼, 손과, 사영백 5인이 담임한다. 먼저 요중개가 손 총리의 훈사를 선독하고 이어 개회 이유를 선포하며, 이후 등택여가 개조원인을 설명한다. 손과는 개조 방법을 설명한다.' 『廖仲愷年譜』, pp.201~202.

2. 「11월 개조」의 과정

개조와 관련한 세 문건을 작성하는 데 손문이 어느 정도 관여했는지는 정확히 알 수 없으나, 거의 참여하지 않았다고 보아야 할 것이다. 우선 개조를 논의한 네 차례의 임시중집위 회의뿐 아니라 이후 제6차 임시중집위 회의까지 손문은 참석하지 않았다. 그동안 당내의 중요 결정은 손문이 직접 처리해온 관례에 비추어보면 매우 이례적이다.[27] 그러나 손문이 당 개조에 참여하지 않았다기보다는 참여할 수 없는 상황이었다. 당시 손문은 진형명과의 전투를 직접 지휘하고 있었는데, 전투 상황이 손문에게 매우 불리하게 전개되고 있었다. 개조의 내용이 확정된 11월 8일(제4차 중집위 회의), 손문은 전투에서 박라(博羅, 보뤄)를 잃었다. 다음 날 긴급 군사 회의를 개최하고 다시 석룡(石龍, 스룽)으로 가서 반격을 꾀하고 있었다. 이때 요중개가 석룡으로 손문을 찾아갔다(11.10). 요중개는 그동안 진행된 개조의 내용과 다음 날 개최될 당원대회를 위한 손문의 훈사를 요청했다. 손문은 "문장상의 훈사보다는 의미 전달이 중요하다"며 훈사를 쓸 상황이 아님을 에둘러 말했다.[28] 개조와 관련해서는 "본당이 부진한 원인은 미비한 조직과 주밀하지 못한 훈련"이니 조직을 개선하고 훈련을 강화해야 한다고 답할 뿐이었다.[29] 당원대회 당일도 손문은 석룡에서 크게 패해 석탄(石灘, 스탄)의 기차역으로 행영을 옮겨 반격을 지휘하고 있었고, 다음 날 진형명 부대가

27 굳이 따지자면 당시 국민당의 당내 운영에 관해서는 1923년 1월에 개정된 「中國國民黨總章」에 근거해야 한다. 이른바 국민당 개진을 위해 개정된 總章에 의한다면 개조를 진행할 당내 조직은 '전체대표대회'와 '중앙간부회의'이다(1923.1.2)(「中國國民黨總章」, 『革命文獻』 第8輯, p.43). 따라서 총장에 따라 제대로 진행한다면 먼저 '(임시)전체대표대회'를 소집해 '개조'에 대한 동의를 얻고, '중앙간부회의'가 추진해야 한다.

28 따라서 다음 날 당원대회에서 요중개가 대독한 손문의 훈사는 요중개가 작성한 것일 가능성이 높다. 「在中國國民黨廣州市全體黨員大會上的訓詞」(1923.11.11), 『孫中山全集』 8, pp.390~391.

29 廖仲愷, 「在國民黨廣州黨員大會上的演說」(1923.11.11), 尙明軒 外 篇, 『雙淸文集』 上册, p.579.

석룡을 함락시켜 광주는 위기에 빠져들고 있었다. 광주로 돌아온 손문은 군사적 위기 상황을 대처하기에 급급해, 당일 개최된 임시중집위 제5차 회의에도 참석하지 못했다.[30]

그렇다고 「개조선언」, 「당강초안」, 「장정초안」의 내용이 손문 뜻과 전혀 무관하다고 볼 수는 없다. 요중개 등이 임시중집위 회의를 주재하고 있었기 때문에 이 문건에는 개조에 대한 손문의 의중이 반영된 것이 틀림없다. 예컨대 요중개가 석룡으로 손문을 찾아갔을 때 손문의 간단한 지시(미비한 조직, 주밀하지 못한 훈련)가 「개조선언」에 그대로 반영되었고,[31] 「11월 개조」의 기본 틀이 되었다(후술). 다만 손문이 직접 챙기기 어려운 상황이었을 뿐이다. 전선의 상황은 더욱 악화되고 있었다. 11월 14일 손문은 군사 회의를 소집해 양희민(楊希閔, 양시민)을 전월계연군전적총지휘(滇粤桂聯軍前敵總指揮)로 특파하는[32] 한편, 당시 일본의 내무대신 고토 신페이(後藤新平)에게 "각하의 원조가 심히 필요하다"[33]는 편지를 보냈다. 18일 진형명의 공격으로 광주는 함락 직전에 이르렀다. 손문은 일본으로의 망명을 생각했고, 이에 보로딘은 일본에 도착한 후 블라디보스토크를 통해 모스크바로 갈 것을 권하자 손문은 보로딘에게 감동의 고마움을 표시할 정도로 광주가 위태로웠다.[34] 그러나 19일 극적으로 진형명의 공격을 격퇴함으로써, 광주는 안정을 되찾았다.

이에 손문은 개조에 직접 나섰다. 19일의 상황을 체레바노프(Cherevanob)는 보로딘의 회고를 다음과 같이 전하고 있다.

> 11월 19일 손문은 보로딘을 대본영으로 불렀다. 손문은 「당강초안」의 이론 부

---

30 『國父年譜』 下, 1923.11.12, pp.1025~1026.

31 「中國國民黨改組宣言」(1923.11), 『革命文獻』 第8輯, p.71.

32 「任命楊希閔職務令」(1923.11.14), 『孫中山全集』 8, p.397.

33 「孫中山致後藤新平函」(1923.11.14), ≪近代史資料≫, 總57號(中國社會科學出版社, 1985.4).

34 『中國國民革命軍的北伐』, p.49.

> 분에서 하나의 사실을 분명히 할 것을 요구했다. 즉 국민당의 주의는 그가 일찍이 정한 것이라고 했다. 손문은 보로딘에게 자신이 어떻게 자신의 이론을 연구했고, 또 어떻게 시종 변함없이 그 이론을 위해 투쟁해왔는지를 상세히 설명했다. 보로딘은 이에 대해 찬동을 표시했다. …… 이날 저녁 손문의 대본영에서 임시중집위 회의(제7차)가 열렸다. 참여자 전체의 분위기는 의기양양했다. 전선으로부터 온 (승리의) 소식이 그들을 고무시켰기 때문이다. …… 먼저 강령에 관한 문제를 토론했다. 탁자 위에는 간행물(≪國民黨週刊≫)에 게재될 교정본이 놓여 있었는데, 강령 초안도 이 간행물에 실릴 예정이었다. 보로딘은 손문의 지시에 따라 국민당의 신구 강령의 주의(主義)의 계승성을 초안 강령에 명확히 밝힐 것을 건의했다. 즉 현재의 초안은 손문의 삼민주의에 근거해 상세히 토론해 제정한 것이라고 서두에 반드시 설명해야 한다고 제안했다. 제안은 일치 통과되었다. 요중개가 붓을 들고 결의문을 썼다. 손문이 결의문을 선독하자, 참석자 전원이 찬동을 표시했다.[35] - 괄호와 강조는 인용자

손문은 처음으로 참석하는 임시중집위 제7차 회의에 앞서 개조와 관련해 자신의 '삼민주의'는 결코 손댈 수 없다는 것을 보로딘에게 확인시켰던 것이다. 저녁에 임시중집위가 개최되었을 때, 탁자 위에 놓인 강령초안 교정본은 11월 11일 광주시 당원대회에서 전단지 형태로 배포한 강령 초안일 것이다. 회의에 앞서 손문의 뜻을 전달받은 보로딘이 전단지 초안의 내용에 이를 부가하자고 제안했고, 이 제안을 받아들이는 형식으로 요중개가 '결의문'를 쓰고 손문이 선독해 확인시켰던 것이다. '결의문'란 "이른바 삼민주의, 오권헌법을 제창한 것은 우리 당 총리 손문 선생이므로, 그 내용에 대한 해석은 손문 선생의 말씀[說]으로 결정한다"라는 문구일 것이다.[36] 이리하여 11월 25일 발행된 ≪국민당주

35 『中國國民革命軍的北伐』, pp.50~55.

36 당원대회(11.11)에서 배포되었다고 하는 문건을 찾을 수 없어, ≪국민당주간≫ 등에 게재된 것과는 비교할 수 없지만 제7차 임시중집위 회의록에 따르면 회의에서 첫 번째로 의결한 사항은 「당강초안」에 "이른바 삼민주의, 오권헌법을 제창한 것이 우리 당 총리 손문

간≫에 실린 「당강초안」에는 이 문구가 첨가되었다.

이상의 과정을 정리해본다면 「개조선언」, 「당강초안」, 「장정초안」은 임시 집행위원회 회의(제1~4차 회의)를 통해 만들어진 것이고, 11월 11일 당원대회에서 공개적으로 발표되었고, 이어 11월 19일(임시중집위 제7차 회의)에 손문의 뜻이 반영되어 약간의 문구가 첨가된 것이다. 따라서 이 문건들의 내용에 대해 손문도 이의가 없음을 보여준다. 그런데 이 '결의문'을 요중개가 그 자리에서 붓을 들어 쓰자 손문 스스로 선독하고, 참석자 전원의 찬동을 받아내는 과정을 보면 좀 의아스럽게 느껴진다. 마치 이전에 중화혁명당을 조직할 때 입당자에게 선서를 요구하고 지문 날인을 받던 분위기를 연상시킨다. 더구나 「당강초안」에 앞의 문구가 들어가는 것 자체가 문맥상으로도 매우 어색하다.[37] 또 삼민주의와 오권헌법이 손문의 주장임을 굳이 설명할 상황도 아니고, 필요도 없어 보인다. 그런데 손문이 삼민주의와 오권헌법에 대한 당강 초안의 해석에 문제가 없다고 받아들이면서, 굳이 그 문구를 넣자고 한 이유는 무엇일까. 아마 손문의 정치적 감각으로는 개조의 진행과 함께 자신의 삼민주의와 오권헌법이 '왜곡'될 것을 염두에 둔 것이 아닐까 생각된다. 뒤에 다시 살펴보겠지만, 왜곡된다.

여하튼 손문은 11월 19일 임시중집위에서 앞의 세 문건을 승인했다. 그런데 열흘 뒤인 11월 29일 등택여 등 11명이 연명해 손문에게 '글'(이하 '상소')을 올렸다.[38] 등택여는 임시중집위 위원이었고, 이 세 문건이 만들어지는 과정의 회의

선생이므로, 그 내용에 대한 해석은 손문 선생의 말씀[說]으로 결정한다"라는 글귀를 첨가한 것이다. 『國父年譜』 下, 1923.11.29, p.1032.

37 「당강초안」은 다음과 같이 시작한다. "우리 당의 목적은 중국 영역 내의 민유, 민치, 민향의 국가에서 전체 국민이 국제상, 정치상, 경제상에서 마침내 가치 있는 생존을 갖게 하는 데 있다. 본 목적을 위해 「삼민주의, 오권헌법」의 주장을 치켜들고 분투의 정신으로 그 실현을 꾀하고자 했다. 이른바 삼민주의, 오권헌법을 제창한 것이 우리 당 총리 손문 선생이므로, 그 내용에 대한 해석은 손문 선생의 말씀[說]으로 결정한다. 이제 순서대로 그 개략을 든다. 첫째는 「민족주의」다 ……." 「中國國民黨黨綱草案」, 『革命文獻』 第8輯, p.73.

38 이 글을 『國父年譜』는 공산당을 탄핵을 하는 글이라고 하고 있으나, 공산당 탄핵에 대한 내용은 없다(『國父年譜』 下, 1923.11.29, p.1036). 글을 올린 11명은 광동 지부장 등택여

등택여(鄧澤如, 1869~1934)

이름은 문은(文恩), 자는 원추(遠秋), 호가 택여(澤如)이다. 청 말 계약 노동자 신분으로 말레이시아로 가서, 유명한 사업가로 성장했다. 1907년 동맹회에 가입해 말레이시아 분회 회장을 맡으며 손문의 혁명 자금을 조달했다. 1912년 귀국해 광산을 개발했으며, 1920년 광주군정부 내 정부 광물국 국장 겸 광무처 처장이 되었다. 이 시기 원세개, 진형명 토벌을 위해 손문에게 많은 자금을 제공했다. 국민당 광동 지부장, 중앙감찰위원회 위원 등을 역임했다. 사상적으로 우편향적 성향이었기 때문에, 중국공산당과의 합작에 반대했다. 1931년 장개석이 호한민을 연금하자, 4명의 감찰위원과 함께 장개석을 탄핵하기도 했다. 1934년 광주에서 병사했다.

에 모두 참석했었다. 이뿐만 아니라 세 문건을 광주시 당원대회에서 공포하기로 결정한 임시중집위 제4차 회의는 등택여에게 당원대회에서 개조의 원인을 선포하라고 의결했었다.[39] 등택여는 그 이후에도 임시중집위에 계속 참석했다. 그런 그가 국민당 개조에 관해 다음과 같이 '상소'했다.

> **본당의 개조는 그 동기가 비록 총리의 결단에서 나왔다**고 하더라도 조직법, 당장, 당강 등의 초안 대부분은 사실 보로딘의 지휘로부터 나온 것이다. **그러나 표면상으로 이 문장은 아직 큰 해가 없다.** 그러나 러시아인이 우리 당을 위해 정하려는 정강과 정책을 탐문해 들어보니, 완전히 진독수의 공산당이 정하려는 것이다. …… 이번 개조는 진독수가 러시아인의 힘을 빌려 총리를 움직이게 하여, 본의 아니게 우리 당으로 하여금 저들 공산당의 지휘를 받게 하려는 것이다. 만약 성공하면 공산당은 그 복을 누리고, 실패하면 우리 당은 그 화를 받는다.[40]

를 비롯해 林直勉, 黃心持, 黃隆生, 趙士覲, 吳榮新, 曾克祺, 朱赤霓, 鄧慕韓, 林達存, 陳占梅이다[「鄧澤如等致孫中山函」(1923.11.29), 『各方致孫中山函電匯編』 7, p.340].

39 「會務彙記」, ≪國民黨週刊≫, 第2期, 1923년 12월 2일의 결정에 따라 등택여는 당원대회에서 당 개조의 이유를 설명했다. 「紀錄」, ≪國民黨週刊≫, 第1期, 1923.11.25.

등택여는 임시중집위 위원이었고, 매 회의에 참석했으니, 세 문건을 만들어 내기까지 모든 과정을 지켜보았을 뿐 아니라 핵심적 역할을 한 셈이다. 그의 관찰에 따르면 개조는 손문의 결단에 의해 출발했지만, 개조의 내용은 보로딘의 지휘하에 이루어졌다는 것이다. 개조를 지시한 후 손문이 전선에서 전투를 진두지휘하고 있었기 때문에, 보로딘이 개조를 주도했다는 '상소'는 사실과 부합한다. 그렇다고 보로딘의 주도로 만들어진 개조의 내용이 손문의 뜻을 크게 벗어난 것은 아니었기에 등택여 등은 "표면상으로 이 문장은 아직 큰 해가 없다"라고 평가한 것이다.

그렇다면 좀 더 구체적으로 누가 개조의 제 문건을 초안했는가. 「개조선언」은 임시중집위 제1차 회의에서 "사영백, 담평산이 기초하고, 양서감이 수정"한다고 구체적으로 작성 담당자를 정했지만,[41] 「당강초안」과 「장정초안」은 임시중집위 제3, 4차 회의에서 토론했다고만 기재되어 있다.[42] 그러니 '보로딘의 지휘'에서 나왔다는 '상소'의 내용은 그리 틀리는 말이 아니다. 그런데 '상소'의 또 다른 주장, 즉 개조 문건은 보로딘이 아니라 진독수에 의해 작성되었다는 주장에 대해 손문은 다음과 같이 답변했다.

> 이 원고(당강초안, 장정초안)는 내가 보로딘에게 기초해달라고 청했고, 그것을 내가 심사한 것이다. 원문은 영문인데 요중개가 중문으로 번역했으니, 진독수는 이 일에 결코 참여하지 않았다. 함부로 의심하지 말라.[43] - 괄호 인용자

개조 문건 초안은 보로딘에 의해 영문으로 작성되었음을 알 수 있다.[44] 앞에

---

40 「鄧澤如等致孫中山函」(1923.11.29), 『各方致孫中山函電匯編』 7, p.340.
41 「會務彙記」, ≪國民黨週刊≫, 第1期, 1923.11.25.
42 같은 글; 「會務彙記」, ≪國民黨週刊≫, 第2期, 1923.12.2. 물론 이 기록은 임시중집위 회의록의 적요이기 때문에 '회의록'에는 구체적인 내용이 있을 수도 있다.
43 「批鄧澤如等的上書」(1923.11.29), 『孫中山全集』 8, p.458.

서 언급했듯이 이 초안을 손문이 심사했다고는 하지만, 한 문장을 추가한 것 외에는 변경된 것이 없는 듯하다. 물론 임시중집위의 회의 과정에서 요중개를 통해 손문의 의중을 반영했겠지만, 「당강초안」과 「장정초안」은 보로딘이 작성했다고 해도 무리는 없을 것이다.

반복되는 감이 없지 않지만, 세 문건이 나오기까지의 과정을 다시 정리해보자. 10월 6월 보로딘이 광주에 도착한 후, 손문은 당 개조를 지시하고 개조를 실행할 기구로 임시중집위를 조직했다(10.25). 그러나 이후 손문은 당 개조에 참여하지 못하고, 전선에서 진형명 군대와의 전투를 지도했다. 따라서 당 개조는 보로딘의 주도로 임시중집위에서 진행되었다. 임시중집위 제1차 회의(10.28)에서는 「개조선언」을 사영백과 담평산이 기초하기로 했고, 제2차 회의(11.1)에서는 「개조선언」을 11월 8일 창간하기로 한 ≪국민당주간≫에 게재하고 11월 11일 광주시당원대회를 개최해 개조를 공개 선언하고자 했다. 제3, 4차 회의에서는 보로딘이 초안한 「당강총안」과 「장정초안」을 토론했고, 이어 11월 8일의 제4차 회의에서는 「개조선언」과 「당강초안」, 「장정초안」을 통과시켰다. ≪국민당주간≫이 예정대로 발간되지 못하자, 먼저 11월 11일의 당원대회에서 개조를 공개 선언하고, 이 문건을 전단지 형식으로 배포하기로 결정했다.

11월 8일의 제4차 회의에 이르기까지, 즉 세 문건이 완성될 때까지 손문은 직접 참여하지 못했다. 다만 당원대회 전날(11.10) 요중개가 손문을 찾아가 개조 경과를 보고하자, 손문은 당 개조의 이유를 '미비한 조직과 주밀하지 못한 훈련' 때문이라고 답했다. 11월 19일 위기에 빠졌던 광주가 극적인 반전으로 안

---

44 보로딘은 1907년부터 약 11년간 미국에서 활동했다. 따라서 그가 영문으로 글을 쓰고 말하는 데는 지장이 없었고, 손문과 영어로 대화하는 데도 무리가 없었다고 보인다. 미국에서의 보로딘의 활동은 Lydia Holubnychy, *Michael Borodin and Chinese Revolution, 1923~1925*(Michigan: University Microflimsn International Ann Arbor, 1979) 1장에 상세히 나와 있다.

정을 되찾자 손문이 당무, 즉 개조에 복귀했다. 19일 저녁 제7차 임시중집위 회의가 개최되기 전 손문은 보로딘을 불러 자신의 삼민주의에 수정을 가해서는 안 된다고 알렸고, 보로딘도 이에 찬동했다. 이어 개최된 제7차 회의에서 「당강초안」은 삼민주의에 근거한 것이라고 보로딘이 보고하자, 요중개가 "삼민주의와 오권헌법에 대한 해석은 손중산 선생의 말씀으로 결정한다"라는 결의 문구를 그 자리에서 써서 손문에게 건네자 손문이 이를 선독해 확인시켰다. 11월 25일 발간된 ≪국민당주간≫에는 이 결의 문구가 들어간 「당강초안」이 다른 두 문건과 함께 게재되었다. 이로써 개조가 마무리되었다. 이 개조를 「11월 개조」라고 칭하고자 한다. 이로부터 약 2달 뒤 중국국민당 제1차 전국대표대회로 만들어진 당 개조를 「1월 개조」라고 하겠다.

3. 「11월 개조」의 확산

그러면 「11월 개조」의 또 한 축인 보로딘이 말하는 개조 과정을 보자. 앞에서 살펴본 것처럼 「11월 개조」는 11월 19일 임시중집위에서 손문의 '승인'으로 완성되었다. 11월 말에는 보로딘, 요중개를 비롯해 「11월 개조」를 만들어낸 핵심 인물들이 모두 상해로 떠났다. 보로딘이 상해에 도착한 것은 12월 1일이었다.[45] 상해로 오자마자 곧 북경으로 갔는데,[46] 북경의 카라한에게 그동안 광

45 개조를 위한 손문의 명을 받고 보로딘은 요중개와 함께 상해에 왔는데, 상해 도착 일시에 관해 보로딘은 12월 1일[「華南形勢에 관한 보로딘의 札記」(華南形勢에 관한 보로딘의 札記」(1923.12.10, 北京), 『聯共(布), 共産國際 檔案資料』 1, p.374]이라고 하고, 요중개의 연보에는 11월 29일로 되어 있다(『廖仲愷年譜』, p.208).

46 12월 상순 보로딘이 상해에서 북경을 다녀왔다는 것은 보로딘의 글과 입을 통해 알 수 있다. 그중 하나는 1924년 1월 4일 자로 상해에서 보이틴스키에게 보낸 보로딘의 편지이다. 편지에서 보로딘은 "지난번 내가 北京에서 당신에게 자료들을 보내 중국 남방에서의 나의 사업 정황을 알려 드리려 했다"라고 썼는데[「Borodin이 Voitinsky에게 보내는 편지」

주에서의 활동을 보고하기 위함이었을 것 같다. 또 보로딘은 광주에서의 자신의 활동과 광주의 상황을 보고서 형식으로 북경에서 기록했는데, 「당강초안」과 「장정초안」이 만들어지는 과정을 다음과 같이 보고하고 있다.

(10월 6일 광주에 도착한 후 분석한 바에 의하면) 현재로서는 국민당이 중국 국민혁명 운동을 지도할 수 없다고 생각했다. 작용을 발휘하기 위해서는 반드시 개조를 진행해야 했다. 당시 **국민당은 당의 강령도 없고 장정도 없으며 아무런 조직도 없이, 간혹 손문이 발표하는 모호한 선언, 예컨대 민족주의, 민권주의, 민생주의 등 일반 문제를 홍보할 뿐이다.** 이는 근본적으로 당면한 사건에 영향을 주지도 않고, 그것에 대해 설명해주지도 않으며, 또 이런 발표는 당을 발전시키거나 공고하게 해주지도 않는다. 이러한 선언은 단지 웃음거리처럼 몇몇 신문에 나타났을 뿐이다. ……

며칠 뒤 손문은 나를 국민당 개조 사업의 지도원(조직훈련원) 겸 (임시중집위) 고문으로 임명했다(10월 18일과 25일). 이리하여 당의 강령과 장정을 제정하는 사업이 시작되었다. 가장 직무가 높은 국민당원들이 자주 회의(임시중집위 회의)를 열기 시작했고, 개조와 관련한 모든 문제를 토론했는데, 가장 적극적으로 이 사업에 참여한 사람은 광동성 성장 요중개, 손문의 아들이자 광주시 시장인 손과(孫科, 쑨커), 광동성 공공안전위원 오(吳: 吳鐵城, 우톄청)였는데, 특히 후자의 열정은 대단했다. **손문 자신도 이 사업에 참여했는데, 그가 한 것은 단 두 가지였다. 하나는 임시집행위원회 위원의 명단을 발표한 것이고, 다른 하나는 나를 조직교련원으로 임명해**

(1924.1.4, 上海), 『聯共(布), 共産國際 檔案資料』 1, p.765] '남방에서의 사업'의 사업이란 광주에 도착한 이후 추진한 국민당 개조에 관한 일이다. 또 1923년 12월 16일 상해에서 보로딘은 "북경은 광주의 개조에 대해 모르고 있다"라고 구추백에게 이야기하고 있다[「Borodin과 瞿秋白의 담화기록」(1923.12.16, 上海), 『聯共(布), 共産國際 檔案資料』 1, pp.378~379]. 따라서 보로딘의 북경행은 12월 1일 광주에서 상해로 온 이후 16일 이전에 북경에 다녀온 셈이다.

> **우리로 하여금 이 사업에 착수할 것을 요구한 것이다.** …… 몇 주 지난 후 …… 그는 할 수 없이 전선을 연합하고 1명의 우수한 장군(楊希閔)에게 지휘를 맡겼으며, ……(전세가 호전되어 광주가 안정되자) **손문도 나의 건의[47]를 받아들여 회의를 주관하고 강령, 장정 등을 심사했다.**[48] - 괄호와 강조는 인용자

보로딘이 보기에 국민당의 가장 큰 문제는 첫째, 강령, 장정, 조직을 갖추지 못하고 있다는 점, 둘째, 당면한 상황을 해결해주지 못할 뿐 아니라 심지어 웃음거리로 조롱받는 삼민주의였다. 이 두 문제를 해결하려는 것이 바로 당 개조였음에도 첫 번째 문제를 해결하고자 한 개조(「개조선언」, 「당강초안」, 「장정초안」의 제정)는 실행했지만, 앞에서 언급했듯이 두 번째 문제인 삼민주의에 대해서는 손문의 완고한 입장에 눌려 '약간 수정'하는 정도에 그치고(후술), 손문의 뜻을 그대로 받아들여 명문화해버렸다. 여하튼 세 문건의 작성 과정에 손문은 거의 참여하지 않았으나, 광주가 안정되자 손문도 참여해 이미 만들어진 당강과 장정을 심의했다는 보로딘의 보고는 앞의 내용과 일치한다. 그렇다면 보로딘은 「개조선언」, 「당강초안」, 「장정초안」을 어떻게 평가하고 있는가. 보로딘의 보고는 다음과 같이 이어진다.

> 12월 1일, 나는 상해에 도착했다. …… 현재 손문의 앞에 놓인 임무는 무엇인가? 첫째, 광주에서 이미 시작된 국민당 개조 사업을 전국 범위에서 실행하는 것이다. 이를 위해 국민당은 즉시 중국의 각 대도시에서 신문을 발행해야 한다. 당의 첫 번째 신문(≪國民黨週刊≫)이 광주에서 창간되어 강령(초안), 장정(초안),

47 보로딘은 "양희민 장군의 임명으로 손문은 실제상 더는 총사령이 아니니, 그는 더 이상 전선에 갈 필요는 없다. 좀 더 많은 시간을 내어 국민당 개조 사업에 종사해야 한다"라고 주장했다. 『中國國民革命軍的北伐』, p.47.

48 「華南形勢에 관한 보로딘의 札記」(1923.12.10, 北京), 『聯共(布), 共産國際 檔案資料』 1, pp.369~370, p.373.

구추백(瞿秋白, 1899~1935)

강소(江蘇) 상주(常州, 창저우) 출신이다. 1917년 북경의 아문전수관(俄文專修館)에 들어가 러시아어를 배웠다. 1919년 오사운동에 참여했다가 투옥되었다. 1920년 8월 북경≪신보(晨報)≫와 상해≪시사신보(時事新報)≫의 특약통신원으로 모스크바에 가서 취재했으며, 1921년에는 동방대학(東方大學)에 개설된 중국 반에서 통역 및 조교를 담당했다. 1922년 정식으로 중국공산당에 가입했고, 1922년 말 중국공산당 대표로 모스크바에 온 진독수의 통역을 담당했다. 진독수의 요청으로 귀국해 공산주의 관련 번역과 글을 썼다. 1923년 상해대학의 교무장 및 사회학과 주임을 담당했으며, 1924년 1월에 국민당 일전대회에서 국민당 후보중앙집행위원에 당선되었다. 1924년 7월 손문의 건의로 조직된 정치위원회의 위원에 임명되었고, 1925년 1월부터 중공 제4, 5, 6차 전국대표대회에서 중앙위원, 중앙국위원, 중앙정치국위원으로 피선되었다. 1927년 임시중앙정치국 상위를 담당하며 중국공산당의 두 번째 지도자의 자리에 올랐다(8·7 회의). 그러나 그 후 당내 비판과 자아비판으로 물러나 모스크바로 갔다가, 1930년 귀국해 1934년 중앙 혁명의 근거지 서금(瑞金, 루이진)으로 가서 중화소비에트공화국 중앙집행위원회 위원 등을 담당했다. 홍군과 함께 장정(長征) 도중 폐병이 날로 심해져 상해로 요양 가던 중 국민당군에 체포되어 사망했다.

개조 선언을 담은 제1기가 이미 출판되었다. (이 문건을) **이 보고의 뒤에 첨부했다.**[49] - 괄호와 강조는 인용자

세 문건(「개조선언」, 「당강초안」, 「장정초안」)은 보로딘 자신의 주도로 만들어진 것이기도 하고, 또 그 내용이 개조의 뜻을 담고 있다고 자부했기에 이 문건들을 첨부했다. 중국공산당도 보로딘의 지시(후술)를 받기 전에 이미 「개조선언」과 「당강초안」을 기관지(≪嚮導週報≫)에 게재했는데, 서두에 다음과 같은 설명을 달았다.

10월 25일 중국국민당은 광주에서 개조 특별회의를 소집해 새로운 임시 집

49 같은 글, pp.375~376.

행위원회를 조직하고, 아울러 내년 1월 15일 광주에서 국민당 전국대회를 개최하기로 결정했다. 이에 그 「개조선언」 및 「당강초안」을 특별히 게재하니, 중국 국민혁명 운동이 개척할 전망을 보라.[50]

글의 분위기를 보면 중공이 개조 문건을 아주 높이 평가했다고 볼 수는 없을 것 같은데, 여하튼 국민혁명 운동의 전망을 보여줄 수 있는 문건 정도의 의미는 부여하고 있다. 그러나 보로딘은 이런 정도의 평가와 실천에 불만족이었던 것 같다. 북경에서 상해로 돌아온 보로딘이 구추백(瞿秋白, 취추바이)과 나눈 대담은 이를 극명하게 보여주고 있다.

보로딘: (중국공산당은) 국민당 개조에 어떻게 대처하고 있는가?

구추백: …… 공산당 내부와 청년단이 국민당 개조 사업을 돕기 위해, 연석회의를 개최하기로 했다. 이 위원회는 당 중앙 대표, 지방당 대표, 청년단 대표와 상해 지방 청년단 조직 대표 등 네 사람으로 조성되었다. 이 외에 6개 지방에서 1명씩 뽑았는데, 이러면 대표의 총수가 10명이다.

……

보로딘: 당신들(중공)은 국민당의 (개조)선언, 당강(초안), 장정(초안)을 받았는가?

구추백: 받았다.

보로딘: 위원회에서 이 자료들을 연구했는가?

구추백: 아직 못했다.

보로딘: 지방 조직에서는 어떻게 되었는가?

구추백: 거기서도 아직 못했다.

보로딘: 그럼 어디에서도 토론이 진행되지 않고 있단 말인가? 왜?

---

50 「國民黨改組消息」, ≪嚮導週報≫, 第48期, 1923.12.12. 「당강초안」은 48기와 49기에 나누어 게재되었다.

구추백: 그것은 우리가 한 부씩밖에 갖고 있지 않기 때문이다.

……

보로딘: 내가 (상해를) 비웠을 때 당 간행물을 출판했는가?

구추백: 어제 제48기 간행물(≪嚮導週報≫)을 출판했는데, 거기에는 국민당 강령(초안)과 (개조)선언도 게재되어 있다. **이 외에 사론(社論)도 게재되었는데 난 아직 보지 못했다.**

보로딘: **그건 그렇고, 개조에 관한 사론은 있는가?**

구추백: **난 제목만 보았다.**

보로딘: **당신은 사론의 내용은 모르는가?**

구추백: **모른다. 그러나 지금 한 부를 사서 볼 수 있다.**

보로딘: 당신들의 신문(≪嚮導週報≫)은 이곳에서 공개적으로 파는가?

구추백: 그렇다. 반(半)공개적이다.

보로딘: 국민당 개조 사업에 대해 (공산당) 중앙은 상해 이외의 당 조직에 지시 혹은 통지·공고를 내렸는가? (내가 북경에 갔다 온 바로는) 북경의 당 조직은 아무것도 받지 못했다고 한다. 심지어 (개조)선언과 강령(당강초안)마저도 받지 못했다고 한다. 국민당 개조에 대해 당이 어떤 사업을 하는지 성(省)에서는 아무것도 모르고 있다. 국민당이 개조한다는 것만 알고 있을 뿐 (공산)당이 구체적으로 어떤 사업을 하는지 모른다. 국민당 개조 사업에 관해 **하나의 통고를 작성해 각 조직에 배포해야 한다.**[51] - 강조와 괄호는 인용자

이는 국민당 개조 문건을 적극 선전하지 않는 공산당을 보로딘이 질책하는 대화이다. 구추백은 개조 문건에 대한 사론이 ≪향도주보≫에 실렸다고 착각

51 「Borodin과 瞿秋白의 담화기록」(1923.12.16, 上海), 『聯共(布), 共産國際 檔案資料』 1, pp.378~379.

한 듯하다. 실제로 제48기 ≪향도주보≫에 그런 사론이 실리지 않았다. 개조에 관한 사론의 내용을 모르고 있다는 보로딘의 '질책'을 들은 구추백은, 담화 후 ≪향도주보≫에서 사론을 찾았겠지만 없음을 알았을 것이다. 이에 구추백은 다음 호 ≪향도주보≫에 개조에 관한 글을 직접 게재했다.

> (신해 이래) 평민의 권리 쟁취를 위해 힘든 일을 마다하지 않고, 북양 군벌에 반대한 것은 단지 국민당뿐이다. …… 국민당의 투쟁 방법이 한때 인민의 원조를 받지 못해 군사 방면에 치우칠 수밖에 없었고, 무료한 정객을 이용할 수밖에 없었다. …… 그러나 국민당의 종지, 국민당의 고충은 몇십 년의 고투와 희생을 거쳐 금일 천하에 이미 밝혀졌다. …… **민권을 위해 분투하는 국민당이 이제 각오했다. 예컨대 이제 대개혁을 선언해 전국의 평민들에게 함께 조직하고 함께 분투하자고 호소하고 있다.** …… 전국의 평민들이여! 같은 고통을 받으며, 같은 적을 갖고 있으면서 왜 연합하지 않는가. 연합의 제일보는 국민당을 더욱 단단히 조직해 우리의 정치 세력을 집중하는 것이다. …… 현재의 국민당이야말로 우리가 세력을 집중하고 세력을 운용할 중심이다. …… 우리가 열강과 군벌의 압박에서 벗어나 진정한 평민 공화국을, 진정한 독립국가를 스스로 속히 건설하려면, 그리고 진정으로 자신의 경제를 발전시키려면 우리의 첫발은 먼저 평민의 정당, 즉 우리 자신의 국민당을 먼저 조직해야 한다. **이번 국민당 개조에서 중요한 세 가지는 다음이다.**
>
> 1. 이후 **평민적 정치운동과 군사적 혁명 행동**을 병행해나간다.
> 2. 이후 **군중의 민주식 진정한 정당**을 조직하고 부패분자를 숙청한다.
> 3. 이후 **엄격한 기율**을 실행하고 조직적이고 **체계적인 전국 운동**을 진행해 곳곳에서 늘 평민을 대표해 **군벌과 열강에 반대한다.** ……
>
> **"모든 평민이여 모두 연합하자!"** …… 우리는 적극적으로 국민당에 가입해 함께 국민혁명 운동을 실행해야만 중국은 소생할 희망이 있다. **이번 국민당의 개조는 진정으로 중국 민권 운동의 신기원이다.**[52] – 강조는 인용자

구추백이 국민당 개조에 대해 이처럼 높이 평가한 것은, 보로딘의 요구가 있었기 때문이기도 하다. 그런데 개조에 대한 구추백의 생각은 개조, 즉 국공합작에 임하는 중공이나 소련(보로딘, 코민테른을 포함)의 입장을 나름대로 보여주고 있다. 먼저 국민당이 이제까지 혁명에 실패한 이유는 인민의 원조에 의하지 않고, 군사 방면 즉 '적극 무력'에만 의존했기 때문이라는 것이다. 이에 당의 개조는 민중과 함께 당을 조직해 분투하려는 것(평민적 정치운동)이다. 그러나 손문의 '적극 무력'을 완전히 부정할 수도 없고, 막을 수도 없고, 광동의 무력 통일이라는 당장의 문제도 있었기 때문에 '군사적 혁명행동'과 병행한다는 '타협'을 제시하지 않을 수 없었을 것이다. 개조, 즉 합작의 중요한 내용 중 '조직'이 무엇을 의미하는지 확인할 필요가 있다. 구추백을 비롯한 국공의 '공(共)' 측이 주장하는 '조직'은 '평민들과의 조직'이다. 따라서 국민당에게는 평민을 조직할 혁명당을 요구하고, 민중에게는 혁명당인 국민당에 가입할 것을 주장한 것이다. 이 주장은 손문의 당 조직 강화와 관련해 주의할 필요가 있다. 이에 대해서는 뒤에 다시 서술하겠다.

여하튼 보로딘은 국민당 개조에 대한 자신의 뜻이 앞의 세 문건에 반영되었다고 생각하고, 중공이 이를 선전하라고 구추백에게 종용했던 것이다. 보로딘의 '질책' 후 ≪향도주보≫(제49기)는 구추백의 앞의 글과 함께, 국민당 개조 소식란에 개조에 대한 손문의 연설을 게재하는 등 국민당 개조로 잡지 대부분을 채웠다.[53] 50기에는 「장정초안」이 실렸다.[54] 1923년 연말 중공의 기관지 ≪향

52 巨緣, 「國民黨改組與中國革命運動」, ≪嚮導週報≫, 第49期, 1923.12.19. 巨緣은 구추백의 필명이다.

53 「孫中山先生改組國民黨之演說」, ≪嚮導週報≫, 第49期, 1923.12.19. ≪嚮導週報≫는 제48기(1923.12.12)부터 「國民黨改組消息」이라는 特別欄을 두었다. 제49기에 실린 손문의 연설은 11월 25일 廣州大本營에서 국민당원에게 행한 것이다[「在廣州大本營對國民黨員的演說」(1923.11.25), 『孫中山全集』 8, pp.430~439]. 상당히 긴 연설문 전문을 게재했다. ≪嚮導週報≫는 당시 총 8쪽으로 출판되었는데, 손문의 연설문이 거의 5쪽이나 차지했다. 거기에 개조에 관한 구추백의 글까지 포함하면 총 8쪽 중 6쪽이 개조에 관한 글로 채

도주보≫에는, 「11월 개조」의 내용을 담은 세 개의 문건과 손문의 연설이 모두 게재된 셈이다.

12월 초 북경에 간 보로딘은 카라한에게 세 문건을 포함한 국민당 개조의 내용을 보고했을 터인데, 카라한은 세 문건의 글에 "생기가 없다"라고 답했을 뿐이다.[55] 바꾸어 말하면 카라한도 세 문건의 내용에 동의한 셈이다. 사실 카라한의 동의를 받았기 때문에, 보로딘도 상해로 돌아와 구추백에게 '이에 대한 선전'을 다그쳤던 것이다.

다만 중공은 보로딘의 요구에 따라 각 지부에 통고했는데 "국민당의 이번 개조는 이미 상당히 진행되어 진작의 희망이 자못 있다"라고 하면서도, "이번 국민당대회 중 가장 중요한 문제는 당강과 장정(이미 ≪嚮導週報≫에서 모두 볼 수 있다 - 원문) 및 시국에 대한 책략이다. 대표들은 떠나기 전 각 구(區)에서 모두 상세하게 토론을 하고 각 성 대표들이 상해를 지날 때 우리의 동지들이 다시 집합해 일치된 주장을 의결한다"[56]라고 통지했다. 「개조선언」과 「당강초안」을 통해 국민당 개조를 선전할 것을 주장하는 보로딘과는 달리 중공은 좀 더 신중한 접근을 하고 있었음을 볼 수 있다.

여하튼 국공 양측, 좁혀 말하면 손문과 보로딘이 모두 「11월 개조」에 합의한 셈이다. 즉 국민당에서는 손문뿐만 아니라 합작에 반대하는 등택여 등까지도, 공산당에서는 보로딘뿐만 아니라 북경의 카라한까지 동의한 셈이니, 말 그대로 국공합작의 첫 산물이라고 할 수 있다.

워진 셈이다.

54 「中國國民黨章程草案」, ≪嚮導週報≫, 第50期, 1923.12.29.

55 「鮑羅廷給加拉罕的信」(1924.1.25, 廣州, 기밀), 『聯共(布), 共産國際 檔案資料』 1, p.403.

56 「中央通告第十三號: 國民黨改組及收回海關主權問題」(1923.12.25), 中央檔案館 編, 『中共中央文件選集』 第1冊, p.210, p.211.

16장

「11월 개조」와 「1월 개조」

1. 혁명의 실패 원인과 당면 상황

앞서 「11월 개조」가 합의되기까지의 과정을 살펴보았는데, 이제 그 내용을 살펴보자. 개조의 내용을 크게 구분한다면 첫째는 신해혁명 이래 국민당이 혁명에 실패한 원인에 대한 분석과 중국의 현황이다. 둘째는 이를 극복하기 위한 지침으로서 삼민주의는 어떤 의미가 있는가, 즉 삼민주의에 대한 해석이다. 다음으로 이를 구체적으로 행하기 위한 강령, 그리고 강령을 실현하기 위해 장정을 새로 제정해 당 조직 등을 개편하는 것이다.

「11월 개조」의 내용을 살피기에 앞서, 이 책에서 '11월 개조'라는 용어를 쓰는 이유에 대해 간단히 언급하고자 한다. 1924년 1월 20일 개최된 국민당 일전대회는 「일대선언」과 「중국국민당총장」을 통과시켰다. 이를 국공합작 즉 당 개조의 성과로 보는 데 이견이 없는 듯하다. 이 '국공합작의 성과'를 이 책에서는 「1월 개조」라고 칭했다. 그런데 초안적 성격을 갖는 「11월 개조」가 다 듬어져서 「1월 개조」로 이어졌다면, 굳이 국민당 개조를 나눌 필요는 없을 것이다. 그런데 두 개조의 내용과 과정이 '연결'되는 것이 아니라 '단절' 내지는

'차원이 다른 변화'라고 한다면, 국공합작에 대한 기존의 시각은 재검토되어야 할 것이다. 「1월 개조」와 관련해 「11월 개조」의 내용과 의의를 구체적으로 분석해 양자의 차이를 통해, 국공합작을 평가한 연구를 필자는 아직 찾지 못했기 때문이다. 이에 「11월 개조」의 내용을 「1월 개조」의 그것과 비교하면서 서술하고자 한다.

「11월 개조」의 내용을 보여주는 세 문건 중 「개조선언」은 혁명의 실패 원인, 중국의 당면 상황을 설명하고 이어나갈 방향, 즉 개조의 방향을 제시하고 있다. 「당강초안」은 삼민주의에 대한 해석이다. 마지막으로 조직의 변화를 보여주는 것이 「장정초안」이다. 「11월 개조」의 「개조선언」은 혁명의 실패 원인과 중국의 당면 상황을 다음과 같이 설명하고 있다.

> …… (우리 당의) 십수 년 동안의 성적을 헤아려본다면 실패라고 자인하지 않을 수 없다. …… 목전의 형세를 보면 …… 금일의 중국은 정치의 불수(不修)와 경제의 파탄으로 와해될 흙더미와 같은 조짐이 보이고, 빈곤과 착취의 병은 이미 깊었다. 이 고질병을 치유하려면 **반드시 주의(主義)를 갖고, 조직을 갖춘 훈련된 정치단체에 의지해 그 역사적 사명을 바탕으로 민중의 열망에 따라 분투해야 그 정치상의 목적에 달할 수 있다.** 그렇지 않으면 민중은 우물쭈물하며 지향할 바를 모르고, **군벌의 우마, 외국 경제의 제국주의적 희생으로 될 뿐이다.** …… 우리 당은 삼민주의를 기본으로 하여 분투한 지 오랜 세월이 시났나. **중간에 징호의 변경은 있었으나, 종지와 주의는 떠난 적이 없었다.** 오래되었음에도 성공할 수 없었던 이유는 **조직이 미비하고 훈련이 주밀하지 못했기 때문이다.** 의지가 분명치 않으니 운용이 불령해 비록 대군을 가졌다 하더라도, 승리를 얻을 수 없었던 것이다. …… 먼저 총리가 9명에게 위임해 임시중집위를 조직케 하여 그 일을 시작했다. 장차 국내외 전 당원들의 대표회의를 개최해 (당강과 장정을) 토론에 부치고자 했다. **당강과 장정의 초안을 정할 때 주의를 분명히 하고, 정책을 실제에 맞게 하여 민중의 갈망에 부합하고자 했다. 조직과 훈련에서는, 상하가 소통하게 하고자 했다.**[1]

신해혁명 이래 국민당이 혁명에 실패한 원인을 '미비한 당의 조직과 주밀치 못한 훈련' 때문으로 보고 있다. 이는 「11월 개조」의 내용을 분명히 함과 동시에 개조의 범위를 제시한 것이다. 「11월 개조」에 대한 이러한 내용과 범위는 중앙집행위원회에서 국공의 토론을 거쳐 나온 것이라기보다는, 손문의 뜻이 그대로 반영된 것이다. 상술한 바 「개조선언」 등을 발표하기로 한 당원대회(1923.11.11) 바로 전날, 요중개는 전투를 지휘하고 있던 손문을 석룡으로 찾아갔다. 이때 전쟁의 와중에서도 개조와 관련해 손문이 지적한 것은 단 하나인데, 즉 "본당이 부진한 원인은 미비한 조직과 주밀치 못한 훈련"이라는 것이었다.[2] 다음 날 개최된 당원대회에서 요중개는 손문의 뜻을 당원들에게 그대로 전했다.[3] 「개조선언」의 뜻을 좀 더 정확히 말하면, 실패의 원인은 '종지와 주의', 즉 삼민주의에 있는 것이 아니라 미흡한 당의 '조직과 훈련'에 있다는 것이다. 「개조선언」에는 '민중', '군벌', '제국주의' 등 종전에 손문이 좀처럼 쓰지 않던 용어가 출현했다. 그러나 정치와 경제의 파탄이 군벌이나 제국주의와 어떻게 관련되는지, 민중이 혁명에서 어떤 역할을 할 것인지 등 현실에 대한 분석과 대응이 틀을 갖추지는 못하고 있다.

그렇다면 「1월 개조」의 경우를 보자. 국민당 일전대회에서 선포된 「일대선언」은 「당면한 중국의 상황」을 다음과 같이 설명하고 있다.

---

1 「中國國民黨改組宣言」(1923.11), 『革命文獻』 第8輯, pp.71~72. 이는 ≪國民黨週刊≫, 第1期, 1923年 12月에 게재되었고(『孫中山年譜長編』 下, 1923.11.25, pp.1746~1747에도 게재), 『孫中山全集』 8에도 같은 제목으로 게재되어 있는데, 날짜는 1923년 11월 25일로 되어 있다. ≪嚮導週報≫, 제48기(1923.12.12)에도 게재되었는데, 날짜는 없다.

2 廖仲愷, 「在國民黨廣州黨員大會上的演說」(1923.11.11), 尙明軒 外 篇, 『雙淸文集』 上册, p.579.

3 당원대회에서 손문의 연설이 代讀되었지만, 전날 요중개가 연설문을 받으러 갔을 때 손문은 "문장상의 훈사보다는 의미 전달이 중요하다"라고 했듯이[廖仲愷, 「在國民黨廣州黨員大會上的演說」(1923.11.11), 尙明軒 外 篇, 『雙淸文集』 上册, p.579], 당시 손문은 연설문을 쓸 형편이 되지 못했다. 따라서 대독된 손문의 연설문[「在中國國民黨廣州市全體黨員大會上的訓詞」(1923.11.11), 『孫中山全集』 8, pp.390~391]은 요중개가 손문의 뜻을 담아 쓴 것일 가능성이 크다.

> (청조 말기) 외국과의 교류 금지가 풀리자 **제국주의 열강이 노도와 같이 밀어닥쳐, 무력적 약탈과 경제적 압박으로 중국은 독립을 상실하고 반식민지의 지위로 떨어졌다.** 더구나 만주정부는 외침을 방어할 힘이 없었을 뿐 아니라, 인민을 압제하는 정책을 더욱더 행해 족히 열강의 환심을 샀다. 이리하여 우리 당의 지사들은 총리 손중산 선생을 따라 만주정부를 전복하지 않으면 중국을 개조할 방법이 없음을 깨닫고 이에 분기해 국민의 선구가 되고자 했다. ……
>
> 그러나 당시 실제 상태는 우리가 기대한 바와는 달리 (신해)혁명은 성공했으나 혁명정부가 사실상 내세울 만한 것은 오직 민족해방주의뿐이었다. 또한 정세에 쫓겨 부득이하게 **반혁명적 전제 계급과 타협하기에 이르렀다. 이러한 타협은 간접적으로는 제국주의와 서로 어울려 결국 혁명의 제1차 실패의 근원이 되었다.** ……
>
> 원세개가 죽은 후에도 혁명 사업은 수차 실패했다. 그 결과 국내의 군벌들은 포악무도해 스스로 도조(刀俎)가 되어 인민을 어육으로 만들었으니, 정치상으로 민권주의의 건설이란 달리 말할 것도 없다. 이뿐만 아니라 …… **무릇 군벌이 된 자는 열강의 제국주의와 관계를 맺지 않을 수 없다.** 이른바 민국 정부는 군벌에 억압되는 형편이었으며, 군벌은 이것을 이용해 열강의 환심을 사서 자신들의 지위를 굳혔다. 열강도 역시 이를 이용해 많은 차관을 주어 군자금에 충당케 하여 중국에 내란과 분규가 끝이 없도록 조성해 이권을 획득하고, 각기 그 세력 범위를 차지하기에 이르렀다. **이 점으로 보아 중국의 내란은 실로 열강이 조작한 것임을 알 수 있다.**[4] 괄호와 강조는 인용자

신해혁명의 실패 원인은 '미비한 당 조직'과 '주밀하지 못한 훈련'이 아니라 원세개로 대표되는 반혁명적 전제 계급과 타협했기 때문이며, 이는 결국 제국주의와의 타협이었다는 것이다. 이후 거듭되는 혁명의 실패는 군벌에 의한 것

---

4 〈中國之現狀〉, 「中國國民黨第一次全國代表大會宣言」(1924.1.23), 『孫中山全集』 9, pp.114~115.

이지만, 군벌에 의한 내란이란 결국 제국주의 열강이 만들어낸 것이므로 개조는 군벌 제거가 1차 목표일지라도 최종적으로는 제국주의를 타도하기 위함이라는 것이다. 모든 것이 제국주의의 침략, 제국주의 타도로 귀결되어 있다.

다시 「11월 개조」로 돌아가면 '군벌의 우마와 제국주의의 희생'에서 벗어나기 위해서는 '분명한 주의', '민중의 갈망에 부합한 정책', '상하가 소통하는 조직과 훈련'을 당강과 초안에 담겠다는 것이다. '분명한 주의'를 담겠다는 「당강 초안」의 삼민주의에 대한 해석을 보자. 먼저 삼민주의를 해석하기 전에 "이른바 삼민주의, 오권헌법을 제창한 것은 우리 당의 총리 손중산 선생이다. 따라서 그 내용에 대한 해석은 손중산 선생의 말씀[說]으로 판단해야 한다"라고 못박았음은 상술한 바이다.[5] 「일대선언」에서도 '국민당의 주의' 즉 삼민주의를 설명하기에 앞서, 서두를 다음과 같이 시작한다.

> 국민당의 주의가 무엇이냐 하면, **손 선생이 제창한 삼민주의일 뿐이**다. 이 주의를 기본으로 하여 정강을 세우는 것을 우리는 구국의 길이라고 생각할 따름이다. 물론 **국민혁명이 나아갈 길도 역시 이 원칙**에 따라야만 한다.
>
> 이번에 의연히 개조해 특히 당의 조직과 기율에 유의한 것은, 각 당원으로 하여금 각자의 능력을 다하고 노력과 분투로서 주의의 관철을 구하려 함이다. **작년 11월 25일 손 선생의 연설**, 그리고 금번 대회에서 손 선생이 중국의 현상 및 국민당의 개조 문제에 대해 행한 강연은 이 문제에 대해 매우 상세하게 논급하고 있다. 이에 이를 종합하여 삼민주의에 대해 정중한 천명을 하려 한다.[6]

삼민주의에 대한 해석을 '손문의 말씀'으로 정한다는 어구는 종교적 '교주'나 전제자로서의 손문의 이미지를 떠오르게 한다면, 「일대선언」에서의 표현은

---

5 「中國國民黨黨綱草案」(1923.11.20), 『革命文獻』 第8輯, p.73.

6 〈國民黨之主義〉, 「中國國民黨第一次全國代表大會宣言」(1924.1.23), 『孫中山全集』 9, p.118.

세련된 면이 있지만, 「당강초안」의 뜻과 궤를 같이하는 서두이다. 「일대선언」에서 언급되어서인지, '손 선생의 연설'은 그의 '사상적 변화'를 보여주는 사례로, 많은 연구들이 언급하고 있다. 그런데 '연설'을 한 시기가 1923년 11월 25일이니, 이는 「11월 개조」 시기에 나온 것이다. 그런데도 「1월 개조」의 「일대선언」에서 이를 거론한 것은, 아마 삼민주의의 해석은 변함이 없다는 것을 보여주려는 것이 아닐까. 이 연설은 「1월 개조」와 내용이 연결되지 않기 때문이다. 그럼 '손 선생의 연설'에 대해 다시 살펴보자. '연설'은 「11월 개조」가 완성되자, 광주 대본영에서 국민당 당원에게 개조의 이유를 설명한 것이다.

> 지난 여러 해 동안 국내에서의 우리 당의 분투는 오로지 병력을 사용했습니다. 병력으로 승리하면 우리 당도 따라서 승리하고, 병력으로 실패하면 우리 당 또한 따라서 실패했습니다. 그러므로 이번 우리 당을 개조하는 유일한 목적은 오로지 병력에 의지하는 것만이 아니라 본당 스스로의 역량에 의지해야만 하는 데 있습니다.
>
> 이른바 우리 당 자신의 역량이란 인민의 심력(心力)입니다. **우리 당은 지금부터 이후 인민의 심력으로 우리 당의 역량을 삼아야 하며, 인민의 심력을 써서 분투해야 합니다. 인민의 심력 그리고 병력, 이 두 가지는 함께 해도 서로 충돌하는 것이 아닙니다. 그러나 양자 사이에서 결국 어떤 것을 기초로 삼아야 하는가? 물론 인민의 심력을 기초로 삼아야 하고 이를 가장 믿어야만 합니다.** 만약 병력에만 의지하면 부족합니다. ……
>
> …… 우리 당의 역량이 결여되었기 때문입니다. 결여된 바는 어떤 종류의 역량인가? 바로 인민의 심력입니다. **당시 중국 인민은 혁명에 찬성하지 않았으며 대다수 인민은 혁명을 위해 분투하지 않았습니다.** 혁명 행동에 인민 심력이 결여되니, 수원(水源)이 없는 물, 뿌리 없는 나무와 다를 바가 없습니다. …… 소박하게 말한다면 병력에 의한다는 것은 성공했다고 말할 수 없으며, 당원에 의존한 것이 성공입니다. 즉 병력으로 승리한 것은 진정한 성공이 아니고 당원으로 싸워 승

리한 것이 진정한 성공입니다.

어떻게 당원으로 싸워 이기는가? 모든 당원이 모두 책임을 지고, 사람마다 모두 당을 위해 분투하며, 사람들이 모두 당의 주의(主義)를 위해 선전하는 것입니다. 하나의 당원은 우리 당의 주의를 위해 선전해 일천 몇백 명을 감화시킬 수 있어야 합니다. ……

…… 신해혁명 이전 우리 당 당원들은 분투하지 않음이 없었습니다. 그러나 신해 이후 열성은 수그러지고 분투의 정신은 점차 상실되었습니다.[7]

연설의 핵심은 혁명에 찬성하지 않는 인민, 혁명을 위해 분투하지 않는 인민에게 삼민주의를 믿게 해야 하고, 이를 위해 당원들은 인민에게 삼민주의를 선전해야 한다는 것이다. 많은 연구들이 이 연설을 중시하는 것은 '인민의 심력'을 언급했기 때문이다. 기실 '인민의 심력'의 중요성은 동서고금을 막론하고 병가의 고전에서 언급되는 것으로 그리 특별한 것은 아니다. 어찌 보면 이제까지 '적극 무력'에만 치중해온 손문에게 이 발언이 특별하다고 말할 수 있을지 모르겠다. 또 다른 측면에서 보면, 손문이 발언한 어구나 단어 몇 개를 침소봉대하는 연구 분위기가 있는데, '인민의 심력'을 곧바로 '민중과의 결합'으로 '강변'하는 것도 그 예일 것이다. 여하튼 '민중과의 결합'은 분명 아니다. 그러나 이 연설에 의미를 부여한다면, 소련과의 관계에 대한 언급일 것이다.

종전에 왜 조직 있고, 체계 있고, 규율 있는 분투에 종사하지 못했는가. 모범이 없고, 선례가 없었기 때문입니다. 현재 좋은 친구 보로딘 군이 러시아로부터 왔습니다. 러시아 혁명의 발동은 우리나라보다 6년이 늦었지만, 러시아는 한 번의 혁명으로 그들의 주의(主義)를 관철하고, 또 혁명 이후 혁명정부는 날로 공고해졌습니다. 똑같은 혁명인데 러시아는 성공할 수 있었고, 중국은 왜 성공할

7 「在廣州大本營對國民黨員的演說」(1923.11.25),『孫中山全集』8, pp.430~432.

> 수 없었는가? **대개 러시아 혁명이 성공할 수 있었던 것은 완전히 당원의 분투 때문입니다. 한편으로는 당원의 분투, 다른 한편으로는 또 병력의 도움, 이 때문에 성공할 수 있었습니다.** 그러므로 우리가 혁명의 성공을 바란다면, **러시아의 방법을 배워 조직하고 훈련해야 비로소 성공의 희망이 있을 수 있습니다.** …… 나는 당무에 경험이 있는 보로딘 군을 초청해 우리 당의 훈련원으로 삼아 우리 당 동지를 훈련시키도록 했습니다.[8] – 강조는 인용자

손문은 「11월 개조」를 위해 '연소(聯蘇)'를 해야 하는 이유를 분명히 했다. 당원의 분투로 성공한 러시아 혁명을 본받아야 하니, 소련공산당의 방법을 배워 국민당원을 재조직하고 훈련시켜야 한다는 것이다. 물론 「11월 개조」는 소련의 주의 때문도 아니고, '민중과의 결합'이라는 혁명의 방법 때문도 아니었다. '미비한 당 조직'과 '주밀하지 못한 당원 훈련'을 보강하기 위함이었다. 이를 확인하지 않은 것이 마음에 걸렸는지, 이 연설 이후 13일 만에 또다시 같은 장소에서, 거의 비슷한 내용으로 같은 당원들에게 연설하며 다음과 같이 끝을 맺었다.

> 삼민주의, 오권헌법은 본래 내가 제창한 것이고, 발명한 것이기 때문에 그 해석은 오로지 나의 해석에 의거해야 한다. 그런 연후에야 잘못 해석하고, 잘못 말하는 일이 없게 된다.[9]

'미비한 당 조직'의 재정비, '주밀하지 못한 훈련'의 강화, 삼민주의에 대한 '선전'을 위해 소련으로부터 그 방법을 배우자는 것이 「11월 개조」의 목적과 내용이었다.

8 같은 글, pp.436~438.

9 「在廣州大本營對國民黨員的演說」(1923.12.13), 『孫中山全集』 8, p.506.

2. 삼민주의 해석

이제 삼민주의에 대해 보자. 「11월 개조」의 「당강초안」은 민족주의에 대해 다음과 같이 해석하고 있다.

> 첫째는 「민족주의」이다. …… 무릇 민족으로 결합해 국가를 이루면 그 의사(意思)와 행위는 자유, 독립이어서 **다른 민족의 억압과 간섭을 받지 않는다. 이에 반하는 것은 장애로 보고 용납할 수 없어 끝내 제거해야 한다.** …… (그러나) 외국인은 중국에서 배를 타고 가지 못하는 곳이 없으나, 우리 백성이 외국에 가려면 **농민과 노동자 계급**은 가벼운 질병만 있어도 금지된다. 생명을 해치는 상품, 무익한 제품을 우리 백성이 사절하고자 해도 외국은 억지로 강박해 사게 한다. 국내의 생산품 중 **농민과 노동자**가 필요해 우리 백성이 보호하고자 해도 외국은 조약을 들이대며 막는다. 이에 **우리 백성은 정치상·경제상으로 이미 외국의 번속의 지위**로 떨어졌다. 만청을 혁파한 것은 하나의 굴레를 벗은 것일 뿐, 우리 민족의 독립과 자유는 아직 그 속박을 벗겨내지 못했다. 이를 벗겨낼 책임은 민족주의에 대한 우리 당의 전력 맹진에 의뢰하는 것에 그치지 않는다.[10]

신해혁명 전의 민족주의는 만주족을 타도하는 것이었으나, 지금의 그것은 국가의 독립, 즉 '외국의 번속'으로부터 벗어나는 것이라고 하면서, 어떻게 벗어날 것인지에 대한 내용은 없다. '농민과 노동자 계급'을 언급하고 있는데, 문맥상 어울리지도 않는다. '국민'이나 '백성'으로 치환해도 전혀 상관없는 용어의 사용이다. '외국의 번속'으로부터 벗어나는데, 즉 혁명을 추진하는 데 '농민과 노동자'의 역할은 언급되지 않고 있다. '농민과 노동자'는 '억지로' 넣은 용어로밖에 보이지 않는다. 이 인용문을 포함해 「당강초안」 전체에서 '제국주

10 「中國國民黨黨綱草案」(1923.11.20), 『革命文獻』 第8輯, p.73.

의'라는 용어가 세 번 나오는데, 상식적으로 '제국주의'가 나와야 할 '민족주의' 해석에는 없다. 그렇다면 「1월 개조」에서는 민족주의를 어떻게 해석하고 있는지 살펴보자.

> 국민당의 민족주의에는 두 가지 면의 의의가 있다. **첫째, 중국 민족 자신의 해방을 구하는 것이고, 둘째, 중국 국경 내의 각 민족의 일률적 평등**이다.
>
> 첫째에 대해 살펴보자. 국민당의 민족주의의 목적은 중국 민족으로 하여금 세계에서 자유, 독립을 얻게 하는 데 있다. …… 신해 이후 만주의 전제 정책은 이미 국민운동에 의해 파괴되었으나, 제국주의 열강의 포위는 여전히 변하지 않았고, …… 국내의 군벌은 제국주의와 결탁하고 자산계급 역시 호시탐탐 그 찌꺼기를 함께 나누어 가지려 하고 있다. …… 이 때문에 국민당 당원은 더욱 노력을 계속해 중국 민족의 해방을 요구하지 않을 수 없다. 그리하여 그 후원이 되는 자는 실로 다수의 민중으로서 지식계급, 농민, 노동자, 상인이 곧 그들이다. 민족주의는 어느 계급을 막론하고 제국주의의 침략을 제거하는 것이다. …… **때문에 민족 해방 투쟁은 다수의 민중에 대한 것으로서 그 목표는 모두가 반제국주의일 뿐이다.** …… **국민당은 민중과 굳게 결합한 뒤라야만, 중국 민족의 진정한 자유와 독립을 비로소 기대할 수 있기 때문이다.**
>
> 둘째, 방면에 대해 살펴보자. …… (신해혁명 이후) 국내의 제 민족은 평등한 결합을 할 수 있었고, **국민당의 민족주의가 요구하는 바도 바로 여기에 있었다.** 그러나 불행하게 중국 정부는 전제의 잔재인 군벌의 기반이 되었고, 제국주의가 다시 되살아나 국내 제 민족은 여전히 불안한 모습을 나타내어 마침내 소수 민족으로 하여금 국민당의 주장이 성의가 없는 것 아닌가 하는 의심을 갖게 했다. 그러므로 금후 국민당은 민족주의의 관철을 위해 **국내 제 민족의 양해를 얻어야 하며 또한 때때로 중국 국민혁명 운동 중에서의 공동 이익을 분명히 제시해야 한다.** …… 따라서 국민당은 정중하게 다음과 같이 선언한다. 즉 **국민당은 중국 내 제 민족의 자결권을 승인하고 또한 제국주의와 군벌에 반대하는 혁명의 승리를 얻은 후 자유통일적인 중화**

민국을 조직한다.[11]

민족주의는 곧 반제국주의이고, 반제국주의 투쟁은 노동자, 농민 계급을 포함한 민중과의 결합에 의해서만 가능하다는 것이니, 「11월 개조」의 민족주의와는 차원을 달리하는 해석이라고 할 수 있다. 특히 '국내 제 민족의 일률적 평등'은 「11월 개조」의 민족주의에서는 아예 언급조차 되지 않았던 내용이다. 언급되지 않았을 뿐 아니라, 민족주의에 대한 이런 해석은 기존의 손문의 그것과도 크게 어긋나는 것이었다. 이에 대해서는 후술한다. 다음으로 민권주의에 대한 해석을 보자. 「11월 개조」의 「당강초안」의 해석이다.

> 민권주의는 일반적으로 주권재민이라고 한다. …… 민치주의라는 입헌국가에서 그 인민의 참정 기관을 의회라 하고, 인민의 참정 행위는 대의원 혹은 관리를 선거하는 데 있다. …… 대의원이 제의해 의결한 바가 민심에 맞지 않아도, 관리가 시행한 바가 민의에 부합하지 않아도, 의회를 해산하거나 관리를 탄핵하지 않으면 그 임기를 마치고 난 후 다시 현능(賢能)을 선거해야 한다. 교활한 정객은 이런 제도의 불비(不備)를 이용해 인민을 속이고, 정국을 농단하니 국가와 당의 좀이 이로써 생겨나서 민권은 실로 유명무실할 뿐이다. …… 식자는 이에 인민의 창제, 복결, 파면 3종의 권리로서 인민으로 하여금 의회의 제의에 구애되지 않고 창제할 수 있으며, 의회의 의결을 들을 필요 없이 복결할 수 있고, 의원과 관리의 임기 만료를 기다려 개선하거나 내쫓을 필요가 없이 인민이 파면할 수 있도록 하여 제도의 불완전함을 구제하고 민권에 대한 무책임으로부터 보호할 수 있다. ……[12]

11 〈國民黨之主義〉, 「中國國民黨第一次全國代表大會宣言」(1924.1.23), 『孫中山全集』 9, pp.118~119.

12 「中國國民黨黨綱草案」(1923.11.20), 『革命文獻』第8輯, p.73.

민권주의에 대한 해석은 기존 손문의 그것과 별반 차이가 없다. '오권헌법'과 함께 자신이 창안했다는 '창제권, 복결권, 파면권'을 통해 인민의 자치 능력을 훈도시켜야 한다고 손문은 줄곧 주장해왔다. 민권주의가 주권재민에 기초한다는 것도 전혀 부정하고 있지 않다. 반면에 「일대선언」에서는 민권주의의 내용을 다음과 같이 기술하고 있다.

> …… 근세 각국에서의 이른바 민권제도는 왕왕 자산계급의 전유물이 되어 오히려 평민을 압도하는 도구가 되고 있다. 그러므로 국민당의 민권주의는 평민 일반이 공유하는 것으로 결코 소수자가 사유하는 것이 아니다. 그러나 여기에서 알아두어야 할 점이 있다. **국민당의 민권주의는 이른바 천부인권과는 다르며**, 현재 중국 혁명의 수요에 적합한 것이어야 한다. 민국의 민권은 민국의 국민만이 이를 향유할 수 있을 뿐이며, 이 권리를 민국에 반대하는 사람에게 결코 주어서는 안 된다. 왜냐하면 이 권리를 빙자해 민국을 파괴시키기 때문이다. 좀 더 상세히 말한다면 **진정으로 제국주의에 반대하는 개인 및 단체는 모두 동등하게 일체의 자유 및 권리를 향유할 수 있으나, 나라를 팔고 국민에게 해를 끼치는 군벌과 제국주의에 충성을 다하는 단체나 혹은 개인은 모두 이런 자유와 권리를 향유할 수 없다.**[13] - 강조는 인용자

「11월 개조」와는 달리 「1월 개조」에서는 '반혁명분자'에 대한 '권리 박탈'로 바뀌었다. 마지막으로 민생주의를 살펴보자. 다음은 「당강초안」에 기술된 민생주의이다.

> …… 국부(國富)의 총량을 증가시키고자 하면, 생산자가 풍족해야 한다. 그렇지 않으면 불공평이 병이 되고, 겸병이 발흥해 (국가) 구성에 와해와 붕괴가 진

13 〈國民黨之主義〉, 「中國國民黨第一次全國代表大會宣言」(1924.1.23), 『孫中山全集』 9, p.120.

행된다. 이전에 국가를 다스리는 자들은 사회 현상에 대한 관찰이 불명하고, 민생주의의 조리를 알지 못해 계급투쟁을 못 본 체하고 사회의 중심을 개인자본주의에 두며, …… 정부는 아무것도 하지 않고 개인 자본이 스스로 움직이는 것에 맡기는 것을 이상이라고 생각했다. …… 그러나 경제사회의 상황을 돌아보면 오히려 상반되었다. 노력을 해도 민복은 늘어나지 않고, 효과는 비록 늘어났으나 소수가 이익을 다 취하고 …… 이에 사회문제가 들끓고 사회혁명이 초미에 닥쳤다. 구미의 정치가들은 이를 예방하고자, 한편으로는 이른바 사회정책으로 빈부의 조화를 구해 자본 제도의 붕괴를 보완하고자 한다. 다른 한편에서는 이른바 경제상의 제국주의가 (약소민족을) 식민지 혹은 반식민지로 만들어 그 고혈을 빨아들여 자신의 개인자본주의하의 생산을 풍부하게 하고 노동자의 불평을 없애려 한다. …… **중국의 땅은 넓고 교통은 불편하며 논밭은 개간되지 않아, 그 부가 아직 열리지 않았다. 생산과 교역의 방식도 모두 지극히 유치하다.** 설령 시간이 있어 자연적 발전에 맡긴다고 해도 백 년이 지나야 오늘날 영미의 진보를 따를 수 있을 것이나 여전히 개인자본제의 붕괴라는 위기를 면할 수는 없다. 하물며 경제상 제국주의의 압박하에서 중국이 목숨을 부지하며 백 년이라는 조용한 세월을 가질 수는 결코 없을 것이다. **그러므로 중화민국으로서 국부를 신속히 증진시키고, 민생을 살리고자 하면 반드시 국가가 대자본, 대지주로 되어 집산(集産)의 방법을 써야 한다. 이리하여 교통기관, 기본 공업에서 원동력의 공급, 대규모 생산에 이르기까지 국력이 미칠 수 있는 데까지 (국가가) 나서 경영해, 국내 경제계에 심대한 자극을 주어야 한다.** 그런 연후에야 민간 산업은 가히 크게 일어날 수 있다. 동시에 **지주가 일하지 않고 얻은 가치는 개인에게 돌리지 않고 공가(公家)에 돌리면** 약탈의 기회가 많지 않고 사회경제의 문제는 점차 줄어든다. **우리 내부는 붕괴의 우려가 없기 때문에, 외국이 비록 경제상 제국주의로 압박을 하더라도, 단연코 중국의 해가 되지 못하고 자신의 해가 될 뿐이다.** 민생주의야말로 구국제민의 유일한 양책이라고 우리 당이 주장하는 것은 이 때문이다.[14] – 강조는 인용자 중국 경제에 대한 손문의 전형적인 사고의 틀을 그대로 반영하고 있다. 즉 중국은 경제적으로 발전하지 못했기 때문에 모두 가난해 내부적 갈등, 즉 계급적 갈등이 없다. 따라서 제국주의 국가가 압박하더라도 이는 중국이 피해를 보는 것이 아니라 제국주의 국가 자신이 해를 입는다는 것이다. 따라서 제국주의 열강은 중국에 자본을 투자해 중국도 발전하고 제국주의 열강도 발전할 수 있다는 것이다. 내부적으로 경제가 발달하지 못한 중국은 서구의 계급 갈등을 미연에 방지하기 위해 국가가 대자본가가 되어야 하고, '평균지권'의 토지법을 실시해 토지 가격의 상승으로 인해 얻은 가치(인용문에서는 '지주가 일하지 않고 얻은 가치')를 국가가 회수함으로써 자본과 토지에서 문제를 해결할 수 있다는 것이다.[15] 여하튼 기존의 민생주의 내용과 비교해 '제국주의'라는 용어를 몇 번 사용한 것이 다른 정도라고 하겠다. 다음은 「1월 개조」에 나타난 민생주의이다.

> 국민당의 민생주의에서 가장 중요한 원칙은 두 가지이다. 즉, 한 가지는 평균지권이고, 다른 한 가지는 절제자본이다. …… 즉 개인이 소유하는 토지는 지주가 가격을 평가해 정부에 보고하고, 국가는 그 가격에 따라 징세하고 아울러 필요시에는 보고 가격을 지불하고 그 토지를 매수할 수 있도록 한다. 이것이 곧 평균지권의 요지이다.
>
> 또 모든 **본국인 및 외국인의 기업**으로서 독립적 성질을 가지거나 혹은 그 규모가 지나치게 커서 개인의 힘으로 운영할 수 없는 것, 가령 은행, 철도, 항로 등과 같은 것은 국가가 이를 경영·관리하고 사유자본제도로 국민의 생계를 조정할 수 없도록 한다. 이것이 곧 절제자본의 요지이다. …… 국민당의 주장은 **농민으로서 토지가 결핍되어 소작인이 된 자는 국가가 마땅히 토지를 제공해 경작케 하고**, 또

14 「中國國民黨黨綱草案」(1923.11.20), 『革命文獻』 第8輯, pp.74~75.

15 손문의 이 주장은 그의 여러 연설에서 나오는데, 대표적으로 다음을 참조. 「在中國國民黨本部特設駐粵辦事處的演說」(1921.3.6), 『孫中山全集』 5, pp.472~481.

한 이를 위해 수리를 정돈하고 황무지를 개간해 이로써 토지를 균등하게 하려는 바이다. 또 자본이 없는 농민으로서 고리대 때문에 종신토록 부채를 진 자는 국가가 이를 위해 농민은행과 같은 조절 기관을 설치해 그 결핍을 보충하고, 이리하여 농민이 인생의 당연지사인 행복을 누릴 수 있게 하고자 한다. …… 또 국민당의 주장은 노동자로서 실업한 자는 국가가 당연히 이를 위해 구제 방법을 도모하며, 특히 이를 위해 **노동법을 제정**하고 노동자의 생활을 개량하고자 한다. …… 국민당은 이제 제국주의 및 군벌에 대항하고 또한 **농민과 노동자에게 불리한 계급에 대항하기 위해 종사하며**, 농민, 노동자의 해방을 도모하려 한다. 이를 바꾸어 말하면 농민과 노동자를 위한 분투인 동시에 농민, 노동자 자신을 위한 분투이다.[16]

이 글에 나타난 민생주의는 표면적으로 손문의 '평균지권'과 '절제자본'을 내걸고 있지만, 절제자본의 대상에 외국 기업이 들어간 것은 기존 손문의 주장에는 없던 것이다. '평균지권'과 '절제자본'의 대상을 굳이 따지자면 지주와 자본가인데, 「1월 개조」의 민생주의는 이들을 농민과 노동자에게 불리한 계급으로 보고, 이들에 대항해 농민과 노동자를 해방시킬 것을 주장하며, 그 방법이 애매하기는 하지만 소작인에 대한 토지 제공을 제시하고 있다.

이상의 비교에서 보았듯이 「11월 개조」와 「1월 개조」는 당면한 중국의 상황 및 혁명의 실패 원인에서부터 삼민주의에 대한 해석에 이르기까지 전혀 다른 내용을 담고 있을 뿐 아니라, 혁명의 목표와 실천의 내용과 방법도 전혀 달리하고 있다. 말하자면 초안인 「11월 개조」를 발전시켜 「1월 개조」에 도달한 것은 결코 아니다. 앞에서도 서술했듯이 양 개조의 차이를 분석해 국공합작을 설명한 연구를 아직 찾지 못했는데, 더욱 기이한 것은 「1월 개조」뿐 아니라 「11월

16 〈國民黨之主義〉, 「中國國民黨第一次全國代表大會宣言」(1924.1.23), 『孫中山全集』 9, p.120, p.122.

개조」에 관한 문건 사료들이 이미 알려져 있는데도, 그 차이조차 언급하는 연구가 없다는 점이다.

손문 연구에 대한 '일본의 고전' 중 하나라 불리는 손문의 한 전기는 「11월 개조」의 「개조선언」 전문을 게재하면서 이 선언은 "손문 및 국민당이 '군벌 반대'와 '제국주의 반대'를 입으로 외친 최초의 것이고, 손문 및 국민당이 회당 조직으로부터 탈출해, 그리고 광동인 및 해외 이민 조직으로부터 탈출해 전국적 조직, 대중적 조직을 입으로 외친 최초이자 역사적인 것"이라고 평하면서, 이 "「개조선언」과 함께 임시중집위는 1924년 1월 20일의 전국대표대회까지 일체의 준비를 진행했는데, 이 역사적 준비는 보로딘의 지도하에 담평산, 구추백 등 중국공산당의 인재가 오로지 그 임무를 담당했다"[17]라고 「11월 개조」와 「1월 개조」의 일체성을 강조했다. 이처럼 '고전적 해석'을 이어받았으면 받았지,[18] 이를 부정하는 해석은 없는 것 같다. 심지어 일본에서 출판된 중국공산당에 관한 사료집은 「11월 개조」의 「개조선언」을 게재하며 다음과 같은 주석을 달고 있다.

(「11월 개조」의 「개조선언」은) 중국공산당원도 참가해 작성된 국민당의 「개조선언」이다. 이보다 앞서 손문은 10월 25일 모스크바로부터 도착한 보로딘을 고문으로 삼아 국민당 개조 특별회의를 소집했다. 이때 개조의 준비를 위해 공산당원 담평산을 포함한 9인의 임시 중앙집행위원이 선출되었다. 이리하여 작성된 「개조선언」은 당연히 공산당 측의 견해가 많이 받아들여졌다. 날짜는 11월

17 鈴江言一, 『孫文傳』(岩波書店, 1960), pp.304~305. 이 책의 초판은 본명 대신 王樞之라는 이름으로 1931년에 출판되었다[王樞之, 『孫文傳』(改造社, 1931)]. 같은 책, 출판 서문, p.iii 참조.

18 예컨대 坂野良吉은 손문이 반제국주의의 색채를 분명히 한 것은 「11월 개조」로부터 시작한다고 하는 선배 연구자(鈴江言一)의 주장을 바탕으로, 「11월 개조」의 「개조선언」은 당 개조의 출발이며 당의 대중화를 보여주는 것이라고 평가하고 있다. 坂野良吉, 「第一次國共合作成立過程の再吟味」, 『東洋史硏究報告』 15(1980).

이라고밖에 알려지지 않는다. 정식 발표는 12월 12일이라고도 한다(高蔭祖 編, 『中華民國大事記』). 또한 ≪향도주보≫는 이 개조 선언과 함께 『**중국국민당당강초안**』(「당강초안」)**도 연재하고 있는데**(제48~49기), **그 주요 내용은 국민당일전대회선언에 담겨져 있다고 생각되기 때문에** (여기에서는) **생략하기로 한다.**[19] – 괄호와 강조는 인용자

이 사료집은 이후 「일대선언」을 게재하고 있고, 그 주석에 「11월 개조」의 「개조선언」의 내용을 그대로 담고 있기 때문에 설명을 생략한다고 하는데, 과연 생략할 정도로 같은 내용인지는 앞에서 본 바이다. 더구나 이 인용문에서 「11월 개조」의 「당강초안」의 주요 내용이 「1월 개조」의 「일대선언」에 담겨져 있다고 하는데, 「당강초안」은 다름 아닌 삼민주의의 해석이다. 「당강초안」과 「일대선언」의 삼민주의 해석이 어떻게 다른지는 앞서 살펴보았다. 일본의 연구만이 그런 것은 아니고,[20] 또 과거의 연구만 그랬던 것도 아니다.[21]

그런데 정작 「11월 개조」와 「1월 개조」가 전혀 다르다고 주장하는 사람은 국민당 개조를 추진해온 두 주역 중 한 사람인 보로딘이다. 「1월 개조」가 막 시작되고 3일 만에 「일대선언」이 통과되자 보로딘은 곧바로 카라한에게 이 소식을 알리며, 「11월 개조」에 대해 다음과 같이 평가했다.

(1923년 12월 초 내가 북경으로 당신을 만나러 갔을 때) 당신(카라한)이 국민당 당강(「당강초안」)에 대해 이야기할 때 글에 생기가 없다고 했는데, 이는 정확한 것

19 「中國國民黨改組宣言」(1923.11)의 '編注'[日本國際問題硏究所中國部會 編, 『中國共産黨史資料集』第1卷(東京: 勁草書房, 1970), p.281].

20 C. Martin Wilbur, *Sun Yat-Sen: Frustrated Patriot*, p.179; C. Martin Wilbur, "The National Revolution: from Canton to Nanking, 1923-28," in John K. Fairbank(ed.), *The Cambridge History of China*, Vol.12(Cambridge Univ. Press, 1983).

21 廣東民國史硏究會 編, 『廣東民國史』上册, pp.414~415; 張憲文 外, 『中華民國史』第1卷, p.508; 王奇生, 『中國近代通史: 國共合作與國民革命(1924~1927)』第七卷, 中國社會科學院近代史硏究所 編(南京: 江蘇人民出版社, 2006), p.29.

입니다. 문제는 **당신이 본 그 당강초안은 토론 형식으로 당의 기관보**(≪國民黨週刊≫) **창간호를 위해 썼다는 데 있습니다. 대표대회**(일전대회)**에 이 초안은 아예 제출되지도 않았습니다.**[22] - 괄호와 강조는 인용자

앞서 살펴보았듯이 「1월 개조」가 「11월 개조」와 다르다는 보로딘의 평가는 분명 사실이다. 다만 「11월 개조」가 단지 "토론을 위한, 그리고 잡지에 게재하기 위해" 만든 것이라는 보로딘의 언급은 분명 거짓이다. 1923년 12월 초 보로딘은 북경으로 가서 「11월 개조」를 카라한에게 보고하고, 그곳에서 쓴 보고서에서도 「11월 개조」를 '성과'로 자랑하며 보고서에 개조 문건들까지 첨부하지 않았던가. 또 북경에서 돌아와 「11월 개조」를 중국공산당이 선전하지 않고 실천하지 않는다고 구추백을 질책하지 않았던가. 이에 구추백은 다급히 「11월 개조」를 선전하는 글을 ≪향도주보≫에 썼고, 중국공산당은 통고를 내어 「11월 개조」의 선전과 실천을 요구하지 않았던가. 그런데도 보로딘이 「11월 개조」를 앞의 인용문에서처럼 폄하하는 것은 「1월 개조」가 이루어진 상황에서 '부끄럽다'고 생각한 「11월 개조」를 숨기고 싶었을 것이다. 다시 말하지만 「11월 개조」와 「1월 개조」가 다르다는 보로딘의 말은 사실이다.

그런데도 왜 수많은 연구에서 이를 지적하지 못하고 있을까. 먼저 생각할 수 있는 것은 손문의 국공합작을 좀 더 긴 시각으로 파악하기 때문이 아닐까 생각한다. 즉 오사운동 이래 민중운동의 영향을 받아 손문의 사상은 변화했고, 그 결과를 국공합작이라고 설명함으로써 그사이의 '변화'(「11월 개조」와 「1월 개조」의 차이)는 '사소한 변화'이므로 취급받지 못한 것이 아닐까 생각한다. 다음으로 생각할 수 있는 것은 주로 대만의 연구인데, 더 넓은 시각에서 손문의 사상은 일관된다는 전제 때문일 것이다. 「11월 개조」는 앞서 살펴보았듯이 손문의 승인

22 「Borodin이 Karakhan에게 보내는 편지」(1924.1.25, 廣州 機密), 『聯共(布), 共産國際 檔案資料』 1, p.403.

을 받아 발표되었다. 그런데 「11월 개조」와는 다른 「1월 개조」에 대해서도 손문은 분명하게 인정하고 있다. 1924년 1월 23일 일전대회에서 일대선언이 표결에 부쳐지고 참석자 전원의 찬성으로 통과되자, 그 자리에서 손문은 선언의 의미에 대해 다음과 같이 설명했다.

> 방금 표결된 대회선언은 본당이 성립한 이래 파천황의 거동입니다. …… 이번에 우리가 선언을 통과시킨 것은, 혁명의 책임을 새로 짊어지는 것이며, 철저한 혁명을 계획하는 것입니다. 결국 군벌을 타도하고 억압받는 인민을 완전히 해방시키는 것이 대내적인 책임입니다. 대외적으로는, 제국침략주의에 반항하려면 제국주의의 억압을 받은 세계의 인민과 일치단결해 함께하며, 서로 도와 억압받는 세계의 인민을 해방시키는 것입니다.[23]

반제·반군벌 그리고 인민과의 결합이 「1월 개조」의 핵심 내용이고, 이를 받아들여 관철하는 것이 「1월 개조」라고 손문은 분명히 밝히고 있다. 그러니 손문의 사상과 행동은 기본적으로 변화 없이, 즉 사상적 변화 없이 일관된다는 전제하에서는, 두 '개조' 사이의 차이가 덮일 수밖에 없지 않았을까 생각된다.[24]

3. 상향식 당 조직: 「장정초안」

다시 「11월 개조」로 돌아가 보자. 「1월 개조」와의 비교를 통해 본 바와 같이

23 「對于中國國民黨宣言旨趣之說明」(1924.1.23), 『孫中山全集』 9, pp.125~126.

24 예컨대 대만의 한 연구는 「11월 개조」, 「1월 개조」, 그리고 이후 언급할 '코민테른의 국민당에 대한 결의'까지 그 사료를 상세히 나열하면서도, 두 개조의 차이에 대해서는 언급하고 있지 않다. 다음 책의 제8장과 제9장을 보라. 李玉貞, 『孫中山與共産國際』(臺北: 中央研究院近代史研究所, 1996).

「11월 개조」는 중국의 현상에 대한 분석부터 삼민주의의 해석에 이르기까지 '개조'라고 하기에는 너무 빈약하기 그지없다. 물론 보로딘도 이 정도를 갖고 '개조'라고 생각했을 리는 없다. 광주에 도착한 후 보로딘은 국민당의 문화, 그리고 그 속에서의 손문의 위치를 실감했다.

> **내가 가장 걱정하는 것은 손문이 '의리를 중시하는' 극히 유해한 관례**에 젖어 있다는 것이다. 입당한 지 20년 되는 (원로 당원들도) 매번 집회 때마다 **손문의 초상을 향해 허리 굽혀 인사한다.**[25] 손은 그런 사람들에게 우호적인 정책을 실시하려고 하고, 그들과 마찰이 발생하는 것을 회피했다.[26] - 강조와 괄호는 인용자

더구나 "손문으로 하여금 무엇을 믿도록 설득하는 것은 매우 힘든 일이었고, 하물며 이것이 삼민주의와 관련될 때는 더욱 그러했다는 것"[27]을 보로딘은 몸으로 느꼈던 것이다. 따라서 손문을 제외시키거나, 손문에 의해 추진되지 않는 개조란 불가능하다는 것을 알았다.

> 손문 및 상술한 국민당인들이 비록 소자산계급의 동요성, 그리고 이론과 실천에 있어 상충하는 단점이 있지만, 현재뿐만 아니라 이후 오랫동안 그들이 중국 국민혁명 운동을 이끌 수 있는 유일한 대표라는 것을 의심해서는 안 된다.[28]

---

25 「11월 개조」의 확산의 상징인 상해시당원대회(12월 23일)에서도 대회 시작은 당기와 손문의 사진을 향해 절을 하는 것으로 시작했다. 「上海國民黨大會詳記」(1923.12.23), 廣州 ≪民國日報≫, 1923.12.31.

26 「Borodin의 札記와 通報」(1924년 2월 16일보다 빠르지 않다, 廣州), 『聯共(布), 共產國際 檔案資料』 1, p.473.

27 같은 글, p.473.

28 「華南形勢에 관한 Borodin의 札記」(1923.12.10, 北京), 『聯共(布), 共產國際 檔案資料』 1, p.371.

따라서 보로딘은 삼민주의에 대한 수정은 불가하다는 손문의 전제를 받아들일 수밖에 없었고, 그 때문에 삼민주의 해석은 "손문의 말씀"에 따른다는 문구가 「당강초안」에 들어갔던 것이다. 이런 현실에서 보로딘은 우회적으로 개조를 추진할 수밖에 없었다. 보로딘은 비록 개조가 손문에 의해 시작되고 추진될 수밖에 없을지라도, 진정한 개조가 이루어지기 위해서는 손문의 '의리 중시'와 손문에 대한 절대복종이라는 '국민당의 문화'를 바꾸어야 한다고 생각했다.

이에 보로딘은 '상향식 조직'을 통해 국민당의 '유해한 관례'를 깨고자 했다. 더구나 손문도 개조의 내용과 범위를 '미비한 조직, 주밀하지 못한 훈련'으로 한정한 만큼, 조직의 변화는 보로딘이나 손문이 일치하는 교집합이었다. 당시 진형명과의 전투에 몰두하던 손문을 대신해 개조를 주도한 것은 요중개였다. 그는 개조의 윤곽(「개조선언」, 「당강초안」, 「장정초안」)을 처음으로 공개하는 자리였던 국민당 광주시당원대회(1923.11.11)에서 개조해야 하는 이유를 손문을 대신해 다음과 같이 천명했다.

> 조직 방면에 대해 말하자면, 일찍이 우리 당의 조직은 형식상 부별(部別)로 정연하지만, 실제로는 전당의 사무를 한 사람의 손에 위탁하고 있었다. …… 이에 우리는 조직의 미비를 알고 이를 개선하고자 하여, 이전의 위로부터 아래로의 당원 활동의 형식을, 아래로부터 위로 올라가는 형식으로 바꾸고자 한다.[29]

「11월 개조」를 확산하기 위해 상해로 올라온 요중개는, 확산의 결과인 상해시 당원대회에서 또한 광주에서 전개된 개조의 내용을 다음과 같이 설명했다.

> 당무의 개조는 본당에 5, 6년 동안 가장 중요한 문제였다. 다만 매년 분투했

29 「在國民黨廣州市黨員大會上的演說」(1923.11.11), 尙明軒 外 篇, 『雙淸文集』 上册, pp.579~580.

으나 그 결과는 별로 없었다. **그 중대한 원인은 장정(章程)의 판법(辦法)이 타당치 못하여**, 마침내 당원이 재능을 갖고 있어도, 발전시켜 국가를 개혁하지 못했던 것이다. 이 때문에 이번 광주 방면에서의 당무 개조는 **당원이 국사에 대해 의견을 표시할 기회를 주어 참여하게 했다.** 그러므로 조직의 방면에서 **중앙위원회 외에 각 성현(省縣)위원회 및 구분부(區分部)를 설치해 각 당원으로 하여금 사상을 충분히 발표할 수 있게 했다.**[30] – 강조는 인용자

요중개의 말로는 당의 조직이 미비했던 이유는 당의 모든 일을 한 사람에게 위탁했기 때문이므로, '장정'을 수정해 당원에게 의견을 발표할 기회를 주고, 조직도 당원의 의견이 반영될 수 있도록 '상향식'으로 바꾸었다는 것이다.

결국 당 개조를 위해 손문 측과 보로딘 모두 '장정(章程) 제정'에서 일치를 보았고, 「장정초안」은 그 결과였다. 즉 손문으로서는 삼민주의 등 자신의 기존 혁명론이나 전략을 건드리지 않는다면 '미비한 조직'의 변화는 수용할 수 있다는 것이었고, 반면 보로딘으로서는 조직의 변화를 통해 국민당의 '유해한 관례'를 무너뜨리고 밑으로부터의 힘으로 개조를 추진할 수 있다고 보았던 것이다.

이제 「장정초안」[31]의 내용과 특징을 살펴보자. 이전의 장정들과 비교할 때 첫째로 '삼민주의'나 '오권헌법'에 대한 언급이 없다는 점이다. 손문이 자신의

---

30 「上海國民黨大會詳記」(1923.12.23), 廣州≪民國日報≫, 1923.12.31.

31 「中國國民黨章程草案」은 ≪國民黨週刊≫, 第1期 (1923.11.25)를 통해 공포되었다. 이후 ≪嚮導週報≫, 第50期(1923.12.29), 上海≪民國日報≫(1924.1.1) 등에도 게재되었다. 손문 연구에서 「11월 개조」가 '홀대'받는 상황은, 사료집에서도 비슷하다. 「1월 개조」의 문건은 『孫中山全集』에 실려 있지만, 「11월 개조」의 문건은 전혀 게재되어 있지 않다. 예를 들면 「1월 개조」 때 제정된 「中國國民黨總章」은 『孫中山全集』에 있지만, 「11월 개조」의 「中國國民黨黨章草案」은 같은 당의 章程인데도 게재되어 있지 않다. 『孫中山全集』을 보충해서 출판된 최근의 『孫中山全集續編』(全 5冊)(中華書局, 2017)에도 「11월 개조」의 문건은 전혀 게재되어 있지 않다. 다만 또 다른 『孫中山全集』(全16卷)(尙明軒 主編, 人民出版社, 2015)에는 「11월 개조」 중 「中國國民黨改組宣言」(第3卷, pp.145~146)만을 게재하고 있다.

당인 중화혁명당을 창립한(1914) 이래, 국민당의 '장정'은 일전대회(1924.1)까지 여섯 차례나 제정 내지 개정되었다. 여섯 개의 장정 중 '삼민주의'나 '오권헌법'을 언급하지 않은 것은 「장정초안」 뿐이다.[32] 보로딘은 '건드릴 수 없는 전제'인 삼민주의를 장정에서 삭제하는 것으로 개조를 출발시키고자 했던 것 같다. 이어 당 조직을 '상향식'의 전국적 위원회 조직으로 바꾸었다.

전국 – 전국대표대회 – 중앙집행위원회

전성 – 전성대표대회 – 전성집행위원회

전현 – 전현대표대회 – 전현집행위원회

전구 – 전구대표대회 혹은 당원대회 – 전구집행위원회

구 이하 구분부 – 구분부 당원대회 – 구분부집행위원회(第9, 10條)

각급 조직의 권력 기관은 각급 '대표대회'이고, 대표대회가 끝나면 각급 '집행위원회'가 권력 기관이 된다(제10조). 또한 최하의 구분부를 당의 기본 조직으로 규정함으로써(제9조), 그동안의 인치적 지배 구조를 조직에 의한 지배 구조로 바꾸었다. 그런데 이 조직 계통을 상향식이라고 하는 이유는 "각 권력 기관은 그 상급 기관에 항의를 제출"할 수 있을 뿐 아니라(제10조), "무릇 지방의 문제는 지방 당부가 자유로이 처리"할 수 있도록 하여(제6조), 중앙의 지방 지배를

32 "본당은 민권, 민생 양 주의의 실행을 목적으로 한다"[「中華革命黨總章」(1914.7.8) 제2조, 『孫中山全集』 3, p.97], "본당은 공화의 공고, 삼민주의의 실행을 종지로 한다"[「中國國民黨規約」(1919.10.10) 제1조, 『孫中山全集』 5, p.127], "본당은 삼민주의의 실행을 종지로 한다. 본당은 오권헌법의 창립을 목적으로 하다"[「修正中國國民黨規約」(1920.11.19), 제1, 2조, 『孫中山全集』 5, p.412], "본당은 동지들의 결합, 당무의 발전을 도모하기 위해 삼민주의의 실시, 오권헌법의 창립을 기약하며 아래와 같이 총장을 정한다"[「中國國民黨總章」(1923.1.2), 『革命文獻』第8輯, p.41], "중국국민당 제1차 전국대표대회는 삼민주의의 실현과 오권헌법의 창립을 촉진하기 위하여 중국국민당총장을 다음과 같이 특별 제정한다"[「中國國民黨總章」(1924.1.28), 序文, 『孫中山全集』 9, p.152].

제한했다. 바꾸어 말하면 손문의 뜻에 따르지 않을 수 있는 '법적 장치'가 마련된 셈이다.

앞에서 살펴본 바와 같이 「11월 개조」의 「개조선언」과 「당강초안」에서는 당과 민중의 관계, 말하자면 당이 민중을 어떻게 조직할 것인지에 대해서는 언급하지 않았다. 그러나 「장정초안」은 당단(黨團)이라는 조직을 신설했다.

> 비밀, 공개, 혹은 반공개(半公開)의 비당(非黨) 단체, 예컨대 노조(工會), 구락부, 회사, 상회, 학교, 시의회, 현의회, 성의회, 국회 내의 본당 당원은 반드시 국민당 당단을 조직해 비당원 속에서 본당의 세력을 확대하고 그 활동을 지휘해야 한다(제59조).
>
> **당단은 소속 당부 집행위원회의 지휘 및 관할을 받는다.** 예컨대 성의회 내의 당단은 성당부 집행위원회의 지휘와 관할을 받으며, 국회 내의 당단은 중앙집행위원회의 지휘와 관할을 받고, **노조, 구락부 등의 단체 내의 당단은 해당 지역의 당부(黨部) 집행위원회의 지휘와 관할을 받아야 한다**(제61조).

「11월 개조」의 내용을 담은 '세 문건'(「개조선언」, 「당강초안」, 「장정초안」)이 당원에게 공개된 것은 11월 11일에 열린 국민당 광주시당원대회이고, 당 밖으로의 공개는 ≪국민당주간≫ 창간호를 통해서였다. ≪국민당주간≫에 실린 그림[33]은 국민당의 조직, 그리고 국민당이 비당조직 속에서 어떻게 민중을 조직화하려는 것인지를 잘 보여주고 있다. 더구나 이들은 해당 지역 당부의 지휘를 받기 때문에 과거 국민당 조직에는 없었을 뿐 아니라 구조상으로도 전혀 새로운 것이었다.

그런데 〈그림 16-1〉의 국민당 조직도를 아무리 살펴보아도, 국민당 대표로서의 '총리'가 보이지 않는다(〈그림 16-2〉는 〈그림 16-1〉을 분명하게 그린 것이다). 「장

33 「中國國民黨組織圖案」, ≪國民黨週刊≫, 第1期, 1923.11.25.

정초안」에도 총리는 전국대표대회에서 선출된다는 규정만 있지,[34] 총리의 권한, 임기 등에 관한 조항이 없다. 〈그림 16-1〉에 총리를 위치시킨다면 중앙집행위원회의 비서 자리가 될 것이다. 이는 전례 없던 일이다. 과거 네 차례의 장정을 제정하거나 수정했을 때도, 총리는 늘 중요 직책의 인사권을 갖고 있었을 뿐 아니라, 총회 혹은 대표대회를 소집할 권리가 있었다. 그 소집 권한도 총리에게만 있었다.[35] 「장정초안」은 총리의 권한을 명시하지 않았으며, 최고 기관을 전국대표대회와 중앙집행위원회로 정하고, 당의 최하 조직인 구분부를 당의 기본 조직으로 삼아 지방 문제는 지방 당부가 처리하도록 하고, 비당조직 속에 '민중단체'로서의 '당단'을 해당 지역의 당부가 지휘하도록 규정했다. 만약 「장정초안」의 규정에 따라 당무가 전개된다면, 총리로서의 손문은 기존의 지위와 권력을 잃는 셈이며, 지방 당부의 변화에 따라 '손문 = 총리'의 공식도 규정으로 보장받을 수 없게 되었다.

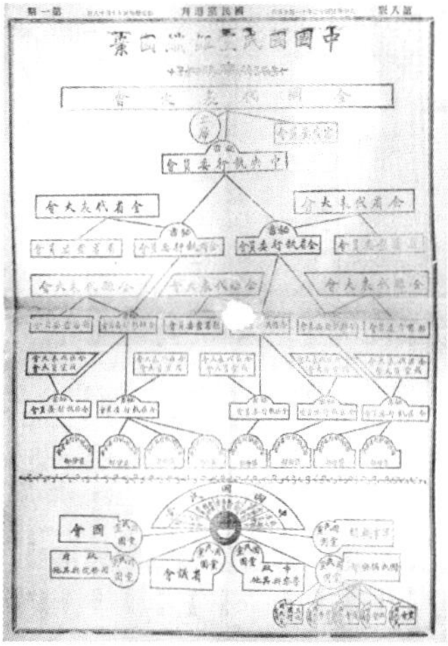

〈그림 16-1〉 중국국민당 조직도

앞에서도 언급했듯이 「11월 개조」 직

34 본당의 최고기관은 전국대표대회이며(제15조), 전국대표대회의 직권은 아래와 같다.
(甲) 중앙집행위원회 및 기타 중앙 각부의 보고를 접수하고 채택한다.
(乙) 본당의 당강 및 장정을 修改한다.
(丙) 시국 문제에 대해 대처할 정책과 정략을 결정한다.
(丁) **본당의 총리**, 중앙집행위원, 그리고 후보집행위원 및 심사위원을 선거한다(제19조).

35 「中華革命黨總章」(1914.7.8)의 제16조, 17조(『孫中山全集』 3, p.98); 「中國國民黨規約」(1919.10.10)의 제12, 19, 20, 21조(『孫中山全集』 5, pp.128~129); 「修正中國國民黨總章」(1920.11.9)의 제10, 11, 16조(『孫中山全集』 5, p.401); 「中國國民黨總章」(1923.1.2)의 제4, 5, 17조(『革命文獻』 第8輯, pp.41~43).

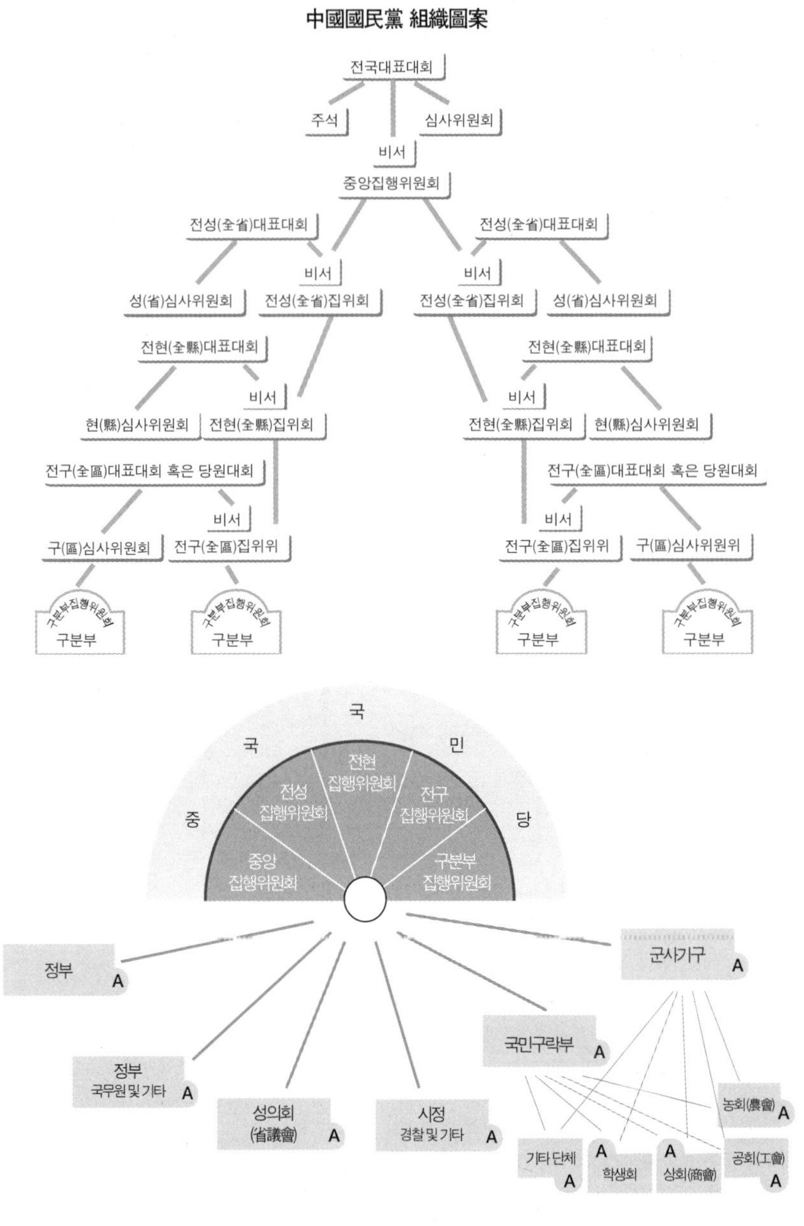

* A는 '국민당 당단(黨團)'이다.

〈그림 16-2〉 중국국민당 조직도(〈그림 16-1〉을 새로 그림)

후 등택여 등 국민당원 일부가 손문에게 '상소'를 올렸다. 그중 총리 선출과 관련된 부분을 살펴보자.

> 본당의 개조는 그 동기가 비록 총리의 결단에서 나왔다고 하더라도 조직법, 당장, 당강 등의 초안의 대부분은 사실 보로딘의 지휘로부터 나왔습니다. 그러나 표면상 이 문장들은 아직 큰 해가 없습니다. …… **「당장초안」은 총리를 선거직으로 했는데, 사실 환경이 바뀌면 5년 후에는 진독수가 총리로 피선될 수 있습니다. 당원들이 이를 승인하지 않는다면 당장을 위배하는 것이 되고, 만약 승인해준다면 치욕이 전당에 미쳐 우리 당은 무형 중에 소멸될 것입니다. …… 따라서 선거제를 채용하더라도 제한을 두어야 합니다.** 청컨대 복선거법(復選擧法)을 써서, 가령 어느 한 성(省)의 집행위원을 선거한다면, 먼저 각 현(縣), 분부(分部)가 초선 당선인을 선출합니다. 이어 초선 당선인의 명단을 총리에게 올려 심사하도록 하여, 이 명단 중 약간 명을 후선원(候選員)으로 지명하면, 이후 그 후선원 중에서 그 성(省)의 집행위원을 선출하는 것입니다. 기타 중앙위원회의 선거 및 각 부의 선거도 또한 이런 방법에 따라야 합니다.[36] - 강조는 인용자

이 '상소'는 내용상 오류도 적지 않지만[37] 어찌 보면 「11월 개조」의 내용을 가장 잘 파악한 글이라 할 수 있다. 「11월 개조」의 세 문건이 실제로는 보로딘의 작품이라는 것, 또 세 문건의 표현이 아직 문제될 것이 없다고 지적한 것은 손문의 혁명 이념, 「혁명방략」에 거슬릴 것이 없다는 뜻인데, 이에 대해서는 앞에서 언급한 바와 같다. 그러나 「장정초안」은 이후 당의 진로, 당의 존폐와 관련될 정도로 중대하니, 이를 수정해야 한다는 것이다. 사실 총리의 직선이

36 「鄧澤如等致孫中山函」(1923.11.29), 『各方致孫中山函電匯編』 7, pp.340~342.

37 「11월 개조」가 진독수의 음모에서 나왔다거나 그 배후에서 개조를 추진한 것이 소련 정부가 아니라 코민테른이라고 주장하는 것은 분명한 오류이다.

그 이전의 장정에서 부인된 적은 없다.[38] 따라서 총리의 직선보다는 총리가 통제하기 어려운 '상향식 조직'을 문제 삼은 것이다. 즉 상향식 조직에 제한을 가해 총리, 즉 손문이 이를 통제할 수 있도록 하자는 것이다. 앞서 살펴본 바와 같이 요중개는 기존의 '미비한 조직'을 '상향식 조직'으로 바꾼 것이야말로 「11월 개조」의 의의라고 평가했다. 「장정초안」에 대한 양자의 평가는 상반되지만, 「장정초안」을 「11월 개조」의 핵심으로 평가한 것은 같았다. 손문은 제한선거제의 요구에 대해 다음과 같이 비평했다.

> 민권주의의 발단은 선거인데, 선거에 만약 폐단이 있다고 해서 그만두면 어찌 그 주의에 스스로 반하는 것이 아니겠는가? 만약 폐단이 두렵다면 마땅히 사람마다 힘써 분투해 그 책임을 버려서는 안 되고, 엄히 감시해야 하는 것이다. 만약 폐단이 있다고 하면 즉시 지적해야 한다.[39]

'제한선거제'에 대한 답으로 보기는 어려운 비평이다. 기실 국민당의 장정은 손문 밖에 있는 것이지, 손문을 '규제'할 수 있는 장치는 아니었다. 등택여 등이 '상소'를 올린 것이 11월 29일인데, 이보다 3일 전에 개최된 제10차 임시중집위는 일전대회에 참가할 각 성 대표의 인원수를 6명으로 정하고, 그중 3명은 총리가 임명한다고 결정했다.[40] 이는 「장정초안」 어디에도 없는 '총리의

---

38 중화혁명당 설립 때와 중국국민당 창립 때는 '당원이 총리를 직선'하도록 규정했고, 1920년 11월 修正總章과 1923년 1월 국민당 개진 때의 총장에는 총리 선출에 대한 규정이 없었다. 「中華革命黨總章」(1914.7.8), 『孫中山全集』 3, pp.97~102; 「中國國民黨通告及規約」(1919.10.10), 『孫中山全集』 5, p.127~131; 「修正中國國民黨總章」(1920.11.9), 『孫中山全集』 5 및 「修正中國國民黨規」, 『孫中山全集』 5, p.401, p.412; 「中國國民黨總章」(1923.1.12), 『革命文獻』 第八輯, pp.41~42.

39 「批鄧澤如等的上書」(1923.11.29), 『孫中山全集』 8, p.459.

40 「臨時中央執行委員會第十次會議記錄」(1923.11.26), 『廖仲愷年譜』, pp.206~207에서 재인용; 「會務彙記」, ≪國民黨週刊≫ 제3기, 1923.12.9.

직권'이다. 이 회의에는 등택여도, 손문도 참석했다.[41] 즉 손문의 '실제 권한'이 등택여 등의 상소 요구의 그것보다 더 컸으니 요구의 진실성도 의심되거니와, 의미를 부여한다면 장정의 내용을 수정해두는 것이 좋다는 주장에 불과한 정도라고 하겠다.

여하튼 보로딘에게 「장정초안」은 그가 만들어낸 '개조'의 큰 성과물이었다. 「장정초안」이 당장 효력을 발생할 수 있는 것은 아니었다. 「초안」이기 때문에 결국 일전대회에서 통과되어야 발휘될 수 있겠으나, 그렇다고 통과 즉시 개조 효과가 나타날 수는 없는 노릇이었다. 즉 당단이 민중을 조직화하고, 이것이 상향식 조직을 통해 전달되어야 국민당이 개조되는 셈이다. 물론 이 과정에서 공산당의 역할을 보로딘은 기대했을 것이다. 앞서 살펴본 바와 같이 보로딘이 「11월 개조」의 성과를 카라한에게 보고하고자 북경에 갔다가 「11월 개조」에 대해 전혀 모르고 있는 북경의 공산당 지부를 목격하고 상해로 돌아와 중국공산당 중앙을 크게 질책하며 구추백과 나눈 대화[42]도 이런 연유였다.

4. 보로딘의 '성급한 시도'

사실 새로운 장정의 제정을 통한 당의 개조는 시간을 요하는 것인데도, 보로딘은 '성급한 시도'를 했다. 「1월 개조」가 일전대회에서 확정된 후 보로딘이 체레파노프에게 들려주었다는 「11월 개조」의 내용에서 이 '성급한 시도'를 확인할 있다. 「11월 개조」의 세 문건이 임시중집위 제4차 회의(1923.11.8)에서 통과될 즈음, 광주에서는 광주시 구당부 조직이 만들어지기 시작했다. 그런데 이때 광주는 매우 위급한 상황이었다. 진형명의 공격을 받아 국민당, 그리고 손문의

41 「會務彙記」, ≪國民黨週刊≫ 제3기, 1923.12.9.
42 이 책 15장 3절의 474~475쪽 참조.

존망을 헤아리기 어려운 위기 상황이었다. 지푸라기라도 잡아야 할 상황을 이용해 보로딘은 민중과의 결합을 주장했다고 한다. 즉 계속되는 전투의 패배로 의기소침한 손문에게 "전선 실패의 주된 원인은 농민 속에서의 국민당의 공작이 박약하기 때문입니다. 이 때문에 전쟁에 대한 농민들의 태도는 소극적이고 어떤 때는 심지어 적을 돕기도 합니다"라고 보로딘이 말하자, 손문이 이에 동의했다고 한다.[43] 손문에게 동의를 받았다고 생각한 보로딘은 11월 13일 중집위가 아닌 각 구 당부(모두 20개)의 위원회 회의에서 다음과 같이 설파했다고 한다.

> 비록 국민당이 객관적으로 혁명성을 갖추고 있다고 하더라도 지금까지는 '공중누각'에 불과했다. 어느 한 계급 혹은 일부 계급에 의거하지 않았기 때문이다. 주로 농민으로 구성된 광동성 주민은 전선에서 발생하는 투쟁에 대해 소극적이다. 최근에 일부 지방에서 농민 폭동이 종종 발생하고 있다. 아주 유감스럽게도 이는 적을 돕는 것이다. …… 지금까지 당신들은 농민에게 도움을 주는 어떤 일도 하지 않았다. 이리하여 귀당은 중요한 지주(支柱)를 잃었다. 정부는 즉시 광동 농민 속에서 **토지를 분배하는 법령**을 반포해야 한다. 현재 이 법령의 세절(細節)을 상세히 말할 수는 없지만 법령 중에 반드시 지적해야 하는데, 실제로 토지를 경작하는 농민을 위해 우리가 **지주의 토지를 장차 몰수할 것**이라고 …….
>
> 당신들의 두 번째 지주는 35만 명에 달하는 광주시의 조직적 남녀 노동자이다. …… 귀 정부하에서 당신들은 노동자들에게 한 푼의 전단도 뿌리지 않았다. 당신들은 노동자 회의를 한 차례도 열지 않았다. …… 노동자와 연합하기 위해서는, 반드시 **노동자를 위한 사회법 법령**을 즉각 제정해야 한다. 우리는 이 법령의 세절을 이 자리에서 이야기할 수 없지만, 적어도 노동자 자신의 대표자들이 이 세절들을 연구하는 데 들어가도록 해야 한다. 그러나 가장 중요한 것은 하루 8시간제의 실행, 최저임금 및 어떤 사회당이라도 제정하고자 하는 최저 강령 중

43 『中國國民革命軍的北伐』, p.40.

에 포함된 노동자의 기타 각종 요구를 넣어야 한다. ……

현재 소자산계급은 당신들을 적극적으로 지지하지 않는데, 주요 원인은 그들이 귀 정권 속에서 어떤 이익도 얻을 수 없기 때문이다. 지금 상인들은 점포를 닫고 그들의 모든 것을 잃을까 몹시 걱정하고 있다. 이것은 단지 백성의 불안을 증가시킬 뿐이다. 반드시 **소자산계급에게 선언식으로 법령**을 발표해 그들에게 이 법령들에서 얻을 수 있는 장점을 명확하게 지적해야 한다.[44]

이 연설이 있은 다음 날(11.14) 아침 각 구 당부 위원의 연석회의가 열렸는데, 정부가 이 법령들에 동의해놓고도 정부를 대표해 법령을 선포해야 할 요중개가 뜻밖에도 출석하지 않았다는 것이다.[45] 그다음 날 같은 회의에도 요중개가 참석하지 않자, 보로딘은 편지[46]를 써서 손문에게 보냈다. 그 후 30분 만에 요중개가 손문의 메모를 갖고 왔는데,[47] 손문의 메모 내용이 무엇인지는 밝히고 있지 않다. 다음 날(11.16) 손문이 보로딘을 대본영으로 불러 "'나는 노동자법 및 소자산계급의 상황을 개선하는 사회 법령에 의연히 동의한다. 다만 토지법에 대해서는 먼저 농민과 연계해 그들의 수요를 분명히 할 것을 건의한다"라고 말했다고 한다. 이어 개최된 각 구당부 위원회 회의에서 요중개가 이 3개의 초안을 모두 선독하고, 다만 토지 법령은 좀 더 연구해 결정하자고 했는데, 우파들은 "세 법령 모두를 더 심도 있게 연구하자"고 주장했다. 즉 절차를 통해 어물

44 같은 책, pp.41~43.

45 같은 책, p.43.

46 보로딘이 전하는 편지의 내용은 이렇다. "각 구당부위원회의가 14일 저녁 각 구당부에 통지해 정부가 3개 항의 법령의 반포에 동의했습니다. 회의는 정부가 최후 결정을 낸 지 이미 이틀째입니다. 비록 요중개가 11월 13일 정부를 대표해 법령의 반포를 선포했지만, 그러나 그는 연이어 2일 동안 회의에 출석하지 않았습니다. 국민당이 광주에서 전개하고 있는 이런 극히 중요한 공작을 엄중히 대처해야 하는 뜻에서 즉각 당신의 대표를 파견해 각 구 당부가 이미 개시한 회의를 계속할 수 있도록 해주십시오." 같은 책, p.44.

47 같은 책, p.44.

쩍 넘어가 법령을 폐기하려 한 것인데, 유감스럽게도 요중개가 이런 책략을 꿰뚫어보지 못하고 우파의 건의에 동의했다는 것이다.[48]

보로딘의 이런 주장(회고)은 이해할 수 없는 점이 한두 가지가 아니다. 13일에 세 개 법령의 필요성을 주장했는데, 다음 날 회의에서 정부가 동의한 법령을 발표할 요중개를 기다렸다는 것이다. 필요성을 제기한 후 하루 만에 정부의 동의가 가능한 것인지 심히 의심스럽다. 또 14일 요중개에 의해 전달된 손문의 메모가 어떤 내용인지 밝히지 않은 것도 그렇거니와, 16일 손문이 토지법을 제외한 두 법령에 동의한다고 보로딘에게 이야기했고, 요중개가 각 구 당부 위원회 회의에서 이를 밝혔지만, 우파들의 반대로 결국 무산되어버렸다는 것도 이해할 수 없는 대목이다. 즉 각 구 당부 위원들이 손문의 뜻을 거부한 셈이다. 더욱이 각 구 당부 위원회 회의가 정부의 법령을 청취하고 집행하는 곳일 뿐 법령을 심의·결정하는 회의도 아닌데, 성장인 요중개가 이들의 의견을 듣고 이미 결정된 법령을 접었다는 것도 이해가 되지 않는다. 또 설령 위원들이 반대하더라도, 보로딘은 손문의 뜻을 업고서 적어도 두 개 법령은 관철시켰어야 하지 않았겠는가. 이런 점에서 손문이 토지법 외 두 개의 법령을 받아들이겠다고 했다는 주장 역시 믿기 어렵다.[49]

---

48 같은 책, p.46.

49 한 연구자의 저술[Dan Jacobs, *Borodin: Stalin's Man in China*(Harvard Univ. Press, 1981)]은 보로딘의 언급을 남용해 '소설 수준'으로까지 각색했는데, 이 저술의 일부가 중국에서 번역되어 개재되자[丹 N. 「鮑羅廷到廣州」, 雅各布斯·林海 譯, ≪國外中國近代史硏究≫, 第5輯(1983.3), pp.198~200], 번역의 일부 내용을 사료로 '승격'시키기까지 했다. "손문이 토지법을 제외한 두 법령을 받아들이겠다"고 했다는 보로딘의 '회고'를 '국민당 임시중집위에게 보내는 손문의 편지'라는 제목으로 사료집에 게재했다[「致國民黨臨時中央執行委員會函」(1923.11.16), 郝盛潮 主編, 『孫中山集外集』(上海人民出版社, 1990), p.418]. 그 내용은 이렇다. "만약 내가(손문) 이 법령을 지지하면 해외와 국내의 옹호자들에게 죄를 얻을 것 같다. 소비에트화의 결과는 이들에게 매우 현실적인 것이다. 그러나 나는 보로딘의 법령의 일부 부분은 접수하려고 한다. 즉 도시노동자에게 영향을 미칠 수 있는 부분이다. 그러나 토지 개혁에 대해서는 결정하기 전에 농민과 이야기해야 한다." 같은 과정을 거쳐 '사료'로 승격된 사료집에 실린 것으로, 「개조」와 관련된 것을 들면 다음과 같다. Jacobs

아무리 의심스럽다고 하더라도, 각 구 당부 위원회의 회의록이 없기 때문에 보로딘의 '회고'를 확인할 길은 없다. 그런데 사실의 왜곡은 아니지만 보로딘의 '회고'에서 근본적으로 이해할 수 없는 것은 「11월 개조」의 핵심에 대해 보로딘이 언급하고 있지 않다는 점이다. 즉 「개조선언」, 「당강초안」, 「장정초안」이 만들어지기까지의 과정을 언급하지 않고 있다. 이 「11월 개조」야말로 보로딘 자신의 성과가 아닌가. 보로딘은 「1월 개조」가 이루어지고 난 이후 카라한에게 편지를 보내 「11월 개조」의 문건은 '토론용' 내지 '간행물에 게재하기 위한 것'이어서 일전대회에는 아예 제출되지도 않았다고 폄하했다.[50] 앞의 보로딘의 '회고'는 「1월 개조」가 이미 확정된 이후의 '회고'이기 때문에,[51] 보로딘이 의도적으로 체레파노프에게 「11월 개조」를 언급하지 않고, '성급한 시도'였던 세 개 법령에 관련된 이야기만 늘어놓은 것이라고 볼 수 있다. 즉 「11월 개조」와는 전혀 다른 「1월 개조」가 이루어졌고, 그 「1월 개조」를 자신의 성과로 내세우려 했기 때문이다.

「11월 개조」가 이루어진 당시, 즉 「1월 개조」 이전에 보로딘은 「11월 개조」를 어떻게 평가하고 있었을까. 이를 가장 잘 보여주는 것이 광주에서 「11월 개조」를 만들어낸 직후 보로딘이 북경에서 작성한 보고일 것이다.

나의 두 달간의 모든 사업(「11월 개조」)은 바로 그들이 지금까지 사용한 투쟁

의 저술에서 인용한 것으로는 「與鮑羅廷的談話」(1923.10.6), 郝盛潮 主編, 『孫中山集外集補編』(上海人民出版社, 1994), p.340; 「在歡迎鮑羅廷招待會上的演說」(1923.10.9), 『孫中山集外集補編』, p.341; 「與鮑羅廷的談話」(1923.11.16), 『孫中山集外集補編』, p.293이 있고, 윌버(Wilbur)의 연구(*Sun Yat-Sen: Frustrated Patriot*)에서 인용한 것으로는 「與鮑羅廷的談話」(1923.10.9), 『孫中山集外集補編』, pp.341~342[이 글의 말미에 「同題異文」이라 하여 게재된 것은 Jacobs의 글에서 인용(『孫中山集外集補編』, p.343)이 있다.

50 「Borodin이 Karakhan에게 보내는 편지」(1924.1.25, 廣州 機密), 『聯共(布), 共産國際 檔案資料』 1, p.403.

51 『中國國民革命軍的北伐』, p.434, 주 8) 참조.

방식은 무익한 것이며 완전히 바꿔야 함을 그들에게 알게 하는 것이었다. 물론 나는 이 일을 아주 조심스럽게 능력이 닿는 데까지 했다. 나는 그들에게 구체적으로 명확한 **강령(綱領)과 당장(黨章)으로부터 국민당 개조 사업을 시작할 것을 건의했다.** 이 외에 나는 또 그들에게 전체 군대를 모두 재편성하고 **군관학교를 세우고 정공(政工) 간부를 육성할 것을 건의했다.** 대중의 국민당에 대한 지지를 얻기 위해 먼저 광동 본지에서 일정한 개혁을 실행하고, **노동 입법 면에서 개혁을 진행하며, 토지 관계를 조정하고, 소자산계급의 상황을 개선할 것을 그들에게 건의했다.**[52]

보로딘이 생각하는 개조의 구상을 잘 보여주고 있다. '강령과 장정의 제정'으로 시작해 군관학교를 설립하고, 여기에서 정공 간부를 육성하며, 민중(노동자, 농민, 소자산계급)의 지지를 얻기 위한 개혁을 광동에서 시작하는 것이다. 이 글만으로는 「11월 개조」에 이 모든 내용이 다 들어가 있는지 알 수 없다. 다만 보고문에 손문과의 일화 하나를 소개하고 있는데, 손문의 초청으로 배를 타고 포대를 시찰하다가 '토지를 지키려는 농민'(비적)들의 습격을 받아 배 바닥에 엎드려 숨을 수밖에 없었다고 하면서, "나는 이 사건의 발생을 다행으로 생각했는데, 왜냐하면 내가 언젠가 그에게 말했던 농민에 대한 사업을 해야 한다는 가장 좋은 예증이 되었기 때문이다"[53]라고 썼다.

이로 볼 때 보로딘이 손문에게 '농민에 대한 사업'을 말한 것은 분명하다. 그러나 「11월 개조」에 관한 설명에서 "당강과 장정을 기초하는 일이 시작되지 국민당 내의 가장 중요한 인원들이 모여 개조와 유관된 각종 문제를 토론했는데 가장 적극적인 사람은 요중개 등"이었으며, 손문은 단지 임시중집위를 조직하고 자신을 훈련원으로 임명한 것뿐이었으나 광주의 전세(戰勢)가 안정되자 손

52 「華南形勢에 관한 Borodin의 札記」(1923.12.10, 北京), 『聯共(布), 共産國際 檔案資料』 1, p.371.
53 같은 글, p.372.

문이 직접 당강과 장정 등을 심의했다고 하며 그 구체적 결과물로 ≪국민당주간≫의 발행, 전국대표대회 개최의 결정, 지방으로의 개조 확산 등을 들고 있다.[54] '민중을 위한 세 개 법령'에 대한 언급은 없다. 보고문 말미에 손문이 앞으로 해야 할 일, 즉 보로딘이 「11월 개조」를 바탕으로 손문과 함께 개조를 추진해야 할 일을 '손문의 임무'라는 제목을 달아 보고하고 있다.

> (1) 광주에서 이미 시작된 국민당 개조공작을 전국에서 계속 진행하는 것이다. ……
>
> (2) 광동을 굳게 지키는 것은 지금껏 해왔듯이 모 전선에서 승리를 거두고 늘 북경으로의 원정을 꿈꾸는 것이 아니라, 전 중국 국민혁명 운동의 발전과 촉진에서 광동이 본거지가 되게 하는 것이다. 이를 위해 반드시 정부는 사회노공법(社會勞工法), 토지 관계 조정 등 방면의 구체적 조치에 근거해 노동자, 농민, 소자산계급의 선전·설득 사업을 하는 동시에, 땅이 없거나 적은 촌사(村社) 농민의 상황을 완화해주어야 한다. 다시 말하면 광동에 이와 같은 사회기초를 수립해 손문의 정부가 존재하는 합리성을 증명하며 전 민족의 임무를 제출할 수 있도록 한다.
>
> (3) 현재의 5~10만 명 되는 군대를 개조해 그로 하여금 완전히 국민당의 지휘에 복종하게 한다. 이를 위해 손문은 반드시 몇 개의 군사학교를 창립해야 하는 동시에 정치 사업 인원의 육성에도 눈을 돌려야 한다.[55]

이것은 손문이 앞으로 해야 할 '임무'이다. 따라서 「11월 개조」는 당강과 장정을 제정하는 것이었다. 다만 보로딘은 손문의 확고한 의지를 꺾을 수 없어 당강에는 개조라고 할 만한 내용을 담아내지 못한 반면, 장정을 통해 상향식 조직

54 같은 글, p.373.
55 같은 글, pp.375~376.

을 만들고, 당단을 통해 민중에 대한 조직화가 가능해졌다고 생각했다. 따라서 이후 개조는 「11월 개조」를 전국적으로 확산하고, 광동을 군사적으로 지켜내면, 북벌이 아니라 민중의 조직화를 통해 광동을 국민혁명 운동의 근거지로 확고히 하고, 이와 함께 군사학교를 세워 군벌과 다름없는 군대를 개조하고자 했던 것이다. 그런데 진형명의 공격으로 손문과 국민당이 위기에 몰리자 그 틈을 타 '성급하게' 세 개 법령을 제기했고, 그것도 임시중집위가 아닌 자신의 구상처럼 광주시 구당부 위원회를 통해 제출했다가 좌절된 것이다. 따라서 보고에 이를 구체적으로 언급하지 않고 넘어간 반면, 「1월 개조」가 이루어진 다음에는 「11월 개조」는 묻어버리고, 비록 이루지 못했지만 자신이 제기했던 '세 개 법령'을 '과장해' 체레파노프에게 말한 것이라고 추론할 수 있다.

따라서 세 개 법령을 제시하고 그것이 좌절되는 과정에 대한 보로딘의 '회고'는 그대로 받아들이기는 어렵지만, 제출된 것은 분명하다. 기록상 그것이 '부결'된 것은 각 구 당부 위원회의 회의에서가 아니라 11월 19일에 개최된 임시중집위 제7차회의에서였다.[56] 법령 제안이 좌절된 후인 11월 22일에 개최된 임시중집위 제8차 회의에서 보로딘은 다음과 같이 건의하고 있다.

> 다음 호 ≪주간≫(≪국민당주간≫)에는 반드시 논설을 많이 게재해야 한다. 그 요점은 다음과 같다. 1. 중국의 분규는 국민당이 아니면 해결할 수 없다. 2. 일본 상품 보이콧(抵制日貨)은 소극적 방법이고, 국산품 신흥(振興國貨)이 적극적인 방법이다. 국산품 진흥은 국민당 정책의 하나이다. …… 5. 당강 및 장정의 해석.[57]

56 "3종의 위원회를 조직하여 농민, 노동자(工人), 중류 계급의 상황을 조사하기로 한다. 廖仲愷가 농민의 상황을, 陳樹人이 중류 계급의 상황을, 謝英伯이 노동자의 상황을 조사하여, 2주일 내에 서면으로 보고한다"[「臨時中央執行委員會第七次會議記錄」(1923.11.19), ≪國民黨週刊≫, 第2期]. 물론 두 주일 내에 서면보고는 없었다. 예컨대 농민 상황을 보고하기로 한 요중개는 11월 말 광주를 떠나 상해로 갔다.

「11월 개조」의 성과인 「당강초안」과 「장정초안」에 대한 선전을 요구한 것은 물론이지만, '세 개 법령의 제정'이 성급했다고 생각했는지 소자산계급을 위한 주제는 건의하면서도 농민과 노동자를 위한 주제에 대해서는 언급조차 하지 않았다.

5. 하향식 당 조직: 「중국국민당총장」

「11월 개조」를 개조답게 한 것은 「장정초안」이다. 손문은 자신의 삼민주의를 지켜내는 대신 개조를 당의 조직 변화에 한정시켰고, 보로딘은 민중의 조직화라는 개조의 목표를 달성하기 위해 당의 조직 변화를 끌어낸 것이다. 그렇다면 「1월 개조」에서 「장정초안」은 어떻게 변화되었는가? 「1월 개조」의 핵심 문건은 1월 23일에 통과된 「일대선언」과 1월 28일 통과된 「중국국민당총장」(이하 「총장」)이다.[58]

「총장」은 전문에 "중국국민당 제1차 전국대표대회는 삼민주의의 실현, 오권헌법의 창립을 촉진하기 위해 중국국민당총장을 특별 제정한다"라고 명시함으로써, '삼민주의'와 '오권헌법'을 제시하지 않았던 「장정초안」을 원점으로 되돌렸다. 그러나 무엇보다도 총리의 직권에 관한 장을 증설했다는 점이 「총

57 이 밖에도 보로딘은 다음의 주제를 제의했다. 3. 이번 전투에서 진형명에게 전승한 원인. 4. 유럽의 상황과 중국의 관계. 일찍이 영국과 프랑스가 독일 배상 문제를 해결하기 위해 연석회의를 열었는데, 마침내 방법이 없었다. 프랑스는 고압 정책으로 독일의 땅을 취하려 해서 이로 인해 영국과 프랑스가 불화. 유럽의 화평은 상당히 오랫동안 어려울 것. 유럽전쟁의 손실은 중국에서 보상받을 수밖에 없는 상황이다. 중국이 이런 화를 면하고자 하면, 오직 국민당의 정책을 실행해야 한다. 6. 중국에 대한 열강의 사기 압박 및 중국에서 의 외국인의 횡포 상황을 특별 게재하고 이를 비평한다. 「臨時中央執行委員會第八次會議記錄」(1923.11.22), ≪國民黨週刊≫, 第2期.

58 「中國國民黨總章」(1924.1.28), 『孫中山全集』 9, pp.152~162.

장」의 가장 큰 특징이라고 할 수 있다. 「장정초안」은 총리를 전국대표대회에서 선출한다는 규정만 있었을 뿐 직권에 대한 내용은 없었다. 그런데 「총장」은 총리의 권한을 다음과 같이 규정하고 있다.

> 제4장 총리
>
> 제19조 본당은 삼민주의, 오권헌법을 창시한 **손 선생을 총리로 한다.**
>
> 제20조 당원은 총리의 지도를 좇아 주의의 진행에 노력한다.
>
> 제21조 총리는 전국대표대회의 주석이 된다.
>
> 제22조 총리는 중앙집행위원회의 주석이 된다.
>
> 제23조 총리는 전국대표대회의 의결에 대해 복의(復議)를 제출할 권한을 갖는다.
>
> 제24조 총리는 **중앙집행위원회의 의결에 대해 최후 결정권을 갖는다.** – 강조는 인용자

총리를 손문으로 명시한 것을 두고 '우상화' 혹은 '독재'라고 평가하기도 하지만(이에 대해 후술), 다른 규정을 보면 「11월 개조」와 관련해 매우 정교한 포석이 깔려 있다는 느낌이 든다. 총리가 전국대표대회나 중앙집행위원회의 주석이 된다는 것에는 별로 의미를 둘 필요가 없다. 주석에 대한 구체적 임무가 부여되지 않는 한, 회의에서 사회를 보는 것 이상의 큰 의미는 없는 것이다. 또 전국대표대회의 의결에 대해 '복의'를 제출할 수 있는 권한도 아주 특별하다고 볼 수는 없을 것이다. 예컨대 국회의 의결에 대통령이 거부권을 갖고 있으나, 그 거부권도 국회가 재의결하면 더는 행사할 수 없는 것과 마찬가지로, '복의권'도 그 정도의 의미만 있는 것이다. 다만 중앙집행위원회의 의결에 대해 총리가 최후 결정권을 갖는다는 것은 중앙집행위원회의 의결 자체가 무의미해진다는 의미이다. 즉 중앙집행위원회의 의결에 상관없이 총리가 의안을 최종 결정할 수 있으니, 중앙집행위원회는 의결권이 없는 셈이다.

그런데 "전국대표대회의 조직법 및 선거법, 그리고 각 지방이 파견할 대표의

인수는 중앙집행위원회가 규정한다"(제27조)라고 되어 있으니, '전국대표대회의 조직법, 선거법, 그리고 각 지방이 파견할 대표의 인수'는 총리인 손문이 결정할 수 있는 것이다. 또한 이보다 앞서 임시중집위에서 이미 각 성마다 파견하는 6명의 대표 중 3명을 총리인 손문이 지정하도록 해놓았다.[59] 따라서 일전대회에 참석한 대표 144명 중 72명은 손문이 지정한 사람이다. 중앙집행위원회의 최종결정권 즉 총리의 권한은, 전국대표대회의 의결에 대한 '복의권'도, 실제로 '결정권'이 되는 셈이다. 좀 더 구체적으로 확대해 적용해본다면, 일전대회의 결의 사항은 손문의 뜻에 따라 다음 대표대회에서 모두 뒤엎을 수 있다는 의미이다.

이 밖에도 「총장」에서 「장정초안」의 내용을 수정한 부분들을 보면, 「총장」이 지향하는 바가 확연히 드러난다. "무릇 지방 성질의 문제는 지방 당부가 자유로이 처리한다"는 「장정초안」 제6조를 「총장」에서는 삭제했다. 이 조항은 지방, 즉 국민당의 기층 조직이 자기 지역 내의 일을 중앙의 규제를 받지 않고 자율적으로 처리할 수 있다는 것이니, 확대 해석하면 국민당의 기층 조직에 입당한 공산당원의 활동이 가능해질 수 있기 때문에 일부 국민당원에게는 우려스러운 규정이고, 보로딘으로서는 기대하던 바였을 것이다. 다음은 성집행위원과 관련된 두 조항을 비교한 것이다.

(장정초안)

제12조 **각 하급 당부의 집행위원회는 전성(全省)집행위원회의 관할을 받으며**, 성집행위원회는 중앙집행위원회의 관할을 받는다.

제32조 전성대표대회에 출석하는 대표의 선거법 및 인수는 **성집행위원회가 각 현(縣)의 집행위원회의 동의**를 구해 결정한다.

59 「臨時中央執行委員會第十次會議記錄」(1923.11.26), ≪國民黨週刊≫, 第3期.

(총장)

제11조 각 하급 당부의 집행위원회는 상급 당부의 집행위원회의 관할을 받는다.

제41조 전성대표대회의 조직법, 선거법 및 인수는, 성집행위원회가 규정한다. – 강조는 인용자

「11월 개조」는 성을 하나의 단위로 설정하는 '연성자치'적 구상을 담고 있었다. 즉 전성집행위원회는 '직속'의 현집행위원회만을 관할하는 것은 아니고, 현 아래의 구, 분부의 집행위원회도 관할 대상으로 삼았다. 반면에 중요 결정에 현(縣)집행위원회의 동의를 구함으로써 상향식 구조를 가미해 비록 중앙집행위원회의 관할을 받지만, 성이 하나의 '완결적 조직'으로서의 성격을 띠었다. 그러나 「총장」에서는 "각 하급 당부 집행위원회는 상급 당부 집행위원회의 관할을 받는다"(제11조), "전성대표대회의 조직법, 선거법 및 인수는 성집행위원회가 규정한다"(제41조)로 수정해, 성집행위원회는 그 상급 당부인 중앙집행위원회의 관할을 받게 되었다. 그런데 중앙집행위원회의 의결에 대해 총리가 최후 결정권을 갖고 있으니(제24조), 이론적으로는 국민당의 모든 조직은 총리가 관할하게 되었다. 이리하여 「장정초안」에 의해 마련된 성 단위 내에서의 '상향식 구조'가 사라지고, 성 당부의 '완결적 조직'의 의미가 퇴색해버렸다. 민중에 대한 조직화를 위해 만든 당단에 대한 「장정초안」의 규정은 「총장」에도 그대로 이어졌지만, 국민당 조직 내의 '상향식 구조'는 총리인 손문을 정점으로 하는 완전한 '하향식 구조'로 변했고, 이후 '개조'의 부정도 가능하게 만들어버렸다. 지금까지 거론한 「장정초안」과 「총장」의 중요 차이점을 비교해 요약하면 표와 같다.

앞서 언급한 바 있던 등택여 등의 '상소'를 다시 살펴보자. '상소'는 「11월 개조」에 대한 불만에서 출발한 것이지만, 그중 불만의 핵심은 「장정초안」이었다.

「당장초안」은 총리를 선거직으로 했는데, 사실 환경이 바뀌면 5년 후에는 진

〈표 16-1〉「장정초안」과 「총장」의 비교

중국국민당 장정초안(「장정초안」) 1923.11.19	「중국국민당총장」(「총장」) 1924.1.28
없음	(전문) 중국국민당제일차전국대표대회는, 삼민주의의 실현과 오권헌법의 창립을 촉진하기 위해 특별히 중국국민당총장을 다음과 같이 제정한다.
(제3장 최고 당부) 제18조 전국대표대회의 조직법 및 각 지방이 파견할 대표의 인수는 중앙집행위원회가 임시로 결정한다. 제19조 전국대표대회의 직권 (丁) 본당의 총리, 중앙집행위원회 및 후보집행위원과 심사위원을 선거한다.	(제5장 최고 당부) 제27조 전국대표대회의 조직법 및 선거법, 그리고 각 지방이 파견할 대표의 인수는 중앙집행위원회가 규정한다. 제28조 전국대표대회의 직권 (丁) 중앙집행위원회 및 후보집행위원과 감찰위원 및 후보감찰위원을 선거한다.
없음	(제4장 총리) 제19조 본당은 삼민주의, 오권헌법을 창행(創行)한 손(孫) 선생을 총리로 한다. 제20조 당원은 총리의 지도에 따라 주의(主義)의 진행에 노력해야 한다. 제21조 총리는 전국대표대회의 주석이다. 제22조 총리는 중앙집행위원회의 주석이다. 제23조 총리는 전국대표대회의 결의에 대해 교복의(交復議)의 권한이 있다. 제24조 총리는 중앙집행위원회의 의결에 대해 최후로 결정할 권리를 갖고 있다.
(제1장 당원) 제6조 무릇 지방 성질의 문제는 지방 당부가 자유로 처리한다.	삭제
(제2장 당부 조직) 제12조 각 하급 당부의 집행위원회는 전성(全省) 집행위원회의 관할을 받으며, 성집행위원회는 중앙집행위원회의 관할을 받는다. [제5장 성당부(省黨部)] 제32조 전성(全省)대표대회에 출석하는 대표의 선거법 및 인수는 성(省)집행위원회가 각 현(縣)의 집행위원회의 동의를 구해 결정한다.	(제2장 당부 조직) 제11조 각 하급 당부의 집행위원회는 상급 당부의 집행위원회의 관할을 받는다. [제6장 성당부(省黨部)] 제41조 전성(全省)대표대회의 조직법, 선거법 및 인수는, 성(省)집행위원회가 규정한다.

독수가 총리로 피선될 수 있습니다. ……

(더 나아가) 본당은 그동안 위임제(委任制)를 실시해 각 국부(局部)의 수장의 지우현불초(智愚賢不肖)를 총리가 심정해 선택함에, 대공무아(大公無我)의 마음으로 인재를 취하는 효과를 거두었는데, 지금 일변해 보통선거제로 바꾸었습니다. 본당의 인수는 많고, 품격도 같지 않아 선거의 운용이 불명해 **간인(奸人)에게 이용되기 쉽습니다.** 예컨대 이번 구분부(區分部)를 조직할 때 진독수의 도당 담평산이 했듯이 …… 이런 사실이 증명하듯, 본당의 선거제 시행 초기에는 간인들에게 선거를 이용당할 폐해가 발생하며, 그 유폐가 이르는 바는 이후 한 성(省)의 집행위원회 및 중앙집행위원회를 선거할 때, 또한 같은 잔꾀를 부려 당인을 우롱하는 일이 어찌 재현되지 않겠습니까? 당원 등이 재삼 생각하건대, 선거제를 채용하더라도 또한 제한을 두어야 합니다. 청하건대 복선거법(復選擧法)을 써서, 가령 한 성(省)의 집행위원을 선거한다면 먼저 각 현분부(縣分部)가 초선당선인을 선출하고, 이어 초선당선인의 명단을 총리에게 올려 심사하게 하여, 이 명단 중 약간 명을 후선원(候選員)으로 삼고, 연후에 후선원 중에서 그 성의 집행위원을 선출하는 것입니다. 기타 중앙위원회의 선거 및 각 부의 선거도 또한 이런 방법에 따라 …….[60] – 강조는 인용자

간인들이란 물론 공산당인이고, 우려는 '간인들'에 의해 총리뿐만 아니라 각 집행위원의 자리도 공산당인들에게 점령될 수 있다는 데서 비롯되었다. 이와 관련해 「총장」은 아예 총리를 손문으로 못 박음으로써 '진독수가 총리가 될 우려'를 깔끔히 씻어냈다. 또 요구한바 '복선거제'는 정원 이상(초선당선인)을 선출하면 총리가 그중에서 선택하라는 것이다. 그러나 극단의 가정을 상정한다면 선출된 정원 이상의 초선당선인이 '간인'으로 채워지면, 총리의 심의도 큰 의미가 없다. 그런데 「총장」은 아예 총리인 손문에게 중앙집행위원회의 최종 결정

60 「鄧鄧澤如等致孫中山函」(1923.11.29), 『各方致孫中山函電匯編』 7, pp.341~342.

권을 주어 결국 대표대회의 조직과 선거 및 인수를 결정할 수 있게 했고, 이 대표대회가 중앙집행위원을 선출하고 이렇게 구성된 중앙집행위원회가 성집행위원회를 관할하게 되었으니, 탄핵안의 우려는 기우가 되어버린 셈이다. 많은 연구가 '상소'에 대한 손문의 비평[61]을 내세워 개조에 대한 손문의 의지를 강조하지만, 정작 「11월 개조」의 핵심인 「장정초안」이 「1월 개조」에서 어떻게 형해화되었지는 언급하지 않는다.

「11월 개조」와 「1월 개조」의 내용을 간략히 정리하고 다음 장으로 넘어가겠다. 「11월 개조」의 「개조선언」과 「당강초안」에 나타난 중국 현황에 대한 인식이나 손문의 '혁명 이념'으로서의 삼민주의는 기존의 그것과 크게 달라진 것이 없었다. 이는 손문의 요구였고, 또 보로딘이 이를 받아들인 결과였다. 그러나 「장정초안」은 국민당 조직을 '상향식 구조'로 바꾸고, 민중에 대한 조직화를 가능하게 했다. 말하자면 손문은 '미비한 국민당 조직의 개조'를 받아들이고, 보로딘은 개조된 국민당 조직을 통해 향후 구체적 개조를 진행하고자 했던 것이다. 반면 「1월 개조」는 「일대선언」에서 볼 수 있듯이, 중국의 현황은 제국주의에 의해 조성된 것이므로 국민당의 혁명은 '반제국주의'이어야 하고, 따라서 삼민주의도 이에 걸맞은 해석을 내놓았던 것이다. 그러나 「총장」은 오히려 「장정초안」의 '상향식 구조'를 '총리 손문에 의한 하향식 구조'로 변경함으로써 「개조」는 손문 개인의 의지에 의해 결정되도록 만들었다. 그렇다면 「11월 개조」가 어떤 과정을 통해 「1월 개조」로 바뀌었는가. 이것이야말로 국공합작의 의미를 밝혀줄 고리라고 생각한다.

61 「批鄧澤如等的上書」(1923.11.29), 『孫中山全集』 8, pp.458~459.

17장

장개석의 소련 방문과 코민테른의 「결의」

1. 코민테른의 「결의」

광주에서 보로딘의 주도로 진행된 「11월 개조」가 손문의 승인을 거쳐 확정된 지 10여 일 뒤인 11월 28일, 모스크바의 코민테른 집행위원회 주석단은 국민당에 대한 「결의」를 채택했다. 「결의」의 제목은 '중국민족해방운동과 국민당문제에 관한 코민테른집행위원회주석단의 결의'(이하 「결의」)였다.[1] 모두 8개 항목의 「결의」는 「11월 개조」와는 관계없이 진행된 것이다. 그러나 그 내용은 「11월 개조」나 「1월 개조」와 마찬가지로, 국민당 혁명의 실패 원인과 삼민주의에 대한 해석으로 구성되어 있다. 다만 「장정초안」이나 「총장」과 같은 당의 규정에 대한 내용은 없다. 「결의」는 먼저 신해혁명 이래 중국 혁명의 실패 원인을 다음과 같이 규정하고 있다(이하 「결의」, 「당강초안」, 「총장」 등으로만 표시하고 각주를 달지 않는다).

---

1 「중국민족해방운동과 국민당문제에 관한 코민테른집행위원회주석단의 결의」(1923.11.28, 모스크바), 『聯共(布), 共産國際 檔案資料』 1, pp.342~345.

국민당은 과거에 만청 왕조를 뒤엎는 신해혁명을 준비하고 발동했지만, 봉건주의에 반대하는 이 투쟁을 끝까지 진행하지 못했다. 그 원인은 주로 도시와 농촌의 광대한 노동 대중을 투쟁에로 끌어들이지 않았고, 이미 세계제국주의의 도구가 된 국내의 반동 세력에게 군사상 승리를 거두고자 했기 때문이다.

앞에서 상세히 설명했듯이 「11월 개조」가 혁명의 실패 원인을 '당의 조직의 미비', '주밀하지 못한 훈련'이라고 평가한 반면, 「1월 개조」는 "반동적 전제 계급과의 타협, 간접적으로는 제국주의와 서로 어울린 것이 실패의 제1차 원인"이라고 했다. 따라서 「결의」는 「1월 개조」와 궤를 같이한다. 「결의」는 이어 "건당부터 그 당의 기초로 받드는 삼민주의는 앞으로 아래 해석을 통하여, 국민당이 시대정신에 부합되는 민족 정당임을 증명하리라 믿는다"면서, 먼저 민족주의에 대해 다음과 같이 해석했다.

민족주의는 바로 국민당이 **국내의 광대한 농민, 노동자, 지식분자, 상공업자에 의거해 세계제국주의와 그들의 앞잡이에 반대하기 위해**, 또 중국의 독립을 쟁취하기 위해 투쟁하는 것이다. ……

이 주의의 다른 한 면은 중국 민족운동이 제국주의의 압박을 받고 있는 중국의 각 소수민족의 혁명 운동과 협력해야 한다는 것이다. **중국 국내의 각 민족은 일률적으로 평등하다고 국민당이 선포**할 때, 다음을 기억해야 할 것이다. …… 국민당은 반드시 **국내 각 민족의 자결 원칙을 공개적으로 제출**해 외국 제국주의, 본국 봉건주의 및 군벌제도에 반대하는 중국 혁명이 승리한 후, 과거의 중화제국 각 민족으로 구성된 **자유의 중화연방공화국**에서도 이 원칙이 체현되도록 해야 한다.

「11월 개조」의 민족주의는 "외국의 번속으로부터 벗어나는 것"이라는 지적으로 끝났으나, 「1월 개조」의 민족주의는 바로 반제국주의이고, 또 하나는 "국내 제 민족의 평등한 결합"이라고 해석했다. 「1월 개조」가 「결의」에 근거했음은 민족주의에 대한 해석에서 가장 분명하다. 다음은 민권주의에 대한 「결의」의 해석이다.

민권주의는 '천부 인권'이 아니라 현재 중국이 실행하는 하나의 혁명 원칙으로 보아야 한다. …… 즉 진정으로 반제 강령을 옹호하는 분자와 조직만이 이런 권리와 자유를 향수할 수 있고, 중국에서 **외국 제국주의자와 그들의 앞잡이**(중국 군벌)**를 돕는 분자와 조직은 이런 자유를 향수할 수 없다**는 점이다.

이것 또한 주권재민을 원칙으로 한 「11월 개조」의 민권주의에는 없던 것이나 「1월 개조」에는 포함된 내용이다. 다음으로 「결의」의 민생주의를 보자.

만약 **외국인의 공장**, 기업, 은행, 철도, 수로, 교통을 국가 소유로 돌리는 것을 민생주의라 해석한다면 이는 대중에게 혁명적 의의를 지니며, 대중의 광범위한 반향을 얻을 수 있을 것이다. **중국의 민족 공업**의 경우 국유화 원칙을 현재 적용할 수 있는데, 이는 장래에 국가의 생산력을 더욱 발전시키는 데 도움이 되기 때문이다. 민생주의를 국가가 토지국유화를 실행하는 것으로 해석할 수는 없다. 그러나 토지를 갈망하는 광대한 농민 대중에게 다음을 반드시 설명해야 한다. 즉 **농사짓는 농민들에게 직접 토지를 분배하는 제도, 농사일에 종사하지 않는 대토지 소유자와 많은 중소 토지소유자를 소멸시키는 제도**를 설명해야 한다. …… 국가는 또 **농민들의 납세 부담을 줄여주어야** 하며, 농민들을 도와 **관개**, 인구가 밀접한 지구에서 희소한 지구에로의 **이민**, **황무지 개간** 등 문제를 해결해주어야 한다.

「결의」는 절제 자본의 대상으로 '외국인의 공장'과 '중국의 민족공업'을 포함시켰다. 물론 「11월 개조」에는 없던 것이었다.[2] 「1월 개조」는 '본국인 및 외국

2 "중화민국으로서 국부를 신속히 증진시키고, 민생을 살리고자 하면 반드시 국가가 대자

인의 기업'이 들어갔다.[3] 또 「결의」는 토지국유화는 아니라고 하면서도 장차 '토지 몰수와 토지 분배'를 제도화할 것임을 제시하라고 요구하고, 아울러 납세 부담의 감소, 관개, 이민, 황무지 개간 등 구체적 정책을 요구했다. 「1월 개조」는 이 요구를 받아 기존의 평균지권의 방법을 설명한 후 다음과 같이 덧붙였다.

> 농민에게 고할 것이 있다. 중국은 농업으로 세운 나라이나 전국의 각 계급 중에서 고통을 받는바, 농민이 가장 심하다. 국민당의 주장은 농민으로서 토지가 결핍되어 소작인이 된 자는 **국가가 마땅히 토지를 제공해 경작하게 하고**, 또한 이를 위해 수리를 정돈하고 **황무지를 개간**해 이로써 토지를 균등하게 하려는 바이다. 또 농민으로서 자본이 없기 때문에 고리대로 종신토록 부채를 진 자는 국가가 이를 위해 **농민은행**과 같은 조절 기관을 설치해 그 결핍을 보충하고, 이리하여 농민이 인생의 당연지사인 행복을 누릴 수 있게 하고자 한다.

「1월 개조」의 민생주의는 「결의」의 요구를 거의 다 받아들였다. 반면 「11월 개조」는 "중국의 땅은 크고, 교통이 불편하며 논밭이 개간되지 않아 그 부가 아직 열리지 않았고, 생산 방법과 교역의 길이 모두 지극히 유치"하기 때문에 신속한 국부의 증진과 민생의 구제를 위해 국가가 대지주가 되어야 하고, 한편 "지주가 일하지 않고 얻은 가치는 개인에게 돌리지 않고 공가(公家)에 돌리면 약탈의 기회가 많지 않으며, 사회경제 문제는 점차 줄어든다"라는 기존의 평균지권의 내용과 효과를 설명할 뿐이었다.

본, 대지주가 되어 집산의 방법을 써야 한다. 이리하여 교통 기관, 기본 공업에서 원동력의 공급, 대규모 생산에 이르기까지, 국력이 미칠 수 있는 데까지 나아가 경영해 국내 경제계에 심대한 자극을 주어야 한다." 「당강초안」.

3 모든 본국인 및 **외국인의 기업**으로서 독립적 성질이 있거나 혹은 그 규모가 지나치게 커서 개인의 힘으로 운영할 수 없는 것, 가령 은행, 철도, 항로 등과 같은 것은 국가가 이를 경영·관리하고, 사유자본제도로 국민의 생계를 조정할 수 없도록 한다. 「일대선언」.

「결의」는 말 그대로 '결의'가 아니라, 국민당에 대한 요구처럼 보인다. 「1월 개조」는 이를 받아들였을 뿐 아니라, '요구'에 대한 구체적 정책까지도 '국민당의 정강'으로 제시되었기 때문이다.[4] 다만 「결의」는 말미에 소련과 통일전선 수립, 동아시아 혁명과의 연계를 요구했지만,[5] 「1월 개조」는 이에 대해 언급하지 않았다.

시간상으로 보나, 내용상으로 보나 「1월 개조」는 「결의」의 요구를 수용한 결과였다. 즉 「11월 개조」가 손문과 보로딘의 합의로 이루어졌지만, 같은 시기 모스크바의 코민테른은 '결의'라는 이름으로 국민당의 개조 방향을 '요구'했고, 이를 받아들여 「1월 개조」가 이루어졌다. 보로딘도 일전대회 후 「1월 개조」의 과정과 내용을 보고하면서 「11월 개조」 문건은 일전대회에 아예 제출되지도 않았고,[6] 「1월 개조」의 기초는 코민테른의 제강 즉 「결의」라고 했다.[7] 보로딘으로부터 「1월 개조」의 결과를 보고받은 카라한도, 국민당은 "순순히 우리의 지시와 코민테른의 결의를 받아들였다"라고 치체린에게 전했다.[8] 「결의」의 내용이 공개된 이후 「결의」와 「1월 개조」가 관련 있다는 연구는 이제 일반적이다.

다만 「11월 개조」를 '무시'함으로써 합작의 실체에 접근하지 못했던 것은 아닐까 생각된다. 그러나 「11월 개조」는 무시해버릴 수 없는 의미가 있다. 개조

4 「일대선언」 제3장은 '국민당의 정강'으로, 국내 정책과 국외 정책으로 나누어 21개 정책을 제시했다.

5 「결의」는 "공농국가 소련과 통일전선을 수립해 제국주의와 그 在華 세력에 반대해야 하며, 중국의 해방운동이 일본의 공농 혁명 운동 및 조선의 민족 해방운동과 접촉해 관계를 수립해야 한다"라는 요구로 글을 맺었다.

6 「Borodin이 Karakhan에게 보내는 편지」(1924.1.25, 광주, 기밀), 『聯共(布), 共産國際 檔案資料』 1, p.403.

7 「Borodin의 札記와 通報(摘錄)」(1924년 2월 16일보다 빠르지 않다, 廣州), 『聯共(布), 共産國際 檔案資料』 1, p.464.

8 「Karakhan이 Chicherin에게 보내는 편지」(1924.2.9, 북경), 『聯共(布), 共産國際 檔案資料』 1, p.414.

의 과정에서 삼민주의가 손문 본인의 뜻과 달리 해석될 우려를 예측한 것인지, 손문은 「11월 개조」의 「당강초안」에 '손문의 말씀'으로 삼민주의를 해석한다는 문구까지 넣었다. 이와 같은 삼민주의가 전혀 다른 해석, 즉 '코민테른의 말씀'으로 해석된 삼민주의로 어떻게 수정되었을까. 12월 하순에 손문이 「결의」를 받았으니, 겨우 한 달도 채 되지 않는 시간에 손문에게 '사상적 변화'가 일어나 스스로 받아들인 것인가, 아니면 보로딘이 손문을 설득하거나 강요해 이루어진 것인가. 그렇다고 가정해도 삼민주의에 대한 손문의 해석을 받아들이겠다고 언명했던 보로딘이, 무슨 논리로 「결의」를 받아들이고, 또 손문을 설득시켰을 것인가. 아무튼 합의한 「11월 개조」와는 차원이 다른 「1월 개조」에 이르는 과정을 구체적으로 살펴볼 필요가 있다.

그런데 「결의」와 「1월 개조」의 내용을 보면, 코민테른의 '요구'와 손문의 '수용'이라는 '불평등한 관계'처럼 보인다. 주지하다시피 당시 손문이 소련의 원조에 급했던 것도 사실이다. 따라서 우월적 위치에 있던 소련과 코민테른이 국민당과 손문에게 '강요'한 것처럼 보이기도 한다. 그래서 「11월 개조」에서 「1월 개조」로의 과정을 살피기에 앞서, '요구' 내지 '강요'처럼 보이는 「결의」가 어떤 과정을 통해 만들어졌는지를 살펴볼 필요가 있다.

2. 장개석의 소련 방문

손문은 「결의」를 코민테른으로부터 받지 않았다. 그렇다고 북경의 카라한이나 보로딘을 통해 받은 것도 아니다. 손문은 장개석으로부터 「결의」를 받았다. 장개석이 소련을 방문하고 돌아오는 길에 「결의」를 받았고, 귀국해 상해에서 손문에게 「결의」를 보냈다. 따라서 「결의」와 '장개석의 소련 방문'은 나름의 관계가 있을 것으로 예측된다. 사실 장개석이 소련 방문에서 어떤 일을 했고, 또 어떤 과정을 통해 「결의」를 받았는지에 대한 1차 자료가 나오기 전까지는, 훗날 장개석의 회고가 유일했을 것이다.[9] 그러나 소련의 문서가 공개됨으로써 상세한 상황을 볼 수 있게 되었다.[10] 게다가 근래에 장개석의 일기가 공개되었는데, 일기를 간단없이 쓴 것은 아니지만, 다행히도 소련 방문 기간에 장개석은 매우 충실히 일기를 썼다.[11] 소련의 기록과 장개석의 일기는 소련 체류 기간의 장개석의 활동 내역을 보여주기 '충분'하다.

그런데 장개석의 회고는 1950년대 초 냉전체제가 고조되던 때 출판되었고, 당시 장개석은 냉전체제의 한 극단에 서서 적대적 극단을 방문했던 일을 회고하는 것이기 때문에 회고가 '왜곡'되었으리라고 짐작할 수 있다. '왜곡'은 사실을 거짓으로 주장하는 경우도 있지만, 또 있었던 사실을 언급하지 않거나 사소한 것을 강조함으로써 이루어지기도 한다. 전자는 사실을 밝히고, 후자는 '왜곡'의 이유를 밝히면 오히려 '진실'에 더 근접할 수 있을 것이다. 그래서 이 장에서는 장개석의 회고를 매개로 풀어가고자 한다. 먼저 장개석은 소련 방문 이유와 함께 방문의 개요를 다음과 같이 회고했다.

12년(1923) 8월 5일 나는 상해에서 국부(손문)의 명령을 받고, 소련 대표 마링

---

9 蔣中正, 『蘇俄在中國: 中國與俄共三十年經歷紀要』(訂正本)(臺北: 中央文物供應社, 1957, 초판은 1956년)[『중국 안의 소련』, 중국학회 옮김(隆宇社, 1958), 이하 『중국 안의 소련』].

10 소련 정부는 소련에서의 장개석의 활동 내용을 상세히 중앙에 보고하는 시스템을 갖추고 있었다. 『聯共(布), 共産國際 檔案資料』 1, pp.282~348.

11 미국 스탠퍼드대학 후버연구소가 소장하고 있는 『장개석 일기』는 아직 정식 출간되지 않았다. 다만 일기를 사료로 직접 인용한 연구를 통해 이 시기 장개석의 일기를 '복원'할 수 있는데[楊天石, 『找尋眞實的蔣介石-蔣介石日記解讀』(上)(山西人民出版社, 2008)], 이후 대만 國史館 등이 출판한 『蔣中正先生年譜長編』 第1册(呂芳上 主編, 臺北: 國史館 中正紀念館 中正文教基金會, 2014)에도 일기의 내용이 실려 있다. 두 자료에서 추출한 일기의 내용을 비교하면, 『蔣中正先生年譜長編』 第1册이 『找尋眞實的蔣介石: 蔣介石日記解讀』 上에 없는 내용을 담고 있다. 일기가 정식으로 출판되어야 분명하겠지만, '복원'한 '일기의 내용'이 원일기의 전체 내용인 것 같지는 않다. 이 책에서는 『蔣中正先生年譜長編』 第1册을 인용했다.

장태뢰(張太雷, 1898~1927)

원명은 증양(曾讓), 자는 태래(泰來)이다. 혁명 투신 후 춘년(春年), 춘목(春木), 후에 태뢰(太雷)로 개명했다. 강소 무진(武進, 우진)인이다. 북양대학(천진대학) 법과를 졸업했으며, 1920년 이대쇠가 창립한 중국공산당 초기 북경의 당 조직에 참가했다. 중공 2대, 3대, 4대, 5대, 87회의에 참가했으며, 4계(屆)후보중앙위원, 5계중앙위원 등 초기 중공의 중요 지도자이다. 또한 장태뢰는 중국 사회주의청년단을 창단한 주요 인물이다. 코민테른에 파견된 첫 번째 중국공산당의 사자로, 코민테른 3차 대회에서 첫 연설을 하고, 대회에 서면 보고를 제출했다. 레닌을 직접 만난 몇 안 되는 중국공산당 당원 중 한 명이며, 보이틴스키, 마링, 달린, 보로딘 등 코민테른과 소련 대표의 통역과 비서를 역임했다. 뛰어난 정치적·외교적 재능으로 "진정한 국제주의자"라고 불렸다. 국공합작 때 소련, 코민테른 대표 등과 함께 손문과의 중요 회의에 참여했으며, 1923년에는 장개석의 소련 방문에도 참여했다. 1927년 12월 광주기의를 주도하다가 총에 맞아 29세의 나이로 사망했다.

과 타협하여 손일선 박사 대표단을 조직해 소련에 가서 **군사, 정치 및 당무를 시찰**할 것을 약속했다. 16일 나는 심정일, 왕등운(王登雲, 왕덩윈), 장태뢰 등을 대동하고 상해에서 출발했다. 25일 만주리(滿洲里, 만저우리)에서 소련 국경선을 넘어 9월 2일 모스크바에 도착했다. 11월 29일 귀국 도상에 올라, 12월 5일 상해로 돌아왔다. 나는 3개월의 여행, 시찰 및 회담에서 얻은 자료와 인상을 갖고 **소련 기행 보고서**(遊俄報告書)를 써서 국부에게 보내드렸다. ……

이 3개월이라는 기간 중에 우리는 소련의 당무, 군사 및 정치 각 방면에 걸쳐 그 조직을 시찰하고 그 설비를 참관하고, 아울러 그 책임자들의 실황에 대한 설명을 청취했다. …… 우리는 또 **국제공산당**(코민테른) **집행위원회 회의에 참석**했었는데 …… 나는 귀국 전야에 그들 **국제공산당의 우리 중국국민당에 대한 결의문**(「결의」)**을 받았는데, 개탄을 금할 수 없었다.** ……

모스크바 체재 중 나는 트로츠키와 가장 많이 이야기했고, 또 나는 트로츠키의 언행이 가장 솔직하다고 생각했다.[12] – 강조와 괄호는 인용자

왕등운(王登雲, 1897~1977)
자는 종산(宗山), 섬서 예천(醴泉, 리취안)인이다. 1919년 북경대학 예과를 졸업한 후 미국으로 유학해 위스콘신주립대학에 입학했다가, 워싱턴 소재 조지타운대학으로 전학했다. 1921년 샌프란시스코의 중국 신문 ≪성화일보(醒華日報)≫의 편집 및 총주필로 초빙되어 활동하다가, 그해 귀국해 손문의 광주 대원수부의 영문 비서를 담당했다. 1922년 국민당에 입당해 1923년 장개석의 영문비서로, 소련방문단 대표인 장개석을 수행했다. 이후 황포군교 교장 장개석의 영문비서 겸 군교정치교관, 군교제일교도 단당 대표를 역임했으며, 장개석의 동정과 북벌에 참여했다. 1931년 제34사 사장(師長) 등을 역임했고, 1936년 고향 섬서로 돌아갔다가 서안사변 때 장개석과 함께 구금되었다. 1945년 국민당 제6계 중앙위원을 지냈으며, 1949년 대만으로 건너가 국민당중앙평의위원 등을 역임했다. 불교에 심취해 만년을 보냈다.

시간에 따라 정리하면 다음과 같다.

1) 방문 목적은 소련의 군사, 정치, 당무를 시찰하는 것이다.
2) 3개월간의 활동: 소련의 각 방면에 걸쳐 조직을 시찰하고, 설비를 참관하고, 책임자들에게 실황의 설명을 들었다.
3) 방문 중 코민테른 집행위원회 회의에 참석했다.
4) 귀국 전날 코민테른으로부터 개탄을 금치 못할 「결의」를 받았다.
5) 트로츠키에 대한 평가
6) 귀국 후 보고서(游俄報告書)를 손문에게 보냈다.

1) 방문 목적

소련 방문의 이유가 '시찰'인가. 정황상으로도 '시찰'은 아니었을 것 같다. 당시 광동의 일부만을 지배하고 있던 '정부도 아닌 국민당'이 소련 정부를 시찰한

12 『중국 안의 소련』, 18~21쪽.

다는 것도 그렇고, 또 시찰할 정도의 상황도 아니었다. 앞에서 본 것처럼 이 시기 광주의 국민당은 진형명에 의해 와해될 위기에 처하기도 했다. 더구나 겨우 4명으로 구성된 '시찰단'이라고 하는 것도 명실(名實)이 어울리지 않는다.

소련 방문 원인은 좀 더 거슬러 올라간다. 1922년 북경의 요페와 상해의 손문이 편지와 중개인을 통해 의견을 주고받은 결과, 상해에서 「손문-요페 연합선언」이 이루어졌다. 이후 손문의 요구를 모스크바에 간절히 전한 요페 '덕택'에, 소련은 손문의 요청을 모두 받아들였다. 거기에는 200만 금루블의 재정적 지원과 군사 무기의 지원 외에 손문의 서북군사계획에 대한 원조도 포함되어 있었다. 서북군사계획이란 몽골 지역에 군사 근거지를 세우려는 것이고, 손문은 이곳에 대한 군사적 원조를 소련에 요구했던 것이다. 당장 광동으로부터 서북으로 근거지를 이전하겠다는 것은 아니고, 당시 추진하고 있던 반직전쟁에서 승리하면, 동맹자인 환계(단기서)와 봉계(장작림)를 제압하기 위한 군사 계획이었다. 그러나 조만간 반직전쟁이 발발할 가능성, 나아가 전쟁에서 반직삼각동맹의 승리 가능성이 더욱 커져가는 분위기 속에서 손문은 반직 승리 이후를 생각한다면 서북군사계획도 장래의 일만은 아니었을 것이다. 장개석이 소련을 방문하고 있을 때, 손문은 장의 방문 목적을 보로딘에게 다음과 같이 말했다.

> 자신(손문)의 뒤에는 영국 식민지(홍콩)가 있기 때문에 제국주의자들과 그 어떤 투쟁도 할 수 없다고 하면서 한 가지 관점을 제기했다. 즉, 만일 그가 중국 중부 지역 혹은 몽골에 근거지를 세울 수만 있다면 자유롭게 제국주의와 싸울 수 있을 것이라고. …… **자신의 대표(장개석)가 모스크바 협상**에서 좋은 결과를 얻기를 기대하고 있었다고. 이로 볼 때 **그가 이번 협상에 높은 기대를 걸고 있으며, 몽골 근거지에 더 많은 관심을 기울이고 있음을 알 수 있다.**
>
> 몽골은 아주 큰 장점이 있는데, 이는 자신(손문)의 측근들이 남방보다 북방에 더 많기 때문이라고 그(손문)는 말했다. 북방에는 적이 없고, 남방에는 적이 많다는 것이다. 남방에서는 한편으로 외국의 봉쇄를 받고 있고, 다른 한편으로

수많은 전선이 있는 상황에서 정부 사업을 이끌려면, 인민들과 몇몇 친구의 반대를 받는 조치를 취하지 않을 수 없다는 것이다. 반대로 몽골의 뒤에는 우호적인 소련이 있기 때문에 좀 더 공개적이고 굳건한 정책을 실행할 수 있다는 것이다.[13]

방문 목적은 소련을 방문한 장개석의 설명에서도 분명하다. 모스크바에 도착한 장개석 대표단은 9월 9일 소련혁명군사위원회 부주석 스클리안스키(Skliansky)와 총사령관 카메네프를 방문했다. 모스크바에 온 이후 의견을 제시한 첫 번째 자리였다. 그 자리에서 장개석은 군사작전 계획에 대해 토론할 것을 청하며, 국민당은 광동의 지정학적 어려움(홍콩의 영국 제국주의 등) 때문에 전장을 서북 지구로 이전할 것을 결정했으며, 이를 위해 자신을 파견했다고 설명했다.[14] 서북 지구로의 이전에 대한 구체적 계획도 설명했다.

> 고륜(庫倫) 이남 몽골과 중국의 변경 지역에 손일선의 신군(新軍)을 건립한다. 몽골, 만주의 중국 접경 지구에 살고 있는 중국인과 만주 서부에서 모집해온 일부 중국인으로 구성한다. 여기서 홍군을 모델로 군대를 조직한다. 이곳, 즉 몽골 남부에서부터 제2종대의 진공을 발동한다. 중국 중부 지역에 현재 존재하는 이른바 '비적(匪賊)'(얼마 전 津浦線에서 외국인 기차를 억류했던 사람들)을 오패부와 조곤에 반대하는 유격 활동에 이용해 철도, 다리, 열차 등을 폭발시킬 수 있다. 오패부 군대와 노동자, 농민 중에서 선전 사업을 전개한다.[15] - 괄호는 원문

---

13 「華南形勢에 관한 Borodin의 札記」(1923.12.10, 北京), 『聯共(布), 共産國際 檔案資料』 1, p.366.

14 「국민당대표단이 Skliansky와 Kamenev, S.S.를 방문한 정황에 대한 Baranovsky의 서면보고」(1923.9.10, 모스크바), 『聯共(布), 共産國際 檔案資料』 1, p.286.

15 같은 글, p.287.

방문 목적이 서북군사계획에 대한 소련 측의 원조를 구하기 위함이라고, 장개석은 분명히 했다. 이에 대해 소련 측은 '전역(戰役)의 모든 세부 사항, 현재의 군대 배치, 미래 작전 지구의 정치 상황 등을 연구한 후 **서면 형식**으로 제출할 것'(강조는 인용자)을 건의했다.[16] 이 요구에 응해 만든 서면 형식의 문건은 3종이 있다. 9월 12일 작성한 ① 「중국혁명의 새로운 전도(New Prospects of the Chinese Revolution)」[17](이하 「새로운 전도」), 작성일이 10월 5일로 되어 있는 ② 「5월 2일 도쿄에서 요페가 보낸 전보에서 제의한 건의에 관한 손일선 대표단의 비망록(Memorandum of the Delegation of Dr. Sun Yat Sen with Revolution to the Proposal Metioned in the Telegram of A. A. Joffe Sent from Tokyo May 1)」[18](이하 「비망록」), '10월 18일' 자로 소련 측이 접수한 ③ 「중국 국민운동과 당내 정황에 관한 국민당 대표의 서면 보고」[19](이하 「서면보고」)이다.

작성 과정을 보면 이와 같은 서면보고를 요구받은 장개석 대표단은 먼저 「새로운 전도」(①)를 작성했다. 이후 ①을 수정해 10월 5일 「비망록」(②)을 만들었다.[20] 그런데 소련 측의 기록을 보면 "10월 6일 치체린, 트로츠키, 스클리안스

---

16 같은 글, p.287.

17 서면으로 보고하라는 요구를 받자 장개석은 다음 날부터 「작전계획」을 작성하기 시작해 12일 완성하고, 심정일이 기초한 「선전계획」을 더해 총명칭을 「中國革命的新前景」이라고 했다. 「蔣中正日記」(1923.9.10/12), 『蔣中正先生年譜長編』 1, p.211(未刊本).

18 「中國革命的新前景」은 제출하지 못한 채 장개석 등은 페테르부르크로 여행을 떠났다가 10월 2일 모스크바로 돌아와 필사를 마쳤다. 3일 대표단 내에서 원고에 대한 논쟁이 있었고, 다음 날 문건의 제목을 「비망록」으로 바꾸었다. 「蔣中正日記」(1923.10.3/5), 『蔣中正先生年譜長編』 1, p.217(未刊本).

19 「國民黨代表團關于中國國民運動和黨內狀況的書面報告」(1923년 10월 18일보다 늦지 않다, 모스크바), 『聯共(布), 共産國際 檔案資料』 1, pp.297~304.

20 楊天石은 이 시기의 장개석의 일기['의견서'를 수정했다(10.5), "의견서 원고를 교정했다"(10.12), "(소련)외교부에 갔다"(10.13)]를 근거로 '비망록(B)'를 작성하는 데 1개월여의 시간을 들였다고 설명했다(楊天石, 「1923年蔣介石的蘇聯之行及其軍事計劃」, p.250). 그러나 장개석의 소련 체류 일정을 날짜별로 정리한 문서를 보면 "10월 3일, 치체린, 트로츠키, 스클리안스키 동지에게 중국군사행동초안을 제출"했다고 되어 있으니, 이것이 10월 6일자 '비망록 (B)'이고, 이 이후 장개석이 수정을 거듭한 의견서는 '서면보고 (C)'이다[「국민

키 동지에게 중국 군사행동 초안을 제출했다"라고 되어 있으니, 이것은 분명히 「비망록」일 것이다. 그러나 ③은 「비망록」(②)과 구성이 다르니, 10월 3일 제출된 「비망록」(②)은 주로 군사 계획이고, 「서면보고」(③)는 중국의 현황, 국민혁명 운동, 삼민주의 등에 대한 것이다. 이에 대해서는 뒤에 설명하겠다.

먼저 ①의 제목을 ②로 바꾼 것만 보아도, 군사 계획의 초점이 서북군사계획을 포함한 군사원조(요페를 통해 전달받은 내용)에 있다는 것을 알 수 있다. 물론 내용도 주로 서북군사계획이다.[21] 그러나 장개석이 모스크바에 오기 전에 소련은 이미 손문의 서북군사계획에 대한 불가 방침을 정하고 있었다.[22] 장개석에게 서면보고를 하라고 했던(9.9) 스클리안스키와 카메네프가 11월 11일 직접 장개석에게 불가 방침을 전했다.[23] 서북군사계획에 대한 지원을 이미 거부하기로 정하고 있었지만, 불가라고 답변을 주기까지 5주의 시간이 걸렸다. 아마 대표단의 요구가 강해서인지, 소련 측으로서는 거부하기 부담스러웠던 것 같다.

장개석이 소련의 거부에 매우 불만을 품게 되었고, '거부'는 '소련의 몽골 지배', 즉 '중국 침략의 표현'이라고 생각했기 때문에, 연소 정책에 회의를 품게 되는 계기가 되었다고 지적하는 연구도 있다.[24] 물론 일리가 있는 듯하지만, 근거는 없다. 거부당한 당일에 장개석이 쓴 일기이다.

당대표단이 소련을 방문한 정황에 관한 Baranovskii의 서면보고」(1923.12.5, 모스크바), 『聯共(布), 共産國際 檔案資料』 1, p.346]

21 비망록의 내용은 楊天石의 「1923年蔣介石的蘇聯之行及其軍事計劃」와 『我尋眞實的蔣介石: 蔣介石日記解讀』에 있다.

22 이 책 14장 3절의 454쪽 참조.

23 "소련혁명군사위원회는 중국에서 보내온 전면적인 통보를 받은 후, 제출한 방안을 상세히 토론하고 아래와 같은 결론을 내렸다. 손문과 국민당은 반드시 중국에서 전력을 다해 정치사업을 잘해내야 한다. 그렇지 않으면 현재와 같은 조건하의 모든 군사행동은 실패로 돌아갈 것이다." 장개석은 제국주의의 직접 지배를 받고 있는 중국의 상황과 요페의 편지를 거론하며 '반박'했지만, "당신들 방안에서 제출한 군사행동은 반드시 실패할 모험"이라는 평가를 받았다. 「국민당대표단이 Sklianskii와 Kamenev, S.S.을 방문한 정황에 관한 Baranovskii의 서면보고」(1923.11.13, 모스크바), 『聯共(布), 共産國際 檔案資料』 1, pp.310~311.

24 楊天石, 「1923年蔣介石的蘇聯之行及其軍事計劃」.

개인을 위해서든 국가를 위해서든, 다른 사람에게서 구하는 것은 자신에게서 구하는 것보다 못하다. 친우, 맹우가 아무리 친하다 하더라도 …… 만약 성공하려면 자신이 하지 않으면 안 된다. 외력이란 믿을 만한 것이 못된다.[25]

아쉬움은 있지만 거부한 소련 측에 대한 분노나 적대감은 없어 보인다. 더구나 장개석은 손문의 실패가 지나치게 외교에 의지하기 때문이라고 생각하고 있었기에,[26] '믿지 못할 외력'보다는 스스로 '믿을 만한 실력'을 갖춰야 한다는 자기 다짐 정도로 보아야 할 것이다. 오히려 부담을 느낀 것은 소련 측이었다. 거부를 통보한 당사자인 스클리안스키는 회담 후 장개석의 표정을 살피고, 장태뢰를 통해 거부에 대한 장개석의 대응을 물을 정도였다. 예상과 달리 장개석은 오히려 분노는커녕 거부에 놀라지 않았다는 것이며, 장태뢰에 의하면 대표단은 거부를 이미 예상하고 있었다고 한다.[27] 장개석으로서는 기대하지도 않았고, '요구'가 거부되자 오히려 마음이 편해졌을지도 모른다. 이런 점에서 장개석이 제출한 서북군사계획을 살펴볼 필요가 있다.

장개석은 비망록에서 현재 군사행동의 적은 "직계 및 그 군벌 조곤, 오패부 그리고 그들과 연합한 군대"라며, 군사행동의 목적은 "직계를 분쇄해 북경정부를 뒤엎는 것"이기 때문에 '**북경이 첫 번째 목표**'이고, 산서성 태원, 섬서성 서안이 두 번째 목표라고 주장했다. 그런데 직계는 현재 분열되어 있고, 봉계와 환계가 국민당을 지원하고 있기 때문에 "만약 국민당이 양호한 훈련을 받는 신식 군대를 주력으로 삼는다면, 우리는 기타 군대를 통솔해 북양정부를 뒤엎고 중

25 「蔣中正日記」(未刊本), 1923.11.11, 『蔣中正先生年譜長編』 1, p.224.

26 『蔣介石年譜』, 1921.3.5, p.54.

27 소련 측으로부터 서북군사계획에 대한 답변이 늦어지자 장개석은 신경과민, 과로 등의 피로 때문에 회담(11월 11일) 전날에는 요양원으로 휴양을 청할 정도였는데, 거부를 통보받고는 오히려 요양할 필요가 없어졌다고 한다. 「국민당대표단이 Sklianskii와 Kamenev, S.S.을 방문한 정황에 관한 Baranovskii의 서면보고」(1923.11.13, 모스크바), 『聯共(布), 共産國際 檔案資料』 1, p.313.

국 통일을 실현하기가 쉽다"[28]라고 설명했다. 이는 당시 군벌의 배치와 반직삼각동맹을 요약적으로 설명해주고 있으며, 이에 군사적 지원이 필요하다는 것이다. 편의상 이를 '군사행동'이라고 칭하기로 한다면, 이 군사행동과 서북군사계획은 어떤 관계인가. 양자의 관계에 대한 설명 없이 비망록은 돌연 서북군사계획을 제기한다. 시간별 계획을 살펴보자.

> 만약 우리가 고륜을 군사 기지로 삼기로 결정하고 **북경을 제1목표**로 한다면 군사 준비 기간은 2년이 필요한데, 네 단계로 나눈다.
>
> (1) 제1단계(약 1년, 1923.10~1924.10): 이 시기의 임무는 군사학교를 설립하고, 관원을 훈련시키며, 선전 공작자를 선발한다.
>
> (2) 제2단계(약 1년, 1924.11~1925.10): 이 시기의 주요 임무는 ① 사병의 등기, ② 군대의 조직, ③ 군사 공급의 준비, ④ 군대를 위한 선전 인원의 파견이다.
>
> (3) 제3단계(약 반년, 1925.11~1926.5): 이 시기의 주요 임무는 남으로 군대를 출동해 몽골 남부에 이르러 수원(綏遠, 쑤이위안), 차하르 지방에 접근해, 진공을 준비한다.
>
> (4) 제4단계(1926년 4월 이후): 주요 임무는 진공으로 제1목표인 북경으로 진군-전쟁의 발전 과정을 세 단계로 설정이다.
>
> ① 제1단계 수원과 차하르 전 경계를 점령하고 목표는 북경으로 향한다.
>
> ② 제2단계 황허 유역과 용해철도를 점령하고, 낙양, 개봉, 서주를 탈취한다.
>
> ③ 제3단계 장강유역을 점령하고, 무창, 남경을 탈취한다.
>
> 만약 장강 유역이 국민당의 혁명 군사 역량에 의해 점령된다면, 모든 민족 사무는 즉각 해결될 수 있다.[29] -강조는 인용자

28 「5월 2일 도쿄에서 요페가 보낸 전보에서 제의한 건의에 관한 손일선 대표단의 비망록」(1923.10.3), 楊天石, 「1923年蔣介石的蘇聯之行及其軍事計劃」, p.253에서 재인용.

29 같은 글, pp.255~256에서 재인용.

서북군사계획에 따르면 '북경'과의 전쟁은 1926년 4월부터 시작한다. 공격의 방향은 고륜을 출발해 수원과 차하르를 점령하고, 이어 북경을 점령하며, 이후 낙양, 개봉, 서주로 나아가 마침내 장강 유역을 점령함으로써 중국의 통일(민족 사무)은 해결된다는 것이다. 이는 '군사행동'과 공격의 방향이 정반대이다. '군사행동'은 북경의 직계를 무너뜨린 후 태원과 수원을 공격하는 것이기 때문이다. 그렇다면 '군사행동'이 첫 번째 목표로 하는 '북경'과, 서북군사계획의 제1목표인 '북경'은 누구인가. 전자가 직계의 북경정부인 것은 분명하며 또 밝히기도 했는데, 후자는 밝히지 않았다. 억지로 짜 맞춘다면, 북경을 장악하고 있는 직계가 상당히 오랫동안 '안정적 지배'를 할 가능성이 있으니, 광동의 근거지를 서북으로 이동해 2년 반의 준비 기간을 거쳐 '직계의 북경'을 공격하자는 것이었다. 그렇다면 '군사행동'은 제기할 필요도 없을 것이다. 또 장개석이 처음 서북군사계획을 설명할 때, 고륜에 조직할 '손문의 신군' 구성에 광동의 군대는 없었고,[30] 병력도 최저 1만 2000명 내지 3만 명 정도로 예상하고 있었기 때문에,[31] 광동 등의 총 6만 명[32]에 달하는 국민당군은 배제된 것이다. 뒤에서 언급할 「서면보고」에서도 장개석은 "뇌물 선거로, 반직동맹이 강화되어 머지않은 장래에 반직전쟁이 폭발할 가능성"이 있다고 예측했으니, 2년 반 뒤 북경을 공격한다는 서북군사계획의 '북경'은 직계의 북경정부가 아니다.

따라서 '군사행동'과 서북군사계획을 종합한다면 조만간 반직전쟁이 발생할 것이고, 이 전쟁에서 국민당은 봉계 및 환계와 연합해 북경의 직계를 붕괴시킬 것이다. 이때 국민당이 '양호한 훈련을 받은 신식 군대'로 무장한다면, 기타 군

30 신군은 몽골, 만주의 중국 접경 지구에 살고 있는 중국인과, 만주 서부에서 모집해온 일부 중국인으로 구성한다고 장개석은 설명했다. 「국민당대표단이 Sklianský와 Kamenev, S.S.를 방문한 정황에 대한 Baranovsky의 서면보고」(1923.9.10, 모스크바), 『聯共(布), 共産國際 檔案資料』 1, p.287.

31 楊天石, 「1923年蔣介石的蘇聯之行及其軍事計劃」, pp.256~257에서 재인용.

32 같은 글, p.252에서 재인용.

대(봉계와 환계의 군대)를 통솔해 중국을 통일할 수 있으니, 원조를 바란다는 것이 '군사행동'이다. 그러나 이럴 가능성보다는 반직전쟁에서 봉계와 환계가 북경을 지배하고, 국민당은 일정 정도의 역할로 중남부 일부 지역을 지배하는 정도일 터이니, 이때 서북으로부터 북경을 공격해 봉계와 환계를 붕괴시켜야 진정한 통일을 달성할 수 있다고 예측해 만든 것이 서북군사계획이었다. 따라서 절실한 것은 서북군사계획보다 '군사행동'이었고, 이후 '군사행동'이 절실할수록 서북군사계획의 의미는 그만큼 축소되었다.

서북군사계획이라는 것이 어찌 보면 반직삼각동맹 이후를 생각한 손문의 긴 안목의 표현일 수도 있겠으나, 자신의 세력이 전혀 없는 변방에 오로지 외력인 소련의 원조에 기대어 주변 지역의 사람들을 끌어모아 군대를 구성하겠다는 발상은 말 그대로 '탁상공론'이었다. 아마 손문은 서북 지역인 고륜에 가본 적도 없을 것이다. 또 그동안 국민당을 지지하지도 않았던 만주와 몽골 지역의 중국인들이 국민당군으로 동원될 근거도 없다. 서북 군사 기지는 국제적 혁명 기지로 이곳에서 서장(西藏, 시짱)을 거쳐 인도 혁명자를 도울 수 있고, 또 투르키스탄을 통과해 터키와 연합할 수 있어 고륜이 가장 적합하지만 우루무치도 홀시할 수 없다는 주장은 말 그대로 현실과는 동떨어져, 마치 가보지도 못한 곳의 지도를 탁상 위에 놓고 만든 계획일 뿐이었다.

따라서 "기상천외한 계획"이라는 조롱에 가까운 소련 측의 평가도 지나치다고 할 수는 없다. 더구나 손문이 지나치게 외교에 의존한다고 생각해온 장개석, 더구나 군사 전문가로서의 장개석도 손문의 명이기 때문에 서북군사계획을 소련 측에 열심히 설명했겠지만, 내심 그 가능성을 높이 평가하지는 않았을 듯하다. 아마 그 정도의 생각이 앞에서 인용한 일기의 내용이 아닐까 생각된다. 그러나 중요한 임무 중 하나를 장개석은 수행하지 못한 셈이다. 어쩌면 장개석은 소련에 대한 실망보다 손문에 대한 부담이 더 컸을지도 모른다.

다시 장개석의 회고로 돌아가면, 그는 「회고」에서 소련 방문의 목적으로 '서북군사계획'을 전혀 거론하지 않는다. 임무를 수행하지 못했기 때문일 수도 있고, 너무 황당한 계획이기 때문일 수도 있으며, 노골적인 소련 원조였기 때문일 수도 있고, 아니면 다른 무엇 때문에 밝히지 않았을 수도 있다. 이는 이 장의 주제를 벗어나는 것이기도 하여 접을 수밖에 없지만, 여하튼 서북군사계획에 대한 소련의 원조가 장개석이 소련을 방문한 유일한 목적이었음은 분명하다.

2) 3개월간의 활동

장개석은 회고에서 소련 체류 3개월간의 활동을 통해 소련이나 공산주의 체제의 문제점, 중국에 대한 소련의 '음모'를 알 수 있었다고 한다.[33] 소련 방문으로 소련이나 공산주의 체제에 대해 부정적 평가를 갖게 되었는지는 의문이지만, 이는 뒤에 다시 살펴보겠다. 또 하나 장개석은 회고에서 방문 기간 중 자신이 어떻게 활동하고 어떤 발언했는지에 대해서는 전혀 밝히지 않았다. 그러나

---

33 회고에서 장개석은 소련 방문으로 다음을 알게 되었다고 한다. "정치면에서 우리는 소련 정부의 部會를 방문하고 향촌 소비에트와 도시 소비에트를 시찰하고 또 모스크바 소비에트대회에 참석했었다. 나는 각급 소비에트의 토론, 결의의 상황을 관찰하고, 또 정치요원들과 담화하는 동안에 무형 중에 그 각 분야는 사회 내부에서나 소련공산당 내부에서 나를 막론하고 서로 투쟁을 하고 있음을 탐지했고 또 더욱이 소비에트정치제도는 전제와 공포의 조직이어서 우리 중국국민당의 삼민주의에 입각한 정치제도와는 근본적으로 서로 용납할 수 없음을 알았다. 이점에 관해서는 내가 직접 소련을 찾아가 보지 않았던들 국내에서는 결단코 상상도 할 수 없었을 것이다", "3개월의 소련 시찰에서 얻은 인상은 나로 하여금 무형 중에 한 가지 느낌을 갖게 했다. 즉 소련공산정권이 일단 굳어질 때에는 제정러시아의 차르 시대의 정치야심이 부활하려는 것이 전연 불가능하지는 않을 것이니, 그렇게 보면 우리 중화민국과 국민혁명의 후환은 이로 상상할 수 없는 정도의 것이 아닐까 하는 것이었다", "내가 소련에 가기 전에는 소련공산당의 우리 국민혁명에 대한 원조는 그것이 우리를 평등하게 대우하는 지성이고 절대로 사심이나 악의가 게재되어 있지 않은 것으로 굳게 믿었었다. 그러나 내가 소련에 가서 시찰한 결과는 내 이상과 신념은 완전히 소멸되고 말았다. 나는 국민당의 용공연소 정책은 일시 서방식민주의에 대항할 수 있으나 결코 국가의 독립과 자유라는 목적을 달성시킬 수는 없다고 단정했다. 더욱이 소련의 소위 '세계혁명'의 책략과 목적이란 서방의 식민주의보다 동방민족의 독립운동에 대해 더 위험하다는 것을 느꼈다." 『중국 안의 소련』, 20, 22, 25쪽.

장개석이나 대표단의 발언, 보고 등은 국민당(손문)과 소련의 관계를 이해하는 데 매우 중요하다. 대표단의 언행은 소련 측이 손문이나 국민당을 평가하는 데 중요한 정보로 작용할 수 있기 때문이다. 소련 당국이 중국에 파견된 코민테른 인사나 정부 인사로부터 개별적 정보를 산발적으로 받아왔지만,[34] 국민당 측 주요 인사와 직접 대면해 의견을 주고받은 것은 이번이 처음이었다. 그만큼 대표단의 언행은 국민당에 대한 소련 측의 평가에 크게 영향을 미칠 수밖에 없었다.

소련에서 한 장개석 등의 활동과 발언을 보자. 9월 17일 장개석은 소련의 군부대를 방문한 자리에서 "동아시아의 피압박 민족들은 소련의 홍군을 세계에서 가장 용감하고 가장 강한 군대"라고 말한다며 홍군을 치켜세운 후, 다음과 같이 열정적으로 연설했다.

> 홍군 전사와 지휘관들! 당신들은 국내 제국주의와 자본주의에 승리했으나, 세계의 자본주의와 제국주의를 소멸시키지는 못했다. 당신들은 그들과 싸울 준비를 해야 할 것이다. 그것은 당신들이 다른 민족과 협조하에 이 사업을 완성해야 한다. 전사들의 의무가 곧 희생이라는 것을 기억해야 한다. 시시각각 당신들의 사업을 위해 희생할 준비를 해야 하며, 이것이 곧 승리의 보증이다. ……
>
> 우리는 혁명가이고, 혁명적 국민당 당원이며, 또한 우리는 군인이고, 우리는 전사이다. 우리도 제국주의 및 자본주의와의 투쟁에서 희생할 준비를 하고 있다.
>
> 우리는 여기 와서 학습하고 당신들과 연합하려 한다. 우리는 중국 인민에게 돌아가서 그들의 전투력을 불러일으켜 중국 북방의 군사 세력을 이긴 후 당신들, 홍군 전사들과 함께 손잡고 전투할 것이다.[35]

---

34 그러나 소련은 보로딘을 광주에 직접 파견함으로써, 함께 파견된 북경의 카라한과 광주의 보로딘을 통해 이제 국민당에 대한 정보를 얻을 수 있는 정보원을 마련한 셈이다. 스탈린은 보로딘을 손문의 정치고문으로 임명하면서, 북경 주재 전권대표 즉 카라한을 통해 모스크바와 서신 왕래를 해야 하며, 정기적으로 가능한 한 1개월에 한 번씩 직접 모스크바에 사업 보고를 하도록 지시했다. 「俄共(布)中央政治局會議 제21호 기록」(1923.8.2, 모스크바), 『聯共(布), 共産國際 檔案資料』 1, p.266.

장개석의 연설에 소련 군인들은 흥분해 '만세'를 불렀고, 「국제가」를 부르며 참관을 마쳤다. 숙소로 돌아가는 길에 홍군에 대한 인상은 아주 좋았을 뿐 아니라 홍군의 '정신'에 감염되었다고 장개석은 통역을 통해 말했다.[36]

소련의 방직 공장을 참관한 자리에서 대표단의 심정일은 "우리의 중국 노동자가 머지않은 장래에 러시아 노동자를 본받아 공장을 탈취하기를 바라며, 러시아에서 본 이 모든 것들은 우리의 중국 혁명을 위해 분투할 역량을 더욱 고무시켜준다. 우리는 이런 혁명이 하루빨리 실현되기를 바란다"라고 연설하자, 노동자들은 "중국 혁명 만세"로 답했고, 모두 함께 「국제가」를 불렀다.[37] 모스크바를 떠나기 이틀 전 트로츠키를 만난 장개석은 "머지않은 장래에 해방된 중국은 소련과 독일 소비에트사회주의공화국의 일원이 되고 싶다"[38]라고 작별 인사를 했다. 군인이나 노동자들에게 한 연설이고, 상대방을 존중하는 작별 인사이기 때문에 예의상 좀 과장될 수도 있을 것이다. 다만 이 발언들이 당일 혹은 다음 날 서면으로 보고되는 시스템을 소련 측은 운영하고 있었기 때문에, 소련이 합작을 위해 혹은 원조의 '대가'를 위해 국민당에 요구할 수는 있는 수준을 결정하는 데 영향을 미칠 수밖에 없었을 것이다.

---

35 「국민당대표단이 제144보병단을 방문한 정황에 대한 서면보고」(1923.9.17, 모스크바, 絶密), 『聯共(布), 共産國際 檔案資料』 1, pp.291~292.

36 같은 글, p.292.

37 「국민당대표단의 '紅羅莎' 공장 방문에 관한 Baranovsky의 서면보고」(1923.10.27, 모스크바), 『聯共(布), 共産國際 檔案資料』 1, p.306.

38 「국민당대표단이 Trotsky를 방문한 정황에 관한 Baranovsky의 서면보고」(1923.11.27, 모스크바), 『聯共(布), 共産國際 檔案資料』 1, p.341. 원문의 내용이 좀 모호하지만, 그 뜻은 현재 진행되고 있는 독일 혁명이 성공할 것이고, 이후 중국도 사회주의 혁명이 성공할 것이기 때문에 이때는 소련, 독일, 중국이 하나의 사회주의 연맹을 이룰 수 있다는 것이다. 이에 대한 것은 코민테른 집행위원회에서 장개석이 한 발언으로 알 수 있다. 회의에서 "국민당은 러시아, 독일(물론 독일혁명이 성공한 후), 중국(중국혁명이 승리한 후) 3대국 연맹을 성립해 세계자본주의와 투쟁을 할 것"이라고, 장개석은 연설했다. 「국민당대표단이 참가한 코민테른집행위원회 회의 속기 기록」(1923.11.26, 모스크바), 『聯共(布), 共産國際 檔案資料』 1, p.332.

앞서 군사 문제를 정리한 비망록을 대표단이 소련에 전달한 후(10.3), 10월 18일 중국의 정세, 중국의 국민혁명, 삼민주의 등에 대해 서면보고를 했다. 보고는 중국 혁명의 실패 원인과 현재의 임무를 다음과 같이 설명했다.

> 1911년의 혁명은 만청 왕조를 뒤엎고 이른바 '중화민국'을 건립했지만, 사실상 국내 정치와 경제상으로 아무런 변화도 가져오지 못했다. 공화국이 존재하는 근 12년간 정권은 줄곧 신의를 저버린 **군벌의 수중에 장악되어 있었고, 외국 제국주의 열강들에 의한 경제적 착취는 날로 증가되었다.** 이는 1911년의 혁명이 소수의 학생과 군인의 공동 사업이고, 대중은 다만 만청 왕조를 뒤엎는 데만 동의했을 뿐 혁명에 참가하지 않았다는 것을 설명한다. 시간이 지나면서 대부분의 학생과 군인은 대중의 감독을 받지 못하고 외국 열강들의 영향을 받았기 때문에, 낡은 반동 세력에 저항하지 못하고 끝내 투항했다.
>
> 대중이 왜 혁명에 참가하지 않았는가? 그들은 혁명의 필요성을 이해하지 못했고, 정치적 각오가 없었기 때문이다. 이는 또한 **국민당의 우수 분자들이 혁명 초기부터 제국주의에 반대하는 투쟁을 진행했지만, 이를 철저히 뒤엎지 못해 결국 외국 제국주의 열강을 제어할 수 있는 독립적인 중국을 건립하지 못했다.** ……
>
> (중국의 국민혁명 운동은) **민중 속의 각 계급, 예컨대 무산계급, 농민, 자산계급, 학생들이 모두 세계제국주의 및 중국 군벌과의 투쟁에 참가하게 하는 것이다.** …… 따라서 **우리의 목표는 바로 국제제국주의와 그 공구인 중국 군벌과 투쟁하는 것이다.**[39] - 괄호와 강조는 인용자

마치 ≪향도주보≫에 실린 글 같다. 이제까지 손문도 신해혁명의 실패 원인을 이렇게 설명한 적이 없었다. '군벌', '제국주의의 경제적 착취' 등은 좀처럼

---

39 「중국 국민운동과 당내 정황에 관한 국민당 대표의 서면보고」(1923.10.18, 모스크바, 기밀), 『聯共(布), 共産國際 檔案資料』 1, p.297, pp.297~298.

입에 올리지 않는 용어였다. 신해혁명의 실패 원인은 "혁명군이 일어났으니 혁명당은 취소되어야 한다"라고 주장하는 비겁자 때문이라고 손문은 입버릇처럼 말해왔을 뿐이다. 거의 같은 시기에 광주에서 추진된 「11월 개조」의 「개조선언」은 혁명의 실패 원인을 '미비한 조직'과 '주밀하지 못한 훈련' 때문이라고 선언했다. 그러나 대표단의 서면보고는 혁명의 실패 원인을 결국 제국주의의 침략 때문이며, 따라서 이를 극복하기 위한 국민혁명 운동의 목표는 반제·반군벌 투쟁에 민중 속의 각 계급을 참여시키는 것이라고 분석했다. 큰 흐름에서 본다면 「결의」나 「1월 개조」와 궤를 같이한다.

그러나 문구를 좀 더 상세히 살펴보면, 민중 속의 각 계급을 투쟁에 참여하도록 한다는 것이지만, 누가 주체인가? 물론 국민당이다. 그런데 왜 국민당이 그들과 함께 국민혁명을 수행하지 못했고, 왜 할 수 없었는가? 보고는 다음과 같이 설명하고 있다.

> 인민은 왜 정치적 각오가 없는가? 물론 가장 중요한 원인 중 하나는 국민당의 선전 사업이 충분하지 못했다는 점이다. 그러나 실제로 현재의 경제구조와 정치 조건하에서 그들의 각오를 계발하는 것은 아주 힘든 일이다.
>
> 현재 중국의 현대 공업은 아직 맹아 상태에 있기 때문에, 대기업의 조직을 갖춘 노동자는 중국 인구 중 극소수일 뿐이다.
>
> 중국에는 대토지점유제(각 省에는 약 10명의 지주가 1만여 畝의 토지를 소유하고 있다)가 없다. 총농업인구를 구성하는 4300만 가정 중 2300만이 소농이기에 중국에는 대토지 점유자와 농민 간의 충돌이 거의 일어나지 않는다. 이 밖에 농민은 국가에 과중한 세금을 내지 않으므로, 우리가 농민 계급 문제를 처리하는 데 도움이 되는 정치 구호를 찾기가 상당히 힘들다. 농민들은 비적의 습격, 그리고 끊임없는 내전의 피해를 받지만, 중국에 대한 외국 자본주의 열강의 경제적 착취는 그들로 하여금 불안을 느끼게

하지 않는다.

중국의 젊은 지식분자들은 한편으로 외국의 경제적 압력을 느끼고, 총체적으로 세계제국주의에 반대하는 혁명 경향을 나타내지만, 미국에서 돌아온 많은 학생들은 미국 자본주의에 의거해 중국을 부흥시킬 수 있다고 믿고 있다. 미국의 교육제도는 중국 청년들의 사상을 해쳤다. **그러므로 우리는 반제 운동 중에서 중국 지식분자와의 통일전선을 기대하지 말아야 한다.**[40] - 강조는 인용자, 괄호는 원문

민중이 아직 각오하지 못하고 있으며, 또 상황이 계급적 인식을 갖지 못하게 하기 때문이라는 것이다. 그렇다면 중국의 국민혁명을 어떻게 수행할 것인가.

중국의 현 정세의 특징은 국민당과 직계 군벌의 투쟁이다. …… 이 밖에 중국에는 오패부가 북양 군벌 집단에서 제거해버린 장작림을 수령으로 한, 봉계 군벌과 안복계 군벌이 있다. 이 두 군벌은 직계 군벌에 반대하는 운동에서 잠시 국민당과 협력하고 있다. 얼마 전 북경에서 위헌 선거(조곤의 뇌물 선거)가 있은 후, 모든 직계 군벌에 반대하는 세력들의 동맹은 더욱 강해졌다. 이 때문에 머지않은 장래에 전쟁이 폭발할 가능성이 있다. **비록 현재 국민당의 역량은 약하지만, 미래에 일어날 전쟁에서는 결과적으로 반직동맹이 승리할 것이다. 그러므로 혁명의 관점에서 보면, 이는 필연코 우리 국가에 유리한 것이다.**[41] - 강조와 괄호는 인용자

요점은 중국에서 노동자, 농민, 자산계급(여기서는 지식계급만 지칭)과 함께 혁명을 진행할 수 없다는 것이다. 결국 중국의 통일은 군사적으로 해결할 수밖에 없는데, 다만 반직을 위해 군벌과 손을 잡은 「삼각동맹」을 얼버무리기 위해 국민당은 반직전쟁에서 반드시 승리할 것이고, 이는 결국 중국 국민혁명에 유리할

---

40 같은 글, pp.297~298, p.298, p.298, p.299.
41 같은 글, p.300.

것이라고 장담하고 있다. 이 점이 소련이나 코민테른 혹은 중공과 국민당의 대립점이다. 서면보고의 이 부분은 손문의 뜻을 아주 잘 반영한 대목이다. 다음은 '삼민주의'이다. 대표단은 「서면보고」에서 삼민주의를 다음과 같이 요약했다.

> 1911년 이전에, 국민당은 이미 자신의 강령으로 '삼민주의'를 정했다. 이 주의는 바로 민족주의, 민권주의, 민생주의로서 손문 박사가 제출한 것이다. 민족주의는 **모든 민족이 일률적으로 평등함**을 의미한다. 한편으로는 우리의 독립을 보위하기 위해 반드시 **외국 제국주의와 투쟁**해야 하며, 다른 한편으로는 반드시 **약한 민족을 도와 그들의 경제와 문화를 발전**시켜야 한다. 민권주의는 매 사람에게 모두 일련의 권리가 있다는 것을 의미하는데, 이 권리는 **능력의 대소에 따라 차별이 있으면 안 된다**. 그러므로 사람마다 **언론, 결사, 집회, 출판 등의 자유**가 있고, 정부는 반드시 인민으로부터 나와야 하며 인민의 도움을 받고 인민을 위해야 한다. 세 번째 주의는 서방의 언어로 정확하게 번역하면 국가사회주의이다. **모든 대공업기업과 토지는 반드시 국가에 속해야 하고 국가에서 통일적으로 관리해 사인자본주의 제도의 위기를 피해야 한다**. 중국의 현재 경제 조건하에서 공산주의를 실현하는 것이 불가능하므로 **민생주의는 현재의 중국으로 볼 때 가장 받아들이기 쉬운 경제 제도이며, 공산주의를 향한 첫발이다**. '삼민주의'는 국민당 강령 중 **지도 원칙**이다.[42] - 강조는 인용자

민족주의의 내용 중 하나가 '외국 제국주의와의 투쟁'라든가 민권주의에서도 천부인권적 민권이라고 하면서도, '언론, 결사, 집회, 출판 등의 자유'를 구체적으로 제기했다. 특히 민생주의를 설명하면서 대공업기업과 토지의 국가소유를 강조하며 민생주의는 공산주의를 향한 첫발이라고까지 해석했다. 「11월 개조」의 내용보다 훨씬 '급진적' 해석으로 「11월 개조」, 「결의」, 「1월 개조」의

42 같은 글, p.301.

내용과 비교하면 후자의 해석에 가깝다. 대표단이 소련에 오기 전, 국민당 내부적으로 소련 방문을 위한 '전략'이 있었던 것 같지는 않다. 특히 장개석은 7월 상순에 광동을 떠나 있다가 8월 5일 상해에서 손문의 명을 받아 마링 등과 함께 대표단 구성 등을 논의한 뒤 8월 16일 상해를 출발했으니, 정황상 면밀한 '전략'은 없었던 것으로 보인다. 따라서 거의 같은 시기에 나온 삼민주의의 해석(「11월 개조」의 「당강초안」)과는 다른 해석이 나오게 된 것이다.

사실 손문의 삼민주의가 구체적으로 정의된 적은 그때까지 없었다. 손문이 역사상 유례없는 '주의'라고 자찬했지만, 정작 문서화된 것도 없었다. 그저 손문의 연설을 통해 언급되는 정도의 삼민주의였다. 오늘날 통용되는 것은 1924년의 연설을 출판한 것이다. 주의라기보다는 정책에 가까운 삼민주의는 신해혁명 전까지 그런대로 구체성이 있었다. 만주족의 왕조 체제하에서 민족주의와 민권주의는 분명한 목표가 있었다. 그러나 만주족 지배가 붕괴되고, 왕조 체제도 형식상 공화 체제로 바뀌었으니, 신해혁명 이전의 삼민주의와는 다른 해석이 있어야 할 터였다. 그러나 손문의 연설이나 장정 등에 등장하는 삼민주의도 일정하지 않았다.[43]

「11월 개조」 때 삼민주의의 해석은 '손문의 말씀'인 「당강초안」이었다. 따

43 신해혁명 직후 손문은 "민족주의와 민권주의는 이미 달성되었다"라고 했으나, 이후에 "어떤 사람이 말하기를 청조 타도 후 민족주의는 불필요하다고 하는데, 이 말은 정말 틀렸다"라고 남의 말 하듯 했다. 여하튼 신해혁명 직후의 국민당 당강 등에는 민생주의만 정책으로 채택되었다. 이후 중화혁명당 창당 시에는 민족주의가 달성되었다고 하여, 민권, 민생 양 주의의 달성을 목표로 정했다. 그러나 1919년 국민당 창당 이후에는 다시 삼민주의가 등장한다. 다시 등장한 삼민주의에 대한 해석도 모호하고 달랐으니, 심지어 삼민주의를 링컨의 "The government of the people, by the people, for the people"과 똑같다고도 했다. 「在上海中國同盟會本部歡迎大會的演說」(1911.12.29), 『孫中山全集』 1, p.574; 「在國民黨成立大會上的演說」(1912.8.25), 『孫中山全集』 2, p.408; 「在上海中國國民黨本部會議的演說」(1920.11.4) 『孫中山全集』 5, p.390; 「中華革命黨總章」(1914.7.8), 『孫中山全集』 3, p.97; 「中國國民黨規約」(1919.10.10), 『孫中山全集』 5, p.127; 「在廣東教育會的演說」(1921.4.4), 『孫中山全集』 5, p.486.

라서 앞에서 인용한 삼민주의는 장개석의 '해석'이라고 해야 할 것이다. 오히려 「결의」와 비교한다면 민족주의를 '반제국주의와의 투쟁', '약소민족과의 통일 전선'으로 설명했는데, 「결의」의 민족주의는 이 내용에다가 소수민족에 대한 내용을 첨가한 것이다. 민권주의에서 군벌과 제국주의에 부화한 자에 대한 권리 박탈을 제기하지 않았으나 「11월 개조」가 '창제, 복결, 파면'을 거론하며 의회제의 폐단을 제기했다면, 장개석의 '해석'은 '언론, 집회, 결사, 출판'의 자유를 주장해 선거제도를 넘어 기본권을 강조했다. 민생주의에 대한 장개석의 해석은 공산주의를 실현시키기 위한 것이지만 현실이 그렇지 못하므로, 현 단계에서는 민생주의가 가장 적합하며 이는 공산주의로 가기 위한 첫걸음이라고 해석해, 어떤 면에서는 「결의」를 넘어서는 느낌을 준다.

장개석이 본심에서 이런 해석을 했는지에 대한 진위를 떠나, 소련 측이 생각하기에 코민테른의 「결의」가 장개석의 해석을 크게 벗어난 '강요'라고 생각하지는 않았을 것이다. 다만 말미에 "삼민주의는 국민당 강령 중의 지도 원칙"이라는 장개석의 단언에 대해 생각해볼 필요가 있다. 즉 장개석은 소련 측이 삼민주의를 부정하고, 새로운 명칭의 정치 강령을 제시할까 봐 걱정한 것 같다. 말하자면 정치 강령 내지 구호로서 '삼민주의'라는 명칭을 지키고자 했던 것 같다. 이런 정황은 뒤에서 언급할 코민테른 집행위원회 회의에서도 보인다.

장개석이 소련에서 행한 언행과 보고는 국민당을 일반 자산계급의 정당을 넘어 '혁명적 정당'으로 평가하기에 충분했다. 소련 측에서 볼 때 서면보고는 혁명 전략의 순서를 바꾸고, 삼민주의를 좀 더 구체적으로 해석하는 것으로 충분하다고 파악할 만한 내용이었다. 즉 군사행동보다는 먼저 민중에 대한 정치 사업을 강조하고, 삼민주의에 대해서는 좀 더 구체적으로 해석한 것이 「결의」라고 할 수 있다. 그러나 군사 우선의 「혁명방략」과 삼민주의에 대한 해석은 손문으로서는 허용하기 힘든 요구였다. 다만 장개석에게서 삼민주의는 해석의 문제라기보다는, 형식상 정치 강령으로서 채택되기만 바랐던 것 같다. 따라서 첨예한 대립은 군사행동 우선인가, 정치 사업 우선인가였다.

장개석에게 서북군사계획의 불가 방침을 통고한 11월 13일에 있었던 장개석과 스클리안스키의 대화는 이런 대립을 잘 보여준다. 스클리안스키는 "손문과 국민당은 반드시 중국에서 전력을 다해 정치 사업을 잘해내야 한다. 그렇지 않으면 현재와 같은 조건하의 모든 군사행동은 실패로 돌아갈 것이다." 이에 대해 장개석은 "국민당의 정치 사업은 외국 제국주의자의 거대한 저항력에 직면해 있고, 그들은 온갖 수단으로 중국인의 혁명 활동을 반대"한다면서, "경찰이 모든 혁명 조직을 파괴하고 혁명가를 잔혹하게 진압하는 이런 상황에 정치 사업은 너무 힘들다"고 반박했다. 즉 중국에서는 군사행동이 유일한 방법이라는 주장이다. 그러자 스클리안스키는 러시아 혁명을 예로 들며 대중에 대한 정치 사업이 혁명 운동에서 지니는 의의를 지적하고, "이렇기 때문에 국민당은 우선 모든 주의력을 노동자와 농민에 대한 사업에 두어야 한다"라고 하면서도, 장개석의 강한 주장 때문인지 "정치 사업을 하는 동시에 군사 준비를 할 수는 있다. 이를 위해 혁명군사위원회는 중국의 동지들을 소련 군사학교에 파견하여 학습할 수 있게 하겠다"라고 답해, 군사행동을 군사 준비로 제시했다.[44]

소련 측에서 손문의 군사행동에 대해 가장 반대한 사람은 트로츠키였다. 장개석이 소련에 있을 때, 그는 치체린과 스탈린에게 보내는 편지에서 다음과 같이 주장했다.

> 카라한 동지의 편지에서 알 수 있듯이, 중국의 정황은 계속 악화되고 있다. **자금은 모두 우발적인 군사행동에 사용되고 있다.** (국민)당은 당이라 할 수 없으며, 진정한 선전 사업에 대해서는 더 말할 것도 없다. ……
>
> 나는 손일선과 그 대표들에게 과단성 있고 강경하게 이런 사상을 주입해야

44 「국민당대표단이 Sklianskii와 Kamenev, S.S.을 방문한 정황에 관한 Baranovskii의 서면 보고」(1923.11.13, 모스크바), 『聯共(布), 共産國際 檔案資料』 1, pp.310~311.

한다고 생각한다. 즉 현재 그들은 **아주 긴 준비 시기**에 직면해 있다. **군사 계획, 그리고 우리에게 제출한 군사 요구는 유럽 정세가 명랑해지고 중국이 모종의 정치 준비 사업을 완성한 뒤로 미루어야 한다고 생각한다.** …… 즉 현 군대의 장령들은 더는 수작을 부리지 말고, **99%의 정력을 정치조직 건립에 써야 한다.**[45] – 강조는 인용자

손문의 군사행동 즉 광동에 근거지를 마련하기 위한, 진형명과의 전쟁, 반직 삼각동맹, 서북군사계획이 모두 부정되고 있다.

3) 코민테른 집행위원회 회의 참석

11월 25일(혹은 26일) 장개석은 코민테른 집행위원회 회의에 참석했다. 장개석은 「회고」에서 다음과 같이 당시를 회상하고 있다.

우리는 또 국제공산당 집행위원회 회의에 참석했는데, 나는 회의 때 **중국국민당이 삼민주의를 혁명의 최고 목표로 삼으면, 2~3년 내에 반드시 성공할 가능성이 있다**고 자신 있게 설명했다. 또 **코민테른의 중국 혁명에 대한 실제 형편과 실제 공작에는 아직 간극이 있음을 지적하고** 코민테른 간부 다수가 중국에 와서 시찰해주기를 희망했던 것이다.[46]

회의의 토론 내용에 대해 불만은 없어 보인다. 실제로 장개석은 당일 일기에 "각국 공산당 주석이 모두 모여 정형(情形)은 아주 좋았다"거나 소련 방문 이래 행한 자신의 보고나 연설 중 "금일이 가장 침착하고 조리 있었다"라고 쓴 것을 보더

---

45 「Trotsky가 Chicherin과 Stalin에게 보내는 편지」(1923.11.2, 모스크바), 『聯共(布), 共産國際 檔案資料』 1, pp.308~309.

46 『중국 안의 소련』, 19쪽.

라도, 회의에서의 자신의 발언뿐 아니라 토론 내용에 만족해하고 있다.[47]

장개석의 발언이나 토론 내용을 살피기 전에 먼저 대표단이 참가한 코민테른 집행위원회 회의가 어떻게 이루어졌는지 살펴보자. 장개석이 모스크바에 도착하는 날(9.2), 북경에는 카라한이 도착했다. 이어 보로딘도 북경을 거쳐 광주로 갔다. 소련 측은 이전과 달리 이제 북경의 카라한, 광주의 보로딘으로부터 중국, 국민당, 손문에 관한 정보를 받았다. 장개석의 소련 방문 기간 중에 소련 측이 얻은 국민당이나 손문에 관한 정보는 매우 부정적이었다.[48] 이에 치체린은 중국 문제를 전담할 위원회를 조직하자고 제의했고, 이에 트로츠키도 찬성해 중국위원회가 만들어졌다.[49] 중국위원회의 보이틴스키가 11월 23일쯤

---

47 『蔣介石日記』(手稿本), 11.25(楊天石, 『找尋眞實的蔣介石』, pp.116, p.117에서 재인용). 그런데 『蔣中正先生年譜長編』에는 11월 25일의 일기가 없다. 그러나 대표단이 참가한 코민테른 집행위원회 회의에 앞서 열린 코민테른 집행위원회 회의 기록[「코민테른집행위원회 회의기록」(1923.11.26, 모스크바), 『聯共(布), 共産國際 檔案資料』 1, p.329]이나, 회의 속기록[「국민단대표단이 참가한 코민테른집행위원회 회의 속기기록」(1923.11.26, 모스크바), 『聯共(布), 共産國際 檔案資料』 1 p.330], 그리고 소련 측이 후에 작성한 장개석의 방문 일지[「국민당대표단이 소련을 방문한 정황에 관한 Baranovsky의 서면보고」(1923.12.5, 모스크바), 『聯共(布), 共産國際 檔案資料』 1, p.346]는 코민테른집행위원회의 회의 개최 시기를 11월 26일이라고 기록하고 있다. 일기의 날짜로 확인한다면 당연히 11월 25일이 맞다. 소련의 기록에서 일자는 회의가 개최된 날을 표시하기도 하지만, 회의 내용을 보고한 문건을 작성하는 날을 표기하기도 하므로, 실제 일자보다 늦는 경우가 있다.

48 치체린은 지노비예프에게 "국민당은 이미 철저히 분산되었다는 것을 알 수 있을 것이다. 자기를 팔아 부귀를 추구하는 낡은 고관들은 모두 국민당 당원이라 자칭하지만, 현재는 모두 유명무실하다"[「Chicherin이 Zinobiev에게 보내는 편지」(1923년 11월 1일 모스크바), 『聯共(布), 共産國際 檔案資料』 1, p.307]고 했다. 트로츠키도, 치체린과 스탈린에게 보내는 편지에서 "중국의 정황은 계속 악화되고 있다. 자금은 모두 우발적인 군사행동에 사용되고 있다. (국민)당은 당이라 할 수 없으며, 진정한 선전 사업에 대해서는 더 말할 것도 없다"[「Trotsky가 Chicherin과 Stalin에게 보내는 편지」(1923.11.2, 모스크바), 『聯共(布), 共産國際 檔案資料』 1, p.308]고 지적했다.

49 「Chicherin이 Zinobiev에게 보내는 편지」와 「Trotsky가 Chicherin과 Stalin에게 보내는 편지」 참조. 중국위원회는 Bukharin(부하린), Kolarov(콜라로프), Kuusinen(쿠시넨), Amter(암터), Voitinsky(보이틴스키)로 구성되었다. 「코민테른집행위원회 회의기록」(1923.11.26, 모스크바), 『聯共(布), 共産國際 檔案資料』 1, p.329.

국민당에 대한 결의안 초안을 작성해 상부의 검토를 거친 후[50] 11월 25일(혹은 26일) 코민테른 집행위원회는 이 초안(보이틴스키의 초안)을 바탕으로 대표단과 상세한 토론을 거쳐 '재초안'을 만들고, 이를 코민테른 집행위원회 주석단에 넘겨 확정하기로 결정했다.[51] 11월 25일(혹은 26일) 저녁, 대표단이 참가한 코민테른 집행위원회 회의가 열렸다. 따라서 이 회의에서는 장개석의 소련 방문의 마무리라고 할 수 있는 「결의」를 토론해 결정하는 자리였다.

특히 장개석에게는 매우 특별한 자리였다. 소련에 온 지 두 달 반이 되도록 장개석의 활동이란 한편으로는 매우 단조롭고, 다른 한편으로는 목적도 이루지 못한 상태였다. 그때까지 소련에서의 대표단의 활동을 정리하면 소련에 도착한 후 군사 계획에 대해 서면으로 보고해달라는 요청을 받고 이를 작성했으며, 소련이 제공하는 명승지를 유람하거나 군 기관 또는 소비에트를 시찰했다. 가장 중요하고 어찌 보면 유일한 목표인 서북군사계획에 대해 소련은 전혀 답을 하지 않다가 두 달이 지난 11월 11일에야 서북군사계획을 원조하지 못한다는 결정을 장개석에게 알렸다. 기실 이것은 장개석이 소련을 방문하기 전부터 결정되어 있었다. 그러니 방소 목적의 실패로 허탈했을 장개석에게 코민테른 집행위원회 회의에 참가해 대표단의 대표로서 연설할 기회가 제공되자 그는 상당히 고무되었다. 그는 '이제야 양해를 얻으니 기쁘기 그지없다. 사람은 같이 오래 지내봐야 아는구나'라고 탄성을 터뜨리며, 국민당의 주장을 펼 수 있는 발표를 준비했다.[52] 장개석의 발언은 꽤 길었다.

국민당 대표단은 국민당 영수 손일선의 명을 받아 파견되었습니다. 목적은

50 「중국민족해방운동과 국민당에 관한 코민테른집행위원회 주석단의 결의초안에 대해 Chicherin과 Bukharin에게 보낸 Zinobiev의 편지」(1923.11.23, 모스크바, 急件), 『聯共(布), 共産國際 檔案資料』 1, p.313.

51 「코민테른집행위원회 회의기록」(1923.11.26, 모스크바), 『聯共(布), 共産國際 檔案資料』 1, p.329.

52 「蔣中正日記」(未刊本) 1923년 11월 18일(『蔣中正先生年譜長編』 1, p.225).

세계혁명의 중심인 이곳 모스크바에서 코민테른의 동지들과 솔직한 토론을 진행하는 것입니다. ……

중국의 혁명정당, 즉 국민당은 세계의 혁명 요소 중 하나입니다. 코민테른은 전 세계 무산계급의 이익을 대표하며, 혁명 운동을 지도할 책임 특히 자본주의와 제국주의의 압박을 받는 국가의 혁명 운동을 지도할 책임이 있습니다. **중국은 외국 열강 즉 자본주의와 제국주의의 이익의 무거운 압박을 받고 있기 때문에**, 코민테른은 중국의 혁명에 특별히 주의를 기울이고 중국의 혁명 정당에 솔직한 건의를 제출해주어야 합니다. ……

삼민주의 즉 손일선의 민족주의, 민권주의, 민생주의는 반드시 중국 혁명의 정치 구호가 되어야 합니다. 보고(10월 18일의 「서면보고」)에서 이 주의를 이미 해석했습니다. …… 다만 세 번째 주의, 즉 **민생주의는 공산주의의 첫걸음이라 생각합니다.** 중국 혁명에서 현재 가장 좋은 정책은, 첫 번째 단계에서는 '독립된 중국', '인민정부', '민생주의', '민권주의' 등과 같은 정치 구호를 사용하는 것입니다. 두 번째 단계는 공산주의 원칙에 근거해 일을 하는 것입니다.

현재 **우리가 무산계급 혁명을 시작할 수 없는 원인**으로는 두 가지가 있는데, 첫째는 대부분의 중국 사람들이 문맹이기 때문이고, …… 두 번째 원인은 대부분 중국 인민은 소농 계급, 소자산 계급에 속한다는 것입니다. **만일 오늘 우리가 공산주의 구호를 사용하면** 소토지 소유자와 소자산 계급에게 이 구호에 대한 잘못된 이해를 조성할 것입니다. …… 그러므로 현재 우리의 강령은 중국 인민의 모든 인사들을 연합시켜 통일전선에 의거해 혁명의 거대한 승리를 이룩하는 데 뜻을 두고 있습니다.

그러므로 오늘날 중국 혁명 사업의 정치 구호는 공산주의 구호가 아니라 '독립적 중국'과 '인민정부'이어야 하며, 우리가 일단 첫 번째 단계의 승리를 거두면 우리는 합법적으로 공산주의 원칙을 선전하는 사업을 할 수 있습니다. ……

(삼민주의가 중국의 정치 혁명의 구호가 되어야 하는데) 그 첫 번째 이유는 30년 전 혁명을 시작할 때부터 손일선 박사는 삼민주의를 혁명의 구호로 사용했습니

다. 그러므로 대부분의 중국 사람들은 삼민주의에 대해 잘 알고 있기 때문에 만일 우리가 계속해 이 구호를 사용한다면 성공을 거두기에 비교적 용이할 것입니다. 다른 하나의 이유는, 우리가 장기간 삼민주의 구호를 사용했기 때문에, 중국 군벌은 이 선전 사업에 특별히 신경을 쓰지 않을 것입니다. 그들은 삼민주의에 대해서는 공산주의 구호하에서 선전 사업을 하는 것만큼 주의를 기울이지 않을 것입니다. 또 다른 이유로는 (삼민주의를 구호로 사용하면) 소농 계급과 소자산 계급이 혁명 운동에서 우리를 반대하지 않을 것이고, 우리는 그들을 우리의 혁명 역량의 한 요인으로 삼을 수 있습니다.

다음으로 우리 당의 세계혁명 구상 문제에 관해 이야기해보겠습니다. **우리는 세계혁명의 주요 기지는 소련에 있다고 생각합니다.** …… 우리는 반드시 자본주의 열강들의 간섭 행동에 반대해야 하며, 러시아 동지들로 하여금 독일 혁명을 승리로 이끌도록 해야 합니다. …… 중국은 자본주의와 제국주의의 영향하에 있습니다. 중국 혁명이 승리하지 못하면 …… 이는 러시아에 대해 아주 위험한 일입니다.

워싱턴 회의 기간에 네 개의 자본주의 대국, 즉 영국, 미국, 프랑스, 일본은 원동(遠東) 개발을 원한다고 선포했습니다. 외국 자본주의 열강들은 필연코 그들이 중국에서 유력한 지위를 탈취하는 도구로 중국의 군벌을 이용해 효과적인 착취를 진행하려 할 것입니다. 국민당은 소련, 독일(물론 독일 혁명이 성공한 후), 중국(중국 혁명이 승리한 후)이 3대국 연맹을 성립해 세계자본주의와 투쟁할 것을 건의합니다. …… 그래서 코민테른 동지들이 원동, 특히 중국 혁명에 특별한 주의를 기울여야 한다고 생각합니다.

아마 외국 동지들은 중국 혁명이 성공하기 매우 어렵다고 생각할 것이지만, **만일 우리가 삼민주의 구호에 근거해 혁명 사업을 전개한다면, 혁명의 승리는 쉬운 일입니다. 중국 혁명의 첫 번째 단계, 즉 중국 민족주의 혁명은 3, 5년 내에 성공할 수 있고,** 일단 성공하면 우리는 **두 번째 단계 즉 공산주의 구호하에서 선전 사업을 전개할 수 있습니다.** …… 우리의 보고는 이것으로 마칩니다. 코민테른 동지들이 이에

대해 진지한 토론을 진행해 중국 혁명의 문제에 관해 우리에게 건의를 제기해 주시길 바랍니다.[53]

장개석이 일기에서 방문 기간 행한 연설 중 "가장 침착하고, 조리 있었다"라고 평가한 연설이다. 그러나 회고(『중국안의 소련』)의 내용과 일치하는 것은, 수치상 오차는 있지만 "삼민주의의 기치하에 중국 민족주의 혁명은 2~3년 내에 성공할 수 있다"라고 예측한 부분이며, 그 외 내용은 회고에 없다. 연설을 보면 장개석은 소련 측이 정치 구호로 삼민주의 대신 공산주의를 요구할지도 모른다고 매우 걱정했음을 알 수 있다. 특히 민생주의가 공산주의와 부딪칠 것을 우려해 민생주의는 다름 아닌 공산주의의 첫걸음이라고 강조하면서 삼민주의를 사용하면 좋은 이유를 장황하게 설명했다.

그러나 소련 측은 애초부터 국민당에게 공산주의를 정치 구호로 요구할 생각이 없었다. 스탈린은 중국으로 떠나는 보로딘에게 "손문과의 사업에서 중국 민족 해방운동의 이익을 준수해야 하며, 절대로 중국에서 공산주의를 육성하는 목적에만 전념하지 마라"[54]고 지시했다. 또 장개석은 "중국은 제국주의의 압박을 받고 있다", "세계혁명의 기지는 소련에 있다"라고 발언했는데, 아마 이 발언을 듣고 있던 소련 측은 자신들이 작성한 초안의 내용이 장개석의 발언 내용과 큰 틀에서 어긋나지 않는다고 생각했을 것이다. 장개석과 참가자들 간에 간단한 문답이 오간 뒤 사회자 지노비예프가 회의의 총체적 결정을 내렸는데, 그중 삼민주의에 대해 다음과 같이 언급했다.

국민당의 3개 구호(삼민주의)가 공산주의의 구호가 아니라는 것을 우리는

---

53 「국민당대표단이 참가한 코민테른집행위원회 회의 속기 기록」(1923.11.26, 모스크바), 『聯共(布), 共産國際 檔案資料』 1, pp.330~333.

54 「俄共(布)中央政治局會議 제21호 기록」(1923.8.2, 모스크바), 『聯共(布), 共産國際 檔案資料』 1, p.266.

그레고리 지노비예프(Gregory Zinoviev, 1883~1936)

중국명은 계락유야부(季落維也夫)이다. 1901년 러시아 사회민주노동당에 가입했으며, 1902년 베를린, 파리, 베른 등지에서 국제노동운동을 행했다. 1917년 2월 혁명의 승리 후 레닌과 함께 러시아로 돌아와, 10월 당 중앙정치국 위원이 되었다. 무장봉기 문제로 레닌과 대립했으며, 1919년 3월 코민테른 제1차 대표대회에서 코민테른 집행위원회 주석으로 피선되었다. 1925년 당내에 지노비예프가 주도하는 '신반대파'가 형성되었다. 1927년 트로츠키와 '반당연맹'을 조직했다는 명목으로 정치국과 코민테른에서 제명되었고, 1928년 10월에는 출당되었다. 1934년에 체포되어 10년 형을 받고, 1936년에 카메네프와 함께 사형되었다. 1988년에 명예를 회복했다.

알고 있습니다. 또한 이런 구호가 국가 해방운동의 초기 단계를 반영하고 있다는 것도 우리는 인정합니다. 그러나 **이 구호들은 더욱더 구체적이고 명확해야 합니다. …… (민족주의가) 외국 제국주의의 통치를 중국 자산계급의 통치로 대체하는 것이 되어서는 안 됩니다. 또 다른 면에서, 정확하게 민족주의를 운용해야 하는데, 중국의 절대다수의 주민들은 독립시키면서 중국 내의 기타 민족에 대해서는 압박을 가하는 운동이 되어서는 안 됩니다.**

…… 중국에서 민권주의는 아직 진보적인 구호라는 것을 알고 있습니다. 그러나 이것이 진보적인 구호가 될지 아닐지는, 주로 주민 중 노동 대중이 자신의 권리를 어느 정도로 지킬 수 있는지에 달려 있습니다. ……

민생주의, 이 문제에 관해서는 상세한 토론을 진행할 필요가 없습니다.[55]

장개석이 설명한 삼민주의와 다른 점은 민족주의에 관한 것이었다. 다르다기보다는 장개석의 삼민주의에 없는 것이었다. 즉 한족이 중국 내의 소수민족

55 「국민당대표단이 참가한 코민테른집행위원회 회의 속기 기록」(1923.11.26, 모스크바), 『聯共(布), 共産國際 檔案資料』 1, pp.336~337.

을 압박해서는 안 된다는 것인데, 이는 이후 통과된 「결의」의 민족주의와 관련해 주요한 내용 중 하나이다. 장개석은 이에 대해 반박하지 않았을 뿐 아니라 기본적으로 지노비예프의 말에 전적으로 동의한다고 하면서, 한술 더 떠 "민족주의가 중국 자산계급의 통치로 대체되어서는 안 된다"라는 지노비예프 말에 반박했다.

> 우리는 기본적으로 지노비예프의 말에 동의하지만, 한 가지를 강조하려 합니다. 우리는 자산계급을 위해 혁명 사업을 하는 것이 아닙니다. 이것이 우리의 입장입니다. 현재 우리는 자본주의와 제국주의에 반대하기 위해 소자산 계급과 통일전선을 구축하려고 하지만, 우리는 그들(소자산 계급)의 이익을 위해 투쟁하는 것이 아닙니다.[56]

이에 지노비예프는 "국민당을 자산계급 정당이나 자본가 정당으로 보지 않으며, 인민의 정당이자 중화민국을 대표하며 민족 독립을 쟁취하는 데 힘을 다하는 혁명 정당"으로 생각한다고 답했다.[57] 끝으로 장개석은 "우리는 코민테른이 일부 영향력 있는 동지들을 중국에 파견해 중국의 국세를 자세히 연구하고 우리를 지도해 중국 혁명의 문제에 건의해주기를 바란다"[58]라고 인사성 발언을 했는데, 회고에서처럼 이 말을 국민당과 코민테른의 시각차를 좁히기 위해 중국에 파견해달라는 뜻으로 해석할 수 있는지는 의문이다. 여하튼 장개석은 「회고」에서 두 가지 발언(삼민주의에 의거하면 2~3년 내에 혁명이 성공한다. 중국 정세를 제대로 보려면 코민테른 인사를 중국에 파견하라) 외에 자신이 행한 연설 내용을 전혀 언급하지 않았다.

지노비예프는 총결의 서두에 「결의」 초안도 준비되었으니, 대표단과 토론

56 같은 글, p.337.
57 같은 글, p.337.
58 같은 글, p.338.

을 거쳐 최후의 문건을 내야 한다고 회의의 목적을 상기시켰다.[59] 장개석이 연기하자고 제안하자,[60] 지노비예프는 "여기에 이미 결의 초안이 있기 때문에, 목요일(11월 29일로 장개석의 귀국 일자)까지 충분한 시간이 있다"[61]라고 답한 것으로 보아, 회의가 끝난 후 「결의」 초안을 대표단에게 넘겼을 것이다. 다만 이후 대표단과의 회의는 없었다. 장개석의 발언도 그렇고, 지노비예프의 발언에 전적으로 동의하는 등, 이후 확정된 「결의」의 내용 중 이의를 제기할 만한 것은 거의 없어 보인다. 또 소련 측도 장개석의 발언으로 볼 때 「결의」가 대표단의 뜻에 어긋났다고 볼 여지도 없다. 그런데 장개석은 「회고」에서 11월 28일에 받은 「결의」에 대해 다음과 같이 평가하고 있다.

> 나는 귀국 전야에, 그들 코민테른의 우리 중국국민당에 대한 결의문을 받았는데, 그 논조를 보니 중국 국민혁명에 대한 진정한 인식이 없고 그들은 중국 사회에 대해 계급을 억지로 갈러 투쟁하고자 해 혁명 동지에 대처하는 책략이 도리어 그들이 혁명의 적에 대처하는 책략보다 더 많아서 정녕 개탄을 금하지 못했다.[62]

코민테른 집행위원회에서의 장개석의 발언이나 그에 대해 쓴 일기 내용은 「회고」의 내용과 크게 다르다. 그런데 11월 28일 일기에는 다음과 같이 쓰여 있다.

---

59 같은 글, p.335.

60 "우리는 다음 주 목요일에 귀국하기로 결정했기 때문에 계속 회의를 소집하는 데 대해 아주 유감스럽게 생각한다(26일이 월요일이고, 장개석이 모스크바를 떠난 것이 11월 29일 목요일이므로, '다음 주'는 '이번 주'의 오기-인용자). 그러나 만일 당신들이 시간이 있다면 우리는 목요일 전에 다른 일련의 회의에 참석하기를 원한다. 만일 이것이 불가능하다면 우리는 다른 대표단을 조직해 여기에 와서 당신들과 중국 혁명 문제에 관해 상세한 토론을 진행하도록 할 수 있다. 코민테른과 국민당 사이의 관계는 시간이 지나면서 더욱더 밀접해질 것이라고 우리는 믿는다." 같은 글, p.337.

61 같은 글, p.338.

62 『중국 안의 소련』, 19쪽.

(코민테른은) 표면상 부실하고, 스스로 세계혁명의 중심이라고 자처하며, 교만하고 성실하지 못하다. 그 영수 지노비에프는 몹시 기가 죽어 있는 듯하다. 내 생각으로는 머지않아 제4국제가 출현해 이 당의 올바르지 못함에 대처할 것이다.[63]

또 다른 기록에는 "아, 그 논조를 보니 형제당(友黨)을 이처럼 몰라보고, 스스로 세계혁명의 중심이라고 자처하다니. 며칠 전 그(코민테른) 지도자 지노비에프를 만나보니, 기상이 없고 겉으로는 강하나 속은 허약하니, 그 성공을 가히 알 수 있겠다"[64]라고 평가한 것으로 보아, 「결의」를 보고 그다지 만족하지 않았던 듯하다. 그러나 일기 등에 나타난 「결의」에 대한 평가는, 그 내용보다 글의 논조에 있었던 것 같다. 사실 「결의」의 논조를 보면, 코민테른이 마치 상급기관처럼 손문이나 국민당을 지도하는 듯하다.[65] 실제로 손문이 상대하고자 한 것은 소련이지, 중국공산당은 물론이고 코민테른도 아니었다. 손문이 소련의 요페나 보로딘을 대하는 태도는 코민테른의 마링을 대하는 것과는 격이 달랐다. 손문이 원하는 바를 해줄 수 있는 상대는 소련이었기 때문이다. 그러므로 코민테른으로부터 '지시성' 「결의」를 받은 장개석의 기분이 상했을 법하다. 여하튼 장개석은 귀국 전날 「결의」를 받았고, 이는 장개석이 소련을 방문한 결과물이었다.

이쯤 해서 장개석의 소련 방문의 성과를 살펴보자. 방문 목적은 서북군사계

63 「蔣中正日記」(未刊本), 1923.11.28, 『蔣中正先生年譜長編』 1, p.228.

64 『蔣介石年譜』, 1923.11.28, p.125.

65 예컨대 "손문 박사를 수령으로 하는 국민당혁명파가 노동 군중에 접근해야 한다는 인식에 이미 도달한 데 대해 코민테른 주석단은 만족스럽게 생각한다", "국민당의 건당부터 당의 기초로 받들어온 삼민주의는 앞으로 아래와 같은 해석을 통해 국민당이 시대정신에 부합하는 혁명정당임을 표명하리라 믿는다"(「결의」 2항), "혁명정당 국민당은 전국의 해방운동을 강화하기 위해 중국공산당을 전력으로 지지하리라 코민테른은 믿는다"(「결의」 6항), "국민당은 소련과 통일전선을 건립하여 제국주의에 반대하고, 일본의 노동, 농민운동 및 조선민족해방운동과 접촉해 연계를 세워야 한다"(「결의」 8항) 등이 그렇다.

획에 대한 소련의 원조였으나, 이는 거부되었다(11월 11일). 다음 날 장개석은 마링에게 편지를 썼다.

> 어제(11.11) 우리는 스클리안스키 동지와 만나 이야기하며 군사계획 문제를 해결했다. 그는 중국 스스로 정치 공작을 전개해야 한다고 강조하고, 아울러 정치 공작을 전개하는 가운데, 군사 공작을 위한 준비를 진행할 수 있다고 말했다. 그래서 그는 건의하기를 3~7명의 고급 군사 직무를 지닌 동지를 파견해 참모학원(參謀學院)에 들어가 학습할 것을 건의했으며, 30~50명의 충성스러운 동지를 위해 육군학교에 한 개 반(班)을 개설하자고 건의했다. 이것이 우리의 방소 성과 중 하나이다.[66]

서북군사계획을 포기하는 대신에 소련 군사학교에 유학생 파견을 허용하는 것이었다. 방문 중 그의 언행이 본심에서 나온 것이든, 성과를 내기 위한 전략이든 간에 소련이나 코민테른 측이 원하는 바에 접근해갔다. 즉 10월 18일의 「서면보고」에서는 나름의 주장을 내세우더니, 11월 26일의 코민테른 집행위원회에서는 지노비예프의 의견에 모두 동의했다. 오히려 장개석은 삼민주의가 공산주의로 대체될 것을 걱정해야 했고, 또 하나 당면한 중국 혁명에서 군사행동의 필요성을 지켜내야 했다. 전자는 소련이나 코민테른 측이 구상했던 것은 아니었다. 그러나 삼민주의라는 이름만 남고, 내용은 코민테른의 '말씀'으로 해석되었다. 후자의 경우 소련이나 코민테른, 특히 코민테른은 군사 사업의 중지와 정치사업의 강화를 요구했는데, 「결의」에 이 내용이 빠짐으로써 코민테른의 양보를 받아낸 셈이다. 그러나 장개석은 군사 사업의 중지를 막기 위해 방문한 것이 아니라 군사 사업에 대해 지원받기 위해 간 것이었다.[67] 따라서 성과의 면에서 본다면, 장개석의 소련 방문은 방문하지 않

66 「蔣介石致斯內夫利特的信」(1923.11.12),『馬林與第一次國共合作』, p.194.

은 것보다 못한 셈이었다.

4) 트로츠키에 대한 평가

그런데도 장개석은 방문 결과에 실망하기보다는 만족스러워한 듯하다. 소련 체류 기간에 쓴 『일기』의 내용도 그렇고, 중국으로 돌아와 상해에서 만난 당원들에게 건넨 소련 방문 결과에 관한 담화도 긍정적이었다. 장개석이 상해에 도착한 직후 보로딘이 요중개로부터 전해들은 장개석의 소련 방문에 대한 인상은 다음과 같다.

> 나(보로딘)는 요중개와 이야기를 나누었다. 그(요중개)의 말에서 받은 인상은, 장군(장개석)은 기쁘게 돌아왔고, 우리(코민테른)에 대해서도 아주 우호적이며, 진심으로 열정적이었다고 한다. 그는 일련의 회의에 출석해 연설을 발표했는데 사람들은 그를 치켜세웠고, …… 그는(장개석은) 요(廖)에게 이야기하기를 **모든 것이 그에게 아주 성실한 인상을 주었다고 한다. 이 말은 심**(沈: 심정일)**이 말한 바와는 아주 상반된다.** 오히려 장(蔣: 장개석)은 이와 반대로 **소련은 진정으로 지원할 뜻이 있는데,** 문제는 국민당인이 자신의 임무를 제대로 이해했는가 여부에 달려 있다고 말했다고 한다.[68] – 괄호와 강조는 인용자

요중개에 따르면 장개석은 소련 측이 아주 성실했고, 진정으로 국민당을 지

---

67 지원이 없는 것은 아니었으나, 고작 '중국 동지의 소련 군사 유학(총참모부학원은 3~7명, 군사학교에 30~50명)'을 혁명군사위원회가 허용하겠다는 정도였다. 「국민당대표단이 Sklianskу와 Kamenev, S.S.을 방문한 정황에 관한 Baranovsky의 서면보고」(1923.11.13, 모스크바), 『聯共(布), 共産國際 檔案資料』 1, p.311.

68 「Borodin과 瞿秋白의 담화기록」(1923.12.16, 上海), 『聯共(布), 共産國際 檔案資料』 1, p.384.

원하려는 뜻이 있다는 것이다. 그런데 대표단의 일원으로 장개석과 함께 간 심정일은 상반된 입장이라는 것인데, 이는 구추백이 심정일에게서 들은 것에서 기인한다. 주제를 벗어나는 듯하지만, 확인할 필요는 있다. 다음은 심정일이 구추백에게 전한 이야기이다.

(소련 측이 독일 문제 때문에 바빠서, 대표단에 오랫동안 연락을 주지 않자) 그들(대표단의 장개석과 왕등운)은 화를 내며 이는 소련 사람들이 회답하기 싫어 그런 것이라고 해석했다. **그들이 트로츠키를 만났을 때**, 트로츠키는 그들에게 현재는 많은 주의력을 정치와 선전에 집중해 당의 조직 사업을 해야 한다고 말하면서, 그렇지 않으면 자금과 군사적 지원을 아무리 많이 해주어도 "당신들은 전혀 성과가 없을 것"이라고 말했다. 몽골 문제에 대해 트로츠키는 몽골이 독립을 원한다고 했다. 만일 당신들(국민당)이 그들과 통일전선을 수립하려면 그들을 형제로 대해야 하고, 그들을 지배할 생각을 하지 말아야 한다고 했다.

이 담화 후 장개석은 크게 화를 내며 트로츠키가 그들을 기만했다고 했다. 만일 몽골이 독립하려고 하면 우리의 승인을 받아야 하며, 우리가 독립을 승인해야 되는 것이지, 몽골 스스로 결정해서는 안 된다고 했다. 이는 그들이 대표단 내부에서 말한 것이다. 심(沈: 심정일)도 화를 냈는데, 그들은 말다툼을 했고 자칫하면 싸울 뻔했다. (소련의) 외교위원부 사람들도 중국 대표단 내부에서 다툼이 있다고 말했다. **이것은 손문의 전보를 받기 전, 며칠 사이에 발생한 것 같다. 손(孫)은 전보에서 소련이 유일한 친구이며, 지금 요페와 했던 약속(소련의 원조)을 지키고 있다고 했다.** 그 후 장개석은 좀 완화되었는데, 태도가 변한 것 같았다.[69]

심정일이 전하는 이야기는 의미를 떠나, 확인해야 할 사실들이 있다. 먼저

69 Borodin과 瞿秋白의 담화기록」(1923.12.16, 上海), 『聯共(布), 共産國際 檔案資料』 1, p.383.

대표단이 트로츠키를 만난 시점이다. 대표단이 트로츠키를 만난 것은 한 번인데, 모스크바를 떠나기 이틀 전인 11월 27일 오후 3시였고, 대표단의 참석자는 장개석, 심정일, 장태뢰, 왕등운, 소원충 등 5명이었다.[70] 따라서 장개석이 몽골 문제에 대한 트로츠키의 언급에 화를 내고 대표단 내에 말다툼이 있었다면, 그것은 당일 저녁 이후일 것이다. 장개석이 소련 체류 중 손문으로부터 전보를 받은 것은, 기록상 10월 18일뿐이다. 또 대표단과 트로츠키의 담화 기록[71]에는 몽골 문제가 없다. 더구나 장개석은 트로츠키와 만난 후 그에 대해 불만은커녕 칭송에 가까운 평가를 했다.

따라서 심정일이 전하는 내용에 문제가 있는 것은 아닐까. 대표단의 소련 방문 기간의 기록을 검토하면, 심정일이 치체린을 트로츠키로 잘못 전달했거나 구추백이 심정일의 말을 잘못 전한 것인지도 모른다. 치체린은 10월 21일 장개석을 만난 자리에서 서북군사계획에 대한 대응으로 몽골은 중국을 두려워한다고 지적하자,[72] 장개석은 10월 26일 '반박성 편지'를 치체린에게 보냈는데, 편지에 "손문으로부터 전보를 받았는데, 전보에서 손문은 '누가 우리의 좋은 벗이고 누가 우리의 적인가는, 우리의 가슴속에 아주 명료하다. 그러므로 우리는 우리의 좋은 벗이 우리를 이해할 수 있기를 바란다'라고 했다"는 것이다.[73] 따

---

70 「국민당대표단이 Trotsky를 방문한 정황에 관한 Baranovsky의 서면보고」(1923.11.27, 모스크바), 『聯共(布), 共産國際 檔案資料』 1, p.339.

71 같은 글, pp.340~341.

72 『蔣介石年譜』, 1923.10.21, p.122.

73 소련외교인민위원부장(외교부장관) 치체린 귀하
일요일(21일)의 회담에서 구체적인 문제까지 토론하지 못했지만, 귀하가 우리에게 준 추상적인 교훈이 우리에게 큰 도움이 되었음에 감사드립니다. 어제 손 선생이 전보를 보내왔는데, "누가 우리의 좋은 벗이고, 누가 우리의 적인가는, 우리 가슴속에 아주 명료하다. ……" 고 하셨습니다. 전보에서 손 선생은 또 "우방의 정부와 정당이 대표인 보로딘을 광동에 파견하여 원조한 열의와 성의에 감사하며, ……"라고 말씀하셨습니다.
그날, 당신은 "몽골인은 중국인을 두려워한다"라고 말했습니다만, 몽골인이 두려워하고 있는 것은 현재의 북경정부의 군벌이지, 결코 민족주의를 주장하는 국민당이 아닙니다. 몽골인은 오직 두려운 심리만 갖고 있기 때문에, 두려운 환경으로부터 빨리 벗어나고자

라서 장개석과 치체린은 서북군사계획과 관련해 몽골 문제를 이야기했고, 회담 후 장개석은 이에 대해 불만족스러워했는데, 마침 손문으로부터 "소련이 벗"이라는 전보를 받은 것이다. 구체적 언사 등은 다르지만, 정황상 심정일이 전하는 '장개석과 트로츠키'에 관한 이야기는 '장개석과 치체린'의 담화였을 것이다. 장개석은 소련에 온 후 「비망록」이나 「서면보고」에서 자기의 주장을 내세웠으나, 서북군사계획이 거부된 이후에는 거의 소련 측의 요구를 받아들였다. 따라서 귀국하기 직전 트로츠키와의 만남에서 심정일이 전하는 상황이 발생했을 가능성은 없어 보인다.

다시 장개석의 「회고」로 돌아가 보자. 장개석은 「회고」에서 소련에 대한 부정적 입장과는 달리 트로츠키에 대해서는 매우 긍정적이었다. 이는 '이해하기 어려운 면'이다. 다음은 트로츠키에 관한 「회고」의 일부분이다.

> 모스크바 체재 중 나는 트로츠키와 가장 많이 이야기를 나눴고, 또 나는 트로츠키의 언행이 가장 솔직하다고 생각했다. 내가 모스크바를 떠나기 전에 마지막으로 **트로츠키 씨**(托氏)와 작별할 때, 그는 나와 아시아 각국의 혁명 문제를 토론하고 일본, 월남, 인도 및 터키를 언급했다.[74] - 강조는 인용자

존칭(托氏)까지 쓸 정도로 높이 평가하고 있으니, 심정일의 말처럼 트로츠키

합니다. 그래서 국민당은, 그들을 빨리 자치의 길을 거쳐 상호 친애하고 협력하는 목적에 도달하게 하고자 하고 있습니다. 만약 소비에트 러시아에 성의가 있다면, 곧바로 몽골인으로 하여금 두려워하는 상황을 없애주어야 합니다. 국민당이 주장하는 민족주의는 각 민족의 分立이 아니고, 민족정신에서 상호 친애하고 협력에 이르는 것입니다. 이렇기 때문에 서북 문제는, 국민당이 해야 할 공작의 진의 즉 그들로 하여금 실제로 오랫동안 갖고 있던 막연한 공포를 제거하는 것을 포함하고 있습니다. 우리는 우리의 의도를 우리의 우방과 가능한 한 분명히 하고 싶습니다. 귀하는, 그날 우리에게 黨部의 수장을 방문해 회담하고자 했는데, 나는 귀하가 먼저 우리의 이런 뜻을 당부에 소개시켜주기를 희망합니다. 『蔣介石年譜』, 1923.10.26., p.122.

74 『중국 안의 소련』, p.21.

와의 담화 후 몽골 문제로 화를 낼 가능성은 없어 보인다. 물론 회고를 한 1950년대 초는 냉전 상황이 고조된 때이고, 냉전의 한쪽 끝에 서 있던 장개석은, 다른 한쪽 끝의 스탈린에게 적대적이었기 때문에 스탈린에 의해 축출된 트로츠키를 높이 평가했을 수도 있다. 그러나 트로츠키를 만난 당일의 일기에서도 장개석은 트로츠키를 다음과 같이 평했다.

> 그 사람됨이 강개하고 활발하다. 혁명당의 요소는 인내와 활동인데, 둘은 서로 돕는 것으로 하나라도 결핍되어서는 안 된다고 했다. 나의 성격이 권태와 소극이니, 이것이야말로 능히 일을 이룰 수 없는 이유이다.[75]

사람의 성품에 대한 장개석의 진솔한 평가일 뿐 중국 정책에 대한 평가는 다를 수 있겠으나, '이해할 수 없는 것'은 당시 손문의 '적극 무력'을 가장 비판한 사람이 트로츠키였다. 군사 사업에 몰두하는 손문과 국민당을 원조해서는 안 된다고 주장했다. 그는 귀국 직전에 인사차 온 장개석을 포함한 대표단에게조차 다음과 같이 이야기했다.

> 손일선이 군사행동에만 종사한다면, 중국의 노동자, 농민, 수공업자, 소상인들의 눈에 그는 북방의 군벌 장작림, 오패부와 다른 점이 없어 보일 것입니다. 모두들 알다시피 북방의 군벌은 외국인의 지지를 받고 있습니다. 그러므로 만일 우리가 손일선에게 군사 지원을 제공한다면, 장작림은 일본의 대리인이고, 오패부는 미국과 영국의 대리인이며, 손일선은 소련의 대리인이라고 중국의 사회 여론은 평가할 것입니다. 이런 상황에서 혁명 운동은 승리할 수 없습니다. 해방운동은 다른 일련의 방식이 있어야 합니다. 우선 광대한 인민 대중에 대한 장기적이고 끝임없는 정치 준비가 필요한데, 이는 국민당의 주의력 대부분을

75 「蔣中正日記」(未刊本), 1923년 11월 27일, 『蔣中正先生年譜長編』 1, p.226.

선전 사업에 두어야 한다는 것을 의미합니다. ……

국민당은 확고하게, 그리고 속히 자신의 정치적 방향키를 바꾸어야 합니다. 현재 국민당은 모든 주의력을 정치 사업에 두고 군사 활동은 오직 필요한 최저 한도까지 감소시켜야 합니다. 당신들의 군사 활동은 정치 활동의 20분의 1을 초과하지 말아야 하며, 많더라도 절대로 10분의 1을 초과하지 말아야 합니다.

최근의 소식에 의하면 광주에서 손일선의 군사적 처지는 매우 위급하다고 합니다. 만약 손(孫)이 어쩔 수 없이 광주를 포기했다 해도, 이는 실패를 의미하지 않습니다. 다만 중국 인민의 민족 해방을 쟁취하기 위해서는 다른 투쟁 방식이 필요하다는 우리의 관점이 정확하다는 것을 증명할 뿐입니다. 손일선이 군사 활동을 한쪽에 내버려둘 때만, 진정으로 광대한 인민 대중의 동정을 얻을 수 있습니다. …… 손일선과 국민당은 속히 군사적 모험을 포기하고, 모든 주의력을 중국의 정치 사업에 두어야 합니다.[76]

"군벌 장작림, 오패부와 다르지 않다", "군사행동은 10분의 1을 초과하지 말아야 한다", "군사적 처지가 위급해 광주를 포기해도 실패가 아니다". '군사적 모험' 등의 발언은 대화가 아니라 '훈계'였다. 일반적으로 작별 인사가 취하는 예의는 커녕 장개석과 손문에 대한 '모욕성 훈계'라고 해도 지나치지 않을 듯하다. 그런데도 장개석은 트로츠키의 의견에 동의한다면서 "국민당은 러시아 동지들의 의견을 관철할 것"이라고 답했다.[77] 장개석이 소련을 방문한 이유는 혁명 전략을 배우러 간 것이 아니지 않는가. 서북군사계획에 대한 지원이 아니었던가. 그러나 반대로 군사행동의 중단과 정치 사업의 몰두를 주장하는 트로츠키에게 모든 건의를 받아들이겠다고 답하며, 그의 성품을 마음속으로 흠모할 정도였다. 그

76 「국민당대표단이 Trotsky를 방문한 정황에 관한 Baranovsky의 서면보고」(1923.11.27, 모스크바), 『聯共(布), 共産國際 檔案資料』 1, pp.340~341.

77 같은 글, p.341.

러나 완전하지는 않지만, 조금은 이해할 수 있는 내용이 「회고」에 있다.

> (회담의) 마지막에 (트로츠키는) 다시 우리 중국 국민혁명을 원조하는 문제를 언급했다. 귀국하면 우리 국부(손문)에게 **구두로 보고해달라고 하는 것이 한 가지** 있었다. 즉 그네들 소련은 1920년 폴란드 전쟁이 끝난 이후 레닌은 세계혁명 정책에 새로운 지시를 했는데, 그것은 곧 그네들이 식민지, 반식민지의 반자본제국주의의 혁명 전선에는 도의와 물자상의 최대한의 원조를 해줄 것이나, 다시는 그네들의 정규군대가 직접 참전하지 않음으로써 각국의 혁명 기간 중 소련에 대해 민족과 관련되는 문제를 끌어 일으키지 않도록 한다는 것이다. 그러면서 그는 또 정중하게 다음과 같이 말했다. **"중국 국민혁명에 대한 소련의 원조는 군대를 써서 직접 지원하지는 못하지만, 무기와 경제 등 기타 수요에는 가능한 한 힘을 다해 적극 원조할 것이다."** 그는 또 레닌을 대신해 우리 국부에게 경의를 표했다. 이상과 같은 그의 말은 **나에게 특별한 환기를 주의시켰다.**[78] – 괄호와 강조는 인용자

'회고'라는 형식의 기록을 '1차 사료'로 사용하는 데는 위험이 따른다. 장개석의 「회고」도 마찬가지이다. 따라서 '회고'는 문헌 기록 등을 통해 반드시 검증을 해야겠으나, 그럴 수 없는 부분도 있다. 어쩌면 이런 부분이야말로 기록 정보인 '회고'의 가치일 수도 있다. 문헌 자료 등으로는 얻을 수 없는 정보를 제공하기 때문이다. 트로츠키가 장개석에게 '구두로 보고해달라는 것'은 문서화하지 않겠다는 뜻이므로, 소련 측도 문서화하지 않았다는 것을 의미한다. 그래서인지 이 인용문의 내용은 트로츠키의 담화 기록[79]에 없다. 말하자면 '비공개하기로 한 기록'인 셈이다. 앞에서 인용한 장개석의 '회고'가 정황상 거짓일 가

78 『중국 안의 소련』, pp.21~22.

79 「국민당대표단이 Trotsky를 방문한 정황에 관한 Baranovskii의 서면보고」(1923.11.27, 모스크바), 『聯共(布), 共産國際 檔案資料』 1, pp.340~341.

능성은 없으니, 만약 사실이라면 트로츠키의 이 언급은 장개석이 소련을 방문한 '큰 성과'라고 할 수 있을 것이다. 11월 11일 서북군사계획이 무산된 '답례'로 국민당인의 소련 군사 유학을 얻어낸 것 이외에 장개석이 소련으로부터 받아낸 것이 없기 때문이다. "나에게 특별한 환기를 주의시켰다"라고 한 표현으로 보아, 장개석이 '무기와 경제 등에서 가능한 한 힘을 다해 적극 원조하겠다'는 트로츠키의 '선물'에 꽤 감동한 듯하다.

5) 귀국 후 손문에게 보낸 보고서

장개석이 상해에 도착한 것은 12월 15일이다. 8월 16일에 상해를 출발했으니, 소련에 체류한 3개월을 포함해 딱 4개월 만에 상해로 돌아온 셈이다. 상해 도착 직전에 작성한 소련 방문 보고서(游俄報告書)를 손문에게 보냈을 뿐,[80] 오전에 상해에 도착해 오후에 고향으로 돌아가 버렸다. 모친의 6순 제사가 이유였다. 귀향할 때도, 고향에 있을 때도 당인(黨人)들이 빨리 돌아와 당무를 처리하라고 편지를 보냈지만,[81] 답장도 없었다. 손문의 '질책성 독촉' 편지를 받고,[82] 광동에 온 것은 편지를 받은 지 20여 일 만이다. 상해로 도착한 때로부터 따지면, 한 달이 지나서야 직접 보고를 한 셈이다. 공인의 행동으로는 이해하기 어려운 처사라고 할 수밖에 없다. 이때를 장개석은 다음과 같이 회고했다.

---

80 「遊俄報告書」를 12월 12일부터 쓰기 시작해 14일에 완성했다. 「蔣中正日記」(未刊本) 1923년 12월 10일 / 12일, 『蔣中正先生年譜長編』 1, pp.230~231.

81 12월 15일 오전에 상해 吳淞口에 도착해 張靜江을 오후에 방문한 뒤 고향으로 떠났다. 배웅 나온 호한민, 왕정위, 요중개, 임업명, 진과부 모두가 속히 상해로 돌아와 일체의 당무를 처리하라고 당부했다[『蔣中正日記』(未刊本), 1923.12.15」, 『蔣中正先生年譜長編』 1, p.231]. 이후 이들은 같은 내용의 편지를 장개석에게 수차례 보냈다.

82 "형의 이번 행차(소련 방문)는 지극히 중요하다. 광동으로 속히 와서 일체를 보고하고 중소 합작의 방법을 상세히 준비하기 바란다. 시국과 정국에 대한 형의 주장은 모두 광동에 와서 만나 이야기하지 않으면 안 된다." 「致蔣中正電」(1923.11.24), 『孫中山全集』 8, p.552.

> 12월 15일 상해로 돌아왔다. 나는 3개월여의 여행, **시찰 및 회담에서 얻은 자료와 인상을 「유아보고서」로 써서 국부(손문)에게 보내드렸다.** 이때 국부는 누차 나에게 광주로 돌아와 직접 상세한 보고를 하도록 재촉해 13년(1924) 1월 16일 나는 광주까지 가서 국부에게 다시 구두로 설명해드렸다. …… 3개월의 소련 시찰에서 얻은 인상은 나로 하여금 무형 중에 한 가지 느낌을 갖게 했다. 즉 소련 공산정권이 일단 굳어질 때는 제정러시아 차르 시대의 정치 야심이 부활하는 것은 결코 불가능하지 않을 것이니, 그런즉 우리 중화민국과 국민혁명의 후환은 상상할 수 없는 정도일 것이다. ……
>
> **(a) 나는 보고서에서 이번 시찰의 인상을 진술했다. (b) 아울러 국부에게 직접 국공합작의 의견을 진술했다. (c) 13년(1924) 3월 14일 봉화에서 요중개 선생에게 보낸 서한** 중에서도 내 의견을 솔직히 설명하고 동시에 이 서한을 초록해 상무위원들에게 발송해 나의 소련 시찰 보고의 의견을 보충했다.[83] - 괄호와 강조는 인용자

장개석은 1923년 12월 15일 상해로 귀국하자마자 자료와 의견을 보고서로 손문에게 보냈고, 한 달 뒤인 1924년 1월 16일 손문을 직접 찾아가 소련 방문에 대한 의견을 진술했고, 이로부터 두 달 뒤인 3월 14일 요중개에게 편지를 보내 의견을 보충했다는 것이다. 이 인용문에 이어 요중개에게 보낸 편지(c)에서 언급한 관련 내용을 상세히 적고 있다.

(b)는 직접 말한 것이므로 문서로 남아 있기 어렵고, 또 보고서(a)는 현재 안타깝게도 남아 있지 않다. 더 아쉬운 것은 소련 방문 기간에 충실히 쓰던 일기를 1925년 1년간은 쓰지 않았다. 그런데 앞의 인용문을 곰곰이 살펴보면, 귀국 직후의 보고서(a)와 직접 면담한 내용(b)에 대해 장개석은 구체적으로 언급하지 않고, 다만 3월 요중개에게 보낸 편지의 내용을 거론하며, (a)와 (b)에서도 같은 의견, 즉 소련의 대중국 전략에 대한 부정적 평가를 했다고,[84] 뭉뚱그려

83 『중국 안의 소련』, 19, 22쪽.

설명하는 듯하다. 장개석이 「회고」를 쓸 때 과거의 문헌 자료를 바탕으로 했음은 분명하다.[85] 따라서 손문에게 보낸 보고서는 그때도 남아 있지 않아, 상세히 쓸 수 없었을 것이라는 추론도 가능하다. 그러나 자신이 직접 쓴 보고서이고, 자신이 직접 구두로 손문에게 소련 방문의 결과를 설명한 것인데, 이에 대해 아무런 언급이 없다는 것은 이해하기 어렵다.

여하튼 장개석은 이미 살펴보았듯이 소련 방문 기간 중 공산당원에 버금가는 언행을 했고, 특히 코민테른 집행위원회에 참석해서는, 「결의」에 나올 내용을 제기한 지노비예프의 발언에 전적으로 동의한다고 했었다. 이 회의를 거쳐 「결의」를 받은 것이니, 「결의」는 코민테른의 '강요'라기보다는 코민테른과 대표단의 '합의'라고 해도 지나친 말은 아니다. 그래서 북경의 카라한도 상해의 보로딘에게 「결의」를 보내면서, 다음과 같이 장개석의 소련 방문에 대해 설명했다.

> 결과적으로 장개석은 트로츠키, 지노비예프를 만났고 코민테른 회의에까지 참석했기 때문에 특별히 **원망할 이유가 없다.** 그가 서면 형식으로 제출한 방대한 계획(당신에게 사본을 보낸다)은 부인받았고, 정치 사업을 해야 한다는 것과 군사

84 장개석이 요중개에게 보낸 편지는 꽤 길다(『蔣介石年譜』, 1924.3.14, pp.147~151). 「회고」에서 지적한 소련에 관한 것만 간단히 추리면 다음과 같다. "저(장개석)의 관찰로는 소련공산당은 이렇다 할 성의가 도무지 없습니다. 즉 제가 형께 '소련 사람의 말은 십분지 삼만을 믿을 수 있다'라고 말씀드린 것은 형께서 소련사람을 과신하시므로 형의 흥미를 싹 없애버리기 안 됐기 때문이었습니다", "소련공산당의 유일한 방침은 중국공산당을 그 정통으로 만들어놓자는데 있지, 그네들은 결코 우리 당과 끝끝내 합작해서 서로 성공을 꾀할 수 있다고는 믿지 않습니다. 그네들의 대중정책으로 말하면 만주, 몽골, 회, 서장 등 제부족을 소비에트 중의 하나라 하고, 중국본토에 대해서는 처음부터 손을 댈 의사가 없었던 것도 아닙니다", "그네들(소련)의 소위 국제주의와 세계혁명이란 것은 다 카이젤의 제국주의 이외의 아무것도 아니고, 다만 명칭을 변경하여 사람을 그 틈에 끼워 미혹시키는 것에 불과합니다." 『중국 안의 소련』, 23~24쪽.

85 주로 毛思誠의 『民國十五年以前之蔣介石先生』을 참조한 듯하다.

학교에 가서 학습을 해야 한다는 건의에 모든 문제를 귀결시켰지만, 내가 느끼기에 특히 그의 상사 손이 정치 사업을 가장 중요한 위치에 놓아야 한다는 것을 승인했기 때문에, 그가 지나치게 **비관·실망**할 필요가 없다고 나는 생각한다.[86] - 강조는 인용자

장개석이 '원망·비관·실망'할 수 있는 이유는 자신의 방문 목적인 '방대한 군사계획' 즉 서북군사계획을 달성하지 못했기 때문이겠으나, 카라한이 보기에 결과적으로 장개석은 트로츠키, 지노비예프와 만났고 코민테른의 회의에까지 참석했기 때문에 특별히 원망할 이유가 없었고, 또 소련 방문 기간에 손문이 정치 사업을 가장 우선한다는 것, 즉 「11월 개조」를 받아들였기 때문에 '비관·실망'할 필요는 없다고 본 것이다. 사실 장개석이 귀국한 이후 손문에게 보고서만 보냈을 뿐 찾아가지도 않고, 당 복귀를 애절하게 요구하는 당 동료들의 편지에도 전혀 답을 하지 않는 이유는 아마 면목이 없었기 때문일 것이다. 특히 손문에게 그랬을 것이다. 즉 방문 목적을 달성하지 못했기 때문일 것이다. 이뿐만 아니라 장개석은 방문 기간 중 광주에서 진행된 「11월 개조」와는 동떨어진 「결의」에 '합의'했으니, 어찌 보면 소련 방문의 '성과물'로서는 「결의」만을 가져온 셈이었다. 다만 자위할 수 있다면, 귀국 직전 트로츠키로부터 받은 재정적·군사적으로 적극 지원을 해주겠다는 '구두 선물'이었을 것이다. 『일기』의 내용으로 보나, 귀국 후 당 동료에게 한 이야기로 보나 장개석이 1924년 3월에 '요중개에게 보낸 편지'의 내용과는 달리 상해 도착 이후 '요중개에게 말한 방문 결과'처럼 보고했을 가능성이 높다.[87] 여하튼 손문은 장개석이 '합의'한 「결의」를 장개석으로부터 받았다. 손문은 「결

86 「Karakhan이 Borodin에게 보내는 편지」(1923.12.27, 北京, 絶密), 『聯共(布), 共産國際檔案資料』 1, p.393.

87 따라서 '요중개에게 보내는 편지'에 나타난 장개석의 평가, 즉 소련에 대한 부정적 평가는 일전대회 후, 당내의 진행 상황에서 그 이유를 찾아야 하지 않을까 생각한다.

의」가 코민테른의 일방적 결정이 아니라 장개석과의 '합의로 이루어진 결정'이라는 것을 확인하려고, 장개석에게 직접 와서 설명하라고 했던 것이 아닐까. 여하튼 「결의」가 결정되는 과정은 손문의 「결의」 수용에 크게 영향을 미칠 수 있기 때문이다.

18장

「1월 개조」로의 이행: 보로딘

1. 문제 제기

「11월 개조」, 「결의」, 「1월 개조」의 내용을 통해 「11월 개조」는 폐기되고, 「결의」의 내용을 수용해 「1월 개조」가 이루어졌음을 17장에서 보았다. 또 「결의」는 코민테른이 일방적으로 국민당에 '강요'한 것이라기보다, 소련을 방문한 대표단, 특히 장개석이 자신의 언행으로, 또 코민테른 집행위원회에 참석해 「결의」에 반영될 내용에 동의한 결과였기 때문에, 「결의」를 소련이나 코민테른 측은 '합의'로 받아들일 만했고, 대표단 측도 이를 부정할 만한 이유가 없었다. 장개석은 이를 손문에게 보고서로 올렸을 것이고, 예상컨대 손문은 「결의」의 내용, 특히 삼민주의가 코민테른의 '말씀'으로 해석된 데 대해 꽤 당황했을 것이다. 또한 그 '합의' 과정은 손문으로 하여금 대처하기 어렵게 했을 것이다. 이는 상대방인 보로딘도 마찬가지였을 것이다. 그러나 결과적으로 「결의」는 상당 부분 「1월 개조」에 반영되었다. 이른바 '국공합작'이었다.

그러나 이제까지의 설명은 아직 점으로 연결되는 듯한 느낌이다. 이제 이 점들을 연결하기 위해 「11월 개조」에 합의한 손문과 보로딘 양측이 「결의」를 받은 후 어떤 과정을 통해 「1월 개조」에 이르렀는지를 살펴보자. 예컨대 보로딘이 「결의」를 받고 손문과 그 측근을 설득해 「1월 개조」를 이끌어낸 것인지, 손문이 오사 이래 사상적 변화 속에서 「결의」의 내용을 받아들인 것인지, 아니면 또 다른 과정이 있었는지 말이다. 물론 「1월 개조」로의 이행을 완벽하게 의미적으로 밝히는데, 1924년 1월 전후 한 달여의 시간만을 대상으로 할 수는 없을 것이다. 좀 더 긴 시간에서 조망할 필요도 있을 것이다. 그러나 「11월 개조」와 「1월 개조」의 내용은 너무도 다르기 때문에 이 짧은 기간에 어떻게 개조가 전개되었는지는 국공합작의 성격의 일단을 보여줄 수 있는 중요한 고리라고 생각한다. 그러나 이를 설명해주는 연구는 거의 없는데, 주은래(周恩來, 저우언라이)의 회고[1]와 장국도의 회고[2]를 근거로 한 연구[3]에서 보로딘이 「결의」에 기초해 「일대선언」을 만들었다고 설명하고 있다. 주은래가 프랑스에서 귀국한 것은 1924년 8월이니, 「1월 개조」에 직접 참여한 회고는 아니고 누군가에게 들은 것을 회고한 셈이다. 장국도의 경우는 「1월 개조」 당시 광주에 있었고 일전대회에도 참여했다. 그러나 그가 「1월 개조」에 참여한 것은 아니기 때문에 「1월 개조」 과정을 정확히 알 수는 없었을 터이다. 더구나 장국도는 「11월 개조」를 모르고 있었기 때문에 「1월 개조」로의 이행에 그다지 관심이 없었을 것이다. 여하튼 「1월 개조」로의 이행에 대한 연구의 공백은 「11월 개조」의 내용과 진행 과정을 분석하지 않고 「1월 개조」를 설명하거나, 「11월 개조」, 「결의」, 「1월

1 주은래의 회고는 찾지 못했는데, 그 회고에는 "손중산 선생이 보로딘에게 기초를 위탁했고, (보로딘이 한 기초를) 구추백이 번역하면 왕정위가 윤색한 것"이라고 쓰여 있다고 한다. 林家有, 『重讀孫中山遺囑』(廣東人民出版社, 2011), p.106에서 재인용.

2 장국도의 경우는 주은래와는 약간 달리 「일대선언」은 보로딘, 왕정위, 구추백이 초안했다고 했다. "그때 보로딘은 광주의 東山에 거주하면서, 대회의 각종 문건을 기초하는 데 바빴다. 구추백은 보로딘의 조수 및 통역을 담당하고 있었다. 그(보로딘)는 늘 우리(이대쇠, 나 그리고 기타 몇 명의 중공 대표)를 자신의 거처로 초청해 상담했다. 매번 그는 일부 문건을 우리에게 보여주었다. 그중에는 이번 대회 선언의 초안이 있었는데, 그와 왕정위, 구추백이 공동으로 초안한 것이다." 『我的回憶』 第1冊, p.316.

3 林家有, 『重讀孫中山遺囑』.

개조」를 하나로 묶어 설명하기 때문이며, 또 다른 원인은 이를 밝혀줄 사료가 별로 없었기 때문일 것이다.

2. 중국국민당 임시중집위의 활동

「11월 개조」와 「1월 개조」를 하나로 묶어 설명하는 경우 그 연결고리는 대체로 두 가지인데, 하나는 임시중집위의 활동이고,[4] 또 다른 하나는 보로딘의 '회고'를 전한 체레바노프의 회고이다. 먼저 임시중집위의 활동을 살펴보자. 일반적으로 국민당 개조와 관련해 임시중집위의 역할을 설명할 때 인용하는 주요 자료는 『혁명문헌』에 게재된 「일전대회 준비 사업」이라는 글인데, 이 글이 언제 쓰였는지는 알 수 없으나 임시중집위가 그동안의 활동을 일전대회에서 보고한 문서로 추정된다. 그 내용은 다음과 같다.

> (총리는 임시중집위를 조직해) 작년(1923.1)의 개진의 취지를 이어받아 더욱 철저하게 본당을 개조할 준비를 했다. **임시중집위는 10월 28일에 성립한 이후 1924년 1월 19일까지 모두 28차례의 회의를 개최했고**, 의결한 사항도 400여 건이나 된다. 그중 가장 중요한 것은 다음과 같다.
>
> (1) 전국대표대회의 준비: ① 개최 날짜의 결정(1), ② 대표 선출 인수(1, 10, 12), ③ 선언, 당강, 장정초안 등의 기초(1, 2, 3, 4, 7), ④ 대회의 의사일정과 강요(綱要)를 제정(1, 11), ⑤ 대회 장소의 지정(1)
>
> (2) 광주 당원의 엄격한 등기(1)
>
> (3) 광주시 구당부(區黨部), 구분부(區分部)의 조직(1, 4, 5)

---

4 張憲文 外, 『中華民國史』 第1卷, p.508; 林家有·周興樑, 『孫中山與國共第一次合作』(四川人民出版社, 1989), pp.229~230; C. Martin Wilbur, *Sun Yat-sen: Frustrated Patriot*, p.179.

(4) 농민, 노동자 및 중층 계급의 상황에 대한 조사(7)

(5) 선전 기관의 통일(12)

(6) 개조에 동정하는 언론과의 연락, 반대하는 언론에 대한 대응(11)

(7) 당원의 당무 의견에 대한 제한(13), ≪국민당주간≫의 발행(1, 2, 8)

(8) 강습소 개설(7, 22)

(9) 당보 및 선전학교의 설립계획 초안 작성(11)

(10) 국내외 대회 대표의 선거를 지도(22, 23, 24, 26, 27)

(11) 전선의 장병들에게 대한 위문

임시중집위의 성립에서 종료 때까지 50일간의 성적은 상당했는데, 상술한 내용은 그 개요일 뿐이다.[5] -각 항목의 괄호 안 숫자는 임시중집위 회의의 회차이다(인용자)

'선언, 당강, 장정초안'이란 「11월 개조」의 「개조선언」, 「당강초안」, 「장정초안」을 말한다. 손문이 처음 참석한 제7차 회의에서 「11월 개조」가 결정되고 제11차 회의(1923.11.27)에서 전국대표대회의 의사일정과 강요가 통과됨으로써 일전대회의 내용과 틀은 만들어진 셈이다. 그러나 이후 개최된 임시중집위 회의에서 「개조」와 관련해 토론된 내용은 별로 없다. 기껏해야 참석할 대표 선거에 대한 문제였는데, 다룬 내용도 호남성의 대표 선출에서 발생한 문제를 처리하는 것이었다. 임시중집위가 다룬 내용의 이런 변화는 회의 참석자의 변화와도 일치한다. 제11차 회의까지는 국공 양측의 핵심들이 참여해 당 개조, 즉 「11월 개조」를 주도했다. 그러나 11월 말 보로딘과 요중개는 상해로 떠나 상해 국민당의 조직 개편과 개조를 진행했다. 이 둘은 1924년 1월 10일경 광주로 돌아온 이후에도, 임시중집위에 참석하지 않았다.

임시중집위의 활동을 통해 국민당 개조를 정리하자면 임시중집위는 개조를 진행할 조직으로 손문에 의해 만들어졌고(10.25), 임시중집위 제1~4차 회의에

5 「中國國民黨第一次全國代表大會之籌備工作」, 『革命文獻』 第8輯, pp.70~71.

서 「11월 개조」의 내용을 토론했으며, 11월 19일 손문과 보로딘이 참석한 제7차 회의에서는 「개조선언」, 「당강초안」, 「장정초안」을 확정했다. 제11차 회의에서는 대표대회 의사일정과 강요까지 결정했다. 12월 이후 요중개, 호한민, 왕정위 등 손문의 측근뿐만 아니라 보로딘도 모두 상해에서 활동했다. 이들이 광주로 되돌아온 것은 1924년 1월 10일 전후인데, 그사이에 개최된 광주의 임시중집위 회의는 「결의」나 「1월 개조」와 관련된 것을 다루지 않았다.[6] 이뿐만 아니라 이후 일전대회 전까지의 회의에서도 「1월 개조」로의 전환에 관한 내용을 토론한 기록은 없다.[7] 따라서 임시중집위는 「11월 개조」를 만들어냈으나, 「1월 개조」로의 이행에는 어떠한 역할도 하지 못했음을 알 수 있다.

3. 보로딘의 '회고' 기록

「1월 개조」로의 이행과 관련해 비록 1차 문헌 자료는 아니지만, 그래도 구체적으로 언급하고 있는 것은 보로딘의 '회고'이다. 그런데 이는 '회고'라기보다는 일전대회 후 보로딘이 체레바노프에게 전해준 이야기이다.[8] 이 역시 많은 연구에서 근거로 삼는 것인데, 정리해보면 다음과 같다.

6 임시중집위 회의에 공산당 측 참여자는 담평산이었는데, 그는 거의 모든 회의에 참석했다. 보로딘이 광주로 돌아와서 그에게 개조의 진행에 관해 묻자 담평산은 "당신(보로딘)이 (상해로) 간 후 어떤 변화도 없다"고 보고했다. 「譚平山與鮑羅廷的談話」(1924.1.10), 『聯共(布), 共産國際 檔案資料』 2, p.558.

7 임시중집위의 회의 내용에 대해서는 ≪國民黨週刊≫, 제1~5기; 『廖仲愷年譜』, pp.200~237 참조.

8 체레파노프가 광주에 도착한 것은 일전대회가 이미 시작된 후인 1924년 1월 25일이다. 따라서 보로딘으로부터 그간의 사정을 들은 것은 일전대회 중이거나 이후일 것이다. 『中國國民革命軍的北伐』, p.32.

① **강령의 첫 번째 초안**이 중앙집위회 **상해집행부의 제1차 회의**(1923.12.17)에 제출되었다. 초안에 대해 밤새도록 논쟁이 있었다. 요중개, 구추백, 왕정위, 호한민이 변론에 참가했다.

② 이후 **광주의 '사인(四人)위원회'**(요중개, 보로딘, 호한민, 왕정위)가 15시간을 들여 강령의 각종 문제에 대해 격렬히 논쟁했다. 국민당 선언을 기초할 때 왕정위가 '노동자, 농민 대중'을 모호한 개념인 '군중', '인민' 등으로 대체하자고 고집했다. ……

선언 초안 중 중국 혁명 실패의 원인을 설명하고, 아울러 삼민주의에 대해 새로운 해석을 했다. 민족주의 원칙은 사회 각 계급에 대해 이야기한다면 제국주의와의 투쟁을 의미하고, 자산계급과 노동자 계급에 대해 이야기한다면 민족 경제를 발전시키며, 노동자에 대해 말한다면 착취에서 벗어나는 것을 의미하고, 소수 민족에 대해 이야기한다면 장차 건립할 중화민국 경내에서 자치권을 향유하는 것을 의미하는 것이었다.

선언 속에서, 전국의 토지가 없거나 적은 토지의 농민과 노동자의 이익이 일치하기 때문에 이 계급들이 바로 혁명의 기본 역량임을 천명했다. …… 이런 논점을 선언 초안에 넣은 것에 반대한 것은 주로 왕정위였다. …… 민생주의는 조건이 갖추어진 기업의 국유화, 토지 개혁의 실행, '노동법'의 제정으로 귀결되었다. 위원회에서 이 조문들을 토론할 때 첨예한 의견 차이가 발생했다. ……

③ **손문이 출석한 위원회 회의**에서 보로딘은 대토지 소유자, 농사짓지 않고 상업하는 자, 국가 직원이면서 금전이나 실물지조의 형식으로 농민을 약탈하는 토지 소유자의 토지를 국유로 하는 문제를 제출했다. ……

④ **1월 15일의 위원회** 회의에서 보로딘은 또 다음과 같이 반문했다. "당신들은 어느 민족과 함께 행동하려 하는가? …… 그러나 **국민당의 선언을 보면 아주 분명하다.** 당신들은 제국주의에 반대해야 한다. 민족과 국가는 피압박과 압박의 국가와 민족으로 구분된다. 당신들은 그중 어느 국가, 어느 민족과 손잡고 전

진하겠는가?" 위원회는 아래와 같은 견해를 받아들였다. "국민당은 민족혁명 운동을 광대한 인민 군중의 지지와 기초 위에 두며, 동시에 기타 피압박 국가의 민족혁명 운동 및 국민당과 공동의 목적을 갖는 세력과의 …… 통일전선이 반드시 필요하다." 그러나 **손문은 이런 전략은 시의적절하지 않다며**, …… 마지막으로 손문은 이렇게 자신의 입장을 표했다. "나는 피압박 국가의 민족혁명 운동과 통일전선을 결성하는 데 완전히 찬성한다. 그러나 내 생각에 이런 성명을 국민당의 새로운 행동강령에 넣는 것은 시의적절하 않다. 그러나 이런 성명을 발표할 때가 오면 나는 분명히 이런 성명에 찬성할 것이다."

⑤ **1924년 1월 18일 공산당 대표회의는 국민당 선언 초안에 찬동했다.**[9] – 강조, 괄호, 번호는 인용자

보로딘도 마찬가지로 「11월 개조」에서 「1월 개조」로의 이행에 대해 언급하지 않고, 두 개조를 하나로 묶어 설명하고 있음을 알 수 있다. 일단 보로딘의 설명대로 풀어본다면, 1923년 11월 광주에서 「11월 개조」를 일단 마무리하고 상해로 올라온 12월 17일에 열린 상해집행부 제1차 회의에서 '강령의 첫 번째 초안'을 밤새 토론했고(①), 광주로 돌아와서, 즉 1924년 1월 10일 이후 개최된 '사인위원회'에서 15시간에 걸친 격론 끝에 「결의」에 근거한 개조의 내용이 만들어지고(②), 이후 손문이 출석한 두 차례의 회의에서 보로딘은 '토지 문제'와 '통일전선 문제'를 제기했으나 받아들여지지 않았다(③와 ④). 그리고 보로딘은 이 결과를 광주의 공산당 대표회의(당단 회의)에 보고해 '승인'을 받는 절차를 밟았다는 것이다(⑤). 이렇게 보면 광주에서 「11월 개조」가 이루어진 후 상해에서 '강령의 첫 번째 초안'을 놓고 밤새 논쟁했다는 회의가 있었고, 또 하나는 이후 광주에서 15시간의 격론이 벌어진 사인위원회가 있었다. 후자는 토의 내용을 보면, 분명 「1월 개조」의 내용이다. 즉 「결의」에서 「1월 개조」로의 이행이 이

9 『中國國民革命軍的北伐』, pp.60~64.

왕정위(汪精衛, 1883~1944)

자는 계신(季新), 이름은 조명(兆銘), 정위(精衛)는 필명이다. 1902년 과거에 합격(秀才)하고, 1903년에는 관비를 받아 일본에 유학했다. 1905년 손문을 만나 동맹회에 가입했으며, 1910년 북경에서 청(淸) 섭정왕(攝政王) 대풍(戴灃)을 암살하려다 실패해 무기징역을 선고받았다. 무창기의 후 원세개의 사면으로 출옥해 프랑스에 유학했다. 1915년 귀국해 토원전쟁에 참가했으며, 1917년 1차 광동정부의 호법운동에 참가했다. 1919년 상해에서 잡지≪건설(建設)≫을 창간했다. 손문의 국민당 개조 때 중국공산당 당원의 국민당 가입을 반대했다. 1924년 중앙집행위원에 당선되었고, 이후 중앙선전부장 등 역임했다. 11월 손문과 함께 북상해 그의 비서를 담당했으며, 1925년 병이 위중해지자 손문의 유촉을 주관했다. 1926년 중산함(中山艦) 사건 발생 후 사직하고 프랑스로 떠났다. 1927년 프랑스를 떠나 소련을 거쳐 귀국했으며, 귀국 도중 모스크바에서 스탈린과 만났다. 귀국 후 무한국민정부 주석에 올라 장개석과 권력 투쟁을 했으며, 1931년 천진에서 하야 성명을 발표하고, 광주국민정부를 조직해 남경국민정부의 합법성을 부정했다. 1937년 7·7 사변 후 일본에 투항해 남경에 '괴뢰국민정부'를 건립해 이른바 '한간(漢奸)'으로 전락했다. 1944년 일본 나고야에서 골수종으로 병사했으나 사인에 대해서는 많은 의문이 있다.

회의에서 이루어진 것이다. 그런데 15일의 위원회 회의에서 보로딘은 통일전선을 요구하면서, 그 근거로 '국민당의 선언을 보면 아주 분명하지 않냐'고 강변하는 것으로 보아(④), 1월 15일에는 이미 '국민당의 선언', 즉 「일대선언」이 완성되었음을 알 수 있다.

그렇다면 '상해의 회의'와 '강령의 첫 번째 초안'은 무엇인가. 먼저 회의인 '상해집행부 제1차 회의'에 대해 살펴보자. 『회의록』에 따르면 참석자는 4명이 아니라 모두 10명이었다. 인용문의 구추백은 참석자 명단에 없다.[10] 또 '강령의 첫 번째 초안'을 토론했다는 내용도 없다. 회의에서는 요중개가 먼저 새로 조

10 이 회의의 참석자는 왕정위, 거정, 장계, 섭초창, 호한민, 사지(이상 상해집행부 위원), 장추백, 팽소민(이상 상해집행부 후보위원), 그리고 보로딘과 요중개가 참석했으니, 총 10명이 참석한 셈이다. 『廖仲愷年譜』, p.210, p.213.

직된 상해집행부의 직권에 대한 설명과 임원을 선출하고, 이어 상해 국민당 당원대회의 개최를 확정했다.[11] 물론 당원대회에서 보고할 '개조의 이유'와 '개조의 경과'는 광주에서 확정된 「11월 개조」였다. 더구나 회의 참석자 누구도 코민테른의 「결의」 내용을 아직 전해 받지 못했기 때문에 「11월 개조」에 대한 '변경'을 제안할 수도 없었다. 따라서 상해집행부 제1차 회의에서는 「11월 개조」와 관련해 밤새 논쟁할 내용이 없었다. 일단 상해집행부 제1차 회의에서 밤샘 논쟁이 없었던 것은 분명하다.

그런데 일전대회 개최 이틀 전(1924.1.18) 광주에서 열린 중국공산당 당단(黨團)회의, 즉 상기 인용문의 '공산당의 대표회의'에서 보로딘이 발표한 주장을 보자(⑤).[12]

일전대회 대표로 출석하는 공산당 당단의 20명이 이 회의에 참석했는데, 보로딘은 그들에게 「일대선언」의 제정 과정을 다음과 같이 설명했다.

> 상해에서 **첫 번째 초안**이 국민당 중앙집행위원회 상해집행부로 넘어온 후, **제1차 회의**를 거행했다. 이 초안을 토론하는 데 꼬박 하룻밤이 걸렸는데 요중개, 장추백(張秋白, 장추바이), 왕정위, 호한민이 열성적으로 이 토론에 참가했다. 그 후 **이 초안은 구추백에 의해 중문으로 번역되어 왕정위에게 전해졌고, 왕정위가 이를 수정해 제출했다. 이 초안이 다시 러시아어로 번역되었을 때**, 우리의 저명한 국민당인의 사상이 얼마나 복잡한지 알 수 있었다.[13] - 강조는 인용자

11 상해시 당원대회는 왕정위가 주석을 맡고, 호한민이 개조 이유를, 요중개가 개조 경과를 보고하고, 마지막으로 전국대표대회에 참석할 대표를 선출하도록 결정했다. 『上海特別市黨務改組會議錄』(『廖仲愷年譜』, p.213에서 재인용).

12 당단회의의 속기록과 보로딘의 발언록은 다음의 글에 들어 있다. 「Borodin의 札記와 通報(摘錄)」(1924년 2월 16일보다 빠르지 않다, 廣州), 『聯共(布), 共産國際 檔案資料』 1, pp.453~471.

13 같은 글, p.463.

이렇게 본다면 체레바노프 회고록의 '상해집행부 제1차 회의'에서 '첫 번째 초안'이 밤새 토론된 것이 아니라, '첫 번째 초안'이 상해집행부로 넘겨진 후 첫 회의에서 밤샘 토론이 있었다고 해석해야 할 것이다. 여기에 참여한 사람은 요중개, 왕정위, 호한민, 보로딘 네 명이며, 구추백은 통역으로 참여한 것 같다. 장추백의 참여는 불분명하다. 러시아어로 작성된 초안이 구추백에 의해 중국어로 번역되어 왕정위에게 넘겨 수정을 받아 다시 러시아어로 번역되어 보로딘에게 넘어왔으니, 초안은 보로딘이 작성한 것이 분명하다. 그렇다면 여기서 말하는 '첫 번째 초안'이란 무엇인가. 초안에 대해 보로딘은 다음과 같이 주장하고 있다.

> …… 상해에 있을 때 나는 중공 중앙의 동지들와 함께, 그들이 분투해야 할 강령을 건의하기로 결정했다. 그들이 **이번 대회**(국민당 일전대회)**에서 제출해야 할 강령**은 대체로 다음과 같아야 했다.
>
> ① 되도록 분명하고 정확하게 과거를 총결하고, 혁명의 실패 원인을 밝힐 수 있어야 한다. 예컨대 당이 없었고, 대중의 기초가 있는 명확한 강령도 없었고, 당의 기율도 없었다는 등등. 한마디로 과거의 경험을 평가하고 1911년 혁명이 실패한 결과를 지적한다.
>
> ② 일부 단체, 파벌 내지는 일부 영향력 있는 인물들은 국내의 혼란과 무정부 상태를 벗어나고자 여러 가지 현상 탈피의 주장을 제기했는데, 이런 주장은 아무 쓸모도 없고 의의도 없기 때문에 비판받아야 한다. 예를 들면 입헌파, 연방파의 주장, 외국인의 비위를 맞추며 호인 정부를 건립하자는 주장 등등이다. 이 모든 건의에 대해 분석과 평가를 진행해야 한다.
>
> ③ …… 그렇다면 국민당은 다른 출로를 제시해야 한다. 즉 국가 정권을 장악하려는 정당으로서 반드시 어떤 원칙에 근거해 미래의 정권을 건립할지에 대해 설명해야 한다. 다시 말하면 강령에 기초한 원칙이 있어야 한다는 것이다. …… **만일 현재 강령을 제출할 수 없다면, 적어도 국민당의 주의 즉 민족주의,**

민권주의, 민생주의란 무엇인지를 이번 대표대회에 명확하게 제출해야 한다.[14]

'초안'이란 국민당 전국대표대회에 제출할 강령 즉 훗날 「일대선언」의 초안이라고 보로딘은 말하지만, 이 초안이 「일대선언」의 초안이 된 것은 아니다(후술). 상해에 오기 전 이미 「11월 개조」로 「개조선언」, 「당강초안」, 「장정초안」이 만들어졌다. 따라서 여기서 말하는 '초안'이란 「11월 개조」를 바탕으로 하여 대표대회에서 발표될 '강령'이었다. 바로 이 '강령'이 이후 「결의」에 기초한 '강령'으로 바뀐 것이다. 보로딘이 삼민주의도 명확히 밝혀야 한다고 건의했다지만, 「결의」에 의한 삼민주의 해석을 의미하지는 않는다. 반복되지만 보로딘을 포함한 회의 참가자들은 아직 「결의」를 전해 받지 못했기 때문이다. 따라서 인용문의 '삼민주의에 대한 명확한 해석'은 「11월 개조」의 삼민주의 해석을 좀 더 명확히 표현하자는 의미였다.

여하튼 이 인용문에 따르면, 보로딘은 이 강령의 구조를 크게 세 개로 나누었다. 첫째, '중국 현상'으로 혁명의 실패 원인을 분석한다. 둘째, 중국의 현상에 대한 여러 당파나 인물들의 주장(입헌파, 연방파, 호인정부파 등)에 대해 비판하고, 셋째, 새로운 출로를 제시해야 하지만, 적어도 국민당주의가 무엇인지는 명확히 제시해야 한다는 것이다. 「11월 개조」를 만들어낸 핵심 인물들이 상해로 온 이유 중 하나는 「11월 개조」를 지방으로 확산하는 것이었고, 상해가 그 첫 번째였다. 확산이란 광주에서의 개조를 재현하는 것이니, 당원을 등록하고 구분부를 만들고 이어 개조의 의미를 선언하는 당원대회를 개최하는 것이다. 이것은 순조롭게 진행되었다.

상해에서 해야 할 또 하나의 일은, 일전대회에서 발표할 선언 혹은 강령을 만드는 것이었다. 「11월 개조」의 「개조선언」, 「당강초안」, 「장정초안」은 아직 초안 상태이기도 하고, 또 최초의 전국대표대회에서 발표할 선언으로는 단

14 같은 글, pp.462~463.

〈표 18-1〉「11월 개조」, '첫 번째 초안', 「일대선언」

「11월 개조」	첫 번째 초안(「國民黨之政綱」)	일대선언
「개조선언(改組宣言)」	一. 中國之現狀 (A) 辛亥革命之後 (B) 현재 상황 1. 입헌파(연구계 등) 2. 연성자치파 3. 화평회의파 4. 상인정부파	一. 中國之現狀 …… 1. 입헌파 2. 연성자치파 3. 화평회의파 4. 상인정부파
「당강초안(黨綱草案)」	5. 중국식 파시스트주의 (영웅주의) 國民黨之主義 黨綱 총 9개 항	 二. 國民黨之主義 三. 國民黨之政綱 甲 대외 정책 7개 항 乙 대내 정책 16개 항
「장정초안(章程草案)」		「중국국민당총장(中國國民黨 總章)」

절적이니 이를 하나의 틀을 만들어야 했다. 앞의 인용문에서 보로딘이 제시한 틀은, 중국의 현상을 설명한 후 이를 극복하려는 국내의 여러 정치 주장을 비판하고, 삼민주의를 분명히 밝히는 구조였다. 이후 「일대선언」도 이런 틀로 제시되었다는 점에서 그 형식 틀로 보로딘이 만든 것이라고 볼 수 있다. 따라서 '첫 번째 강령초안'이란 '일전대회'에서 발표할 '강령'이었다. 다만 앞의 인용문으로는 그 내용을 분명히 알 수는 없다.

'첫 번째 초안'은 현재 독립된 문건으로 남아 있지 않은데, 1924년 원단의 연석회의(중국공산당과 사회주의청년단) 후 '일전대회에 대한 당단의 의견'을 정리한 문건 말미에 첨부한 자료[15]가 바로 '첫 번째 초안'으로 추정된다. 이후 「결의」가 없이 순조롭게 진행되었다면, 이 '첫 번째 초안'이 광주에 있는 손문에게 전

15 「國民黨之政綱」[「中國共産黨中國社會主義靑年團中央局對國民黨全國大會意見」(1924.1)의 附錄, 中央檔案館 編, 『中共中央文件選集』 第1册, pp.216~220].

달되어 그의 의견을 들은 후, 일전대회에서 발표될 터였다. 「11월 개조」, '첫 번째 초안', 「일대선언」의 구성은 〈표 18-1〉과 같다.

신해혁명 이래 혁명의 실패 원인을 설명하고, 이어 현재 상황을 타개하기 위해 여러 정파에 대해 비판한 후 혁명이 나가야 할 원칙으로서 삼민주의를 천명하며, 마지막으로 구체적인 정강을 제시하는 구조이다. 「11월 개조」에서는 혁명의 실패 원인을 「개조선언」에서, 삼민주의는 「당강초안」에서 설명하는 구조였다. 다만 여러 당파에 대한 비판과 정강은 제시되지 않았다. 앞에서도 언급했지만 「일대선언」의 구조를 이렇게 잡은 것은 보로딘이었다. 그러나 '첫 번째 초안'과 「일대선언」의 구조는 같지만, 내용은 다르다. 실제로 다를 수밖에 없었다. 누차 반복되는 설명이지만 '첫 번째 초안'은 시기상으로도 「결의」를 받기 전에 작성된 것이므로, 「11월 개조」를 바탕으로 만들어진 것이다.[16] 「일대선언」 즉 「1월 개조」와 가장 뚜렷하게 차이를 보이는 것은 '국민당의 주의' 즉 삼민주의에 대한 해석으로, '첫 번째 초안'에서는 '국민당의 주의'를 다음과 같이 설명했다.

> 국민당의 주의는 모두 다 알고 있는 것이다. 국민당 영수 손중산이 일찍이 제창했다. 현재 **국민당의 주의는 명확하고 상세한 당강에 나와 있다. 이미 당보**(黨報)**에 발표되었다. 대회에서 토론을 거쳐 통과될 것이다.** 이 당강의 주요 내용은 다음과 같다.[17] – 괄호와 강조는 인용자

여기서 말하는 '당강'은 바로 '당강초안'이고, '당보'는 ≪국민당주간≫일 수도

---

16 보로딘은 자신의 생각을 「11월 개조」에 조금 얹기도 했다. 예컨대 중국의 현상에서 "혁명이 누차 실패해 그 결과 외국 제국주의 및 국내 군벌의 억압은 더욱 심해졌다"라든가, "중국의 내란은 외국 제국주의에 유리하다"라고 하여 「개조선언」과 비교해 제국주의에 대한 표현을 강화했다. 같은 글, p.217.

17 같은 글, p.220.

있고, ≪향도주보≫일 수도 있다. 즉 「11월 개조」의 삼민주의 해석이고, 이것이 대표대회에서 발표될 예정이었다.

4. 보로딘과 「결의」

「11월 개조」를 손문과 합의하고, 또 이를 바탕으로 일전대회를 추진하고자 했던 보로딘이 「결의」를 받고 어떻게 대응했는지 살펴보자. 이를 위해서는 이 시기 보로딘의 움직임을 좀 더 상세히 살펴볼 필요가 있다. 보로딘은 광주에서 「11월 개조」를 완성한 후 12월 1일쯤 상해에 도착했다. 도착 직후 북경으로 가서 카라한에게 「11월 개조」를 보고하고 승인을 받은 후 상해로 돌아왔다. 보로딘이 상해에서 「11월 개조」에 대한 중공의 대처를 구추백에게 '질책'하자, 중국공산당은 당원들에게 국민당 개조에 적극 참여하라고 통고했다. 이는 이미 앞서 설명한 바 있다. 그런데 바로 이 시기 코민테른의 「결의」가 만들어졌고, 코민테른 집행위원회는 이를 카라한에게 보냈다. 1923년 12월 말, 카라한은 「결의」를 상해의 보로딘에게 전달하며 다음과 같이 평가했다.

> 결과적으로 장개석은 트로츠키, 지노비예프와 만났고, 코민테른의 회의에까지 참석했기 때문에 특별히 원망할 이유가 없다. …… 나도 당신에게 코민테른 집행위원회가 제기한 중국 문제에 관한 결의를 보낸다. 사실 이 결의는 새로운 것도 아니고, 특별한 내용도 없다. 중국 정책의 기초가 될 만한 것들로, 이전에 우리도 이미 갖고 있었던 것들이다. 내 생각에 **결의에서 말하는 정도의 내용들은 이미 당신이 손문에게 말했을 것이고, 손문도 기본적으로 이런 결의를 이미 실행하고 있으리라 믿는다.** 모스크바에서 이 결의를 초안했으나 **광동의 정황을 알지 못하는 사람들에 대해 나는 이 결의가 아주 만족스럽다고 생각하고 있다. 이것이 가장 보편적이고 원칙적인 이론과 관련되기 때문이다.**[18] -강조는 인용자

레프 카라한(Lev Mikhailovich Karakhan, 1889~1937)

중국명은 가랍한(加拉罕)으로 조지아 트빌리시(Tbilisi)에서 출생했으며, 아르메니아인이다. 1910년부터 1915년까지 페트로그라드 대학에서 법학과 수학을 공부했다. 1904년 러시아 사회민주노동당 입당했으며, 15세 때 차르 반대 투쟁에 투신했다. 1907년 사회주의 사상 서적을 출판하는 인쇄소 건립에 참여했으며, 1910년 하얼빈에 체포되어 압송되었으나 1개월 후 석방되었다가 1915년 재차 체포되어 시베리아로 유배되었다. 10월혁명 때 군사위원회 위원을 맡았으며, 1918년에는 부외교인민위원을 역임했다. 1919년 3월에 거행된 코민테른 성립대회를 준비하고 참가했다. 1919년과 1920년 두 차례에 걸쳐 「중국 인민과 중국 남북정부에 대한 소련의 선언」(이른바 「카라한 선언」)을 발표했다. 1921년에는 폴란드 주재 소련 대사를 지냈으며, 1923년 9월 소련 외교사절단 단장으로 중국에 파견되어 중소 국교 정상화 문제를 협상했다. 1924년 5월 북양정부 외교총장 고유균과 「중소해결현안대강협정(中蘇解決懸案大綱協定)」을 체결했다. 중소 국교 회복 후 초대 중국 주재 소련대사를 역임했으며, 보로딘을 통해 손문과 관계하며 국공합작을 진행했다. 풍옥상과도 우의를 나누며 중국 북방의 혁명 운동을 적극 지지했다. 1926년 귀국해 외교인민위원부에서 근무했으며, 1934년 터키 주재 소련 대사를 지냈다. 1937년 체포되어 사형되었으나, 1956년에 명예를 회복했다.

「결의」에 대한 카라한의 평가는 아주 모호하다. 우선 「결의」는 별로 의미가 없는 그저 원칙론적인 수준의 것이라고 총평하면서도 「결의」의 내용을 손문에게 이미 말했을 것이고, 손문도 실시하고 있으리라고 보로딘을 압박하고 있는 듯하다. 사실 카라한도 보로딘의 「11월 개조」에 이미 동의했었다. 말하자면 국민당 개조를 위해 손문과 합작하려면 현 단계에서는 「11월 개조」가 필요하다고 보았다. 그런데 「결의」를 받아보니 이는 「11월 개조」와는 크게 다른 내용이었다. 따라서 현실(손문이나 광주의 정황)을 모르는 사람에게 '원칙론'으로서는 의미를 갖지만, 중국의 현실적 문제(광주 문제)를 해결할 수 없다는 투이다.

18 「Karakhan이 Borodin에게 보내는 편지」(1923.12.27, 北京, 絶密), 『聯共(布), 共産國際檔案資料』 1, p.393.

그러나 이번 「결의」가 단순히 코민테른의 뜻만이 아니고, 소련공산당과 정부의 동의를 거친 것이니만큼 반드시 추진해야 할 것이었다. "실시하고 있으리라"는 카라한의 말은 실시하라는 지시와 다름없었다.

보로딘은 카라한이 보내는 편지와 함께 「결의」를 받았다. 1923년 12월 30일이었다.[19] 「결의」는 「11월 개조」와 사뭇 달랐으니, 보로딘은 「11월 개조」와 「결의」를 어떻게 처리해야 할지 꽤 당황했을 듯하다. 이틀 뒤 새해 첫날인데도, 중국공산당은 사회주의청년단과 연석회의를 열어 국민당에 대한 입장을 밝혔다. 연석회의에서 보로딘은 「결의」와 「11월 개조」의 관계를 다음과 같이 설명했다.

> 우리와 국민당과의 총체적 관계에 대해 국민혁명 운동을 지지하라는 코민테른의 결정은, 특히 **최근의 새로운 제강**(提綱)은 아주 분명하게 말해주고 있다. …… **광주에서의 경험**은 이들(코민테른)의 결의가 완전히 관철될 수 있음을 완벽하게 증명하고 있다.[20]

'최근의 새로운 제강', 즉 「결의」가 '광주에서의 경험'인 「11월 개조」에 의해 관철될 수 있다는 것이다. 연석회의가 내린 의견서, 즉 「결의」를 받고 급히 소집된 연석회의의 결론은 다음과 같다.

> 현재 그리고 가까운 장래에 우리는 국민당 내에서 힘써 성실히 국민당과 합작할 필요가 있음은 확실하다. 원칙상으로 현재 우리가 국민당과 주의상·정책상 충돌할 실질은 결코 없다. …… 국민당 최초의 전국대회에 참가하는 국민당

---

19 「Borodin이 Voitinsky에게 보내는 편지」(1924.1.4, 상해), 『聯共(布), 共産國際 檔案資料』 1, p.394.

20 연석회의의 기록은 「Borodin의 札記와 通報(摘錄)」(1924년 2월 16일보다 빠르지 않다, 廣州), 『聯共(布), 共産國際 檔案資料』 1, pp.442~443에 있다.

대표 분자들이 유치하고 아주 복잡하기 때문에, 여러분은 지나친 희망으로 우리 합작의 첫 막을 방해하지 않기 바란다. 그리하여 연석회의는 단지 다음과 같은 최저한도의 주장을 의결한다.

1. **당강초안에 대해 우리는 대체로 찬동한다.** 다만 민족주의 내용에 관한 해석에서 우리의 주장은 이렇다. 대외적으로 침략주의 열강이 우리에게 가하는 압박에 반항하며, 대내적으로 우리가 식민지 약소민족(예컨대 몽골, 서장)에 가하는 압박을 해제한다.
2. **장정초안에 대해서도 대체로 찬동한다.** ……
3. 정강의안에 대해 우리는 **코민테른의 8조의 의견을 옹호**해야 한다.[21]

「결의」를 받은 후에도 「당강초안」과 「장정초안」에 "대체로 찬동한다"는 것은 「11월 개조」를 유지한다는 뜻이다. 좀 더 정확히 표현하면 「11월 개조」를 유지할 수밖에 없었다. 이미 보았듯이 두 문건은 「11월 개조」의 핵심 문건으로, 특히 「당강초안」은 「11월 개조」의 삼민주의 해석이다. 다만 「결의」가 요구하는 것(반제국주의와 소수민족에 대한 자치 허용)을 지지한다는 것은 '의견 표명'일 뿐이지, 「11월 개조」를 바꾸겠다는 것은 아니다. 그러면서도 '코민테른의 8조의 의견' 즉 「결의」[22]를 옹호해야 한다고 했는데, 「당강초안」에 대한 찬성과 「결의」에 대한 옹호는 호응할 수 없는 내용이 너무 많았다. 특히 삼민주의에 대한 「당강초안」과 「결의」의 해석이 크게 다르기 때문이다. 이처럼 앞뒤가 맞지 않는 '연석회의의 의견'은 「결의」를 받은 후 보로딘이 맞닥뜨렸을 '당황'함을 보여주는 표현이라고 할 수 있다. 「결의」 대로라면, 「11월 개조」는 완전히 수정해야 하는 것이므로, 손문과의 기왕의 '합작'(「11월 개조」)을 번복해야 하기 때문

---

21 「中國共産黨中國社會主義青年團中央局對國民黨全國大會意見」(1924.1), 中央檔案館 編, 『中共中央文件選集』 第1冊, pp.215~216.

22 「결의」는 8개조로 이루어져 있다.

이다. 바로 이 시기에 「결의」를 만든 핵심 인물 보이틴스키에게 보낸 보로딘의 편지에도 보로딘의 '당황스러움'이 잘 드러난다.

> 지난번(12월 초) 내가 북경에서 당신에게 중국 남방에서의 사업 정황에 관한 자료를 드리려 했는데, 내가 북경에 도착하자마자 떠나서 드리지 못했습니다. …… 손문의 대표단이 모스크바를 방문했을 때, 코민테른이 통과시킨 중국 문제에 관한 결의를 12월 30일에 상해에서 받았습니다. 이곳에서 나의 과거 사업도 이 결의의 정신에 따라 진행한 것 같습니다. 또한 내가 곧바로 이 논조를 파악하지 못했지만, 곧 깨닫게 될 것입니다. ……
>
> 1월 말 광주에서 국민당대표대회가 열리는데 …… . 당의 강령과 장정은 이미 준비되었고, 일정과 보고할 사람들도 확정되었습니다. …… 광주에서는 ≪국민당≫이라는 중앙 기관 간행물을 발행하는데, 이미 제3기가 나왔다.[23]

보로딘이 북경에 간 것이 12월 초였으니, 이때 보로딘이 보이틴스키에게 전하려고 했던 '남방에서의 사업 정황에 관한 자료'는 「11월 개조」의 자료들이다. 일전대회에서 발표하기 위해 이미 준비된 국민당의 '강령과 장정',[24] 그리고 대회 일정과 발표자가 보로딘이 참석한, 광주에서 열린 임시중집위 제11차 회의(1923.11.29)에서 이미 확정되었던 것이다.[25] 따라서 「결의」를 받은 후에도

---

23 「Borodin이 Voitinsky에게 보내는 편지」(1924.1.4 상해), 『聯共(布), 共産國際 檔案資料』 1, p.394, pp.395~396.

24 「11월 개조」와 「1월 개조」의 핵심 문건은 이름도 다르다. 전자는 「중국국민당개조선언」, 「중국국민당당강초안」, 「중국국민당장정초안」인 반면, 후자는 「중국국민당제일차전국대표대회선언」, 「중국국민당총장」이다.

25 참석자는 임삼, 풍자유, 손과, 사영백, 진수인, 보로딘, 오철성, 담평산, 등택여, 요중개이다. 회의는 전국대표대회 의사일정과 綱要를 통과시켰는데, 내용은 다음과 같다. ① 중국의 현상 및 국민당 개조의 필요성은 총리(손문)가 담임한다. ② 임시중집위의 당무 보고는 비서처가 담임하며 서면으로 보고한다. ③ 黨綱에 대한 설명(政綱 附)은 요중개가 담임한다. ④ 黨章에 대한 설명은 손과가 담임한다. ⑤ 黨略은 대계도가 담임한다. ⑥ 총리,

여전히 국민당 개조를 「11월 개조」로 진행할 것임을 보로딘은 밝히고 있다. 기왕의 진행으로 보아 「11월 개조」 이외에 달리 방법이 없었다고 해야 할 것이다. 그래서 자신이 행한 「11월 개조」가 「결의」의 정신에 따라 진행한 것 같다고 하면서도, 「결의」의 논조를 아직 파악하지 못했다는 어정쩡한 태도를 취할 수밖에 없었다. 「11월 개조」가 「결의」의 정신에 따랐다는 보로딘의 주장이 얼마나 억지인지를 자신의 말로 증명하고 있는데, 국민당 일전대회가 끝나갈 무렵 보로딘은 카라한에게 다음과 같은 '승리의 보고'를 보냈다.

> 당신(카라한)은 (12월 초 북경에서) 국민당 당강(「11월 개조」의 당강초안)에 대해 이야기할 때 생기가 없다고 했는데, 이는 정확한 것이다. 문제는 **당신이 본 그 당강초안은 토론 형식으로 당의 기관보**(≪국민당주간≫) **창간호를 위해 썼다는 데 있다. 대표대회에 이 초안은 아예 제출되지도 않았다.** …… (「1월 개조」의 대회선언은) 당의 입장을 진술한 확실히 괜찮은 문건이다.[26] - 괄호와 강조는 인용자

중공이 「11월 개조」를 적극적으로 선전하지 않는다고 구추백을 질책하던 보로딘이었다.[27] 그러던 그가 이제 「11월 개조」의 당강초안은 ≪국민당주간≫ 창간호에 싣기 위한 토론용 문건이었다고 깎아내리고 있는 것이다. 잡지에 게재하기 위해 임시중집위가 몇 차례의 회의를 열어 「당강초안」을 제정했다는 말인가. 이처럼 둘러대는 보로딘의 모습은, 오히려 「11월 개조」와 「1월 개조」 사이에 간격이 크다는 것을 반증한다. 「당강초안」이 일전대회에 "아예

중앙집행위원, 중앙심사위원을 선출한다. ⑦ 各 省區 대표 보고 ……. ≪國民黨週刊≫ 제3기, 『國父年譜』 下, 1923.11.26/27, pp.1034~1035, 『廖仲愷年譜』, p.207.

26 「Borodin이 Karakhan에게 보내는 편지」(1924.1.25, 광주, 기밀), 『聯共(布), 共産國際 檔案資料』 1, p.403, p.404, p.405.

27 「Borodin과 瞿秋白의 담화기록」(1923.12.16, 上海), 『聯共(布), 共産國際 檔案資料』 1, pp.378~379.

제출되지 못했다"라는 것은, 그것이 「일대선언」과 전혀 다름을 의미한다. 「당강초안」은 삼민주의에 대한 「11월 개조」의 해석이었으니, 보로딘 스스로 「1월 개조」의 삼민주의 해석과 「11월 개조」의 삼민주의 해석이 전혀 다르다는 것을 입증하고 있는 셈이다.

일전대회가 끝난 직후 보로딘은 기존의 삼민주의, 즉 「당강초안」과 크게 다르지 않은 삼민주의에 대해 다음과 같이 평가했다. "손문은 이제까지 삼민주의로부터 그 어떤 현실적 결론을 얻으려고 시도하지 않았다. 강령과 강연 중에서 그는 마치 미래 인류 사회의 평등 왕국을 논하는 것처럼 추상적으로 민족주의, 민권주의, 민생주의를 논했을 뿐"[28]이었고, 더구나 "손문으로 하여금 무엇을 믿도록 설득하는 것은 아주 어려운데, 하물며 이것이 삼민주의와 관련될 때는 더욱 그렇다. 그는 자신만의 논조로 삼민주의를 설명하기 위해 20년을 소모했다."[29] 이와 같은 삼민주의를 '일전대회'를 통해 다음과 같이 바꾸었다고 보로딘은 주장한다.

> 지금 보면 「일대선언」은 …… 결론적으로 중국 국민혁명 운동에 어느 정도 쓸 수 있는 문건이라 할 수 있다. **민족주의, 민권주의, 민생주의에 대한 코민테른의 제강(「결의」)이 일정한 정도에서 이 문건의 기본 내용을 이루고 있다.** …… 민족주의의 목적은 바로 제국주의에 반대하는 투쟁이라는 것을 명확히 표시했다. …… 소수민족을 놓고 볼 때 민족주의는 중화민국을 건립하고 그 범위 안에서 소수민족이 자결권을 소유하는 것이다. 민권주의는 인권과 공민권의 각도에서 분석한 것이 아니라, 혁명의 원칙으로 본 것이다. 혁명정권 입장을 견지하는 사람들에게만 권력을 부여했다. 혁명정권의 모든 적과 제국주의의 모든 주구에게는 민권주의가 존재하지 않으며, 그들에게 아무런 권력도 부여하지 않는다. 물론

28 「Borodin의 札記와 通報」(摘錄)(1924.2.16보다 빠르지 않다. 廣州), 『聯共(布), 共産國際檔案資料』 1, p.446.

29 같은 글, p.473.

여기에 꼬리가 다섯인 국민당의 헌법(오권헌법)도 추가해야 했다. 그렇지 않으면 손은 동의하지 않을 뿐 아니라 어떻게 해도 통과될 수 없었을 것이다. …… 민생주의를 보면 이 선언에서 제기한 것은 사회주의자의 내용과 비슷하다.[30]

결국 보로딘의 말에 따르면 「11월 개조」가 「1월 개조」로 이어진 것이 아니라 「11월 개조」는 잡지 게재용으로 만든 것으로 일전대회와 관련해서는 아예 꺼내지도 않았고, 즉 「11월 개조」를 폐기하고 「결의」에 근거한 「1월 개조」를 새로 만들어냈다는 뜻이다. 그런데 정작 보로딘은 '설득하기 힘든 손문'으로 하여금, 그것도 '20년간을 소모해 만든 삼민주의'를 어떻게 설득해 '새로운 삼민주의'로 바꾸게 했는지에 대해서는 전혀 언급이 없다.

5. 보로딘의 광주 귀환

「결의」만 없었더라면 보로딘은 「11월 개조」를 상해로 확산시켰다는 '성취감'을 안고 광주로 돌아와 일전대회에 임하고자 했을 것이다. 그러나 서로 어긋나는 「11월 개조」와 「결의」를 어떻게 처리해야 것인지 '곤혹감'을 안고 광주에 오게 되었다. 보로딘은 광주에 도착한 직후 담평산을 만나 광주를 비운 사이의 상황을 들었다.

담평산: …… **오늘**(1월 10일) **7시 30분 손문 쪽에서 회의를 열어 대표대회 문제를 토론한다.** 대표 선거와 임명에 많은 곤란한 문제가 있는데, 손문이 참가해야만 해결할 수 있다. 내 생각에는 대표대회 준비 사업에 대해 **당신**(보로딘)**이 참가해** 신속히 토론을 진행해야 한다.

---

30 같은 글, pp.464~465.

보로딘: 요중개는 오늘 저녁에 가는가?

담평산: 그는 내일에야 (어딘가 갔다가) 돌아온다.

보로딘: 상해의 정황에 관해 요중개가 중앙에서 보고했는가?

담평산: 안 했다. 그는 아직 정식으로 보고하지 않았다.

보로딘: 그(요중개)가 온 이후 (임시중앙집행)위원회 회의를 개최했는가?

담평산: 아니다. 그는 그저께(1월 8일)야 왔다.

……

보로딘: 현재 국민당 개조에 대한 손문의 태도는 어떠한가?

담평산: **당신이 간 후 어떤 변화도 없다. 그러나 그가 이번 사업에 아주 열정적이라는 것을 알 수 있다.**[31] –강조와 괄호 인용자

'손문 측의 오늘 회의'는 대표대회 문제를 토론하는 회의이고, 임시중집위 회의는 아니다.[32] 따라서 대표대회 문제를 토론하는 '손문 측의 오늘 회의'는 국공의 '공'이 배제된 회의라고 할 수 있다. 손문은 보로딘, 요중개 등이 오기 전부터 개조와 관련해 모임을 갖고 있었음을 알 수 있다. 담평산이 보로딘에게 대표대회 준비 사업에 빨리 참여하라고 독촉한 것도, 손문 측에서 담평산이 참석하는 임시중집위를 통하지 않고 개조 사업을 진행하는 데 따른 우려에서 나온 것으로 보인다. 또 보로딘이 광주를 비운 사이, 즉 「11월 개조」를 만들고 난 이후 어떤 변화도 없다는 담평산의 보고는 말 그대로 어떤 변화도 없었는지, 아니면 손문 측이 나름대로 대응하고 있었는데 담평산이 모르고 있었는지는 알 수 없다. 다만 보로딘이 '개조에 대한 손문의 태도'를 묻는 것은 단순히 「11월 개조」에 대한 손문의 태도, 즉 개조에 대한 열정만을 묻는 것은 아니었

31 「譚平山與鮑羅廷的談話」(1924.1.10), 『聯共(布), 共産國際 檔案資料』 2, pp.557~558.

32 더구나 담평산은 임시중집위 위원이기 때문에 임시중집위 회의라면 직접 참가할 수 있었을 것이다. 또한 1월 10일에는 임시중집위 회의가 개최되지 않았다. 임시중집위 제24차 회의가 1월 7일에 열린 후 25차 회의가 개최된 것은 1월 12일이다. 『廖仲愷年譜』, pp.235~236.

을 것이다. 그는 손문이 코민테른의 「결의」를 이미 받았다는 것을 알고 있었다.[33] 따라서 보로딘은 당연히 「결의」를 받은 후 손문의 태도를 알고 싶어 했을 터인데, 담평산의 보고로는 개조에 대한 손문의 관심은 높지만 「11월 개조」 이후 변화는 없다는 것이었다. 이와 관련해 보로딘이 집요하게 요중개의 동정을 캐물은 것은, 아마도 요중개를 통해 손문의 의중을 알아내고자 한 것으로 보인다. 이렇게 보면 「11월 개조」가 「1월 개조」로 바뀐 것은 빨라야 1월 11일 이후이다.

「1월 개조」로의 이행에 관해 보로딘이 체레바노프에게 언급한 내용을 다시 정리하면, 광주로 돌아온 1924년 1월 10일 이후 개최된 '사인위원회'에서 15시간에 걸친 격론 끝에 「결의」에 근거한 개조가 만들어지고(②), 이것이 두 차례의 회의에서 손문의 수정을 받아 「1월 개조」가 만들어졌다는 것이다(③와 ④). 그리고 이 내용을 1월 18일 광주의 공산당 대표회의(당단회의)에 보로딘이 보고해 동의를 받았다는 것이다(⑤). 손문이 참석한 두 차례의 회의 중 나중 회의는 1월 15일에 개최되었다고 하니, 「1월 개조」의 초안은 적어도 1월 11일부터 1월 14일 사이에 사인위원회에서 만들어진 것이다. 그런데 1월 18일 광주의 당단회의에서 보로딘은 그간의 과정을 다음과 같이 보고하고 있다.

> 호한민, 요중개, 왕정위 그리고 내(보로딘)가 참석하는 **위원회를 개최했는데,** 여기에는 구추백도 참여했다. 회의에서 우리는 **적어도 15시간**이나 소비하면서 **사상상의 혼란**을 다루었다. ……
>
> **여하튼 우리는 결국 선언 전체에 대해 의견 일치를 보았다.** 지금 보면 이 선언은 마치 어느 국가사회주의자의 강령인 것 같아 보인다. 결론적으로 중국 국민혁명 운

33 카라한은 보로딘에게 코민테른의 「결의」를 보내면서, 「결의」를 결정하는 코민테른 집행위원회 회의에 장개석이 참석했다는 것을 알려주었다. 「Karakhan이 Borodin에게 보내는 편지」(1923.12.27, 北京, 絶密), 『聯共(布), 共産國際 檔案資料』 1, p.393.

동에 어느 정도 쓸 수 있는 문건이라 할 수 있다. 민족주의, 민권주의, 민생주의에 대한 **코민테른의 제강이 일정한 정도에서 이 문건의 기본 내용을 이루고 있다.** ……

오랜 시간의 논쟁을 거쳐 위원회는 (물론 나를 제외하고 – 원문) 마침내 의견 일치를 이루었다. 현재와 같은 상황에서, 즉 국민당의 현재 상황에서 나는 우리가 원하는 것을 모두 쟁취할 수 없으며, 단지 우리가 얻을 수 있는 것만 얻을 수 있었다. …… 네 가지 불일치한 점을 제외하고, 위원회는 선언을 마침내 입안했다. 이미 중국어본이 있었고, 구추백 동지가 이를 러시아어로 번역하고, (내가 본 후에는) 다시 러시아본을 중국어로 번역했다. 구 동지가 엄청 고생했다.[34] – 괄호 인용자

네 명이 참석했다는 위원회는 임시중집위는 분명 아닐 것이다. 「1월 개조」를 위해 4인의 위원회가 비공식적으로 만들어진 것이다. 앞에서 말했듯이 임시중집위 회의는 「1월 개조」를 다루지 않았다. 구추백은 통역으로 참석했다. '사상상의 혼란'은 국(國: 왕정위 등)과 공(共: 보로딘) 사이의 괴리일 텐데, 이 괴리는 「결의」의 정신을 어떻게 반영할 것인지를 놓고 불거졌다. 결국 일치하지 못한 부분이 네 곳[35] 있었지만, 마침내 4인의 위원회에서 일전대회의 선언은 입안되었다. 보로딘은 「결의」를 완전히 반영시키지 못한 것을 '타협'했다고 너스레를 떨고 있지만, 그가 크게 만족했다는 것은 이미 말한 바와 같다. 이렇게 본다면 '15시간의 한차례 토론' 끝에 「1월 개조」가 입안된 셈이다.[36] 즉 「결의」에

34 「Borodin의 札記와 通報(摘錄)」(1924년 2월 16일보다 빠르지 않다, 廣州), 『聯共(布), 共產國際 檔案資料』 1, p.463, p.464, p.466.

35 불일치한 네 가지는 다음과 같다. 첫째, 코민테른의 「결의」만큼 중국 경내의 소수민족에게 자결권을 부여하는 문제, 둘째, 국민당 집권 후 농민과 佃農들에게 토지를 제공할지에 관한 문제, 셋째, 오권헌법에 관한 문제, 넷째, 중국 노동자의 근면은 세상이 다 알고 있다는 주장이었다. 보로딘이 생각하기에, 네 번째의 주장(왕정위의 주장)은 노동자에 대한 모독이라고 생각했다. 같은 글, pp.466~467.

36 4인의 위원회(혹은 선언기초위원회라고도 한다)의 상기 모임은 1월 14일에 개최되었다고

입각한 '국공합작'이 이루어진 것이다.

6. 「1월 개조」로의 이행에 있어 보로딘의 역할

일전대회에 이르기까지의 과정을 보로딘의 동선에 따라 다시 정리하면, 「11월 개조」를 만들어낸 후 1923년 12월 초 「11월 개조」를 확산하기 위해 요중개 등과 함께 상해에 왔다. 「11월 개조」의 확산은 상해시 당원대회를 개최함으로써 성공적으로 마무리했다. 한편 한 달 뒤 개최될 전국대표대회에서 발표할 「대회선언」의 틀과 내용을 놓고 밤샘 토론을 해 '초안'(첫 번째 강령 초안「國民黨之政綱」)을 만들었다. 물론 내용은 「11월 개조」를 바탕으로 하는 것이었으니, 예컨대 삼민주의(國民黨之主義)에 대한 해석은 「당강초안」의 그것이었다. 그런데 1923년 12월 30일 보로딘은 북경의 카라한으로부터 코민테른의 「결의」를 받았다. 「결의」의 핵심 내용은 삼민주의에 대한 '코민테른의 해석'이었다. 이에 보로딘은 1924년 1월 1일 중국공산당과 사회주의청년단 연석회의를 열어 「11월 개조」를 계속 진행하기로 결정하고, 「11월 개조」와 「결의」는 그 정신에서 일치한다고 얼버무렸다. 그러나 「결의」는 단순히 코민테른만의 결정이 아니라 소련공산당과 소련 정부의 의견까지, 그리고 국민당 대표단(장개석)의 '합의'도 받은 것이었기 때문에 얼버무려 해결될 일은 아니었다. 광주로 돌아온 보로딘은 광주를 비운 사이 「11월 개조」에 손문의 의지도 변함없다는 보고를 담평산으로부터 받았다(1.10). 이후 보로딘을 포함한 사인위원회가 조직되어 15시간의 토론 끝에 「1월 개조」로의 이행이 결정되고, 「대회선언」이 확정되었다. 1월 18일 보로딘은 광주의 당단 회의에서 「1월 개조」가 만들어진 과정과 함께 그것이 코민테른의 「결의」를 기본으로 하고 있다고 보고했다.

한다. 張秋實, 『瞿秋白與共産國際』(中共黨史出版社, 2004), p.101. 근거는 확실하지 않다.

보로딘의 동선에 따라 국공합작의 과정을 살펴보면 「11월 개조」의 과정은 분명한 반면, 「1월 개조」로의 이행은 여전히 불분명할 뿐 아니라 이해하기 어려운 점이 있다. 첫째, 「1월 개조」로의 이행이 며칠 안 되는 짧은 시간, 아니 15시간 만에 어떻게 이루어질 수 있었는가. 둘째, 손문은 개조를 위해 국민당 임시중집위를 조직했다. 그런데 「11월 개조」와는 달리 왜 임시중집위가 아닌, 즉 공식 조직이 아닌 사인위원회에서 만든 것인가. 마지막으로 가장 불분명하고 이해하기 어려운 것은 「1월 개조」로의 이행에서 보로딘의 역할이다. 여기서 '역할'이라 함은 「11월 개조」의 내용에 이의를 제기하고 「1월 개조」를 주장한 사람은 누구냐이다.

일전대회가 끝난 후 보로딘은 「결의」의 정신을 관철시켰다는 '승리의 보고'를 카라한에게 보냈다. 보고를 받은 카라한은 곧바로 보로딘에게 답장을 보냈다.

> 당신(보로딘)의 정확성과 책임감이 이번에 또 증명되었다. 마침 사절이 떠나기 전날이어서, 당신의 편지와 마지막 자료를 받았기에 제때에 이를 모스크바에 보낼 수 있었다. 나는 대표대회의 성과가 가관일 것이고, 당신이 하나의 훌륭한 사업을 완성했다고 믿는다. …… 민족주의에서 제국주의와의 투쟁 등에 관한 조목에 나는 매우 만족스럽다. 비록 (소수민족의) 자결(自決) 문제에서는 모호한 부분이 있지만, 국민당과 손문이 처음으로 이런 입장에 섰기 때문에 나는 이미 얻은 성과가 아주 크다고 본다. 우리의 임무는 이 방면에서 계속해 그들을 촉진하는 것이다. 이 문제가 가장 긴박한 실제 의의를 지니고 있지 않는 한, 다음 대표대회로 미루어도 괜찮다고 나는 생각한다.[37]

37 「Karakhan이 Borodin에게 보내는 편지」(1924.2.13 北京), 『聯共(布), 共産國際 檔案資料』 1, p.418.

이미 「11월 개조」에 동의했던 카라한은 코민테른의 「결의」를 별로 새로울 것 없는 원칙론적인 '지시'에 불과하다고 했으나, 「결의」가 관철된 「1월 개조」가 이루어지자 카라한은 보로딘을 격찬했다. 이어 '코민테른'에게로 화살을 돌렸다. 손문과 국민당에 대해 늘 불만을 제기한 것은 코민테른, 특히 보이틴스키였기 때문이다.[38]

> 외교인민위원 치체린에게
>
> …… 나는 (국민)당의 선언, 당강, 당장에 관한 결의를 회의의 브리핑과 함께 당신에게 보낸다. …… 이번 제1차 대표대회는 국민혁명과 전투 핵심에 초석을 닦아주었기에 당의 역사상, 국민혁명 운동 역사상의 하나의 전환점이 되었다. …… 이번 대표 대회는 국내에서 아주 큰 반향을 일으켰고 각계의 관심을 받았으며, 마치 손문의 투쟁 중에 모종의 새로운 변화, 새로운 방법, 새로운 방식이 출현한 것 같다.
>
> 언론도 지금 단평(短評)과, 광주에서 전보를 보내는 방식으로 이번 회의에 관심을 가졌고, 각 계파와 지식계, 사회단체와 학생계는 이 대회에 대해 크나큰 관심과 희망과 기대를 품고 있다. 이번 대표대회는 손이 직접 지도하는 광주와 화남의 국민혁명 운동뿐 아니라 중국 기타 지역의 국민혁명 운동에 미칠 거대한 영향은 예측하기 힘들 정도이다. …… 내가 당신에게 보낸 당의 선언, 당강과 당장은 매우 재미있는데, 그것은 세 개 부분으로 구성되어 있다. 첫 부분은 과거 사업에 대한 비평과 중국의 상호 투쟁하는 군벌 집단에 대한 비평이고, **가장 중요한 두 번째 부분은, 아주 간단하게 요약하는 형식으로 국민당의 원칙 즉 민족주의, 민권주의, 민생주의를 제출했다. 민족주의 부분은 아주 신기하게도, 코민테른에 의해 성명된 정신으로 해석되었다.** 민족주의 투쟁을 두 방면에서 설명하고 있는데, 즉 한 방면

38 이 편지 위에 카라한은 "보이틴스키에게 보내라"라고 연필로 주기했다. 「Karakhan이 Chicherin에게 보내는 편지」(1924.2.9, 북경), 『聯共(布), 共産國際 檔案資料』 1, p.410의 주.

은 중국 민족 독립을 억압하는 제국주의와의 투쟁이며, 다른 한 방면은 중국 경내 각 민족에게 자결권을 주는 방법으로 각 민족의 해방을 실현한다는 것이다. 이는 작년 11월 28일 코민테른 집행위원회가 결의한 유관 부분을 발전시킨 것이다. **민권주의의 내용도 코민테른의 동일한 결의를 근거로 한 것이다. 민생주의도 코민테른 결의에 근거한 것이지만**, 중국의 상황에 근거해 약간 수정했는데, 이는 당의 우파가 쉽게 접수할 수 있도록 하기 위함이다. 손문 본인은 이 결의를 전면적으로 받아들이고 싶었지만, 당의 제1차 대표대회에서 분열이 발생하는 것을 원하지 않았다. …… 당신도, 또 일부 동지들이 근심하는 것, 즉 손문이 토지법의 반포를 거부한다는 것은 전혀 근거 없는 소리이다. …… 문제는 다만 그것을 미루었을 뿐이다. …… 중국공산당 내에도 국민당과의 합작을 반대하는 좌파가 있었다. 이런 좌파 대표들은 현재 모스크바에도 있을 것이고, 그들은 국민당을 적대시하는 정신으로 코민테른 인사 혹은 기타 인사에게 정황을 통보하고 있을 것이다. …… 현재 이 좌파 분자들은 이전 국민당의 사업이 있음으로 하여 미친 듯이 기뻐하며 자신의 비판 입장을 포기했다. 그들은 이미 완성된, 생기발랄한 실제 사업을 보았고, 막대한 열정으로 이 사업에 뛰어들었다.[39] - 괄호와 강조는 인용자

「1월 개조」 특히 삼민주의에 대한 재해석은 「결의」에 따른 것이었기에, 더구나 이런 결과를 가져오기까지의 과정에서 '자신이 어떤 역할을 했는지' 아무리 자랑해도 지나치지 않을 보로딘이었다. 그러나 보로딘은 이에 대해 전혀 언급하고 있지 않다. 그렇다면 보로딘이 「결의」에 따른 개조를 손문이나 국민당 측 인사에게 요구하지 않은 것은 아닐까.

39 같은 글, pp.410~413.

19장

「1월 개조」로의 이행: 손문

1. 손문의 「결의」 수용

합작의 또 다른 축인 손문과 국민당의 동선에 따라 어떻게 「1월 개조」로 이행되었는지를 살펴보자. 그동안의 상황을 다시 정리해보면 보로딘이 광주에 도착한 이후 손문은 임시중집위를 조직해 국민당 개조에 착수했다. 임시중집위는 11월 19일 「11월 개조」의 「개조선언」, 「당강초안」, 「장정초안」을 승인했고, 11월 27일의 임시중집위(제11차)는 일전대회의 의사일정도 확정했다. 12월 1일을 전후해 「11월 개조」의 핵심 인물인 요중개와 보로딘은 「11월 개조」의 지방 확산을 위해 모두 상해로 출발했다. 한편 같은 시기 모스크바에서는 장개석의 대표단이 코민테른 집행위원회 회의에 참여하여 「결의」에 '합의'해 「결의」를 갖고 귀국했다. 이어 12월 15일 상해에 도착한 장개석은 소련행의 결과를 손문에게 서면으로 보고하고, 요중개 등과 만난 후 고향으로 떠났다. 따라서 12월 중순 이후 손문뿐 아니라 요중개 등 개조의 핵심 인물들은 「결의」의 내용과 그 산출 과정을 알게 되었을 것이다.

상해에서 요중개 등은 보로딘과 함께 「11월 개조」를 바탕으로 상해 당원대

民國日報增刊

중국국민당 개조호(改組號)

상해에서 국민당 기관지 역할을 하고 있던 상해 ≪민국일보≫는 1924년 1월 1일 자에 '중국국민당 개조호'라는 이름의 증간호를 발행했는데, 「중국국민당 개조선언」, 「중국국민당 당강초안」, 「중국국민당 장정초안」, 「개조원인에 대한 손총리의 연설(孫總理演說改組原因)」 등이 게재되었다. 다만 이 문건과 연설문들은, 한 달 전에 발행된 ≪국민당주간≫(제1기, 1923.11.25)과 중국공산당 기관지 ≪향도주보≫(제48, 49, 50기, 1923.12.12/19/27)에 게재된 '철지난 기사'였다. 사진은 손문의 연설문이 실린 증간호 첫 면이다.

회를 개최하고, 일전대회에서 발표할 '첫 번째 초안'을 만들고 난 후 「결의」를 받았을 것이다. 「결의」에 대해 요중개 등 손문의 측근들이 어떤 반응을 보였는지에 대한 기록은 없다. 다만 상해≪민국일보≫는 1924년 원단 '중국국민당 개조' 특별 증간호를 발행했다. 네 면을 할당했는데, 상당히 많은 분량이었다. 내용은 「11월 개조」의 「개조선언」, 「당강초안」, 「장정초안」이 실렸고, "혁명은 병력에 의존하지 않고 인민의 심력에 의존해야 한다"라는 손문의 강연[1]이 실렸다.[2] 언론 보도치고는 비상식적인 특집 보도라고 할 수 있는데, 우선 게재된 내용은 모두 시간이 상당히 지난 것으로, 뉴스로서의 의미는 없다고 하겠다. 세 개의 문건은 이미 11월 중순에 확정된 것으로 ≪국민당주간≫에 게재되었고, 심지어 ≪향도주보≫에도 이미 실렸던 것이다. 손문의 강연도 11월 25일에 행해진 것으로, 이 역시 ≪국민당주간≫과 ≪향도주보≫에 이미 공개되었던 것이다.[3] 왜 철 지난 뉴스를 이처럼 크게 보도했는지 의문이다. 이 특별 증간

1 「在廣州大本營對國民黨員的演說」(1923.11.25), 『孫中山全集』 8, pp.430~439.

2 上海≪民國日報≫, 元旦增刊號, 中國國民黨改組號(一), (二), 1924.1.1. 손문의 강연은 '孫總理演說改組原因'이라는 제목으로 전체의 반만 게재했다.

3 ≪國民黨週刊≫, 第2期(1923.12.2)에는 '孫總理訓辭(譚平山筆記)'라는 제목을 게재되었다.

호에 「11월 개조」의 문건과 함께 게재된 '개조 과정 중 두 가지 요점'이라는 기사가 약간의 실마리를 제공한다.

> 우리(국민당)는 국민들에게 다음을 분명하게 성명한다.
>
> "**중국국민당은 중화혁명당에서 부화한 것이지, 민국 2년(1913)의 국민당에서 나온 것은 아니다.**"
>
> "동맹회부터 여러 차례 개조가 있었고 명칭의 변경이 있었지만, '삼민'과 '오권'의 총구호(總口號)는 시종 변하지 않았다."
>
> "이번에 또 개조를 하지만, 이는 단지 **중국국민당의 사무 기관의 개조이지, 중국국민당 주의의 개조는** 아니다."[4]

현 국민당의 뿌리가 중화혁명당이라 함은 중화혁명당 조직과 함께 설정한 「혁명방략」을 지키겠다는 의미라고 할 수 있다. 다시 말해 「결의」에서 요구하는 '제 계급의 민중과 함께하는 혁명', 즉 정치 사업이 아니라 '적극 무력'에 의한 혁명을 추구하겠다는 것이다. 더구나 당의 개조는 '주의의 개조'가 아니기 때문에 기존 삼민주의에 대한 재해석은 있을 수 없음을 천명한 것이다. 어찌 보면 「결의」의 삼민주의 해석을 받아들이지 않겠다는 의지의 표명이라고 해석할 수도 있다. 앞에서도 말했지만, 같은 시기에 중국공산당과 사회주의청년단도 연석회의를 통해 「당강초안」과 「장정초안」에 찬성한다고 결정했다. 따라서 1924년 1월 초까지, 즉 「결의」를 받은 후에도 국민당(손문)과 보로딘 즉 국공은 모두 「11월 개조」를 확인한 셈이다.

이후 1월 10일을 전후해 보로딘, 요중개 등이 광주로 돌아왔다. 다만 손문이나 국민당 측이 「1월 개조」와 관련해 언급한 기록은 찾을 수가 없다. 1월 10일에 있었던 보로딘과 담평산의 대화[5]에서 알 수 있듯이 손문은 임시중집위가 아

---

4 「國民黨過程中兩要點」, 上海≪民國日報≫, 元旦增刊號, 1924.1.1.

닌 다른 모임을 만들어 개조를 논의하고 있었던 것 같으나, 그 구체적인 내용도 알 수 없다. 여하튼 「1월 개조」를 누가 시작했는가. 이에 대해서는 크게 두 가지를 상정할 수 있겠는데, 하나는 보로딘이 '결의'를 관철시키기 위해 손문을 설득하자, 손문이 받아들였을 수 있다. 다른 하나는 그 반대일 수도 있다. 물론 전자가 아니었음은 이미 살펴보았다. 그렇다고 후자라고 단정할 수도 없다. 손문이나 국민당 측의 기록이 없으니 관련 부분에 대한 보로딘의 언급을 분석할 수밖에 없다. 「11월 개조」에서 「1월 개조」에 이르기까지 관련 문건은 「결의」를 제외하면 크게 두 가지, 좁게는 세 가지이다. 광주에서 만들어진 「11월 개조」의 문건, 다음으로 상해에서 작성된 「첫 번째 초안」, 그리고 일전대회 직전에 만들어졌을 「일대선언 초안」이다. 이 문건들의 출생 과정을 엿볼 수 있는 기록을 살펴보자.

(A) 이 원고(당강초안, 장정초안)는 내(손문)가 보로딘에게 기초해달라고 청했고, 그것을 내가 심사한 것이다. 원문은 영문인데 요중개가 중문으로 번역했으니, 진독수는 이 일에 결코 참여하지 않았다. 함부로 의심하지 마라.[6]

(B) (1923년 12월) 상해에서 첫 번째 초안이 국민당 중앙집행위원회 상해집행부로 넘어온 후, 제1차 회의를 거행했다. 이 초안을 토론하는 데 꼬박 하룻밤이 걸렸는데 …… 이 초안은 구추백에 의해 중문으로 번역되어 왕정위에게 전해졌고, 왕정위가 이를 수정해 제출했다. 이 초안이 다시 러시아어로 번역되었을 때, 우리의 저명한 국민당인의 사상이 얼마나 복잡한지 알 수 있었다.[7]

(C) 호한민, 요중개, 왕정위, 내(보로딘)가 참석하는 위원회(사인위원회)를 개최했는데, 여기에는 구추백도 참여했다. 회의에서 우리는 적어도 15시간이나 소

---

5 「譚平山與鮑羅廷的談話」(1924.1.10), 『聯共(布), 共産國際 檔案資料』 2, p.558.

6 「批鄧澤如等的上書」(1923.11.29), 『孫中山全集』 8, p.458

7 「Borodin의 札記와 通報(摘錄)」(1924년 2월 16일보다 빠르지 않다, 廣州), 『聯共(布), 共産國際 檔案資料』 1, p.463.

비하면서 사상상의 혼란을 다루었다. …… 위원회는 선언을 마침내 입안했다. **이미 중국어본이 있었고, 구추백 동지가 이를**(중국어본을) **러시아어로 번역하고,** (내가 본 후에는) **다시 러시아본을 중국어로 번역했다.** 구 동지가 엄청 고생했다.[8]

(D) 이후 광주의 '사인위원회'(요중개, 보로딘, 호한민, 왕정위)가 15시간을 들여 강령의 각종 문제를 열렬히 논쟁했다. …… 위원회에서 각 조문을 토론할 때 의견이 첨예하게 갈렸다. 국민당이 정권을 장악한 후 국민당이 건립한 국가는 무토지 농민과 세농에게 토지를 제공한다고 **선언 초안에 들어 있었지만, 초안의 집필자**는 국가가 어디에서 이 토지들을 얻을 것인지 한마디도 제기하지 않았다. …… (그래서 손문이 참석한 회의에서 보로딘이 이에 대해 의견을 제기했다).[9] – 괄호와 강조는 인용자

(A)는 「11월 개조」 이후 등택여 등이 '상소'를 통해 "「11월 개조」 문건이 사실상 진독수에 의해 작성된 것'이라고 주장하자 손문이 답한 것이다. 제작 과정을 보면 보로딘이 영문으로 쓴 문건을 요중개가 번역해 손문에게 심사를 넘긴 것이다. 결국 「11월 개조」는 보로딘이 만든 것이다.

(B)는 상해에서 「11월 개조」를 바탕으로 일전대회 선언의 초안('첫 번째 초안')을 만드는 과정이다. '초안'을 구추백이 중국어로 번역해 왕정위에게 넘기자 왕정위가 수정한 것을 구추백이 다시 러시아어로 번역해 넘겼는데 보로딘이 읽어 보고 '한심'해했다는 것이다. 따라서 '초안'은 보로딘이 러시아어로 쓴 것이고, 이것을 바탕으로 토론이 전개되었으니, (A)와 (B)는 모두 보로딘이 초안한 것이다. 이 초안이 심사나 토론에서 크게 바뀌었다는 말이 없는 것으로 보아 「11월 개조」의 문건(A)과 「11월 개조」를 바탕으로 하는 '첫 번째 초안'(B)은 보로딘에 의해 만들어진 것이다. 결국 「11월 개조」는 보로딘의 작품이라고 해도

8 같은 글, p.466.
9 『中國國民革命軍的北伐』, pp.61~62.

과언은 아니다.

(C)는 「일대선언」의 '초안' 즉 「1월 개조」의 문건이 입안되는 과정을 보여주는데, 이미 중국어본이 있었고 이 중국어본을 구추백이 러시아로 번역하면 이것을 보로딘이 수정하면, 이를 다시 구추백이 중국어로 번역했다는 것이니, 최초의 '초안'은 중국어로 되어 있었음을 보여준다. 즉 최초의 초안은 손문 측에서 만들었음을 보여준다. (D)는 이를 뒷받침하는 것으로 초안 집필자가 '토지 제공'을 거론하면서도, 제공할 토지가 누구의 토지인지 즉 지주의 토지인지를 밝히지 않고 있다고 보로딘이 비난하는 것으로 보아, 역시 '초안'은 손문 측에서 만든 것이다.

이렇게 보면 「11월 개조」와는 달리 「1월 개조」는 손문 측에 의해 시작되었던 것이다. 바꾸어 말하면 손문은 소련이나 코민테른, 나아가 보로딘으로부터 「결의」의 수용을 요구받아 「1월 개조」를 시작한 것이 아니라 자신의 결정으로 이행한 것이다. 따라서 「11월 개조」와 「1월 개조」의 내용이 크게 달랐음에도, 즉 「1월 개조」가 코민테른의 「결의」를 그대로 받아들였음에도 「결의」 수용에 대해 당내의 어느 누구도 이의를 제기하지 않았던 것이다. 심지어 「11월 개조」 정도의 개조에도 '상서'를 올려 불만을 토로한 등택여 등조차 이의를 제기하지 않았다. 그 이유는 「1월 개조」를 손문이 시작했기 때문일 것이다. 「11월 개조」에 대한 등택여 등의 불만은 다음과 같았다.

> 그러나 러시아인이 **우리 당을 위해 정하려는 정강과 정책을 탐문해 들어보니, 완전히 진독수의 공산당이 정하려는 것이다.** 진과 소련은 본래 밀접한 관계가 있고, 그가 조직한 공산당은 소련 정부가 급양하는 바이다. 이번 개조에 진독수에 대한 광동인의 감정이 몹시 나쁘기 때문에 자신은 나서지 않고 같은 **도당인 담평산을 대신 내세워 뒤에서 조정하고 있는 것이다.**[10] -강조는 인용자

10 『國父年譜』下, 1923.11.29, p.1036.

이 '상서'는 「11월 개조」를 정확히 설명하고 있다. 개조는 손문이 수용했으나 보로딘의 지휘 아래 이루어진 것이다. 다만 아직까지는 내용상으로 큰 해가 없다는 것이다. 그런데 「1월 개조」는 코민테른의 「결의」에 의한 것이고, 담평산도 여전히 임시중집위에서 활동하고 있었기 때문에, 등택여 등은 「1월 개조」에 적극적으로 반대했어야 하지만, 「중국국민당총장」의 조문에 대한 수정안을 제출하는 정도였다.[11] 이후 1924년 6월에 가서야 「11월 개조」 때 '상소'했던 등택여 등이 또다시 탄핵안을 내기는 했지만, 그 내용 역시 공산당원에 대한 탄핵을 주장한 것이지 「1월 개조」의 내용에 대해서는 어떠한 반대 의견도 내지 않았다.[12] 등택여 등이 「1월 개조」에 찬성했거나 이를 받아들일 만하다고 생각했을 리는 만무하다. 결국 「1월 개조」가 '거역할 수 없는 손문의 뜻'이었기 때문이거나, 손문의 핵심 측근들이 나름의 계산을 통해 그 뜻을 받아들이자고 내부적으로 약속했기 때문일 것이다. 여하튼 「11월 개조」가 보로딘의 의견을 받아 이루어진 것이라면, 「1월 개조」는 소련이나 보로딘의 요구에 의한 것이 아니라 손문 스스로 결정한 것이다.

2. 손문의 민족주의 강연

그렇다면 손문이 스스로 「1월 개조」를 결정했다고 해도, 「결의」의 내용을 수용할 만해서 받아들인 것인지 아니면 받아들일 수밖에 없었던 것인지는 또 다른 문제이다. 즉 손문이 왜 「결의」를 받아들여 「1월 개조」를 결정했는가. 이와 관련해 「결의」의 결정 과정은 중요한 배경이다. 즉 「결의」가 코민테른의

11 일전대회가 끝날 무렵인 1월 28일, 대표대회 대표 方瑞麟, 黃季陸 등 10여 명은 黨章 제1장 제2조 뒤에 '본당 당원은 타당에 가입해서는 안 된다'는 조문을 넣자는 수정안을 제출했으나, 손문의 반대로 받아들여지지 않았다. 『國父年譜』 下, 1924.1.28, p.1063.

12 『國父年譜』 下, 1924.6.18, pp.1096~1098.

일방적 '지시'는 아니었고, 형식적이든 실질적이든 장개석의 대표단과의 '합의'에 의한 것이었다. 따라서 소련이나 보로딘이 「결의」의 수용을 손문에게 요구한다면 손문도 마냥 거부하기는 어려웠을 것이다. 다만 이미 국공 사이에 「11월 개조」가 합의되어 있었기 때문에, 게다가 합작의 상대인 보로딘이 「결의」에 따른 개조를 요구하지 않는 이상 굳이 거론할 필요는 없었을 것이다. 보로딘이 「결의」에 따른 개조를 손문에게 요구하지 않았다는 것은 이미 살펴보았다. 그런데도 손문은 「결의」를 받아들였다. 여하튼 장개석의 대표단이 「결의」에 합의한 것은 손문이 「결의」를 받아들이게 하는 배경은 되었을지 몰라도 직접적인 이유는 아니었을 것이다.

손문이 「결의」를 수용한 이유를 스스로 밝히지 않았기 때문에, 짧은 이 기간의 사정을 좀 더 살펴볼 필요가 있다. 「1월 개조」를 진행한 것은 국민당의 공식 기구가 아닌 사인위원회였다. 사인위원회가 조직되었다고 추정되는 시기를 전후해 관련 일지를 만들어보면 다음과 같다.

1월 8일	요중개, 광주로 돌아와 기자와 담화함.[13]
1월 9일	요중개, 송경령과 함께 홍콩으로 갔다가 11일 광주로 돌아옴.[14]
1월 10일	보로딘, 광주로 돌아와 담평산과 담화함.[15]
1월 12일	손문, 임시중집위 제25차 회의에 참가, 요중개가 상해의 당무 진행 상황을 보고함.[16]
1월 13일	손문, 광동고사(廣東高師)에서 삼민주의 중 민족주의를 강연함.[17]

13 「在廣州對記者的談話」(1923.1.8), 尙明軒 外 篇, 『雙淸文集』 上, pp.594~595.

14 『廖仲愷年譜』, p.235.

15 「譚平山與鮑羅廷的談話」(1924.1.10), 『聯共(布), 共産國際 檔案資料』 2, pp.557~558.

16 제25차 회의로, 참석자는 손문, 요중개, 왕정위, 호한민, 徐蘇中(쉬쑤중), 사량목, 손과, 吳鐵城(우톄청), 馮自由(펑쯔유), 사영백, 등택여, 許崇淸(쉬충칭), 진수인 담평산 등 15명이었고, 손중산이 주지했다. 『廖仲愷年譜』, p.236.

17 「大元帥三民主義演說詞」, 廣州≪民國日報≫, 1924.1.15/16.

('사인위원회'에서 15시간 「일대선언」에 관해 토론)[18]

(손문이 참석한 '사인위원회'에서 보로딘이 토지 국유 문제를 제기)[19]

1월 15일　보로딘이 통일전선을 주장하자, 손문이 반대함.[20]

1월 18일　보로딘이 광주 중국공산당 당단회의에서 「일대선언」을 보고함.[21]

1월 19일　'일전대회 예비 회의'를 개최해 회의 일정과 장소를 결정하고, 요중개가 개조를 보고하는데 요점은 당강의 수정 및 당장(黨章)의 결정함.[22]

1월 20일　'일전대회' 개막 -강조는 인용자

1월 10일의 보로딘과 담평산의 담화로 볼 때 보로딘은 「11월 개조」의 변화를 감지하지 못하고 있었다. 1월 8일 광주로 돌아온 요중개가 당무에 복귀한 것은 1월 12일로, 임시중집위 회의에서 상해의 당무 진행 상황을 보고했다. 상해의 당무란 광주에서의 「11월 개조」를 상해로 확산한 것이었다. 따라서 12일 이후 손문은 3인(요중개, 호한민, 왕정위) 중 누군가(아마 요중개)를 불러 코민테른의 결의를 수용할 뜻을 전했고 보로딘에게 연락을 취해, 사인위원회에서 자신들이 만든 초안을 구추백을 통해 러시아어로 번역해 보로딘에게 넘기면, 보로딘이 자신의 생각을 다시 전달하는 식으로 15시간의 토론이 전개했으리라 추정된다.

18　『中國國民革命軍的北伐』, p.61; 「Borodin의 札記와 通報(摘錄)」(1924년 2월 16일보다 빠르지 않다, 廣州), 『聯共(布), 共産國際 檔案資料』 1, pp.463~464.

19　보로딘은 대토지 소유자, 농사짓지 않고 상업하는 자, 국가 직원이면서 금전이나 실물지조 형식으로 농민을 약탈하는 토지 소유자의 토지를 국유로 하는 문제를 제기했다고 한다. 『中國國民革命軍的北伐』, p.62.

20　『中國國民革命軍的北伐』, pp.62~63.

21　같은 책, p.64; 「Borodin의 札記와 通報(摘錄)」(1924년 2월 16일보다 빠르지 않다, 廣州), 『聯共(布), 共産國際 檔案資料』 1, pp.453~471.

22　예비 회의를 손문이 주지했다고도 하고(『國父年譜』 下, 1924.1.19, p.1052), 손문이 호한민, 요중개 등에게 예비 회의를 맡기고 자신은 출석하지 않았다고도 한다. 『孫中山年譜長編』, p.1800의 주 ①.

이리하여 만들어진 「일대선언」의 초안이 손문에게 전달되어 손문의 의견에 따라 조정을 거친 후 「일대선언」이 완성되었다고 보인다. 그렇다면 손문이 코민테른의 「결의」를 수용하기로 마음먹은 것은 적어도 1월 12일 이전이 된다.

손문이 왜 「결의」를 받아들이기로 결심했는지를 보기 전에 「결의」의 수용에 대한 진정성을 살펴보자. 즉 「결의」를 보고 그 내용에 선뜻 동의한 것인지 아니면 받아들이고 싶지는 않지만, 모종의 이유로 수용한 것인지를 볼 필요가 있다. 이와 관련해 주목되는 것이 1월 13일에 있었던 「삼민주의 강연」이다. 강연 시간이 무려 2시간 35분이었고, 3000여 명이 경청했다.[23] 원래는 삼민주의를 강연하려고 했으나 내용이 길어져 민족주의만 강연했고, 그것도 완결하지 못했다.[24]

「삼민주의 강연」 서두에 "삼민주의는 이미 익숙한 용어가 되어버렸지만, 아직 제대로 이해하지 못하고 있어, 오늘 이 문제를 상세히 밝히려 한다"라고 강연 이유를 밝히고 있다.[25] "제대로 이해하지 못한다"는 뜻은 무엇일까. 이 강연을 전후로 발표된 「11월 개조」의 삼민주의(「당강초안」)와 「1월 개조」의 삼민주의(코민테른 「결의」에 따라 해석한 삼민주의)는 내용이 크게 달랐으니, 그에 대해 설명이 필요했을 것이다. 따라서 강연의 목적은 이전과는 다른 '신삼민주의'를 주장하는 이유를 설명하는 것이어야 했다. 아니면 '신삼민주의'는 어쩔 수 없이 취한 '전략'이니, 손문 자신의 진정한 '삼민주의'를 밝힐 필요가 있을 수도 있다. 손문은 자신의 삼민주의에 대해 스스로 해석을 내려야 하는 상황을 이미 예측하고 있었기 때문에 「11월 개조」의 「당강초안」에서 "이른바 삼민주의, 오권헌

23 임삼, 추로, 등택여, 사영백, 풍자유 등이 참여했고, 각급 당원, 광동고사 및 영남사대 학생들이 참석했다. 廣州≪民國日報≫, 1924.1.14.

24 "오늘 삼민주의를 말하려 한다. 무엇이 삼민주의인가? 가장 간단히 정의하면 구국주의이다"라는 강연 서두에서도 알 수 있듯이, 강연은 삼민주의 전체를 이야기하려 했던 것 같다. 「大元帥三民主義演說詞」, 廣州≪民國日報≫, 1924.1.15/16.

25 같은 글.

황창곡(黃昌穀, 1889~1959)
자는 이손(貽蓀)이며, 호북 적벽(赤壁, 치비)인이다. 북양대학 공과를 졸업한 후 미국 컬럼비아대학에서 석사 학위를 취득했다. 1912년 동맹회 가입 후 손문의 비서를 지냈으며, 1920년 미국에서 귀국해 손문을 줄곧 수행했다. 1924년 손문의 삼민주의 강연과 황포군교 성립일(1924.6.16)의 손문 강연 등을 속기했다. 1924년 11월 손문의 북상(광주-상해-일본-천진-북경)을 함께 수행했다. 1925년에는 광주국민정부의 비서장 등을, 1926년 이후에는 고향인 호북에서 무창시정청 청장, 무창시 시장, 국민정부입법원 입법위원, 호북성정부위원겸 교육청장, 호북성건설청청장 등을 역임했다. 항일전쟁을 전후해 국립중산대학 교수로 교육을 비롯해 손문의 삼민주의 및 오권헌법의 연구에 전념했다.

법을 제창한 것이 우리 당 총리 손문 선생이므로, 그 내용에 대한 해석은 손문 선생의 말씀[說]으로 결정한다"[26]라고, 삼민주의에 대한 해석의 주체를 못 박아 놓았었다. 따라서 이 강연은 '삼민주의'에 대한 '손문 선생의 말씀'인 셈이었다.

손문은 미완의 강연에 만족하지 않고, 일전대회가 진행 중이던 1월 27일, 이 연설과 거의 같은 내용의 강연을 다시 했다. 단순히 다시 강연한 것이 아니라 다시 시작했다고 보아야 할 것이다. 즉 이후 8월 24일까지 16차례에 걸쳐 삼민주의를 강연했다.[27] 통용되는 삼민주의라는 책자는 이 강연을 모아 인쇄한 것이다.[28] 다만 이해되지 않는 것이 있으니, 손문이 '한가롭게' 삼민주의를 강연

26 「中國國民黨黨綱草案」, 『革命文獻』 第8輯, p.73. 이후 연설에서도 같은 주장을 했다. 「在廣州大本營對國民黨員的演說」(1923.12.9), 『孫中山全集』 8, p.500.

27 민족주의에 대해 여섯 차례(1.27, 2.3, 2.10, 2.17, 2.24, 3.2), 민권주의에 대해 여섯 차례(3.9, 3.16, 3.30, 4.13, 4.20, 4.27) 강연했고, 민생주의는 네 차례에 그쳐 완강을 하지 못했다(8.3, 8.10, 8.17, 8.24). 1월 27일의 첫 강연은 1월 13일에 행한 '민족주의'에 관한 강연과 내용이 거의 같다.

28 『민족주의』, 『민권주의』, 『민생주의』를 각각 1924년 4월, 8월, 12월에 중국국민당 중앙집행위원회가 발행했다. 1924년 말에는 합정본으로 출판되었다. 강연의 삼민주의와 출판된 삼민주의 사이에는 약간 차이가 있다. 이 과정을 추로는 다음과 같이 회고하고 있다. 황창곡이 강연을 받아 적은 강연 필기를 손문에게 넘기면, 손문은 이를 추로에게 보내 교

할 시기가 아니었다는 점이다. 이 시기는 광동을 여전히 통일하지 못한 채 진형명 등의 세력과 힘든 싸움을 하던 시기였다. 더구나 국공합작이 진행 중이었고, 다른 한편으로는 북벌, 즉 반직전쟁도 준비해야 했다. 그런데도 장시간에 걸쳐 강연을 계속한 데는 나름의 이유가 있었을 것이다. 사실 손문은 '작심하고' 강연을 행한 듯하다. 손문은 강연을 시작하기 전 황창곡(黃昌穀, 황창구)을 대원수부로 불러들여 "내가 삼민주의를 전국 국민에게 선전하고자 하나, 쓸 시간이 없어 강연식으로 할 생각이다. 네가 나를 위해 필기할 수 있겠는가? 우리 한번 해보자!"라고 했다고 한다.[29]

삼민주의에 대한 「결의」의 해석 중 손문이 가장 받아들이기 어려웠던 것은 민족주의였을 것이다. 민족주의에 앞서 민권주의와 민생주의에 대한 강연을 간단히 살펴보자. 「결의」는 민권주의를 해석하며 "제국주의나 군벌의 주구"에게는 민권을 주지 않겠다는 것인데, 기실 손문도 중화혁명당을 창당할 때 제정한 「중화혁명당총장」에서 혁명 시기에는 입당자에게만 참정권을 부여했고, 비입당자에게는 어떠한 권리도 주지 않았다.[30] 따라서 「결의」의 민권주의에 대한 해석을 받아들이지 못할 바는 아니었다. 민생주의는 더 그랬으니, 손문 스스로가 민생주의는 공산주의라는 표현을 썼으며 공산주의를 아우르는 주의라고 했기 때문이다. 삼민주의 강연의 내용을 요약하면 다음 절과 같다.[31]

정시켰다. 추로는 강연 속기록이 손문의 원뜻과 상부하는지 교감하고, 상부하지 않는 곳이 있으면 별도의 종이에 개정이나 보충 혹은 삭제 등을 기록해 손문에게 보냈다. 손문은 추로의 의견을 보고 수정한 후 다시 추로에게 보냈다. 이와 같은 왕복 과정을 여러 차례 거친 후 원고가 완성되었다고 한다. 따라서 최종 원고는 강연과 비교하면 글자에서뿐만 아니라 의미에서도 들고남이 있었다고 한다[鄒魯, 『鄒魯回憶錄』(北京: 東方出版社, 2010), 이 회고록은 1944년 獨立出版社에서 출간된 鄒魯의 『回顧錄』을 다시 출판한 것이다].

29 張益弘, 『三民主義之考證與補遺』(臺北, 1984), p.55(『孫中山年譜長編』 下, 1924.1, p.1832에서 재인용).

30 이 책 제1장 6절의 58~60쪽 참조.

31 이후의 삼민주의 강연 내용은 『孫中山全集』의 글에서 정리한 것이고, 쪽수는 생략했다. 「三民主義(1924年 1月~8月), 『孫中山全集』 9, pp.183~427.

3. 민족주의 강연의 내용

손문은 강연에서 민족주의는 국족주의(國族主義)라고 해석했다. 즉 중국에는 가족주의와 종족주의가 있을 뿐이어서 중국인의 단결력은 종족에까지만 머물고 국족까지 확대되지 않았기 때문에, 국제적·정치적·경제적으로 독립적인 지위를 얻고 있지 못하다고 했다. 따라서 손문은 민족을 형성하는 가장 큰 힘을 '혈통'으로 보았다.[32] 손문이 보기에 국민과 국가의 관계를 이어주는 것으로 가족이 있고 그것이 종족에 미치고 종족이 확대되어 국족이 되기 때문에 성(姓)을 단위로 한 400여 개의 종족이 결합해 4억 명의 국족 단체를 이룬다면, 다시 민족정신을 되찾아 현재의 지위에서 벗어날 수 있다는 것이다. 또 민족과 국가가 영원한 지위를 유지하려면 중국 고유의 도덕(忠孝, 仁愛, 信義, 平和)을 되찾아야 한다고 주장했다. 그러나 국족 단체를 이루고 중국 고유의 도덕을 되찾는다고 해도 중국은 세계 제1급의 지위를 가질 수 없으니, 유럽과 미국의 장점을 배우지 않는 한 퇴보할 수밖에 없다고 하면서 일본의 예를 들고 있다. 국족주의가 없어 모래알처럼 흩어진 중국과는 달리 일본은 민족주의 정신이 있었고 게다가 유럽을 잘 배웠기 때문에 50년도 지나지 않아 강대국가로 바뀌었으니, 일본이야말로 중국의 모범 중 하나라는 것이다.

물론 국공합작을 추진하고 있던 손문은 소련에 대해서도 언급했다. "러시아는 국내의 제국주의, 세계의 제국주의, 나아가 세계자본주의를 깨뜨렸다"라든가, "러시아 혁명은 세계 인류에게 일대 희망을 주었다"고 치켜세우는 말을 하면서도 세계자본주의를 깨뜨린 힘은 소련이 다행히도 슬라브 민족주의를 갖고 있었기 때문이라고 하면서 러시아에서 행해진 것은 순수한 공산주의가 아니라 마르크스주의로, 마르크스주의는 참다운 공산주의가 아니며 유럽에서는 아직

32 민족을 형성하는 요소는 다섯 가지인데 그중 가장 큰 힘을 발휘하는 것이 혈통이고, 그 밖의 네 가지는 '생활', '언어', '종교', '풍속습관'이라고 한다.

까지 참다운 공산주의가 논의만 있을 뿐 실행되지 못했지만, 중국에서는 홍수전(洪秀全, 훙슈취안)에 의해 이미 실행되었던 낡은 사상이라고 주장한다. 무정부주의나 공산주의 등은 수천 년 전에 중국에 있었던 묵은 학설인데, 이를 제대로 모르는 신청년들이 이를 세계 최신의 신문화라고 떠받들고 민족주의, 즉 국족주의와 배치되는 세계주의를 외쳐댄다고 비판한다. 손문은 종족을 기반으로 하는 4억의 국족 단체를 만들어 "민족주의와 민족의 지위를 되찾고, 나아가 고유의 도덕과 평화를 기초로 세계를 통일해 하나의 '대동(大同)의 치(治)'를 만들어야 하는데, 이것이야말로 4억 인민의 큰 책임"이라는 말로 민족주의 강연을 마무리했다.

'성(姓)을 단위로 하는 400여 개의 종족이 결합해 국족 단체'를 이루어 이를 통해 민족의 독립을 되찾는 것이 국족주의이자 민족주의이니, 노동자, 농민 등과 결합하여 반제국주의를 통해 국민혁명을 이루자는 '일전대회'의 민족주의와는 근본적으로 다르다. 다르다기보다는 '일전대회'의 민족주의를 국족주의로 부정하는 셈이다.

손문이 민족주의를 '국족주의'로 규정한 것은 이때가 처음이다. 신해혁명 이후 손문이 민족주의를 내세운 것은 시간적으로 그리 길지 않다. 신해혁명으로 민족주의와 민권주의가 완성되었다고 보고, 국민당은 민생주의만을 내세웠다.[33] 1914년 손문이 일본에서 중화혁명당을 건립할 때도 원세개에 의해 공화가 훼손되었다며 민권주의를 다시 주장했지만, 민족주의는 여전히 거론하지 않았다.[34] 1919년 10월 10일 중국국민당을 창당할 때 다시 삼민주의를 당의 종지로 내세웠다.[35] 시간적으로 따지면 신해 이후 14년간의 혁명 기간(1912~1924)

33 「國民黨大綱」(1912.8.25), 「國民黨規約」(1912.8.25)(鄒魯, 『中國國民黨史稿』(上), p.122, p.133).

34 "본당은 민권, 민생 양 주의의 실행을 목적으로 한다"(제2조). 「中華革命黨總章」(1914.7.8), 『孫中山全集』 3, p.98.

35 「中國國民黨規約及規約」(1919.10.10), 『孫中山全集』 5, p.127; 「修正中國國民黨總章」

중 근 8년간은 '일민주의' 내지는 '이민주의'로 민족주의를 내세우지 않았다. 신해혁명 전 민족주의는 만주족 타도라는 분명한 내용이 있었지만, 신해 이후에는 이렇다 할 '민족주의'의 내용을 찾지 못하고 있었음을 보여준다.

그렇다면 1919년 10월 10일 이후의 민족주의는 어떠한가. 이와 관련해 주목되는 것이 '오족공화'이다. 1916년 손문은 "신해혁명으로 오족공화가 이루어졌다"고 했다.[36] 1919년 가을 단기서의 책사 서수쟁이 서북으로 들어가 외몽골의 자치를 취소하게 하고 돌아오자,[37] 손문은 "외몽골의 분규는 이미 7년인데 하루아침에 중국으로 복귀시켰으니 오족공화의 융성을 다시 보게 되었다"라고 극찬했다.[38] 물론 이런 평가가 단기서와 합작을 추진하고 있던 당시의 사정을 반영하는 것이기는 하지만, '자치의 포기'를 오족공화로 생각하는 손문의 민족주의가 얼마나 자가당착적인지를 엿볼 수 있다. 더 나아가 손문은 그런 오족공화마저 부정하기 시작했다. 다음은 중국국민당을 중화혁명당의 후신으로 개조한 1920년 11월의 연설이다.

> 현재 오족공화라고 하는데, 실제 이 오족이란 명사는 적당하지 않다. 우리 국내가 어찌 오족에 한정되는가? 나의 뜻은 우리 중국의 모든 민족을 하나의 중화민족(예컨대 미국은 본래 유럽의 수많은 민족이 융합해 오늘날 미국이라는 하나의 민족을

(1920.11.9), 『孫中山全集』 5, p.401; 「修正中國國民黨規約」(1920.11.19), 『孫中山全集』 5, p.412.

36 1916년 손문은 "辛亥年 武昌에서 처음으로 의병이 일어나자 거국적으로 이에 호응해, 마침내 오족공화는 4억 동포의 가슴에 깊이 새겨졌다", "민국이 성립하고 요행히 오족공화의 목적을 달성하려 할 즈음에 袁氏派는 국민을 기만하여 一姓의 존귀함을 내세워 오족을 노예시했다"면서 원세개 토벌을 선언했다[「討袁宣言」(1916.5.9) 『孫中山全集』 3, p.283, p.285]. 그렇다고 신해혁명을 전후 한 시기에 손문이 오족공화를 명확히 주장했던 것은 아니다. 이에 대해서는 김형종, 「청말 혁명파의 '反滿'혁명론과 '五族共和'論」, ≪중국현대사연구≫, 제12집(2001)에 상세히 기술되어 있다.

37 「徐樹錚致孫中山電」(1919.11.18), 『各方致孫中山函電匯編』 5, pp.182~183.

38 「復徐樹錚電」(1919.11.26), 『孫中山全集』 5, p.169.

형성해 세계상 가장 영광의 민족이 된 것처럼)으로 이루어야 한다.[39] - 괄호는 인용자

손문이 소련과 관계를 맺기 전 삼민주의를 가장 체계적으로 언급한 것은 1921년 3월의 연설이라 생각되는데, 그 연설에서 민족주의를 다음과 같이 설명하고 있다.

> (신해혁명으로 한민족이 부활한 후) 세습적 관료, 완고한 구당파(舊黨派), 복벽의 종사당(宗社黨) 등은 일제히 입을 모아 '오족공화'를 외쳤다. 그러나 근본적인 잘못이 바로 여기에 있다는 것을 어찌 알았겠는가. 오족의 인구로 말한다면, 서장인은 400만 내지 500만 명에 불과하며, 몽골인은 100만 명에도 미치지 못하고, 만주인은 겨우 수백만 명이며, 회교도는 다수이지만 그 대부분이 한인이다. 오족의 형세로 보면 만주는 일본의 세력하에 있으며, 몽골은 이전부터 러시아의 세력 범위 내에 있고, 서장은 영국의 손 안에 있다. 따라서 저들은 모두 자위 능력이 없어 우리 한족이 저들을 도와야만 한다. 한족은 4억 명이라고 하지만 오히려 이보다 더 많을지도 모르는데, 진정으로 독립해 완전한 한족의 국가를 조직할 수 없다니 이는 실로 우리 한족의 크나큰 치욕이다. 이것이 바로 본당의 민족주의가 성공하지 못했다는 것이다.
>
> 따라서 본당은 더욱 민족주의에 노력해 반드시 만, 몽, 회, 장을 우리 한족에 동화시켜 하나의 대민족주의 국가를 이루어야 한다는 것을 알 수 있다.[40]

이는 '오족공화'를 정면으로 부정하는 선언 같아 보인다. 그런데 겨우 10개월 후 국민당 개진 때(1923.1)의 당강에는 민족주의를 "본국의 현재 민족으로 대중화민족을 구성해 민족의 국가를 실현한다"라고 규정했다.[41] "현재의 민족으

39 「在上海中國國民黨本部會議的演說(1920.11.4)『孫中山全集』5, p.394.

40 「在中國國民黨本部特設駐粤辦事處的演說」(1921.3.6),『孫中山全集』5, pp.473~474.

로 대중화민족을 구성한다"는 문구를 '오족공화'라고 해석하기는 어렵다고 하더라도 '오족공화'에 대한 부정은 아니며, '한족에 동화시키겠다'는 것은 분명 아니다. 더구나 이 당강 외에 당강이나 당규에 삼민주의에 대한 해석을 규정한 예는 이전에도 이후에도 없다. 이는 개진이 소련의 원조를 얻어내기 위한 손문의 전략이었고,[42] 당시 소련에서 몽골과 만주 문제는 중소의 현안이었기에, 자신의 민족주의를 "소수민족과 함께 대중화민족을 구성하는 것"이라는 문구를 당강에 넣어 소련에 제시한 것으로 보인다.

국민당 개진에 이르기까지 손문이 민족주의에서 반제국주의를 주장한 적은 없다. 그런데 「11월 개조」의 「당강초안」의 민족주의에서는 소수민족에 대한 언급은 전혀 없고, 소련이나 보로딘의 반제국주의 요구에 '외국의 번속으로부터 벗어나는 것'이 민족주의라며 '손문식 대응'을 한 것이다. 이렇게 볼 때 「11월 개조」에서는 국공 양측(손문과 보로딘)이 소수민족 문제를 서로 언급을 하지 않고, '외국의 번속으로부터 벗어나는 것' 정도의 선에서 '타협'했다고 할 수 있다. 반면 같은 시간에 장개석은 모스크바에서 열린 코민테른 집행위원회 회의에서 "민족주의는 모든 민족이 일률적으로 평등하다는 것을 의미한다. 한편으로는 우리의 독립을 보위하기 위해 반드시 외국 제국주의와 투쟁해야 하며, 다른 한편으로는 반드시 약한 민족을 도와 그들의 경제와 문화를 발전"시키는 것이 민족주의라고 연설했다.[43] 손문의 삼민주의, 특히 민족주의가 이러했다. 아마 손문 자신도 민족주의가 무엇이라고 분명하게 표현할 수 있었을지 의문이 든다. 다만 분명한 것은 손문의 민족주의에 소수민족의 자치는 허용되지 않는다고 보아야 할 것이다. 그러나 코민테른의 「결의」는 소수민족 문제에 대해 다음과 같이 결정했다.

---

41 「中國國民黨黨綱」(1923.1.1), 『孫中山全集』 7, p.4.

42 이에 대해서는 민두기, 「中國國民黨의 '改進'과 '改組'」 참조.

43 「중국 국민운동과 당내 정황에 관한 국민당 대표의 서면보고」(1923.10.18, 모스크바, 기밀), 『聯共(布), 共産國際 檔案資料』 1, p.301.

(민족주의에서 반제국주의 이외의) 또 다른 한 면은 중국의 민족운동은 제국주의의 압박을 받고 있는 각 소수민족의 혁명 운동에 협력해야 한다는 것이다. **중국 국내의 각 민족은 일률적으로 평등하다고 선포할 때, 국민당은** 다음을 기억해야 할 것이다. 중국 정부의 다년간의 압박으로 말미암아 이런 소수민족이 심지어 국민당의 선언에 대해서도 의심을 품었다는 것을 잊지 말아야 한다. …… 국민당은 반드시 국내의 각 민족자결의 원칙을 공개적으로 제기해, 외국 제국주의, 본국 봉건주의와 군벌 제도를 반대하는 중국 혁명이 승리한 후 **이 원칙이 과거의 중화제국 각 민족으로 구성된 자유의 중화연방공화국에서도 체현되도록 해야 한다.**[44] - 괄호는 인용자, 강조는 원문

「결의」를 바탕으로 한 「일대선언」에서도 다음과 같이 선언하고 있다.

(민족주의의) 둘째 방면에 대해 보자. 신해년 이전에는 만주의 한 민족만이 우리 위에서 전제를 행하고 있었다는 것은 상술한 바와 같다. 그러나 신해년 이후에 만주의 전제 정책은 이미 파괴되었기 때문에 당연히 국내의 제 민족은 평등한 결합을 할 수 있었고, 국민당의 민족주의가 요구하는 바도 바로 여기에 있었다. 그러나 불행하게도 중국 정부는 전제의 잔재인 군벌의 기반이 되었고, 제국주의가 다시 되살아나 국내의 제 민족은 여전히 불안한 모습을 나타내어, 마침내 소수의 민족으로 하여금 국민당의 주장에 성의가 없는 것이 아닌가 하는 의심을 품게 했다. 그러므로 금후 국민당이 민족주의를 관철하기 위해서는 국내의 제 민족에게 양해를 얻어야 하며, 또한 때때로 중국 국민혁명 운동에서의 공동 이익을 분명히 제시해야 한다. …… 따라서 국민당은 정중하게 다음과 같이 선언한다. 즉 **국민당은 중국 내 제 민족의 자결권을 승인하고, 또한 제국주의와 군벌**

44 「중국민족해방운동과 국민당문제에 관한 코민테른집행위원회주석단의 결의」(1923.11.28, 모스크바에서), 『聯共(布), 共産國際 檔案資料』 1, p.343.

에 반대하는 혁명이 승리한 후 자유 통일적인 중화민국을 조직한다.[45] – 강조는 인용자

그러나 소수민족과 관련해 '강연'의 내용은 다음과 같다.

고금의 민족 생존의 도리에 비추어 중국을 구하고, 중국 민족이 영원히 존재하기를 바란다면, 우리는 민족주의를 제창해야 한다. 민족주의를 제창하려면 먼저 이 주의를 완전히 이해한 연후에야 크게 빛을 발휘해 국가를 구할 수 있는 것이다. 중국 민족에 대해 말하자면 그 총인구수는 4억 명이다. 그중 섞여 있는 것은 다만 수백만 명의 몽골인, 100여 만 명의 만주인, 몇백만 명의 서장(西藏)인, 백수십만 명의 회교도인과 돌궐인이 있을 뿐이다. **외래의 총인구는 1000만 명에 불과하다. 그러므로 수의 크기로 말한다면 4억 명의 중국인이란 완전히 한인이라고 할 수 있다. 혈통, 언어문자, 종교, 습관이 동일한, 완전한 하나의 민족이다.** …… 그러나 중국인은 단지 가족과 종족의 단체가 있을 뿐 민족의 정신이 없기 때문에 비록 결합해 하나의 중국을 이루는 4억 명의 사람이 있다고는 하지만, 실제로는 한 줌의 모래와 같아서 오늘날 세계상 가장 빈약한 국가이며 국제상 가장 낮은 지위에 처해 있는 것이다. …… 만약 좀 더 민족주의를 제창하여 4억 명을 결합해 하나의 견고한 민족을 이루는 데 힘쓰지 않는다면, 중국은 망국 멸종의 우려가 있다. 우리가 이런 위험에서 벗어나려면, 민족주의를 제창해 민족정신으로 나라를 구해야 한다.[46]

'한 줌'밖에 되지 않는 소수민족에 대한 '배려'는 전혀 찾아볼 수 없다. 중국은 4억 명의 한인에 의한 중국이며, 이들이 하나의 국족 단체를 조직해야 외세의 지배에서 벗어날 수 있다는 것이다. '중국 국내의 각 민족은 일률적으로 평등'

45 「中國國民黨第一次全國代表大會宣言」(1924.1.23), 『孫中山全集』 9, p.119.
46 「三民主義」(1924.1~8), 『孫中山全集』 9, pp.188~189.

하다든가, 혁명 승리 후 '각 민족으로 구성된 중화연방공화국'을 수립하겠다든가(「결의」), '중국 내의 제 민족의 자결권을 승인'하고, 혁명 후 '자유통일적인 중화민국'(「일대선언」)을 건립하겠다든가 하는 '신삼민주의의 민족주의'는 찾아볼 수 없을 뿐 아니라, 이를 부정하고 있는 셈이다. 결국 손문은 '국족주의'라는 언어를 현란하게 사용해 민중에 의한 반제·반군벌, 국내 소수민족의 자결권 승인을 골격으로 하는 「1월 개조」의 민족주의는 자신의 민족주의가 아님을 밝히기 위해 긴 강연을 행한 것으로 보인다.

4. 민권주의와 민생주의 강연

앞에서 말했듯이 「결의」의 민권주의를 손문이 받아들이지 못할 바는 아니었지만, 다만 손문 민권의 내용과 행사는 민중의 권리 보장과는 거리가 먼 측면이 많았다. '강연'에서의 민권주의는 손문이 그동안 주장해오던 민권주의에서 크게 벗어나지 않는다. 유럽과는 달리 중국은 일찍부터 민권 사상이 있었고,[47] 또한 중국에는 근대 유럽이나 미국이 쟁취하려는 자유가 있었기 때문에, 중국의 인민은 민권의 뜻을 모르며 알려고 하지도 않았다는 것이다. 즉 중국의 인민은 전제의 괴로움을 별로 받지 않았기 때문에,[48] 말하자면 중국에는 자유

47 『禮記』나 『孟子』의 글귀를 인용해 중국에서 민권론은 2000년 이상이 지났지만, 유럽이나 미국에서는 겨우 150여 년밖에 되지 않았다고 손문은 주장한다. 「三民主義-民權主義」(1924.3.9), 『孫中山全集』 9, pp.262~263.

48 전통 중국에서 인민이 전제의 고통을 받지 않은 이유에 대해 손문은 다음과 같이 설명하고 있다. "인민이 황제의 자리를 넘보지 않는 한, 그들이 무엇을 해도 황제는 상관하지 않았다. …… 인민도 누가 황제가 되건 조세만 납부하면 자신의 책임을 다한 것으로 여겼다. 정부는 인민이 세금을 납부하기만 하면 다른 것에 대해서는 상관하지 않았다. …… 이렇게 볼 때 중국 인민은 전제의 고통을 결코 직접 받은 적이 없다." 「三民主義-民權主義」, 『孫中山全集』 9, p.275.

가 너무 많았기 때문에 자유를 요구하지 않는 것인데, 신청년이나 유학생들이 이런 중국의 역사와 상황을 모른 채 서구의 자유를 외친다고 비판했다. 예컨대 '중국 학생들은 자유사상을 손에 쥐고도 (중국에는 인민의 자유가 충분하기 때문에) 이것을 쓸 장소가 없어서 학교로 가져가 그곳에서 스트라이크(罷課)를 일으킨다. 그들은 자유를 쟁취하기 위함이라는 미사여구를 들이대지만, (자유가 충분한) 바깥 사회에서 자유의 쟁취를 아무도 환영하지 않기 때문에 할 수 없이 학교로 도로 가져와 학교에서 소란스러운 스트라이크를 일으킨다는 것이다.

따라서 혁명의 목적도 유럽과는 다르니, 유럽의 경우는 이전에 자유가 없어서 혁명으로 자유를 쟁취하려 했지만, 중국은 자유가 너무 많고 반대로 단체가 든든하지 못해 흩어진 모래알 같아 외국 제국주의의 침략을 받았다는 것이다. 결국 자유는 중국에서 이제 개인을 위해서가 아니라 국가를 위한 것이어야 한다고 주장한다.[49] 그렇게 되면 정부의 힘이 지나치게 커질 수 있으나, 이를 철저히 관리할 수 있는 민권의 방법을 취하면 되는데, 그것이 바로 손문이 늘 주장해왔던 '오권분립과 직접민권'이라는 것이다.[50] 이제까지 주장해오던 손문 특유의 '민권론'이라고 할 수 있다.

이는 장개석이 모스크바에서 밝힌 민권주의에도 크게 못 미치는 내용이다.[51] 그런데 강연 어디에서도 「결의」나 「일대선언」에서 주장된 민권주의 해석의 핵심을 언급하지 않고 있다. 즉 군벌 및 제국주의와 결탁한 단체나 개인

49 「三民主義-民權主義」, 『孫中山全集』 9, pp.272~273, p.281.

50 '입법권, 행정권, 사법권, 고시권, 감찰권'이라는 治權과 '선거권, 파면권, 창제권, 복결권'이라는 政權이 서로 견제해 균형을 이룬다는 것이다. 「三民主義-民權主義」, 『孫中山全集』 9, pp.351~355.

51 장개석은 손 선생의 "민권주의는 매 사람에게 모두 일련의 권리가 있다는 것을 의미하는데, 이 권리는 능력의 대소에 따라 차별이 있으면 안 된다. 그러므로 사람마다 언론, 결사, 집회, 출판 등의 자유가 있고, 정부는 반드시 인민으로부터 나와야 하며 인민의 도움을 받고 인민을 위해야 한다"라고 했다. 「중국 국민운동과 당내 정황에 관한 국민당 대표의 서면보고」(1923.10.18, 모스크바, 기밀), 『聯共(布), 共産國際 檔案資料』 1, p.301.

은 혁명 후 민권(자유와 권리)을 향유할 수 없다는 것을 지적하지 않을 뿐 아니라, 제국주의에 반대하는 개인과 단체가 향유할 수 있는 '자유'를 '강연'에서는 '부정'하고 있는 셈이다. 민권주의에 대한 「일대선언」의 해석에 '오권헌법과 직접 민권'이 제시되었지만, '민권'의 의미와 내용, 혁명 후의 행사 방법에서 「일대선언」과 '강연'이 크게 배치되고 있음을 알 수 있다.

다음으로 민생주의에 대한 '강연'을 보자. 손문은 민생주의를 "사회주의와 다를 것이 없으며 혹은 공산주의라고 부를 수 있다. 즉 대동주의"라고 정의한다.[52] 이 정의 속에 사회주의나 공산주의에 대한 '손문식 해석'이 그대로 드러난다. 첫째, 사회주의나 공산주의가 유럽에서는 근대에 발생한 사조이지만, 중국에는 이미 공자가 주장했다는 것이다.

> 우리가 중국의 사회 문제를 해결하고자 하는 점에서 외국과 서로 같은 목표를 갖고 있다. 즉 전국 인민으로 하여금 모두 안락을 얻을 수 있게 하고, 재산 분배의 불균등에 의해 고통을 받지 않게 하는 일이다. 이처럼 고통을 받지 않게 한다는 뜻은 바로 공산을 하자는 것이다. 그러므로 우리는 공산주의와 민생주의가 다르다고 말할 수 없다. 우리 삼민주의의 뜻은 바로 민유(民有), 민치(民治), 민향(民享)이다. 이 민유, 민치, 민향의 뜻은 곧 국가는 인민이 공동으로 소유하고, 정치는 인민이 공동으로 관리하며, 이익은 인민이 공동으로 향유한다는 것이다. …… 이것이야말로 진정한 민생주의이다. 바꾸어 말하면 공자가 바란 대동세계(大同世界)인 것이다.[53]

민생주의가 추구한 결과나 공산주의가 추구한 결과가 모두 내용상 대동의 세계와 같으므로, 민생주의는 공산주의와 같다는 것이다. 따라서 손문은 마르

52 「三民主義-民生主義」, 『孫中山全集』 9, p.355.
53 같은 글, p.394.

크스의 계급투쟁론을 비판한다. 사실 손문은 민생주의를 사회주의나 공산주의와 같다고 했지만, 실은 그보다 더 뛰어난 사상으로 자부하고 있었다. 그래서 "제1차 세계대전 후 마르크스의 신도들까지도 민생주의를 받아들이고 있으니, 단순히 유행을 좇아 마르크스주의를 모방하는 학자들의 주장과는 달리 민생주의는 사회 진화의 원리에 합치된다"라고 역설했다.[54] 따라서 손문은 마르크스의 저서와 사상을 "몇천 년 이래 인류 사상의 결정(結晶)"이라고 치켜세운 뒤 계급투쟁을 비판하고,[55] 잉여가치설을 비판했다.[56] 노동자와 농민을 포함한 인민의 '민생'은 국가에 의해 '대동의 세계'로 나갈 수 있는 것이니, 이 과정에 노동운동이나 농민운동은 설 자리가 없다. 반면 「일대선언」은 '평균지권'과 '절대자본'을 근간으로 하는 민생주의를 실현하기 위해 당이 취해야 할 방법을 다음과 같이 선언하고 있다.

> 중국 내에는 북에서 남에 이르기까지, 통상의 도시에서 궁벽한 농촌에 이르기까지 빈곤한 농민과 고통에 시달리는 노동자가 도처에 있다. 이들이 처한 지

---

54 같은 글, pp.364~366.

55 '계급투쟁'은 사회 진화의 원인이 아니며, 계급투쟁은 사회가 진화하면서 생기는 일종의 병이다. 이 병의 원인은 인류가 제대로 생존하지 못하기 때문이다. 인류가 생존할 수 없기 때문에 이 병의 결과로 전쟁이 일어나는 것이다. 마르크스가 사회문제를 연구해 얻어낸 것은 단지 사회 진화의 병을 찾아낸 것일 뿐 사회 진화의 원리를 찾은 것은 아니다. 따라서 마르크스는 社會病理家(사회병리 전문가)라고 말할 수 있을 뿐, 社會生理家(사회생리의 전문가)라고는 할 수 없다. 「三民主義-民生主義」, 『孫中山全集』 9, p.369.

56 영국의 8시간 노동제 실시 등 노동 조건이 개선되었고, 특히 미국 포드 자동차 공장의 예는 잉여가치의 학설을 뒤엎게 만들었다고 주장한다(같은 글, pp.373~374). 사회발전은 생존을 위한 욕구에서 비롯되는 것이니, 이것이 바로 민생 문제라는 것이다. "마르크스는 사회문제를 연구해 단지 사회상 일부분의 병을 찾아냈을 뿐, 사회 진화의 법칙을 발명하지는 못했다. 저 미국의 학자가 발명한바, 인류가 생존을 구한다는 것이야말로 사회 진화의 법칙이며, 역사의 重心인 것이다. 인류가 생존을 구한다는 것은 어떤 문제인가. 그것은 곧 민생 문제이다. 그러므로 민생 문제야말로 사회 진화의 원동력이며, 그것으로 사회문제를 해결하는 것은 아주 쉬운 것이다." 같은 글, p.371.

> 위와 느끼는 고통은 모두가 같기 때문에 그 해방을 바라는 마음도 지극히 절박하다. 따라서 제국주의에 대한 반항 의지도 역시 강렬하다. 그 때문에 국민혁명 운동은 반드시 전국의 농민과 노동자의 참여가 있은 연후에야 비로소 승리를 얻을 수 있다. 국민당은 이에 농민운동과 노동운동에 대해 전력을 기울여 그 발전을 돕고 경제조직을 보조해 날로 발전케 함으로써 국민혁명 운동의 실력 증진을 기해야 하며, 또 한편으로 농민, 노동자에 대한 국민당 가입을 요구하고 서로가 제휴해 부단한 노력으로 국민혁명 운동의 진행을 촉진시킨다. 국민당은 이제 제국주의와 군벌에 대항하고, 또한 농민과 노동자에게 불리한 계급에 대항하기 위해 종사하며, 농민, 노동자의 해방을 도모하려 한다. 이를 바꾸어 말하면 농민과 노동자를 위한 분투인 동시에 농민, 노동자 자신을 위한 분투이다.[57]

'강연'이 「일대선언」의 삼민주의 해석을 이해하도록 하려는 것이 아니었음은 분명하다. 상당히 어려운 처지였음에도 기나긴 '강연'을 통해 손문은 「일대선언」의 삼민주의가 자신의 삼민주의가 아니라는 것을 '자신의 말씀'으로 확인하고자 했다고 보인다.

여기서 주목되는 또 하나는 「중국국민당총장」이다. 이미 지적했지만 「11월 개조」의 「장정초안」은 국민당의 조직을 '상향식 구조'로 바꾸고, 당단을 통해 민중을 조직화해 국민당을 개조하려는 것이었다. 그러나 「결의」는 국민당의 조직에 대해서는 언급하지 않았다. 이에 손문은 「장정초안」의 개조 정신을 정반대로 돌려, 총리인 손문을 정점으로 한, 완전한 '하향식 구조'로 바꾸었다. 개조에 착수한 보로딘이 '적극 무력'에 의한 「혁명방략」, 삼민주의 등에 대한 손문의 집착에 직면해 정치 사업을 직접적으로 요구하기보다는 당단에 의한 민중의 조직화로 국민당을 상향식 조직으로 만들어 손문의 노선을 바꾸고자 했

57 「中國國民黨第一次全國代表大會宣言」(1924.1.23), 『孫中山全集』 9, p.119.

다면, 「결의」는 삼민주의의 재해석을 통해 혁명 노선을 분명히 밝히고 이를 통해 개조를 추진하고자 했던 것이다. 보로딘과 코민테른은 개조 순서가 서로 달랐던 것이다. 손문 또한 자신의 「혁명방략」과 삼민주의를 견지한 채 조직의 변화를 인정해주는 것이 보로딘과 합의한 「11월 개조」였다면, 「결의」를 받아들일 수밖에 없는 상황에 이르자, 「1월 개조」를 손문 자신에 대해 '변경 가능한' 시스템으로 바꾸었다. '상향식 조직'을 제어할 수 있는 국민당 조직의 구성을 선택했다고 볼 수 있다. 삼민주의 '강연'의 내용으로 보거나, 「중국국민당총장」의 총리 규정으로 보거나, 손문은 「일대선언」이 자신의 뜻이 아님을 분명히 한 셈이다.

이제까지 살펴본 국공합작의 '결실'인 「1월 개조」까지의 과정을 다시 정리해보자. 1923년 10월 초 보로딘이 광주에 온 이후 당 개조가 본격적으로 진행되었다. 본격적이라고는 해도 당시 손문은 군사작전을 진두지휘하고 있어, 당 개조는 보로딘과 요중개 등에 의해 진행되었다. 임시중집위를 통해 「11월 개조」가 만들어질 무렵, 마침 광주 함락의 위기를 넘긴 손문이 이를 재가해 국공합작이 첫 결실을 맺었다. 「11월 개조」는 「개조선언」, 「당강초안」, 「장정초안」을 그 내용으로 하고 있다. 「당강초안」의 삼민주의 해석은 문장상 어울리지 않는 몇 개의 단어(민중, 제국주의 등)를 추가했을 뿐 새로운 해석은 아니었다. 「당강초안」에 "삼민주의, 오권헌법에 대한 해석은 손문 선생의 말씀[說]"으로 정한다고 못 박음으로써, 개조의 선을 분명히 그었다. 손문은 혁명의 실패 원인을 '미비한 조직'과 '주밀하지 못한 훈련'으로 보아, 당의 개조를 국민당의 조직과 훈련의 개선에 두고자 했다. 보로딘은 이를 활용해 즉 당 조직을 개조해 전국적·누층적으로 재조직하고, 각층의 위원회에 의한 '상향식' 틀을 갖춘 국민당을 만들어, 이후 당단을 통해 민중의 조직화로 개조를 추진하고자 했다. 보로딘은 손문을 정점으로 하는 국민당의 '유해한 문화'를 바꾸는 것이야말로 개조라고 생각했기 때문이다.

그러나 「11월 개조」가 진행 중이던 시기에 손문의 '서북군사계획'에 대한 군사적 지원을 얻기 위해 모스크바로 간 장개석의 대표단은 코민테른 집행위원회 회의에 참가해 「결의」에 '합의'하고 귀국했다. 12월 말경 손문과 보로딘은 각기 장개석과 카라한으로부터 「결의」를 받았다. 보로딘, 요중개 등이 광주에서 「11월 개조」를 확산하기 위해 상해로 갔다가 광주로 돌아온 것은 1월 10일 무렵이다. 이때까지 보로딘이나 요중개 모두에게 당 개조란 「11월 개조」였다. 그러나 이 시기 손문이 「결의」를 전격적으로 받아들임으로써 「1월 개조」가 추진되었다. 「11월 개조」를 만들어낸 임시중집위가 아닌 비공식 조직인 사인위원회가 3~4일 만에 「1월 개조」의 「대회선언」 등을 만들었다. 물론 「대회선언」의 내용은 「결의」의 그것을 전폭 받아들인 것으로, 「11월 개조」와는 내용상 궤를 전혀 달리하는 것이었다. 그러나 손문은 「결의」의 요구에서 벗어나 있던 「장정초안」을 대폭 수정해, 손문을 정점으로 하는 구조의 「총장」을 만들어내어 언제라도 「개조」를 바꾸거나 폐기할 수 있는 법적 장치를 마련했다. 말하자면 「11월 개조」의 「개조선언」과 「당강초안」이 「1월 개조」의 「일대선언」으로 바뀌었다면, 「1월 개조」의 「중국국민당총장」은 「11월 개조」의 「당장초안」을 대신했다.

그러나 손문이 「1월 개조」의 「일대선언」을 진심으로 받아들인 것은 아니었으니, 손문은 「결의」를 받아들이기로 한 시점인 1월 13일 삼민주의에 관해 강연했다. 강연은 3시간 넘게 진행되었지만, 민족주의도 완결하지 못한 채 끝내야 했다. 이후 일전대회 기간 중인 1월 27일, 13일의 강연 내용을 다시 반복하고, 이후 장기간에 걸쳐 삼민주의에 대한 강연을 지속했다. '강연'은 '손문 선생의 말씀'으로 해석한 삼민주의였고, 이는 「일대선언」의 삼민주의(신삼민주의)가 자신의 뜻이 아님을 분명히 하려는 것이었다. '강연'의 삼민주의는 손문이 그동안 주장해온 삼민주의와 크게 다르지 않았다. 다만 「일대선언」의 삼민주의가 '일탈'이었을 뿐이다.

5. 「11월 개조」와 「1월 개조」의 의의

그렇다면 「1월 개조」는 국공에 어떤 득실을 가져왔을까. 「11월 개조」처럼 국공 양측의 이해가 일치된 결과라면 이익이나 손해를 공유했겠지만, 「1월 개조」는 국공 양측의 일치된 이해의 결과가 아니었다. 「1월 개조」의 「일대선언」은 코민테른의 「결의」를 크게 수용한 것이기 때문에, 일단 '소련의 큰 성과'라고 볼 수 있다. 특히 보로딘과 카라한에게 더욱 그러했다. 보로딘은 일전대회 기간 중에 카라한에게 편지를 보냈다.

> 대표대회는 아주 큰 이익을 가져왔다. 대표대회의 개최는 중국 국민혁명 투쟁을 이끌려는 진정한 국민당을 이렇게 조직해, 적대분자들의 목적 달성을 불가능하게 하거나 완전히 소멸시켜버렸기 때문이다. 다른 한편으로 이번 대회를 소집함으로써 과거의 실패 경험을 알게 되었고, 중국에서 무엇을 주장해야 할지, 지금 무엇을 준비해야 할지를 명확히 가늠하게 되었다.[58]

보로딘은 '일전대회'를 통해 국민당은 이제 중국 국민혁명의 지도자가 되었다고 의미를 부여하며, 카라한에게 「일대선언」 문건도 보냈다.[59] 이를 받은 카라한은 매우 흥분했다. 그는 보로딘으로부터 일전대회에 관한 소식과 자료를 받자마자, 소련 외교인민위원 치체린에게 알렸다. "일전대회는 국민혁명과 전투 핵심에 초석을 깔았기 때문에, 당의 역사상, 국민혁명 운동의 역사상 하나의 전환점"이 되었다고 평가했다.[60] 카라한은 일전대회의 모든 것이 코민테른

---

58 「Borodin이 Karakhan에게 보내는 편지」(1924.1.25, 廣州, 기밀), 『聯共(布), 共産國際 檔案資料』 1, p.404.

59 같은 글, p.405.

60 「Karakhan이 Chicherin에게 보내는 편지」(1924.2.9, 北京), 『聯共(布), 共産國際 檔案資料』 1, p.410.

의 결의에 따른 것임을 강조하면서, 그 결과 국민당은 세계 어디에서도 볼 수 없는 소련에 대한 '충성심'에 차 있다고 일전대회의 성과를 과시했다.

> 국민당은 지금 생기발랄하며, 적극적이고, 조직이 양호한 국민혁명당으로 바뀌고 있다. 이는 우리가 기타 그 어떤 나라에서도 경험하지 못한 것이다. 인도에서도, 터키에서도, 페르시아에서도 이런 국민혁명당은 없었다. 내가 지금 강조하고 싶은 것은, 국민당은 현재 우리의 영향을 받고 있고, 우리에 대해 존경과 숭배로 충만해 있다. 그래서 우리의 지시와 코민테른의 결의를 이처럼 순종적으로 받아들인 것이다.[61]

보로딘과 카라한에게 「1월 개조」는 스스로의 성과였을 뿐 아니라 '반대 노선'에 대한 '승리'였다. 카라한은 일전대회를 자신의 성과로 치켜세우는 한편, 이어 그동안 국민당과의 합작에 부정적이던 세력에게로 예봉을 돌렸다. 이런 세력은 특히 코민테른 쪽에 많았는데, 보이틴스키가 대표적인 인물이었다. 카라한은 이 편지를 치체린에게 보내는 동시에 보이틴스키에게도 보내라고 했다.[62] 마치 '이것 좀 봐라!'라고 하는 듯하다. 카라한의 이런 태도는 국공합작에 반대하는 일부 인사에게만 한정된 것이 아니라 넓게는 당시 생겨나기 시작한 소련공산당 내의 노선 투쟁과도 관련이 있었다. 북경의 카라한 밑에 있다가 일본으로 발령받은 슬레파크(Slepak)는 보이틴스키에게 노선을 분명히 하라고 요구했다.

> (국민당은) 하나의 거대한 사업을 했다고 말할 수 있다. 만일 국민당이 시종 이렇게 한다면 머지않아 중국 국민혁명의 정당이 될 것이다. …… 빌렌스키 동지

61 같은 글, p.414.
62 편지에는 연필로 "보이틴스키에게 보냄"이라고 주기되어 있다. 같은 글, p.410의 주 1 참조.

는 조곤이 보좌에 오른 지금부터 중국 자산계급의 통치가 시작된다고 했는데, 이는 그가 오패부를 '좋은 군벌'[63]이라 한 것과 같은 과오를 범하는 것이다. …… 나는 당신(보이틴스키)이 현재 (소련)공산당 내의, 그리고 모스크바의 총체적인 정서에 대해 나에게 말해주기를 바란다. …… **당내 논쟁**과 같은 중요한 문제에 대해서도 당신은 말하지 않았다. **나는 당신이 어느 쪽에 서 있는지 알고 싶다.** …… **나는 반대파를 강렬히 반대한다. 당신이 반대파 쪽에 서지 않으리라고 나는 믿는다.**[64]

국공합작에 부정적인 노선은 당시 모스크바에서 진행되고 있던 당내 노선 투쟁의 '반대파', 즉 트로츠키파로 간주되고 있음을 볼 수 있다.[65] 「1월 개조」는 소련이나 코민테른 내에서뿐만 아니라 중국공산당 내의 국공합작 반대 기류도 일단 차단시켰다.[66] 일전대회에 참가할 북경 대표로 손문이 지명한 이대쇠는 광주로 떠나기 전에 개최된 북경의 중국공산당 당원대회에서 많은 질문과 비판을 받았으나,[67] 일전대회를 마치고 북경에 돌아와서는 국공합작의 전도를 아

63 Vilensky-Sibiriakov가 소련 언론에 발표한 문장이다. 그중에는 직계 군벌의 수령, 특히 吳佩孚를 미화하는 부분이 있었다. Vilensky-Sibiriakov, 『吳佩孚(中國的軍閥統治)』(모스크바, 1925년 러시아어판), 『聯共(布), 共産國際 檔案資料』 1, p.409 각주에서 재인용.

64 「Slepak가 Voitinsky에게 보내는 편지」(1924.2.8, 北京), 『聯共(布), 共産國際 檔案資料』 1, pp.408~409.

65 '반대파'란 레닌 사후 1924년부터 1929년까지 당서기장이었던 스탈린이 자신의 지도 체제를 확립하는 과정에서 배제시킨 세력을 말한다. 최초의 반대파는 1923년 가을에 「46인의 반대성명서」를 발표했던 트로츠키파이다. 이것은 당시 공업 제품과 농산물 사이의 협상 가격차에서 비롯된 심각한 경제 위기를 배경으로, 경제정책의 변경과 당내 민주주의를 요구하며 생겨났다. 1924년 1월의 제13차 당협의회와 5월의 제13차 당대회는 트로츠키의 '반대파' 활동을 "마르크스주의로부터의 소부르주아적 편향"이라고 비난했다. 그러나 그들을 제명하는 데까지 이르지는 않았다. 岡崎次郎 編, 『現代マルクス＝レーニン主義事典(上)』(東京: 社會思想社, 1980), p.954.

66 「Karakhan이 Chicherin에게 보내는 편지」(1924.2.9, 北京), 『聯共(布), 共産國際 檔案資料』 1, p.413.

67 일부 당원들은 "국민당이 당신에게 삼민주의에 복종하고, 국민당의 모든 결의와 명령에 충성할 것을 선서하라고 요구하면 어떻게 대응할 것인가?"라고 비난조로 질문을 던지는

주 낙관했고, 대회의 성취를 크게 칭송하며 「일대선언」, 「총장」 등은 획기적 가치가 있다고 지적했다. 또한 이번 개조에 대한 손문과 국민당의 주요 책임자의 결심과 성의를 칭찬하며, 국공합작의 발전이 아주 순조로울 것이라고 믿는다고 했다.[68]

보로딘, 카라한 등은 일전대회를 통해 "공산당 내에서 국민당과 함께 사업하겠는가, 어떻게 사업하겠는가에 관한 문제에서 현재 더는 상충되는 의견이 없고, 공산당인은 국민당과 함께 사업할 것"이라고 확신했다.[69] 카라한 등의 주장은 과장된 측면이 있기는 하지만, 일전대회로 인해 국공합작을 긍정적으로 평가하는 분위기가 중국공산당 내에 형성된 것은 분명하다.

보로딘이나 카라한은 말할 것도 없이, 소련으로서도 「1월 개조」는 큰 수확이었다. 당면한 소련의 이익 측면에서 볼 때도, 세계혁명 전략의 측면에서 볼 때도, 중국에서 손문과 국민당을 개조시킨 것은 일대 성과였다. 반제국주의는 소련의 혁명 전략일 뿐 아니라 당시에는 생존과도 관계가 있었고, 중국 주변의 소수민족도 마찬가지로 소련의 국가적 이익 및 혁명 전략과 밀접한 상관관계가 있었기 때문이다. 특히 반제국주의의 경우도 민중운동에 기반을 둔 혁명 노선을 받아들였으니, 국민당 개조는 소련에게 말할 나위 없는 '승리'였다.

그러나 현실과는 크게 괴리된 승리이자 성과였다. 앞에서 살펴본 것처럼 손문이 소련의 요구를 진정으로 받아들인 것은 아니기 때문이다. 따라서 합작의 균열은 시간이 흐를수록 커질 수밖에 없었다. 게다가 당시 손문이나 국민당은 소련의 이익이나 세계혁명 전략에 실질적으로 도움을 줄 수 있는 힘이 거의 없었다. 당시뿐만 아니라 이후 손문이 사망할 때까지도 손문이나 국민당은 광

등 이대쇠가 국민당 대표로 참여하는 것에 찬성하지 않는 중국공산당 당원이 많았다. 張國燾, 『我的回憶』 第1冊, p.309.

68 같은 책, p.324.

69 「Slepak가 Voitinsky에게 보내는 편지」(1924.2.8, 北京), 『聯共(布), 共産國際 檔案資料』 1, p.408.

동성조차 장악하지 못하는 '힘없는 정치 세력'이었다. 따라서 소련은 국공합작을 추진하면서도, 손문의 적대 세력인 북경정부와의 국교 정상화에 전력하고 있었다. 적어도 손문이 사망할 때까지 국공합작은 소련에 어떠한 실익도 가져다주지 못했다. 「1월 개조」는 소련에 실속 없는 '승리이자 성과'라고도 볼 수 있다.

또 하나 지적하고 싶은 것은 「11월 개조」와 「1월 개조」 중 소련, 특히 보로딘에게 어느 것이 국공합작의 '실제적 결실'을 가져왔겠는지 추정해보고 싶다. '실제적 결실'이란 '민중과 결합한 반제·반군벌 운동'일 터인데, 이 결실을 맺기에 어느 개조가 더 나았겠는가. 손문이 「결의」를 선뜻 받아들인 데 대해 보르딘이나 소련은 아마 크게 놀랐을 것이다. 「결의」와 다른 「11월 개조」를 손문과 이미 합의했기 때문이다. 보로딘이라고 국민당을 개조해 '민중과 결합한 반제·반군벌'의 혁명당으로 만들고 싶지 않았겠는가. 보로딘은 광주로 와서 손문을 만나고 국민당 내에서 나름의 '설득' 과정을 거치면서, 손문을 정점으로 하는 국민당, '유해한 관례와 문화'로 움직이는 국민당을 개조하기 위해 당 조직의 개조부터 시작하고자 했던 것이다. 따라서 「11월 개조」는, 손문의 삼민주의를 직접 건드리지 않으면서 「장정」이라는 법적 규정을 통해 국민당과 손문의 '유해한 문화'를 바꾸고, 당단을 통해 밑으로부터 민중을 조직해나가려고 구상한 것이다. 즉 장기적 구상인 셈이다. 반면 코민테른의 「결의」와 이를 수용한 「1월 개조」는 당 개조의 '결과'였다. 과정 없이 단번에 결과를 얻게 되자, 보로딘조차 '승리'에 도취되었다. '승리'를 가져다준 손문과 국민당은 단숨에 고평가되어 소련의 지원을 받아냈다. 그러나 과정을 생략한 결과가 지속될 수는 없었으니, 고평가된 손문과 국민당을 전제로 한 합작은 진행이 되면 될수록 파열음을 냈다. 이런 점에서 국공합작의 성과로 평가되는 「1월 개조」에 가려져 그 존재조차 보이지 않던 「11월 개조」의 의의는 재평가되어야 할 것이다.

20장

재정통일과 객군

1. '대기념일', 1924년 1월 4일

그렇다면 손문에게 「1월 개조」는 어떤 득실이 있었을까. 「1월 개조」는 손문이 '원치 않았던 수용'이었기에, 자존심에 큰 상처를 주었을 것이다. 삼민주의에 대한 자부심이 얼마나 컸던가. 그러나 손문은 물러서지 않고, '강연'을 통해 「일대선언」의 삼민주의는 자신의 것이 아님을 역설했다. 그렇지만 손문의 의도는 뜻대로 이루어지지 않았다. 당시 「일대선언」의 삼민주의는 전국적으로 상세하게 언론에 보도되었지만, '강연'의 경우 내용은 물론이고 소식조차 전해지지 않을 정도였다. 예컨대 국민당의 상해 기관지라 할 수 있는 상해≪민국일보≫조차 1924년 2월까지 '강연'의 동정만 두 번 보도했을 뿐이다. 반면에 일전대회는 그 진행 상황을 날짜별·시간별로 상세히 전하고, 아울러 「일대선언」의 전문을 게재했다.

손문은 한편으로는 「일대선언」이 통과된 직후 "모두 선언에 따라 행하고, 그 실행의 책임을 져야 한다"[1]라고 그 취지를 설명하면서, 다른 한편으로는 「일대선언」과는 다른 '강연'을 했으니, '강연'을 듣는 자도 어느 것이 손문의 '진의'

인지 알 수 없었을 것이다. 그보다는 오히려 정확한 내용과 의미를 지니지 못한 삼민주의가 문제였다고 할 수 있을 것이다. 다만 적어도 「1월 개조」의 삼민주의가 자신의 진의가 아님을 손문은 분명히 알고 있었다. 그렇다면 손문은 왜 「결의」를 선뜻 받아들였을까.

1924년 1월 4일 대본영에서 군정회의가 열렸다. 손문은 이후 해결해야 할 문제로 세 가지를 제시했다.

> 조곤의 뇌물 선거가 자행되어, 현재 온 나라가 분규 속에 빠져 있으니, 시국은 조속한 해결을 기다리고 있다. 그러므로 오늘 토의해야 할 세 가지가 있다. 첫째는 정식정부를 조직하는 문제이다. (우리에게 정식정부가 없어) 외교단이 지방정부와 동일시해 외교상 극히 (불리한) 영향을 받기 때문이다. 둘째는 북벌을 위해 출병하는 문제, 셋째는 재정통일의 문제이다. ……
>
> (토론을 거쳐 신정부의 명칭을 '건국정부'[2]라고 표결로 결정한 후, 이어 북벌 문제를 토론했다)
>
> (손문은) 출병 문제에 대해 먼저 동강(東江)의 완전한 숙청을 기다린 후, 잠시 쉬었다가 이후 군대를 차출한다. 그러나 어떻든 먼저 출병을 결심하고, 미리 준비해야 성취할 수 있다. 지금 강소, 절강에 풍운이 짙게 깔려 있고, 봉장(奉張: 봉계의 장작림)은 이미 입관(入關)을 준비하고 있으니 우리도 빨리 계획을 마련해야 한다.
>
> 제3 문제가 가장 중요한 것은 제1, 2 문제와 관련되기 때문이다. …… 그러므로 각 군 장관은 점령지 소속의 징수 기관을 1개월 내에 주관 재정 기관에 넘기도록 하라.[3] – 괄호 인용자

1 「對于中國國民黨宣言旨趣之說明」(1924.1.23), 『孫中山全集』 9, p.125.

2 「건국정부」(이열균), 「국민정부」(유진환), 「건설정부」(양창백) 등 세 가지 명칭이 제기되었다. 「在大本營軍政會議的發言」(1924.1.4), 『孫中山全集』 9, p.11.

3 같은 글, pp.10~11.

1924년 초 손문이 해결해야 할 문제에 당 개조는 없었다. 당 개조는 손문에게 적어도 급한 일이 아니었다. 세 가지의 급무는 한 덩어리였는데, 핵심은 북벌이었다. 정식정부(혁명정부)를 조직하면 국내적으로는 채권을 발행할 수 있고, 외국과는 차관을 체결할 수 있으며, 나아가 관여(關與)를 접수할 명분도 마련할 수 있다고 손문은 예측했다. 이렇게 되면 북벌을 위한 자금 마련에 큰 숨통이 열릴 수 있다. 또 재정통일은 새나가는 세수를 막아 재정을 확충해 북벌 자금에 충당할 수 있었다. 소련이나 코민테른은 손문과 국민당에 '정치 사업'의 몰두와 '군사행동'의 '자제'를 요구하고 있었지만, 손문의 1924년도 계획에는 반대로 '군사행동'(북벌)만 있었을 뿐 '정치 사업'(당 개조)은 급선무가 아니었다. 그렇다고 국공합작이 필요하지 않은 것은 아니었다. 세 가지 급무는 소련과 관계가 있었다(이에 관해서는 뒤에서 설명하겠다). 여하튼 같은 날 저녁 각 군정 장관을 초대한 연회에서 세 가지 목표에 대한 전망과 희망을 전했다.

> 민국 13년의 시작을 맞아 우리는 큰 결심을 내렸다. (올해) 진행할 삼대 사건을 결의했으니, 즉 건국정부, 출사북벌, 통일재정이 그것이다. …… 오늘 각인이 큰 결심을 하고 있으며, 비교적 많은 무기가 있으니 건국의 목적이 어찌 달성되지 않겠는가? 나는 진실로 전도에 큰 희망이 있다고 굳게 믿는다. 우리는 천만년 후에도 이 13년(1924) 1월 4일의 회의가 대기념일로 남기를 바란다.[4]

그러나 애석하게도 1월 4일의 회의는 훗날 기념일로 남지 못했다. 즉 1924년의 세 가지 급무는 모두 이루어지지 못했다. 이제 세 가지 급무를 순서를 바꿔 '통일재정'과 '건국정부'를 먼저 살펴보고, 마지막으로 '출사북벌'을 고찰하고자 한다.

4 「在帥府歡宴各軍政長官的演說」(1924.1.4), 『孫中山全集』 9, p.12.

2. 손문의 재정 구상

광동의 각 지역을 점령한 군사 세력들은 지배 지역의 징수 기관을 통해 세금을 거두어들이고 있었다. 이들은 손문에 의해 '고용'된 군대[客軍]였기 때문에 손문의 군사 세력으로 계산되지만, 사실상 언제라도 '독립'하거나 손문에 반대하는 세력으로 변할 수 있었다. '재정통일'이란 이처럼 객군의 지배하에 있는 징수 기관의 관리를 이관하라는 것이다. 손문은 '통일재정'의 필요성을 다음과 같이 설명하고 있다.

> 서남은 호법 이래 모든 군민정 비용의 대부분을 거의 전부 광동에서의 공급에 의지해왔다. 광동의 **매년 수입을 보면 약 3000여** 만 원이고, 현재 새로운 여러 가지 **신증세 항목을 합치면 5000만 원 내지 6000만 원을 얻을 수 있어 군민정 비용을 충당하기에 부족하다고 할 수는 없다.** …… **각 군이 세금을 가로채기 때문에** …… 단지 2000만 원을 얻을 뿐이다. 그중 1000여 만 원은 모두 광주시 일각에서 취한 것이어서, 광주 시민은 이미 무거운 세금을 감당하기 어려워졌다. 금후 정식정부를 조직하고 북벌을 실행하기로 결정했으니, 이후 군비의 공급은 광동 전 성에 의지해야 더욱 풍족할 것이다.[5]

손문의 설명에 근거해 광동정부의 재정과 '통일재정'의 가능성, 나아가 국민당 정권 내지 손문의 혁명 전략의 가능성을 살펴보기로 한다. 손문의 설명을 분별해보면 다음과 같다.

1) 호법을 내걸고 광동에 군정부 등을 수립한 이래, 정부의 수입을 광동에만 의지해온 지방정권이었다.

2) 광동정부의 연간 재정수입은 3000여 만 원이다. 그런데 최근 여러 가지

---

5 「在大本營軍政會議的發言」(1924.1.4), 『孫中山全集』 9, p.10.

세를 늘려 재정수입은 5000만 원 내지 6000만 원이 되었으며, 이 정도면 군정과 민정의 비용으로 부족함이 없다. 그런데 '고용'된 군대라고 할 수 있는 객군들이 지배 지역의 세금을 가로채기 때문에 재정수입은 고작 2000여 만 원이다. 그 2000여 만 원 중 절반은 광주에서 거두어들이는 것이어서, 광주 시민이 감당하기 어려울 정도이다. 따라서 세 수입은 광동 전 성에 의지해야 한다.

3) 또 중앙이 재정 시스템을 통일적으로 관리해 객군으로 하여금 세금을 가로채지 못하도록 해야 한다.

1) '혁명 근거지'로서의 광동

'호법 이래 의지해온 지역적 기반이 광동'이라는 손문의 자조적 설명은 맞는 말이다. 따지고 보면 호법 이전, 더 거슬러 올라가 신해혁명 이전, 혁명을 시작할 때부터 손문은 자신의 인적 관계나 지연적 관계 때문에 광동을 포함한 서남 지역에서 혁명을 추진할 수밖에 없었다. 따라서 신해혁명 이전 손문의 무장봉기는 이 지역에 집중되었고, 무장봉기가 실패를 거듭하면서 서남 중심의 혁명론에 대한 비판이 나오기도 했다.[6] 그러나 신해혁명의 단초는 서남이 아닌 무창에서 열렸다. 여하튼 신해혁명 이전 손문의 무장봉기는 모두 실패로 끝났기 때문에 혁명의 첫 단계의 권력이라고 할 수 있는 '군정부'조차 광동에 수립하지 못했다.[7]

그렇다면 신해혁명 이후는 어떠했는가. 국내 거주가 가능할 경우 손문은 예외 없이 광동에 권력을 수립하고 혁명을 추진했다. 바꾸어 말하면 광동 이외의 지역에 정치권력을 수립한 적은 없었다. 그러나 예상외로 손문이 광동에 발을

6 이에 대해서는 김형종, 「신해혁명의 전개」, pp.141~145 참조.

7 신해 전 군정부의 수립과 관련해서는 다음의 논문을 참조. 이평수, 「20세기 초 중국의 공화혁명과 비밀결사」, ≪중국근현대사연구≫, 제54집(2012).

디디고 혁명을 추진한 시간은 그리 길지 않다. 신해혁명 이후 그가 귀국해 사망할 때까지의 기간 중 3분의 1 정도(4년 4개월, 즉 52개월)를 광동에 머물렀을 뿐이고 그것도 단속적으로 세 차례가 있었으므로, 광동에서 2년 넘게 머무른 적은 없었다. 이 때문에 안정된 권력을 광동에 수립한 적은 없다고 보아야 할 것이다.[8]

손문이 광동에 세 차례 건립한 정부를 1, 2, 3차 '광동정부'라고 칭하겠다.[9] 1차 광동정부는 광서 등 주변으로부터 광동으로 들어온 '객군'의 정치 세력이 만들어준 것이나 다름없기 때문에, 이 정부의 지배 지역은 형식상 광동을 넘어 광서에까지 미쳤다고 할 수 있다. 손문이 비록 1차 광동정부에서 중화민국 군정부 대원수직에 오르기는 했으나 정치적·군사적으로 거의 힘이 없었으니, 손문의 1차 광동정부(1917.9.1)는 허울뿐이었다. 결국 손문은 이 '객군'들의 정치 세력에 의해 '무장해제'를 당하듯, 8개월 만에 대원수직을 사임하고(1918.5.4), 상해로 돌아왔다. 따라서 손문이 대원수 직함을 갖고 있었을 뿐 실제로 광동을 지배했다고 볼 수 없고, 광동을 '혁명 근거지'로 칭하기도 어렵다.

이에 반해 진형명이 광동의 광서 세력을 축출하고, 광서로 들어가 육영정에

---

8 1911년 11월 말에 귀국해 1925년 3월 사망할 때까지 13년 2.5개월(158.5개월) 동안, 원세개의 탄압을 피해 일본에 2년 9개월 있었으며, 광동에서 물러나면 주로 상해에 거주했는데 그 기간만도 50여 개월이나 된다.

1912년 1월~13년 7월 남경 등(19개월)
1913년 8월~16년 4월 일본(33개월)
1916년 5월~17년 6월 상해(14개월)
1917년 7월~18년 6월 광주(11개월) 1차 광동정부
1918년 7월~20년 11월 상해(29개월)
1920년 12월~22년 7월 광주(20개월) 2차 광동정부
1922년 8월~23년 2월중순 상해(6.5개월)
1923년 2월 중순~24년 11월 중순 광주(21개월) 3차 광동정부
1924년 11월 중순~25년 3월 중순 상해 등(4개월)

9 '군정부'라고 칭하는 것이 일반적인데, 세 차례의 권력이 모두 군정부는 아니었기 때문에 정확한 명칭이라고 할 수는 없다.

게 '항복'까지 받아냈다.[10] 이때 수립된 2차 광동정부는 명실상부하게 광동 전 성을 지배했다고 할 수 있다. 진형명의 요청으로 광동으로 돌아온 손문은 '대총통' 지위에 올랐으나, 결국 진형명에 의해 광동에서 쫓겨날 수밖에 없었다. 여하튼 2차 광동정부는 광동에서 거두어들인 세수로 정부를 운영한 명실상부한 정부였다.

이후 손문은 진형명 세력을 밀어내고 3차 광동정부를 광주에 세웠다. 그러나 광동 전 성을 지배한 것은 아니다. 진형명의 군대를 광주 동쪽의 동강 동안(東岸)으로 밀어내는 데 그쳤고, 광주 서쪽은 진형명을 광주에서 몰아낸 광서 등의 객군이 지배했다. 손문이 마지막으로 광동을 떠나 북상할 때까지 손문의 군대는 동강을 넘지 못했고, 광주 서쪽에는 객군이 여전히 웅거하고 있었다. 광동만이 지역적 기반이라는 손문의 발언은 3차 광동정부의 세력 범위로 볼 때 정확한 표현은 아니다. 3차 광동정부는 광동의 일부만 지배하고 있었다. 따라서 정부의 세수 징수도 광동의 일부 지역, 주로 광주와 그 주변 지역에서만 실제로 가능했다.

2) 광동정부의 재정수입

다음으로 세수액을 살펴보자. 일반적으로 세수액과 관련해, 광주정부의 재정위기를 논한다. 즉 어려운 재정을 수습하기 위해 손문은 '재정통일' 등의 정책을 취했으나 실패했다는 것이다. 그러나 단순히 정부 차원의 재정만 아니라 3차 광동정부 지배 지역 내의 주민과 관련해 정부의 재정을 살펴볼 필요가 있다. 예컨대 "광동의 연간 재정수입은 3000만 원인데, 최근 신증세(新增稅)를 통

10　진형명의 군대는 광서 등의 객군을 광동에서 몰아낸 후, 이어 파죽지세로 광서로 들어가 광서군을 격파했다. 광서의 지배자 육영정은 1921년 10월 1일 광서를 떠나 베트남 하노이로 도망갔다. 이로써 진형명의 광동군에 의한 양광 통일이 이루어졌다. 陶菊隱, 『北洋軍閥統治時期史話(1895~1928)』 2, pp.59~61.

〈표 20-1〉 광동성 세입 통계

연도	합계	염세 (鹽稅)	관세 (關稅)	연주 (烟酒)	인화 (印花)	사전 (沙田)	전부 (田賦)	이금 (釐金)	주향 (籌餉)	세외 수입	잡항	공채	차관
1912	38,139	-	-	-	-	-	-	-	-	-	-	-	-
1913	20,096	326	126	1,778	18	411	3,552	8,891	-	-	4,577	417	-
1914	20,629	-	-	2,355	175	685	1,977	7,540	1,850	2,084	3,762	202	-
1915	24,578	-	40	1,274	108	597	2,345	8,398	2,064	3,767	1,965	539	3,511
1916	38,187	314	34	1,595	17	298	1,736	6,648	1,911	8,811	3,694	586	12,544
1917	40,269	421	198	2,008	3	331	1,640	6,905	1,506	11,052	3,952	594	11,659
1918	40,277	1,438	230	2,318	31	303	1,861	5,941	2,907	9,735	4,101	94	11,318
1919	46,837	228	141	3,146	1	498	4,157	7,561	2,335	10,769	3,342	990	13,669
1920	37,603	178	159	2,324	67	316	1,851	7,520	737	5,932	3,298	80	15,141
1921	43,499	3,016	366	3,167	-	773	3,288	9,867	6	2,760	6,385	838	13,033
1922	36,718	5,122	297	1,867	209	406	2,069	6,486	-	2,895	4,757	24	12,586
1923	16,603	10	19	263	-	381	1,636	4,830	34	2,284	4,361	-	2,785
1924	12,081	1	44	544	-	260	1,510	4,201	5	1,669	1,512	-	2,335
1925	70,509	5,447	91	1,784	2,137	416	1,728	9,078	7,527	13,849	5,854	5,750	14,385

해 5000만 원 내지 6000만 원으로 증액되었다"는 손문의 발언은, 세금 수취의 대상인 주민의 입장에서는 단순한 세제 개편이 아니라 '세금 폭탄'으로 받아들일 만한 것이다. 즉 3000만 원에서 5000만 원 내지 6000만 원으로의 증액이란 수치상 66~100%나 세금이 늘렸다는 말이다.

3차 광동정부의 재정과 관련해 〈표 20-1〉은 매우 유용하다.[11] 먼저 1923년과 1924년의 총재정수입은 그 이전과 비교해 대폭 감소했다. 2차 광동정부 시기인 1921년 및 1922년과 비교해보면, 1923년의 총재정수입은 1921년의 38.2%, 1922년의 45.2%로 절반에도 못 미쳤다. 1924년의 총재정수입은 더 감

11 이 표는 일본의 한 연구에 실린 두 자료를 이용해 정리한 것이다. 横山宏章, 『孫中山の革命と政治指導』, pp.98~99.

소해 1921년의 27.8%, 1922년의 32.9%에 불과해 3분의 1에도 미치지 못했다. 이는 공채와 차관이 들어 있는 수치이기 때문에 정부가 지배 지역의 주민들로부터 거둔 세수를 보면 수치가 약간 올라간다. 1923년과 1924년의 경우 공채와 차관이 거의 없었기 때문이다. 그래도 1923년에 거둔 세수는 1921년과 1922년의 절반 정도만 세금으로 거두어들였고, 1924년은 30~40% 정도에 불과했다. 이처럼 실제로 거둔 세수가 줄어든 주요 원인은 광동의 전 성을 지배했던 2차 광동정부와는 달리, 3차 광동정부의 지배 지역은 광동의 일부였기 때문이다. 그렇다면 상기의 수치가 지배 지역의 감소, 즉 과세 대상의 감소를 그대로 보여주는 것인지는 좀 더 살펴보아야 할 것이다. 이는 뒤에 다시 설명하겠다.

1923년과 1924년에 차관이 대폭 줄었다. 1922년에 비해 각각 77.9%, 81.4%나 감소했다. 차관이 정부의 해외 신용도를 반영하는 측면이 있다고 한다면, 3차 광동정부는 대외적으로 거의 인정받지 못하거나 매우 불안한 정부로 인식되음을 알 수 있다.

1923년과 1924년에 공채는 전혀 발행되지 못했다. 구체적 통계가 없는 1912년을 제외하면, 신해혁명 이래 광동의 정부가 공채를 발행하지 못한 해는 1923년과 1924년뿐이다. 공채가 정부에 대한 지배 지역의 신용도를 보여주는 측면이 있으므로, 3차 광동정부는 지배 지역으로부터 전혀 신용을 얻지 못했다고 해도 과언은 아닐 것이다. 2차 광동정부는 그 첫해인 1921년 83만 8000원의 공채를 발행했다. 이는 1912년 이래 두 번째로 많은 액수의 공채가 발행된 것이다. 바꾸어 말하면 1921년의 2차 광동정부는 광동의 주민들로부터 지지와 인정을 받았다고 볼 수 있다. 그러나 두 번째 해인 1922년에 손문의 북벌에 대한 진형명의 반대가 마침내 무장충돌로 이어지면서, 정국이 불안정해 1921년의 3%에도 못 미치는 2만 4000원의 공채를 발행했다. 그러나 3차 광주정부는 이마저도 발행하지 못했다.

다음으로 과세 대상의 감소와 세수의 감소 간의 관계를 알아보자. 편의상 2차 광동정부가 시작된 1921년 이후만을 정리하면 〈표 20-2〉와 같다. 2차 광동정

〈표 20-2〉 과세 대상의 감소와 세수의 감소 간의 관계

연도	수입 합계	거둔 세수	염세	관세	연주	인화	사전	전부	이금	주향	세외 수입	잡항
1921	43,499	29,629 (100)	3,016 (10.2)	366 (1.2)	3,167 (10.7)	- (0.0)	773 (2.6)	3,288 (11.1)	9,867 (33.3)	6 (0.02)	2,760 (9.3)	6,385 (21.5)
1922	36,718	24,108 (100)	5,122 (21.3)	297 (1.2)	1,867 (7.7)	209 (0.9)	406 (1.7)	2,069 (8.6)	6,486 (27.7)	- (0.0)	2,895 (12.0)	4,757 (19.7)
1923	16,603	13,818 (100)	10 (0.07)	19 (0.13)	263 (1.9)	- (0.0)	381 (2.6)	1,636 (11.8)	4,830 (35.0)	34 (0.24)	2,284 (16.5)	4,361 (31.6)
1924	12,081	9,746 (100)	1 (0.0)	44 (0.45)	544 (5.6)	- (0.0)	260 (2.7)	1,510 (15.5)	4,201 (43.1)	5 (0.04)	1,669 (17.2)	1,512 (15.5)
1925	70,509	50,374 (100)	5,447 (10.8)	91 (0.18)	1,784 (3.5)	2,137 (4.2)	416 (0.8)	1,728 (3.4)	9,078 (18.0)	7,527 (15.0)	13,849 (27.5)	5,854 (11.6)

〈표 20-3〉 1922년과 1923년의 세수 비교

연도	거둔 세금	염세	관세	연주	인화	사전	전부	이금	주향	세외 수입	잡항
1922	24,108	5,122	297	1,867	209	406	2,069	6,486	-	2,895	4,757
1923	13,818 (-42.7)	10 (-99.8)	19 (-93.6)	263 (-85.9)	- (0.0)	381 (-6.5)	1,636 (-20.9)	4,830 (-25.5)	-	2,284 (-21.1)	4,361 (-8.3)

부가 주민들로부터 직접 거둔 세수 중 비율이 높은 세목은 염세, 연주세, 전부, 이금, 세외 수입, 잡항으로, 거둬들인 세수의 대부분을 차지하고 있다.[12] 먼저 1922년과 1923년을 비교해보자(〈표 20-3〉).

1923년 3차 광동정부가 지배 지역에서 직접 거둔 총세액은 1922년보다 42.7% 감소했다. 반면 염세는 99.8% 감소했으니, 실제로 염세의 세수는 없었다고 보아야 할 것이다. 세수액과 총세수에서 차지하는 비율은 작지만, 관세도 마찬가지이다. 이는 염세와 관세의 대상이 되는 남부 해안 지대를 진형명과 객

12 이와 같은 세목의 액수가 세수 총액에서 차지하는 비율은 96.1%(1921), 97%(1922), 96.8%(1923), 96.5%(1924)이다. 다만 1925년에는 예외적으로 籌餉이 15%를 차지하고 있다.

〈표 20-4〉 1922년과 1924년의 세수 비교

연도	거둔 세금	염세	관세	연주	인화	사전	전부	리금	주향	세외 수입	잡항
1922	24,108	5,122	297	1,867	209	406	2,069	6,486	-	2,895	4,757
1924	9,746 -59.6	1 -99.9	44 -85.2	544 -70.9	- 0.0	260 -36.0	1,510 -27.0	4,201 -35.2	5	1,669 -42.3	1,512 -68.2

군이 지배하고 있었기 때문일 것이다. 여하튼 3차 광동정부가 염세를 거둘 수 없는 것은 재정수입에 큰 영향을 미쳤다. 1922년 염세액은 512만 2000원으로 총세수의 21.3%를 차지하고 있었는데, 23년에는 염세액이 고작 1만 원이었다. 비슷한 현상은 연주세에서도 나타난다. 지배 지역이 줄고, 계속되는 전쟁, 객군의 탈취 등으로 1922년보다 85.9%나 줄었다. 반면에 전부, 이금, 세외 수입의 감소율은 상대적으로 적어 20%를 약간 웃도는 정도로만 줄었을 뿐이다. 지배 지역이 감소해 거둔 총세수는 42.7% 줄었는데, 지배 면적과 비례하는 세 가지 세목은 총세수 감소율의 절반 정도로 줄었을 뿐이다. 이는 세금 부과 자체가 불가능하게 된 염세와 연주세를 전부, 이금, 세외 수입으로 충당했음을 의미한다. 즉 농민과 상인들에게 전가시켰다는 뜻이다. 특히 '잡항'이라는 세목의 경우는 감소율이 8.3%밖에 되지 않는다. 광동성 전체에 부과되던 '잡항'이 줄어든 지배 지역에 그대로 부과된 셈이다. 자의성이 크게 작용하는 '세외 수입'과 '잡항'을 합치면 1922년에 비해 단지 13.2%만 감소했고, 1923년에 거둔 총세액 중 이 두 세목이 48.1%나 차지한다. 이는 주로 광주시에 집중되었을 테니, 손문이 "광주 시민의 재정 부담이 크다"고 한 말은 맞는 말이다.

〈표 20-4〉를 통해 1922년과 1924년을 비교해보자. 1924년 들어서도 3차 광동정부는 밖으로 진형명 군대의 공격, 객군의 저항을 받으며 여전히 싸워야 했고, 8월 이후에는 상단 사건으로 지배 지역 내부에서도 '반란'이 발생했다. 이어 북벌도 시작되었다. 따라서 1924년의 세수액은 최악이었으리라고 상상하기는 어렵지 않다. 1924년에 거둔 총세액은 1922년의 40% 정도에 불과했다.

〈표 20-5-1〉 광동 지역 무역액 및 수지

연도	수입	수출	무역수지	무역총액지수 1914=100
1914	114,967,447	84,055,828(100.0)	-30,911,619	100
1915	99,114,942	88,403,063(105.2)	-10,711,879	94.2
1916	98,266,831	104,038,019(123.8)	+5,771,188	101.6
1917	100,694,870	98,825,004(117.6)	-1,869,866	100.2
1918	96,110,523	101,157,489(120.3)	+5,046,966	99.1
1919	89,491,576	118,964,818(141.5)	+29,473,242	104.7
1920	94,475,329	120,891,045(143.8)	+36,415,716	108.2
1921	150,220,439	142,983,168(170.1) + 18.2	-7,237,271	147.3
1922	166,432,653	148,237,222(176.4) + 3.7	-18,195,431	158.1
1923	185,563,358	149,679,765(178.1) + 1.3	-35,883,593	168.4
1924	182,133,697	147,840,842(175.9) - 1.2	-34,292,855	165.7

주: 海關貿易册 중 汕頭, 廣州, 九龍, 拱北, 江門, 三水, 梧州의 7개 海關이다.

〈표 20-5-2〉 중국 전체 무역액 및 수지

연도	수입	수출	무역수지	무역총액지수 1914=100
1914	569,000,000	356,000,000	-213,000,000	100
1915	454,000,000	419,000,000	-35,000,000	94.3
1916	516,000,000	482,000,000	-34,000,000	107.8
1917	550,000,000	463,000,000	-87,000,000	109.5
1918	555,000,000	486,000,000	-69,000,000	112.5
1919	647,000,000	631,000,000	-16,000,000	138.1
1920	762,000,000	542,000,000	-220,000,000	140.9
1921	906,000,000	601,000,000 10.9	-305,000,000	162.9
1922	945,000,000	655,000,000 9.0	-290,000,000	172.9
1923	923,000,000	753,000,000 15.0	-170,000,000	181.1
1924	1,018,000,000	772,000,000 2.5	-246,000,000	193.5

주: 1. 화폐 단위는 海關兩이다.
2. 중국 전체 무역 총액 지수를 자료에서는 1913년을 100으로 했으나, 광동의 경우와 맞추기 위해 1914년을 100으로 하여 계산했다.

자료: '광동 지역 무역액 및 수지'는 廣東民國史硏究會 編, 『廣東民國史』 上册, pp.342~343, '중국 전체 무역액 및 수지'는 A. Feuerwerker, "The Foreign Presence in China," *The Cambridge History of China*, Vol.12, p.122 참고.

염세는 이제 세목에 넣을 필요가 없을 정도가 되어버렸고, 연주세 수입 역시 1922년의 30%에도 못 미쳤다. 1923년과 마찬가지로 총세수가 60%나 감소했는데도, 전부와 이금은 27.0%, 35.2%만 감소했을 뿐이다. 따라서 전부와 이금이 총세수액의 58.6%를 차지했다. 특히 이금은 총세수액의 43.1%에 이르렀다. 상단 사건의 원인을 여러 방면에서 찾을 수 있겠으나, 임계 상황에 처한 상인들의 불만이 원인이었음은 분명하다. 이 시기 광동을 방문한 한 외국인은 "광동인은 손문이 지배한 지난해 동안, 지구상에서 가장 무거운 세금을 부과받은 사람들이 틀림없다"라고 표현했다.[13]

1923년과 1924년 2년 내내 광동은 전투 속에 있었다. 주된 전쟁은 손문의 군대와 진형명의 군대 사이의 전쟁이었고, 그다음은 손문을 배신한 객군과의 전쟁이었다. 게다가 1924년 중순에는 북벌과 동시에 상단 사건이 발생해 광동, 특히 광주에서도 전투가 전개되었다. 〈표 20-5〉의 통계는 광동의 상황을 잘 보여준다. 무역 총액에서 볼 때 중국 전체와 광동 지역을 비교해보면 두 가지 특징이 있다. 첫째, 1921년 중국 전체 무역 총액은 20% 정도 비교적 큰 폭으로 늘어났는데, 같은 해 즉 2차 광동정부 첫해의 광동 지역의 무역 총액은 무려 40% 가까이 증가해 중국 전체와 비교할 때 증가율은 거의 2배에 이른다. 둘째, 1921년 이후 중국 전체의 무역 총액 지수는 꾸준히 상승한 데 비해 광동 지역은 특히 1924년에 오히려 감소하고 있다. 좀 더 살펴보면 중국 전체와 비교해 수출의 증가세가 아주 둔화되고, 1924년에는 역시 감소하고 있다. 수출은 국내 상품의 이동에 큰 영향을 미치는 것으로, 이는 국내 관세인 이금과 밀접한 상관관계를 맺고 있다. 거듭되는 내전으로 어려워진 광동에 부가한 3차 광동정부의 신증세는 광동 인민을 분명 더욱 어렵게 만들었을 것이다.

---

13 Harry A. Franck, *Roving through Southern China* (London: T. Fisher Unwin, LTD., 1926), p.266. 세금뿐만 아니라 광동에서 자행되고 있던 공채 강매, 재산 몰수와 약탈 등의 상황을 아주 생생히 묘사하고 있다. 같은 책, 제10장 참조.

〈표 20-6〉 1922년도 예산안

단위: 元, 괄호 안은 %

수입	지출			적자
13,882,350	37,404,615	외교비	49,838(0.13)	23,522,265
		내무비	3,244,731(8.67)	
		재정비	470,476(1.26)	
		교육비	205,151(0.55)	
		육군비	32,502,185(86.89)	
		해군비	63,203(0.17)	
		사법비	851,031(2.28)	
		농상비	18,000(0.05)	

주: 수입은 경상수입으로, 임시 수입을 모두 포함한다.

그렇다면 거둔 세금을 어디에 쓰려고 했던 것인가. 1921년 말에 작성되었을 '1922년도 2차 광동정부 예산안'을 보자(〈표 20-6〉). 이 시기 진형명 군대는 광서에 들어가 육영정을 몰아냈고, 이에 손문은 계림으로 대본영을 옮기려 하고 있었다. 손문은 북벌을 주장하고 진형명은 이에 반대했지만, 충돌에는 이르지 않은 때였다.[14] 예산안을 작성한 것은 2차 광동정부이므로, 손문 측에서 만든 것이다.

먼저 '집행 후의 내역'(〈표 20-1〉)과 비교해보자. 1922년 예산을 보면(〈표 20-6〉)

14 이 시기 손문은, 진형명과의 관계를 다음과 같이 기자에게 이야기했다. "진형명과 나는 16년간을 함께 일했고, 그도 민치를 주장하고 있다", "진은 南政府의 관리이므로 정부의 명령을 따라야만 한다. 만약 명을 따르지 않는다면 사람을 바꾸어 (북벌을) 계속할 것이다", "외간의 떠도는 말은 정확치 않다. 진은 정부의 명령에 반드시 따를 것이다." 「與美報記者的談話」(1921年 11月 上中旬), 『孫中山全集』 5, p.627
같은 시기, 진형명은 북벌에 대해 "광동의 북벌은 아직 때가 아니다", "중산의 부하들은 모두 북벌을 따르지만, 나는 알지 못하는 바이다. 광동성은 스스로 자치를 완성하고자 한다". 1921.11.16, 『孫文與陳炯明史事編年』, p.434.

재정수입을 1388여 만 원으로 예측했는데, 3671만 원의 수입이 있었으니 예상을 넘는 액수가 들어왔다. 물론 여기에는 1260만 원의 차관(공채 포함)이 있었으므로, 실제 세수가 2410여 만 원이었다고 해도 예상보다 많은 세수가 걷힌 셈이다. 여하튼 1922년도 예산안은 3704여 만 원을 지출액으로 예상했기 때문에 결과적으로는 과부족 없이 균형 잡힌 재정이라고 할 수 있다. 그런데 지출 내역을 보면 육군비가 전체 지출의 86.89%에 달하는 3250여 만 원이다. 즉 〈표 20-6〉의 예산안은 북벌 출사를 염두에 두고 작성된 것이다. 여기에 광동 내의 군사작전비는 포함되어 있지 않다. 이 시기는 양광이 통일되어 광동 내에서의 군사 충돌을 예상할 수 없었기 때문이다. 그러나 1923년과 1924년은 1922년처럼 북벌을 위해 출사해야 하고, 또 광동을 평정해야 할 때이므로, 군사비가 더욱 많이 요구되었다. 5000만 원 내지 6000만 원이면 민군정 비용으로 부족함이 없을 것이라는 손문의 판단은, 북벌을 위한 〈표 20-6〉의 예산안에 진형명군 등과의 전쟁 비용을 더해서 나온 것이라고 생각된다. 1924년 손문은 실제로 북벌에 나섰고, 진형명군과 1년 내내 전투를 계속했다. 게다가 8월부터는 상단과 싸워야 했다. 3차 광동정부로서는 재정 위기에 놓여 있었고, 농민, 상인, 시민들은 손문의 말대로 "감내하기 어려운 상황"이었을 것이다.

3. 광동성의 객군

'객군'이란 문자 그대로 하면 외부에서 들어온 군대인데 외부라는 의미는 다양하게 해석될 수 있으니, 예컨대 성(省)을 단위로 한다면 타 성에서 온 군대를 객군이라고 할 것이고, 성보다 작은 지역에서는 자신의 지역 이외의 곳에서 온 군대를 칭할 것이다. 또 어느 정부, 어느 조직, 어느 개인에 의해 통솔되는 군대 내의 타 지역 출신 군대를 객군이라고 할 수 있고, 또 다른 경우는 외부로부터 침입해 자신의 지역을 점령한 객군도 있을 수 있다. 지역을 기반으로 하는 '객군'은 민국 초기 지역을 기반으로 하는 군벌과 밀접한 관련이 있다. 그러면 손문에게 객군이란 무엇일까. "광동에서는 광동군을 주군(主軍)이라고 하는 것에 대해, 손문이 운남, 광서, 호남, 하남, 강서 등으로부터 불러온 각 군대를 객군이라고 한다"[15]라는 말을 염두에 두고 이를 살펴보자. 이는 손문의 3차 광동정부를 두고 내린 정의임이 분명하다. 그렇다면 손문은 주군인 광동군을 갖고 있었는가. 있었다면 어느 정도의 규모였는가. 또 전략적으로 주변 성의 객군을 불러들였다고 하니, 손문의 군대 내 '주군'과 '객군'의 비율이 어느 정도였는지 등, 따져보아야 할 것이 꽤 있다.

한편 손문의 주된 적인 진형명군은 광동군이기 때문에 주군이라고 해야 하는가. 물론 손문의 입장에서 진형명군은 주군과 객군의 분류가 아니라, 아군과 적군(賊軍)의 분류에서 적군이다. 그렇다면 손문의 입장이 아닌 광동 주민의 입장에서 본다면 진형명군은 분명 주군이고, 손문이 불러온 군대가 객군인 셈이다. 따라서 '객군'은 관점에 따라 실체는 같아도 의미는 다를 수 있다. 따라서 손문과 객군의 관계는 손문의 관점이 아닌 광동인의 관점에서 살피는 것이 더 객관적일 수도 있다. 다른 한편으로 객군은 지역을 기반으로 상정한 것이지만, 이것을 '혁명'의 관점에서 파악할 필요가 있다.

광동성의 객군은 다른 지역과 비교해 색다른 점이 많다. 무엇보다 1920년 중반까지 광동에는 광동군(粤軍), 즉 주군이라고 불릴 만한 군대는 없었다고 해도 과언이 아니다. 따라서 광동에서의 객군의 역사를 간략하게나마 정리할 필요가 있다.

신해혁명 직전부터 원세개 통치 시까지 광동을 지배했던 것은 용제광(龍濟光, 룽지광)이었다. 용제광은 청조로부터 혁명을 진압한 공을 인정받았고, 원세개하에서는 국민당 세력에 대한 대항마로서 광동을 지배했다. 특히 2차 혁명 전야에 광동의 국민당 세력을 분열시키기 위해 원세개는 1913년 6월 호한민

15 横山宏章, 『孫中山の革命と政治指導』, p.28.

용제광(龍濟光, 1868~1925)

자는 자성(子誠), 운남(雲南) 몽자(蒙自, 멍쯔)인으로 이족(彝族)이다. 1907년 육영정 부대와 함께 혁명파의 진남관기의(鎭南關起義)를 진압해, 이 공으로 광서제독(廣西提督)이 되었다. 1908년에는 하구기의(河口起義)를 진압했다. 1911년 광동육로 제독 겸 경위군 부사령(廣東六路提督兼警衛軍副司令)으로 임명되어 이때부터 광동에서 세력을 부식(扶植)하기 시작했다. 1911년 10월 20일 광동이 독립을 선언하자, 군정부에 복종했다. 정국의 불안을 틈타 무력으로 광동을 장악했고, 원세개 정부가 들어선 후에는 광서로 가서 실력을 확충한 후 1913년 원세개의 명을 받아 군대를 이끌고 광동으로 들어와 진형명을 몰아내고 광동의 의회를 해산시킨 뒤 3년간 광동을 전제 지배했다. 호국전쟁이 운남에서 발생한 후 전계검월(滇桂黔粤) 4성(省)의 군경에게서 24시간 내에 독립을 선언하라는 통첩을 받고 어쩔 수 없이 광동의 독립을 선포했다. 원세개 사후 독립을 취소하고 중앙에 대한 복종을 표시했으므로, 여원홍은 그를 광동순무사(廣東巡撫使)로 임명했다. 1916년 6월 이열균의 군대에 계속 패해 세력을 잃고 광주를 떠났다. 1918년 북상해 단기서 밑으로 들어갔으나, 직환전쟁에서 환계가 패하자 장작림에게 무기를 몰수당하고, 1921년에는 모든 직무를 정지당했다. 1925년 북경에서 병으로 사망했다.

을 광동도독에서 면직시키고 진형명을 임명했으나, 7월 진형명이 광동 독립과 토원을 선포하자 원세개는 진형명을 면직시키고 용제광을 광동도독으로 임명했다. 이후 광동의 군정 대권을 장악한 용제광은 3년 동안 잔혹한 정치를 행했다.[16]

광동이 용제광의 지배에서 벗어난 것은 호국전쟁 때이다. 원세개가 제제를 시도하자 호국전쟁이 전국적으로 확산되었고, 이런 분위기 속에 서남에서도 호국군이 일어나 광서성에서 승리한 후 호국토원 행렬에 광동도 들어올 것을 촉구하면서 자연히 광동으로 입성했다. 광동에 입성한 호국군의 토원투쟁은 원세개의 수하인 용제광을 몰아냈고, 광동은 호국운동의 중요 성 중 하나가 되었을 뿐 아니라, '서남'의 일원이 되었다. 여하튼 광동을 호국전쟁에 참여하도

16 廣東民國史研究會 編, 『廣東民國史』 上册, p.132.

록 하고, 광동에서 용제광을 쫓아낸 일등공신은 광서의 호국군이었다. 이 밖에도 운남·호남 등의 호국군이 광동으로 들어왔다.[17] 따라서 원세개 사후 광동은 호국전쟁 때 광서로 들어온 광서계 군대(桂軍)에 의해 지배되었고, 광동의 계계 통치자는 광동독군 진병혼(陳炳焜, 천빙쿤)이었다. 이 밖에도 운남의 전군(滇軍)과 지방파 군인들이 있었다. 전자는 호국전쟁 때 이열균(李烈鈞, 리례쥔)이 운남에서 이끌고 들어온 군대이고, 광동군이라고 할 수 있는 후자는 광동성장 주경란(朱慶瀾, 주칭란) 휘하의 경위단(警衛團)이었다. 결국 광동은 광동군 즉 주군이 아니라 객군(客軍)에 의해 지배되는 형국이었다.

4. 1차 광동군 정부와 객군

1917년 7월 1일 북경에서 복벽이 발생하자 이에 크게 발발한 서남이 상해의 손문을 추대해 중앙에 대항하는 형세를 취했다.[18] 북경에 대항하려는 광동의 계계가 '호법'을 주장하며 북경과 대립하는 손문을 받아들인 것은 이해가 일치하기도 했거니와, 북경에 대항하기 위한 전국적 인물로 손문이 필요했기 때문이다. 그러나 손문은 광동에 이렇다 할 군사력이 없었고, 있다면 손문의 호법을 지지해 남하한 약법의 국회의원들과 정벽광(程璧光, 청비광)이 이끄는 해군 정도였다. 그러나 손문의 '호법'에 동의했을지는 몰라도, 이들도 모두 광동으로 들어온 '객'이었다. 따라서 시간이 흐를수록 '실세'인 계계의 눈치를 볼 수밖에

17 廣東民國史硏究會 編, 같은 책, p.144.

18 호국전쟁이 끝난 후 사천, 운남, 귀주, 호남, 광동, 광서는 서남 6성으로 일컬어지며, 북양의 군벌 세력이 미치지 못하는 지역이 되었다. 이후 '서남'은 정치 문제에서 늘 북양 군벌이 지배하는 북경정부와 다른 견해와 태도를 취해, 이로써 남북 대치 국면을 형성했다. 이 6개의 성은 두 구역으로 나뉘는데, 滇系 군벌의 수령 唐繼堯는 雲南·貴州 양 성을 지배하며 사천으로 세력을 확장하려고 했고, 桂系 군벌의 수령 陸榮廷은 광동·광서 양 성을 장악했으며, 호남도 그의 세력권하에 있었다. 陶菊隱, 『北洋軍閥統治時期史話(1895~1928)』 2, p.236.

없었다. 예를 들면 남하한 국회의원들로 구성된 비상국회는 군정부 조직 대강을 통과시키고, 손문을 중화민국 군정부 대원수로 선출했지만(1917.9.1), 대원수로서 손문이 지명한 부원수 당계요, 육영정은 모두 취임을 거부했고, 정벽광마저도 해군총장 자리를 받아들이지 않았다. 손문이 북경정부의 대독 선전포고를 줄기차게 반대해왔건만, 비상국회는 독일과 오스트리아에 대한 선전포고를 의결했다(1917.9.26). 이처럼 손문의 군정부는 정부로서의 기능을 발휘하지 못했는데, 그 주된 이유가 광동의 객군인 계계의 반대 때문이었다. 결국 손문은 계계의 광동독군서(廣東督軍署)를 포격하려고 했지만, 그마저도 정벽광의 반대로 무산되었다. 이에 광서계는 손문을 무력화하기 위해 '군정부조직법'을 수정하려 했고, 비상국회는 군정부조직법 수정안을 통과시켰다. '무장해제'를 당한 손문은 사직하고 광동을 떠났다(1918.5.21). 결국 손문의 1차 광동정부는 정부로서의 역할을 하지 못한 채 '객군'에게 농락당한 셈이다.

호국전쟁으로 광동에 들어온 객군은 용제광을 몰아내고, 광동을 서남의 일원으로 만든 공신이었지만, 시간이 흐를수록 객군의 광동 지배는 광동인에게는 큰 고통이었다. 객군의 원지역, 예컨대 계군의 경우는 광서의 육영정이, 전군의 경우는 운남의 당계요가 광동에 주둔하는 군대에 군사비를 지급하지 않았기 때문에, 객군은 현지인 광동에서 군사비를 조달했다. 결국 광동은 객군의 '식민지'였던 셈이다. 또 광동에는 광서계 군대, 운남계 군대, 지방파 군대 등 여러 세력이 운집했기 때문에, 이들은 각자의 세력을 불리기 위해 늘 암투를 벌이고 있었다.

5. 광동성 주군의 탄생

그런데 광동인의 군대, 즉 '주군'이 이와 같은 객군의 다툼 속에 만들어졌다. 계계의 수장격인 광동독군 진병혼이 지방파 주경란의 경위단 군대의 반을 빼

았자, 주경란은 나머지 반을 광동인인 진형명에게 넘겼다. 진병혼은 이를 경계하기 위해 복건을 원조하라는 명분으로 진형명을 광동에서 내보내, 광동을 안정적으로 지배하고자 했다. 그러나 복건으로 간 진형명은 그곳에서 착실히 군사력을 배양해 주경란으로부터 받은 20영(營)의 군대를 1920년에는 108영으로 늘렸다.

1920년 7월 중순 직환전쟁이 발발하자, 계계는 복건 남쪽의 광동군인 진형명군을 공격하기로 결정했다. 이에 진형명의 월군이 회군(回軍)을 결정하면서 1920년 8월 16일 이른바 월계(粵桂: 광동-광서)전쟁이 개시되었다. 월군은 귀향 생각에 사기가 충천했고, 그동안 계계 군인의 약탈에 한이 골수에 박힌 광동인들이 나섰다. 게다가 진형명의 월군이 "광동인이 스스로 광동을 구한다"라는 구호를 내세우자, 광동 각지에서 민군이 일어나 계군은 사면초가에 빠졌다. 두 달 반 만에 진형명군은 광주에서 광서군을 몰아냈다. 1920년 10월 29일 진형명은 손문에게 광주 회복을 보고하고, 아울러 광주로 돌아와 정국을 맡아달라는 전보를 보냈다.[19] 이에 손문은 광주로 돌아와 군정부를 다시 재조직했다(1920.11.29).[20] 이것이 손문의 2차 광동정부이다.

신해혁명 이후 북방에서는 전쟁이 끊임없었지만, 객군 지배하의 광동에는 오히려 전쟁이 없었다. 2차 광동정부를 가능케 한 월계전쟁은 신해혁명 이래 광동에서 벌어진 첫 번째 '전쟁다운 전쟁'이었다. 그러나 전쟁은 광주인의 군대, 즉 주군이 객군을 몰아낸 전쟁이었다. 말하자면 광주인에게는 '객군으로부터의 해방 전쟁'인 셈이었다. 더구나 '광동인이 광동을 다스린다(粵人治粵)'는 분위기는 당시 진형명 등을 비롯해 서남에서 유행하던 연성자치 주장에 힘을 불어넣었다. 그러나 손문은 1921년 원단에 '정식정부' 건립을 주장하는 한편, 광

19 「陳炯明致孫中山電」(1920.10.29), 『各方致孫中山函電匯編』 5, pp.463~464.

20 손문은 內政部長에 자임하면서 伍廷芳을 外交部長, 唐紹儀를 財政部長(오정방이 겸임), 陳炯明을 陸軍部長, 唐繼堯를 交通部長, 徐謙을 司法部長, 李烈鈞을 參謀部長, 湯廷光을 海軍部長으로 임명했다. 『孫中山年譜長編』 下, 1920.11.29, p.1321.

동에 대한 광서의 재도발을 막기 위해 광서를 평정하고자 했다. 손문과 진형명 사이에 광서 평정을 놓고 의견 차이는 있었지만, 결국 진형명은 광서로 군대를 이끌고 들어가 육영정을 무너뜨렸다(1921.10). 이로써 양광에 대한 계계의 통치는 막을 내렸고, 계계의 힘을 빌려 서남을 장악해 전국 통일을 노리던 북양정부의 의도도 불가능해졌다.

계계를 광동에서 몰아냈을 뿐 아니라 양광 통일까지 완성함으로써, 2차 광동정부는 안정된 정국을 맞는 듯했다. 그러나 대원수 손문과 실세인 월군 총사령이자 광동성장 진형명의 노선은 달랐다. 진형명은 '보경식민(保境息民)'과 '연성자치'를 주장하며, 광동을 이른바 모범 성'으로 만들고자 했다.[21] 손문, 즉 2차 광동정부는 북벌을 추진했다. 이는 진형명의 연성자치와 정면으로 배치되는 것이었다. 이후 북벌과 연성자치를 둘러싸고 손문과 진형명의 대립이 계속되었다.

그러나 이런 대립이 1922년 6월 무력 충돌(진형명의 '반변')로 발전하기 전까지, 2차 광동정부는 광동 전체를 지배했다. 신해혁명 이후 처음으로 이루어진 '안정적 정부'였다. '안정적 정부'라고 평가하는 것은 앞서 본 통계가 잘 보여주고 있다. 특히 1921년은 신해혁명 이래 가장 안정적인 해였다. 재정수입은 전년에 비해 15.7% 증가했고, 직접 거둔 세수는 32.8%나 증가했다. 특히 전년도에 비해 염세는 약 17배가 늘었고, 전부(田賦)도 77.6%가 증가했다(〈표 20-1〉). 이는 그동안 객군이 가로채던 세금이 정부의 세수입으로 들어왔음을 의미한다. 공채 수입도 83만 8000원에 달해, 신해 이래 두 번째로 많은 액수였다. 2차 광동정부에 대한 광동인의 신임도가 높아졌음을 보여준다. 신해혁명 이래 지지부진하던 무역 총액 지수도 무려 40%나 증가했다. 중국 전체의 무역 총액 지수 증가율의 두 배에 달했다. 그러나 2차 광동정부의 두 번째 해인 1922년 6월 손문과 진형명의 무력 충돌이 발생하자 손문은 상해로 탈출했다. 그 여파로 재정수입이 감소하고(-15.6%), 세수도 줄었다(-18.6%). 공채는 급감했으나(-97.1%), 차

21 廣東民國史硏究會 編, 『廣東民國史』 上册, p.272.

관은 그런대로 유지되었다(-3.4%). 그러나 이 정도의 위축은 3차 광동정부와 비교하면 그리 큰 충격은 아니었다. 여하튼 신해혁명 이래 광동을 지배하고 있던 객군이 물러가고 월군에 의해 성립된 2차 광동정부는 2년간 안정적이었고, 광동인으로부터도 상당한 지지를 받았다고 보아야 할 것이다.

6. 3차 광동군 정부와 객군

손문 측과 전투를 시작한 지 두 달 만인 1922년 8월 15일 진형명은 광주를 되찾고, 다시 월군 총사령에 올랐다.[22] 손문은 상해에서 「대외선언」을 발표해 "광동을 해결할 수 없으면 북상해 국시를 상의할 수 없음을 나는 잘 알고 있기 때문에, 먼저 광동 문제 해결을 나의 천직으로 삼고자 한다"[23]라고 천명했다. 이제 손문의 최우선 과제는 진형명 타도였다. 그러나 당시 손문은 광동 내에 이렇다 할 군사력을 갖고 있지 못했다. 다만 복건에 자신을 따르는 허숭지군 정도가 있었을 뿐이다.[24] 진형명이 볼 때 허숭지 지배하의 군대는 적이었다. 진형명의 적은 또 하나 있었으니, 다시 광동을 '회복'해 지배하려는 광서와 운남의 군벌들이었다. 손문은 이 군벌들을 끌어들였는데, 그 역할을 홍콩에 있던 추로와 등택여가 담당했다.[25]

---

22 『孫文與陳炯明史事編年』, 1922.8.15, p.612.

23 「對外宣言」(1922.8.17), 『孫中山全集』 6, p.525.

24 2차 광동정부하의 월군은 손문과 진형명의 무력 충돌 후 양측을 지지하는 세력으로 나뉘었는데, 손문을 지지하는 월군의 장이 허숭지였다.

25 1922년 10월, 추로는 손문에게 계군와 전군과의 연계를 알리는 전보를 보냈다. "(楊)希閔, (劉)震寰 대표가 모두 홍콩에 와서 발동 계획을 구합니다. 滇軍이 오주를 공격하면 劉 및 3, 4師가 모두 거짓으로 물러나고, 西江 하류를 습격하기로 결정했습니다" 張世福 主編, 『一九二二至一九二三年孫中山在滬期間各地來電滙編』(上海書店出版社, 1998), p.281(『孫文與陳炯明史事編年』, p.658에서 재인용).

허숭지(許崇智, 1886~1965)

자는 여위(汝爲), 광동 번우(番禺, 판위)인이다. 일본 육군사관학교에 입학해 유학 중인 1906년 동맹회에 가입했다. 1911년 11월 복주기의(福州起義)에 참가했으며, 1913년 2차 혁명에 참가했으나 실패하고 일본으로 망명했다. 일본에서 중화혁명당에 입당했으며, 1915년 귀국해 반원호국전쟁(反袁護國戰爭)에 참가했다. 1916년 원세개 사후 상해로 돌아와 중화혁명당 군무부장(軍務部長)을 역임했다. 1917년 손문의 1차 광동정부에서 대원수부 참군장(大元帥府參軍長)으로 임명되어 손문 휘하 월군의 주요 군사 지도자가 되었다. 1919년 월군은 두 개의 군대로 편성되어, 진형명이 월군총사령 겸 제1군 군장, 허숭지가 제2군 군장을 맡았다. 1922년 손문의 북벌 때는 이열균과 함께 북벌군 총사령과 총지휘를 각각 담당했다. 1923년 3차 광동정부하에서 동로토적 군사령으로 임명되어 진형명 군대과 전쟁을 벌였다. 1925년 1월 제1차 동정(東征)에서 진형명의 주력 부대를 격파했다. 1925년 7월 국민정부가 성립하자 군사부장 겸 광동성정부 주석에 임명되어 한때 왕정위, 요중개, 호한민 다음의 지위에 오르기도 했다. 요중개 피살을 조사할 때 장개석에게 '모함'을 당해 상해의 영국 조계로 피신했다. 1927년 겨울 장개석이 준 돈 20만 원으로, 미국, 유럽을 2년간 여행하고 1929년 상해로 돌아왔지만, 권력을 회복하지 못하고 1939년 홍콩으로 이주해, 1965년 그곳에서 병으로 사망했다.

손문은 광서계 유진환(劉震寰, 류전환)을 토적군 계군 총사령(討賊軍桂軍總司令)으로, 운남계인 양희민을 토적군 전군 총사령(討賊軍滇軍總司令)으로 임명했다. 여기에 광서의 군벌 심홍영과 광서자치군 수장 중 하나인 유달경(劉達慶, 류다칭)도 흡수되었다.[26] 이를 총칭해 서로토적군(西路討賊軍)이라 하고, 복건에 주둔한 허숭

26 劉震寰은 광서총사령의 지위를 얻으려고 오랫동안 공을 들였는데, 진형명이 광서 문제를 林虎에게 전권을 주어 처리하자, 크게 불만을 품었다. 그는 무기를 받는다는 구실로 광주로 가서, 비밀리에 홍콩으로 나가 손문의 홍콩 주둔 대표 추로와 만났고, 추로는 손문으로부터 밀령을 받아 유진환을 討賊軍桂軍總司令으로 임명했다.

한편 광서 경내에는 두 계통의 滇軍이 있었는데, 하나는 朱培德이 통솔했고, 또 하나는 張開儒(장카이루)가 통솔했다. 이즈음 장개유는 이미 세를 잃은 상태여서, 실권은 楊希閔의 손에 떨어졌다. 그들은 광서에서 발전할 수 없었기 때문에, 入粤과 回滇의 갈림길에 서게 되었다. 이에 손문은 비밀리에 양희민을 토적군 전군총사령으로 임명했다. 또 같은 시기에 상해의 손문과 岑春煊이 새로이 결합하자, 岑春煊과 莫榮新의 관계를 통해 沈鴻英도 광주를 反攻하는 역량이 되었다. 또 沈鴻英과의 관계를 통해 광서자치군의 수령 중 하나

유진환(劉震寰, 1890~1972)

원명은 서정(瑞廷), 자는 현신(顯臣)으로, 광서 마평(馬平, 마핑)인이다. 유주중학(柳州中學) 졸업한 뒤 계림사범학교(桂林師範學校)에 입학해 ≪남풍일보(南風日報)≫ 창간에 참여했으며, 동맹회에 가입했다. 1911년 무창기의 때 유주(柳州, 류저우)에서 향응했다. 1913년 2차 혁명 때 토원에 나섰으나 실패하고 일본으로 갔다. 1915년 원세개의 제제에 운남과 귀주가 독립을 선포하자 귀국해 군사에 참여했다. 1923년 손문의 광동 회복에 양희민, 심홍영과 함께 참여했으며, 1924년 1월에는 국민당 후보중앙감찰위원이 되었다. 같은 해 가을 월계연군총사령(粤桂聯軍總司令)을 지냈으며, 12월 선후회의(善後會議) 회원에 임명되었다. 1925년 양희민(楊希閔) 등과 결탁해 광동 혁명 정부에서 반란을 일으켰다가 실패하고 홍콩으로 도망했다. 이후 당계요(唐繼堯)의 문객으로 지내기도 했다. 1972년 홍콩에서 병으로 사망했다.

지의 군대를 동로토적군(東路討賊軍)이라 한다. 손문 휘하의 월군과 객군이 연합한 셈이어서, 이를 통칭해 토적연군(討賊聯軍)이라고 하는데, 허숭지의 월군이 광주에 오기 전까지 손문 휘하의 군대는 객군이 주를 이루었다.[27] 물론 '토적(討賊)'의 '적'은 진형명군이었다. 1922년 12월 6일 양희민은 광서 대황강(大湟江) 백마묘(白馬廟)에서 군사 회의를 소집했다. 이른바 '백마회맹(白馬會盟)'이다. 이는 손문이 끌어들인 전, 계, 월 3성의 군대로써 진형명 토벌을 위한 비밀회의였다.[28]

인 劉達慶도 흡수했다. 陶菊隱, 『北洋軍閥統治時期史話(1895~1928)』 2, pp.190~191.

27 1923년 3월경 광동에 주둔하고 있는 군대의 수에 대한 통계는 일정하지 않다. '토적군'의 군사력을 보면, 허숭지가 이끄는 동로토적군이 약 2만여 명이고, 서로토적군은 전군, 계군, 월군, 연군으로 그중 양희민의 전군이 약 1만 5000명, 유진환의 계군이 약 4000명, 심홍영의 계군이 약 1만 명이고, 월군 제1, 3사가 약 1만 명 등 총병력이 6만 5000명 정도였다. 이 밖에 해군 함대의 배가 수십 척이 있었다는 통계가 있고(『廣東民國社』, p.319), 허숭지군이 6만 6000명, 계군이 2만 3000명, 전군이 1만 3000명, 중앙 직할의 월군이 1만 1000명, 여기에 진형명군이 1만 4000명 등 광동의 총병력은 15만 명이라는 통계도 있다[廣東省檔案館 編譯, 『孫文與廣東: 廣東省檔案館庫藏海關檔案選譯』(廣東人民出版社, 1996), p.569(『孫文與陳炯明史事編年』, p.703에서 재인용)].

28 회의에 참가한 자는 전군 장령 楊如軒, 楊池生, 范石生, 계군 沈鴻英의 대표 黃應山, 계군 장령 劉達慶, 劉玉山 등이다. 劉秉榮, 『北伐秘史』 上(知識出版社, 1995), p.334; 『國父年

양희민(楊希閔, 1886~1967)
자는 소기(紹基), 운남 빈천(賓川, 빈촨)인이다. 1912년 강서무비학당(江西武備學堂)에 입학했고, 1913년 2차 혁명(湖口反袁起義)에 참가했으나 실패했다. 1915년 12월 운남의 호국군에 참가했으며, 1922년 진형명 군대를 격퇴하려는 손문 측에 가담했다. 양희민, 심홍영 등과 광서에서 백묘회의(白廟會議)를 한 뒤 서로토적군 전적총지휘로 추대되어 광동의 진형명 군대를 공격했다. 1923년 1월 광주로 입성했으며, 2월 대본영을 회복한 손문은 양희민을 전군총사령(滇軍總司令)으로 임명했다. 1924년 국민당 일전대회에서 중앙집행위원으로 피선되었고, 손문 사후 1925년 5월 홍콩에서 당계요, 단기서, 진형명의 대표와 광주의 혁명정부를 공격하기로 결정하고 전계연군 총사령을 맡았다. 그러나 반란에 실패하고 홍콩으로 도망했으며, 항일전쟁 발발 후에는 곤명으로 돌아와 외부와의 접촉을 피했다. 1955년 정협위원(政協委員)으로 피선되었다. 1956년 국민당 혁명위원회에 참가했다. 1967년 곤명에서 병으로 사망했다.

서로토적군이 1922년 12월 말 광주로 진공했다. 모든 역량을 모아 동쪽의 동로토적군에 대처하고 있던 진형명은 뒤통수를 맞은 셈이었다. 12월 28일 전군(滇軍)이 오주(梧州)를 점령했다. 이에 손문도 1923년 1월 4일 진형명 토벌을 상해에 통전했다.[29] 전군과 계군은 1월 9일 조경(肇慶), 이어 10일에는 삼수(三水)를 점령하고, 16일에는 광주를 점령했다. 진형명군은 혜주로 물러났다.[30] 아울러 서로토적군의 대표격인 양희민은 상해의 손문에게 "빨리 광주로 돌아와 합법기관을 조직해 호법 사업을 완성하라"는 전보를 보냈다.[31] 손문은 3월 2일 광주 농림시험장에 대본영을 설립하고 대원수직에 올랐다. 이후 1924년 11월 광주를 떠나 북상할 때까지 손문은 근 21개월간 광주에서 대원수 자리에 있었다. 이것이 손문의 마지막 정치권력인 3차 광동정부이다. 이 기간 동안 손문은 끊임없이 전쟁을 수행해야 했다. 가장 큰 것은 진형명군과의 전쟁이었고, 이후 자신

譜』 下, 1922.12.6, pp.931~932.

29 「討伐陳炯明通電」(1923.1.4), 『孫中山全集』 7, p.10.

30 『孫文與陳炯明史事編年』, pp.669~683.

31 「楊希閔致孫中山電」(1923.1.8), 『各方致孫中山函電匯編』, p.4.

에게 등을 돌린 객군들과도 전쟁을 벌여야 했다. 1924년 8월 이후에는 상단과의 무력 충돌이 발생했다. 또 광동 밖으로는 1924년 9월부터 북벌을 진행했다.

7. 객군 지배하의 광주

그러나 손문의 세력은 어느 전쟁이나 지지부진했다. 객군을 중심으로 보자. 손문은 변변한 군대도 없었고, 자신을 따르는 허숭지의 월군은 복건에 주둔하고 있었기 때문에, 광서 객군(桂軍)과 운남 객군(滇軍)에 의지했다. 이 군대들의 수장이 양희민, 유진환, 심홍영이었다. 이들이 손문과 혁명의 뜻을 같이해 '토적'에 나선 것은 물론 아니었다. 예컨대 심홍영이 1923년 4월 손문에 반기를 들었다.[32] 손문은 심홍영 군대를 격퇴했지만, 상황은 전혀 나아지지 않았다.

1923년 6월 무렵 광동의 상황을 보면, 북강(北江)의 심홍영 군대의 잔당 부대는 북군과 결합해 수시로 남쪽의 손문 측을 공격했고, 동강은 여전히 진형명 군대의 근거지였다. 서강에는 심계군(沈桂軍)이 있었다. 광동 남쪽은 등본은(鄧本殷) 등의 반혁명 세력이 장악하고 있어, 3차 광동정부는 사방에서 적과 면하고 있었다. 손문이 의지하는 전계군도 혁명을 위해 나선 것이 아니었기 때문에, 전투에 사력을 다하지 않았다. 1923년 6월 광주정부가 동강으로 군대를 발동하는 틈을 타서, 심군과 북군이 공격해와 소관(韶關, 사오관), 영덕(英德, 잉더), 남웅(南雄, 난숑), 인화(仁化, 런화), 시흥(始興, 시싱), 옹원(翁源, 웡위안) 일대를 점령했고, 서강의 심계군도 덕경(德慶, 더칭), 녹보(祿步, 뤄부), 열성(悅城, 웨청) 등지로 진격했다.[33]

이로부터 약 1년 뒤인 1924년 5월의 상황을 보자. 손문 측이 혜주를 공격하자 5월 8일 진형명 측의 홍조린(洪兆麟, 홍자오린)이 혜주를 구원했다. 한편 '토적연군'

32 이 과정에 대해서는 陶菊隱, 『北洋軍閥統治時期史話(1895~1928)』 4, p.209 참조.
33 같은 책, p.257.

내부에서는 상전군(湘滇軍) 사이에 불화가 커지고, 손문의 병세가 위중하다는 소식이 전해지자 진형명 측(섭거, 임호, 홍조린 등)이 대거 반격했다. 5월 18일 직계의 북경정부는 임호(林虎, 린후)를 광동군무독리로, 섭거(葉擧, 예쥐)를 성장으로, 홍조린(洪兆麟, 홍자오린)을 조매호군사, 그리고 심홍영(沈鴻英, 선훙잉)을 월계변방독판으로 임명했다. 직계는 진형명군이 단독으로 광주를 공격할 힘이 없다고 보고 북방에서 군대를 파견해 원조하려 했으나, 여의치 않았다. 한편 손문이 광동으로 돌아온 허숭지를 토적군 월군 총사령으로 임명하자(5.22), '토적연군' 내부에서는 주군과 객군의 모순이 날로 가열되어, 동강전투는 또 정돈되었다.[34]

국민당계 신문인 광주≪민국일보≫와 상해≪민국일보≫는 1923년과 1924년 내내 "동강 함락 임박"이라는 소식을 보도하고 있다. 이는 광동 내에서 진형명군과의 전투가 지리멸렬했음을 보여준다. 이유는 손문이 변변한 군대를 거느리고 있지 못했기 때문이다. 바꾸어 말하면 손문은 객군에 의지해야만 광주 주변을 간신히 지킬 수 있었다. 손문과 손을 잡은 객군 중 가장 큰 세력은 양희민의 전군과 유진환의 계군이었다. 1923년 전반기 광주에서 손문과 함께 있었던 마링은 "손문이 광주에 온 후 갈수록 전군 총두목 양희민에 의존하고 있다. 비록 광동성은 손문의 관할하에 있지만, 양희민이 사실상 광동성의 독재자이다"[35]라고 당시 광주에서의 손문의 지위를 표현했다. 1923년 11월 손문은 군사회의를 소집해 양희민을 전월계연군전적총지휘(滇粵桂聯軍前敵總指揮)로 임명해 전군을 지휘하도록 했다.[36]

손문과 객군 사이의 관계를 극명하게 보여주는 사례는 손문과 계군 심홍영의 관계일 것이다. 심홍영의 원적은 광동이나 어릴 적에 광서로 이주해 그곳에서 성장했다. 광서에서 비적의 두목이 된 이후 여러 군벌의 용병으로 활약해 점

34 같은 책, p.262.

35 「孫中山及其在廣州的地位」(1923년 5월 15일 보다 이르지 않다), 『馬林與第一次國共合作』, p.342.

36 「任命楊希閔職務令」(1923.11.14), 『孫中山全集』 8, p.397.

심홍영(沈鴻英: 1869~1915)

광서 낙용(雒容, 뤄룽)인이다. 원적은 광동 은평(恩平, 언핑)으로, 자는 관남(冠南)이다. 청 말 녹림(綠林)의 두목으로서 세력을 확대했다. 1911년 11월 혁명당인에게 수편(收編)되었고, 2차 혁명 때 육영정 부대에 투항해 방통(幇統)이 되어, 호국전쟁 시기 계군이 광동으로 들어갈 때 함께 들어갔다. 1920년 월군에 의해 광서로 쫓겨나 소속 부대를 광서 변방군 제3군으로 개편하고 총사령이 되었다. 1921년 손문의 육영정 토벌 때 '자치'를 선포해 구계군 총사령을 자칭했다. 이어 부대를 이끌고 호남으로 들어가 오패부에게 의탁했다. 진형명 '반변' 후 손문에 의해 광서정국군 총사령에 임명되어 부대를 이끌고 광동으로 들어와 진형명을 공격했다. 1923년 4월 북경정부의 광동군무독리로 임명되어 광주를 공격하다가 패전해 광서로 돌아왔다. 1924년 다시 손문에 의탁해 군대를 이끌고 육영정을 토벌했으며, 광서 북부를 기반으로 스스로 '광서건국군 총사령'이라 불렀다. 1925년 이종인(李宗仁, 리쭝런), 황소굉(黃紹竑, 황사오룽) 부대에 패해 오주(梧州, 우저우)로 몰래 도망했다. 만년에는 홍콩에서 호사로운 생활을 하다가 1938년 병으로 세상을 떠났다.

차 세력을 키웠다. 2차 광동정부의 양광 통일 때 진형명 군대에 밀려 호남으로 들어갔다가, 광서의 월군이 광동으로 돌아가자 1922년 11월 광서로 돌아왔다.[37] 이어 '토적군'에 참여해 1923년 1월 진형명이 물러난 광주로 들어왔다. 손문은 믿지 못할 심홍영을 제거하고 싶었지만,[38] 진형명군을 공격하기 위해서는 받아들일 수밖에 없었다.[39] 결국 1923년 2월 손문은 심홍영을 계군총사령(桂軍

---

37 黃秀穎, 「沈鴻英」, 中國社會科學院近代史研究所 主編, 『民國人物傳』 第7卷(中華書局, 1993), pp.252~253.

38 손문은 상해에서 심홍영을 제거하라는 지시를 여러 차례 내렸다. 「復劉玉山函」(1923.2.8), 『孫中山全集』 7, p.90; 「復劉震寰函」(1923.2.8), 『孫中山全集』 7, p.90;「復梁鴻楷函」(1923.2.8), 『孫中山全集』 7, p.92; 「復梁鴻楷函」(1923.2.8), 『孫中山全集』 7, p.92; 「復任鶴年函」(1923.2.10), 『孫中山全集』 7, p.97.

39 심홍영이 광주로 들어온 후 손문에게 편지를 보내 광주로 빨리 돌아오라고 청하면서 이후로 손문의 "명령에 복종하겠다"고 하자[「沈鴻英致孫文」(1923.2.10), 『各方致孫中山函電匯編』 7, p.71], 손문은 심홍영에게 "과거를 뉘우치고 국사를 함께 도모하자"라고 제의하는 답장을 보냈다[「復沈鴻英函」(1923.2.10), 『孫中山全集』 7, p.110].

總司令)으로 임명했다.[40] 그런데 북경정부도 심홍영을 광동군사독리(廣東軍事督理)로 임명해[41] 손문에게 대항하도록 하려고 했다. 심홍영은 4월 초 광주를 공격하며 손문의 하야를 요구했다.[42] 이후 손문은 심홍영과 계속 전투를 벌여 광동에서 간신히 그를 퇴패시켰다. 광서로 숨어 들어온 심홍영은, 다시 돌아온 육영정과 충돌했다. 광서를 공격하기 위해 손문은 1924년 2월 다시 심홍영을 광서총사령으로 임명하고 2만 원과 총알 10만 발을 주어 육영정을 토벌하라고 명했다.[43] 5월 북경정부가 월계변방독판(粵桂邊方督辦)의 지위로 심홍영을 유혹하자,[44] 손문은 이에 뒤질세라 그에게 은 10만 원과 탄환 20만 정을 발급했다.[45] 이처럼 손문에게 객군은 없어서는 안 될 '필요악'이었다. 이런 상황에서 객군의 세수권을 중앙으로 돌리려는 '재정통일'안은 말 그대로 탁상공론에 불과했다.

8. 광동인에게 객군의 의미

3차 광동정부하에서 전개된 손문과 객군의 결합을 광동인의 시각에서 볼 필요가 있다. 2차 광동정부는 처음으로 광동인(粵人), 광동군(粵軍)에 의한 정부였다. 손문은 비상대총통에까지 올랐지만, 월군은 진형명이 장악하고 있었다. 결국 진형명에 의해 상해로 물러난 손문이 다시 광주로 복귀할 수 있었던 것은 '토적군' 덕택이었는데, 그 토적군은 대부분 객군이었다. 광주인 측에서 보면 주군인 진형명군에 의해 쫓겨났던 객군이 다시 돌아와 주군을 몰아낸 셈이다. '객군으로부터 해방'되었다가 '객군의 지배'를 다시 받게 된 것이다. 광주로 입

40 「任命沈鴻英職務令」(1923.2.24), 『孫中山全集』 7, p.134.
41 黃秀穎, 「沈鴻英」, 『民國人物傳』 第7卷, p.254.
42 「沈鴻英要求孫中山下野電」(1923.4.16 載), 『各方致孫中山函電匯編』 7, pp.122~123.
43 『中華民國史資料叢稿』 第10輯, p.29(『孫中山年譜長編』 下, 1924.2.29, p.1849에서 재인용).
44 같은 책, p.73(『孫中山年譜長編』 下, 1924.5.18, p.1908에서 재인용).
45 廣州≪民國日報≫, 1924.5.21.

성한 '토적군'은 객군다웠다.

1923년 1월 중순부터 하순까지 전계(滇桂) 장령들이 속속 광주로 들어왔다. 한편 상해의 손문은 호한민, 이열균, 허숭지, 위방평, 추로를 전권위원으로 삼아 총통직권을 대행하게 하고, 호한민을 광동성장, 위방평을 광주위수사령으로 임명했다.[46] 이에 호한민과 이열균 두 사람은 홍콩에서 광주로 돌아왔다.[47] 여기서 눈여겨볼 것은, '공직'에 오른 사람들은 대부분 광동인이라는 점이다. 그러나 광주는 전계군 천하가 되어 용인행정(用人行政)이 모두 그들에게 장악되었고, 각 기관과 공공장소는 대부분 객군의 군대가 점령했다. 광동 인민은 2차 광동정부 이전에 계계 군벌에 의해 유린되었기 때문에 계계에 대한 감정이 매우 좋지 않았고, 전군에 대해서도 호감은 없었다. 마찬가지로 월군도 계계에 대한 배신감이 컸다. 그러나 이제 전계군은 광동의 '신정복자'였다. 이런 분위기 속에 월군 측에서 객군에 대처하려는 움직임이 보이자, 전계군의 반감을 크게 불러 일으켰다.[48]

1월 26일에 개최된 '강방회의(江防會議)'는 점령자인 객군의 실상을 극명하게 보여준다. 이 회의는 양희민, 유진환이 유치한 것이었다. 이 자리에서 월군의 위방평(魏邦平, 웨이방핑)이 도박 금지 해제를 중지하고, 점거한 공공기관의 건물, 상점, 민가에서 나갈 것을 각 군장에게 건의하자, 심홍영 수하의 이역표(李易標, 리이뱌오)가 불같이 화를 내며 "우리는 도박세(賭捐)로 먹고사는데 뭘 하지 말라는 것이냐!"고 했다. 그는 위방평에게 "정변 때마다 이리저리 붙는 소인배로 말할 자격도 없는 놈"이라고 욕을 하고는 권총을 꺼내 쏘았다. 위방평은 엎드려

---

46 1월 17일 손문은 등택여를 광주 성장으로 임명했으나, 등택여는 객군 특히 심홍영의 위세를 보고 사직했다. 이에 1월 23일 손문은 호한민을 광동성장으로 임명했다. 蔣永敬 編著, 『民國胡展堂漢民先生年譜』(臺北: 臺灣商務印書館, 1981), pp.276~277.

47 『北洋軍閥統治時期史話』 4, p.192.

48 월군이 위방평을 광동토적연군 총사령으로 임명하는 등 월군의 단결을 통해 객군에 대처하려 하자, 심홍영 수하의 이역표는 공공연히 군대를 파견해 관음산을 공격해 들어가 추로가 지휘하는 토적월군의 제1로 사령 담계수의 무기를 거두어들였다. 같은 책, p.192.

총알을 피했으나, 회의장에서는 대혼란이 일어나고 회의 참가자들은 분분히 뛰쳐나갔다.[49]

호한민은 급히 난간에 올라 계단을 뛰어 내려왔다. 수행 경호원 2명이 피격당해 사망했고, 호한민은 안경이 부서지고, 은표(銀標) 4만 원을 빼앗겼다. 추로는 양여헌(楊如軒, 양루쉬안)의 안방으로 피신했다. 양여헌은 마침 땅에 엎드려 총알을 피할 수 있었고, 유진환은 뒷좌석으로 숨어들었으며, 진책(陳策, 천처)은 난간을 넘다가 부상당했다. 당시 시내는 전계군으로 가득 차 있었는데, 호한민이 계군의 깃발을 단 차로 도망간다는 소식을 들은 심홍영은, 관지국에 주둔하고 있던 부하에게 그런 자동차가 지나가면 기관총으로 쏘라고 밀령을 내렸다. 저녁 8시 계군 깃발을 단 차가 관지국을 지나가자 기관총을 발사해 차에 타고 있던 전원이 사망했다. 검시해보니 호한민과 추로가 아닌, 심홍영의 군장 유달경과 참모장 황홍유(黃鴻猷, 황훙유)였다. 이 소리를 들은 호한민은 자동차의 방향을 사면(沙面)으로 돌려 일본 영사관으로 피신했다. 다음 날(27일) 등택여, 추로, 임직면(林直勉, 린즈몐) 등과 함께 배를 타고 홍콩으로 달아났다.[50] 당시 등택여와 호한민은 손문이 연이어 임명한 광동성장이었고, 호한민과 추로는 대총통직을 대행하는 전권위원이었다.

광주에 들어온 '정복자들'은 지역을 하나씩 꿰차고 온갖 만행을 저지르니, 객군에 대한 광동인의 분노의 크기는 말할 필요가 없었다.[51] 이와 같은 상황은 손문이 광주로 돌아오면서 나아지기는 했으나, 객군의 지배 때문에 발생하는 문제는 손문이 광동을 떠나 북상할 때까지 기본적으로 해결되지 못했다. 광동인 특히 광주인의 시각에서 다시 정리하면 1920년까지 객군의 지배로 신음하던 광주인들은 진형명군에 의해 '객군으로부터 해방'을 얻었다. 그 첫해가 1921년이고 2차 광동정부였다. 그러나 1923년 1월에 광주는 다시 객군에게 유

49 같은 책, pp.192~193.

50 蔣永敬 編著, 『民國胡展堂漢民先生年譜』, pp.278~279.

51 廣東民國史硏究會 編, 『廣東民國史』 上冊, p.316.

린되기 시작했는데, 그 객군은 광동인 손문이 끌어들인 것이었다. 이후 1924년 말까지 2년간 손문과 객군의 관계는 청산되지 못한 채, 한편으로는 진형명 군대 및 '배반한 객군'과의 전쟁이 계속되었고, 다른 한편으로 북벌을 추진한 것이 3차 광동정부였다. 광주인의 눈에 3차 광동정부나 손문이 어떻게 비쳐졌을지는 충분히 짐작 가고도 남지만, 그 실체를 외부인의 눈에 비친 기록을 통해 살펴보자.

손문과 합작을 추진하며 그래도 누구보다 손문과 국민당에 호의적이던 보로딘은, 손문과 「11월 개조」를 마무리하고 북경에 올라와 작성한 본국에 보낼 보고서의 "나는 광주에서 무엇을 보았는가?"라는 소절에 광주를 다음과 같이 표현하고 있다.

> 광동 인민들은 손문 정부에 대해 강력히 반대하는 태도를 지니고 있다. 광주의 노동자와 수공업자 수는 35만 명에 달한다. 손(孫)이 상해에서 돌아올 때(1923.3) 그들은 열렬히 맞아주었지만, 지금은 손 정부의 운명과 승패에 관심조차 없다. 도시 소자산 계급은 복잡한 전선 상황과 적군의 침입으로 무정부 상태의 고통을 겪고 있어, 위급한 소식만 전해지면 점포를 닫아버리거나 그렇지 않으면 외국 열강 밑으로 숨어버린다. 그리고 고력(苦力) 노동자들은 잡히면 전선으로 나가 강제 노동을 해야 하기 때문에, 도시의 교통수단이 많이 부족한 상황이다. 이런 현상은 상업에도 막대한 손실을 입히고 있다. 가중한 세금 부담은 많은 오해와 증오를 일으킬 뿐 국고의 수입을 증가시키지는 못한다. 농민들은 손과 진의 투쟁을 다만 자신들의 불행으로 생각하고 있다. 그들은 더는 세금을 내지 않았고, 더는 식량을 군대에 팔지 않았으며, 나중에는 무기를 들고 뒤에서 군대를 습격한다. 이런 일이 끊임없이 발생하고 있다.
>
> 그러나 이 모든 것에 대해 손은 주의를 기울이지 않았고, 언론을 통해 해명하지도 않았다. 신문에는 날마다 상충되는 전선 첩보가 실리지만, 실패에 대해서는 언급하지 않았으며, 혹 실패 소식이 신문에 나면 인민들은 아주 뜻밖이라고

생각한다. 이런 신문을 자세히 보면, 마치 신문을 조종하는 적군이 고의로 공황을 만들어내, 본래 공황에 빠진 광주의 분위기를 더욱 어렵게 하는 것 같다. 손(孫)은 이제까지 이런 신문을 본 적이 없었고, 중국의 다른 지역 혹은 국외에서 발생한 사건에 대해서는 더욱 관심이 없었다. 그는 수많은 장군들과의 담화에 모든 시간을 낭비했는데, 이 장군들은 각자의 이익만을 생각하고 있었기 때문에 총지휘부란 없었다.[52]

진형명 군대가 물러나고 다시 들어온 객군들에 의해 광주가 "이리와 호랑이의 소굴"[53]로 변해버리자 광주 시민들은 손문이 돌아오기를 기대했으나, 그가 온 후에도 달라진 것은 없었다. 보로딘은 이어 광주의 참상을 이렇게 보고하고 있다.

그(손문)가 광주에 있으면 그의 주위에는 진정으로 그를 따르는 학생들이 있고, 다른 한쪽에는 사기꾼과 투기꾼들, 탐욕스러운 장군들이 있다. 도시의 상황은 존경스러운 영국과 미국의 자본가와 선교사들로 하여금 수치를 느끼게 한다. 광주처럼 이렇게 '악습'으로 범람하는 곳이, 다른 어떤 데도 없기 때문이다. 기원(妓院)과 도박장이 모든 골목마다, 수많은 하류와 수로변에 그리고 외국 조계에 공개적으로 있다. 기원과 도박장에서 세금을 받는 것이 상인들에게 받는 것보다 훨씬 쉬웠다. 사실상 투쟁의 모든 중임은 가장 빈곤한 주민들에게 내려졌다. 부자들은 거액의 자기 자산을 외국 은행에 예금하지만, 빈민들은 굶주림에 시달리고 또 잡혀가서 강제노동을 해야 했다.

손은 이 모든 것을 명백히 알고 있었다. 그는 이 모든 것이 자신의 이론에 책임이 있다는 것을 인정하지 않고, 자신을 따라 전국의 행복을 실현할 학생이 아

52 「華南形勢에 관한 Borodin의 札記」(1923.12.10, 北京), 『聯共(布), 共産國際 檔案資料』 1, pp.367~368.

53 蔣永敬 編著, 『民國胡展堂漢民先生年譜』, p.276.

직 충분하지 않기 때문이라 생각했다.[54]

1924년 3월 미국화남연합회(American Association of South China)의 회장은 본국 국무장관에게 다음과 같은 편지를 보냈다.

> 1921년 5월 19일 각하에게 보낸 편지에서 당시 손문을 수뇌로 한 '사실상의 남방 정부'에 대해 사람들로 하여금 찬미할 곳이 많다고 지적했습니다. 그러나 이 '사실상의 남방 정부'(2차 광동정부)는 1922년 6월 손 씨가 광주를 떠난 후 더는 존재하지 않습니다. 손 씨는 1923년 3월 광주로 돌아와 대원수라는 명의로 다시 현재의 광주 정부를 지도하고 있습니다. **우리가 1921년 편지에서 찬미한 바는 당시의 손문 정부(2차 광동정부)이지, 1923년과 1924년의 손문 정부(3차 광동정부)가 아니라는 것을 지적하고 싶습니다.**[55] - 괄호는 인용자

광동의 재정을 설명하면서 언급했지만, 손문의 마지막 정부인 3차 광동정부는 광주인에게 지지를 받지 못했다. 외국인뿐만 아니라 손문의 측근조차 "우리는 광주에서 거의 1년 동안 사업했는데 인민들에게 우리의 주의(主義)가 좋다고 증명하지 못했을뿐더러 세수 정책, 재정 조치, 군사행동, 군관들의 무례함 등등은 우리의 위신을 공고히 하지 않았고, 우리에 대한 인민의 신임을 철저히 손상시켰다"[56]고 토로했다. 이 측근은 바로 요중개로, 일전대회 직전에 한 이야기이다.

다시 처음으로 돌아가면, 이런 상황을 타개하기 위해서는 진형명 군대를 제

54 「華南形勢에 관한 Borodin의 札記」(1923.12.10, 北京), 『聯共(布), 共産國際 檔案資料』 1, pp.370~371.

55 미국 National Archives 소장 기록(『孫文與陳炯明史事編年』, 1924.3.21, p.777에서 재인용).

56 「Borodin의 札記와 通報」(1924년 2월 16일보다 빠르지 않다, 廣州), 『聯共(布), 共産國際 檔案資料』 1, p.484.

압하고, 이어 북벌을 통해 전국을 통일해야 한다고 손문은 생각했다. 그는 이를 위해 1924년 원단에 정식정부의 건립 및 북벌과 함께 '재정통일'을 목표로 삼았다. '재정통일'의 내용을 다시 옮기면, 객군이 장악한 세수 기관을 중앙의 통제로 돌리고, 세수 대상을 광주만이 아닌 광동 전체로 하면 신증세까지 합쳐 약 5000~6000만 원의 세수가 걷힐 터인데, 이 정도면 군민정 비용에 충분하다고 예측했다. 그러나 손문과 객군의 관계로 볼 때 객군으로부터 세수 관리를 거두어들인다는 것은 불가능했다. 또 손문은 광주를 떠날 때까지 군사적으로 광동을 통일하지 못하고 일부만을 지배했을 뿐이다. 그 결과 기대의 5분의 1에도 못 미치는 세금을 거두었다.

필요한 액수와 실제 세수의 차이가 엄두를 못 낼 정도였기 때문에, 무언가 방법을 강구해야 했다. 세금 이외의 방법이란 공식적으로는 공채 발행과 차관이겠는데, 3차 광동정부에 대한 국내외의 신용으로는 기대할 수 없었고, 그 결과도 그러했음을 이미 살펴보았다. 또 다른 창구는 반직삼각동맹의 동맹자로부터 원조를 받는 것이다. 손문은 봉천의 장작림에게 도움을 받았는데, 그 액수는 한정적이었겠지만, 당시의 재정 상황으로 볼 때는 필요불가결한 창구였다. 반직삼각동맹은 전술상의 전략을 넘어 이제 손문의 재정 창구의 일부였다.

9. 부실 재정을 위한 창구

그런데 또 다른 창구가 있었으니, 바로 소련이었다. 손문이 끌어들인 객군에 의해 진형명의 군대가 광주에서 혜주로 물러나던 그때, 손문은 상해에서 요페와 「연합선언」을 발표했다. 광주로 돌아온 후인 1923년 5월 손문은 200만 금루블을 원조해주겠다는 소련으로부터의 소식을 요페를 통해 받았다. 정말로 가뭄에 단비였기 때문에 손문은 소련의 요구를 무조건 이행하겠다고 답했다. 소련의 요구가 어떤 내용인지, 자신의 혁명 이념이나 「혁명방략」과 얼마나 어긋나는지를 헤아릴 필요가 없었다. 하기야 장작림에게도 원조를 요청해 받는 형편이었으니 소련의 요구 내용이 무슨 문제였겠는가.

1923년 4월 말 광주에 온 마링은 손문과 함께 3개월간 국민당 개조를 진행했으나, 처음과는 정반대로 개조가 불가능한 국민당에 자금을 지원할 필요가 없다는 결론 내리고 떠났다. 한편 손문도 광주로 온 후, 진형명 군대와의 전쟁에 몰두했으나 성과가 없었고, 코민테른 대표 마링과의 관계도 악화되어갔다. 악화되어갔다기보다는, 소련의 원조와 코민테른과는 관계가 없다는 것을 손문이 잘 알고 있었기 때문이다. 3차 광동정부의 재정이 갈수록 악화되던 1923년 10월 소련 대표 보로딘이 광주에 왔다. 손문은 보로딘을 세심히 대접했다.[57] 당시는 광주가 함락될 위기에 처해 있었으므로, 손문은 주로 전선에 나가 있었다. 참석하는 회의나 연설이 있을 때면 보로딘을 치켜세우며, 소련을 본받자고 주장했다. 보로딘은 훈련원, 정치고문 등의 지위도 부여받았고, 국민당개조를 위한 임시중집위에도 참석했다. 두 사람의 밀월은 「11월 개조」를 만들어냈다. 「11월 개조」는 이미 보았듯이 손문과 보로딘이 서로 만족하는 선에서 국민당 개조에 합의한 것이다. 손문은 등택여 등 당내 보수 인사들의 지적에도 당 총리의 권한을 거의 없애고, 위원회제를 통해 국민당을 상향식 조직으로 만들어 개조를 추진하려는 보로딘의 요구를 받아들였다. 마링의 비판으로 막힐 뻔한 소련의 원조는 「11월 개조」로 물꼬가 트였다. 「11월 개조」를 마무리하고 나서, 북경에 올라온 보로딘은 소련 정부에 다음과 같이 요구했다.

> 국민당이 광동을 장악하는 것은 특별한 의의가 있으며, 광동을 잃는 것은 유일한 공작 기지를 잃는 것을 의미한다. 이렇다면 **손문을 지지하고,** (손문이) **광동을**

57 손문을 처음 만났을 때의 정황을 보로딘은 다음과 같이 말하고 있다. "손문은 열정적으로 나를 맞아주었고, 자신의 옆에 앉히고는 한참이나 나를 주시했다. 카라한 동지의 안부를 물으며 만나고 싶다고 했다." 「華南形勢에 관한 Borodin의 札記」(1923.12.10, 北京), 『聯共(布), 共産國際 檔案資料』 1, p.365.

장악하기 위하여 투쟁하는 문제는 바로 우리 계획의 일부분이고, 또 국민당 개조 문제, 국민혁명 운동의 전체 문제와 함께, 동시에 해결해야 하는 것이다. 이 문제가 손문이 건의한 것처럼 해결될 수 있는지 아닌지는 즉시 연구하고 결정해야 한다. 그러나 내가 지금 말하고자 하는 것은, 서북계획 문제가 아니고 몽골 문제도 아니며, 블라디보스토크를 통해 원조를 제공하는 문제이다.

(손문과 「11월 개조」에 합의하고) 광주를 떠나기 직전에 나는 (북경의) 카라한으로부터 전보를 받았는데, 만약 손문이 광동에서 입지를 굳히려면 얼마의 군사원조를 주어야 하는지 명확히 하라는 것이었다. 이에 대해 나는 손문과 우리의 군사 전문가들과 함께 정하려고 한다. 카라한의 전보를 받은 후 나는 이 전보의 의미를, (손문에 대한 원조) 문제가 이미 적극적으로 해결된 것으로 이해했다.

이 전보를 받은 시기는 손문이 국민당 개조 사업(「11월 개조」)에 적극적으로 참여하는 때였고, 또 손문이 느끼기에 개조란 우리의 도움이 단지 문자로만 끝나버리는 것이 아니라, 중국의 국민혁명 운동을 조직하는 데 대해 어떤 건의를 제기할 것인가였다. 물론 우리도 이 사업에 자금만 제공하는 데 그치지 않을 것이다. 이 전보에서 강조하고자 하는 것은 국민혁명 운동의 조직, 군사학교의 설립, 군대 내 정치 사업 간부 육성 등의 사업을 가장 우선하겠다는 것이다. 그러나 만약 이 사업을 위해서는 전선의 전투에 보급을 해줄 필요가 있다면, 우리는 가능한 한 거절하지 말아야 할 것이다.[58] - 강조와 괄호는 인용자

손문의 '군사행동'을 보는 관점에서 보로딘은 마링과 크게 달랐다. 우선 '광동을 장악하는 것', 즉 진형명 군대와의 군사행동도 국공합작의 일부라는 것이다. 따라서 군사행동을 완성하기 위해서는, 즉 손문으로 하여금 광동에서 입지를 굳히게 하려면, 서북군사계획이나 몽골 문제처럼 장기간의 문제가 아니라

58 「華南形勢에 관한 Borodin의 札記」(1923.12.10, 北京), 『聯共(布), 共産國際 檔案資料』 1, pp.374~375.

당장 진형명과의 전투를 위해 군사원조를 제공해야 한다는 것이다. 보로딘은 소련 정부로부터 원조를 얻어내기 위해 원조의 액수를 요구한 카라한의 '권위'도 끌어들였다.

군사원조란 진형명군과의 전쟁을 위한 것을 지칭함이 분명하지만, 보로딘은 원조를 통해 군사학교의 설립, 군대 내 정치 간부의 육성도 거론하고 있다. 이는 손문의 군사력에 가장 큰 약점인 객군 문제를 해결하려는 것이다. 앞에서 객군에 대한 손문과 광동인의 관점을 살펴보았는데, 여기서는 '혁명'의 관점에서 살펴볼 필요가 있다. 광동에서 객군이 아닌 주군 즉 월군은 진형명군, 그리고 허숭지가 이끄는 월군을 포함한 손문 휘하의 일부 군대를 가리킨다. 그렇다면 손문이 진형명을 물리치고 월군을 수중에 넣어 객군마저 광동에서 몰아내거나 복종하는 군대로 만든다면 손문이 안고 있는 객군의 문제가 해결될 것인가. 손문의 혁명 목표는 광동 통일이 아니라 전국 통일이다. 즉 북벌이다. 그런데 앞의 가정대로 허숭지, 진형명 휘하의 월군 즉 주군을 주축으로 북벌을 시작해 광동성을 넘는다면, 월군은 주군에서 객군으로 바뀐다. 말하자면 광동 내에서는 주군이라도, 북벌 즉 혁명의 관점에서는 모두 객군인 셈이다. 손문을 비롯한 지도부가 아무리 혁명적이라 해도 지역에 근거한 객군을 이끌고, 지역을 할거한 군벌을 제거한다는 것은 논리상 어긋나는 것이 아니겠는가. 따라서 혁명을 위해서는 지역에 기반을 둔 군대가 아니라, 혁명을 위한 군대가 필요했다. 이 때문에 보로딘은 군사원조에 군사학교의 설립을 포함시켰던 것이다. 이 군사학교는 이후 황포군관학교로 결실을 맺지만,[59] 손문의 북벌에는 참가하지 못했다. 여하튼 카라한은 군사원조에 대해 모스크바로부터 다음과 같은 답을

---

59 황포군관학교의 혁명성에 대해서는 다각도로 살펴볼 필요가 있지만, 일단 군관의 구성은 지역성을 탈피하고 있다. 1924년 11월에 졸업한 황포군관학교 제1기생 645명 중 광동에 적을 둔 학생은 1/10도 안 되는 50명이었다. 황포군관학교 출신 총 4052명 중에서 광동성 출신 적관은 542명(13.4%)이었다. 「黃埔軍校第一期學員將帥一覽表」, 陳予歡 編著, 『黃埔軍校將帥錄』(廣州出版社, 1998), pp.1715~977.

받았다고 보로딘에게 알렸다.

> 나(카라한)는 이 문제에 대해 모스크바의 질문을 받았는데, 이는 완전히 뜻밖이었다. 편지에는 **우리(소련 정부)가 손문을 돕기로 결정했다**는 것을 손문에게 전달하라는 것이다. 그러나 얼마나 오랫동안 버틸 수 있는지, 어떻게 물자를 제공해야 하는지, 시간을 연장하더라도 진형명과 담판을 시작할 수 있는지를 손문에게 물어보고, 우리(소련 정부)에게 회답하라는 것이다. 이 외에 (소련) 정부는 그(손문)의 회답을 얻은 후, 그의 요구를 검토해 보겠다는 내용이 들어 있다. …… **나(커라한)는 이미 원조를 제공하기로 원칙적으로 결정한 이상, 한시도 지체 없이 문제를 해결할 것을 주장했다.**
>
> 그 후 나는 또 편지를 보내, (원조) 문제를 더 빨리 해결해달라고 요구했다. 내가 보기에, 그곳(모스크바)에는 광주의 정세에 대한 정확한 인식이 없는 것 같다. 그러니 (모스크바가) 당신(보로딘)의 보고와 나(카라한)의 최근의 편지들을 받은 후, 모스크바와의 '상호 이해'가 좀 더 용이해지기를 나는 바라고 있다.[60] - 괄호와 강조는 인용자

이 편지를 통해, 소련은 원칙적으로 손문에게 군사원조를 해주기로 결정했음을 알 수 있다. 즉 군사원조는 이미 요페를 통해 결정된 것이지만, '원조 유예'를 소련 정부가 한 것은 아마 마링의 요구 때문일 것이다.[61] 그러나 「11월 개조」 후 카라한과 보로딘의 요구를 받아 다시 결정했음을 의미한다. 보로딘이 손문으로부터 「11월 개조」를 끌어내기 위해, 소련의 원조를 내비쳤을 가능성이 있다. 소련을 방문 중 손문의 편지를 받은 장개석은 "손(孫)대원수가 직접 보낸 장

60 「Karakhan이 Borodin에게 보내는 편지」(1923.12.27, 北京, 絶密), 『聯共(布), 共産國際檔案資料』 1, pp.391~192.

61 「Karakhan이 Chicherin에게 보내는 편지」(1924.2.9, 北京), 『聯共(布), 共産國際 檔案資料』 1, p.413.

문의 전보를 받고 원조교섭이 이미 실행되고 있음을 알았다. 손 대원수의 진지한 말씀은 읽고서 감격의 눈물을 흘리게 한다"라고 일기에 썼다.[62]

10. 손문의 「결의」 수용

또 하나 주목할 것은 소련이 원조를 재결정한 시기가 바로 장개석이 소련을 방문한 이후라는 점이다. 장개석의 소련 방문의 첫 번째 목적은 서북군사계획이었는데 이는 거절당했고, 장개석이 얻은 것이라고는 모스크바에 있는 군사학교에 국민당인을 받아들이겠다는 제안 정도였다. 따라서 장개석이 소련을 방문한 성과는 없다고 해도 과언이 아니다. 장개석은 회고에서 모스크바를 떠나기 직전에 트로츠키를 만났고, 그 자리에서 "소련은 군대를 보낼 수는 없지만, 무기와 경제 등의 원조를 가능한 한 다하겠다"고 '비공개'로 말했다고 했는데, 트로츠키의 이런 언급은 소련 정부가 손문에 대한 원조를 원칙적으로 이미 결정했기 때문일 것이다.

그렇다면 「11월 개조」 후 보로딘과 카라한의 요구로 소련이 손문에게 하기로 한 원조의 구체적인 내용은 무엇일까. 그것은 고작 50만 루블이었다.[63] 이 결정이 내려진 시기는 1924년 1월 24일인데 이때 광주에서는 1전대회가 열리고 있었으나 1전대회의 내용을 카라한이나 보로딘으로부터 전달받지 못했으므로, 50만 루블의 원조는 「11월 개조」와 장개석의 소련 방문으로 이루어진 것이다. 그런데 "고작 50만 루블"이라고 폄하하는 이유는, 요페를 통해 소련 정부

62 「蔣中正日記」(未刊本)(1923.10.18), 『蔣中正先生年譜長編』 1, p.220.

63 원칙적으로 손문에게 원조하기로 결정한 것은 1923년 12월 29일에 열린 소련공산당 중앙위원회 정치국 제58차 회의였다. 50만 루블의 사용처는 아마 무기였을 것 같은데, 구체적인 내용은 앞의 자료에서 빠져 있다. 「俄共(布)中央政治局會議第64號記綠(摘錄)」(1924.1.24), 『聯共(布), 共産國際 檔案資料』 1, pp.401~402.

가 약속한 200만 금루블에 크게 못 미치는 액수였기 때문이다. 여하튼 50만 루블을 책정하기까지의 과정을 정리해보면, 요페의 요구로 손문에게 서북군사계획 등의 원조를 포함해 200만 금루블을 주겠다고 결정한 소련은 이후 마링의 보고를 통해 개조가 아닌 군사 사업에만 몰두하는 손문에 대한 원조를 유보했다. 그런데 보로딘이 광주로 파견된 후 「11월 개조」가 이루어지고, 보로딘과 카라한이 중국에 대한 원조를 요구했을 뿐 아니라 다른 한편으로는 장개석이 소련을 방문하자 소련 정부는 원조를 재수용하고, 이러한 결정을 트로츠키가 장개석에게 말해주었던 것이다. 군사원조에 대한 소련 정부의 원칙적 수용을 보로딘은 상해에서 카라한으로부터 전달받았고, 손문은 보로딘과 장개석의 보고를 통해 전달받았을 것이다.

그런데 소련이 손문에 대한 원조를 결정하는 데 장개석의 소련 방문이 영향을 주었다고 추측할 수 있는 이유는, 물론 소련에서의 장개석의 언행도 일조를 했겠지만, 무엇보다 코민테른 집행위원회 회의에 참석해 코민테른의 「결의」를 장개석이 수용했기 때문일 것이다. 문제는 이를 손문도 받아들일 것인가에 있었다. 이 「결의」는 삼민주의에 대한 코민테른의 해석이었는데, 손문에게 '원조'와 「결의」는 둘이 아니라 하나였다. 원조를 받으려면 「결의」를 받아들여한다고 손문은 생각했다. 1923년 12월 말 손문은 장개석에게 '질책성' 편지를 보냈다.

> 이번 여행(소련 방문)의 책임이 극히 중하기 때문에, 형(장개석)은 속히 광동으로 돌아와 일체를 보고하고, 중소 합작의 방법을 상세히 준비하고 싶다.[64] - 괄호 인용자

그러나 장개석은 손문이 「결의」를 받아들이기로 결정한 후에야 손문을 만나러 광주로 왔다(1924.1.18). 손문은 「결의」를 받아들이기로 하고, 「결의」의

64 「致蔣中正電」(1923.12.24), 『孫中山全集』 8, p.552.

민족주의는 자신의 삼민주의가 아니라는 듯, 1월 13일 '민족주의'에 대한 강연을 했다. 이후 계속된 손문의 삼민주의 '강연'은 그 연장선에서 이루어진 것이다. 그러나 '강연'의 삼민주의는 거의 파묻히고, 「1월 개조」가 전국을 흔들었다. 「1월 개조」를 북경에서 지켜본 카라한은 "예측하기 어려울 정도의 영향을 미칠 것"이라고 평했다.[65] 비록 삼민주의의 진의인 '강연'은 「1월 개조」에 묻혀 버렸지만, 「결의」의 삼민주의를 받아들임으로써 손문은 가장 시급했던 군사 원조를 결국 얻어냈다. 「1월 개조」 후 카라한이 치체린에게 보낸 편지를 살펴보자.

> (손문에 반대하는 사람들은) 아마 과거에 마링이 광주에 있었을 때의 지나간 정보에 근거해, **손문에 대한 우리의 원조와 지지를 수포로 돌아가게 하려고 애쓰는 것이다.** 내 생각에 이런 동지들의 의혹은 불충분한 정보에 기초해 만들어졌거나, 혹은 딴마음을 품은 정보를 바탕으로 만들어졌다고 보인다. 이런 의혹은 설득력도 없고, 근거도 없는 것이기 때문에, 반드시 포기해야 한다고 생각한다. 내가 말한 '딴마음을 품고 있다'는 것은, 당시 중국공산당 내에도 한때 이처럼 국민당과의 합작에 반대하는 좌익이 있었기 때문이다. 아마 이런 좌익의 대표들은 현재 모스크바에도 있을 것이다. 그들은 국민당을 적대시하는 정보를 코민테른이나 기타 인사들에게 제공하고 있을 것이다. 만약 이게 사실이라면, 나는 이 자리에서 지적하고 싶은 게 하나 있는데, 그것은 바로 한때 상해를 중심으로 하자

65 다음은 카라한의 평가이다. "이번 代表大會는 국내에서 아주 큰 반향을 일으켰고 각계의 관심을 받았으며, 마치 孫逸仙 투쟁 중 모종의 새로운 변화, 새로운 방법, 새로운 방식이 출현한 것 같았다. 언론도 지금 短評과 광주에서 전보를 보내는 방식으로 이번 회의에 관심을 보이고 있으며, 각 계파와 지식계, 사회단체와 학생계는 이 대회에 대해 거대한 관심과 희망과 기대를 품고 있다. 이번 대표대회가 손이 직접 영도하는 광주와 화남의 국민혁명 운동뿐 아니라 중국 기타 지역의 국민혁명 운동에 미칠 거대한 영향은 예측하기 어려울 정도이다. 「Karakhan이 Chicherin에게 보내는 편지」(1924.2.9, 北京), 『聯共(布), 共産國際 檔案資料』 1, p.411.

고 했던 좌경분자이다. 이들은 일정 정도에서 국민당을 반대했고, 공산당인들에게 국민당 노선으로 들어가라고 한 우리를 반대했던 사람들인데, 이제는 오히려 국민당 대표대회의 상황을 보고 미친 듯이 기뻐하며 자신의 비판적인 견해를 포기했다. …… 그러므로 손문과 국민당을 의심하고 있는 모스크바의 사람들은, 이곳 중국공산당인의 심정을 잘 이해해야 하며, 내가 여기에서 보낸 자료들을 자세히 연구해야 한다.

…… 현재(내가 강조하는 것은 현재이다-원문) 국민당은 이처럼 중요하고, 국민당은 이처럼 우리의 영향을 깊게 받고 있으며, 국민당은 이처럼 우리의 권위를 존중하고 숭배하며, 국민당은 이처럼 우리의 지시와 코민테른의 결의를 순종적으로 받아들이고 있다.

…… 그러나 우리가 중국 국민혁명 운동에 대한 우리의 태도를 근본적으로 바꾸지 않는 한, 사실 그렇게 할 수도 없을 것인데, 그렇다면 국민당에 대한 어떠한 비판도 아주 강하게 배척해야 한다. **왜냐하면 그것은 우리가 제공하기로 했으면 제공해야 할 국민당에 대한 원조를 방해하기 때문이다.**[66] - 괄호와 강조는 인용자

「결의」의 삼민주의를 수용한 '손문의 선택'을 보로딘과 카라한은 중국에서 이룬 자신들의 큰 성과라고 생각했다. 그러나 18~19장에서 이미 살펴보았듯이 '손문의 선택'에 보로딘이 한 역할은 별로 없었다. '성과'를 등에 업고, 손문과 국민당에 반대하던 측을 맹렬히 공격한 셈이다. 그 이유는 그들이 손문에 대한 원조를 방해하고 있기 때문이며, 그 결론은 요페를 통해 원조를 제공하기로 했으면 제공하라는 것이었다. 카라한은 더 나아가 자신의 상관인 치체린(외무인민위원)에게 원조의 방법에 대해서까지 문제 제기를 했다.

당신(치체린)은 손문과의 정치 협의를 반드시 체결해야 하며, 그렇지 않으면

66 같은 글, pp.413~414.

그가 사기를 칠 수 있다고 했다. 나(카라한)는 정치 협의를 체결하는 것에 반대하지 않는다. 10일 후 나는 상해와 광주로 가는데, 거기서 당신의 지시를 실현하도록 노력할 것이다. 그러나 나는 당신에게 한 가지 정황에 주의할 것을 권고한다. 즉 "우리(소련)가 당신(손문)에게 원조를 제공할 테니, 우리와 협의를 체결합시다"라는 정치 협의 문제를 제출하지 못한다는 것이다. 첫째, **우리가 제공한 원조는 아주 적기 때문이다.** 터키인이 영국인과 투쟁할 때, 우리가 그들(터키)에게 어떤 원조를 제공했는지 당신도 알고 있을 것이다. 몇십만 자루의 보총, 엄청난 수량의 화포와 기관총, 천만여 금루블을 제공했다. 당시 우리가 터키인과 체결한 정치 협의는 단지 이 정도의 조약이었다. 이 조약에 의하면 터키인은 우리에게 아무것도 제공하지 않고 우리는 그들에게 많은 것을 제공한다는 내용이었다.

그러나 중국 국민당 운동은 터키와 완전히 다르다. 요페가 당시 아주 정확하게 이 점을 지적했었다. 터키의 민족혁명 운동은 공산당원을 감옥에 넣지 않으면 아예 암살해버렸으며, 공산당은 비법이라고 선전했고, 또 우리가 공산당인을 지지한다고 질책해 우리와의 관계가 매우 냉담해졌다. 그러나 우리와 국민당의 관계는 이와는 완전히 다르다. 여기서 우리의 고문(보로딘)은 이 국민혁명 운동을 영도하는 국민당의 중앙집행위원회에 참석하며, 우리는 극도로 높은 위신을 향유해 우리의 지시와 건의는 당에서 특수하고 중요하게 작용을 하고 있으며, 공산당은 국민당에 가입해 광동 경내 즉 국민당이 집권하고 있는 지역에서 완전히 공개적으로 활동을 전개하는 등등……. 이런 정치 협의에 대한 나의 태도는 아래와 같다. **우선 이 협의의 실제 의의는 아주 하찮을 것이다. 내가 이 협의를 체결하려는 것은 내가 그 필요성을 절실히 느꼈다기보다, 당신의 지시가 있기 때문이라고 하는 것이 낫다.**[67] – 강조와 괄호는 인용자

제공하는 원조가 아주 적다는 말은 터키와 비교하는 듯하지만, 소련공산당

67 같은 글, pp.414~415.

정치국이 1월 24일에 결정한 내용을 가리키는 것으로 보인다.[68] 즉 원조액인 50만 루블에 대한 지적이었다. "제공하기로 했으면 원래대로" 200만 금루블을 제공하라는 것이었다. 카라한의 보고를 받은 치체린이 소련공산당 중앙정치국에서 중국의 정황에 대해 보고하자, 정치국은 다음과 같은 결정을 내렸다.

(1) 카라한 동지가 제출한 정치 사업 계획을 통과시킨다. 50만 루블, 1만 자루의 보총(步銃), 일정한 양의 화포(火砲)를 보내는데, 프룬제(Mikhail Frunze) 동지가 책임을 진다.
(2) 이전에 결정한 200만 루블의 지급은 미루고, 카라한 동지의 문서를 받은 후 다시 결정한다.[69]

중앙위원회서기 스탈린

(1)은「11월 개조」후 보로딘과 카라한이 요구한 원조이고, (2)는 요페를 통해 손문에게 약속한 원조이다. 후자의 원조가 다시 제기된 것은 카라한의 요구 때문이었으니, 카라한의 의견은 '제공하기로 했으면 200만 루블을 제공하자'는 것이다. 일주일 뒤 다시 열린 중앙정치국회의에서는 결국 다음과 같은 결정을 내렸다.

(1) 정치국의 1924년 3월 20일의 제80차 회의 1[5]의 결의 중 손문에 대한 **재정 원조**에 관한 부분을 비준한다.
(2) 제공하는 무기 부분에 대해서는 1924년 3월 20일의 결의를 수정해, 1923년 5월 1일 요페가 손문에게 보낸 전보에서 약속했던 무기 수량대로, 손문에게

---

68 「俄共(布)中央政治局會議第64號記綠(摘錄)」(1924.1.24),『聯共(布), 共産國際 檔案資料』1, p.402.

69 「俄共(布)中央政治局會議 第80號 記綠(摘錄)」(1924.3.20, 모스크바),『聯共(布), 共産國際 檔案資料』1, p.489.

제공한다.[70] – 강조는 인용자

재정 원조가 50만 루블인지 200만 루블인지 정확하지 않지만, 무기의 수량도 "약속했던 무기 수량"[71]대로 제공하기로 변경한 것을 보면, 200만 루블일 가능성이 높다. 재정 원조와 무기 원조가 언제, 얼마나 손문에게 전달되었는지를 밝힐 만한 구체적인 자료는 없다. 그러나 어찌 됐든 극도의 재정 위기에 빠져 있던 손문이 광동에서 현상 유지를 할 수 있게 해준 중요한 원천이었을 것이다. 혁명을 시작한 이래 손문이 그토록 시도했던 대외 원조 중 최대 액수였을 것이고, 대규모 원조는 이것이 처음이자 마지막이었을 것이다. 소련으로부터의 원조가 어떻게 쓰였는지를 보여주는 자료는 현재 없다. "손씨(孫氏) 왕조가 광동을 장악하도록 200만 원을 남방의 장령들의 허리춤에 밀어 넣어서는 안 된다"[72]라는 마링의 지적이 극단적이기는 해도, 상당한 액수가 그렇게 쓰였을 것이다. 원치 않는 「결의」를 손문이 수용한 데는 당시 재정 상황이 어려웠기 때문이다. 그러나 그렇게까지 했음에도 손문은 끝내 광동조차 군사적으로 장악하지 못했다.

70 「俄共(布)中央政治局 會議 第81號 記錄(摘錄)」(1924.3.27, 모스크바), 『聯共(布), 共產國際 檔案資料』 1, pp.490~491.

71 요페의 요구에 따라 소련이 손문에게 주기로 했던 무기의 양은 『聯共(布), 共產國際 檔案資料』에는 정확히 기록되어 있지 않으나, 네덜란드의 'Sneevliet Archive'의 소장 기록에는 "최대로 8000자루 日式 步銃, 15정 기관총, 4문의 'Orisaka' 대포와 2대 장갑차를 제공한다"라고 되어 있다. "Telegram from A. Joffe to. Atami, 1 May 1923. Original Lannguage: Russian. Typed. Sneevliet Archive No.234", Tony Saich, *The Origins of the First United Front in China II*(Leiden: E.J. Brill, 1991), pp.526~527.

72 「致越飛和達夫謙的信」(1923.7.18), 『馬林與第一次國共合作』, p.295.

21장

정식정부

1. 혁명정부로서의 '정식정부'

1924년 1월 4일 손문은 재정통일 및 북벌과 함께 정식정부를 수립해야 한다고 했다. 그 이유로 외교단이 광동정부를 지방정부로 보기 때문이라는 것이다.[1] 물론 일리가 없는 것은 아니지만, 정식정부 조직이 손문의 혁명에서 어떤 의미가 있는지는 좀 더 살펴볼 필요가 있다.

1914년 일본으로 건너가 중화혁명당을 조직하고 자신의 「혁명방략」을 마련한 손문은 1916년 토원전쟁에 참가했으나, 원세개의 제제 운동에 반발해 일어난 호국군과의 경쟁에서 밀려나 토원전쟁에서 이렇다 할 성과를 얻어내지 못했다. 성과를 얻어내지 못했다기보다는, 실패였다. 이 회한의 실패의 원인을 손문은 다음과 같이 지적했다.

> 원세개 사후 정세는 이미 바뀌었다. …… 만약 당초 내가 급히 필요했던 자금

1 「在大本營軍政會議的發言」(1924.1.4), 『孫中山全集』 9, pp.10~11.

을 얻을 수 있었다면, 나는 본래 원세개가 죽기 전에 **임시정부를 성립시켜** 남북 타협의 문제가 출현하지 않을 수 있었다.[2] - 강조는 인용자

손문이 혁명의 성공에 '정식정부의 수립'을 매우 중요한 요소로 여겼음을 엿볼 수 있는 대목이다. 오늘날 손문이라는 이름 뒤에 붙이는 칭호는 일반적으로 '총리'이다. 총리란 국민당 대표의 직책을 이른다. 신해혁명 이전에도 동맹회 총리였으며, 중화혁명당 재건 이후에도 손문은 줄곧 당의 총리였다. 그러나 이외에도 손문은 '대원수' 직위에 있었고, 짧고 단속적이나마 두 차례 '대총통'의 지위도 얻었다. '대원수'는 대원수부(大元帥府)의 장이니, 군정부의 수장인 셈이다. 반면 '대총통'은 안으로는 정부의 수장이요, 밖으로는 중국을 대표하는 직위이다. 즉 정식정부의 수장이다. 다만 손문이 담당했던 '대총통' 앞에는 '임시' 혹은 '비상'이라는 수식어가 붙는다. 무창기의가 발생한 다음 해에 손문은 중화민국의 '임시대총통'으로 추대되었고, 1921년 5월 광주에서 '비상대총통' 지위에 올랐다. 그러나 '임시대총통'은 '임시약법'이 제정될 때까지 추대되는, 말 그대로 임시의 대총통인데 그마저도 2개월여 만에 원세개에게 넘겼다. 1921년 4월 광주에 모인 구국회의 의원들은 손문을 대총통으로 선출했는데, 참가한 의원의 수가 법정수에 모자라자 '비상회의'라는 용어를 사용했으므로 손문은 '비상대총통'이라 칭해졌다.

민국 이래 지방 세력들이 중앙정부에 저항하는 방법으로 '독립'이나 '자주'를 종종 내세우는데, 이는 중앙정부 자체를 부정하는 것은 아니다.[3] 반면에 정부

---

2 「致戴德律函」(1916.7.5), 『孫中山全集』 3, p.316.

3 '독립'은 '獨立省區'를 의미하는 것으로, 원세개의 폭거(송교인 암살)에 저항한 2차 혁명 이후 중앙(북경)정부로부터 독립한 省(獨立省區)에서는 성의 軍民의 수장인 도독과 성장을 성의회가 선출했다[陶菊隱, 『北洋軍閥統治時期史話(1895~1928)』 3, p.11]. 반면 '자주'는 1917년 6월 20일 광동독군 陳炳焜, 광서독군 譚浩明이 연명해 양광 자주를 선포함으로써 만들어진 명칭이다. 중대한 문제가 발생하면 북경 내각의 간섭을 받지 않고 직접 원수인 총통에게 명을 청한다는 점에서 독립과는 달리 일종의 반독립이라 할 수 있다. 즉 북경

의 수립은 중앙정부를 부정하는 것으로, 곧 무력 충돌을 의미하는 매우 강력한 방법이다. 그런데 중화혁명당 시기의 손문의 「혁명방략」에 따르면, '정식정부'는 훈정기에 수립되게 되어 있다.

손문의 「혁명방략」에 나타난 정식정부의 수립 과정을 정리해보자. 혁명당이 기존의 중앙정부에 대항해 '적극 무력'을 발동하여 일정 지역을 장악하면 '일체의 장애'를 제거하는 군정이 실시된다. 물론 이 군정 시기에도 지배 지역의 통치는 있어야 했기 때문에 군정부 내의 협찬회가 이를 담당케 한다. 군정 이후 훈정이 실시되는데, 이때 '정식정부' 즉 혁명정부가 수립된다. 이 정식정부에서 참정과 집정의 권리를 가진 자는 혁명당원에 한정된다. 일반 국민인 비당원은 혁명당의 훈도를 거쳐 헌법 반포 후인 헌정 시기에야 공민 자격을 획득할 수 있다.[4]

토원전쟁에서 경쟁 상대인 "호국군의 정부가 성립되면 우리 당의 외교는 더욱 지위를 잃는다"[5]는 독려에서 볼 수 있듯이 정식정부의 수립은 「혁명방략」의 성패와 관련된다고 손문은 생각했다. 그러나 군정을 넘어 훈정에 이를 정도로 일정 지역을 지배하지 못했기 때문에 정식정부를 수립할 수는 없었으니, 자금 탓만은 아니었다. 또 군정에서 훈정으로 넘어가는 기준이 모호하기 때문에, 정식정부를 언제 수립해야 할 것인지도 매우 자의적일 수밖에 없었다. 여하튼 「혁명방략」에서 정식정부란 혁명정부이지, 헌정기에 수립되는 '완성된 공화의 정부'는 아니다. 손문이 1924년 1월 4일 주장한 '정식정부의 건립'에서의 정식정부 역시 혁명정부이다.

그런데 손문은 토원전쟁에서 승산이 없어 보이자 "약법과 국회는 공화국의

의 내각으로부터는 이탈하지만, 총통을 이탈하지는 않는다는 것이다. 그러나 당시 총통 여원홍이 장훈과 독군단의 무력 협박으로 직권을 행사할 수 없었기 때문에, 자주와 독립의 차이는 실제로 없었다. 陶菊隱, 『北洋軍閥統治時期史話(1895~1928)』 2, p.238.

4 이 책 1장 6절의 58~60쪽 참조.

5 「致上海革命黨人電」(1916.4.4), 『孫中山全集』 3, p.263.

명맥이며, 명맥이 존재하지 않으면 국체를 어찌 의탁하겠는가?"[6]라며 하며, 호법을 주장했다. 신해혁명의 실패 원인이라고 스스로 지목했던 '약법과 구국회'를 회복하자는 것이다. '약법과 구국회'를 회복시켜 성립되는 정부는 혁명정부가 아니라 말 그대로 정식정부이지만, 이 책에서는 '중화민국정부'라고 칭하겠다. 손문이 혁명정부를 정식정부라고 칭했기 때문이다. 북경에 정부(중화민국정부)가 있는데 이를 부정하고 '중화민국정부'를 수립하거나 '정식정부(혁명정부)'를 수립한다는 것은 북경과 무력 대결을 하겠다는 강력한 정치 행위를 뜻한다.

2. 정부 건립의 명분

그러나 어떤 정부를 수립하더라도, 군사력과 자금, 근거지 등 물리적 조건이 마련되어야 한다. 또 무력을 전제로 한 정부의 수립은 명분도 있어야 하는데, 이 명분은 종종 상대인 중앙정부가 제공하기 마련이었다. 또 국민의 지지도 받아야 하고, 국제적으로 인정도 받아야 했다. 물론 이 모든 것이 '정당성'을 갖지는 못한다. 예컨대 국민의 지지는 여론 조작 등으로 왜곡될 수 있고, '국제적 인정'도 당시 열강이 각자의 이익에 따라 정부 승인 여부를 판단했기 때문이다.

그러나 무엇보다도 출발은 '명분'이었다. 토원전쟁은 분명한 명분을 제공했다. 원세개의 독재와 제제는 공화정치를 부정하는 것이니만큼, 무력 저항도 가능했다. 물론 이 명분은 손문뿐 아니라 호국군에게도 마찬가지였지만, 손문은 물리적 조건에서 호국군에 비해 크게 불리했다. 이뿐만 아니라, 토원전쟁 이후가 더 문제였다. 전쟁 승리 후 호국군이 약법과 구국회를 회복시킨다면, 손문이 내세울 명분은 그다지 없었다. 자신의 「혁명방략」에 따르면 약법 체제 즉 공화 체제로 직접 가서는 안 되며, 인민에게 공화를 훈도하는 훈정을 거쳐 공

6 上海≪民國日報≫, 1916.5.6.

화 체제로 나가야 하기 때문에 약법의 회복은 그릇된 「혁명방략」이었다. 물론 물리적 조건만 충분하다면 「혁명방략」을 내세워 혁명을 계속할 수 있겠으나, 상황은 정반대였다. 이에 손문은 약법의 회복, 즉 호법을 명분으로 내세웠던 것이다. 자신의 주장을 관철할 수 없는 처지 때문이기도 했지만, 한편으로는 이후 새로 들어서는 중앙정부가 호법을 관철할 가능성이 높지 않다고 예측했기 때문일지도 모른다. 실제로 이후 북경정부의 행보는 호법을 명분으로 내세우기에 충분했다.

그러나 정식정부의 수립과 관련해, 호법은 손문의 「혁명방략」을 무의미하게 만드는 주장이었다. 손문의 「혁명방략」에 따르면 정식정부는 혁명당에 의해 그리고 혁명당원들에 의해 수립되어야 한다. 즉 혁명당이 정부를 담당하는 것이다(以黨治國). 반면에 호법은 해산되었던 구국회의 의원들이 다시 복권되어 총통을 선출하고, 헌법을 제정하는 것이다. 이 정부는 혁명정부인 '정식정부'가 아니라 '중화민국정부'로, 손문의 「혁명방략」에 따르면 공화가 완성된 헌정 시기의 정부이다. 따라서 호법이 회복되면 「혁명방략」이 들어설 자리가 없어진다.

원세개 사후 북경의 실권자인 단기서가 약법의 회복에 반대했지만, 결국 20여 일간의 신구 약법의 다툼은 임시약법의 회복, 구국회의 재개로 끝을 맺었고, 여원홍이 총리를 계임했다.[7] 이를 두고 "남방의 호국군, 그리고 손문과 황흥을 대표하는 이전 국민당인이 얻은 일대 승리이고, 단기서가 대세에 응한 결과"라는 평가가 있다.[8] 과연 이것이 손문에게 승리라고 할 수 있을까. 여러 번 지적했듯이 약법의 회복은 손문의 혁명 목표가 아니었다. 오히려 혁명을 망치

7 6월 29일 국무원은 회의를 개최해 단기서와 내각 구성원의 서명을 거쳐 여원홍 대총통의 명령으로 "헌법이 정해지기 전까지 중화민국 원년 3월 11일에 공포한 임시약법을 준수하며, 헌법이 성립될 때까지 효력을 발생한다. 동일 임시약법 제53조에 의거해 8월 1일 국회를 소집한다"라고 선포했다. 張憲文 外, 『中華民國史』 第1卷, p.187.

8 같은 책, p.187.

게 하는 요인이었다. 그러나 불리한 상황에서 호법을 내세웠으니, 약법의 회복에 대응할 방도가 없었을 뿐이다. 더구나 무력과 근거지가 없기 때문에 정치적으로 무언가를 할 형편도 못 되었다. 앞에서 인용한, 원세개가 죽기 전 임시정부를 세웠어야 한다고 아쉬워한 편지는 다음과 같이 이어진다.

> 현재 나는 정부 밖에서 각종 사무의 처리와 해결을 조용히 지켜보고 있습니다. **중대한 이유로 나를 다시 부르지 않는다면, 앞으로 계속 막후에 있을 것입니다.** 상황이 이러하니, 나를 위해 선생(데이트릭)이 주선하던 모든 정치 차관을 취소하고자 합니다. 아울러 위탁 권리와 관련된 문건을 돌려주기 바랍니다. 만약 모든 일이 순조롭게 풀려나가고 정황이 호전된다면, 나는 장차 실업 방면의 일에 다시 종사하고자 합니다. 때가 되면 선생에게 우리나라의 실업 발전을 도울 수 있는 인사를 물색해달라고 청하겠습니다. 이런 상황하에 나는 장차 되도록 빨리 다시 미국으로 가서, 각 방면의 자본가를 회견하고 인재를 초빙하고자 합니다.[9] - 괄호와 강조는 인용자

신해혁명 후 임시대총통의 지위를 원세개에게 넘기고, 정치를 떠나 철도 사업에 종사했던 때와 흡사하다. 그러나 손문은 정치가요 혁명가였으니, 만약 '중대한 이유'가 발생하면 언제라도 정치에 뛰어들 마음의 준비는 되어 있었다. 손문에게 '중대한 이유'를 제공하려는 듯, 북경의 정치는 이전투구의 양상을 보였다. 대총통 여원홍과 실권을 쥔 국무총리 단기서는 사사건건 격하게 싸웠다(府院之爭). 1916년 7월 25일 손문은 중화혁명당의 문을 닫으려 했다가,[10] 9월이 되자 혁명을 다시 준비해야 할지도 모른다고 중화혁명당 각 지부에게 편지를

9 「致戴德律函」(1916.7.5), 『孫中山全集』 3, p.316.

10 "이제 약법이 회복되고 국회가 정기적으로 소집되니, 파괴는 끝났고 건설이 바야흐로 시작된다. 혁명의 名義는 이제 더는 존재하지 않으니, 모든 당무도 또한 정지해야 한다." 「中華革命黨本部通告」(1916.7.25), 『孫中山全集』 3, p.333.

보냈다.[11] 시간이 흐를수록 손문에게 혁명의 필요성은 더욱 커져갔다.

> (1916.10.19) **금일의 중국 현상은 절대로 지나치게 낙관할 수 없습니다.** 불량한 인소가 이전과 같으며, 내부로부터 민국의 명맥을 위해할 위험이 여전히 존재합니다.[12]

> (1916.10.25) 모든 사업은 당무를 정돈하는 데서 시작하라. 현재 당을 조직하는 방법은 당강(黨綱)을 편정하고 규정을 다시 정하는 것이다. 당강을 보내기 전까지는 국민당의 명의로 입당을 받는데, 그 수속은 중화혁명당의 장정을 참작해 처리하라. **중화혁명당의 이름을 사용하지 않을 뿐이다.**[13]

> (1916.11.6) 정국의 변동이 심상치 않다. 서주회의(西州會議)는 현재 비록 사라졌지만, 단(段祺瑞), 손(孫洪伊)이 서로 다투고 있으니, 우리는 당원 단체를 단결시켜 더욱 많은 당원을 흡수해 **당세를 확장함으로써 타일(他日) 유사시의 효과를 얻어야 한다.**[14] – 괄호와 강조는 인용자

정세를 낙관할 수 없으니, 중화혁명당의 이름을 사용하지 않을 뿐 혁명당이 다시 나서야 할 때가 오고 있음을 손문은 느꼈다. 아직은 동지들에게 내부적으로 지시를 내리는 정도였지만, 1917년에 들어서자 손문은 직접 정치에 나섰다. 1917년 3월 손문은 제1차 세계대전의 중국 참전을 반대한다고 주장하며, 북경

11 "앞서 '혁명의 명분은 더는 존재하지 않는다'고 통고했지만 …… 금후 공화가 올바른 궤도에 오를지는 아직 알 수가 없으니, 우리는 미리 예방해야 한다. 지금의 방법으로 군력을 집합해야 한다." 「致中華革命黨各支部函」(1916.9.10), 『孫中山全集』 3, p.362.

12 「致咸馬里夫人函」(1916.10.19), 『孫中山全集』 3, p.380.

13 「復郭標函」(1916.10.25), 『孫中山全集』 3, p.382.

14 「致黃德源饒潛川等函」(1916.11.6), 『孫中山全集』 3, p.385.

정부의 정치에 정면으로 반기를 들었다.[15] 그러나 북경정부는 아랑곳하지 않고 독일에 절교를 선포했다.[16] 그렇다고 이에 대응할 뾰족한 방법이 손문에게는 없었다.

> 전도는 요원한데 믿을 만한 **무력과 금전**이 우리에게는 없고, 믿을 바는 국민의 동의와 애국의 정신뿐이다.[17] - 강조는 인용자

그러나 손문에게 혁명을 재기하도록 한 것은, 즉 혁명에 명분을 제공한 것은 북경의 실권자 단기서가 아니라 뜻밖의 돌발적인 사건이었다. 청의 유지를 따른다는 뜻에서 여전히 변발을 한 장훈의 군대(辮子軍)가 북경으로 진입하여 대총통 여원홍을 위협해 국회를 해산시켰다(1917.6.13). 약법의 국회가 무너졌으니, 호법의 명분은 또다시 분명해졌다. 손문은 즉시 중화혁명당 해외 지부에 공화 유지를 위해 자금을 보내라고 통고했다.[18]

3. 임시정부의 좌절

그렇다면 손문이 호법을 명분으로 혁명을 재개한 것인가. 장훈이 국회 해산에 이어 복벽을 단행하자(7.1), 상해의 손문 집에 장태염, 당소의, 정벽광 등이 모였다(7.3). 이 자리에서 손문은 "다시 임시정부를 세워야 한다"[19]라고 주장했

15 「致北京參議院衆議院電」(1917.3.9), 『孫中山全集』 4, pp.18~19.
16 『中華民國史事日誌』 1, 1917.3.7, p.289. 이에 손문은 단기서에게 참전에 반대한다는 뜻을 거듭 밝혔다. 「復段祺瑞函」(1917.5.12), 『孫中山全集』 4, pp.30~32.
17 「致民友會同人函」(1917.5.4), 『孫中山全集』 4, p.29.
18 「通告中華革命黨海外各支部同志函」(1917.6.19), 『孫中山全集』 4, p.106.
19 湯志鈞 編, 『章太炎年譜長編』 上冊(中華書局, 1979), p.548.

다. 이 주장은 이후 전개된 것처럼 약법에 따라 해산된 국회가 장소를 달리해 총통을 선거하고 정부를 건립하자는 것이 아니었다. 손문은 같은 시기 복벽에 반대를 표시한 서남 각 성에 다음과 같이 긴급 전문을 보냈다.

> 시국이 아주 급박합니다. 민국은 하루라도 주인이 없으면 안 됩니다. 오직 서남 6성이 민국을 위하여 속히 협상해 **임시정부를 건설하고** 임시총통을 추대해 회복을 꾀해야 합니다. **비상사태에는 법률에 구속되어 국회의 선거를 앉아 기다릴 필요가 없습니다.** 여러 성이 모두 인정하면 곧 유효한 것입니다.[20] -강조는 인용자

'법률'이란 약법이고, 국회의 선거란 해산된 국회를 재소집해 총통을 선거하자는 것이니, 손문의 임시정부는 임시약법 체제에 의한 '중화민국정부'가 아니라, 혁명정부인 '정식정부'에 가깝다. 원세개가 죽기 전 임시정부를 세우지 못한 것이 토원전쟁의 실패라고 생각한 손문은, 복벽에 대한 대응책으로 정식정부의 수립을 발 빠르게 제시했다. 그러나 임시정부 수립이 아니라 여원홍을 데려와 총통으로 받아들여야 한다는 호법이 주류를 이루었다.[21] '근거지, 무력과 금전이 없는' 손문으로서는 대세에 따를 수밖에 없었다. 이리하여 손문은 복벽에 반대를 표명한 서남의 광동으로 내려갔다. 이어 북경에서 해산당한 국회의원들도 광동으로 내려왔다.

그러나 손문이 광주에 도착하기도(7.17) 전에 북경에서는 단기서에 의해 복벽이 수습되어버렸다(7.13, 선통제 두 번째로 퇴위).[22] 혁명을 재개하는 데 비할 바

---

20 「致西南六省各界電」(1917.7.4), 『孫中山全集』 4, p.111.

21 장태염은 임시정부 건립에 찬성했으나, 정벽광이 군사를 일으켜 역적을 토벌할 뿐이라며, 군함으로 여원홍을 데려오자고 주장했다(湯志鈞 編, 『章太炎年譜長編』 上册, p.548). 張耀曾은 임시정부의 건립은 '두 개의 복벽'이라고 반대했다. 丁文江·趙豊田 編, 『梁啓超年譜長編』(上海人民出版社, 1983), p.828.

22 『中華民國史事日誌』 1, pp.317~318.

없이 좋았던 복벽이 너무 빨리 수습되어 손문으로서는 매우 아쉬웠을 것이다.[23] 다시 공화가 회복되었다. 그러나 복벽을 마무리한 단기서가 '다행스럽게도' 약법의 회복을 거부했기 때문에 손문은 '호법투쟁'을 시작했다. 장훈에 의해 해산당한 국회의원들은 단기서가 받아들여 주지 않자, 호법을 주장하는 광주로 내려왔다. 광주에 온 의원의 수는 의결을 위한 정족수에 미치지 못했기 때문에, 정식 회의(常會)를 열지 못하고 비상회의를 열 수밖에 없었다. 여원홍이 광주로 오지 않자, 손문은 국회비상회의에서 임시대총통을 선거하자고 주장했으나, 주위의 반대로 대원수에 만족해야 했다. 정식 명칭은 '중화민국군정부 대원수'였다. '중화민국정부'가 아니라 '중화민국 군정부'였다.

국회비상회의가 통과시킨 「중화민국군정부조직대강(中華民國軍政府組織大綱)」에 따르면,[24] "중화민국은 반란을 평정하고 임시약법을 회복하기 위해, 특별히 중화민국 군정부를 조직한다"(제1조)고 했고, "본 대강은 임시약법이 완전히 회복되어, 국회 및 대총통의 직권이 완전히 행사될 때 이르면 폐지한다"(제12조)고 규정했다. 따라서 군정부는 해산당한 국회와 대총통의 지위가 회복되어 정상적으로 활동할 때까지 존재하는 임시조직이지, 임시정부가 아니었다. 구체적으로는 국회의원의 지위가 회복되어 정족수를 갖춰 활동하게 되고, 물러난 여원홍이 대총통의 지위를 되찾아 직권을 행사할 수 있도록 하는 것이 군정부의 역할이었다. 그런데 군정부의 역할 중 하나가 '반란의 평정'이고 그 평정의 대상이 북경정부였으므로, 약법이 회복될 때까지 정식정부는 없는 셈이다. 비상회의에서 선출된 대원수는 '중화민국의 행정권'을 행사하며(제3조), 대외적으로도 중화민국을 대표하게 되어 있으니(제4조), 대원수는 실질적으로 대총통이었

23 주변 사람들이 괴이하게 생각할 정도로, 손문은 북경의 복벽 소식을 듣자마자 기뻐했다. 이런 모습을 본 담인봉은 "손문은 수장의 자리에 오를 자격이 없다"라고 했다(湯志鈞 編, 『章太炎年譜長編』 上冊, p.548). 복벽이라는 호재를 만나 혁명을 재기하고자 했던 손문으로서는 복벽의 수습에 아무런 역할을 하지 못하고 끝나버렸으니, 매우 아쉬웠을 것이다.

24 「中華民國軍政府組織大綱」(1917.8.31), 『孫中山集外集』, pp.587~588.

고 군정부는 '임시정부'였다. 다만 국회를 정상적으로 운영할 수 있는 정족수만큼의 의원들이 모이고, 여원홍이 내려와 대총통에 오를 때까지만 유효한 '임시정부'인 셈이었다.

그러나 손문은 대원수의 지위마저도 제대로 수행할 수 없었다. 광동의 실질적 지배자는 객군들이었고, 광서의 육영정이 이들을 조정하고 있었다. 이들은 광주로 국회를 옮기는 것 자체를 반대했다. 국회비상회의에서 원수로 선출된 육영정과 당계요는 군정부에 참여하지 않았다. 함께 내려온 정벽광도 해군총장직을 거부했다.[25] 군정부를 승인해주는 외국은 한 곳도 없었으니, 차관은 말할 것도 없었다.[26] 그러나 손문은 아랑곳하지 않고 1917년 10월 호법전쟁을 선포했다. 그러나 내외의 모든 세력이 원치 않는 전쟁이, 제대로 수행될 리 없었다. 오히려 광동의 객군 세력들은 비상국회와 공모하여 대원수제를 폐지해 손문으로부터 권력을 빼앗기 시작했다. 무장해제를 당한 손문은 결국 1918년 5월 대원수직을 사임하고 광주를 떠났다.[27]

6월 25일 상해에 도착 후, 다시 광동으로 돌아갈 때까지 손문은 무려 2년 5개월이나 상해에 머물렀다. 신해혁명 이후 국내의 특정 지역에 머문 기간 중 가장 긴 기간이었다.[28] 군정부와 자신(대원수)을 무력화한 광서 객군들의 '장난'에 화가 나 다시는 그들과 함께 일을 도모하지 않으려고[29] 총재직마저 거부하려 했지만, 오옥장의 간절한 충언을 받아들여 총재직은 유지하기로 했다.[30] 그러

25 이 책 6장 3절의 247~248쪽 참조.

26 손문은 장계를 일본에 파견해 북경에 대한 차관 제공을 막고, 군정부에 대한 군사원조를 구했으며, 미국에 많은 이권을 제공하겠다고 하며 차관을 요청했으나 어느 것도 성사된 것이 없었다. Wilbur, *Sun Yat-Sen: Frustrated Patriot*, pp.94~95.

27 이 책 6장 3절 참조.

28 신해혁명 이후 손문이 한 곳에 수개월 이상 장기간 머문 곳은 일본(神戶), 上海, 廣東(주로 廣州) 세 곳인데, 광동에 51개월, 상해에 49개월, 일본에 33.5개월로 광동에 가장 오래 머물렀으나, 광동과 상해는 각각 세 차례씩 단속적으로 머물렀기 때문에 한 번에 가장 오래 머문 곳은 일본(1913.8.8~1916.4.27)이고, 국내에서는 상해(1918.6.25~1920.11.25)였다.

29 「致孫科函」(1918.7.4), 『孫中山全集』 4, p.485.

나 시국에 대해서는 잠시 관여하지 않겠다는 편지를 아들 손과에게 보냈다.[31] 실제로는 관여할 방법이 없었다. 자신의 유일한 근거지라고 할 수 있는 광동은 광서 객군 등이 장악하고 있고, 중화혁명당을 문 닫은 후 자신의 정치조직도 없었다. 따라서 공식적 활동도 없었다. 다만 자신을 따르던 사람들과 통교하는 정도였다. 그렇다고 손문이 혁명을 포기한 것은 아니다. 이때부터 손문은 호법이 아닌 '근본해결책'을 구상하기 시작했다.[32] 그러나 근거지, 조직, 자금이 없으니 손쓸 수 있는 '구체적 방법'이 없었다.[33] 때를 기다리며 장래를 준비하는 것 외에는 뾰쪽한 수가 없었다.[34]

이 시기 전국을 뒤흔든 오사운동(1919.5)이 있었다. "문 닫고 저술에 몰두해야 하기 때문에" 관여하지 않겠다고 했지만, 손문은 기본적으로 학생운동 등 민중운동으로는 혁명을 성공시킬 수 없다고 생각했다.[35] 중국의 현 상황에서 혁명은 무력을 사용해야만 가능하다고 확신했다. 그러나 "현재 우리의 실력으

---

30 吳玉章, 「對孫中山先生的一段回憶」, 上海≪文滙報≫, 1956.11.11, 『孫中山集外集補編』, pp.219~220에서 재인용.

31 「致孫科函」(1918.7.4), 『孫中山全集』 4, p.485.

32 "구국의 마음은 일찍이 풀어진 적이 없다. 상해로 돌아온 이래 힘써 근본으로부터 생각하고 있다." 「復李襄伯董直函」(1918.8.19), 『孫中山全集』 4, p.498.

33 「復童萱甫函」(1918.11.29), 『孫中山全集』 4, p.517.

34 "월군은 정전 이후 발전을 꾀할 수 없으므로, 現勢를 지키고, 내부를 정돈해 時機를 기다리는 것이 또한 득책이다." 「復陳炯明函」(1919.2.4), 『孫中山全集』 5, p.17.
"현재는 실력을 양성하는 것이 좋고 움직여서는 안 된다. 각지에서 실력을 족히 양성한 후 기회가 될 때, 일치해 움직여야 한다." 「徐東垣致孫中山函」(1919.6.30)에 대한 '孫中山批', 『各方致孫中山函電匯編』 4, p.432.
"상호 단결하여 실력을 늘려 때를 기다려 움직여 偉業을 수립하자", 「復廖湘芸函」(1919.6.29), 『孫中山全集』 5, p.76.
"각기 그 뜻을 펼쳐야 하나, 지금 아주 곤란해 서로 도울 힘이 없다." 「王鼎致孫中山函」(1919.7.4)에 대한 '孫中山批', 『各方致孫中山函電匯編』 4, p.445.
"내가 근래 혼자 있으며 깊이 생각한바, 水火에 빠진 인민을 구하고 무인들을 제거하려면 달리 양책(良圖)이 있어야 한다. 다만 현재는 잠시 냉정하고 무위한 태도를 취하면서 時機를 기다려야 한다." 「復伍廷芳函」(1919.8.2), 『孫中山全集』 5, p.90.

35 이 책 4장 참조.

로 북(북경의 중앙정부: 직계)과 전쟁할 수 없기 때문에", "금일의 계책은 북(단기서)과 손을 잡을 수밖에 없다"라고 판단해,[36] 1919년 초부터 손단동맹을 시작했다. 이것이 이른바 손문의 '근본해결책'이었다. 단기서가 보낸 북방 대표 왕읍당에 대해 남방의 서남 세력뿐 아니라 언론에서조차 문제를 삼자, 손문은 오히려 문제 삼는 서남 세력과 언론이 문제라며 왕읍당을 지지했고, 단기서의 책사 서수쟁을 몇천 년 만에 나온 '부개자'와 같다고 치켜세웠다.[37] 단기서와 동맹을 진행하기 위해서는 자신의 정치조직이 필요했다. 자신의 조직인 중화혁명당은 실제적으로 이미 해체된 것이나 마찬가지여서, 중화혁명당이 지향하는 바를 펼칠 만한 처지도 되지 못했다. 이에 손문은 광주의 중화민국 군정부(이후 중화민국호법정부로 개칭)의 총재직을 사임하고(1919.9.9), 혁명정당이 아닌 일반 정당으로서 중국국민당을 조직했다(1919.10.10).[38] 손문은 중국국민당이라는 정당의 총리로서 단기서와 동맹을 추진했다.

문제는 손문 자신이 이렇다 할 근거지와 군사력이 없다는 데 있었다. 유일한 근거지라 할 수 있는 광동은 자신을 내쫓은 광서의 객군들이 장악하고 있었고, 상해는 거처이지 근거지는 아니었다. 물론 사천, 운남 등에 자신을 '지지'하는 세력들이 없는 것은 아니지만, 근거지라고 내세울 정도는 아니었다. 다만 복건을 원조하라는 명분으로 산두로 내몰려 있던 월군 지도자 진형명에게서 가능성을 찾을 수 있었다. 중화혁명당에 가입하지는 않았지만, 국민당인이었던 진형명은 손문의 대원수직 사직을 전해 듣고 군정부 개조에 반대한다는 통전을 보냈으며,[39] 손문도 광주를 떠나 상해로 가는 도중 산두에서 진형명과 만나 전선을 시찰하며 격려했다.[40] 이 무렵 손문의 혁명 구상은 다음과 같았다.

---

36 「復王文華函」(1920.3.27), 『孫中山全集』 5, pp.236~237.

37 이 책 7장 2절과 3절 참조.

38 "(孫)文은 이미 (사직을) 결심했습니다. …… 8월 10일 이후 발하는 문전의 서명에 文의 이름이 있는 것에 대해 책임질 수 없으며, 이후 더 이상 文의 이름을 넣지 않기를 바랍니다." 「復廣州軍政府電」(1919.9.9), 『孫中山全集』 5, p.110.

39 『孫文與陳炯明史事編年』, 1918.5.10, p.220.

이전에 공명(孔明)이 중원으로 나서지 않고, 먼저 맹획(孟獲)을 잡았다. 우리 당이 금일 발전하고자 하면, 먼저 계적(桂賊)을 평정하지 않으면 안 된다. …… 우리 당이 광동, 광서, 호남 3성을 완전히 장악한 후 다시 무한을 취하면 일은 이루어질 수 있다.[41]

계적을 멸하지 않고서는 민국은 생존할 수 없다. 그러므로 구국은 반드시 적을 멸해 남방을 통일하고, 그런 연후에 북으로 출사해 중원을 역쟁(力爭)해야 하므로, 힘써 시기(時機)를 기다려라.[42]

당장의 급무는 먼저 계적을 멸해 남방을 통일하고 연후에 북을 토벌할 수 있을 뿐이다.[43]

1919년 초만 하더라도 실력을 충실히 하며 때를 기다리라고 했지만,[44] 군정부 총재직 사임과 중국국민당 창당 이후에는 '근본해결'의 구상이 구체화되어 갔다. 즉 먼저 '맹획'인 광동의 광서 객군을 몰아내고, 이어 광서와 호남을 장악한 후 호북(무한)으로 진출해 중원(하남)을 노리는 구상이었다. 중원으로까지 진출하기에는 역부족이라고 판단해, 북경의 단기서(皖系)와 동맹을 취했던 것이다. 무엇보다 필요한 것은 광동이라는 근거지의 확보였다.

---

40 『孫文與陳炯明史事編年』, 1918.6.1, p.222.

41 「批林德軒函」(1919.9.21), 『孫中山全集』 5, pp.116~117.

42 「批伍毓瑞函」(1919.11.10), 『孫中山全集』 5, p.161.

43 「復彭素民函」(1919.11.11), 『孫中山全集』 5, p.163; 「復伍毓瑞函」(1919.11.11), 『孫中山全集』 5, p.163.

44 이 책 7장 1절의 260~262쪽 참조.

4. '혁명'과 '호법'

1920년 3월에 들어서자 계계 군벌에 대한 군사계획을 진형명에게 알리고,[45] 7월에는 광동을 공격할 것을 주문했다.[46] 마치 이에 호응이라도 하듯, 진형명은 복건에서 착실히 군사력을 배양해, 광주를 떠날 때 20영(營)이던 군대를 1920년에는 108영으로 늘렸다. 1920년 7월 중순 직환전쟁이 발발해 환계가 완패하고 물러나자, 광동의 계계는 이참에 환계와 동맹한 손문의 국민당 세력을 완전히 없애고자, 복건의 진형명군을 공격하기로 결정했다. 이에 진형명도 광동으로의 회군을 결정해, 1920년 8월 16일 이른바 월계(粵桂: 광동-광서)전쟁이 시작되었다. 두 달 반 만인 10월 29일 진형명군은 광주를 점령했다. 진형명은 손문에게 광주 탈환을 보고하고, 아울러 광주로 돌아와 정국을 맡아달라는 전보를 보냈다.[47] 이즈음 손문은 일본 기자에게 다음과 같이 말했다.

> 단언컨대 이번은 신정부를 건립하는 운동이며, 우리 민당(民黨)이 전국을 통일한다는 의미가 있다. …… 결코 단순한 광동정부의 문제는 아니다.[48]

지방정부가 아닌 신정부의 건립이란 북경정부를 부인하는 것인데, 북경정부를 부인하는 명분은 무엇일까. 다음은 광동이 진형명에 의해 함락될 무렵인 9월 9일에 손문이 자신의 생각을 적은 것이다.

> 구국에는 단지 두 가지 길이 있다. **하나는 호법이고, 하나는 혁명이다.** 지금 호

45 「致□□□電」(1920.3.18), 『孫中山全集』 5, p.232; 「致□□□電」(1920.3.18), 『孫中山全集』 5, p.232; 「致□□電」(1920.3.30), 『孫中山全集』 5, p.240.
46 「致陳炯明電」(1920.7.11), 『孫中山全集』 5, pp.285~285.
47 「陳炯明致孫中山電」(1920.10.29), 『各方致孫中山函電匯編』 5, pp.463~464.
48 「與日本記者的談話」(1920年 10月末), 『孫中山集外集補編』, p.258.

법으로 말하자면 남방에서 (호법의) 기치를 올린 지 이미 수년이 되었으나, 잠(잠춘훤), 육(육영정) 등 여러 간신들이 명의를 가차(假借)해 이권을 절취하고, 국회분자 또한 벼와 싸라기가 뒤섞여 국민의 바람을 등지고 있다. **현재 호법의 길은 이미 도처에 형극(荊棘)의 모양과 같다.** 북방에서 오패부가 국민대회를 고창하며 희미한 불빛이 있는 것 같지만, 애석하게도 박력이 부족하고 견해가 철저하지 못해 서(서세창), 조(조곤)의 손아귀를 감히 벗어나지 못하고 이용당하고 있다. 한 마리 호랑이(단기서)를 몰아내고 두 마리 이리(조곤, 장작림)를 받아들였으니, 그 어리석음이 심하도다!

북방은 이미 서(서세창), 근(靳云鵬, 진원평), 장(장작림), 조(조곤)의 할거 국면이고, 남방 또한 잠(잠춘훤), 육(육영정)이 서로 결탁해 나쁜 짓을 일삼고 인민 대표(국회의원)는 오히려 뻔뻔스럽게도 관료 강도들의 문 앞에서 찬밥을 구걸하고 있다. 여기에서 벗어나기 위해서는 **혁명이 아니면 쇄신의 국면을 이룰 수 없을 것 같다.**[49] - 괄호는 인용자

구국의 길의 하나인 '호법'이란 약법에 의해 선출된 의원들과 그들이 선출한 대총통으로 건립하는 '중화민국정부'이다. 손문의 두 번째 구국인 '혁명'은 자신의 「혁명방략」에 따라 공화를 완성하는 것이다. 이를 위해 건립하는 정부는 혁명정부인 '정식정부'이다. 인용문을 통해 보면 당시 손문은 혁명을 통해 추진해야 하지만, 그렇다고 호법도 버릴 수 없다는 뉘앙스이다. 그렇다면 '혁명'에 의한 '정식정부'는 도대체 어떤 위치에 있는 것인가. 정식정부를 수립하는 주체는 누구이고, 손문의 혁명 목표인 '공화'와는 어떤 관계인가.

이를 위해서는 다시 중화혁명당의 「혁명방략」부터 볼 필요가 있다. 1914년 중화혁명당 창당과 함께 제정된 「중화혁명당총장」에 의하면 혁명 시기는 군정 시기와 훈정 시기로, 군정 시기에는 군정부가 '적극 무력'으로 일체의 장애

49 「復甘肅留日同鄕會函」(1920.9.9), 『孫中山全集』 5, pp.321~322.

를 없애는 단계이지만, 일정 지역을 지배하는 한 정부에 준하는 조직이 있어야 했다. 그래서 당의 특별 조직으로 '협찬회'라는 것을 두어 '정부의 역할'을 담당하도록 했다. 훈정기에 들어서면 혁명정부를 수립해, 지방자치로 국민을 훈도해 완전한 공화인 헌정으로 가도록 가교 역할을 하는데, 혁명정부의 권력은 입당 순서에 따라 참정권을 지닌 당원에 의해 행사된다. 따라서 혁명정부가 들어선 훈정기도 당의 완전한 책임 아래 이루어지는 셈이다. 따라서 「중화혁명당총장」에 의하면 '정식정부'란 훈정기의 '혁명정부'를 말한다. 그러나 토원전쟁에서 실패했기 때문에, 혁명정부의 수립은 생각할 겨를도 없었다.

토원전쟁 실패 후 중화혁명당의 문을 닫았다가, 손단동맹을 위해 중국국민당이라는 일반 정당을 창당했다. 그러나 진형명의 월군이 광동을 탈환하자 손문은 중화혁명당의 부활을 선포하고,[50] 중화혁명당의 「혁명방략」의 핵심인 훈정의 의미를 다시 한번 강조하면서,[51] 1년 전 창당된 중국국민당의 장정을 수정했다.[52] 엄밀히 말해 수정이라기보다는 중화혁명당으로의 회귀였다.[53] 여하튼 1920년 11월에 제정된 「중국국민당총장」의 「혁명방략」을 살펴보자.

> 제3조 본당은 두 시기로 나누어 진행한다.
>
> (一) 군정 시기: 이 시기는 적극 무력으로 일체의 장애를 제거해 민국의 기초를 다진다. **이와 동시에 정부는 훈정을 실시해** 문명적 치리(治理)로

50 이름은 1년 전 창당한 '중국국민당'이었지만, 내용은 중화혁명당이었다. 「在上海中國國民黨本部會議的演說」(1920.11.4), 『孫中山全集』 5, p.390.

51 「在上海中國國民黨本部會議的演說」(1920.11.9), 『孫中山全集』 5, pp.400~401. ≪中央黨務月刊≫, 제7기에 실린 제목은 '訓政之解釋'이었다.

52 「中國國民黨總章」(1920년 11월 9일 修正), 『孫中山全集』 5, pp.401~402.

53 인용한 『孫中山全集』에서는 "修正"으로 표기했지만, ≪中央黨務月刊≫, 제1기(1928.8)에는 「中國國民黨總章」으로만 되어 있다. 손문도 總章의 '수정'과 관련해 아무런 언급이 없다. 따라서 1919년 10월에 창당한 중국국민당은 혁명을 위한 조직이 아니라 손단 합작에 대응하기 위한 임시방편적 정당이다. 이에 대해서는 이 책 7장 5절 참조.

국민을 감독하고 이끌어(督率) 지방자치를 건설한다.

(二) 헌정 시기: 지방자치가 완성되면 이에 국민이 대표를 선출해 헌법위원회를 조직하고 오권헌법을 창제한다.

제4조 혁명기의의 날로부터 헌법 반포의 날까지 총체적 명칭을 **혁명 시기**라고 하며 이 시기 동안에 **모든 군국서정(軍國庶政)은 본당이 완전히 책임을 진다.**

이전의 군정과 훈정 시기를 군정 시기로 명하고, '총체적 명칭'으로는 '혁명 시기'라고 했으니, 아마 혁명당이 완전한 책임을 지는 시대임을 나타내고자 했던 것이다. 따라서 「중화혁명당총장」의 혁명 시기와 1920년 「중국국민당총장」의 혁명 시기는 같지만, 전자는 혁명 시기를 군정과 훈정 시기로 나눈 반면, 후자는 합쳐서 군정 시기라고 했다. 그런데 이 규정은 중화혁명당의 규정과 문자상으로는 거의 같지만, 내용은 다르다.[54] 「중화혁명당총장」에 따르면 혁명 정부를 건립하는 것이 훈정기인 데 반해, 1920년 「중국국민당총장」에 따르면 두 가지의 일이 병행된다. 하나는 '적극 무력으로 일체의 장애를 제거하는 일'

---

54 〈中華革命黨總章〉(1914.7.8)
第四條 本黨進行秩序分作三時期:
一, 軍政時期
此期以積極武力, 掃除一切障碍, 而奠定民國基礎.
二, 訓政時期
此期以文明治理, 督率國民, 建設地方自治.
三, 憲政時期
此期俟地方自治完備之後, 乃由國民選擧代表, 組織憲法委員會, 創制憲法; 憲法頒布之日, 卽爲革命成功之時.
〈中國國民黨總章〉(1920.11.9)
第三條 本黨進行分二時期.
(一) 軍政時期 此期以積極武力, 掃除一切障碍, 而奠定民國基礎, 同時由政府訓政, 以文明治理, 督率國民, 建設 地方自治.
(二) 憲政時期 地方自治完成備, 乃由國民選擧代表, 組織憲法委員會, 創制五權憲法.
[「中華革命黨總章」(1914.7.8), 『孫中山全集』 3, p.97; 「中國國民黨總章」(1920.11.9 修正), 『孫中山全集』 5, pp.401~402].

이고, 또 하나는 '정부가 훈정을 실시하는 일'이다. 당 규정이므로 특별한 주체가 제시되지 않는 한 당이 주체이므로 「중화혁명당총장」의 주체는 '당'이고, 「중국국민당총장」의 주체는 명시한 대로 '정부'이다. 다시 말해 군정 시기의 혁명당 즉 혁명군은 적극 무력으로 일체의 장애를 제거하는 한편, 정부는 훈정을 실시한다는 것이다. 따라서 혁명기의와 동시에 혁명정부를 건립할 수 있는 근거를 마련한 셈이다. 「중화혁명당총장」이나 1920년의 「중국국민당총장」에서의 '혁명 시기'는 당의 통치하에서 진행되는 것이기 때문에 말 그대로 '이당치국(以黨治國)'의 시기이다. 그런데 「중화혁명당총장」에는 혁명정부의 정치권력이 누구에게 있는지 정해놓았지만, 1920년 「중국국민당총장」에는 혁명정부에 관한 규정이 없기 때문에 당과 혁명정부의 관계를 알 수 없다. 즉 정부가 누구에 의해 건립되는지 알 수가 없다. 다만 손문은 이와 관련해 다음과 같이 언급하고 있다.

> 우리는 **국사(國事)와 당사(黨事)를 분리해 처리해야 한다. 국사는 어떻든 간에 진행해야만 하는 것이다.** …… (그러나) 우리가 하나의 당을 만든 것은, 우리의 주의와 목적을 끝까지 관철하기 위해서이다. …… (따라서) **당과 국가는 다르기 때문에 분명히 나누어야 한다.** 당이 중시하는 것은 일정한 주의이다. 일정한 주의를 행하기 위해서는 사람을 중시하지 않을 수 없다. …… 그러므로 당의 작용은 사람을 중시하지 않을 수 없다. **당은 본래 인치(人治)이지 법치(法治)가 아니다.**[55]

혁명이 진행 중이라도, 국사는 법에 따라 늘 처리되어야 하기 때문에, 주의를 달성하기 위해 모인 당원들의 일과는 분리되어야 한다는 것이다. 중화혁명당총장과는 달리 혁명정부는 당원에 의해 구성되지 않을 수 있음을 내비친 것이다. 그래서 1920년의 「중국국민당총장」에서는 당원에게만 참정권을 부여

55 「在上海中國國民黨本部會議的演說」(1920.11.4), 『孫中山全集』 5, p.391.

한「중화혁명당총장」의 조항을 없앴던 것이다. 그러나 당이나 당원과 분리된 혁명정부라면, 혁명정부가 존재하는 군정 시기가 당의 완전한 책임하에 통치된다는 규정과 모순된다. 그런데도 손문이 당이나 당원과 분리된 혁명정부를 구상한 까닭은 아마 호법이 명분상 아직 유효하다고 생각했기 때문으로 보인다. 그래서 국사(國事)는 법치에 의한다고 했을 것이다. 이에 대해서는 후술하겠다.

5. '중화민국정부'의 건립

1920년 11월 29일 손문은 광주로 돌아와 군정부를 다시 재조직했다. 이것이 손문의 2차 광동정부이다. 손문이 혁명을 시작한 이래, 이 시기만큼 물리적 환경이 좋았던 적은 없었다. '자신을 따르는' 진형명이 월군을 이끌고 광동의 숙원인 객군을 몰아내 광동을 통일했다. 이어 광서까지 토벌해 양광 통일이 이루어졌다. 광서의 토벌은 북벌을 구상하고 있는 손문에게는 후방의 걱정을 덜어주는 셈이었다. 손문으로서는 처음으로 든든한 근거지가 마련된 것이다. 이를 극명하게 보여주는 것이, 1921년과 1922년의 광동의 재정 상태인데, 이에 대해서는 이미 상세히 살펴보았다.[56] 객군을 몰아냈으니 군정부에 대한 광동인의 지지가 어느 때보다 높았을 것으로 추정된다. 이미 언급했던 미국화남연합회의 회장의 말에서도 알 수 있다.[57]

든든한 근거지, 안정된 재정이 마련되었으니 이제 '정식정부'를 건립하고 이어 북벌에 나선다면, 여기에다 합작한 단기서의 환계에게까지 도움을 받는다면, 중원을 노릴 수 있다고 손문은 확신했을 것이다. 다만 정식정부의 건립은

56 이 책 20장 2절의 637~645쪽 참조.
57 이 책 20장 8절의 664쪽 참조.

근거지나 무력뿐만 아니라 명분이 필요했다. 진형명이 광동을 장악하기 이전인 1920년 7월 중앙에서는 직환전쟁이 발생해, 손문과 동맹을 진행하고 있던 단기서의 환계가 완패하고, 북경정부는 직계와 봉계에 의해 장악되었다. 이후 직계와 봉계가 갈등을 표출하고, 중앙정치가 지지부진하기는 했지만, 그렇다고 북경정부를 부정할 명분도 마땅하지 않았다. 광동으로 돌아온 이듬해 원단에 손문은 다음과 같이 연설했다.

> 화회(和會)가 정돈된 후 단기서 또한 무력으로 중국을 통일할 수 없다는 것을 점차 깨닫고, 법률·외교 문제에 대해 양보를 표시하고 아울러 (일본과의) 군사협정을 취소하기로 결정했다. 그러나 배일파인 조곤과 오패부, 친일파인 장작림 등이 연합해 단기서를 무너뜨려 이 문제들은 마침내 상의할 여지가 없어졌다. …… 이번에 군정부가 광동으로 돌아와 **짊어질 책임은 호법의 계속에 있으나, 내가 현재의 대세를 관찰할 때 호법으로는 근본 문제를 단연코 해결할 수 없다.** 우리는 오늘부터 방침을 확정해 신기원을 열어 중화민국의 기초를 공고히 하고, 변란을 없애야 한다. 방침이란 무엇인가? **그것은 바로 정식정부의 수립이다.** 대개 호법은 북방정부의 비법 행위를 교정하는 데 지나지 않은 것이다. 즉 (호법의) 목적에 도달해도 중화민국에 어떤 도움도 되지 않는다. 하물며 호법은 국내 일부분의 문제로, 대내적으로는 북경정부를 중앙정부로 인정하고, 대외적으로도 국제상의 지위에서 효력을 발생시키지 않는다. 그러므로 수년 이래 북방정부는 스스로 중앙정부라 하고, 외인도 이를 승인한 반면, 우리를 토비로 보고, 우리 호법 구역을 토비 지역처럼 취급했다. …… 군정부의 기관에 대해 말하면 외인의 눈에는 이전 청조 때의 기관처럼 보인다. 이런 기관(즉 군정부)으로 어찌 중화민국을 대표해 북방정부와 대항할 수 있겠는가. 이상에서 여러 가지를 살핀바, 정식정부의 건립은 하루라도 늦출 수 없음을 확인할 수 있다. …… 그러나 **정식정부의 건립을 건의할 수 있는 권리는 전적으로 국회에 있다.** 국회가 북경에서는 직권을 행사할 수 없지만 광주에서는 자유롭게 행사할 수 있으니, 국회 제군들의 건의를 바라건대 남경정부 때의 방

식으로 광동에 정식정부를 건립해 대내외의 총기관으로 삼아 중화민국 전도에 희망을 주기 바란다! 광동에 지금 정식정부를 건립할 필요가 정말로 있다고 나는 생각한다.[58] – 강조는 인용자

이 연설에서 손문은 여전히 '손단동맹'을 유지하고 있으며, 직계의 북경정부는 비법정부이므로 정식정부를 수립해야 하고, 이렇게 되면 대외적으로도 중앙정부로서 인정을 받을 수 있다는 것이다. 또한 호법은 '근본 문제'의 해결에 도움이 되지 않음을 확신하고 있음도 알 수 있다. 그런데도 정식정부를 건립할 수 있는 권리는 국회에 있다는 것이다. 여기서 국회란 복벽에 의해 해산되어 일부가 광동으로 내려가 1919년에 결원을 보충한 국회이다.[59] 즉 약법에 의한 국회이다. 호법을 부정하면서도, 약법에 의한 의원들의 국회를 통해 정식정부를 조직하겠다는 것이다. 그 이유는 환계를 몰아낸 직계의 북경정부가 공화를 부정하는 것도 아니어서, 또 호법을 주장하는 운남의 당계요 등과도 손을 잡아야 하는 형편에서, 북경정부와 호법을 모두 부정할 명분이 별로 없었을 것으로 보인다. 그래서 내키지 않는 '호법'을 명분으로 삼을 수밖에 없었던 것이다. 손문이 당이나 당원과 분리된 정부를 주장한 이유는, 즉 '국사(國事)'는 '법치(法治)'라고 한 이유는 '호법'에 의한 정부를 염두에 두었기 때문이다.

1921년 4월 7일 남하한 의원들은 비상회의를 열어 「중화민국정부조직대강」을 통과시켜, 기존의 군정부를 폐지하고 '중화민국정부'가 수립되었다. 이어 국회비상회의는 비상대총통을 선거해 손문을 중화민국 대총통으로 뽑았다.[60]

58 「在廣州軍政府的演說」(1921.1.1), 『孫中山全集』 5, pp.450~451.

59 이른바 舊國會 중 '民八國會'이다. 이후 1차 직봉전쟁에서 승리한 오패부가 법통 회복을 주장하며 회복시킨 구국회가 있다. 이는 民八국회에서 갈라져 나온 益友社의 중의원 의장 오경렴 등 일부 의원과 애초에 남하하지 않고 북방에 잔류해 있던 의원들로 구성되었는데, 이를 '民六國會'라고 부른다. 이 두 국회의 생성과 충돌에 대해서는 윤혜영, 『중국현대사연구: 북벌전야 북경정권의 내부적 붕괴과정(1923~1925)』, pp.31~61 참조.

60 「중화민국정부조직대강」에 따르면 총통은 "정무를 총람하고, 명령을 발포하며 해육군을

이어 5월 5일 손문은 비상대총통직에 올랐다. 이듬해 6월 진형명의 '반변(叛變)'에 의해 광주에서 쫓겨날 때까지 약 1년 1개월 동안 손문은 대총통의 지위에 있었다. 정족수가 모자라 '비상'이라는 모자를 써야 했다.

이제 중화민국정부는 북경정부와 함께 두 개가 있는 셈이 되었다. 두 개의 정부를 극복하는 것은 '무력'밖에 없을 테지만, '무력'으로 치닫기 전에 우선 명분이 필요했다. 그러나 손문이 보더라도 명분이 없었다. 당시 국민당의 규정은 앞서 본 1920년 11월에 '수정'된 「중국국민당총장」인데, 이에 따르면 군정 시기 즉 혁명 시기에는 정부를 세워 훈정을 실시한다고 했고, 혁명 시기의 군국서정은 혁명당인 중국국민당이 완전히 책임진다고 했다. 즉 '이당치국'이었다. 그러나 1921년 4월에 조직된 '중화민국정부'는 국회비상회의에 의해 조직되었다. 대총통 취임사에서 한 손문의 말을 빌리면 "1913년의 국회가 조직한 민국정부"였다.[61] 따라서 손문의 「혁명방략」에 따른다면 '헌정'에 들어선 셈이다. '훈정'은 누가, 언제 시행할 것인가. 이런 어긋남을 미연에 막고자 손문은 '당사와 국사'를 구분한다는 연설을 했지만, 어디까지나 '합리화'일 뿐이었다. 그러니 손문의 혁명에 득 될 것이 없었다. 그러나 장개석 이외에는 누구도 손문에게 '충언'을 하는 측근이 없었다.

장개석은 총통 선거가 불가한 이유를 조목조목 제시했다. 총통 선거에 대한 여론도 극히 나빴다. 그러나 손문은 '중화민국정부'의 건립과 총통 선거를 강행했다. 진형명을 "능숙하게 다루어야 한다"는 장개석의 충고와는 다르게 갈수록 대립했다. 여하튼 국민당 내에서도 반대가 나올 정도였으니,[62] 밖에서는 그 정도가 더욱 컸다. 호남의 조항척이 총통 선거에 반대했다.[63] 호남의 반대는

통솔하고, 문무 관리의 임면권을 갖는다", "대외에 중화민국을 대표한다"고 규정했다. 廣東民國史研究會 編, 『廣東民國史』 上册, p.266.

61 「就任大總統職對外宣言」(1921.5.5), 『孫中山全集』 5, p.533.

62 장개석이 손문에게 보내는 편지를 보면 허숭지도 반대하고 있다. 이 책 8장 1절의 301쪽 참조.

63 『中華民國史事日誌』 1, 1921.4.9, p.564.

손문에게 상당한 부담을 주었다. 호남은 손문의 북벌 가도에 있었기 때문이다. 결국 1년 뒤 손문은 북벌의 방향을 호남에서 강서로 돌려야 했다.[64] 이에 반해 손문의 명분은 이러했다.

> **4년 동안** 애국지사들은 군벌과 매국적을 토벌하며 호법주의와 국가 생존을 위해 도모하지 않은 바가 없다. 이는 남북 전쟁이라고 이름을 붙여서는 안 되며, 실은 **공화주의와 군벌주의의 전쟁**이며, 애국자와 화국자(禍國者)의 싸움일 뿐이다. …… 현재 국가의 생명이 이와 같이 위중하며, 북경은 또 합법적으로 직권을 행사할 수 없는 정부이다. 국회는 전국 각 성, 각국의 유일한 합법 대표 기관으로 정부를 조직할 수 있기 때문에 나를 중화민국 대총통을 선거했다.[65]

'4년 동안'이라고 했으니, 복벽 후 광동으로 내려와 호법운동을 시작한 때부터를 이른다. 그 당시 복벽을 진압한 단기서의 북경정부를 '거짓 공화'라고 하면서, '가공화'와 '진공화'의 대결이라고 규정했다. 이제는 공화주의와 군벌주의의 전쟁이라고 주장한다. 전자의 명분은 그래도 받아들일 만하지만, 후자의 경우는 쉽게 받아들여지지 않는다. 따라서 유일한 명분은 호법의 의한 정부라는 것뿐이었다. 이와 같이 불리한 여론 속에서 나름의 명분을 주는 것은 '국제적 승인'이었을 것이다. 손문은 총통 취임 후 다음과 같이 「대외선언」을 행했다.

---

64 호남이 총통 선거를 반대하는데도, 손문은 호남이 출병을 촉구하여 이는 하늘이 만들어준 기회라고 주장했다[「在廣州宴請北伐軍將領時的演說」(1921.9.6), 『孫中山全集』 5, p.598]. 이듬해 북벌을 통고하면서도 "호남의 長沙와 岳州를 거쳐, 무한에서 回師하여, 하북의 幽州와 燕州로 직행한다"[「出師北伐緊急通告」(1922.3.11), 『孫中山全集』 6, p.93]고 했다. 그러나 곧바로 호남의 조항척은 대표를 계림으로 파견해 북벌군의 호남 진입을 거부했다(『中華民國史事日誌』 1, 1922.3.16, p.627). 결국 손문은 긴급 군사 회의를 열고, 강서 남쪽으로 길을 바꾸어 북벌하기로 결정했다(『孫中山年譜長編』 下, 1922.3.24, p.1437).

65 「就任大總統職對外宣言」(1921.5.5), 『孫中山全集』 5, pp.532~523.

조약, 계약 및 성례(成例)에 의해 정당하게 취득한 열강과 그 국민의 합법적 권리는 존중된다. 이제 최대의 이원(利源), 천연자원 혹은 기술을 꾀하고 개발하는데, 문호개방주의를 채택하며 외국의 자본과 기술을 환영한다. …… 1913년 국회가 조직한 민국정부를 일찍이 우방들은 승인했다. 본 정부 또한 이 국회가 조직한 것으로, 각 우방 정부들이 이런 선례를 이어 중화민국 유일의 정부로 승인해주기 바란다.[66]

기존 권리의 존중, 문호개방주의는 북경정부와 특별히 다른 것은 아니기 때문에, 명분이랄 수 없었다. 명분이라면 여전히 호법에 의한 정부라는 것이었다. 그러나 북경정부가 공화를 부정하지 않는 한, 또 공화를 부정할 정도의 상황이 아닌 한 명분으로서 그다지 힘을 발휘하기는 어려웠을 것이다. 그래도 손문은 미국에 크게 기대를 걸었다. 미국 대통령 하딩에게 신정부에 대한 승인과 지지를 바란다는 편지를 보내고,[67] 미국 기자에게는 "우리는 문호개방주의를 취하고 있는데, 미국이 혹시 이런 사실을 알고 있는지 모르겠다. 미국인이 우리를 도우려면 지금 빨리 해야지 그렇지 않으면 의미가 없을 것"이라며 재촉했다.[68] 그렇다고 당시 북경정부가 '문호폐쇄주의'를 채택하고 있는 것도 아니었다. 워싱턴에서 개최되는 태평양 회의에 미국이 북경정부에 중국 대표를 보내달라고 하자, 손문은 이에 대해 이의를 제기하고,[69] 미 국무부에 편지를 보내 "중국의 남방 합법 정부만이 중국 대표를 태평양 회의에 출석시킬 권한이 있다"라고 주장했다.[70] 그러나 받아들여지지 않았다.

같은 시기에 손문은 치체린에게 보내는 편지에서 "현재의 북경정부는 일본

66 같은 글, p.533.

67 「致美國總統哈定函」(1921.5.5), 『孫中山集外集補編』, pp.262~263.

68 「與美國記者金斯來的談話」(1921.9.18), 『孫中山全集』 5, pp.604~605.

69 「就出席華盛頓太平洋會議代表資格的宣言」」(1921.9.5), 『孫中山全集』 5, pp.535~536.

70 「致美國國務院函」(1921.9.5), 『孫中山全集』 5, p.536.

의 주구"이고, 광주정부가 "합법 정부이며 또 실제적 정부"이기 때문에 북경과의 공식 관계에서 "이런 정황을 잘 계산해야 한다"라고 하면서도, 우리가 북경정부를 타도할 때만 "소련과의 우호 관계를 기약할 수 있을 것"이라고 하여, 소련으로부터의 '국제적 승인'은 아직 시도하지 않고 있었다.[71]

그러나 무엇보다도 광동의 실세인 진형명이 손문의 방침(정식정부 건립, 대총통 선거)에 반대했다. 진형명은 월계전쟁으로 지친 군민이 쉬어야 할 때여서, 북경정부와의 무력 대결을 초래할 수 있는 정부 건립에 반대했다. 나아가 손문과는 근본적으로 다른 연성자치를 통한 중국 통일 방안을 갖고 있었다.[72] 게다가 상황은 손문에게 점점 불리해져 갔다. 즉 정부에 대한 명분이 갈수록 불리해졌다. 손문이 국제적 승인을 미국에 기대한 배경에는 당시 북경정부의 실세인 장작림의 비호를 받고 있던 양사이 내각이 친일 내각이기 때문이었다. 이에 반해 또 다른 실세인 오패부는 친일 정책을 비판하며 봉계와 각을 세웠고, 결국 1922년 4월 말 1차 봉직전쟁이 발생했다. 오패부의 승리는 '애국적 독군의 승리', '혁명적 행동'으로 받아들여지는 분위기였다. 게다가 승리한 오패부는 시국수습책으로 법통 회복을 통한 통일을 주장했다. 이렇다 보니 직봉전쟁 후 정치 개혁의 가능성에 기대를 걸 만한 분위기가 조성되었다. 따라서 호법에 의해 정식정부를 세운 손문으로서는 이제 명분마저 없어진 셈이었고, 전쟁에 승리한 오패부는 영미파라고 불렸으니, 미국으로부터 국제적 승인을 얻어내기도 난감한 상황이었다. 손문에게 하야를 요구하는 목소리가 공공연히 나왔다.[73]

결국 진형명의 무력 공격('叛變')으로 손문은 또다시 광동을 떠나 상해로 왔

---

71 「復蘇俄外交人民委員會契切林書」(1921.8.28),『孫中山全集』5, p.592.

72 「陳炯明派反對攻桂」, 北京≪晨報≫, 1921.4.1;「粵省要聞: 某政客口述陳炯明態度」, ≪香港華字日報≫, 1921.3.29,『孫文與陳炯明史事編年』, p.362, p.363에서 재인용.

73 제1차 직봉전쟁을 전후로 한 오패부의 법통 회복과 정치 개혁의 가능성에 대해서는 윤혜영,『중국현대사연구: 북벌전야 북경정권의 내부적 붕괴과정(1923~1925)』, 제2장 1, 2절 중 특히 29~30쪽 참조.

다. 손문이 1921년 4월 '중화민국정부'를 건립했고, 그 후 1년 1개월 동안 총통의 지위에 있었다. 1912년의 임시대총통이 말 그대로 임시 지위에 불과했다면, 1921년의 경우는 '명실상부한 대총통'이었다. 그러나 자신의 「혁명방략」으로 봐도 '억지'였지만, 대외적으로도 '명분'이 없었다.[74] 북경정부가 과거 복벽처럼 공화를 부정하거나 공화를 파탄 낼 정도에 이른 것은 아니기 때문이다. 예컨대 1923년 10월에 있었던 '뇌물 선거' 정도였다면,[75] 손문의 정식정부 건립과 북벌은 어느 정도 명분을 얻었을 것이다. 만약 손문이 '뇌물 선거' 후 정식정부와 북벌을 선언했다면, 진형명이 '반변'이라는 격한 반발을 하지 않았을지도 모른다. 물론 가정일 뿐이다. 이런 관점에서 보면 진형명의 '반변'도 나름 명분 있는 반발이었다.

6. 또다시 '호법'과 '혁명'

1921년 4월 남하한 국회의원들에 의지해 '중화민국정부'를 성립시키고 총통에 오른 손문은, 1년 1개월 만에 진형명의 '반변'으로 상해로 돌아갔다가 광서객군들의 지원으로 다시 광주로 돌아온 것이 1923년 2월이었다. 광주에 도착한 당일 대본영을 세우고, 대원수직에 올랐다(2.21). 8개월 전 광주를 떠날 때 직위였던 중화민국정부의 총통직에 오르지 않고, 대본영의 대원수직을 취했다. 그럴 만도 한 것이 손문을 총통으로 선거한 국회의원들은 북경으로 돌아가고 없었다.

74 오늘날 손문의 지위를 표기할 때 '손문 대총통'이라 하지 않고, 국민당의 수장이라는 의미의 '손문 총리'로 표기하는 이유도 '대총통'이 명분상 어울리지 않기 때문일 것이다.

75 '뇌물 선거'에 의한 '공화의 파탄'과 그에 대한 전국적 대응에 대해서는 이승휘, 「1920년대 초 상해상공계층의 정치적 대응」, ≪동양사학연구≫, 제20집(1984); 윤혜영, 『중국현대사연구: 북벌전야 북경정권의 내부적 붕괴과정(1923~1925)』, 제3장 참조.

그사이 일어난 정국의 변화를 간단히 살펴보자. 손문이 광주에서 아직 총통의 지위에 있을 때, 북경정부는 직환전쟁에서 승리한 직계와 봉계의 연합정부였다. 그러나 시간이 흐를수록 양 세력의 사이가 벌어져 마침내 전쟁으로 갈 수밖에 없는 상황에 이르자, 손문은 반직의 손단동맹을 더욱 확장해 반직삼각동맹을 완성했다(1922년 2월 말부터 3월 초). 이에 대해서는 후술한다. 두 달 후 마침내 1차 봉직전쟁이 발발했고, 전쟁에서 패한 봉계는 만주로 물러났다. 이어 손문도 진형명의 '반변'으로 광동을 떠나 상해로 왔다.

승리한 직계의 오패부는 법통 회복으로 정국을 수습하고자 했기 때문에, 여원홍이 총통으로 복귀하고 구국회가 소집되었다. 오패부에 의한 법통 회복은 여론의 지지를 크게 받았고, 일부 지식인들과 정파들은 북경정부를 통해 공화의 가능성을 찾으려 할 정도였다. 반면 호법에 의해 '중화민국정부'를 세웠던 손문은 당시에 비록 상해로 쫓겨나 있었지만, 그동안 주장해왔던 호법도 무색하게 되어버렸다. 그러나 법통 회복 이후에도 북경의 직계 정부 내에서는 분규가 계속 이어져, 정국은 갈수록 불안정해졌다. 지지했던 여론이 북경의 직계에 등을 돌리기 시작한 것은 1922년 말부터였다. 특히 조곤의 총통 추대를 위해 법통 회복의 상징 중 하나였던 여원홍 총통을 강제로 내쫓았다(북경정변, 1923.6.13). 이제 '호법'은 또다시 반직(反直)의 명분을 주었고, 무엇보다 반직에 대한 전국적 여론이 비등해져 갔다. 결국 조곤을 총통의 자리에 앉힌 '뇌물 선거'(10.5)는 복벽에 버금가는 '공화의 붕괴'였다.[76] 뇌물을 받은 자가 국회의원이었기 때문에, 이제 호법을 넘어 다양한 정치적 제안이 쏟아졌다.[77]

---

76 오패부의 법통 회복 과정과 그 이후 북경정부 내의 분규 과정에 대해서는 윤혜영, 『중국현대사연구: 북벌전야 북경정권의 내부적 붕괴과정(1923~1925)』(일조각, 1991), 제1장의 I과 II를 참조.

77 이 시기에 제시된 여러 정치적 제안들에 대해 「일대선언」은 네 개 파(입헌파, 연성자치파, 평화회의파, 상인정부파)로 정리해 비판하고 있다. 흥미로운 것은 1923년 12월 상해에서 만들어진 상해의 첫 '일대선언 초안'에는 네 개의 파 외에 '호인정부파'를 더해 5개 파를 비판하고 있다.

손문이 광주로 돌아온 때는 북경의 직계 정부 내의 분규가 심해지기 시작할 때였다. 그러나 북경의 국회는 여전히 '구국회'의 의원들이 구성하고 있었기 때문에, 이 국회의원들이 남하하지 않는 이상 손문이 1921년에 건립한 중화민국 정부는 성립될 수 없었다. 광주에 도착한 후 손문의 구상은 어떤 것이었을까. 광주에 도착한 다음 날, 동방통신사 기자에게 발표한 정견은 당시 손문의 처지를 잘 보여준다. "광동에 다시 정부를 세울지 여부는 명확히 대답할 수 없고, 단지 전력을 다해 통일을 촉진하겠다."[78] 같은 날 군사 회의에서 손문은 다음과 같이 말했다.

> 내가 작년에 군대를 이끌고 북벌한 것은 구국·구민을 위한 것이었는데 …… 진형명이 …… **호법정부**를 포위해 공격하고, 더구나 나를 사지로 몰아넣으려 했다. …… 오직 서남 각 성이 먼저 단결해야 한다. 현재 헤아려보면, **우리의 호법정부**에 찬성하는 자가 이미 다수 있다. 단지 모모 양성(兩省)이 우유부단해, 우리 호법정부가 용납하지 못하는 바이다. 국적(國賊)이 제거되지 않으면 호법 사업은 편할 날이 하루도 없다. 나의 주장은 먼저 **남을 평정한 연후에야 비로소 북에 대처할 수 있다. 장래 호법 사업이 이루어지면**, 군인을 노동자로 바꾸고 …….[79] - 강조는 인용자

이 시기 광동의 상황이 나빠 정부를 세울 수 있을지는 모르겠으나, 광동이 평정되면 호법정부를 다시 세우겠다는 것이다. 누차 지적했지만 자신의 「혁명방략」에 따르면 호법정부는 있을 수 없는 정부였다. 그러나 「혁명방략」에 따른 혁명정부를 수립할 명분도 없고 형편도 아니었다. 여하튼 갈수록 호법의 명분은 커져갔다. '법통의 총통'이던 여원홍이 직계에 의해 북경에서 쫓겨나자

78 「與廣東通訊社記者的談話」(1923.2.22), 『孫中山全集』 7, p.131.

79 「在廣州軍事會議上的訓話」(1923.2.22), 『孫中山集外集』, pp.99~100. 한 달 뒤 같은 군사 회의에서도 같은 내용을 반복하고 있다. 「在廣州軍事會議的演說」(1923.3.22), 『孫中山全集』 7, pp.247~248.

(6.13), 손문은 즉시 북경의 국회의원들에게 "애국심을 갖기 바란다. 월국(粵局)은 조만간 평정될 것이다. 그때 각 방과 상의해 남하를 청하겠다"는 편지를 보냈다.[80]

한편 직계의 폭거에 분개한 일부 인사나 단체는 손문에게 "총통직으로의 복귀'[81], '정식정부의 수립'[82] 등을 요구했고, 광동의 전쟁 때문에 북경의 국회의원들이 남하할 수 없으니, 진형명과 화해하라고 손문에게 권하기도 했다.[83] 손문이 6월 27일 북경의 국민당 국회의원들에게 북경을 떠날 것을 요구하자,[84] 7월 10일 이들은 「고별북경문(告別北京文)」을 발표하고 상해로 향했는데, 14일 남하한 의원의 수는 397명에 달했다.[85] 다만 이들이 상해에 머물 수밖에 없었던 이유는 광동이 여전히 불안정했기 때문이다. 따라서 약법에 따른 '호법' 정부의 수립을 바라지만, 뜻대로 세울 수 없는 사정은 「대외선언」을 토론하는 자리에서도 그대로 나타났다.

> 열강이 만약 중국의 화평을 위한다면 현재 북경정부에 대한 승인안을 취소해야 한다. 우리는 열강이 북경정부를 취소하는 동시에 남방 정부를 승인하기를 바라는 것이 아니라, 중국 정부에 대한 열강의 승인을 잠시 보류하기 바라는 바이다. 오인이 장차 진정한 중화민국정부를 완성한 연후에 승인해도 좋다.[86]

열강으로부터 인정받지 못하는 자신의 처지가 너무 드러나기 때문이었는지, 발표된 「대외선언」에서는 "북경정부에 대한 승인의 보류"가 아니라 "내정

---

80 「致護法國會議員函」(1923.6.15), 『孫中山全集』 7, p.543.
81 「童杭時等致孫中山電」(1923.6.15), 『各方致孫中山函電匯編』 7, pp.173~174.
82 「各界紛致孫中山組織正式政府電」(1923.6.19), 『各方致孫中山函電匯編』 7, p.175.
83 「章炳麟等致孫中山電」(1923.6.20), 『各方致孫中山函電匯編』 7, p.175.
84 「致兩院議員電」(1923,6.27), 『孫中山全集』 7, p.569.
85 『國父年譜』 下, 1923.7.10, p.988.
86 「元帥府召集重要會議: 討論發表對外宣言」, 上海≪民國日報≫, 1923.7.5.

간섭을 하지 말라"고 주장했다.[87] 이와 같은 손문의 태도로 볼 때, 국민당 국회의원에 의한 호법정부를 다시 건립하려 한 것은 분명하다.

7. 「혁명방략」의 부활: 「건국대강」

그런데 같은 시기 손문은 서겸(徐謙, 쉬첸)에게 다음과 같은 편지를 보낸다.

> 의원들이 나를 이른바 **총통으로 선거하는 것을 더는 받지 않겠다. 나는 단지 혁명당의 총통이기를 원한다.** …… 나는 위원제에 대해 절대로 반대한다. 왜냐하면 일찍이 7총재의 맛을 실컷 봤기 때문이니, 이후 더는 맛보지 않겠다. 중국의 현시국의 추락은 지금까지 줄곧 혁명이 불철저했기 때문이다. **혁명이 불철저한 이유는 무창(기의)이 뜻하지 않게 성공해 너무 쉽게, 너무 빨리 이루어져서 혁명당의 정신을 타락시키기에 이르렀기 때문이다. 이제부터 나는 소신껏 할 것이며, 다시 철저한 혁명에 종사하고 이 외의 일에는 전혀 신경 쓰지 않겠다.** 이 뜻을 달성할 수 있다면 어떤 내외우환도 두렵지 않다. 만약 형이 믿기지 않으면 금일의 소련을 보라. 애석하게도 금일 중국의 지사들은 근본으로부터 힘쓰지 않고, 단지 조곤이 총통되는 것을 반대할 뿐이다.[88]

87 「要求列强撤鎖承認北京政府之對外宣言」(1923.6.29), 『孫中山全集』 7, pp.574~575.

88 「復徐謙函」(1923.7.4), 『孫中山全集』 8, p.3. 이 편지를 보낸 주된 원인은 '위원제'에 대한 반대를 분명히 하기 위한 것이었다. 같은 시기 서겸에게 보내는 또 다른 편지에서 손문은 "형이 (위원제를 추천하며) 러시아가 위원제로 흥했고, 스위스가 위원제로 다스려진다고 생각하는데, …… 이는 모르고 하는 말이다. 러시아의 위원이란 순수한 혁명당의 위원이고, 타당 분자가 그 속에 끼어드는 것을 결코 용납하지 않으며, 스위스의 위원은 순수한 민치의 위원이고, 帝制軍閥에 있었던 자들이 거기에 결코 있지 않다. …… 금일에 이르러 위원제로 중국의 시국을 해결하는 것은 분규를 더욱 부채질할 뿐이다." 「復徐謙函」(1923.7), 『孫中山全集』 8, p.74.

의원들의 선거로 총통이 되고 싶지 않다는 것은 이제 호법정부를 수립하지 않겠다는 의미이고, 무창기의가 너무 빨리 성공해 혁명이 타락했다는 것은 혁명의 단계인 훈정을 거치지 않았다는 뜻이다. 따라서 이후 '호법'에 얽매이지 않고 철저한 혁명을 수행하겠다는 말은, 「혁명방략」에 근거해 '적극 무력'과 '혁명단계론'에 따라 혁명을 추진하겠다는 뜻이다. 이런 손문의 의지는 조곤의 뇌물 선거 후 더욱 확고해졌다.[89] 그렇다면 어떤 방법으로 정부를 세울 것인가. 손문은 당무 회의 자리에서 다음과 같이 언급했다.

> 본당의 기초는 아직 공고하지 않다. 당의 기초는 어디에 있는가? 군대에 있다. …… (소련에) 이런 막대한 당군(黨軍)이 없었다면, 소비에트 러시아의 세력이 지금처럼 융성하지 못했을 것이다. …… 러시아는 혁명한 지 6년 만에 이처럼 위대한 성적을 거두었는데, 우리의 혁명은 12년 동안 이렇다 할 성적이 없다. 그러므로 **이후 당으로써 나라를 다스리려고 하는데**(以黨治國), 이렇게 하려면 러시아인을 본받아 먼저 멀리 보는 눈으로 전망해야지, 눈앞의 작은 이익에 급급해서는 안 된다.[90]

'호법'이 아닌 방법으로서 '이당치국'을 제시했다. 이 인용문은 1전대회의 연설[91]과 함께 손문이 소련의 영향을 받아 이당치국을 주장했다는 근거로 인용

---

89 조곤의 뇌물 선거는 손문뿐만 아니라 전국적인 저항을 불러일으켰다. 이에 대해서는 윤혜영, 『중국현대사연구: 북벌전야 북경정권의 내부적 붕괴과정(1923~1925)』, 제1장 3절의 3)과 4)에 상세히 나와 있다.

90 「在廣州國民黨黨務會議的講話」(1923.10.16), 『孫中山全集』 8, p.268. 손문의 이 발언에 대해 『孫中山全集』에서는 10월 10일 당무 회의에서 한 것이라고 하지만, 이날은 당무 회의가 아니라 중국국민당 간친대회가 열려 요중개가 손문을 대리해 연설했다. 인용문에서 언급된 당무 회의는 10월 16일에 개최되었기 때문에 날짜를 바꾸었다. 『孫中山年譜長編』 下, 1923.10.16, p.1707.

91 "현재 우리의 모범이 되는 것은 러시아의 완전한 이당치국이다. 이는 영국, 미국, 프랑스의 정당보다 정권 장악이 훨씬 진일보해 있다." 「關于組織國民政府之說明」(1924.1.20), 『孫中

된다.[92] 그런데 '이당치국'의 구체적 내용은 무엇인가. 문자 그대로는 당으로 나라를 다스린다는 것인데, 여기서 나라란 정부를 의미할 것이다. 생각해볼 수 있는 방법은 첫째, 혁명당이 정부를 운영하는 것을 상정할 수 있고, 다른 하나는 정당정치하에서 선거를 통해 선택된 정당이 정부를 운용한다는 의미일 수도 있다. 이른바 '영미식 정당정치'이다.

손문의 '이당치국'론이 소련의 영향을 받았다고 보는 것은 물론 전자의 해석에 따랐기 때문일 것이다. 이런 의미라면 손문의 '이당치국'은 소련과 접촉하기 전부터 확고했다. 중화혁명당 창당 때의 「혁명방략」에 의하면 혁명 시기(군정, 훈정기)의 "군국서정은 모두 본당이 완전히 책임진다"라고 규정했기 때문에, 혁명 시기는 '이당치국'에 의한 통치 시기이다. 바꾸어 말하면 헌정 시기에도 '이당치국'을 하겠다면 몰라도, 혁명 시기의 '이당치국'은 시기상으로도 소련의 영향으로 보기 어렵다. '이당치국'은 소련을 모범으로 삼아야 한다는 손문의 두 발언은 「11월 개조」와 「1월 개조」 과정에서 행한 것으로, 소련에 대한 '정치언어'였을 가능성이 다분히 높다. 실제로 손문은 이당치국을 '혁명당에 의한 치국'으로만 설명하지 않았다. 1전대회의 개막을 축하는 연설에서 손문은 당을 개조해야 하는 이유를 설명하면서 다음과 같이 말했다.

山全集』 9, p.103.

92 대표적인 연구를 인용해보면 다음과 같다. "손문의 '이당치국'론의 핵심은 개조 후 '역량 있고, 구체적 정강이 있는 혁명 정당', 즉 중국국민당에 의해 국가를 개조하는 것이다. 구체적으로 말하면 '혁명정당이 혁명 방식으로 정권을 탈취하고, 그런 연후 정권을 운용해 민중을 훈련시키고, 최후로 전민정치를 실현시키는 것'이라고 해석한다. 따라서 손문의 '이당치국'은 영미식 정당정치를 배경으로 한 것이 아니라, 소련의 영향을 받은 것이다"[王永祥, 『中國現代憲政運動史』(人民出版社, 1996), p.38]. 손문의 '이당치국'론과 관련한 대부분의 연구가 거의 같은 해석을 하고 있다. 王永祥·李國忠, 「孫中山"以黨治國"論初探」, ≪史學月刊≫, 1994-2; 王業興, 「孫中山"以黨治國"思想的形成及其影響」, ≪廣東社會科學≫, 2005-5; 高俊, 「民初新政治實踐與孫中山"以黨治國"理論的衍生」, ≪廣東社會科學≫, 2014-1; 顔軍, 「從中華革命黨看孫中山"以黨治國"思想的形成」, ≪江漢論壇≫, 2011-4; 陳瑞云, 「孫中山以黨治國思想試探」, ≪吉林大學社會科學學報≫, 1995-3.

> 종전에 혁명당이 만청을 뒤엎은 것은 청조의 대황제를 타도한 것에 불과하다. 그러나 대황제 타도 후, 곧 무수한 소황제가 출현했다. 이 소황제들은 이전처럼 전제를 행할 뿐 아니라, 이전의 대황제와 비교해 더 포학무도하다. 그러므로 **현재 중국은 영국, 미국처럼 이당치국을 할 수 없다.** 현재 민국의 국기(國基)는 아직 공고하지 못하니 우리는 더 공을 들여 국가를 다시 한차례 개조한 연후에야 민국의 기초가 비로소 공고해질 것이다.[93] - 강조는 인용자

손문의 '이당치국'은 '혁명 시기 혁명당에 의한 치국'의 의미도 있고, '헌정 시기 이후 영미식 정당정치'의 의미도 함께 갖고 있다. 따라서 전자가 후자보다 '진일보한 이당치국'은 아니다. 오히려 손문에게 혁명의 최종 목표는 공화의 완성, 즉 '영미식 이당치국'이었으니, 이를 실현하기 위한 과정(혁명 시기)에서 요구되는 '임시 조치'가 '혁명당에 의한 치국'이었다. 따라서 1923년 말부터 주장한 '이당치국'은 새삼스러운 것은 아니다. 다만 손문의 정치행동에서 의미를 부여한다면, 기존의 호법과의 결별을 선언했다는 점이다.

1924년 연초에 대본영 군정부 회의에서 손문이 재정통일 및 북벌과 함께 '정식정부의 건립'을 당면한 혁명 목표로 선언하며 각자의 의견을 제출하라고 하자, 장광량(蔣光亮, 장광량)이 "법률 면에서 보나 시세 면에서 보나 호법 사업을 계속해, (지금의) 대원수를 총통의 지위로 복원시켜 발전을 도모하자"는 의견을 제출했다. 이에 손문은 단호히 답했다.

> 현재 호법은 이미 끝났다고 할 수 있으니, 호법의 명의는 이미 원용할 바가 되지 못한다. …… 금일은 **혁명 정신으로 국가를 창조**해 중화민국의 신기원을 열어야 할 때이다.[94] - 강조는 인용자

---

93 「中國國民黨第一次全國代表大會開幕詞」(1924.1.20), 『孫中山全集』 9, p.97.

94 「在大本營軍政會議的發言」(1924.1.4), 『孫中山全集』 9, p.10.

손문은 그동안 '호법'을 주장하며 임시약법에 근거한 호법정부를 건립하는 등 '원하지 않던 틀'인 호법을 행했으나 이를 벗어던지고, 손문은 혁명 정신에 의한 '이당치국'을 '다시' 정면에 내세웠다.

8. 국민정부건국대강

'새로 제시한 틀'이 바로 「국민정부건국대강(國民政府建國大綱)」(이하 「건국대강」) 이다.[95] 즉 국민정부라는 혁명정부를 수립해 혁명을 추진하겠다는 것이다. 1924년 9월 손문은 혁명을 위해 왜 국민정부를 수립해야 하는지를 선언 형식으로 발표했다.

> 삼민주의의 실행에는 반드시 그 방법과 절차가 필요하다. 삼민주의가 인민에게 영향을 미쳐 인민으로 하여금 행복을 느끼게 할지 아닐지는 실행의 방법과 절차가 어떠한지에 그 단서가 있다. …… 그러나 오늘에 이르도록 삼민주의의 실행이 지지부진하고 아직 그 단서를 얻지 못한 것은 파괴(신해혁명) 후 예정된 순서에 의거하지 않고 건설로 나아갔기 때문이다. 즉 군정 시대를 거치지 않으면, 반혁명의 세력을 소탕할 수가 없다. 또 혁명주의를 군중에게 선전할 수 없어 그들의 동정과 신앙을 얻을 수 없다. 훈정 시대를 거치지 않으면, 대다수 인민은 비록 굴레를 벗고 해방되었다고 하더라도, 오랜 세월의 속박 때문에 당초 그 활동의 방법을 깨닫지 못해, 자신의 책임을 방기하는 구습을 따르거나 아

95 1924년 1월 4일 대본영 군정회의에서는 새로 조직할 정부의 이름으로 이열균은 '건국정부'를 제안했고 劉震寰은 '국민정부'를 제시했는데, 토의를 거쳐 '건국정부'로 결정했다[「在大本營軍政會議的發言」(1924.1.4), 『孫中山全集』 9, p.11]. 이후 허숭지가 편지를 보내 서수쟁이 복주에서 '건국정부'의 명칭을 이미 사용한 적이 있기 때문에 반대하자, 일전대회에서 국민정부로 결정했다. 陶菊隱, 『北洋軍閥統治時期史話(1895~1928)』 4, p.260.

> 니면 다른 사람에게 이용당해 반혁명에 빠지고도 스스로 알지 못한다. 전자의 대병(大病)은 혁명 파괴가 철저하지 않았기 때문이고, 후자의 대병은 혁명 건설을 행하지 않은 데 있다. 신해 후 임시약법을 제정하면 민국의 기초가 이루어지리라는 생각에 급급해하며, 그 정반대의 결과를 몰랐던 것이다. …… 그러나 그 질병의 원인은 임시약법의 불완전함 때문이 아니라, 군정·훈정의 두 시기를 경과하지 않고 곧바로 헌정 시대로 들어갔기 때문이다. …… 만약 「건국대강」에 의거해 진행한다면 군정 시대에는 반혁명 세력을 숙청할 수 있고, 훈정 시대에는 민치를 잘 자라게 할 수 있다. 비록 (이 두 시기에) 헌정이라는 이름은 없을지라도, 인민이 얻은 권리와 행복은 헌법을 구실로 전정(專政)을 행하는 자들과는 함께 논할 바가 아니다.[96] - 괄호는 인용자

정식정부를 건립해야 하는 이유는 10년 전 중화혁명당 창당 때 혁명을 수행하기 위해 제시한 「혁명방략」의 이유와 같다. 다만 중화혁명당 창당 때는 혁명의 시작이 급한 시기였기 때문에 주로 군정을 언급했다면 「건국대강」은 군정 후 훈정을 위한 것이라고 할 수 있다. 「건국대강」의 내용을 살펴보자. 손문이 「건국대강」을 완성한 시기는 적어도 일전대회 개최 이전인데,[97] 아마 호법을

96 「制定≪建國大綱≫宣言」(1924.9.24), 『孫中山全集』 11, pp.102~104.

97 수고본은 세 종류가 있다. 1924년 1월 18일 탈고 후 손과에게 선물한 「건국대강」이 시기상 가장 빠른 것이다(臺北故宮博物館 所藏). 이 외에 같은 해 4월 2일 송경령에게 증정한 것이 있고(上海宋慶齡故居紀念館 所藏), 또 하나는 같은 해 4월 12일의 수고본이 있다(송경령의 발문이 부록으로 붙어 있다. 기존에 출판된 영인본은 대부분 이것을 저본으로 했다). 인쇄본으로 가장 빠른 것은 1924년 2월 광주에서 발행한 『孫總理在國民黨第一次全國代表大會演說詞』에 붙어 있는 「건국대강」이다. 내용은 수고본과 같다. 廣州≪民國日報≫ 2월 22일 자에도 게재되어 있다(제목은 「國民政府大綱草案」이다 - 인용자)[張苹·張磊 編, 『中國近代思想家文庫: 孫中山卷〉』(中國人民大學出版社, 2015), p.245]. 『孫文全集』에 게재된 것은 4월 12일의 수고본을 저본으로 한 것이고, 『孫中山全集』에 게재된 것[「國民政府建國大綱」(1924.1.23), 『孫中山全集』 9, pp.126~129]도 上海≪民國日報≫에 실린 같은 것을 저본으로 했지만, 「건국대강」이 1전대회 중인 1월 23일에서 발표되었다고 '착각'해, 발표 날짜를 1월 23일로 적었다. 일전대회에서 「건국대강」은 발표되지 않았다.

포기한 1923년 말이었을 것 같다. 총 25개 항목으로 구성된 「건국대강」의 내용을 간추리면 다음과 같다.

1. 국민정부는 혁명의 삼민주의, 오권헌법에 바탕을 둔 중화민국을 건설한다.
2. 건설의 첫째는 민생에 있다. ……
3. 둘째는 민권으로서 국민의 정치 지식과 능력에 대해 정부는 이를 훈도하고, 선거권, 파관권, 창제권, 복결권을 행사하게 한다.
4. 셋째는 민족으로서 국내의 약소민족에 대해 정부는 이를 부식하도록 하여 자치·자결시킨다. 국외로부터의 침략과 강권에 대해서는 정부가 이를 방어함과 동시에 각국과의 조약을 수개해 우리나라의 국제적 평등과 국가의 독립을 회복한다.
5. 건설의 순서를 군정 시기, 훈정 시기, 헌정 시기의 3기로 나눈다.
6. 군정 시기에는 일체의 제도가 군정 아래 예속되며, **정부는 한편으로 병력을 가지고 국내의 장애를 제거하고, 한편으로 주의를 선전함으로써** 전국의 인심을 개화시키고, 국가의 통일을 촉진하다.
7. 하나의 성(省)이 완전히 평정되면, 군정을 정지하고, 훈정 개시의 시기로 한다.
8. 훈정 시기에는 **정부가 훈련과 시험을 통과한 합격자를 각 현에 파견해 인민과 협조하며, 자치를 준비한다.** 그리하여 전 현(全縣)의 인구조사, 토지 측량, 경위(警衛)의 관리, 도로의 수축이 완료되고 4권 행사의 훈련을 거쳐 국민의 의무를 이해하며, 혁명의 주의를 행할 것을 선서한 인민에 의해 현관을 선거하고 1현의 정치를 집행하며, 아울러 의원을 선거해 1현의 법률을 의정하는 정도로서 완전한 자치현(自治縣)을 이룬다.
9. 완전 자치의 현의 인민은 직접 관리를 선거하고, 직접 관리를 파면하며, 직접 법률을 창제하고, 직접 법률을 복결하는 권리를 지닌다.
10. 현이 자치를 개시할 때는 먼저 전 현의 사유 토지의 가격을 규정한다. ……

11. 토지의 세입, 지가의 증대 …… 의 이(利)는 모두 지방정부의 소유로 하며…….
12. 각 현의 천연자원 개발과 대규모 상공업 사업에서 …….
13. 각 현의 중앙정부에 대한 부담은 …….
14. 현의 지방자치정부 성립 후 국민 대표 1명을 선거해 대표회를 조직, 중앙의 정치에 참여시킨다.
15. 피선거, 피임명된 관리는 중앙, 지방을 막론하고, 중앙에서 검정 시험에 합격한 자라야 한다.
16. 하나의 성에서 모든 현의 자치가 완성될 때를 헌정 개시 시기로 삼는다. ……
17. 이 시기에 중앙과 성의 권한은 균권(均權) 제도에 따른다. ……
18. 현을 자치의 단위로 하고, 성은 중앙과 현의 연락을 담당하는 존재로 삼는다.
19. 헌정 개시 시기에 중앙정부는 행정원, 입법원, 사법원, 고시원, 감찰원 등 5원을 설립하고, 5권의 치(治)를 시행한다.
20. 행정원에는 ……
21. 헌법 발포 전까지는 총통이 각 5원의 장을 임면하고 독솔(督率)한다.
22. 헌법 초안은 「건국대강」 및 훈정, 헌정 두 시기의 성적에 따라 입법원이 이를 의정해 …… .
23. 전국 과반수의 성이 그 헌법 개시 시기, 즉 전 성의 지방자치가 완성된 시기에 이르렀을 때 국민대회를 소집해 헌법을 결정하고 반포한다.
24. 헌정 발표 후의 중앙통치권은 국민대회의 권한에 속한다. ……
25. 헌법 발포의 날을 헌정 성취의 날로 하고 전국 국민은 헌법에 따른 전국 총선거를 실시하며, 국민정부는 선거 종료 후 3개월 내에 해산해 정치를 민선의 정부에 넘겨준다. 이로써 건국대공(建國大功)을 완성한다.[98]

98 「國民政府建國大綱」(1924.1.23), 『孫中山全集』 9, pp.126~129.

내용을 보면 '새로 제시한 틀'이라기보다는 중화혁명당 창당 때의 「혁명방략」을 기본으로, 1920년의 중국국민당 규정을 '수정·증보'한 것이라고 할 수 있다. 「건국대강」을 중화혁명당의 「혁명방략」 및 1920년 중국국민당의 「혁명방략」과 비교해보자. 먼저 혁명 단계를 보면 중화혁명당의 「혁명방략」에서는 세 단계(군정, 훈정, 헌정)로 나누었던 것을 1920년 중국국민당의 「혁명방략」은 군정과 헌정 두 단계로 나누었지만, 군정 시기 내에 군정과 훈정 시기를 아우르고 있다. 「건국대강」의 혁명 단계는 중화혁명당의 그것과 마찬가지로 세 단계로 나누었다. 그러나 세 개의 「혁명방략」 모두 실제적으로 세 단계이고, 헌정 전의 군정과 훈정의 시기는 '이당치국'의 혁명 시기로 설정했다. 그런데 세 개 「혁명방략」의 분명한 차이점은 혁명정부를 언제 누가 건립하는가이다. 중화혁명당의 「혁명방략」에 따르면 군정 시기는 혁명군의 군정부가 전쟁과 통치를 수행하고, 훈정기에 들어서면 혁명정부를 건립하며, 정부의 주체는 입당 순서에 따른 혁명 당원들이었다. 반면 1920년 중국국민당의 「혁명방략」에 따르면 혁명 시작과 함께, 즉 군정 시기부터 정부를 건립하는데, 혁명당과 정부의 관계는 "당사(黨事)와 국사(國事)는 분리한다"라는 손문의 논리에 따라 혁명당에 의한 정부 건립(以黨建國)은 아니었다. 이는 호법의 명분으로 정부를 건립할 수밖에 없었던 현실에서 「혁명방략」을 왜곡한 것이다. 왜냐하면 군정과 훈정 시기는 '이당치국'의 혁명 시기인데, 호법정부는 혁명정부가 아니기 때문이다. 그렇다면 마찬가지로 군정과 함께 혁명정부를 건립하는 「건국대강」의 경우는 누가, 어떻게 혁명정부를 건립할 것인가.

9. 이당건국

1924년 전후 시기에 손문이 하고자 한 바는 혁명정부에 의한 '이당치국'임을 알 수 있다. 순서대로라면 '이당치국'에 앞서 혁명정부가 있어야 하는 것이다.

그래서 손문도 "현재 혁명당의 책임은 먼저 혁명정부를 건국하는 것이지, 아직 치국에는 이르지 못했다"[99]라고 지적하며 혁명의 순서를 밝혔다. 즉 혁명당이 혁명정부를 건립하고, 이후 혁명정부가 혁명을 추진하는 것이다. 그런데 '혁명정부를 어떻게 건립할 것인가'에 관한 언급은 「혁명방략」이나 「건국대강」에 없다. 그때까지 손문이 정부 건립과 관련해 취한 방법은 약법의 국회의원들에 의거한 '호법정부'였다. 물론 호법정부는 혁명정부가 아니다.

손문이 언제, 어떻게 정부를 건립할 것인지에 대해 나름의 계산이 없었던 것은 아니다. 손문은 정식정부의 건립을 결의한 군정회의[100] 개최일(1924.1.4)이 '천만년 후에도 대기념일로 남을 것'[101]이라고 기대했다. 장국도의 회고에 의하면 일전대회에 참가하기 위해 광주에 도착한 것은 1월 10일 전후인데, 도착 다음 날 이대쇠와 함께 대본영으로 가서 손문을 만났다. 그 자리에서 손문은 친필로 초안한 「건국대강」을 보여주며, 의견을 물었다고 한다. 「건국대강」을 받아 본 장국도(張國燾)가 이의를 제기하자,[102] 손문은 장(張)의 말에는 대답도 하지 않고, 말을 돌려 다른 사람의 의견을 물었다. 동석한 섭초창이 "이 대강은 손 선생이 장기에 걸쳐 연구해 쓰신 것으로, 그 안에는 모든 문제가 잘 해결될 수 있는 방법이 있어, 우리가 만약 상세히 연구할 수 있다면 더욱 깊은 이해를 얻을 수 있을 것"이라 설명하자, 이대쇠는 세세히 연독(硏讀)한 후에 다시 의견을 제시하겠노라고 답했다고 한다.[103] 그러나 이후 이대쇠가 「건국대강」에 대한 의견을 제시한 기록은 없다. 국공이 만난 자리에서 「건국대강」은 국공의 합작에 일조하지 못하고 있음을 알 수 있다. 사실 「건국대강」의 내용은 소련이나

99 「中國國民黨第一次全國代表大會開幕詞」(1924.1.20), 『孫中山全集』 9, p.97.

100 「在大本營軍政會議的發言」(1924.1.4), 『孫中山全集』 9, pp.10~11.

101 「在帥府歡宴各軍政長官的演說」(1924.1.4), 『孫中山全集』 9, p.12.

102 "선생(손문)의 이 대강 제1조의 규정을 보면, 국민정부는 혁명의 삼민주의, 오권헌법에 바탕을 두어 중화민국을 건설한다고 규정했는데, 이런 경직된 규정하에서 기타 당파의 존재를 윤허할 수 있을지 모르겠습니다." 張國燾, 『我的回憶』, p.315.

103 같은 책, p.315.

중국공산당이 받아들이기에는 어려운 내용이었다. 다음은 「건국대강」에 대한 보로딘의 평가이다.

> 손의 방안(「건국대강」)은 중국의 현 상황에 대해 전혀 언급하지 않았고, 이런 국면에서 벗어날 그 어떤 출로도 제시하지 않았으며, 믿을 수 없는 공상으로 충만해 있었다. 이 방안은 인민들의 사대(四大) 요구[의(衣), 식(食), 주(住), 행(行)]를 해결하고자 한다는 것이다. 방안에는 무엇이 인민이고, 어떤 방법으로 이를 실현할지, 중국에서 어떤 조건을 창조해 유토피아를 실현할지에 대해서는 한마디도 언급하지 않았다.[104] - 괄호는 인용자

그러나 보로딘이 보기에 "순전히 공상"[105] 같은 「건국대강」을 수행하기 위한 혁명정부(국민정부)를, 손문은 반드시 건립하고 싶어 했다.[106] 그것도 일전대회의 개회를 이용해 국민정부의 건립을 선포하고, 자신을 총통으로 선거하고 싶어 했다.[107] 일전대회는 전국의 국민당 대표들이 모인 '전국대회'였다. 비록 국민당의 대표이지만, 전국 대표들이 참석하는 일전대회는 약법의 국회의원들로 구성된 '의회'와 비견될 만큼 명분을 갖추었다고 손문은 생각했을 것이다. 말 그대로 '이당건국'이다. 이로써 「혁명방략」 정신에 따른 혁명의 전개가 이루어지게 된 것이다. 즉 혁명당인 국민당의 일전대회에서 혁명정부(국민정부)를 건립하고, 그 혁명정부가 군정과 훈정의 혁명을 수행해 헌정에 이름으로써 공화를 완성하고자 했던 것이다.

---

104 「Borodin의 札記와 通報」(1924년 2월 16일보다 빠르지 않다, 廣州), 『聯共(布), 共産國際檔案資料』 1, pp.471~472.

105 같은 글, p.468의 각주에 있는 '보로딘의 주석' 참고.

106 손문은 이대쇠에게도 정부를 건립하겠다는 굳은 의지를 밝혔다. 같은 글, p.469.

107 같은 글, p.480.

10. '정식정부' 건립에 대한 반대

일전대회가 개최되기 전, 군정회의는 정부 건립을 결정했고, 「건국대강」도 이미 만들어져 있었다. 그런데 일전대회에서는 "국민정부를 조직할 필요가 있다"는 의견만 통과시키고, 이미 만들어진 「건국대강」조차 발표되지 못했다. 따라서 1월 4일 군정회의 이후부터 일전대회까지, 정부 건립과 관련해 좀 더 상세히 살펴볼 필요가 있다.

일전대회를 이용해 혁명정부를 건립하려는 손문, 그리고 혁명정부의 「건국대강」을 공상이라고 생각하는 보로딘이 어떻게 타협했을까. 또 손문의 측근들은 정부의 건립을 어떻게 생각하고 있었을까. 상술한 바 「1월 개조」를 이루어낸 사인위원회가 정부 건립과 관련해 진행한 회의 내용은 '손문의 좌절'의 원인을 잘 보여준다. 회의 내용이 꽤 길어 요약해 인용한다.

보로딘: 손문은 나에게 건국(국민)정부의 건립을 건의했는데, 내 생각에 이 제의를 대표대회에서 제기하면 좋겠다.

요중개: 당신 생각에, 광동성도 아직 통일하지 못했는데, 정부를 건립할 시기에 이르렀다고 보는가?

왕정위: 안복계와 연합해 정부를 조직하고자 손(孫)은 이미 섭초창을 파견했는데, 최종 회답을 아직 받지 못했으나, 현재로서는 이러한 정부의 건립을 선포하는 것은 근본적으로 불가능하다.

보로딘: 물론 지금은 아니다. 이번 대표대회에서 이 의안을 제출한다는 것은, 며칠 내로 이런 정부의 건립을 선포하겠다는 것이 아니다. 대표대회는 다만 실제로 이 정부를 성립하기 위한 선전선동 사업을 하는 것뿐이다.

참석자 전원: 문제를 이렇게 제출하는 데 모두 동의한다.

왕정위: 나는 제안의 칭호를 '국민정부를 건립할 필요성'으로 할 것을 건의한다.

……

보로딘: 제안의 보고자는 현재 상황에서 정식정부의 건립이 유일한 희망이라는 것을 지적해야 한다. 이 구호는 반드시 전국에 퍼져야 한다. 대표대회가 열린 후, 이 구호는 전국에 울려 퍼질 것이다.

……

보로딘: 당은 국민정부를 건립할 구호를 선포하고, 시기가 왔으면 왔다고, 오지 않았다면 오지 않았다고 똑 부러지게 말해야 한다. 그 나머지는 고려할 필요가 없다.

호한민: 나는 조건이 아직 성숙되지 않았다고 생각한다. **장작림이든 노영상이든 모두** (우리의) **동정자로 볼 수 있는데, 만약 우리가 지금 정부의 성립을 선포한다면, 그들은 우리를 지지하려 하지 않을 것이다.** 우리 당의 기율과 역량으로는, 우리가 이런 중대한 전략을 내는 것을 보증할 수 없다. 이 때문에 내 생각에, 이 일은 시기상조이다.

보로딘: 호한민 동지는 구호와 실제 정부의 성립을 선포하는 일을 구별하는 것인가? 하나는 정부를 성립할 필요성을 제출하는 것이고, 다른 하나는 정부의 성립을 선포하는 것이다. 당은 국민정부를 건립할 구호를 제출하고, 이 구호에 근거해 선동과 선전을 진행하려 하는데, 이렇게 하면 무슨 이익을 얻을 수 있는가? 내가 볼 때, 이는 책략 문제이다. 나는 당신들이 이 두 문제를 구별하기 바란다. 즉 하나는 대중으로 하여금 이런 정부를 건립할 사상에 대해 준비하도록 하고, 시기가 도래했을 때 이미 준비되어 있어야 하며, 다른 하나는 정부의 성립을 즉시 선포하는 것이다.

호한민: 정부 건립 구호는 이미 몇 번이나 제기되었는데, 만일 우리가 아직 준비가 되지 않았다면 말하지 않는 것이 좋을 수 있다. 우리는 모종의 성공의 기회가 있을 때, 자신의 역량에 신심이 있을 때라야 이를 말할 수 있다. 현 상황에서는 이 구호가 시의적절하지 않다고 생각한다. **이 구호는 이미 낡은 구호로, 손이 이미 여러 차례 선포했던 것이기 때문이다.** 내 생각

에 다시 한번 선포해도 결과는 마찬가지로, 아마 별다를 바 없을 것이다.

보로딘: 과거의 정황은 현재와 많이 다르다. 지금 광주에는 60개 지부가 이 구호를 선포할 수 있다. 반드시 당의 개조와 연계해 이 구호를 고려해야 한다.

요중개: 우리가 구호를 제기할 때는 이것이 정확하다고 증명할 수 있어야 한다. 우리는 광동성에서 거의 1년 동안 사업했는데 인민들에게 우리의 주의(主義)가 좋다고 증명하지 못했을뿐더러, 세수 정책, 재정 조치, 군사행동, 군관들의 무례함 등등은 우리의 위신을 공고히 하지 못했고, 우리에 대한 인민의 신임을 철저히 손상시켰다. 그러므로 만약 우리가 지금 다시 이 구호를 제기한다면 우리가 침묵을 지키고 있는 것보다 더 심각한 문제를 일으킬 것이다.

보로딘: 성(省) 범위 내에서 많은 일을 할 수 없다. 출로는 전국 범위에서만 찾을 수 있다. 그러므로 손이 전력을 다해 국민정부를 건립하려는 것은 이해할 수 있다. 어느 지방정부도 중국이 직면한 문제를 해결할 수 없다. 요중개가 말한 것처럼 이런 모든 곤란 때문에, 손은 혼신을 다해 국민정부를 건립하려는 것이다. 이렇게 하지 않으면 이 국면에서 벗어날 출로를 찾을 수 없기 때문이다. 물론 광주의 개조와 연계해 먼저 토지 법령과 노동법 등을 반포하는 동시에 국민정부를 성립할 선전·선동 공작도 진행해야 한다.

요중개: 어쨌든 인민들은, 우리가 통치하는 광주에서조차 이 법령들을 실행할 수 없다며, 탁상공론이라고 생각할 것이다.

보로딘: 나는 우리가 이 문제에 대해 이미 많이 토론했다고 생각한다. 당신들은 다른 건의가 있는가?

왕정위: 우리는 국민정부를 건립할 필요성에만 한정해, 결의안을 제기할 수밖에 없다. 전체 당원들로 하여금 사회 각계에 들어가 선전 활동을 할 필요성을 느끼게 하고, 인민들로 하여금 이런 정부를 건립해야만 중국을 구할 수 있다는 것을 알게 하도록, 우리는 손과 상의해, 현재는 단지 선

전 구호만을 제기하자고 하자.

보로딘: 모두 이 의견에 동의하는가?

호한민: 우리는 손에게 지적했는데, 우리가 대표대회에서 건국정부를 성립할 필요성을 지적하는 것조차도 아직 충분하지 못하다고 했다. 당신도 그에게 지적해주면 좋겠는데, 즉 외부 조건이 정부의 건립을 허락해도, 내부의 상황이 아직 갖춰져 있지 않고, 우리의 역량도 충분하지 않기 때문에, 아직 이 방면에서 실제 절차를 취할 정도에까지 이르지 못했다고 말해달라. 대표대회에서 우리는 필요성만 말할 수 있고, 당은 이 구호를 선전할 수만 있다고 말이다.

보로딘: 현재로서는 국민정부의 건립을 실제로 선포할 수 없다는 데 우리 모두 동의했다.

참석자 전원: 이렇게 하는 데 동의한다.

보로딘: 만약 손 박사가 우리의 의견에 동의하면, 1명의 보고자를 추천해 결의를 준비해야 한다.

참석자 전원: 동의한다.[108]

이 대화의 내용을 통해 일전대회 직전 정식정부의 건립과 관련해 손문과 그 주변의 생각을 정리해보면, 먼저 손문은 일전대회에서 정부의 건립을 선포하고자 했다. 즉 일전대회를 이용해 국민정부의 건립을 선포하고(以黨建國) 자신을 총통으로 선거하도록 하고자 했다.[109] 보로딘은 「건국대강」은 유토피아적 공상에 불과하다고 평가했지만, 완고한 손문의 성격으로 볼 때 그의 방안을 완전히 취소시키는 것은 불가능하며, 또 정식정부를 건립하자는 주장은 일전대

108 Borodin의 札記와 通報」(1924년 2월 16일보다 빠르지 않다, 廣州), 『聯共(布), 共産國際檔案資料』 1, pp.480~487.

109 같은 글, p.480.

회를 통해 「1월 개조」가 이루어지면 자연히 없어질 것이고,[110] 더 나아가 대화에서처럼 손문의 혁명 목표는 지방 단위에서 해결될 일이 아니라, 전국 범위에서 그 출로를 찾아야 하니 손문의 정부 건립은 이해할 수 있는 것이라고 생각했다. 그리하여 보로딘은 일전대회를 이용해 정부를 건립해서는 안 되지만, 정부를 건립할 필요성이 있다는 것을 천명할 수 있다는 절충안을 제시했다.

정부 건립을 전적으로 반대한 것은 손문의 측근들이었다. 그 이유는 첫째, 광동성도 통일하지 못한 현실이고, 그다음으로는 3차 광동정부가 인민의 신임을 철저히 손상시킨 지난 1년간의 통치에 있다는 것이다. 이런 현실적 상황뿐만 아니라, 이미 여러 차례 실패한 적이 있는 정부의 건립에 대해, 현재로서는 차라리 침묵하고 있는 편이 낫다는 것이다. 이에 더해, 어쩌면 더 현실적인 반대 이유는 반직삼각동맹을 맺은 두 세력의 지지를 잃을 수 있다는 데 있었다.

사인위원회는 정부 건립의 선포가 아니라 정부 건립이 필요하다는 구호만을 일전대회에서 제기하자는 보로딘의 방안으로 결론지었다. 손문 측근들은 이런 뜻을 손문에게 진언하겠다고 하면서도, 그 결과가 분명 부정적일 것이라고 생각했는지, 보로딘에게 모든 기대를 걸었다. 다음 날 예상대로 요중개와 왕정위는 보로딘을 찾아와 손문을 설득했지만 전혀 받아들이지 않으니, 도와달라고 청했다. 그들은 "우리는 그와 20년 동안 함께 사업했지만, 그 어떤 이유도 손(孫)으로 하여금 이미 내린 결정을 바꾸게 할 수 없었다"고 하면서 "우리

110 보로딘은 "손문으로 하여금 무엇을 믿도록 설득하는 것은 아주 어려운 일"이기 때문에, 또 정부를 건립하려는 방안이 잠시 이익을 가져다주지 않는다 해도 나쁜 점은 없을 것이며, 그를 강박해 이 방안을 취소할 수도 없을 것이라는 전제하에 "시간이 지나면 손문 자신도 유토피아가 중국 국민혁명 운동이 당면한 문제를 해결할 수 없다는 것을 알고 이 방안을 취소할 것이며, 만약 대표대회가 국민당 전체의 입장을 천명하는 선언을 통과시키면, 孫의 방안이 아닌 이 선언이 진정으로 혁명을 하는 국민당을 중심으로 한 중국 국민혁명 운동 발전의 기초가 되리라는 것을 알게 될 것이다. 孫의 유토피아 방안은 그가 지금까지 말했던 것과 썼던 것이 잊혔던 것처럼 사람들의 머릿속에서 곧 사라질 것"이라고 '낙관'했다. 같은 글, p.473.

당내에 이토록 거대한 의지력이 있는 영수가 있다는 것은 아주 좋은 일이지만, 그가 밑으로 굴러 떨어지는 것을 보고 있으면서도 아무런 도움도 줄 수 없다는 정황도 있다는 것을 잊지 말아야 한다"[111]라고 덧붙이며, 손문의 뜻을 접게 할 수 있는 사람은 당신(보로딘)뿐이라고 사정했다. 1921년 손문이 총통 선거를 강행하려고 할 때, 진형명도 손문의 측근들과 비슷한 언급을 했다.[112]

보로딘은 측근들의 절박한 요청을 흔쾌히 받아들였다.[113] 그는 일전대회 직전 손문과의 '진지한 긴 대화'를 통해 "손문은 자신의 결정을 취소하는 데 동의했고, 대표대회가 국민정부의 성립에 찬성을 표시하고, 당에 지시를 내려 대중 속에서 국민정부 구호를 위해 유력한 선전 사업을 진행하는 데 그치기로 했다"라는 것이다.[114] 이리하여 일전대회 첫째 날인 1월 20일 오후에 건국정부에 관한 손문의 연설이 있은 후, '정부를 건립할 필요가 있다'는 안건을 결의하기로 했다.

이 안건에 대해 여러 의견이 나왔다. 먼저 「건국대강」을 발표하고 이후 정

111 같은 글, p.487.

112 총통 선거를 서두르는 손문에 대해 진형명은 "손문의 실패를 차마 볼 수가 없다. 그러므로 조기 총통 선거에 찬성하지 않는다. 현재 시기가 익지 않았기 때문에, 만약 광동이 총통을 선출하면 북방은 반드시 이를 구실로 공격할 것이다. …… 광동성의 기초는 아직 공고하지 않아 전쟁이 일어나면 실로 지극히 위험하다. …… 나는 연방의 실행을 위해 이미 湘鄂 各省에 사람을 파견했다. 장래에 연방정부가 성립하면 총통 자리는 손 선생의 것이니, 시간을 잠시 늦출 뿐이다. 제군들이 정말 손 선생을 사랑한다면, 총통 선거를 잠시 늦추기 바란다."「粤省要聞: 某政客口述陳炯明態度」, ≪香港華字日報≫, 1921.3.29(『孫文與陳炯明史事編年』, p.363에서 재인용).

113 보로딘은 측근들에게 자신 있게 말했다. "나는 손문과 이미 3개월 동안 함께 사업했기 때문에 그에게서 무엇을 쟁취할 수 있고, 무엇을 쟁취할 수 없는지 잘 알고 있다. 이미 위원회가 국민정부의 성립을 즉시 선포해서는 안 되며, 건립이 필요하다는 구호만을 제기하자고 손문에게 권하기로 한 이상, 또 대표대회에서 이 구호의 선전에 관한 결의를 내기로 위원회가 결정했고 나도 찬성한 이상, 손문을 설득하는 데 가능한 한 최대한의 노력을 기울이겠다."「Borodin의 札記와 通報」(1924년 2월 16일보다 빠르지 않다, 廣州), 『聯共(布), 共産國際 檔案資料』 1, p.486.

114 같은 글, p.487.

부를 수립하자는 것은 순서가 뒤바뀌었다는 주장이 나왔다.[115] '국민정부'의 명칭문제도 제기되었는데, '정식정부'를 조직하자는 것이니, '중화민국정부'라고 해야지, '국민'을 덧붙일 필요는 없다는 것이다.[116] 이는 일전대회 참가자들이 「건국대강」의 내용을 모르고 있었기 때문인데, 「건국대강」이 공식적으로 발표되지 않은 것도 한 이유였다. 손문의 '정식정부의 건립'이란 '중화민국정부'의 건립이 아니다. 헌법의 제정과 그에 따른 중화민국정부의 건립은 손문의 「혁명방략」과 「건국대강」에 따르면 '헌정'의 시작을 의미한다. 반면에 '정식정부' 즉 '국민정부'란 헌정까지의 ('군정'과 '훈정') 시기에 혁명을 수행하는 혁명정부이다. 따라서 혁명정부인 국민정부를 '정식정부'라고 칭함으로써 혼선이 발생한 것이기는 하지만, 손문의 「혁명방략」을 국민당 당원조차 인지하지 못하고 있었음을 보여주는 대목이기도 하다. 정부의 건립과 관련해 모택동이 제기한 의견은, 꽤 핵심을 찌르는 내용이다.

> (표결에 올라온) 이 안건은 '국민정부를 조직할 필요가 있다'는 것인데, 정부를 어떻게 조직할 것인지, 또 언제 정부를 조직할 것인지에 대해서는 설명하고 있지 않다. 이에 대한 표결을 주석에게 청한다.[117] – 괄호는 인용자

국민정부가 약법의 국회의원들에 의한 호법정부가 아닌 이상, 누가 어떻게

---

115 일전대회 참석자 李次榮은 "국민정부를 조직할 것인지가 선결 문제이며, 대강의 내용에 대한 토론은 그다음의 일이다. 만약 정부를 조직한다면 중화민국 정식정부를 조직해야 한다. 현재 먼저 어떤 정부를 조직할 것인지 토론한 연후에, 조직 대강과 내용을 토론해야 한다"라고 이의를 제기했다. 이에 대해 요중개는 "건국이 당연하다는 것에 대해서는 토론이 필요 없다. 다만 먼저 선전에 종사한다면 기회를 만나 건국을 실현할 수 있다"라고 답했다. 「中國國民黨第一次全國代表大會會議錄」, 第2號(1924.1.20, 오후), 中國第二歷史檔案館編, 『中國國民黨第一, 二次全國代表大會會議史料』 上(江蘇古籍出版社, 1985), pp.15~16.

116 朱季恂과 江偉藩의 발언이다. 같은 책, p.16.

117 회의에서 모택동이 한 발언이다. 같은 책, p.17.

정부를 조직할 것인지 구체적 방법을 요구한 것이다. 곤혹스러워진 손문이 "이번 안은 원래 결의안이었으므로, 이제 토론을 끝내고 표결에 붙인다"라고 선포하자, 언제, 어떻게 조직될지 모르는 '국민정부를 조직할 필요가 있다'는 의견성 제안을 가결하고 일전대회의 첫날 회의를 끝맺었다.[118] 결국 일전대회는 혁명정부(국민정부)의 수립을 채택하지도 않았을 뿐 아니라, 「건국대강」도 발표하지 못했다. 손문으로서는 매우 아쉬웠을 것이다.

그런데 이 결정이 나기 직전에 이미 보로딘과의 상의를 통해 '일전대회에서 정부 건립을 발표하지 않기로 결정한 손문은, 혁명정부의 수립 방법에 대해 일전대회에서 다음과 같이 언급했다.

> 이번 (국민당 일전)대회의 목적이 두 가지라고, 본 총리(손문)는 생각한다. 하나는 본당을 개조하는 것이고, 또 하나는 국가를 건설하는 것이다. 그런데 국가를 건설하는 데는 연구해야 할 문제가 두 가지 있으니, **하나는 당장 대원수정부를 국민당 정부(국민정부)로 바꾸는 것이고, 또 하나는 먼저 「건국대강」을 발표한 후 사방으로 선전해 인민으로 하여금 그 내용을 이해하게 하고, 단체를 결합하게 하여 정부의 실현을 요구하게 하는 것이다.** 한 성이 이러하면, 각 성이 이러할 것이다. 전국의 민의와 결합해 군벌과 분투하면 그 효과는 반드시 클 것이다. 종전에 우리는 구체적 방법이 없었지만, 지금은 있다. 만약 사농공상 각계에 선전하면 반드시 동정을 표할 것이다. 전국이 단결해 일체를 이루어 일대 시위운동이 되면 군벌이 어찌 무너지지 않을 것인가? …… (일전대회에 참석한) 여러분들이 방법을 더 연구해주기 바란다.[119]

118 같은 책, p.17.

119 「中國國民黨第一次全國代表大會會議錄」, 第2號(1924.1.20, 오후), 中國第二歷史檔案館 編, 『中國國民黨第一, 二次全國代表大會會議史料』 上, pp.14~15. 주석을 맡은 손문이, 당일 회의에서 행한 이 발언은 '국민정부 조직에 관한 설명'이라는 제목으로 『孫中山全集』에 실려 있다. 「關于組織國民政府之說明」(1924.1.20), 『孫中山全集』 9, p.103, p.104.

정부를 건립하는 방법으로 손문은 두 가지를 제시했는데, 하나는 현재의 대원수정부, 즉 군정부를 정식정부로 바꾸는 것이다. 이것이 바로 손문이 하고자 했던 '이당건국'이다. 그러나 일전대회에서 이를 취하지 않기로 결정했다. 일전대회가 아니더라도 당에 의한 정부 건립은 언제라도 가능했다. 실제로 손문 사후 국민당 중앙집행위원회는 대원수부를 폐지하고 국민정부의 건립을 결정했다(1925.6.14).[120] 그런데 손문은 '이당건국'이 불가능해질 수도 있다는 나름의 '정치적 판단'이 있었는지, '이당건립'과는 다른 방법을 제시했다. 마치 토원전쟁 때 전쟁의 결과에 대비해 「혁명방략」과는 다른 '호법'을 주장한 것과 비슷하다. 두 번째 제안을 정식정부(혁명정부) 건립의 방법이라고 하기에는 어딘지 어색하다. 「건국대강」이란 혁명정부 건립의 방법이 아니라 수립 후 혁명정부가 해나갈 단계별 혁명 사업을 제시한 것이다. 따라서 두 번째 제안을 우선 해석해보면 「건국대강」을 사방에 선전하면 호응을 얻을 것이고, 호응하는 각계가 이런 혁명 사업을 수행할 정부를 만들라고 할 테니, 그때 혁명정부를 건립하자는 것이었다. 말하자면 첫 번째 방식은 당장 일전대회를 통해 혹은 이후 당에 의해 정부를 건립하자는 것이고, 후자의 방식은 '이당건국'이 불가능해졌을 때 「혁명방략」에 따르지 않는 방법을 제시한 것이다. 당장의 일전대회에서 정부를 건립하지 못한다면, 「건국대강」만이라도 발표하자는 것이다. 이러니 국민정부 건립에 대해 의견이 속출했던 것이다.

정리해보면 손문은 정식정부를 건립하겠다는 의지를 1924년 연초에 밝혔다. 정식정부란 혁명의 목표인 공화의 완성에 이르는 혁명 시기에 혁명을 수행할 혁명정부로서, 그 명칭은 처음에는 건국정부였다가 국민정부로 개칭되었다. 국민정부가 혁명 시기에 수행할 절차와 내용을 담은 것이 「건국대강」이

120 7월 1일 광주 제일공원에서 10만 명이 참가한 대회를 거행해 왕정위, 호한민, 요중개 등 16명을 정부위원으로, 왕정위, 호한민, 譚延闓(탄옌카이), 허숭지, 임삼이 국민정부 상무위원으로 임명되었다. 보로딘은 국민정부 최고 고문의 지위를 얻었다. 국민정부 건립 과정에 대해서는 宋春 主編, 『中國國民黨史』(長春: 吉林文史出版社, 1990), pp.179~183 참조.

다. 「건국대강」은 1914년 중화혁명당을 창당할 당시 만든 「혁명방략」의 정신과 내용을 거의 답습한 '수정본' 정도였다. 손문의 기존 호법정부는 약법의 국회의원에 의해 조직되는 데 반해, 국민정부는 혁명당인 국민당이 조직하는 혁명정부로서 손문은 일전대회를 이용해 국민정부를 조직하고자 했다. 기존에는 호법정부의 명분으로 약법을 내세웠다면, 국민정부는 전국의 당원들에 의해 조직되는 일전대회를 명분으로 삼고자 했던 것이다. 그러나 국민정부를 건립하기에는 상황이 너무 좋지 않았으니, 1921년 중화민국정부를 건립할 때보다도 상황은 훨씬 나빴다. 양광이 통일되었던 1921년과는 달리 광동성조차 통일하지 못했고, 재정 상태는 극히 나빴으며, 주민들로부터는 지지를 받지 못해 '객군'에 의지하여 겨우 존립할 수 있는 정도였다. 1921년에는 진형명이 반대했다면, 이제는 손문의 측근들이 반대했다. 게다가 손문이 전략적으로 선택한 '반직삼각동맹'의 단기서와 장작림이 정부의 건립에 반대했다. 손문의 완고함, 상황의 악화, 동맹자의 반대 속에 보로딘은 일전대회에서 국민정부를 건립할 필요가 있다는 구호만 제출하자는 절충안을 손문에게 제시했고, 이를 손문이 받아들였던 것이다. 결국 국민정부는 손문 생전에 건립되지 못하고, 손문 사후 건립되었다(1925. 7.1). 광동이 혁명의 근거지로 안정을 되찾고, 2차 봉직전쟁으로 반직삼각동맹이 해체됨으로써 손문의 바람이 마침내 이루어진 것이다.

11. 「건국대강」 제정 선언

보로딘의 설득으로 손문이 '절충안'을 받아들임으로써, 정부 건립의 의지는 일단 해소된 것일까. 그렇지는 않다. 절강전쟁이 폭발해(9.3), 2차 봉직전쟁이 임박하자 대원수부를 소관으로 이전하고(9.12) 「북벌선언」을 발표함으로써(9.18) 전쟁의 긴장감이 최고조에 달했을 때, 손문은 돌연 「건국대강」을 제정한 이유를 선언 형식으로 발표했다(9.24).[121] 손문에게 국민정부의 건립은 그만큼 절박하고 중요한 것이었다.

그렇다면 손문이 국민정부의 건립을 관철시키지 못한 이유를 다시 검토해 보자. 손문은 일전대회에서 정부의 건립, 심지어 「건국대강」조차 선포하지도 못하고, 단지 건립의 필요성만 확인받았다. 어찌 보면 손문으로서는 아쉬울 뿐 아니라 '굴욕적'이라고 할 만하다. 왜냐하면 혁명 과정에서 중요한 결정을 내릴 때, 손문이 주변과 소통해 결론을 내는 경우는 거의 없었다. 중화혁명당의 창당, 「혁명방략」의 결정, 「혁명방략」을 뒤집은 '호법' 주장, 손단동맹, 반직삼각동맹, 중국공산당원의 국민당 입당 허가, 국민당 개진, 소련과의 합작, 북벌 등을 결정할 때, 주변의 의견을 듣고 결정했다는 기록은 좀처럼 찾기 어렵다. 특히 손단동맹이나 북벌 등에 대해서는 주변의 반대에도 아랑곳하지 않았던 손문이었다.

앞에서 살펴본 대로 손문의 측근들이 손문의 정부 수립을 반대한 이유는 불충분한 내부 조건과 반직 동맹자들의 반대에 있었다. 이는 일전대회와 상관없는 이유이다. 반면 보로딘은 정부 건립의 선포가 당 개조를 위한 일전대회를 무의미하게 만든다고 반대했다.[122] 이에 보로딘은 절충안을 제시해 국민정부 건립의 필요성을 구호로 하자고 한 반면, 측근들은 일전대회와 상관없이 현재로서는 정부 건립을 구호조차도 제기하지 말자는 것이었다. 그런데 이 세 가지 이유 중 '불충분한 내부 조건'이 손문으로 하여금 정부 건립 주상을 포기하게

121 「制定〈建國大綱〉宣言」(1924.9.24), 『孫中山全集』 11, pp.102~104.

122 손문의 정부 건립을 보로딘이 반대하는 이유는 다음과 같다. "당의 시스템과 정부의 시스템을 혼돈해서는 안 된다"[「Borodin이 Karakhan에게 보내는 편지」(1924.1.25, 광주, 기밀), 『聯共(布), 共産國際 檔案資料』 1, p.403]. "孫의 정부 건립은 이번 대표대회를 망칠 수 있다. 대표대회의 소집 목적은 孫을 중국의 총통이 되게 하기 위한 것이 아니라 국민당의 행동 강령과 개조를 위한 것이다. 어떻게든 당의 파멸을 초래할 가능성이 있는 이 절차를 막아야 했다"[「Borodin의 札記와 通報」(1924년 2월 16일보다 빠르지 않다, 廣州), 『聯共(布), 共産國際 檔案資料』 1, p.439, p.487].

만들지는 않았을 것이다. 1921년 진형명의 강한 반대에도, 그는 정부를 건립했다. 어려운 여건을 내세우는 측근들의 요구 때문에, 손문이 정부 건립을 단념했을 리 없다. "우리는 그(손문)와 20년 동안 함께 사업했지만, 그 어떤 이유도 손(孫)으로 하여금 이미 내린 결정을 바꾸게 할 수 없었다"[123]라는 요중개와 왕정위의 말처럼, 이미 정부 건립을 결정한 손문의 뜻을 광동의 어려운 상황을 이유로 번복할 수는 없었다. 더구나 손문은 광동의 상황을 측근과는 전혀 다르게 보고 있다. 일전대회 첫날 손문은 정부 건립과 관련된 연설을 하면서 서두에 다음과 같이 말했다.

> **현재 이곳(광주)에는 이미 정부가 있다.** 그러나 이전의 호법정부가 아니다. …… 이번에 본 총리(손문)가 광주로 다시 돌아온 것은 호법정부로 일을 추진하려는 것이 아니다. **현재의 정부는 혁명정부**이며 군사 시기의 정부로서 그 발전은 아주 희망적이고, **광동의 기반 또한 공고해** 북벌 또한 이미 준비되어 있어, 때가 되면 전진할 것이다.[124]

얼마나 현실과 동떨어진 내용인가. 이 연설 후 정부 건립이 필요하다는 의견이 받아들여졌을 뿐인데, 이전의 호법정부와는 다른 혁명정부가 있다고 하고, 광동의 기반이 공고해 언제라도 북벌을 추진할 수 있을 정도라는 것이다. 이미 살펴본 것처럼 그 측근들조차 국민당의 광동 기반은 허약하기 짝이 없어 결코 정부를 건립해서는 안 된다고 정반대로 생각했다. 어찌 보면 어떤 상황에서도 혁명정부(국민정부)의 건립과 북벌은 반드시 하겠다는 손문의 의지를 보여주는 대목이라고 할 수도 있다. 따라서 손문에게 광동의 상황적 어려움은 정부 건립

123 「Borodin의 札記와 通報」(1924년 2월 16일보다 빠르지 않다, 廣州), 『聯共(布), 共産國際檔案資料』 1, p.487.

124 「中國國民黨第一次全國代表大會會議錄」, 第2號(1924.1.20, 오후), 中國第二歷史檔案館 編, 『中國國民黨第一, 二次全國代表大會會議史料』 上, p.13.

의 장애 요소가 되지 못했다.

12. 정식정부 건립에 대한 반직 동맹자들의 반대

그러나 반직 동맹자들의 반대에 대해서는 좀 더 살펴볼 필요가 있다. 1924년 1월 7일 손문은 다음과 같이 시국 선언을 발표했다.

> 건국정부(국민정부)는 이미 수립하기로 결정해, 현재 준비 중에 있다. **섭공작(葉恭綽)이 봉(奉), 절(浙)에 갔다 온 결과**, 삼각동맹은 크게 진보하고 있다. 현재 이미 북벌을 결정했고, 먼저 강서로 진병(進兵)하고자 한다.[125] - 강조는 인용자

이 내용에 따르면 섭공작이 봉·절에 갔다 온 결과를 이미 받았고, 그의 파견은 북벌과 관계 있다는 것을 보여준다. 그런데 일전대회에서 손문은 국민정부의 조직에 관해 연설하면서 섭공작의 파견에 대해 다음과 같이 이야기했다.

> 오늘의 현실은 우리가 정식조직을 갖지 못해 북방과 관계를 분명히 끊지 못했기 때문에, 국민정부의 조직은 실로 목전의 첫째 문제이다(박수). 공사단(公使團)의 첩문(諜文)이 오기 이전부터 나는 본래 곧 정부를 조직하고자, **일찌이 재정부장 섭공작을 봉(奉), 절(浙) 두 곳에 보내 정부를 조직하는 방법을 징구했었다**. 그러나 현재 공사단에 경시당하는 것은 모두 우리가 정부의 지위가 없기 때문이다.[126]

---

125 「關于時局的談話」(1924.1.7), 『孫中山全集』 9, p.26.
126 「中國國民黨第一次全國代表大會會議錄」, 第2號(1924.1.20, 오후), 中國第二歷史檔案館編, 『中國國民黨第一, 二次全國代表大會會議史料』 上, p.13.

섭공작(葉恭綽, 1880~1965)

자는 유보(裕甫), 옥보(玉甫), 옥호(玉虎), 옥부(玉父), 호는 하암(遐庵)으로, 원적은 절강 여요(余姚, 위야오)이지만, 광동성 번우에서 출생했다. 청 말(1902) 경사대학관(京師大學館)에 입학했으며, 청 말 주로 우정과 철로 관련 직책을 담당했다. 1913년 교통부 총장, 1914년 원세개 제제 때 대전주비처회판(大典籌備處會辦), 1917년 교통부차장 겸 철로독판, 우정총국 국장 등을 역임했다. 7월 복벽 때 단기서가 토역군총부 교통처 처장에 임명했다. 1918년 유럽의 실업을 고찰하기 위해 떠났다가 1919년에 귀국했다. 1920년에 교통부총장을 지냈으며, 1922년 사직하고 일본으로 출국했다. 1923년 5월에는 손문이 광주대본영 재정부부장 겸 광동재정청장으로 임명되었다. 11월 동북으로 파견되어 장작림과 토직(討直) 문제를 상의했으며, 12월 광주 대본영 재정위원회 위원이 되었다. 1924년 11월에는 북양정부 교통부총장, 1931년에는 국민정부 철도부부장, 1933년에는 국민정부 전국경제위원회 위원을 지냈다. 1939년 홍콩에서 중국문화협진회(中國文化協進會)를 조직했으며, 1941년 홍콩이 일본에 함락되자 1942년 10월 상해로 이주했다가 1948년 다시 홍콩으로 이주했다. 신중국 성립 후에는 북경으로 이주해 주로 문화 관련 일을 담당했으며, 1955년에는 북경중국화원(北京中國畫院) 원장이 되었다. 문화대혁명 때 박해를 받아 1968년 병으로 사망했다. 1979년에 명예가 회복되었다.

연설 내용에 따르면, 삼각동맹의 동맹자들로부터 정부 건립에 대한 의견을 구하는 것도, 섭공작을 파견한 이유 중 하나였음을 알 수 있다. 그런데 연설 내용은 섭공작을 파견한 결과에 대한 것은 없고, 정식정부의 필요성만을 강조하고 있다. 손문이 섭공작 파견의 결과, 즉 정부 건립에 대한 봉천의 의견을 굳이 말하지 않은 이유는 무엇이었을까. 따라서 섭공작을 파견하는 과정과 그 결과에 대해 알아볼 필요가 있다.

1923년 7월 손문은 자신에게 대총통 취임을 권한 섭공작에게 아직은 때가 아니라며,[127] 정부의 건립보다는 열강의 북경정부 승인 취소가 우선이라는 소

127 손문은 대총통에 취임하라는 섭공작, 정잠 등의 요청에 대해 "나는 各江(동강, 서강, 북강)의 군사가 끝나면, 각계 인사 및 각 직원회의를 다시 열겠다. 만약 衆意가 동의한다면, 나는 민국을 위해 진력해 친히 이 群醜를 소제하고, 이전의 대외 선언 주장을 관철하겠다.

극적 태도를 취했다.[128] 그러나 조곤의 뇌물 선거 이후 정부를 건립하고자 결심했으며, 앞서 자신에게 대총통 취임을 권했던 섭공작을 1923년 12월 봉천에 파견했다. 물론 섭공작이 당시 재정부장이었기 때문에, 봉천으로부터의 원조도 감안한 파견이었다. 봉천에는 섭공작뿐만 아니라 반직파의 수장들이 보낸 대표들이 모두 모였다. 마치 '반직의 수장'인 장작림에게 대표를 보낸 형국이었다. 섭공작은 12월 16일 봉천에 왔다가 12월 24일 봉천을 떠났다.[129] 이 모임에서 거론된 내용과 결과에 대해 광주≪민국일보≫는 상세히 전하고 있으나,[130] 섭공작이 정부 건립에 관해 거론했다는 기사 내용은 없다. 물론 손문의 정부 건립이 반직파 전체 모임에서 거론될 주제는 아니었으니, 아마 섭공작이 장작림과의 개인 면담에서 제기했을 것이다. 이에 대해 장작림은 손문의 정부 건립에 반대했을 뿐 아니라, 더 나아가 손문이 단기서에게 총통 자리를 양보하길 바란다고 전했다.[131]

섭공작은 봉천을 떠나 1923년 12월 30일 상해에 도착한 후, 1924년 1월 1일 보고서를 작성해 3일에 요중개에게 건네며 광주의 손문에게 전해달라고 했

그러나 지금은 아주 중요한 문제가 여럿 있으니, 신중히 고려한 후 대외를 행하겠다"라고 답했다. 「大元帥討伐曹吳表示」, 上海≪民國日報≫, 1923.7.30.

128 「大元帥府召集重要會議: 討論發表對外宣言」, 上海≪民國日報≫, 1923.7.5; 「要求列强撤銷承認北京政府之對外宣言」(1923.6.29), 『孫中山全集』 7, pp.574~575.

129 胡玉海 里蓉 主編, 『奉系軍閥大事記』, pp.346~347.

130 조곤이 뇌물 선거로 북경에 들어간 후 첫 번째 반직파들의 모임으로, 참여자에는 손문 측 대표 섭공작 외에도, 단기서 측 대표 오광신, 노영상 측 대표 심지어는 당계요 측 대표까지 참여했다. 회의는 "① 사각동맹의 협약을 견지하며, 시종 변치 않는다. ② 서남이 북벌을 실행하면 奉浙 양성은 실력에 상당하는 협조를 한다. ③ 直이 만약 거병해 浙을 공격하면, 奉은 즉시 거병해 입관하고, 直이 奉을 침입하면 浙 또한 거병해 直을 공습한다. ④ 奉直和議는 반드시 對段, 對孫, 對盧 문제를 동시에 해결하는데, 奉浙 양성은 즉 반직파는 直方의 변화를 예측하기 어려우니, 협공의 세를 취하며 자중"하기로 결정했다. 「反直派最近會議之結果」, 廣州≪民國日報≫, 1924.1.9.

131 「楊宇霆爲不必爲聯合悲觀復葉恭綽函」(1924.1.8)(「孫中山與段張建立反直同盟函電選」, 『歷史檔案』, 1986-3), p.57.

다.[132] 그러나 요중개로부터 장작림의 의중을 전해 받기 전인 1월 4일, 손문은 군정회의를 열어 재정통일, 북벌과 함께 정부 건립을 결정했고,[133] 다음 날 상해의 왕정위와 요중개에게 "광동으로 돌아와 「건국정부대강」의 일을 상의하고 북벌대계를 준비하라"는 전보를 보냈다.[134] 1월 7일 시국에 관한 담화에서 손문은 "건국정부는 이미 수립하기로 결정했으며, 현재 준비 중이다. 섭공작이 봉천에 갔다 온 결과 삼각동맹은 크게 진전되고 있고, 우리도 북벌을 이미 결정했다"[135]고 말했다. 아직 섭공작으로부터 정확한 보고를 받지 못했음을 보여준다. 여하튼 연초부터 정부 건립에 대한 결정이 언론에 보도되자 봉천 측은 장작림의 뜻을 빨리 전하라고 독촉했고,[136] 이에 섭공작은 언론보도(정식정부 건립)는 손문이 장작림의 생각을 전달받기 전의 일이라고 하면서, 봉천 측에 그간의 사정과 사과의 뜻을 전했다.[137]

정부 건립에 반대한다는 장작림의 뜻이 전해지자, 손문의 측근들이 다급해졌다. 섭공작으로부터 장작림의 뜻을 전해 받은 요중개는 광동에 도착한 직후에 열린 기자간담회에서 "서남이 북벌에 나서면 봉·절은 반드시 향응한다"[138]는 내용만 밝히고, 장작림이 정부 건립에 반대한다는 것은 알면서도 밝히지 않았다. 한편 오조추는 "총통 칭호를 쓰지 않는 것이 좋겠다"라고 정부 건립에 대

132 「葉恭綽爲解釋對聯合憂慮復楊宇霆函」(1924.1.19)(「孫中山與段張建立反直同盟函電選」, 『歷史檔案』, 1986-3), p.59.

133 「三大問題之解決」, 廣州≪民國日報≫, 1924.1.7; 「建國北伐之決心談」, 廣州≪民國日報≫, 1924.1.8.

134 「大元首電召汪精衛廖仲愷回粵」, 廣州≪民國日報≫, 1924.1.8.

135 「關于時局的談話」(1924.1.7), 『孫中山全集』 9, p.26.

136 「楊宇霆促回粵報告聯合無慮復葉恭綽函」(1924.1.11)(「孫中山與段張建立反直同盟函電選」, 『歷史檔案』, 1986-3), p.57.

137 「葉恭綽爲解釋對聯合憂慮復楊宇霆函」(1924.1.19)(「孫中山與段張建立反直同盟函電選」, 『歷史檔案』, 1986-3), p.59.

138 「廖仲愷反粵之談話」(1924.1.8), 廣州≪民國日報≫, 1924.1.9. 실제로 봉천에서의 반직파 회의는 "서남이 북벌을 실행하면, 봉·절 양 성은 실력에 상당하는 협조를 한다"라고 결정했다. 「反直派最近會議之結果」, 廣州≪民國日報≫, 1924.1.9.

한 반대 의견을 에둘러 손문에게 진언했다(1.10).[139] 1월 15일에 개최된 대본영 중요 회의에서 결정한 내용을 언론은 다음과 같이 전하고 있다.

> **일전에 대원수는 각 군정계 요인을 소집해 회의를 열어 건국, 북벌 등의 중요 안건을 의결했다.** 현재 왕정위, 호한민, 요중개 등이 상해로부터 광동 대원수부로 돌아왔다. 특히 15일 오후 4시 **다시 대본영에서 중요 회의**가 열렸는데, 출석자는 이열균, 담연개, 양희민, 장개유, 왕정위, 호한민, 요중개, 손과였다. 각 요인들은 매우 상세히 토론해, **건국정부에 대해서는 신중히 진행한다는 방침을 취하기로 했다.**[140]

정부 건립을 의결한 '일전의 회의'는 '1월 4일의 대본영 군정회의'이다.[141] 이 회의를 통해 정부 건립을 확정하고, 손문이 정부 건립을 선언하는 절차를 밟았다. 그런데 두 번째로 개최된 대본영 군정회의에는 요중개 등이 참석해, '정부 건립을 신중히 진행'하기로 방침을 바꾸었다. 즉 정부 건립에 반대하는 장작림의 뜻을 섭공작으로부터 전해 받은 요중개 등에 의해 손문의 기존 결정이 바뀐 것이다. 이 회의에 손문이 참석했는지는 확실하지 않다. 회의 출석자 명단에 없기 때문에 손문이 참석하지 않았을 가능성이 크다.[142]

만약 손문이 참석했다면 장작림의 의견을 받아들여 정부 건립을 연기한 것으로 볼 수 있고, 참석하지 않았다면 측근들이 손문을 압박하기 위해 내린 결

139 오조추는 '진언'이라고 했지만, 손문의 뜻에 반대하는 것이 대단히 어려웠는지, 명칭을 '행정수장', '대총재'라고 하면 북방의 장작림과 단기서가 받아들이지 않겠느냐는 의견도 제시하고 있다. 정부 건립에 대한 손문의 의지가 얼마나 강한지 보여주는 것이기도 하다. 「伍朝樞爲商告各事項致葉恭綽函」(1924.1.15)(「孫中山與段張建立反直同盟函電選」, 『歷史檔案』, 1986-3), p.58.

140 「粵財軍政錄要: 大本營之重要會議」, 上海 ≪民國日報≫, 1924.1.20.

141 「在大本營軍政會議的發言」(1924.1.4), 『孫中山全集』 9, pp.10~11.

142 체레바노프의 회고록에 의하면 이 회의에 참석한 보로딘은, 손문이 그 자리에 참석했다고 한다. 『中國國民革命軍的北伐』, pp.62~64. 그러나 『國父年譜』에는 1월 15일의 내용이 없다.

정으로 볼 수 있다. 그런데 앞서 인용한 바 있는, 사인위원회에서의 정부 건립에 대한 회의록을 보면 측근들(요중개, 왕정위, 호한민)은 손문을 아직 설득하지 못했고, 회의 다음 날에도 손문을 설득하지 못해 보로딘에게 부탁했다. 이에 보로딘이 '일전대회 직전'에 '타협안'으로 손문을 설득했다고 하니, 1월 15일에 있었던 군정회의에 손문이 참석하지는 않은 듯하다. 손문은 반직 동맹자의 반대에도 아랑곳하지 않고 일전대회를 이용해 정부를 건립하고자 했던 것이다.[143] 일전대회 개막 전날인 1월 19일 손문의 측근이자 사인위원회 성원인 세 사람(요중개, 왕정위, 호한민)이 연명해 상해의 섭공작에게 전보를 보내어, 정부 건립에 관해 다음과 같은 결정이 이루어졌음을 알렸다.

> 우리는 (정부 건립을) 천천히 진행하되, (정부 건립에 대한) **토론과 선전은 필요하지만, 급히 실현하기를 원치 않는다고** (손문에게) 주장했다. 명(銘: 汪兆銘, 왕정위)이 (일전)대회가 끝난 후 (상해로) 돌아가면, 형(섭공작)이 보고 들은 바를 수시로 선생에게 보고해 완급에 참작하라고 할 작정이다. 만약 형이 광동으로 돌아와 (손문의) 면전에서 진술할 필요가 있다고 느끼면 (왕조)명을 기다릴 필요는 없다. (胡)한민, (廖)중개, (汪)조명 드림. 호(晧)(19일 발)[144] - 괄호와 강조는 인용자

후술하겠지만, 손문은 일전대회 첫날(1.20) '국민정부를 건립할 필요'가 있다

143 일전대회 전까지 정부 건립에 대한 태도를 보로딘은 다음과 같이 보고하고 있다. "국민정부 혹은 건국정부에 대한 문제는 孫이 제출한 것이다. 한 달 사이 그는 모든 사람을 자기 주위로 불러, 그들에게 자신의 국민정부 방안을 선포했으며 사전에 측근들의 '동의'를 얻었지만, 자신의 '동맹자'인 段祺瑞, 張作霖 등 사람들은 고려하지 않았다. 대표들이 모이기 시작할 때, 孫은 代表大會를 이용해 국민정부의 성립을 선포하고 자신을 총통으로 선거하도록 했다." 「Borodin의 札記와 通報」(1924년 2월 16일보다 빠르지 않다, 廣州), 『聯共(布), 共産國際 檔案資料』 1, p.480.

144 「胡漢民等爲注意聯合不應違反主旨致葉恭綽電」(1924.1.19)(「孫中山與段張建立反直同盟函電選」, 『歷史檔案』, 1986-3), p.58.

는 결의안이 통과되었는데도, 1월 23일 일대선언이 표결에 부쳐지기 직전에 선언을 「건국대강」으로 교체하자고 주장했으나, 보로딘의 반대로 성사되지 못했다. 결국 일전대회에서 정부의 건립이 무산되자 손문은 곧바로 섭공작에게 답신을 보냈다.

> 이곳(일전대회)에서는 현재 정부를 아직 조직하지 못했고, 단지 「건국대강」을 국민당 전국대표대회에 제출해 토론했다. 이미 통과되었는데, 각 성으로 가서 선전해 전국 국민의 동의를 구하려고 한다. 이는 **각 방(方)과의 합작**에 성의를 보이고자 한 것이다.[145] - 강조는 인용자

매우 아쉬워하는 듯한 표현인데, 여하튼 손문은 정부를 조직하지 않은 이유를 반직파인 장작림, 단기서(各方)와의 합작을 위해서라고 알렸다. 말하자면 그들에게 "당신들의 요구를 받아들여 '정식정부'를 건립하지 않았다"라고 전하라는 뜻이다.

정부 건립에 대한 '토론과 선전'을 주장한 것은 보로딘이었다. 그리고 보로딘의 말대로 일전대회 직전에 손문은 정부 건립을 보류하기로 결정했다. 정부 건립과 관련해 그 과정을 정리해보면, 1921년 손문은 처음으로 정식정부(중화민국정부)를 건립했는데, 이 정부는 약법의 국회의원들에 의한 '호법정부'였다. 그러나 이후 북벌 추진에 반대하는 진형명의 공격을 받아 손문은 광동을 떠났다. 그 후 광서 등의 객군의 도움을 받아 1923년 2월 광주로 돌아왔으나, 그가 건립한 것은 대원수부였다. 기실 1921년의 중화민국정부를 건립했던 호법 의원들이 광주에 없었기 때문이다. 1923년 6월 '법통의 총통' 여원홍이 직계에 의해 북경에서 쫓겨나자, 손문은 다시 호법정부의 재건을 호소했다. 그런데 같은 시기 손문은 호법정부 대신 혁명당에 의한 혁명정부를 구상했다. 1923년 10월

145 「復葉恭綽電」(1924.1.23), 『孫中山集外集補編』, pp.367~368.

에 일어난 뇌물 선거가 북경정부에 대한 전국적 저항을 불러일으키자, 손문은 호법정부가 아닌 혁명당에 의한 혁명정부 건립을 통해 혁명을 수행하기로 결정하고, 1924년 1월 4일 대본영 군정회의에서 정식정부(건국정부, 뒤에 국민정부로 개칭)의 건립을 공식화했다. 나아가 손문은 '전국대표대회'를 이용해 정부를 수립하고자 했다. 손문은 이보다 조금 앞서 반직 동맹자인 장작림에게 정부의 건립과 북벌의 추진에 대한 '동의'를 구하기 위해 섭공작을 봉천에 파견했다. 물론 장작림은 정부 건립에 단호히 반대했다. 손문은 이를 전해 받지 못한 상태에서 1월 4일의 '대본영 군정회의'를 통해 정부 건립을 선포했던 것이다. 그 후 장작림의 반대를 전해 받고도 손문은 정부를 건립하고자 했다. 요중개 등 손문의 측근들은 손문을 설득하다가 여의치 못하자, 보로딘에게 부탁했다. 한편 보로딘은 정부의 수립이 국민당 개조의 의미를 퇴색시킬 우려가 있다고 생각해 일전대회에서는 정부 건립을 선포하지 말고, 다만 정부를 건립할 필요가 있다는 구호만을 내자는 타협안을 제시했다. 이를 손문이 받아들임으로써 일전대회에서는 국민정부의 건립뿐만 아니라 국민정부의 「건국대강」 조차 발표되지 못했다.

13. 손문이 정식정부를 건립하려는 이유

그렇다면 정부를 건립하려는 손문의 의도는 무엇인가. 손문이 비록 정부 건립을 선포하지는 못했다고 하더라도, 일전대회에서 정부 건립의 필요성을 역설하고, 이후 「건국대강」을 발표했으며, 북벌이 임박한 와중에 「건국대강」을 제정한 이유를 선언으로 발표했다. 동맹자들의 반대에도 손문은 왜 그토록 정부를 건립하려고 했을까. 물론 반직 동맹자들은 손문의 정부 건립에 반대할 이유가 있었다. 이는 반직에 승리한 후 권력 구조와 밀접한 관계가 있었기 때문이다. 삼각동맹의 두 축인 장작림과 단기서는 북경의 직계를 무너뜨린 후 단기서를 총통으로 내세우는 데 의견 일치를 보고 있었다. 따라서 직계에 승리하기 전에 손문이 정부를 건립해 총통의 자리에 있다는 것은 이들의 구상과 완전히 모순되는 것이었다. 당시 광동의 상황이 정부를 건립하기에 극히 어렵고, 정부 건립을 동맹자들이 분명히 반대하리라는 것을 손문이 몰랐을 리 없다. 어쩌면 바로 이것이야말로 손문이 굳이 정식정부를 건립하고자 한 이유가 아닐까.

반직의 세 동맹자들에게는 두 가지 전제가 있었으니, 하나는 자신의 힘만으로는 직계를 무너뜨릴 수 없다는 것이고, 또 하나는 동맹을 하면 직계에 승리한다는 것이다. 이리하여 서로 동맹을 맺은 것이나 동맹의 실체를 구속하는 것이 있었으니, 직계에 승리 후 각자의 구상이다. 동맹을 해야만 승리할 수 있다고 전제했기 때문에, 승리 후 세 세력이 일정 정도의 권력과 지역을 나누어 가질 수밖에 없다. 손문 역시 직계에 승리한 후 북경을 장악할 수는 없다고 예측했다(후술). 더구나 자신의 처지로 볼 때 '실패'한다고 보지는 않았지만(실제로는 '실패'했다), 승리 후 자신의 지분이 그리 크지는 않으리라고 예측했다. 북경을 지배하지 못하고, 일부 지역만 장악한 지역 정권이 이후의 일(혁명 사업 즉 중국 통일)을 완수하기 위해서는 그것에 대한 대비가 필요했다.

손문이 토원전쟁에서 실패한 후 일개 정객으로 상해에 있을 때 "만약 당초 내가 급히 필요했던 자금을 얻을 수 있었다면, 나는 본래 원세개가 죽기 전에 임시정부를 성립시켜 남북 타협의 문제가 출현하지 않을 수 있었다"[146]라며 아쉬움을 토로했다. 즉 토원전쟁의 결과 실패해도 '임시정부'가 있다면, 북경정부와 대립하며 혁명을 계속 추진할 수 있다고 생각했다. 임시정부를 세울 능력은 없고, 토원전쟁에서 성공할 가능성이 낮아 보이자, 「혁명방략」에서 혁명의 실패 원인이라고 강조했던 약법 체제의 부활인 호법을 주장했던 것이다. 손문의 예상대로 호법은 하나의 대안이기는 했으니, 이후 손문의 혁명 기간 대부분

146 「致戴德律函」(1916.7.5), 『孫中山全集』 3, p.316.

이 '호법투쟁'이었다. 그러나 조곤의 뇌물 선거에 '호법'에 의한 국회의원들도 엉켜 있었고, 또 불안정한 '3차 광동정부'의 처지에 비추어 호법을 위해 광주로 올 의원이 얼마나 될 것인가.

손문은 이제 다시 「혁명방략」으로 돌아가, 혁명당에 의한 혁명정부(국민정부)를 건립해 혁명을 수행하기로 결심했다. 그러나 이 결심은 손문의 전략적 동맹자들의 반대로 무산되었다. 일전대회에 참석하기 위해 광주에 온 이대쇠에게 손문은 국민정부를 건립해야 하는 이유를 다음과 같이 말했다.

> 나는 국민정부를 조직하고 싶다. 우리가 해관(海關) 충돌의 교훈에서 볼 수 있듯이 우리에게 정식정부가 없는 한, **동맹국**과 투쟁하는 것은 매우 어렵기 때문이다. 어쩔 수 없이 우리가 그들에게 선전포고를 할 수도 있다. 이때 비록 우리가 실패한다고 해도, **우리는 정부이지 비적이 아닌 것이다**. 그러므로 무언가에 근거해, 반드시 정부를 건립해야 한다.[147] - 강조는 인용자

여기서 동맹국이란 제국주의 열강이다. 앞으로 정부로서 열강과 투쟁해야지, 그렇지 않으면 비적에 불과하다는 것이다. 이는 공산당원인 이대쇠를 의식해 한 발언이 분명하다. 손문은 열강과 투쟁하기 위해, 굳이 정부를 건립하려고 하지는 않았다. 관여를 얻어내는 과정에서 일개 지방 권력이라고 경시받던 서러움이 손문으로 하여금 정부를 건립하도록 종용했다고 요중개는 설명하고 있으나,[148] 일시적 분노로 돌연 정부를 건립하고자 했다는 것은 나름의 긴 안목에서 혁명을 구상하는 손문에게는 어울리지 않는 설명이다. 이 인용문이 공산당원 이대쇠를 대상으로 한 발언임을 감안해 달리 해석하면, 반직삼각동맹이

---

147 「Borodin의 札記와 通報」(1924년 2월 16일보다 빠르지 않다, 廣州), 『聯共(布), 共産國際檔案資料』 1, p.469.

148 같은 글, p.439.

직계에 승리한 후 혁명의 완성을 위해 그들과 싸워야 하는데, 만약 정부가 없다면 무슨 명분으로 싸울 것인지를 염두에 두었다고 해야 할 것이다. 원세개가 죽기 전에 임시정부를 수립하지 못해, 원세개 사후에 어떤 대처도 할 수 없던 경험이 있었기 때문이다. 비슷한 예를 또 하나 보자. 1921년 원단에 한 연설에서 손문은 정식정부의 건립이 필요한 이유를 다음과 같이 역설했다.

> 군정부의 기관에 대해 말하면, 외인의 눈에는 이전 청조 때의 기관처럼 보인다. 이런 기관(즉 군정부)이 어찌 중화민국을 대표해 **북방정부와 대항할 수 있겠는가**. 이상에서 여러 가지 살핀바, 정식정부의 건립은 하루라도 늦출 수 없다는 것을 확인할 수 있다.[149] – 강조는 인용자

이때의 북방정부란 직계에 의한 정부이다. 외국인의 눈에 일종의 기관에 불과한 군정부로는 대항의 명분이 없다는 것이다. 이를 1924년에 적용해보면 반직삼각동맹이 직계 타도에 성공한 이후, 손문 자신이 장악하지 못한 '환계와 봉계의 북경정부'에 대항하기 위해서는 정식정부가 있어야 한다고 생각했을 것이다. 실제로 직계가 무너진 후 손문의 처지는 예상보다 훨씬 더 나빠졌다. 그렇다 하더라도 만약 그때 국민정부가 있었다면, 명분 있는 대처 방안이 나올 수 있었을 것이다.

이렇게 볼 때, 손문이 섭공작을 봉천에 파견한 것은 정부 건립에 대해 장작림의 '동의'를 얻기 위해서가 아니라, '통지'하기 위함이었을 것이다. 장작림이 정부 건립에 동의할 것이라고 손문이 과연 생각했겠는가. 삼각동맹을 유지하기 위해 측근들은 정부 건립을 결사반대했다. 손문이 측근들의 반대를 받아들였다기보다는 일전대회에서 정부 건립이 필요하다는 안을 결의안으로 통과시켜 정부 건립을 분명히 하고, 건립 시간을 약간 늦춤으로써 삼각동맹의 유지를

149 「在廣州軍政府的演說」(1921.1.1), 『孫中山全集』 5, p.451.

전략적으로 피한 것으로 볼 수 있다. 그 이후 「건국대강」을 언론에 흘리고, 북벌 전쟁이 임박한 시기에 '돌연' 「건국대강」을 제정한 이유를 선언으로 밝힌 것은, 전쟁이 끝나기 전에 정부를 건립하겠다는 의지의 표현이라고 볼 수 있다. 그러나 풍옥상의 북경정변이라는 돌발 사태로 직계에 승리함으로써, 혁명정부를 건립하지 못한 채 새로운 국면을 맞이했다. 결과적으로는 측근들의 주장처럼 정부를 건립하지 않아 반직삼각동맹은 유지되었지만, 선후를 대처할 묘안은 없었다. 이런 점에서 측근들의 생각은 정부 건립에 대한 손문의 진의를 제대로 파악하지 못한 단견이었다고 할 수도 있다.

14. 정식정부의 건립과 국공합작

정부 건립과 관련해 보로딘이 상당한 역할을 했다. 그는 일전대회에서 국민정부가 건립되는 데 반대했고, 손문이 이를 받아들였다. 그러나 사실 따지고 보면 정부 건립과 일전대회, 즉 당 개조는 그리 관계가 없어 보인다. '정부의 시스템과 당의 시스템'이 다르다든가, '대표대회의 목적은 손문을 총통으로 만들기 위한 것이 아니라 당 개조에 있기 때문에 정부 건립은 당을 파멸시킬 가능성'[150]이 있다는 보로딘의 주장은 나름 수긍이 가면서도, 일전대회에서 정부 건립을 선포한다고 당이 파멸될 것 같지는 않다. 기실 손문이 사망한 후 3개월 만에 국민당 중앙집행위원회는 전체 회의를 개최해 대원수부를 국민정부로 개조한다고 결정했다.

물론 「일대선언」 대신에 「건국대강」을 선포하자는 손문의 갑작스러운 제의는 당 개조를 포기하는 것이기 때문에 보로딘이 강력히 반대할 만했다.[151]

150 「Borodin의 札記와 通報」(1924년 2월 16일보다 빠르지 않다, 廣州), 『聯共(布), 共産國際檔案資料』 1, p.439, p.487.

일대선언 대신에 「건국대강」, 즉 정부 건립을 주장하는 것은, 해외에서 온 극우의 대표들(화교)이 손문을 부추겼기 때문이라고, 보로딘은 해석했다.[152] 실제로 일전대회에 출석한 일부 미주 대표들이 손문을 만나 "교민들은 정식정부의 조직을 갈망하고 있다"는 뜻을 전했다.[153] 그러나 아무리 생각해도 일전대회, 즉 당 개조와 혁명정부의 건립은 모순되는 사안이 아니다.

손문이 보로딘의 반대를 받아들여, 대표대회는 「건국대강」이 아닌 「일대선언」을 통과시켰다. 이는 국공합작의 최대 결실이다. 만약 손문이 보로딘의 반대를 받아들이지 않았다면, 국공합작은 물거품이 될 수도 있었을 것이다. 그러나 "「일대선언」 대신 「건국대강」을 발표하자"는 손문의 주장은 손문이 「일대선언」의 내용, 당 개조의 내용에 거부감이 있었다고 해석할 수는 있을지언정, 당 개조와 정부 건립이 모순되는 사항은 아니다. 따라서 손문이 일전대회에서 「일대선언」도 발표하고, 또 국민정부의 건립을 선언했더라고 무방하지 않았을까? 측근들의 우려처럼 삼각동맹에 균열이 발생할 가능성은 있지만, 그렇다고 일전대회의 정신인 당 개조 나아가 국공합작에 문제가 생기는 것은 아니다. 그렇다면 손문의 견지에서 국공합작과 정부 건립에 어떤 상관관계가 있는지 살펴볼 필요가 있다.

신해혁명 이래로 손문은 '실질적 정치권력'의 수장을 네 차례나 지냈다. 여기서 '실질적 정치권력'이란 근거지와 무력을 소유한 정치권력을 의미한다. 예

---

151 「일대선언」은 일전대회 첫날인 1월 20일 전문이 낭독된 후 선언심사위원회에 넘겨졌고, 이후 위원회의 심사를 거쳐 1월 23일 오후 대표대회에서 표결에 부치는 절차가 예정되어 있었다. 그런데 보로딘의 보고에 의하면 23일 오후 회의가 시작되기 전에 손문은 보로딘을 불러, 일대선언을 취소하고 대신 국민정부 조직안을 대표대회에서 발표해 국민정부의 성립을 선포하자고 제의했다고 한다. 물론 보로딘의 거부로 손문은 제안을 취소했다. 「Borodin의 札記와 通報」(1924년 2월 16일보다 빠르지 않다, 廣州), 『聯共(布), 共産國際檔案資料』 1, p.472.

152 같은 글, pp.471~472.

153 「本社專電」(1924.1.11), 上海≪民國日報≫, 1924.1.13.

컨대 일본에서 창당한 중화혁명당과 군정부는 손문에게 「혁명방략」의 틀을 마련하게 해준 중요한 정치권력이었지만, 실제로 근거지와 변변한 무력을 갖추고 있지 못했다. 따라서 네 차례의 수장이란 첫째, 무창기의 후 조직된 임시정부의 수장(중화민국 임시대총통, 1912.1.1 ~ 1912. 2. 13)이었고, 둘째, 복벽 후 남하해 광동에서 세운 중화민국 군정부의 수장(중화민국 군정부 대원수, 1917.8~1918.5), 셋째, 진형명의 광동 탈환 후 남하해 광동에서 건립한 중화민국정부의 수장(중화민국 비상대총통, 1921.5~ 1922.6)이다. 넷째, 객군의 힘을 빌려 진형명군을 밀어내고 광동의 일부를 지배한 대본영의 수장(대원수, 1923.2~1925.3)[154]이다.

공화제는 군주제에 대해 확실한 명분을 가짐으로 첫 번째 경우가 명분상 가장 확실했다. 다만 약법의 제정 때까지 임시적 수장이었고, 그마저도 곧 원세개에게 넘겨야 했다. 더구나 손문이 처음부터 참여해 건립한 정부는 아니고, 무창기의의 혁명파와 이후 가세한 세력들에 의해 추대된 것이었다. 둘째와 셋째의 경우, 그 명분은 '호법'이었다. 신해혁명 이후 복벽이라는 극히 짧은 기간을 제외하면 공화제가 원천적으로 부정되지는 않았으나, '호법'에는 약법 체제가 수반하는 '정통성(법통)'이라는 명분이 있었다.

그러나 네 번째인 대원수는 명분상 아주 애매했다. 그래서 손문도 처음에는 '호법'을 내세우고자 했으나, 현실적으로 '호법'을 내세울 형편이 되지 못했고, 이후 일어난 조곤의 뇌물 선거는 '공화제의 붕괴'를 의미할 정도로 여론을 악화시켰기 때문에 손문은 혁명정부를 건립하고자 했다. 처음으로 자신의 「혁명방략」, 즉 건국방략을 실천할 수 있는 기회를 얻은 것이다. 혁명정부를 건립하고, 이후 반직전쟁에서 승리해 중원 지역을 얻으면, 이곳에서 군정과 훈정을 실시

154 대본영을 세워 대원수의 명의로 육해 각 군을 지휘하는 것인데, 정치권력으로서의 위상은 명확하지 않다. 손문은 스스로 대총통이라는 칭호를 쓰기도 했다. 예컨대 광주에 도착한 날 손문은 객군들을 환영하는 연설에서 "본 대총통이 이번에 광동에 온 것은 滇桂粤 제군을 통일해 통일의 중화민국을 조성하고자 함이다"라고 했다. 「在廣州滇桂軍歡迎宴會的演說」(1923.2.21), 『孫中山全集』 7, p.119.

해 새로 권력을 잡은 북경정부(환계와 봉계)와 대결하고 나아가 승리를 거두어 공화의 완성인 훈정으로 들어가겠다는 구상이었다. 반직전쟁에서 승리해 중원 지역을 얻어도 정부가 없으면, 동맹자들의 북경정부와 대결할 명분이 없기 때문이다.

그렇다면 정부를 갖고 있으면, 명분이 마련되는가. 2차 광동정부 때 '중화민국정부'를 건립하고서도, 그다지 명분을 얻지 못했다. '공화제', '호법', '뇌물 선거'는 나름의 명분을 제공할 수는 있으나, 북경정부와 다른 정부를 건립해야만 하는 명본을 제공했다고 보기는 어렵다. 그러나 당시 반식민지 상태에 놓인 분열의 중국에서, 국제적 승인은 국내적 명분보다 더 큰 의미를 띨 수 있었다. 상술한 네 개의 권력 중 앞의 세 개 권력은 국제적으로 인정받지 못했다. 첫 번째의 경우는 혁명의 전망이 불투명한 상황이었기 때문에, 열강의 승인은 혁명의 전개에 따라 좌우될 성질의 것이었다.[155] 그러나 '호법'은 중국 내의 '정파적 주장'이었고, '호법정부'의 권력 자체가 제한된 지역의 정권이었기 때문에, 이해관계에서 보나 전망에서 보나 열강이 중국의 정통 권력으로 인정해주기는 어려웠을 것이다.

그러나 손문은 '외교'에 꽤 자신 있어 했다. 특히 그는 일본과 미국으로부터 자신의 정치권력을 승인받을 수 있다고 낙관했다. 그런데 1차 광동정부의 성립을 주변에서 반대하자, 손문은 "정식 국회가 성립되면 모든 조약체결국이 임시정부를 승인할 것은 의심할 바 없으며, 이렇게 되면 임시정부는 광동의 해관 수입과 염여를 취득할 수 있다"라고 주장했다.[156] 이후 비상국회가 성립되자

155 임시정부와 손문은 열강에 승인을 요청했으나, 열강의 답변을 받지 못했다. 열강이 중화민국을 승인한 것은 1913년 3월 이후이다. 張憲文 外, 『中華民國史』 第1卷, pp.239~245.

156 「在廣東省議會的談話」(1918.1.17), 『孫中山全集』 4, p.206. "금일 구국의 제일보는 국회를 회복하는 것이고, 이를 광동에서 개회하는 것이다. …… 국회가 개회된 후 정부가 성립하면 이후 외인의 신용을 얻을 수 있다. …… 우리가 만약 법에 따라 정부를 조직하면 자금 조달은 걱정할 바 없을 것이다"(「與廣州各報記者的談話」(1917.7.31), 『孫中山全集』 4, p.127). "합법 정부를 조직하면 외인이 승인할 것이다. 그때 출병해 叛徒를 토벌하면 일은

손문은 일본과 미국의 승인을 받기 위해 사람을 파견했고, 승인의 '선물'로 무기 공장 설립, 자원 개발에 대한 우선권 등을 제시했다.[157] 그러나 일본과 미국으로부터 어떤 답도 얻지 못했다.

손문은 2차 광동정부 시기에 만약 미국이 일본을 방치해 만주를 점령하게 한다면, 점령 후 일본은 미국과 작전할 것이라고 '위협'하면서 "'일본의 공구'인 북경정부에 대한 승인을 철회하고, 손문 자신의 합법적 중국 정부를 승인하라"[158]고 "중국의 영토에 야심이 전혀 없고, 중국의 쇠약함을 이용해 사리를 채우려 하지 않는 미국"[159]에 정부의 승인을 촉구했다. 물론 미국의 응답은 없었다. 손문은 이처럼 중국을 둘러싸고 경쟁하는 미국과 일본을 이용해, 미국에 자신의 정부를 승인해달라고 하는 한편, 일본도 포기하지는 않았다.[160]

그렇다면 정부 승인과 관련해 손문은 소련을 어떻게 생각했을까. 손문의 광동정부와 소련과의 관계를 먼저 제의한 것은 소련이었다. 1920년 10월 31일 치체린은 손문에게 편지를 보내 '양국의 무역 관계'를 회복해 우호의 길로 나가자고 제시했다.[161] 이때 손문은 상해에 있었고, 광동에서는 진형명의 월군이 광주를 점령했다(1920.10.28). 그러나 손문이 치체린의 편지를 받은 것은 근 1년 뒤인 1921년 8월이었으니, 이때는 손문이 이미 광주에 중화민국정부를 건립하

반드시 이루어진다. …… 이는 정말로 천재일우의 기회이다." 「致鄧澤如函」(1917.8.10), 『孫中山全集』 4, p.132.

157 이에 대해서는 C. Martin Wilbur, *Sun Yat-Sen: Frustrated Patriot*, pp.102~103 참조.

158 「致美國總統哈定函」(1921.9.16), 『孫中山集外集補編』, p.268.

159 「與美國≪華盛頓郵報≫記者的談話」(1922年 4月 中旬), 『孫中山全集』 6, p.102.

160 당시 손문은 일본 정부의 승인과 원조를 받기 위해 何天炯을 여러 차례 일본으로 파견했다. 楊天石·狹間直樹, 「何天炯與孫中山」, ≪歷史硏究≫, 1987-5.

161 "중국의 형제들이여 일어나 행동합시다. 당신들을 압박하고 있는 세력들은 날로 쇠락하고 있습니다. 조금만 기다리면 당신들은 승리를 기할 수 있습니다. 그러나 시간을 낭비해서는 안 됩니다. 우리 양국의 무역 관계를 즉각 회복해야 한다. 어떠한 기회도 놓쳐서도 안 됩니다. 중국이 굳건히 우리와 우호의 길로 나가기를 바랍니다.「契切林致孫中山函」(1920.10.31), 『各方致孫中山函電匯編』 5, p.468.

고 (비상)대총통에 취임한 후였다. 그러나 '일본의 공구'인 북경정부 대신 자신의 정부를 승인해달라고 미국에 요청한 것과 달리, 손문은 지리적 조건을 핑계로 소련과의 관계를 거부했다.[162] 1921년 말에도 손문은 "북벌에 승리하기 전에 소련과의 연맹을 체결하는 것은 사실상 불가능하다"라고, 마링에게 말했다.[163] 그러나 상황은 곧 '역전'되어, 소련은 1922년 4월 북경에 중소 관계를 회복하기 위해 정식 사절로 파이케스를 보낸 반면, 손문은 진형명의 '반변'으로 상해로 쫓겨나는 신세가 되었다. 여하튼 진형명의 '반변' 전인 1922년 4월 달린은 치체린의 편지를 손문에게 전달했다. 치체린은 편지에서 중소 관계를 북경정부와 맺겠다고 통보했다.[164] 손문도 소련과의 연맹은 불가능하다고 답했다.[165] 진형명의 '반변' 직전, 다시 말해 소련이 파이케스 사절단을 북경에 보내

---

162 이보다 앞서 1920년 가을에 상해를 찾아온 보이틴스키에게도 "광주의 지리적 위치는 우리와 러시아의 교제를 허락하지 않는다"라고 소련과의 관계를 거부했다. 『國父年譜』 下, 1920.9.30, p.802.

163 "비록 워싱턴 회의가 중국을 공전의 불행한 지위에 처하게 했으나, 내가 북벌에 승리하기 전에는 소비에트 러시아와 연맹을 체결하는 것은 사실상 불가능하다. 북벌 승리 후 나는 곧 소비에트 러시아와 공개적으로 연맹을 맺겠다. 나의 관점은 중소 제휴는 장차 아시아의 해방을 완성하는 것을 의미하지만, 그러나 부적당한 때 중소 연맹을 체결한다면 즉각 열강의 간섭을 초래할 것이다. 만약 관계를 맺는다면 …… 非官方의 관계를 맺고 싶으며, 더는 진일보할 수는 없다"라고 손문은 대답했다. 「與馬林的談話」(1921.12), 『孫中山集外集』, p.259.

164 "우리는 중국 인민의 진보적 해방 역량에 완전히 동정적입니다. 그러나 북경정부가 어떤 성격의 정부라고 해도, 북경정부는 결국 중국의 정식정부여서, 우리는 북경정부와의 정식 관계의 건립을 힘써 구하고자 합니다. 장래에 국민당 대표와의 회담, 각하를 예방하는 우리 친구들과의 회담, 또 우리 지도자와의 회담 과정 중에서 우리는 관계 범위를 더 명확하게 규정할 것입니다. 「契切林致孫中山信」(1922.2.7), 『各方致孫中山函電匯編』 6, pp.209~210.

165 달린의 회고록에 따르면, 소련과의 연맹에 대해 손문은 "당신은 국민당의 모든 당원들이 모두 소련에 찬성한다고 생각하는가? 심지어 나의 정부와 의회 내에도 소아의 적인이 있습니다", "잊지 마십시오. 홍콩이 바로 옆에 있어, 만약 내가 현재 소련을 승인하면, 영국인은 나에게 반대하는 행동을 취할 것입니다"라고 말했다. C. A. 達林, 『中國回憶錄(1921~1927)』, p.113.

고, 손문이 중화민국정부의 (비상)대총통으로서 북벌을 준비하고 있을 무렵에는 소련과 손문 모두 공식 관계를 맺을 생각이 없었다.

지금까지의 과정을 간단히 정리하면, 치체린이 먼저 손문(광동정부)에게 무역관계를 요구했고, 손문은 이를 거부했다. 이보다 앞서 찾아온 보이틴스키에게도, 이후에 찾아온 후 마링이나 달린에게도, 손문은 소련과 관계를 맺을 수 없다고 전했다. 반면 손문에게 관계를 요청했던 소련은 중소 관계의 회복을 모색해 1922년 4월 파이케스 사절단을 보내면서, 이제 중소 관계는 북경정부와 진행하겠다고 손문에게 통보했고, 이 통보를 받은 직후 손문은 진형명의 '반변'으로 광주를 떠날 수밖에 없었다.

손문이 상해에 도착했을 때(1922.8.14), 파이케스의 뒤를 이어 요페가 소련 사절단으로 북경에 도착했다(1922.8.12). 이후 손문, 오패부, 요페 사이에 '편지 외교'가 진행되었다. 당시, 정부는커녕 근거지조차 없는 일개 정객으로 상해에 머물고 있던 손문은 "북경정부와의 위험한 거래는 시간 낭비일 뿐"[166], "북경정부와의 담판 시도는 제국주의 열강의 그것과 일치하는 행동"[167]이라고 하면서, 자신이 곧 건립할 정부와 국교를 맺어야 한다고 주장했다. 이제 소련은 원조를

---

166 "동시에 다시 한번 말씀드리겠습니다. 중국의 현 정부와의 담판은 시간 낭비일 뿐만 아니라 또 아주 위험한 것입니다. 북경정부는 현재 제국주의 열강들의 노예이고 도구입니다. 그러므로 북경과 거래하는 것은 사실상 열강들과 거래하는 것입니다. 이는 위험한 것입니다. 북경과 이런 열강들이 계교를 꾸며 우리가 중국 인민들 앞에서 불리한 지위에 처하도록 할 가능성이 있기 때문입니다."「孫逸仙이 Lenin에게 보내는 편지」(1922.12.6, 상해에서),『聯共(布), 共産國際 檔案資料』1, p.164.

167 "만일 귀국 정부의 정책이 北京의 현 정부를 중국의 정식 통치자로 떠받든다면, 각하가 북경정부와 담판을 시도하는 것은 분명히 정확한 것이나, 이는 자본주의 열강과 일치된 행동을 취하는 것이고, …… 당신이 북경과 담판하는 것은 사실상 자본가의 논점을 묵인하는 것이다. …… 그들(북경정부)은 나를 중국혁명의 화신으로 보고 있으며, 조치를 취해 나를 반대하고 공격하며, 진압하려 한다. …… 이상한 것은, 당신이 자본가의 논점을 되풀이하고 있고, 당신들의 위대한 제도의 공개적인 적국을 위해 힘쓰려 한다는 것이다."「孫逸仙이 Ioffe에게 보내는 편지」(1922.12.20, 상해에서),『聯共(布), 共産國際 檔案資料』1, pp.165~166.

얻을 대상일 뿐만 아니라, 자신의 정부를 승인할 대상이 되었다. 이후 요페의 뒤를 이은 카라한에게도 "현재의 북경정부는 열강의 명령을 듣는 자들이므로, 본인이 현재 조직하고 있는 신정부와 국교를 담판해야 한다"고 주장했다. 이어 보로딘이 광주에 왔고, 그가 만든 「11월 개조」를 손문이 받아들였다. 손문은 「11월 개조」를 통해 소련에 나름의 '성의'를 보인 셈이다. 1924년 초에 손문이 정식정부의 건립을 주장한 데는 「11월 개조」로 소련이 정부를 승인할 것이라고 생각했기 때문일 것이다. 그러나 곧바로 「11월 개조」와는 차원을 달리하는 코민테른의 「결의」를 받게 되자, 「결의」를 과감히 받아들였다. 이를 수용하는 데는 어려운 재정 상황도 배경이 되었지만, 한편으로는 손문이 「1월 개조」까지 해주었기 때문에 소련 정부의 승인을 낙관했을 것이다. 일전대회 기간 중 사망한 레닌에게 조의를 표하기 위해 3일간의 애도 기간과 조기 게양을 결정했다. 손문이 외교적으로 발 빠르고 다양하게 대처한 것이지만, 이와 같은 '과한 예(過禮)'를 통해, 일개 당이 아닌 정식정부로서의 모습을 소련에 보여주려는 의도도 있었을 것이다. 광주 밖 영국의 지배를 받고 있는 홍콩을 향해 조기를 게양함으로써 보로딘을 감격시켰다.[168] 그러나 여기에 담긴 손문의 또 다른 뜻은, 영국에게 소련과 동등한 정식정부라는 것을 보여주려고 했을지도 모른다. 손문이 「결의」를 받아들인 배경에는 '정식정부의 건립과 그 승인'이 있었다고 하겠다.

168 보로딘은 카라한에게 보내는 편지에서 레닌에 대한 애도의 모습을 다음과 같이 감격해 전했다. "오늘 시내의 정부 청사, 기선, 孫의 총지휘부에서도 깃발을 절반 내린 조기를 걸었다. 이렇지 않은 곳은 외국 조계뿐이었다. 그곳에서는 다른 곳과 반대로 깃발을 다 올려 걸었다. 원래는 일본의 攝政王이 결혼하기에 외국 조계에서 그를 위해 축하 파티를 열기로 했던 것이다. 孫의 총지휘부의 가장 큰 건물 상공에서, 강가에서 모두 깃발을 절반 내렸다. 도처에서 깃발을 절반 내린 것과 외국 조계에서 깃발을 올린 것 간에는 얼마나 큰 차이가 있는가!" 「Borodin이 Karakhan에게 보내는 편지」(1924.1.25, 광주, 기밀), 『聯共(布), 共産國際 檔案資料』 1, p.405.

15. 정부 건립의 실패

그렇다면 손문은 정식정부의 건립을 언제까지 '보류'하려고 했을까. 즉 언제 정식정부를 건립하려고 했을까. 1924년 9월 3일 봉직전쟁의 전주곡인 절강전쟁이 발생하고, 마침내 9월 17일 2차 봉직전쟁이 터졌다. 이에 손문은 「북벌선언」을 발표했다. "먼저 전쟁에 승리한 후 **혁명정부**의 권력으로써 반혁명의 악세력을 소탕하겠다"[169](강조는 인용자)고 밝혔다. 이 문장으로는 '혁명정부'의 건립 시기를 알 수 없으나, 「북벌선언」을 발표할 때 혁명정부(국민정부)는 없었다. 그런데 「북벌선언」을 발표한 후 일주일 만에, 그것도 전쟁이 시작되어 전쟁 참여를 독촉받는[170] 와중에 손문은 「건국대강」을 제정하는 이유를 발표했다. "국민정부 「건국대강」 25개조는 금후 혁명의 전형(典型)"이라고 하면서, 말미에 "**본 정부**는 정중히 선포한다. 금후 혁명 세력이 미치는 곳에서 본 정부의 명령을 받는 자는 「건국대강」의 실행을 유일한 직책으로 삼아야 한다"[171]라고 했다. 정부 건립의 절차를 밝지는 않았지만, 북벌은 국민당이 아닌 국민정부가 수행한다는 뜻이다. 아마 손문은 북벌을 진행하는 중 적당한 시기에, 즉 일정한 성과를 얻는 시기에 국민정부의 건립을 공식화하고자 했던 것 같다. 다시 말해 다가올 봉직전쟁이 끝나기 전에 혁명정부를 건립하고자 했던 것이다. 아주 다급했기 때문에 전쟁이 막 시작되려는 상황에는 어울리지 않게 「건국대강」 제정을 위한 선언을 했던 것이다. 그러나 북벌이 출발조차 지지부진하게 진행되는 가운데 풍옥상의 북경정변으로 북벌은 한 달 만에 막을 내렸다.

결국 손문은 그토록 원했던 국민정부를 건립하지 못했다. 손문은 자신의 결정을 누군가의 반대에 의해 포기한 적이 거의 없었다. 물론 자신의 「혁명방략」

169 「中國國民黨北伐宣言」(1924.9.18), 『孫中山全集』 11, p.77.

170 장작림은 이미 군대를 출동시켜 전투를 시작했다면서, 광동이 빨리 강서로 진군하라고 독촉했다. 「張作霖致孫中山電」(1924.9.21), 『各方致孫中山函電匯編』 9, p.65.

171 「制定〈建國大綱〉宣言」(1924.9.24), 『孫中山全集』 11, p.103, p.104.

에 따르지 않고, 다른 선택을 하기도 했다. 예컨대 '호법투쟁'이 그것이다. 그러나 그것은 누구의 만류나 반대 때문이 아니라, 주변 환경 때문에 스스로 결정한 것이다. 그렇다고 「혁명방략」을 포기하지는 않았다. 그러나 이제 소련은 그의 결정, 「혁명방략」의 추진에 영향을 미쳤다. 손문과 소련의 합작에서 손문과 소련은 평등한 관계가 아니라, 불평등한 관계였다. 그동안 손문은 외교에서 무언가를 얻고자 할 때, 많은 '선물'을 먼저 제시하곤 했다. 그러나 소련은 '선물'을 받으려고 하지 않았다. 소련이 원했던 바는 '물질적 선물'이 아니라, 「혁명방략」에 대한 수정이었다. 오히려 '선물'은 소련이 손문에게 주었다. 소련으로부터의 '선물'이 절실히 필요했던 터라, 손문은 '외관상 수정'을 통해 「혁명방략」을 지켜내려 했다. 이러한 '고충'은 「일대선언」의 삼민주의와 '강연'의 삼민주의의 차이에서 잘 나타난다. 일전대회를 통해 정부를 건립하고자 했던 「혁명방략」의 출발은 먼저 동맹자인 장작림의 반대라는 걸림돌에 부딪혔고, 그다음 소련과의 불평등한 관계 속에서 보류되었다가, 결국 생전에 뜻을 이루지 못했다.

그런데 손문이 정말로 정식정부의 건립을 그토록 원했는지는, 확인하고 넘어갈 필요가 있다. 손문의 「혁명방략」에 따르면 정식정부, 즉 혁명정부인 국민정부의 건립은 혁명을 수행할 주체였다. 그러나 국민정부의 건립은 대내적으로 내세울 만한 명분이 마땅하지 않았다. '호법'도 그다지 명분을 얻지 못했고, '뇌물 선거'를 이유로 정부 건립을 내세우기도 어려웠다. 이에 손문은 국제적 승인의 대상으로서 소련에 공을 들였던 것이다. 혁명 추진에 정식정부가 얼마나 간절했으면, 손문은 소련이 자신에게 접근하는 이유도 소련 정부라는 혁명정부를 승인받기 위해서라고 '착각'했던 것 같다.

「11월 개조」를 진행하는 과정에서 제기된 노농 문제에 관한 법제화를 보류하자면서, 손문은 그에 대한 '보답'으로 '일본이 소련을 승인하라'는 편지를 자신의 '친구'(犬養毅)에게 보냈다고 보로딘에게 '자랑'했다고 한다.[172] 손문은 실제로 그런 내용의 편지를 보냈다.[173] 당시 손문의 처지[174]에서 소련을 승인하라고 일본에 요구하는 것은 어울리지 않는 시늉에 불과하다. 보로딘의 추측대로 노농 관련 법제화의 보류에 대한 '선물'로 손문이 생각해낸 것으로 보아 무방할 듯하다. 다만 이와 같은 일련의 일화로 볼 때 손문은 당면한 소련의 급무가 국제적 승인이라고 판단했다는 것을 알 수 있다.

일전대회 폐막 직후인 1924년 2월 1일 영국은 소련 정부를 승인했다. 이에 대한 손문의 반응을 보로딘은 다음과 같이 전하고 있다.

> 영국이 소련을 승인한 사실에 대해 …… 손문은 이렇게 생각하고 있었다. 즉 그의 관심은, 영국의 승인이 우리(소련)의 정책에 얼마나 큰 영향을 미치는가였다. 영국이 우리를 승인한 날부터 우리의 목표는 모두 달성되었다고, 손문은 분명히 그

172 보로딘의 이야기를 체레바노프는 다음과 같이 회고하고 있다. "11월 16일 아침 7시, 손문의 비서가 보로딘에게 메모를 전해, 즉시 대본영으로 불렀다. 이에 보로딘은 우리에게 다음과 같이 이야기했다. 내가 손문을 만났을 때 그의 손에는 글로 가득 찬 편지가 있었다. …… '내가 막 일본 내각 내의 나의 친구들에게 편지를 썼다'라고 손문은 말했다. 나는 참 괴이하게 생각했다. 적군이 광주의 문 앞에 와 있는데, 그는 오히려 여기에서 편지를 쓰다니. 손문은 이어 이야기했다. '내가 편지를 쓴 것은, 그들이 소련 문제에서 아둔한 일을 많이 했기 때문이다. 나는 그들에게 지적하기를 그런 정책은 그들에게 극히 불리하다고, 그들은 영국, 미국 및 기타 국가를 모방해서는 안 된다고, 일본은 소련에 대해 완전히 독립적인 정책을 실행해 소련을 반드시 승인해야 한다'고 했다는 것이다. 솔직히 말해 나는 무슨 일인지 금방 알 수가 없었다. …… 손문이 법령을 이야기할 때, 나는 그때서야 그가 이렇게 총망(悤忙)한 원인을 알았다." 『中國國民革命軍的北伐』, pp.45~46.

173 "일본은 마땅히 소련 정부를 승인해 즉시 행하고, 열강과 일치해 행동해서는 안 된다. 무릇 열강이 소련 정부를 승인하지 않는 것은 이해의 충돌 때문이다. …… 혹 일본의 입국의 근본이 소비에트주의와 다르기 때문에 감히 승인하지 못한다고 하면, 이는 정말로 우물 안 개구리와 같은 것이다. 무릇 소비에트주의라는 것은 공자의 이른바 大同이다. …… 열강이 소련을 승인하기를 기다린 후에야 일본이 비로소 부득불 소련을 승인할 수밖에 없다면 이는 친선의 좋은 기회를 잃는 것이다."[「致犬養毅書」(1923.11.16), 『孫中山全集』 8, pp.405~406] 犬養毅는 당시 郵電대신 겸 文部大臣이었다.

174 이누카이(犬養毅)에게 편지를 쓴 11월 16일은, 진형명 군대에 의해 광주가 함락될 절대 절명의 위기에 처했던 때이다. 11월 18일 진형명군이 광주를 맹공하여 광주시 교외에서 격전이 벌어졌다. 『國父年譜』 下, 1923.11.18, p.1029.

렇게 생각했다. 이 때문에 그는 이 사건에 대해 아무런 축하 표시도 하지 않았고, 오히려 약간의 유감을 느꼈다. 아마 소련이 승인받음으로써 그는 동고동락한 형제를 잃은 것처럼 고독감을 느꼈을 것이다.

이 모든 것은, 동방에서의 우리의 진정한 목적에 대한 손문의 인식이 아직도 명확하지 않음을 증명한다. 나는 그의 사고방식을 보고서, "어떤 일이 발생하더라도 우리는 피압박 민족에 관한 레닌의 유훈을 어김없이 관철할 것"이라고 그에게 말해주었다. 내가 한 말을 그는 여전히 이해하지 못했을 것이고, 우리가 말한 것이 정확하다는 것을 증명하기 전에는 아마 이해할 수 없을 것이다.[175]

보로딘의 관찰이 얼마나 정확한지는 모르겠으나, 손문이 영국의 소련 승인에 대해 축하 전문을 치체린에게 보낸 것은 2월 26일이었다.[176] 외교에 관해서는 신속하게 대처하는 손문으로서는 꽤 뒤늦은 대응이다. 이렇게 볼 때, 영국의 소련 승인이 손문에게 달갑지 않았던 것은 분명하다. 그 이유는 소련이 이제 국제적으로 승인을 받았으니, 승인을 받고자 자신에게 접근할 필요가 없다고 판단했기 때문이라는 보로딘의 설명은 꽤 설득력이 있다.

---

175 「Borodin의 札記와 通報」(1924년 2월 16일보다 빠르지 않다, 廣州), 『聯共(布), 共産國際檔案資料』 1, p.432.

176 "나는 당신들의 외교가 다우닝가(영국)로 하여금 당신 정부를 법률상 승인하도록 하여, 이로써 획득한 탁월한 승리에 대해 열렬히 축하합니다." 「致齊契林函」(1924.2.26), 『孫中山集外集』, p.422.

22장

북벌

1. 1차 북벌

손문 연구에서 북벌에 대한 평가는 대체로 매우 긍정적이다. 한 개설서는 "손문은 정식으로 정부를 조직한 후, 주요 목표로 북벌을 진행해, 군벌을 타도하고, 전국을 통일해 진정한 민주공화국을 건립하고자 했다"[1]라고 설명한다. 반면, 진형명에 대해서는 "자신의 정치적 야심을 덧칠하기 위해, 민치를 내걸었다"든가, "현장(縣長)을 민선(民選)하는 날조극(鬧劇)을 연출했다"든가, "남북 군벌과 결탁하여 극력 손문의 북벌 진행을 파괴하고 반혁명·무장반변(武裝叛變)도 서슴없이 진행했다"[2]라는 식으로 비하하는 언어를 동원해 평가하고 있다. 진형명의 '반변'이라는 용어는 중국 연구에서 일반적으로 사용되고 있기 때문에, 이 책 역시 '반변'이라고 표기했다. 그러나 진형명에 대한 평가가 반드시 나쁜 것만은 아니었다. 당시 손문과 함께 개조를 추진하던 보로딘은 진형명에

1 廣東民國史硏究會 編,『廣東民國史』上册, p.272, p.282.
2 같은 책, p.274, p.275, p.297.

대해 다음과 같이 평했다.

> 광주에 손문이라는 '환상가' 정권이 있기에 영국인에게는 아주 유리하다. 홍콩의 영국인은 진형명에게 몇 문의 대포와 약간의 기관총을 주기만 하면 일주일 내에 광주를 철저히 타파할 수 있다. 그러나 진형명은 그들(영국)에게 불리하다. 왜냐하면 진형명은 총명한 정치가이기 때문이다. 그는 엄청난 전국적 계획을 세우지도 않았으며, 조곤을 '북벌'할 뜻도 없다. 그는 광동을 모범성(模範省)으로 만들고자 한다. 경제 건설을 강화하고 금융을 공고히 해, 광동을 남방 각 성의 경제 중심으로 다시 만들어 홍콩과 경쟁하려는 이상을 실현하고자 한다. 손문은 물론 그의 측근들도 모두 영국인의 본색을 인식하지 못하고, 오히려 영국인이 자신들에게 '우호감'을 갖고 있다고 생각한다.[3]

그렇다고 필자가 진형명을 재평가하려는 것은 아니다. 진형명의 '반변' 직후 "손문과 진형명의 충돌은 일종의 주장상의 충돌이다. 진 씨는 광동자치를 주장하며 모범적인 신광동(新廣東)을 조성하려는 것이다. 손 씨는 광동을 근거지로 삼아 통일된 중화민국을 만들려는 것이다. 이 두 주장은 모두 성립할 수 있는 주장이다"[4]라는 호적의 평가처럼 균형 있고 사실에 근거한 평가를 통해서만, 북벌의 실제와 의의를 제대로 이해할 수 있기 때문이다.

손문의 정치행동의 최종 목적이 '공화의 완성'에 있었다는 것은 분명하다. 그렇다고 하더라도 정치행동 당시의 모습과 '공화의 완성'과의 관계는 별개의 문제이다. 북벌과 관련해서 본다면 손문은 북벌을 세 차례 행했는데, 각각의 목적은 무엇이었는지, 대상은 누구였는지, 누구와 함께 북벌을 단행하려 했는

3 「Borodin의 札記와 通報」(1924.2.16보다 빠르지 않다, 廣州), 『聯共(布), 共産國際 檔案資料』 1, p.430.

4 胡適, 「這一週」, ≪努力週報≫, 第8期, 1922.6.25(『孫文與陳炯明史事編年』, p.573에서 재인용).

지, 북벌을 통해 무엇을 얻으려 했는지 등을 살펴봐야 북벌의 진면목을 알 수 있을 것이다.

1917년 손문은 첫 번째 북벌을 시도했다. 토원전쟁에서 실패한 후 상해에 칩거하고 있던 중, 복벽이라는 '호재'를 만나 다시 정치를 재개했다. 손문뿐만 아니라 지방의 군벌들도 복벽을 '호재'로 삼아 중앙으로부터 '독립적 정권'을 수립하고자 했는데, 특히 서남 세력이 그러했다. 손문이 서남 세력의 부름에 응해 광동에 도착했을 때, 복벽은 이미 단기서에 의해 붕괴되었다. 이에 손문은 '복벽을 일으킨 장훈을 복벽파의 급진파라고 한다면, 단기서와 서세창은 점진파'[5]라고 주장하면서 이제부터 단기서파와의 전쟁은 '참 공화(眞共和)'와 '거짓 공화(假共和)'의 싸움[6]이라는, 환계(皖系)의 북경정부와의 대립 구도를 설정했다.

그런데 환계의 북경정부가 '거짓 공화'인 이유는, 손문이 지향하는 「혁명방략」을 기준으로 본 것이 아니라 "거짓 정부가 약법을 배반하고, 비법(非法) 참의원을 조직했기 때문"에 군정부가 약법과 국회를 지키고자 북벌을 추진하게 되었다는 것이다.[7] 물론 북벌은 서남 군벌과 함께, 엄밀히 말하면 그들의 힘으로 추진했다. 그렇다면 손문은 북벌을 어떻게 진행하려고 했으며, 어떤 결과를 예측하고 있었는가. 손문이 북벌을 위해 장개석을 대원수부 참군(參軍)으로 임명하자, 장개석은 다음과 같은 군사작전 계획을 제출했다.

> 우리 군(軍)의 제1 단계 계획은 다음과 같다. 중앙군은 호남을 숙청하고 좌익군은 사천을 해방한 후, 한 지대(支隊)를 사천 북쪽으로 파견해 섬서, 감숙, 산서의 적군을 견제하고, 우익군은 해군과 함께 복건과 절강을 공격하고 이어 강소, 상해로 나아간다. 그런 연후에 남경과 무창에 집결한다. 제2 단계 계획은 다음과 같다. 중앙군은 진포선(津浦線)을 따라 북진하고, 좌익군은 경한선(京漢線)을

5 「在廣東省議會歡迎會上的演說」(1917.7.19), 『孫中山全集』 4, p.114.
6 「在廣東省學界歡迎會上的演說」(1917.7.21), 『孫中山全集』 4, p.122.
7 「申張討逆護法令」(1917.11.18), 『孫中山全集』 4, pp.240~241.

따라 북진하며, 우익군은 해로를 따라 전진해 요서(遼西)에서 상륙해 각기 직접 북경을 친다.[8] - 강조는 인용자

손문이 변변한 군을 갖지 못했기 때문에, 여기서 '우리 군'이란 서남 군벌의 군대를 의미한다. 제1 단계와 제2 단계 사이에 간극이 어느 정도인지 알 수 없으나, 최종적으로 북경을 점령할 때까지 주력군은 '우리 군'이다. 바꾸어 말하면, 서남 군벌 이외에 북방의 군과의 연계는 예상하고 있지 않다. 1차 북벌을 정리하면, 북벌의 대상은 단기서(환계)의 북경정부이고, 목적은 호법이다. 북벌의 추진은 서남 군벌의 군을 기반으로 하여 북경을 장악하는 것이다. 그러나 추진력인 서남 군벌이 북벌에 반대했기 때문에 손문은 대원수직을 내놓고 광동을 떠나 다시 상해에 칩거했다. 이리하여 1차 북벌은 실패로 끝났다.

2. 2차 북벌

손문의 2차 북벌은 1차 북벌 이후 근 4년 반 만에 시작되었다. 먼저 그 북벌 과정의 개요를 살펴보자. 1922년 2월 손문은 계림에서 북벌 선서식을 거행하고,[9] 3월 10일 "계림으로부터 출발해 호남을 거쳐, 호북 무한에서 집결한 후 곧바로 (북경이 있는) 하북에 도달하겠다"라는 긴급 통고를 냈다.[10] 그러나 호남의 조항척이 북벌군의 호남 진입을 거부하자, 군을 다시 광동으로 돌리고 길을 바꾸어 강서의 남쪽으로 진군하기로 결정하고,[11] 대본영을 계림에서 광동으로

8 『蔣介石年譜』, 1917.7, p.23.

9 "민국의 존망, 동포의 화복, 혁명의 성패, 자신의 憂樂은 이 일거(북벌)에 달려 있다. 구국구민, 公私 모두를 위함은 오직 분투에 있으니, 만민이 일심으로 전진만 있고 후퇴는 없다." 「北伐誓師詞」(1922.2.27), 『孫中山全集』 6, p.90.

10 「出師北伐緊急通告」(1922.3.11), 『孫中山全集』 6, p.93.

2차 북벌

1921년 10월 손문은 계림에서 열린 비상국회에 북벌안을 제출했다. 호남의 조항척이 북벌군의 호남 진입을 거부하자, 1923년 3월 긴급 군사 회의를 개최해 북벌 계획을 바꾸어 북벌군의 진군 방향을 강서로 바꾸고, 대본영도 계림에서 광동을 옮기고, 5월에 북벌령을 내렸다. 사진은 북벌을 지휘하는 손문(앞줄 가운데)과 송경령(손문 오른쪽)의 모습이다.

옮겼다. 이때 북쪽에서는 1차 봉직전쟁이 발생했다(4.29). 이에 손문은 북벌군을 남웅, 소관 일대에 집중시키고, 5월 4일 소관에서 육해군 대원수의 이름으로 북벌령을 내렸다.[12] 한편 봉직전쟁에서 봉계는 직계의 오패부에게 대패해 산해관 밖으로 물러났으나, 손문은 북벌의 승리를 낙관했다.[13] 그러나 북벌과 관련해 상황은 손문에게 불리하게 돌아갔다. 봉계에서 승리한 직계의 오패부가 법통을 회복하겠다고 선언하자, 손문이 북벌을 할 명분이 사라졌다.[14] 손문에게 북벌을 중지하고 하야하라는 요구가 각계로부터 터져 나왔다.[15] 6월 19일

---

11 『年譜長編』下, 1922.3.16, 1922.3.24, pp.1435~1438.

12 『國父年譜』下, 1922.5.4, p.869.

13 이 시기 손문을 방문한 달린은 다음과 같이 회고했다. "손문은 전선의 일로 신이 나서 '2주, 적어도 1개월 정도면 漢口를 반드시 점령할 수 있다. 그때가 되면 나는 소련을 정식으로 승인하겠다'라고 자신 있게 말했다." C. A. 達林,『中國回憶錄(1921~1927)』, p.113.

14 이에 대해 손문은 다음과 같이 대응했다. "오패부의 성명(구국회를 회복하겠다는 것)은 과거 의회를 해산한 죄의 자백서이다. 따라서 의회가 북경으로 돌아가는 조건은 민국의 최고 입법 기관을 해산한 원흉을 징벌하고, 오패부의 무장을 해제해야 한다. 다른 조건은 남방의 군대를 북경으로 진군시키는 것이다. 이렇게 해야 의회의 정상적 업무를 보증할 수 있고, 국회가 더는 해산되지 않도록 보장받을 수 있다." C. A. 達林,『中國回憶錄(1921~1927)』, p.119.

15 채원배 등은 손문과 광주 비상국회 의원들에게 다음과 같은 전보를 보냈다. "금일 북경의 비법총통(서세창)이 이미 퇴직했습니다. 구국회가 이미 회복되었으므로 호법의 목적은 완전히 도달했다고 할 수 있으니, 남북이 일치해 더는 무력으로 해결할 필요가 없습니다.

진형명이 총통부와 손문의 집을 폭격하며 '반변'을 일으켰다. 결국 손문은 8월 9일 광동을 떠나 홍콩을 거쳐 상해로 향했다. 이처럼 2차 북벌도 실패했다.

개괄적 전개만을 보면 두 차례의 북벌의 실패는 모두 비슷하게 내부의 반발이 원인으로 보인다. 그러나 그 내막은 훨씬 복잡했다. 먼저 북벌의 대상을 보자. 손문은 1차 북벌에 실패하고 상해로 돌아온 후 1918년 5월경부터 '근본해결'을 구상했다. '근본해결'이란 중앙 군벌의 힘을 빌려 통일을 쟁취하고자 하는 것이니, 1919년 5월 전후에 이루어진 '손단동맹'이 그 첫 결실이다. 북경정부의 환계가 새로 등장한 북양계의 직계와 대립하자, 1차 북벌의 대상이던 환계의 단기서와 손을 잡은 것이다. 손을 잡은 환계는 직계와의 전쟁(1920.7.14~17)에서 봉계를 끌어들인 직계에게 4일 만에 완패하고 북경에서 물러났다. 반면 상해에 칩거하고 있던 손문은 진형명이 광동을 회복하자 다시 광주로 내려가 2차 광동정부를 수립했다(1920.11). 따라서 손문의 타도 대상은 환계를 몰아내고 북경정부를 장악한 직계와 봉계의 연합 세력이었다. 다음은 직환전쟁 직후 장작림에 대한 손문의 평가이다.

(남북) 화회가 정돈된 후 단기서 또한 무력으로 중국을 통일할 수 없다는 것을 점차 깨달아, 법률·외교 문제에 대해 양보를 표시하고 아울러 군사협정을 취소하기로 결정했다. 그러나 배일파인 조곤과 오패부, 친일파인 장작림 등이 연합해 단기서를 무너뜨려 이 문제들은 마침내 상의할 여지가 없어졌다.[16]

장(張作霖)의 친일은 모두 아는 바이다. 러일전쟁 때 그는 일본의 러시아 공

중산 선생은 북벌을 정지하고 비법 총통과 동시에 하야 선언을 실행하기를 감히 바랍니다"[『中國現代史大事記』, p.27(『年譜長編』 下, 1922.6.3, p.1456에서 재인용)]. 봉직전쟁 후 오패부의 구국회의 회복과 관련해 진행된 정치 전개에 대해서는 윤혜영, 『중국현대사연구: 북벌전야 북경정권의 내부적 붕괴과정(1923~1925)』, 제1장, III-1 참조.

16 「在廣州軍政府的演說」(1921.1.1), 『孫中山全集』 5, p.450.

격을 도왔다. 그때 장은 비적이었고, 전후 일본인에 의해 비로소 중국군에 귀순하여 두목이 되었다. 그의 세력이 현재 북경에 뻗어 있다. 그러나 천진의 조곤도 장차 병력을 북경으로 밀어 넣으려는 의도가 있다. 양인의 충돌은 끝내 면할 수는 없다. 그래서 천진 회의를 열어 조화를 꾀하고 있다.[17]

우리나라(중국)에서 신중국과 한물간 구중국 사이의 투쟁은 벌써 진행되었으나, 정치 계파가 현재처럼 분명한 적도 종래에 없었다. 하나는 일본인의 명령을 듣는 반동 군주파 세력으로 두목은 장작림이며, 또 그가 기른 군대이다. 중국의 모든 암흑 세력과 적인(敵人)은 모두 그의 주변에 모여 있다.[18]

원세개 사후 열강은 여전히 정치상·재정상 일부 토황제(土皇帝)와 군벌을 지지하고 있다. 그중에는 과거 호비(胡匪) 두목이던 장작림이라는 자가 있다. 그는 명의상 만주 군대의 통수이자 독군이지만, 실제상으로는 북경'정부'가 명을 받는 두목이다. 그 본인은 중대하거나 일본과 관련 있는 모든 일에 대해서는 도쿄의 명을 듣는다. 그러므로 북경은 실제상 도쿄의 공구이다.[19]

이 시기 북벌의 대상은 직계와 함께 장작림의 봉계였음을 알 수 있다. 그러나 국회에 북벌안을 제출하고(1921.10.8), 북벌을 결심했을 무렵에 북벌의 대상에 변화의 조짐이 나타난다. 여기에는 직환전쟁 이후 북경정부의 실세인 직계와 봉계 사이의 모순이 심화되어가는 것과 관련이 있다.[20] 1921년 9월 손문은 이성탁의 조언을 듣고 아주 기뻐했다. 손문은 이성탁의 조언을 다음과 같이 전한다.

---

17 「與美國記者辛默的談話」(1921年 4月 上旬), 『孫中山全集』 5, p.515.

18 「在廣州與蘇俄記者的談話」(1921.4), 『全集』 5, p.527.

19 「復蘇俄外交人民委員齊契林書」(1921.8.28), 『孫中山全集』 5, p.592.

20 직계와 봉계 사이의 갈등에 대해서는 張憲文 外, 『中華民國史』 第1卷, pp.209~211 참조.

직계 군벌의 병력이 수만이고 여러 성을 종횡하고 있으니, 협공으로 끊지 않으면 일소해버리기 어렵습니다. 오패부를 공격할 수 있는 **북방 세력**과 접흡(接吸)하기를 바랍니다.[21] - 강조는 인용자

여기서 '북방 세력'이 누구인지 구체적으로 밝히지 않고 있으나 단기서와는 이미 동맹을 맺고 있던 터라, 북방 세력은 북경의 공동 정권으로 직계와 대립하고 있던 장작림일 가능성이 크다.[22] 게다가 북벌의 대상으로 봉계를 거론하지 않고 있다. 북경정부 내에서 직봉 사이의 모순이 커져가고 있기는 하지만, 북벌의 대상이 북경정부이면 직계뿐만 아니라 봉계도 함께 거론해야 당연하지 않을까. 같은 시기 장개석은 북벌과 관련해 손문의 부름을 받고, 광주에 와서 북벌 계획을 손문의 측근들과 논의한 후 상해로 돌아갔다.[23] 12월 말에도 장개석은 장문의 북벌 군사 계획서를 제출했다.[24] 손문의 북벌 계획에 장개석의 의견이 크게 작용했다는 것을 알 수 있다. 그런데 1921년 초, 그러니까 손문이 북벌의 대상에 직계뿐 아니라 장작림도 넣고 있을 때, 장개석은 손문과 동지들에게 보내는 군사의견서를 통해 외교(국내 제 세력과의 관계)에 대해 다음과 같이 주장했다.

동북의 군벌을 **목적의 적**으로 하는 것은 옳지 않고, 중국 동북의 작전을 **동방 문제의 해결의 단서**로 보아야 한다. 그러므로 우리 군의 작전 계획은 신중하게 세워야 한다.[25] - 강조는 인용자

---

21 「致李成鐸函」(1921.9.11), 『孫中山全集』 5, p.601.

22 『年譜長編』 下, 1921.9.11, p.1378는 '북방 세력과의 접흡'을 '단기서와의 의견 소통'으로 보고 있다.

23 장개석은 허숭지 집에서 호한민, 왕정위, 鄧鏗(덩겅) 등과 비밀회의를 갖고, 제2군이 호남을 거쳐 북벌할 것과 출발할 날짜 등을 결정하고 상해로 돌아갔다. 『蔣介石年譜』, 1921.9.13, 1921.9.17, p.64.

24 『蔣介石年譜』, 1921.12.22, p.66.

이 시기 손문은 직계와 봉계의 연합 정권인 북경정부를 북벌의 대상으로 삼고 있었다. 장개석의 주장은 봉계(동북의 군벌)를 북벌의 대상(목적의 적)으로 삼지 말고, 북벌이 완성된 후 소련, 일본과의 관계(동방 문제)를 염두에 두고 봉계를 다루어야 한다는 뜻이다. 여하튼 1921년 9월 이후 장작림에 대한 손문의 비판은 보이지 않는다. 손문과 장작림 사이에 사람이 오가며 합작을 논의해 손장(孫張)동맹으로 반직삼각동맹이 완성된 것은 1922년 초의 일이다.[26] 이리하여 북벌의 대상은 직계와 봉계에서 직계로 단일화되었다.

북벌 대상의 변천을 정리해보면, 복벽 후 1차 광동정부하에서 북벌 대상은 북경정부의 단기서(환계)였다. 북벌 실패 후 북경정부 내에서 새로이 부상한 직계와 환계가 대립하자, 상해에 칩거하던 손문은 '근본해결'로 손단동맹을 추진했다. 이어 직환전쟁에서 환계가 패하자 북경정부는 직계와 봉계의 연합정부가 되었다. 반면 손문은 진형명의 광동 회복으로 광동으로 돌아가 중화민국정부(2차 광동정부)를 건립했다. 따라서 1921년 전반기까지 손문의 북벌 대상은 직계와 봉계였다. 이후 직봉의 모순이 갈수록 커지자, 손문은 1922년 초 봉계와도 손을 잡아 이른바 반직삼각동맹을 결성했다. 이후 발생한 봉직전쟁(1922.4)에서 봉계는 패했으나, 손문은 반직삼각동맹을 유지한 채 북벌을 추진하다가 진형명의 '반변'으로 2차 북벌에 실패했다. 손문은 '근본해결'을 위해 북경정부 내의 권력 다툼에서 수세에 몰린 세력과 손을 잡았는데, 손을 잡기 전까지 그들은 모두 북벌의 대상이었다. 또한 공교롭게도 손문과 동맹한 직후, 동맹자들은 모두 전쟁(직환전쟁, 1차 봉직전쟁)에서 패해 북경을 떠나야 했다.

'동맹'(반직삼각동맹)과 '합작'(국공합작, 즉 소련과 손문의 합작)이라고 해도, '동맹'과 '합작'의 내용은 손문의 혁명 진행과 밀접하게 관련된다. '동맹'을 '군벌을 이용해 군벌을 제압하려는 것'으로 해석한다든가, '합작'을 '사상적 변화에 의한 것'

25 『蔣介石年譜』, 1921.1.10, p.49.

26 이에 대해서는 8장 2절의 311~313쪽 참조.

으로 설명한다면, '동맹'과 '합작'은 그다지 관련이 없다. 그러나 '동맹'과 '합작'이 손문의 혁명과 연관되어 진행된 것이라면, 그 내용의 변화에 따라 혁명의 내용도 달라질 수 있기 때문이다.

먼저 반직삼각동맹의 세 동맹자 가운데 손문은 어떤 위치였는지를 살펴보자. '손단동맹'이 성립될 당시 누가 먼저 합작을 제의했는지는 분명치 않으나, 양측이 상대방이 절실히 필요해서 이루어진 것은 아니었다. 다만 중국을 '통일'하는 것이 자신의 힘만으로는 어렵다고 판단했기 때문에 손을 잡은 것이다. 손문의 입장에서는 1차 광동정부 실패 후 광동을 떠나면서 서남 세력만이 아닌 중앙의 세력을 끌어들여야 혁명을 추진할 수 있다고 생각해, 이른바 '근본해결'을 위해 단기서와 동맹했던 것이다. 그러나 합작 이후 양측은 서로에게 도움을 주고받을 처지가 아니었다. 손문은 상해에 칩거해 있었고, 단기서는 합작 이후 직환전쟁에서 패해 물러나 있었기 때문이다.

이후 손문이 광동으로 돌아와 2차 광동정부를 건립했을 때는 이전의 상황과 크게 달랐고, 단기서의 처지와도 달랐다. 진형명의 광동 회복은 '객군의 식민지'로부터의 '해방'을 의미할 정도로, 신해혁명 이래 광동을 가장 안정적으로 만들었다. 더구나 광서까지 제압함으로써 북벌의 후미도 걱정할 필요가 없었다. 재정도 크게 안정되었다. 여기에 '중화민국정부'의 건립, (비상)대총통의 취임은 북벌의 가능성을 '낙관'하게 했다.[27] 그러나 북벌의 대상인 직계의 실력이

---

27 "얼마나 기쁜가! 당신에게 이런 좋은 소식을 알려줄 수 있다니. 지금 우리는 광서 군벌을 광서에서 축출하는 투쟁 중 중대한 성취를 얻었습니다. 말하자면 광서성도 우리의 손에 들어왔습니다. 우리는 더 큰 진전을 쟁취하고 있는 중입니다. 우리는 북방으로 진군해 모든 독군과 친일파를 구축할 것"이라는 편지를 Homer Lea 부인에게 보냈다[「致咸馬里夫人函」(1921.8.5), 『孫中山全集』 5, p.583]; 북벌군 장령들을 위한 연회에서 "중국 통일은 정말로 어려운 일인가? 본 총통은 어렵지 않다고 본다. …… 무릇 중국의 통일은 북벌 출병이 아니고서는 이룰 수 없다. 兩湖가 이미 출병을 촉구하니 금일의 기회는 바로 하늘이 만들어준 것이다. 결론적으로 말하면 북벌의 거사는 우리가 하지 않으면 안 되며, …… 이번 북벌은 西征(광서 토벌)에 비해 쉽다. 단연코 그럴 것"이라고 장담했다. 「在廣州宴請北伐軍將領時的演說」(1921.9.6), 『孫中山全集』 5, pp.597~598.

만만치 않았고,[28] 환계의 도움도 필요했으므로 직계의 실력에 버금가는 봉계와도 동맹을 맺었던 것이다.[29]

다시 한번 삼각동맹의 과정을 보자. 장작림의 대표 이몽경이 계림에 와서 직계 토벌을 손문과 상의하고(1922.2.12),[30] 며칠 후 단기서의 대표 주선배(周善培, 저우산페이)가 광동에 왔으며(2.20),[31] 장개석은 봉계의 군사작전에 대한 의견을 손문에게 진술했다(2.21).[32] 3월 상순 손문은 '답례'로 오조추를 봉천에 파견했다.[33] 한편 손문은 계림에서 북벌출정식(北伐誓師典禮)에 참가하고서(2.27),[34] 북벌한다는 긴급 통고를 발했다(3.11).[35] 호남이 북벌을 요청한다고 자신했던 것[36]과 달리 조항척이 북벌군의 호남 통과를 거부하자(3.16), 다시 강서로 길을 바꾸어 북벌하기로 결정했다(3.24).[37] 이로부터 한 달 뒤 1차 봉직전쟁이 발발했다(4.29). 손문은 소관으로 가서 육해군 대원수 자격으로 북벌을 하령한 뒤 북벌을 지휘했다.[38] 북벌을 지휘하면서, 손문은 장작림에게 다음과 같은 편지를 보냈다.

아군은 후방 문제를 먼저 해결해야 해서 지난달 길을 바꾸어 출사했는데, 다

28 「致李成鐸函」(1921.9.11),『孫中山全集』5, p.601.
29 서수쟁이 광동에 오자 계림에 있던 손문은 요중개 등에게 직계를 타격할 군사 계획을 상의하라고 전문을 보냈다. "현재 우리 군은 舊正 후에 用兵하려 하는데, 晥系가 호응해 直系의 歸路를 차단하도록 하기 바란다. 원래 戰略은 政略에서 기인한다. 우리의 政略이 그들과 같아 이에 남북이 일치하니, 중국 평정에 희망이 있다."『國父年譜』下, 1921.12.22, p.853.
30 『蔣介石年譜』, 1922.2.12, p.73.
31 『國父年譜』下, 1922. 2. 20, p.862.
32 『蔣介石年譜』, 1922.2.21, p.73.
33 『北洋軍閥統治時期史話(1895~1928)』2(海南出版社, 2006年度版), p.108.
34 『國父年譜』下, 1922.2.27, p.862.
35 「出師北伐緊急通告」(1922.3.11),『孫中山全集』6, p.93.
36 「在廣州宴請北伐軍將領時的演說」(1921.9.6),『孫中山全集』5, p.598.
37 『國父年譜』下, 1922.3.24, pp.864~865.
38 『國父年譜』下, 1922.5.4, p.869.

> 시 광동의 국면을 평정하고 이제야 북정(北征)을 촉구하고 있습니다. **귀군이 이미 입관**(入關)했으나, 동시에 서로 상응할 수 없어 매우 안타깝습니다. 일의 형세가 구속하는바 양해를 바랍니다. …… 문(文: 손문)은 6일 소관으로 가서 토적 출사를 선언하고 각 군에 조속히 진행할 것을 명령했습니다. 초지 불변으로 **이전의 약속**을 지킬 것입니다. 귀군의 정예를 잃지 말고 때를 기다려 반공해 그 수미를 동시에 돌아볼 수 없게 합시다. 저 오랑캐들(직계)이 이리저리 뛰어 지치면 최후의 승리는 우리에게 있습니다. 이에 오충신(吳忠信, 우중신) 여장(旅長)을 군사전권대표로 파견합니다.[39] – 강조는 인용자

이전의 약속이란 2월경 서로 오가며 반직을 위해 만든 작전 계획일 것이고, 봉계가 이미 입관했다는 것은 봉직전쟁의 발발을 의미한다. 이 편지는 봉직전쟁에서 봉계의 패배가 알려지기 전에 쓴 것임을 알 수 있다. 여하튼 직계를 협공하기 위한 손장동맹의 일면을 볼 수 있다. 그런데 손문이 북벌을 서두른 것이 봉직전쟁 때문이었는지에 대해서는 의문이 간다. 상술했듯이 손문이 북벌을 시작한 이후 봉직전쟁이 발발했고, 손장동맹이 확정되기 전인 1921년 12월에 손문은 이듬해 구정에 북벌할 계획도 갖고 있었다.[40] 여기서 눈여겨볼 '선언'이 하나 있다. 이 선언은 장작림의 대표 이몽경이 계림에 오고(2.12), 단기서의 대표 주선배가 광동에 오기(2.20) 직전인 2월 11일에 언론에 발표되었다.[41]

---

39 「致張作霖函」(1922.5), 『孫中山全集』 6, p.141.

40 『國父年譜』 下, 1921.12.22, p.853.

41 이 선언이 게재된 신문에서 轉載한 사료집의 경우 '봉직 대표와의 담화'라는 제목을 달고 있으나(「與奉直代表的談話」(1922.2.11), 『孫中山集外集』, p.260) 내용이 담화는 아니며, 당시 신문에 게재된 제목도 '선언'으로 되어 있거나 "광동에 온 봉직 대표에게 총통(손문)이 의견을 표시했다"라고 되어 있다(上海≪民國日報≫, 1922.2.12; 「孫文最近之宣言」; ≪盛京時報≫, 1922.2.21; 「孫總統最近宣言」, 上海≪民國日報≫, 1922.3.14; 「大總統宣言節略」, 上海≪民國日報≫, 1922.3.17). 또 시간상으로 선언이 발표된 2월 11일에 봉직 대표는 광동에 도착하지 않았다.

마치 찾아오는 환봉(皖奉) 양계의 대표에게 전달하려는 듯한 '선언'이다. 말하자면 반직삼각동맹에 대한 손문의 생각을 사전에 일러두려는 듯하다.

(1) 북벌군에 **봉직**(奉直) 두 계파에 대표가 있다고 해도, **정식정부**는 나라를 위해 토적(討賊)을 집행해야 할 권리를 적극적으로 진행하지 않을 수 없다.
(2) 봉직 양측에 불만은 없으나, 만약 진실로 국가를 위한다면, **정식정부의 명령에 복종해야 하며** 군대를 움직이는 데 정부를 우선해야지 사적인 군벌의 기반을 고려해서는 안 된다.
(3) **정식정부는 최고민권정치를 군권 위에 둘 것**이며, 장래 중국은 군벌들이 각 성에 웅거해 지반으로 삼는 구습을 제거하고, 권력을 지방 인민에게 돌리는데, 봉직이 앞장 서야 한다.
(4) **구국회**는 중국의 소란스러운 정국을 해결하고 중국으로 하여금 영구적인 헌법상의 국가, 정부가 되도록 하여 국가의 기초를 공고히 해야 한다.
(5) 정식정부는 중국을 영원히 편하게 해야 할 책임이 있으며, 공명정대한 태도를 분명히 할 것이다. 종전처럼 (이해에 따라) 교환하고 결합하는 구습은 국가를 뒤로하고 개인을 먼저 한 것이니 이를 그대로 답습한다면 어찌 국가와 인민을 대하겠는가. 그러려면 또한 부질없이 군사를 일으킬 필요는 없다. 그러므로 **서남은 결코 구차하게 결합해 과거의 전철을 다시 밟지 않겠다.**[42] - 강조와 괄호는 인용자

첫 번째는 봉직의 의견에 상관없이 북벌을 추진하겠다는 것이다. 바꾸어 말하면 북벌을 독자적으로 추진하겠다는 것이니, 북방의 상황 때문에 북벌군을 발동하는 것은 아니라는 의미이다. 두 번째는 당시 반직삼각동맹에 대한 손문의 생각을 가장 잘 보여주는 것으로, 정식정부의 명령에 복종해야 할 대상은

42 「孫文最近之宣言」(1922.2.11), ≪盛京時報≫, 1922.2.21.

봉계와 직계인데, 여기서 정식정부란 손문 자신이 건립했고, 자신이 (비상) 대총통으로 있는 '중화민국정부'이다. 정식정부의 건립 그 자체가 이미 북경정부에 대한 부정이니, 북경정부의 직계에게 복종을 요구하는 것은 당연하지만, 동맹인 봉계에게도 정식정부의 명령에 복종할 것을 요구했다. 세 번째는 군벌의 권력을 민권으로 돌리고, 군벌의 주된 권력인 지방권력을 지방 인민에게 돌리겠다는 것이다. 나아가 봉직이 이에 앞장서야 한다는 것은 직계뿐 아니라 봉계의 지역적 기반도 없애겠다는 것이다. 네 번째로 북벌 후 구국회가 약법에 따라 정국을 운영해야 한다는 것은 자신의 정식정부도 구국회에 의해 조직된 것이므로, 손문으로서는 '호법'을 명분상 버릴 수 없음을 보여준다. 마지막으로 북벌이 승리한 후 세 동맹자에 의한 이익 분점이나 분권은 없을 것이니, 만약 이를 받아들지 않는다면, 구차하게 동맹에 연연하지 않겠다는 것이다. 구차하게 연연하지 않을 대상은 봉계이니, 이 선언은 직계에 대한 선언이 아니라 동맹자인 봉계에 대한 선언이었다.

그러나 이 선언은 공식적으로 발표된 것 같지 않다. 즉 어떤 과정을 통해 선언이 만들어지고, 어디에서 어떻게 선언이 발표되었는지 등에 대한 구체적인 내용이 없고, 신문 기사 외에 원문도 없다. 선언이 있기 직전 직봉 양계가 진형명에게 대표를 파견해 관계를 모색하고 있으며, 진형명은 봉계를 부정적으로 생각한다는 정보가 있있다.[43] 어찌 보면 동맹한 봉계에 대한 대응으로, 손문이 선언의 형식을 빌려 자신의 뜻을 언론에 흘린 것이 아닐까 생각된다. 언론 게재의 '혼란스러움'이 이런 의혹을 더욱 부추긴다. 시간상 선언을 처음 게재한 것은 상해≪민국일보≫로, '선언 발표' 다음 날 신문에 실렸는데, 앞의 인용문을 요약한 것이다.[44] 인용문은 '선언 전체'로 보이는데, 심양의 일본계 신문, ≪성경일

43 장작림이 대표를 진형명에게 파견해, 자신은 진의 의견에 완전히 따를 것이며 적당한 시기가 되면 자신의 관점을 정식으로 표명하겠다고 하자, 진형명이 장작림에게 "먼저 서세창, 장훈과의 모든 관계를 단절해야 당신의 태도를 믿을 수 있다"고 했다는 정보가 있었다. 廣東省檔案館 編譯, 『孫中山與廣東: 廣東省檔案館庫藏海關檔案選譯』, pp.288~289.

보(盛京日報)≫에 2월 21일에 게재된 기사이다. 그런데 국민당의 기관지 상해≪민국일보≫에는 이로부터 한 달 뒤인 3월 14일과 17일에 게재되었다. 3월 14일 기사에 따르면 선언이 발표된 날짜는 2월 11일이고, 그 내용은 앞의 인용문의 제5항 중 일부만을 보도하고 있는데,[45] 핵심은 봉직과 '구차하게 결합하지 않겠다'는 것이다. 그런데 3일 뒤인 3월 17일의 기사는 3월 11일에 발표된 선언이라며, 앞의 인용문처럼 전문을 게재하고 있다.[46] 이때는 손문이 봉계와의 동맹을 이미 체결한 뒤이다. 따라서 '선언'은 봉계와의 동맹에 앞서, 그리고 동맹 후에 '북벌과 북벌 이후'에 대해 그 뜻을 분명히 한 것이다. 다른 면에서는 이 시기 손문의 의기가 얼마나 양양했는지를 보여주는 대목이다. 손문은 기존의 손단동맹에 봉계와의 합작을 더해 반직삼각동맹으로 2차 북벌을 추진했는데, 삼각동맹 간의 관계에서 손문은 자신의 주도로 북벌을 추진하고자 했다. 다만 손문이 감당하기에는 버거운 직계를 견제하기 위해 봉계와 환계의 도움을 받고자 했던 것이다. 물론 자신의 주도로 북벌을 추진한다는 손문의 뜻(정식정부에 대한 복종)을 봉계와 환계가 받아들였느냐는 별개의 문제였다.

북벌에 대한 손문의 이 같은 자신감은 북벌 과정과 그 결과에 대한 예측에도 영향을 미쳤다. 봉계와 동맹을 맺기 전에는 단기서의 환계가 직계의 후방을 차

44 손중산은 봉직 대표가 광동에 온 데 대해 의견을 표시했다.
1. 북벌은 이 때문에 중지하지 않는다.
2. 진정으로 국가를 위하는 자는 정식정부에 복종해야만 하며, 먼저 서(세창)을 축출해야 한다.
3. 민권 최고 정치에 복종해야 한다.
4. 구국회로 政局을 공고히 한다.
5. 이익을 교환하는 악습을 제거한다(「本社專電」, 上海≪民國日報≫, 1922.2.12).

45 "국가를 중시하는 자는 國友이고, 사인의 권리를 다투는 자는 國仇이다. 종전에 (이익을) 교환하고, 결탁하는 습관은 국가를 뒤로하고 개인을 먼저 하는 것으로, 그냥 이대로 답습하면 어찌 국가의 인민을 대하겠는가, 또한 부질없이 군대를 일으킬 필요도 없다. 그러므로 서남은 결코 구차하게 결합해 종전의 전철을 밟는 데 이르지 않겠다."「孫總理最近宣言」(1922.2.11), 上海≪民國日報≫, 1922.3.14.

46 「孫總統宣言節略」, 上海≪民國日報≫, 1922.3.17.

단해주면, 세 갈래로 직계를 공격할 계획이었다.[47] 1차 북벌 전략과 큰 차이가 없고, 단지 환계의 도움으로 직계 토벌이 수월해질 수 있다고 기대했다. 장작림과 동맹을 맺은 후에는 "계림으로부터 출발해 호남(長岳)을 거쳐, 호북 무한에서 회사(回師)한 뒤 곧바로 (북경이 있는) 하북(幽燕)에 도달한다"[48]는 계획이었으니, 봉계의 도움은 직계의 뒤를 차단하는 정도였다.[49] 북벌이 시작되면 "2주, 길어야 한 달이면 한구(漢口: 호북)에 도착할 수 있다"고 손문은 자신했다.[50]

1차 북벌과 달리 2차 북벌은 주체도 달랐다. 손문이 '자신의 군대'라고 할 수 있는 서남 세력을 보면 1차 북벌의 경우는 '복벽'을 계기로 중앙에 반대하는 '서남의 군벌'이었다. 따라서 손문 휘하의 군대란 대부분 광서 등의 객군으로 구성되었고 이들이 북벌에 반대함으로써 1차 북벌은 실패로 끝났다. 반면에 2차 북벌에서 손문의 주력군은 명실공히 광동군이었다. 게다가 재정도 튼튼했으며, 광서까지 제압함으로써 1차 북벌에 비해 내용이 충실했다. 이뿐만 아니라 북경정부에서 떨어져 나온 세력들(환계, 봉계)과 반직동맹을 맺었기 때문에, 손문은 직계 토벌 즉 북벌을 자신했다.

더구나 손문은 2차 북벌에 앞서 북경정부를 부정하는 '중화민국정부'를 건립하고 대총통의 지위에 올랐다. 말하자면 반직전쟁의 확실한 정치조직을 갖춘 셈이었다. 내실 있는 광동군을 기반으로 '중화민국정부'를 구성한 손문은 직계의 군사력을 감안해 북방의 군벌을 끌어들였지만, 이후 동맹자들은 자신의 정부에 복종해야 하며 받아들이지 않을 경우 '구차한 결합'을 구하지는 않겠다고 호언했던 것이다. 삼각동맹 간의 관계에 대한 손문의 주장을, 동맹자들이 수용했다는 증거는 없다. 당시 두 동맹자들은 손문의 주장을 검토할 여유가 없

47 세 갈래의 공격 경로는 중앙은 호남, 좌익은 산서, 우익은 강서로 진격하는 것이다. 「復廖仲愷王精衛電」(1921.11.22), 『孫中山全集』 5, p.634.

48 「出師北伐緊急通告」(1922.3.11), 『孫中山全集』 6, p.93.

49 「致張作霖函」(1922.5), 『孫中山全集』 6, p.141.

50 C. A. 達林, 『中國回憶錄(1921~1927)』, p.113.

을 것이고, 또 손문도 자신의 주장을 정식으로 동맹자들에게 제기한 것이 아니라 '선언'이라는 형식을 빌려 언론에 흘리는 형식이었기 때문에, 이 '선언'이 동맹자들 사이에 문제가 되지 않았을 것이다.

시선을 손문이나 그의 동맹자들이 아니라 '인심'으로 돌려보자. 그들의 눈에는 반직삼각동맹이 어떻게 비추어졌을까. 진형명이 손문의 대원수부와 거처를 폭격한(6.16) 직후, 손문의 '실패'를 호적은 다음과 같이 평가했다.

> 이번 주 최대의 정치 변화는 광동의 혁명과 절강의 독립이다. 손문과 진형명의 충돌은 일종의 주장상의 충돌이다. 진 씨는 광동자치를 주장하며 모범적인 신광동(新廣東)을 조성하려는 것이다. 손 씨는 광동을 근거지로 삼아 통일된 중화민국을 만들려는 것이다. 이 두 주장은 모두 성립할 수 있는 주장이다. 그러나 손문은 그의 주장 때문에 **자신의 통찰력을 잃고 도리에 어긋나는** 일을 서슴없이 하여 자신의 목적을 얻고자 했으니, 8년(1919) 안복부(환계의 단기서)와 연맹을 맺는 정책을 취했고, 11년(1922) 장작림과 연맹하는 정책을 취했다. **넓게는 전국의 인심을 잃었고, 가깝게는 광동의 인심을 잃었다.** 손 씨는 또한 해군에 의지해 광주성을 포격한다는 말로 광주 인민을 위협하니, 마침내 이번 실패를 면할 수 없었던 것이다. 손 씨는 일찍이 자신의 저서에서 "행하기는 어렵지 않으나, 알기가 어렵다"는 학설을 제창했다. 우리는 당시 "알면 반드시 행할 수 있으니, 알면 행하기가 더욱 쉽다"라는 그의 말에 찬성했다. 지금 보건대, 손 씨의 실패 역시 이 '지(知)'라는 글자에 있다. 한편으로 그는 대다수 사람들에게 자신의 주장을 이해시킬 수 없었고, 다른 한편으로는 그 자신이 불행히도 단견인 속성 수단을 채용했기 때문이다. 그러나 우리가 평상심으로 논한다면, 손 씨의 실패로 **그의 성공**을 묻어버려서는 안 된다."[51] – 강조는 인용자

51 胡適, 「這一週」, ≪努力週報≫, 第8期, 1922.6.25(『孫文與陳炯明史事編年』, pp.573~574)에서 재인용.

진형명의 '반변' 다음 날 손문은 각 함대에게 진군(陳軍)을 포격하라고 명했다.[52] 손문으로서는 반격이었지만, 그로 인해 광동의 인심을 잃었다고 호적은 평가했다.[53] 호적은 광동 주민의 시선으로 관찰하고 있다. 북벌, 즉 직계 타도가 손문의 최종 목적이 아니라 '공화의 완성'이었겠지만, 현실의 북벌에 대한 '인심' 특히 광동의 '인심'은 손문의 뜻을 받아줄 '인내심'이 없었다. 실은 '인심'을 얻은 후 북벌을 추진할 정도로 손문에게도 '인내심'은 없었다. 마찬가지로 반직동맹도 "전략(戰略)은 정략(政略)에서 기인한다"[54]는 나름의 순서에 따라 취한 것이지만, 문제는 "통찰력을 잃고 도리에 어긋나는 일"이라는 평가에도 추진했다는 점이다. 어찌 보면 인내심이 없었다기보다는 북벌의 성공을 지나치게 낙관했던 것이 아닐까 생각된다.

2차 북벌을 1차 북벌과 비교해 정리하면, 먼저 북벌의 대상이 단기서의 환계에서 직계로 바뀌었다. 손문의 군사력을 보면, 1차 북벌 때는 광서 객군의 힘을 빌려야 했지만, 2차 북벌 시기에는 광서 객군을 몰아낸 광동군과 튼튼한 재정을 보유하고 있었다. 북벌 당시 손문의 직위를 살펴보면 1차 북벌 당시에는 그의 명망을 이용하려는 서남 군벌들에 의해 추대된 광동군 정부의 대원수였지만, 2차 북벌 때는 '중화민국정부'의 대총통이 되었다. 또한 1차 북벌과는 달리

---

52 『孫文與陳炯明史事史編年』, 1922.6.17, p.554.

53 ≪香港華字日報≫는 당시 군함의 포격을 다음과 같이 전하고 있다. "마침내 17일 오후 1시에 선루가 시작되었다. 海珠 앞에서 군함이 발포했는데, 이곳은 양안에 모두 상점과 거민이 밀집한 곳이다. 포성이 거민들을 진동시켰다. …… 5시에 포격이 재개되어 7시에 물러났다. 商民의 견지에서 보면 손문이 군대의 포격을 명령한 후 군사상의 변화는 전혀 없었다. 다만 거민만 많을 피해를 입었을 뿐이다." 『孫文與陳炯明史事史編年』, 1922.6.17, p.555.

54 서수쟁이 광동에 왔을 때, 계림에 있던 손문은 장개석과 왕정위에게 오패부에 대한 군사전략을 지시하며 "원래 戰略은 政略에서 기인한다. 우리(손문과 단기서)의 政略이 이미 같아 이에 남북이 일치하니, 중국 평정은 희망이 있다"(괄호 인용자)라고 했다. 이 전보를 보낸 것은 1921년 12월 22일이다(『國父年譜』 下, 1921.12.22, pp.852~853). 『孫中山全集』에는 11월 22일로 오기되어 있다[「復廖仲愷王精衛電」(1921.11.22), 『孫中山全集』 5, p.634].

북경정부에서 밀려난 환계와 봉계를 끌어들여 북벌을 추진했다. 직계의 실력을 감안할 때 반직삼각동맹은 어쩔 수 없는 선택이었지만, 동맹자들이 손문 자신의 정식정부에 절대복종해야 한다면서 동맹의 주도자로 자처했다. 명분으로 내건 북벌의 목표는 1차 때와 마찬가지로 호법이었다. 또한 손문은 1차 때와 마찬가지로 2차 북벌 때도, 북벌을 통해 북경을 장악할 수 있다고 확신했다.

3. 반직삼각동맹과 국공합작

북벌과 관련해 소련과 손문의 관계를 살펴보기에 앞서, 국공합작(손문과 소련의 합작)과 반직삼각동맹의 관계에 대한 견해를 살펴보기로 하자. 손문 연구 특히 전기류를 보면, 손문 혁명의 후반은 모두 국공합작으로 채워져 있다. 반면 반직삼각동맹은 목차에서도 보이지 않는 경우가 대부분이다. 말하자면 손문의 혁명 전개는 신해혁명 이후 토원투쟁, 호법투쟁을 거쳐 최종적으로는 국공합작으로 마무리된다. 그런데 반직삼각동맹과 국공합작은 궤를 크게 달리하는, 어찌 보면 방향이 서로 반대인 정치행동인 것은 분명하다. 반직삼각동맹은 군벌과의 동맹이다. 국공합작의 결실 중 하나인 「일대선언」은 반제·반군벌을 분명히 하고 있다. 그렇다면 같은 시기에 있었던 두 정치행동은 서로 어떤 관계를 맺고 있을까. 예컨대 주종 관계여서 하나가 주된 혁명이고, 다른 하나를 이를 위한 수단이었는가, 아니면 서로 관계가 없이 병행적으로 진행된 정치행동이었는가 등등 모순된 양자 사이의 무언가를 채워야 하지 않을까 생각된다.

시간적으로 보면 반직삼각동맹은 국공합작과 시기적으로 겹치지만, 실제로는 국공합작보다 일찍 시작해 손문의 사망 때까지 두 정치행보가 이어진다. 손문이 소련과의 실제적 관계, 즉 국공합작은 진형명의 '반변' 후 상해로 빠져나온 1922년 8월 이후부터 요페와의 관계를 통해 시작되었다. 반면 반직동맹의 시작은, 1919년 손단동맹으로 거슬러 올라간다. 명실공히 반직삼각동맹이 이루어진 것은 1922년 초이다. 따라서 양자의 관계를 시간적으로 본다면, 국공합작을 위해 반직삼각동맹을 행했다는 것은 불가능하다. 그렇다고 반직삼각동맹을 위해 국공합작을 선택했을까. 이것도 쉽사리 받아들여지지 않는다. 여하튼 '모순된 두 정치행동이 서로 어떤 관계였을까'라는 시각으로 살펴볼 필요가 있다.

2차 광동정부 시기까지 손문은 소련과 관계 맺기를 거부했다고 상술했다. 즉 그때까지 국공합작은 시작되지 않았다. 2차 광동정부 막바지에 구체적으로는 손문이 북벌에 나서고 진형명이 '반변'을 시작하기 직전인 6월 초, 달린은 광주에서 손문과의 대화를 다음과 같이 회고했다. 이 대화는 2차 북벌기의 손문의 생각을 잘 반영하고 있어, 앞서 일부 인용한 바 있지만, 다시 인용한다.

> 우리는 소비에트, 홍군, 인민 대중에 대한 자유의 문제를 이야기했다. 손문은 자세히 듣고는 나에게 이런 건의를 제시했다. "내가 당신에게 하나의 산구(山區), 아주 황량한 현대문명의 교화를 받은 바 없는 현(縣)을 하나 주겠다. 그곳에는 묘족인(苗族人)들이 살고 있다. 그들은 우리의 도시 사람들에 비해 공산주의를 더 잘 접수할 것이다. 왜냐하면 도시에는 현대문명이 도시인들로 하여금 공산주의의 반대자로 만들기 때문이다. 당신들은 이런 현에서 소비에트 정권을 조직해라. 만약 당신들의 경험이 성공적이라면, 그러면 나는 반드시 이 제도를 전국에 실시하겠다.
>
> 손문은 여러 차례 나에게, 자신의 계획을 소련이 도와줄 수 있는지를 물었다. 즉 중국에서 대규모로 철로를 건설하려는 계획을 도와줄 수 있는지 물었다. 그 중 가장 중요한 것은, 소련의 투르키스탄을 통과해 모스크바와 광주 간에 대철도를 건설하는 것이었다. 손문은 이 철도의 건설을 중국 혁명의 가장 긴요한 사업으로 보았다.

손문은 전선의 일로 신나서 자신 있게 말했는데, 2주, 적어도 1개월 정도면 한구를 반드시 점령할 수 있다고 했다. "그때가 되면 나는 소련을 정식으로 승인하겠다"고 손문은 흥분해 나에게 말했다.

손문은 뜻밖에 돌연 나에게 물었다. "소련은 몽골에서처럼 만주에서 정변을 발동할 수 있는가?" 나는 어찌할 바를 몰랐다. 그는 계속 이야기했다. "우리(손문과 소련)는 공동의 적인 일본이 있다. 일본은 …… 당신들의 블라디보스토크를 강점하고 있고, 장작림의 도움으로 우리나라(중국)의 만주를 강점하고 있다. 내가 오패부를 패배시키면 다음은 장작림이다. 그때 소련의 도움이 특히 중요하다."[55]

소비에트에 대한 생각에서부터 한 달 안에 한구를 점령할 수 있다는 호언까지 당시 손문의 의기가 얼마나 양양했는지를 보여준다. 소비에트 제도에 대한 손문의 이런 '비아냥거림'이 4개월 뒤에는 "손문은 친히 신강에 가서 그곳에서 어떠한 제도, 심지어 소비에트 제도라도 건립하겠다"[56]고 할 정도로 상황이 바뀌는데, 이는 뒤에 설명하겠다. 이 시기 소련과 관련된 손문의 관심은 서북과 만주였는데, 전자는 소련의 도움으로 철로를 건설하는 것인 반면, 후자의 경우는 좀 달랐다. 놀랍게도 소련이 만주에서 정변을 발동해줄 수 있느냐는 것이었다. 또 하나 손문의 속마음을 보여주는 것은 반직삼각동맹에 대한 것이다. 이때는 이미 장작림과 동맹을 맺고 있는 때였지만, 그 동맹은 결국 오패부를 패배시키기 위한 방편에 불과했다. 손문은 반직이 이루어진 후 만주에서 장작림을 공격해주기를 소련에 요구한 것이다. 그러나 몇 달 뒤 손문은 소련이 장작

---

55 C. A. 達林, 『中國回憶錄(1921~1927)』, p.103, pp.107~108, p.113.

56 「Ioffe가 Chicherin에게 보내는 전보」(1922년 11월 7일과 8일 북경에서 기밀, 『聯共(布), 共産國際 檔案資料』 1, p.147.

림을 공격한다는 소문을 듣고 이를 저지하려고 전력을 다했다.[57]

2차 북벌에 대한 자신감은 손문으로 하여금 소련과의 합작을 거부하게 했지만, 북벌의 성공, 즉 직계 타도 후 장작림에 대처하기 위해 손문은 소련의 역할을 구상하고 있었다. 손문은 그에 대한 보답으로 소련의 승인을 제시했는데, 이는 당시 소련이 국제적 승인을 받으려 자신을 찾아왔다고 생각하고 있었기 때문이다.[58] 1차 북벌과는 달리, 2차 북벌은 반직삼각동맹하에서 추진되었다. 따라서 반직 승리 이후 동맹자를 처리하기 위해 손문은 소련과 관계를 활용하고자 했다.

4. 진형명의 '반변'과 국공 관계, 반직동맹 관계

높은 기대 속에 의기양양했던 2차 북벌은 진형명의 '반란'으로 무산되고 말았다. 국공합작을 전략적으로 보든, 사상적 변화로 보든 손문이 국공합작을 취한 계기로 진형명의 '반변'을 그 원인으로 보는 것이 일반적이다. '반변'으로 상해로 돌아간 이후 손문이 국공합작을 진행한 것은 사실이다. 그러나 손문은 반직삼각동맹은 여전히 유지하고 있었다. 따라서 국공의 관계, 즉 손문과 소련의 관계가 어떻게 전개됐는가, 또 반직 동맹자들과의 관계에 어떤 변화가 있었는가에 주의할 필요가 있다.

북벌에 대한 기대가 컸던 만큼 진형명의 '반변'은 손문에게 큰 충격을 준 것은 분명하나, 그렇다고 '반변'이 국공합작을 추동케 했다는 근거는 없다. 먼저 2차 북벌의 실패 후 정국의 상황과 북벌을 정리해보자. 진형명의 '반변'으로 손문이 상해에 도착한 것은 1922년 8월 14일이었고, 광서 객군의 도움으로 진형

57 이 책 11장 4절 참조.
58 이 책 10장 3절의 349~351쪽 참조.

명이 광주에서 물러가자 손문이 광주에 해육군 대원수 대본영을 설립한 것이 이듬해 3월 2일이었다. 상해 체류 6개월여 동안, 손문은 요페와의 편지 왕래 끝에 1923년 1월 26일 「손문-요페 연합선언」을 발표했다. 그사이 손문은 공산당원을 국민당에 입당시키라는 마링의 건의를 흔쾌히 받아들였고(8.25), 이에 중국공산당도 서호회의를 통해 국민당 입당을 결정했다(1922.8.28~30). 1923년 1월 초 손문은 국민당의 개진을 선포했다.

세 동맹자 중 손문의 처지가 가장 어려웠다. 손문으로서는 무엇보다도 근거지를 잃었으니, 그것을 마련하는 것이 급선무였다. 근거지라면 우선 떠올릴 수 있는 곳은 광동이다. 진형명의 '반변' 후 '광주는 근거지로 하기에 모험적인 곳'이 되었지만, 그렇다고 '포기할 수 없는' 곳이었다. 이에 손문은 자신을 따르는 병력(1만 명)을 데리고 사천, 감숙을 거쳐 내몽골로 가서 고륜에 근거지를 만들려는 '대담하고, 신선하며 혁명적인 계획'을 구상했는데, 이는 소련의 군사원조를 전제로 한 계획이었다.[59] 광주를 탈환하든 내몽골로 가든, 혁명을 재개하기 위해 무일푼인 손문으로서는 자금이 절실했다. 손문은 소련에 200만 원의 지원을 요구하며 내친 김에 이전부터 생각하고 있던 직계 타도 후 선후책까지 제시했으니, 즉 장작림을 북경에서 끌어내기 위해 만주에서 군사작전을 수행해 달라고 소련에 요구했다.[60] 손문의 외교가 늘 그러했듯이 몽골과 만주에 대한 소련의 요구 수용을 '선물'로 제시했다. 그러나 상해의 정객으로서 그 '선물'은 실속 없는 것이었다.

그러니 이제 손문과 소련의 관계는 역전되었다. 얼마 전까지만 해도 관계를 맺자는 소련의 요구를 거부하며, 곧 마무리될 북벌 후 소련을 승인해주겠다고 호언하던 손문이었으나, 이제 소련의 도움이 절실한 처지로 전락해버렸다. 사

59 「孫逸仙이 Ioffe에게 보내는 편지」(1922.12.20, 상해에서), 『聯共(布), 共産國際 檔案資料』 1, p.166.

60 「Ioffe가 俄共(布), 소련 정부, 코민테른 지도자에게 보내는 편지」(1923.1.26, 상해, 기밀), 『聯共(布), 共産國際 檔案資料』 1, pp.211~213.

실 손문과 소련의 관계 역전은 국공합작의 실제를 파악하는 데 매우 중요하다. 소련이 손문에게 바라는 바는 손문이 제시한 '선물'이 아니라, 소련이 원하는 혁명 조직으로 국민당을 개조하라는 '강요'였다. 소련의 '강요'를 받아들일 만 했다면, 즉 손문이 사상적 전환을 통해 국민당을 혁명정당으로 개조하고자 했다면 '강요'는 아니었겠으나, 상술한 것처럼 소련의 요구는 손문에게는 '강요'였다. 이제 손문은 소련의 '도움'을 포기하고 '강요'를 거부할 것인지, 아니면 '도움'을 전제로 '강요'를 받아들일 것인지 선택해야 하는 위치로 바뀌었다. 물론 후자를 택했지만, 국공합작이란 소련의 '도움'과 '강요' 사이에서 손문이 어떻게 '도움'을 최대한 받아내고, 어떻게 '강요'를 최소화하는가였다.

손문과 소련의 관계 역전은 손문과 반직의 동맹자, 특히 봉계의 장작림과의 관계에서도 재현되었다. 사실 동맹자들의 처지가 그리 좋은 것은 아니었다. 환계는 직환전쟁에서 패해 일찌감치 북경에서 물러났고, 봉계도 봉직전쟁에 패해 북경에서 물러났다. 그러나 그들은 나름의 근거지가 있었다. 특히 봉계의 장작림이 웅거한 만주라는 탄탄한 근거지는, 전쟁 패배에 영향을 크게 받지 않았다. 그러나 손문은 진형명의 '반변'으로 근거지조차 잃어버렸다. 여하튼 처지가 비슷했기 때문에, 동맹자들 사이에 반직의 목표는 더욱 분명해졌고, 동맹의 끈이 더욱 단단해진 측면도 있다.

손문은 반직삼각동맹을 언론에 드러내놓고 말하지는 않았지만,[61] 동맹자들과의 관계는 특히 봉계의 장작림과의 관계는 양적으로뿐만 아니라[62] 질적으로

61 단기서와의 제휴를 넘어 오패부와도 제휴한다는 소문에 대해 "단 씨는 나의 충심을 자못 이해하고 있다. 통일을 도모하기 위해서는 段(祺瑞), 曹(錕), 吳(佩孚) 등과 상의하는 것도 좋다. 장작림 씨와 도모하는 것도 또한 불가하지 않다. 다만 曹, 吳가 과연 통일에 대해 성의가 있는지 없는지는 아직 의문이다. 만약 저들에게 성의가 없다면 나는 물론 제휴를 거절할 것이다.「與日本大阪『每日新聞』駐滬特派員村田的談話」(1922.8.29), 『孫中山全集』 6, p.534.

62 『孫中山全集』과 『孫中山集外集』에 게재된 '장작림에게 보내는 손문의 편지'는 총 13통인데, 그중 12통이 1922년 9월 이후(진형명 '반변'으로 상해로 돌아온 이후)에 보낸 것이다.

영무(寧武, 1885~1975)

요령(遼寧, 랴오닝) 해성(海城, 하이청)인이다. 1908년 중국동맹회 가입한 이래로 손문을 추종했다. 1914년 중화혁명당에 가입한 초기 당원 중 한 명이다. 1922년 영무는 장작림의 부관(副官)으로 임명되었고 이후 장학량(張學良)의 고문이 되었다. 1924년 1월 국민당 일전대회에 봉천성 대표로 참가했다. 9·18 사변 이후 동북에서 항일운동을 적극 지지했다. 모택동은 1949년 신중국 성립 전야에, 중국인민정치협상회의에 출석해줄 것을 청했다. 신중국 성립 이후 북경과 요령에서 요직을 두루 거쳤다. 1975년 병으로 사망했다. 사진은 1920년대의 모습이다.

도 수위를 높여갔다. 1922년 9월 손문은 자신과 장작림 사이를 오가며 연락하던 영무(寧武, 닝우)에게 편지를 보내 장작림이 보낸 한방진(韓芳辰, 한팡천)이 상해로 와서 만나 기쁘다며, 또 "우공(雨公: 장작림)이 보낸 2만 원을 받아 매우 감사하다"[63]고 전하고 있다. 같은 날 장작림에게 보내는 편지에서는, 금전적으로 도와달라며 왕정위를 보내겠다고 했다.[64]

봉천으로 떠나는 왕정위가 장작림에게 전할 합작 방법 중에는 "현재 각 부대를 보충하기 위해서는 200, 300만 원이 급히 필요합니다. 만약 차관을 줄 수 있다면 정말 좋겠습니다"[65]라는 손문의 간절한 부탁도 들어 있었다. 이제 반직동맹은 동맹이지만, 동맹자 사이에서 손문은 이전만 같지 못하게 되었다. 손문은 장작림에게 정치 방면의 합작 계획을 다음과 같이 제시했다.

1. 현재 북경정부는 합법이 아니므로 승인하지 않는다.
2. **만약 장래에 합법 정부가 성립하면** 마땅히 서로 일치해 화평 통일을 한다.

나머지 한 통도 이미 반직삼각동맹이 이루어진 이후, 2차 북벌 직전에 보낸 것이다. 董建和 外 編, 『孫中山全集,集外集,選集綜合索引』(浙江師大歷史系資料室編印, 1998), pp.25~26.

63 「復寧武函」(1922.9.22), 『孫中山全集』 6, p.557.

64 「復張作霖函」(1922.9.22), 『孫中山全集』 6, p.559.

65 『國父年譜』 下, 1922.9.22, p.911.

3. 합법정부가 성립되기 이전, 사영농단(私營壟斷)은 국가의 장애자가 되므로 …….
4. 적(직계의 북경정부)에 대처하는 진행 방법은 다음과 같다. 갑. ……
5. 장래 적에게 …… 일치 행동하며, 단독행위를 해서는 안 된다.
6. **적을 제거한 이후 합법 정부를 조직함에 협상 동의로 정한다.**[66] - 괄호와 강조는 인용자

6개월 전만 해도 동맹자인 봉계에게, 자신의 중화민국 정부에 절대복종해야 하고, 군벌의 행태를 버리지 않는다면 구차하게 동맹하지 않겠다던 손문이었다.[67] 북벌의 전망과 결과도 위축되었다. 손문은 북벌과 관련해 대책을 다음과 같이 장작림에게 제시했다.

> 금후 적을 격파할 대책으로, 서남이 먼저 출발해 적과 대치할 것입니다. 공(장작림)의 대임은 **속히 북경, 천진, 보정**(保定, 바오딩)**을 취해** 적(직계)이 의지할 바 없게 하고, 연후에 중병(重兵)을 보내 적의 뒤를 따라가면 적은 싸우지도 못하고 스스로 괴멸할 것입니다. 이는 공동 작전의 관건이니 바라건대 잘 살펴주십시오![68] - 괄호와 강조는 인용자

북벌을 통해 북경을 취하는 것을 손문은 포기했다. 이제 손문은 광동을 출발해 직계와 대치하는 것으로 북벌을 상정했다. 물론 그것도 광동 탈환을 전제로 할 때 가능한 일이었다. 말하자면 봉계의 북경 탈취를 위한 견제 역할로 북벌의 전망을 한정했다. 물론 전국 통일을 손문이 포기한 것은 아니었으니, 직계 타도 이후 북경의 장작림에 대한 대처로 소련의 도움을 염두에 두고 있었다.

상해 체류 기간의 손문의 전략 변화를 정리해보자. 진형명의 '반변' 이후, 근

66 『國父年譜』 下, 1922.9.22, p.912.
67 이 책 22장의 2절 참조.
68 「復張作霖函」(1922.9.22), 『孫中山全集』 6, p.559.

거지도 없고, 자금도 없었기 때문에, 손문은 북벌과 관련해 전략을 수정할 수밖에 없었는데, 우선 새로운 근거지로서 서북의 고륜을 상정하고, 이를 위해 소련의 군사적 원조를 요청했다. 아울러 직계 타도 후 동맹자 장작림을 북경으로부터 만주로 끌어내기 위해 소련의 군사 개입 가능성도 타진했다. 또한 진형명의 '반변'과 함께 소멸한 정부를 재건할 때 소련의 승인이 긴요했으니, 손문은 요페와의 왕래에서 북경정부와의 국교 수립을 강력히 제지하고자 했다. 소련과의 공개적 관계를 거부하던 손문에게, 소련은 혁명 전개에서 없어서는 안 될 존재가 되어버렸다. 이에 손문은 공산당원의 국민당 입당을 흔쾌히 받아들였고, 자진해 국민당 개진을 추진했으며, 이후 소련과의 관계를 공개화했다.[69]

한편 반직삼각동맹의 동맹 관계에도 변화가 있었으니, 장작림으로부터 군사적 원조를 받아야 하는 손문으로서는 자신의 「혁명방략」에 따르지 않으면 "구차하게 결합하지 않겠다"던 종전의 태도는 불가능해졌다. 이는 동맹자의 태도가 손문의 「혁명방략」에 영향을 주기 시작했음을 의미한다. 노선이 다른 두 개의 수단(국공합작과 반직삼각동맹)을 함께 사용하고자 하니, 이로써 생기는 갈등을 자신의 정치적 언어로 무마하는 수밖에 없었다. 소련이 장작림에게 군사적 행동을 취할 것이라는 소문을 전해 듣자, 손문이 장작림을 위해 소련 측에 얼마나 노력했는지는 이미 상세히 보았다. 또 소련과의 합작을 공개적으로 드러낸 '요페와의 연합선언' 후 장작림에게 이를 '해명'해야 했다.

> 소련과의 외교는 관련하는 바가 아주 복잡해, (파견하는) 노효침(路孝忱)이 만나 뵙고 그 상세함을 말씀드릴 것입니다. 제가 요페 씨와 이야기한 것 중, 언론에 번역·기재되는 과정에서 요점을 빠뜨린 것이 있어 보충해야 합니다. 별지에

69 「손문-요페 연합선언」을 발표된 직후, 손문은 기자와 만나 "나와 張(作霖), 段(祺瑞)의 삼각연맹은 현재 순조롭게 진행 중이어서, 이 연맹으로 오패부를 제압해야 한다"라고 반직동맹이 순조롭게 진행되고 있음을 표현했다. 「與廣東通訊社記者的談話」(1923.2.22), 『孫中山全集』 7, p.131.

썼으니 보십시오. 의견이 있으면 제가 힘닿는 데까지 하겠으니 노효침에게 전달하십시오.[70]

이제 손문은 자신을 도와주는 소련과 동맹자에게 수동적 자세를 취할 수밖에 없었고, 이 두 원조자 사이를 정치적 언어로 조정해나갔다.

5. 3차 북벌

손문은 진형명이 물러난 광주로 다시 돌아왔지만, 그의 상황은 녹록지 않았다. 우선 도움을 준 객군을 통제할 수 없었고, 또 진형명이 광주에서 물러났을 뿐 여전히 동강을 경계로 손문과 대치하고 있었다. 광주로 돌아온 이후 1923년 내내 진형명과 '혈투'에 가까운 전투를 계속했으나, 진퇴를 반복할 뿐이었다. 따라서 지배 지역은 광동성의 일부에 지나지 않았고, 계속되는 내전은 광동 주민들로부터 지지를 얻지 못했으니, 재정은 시간이 흐를수록 악화되어갔다. 어려워지는 재정은 손문으로 하여금 장작림에게 더 손을 내밀게 했다.[71] 소련이 기대 이상으로 원조를 해주겠다는 소식은 손문에게는 가뭄 속의 단비였다.[72] 이제 손문은 재정적으로 장작림과 소련의 도움으로 버티는 셈이 되었다. 소련의 원조가 결정되었다고, 손문이 당 개조에 착수한 것은 아니었다. 당시 손문과 함께 있던 마링은 "손문의 유일한 관심은 진형명을 제압하는 군사 문제뿐"

70 「致張作霖函」(1923.1.28), 『孫中山全集』 7, p.58.

71 손문은 "전사가 매우 격심해 비용이 크게 필요하니, 장작림에게 70만 원을 구해보라"고 왕정위에게 전보를 보내고[「致汪精衛電」(1923.5.3), 『孫中山全集』 7, p.424], 같은 내용을 장작림에게도 직접 보냈다[「復張作霖函」(1923.5.3), 『孫中山全集』 7, p.423].

72 소련은 손문의 요구 대부분을 받아들이기로 결정하고, 이를 일본에 있는 요페에게 전하자(1923.3.8), 요페는 이 소식을 손문에게 전달했다(5.1). 손문은 소식을 전달받자마자 감사의 편지를 요페에게 보냈다(5.12). 이 과정에 대해서는 13장의 2절 참조.

이라며, "개조를 진행하지 않으면 원조를 주어서는 안 된다"라고 분통을 터뜨렸다.[73] 그러나 '개조도 광동 문제가 해결되어야 가능하니, 당장 필요한 것은 원조'[74]라는 손문의 대응도 일리가 없는 것은 아니다. 당 개조뿐만 아니라 직계를 타도하기 위한 북벌도 돌아볼 여유가 없었다.

그러나 정세는 반직동맹에 유리하게 전개되었다. 1923년 6월 직계는 여원홍을 북경에서 몰아내고(북경정변), 이어 뇌물 선거로 조곤이 총통의 자리에 올랐다(10.5). 이와 같은 직계의 행동에 전국이 들끓었다. 그러나 이런 유리한 정세를 이용할 수 없을 정도로 손문의 처지는 군사적으로 절박했다. 손문 자신이 전선에 나가 전투를 지휘했다. 보로딘이 광주에 도착해(10.6) 개조가 시작되었지만, 손문은 전선에서 요중개를 통해 진행 상황만 전달받을 뿐이었다. 11월 18일 진형명의 공격으로 광주는 풍전등화의 위급 상황에 몰렸으나, 19일 진형명군을 격퇴해, 극적으로 위험에서 벗어났다. 전세가 호전되었을 뿐 대치 상태는 여전했지만, 이후 당분간 '안정'을 되찾을 수 있었다.

'안정'을 되찾은 당일(11.19) 하오 7시 40분 손문은 임시중집위 제7차 회의에 참석해 그동안 전개된 「11월 개조」를 승인했다. 며칠 후 손문은 장작림에게도 편지를 보냈다. 앞서 인용한 바 있지만, 다시 인용한다.

> 우정(雨亭: 장작림) 총사령관 귀하
>
> …… (진형명의 '반변'으로) 실패 이후 몸만 상해로 빠져 나왔으나, 맨주먹으로 적 오패부와 결전을 준비했습니다. **지난 1년간 여러 차례 아공(我公: 장작림)께서 자금을 지원해주어** 남은 여력을 수습해, 복건성에서 군대를 돌아오게 할 수 있었습니다. 또 운남군의 기의, 사천민의 오패부군 축출로 마침내 서남의 국적(國賊) 세력은 계속 박멸되어 근거지 광주를 다시 회복했습니다. **이 모두가 공이 보내주**

73 「致越飛和達夫謙的信」(1923.6.20), 『馬林與第一次國共合作』, pp.261~262.

74 같은 글, p.262.

신 큰 힘 덕택입니다. 광주를 얻은 후 너무 파괴되어 원기를 단번에 회복하기 어려운 데다, 재정의 곤란이 날로 압박해 속히 소탕할 수 없었고, 반역들이 동강을 방패 삼아 저항해 재앙이 지금에 이르렀습니다. 오패부, 제섭원(齊燮元, 치셰위안)이 근일 대량 무기를 건네자, 역적들은 이에 병력을 총동원해 공격해왔습니다. 최근 10일간 석룡을 지키지 못하고 광주가 위급했으나, 본월(11월) 18, 19일 양일간 아군이 배수의 진을 치고 싸워 다행히도 장병 모두 명령에 복종해 적군의 주력을 완전히 격파하고 광주는 위기에서 안정으로 돌아섰습니다. 이후 광동 내부의 평정을 기대할 수 있게 되어, 북벌 계획도 역시 이제 시행할 수 있게 되었습니다. 하여 섭예호(葉譽虎: 葉恭綽)를 특파해 일체 가르침을 받고자 합니다. ……

손문 민국 12년 11월 25일[75] - 괄호와 강조는 인용자

이 편지는 그동안 손문의 근황을 잘 요약해주고 있다. 재정의 어려움 속에 장작림의 금전적 지원을 크게 받았고, 진형명군의 공격을 격퇴함으로써 이제 위기에서 안정을 되찾아, 북벌 즉 반직전쟁에 참여할 수 있게 되었다는 것이다. 물론 소련과의 합작에 대해서는 함구했다. 손문의 특사로 섭공작이 참여한 봉천의 모임은 반직 각파가 총출동한 회의였다. 맹주는 봉계 장작림이었다.[76] 섭공작은 장작림에게 손문의 정식정부 건립을 설명했지만 거부당했다. 2차 북벌 시기에 장작림에게 자신의 정식정부에 무조건 복종하라고 호언하던 때와는 역전된 위상을 보여준다. 역전된 위상에서 소련과 동맹자들의 요구와 간섭을 받아들여야 했다. 먼저 동맹자들의 요구와 간섭을 살펴보자.

1924년 1월 4일 손문은 재정통일, 정식정부 건립과 함께 북벌을 선언했다. 3차 북벌이자 마지막 북벌이었다. 북벌의 대상은 직계의 북경정부였다. 2차

75 「致張作霖函」(1923.11.25), 『孫中山全集』 8, pp.439~440.

76 반직파로 봉천에 온 인물로는 단기서 측 대표 오광신, 손중산 측 대표 섭공작, 노영상 측 대표 방진무, 이 밖에 당계요 측 대표, 왕영천 측 대표, 그리고 안복계의 각 정객 등 모두 10여 명이었다. 「反直派最近會議之結果」, 廣州≪民國日報≫, 1924.1.9.

북벌 시 군대가 광동군을 주력으로 했다면, 3차 북벌의 북벌군은 광주 탈환에 도움을 준 객군이 주요 구성원이었다. 여기에 환계 및 봉계와의 동맹으로 북벌을 추진하는 것이지만, 2차 북벌 때와 다른 점은 동맹자들과 손문의 위상이 역전된 것이다. 여기에 빼놓을 수 없는 것이 2차 북벌 때와는 달리, 이제 소련과 공식적·공개적 관계를 맺고, 당 개조를 진행하면서 그들의 도움도 받아야만 했다.

어찌 보면 손문은 진정한 자신의 세력보다 외부의 힘에 의지해야 하는 상황이었다. 외부의 힘이란 객군, 반직 동맹자, 소련이었다. 게다가 근거지도 불안정하기 그지없었다. 2차 북벌 때는 광서까지 통일해 북벌의 후방을 걱정하지 않아도 될 정도로 안정되었지만, 3차 북벌은 진형명의 공격을 지속적으로 받는 가운데 더구나 후에는 상인들의 무장 공격을 받는 가운데 북벌을 추진해야 했다. 북벌도 손문 자신의 상황 판단에 따라 결정할 수만 없었으니, 동맹자들의 반직전쟁이 발생하면 북벌을 시작해야 하는 처지였다. 그렇다면 손문은 북벌의 결과를 어떻게 예측했을까. 1924년 2월 일본인과의 대화에서 손문은 다음과 같이 북벌의 진로를 말했다.

> 북벌군은 이미 준비를 끝냈고, 그 방략은 먼저 매령(梅嶺, 메이링)으로부터 호남으로 침입하고, 다시 호북을 점령해 장강의 요지를 장악한다. 양호(兩湖)가 우리 당의 수중에 들어오면, 군을 둘로 나누어 하나는 강서로 들어가고, 하나는 하남으로 들어갈 작정이다. 그런 연후에 장강 하류를 지배에 넣는다. …… 일단 장강을 점령한 후에는 잠시 기다려, 북방의 단기서 동지와 제휴를 꾀해 서서히 통일 국면을 다시 열 것이다. 남북 통일 국민대회를 개최해 약법 및 기타 국헌(國憲)을 의정하고, 각 성의 군대를 재감하며, 내외의 신정(新政)을 시행해 삼민주의를 실현시킨다.[77]

77 「與日人某君的談話」(1924.2), 『孫中山全集』 9, p.535.

허세영(許世英, 1873~1964)

자와 호는 정인(靜仁)으로, 안휘 지덕(至德, 즈더)인이다. 1892년 19세에 과거에 합격(秀才)했으며, 1906년 4품으로 승진했다. 1908년 봉천고등심판청장(奉天高等審判廳長)을 맡았으며, 이듬해 미국에 파견되어 사법을 시찰했다. 1912년 원세개가 대리원(大理院) 원장으로 임명했다. 1913년 사법총장 신분으로 송교인 피살안의 심리조사를 방해했다. 단기서와 의형제를 맺어, 1916년 단기서 내각에서 내무총장, 교통총장 등을 역임했다. 1924년 11월 단기서에 의해 내각총리에 임명되었으며, 1925년에는 북경정부의 국무총리를 지냈다. 1936년 일본 주재 대사, 1945년 이후 국민정부 고등고문 등을 역임했으며, 1949년 홍콩으로 이주했다가 1950년 총통부(總統部) 자정(資政)으로 초빙받아 대만으로 이주했다. 1964년 타이베이에서 병으로 사망했다.

봉직전쟁이 이미 시작된 1924년 10월, 손문은 장개석에게 다음과 같이 북벌을 촉구했다.

> 형에게 바라건대 각 군을 고무해, 조속히 한쪽은 동강으로부터 진역(陳逆: 진형명 군대)을 격파해 복건으로 나가고, 다른 한쪽은 강서로 나가면 사천, 호남의 각 군은 반드시 앞을 다투어 (호북의) **무한**으로 나갈 것이다. 이리하면 **중원은 우리의 소유가 될 것이다.**[78] - 괄호와 강조는 인용자

북벌의 방향이 약간 다르지만, 호남, 호북, 사천의 '장강 지역'을 장악한 후 동맹자들과 제휴한다는 것인데, '제휴'란 장강 이남을 손문이 차지하고 그 이북을 봉계와 환계에게 내준다는 것이다. 북벌이 시작되었을 때는, 그 북단으로 호북의 무한을 상정했던 것 같다. 결과적으로 손문의 북벌은 실패로 끝났지만, 손문 사후에 건립된 국민정부는, 1926년 말 그 후계자들에 의해 광주에서 무한으로 이전되었다.

78 「致蔣中正函」(1924.10.16), 『全集』 11, p.200.

10월 1일 단기서의 대표 허세영이 소관으로 손문을 찾아와 반직 전략, 토직(討直) 선후 등에 관해 이야기를 나누었다. 이때 손문과 허세영의 대화는 회고로만 남아 있고,[79] 당시의 기록은 없다. 다만 허세영이 떠난 직후 손문이 호한민에게 보낸 전보가 남아 있다.

> 나의 뜻은 **총통에 있지 않고,** 「**건국대강**」에 있다. 허세영에게 이미 직접 알렸다. 그러나 이런 뜻은 진(津: 단기서), 봉(奉: 장작림) 측에 표명한 것이지, 주의상(主義上) 결코 상세히 설명한 것은 아니다.[80]

총통에 뜻이 없고 「건국대강」에 뜻이 있다는 것은 무슨 의미일까. 먼저 "총통에 뜻이 없다"는 것은 토직 후 총통의 자리를 단기서에게 양보하겠다는 의미일 것이다. 이보다 앞서 1924년 1월, 이미 반직 동맹자들 사이에는 토직 후 단기서를 영수로 삼자는 데 합의한 선언이 있었다.[81] 앞서 인용문 중에서도 "**장강**

79 「與許世英的談話」(9124.10.1), 『孫中山集外集補編』, pp.430~431.

80 「致胡漢民電」(9124.10.8), 『孫中山集外集』, p.497.

81 선언의 내용은 다음과 같다. "이번 적(직계)을 토벌하고 合肥(단기서)를 영수로 추대해, 선후의 일에 대한 진행 및 정치에 관해서는 모두 합비에게 일체를 주지하라고 청하며, 삼가 이를 선언한다." 이 선언에 서명(인장)을 한 사람은 장작림과 노영상(단기서의 대표)이고, 손문의 인장은 없다. 그런데 이 선언의 跋文에는 "민국 13년(1924) 노영상이 조곤에게 반항하자, 이에 서남은 호한민, 왕정위를 대표로, 동북은 오광신, 한춘린을 대표로 항주에 급파해 노영상과 함께 의논한 뒤 삼각연맹의 약조를 체결했다. 公(손문)은 단합비를 영수로 추대하고, 선언을 쓰기로 의논해 정했던 것이다. 먼저 장작림이 친필로 서명했고, 이어 노영상이 친필로 서명했다. 호(漢民), 왕(精衛)이 광동으로 선언을 갖고 가서 손문에게 서명을 청하고자 했으나, 갑자기 일이 생겨 늦어지다가 (선언문을) 내가 갖고 있게 되었다. 비생(髀生)." 비생이 누구인지는 알 수 없으나, 이 선언을 게재한 사료집의 설명에 의하면 "이 선언은 근대사연구소의 근대사자료편집실이 보존하는 抄件을 수록한 것이다. 1962년 전후에 ≪近代史資料≫가 사료를 수집할 때, 한 독자가 선언의 원본 사진을 보내왔다. …… 선언의 발문도 원래의 사진 소유자가 쓴 것으로 髀生이 그 소유자인지는 확인해야 할 것 같다"라고 했다. 이 선언으로 볼 때 2차 봉직전쟁의 서막인 강절전쟁이 발생하자, 곧바로 단기서를 대표하는 항주의 노영상에게 두 동맹자가 대표를 보내 반직을 위한 '삼각연맹의

을 점령한 후에는 잠시 기다려 북방의 단기서 동지와 제휴를 꾀해 서서히 통일의 국면을 다시 열 것"[82]이라고 예상한 것처럼, 토직 후 북경정부의 수장은 단기서로 정해져 있었다. 다음으로 "「건국대강」에 뜻이 있다"는 것은, 직계 토벌 후 자신의 지배 지역에서 「건국대강」에 따라 정치를 하겠다는 것이다. 즉 북경의 영수 자리를 양보하는 대신에 지배 지역에서 자신의 「혁명방략」을 추진하는 것을, 허세영을 통해 동맹자들로부터 확인받고자 했던 것이 아닐까 생각된다.

3차 북벌에 임해 손문의 선후 구상을 정리하면, 2차 북벌 때와는 달리 동맹자들의 도움을 받지 않으면 안 될 정도로 위축된 손문으로서는 반직전쟁 후 곧바로 북경을 장악하는 것은 불가능하다고 판단했고, 따라서 호북의 무한까지 세력을 넓히는 정도로 한정했다. 이후 손문은 자신의 지배 지역에서 「건국대강」에 따라 혁명을 추진하고자 했던 것이다. 그런데 「건국대강」에 따르면 혁명정부가 혁명을 수행해야 했으니, 손문이 정식정부의 건립을 서두른 것은 이 때문이다. 또 다른 이유는 토직 후 북방의 봉계와 환계에 대응하기 위해서는 정치조직이 반드시 있어야 했기 때문이다. 즉 반직전쟁에서 큰 성과가 없다고 하더라도, 이후 북경(봉계와 환계)과 대항하려면 정부가 있어야지, 그렇지 않으면 '비적'에 지나지 않는다고 생각했기 때문이다.[83]

1924년 초 반직 동맹자들의 반대와 재정적 어려움을 우려해 측근들은 정식정부를 반대했고, 보로딘은 「1월 개조」에 영향을 미칠까 봐 정식정부의 건립을 늦추자고 하여 결국 손문은 후자를 선택했다. 그러니 북벌이 시작되자 손문은 더욱 조급해졌다. 즉 직계가 무너지기 전에 정식정부를 건립하지 않으면,

---

약조'를 체결하고, 아울러 직계를 토벌한 후 단기서를 영수로 추대해 선후를 맡기기로 합의했음을 알 수 있다. 「張作霖, 盧永祥, 孫中山宣言」, 中國史學會, 中國社會科學院近代史研究所 編, 章伯鋒 主編, 『北洋軍閥 1912~1928』 第4卷(武漢出版社, 1990), p.832.

82 「與日人某君的談話」(1924.2), 『孫中山全集』 9, p.535.

83 「Borodin의 札記와 通報」(1924년 2월 16일보다 빠르지 않다, 廣州), 『聯共(布), 共産國際檔案資料』 1, p.469.

그 후를 대처할 수 없었기 때문이다. 강절전쟁이 발발하고(1924.9.3), 2차 봉직전쟁이 이어지자(9.17), 손문도 「북벌선언」을 발표했다(9.18). 이어 전쟁의 소용돌이 속에서 「건국대강」을 제정한 이유를 '선언' 형식으로 발표했다(9.24).[84] 「건국대강」은 내용상 선언이라고 할 수 없는 내용이다. 그런데도 굳이 '선언' 형식을 취한 것은, 동맹자들에게 정식정부의 건립을 고지한다는 의미일 것이다. 그러나 선언을 발표한 지 한 달 만에 풍옥상의 북경정변으로 모든 것이 정지되어, 결국 건국정부는 건립되지 못하고 끝나버렸다. 북벌 추진이 너무 버거워 정식정부를 건립할 여유가 없는 와중에 북경정변이라는 돌발 상황이 벌어진 것이다.

6. 3차 북벌과 소련, 코민테른

3차 북벌과 소련의 관계에 대해 살펴보자. 손문은 3차 북벌의 결과를 장강 이남 지배로 상정했기 때문에 북벌 이후를 계산하지 않을 수 없었다. 2차 북벌 때도 "내가 오패부를 패배시키면 다음은 장작림이다. 그때 소련의 도움이 특히 중요하다"[85]라고 하며 북벌 이후 소련의 도움을 생각했던 손문은, 3차 북벌에서는 화북을 포기했으므로 소련의 도움이 더욱 절실해졌다.[86] 반직삼각동맹과 국공합작의 충돌은 좀 더 넓게 보면, 혁명은 무력을 통해 가능하다는 손문의 「혁명방략」과 민중에 대한 정치 사업(조직과 선전)을 우선해야 한다는 소련의 요구가 부딪힌 것이다. 소련은 손문에 대한 원조를 승인하면서, 요페에게 다음과

---

84 「制定〈建國大綱〉宣言」(1924.9.24), 『孫中山全集』 11, pp.102~104.

85 C. A. 達林, 『中國回憶錄(1921~1927)』, p.103, pp.107~108, p.113, p.113.

86 요페는 다음과 같이 손문이 요구했다고 소련 정부에 보고했다. "우리(손문과 소련)가 만주에서 양동 작전을 해 장작림의 역량을, 그가 점령하고 있는 북경에서 만주로 이전시켜 주기를 바라고 있다."「Ioffe가 俄共(布), 소련 정부, 코민테른 지도자에게 보내는 편지」(1923년 1월 26일 상해, 기밀), 『聯共(布), 共産國際 檔案資料』 1, p.213.

같은 결정도 함께 보냈다.

> 요페 동지에게 다음과 같이 지적하고자 한다. 순수한 군사행동에 지나치게 집착하는 손문의 행동이 조직의 준비 사업에 손상을 미칠 것 같아 정치국이 걱정하고 있다.[87]

소련 정부보다도 코민테른이 손문의 '적극 무력'에 크게 반발했다. 1923년 전반기를 손문과 함께 보냈던 마링은 손문의 군사행동(진형명과의 전쟁)을 격렬히 반대하며 원조 중단을 요구했다.[88] 그런데 진형명과의 전쟁은 엄밀히 말해 근거지를 확보하기 위한 군사행동이었다. 말하자면 군벌과의 동맹 속에 추진되던 반직전쟁과는 달랐다. 그러나 3차 북벌이 군벌, 특히 장작림과의 동맹 속에서 추진되는 것으로 밝혀지자, 코민테른은 강한 비난을 퍼부으며 반대했다.

> 손문이 장작림, 단기서의 동맹자라는 것을 군중이 알 경우, 그 어떤 아름다운 언어도 모두 필요 없어진다.[89]

> 마링을 중국에 머물게 하고, 그에게 무조건 국민당을 지지하지 말고 손문에게 아래와 같은 조건을 제시하라고 지시할 것을 건의한다. 첫째, 주요 정력을 독군과 군사 연맹을 맺는 데 두지 말고, 전국성 정당을 건립하는 데 두며, 둘째, 노동자와 학생운동을 지지하며, 셋째, 장작림, 단기서와의 연계를 단절하라.[90]

---

87 「俄共(布)中央政治局會議 제53호 기록」(1923.3.8, 모스크바에서), 『聯共(布), 共産國際檔案資料』 1, p.226.

88 이 책 14장 2절 참조.

89 「Voitinsky가 코민테른집행위원회 동방부 주임 Safarov에게 보내는 편지(적요)」(1923.3.8, Vladivostok에서), 『聯共(布), 共産國際 檔案資料』 1, p.229.

90 「Voitinsky가 Safarov에게 보내는 전보」(1923.3.27, 블라디보스토크에서), 『聯共(布), 共産國際 檔案資料』 1, p.238.

손문은 독립적인 무장 역량이 없어, 가장 반동적인 북방 군벌 장작림, 단기서와 연맹을 맺길 바라고 있다. **국민당은 이 연맹으로 인해 중국 각계 자유파 인사들의 눈에 위신이 없어져 버렸다.** '삼각연맹'(孫-張-段)의 군사 전망을 보면, 그 결과는 **중국의 민족 통일을 더욱 의심스럽게 한다.** 이 연맹이 완전한 승리를 거둔다고 해도(이는 가능한 일) 연약한 손문에게 우세한 지위를 주지 않을 것이며, **또한 화북, 화중에서의 실제 권력을 주지도 않을 것이다. 북방 군벌인** 장작림과 단기서, 바꾸어 말하면 일본에게 줄 것이다.[91]

손문이 장작림과 연맹을 맺은 것은 북경에 도착한 후 그를 "떼어버리겠다는 것"이다. 이는 공중누각과 같다. 왜냐하면 장작림은 북방에서 손에게는 없는 군사 역량을 보유하고 있기 때문이다. …… 손문은 장작림, 단기서, 유성훈(劉成勛, 류청쉰)의 도움을 받아, 중국의 국가 통일이라는 문제를 해결하고자 한다. 그가 정치 공작의 필요성을 믿는다는 것은 아주 황당한 믿음이다. 이는 그로 말하면 "쇠귀에 경 읽기"에 지나지 않는다. …… 결론적으로 **손-장-단**(분명히 세 명의 개인의 연합이라고 할 수 있다 - 원문)**을 지지한다는 것은 소비에트 러시아로 볼 때는 이해할 수 없는 것이다. 이는 우리의 대중국 정책에 치명적인 결과를 가져올 수 있다.**[92] -강조는 인용자

중국공산당도 코민테른과 마찬가지였다. 진독수는 진형명과의 전쟁을 "(진형명을 지원하는) 북양 군벌과 남방혁명당의 전쟁"[93]이라고 평가했던 것과는 달리, 3차 북벌에 대해서는 "북벌과 같은 군사행동 때문에 반동적인 전군(滇軍)과 타협하고, 반동적 서남 장령과 타협하며, 반동적 단계(段系)·봉장(奉張)과 타협

91 「1923년 제1분기 사업에 관하여 코민테른집행위원회 주석단에 보내는 동방부의 보고(적요)」(1923.4.4, 모스크바, 절밀), 『聯共(布), 共産國際 檔案資料』 1, p.240.

92 「Safarov가 俄共(布)中央政治局에 보내는 편지」(1923.4.4, 모스크바, 절밀), 『聯共(布), 共産國際 檔案資料』 1, p.245, p.248.

93 獨秀, 「廣東戰爭之意義」, ≪嚮導週報≫, 第51期, 1924.1.7, p.391.

할 수밖에 없다"[94]라고 비판했다.

그러나 소련 정부 즉 요페와 보로딘은 코민테른과 좀 달랐다. 요페는 중국 사무에서 손문의 계획 외에는 다른 방법이 없다고 하면서, 궁극적으로 북벌을 위한 손문의 요구를 소련 정부가 원조해줄 것을 요청했다.[95] 보로딘은 요페보다는 더 신중했다. 즉 "진형명을 철저히 소멸한 후 오패부가 버티는 낙양과 한구로 향하고, 이때 동맹자인 장작림이 북경을 점령한다"라는 손문의 구상 중 전자에는 찬성했지만, 후자 즉 북벌은 '꿈'이라고 생각했다. 「11월 개조」를 완성한 직후 보로딘은 손문이 맡을 임무에 대해 다음과 같이 생각했다.

94 국민당에 대한 진독수의 요구는 '민중 속으로(到民間去)' 들어가라는 것이었다. "우리는 국민당이 의연히 새로운 길을 개척하고, 의연히 이전의 구정책인 정부 건립, 군사행동, 북벌, 서남 단결 등등의 정책을 포기하기 바란다. …… 의연히 전 당원에게 '민중 속으로'라는 명령을 내려 모든 군중 속에서 광대한 정치 선전을 하고, 노동자, 농민, 병사의 대민중을 조직하며, 이 대민중의 이익을 위해 부단히 분투해, 이 대민중으로 하여금 국민당은 확실히 민중의 이익을 위해 혁명하는 당이며, 확실히 軍閥派 및 기타 관료의 정당과는 다르다고 인식하게 해야 한다. 이래야만 중국국민당은 비로소 군사행동과 혁명정부 건설을 위한 진정한 역량을 가질 수 있다." 獨秀, 「國民黨的一個根本問題」, ≪嚮導≫, 第85期, 1924.10.1.다음은 같은 논조의 글이다. 和森, 「北伐呢? 抵抗英國帝國主義及反革命呢?」, ≪嚮導≫, 第83期(1924.9.17); 述之, 「江浙戰爭與國民黨」, ≪嚮導≫, 第84期(1924.9.24); 述之, 「我們爲什麽反對國民黨之軍事行動」, ≪嚮導≫, 第85期(1924.10.1).

95 진형명과의 전쟁, 북벌 등 손문의 군사행동에 대한 요페의 주장을 정리하면 다음과 같다. "솔직히 말하면 중국 사무에서 현재 손문의 계획 외에 다른 방법을 생각해낼 수 없다. 孫의 계획은 두 개인데 하나는 즉시 행동하는 계획이고, 다른 하나는 첫 번째 계획이 실패한 후 취하는 것이다." 첫 번째 계획은 "우선 진형명을 철저히 소멸한 후", "오패부가 버티고 있는 河南의 洛陽과 漢口를 향해 진공을 발동할 것"이며, "이와 동시에 장작림도 필연코 북경으로 진공해 점령할 것"인데, 이후 "장작림을 몰아내고 북경을 장악하는 계획"이다. 이 계획의 치명적인 약점을 제거하기 위해 "(1) 200만 금루블의 즉시 제공", "(2) 북경 장악을 위해 장작림에 대한 양동 작전", "(3) 1~2년 사이에 손문의 군대에 무기 및 교관 제공"을 요구했다. 요페는 이 세 문제에 대해 모두 긍정적으로 생각한다며, 편지 말미에 손문과의 합작이 "어찌 200만 루블의 가치가 없겠는가?"라고 글을 맺었다. 「Ioffe가 俄共(布), 소련 정부, 코민테른 지도자에게 보내는 편지」(1923년 1월 26일 상해, 기밀), 『聯共(布), 共産國際 檔案資料』 1, pp.211~217.

광동을 굳게 지키는 것은, 지금껏 해왔던 것처럼 전선에서 어떻게든 승리를 거두고 늘 북벌을 조직하려고 꿈꾸는 것이 아니라 광동에서 전 중국의 국민혁명 운동을 발전시키고 지도하는 근거지를 세우는 데 있다. 이를 위해 반드시 정부는 사회노동자법, 토지 관계 조정 등의 방면에서 구체적 조치에 근거해 노동자, 농민, 소자산 계급의 선전·설득 사업을 하는 동시에, 땅이 없거나 적은 농민의 상황을 완화시켜주어야 한다. 다시 말하면 광동에 이와 같은 사회 기초를 건립해 손의 정부가 존재하는 합리성을 증명하고, 전 민족의 임무를 제출할 수 있어야 한다.[96]

보로딘은 광동 민중에 대한 선전과 조직을 통해 광동을 군사적 근거지가 아닌 국민혁명 운동의 근거지로 만들어야 한다고 생각했으나, 광동도 통일하지 못한 상태에서 손문이 3차 북벌을 감행하자 보로딘도 어쩔 수 없었다. 중국공산당은 보로딘이 타협했다고 비난했다.

반동파를 진압하자는 보로딘의 건의, 그리고 장작림과 노영상을 돕기 위해 북벌을 막자는 보로딘의 건의를 중파가 거절하자 보로딘 동지는 타협했다. …… 손문이 북벌을 구실로 광주를 떠나는 등의 문제에서 손문과 타협했다.[97]

국민당은 반드시 북벌을 정지해야 하고 광동정부를 포기해야 한다고, 당은 생각했다. 그러나 보로딘 동지는 다른 의견을 주장했는데, 그는 손문을 위해 군사행동 계획을 입안해주었고, 또 광동성을 점령하는 것은 대내 정책이나 대외 정책에 모두 중요한 의의가 있다고 생각했다.[98]

---

96 「華南形勢에 관한 Borodin의 札記」(1923.12.10, 北京), 『聯共(布), 共産國際 檔案資料』 1, p.376.

97 「中國共産黨(中央)執行委員會全體會議가 廣東政治路線에 관한 瞿秋白同志의 報告에 대해 내린 決議」(1924년 10월 8일보다 늦지 않다, 上海), 『聯共(布), 共産國際 檔案資料』 1, p.534.

요페나 보로딘은 코민테른이나 중국공산당과 위치가 달랐다. 손문과 직접 합작을 해야 하는 위치에서, 코민테른의 혁명노선을 손문에게 '강요'할 수만은 없었다. 즉 '타협' 없이 합작을 추진할 수는 없었다. 더구나 상대가 "무언가를 믿도록 설득하는 것이 아주 힘든 손문"[99] 아닌가. 따지고 보면 보로딘만 '타협'한 것은 아니었다. 손문도 코민테른의 「결의」를 수용해 자신의 삼민주의까지 왜곡하면서 「1월 개조」를 받아들였다. 손문이 자신의 혁명 근간인 '삼민주의'와 「혁명방략」이라는 두 개의 틀 중, 후자를 위해 전자를 버리고 '타협'한 것이 「1월 개조」였다. 삼민주의보다 「혁명방략」이야말로 손문이 포기할 수 없는 혁명의 틀이었다.

3차 북벌은 손문에게는 매우 어려운 환경에서 시작되었다. 진형명과의 전쟁마저 지지부진한 가운데 상단 사건까지 발생해, 북벌의 후방은 북벌의 출발을 붙들고 있었다. 그러나 3차 북벌은 이전 북벌과는 달리 손문의 의지대로 진행될 수는 없었다. 이제 손문은 반직동맹의 동맹자들로부터 특히 장작림으로부터 원조를 받는 위치였기 때문에, 자신의 뜻대로 북벌을 결정할 수 없었다. 즉 광동이 불안하다고 해서 북벌을 늦출 수 없었다. 오히려 불안한 광동이 북벌에 악영향을 미칠 것을 우려하는 동맹자들로부터 진형명과의 화해를 종용받는 '수모'를 겪었으며,[100] 적화를 우려하는 장작림에게 소련과의 합작에 대해 변명도 늘어놓아야 했다.[101]

---

98 「陳獨秀가 코민테른遠東部에 보내는 편지」(1924.10.10, 상해, 절밀), 『聯共(布), 共産國際 檔案資料』 1, p.539.

99 「Borodin의 札記와 通報(摘錄)」(1924년 2월 16일보다 빠르지 않다, 광주), 『聯共(布), 共産國際 檔案資料』 1, p.473.

100 1923년 9월 30일 단기서는 오광신을 손문에게 보내 진형명과 화해해 반직에 일치하자고 주문했다[≪申報≫, 1923.10.2(『孫中山年譜長編』 下, 1923.9.30, p.1695에서 재인용)]; 북벌이 시작된 1924년 9월 28일에도 단기서는 허세영을 광주로 보내, 건국 대계, 북벌 문제와 함께 진형명에 대한 문제를 제기했다(廣州≪民國日報≫, 1924.9.30).

101 장작림은 광동에서 공산을 시행하며 반직에 대한 전략을 변경했다는 소문을 듣고, 1923년 3월 양대실을 광동에 파견해 조사하게 하고, 손문과 반직을 상의하도록 했다. 이에 손문

직계의 강소독군 제섭원이 출병해 환계의 절강독군 노영상을 공격함으로써 절강전쟁이 발발했다(1924.9.3). 이어 직계의 북경정부가 봉계에 대해 토벌령을 내리자, 장작림도 직계에 대한 개전을 통전함으로써 2차 봉직전쟁이 시작되었다(9.17). 개전에 앞서 장작림은 17만 명의 대군으로 직계를 진격할 것이라면서, 손문에게 빨리 강서를 숙청하고 호북으로 치고 올라오라는 전보를 보냈다.[102] 9월 18일 국민당의 이름으로 「북벌선언」이 발표되었다. 이 선언은 3차 북벌에 대한 손문의 생각을 잘 보여준다.

국민혁명의 목적은 독립·자유 국가를 조성해, 이로써 국가 및 민중의 이익을 옹호하는 데 있다. ……

본래 반혁명이 발생하는 것은 실로 전제 시대의 사상을 계승하고, 안으로는 민중의 이익을 희생하며, 밖으로는 국가의 이익을 희생해 과거 시대의 지위를 유지하려는 데 있다. **원세개의 제왕 참칭, 장훈의 복벽, 풍국장·서세창의 법통 파괴, 조곤·오패부 등의 지위와 나라를 도적질하는 행위** 등을 보건대, 13년 동안 연속해 끊이지 않았다. ……

반혁명의 악세력이 존재하는 이유는 실로 **제국주의가 길러내어 그렇게 된 것이다.** …… 즉, **원세개**는 …… 이후 **풍국장**, **서세창**의 무리는 …… 최근에는 **조곤**, **오패부**가 …….

이제 절강의 우군이 조곤, 오패부에 저항하기 위해 전쟁에 나섰고, 봉천도 역

은 "광동에서 공산을 시행한 적이 없고, 對奉, 對直의 정책 또한 변경이 없다"고 답하며, "국민당의 공산, 적화는 모두 역당이 날조한 것으로, 雨亭(장작림)에게 믿지 말라는 전보를 보내라"라고 청했다(「粤奉互勉戡戰定國」, 上海≪民國日報≫, 1924.3.28). 다음 날 국민당 중앙집행위원회는 공산, 적화 등의 유언비어에 반박하는 고지문을 3개월이나 발표했다(廣州≪民國日報≫, 3.26~4.3, 6월 중순). 손문은 于保申을 봉천에 파견해 장작림 등과 소련에 대한 문제를 상의하고, 또 광동에 무기를 원조해줄 것 등을 장작림에게 청했다(廣州≪民國日報≫, 1924.7.2).

102 「張作霖復孫中山電」(1924.9.15), 『各方致孫中山函電匯編』 9, pp.48~49.

시 같은 결심과 행동으로 나아가려 하고, **혁명정부도 또한 이미 북으로 출사 명령을 내리고** 천하와 더불어 조곤, 오패부 등 여러 적(賊)을 치려고 한다. 이에 정중히 국민에게 고하고, 또 우군에게 고하고자 한다. **이번 전쟁의 목적이 다만 조오(曹吳)를 복멸하는 데 있는 것이 아니라, 조오를 복멸시킨 후 뒤이은 인물들이 혁명에 반대하는 악습을 계속하는 것을 영원히 없애려는 데 있다.** 바꾸어 말하면 이번 전쟁 목적은 군벌을 타도하는 데 있을 뿐 아니라, 군벌이 의지해 생존하고 있는 **제국주의를 타도하는** 데 있다. ……

중국국민당의 최종 목적은 삼민주의에 있다. …… 그러므로 국민과 우군에 삼가 고한다. 우리는 북양 군벌을 복멸한 후, 현시대에 요구되는 각종 구체적 조건을 실현해, 이것으로써 최종 목적인 삼민주의를 실현하는 첫걸음으로 삼는다. **이번에 폭발한 국내 전쟁은 본당이 군벌에 반대해 참가하는 것이기 때문에, 그 직분은 먼저 싸움에서 이기는 데 있다. 그 후 혁명정부의 권력으로, 반혁명의 악세력을 소탕해 인민을 해방시키고 그리하여 자치를 도모하게 하는 데 있다.** 더욱이 대외적으로는 국가의 이익을 대표해 일체의 불평등조약을 새로이 심정(審定)할 것을 요구하고자 한다.[103] – 강조는 인용자

신해혁명 이래 13년 동안 반혁명의 악세력 중 단기서의 환계, 장작림의 봉계가 빠져 있다. 3차 북벌이 반직삼각동맹에 의거해 2차 봉직전쟁에 참여하는 전쟁임을 알 수 있다. 「북벌선언」에서 밝힌 3차 북벌 이후의 혁명 전개에 대해 살펴보자. 3차 북벌은 반직전쟁에 참가한 전쟁이기 때문에 일단 승리를 해야 한다. 그러나 그 주체는 '혁명정부'였으니, '반혁명의 악세력'을 '혁명정부'의 권력으로 소탕해 인민을 해방시켜, 인민으로 하여금 '자치'를 도모하게 한다는 것이다. 손문은 반직전쟁으로, 즉 3차 북벌로 중국의 통일을 달성할 수 없다고 판단했다. 지배 영역을 장강 유역 정도로 상정했고, 북경을 포함한 화북은 장작림

103 「中國國民黨北伐宣言」(1924.9.18), 『孫中山全集』 11, pp.75~77.

과 단기서가 지배할 수밖에 없다고 생각했다. 따라서 3차 북벌에서 승리한 후 계속해서 '반혁명의 악세력'인 봉계와 환계의 군벌을 소탕해 인민을 해방시키겠다는 의미이다. 「건국대강」에 따르면 여기까지가 군정 시기로, "병력으로써 국내의 장애를 제거하며 국가의 통일을 촉진하는 시기"이다.[104]

그다음 "해방된 인민으로 하여금 자치를 도모하게 한다"는 것은 「건국대강」에 따르면 훈정 시기의 내용이다.[105] 따라서 3차 북벌의 최종 목적은 '「건국대강」의 실천'을 통해 공화를 완성하는 것이었다. 「북벌선언」이라고 했지만, 실제 내용은 북벌 즉 반직전쟁보다, 북벌 후 반직동맹자인 환계와 봉계에 대한 선언이었다. 북벌선언은 반혁명 악세력의 존재 이유가 제국주의이기 때문에, 조오(曹吳)를 멸한 후, 즉 3차 북벌에 승리한 후 제국주의 타도가 전쟁의 최종 목표라는 것을 밝히고 있다. 이는 분명 「일대선언」과 맥을 같이한다. 그러나 이는 문자 그대로의 반제국주의라기보다는, 반직 동맹자들이 받아들일 수 없는 주장으로서의 반제국주의라고 할 수 있다. 받아들일 수 없는 주장일 뿐 아니라 결국 반직 동맹자들도 타도하겠다는 우회적인 표현이라고 할 수 있다. 제국주의와의 관계에서 본다면, 환계와 봉계야말로 일본 제국주의가 '길러낸' 군벌이기 때문이다.

그런데 군정과 훈정의 실천 주체를 「건국대강」은 혁명정부로 규정하고 있고, 인용문에서처럼 「북벌선언」도 마찬가지로 '혁명정부'이다. 그러나 당시 '혁명정부'는 없었다. 일전대회를 통해 혁명정부를 건립하고자 했던 손문이 보

104 6. 군정 시기에는 일체의 제도가 군정 아래 예속되며, 정부는 한편으로 병력을 가지고 국내의 장애를 제거하고, 한편으로 주의를 선전함으로써 전국의 인심을 개화시키고, 국가의 통일을 촉진한다. 「國民政府建國大綱」(1924.1.23), 『孫中山全集』 9, p.126.

105 8. 훈정 시기에는 …… 4권 행사의 훈련을 거쳐 국민의 의무를 이해하고, 혁명의 주의를 행할 것을 선서한 인민에 의해 현관을 선거하고, 1현의 정치를 집행하며, 아울러 의원을 선거해 1현의 법률을 의정하는 정도로서 완전한 自治縣을 만든다.
9. 완전 자치현의 인민은 직접 관리를 선거하고, 직접 관리를 파면하며, 직접 법률을 창제하고, 직접 법률을 복결하는 권리를 지닌다.

로딘의 건의에 따라 잠시 보류했음을 이미 상술했다. 이제 손문은 보류했던 혁명정부의 건립을 시작했다. 「북벌선언」 발표 후 손문은 왜 국민정부를 건립해야 하는지 이유를 설명하고, 3단계의 혁명 과정인 군정, 훈정, 헌정의 내용을 밝히면서 다음과 같은 문장으로 선언을 마무리했다.

> 금후 혁명 세력이 미치는 곳, 본 정부의 명령을 따르는 자는 「건국대강」의 실행을 유일한 직책으로 삼아야 한다.[106]

3차 북벌로 지배하게 된 지역에서는 혁명정부가 「건국대강」에 따라 혁명을 전개하겠다는 것이다. 그러나 혁명정부=정식정부=국민정부의 건립은 한 달 만에 풍옥상의 북경정변으로 무산되어버렸다. 3차 북벌과 관련한 손문의 구상을 정리하면 먼저 진형명과의 전쟁에서 승리하고, 이후 북방의 동맹자들과 함께 직계의 북경정부와의 전쟁에 나선다. 3차 북벌이다. 당시 손문의 처지가 동맹자, 특히 장작림의 도움이 없이는 불가능하다고 판단했기 때문에, 북벌의 결과를 장강 유역의 지배로 상정했다. 북벌의 최종 목표가 반직의 승리가 아니었으니, 반직 승리 후 「건국대강」에 따라 '악세력'인 동맹자들을 제거해 전국통일을 꾀하면서, 지배 지역에서는 훈정을 실시해 공화의 완성인 헌정에 이르게 하고자 했던 것이다. 따라서 북벌을 포함한 이 전 과정은 자신의 「혁명방략」인 「건국대강」의 실현이었기 때문에, 실현의 주체인 혁명정부를 일전대회를 통해 건립하고자 했으나, 보로딘의 요구로 잠시 미루다가 반직전쟁이 발발하자, 혁명정부의 건립을 서둘렀던 것이다.

손문에게 혁명정부는 북벌 후 동맹자들에게 대응하기 위해 없어서는 안 될 조직이었다. 혁명정부가 있어야 이를 통해 동맹자들의 '북경정부'가 결코 받아들이지 않을 정치적 제안을 할 수 있고, 이렇게 하여 혁명을 이어가고자 했던 것

106 「制定〈建國大綱〉宣言」(1924.9.24), 「全集」 11, pp.102~104.

이다. 그래서 손문은 "제국주의가 길러낸 군벌", "조·오 타도 후 뒤를 잇는 악세력" 등을 거론하며, 북벌의 최종 목표가 '제국주의 타도'라고 주장했다. 이를 동맹자들이 수용할 리 없었다. 어찌 보면 손문이 '제국주의 타도'를 제시한 것은 동맹자들에 대한 정치적 언어였을 가능성이 크다. 과거 토원전쟁 때 손문이 돌연 '호법'을 주장했던 것은 토원 후 북경의 권력이 '호법'을 수용하지 않으리라는 계산에서 나온 정치적 언어였다. 만약 손문이 북벌 승리 후 북경으로 들어가 동맹자들과 선후를 함께 처리하고자 했다면, 혁명정부를 건립할 필요는 없었다.

손문에게 3차 북벌은 단순히 반직전쟁이 아니며 「건국대강」이라는 「혁명방략」을 추진하기 위한 출발이었다. 따라서 북벌은 '정식정부의 건립', '북벌 후 동맹자들과의 전쟁'과 직결되어 있다. 물론 북벌조차 수행하기 어려운 처지여서, 소련의 원조를 받아야만 했다.[107] 또 앞에서 살펴본 것처럼 건립하고자 하는 '정식정부'의 명분으로 소련의 승인 또한 절실했다. 나아가 북벌 후 북경의 동맹자들을 제거하기 위해 손문은 소련의 도움을 구상하고 있었다. 서북 군사 전략, 만주에서의 소련의 군사행동에 대한 손문의 요구를 당시 소련이 비록 거부했지만, 손문은 아마 '외교'를 자신하고 있었을 것이다. 그래서 북벌의 추진뿐 아니라 북벌 후 「건국대강」의 전개를 위해, 손문은 소련과의 합작에 공을 들였다. 그 결과 북벌의 추진까지 소련에 대한 손문의 외교는 큰 성과를 거두었으나, 북벌 후 「건국대강」의 전개를 위한 소련의 원조는 북벌의 실패로 무산되어버렸다.

손문이 코민테른의 「결의」를 선뜻 받아들인 이유를 밝히고자, 손문이 제시한 세 가지(정식정부의 건립, 북벌, 재정통일) 현안을 장황하게 살펴보았다. 손문은 이 세 가지 현안을 해결하는 데 소련의 도움을 절실히 원했다. 이 세 가지 현안

107 이 시기 무기와 자금에 대한 소련의 원조에 대해서는「俄共(布)中央政治局 會議 第81號記綠(摘錄)」(1924.3.27, 모스크바), 『聯共(布), 共産國際 檔案資料』 1, p.489; 「俄共(布)中央政治局會議 제22호 기록」(1924.9.11, 모스크바), 『聯共(布), 共産國際 檔案資料』 1, p.531 참고.

모두 단순한 정책이 아니고, 자신의 「혁명방략」을 완성하기 위한 것이었다. 「혁명방략」의 완성을 위해 손문은 자신이 주창한 삼민주의의 '왜곡'까지도 받아들여 「1월 개조」를 수용했던 것이다. 그러나 아쉽게도 손문은 이 세 가지 현안 중 어느 한 가지도 이루지 못했다.

23장

마지막 시도

국민회의, 일본 방문

1. 장개석의 북벌 '반대'

진형명을 제압해 광동을 통일하는 동시에 혁명정부를 건립하고, 북벌로 얻은 지배 지역에서 「건국대강」에 따라 혁명을 진행하며, 북벌 후 동맹자였던 군벌을 일소함으로써 공화를 완성하고자 했던 것이 손문의 계산이었다. 그러나 이 계산은 첫 단추부터 해결하지 못해 이후 모든 과정이 뒤틀어졌다. 진형명뿐만 아니라 상단까지도 무장 저항을 시도함으로써 광동 통일은 더욱 어려워졌다. 따라서 모든 역량을 총동원해 진형명과 상단의 저항을 평정해야 했으나, 손문은 반직삼각동맹이라는 동맹군의 일원이었다. 동맹자인 장작림으로부터 상당한 원조를 받고 있었기 때문에, 동맹자들의 반직 움직임은 손문의 북벌을 규제했다. 직계의 제섭원이 환계의 노영상을 공격함으로써 2차 봉직전쟁의 전주가 시작되자, 노영상, 장작림은 손문에게 북벌에 나설 것을 요구했다.[1] 이에

1 「盧永祥致孫中山電」(1924.9.4), 「盧永祥致孫中山,許崇智等電」(1924.9.4), 「張作霖致孫中

손문은 군사 회의를 열어 북벌의 작전 계획을 주비할 북벌주비처(北伐籌備處)를 조직하기로 하고, 대본영도 소관(韶關)으로 옮기기로 결정했다.[2]

주지하다시피 손문의 3차 북벌은 실패로 끝났다. 1차 북벌은 광동을 지배하고 있던 광서 객군의 지지를 받지 못했기 때문이고, 2차 북벌은 자신의 부하인 진형명의 '반변'으로 무산되었다. 그런데 3차 북벌의 실패는 진형명과의 전쟁, 상단의 무장 저항이 발목을 잡기도 했지만, 실패에 '일조'한 요인이 하나 더 있었다. 바로 황포군관학교 교장인 장개석이었다. 3차 북벌의 추이를 손문과 장개석 사이에서 오간 편지를 통해 살펴보기로 한다.[3]

아직 상단 사건이 발생하기 전부터 즉 북벌이 시작되기 전부터 북벌에 대한 양자의 관점이 달랐다. 먼저 장개석의 생각을 보자. 황포군관학교를 담임하라는 손문의 전보를 받고 그에 답한 장개석의 서신과 같은 시기에, 요중개에게 보낸 편지에서 광동의 문제점을 장개석은 다음과 같이 설명했다.

> **내부가 굳고 강하게 된다면, 대국(大局)도 반드시 발전할 수 있기** 때문에, 이를 버리고 꾀하지 않는다면 중정(中正: 장개석)으로서는 정말로 할 바를 모르겠습니다. …… 가지를 강하게 하고 줄기를 약하게 하며, 본(本)를 버리고 말(末)을 좇으며, **외력과 결합하고 내부를 압박하는 폐해**는 반드시 여기에서 생겨납니다. 이뿐만 아니라 제 생각에는 광동 형세의 파열, 각 부대의 분쟁도 여기에 잠복해 있다고 봅니다. 이것이야말로 시급히 보강하고 폐해를 교정해야 하는 이유입니다.[4]

山電」(1924.9.4),『各方致孫中山函電匯編』9, pp.10~11.

2 「在北伐第五次軍事會議的談話(1924.9.4)」,『孫中山全集』11, p.11.

3 손문이 장개석에게 보낸 편지는 북벌 시기에 집중되어 있다. 장개석의 서간을 모은 사료집에 따르면, 손문이 장개석에게 보낸 총 41통의 편지 중 23통이 북벌 기간 중에 보낸 것이다(1918년 2통, 1920년 1통, 1921년 4통, 1922년 8통, 1923년 2통, 1924년 24통), 장개석이 손문에게 보낸 편지 총 12통 중 북벌 기간의 편지가 6통에 달한다(1914년 1통, 1920년 1통, 1921년 2통, 1923년 2통, 1924년 6통). 丁秋潔·宋平 編,『蔣介石書簡集 1912~1946』,鈴木博 譯(東京: みすず書房, 2000).

…… 제가 볼 때, 광동의 형세는 위험이나 곤란이 조금도 없을 뿐 아니라 큰 가능성마저 있다고 말할 수 있습니다. 금일 재정이 크게 부족하지만, 그러나 처리가 적절하지 못하기 때문이기도 합니다. 손 선생(손문)이 광동으로 돌아온 지, 이미 15개월이나 경과했습니다. 시간으로 말하면 적다고 할 수는 없는데, 민정, 재정, 군정에 대해 확정한 방침을 발표해 예정대로 시행했다는 것을 아직 듣지 못했습니다. …… 현재 광동의 형세에 대한 저의 의견은 …… **반년 이내에 광동을 통일하고, 1년 이내에 광동을 정돈하며, 1년 반 이내에 치밀하게 준비할 수 있다면, 1년 반 이후에는 밖으로 발전할 수 있다고 생각합니다. 현재 광동의 형세는 화의 근원이 외적의 강함에 있는 것이 아니라 내부의 복잡함에 있습니다.** 즉 현재 우리 당의 화근은 대외의 곤란이 아니라 내치의 곤란에 있습니다.[5] - 괄호와 강조는 인용자

근거지 광동을 먼저 안정시키고 나서 북벌에 나서자는 장개석의 관점은, 사실 2차 광동정부 때 진형명의 주장과 비슷하다. 그러나 2차 광동정부 시기 장개석은 진형명과는 달리 북벌을 주장하는 손문의 의견에 동조했었다. 여하튼 이제 손문의 주장을 보자. 앞서 인용한 바 있는데, 1924년 2월 일본인과의 대화에서 손문이 북벌에 대해 언급한 것이다.

우리는 중국의 통일을 위해 이미 **북방의 단기서 등과 제휴했다.** …… 현재 중국의 통일을 바란다면 무력을 빌리지 않을 수 없다. …… 여론이나 타협으로 통일하는 것은 사상누각에 불과하다. ……

광동의 정세는 몇 년 전부터 극히 동요하고 있다. 그러나 점차 **평온 상태로 돌아왔다.** …… 다만 가장 어려운 것은 재정이다. 그러나 **광동의 재정은 차관에 의지하지 않으면 구제할 수가 없다.** 우리는 현재 일본 모 씨에게 편지를 보내, 일본 자

4 『蔣介石年譜』, 1924.3.2, p.147.
5 『蔣介石年譜』, 1924.3.14, pp.148~149.

본가에게 3000만 원을 빌리고 싶다고 알선을 부탁했는데, 성사될 것이다. ……
북벌군은 이미 준비를 끝냈다.[6]

손문은 '강한 외적'인 직계에 대항하기 위해 반직동맹을 체결했고, 광동의 재정을 차관에서 구했다. 장개석의 판단으로 해석하면, 손문은 외력인 반직동맹과 차관에 의지하고자 했다. 또 장개석의 판단과는 정반대로, 광동의 정세는 동요에서 평온으로 돌아왔기 때문에, 북벌은 준비 단계가 아니라 이제 완료 단계라고 판단했다. 손문의 무력 통일이나 진형명의 연성자치가 모두 주장할 만한 방법이라는 호적의 평가처럼,[7] 손문이나 장개석의 판단 또한 나름의 일리가 있다. 그러나 중화혁명당 창당 때부터 구상한 「혁명방략」, 1차 광동정부 실패 후 '근본적 해결책'으로 추진한 반직동맹, 북벌 후 「건국대강」의 전개를 통한 혁명 추진 등을 구상하고 있는 손문에게, 근거지로서의 광동은 장개석이나 진형명만큼 중요하지 않았다. 다만 손문과 장개석이 일치한 것은, 시기가 다를 뿐 북벌이라는 무력 통일의 방법이었다.

1924년 8월 상단(商團)사건이 발생했다. 손문은 장개석 등에게 덴마크 상선의 무기를 압수하라고 명했다.[8] 갈수록 어려워지는 상황에서 북벌은 물론이고, 어떤 전략도 수립할 수 없다며, 장개석은 혁명군의 모집과 훈련 계획을 작성해 정치위원회에 제출했다.[9] 시간이 흐를수록 상단의 저항은 커져갔다. 그

6 「與日人某君的談話」(1924.2), 『孫中山全集』 9, pp.523~525.

7 胡適, 「這一週」, ≪努力週報≫, 第8期, 1922.6.25(『孫文與陳炯明史事編年』, p.573에서 재인용).

8 「致蔣中正函」(1924.8.9), 『孫中山全集』 10, p.508.

9 장개석의 계획은 다음과 같다. "三個營의 간부를 3개월 이내에 양성할 수 있다면 광주의 근거지는 안전을 꾀해 걱정을 없앨 수 있다고 생각한다. 혁명군 三個團의 편성 후에는 광동의 전국을 숙청할 뿐만 아니라 중원의 평정에도 착수하기 쉽다. …… 삼개영의 간부 양성을 기다리면 혁명군을 훈련하는 근간이 나오기 때문에 광주는 강고해진다. 혁명군이 二個團으로 편성되면 광동의 전국을 안정시킬 수 있고, …… 만약 세 개의 團이 완전하게 성립되면 북벌 대계도 실행할 수 있다. 그렇지 않으면 금일의 정세에서 전략도 실시할 수

러나 북방의 정세는 손문에게 여유를 주지 않았다. 9월 3일 강절(江浙)전쟁이 발발했다. 손문은 모든 역량을 북벌에 넣어야 하는 이유를 장개석에게 다음과 같이 전했다.

> 근본적인 방법으로 당군을 훈련시키고 혁명의 책임을 지게 하는 데 대해 형(장개석)과 뜻을 같이한다. 다만 광동의 땅에는 현재 우리를 죽음에 이르게 하는 원인이 세 가지 있다. 그 하나는 영국의 압박이다. 이번 상인의 파시 풍조가 하루 더 연장되면, 틀림없이 충돌이 발생할 것이다. 그리고 영국 군함이 주목하는 것은 분명히 대본영, 영풍, 황포 세 곳인데 수십 분 만에 분쇄할 수 있어, 우리로서는 그들에게 저항할 힘이 전혀 없다. ……
>
> 두 번째는 동강(東江) 적인(敵人: 진형명군)의 반공(反攻)이다. ……
>
> 세 번째는 탐욕한 객군의 횡포이다. ……
>
> 이 세 가지 사인(死因)이 있기 때문에 더는 일각이라도 지체할 수 없다. 그렇기 때문에 조속히 일체를 버리고 달리 활로를 구하는 쪽이 좋다. 현재의 활로는 북벌이 최선이다. 만약 현재 봉천군이 산해관을 넘고 절강군이 우리를 지원할 수 있으며, 인심이 모두 조(曹), 오(吳)에 대한 타도를 바라고, 무한 부근에는 우리에게 호응하는 군대가 있기 때문에…… 틀림없이 좋은 결과를 얻을 것이다.[10] – 괄호는 인용자

그렇다면 광동을 어떻게 할 것인가. 손문은 북벌을 위해 소관으로 가는 도중에 기자와의 담화에서 북벌을 위해 "광동을 포기하더라도 이를 감수하겠다"[11]고 했다. 대본영을 이전한 소관에 도착한 직후, 마침내 2차 봉직전쟁이 발발했

없고, 정치도 또 空談으로 끝나며, 다만 앉아 죽음을 기다릴 뿐이다."『蔣介石年譜』, 1924.8.11, pp.202~203.

10 「復蔣中正函」(1924.9.9), 『孫中山全集』 11, p.32.

11 「與東方通信社記者的談話」(1924.9.13), 『孫中山全集』 11, p.37.

황포군교의 개교식

황포군교(黃埔軍校)의 정식 명칭은 '중국국민당육군군관학교(中國國民黨陸軍軍官學校)'이다. 국민당이 소련의 원조하에 창설한 군사 정치학교로, 교지가 광주 황포(黃埔, 황푸) 장주도(長洲島, 창저우다우)에 있었기 때문에 황포군교라고 칭한다. 군사와 정치의 인재 양성을 목표로 한 국민당 중앙집행위원회 직속 기구이다. 정치부, 교수부, 훈련부, 그리고 관리처, 군수처, 군의처 등 3부 3처를 두었다. 공산당인 주은래, 운대영(惲代英, 윈다이잉) 등도 참여했다. 1926년 3월 국민혁명군 각 군이 개설한 군사학교가 황포군교에 들어오자 '중앙군사정치학원'으로 개명했다. 사진은 1924년 6월 16일에 열린 개교식 장면이다. 단상 위 왼쪽부터 요중개, 장개석, 손문, 송경령이다.

다(9.17). 소관에 이른 북벌군은 4만 명에 달했다.

손문이 광동으로 돌아온 후 계속된 진형명과의 전장에다가, 전장이 두 개 더 생겼다. 하나는 상단군과 싸우는 황포(광동 남쪽)이고, 또 하나는 북벌을 위한 소관(광동 북쪽)이다. 전자는 장개석이 지휘했고, 후자는 손문이 이끌었다. 재정이 어려우니 무기도 턱없이 부족했다. 그나마 황포군교의 학생들은 소련의 원조로 어느 정도 무기를 갖고 있었고, 소련이 보내주는 새로운 무기도 황포로 들어왔다.[12] 따라서 손문은 이 무기들을 소관으로 보내줄 것을 장개석에게 '간청'

12 소련으로부터 황포로 소련의 무기가 어느 정도 왔는지 구체적으로 알 수는 없으나, 손문의 편지 내용을 통해 무기가 왔다는 것을 확인할 수 있다. "화물은 몇 종류가 되며 또 각 종류마다 얼마만큼인가? 급히 상세하게 보고하기 바란다. 화물의 사용 계획에 대해 鮑(보로딘) 고문의 의견은 어떠한가?"[「致蔣中正函」(1924.10.7), 『孫中山全集』 11, p.138]; "새로 도착한 무기는 결사적 혁명군을 훈련하는 데 사용해야 한다. …… 이 뜻을 鮑(보로딘) 고문에게 전하라"[「致蔣中正函」(1924.10.11), 『孫中山全集』 11, p.170], "소련의 기선이 이미 당지로 온 이상 재차의 내항은 더 쉬울 것이므로, 우리에게 의지할 만한 병사가 총기를 필요로 하는 등의 일이 있다면 금후는 문제로 삼을 것도 없을 것이다. 즉 이번의 총기

했다.[13] 그러나 손문의 '간청'은 받아들여지지 않았다. 같은 날(10.9) 손문과 장개석이 서로에게 보낸 편지이다.

소관에 온 당초, 나(손문)는 오히려 광주를 포기하고 배수의 진을 쳐(破斧沉舟) 북벌을 행했다. 지금 광주가 그토록 위험하다고 형(장개석)이 느낀다면, 곧바로 황포라는 고도(孤島: 광주시 남쪽의 長洲라는 섬으로, 여기에 황포군관학교가 있었다)를 버리고 모든 총탄 및 학생과 함께 속히 소관으로 와서, 북벌이라는 최후의 도박을 하기 바란다. 전보가 도착하면 곧바로 실행하고 절대 미련을 가져서는 안 된다. 단연코 늦춰서는 안 된다. 나는 필연코 광주를 구하기 위해 (소관에서) 돌아가지 않을 것이다.[14]

반군(叛軍: 진형명군)과 간상(奸商: 상단)이 한통속으로 되어, 그 세는 날로 흉포해져 황포군교는 위기가 조석으로 임박했습니다. 저(장개석)는 고도(孤島: 長洲)를 사수하고자 결심했으니, 선생(손문)이 하루라도 빨리 군대를 (소관으로부터)

는 시험적으로 수송한 것에 불과하기 때문에, 금후 그 필요를 내게 통고하는 자가 있다면 반드시 계속 공급해 구제할 수가 있을 것이다." 「復蔣中正函」(1924.10.19), 『孫中山全集』 11, p.207.

13 "황포라는 하나의 孤島를 버리고 모든 총탄 및 학생과 함께 속히 소관으로 와서 북벌의 최후 도박을 하기 바란다"[「復蔣中正函」(1924.10.9), 『孫中山全集』 11, p.146]; "내일 상점의 파시와 반공이 있으면 상단의 무기도 우리 화물과 함께 소관으로 옮기고, 혁명용으로 충당하도록 해야 한다"[「致蔣中正電(1924.10.10), 『孫中山全集』 11, p.168]; "무기를 서둘러 소관으로 수송해 의외의 사건이 발생하지 않도록 방지하라. 시급을 요한다"[「致蔣中正函」(1924.10.11), 『孫中山全集』 11, p.170], "다음에 동강용으로 준비해둔 79탄환 50만 발을 호남군의 강서 진출을 위해 발급하기 바란다. 탄환이 도착하는 대로 호남군은 출발할 것이므로 늦어지지 않기를 바란다"[「復蔣中正函」(1924.10.19), 『孫中山全集』 11, p.207], "전력을 북벌에 쏟아야 한다. 그러므로 79탄환(七九子彈)은 모두 소관으로 옮겨야 하며, 적어도 오늘 먼저 50만 발을 보내야 한다"[「復蔣中正函」(1924.10.21), 『孫中山全集』 11, p.222]; "총 3000자루의 조속한 수송 여부에 대해 곧 회신해주시기를 간절히 바란다"[「復蔣中正函」(1924.10.23), 『孫中山全集』 11, p.233].

14 「復蔣中正函」(1924.10.9), 『孫中山全集』 11, p.146.

돌려 지원해올 것을 기대하고 있습니다. 중요한 근거지를 포기해 우리 당으로 하여금 설 땅을 영원히 잃게 하고 싶지 않습니다. 만약 끝까지 굳게 견뎌내면, 조만간 반군과 간상이 감히 범하지 못할 것이며, 시간이 더 경과하면 우리 군의 준비가 충실해져 수세에서 공세로 전환할 수 있으며, 이 난관을 건너면 이후 평탄한 길에 들어설 것입니다. 현재 1개의 여(旅)를 교련할 무기를 갖고 있는데, 3개월 후에는 반드시 튼튼한 부대가 되어 골간으로서 모든 잔적(殘敵)을 소탕하고 먼저 혁명 근거지인 광주를 강화하면, 우리 당은 발전할 수 없다고 걱정하지 않게 될 것입니다. 그렇기 때문에 현재 저는 절대로 이곳에서 한 발도 떠날 수 없으며 선생이 하루라도 빨리 광주로 돌아오기를 간절히 바라고 있습니다. 이것이야말로 금일 성패의 최대 관건입니다.[15] – 괄호는 인용자

두 사람의 편지는 같은 날 작성된 것이다. 이틀 후 두 사람은 편지를 받고 동시에 답장을 썼다.

자금에 대해 말하면, 황포학교를 정리하고 소관에 도착한 후에 다시 계획을 세우면 좋을 것이다. 보낸 전문에 대한 회답은 다음과 같다. 북벌은 반드시 성공할 것이다. 자금이 없어도, 결코 광주로 돌아가지 않을 것이다. 형(장개석)에게 바라는 바는 조속히 장주를 버리고 소관으로 오라는 것이다.[16]

중정의 생각으로는 머지않아 역적이 소관을 반격할 것이 분명하기 때문에, 각 군이 먼저 남하해 역적을 격멸하지 않으면 북벌은 단연코 어렵습니다. 중정은 마땅히 장주를 사수해 제 직분을 다하고자 합니다. 선생(손문)도 때를 맞추어 결단하시고, 북벌이 가능하다는 생각으로 더는 시기를 놓치지 마십시오. 이전

15 『蔣介石年譜』, 1924.10.9, p.218.
16 「復蔣中正函」(1924.10.11), 『孫中山全集』 11, p.169.

에는 총으로 북벌 비용 25만 원을 (상단과) 바꿀 수 있었지만, 지금은 총을 이미 인계했고 파시는 더욱 격해지고 있으며, 상단은 대오를 짜 순회하며 당당하게 포고를 내리고, 정부를 통렬히 욕하는 등 또한 가관입니다. 소문에는 장차 조폐창, 병공창, 공안국을 모두 상단의 관리로 돌리려고 한답니다. 25만 원이라는 총의 판매 대금은 이미 바랄 수 없기에 북벌은 더욱 어렵습니다. 현재로서는 병력을 소관에 집중해 남하하여 반란을 평정하는 길밖에 없습니다.[17]

손문과 장개석 모두 조금도 양보하지 않으려 했다. 실제로 급하기는 두 사람 모두 마찬가지였다. 손문으로서는 북방에서 이미 전쟁이 발발했는데, 응할 수 없으니 '절망'에 가까울 정도로 애가 탔다. 장개석의 경우도, 상단과 직접 대면하고 있었기 때문에 일촉즉발의 싸움이 예상되는 터라 초조하기는 마찬가지였다. 이틀 뒤 장개석은 또 손문에게 편지를 보냈다.

각 군이 일치 연합해 상단을 해결하고자, 오늘이나 내일 중에 행동을 개시하기로 약속했다고 합니다. 어제 호송한 탄환은 모두 한 곳에 보관하고 잠시 분급하지 말아주십시오. 그렇지 않으면 급할 때 보충할 수 없어, 곤란이 더욱 심해집니다. 역적(진형명)이 성성(省城: 광주)을 반격하면, 선생(손문)은 부대를 이끌고 남하해 반란을 평정해줄 수 있습니까. 중정의 뜻은 이렇게 해야만 비로소 전기를 마련할 수 있다고 생각합니다. 탄환을 소관으로 호송했던 학생들은 언제 광주로 돌아옵니까.[18]

물론 손문의 답은 북벌이었다.

17 『蔣介石年譜』, 1924.10.11, pp.220~221.

18 『蔣介石年譜』, 1924.10.14, p.223.

북벌은 반드시 실행할 생각이며, 또한 반드시 큰 영향을 미치게 될 것이다. …… 조성량(趙成梁, 자오청량)은 총 2000정을 주면, 자금이 없어도 반드시 강서로 출격하겠다고 한다. …… 또한 장정강(張靜江, 장징장)으로부터 전보가 왔는데, 강서로의 출군을 극력 독촉하고, 오히려 광동을 버리더라도 이 일을 해야 한다고 주장하고 있다. …… 이번에는 일단 출동하면 반드시 대공을 세울 것임이 의심할 여지가 없다. 형에게 바라건대 각 군들로 하여금 빨리 나가도록 고무하기 바란다. 한쪽은 동강으로부터 진역(陳逆: 진형명)을 격파해 복건으로 나가고, 다른 한쪽은 강서로 나가면 사천, 호남의 각 군은 반드시 앞을 다투어 무한으로 나갈 것이며, 이리하여 중원은 우리의 소유가 될 것이다.[19]

장개석과는 정반대로 손문은 북벌에 대해 매우 낙관적이었다. 손문은 북벌을 나서면 무한에까지 이르러 장강을 장악할 수 있다고 생각해 장개석에게 무기를 보내라고 계속 독촉했다.

동강 전투에 쓰려고 준비해둔 79탄환(七九子彈) 50만 발을 호남군의 강서 진출을 위해 발급하기 바란다. 탄환이 도착하는 대로 호남군은 출발할 것이므로 행여 늦어서는 안 된다.[20]

북벌에 전력을 쏟아야 한다. 그러므로 79탄환은 전부 소관으로 옮겨야 하며, 적어도 오늘 먼저 50만 발을 보내야 한다.[21]

앞서 보낸 전보의 칠구자탄 50만 발에, 육오자탄(六五子彈) 10만 발, 박각자탄

19 「致蔣中正函」(1924.10.16), 『孫中山全集』 11, pp.200~201.
20 「復蔣中正函」(1924.10.19), 『孫中山全集』 11, p.208.
21 「復蔣中正函」(1924.10.21), 『孫中山全集』 11, p.222.

(駁壳子彈) 10만 발을 더해 시급히 소관으로 보내라.[22]

손문의 이런 독촉에 장개석이 실제로 어떻게 대응했는지는 명확히 알 수 없다. 물론 북벌이 제대로 추진되지 못한 것이 장개석의 대응 때문만은 아니었을 것이다. 시간이 흐를수록 손문의 낙관도 조금씩 줄어들며, 북벌 전략에 변화 조짐이 나타났다. 10월 23일 손문이 장개석에게 보낸 편지이다.

오늘 아침 특사가 가지고 온 귀신(貴信)을 받고, 바삐 답장을 써서 열차 편에 댈 수 있도록 회답을 보내려 했으나, 미진한 바가 있었다. 형의 말에 의하면, **2개월 이내에 일대(一隊)의 강한 군대를 훈련할 수 있다고 했는데, 만약 현재 이미 훈련을 개시했다면, 훈련지를 소관으로 옮길 필요는 없다.** …… 또 훈련을 실시하는 병사의 수가 5000명인지 혹은 8000명인지, 만약 5000명이라면 남는 3000정의 총은 즉시 소관으로 수송해 북벌에 이용하도록 해주기 바란다. …… 이것으로도(필요한 총을 갖추기만 하면) 강서를 얻는 데 성공하지 않을 리가 없다. 강서를 얻은 후 호남은 문제가 안 된다. 그런 연후에 운남의 당(唐繼堯)과, 사천의 웅(熊克武, 슝커우)과 귀주의 원(袁祖銘, 위안쭈밍)과 함께 무한에서 회동해 중원을 넘보면 조와 오도 편한 수가 없을 것이다. 형의 신군이 2개월 걸려 훈련을 마친 후 곧 소관으로 오게 하여 나의 파견에 따르게 하라. **만약 서남의 국면에 날로 발전이 있으면, 먼저 서남을 공고히 한 후, 재차 서북을 도모한다.** 최상의 방법으로는 서남에서 서북, 예컨대 섬서, 감숙을 연결하는 교통로를 열면, 서북 경영에 쉽게 착수할 수 있을 것이다. …… 3000자루의 총을 조속히 수송해올 수가 있는지 없는지에 대해 곧 회신해주기를 간절히 바란다.[23] – 괄호와 강조는 인용자

22 「致蔣中正函」(1924.10.21), 『孫中山全集』 11, p.223.
23 「復蔣中正函」(1924.10.23), 『孫中山全集』 11, p.233.

여전히 북벌을 통해 중원을 얻으려는 희망을 포기하지는 않았지만, 황포군관학교 학생 즉 신군에 대한 기대도 있음을 엿볼 수 있다. 더구나 강서와 호남을 통해 중원을 노리는 것 외에, 신군을 거느리고 서북으로 가서 새롭게 시작하려는 뜻도 내비쳤다. 서북은 손문이 서남에 근거지를 마련하지 못할 경우에 대비해, 소련의 도움을 받아 근거지로 삼으려고 구상했던 곳이다.

이 편지를 보낸 10월 23일은 북경에서 풍옥상이 정변을 일으켜 직계가 하루아침에 붕괴되던 날이다. 북경정변 소식을 듣고 편지를 보낸 것은 아닐 테지만, 북벌에 대한 손문의 기대가 이전만 못함을 보여준다. 북경정변 소식을 전해들은 후, 손문의 북벌 계획은 더욱 축소되었다.

> 북벌을 위해 총기 3000자루를 보내줄 수 있는지, 형(장개석)에게 절실히 바란다. 만약 가능하다면 나는 곧 조성량에게 엄중한 조건을 부여해 그에게 북벌을 요구하고 또 동시에 소관의 방어 지역을 반환시켜 대본영의 연병지(練兵地)로 삼고자 한다. **이는 두 가지의 실리를 거두는 길이다.** …… **만약 지금 소관을 평정하지 않으면 장차 일이 더욱 어려워질 것이다.** 그렇게 되면 우리의 당은 군사를 훈련시키고 **민치를 시행할 한 조각의 땅(淨土)도 얻을 수 없게 될 것이다.** 그러므로 3000자루의 총으로[趙는 2000자루, 주배덕(朱培德, 주페이더)은 1000자루를 요구한다], 남소련(南韶連: 광동 북부의 성 경계 지역인 南雄, 韶關, 連縣, 連山)를 얻게 되니, 그 이익은 실로 크다. 형이 나를 위해 참작해 조치해주기 바란다. 또 역시 연병 계획에 장애가 없으면 총알(한 자루당 400발)을 시급히 소관으로 보내주기 바란다. 조(趙), 주(朱)와 교섭하는 데 편하도록 언제 발송할지 먼저 알려달라.[24]

이제 북벌을 통한 중원의 획득은 포기했다. 다만 소관을 중심으로 한 광동의 북부 성 경계 지역만이라도 얻기 위해 그곳을 장악하고 있던 운남 객군(조성량)

24 「致蔣中正函」(1924.10.26), 『孫中山全集』 11, p.248.

에게 총을 주어 북벌에 내보내고자 했던 것 같다. 3000자루의 총으로 두 가지의 실리를 얻는다 함은 이런 이유 때문일 것이다. 여하튼 당시 손문은 소관을 중심으로 한 지역조차 완전히 장악하지 못하고 있음을 알 수 있다. 이제 중원이 아니라 광동 북부의 일부 땅(淨土)을 근거지로 재기하고자 했음을 보여준다. 그런데 다음 날인 10월 27일 손문은 장개석에게 앞서 보냈던 편지의 일부만을 게재한 편지를 또 보냈다. 일부란 '서북 관련' 내용이다.[25] 사료집 편집상 오류일지는 모르겠으나, 북경정변을 전후로 북벌에 대한 손문의 전망이 불투명해지는 상황을 반영하는 것이 아닐까 생각된다. 손문은 북벌이 이처럼 허무하게 끝나지 않기를 바랐을 것이다. 북경정변 후에도 여러 차례 북벌 의지를 나타내고, 동맹자들에게도 조·오에 대한 계속 토벌을 주장한 것도, 자신의 점령지를 얻기 위해 북벌을 조금이라도 연장해보려는 데서 기인하는 것이 아닐까 생각된다.[26]

2. 풍옥상의 북경정변

반직을 위한 북벌을 추진하고 있던 손문에게 풍옥상(馮玉祥, 펑위샹)의 북경정변은 북벌의 목표인 직계 타도에 승리를 가져다준 것이지만, 다른 한편으로는 북벌의 실패를 의미했다. 물론 북경정변이 발생하지 않아 반직전쟁이 계속되었다고 해서, 북벌이 손문의 기대만큼 성과를 얻었으리라고 보장할 수는 없다. 최종 목표는 아닐지라도, 손문은 자신이 목표한 바를 평생 세 차례 '성공'했다. 하나는 무창기의이고, 또 하나는 토원전쟁이며, 마지막이 3차 북벌이다. 무창

25 『蔣介石年譜』에 따르면 1924년 10월 27일 손문이 편지를 보냈는데, 그 내용은 『孫中山全集』에 게재된 10월 23일 자 편지의 내용 중에서 장개석의 신군으로 서북을 도모하겠다는 부분만 들어 있다. 『蔣介石年譜』, 1924.10.27, p.228; 「復蔣中正函」(1924.10.23), 『孫中山全集』 11, p.233.

26 「大元帥勉段馮張速滅曹吳」, 上海≪民國日報≫, 1924.11.2.

기의는 혁명파가 기의에 성공해 청조로부터 독립해 군정부를 수립한 것이다. 지향이 청조 타도이고, 공화의 건설이기 때문에 이는 손문의 지향이고, 손문의 수많았던 기의가 목표했던 바이다. 토원전쟁은 공화를 부정한 원세개의 제제에 반대한 전쟁으로, 원세개의 급작스러운 죽음으로 토원전쟁의 목표는 이루어진 셈이다. 북벌은 반직전쟁이었으니, 풍옥상의 북경정변으로 북벌의 목표가 달성된 셈이다.

그런데 세 개의 '성공'에 손문이 한 역할은 거의 없거나 아주 미약할 뿐이었다. 손문은 무창기의의 발생조차 언론을 통해 알았을 뿐이다. 즉 기의를 일으킨 조직(중부총회)과는 직접적 관련이 없었다는 점이다. 다만 넓은 의미에서 "청조 타도, 공화의 건설"이라는 '동지(同志)'를 가진 혁명파로서의 연계성은 있었다. 이 '동지' 때문에 손문은 중화민국 임시대총통으로 추대되었다.

토원전쟁에 나선 것은 손문의 중화혁명당 말고도 호국군이 있었다. 기실 토원전쟁은 호국군이 주도했고, 중화혁명당은 성과를 거의 내지 못했다. 중요한 것은 호국군과 손문의 관계에 '동지'는 없었다. 즉 원세개의 제제를 타도하기 위해 뜻을 같이하는 연결 관계는 없었다. 토원전쟁이 전개될수록 양자는 '경쟁'하는 관계가 되었다. 정확히 말한다면 손문이 호국군을 '경쟁 관계'로 보았다. '경쟁 관계'이기 때문에, 전쟁 과정에서 얼마만큼 역할을 해서 결과를 얻어내느냐가 전후에 결정적일 수밖에 없었다. 손문은 일본에서 중화혁명당의 토원전쟁을 지휘하면서 "움직일 수 있으면 즉시 움직여라. 만약 저들의 정부가 성립되면 우리 당의 외교는 더욱 지위를 잃는다"[27]라고 독려했다. 여기서 저들이란 토원전쟁을 하고 있던 호국군을 가리킨다. 그러나 원세개의 갑작스러운 죽음으로 토원의 '목표'는 달성되고 토원전쟁도 종식되었지만, 손문은 그 결과를 너무 잘 알았다. 따라서 그는 북경에 가지 않았다. 다만 토원전쟁에 공이 있다고 여원홍 총통이 수여한 대훈위를 받았을 뿐이다.[28] 상해의 자택에서 받은 '대훈

27 「致上海革命黨人電」(1916.4.4), 『孫中山全集』 3, p.263.

위'가 손문에게는 토원전쟁의 결과였다.

3차 북벌은 반직전쟁 즉 직계의 북경정부를 타도하는 전쟁이었고, 2차 봉직전쟁의 일환이었다. 손문이 반직삼각동맹의 일원이었기 때문이다. 세 동맹자가 북경의 직계와 전쟁하는 것이고, 손문에게는 북벌이었다. 명분으로 볼 때 무창기의나 토원전쟁과 비교해 반직은 차원이 매우 낮았다. 뇌물에 의한 총통선거는 공화의 붕괴라고 해석할 만했고, 여론도 북경정부를 부인할 정도였기 때문에, 반직이 전혀 명분이 없었던 것은 아니다. 그러나 반직의 동맹자인 환계와 봉계가 뇌물 선거를 한 직계보다 더 나은 군벌은 아니었다. 이 때문에 북벌이 포함된 2차 봉직전쟁을 당시나 훗날의 역사는 군벌전쟁이라고 칭하는 데 이의가 없는 듯하다.

손문, 장작림, 단기서로 대표되는 세 동맹자는 '동맹'이라고는 하지만, '동맹'을 맺어주는 '동지'는 없었다. 전쟁 전 세 사람이 함께 모인 적도 없고, 손문과 장작림은 전쟁이 끝날 때(북경정변)까지 서로 마주친 적조차 없다.[29] 세 동맹자의 측근들이 분주히 오가며 공유한 것은 군사작전 계획과 군사원조뿐이었다. 그러니 토원전쟁 때 손문과 호국군의 관계와 비교하면 명칭상 '동맹'의 관계였고 전쟁에서는 협조 관계였겠지만, 전쟁의 결과로 볼 때는 '경쟁' 관계였다. 즉 전쟁에서 얼마만큼의 역할을 했느냐에 따라, 전쟁 후 자신의 몫이 결정되기 때문이다. 반직전쟁을 '봉직전쟁'이라고 칭하는 것도, 세 동맹자 중 봉계가 전쟁에서 가장 큰 역할을 했기 때문이다. 상술한 바, 전쟁이 시작되자 손문은 장개석에게 무기를 보내라고 간청하면서 "(북벌을 통해 중원을 얻지 못하면) 봉·직 중 누가 이긴다 하더라도 서남은 반드시 망할 것이다. 그러므로 이 기회에 진격한다면 곧 살고 진격하지 않으면 곧 망하는 것은 필연한 이치이다. 형(장개석)에게 바라건대

28 『國父年譜』下, 1917.1.16, p.665.

29 손문이 단기서를 직접 만난 적이 있었는지는 분명치 않다. 다만 1912년 8~9월 손문이 원세개로부터 초청을 받아 북경에 갔을 때, 단기서와 조우했을 가능성은 있다.

나의 말을 허황된 말로 보지 말라"[30]고 호소했다. 토원전쟁 때 "저들의 정부가 성립되면 우리는 지위를 잃는다"라는 호소와 문자만 다르지 의미는 같다. 손문으로서는 전쟁에서 동맹자인 봉계가 승리하든, 적인 직계가 승리하든 상관없었다. 북벌로 중국 전체는 아니더라도 일정 지역을 장악해야 자신의 「혁명방략」을 실천할 수 있고, 종국에 가서 공화를 실현할 수 있다고 생각했기 때문이다. 전쟁에서 승리하리라고 낙관하는 손문으로서는, 풍옥상의 북경정변이야말로 '악재'였다. 이 '악재'만 없었더라도 북벌은 계속되어 성과를 얻을 수 있다고 생각했을 것이다. 토원전쟁 때 '원세개의 죽음'을 '애석하게' 생각한 것과 같은 의미라고 할 수 있다.[31]

이런 점에서 손문의 세 번의 '성공' 중 토원의 '성공'과 반직의 '성공'은 과정과 결과가 비슷하다. 즉 과정은 경쟁 속에서 진행되었고, 손문에게 결과가 없었다는 점에서 같다. 토원의 '성공' 후 손문은 북경으로 가지 않고 상해에 칩거했다. 결과가 없었기 때문이다. 토원전쟁 후 여원홍 총통이 총통부 고등고문으로 손문을 초청했으나,[32] 손문은 거부했다.[33] 당시 토원전쟁에서 호국군은 손문과 직접적 관계가 없었기 때문에, 전쟁 후 굳이 손문을 북경으로 받아들일 필요가 없었다. 어찌 보면 고등고문은 인사치레라고 할 수 있다.

비슷하게 반직전쟁 과정에서 역할을 하지 못해, 바꾸어 말하면 북벌에 실패해 결과가 뻔한 상황에서 손문은 북경에 정말로 가고 싶지 않았을 것이다. 그러나 토원전쟁 때와는 달리, 봉직전쟁 후 북경의 권력을 장악한 환계와 봉계는 형식상 손문과 '동맹' 관계였으니, 올라가지 않을 수도 없었다. 만약 손문의 북벌이 어느 정도 성공을 거두어 나름의 지역을 장악했다면, 아마 손문은 정식정부

30 「致蔣中正函」(1924.10.16), 『孫中山全集』 11, p.201.

31 토원전쟁에서 실패한 후 중화혁명당 지부에 보내는 편지에 "애석하게도 원 씨(원세개)가 죽어버려 대국은 곧 변해, 더는 혁명을 위해 무력을 쓸 수 없게 되었다"고 하면서 원세개의 죽음을 애통해했다. 「致中華革命黨各支分部函」(1916.12.10), 『孫中山全集』 3, p.400.

32 「黎元洪敦聘孫中山任總統府高等顧問函稿」(1916.8.7), 『各方致孫中山函電匯編』, p.513.

33 「復黎元洪函」(1916.8.14), 『孫中山全集』 3, p.339.

인 국민정부를 건립하고 「건국대강」을 내세우며, '반혁명의 악세력' 대 '혁명 세력'의 구도를 만들어 북경과 각을 세웠을 공산이 크다. 여하튼 결과가 없으니 정말로 가고 싶지 않은 북경행이지만, 가지 않을 수도 없는 처지였다. 북경정변 후 손문이 동맹자인 단기서에게 "즉시 북상하겠다"는 전보를 처음 보낸 것이 10월 27일이다.[34] 이후 손문이 동맹자인 장작림과 천진에서 조우한 것은 12월 4일이었다. 전쟁에 승리한 후 동맹자가 만나는 데 38일이 걸렸다. 또 다른 동맹자인 단기서와의 만남은 없었다. 손문의 입장에서는 전승의 분위기가 아니었다.

가기 싫은 북경행도 그렇거니와, 문제는 '이제 어떻게 대처할 것인가'였다. 손문은 좌절을 만나도 재기할 명분을 제시하는 데 뛰어난 '정치적 감각'이 있었다. 토원전쟁 때 실패할 가능성이 보이는 시각에 손문은 돌연 '호법'을 제시했다. 토원전쟁 후에도 손문은 '호법'을 계속 주장했다. 새로 들어선 북경의 권력이 약법을 지키지 않을 것을 예상했기 때문일 것이다. 실제로 '호법'은 8년 동안 북경정부와 대립할 수 있는 명분을 손문에게 제공했다. 장훈의 복벽 때, 복벽 타도라는 명분으로 광동에 내려갔으나, 내려가는 사이에 단기서에 의해 복벽 사건이 종결되었다. 명분이 없어져 버린 것이지만, 손문은 복벽의 진압은 '복벽 급진파 대 복벽 완만파'의 싸움일 뿐으로, 이후는 '진짜 공화 대 거짓 공화'의 대결이라는 명분을 만들어냈다.[35]

3. 「북상선언」

호법이라는 명분이 생명을 다한 1923년 후반부터 손문은 혁명정부에 의

34 「致段祺瑞電」(1024.10.27), 『孫中山全集』 11, p.251.
35 「在駐粤滇軍歡迎會上的演說」(1917.7.20), 『孫中山全集』 4, p.120~121. 상세한 것은 이 책 6장 2절의 238~240쪽을 참조.

한 「건국대강」의 실천을 명분으로 내세웠다. 이것을 대외적으로 천명한 것이 「북벌선언」(1924.9.18)이다. 북경정변이 발생한 직후 손문은 상해의 호한민에게 다음과 같이 명령했다.

> 북경사변(북경정변)에 대해 상해 동지들이 어떻게 해야 할지 모르는 것 같으며, 각 성 동지도 마찬가지인 것 같다. 즉 우리 당의 전쟁의 목적은 이미 「건국대강」에 갖추어져 있다는 것을 알지 못하는 것 같다. …… 부득불 다시 한번 더 선언을 발표해 이전 일을 다시 제기하고 각 동지에게 정변으로 인해 절차를 어지럽히지 말라고 명령하라.[36]

북벌의 목적과 명분에 변함이 없었다는 것을 보여준다. 그러나 혁명정부에 의한 「건국대강」의 실천은 혁명정부가 들어설 근거지가 있어야 했는데, 북벌의 실패로 근거지를 마련하지 못했다. 새로운 정치 환경에 걸맞은 명분과 구상이 필요했다. 이를 대비한 것인지 일전대회에서 손문은 '정식정부'의 건립 방법을 두 가지 제시했는데 "하나는 당장 대원수정부를 국민당정부(국민정부)로 바꾸는 것이고, 또 하나는 먼저 「건국대강」을 발표한 후 사방으로 선전해 인민으로 하여금 그 내용을 이해하게 하고, 단체를 결합하게 하여 정부의 실현을 요구하게 하는 것"[37]이었다. 전자는 손문이 주장하는 '이당건국'이다. 이는 동맹자인 환계와 봉계의 반대를 무릅쓰고 혁명정부인 국민정부를 세워 「건국대강」에 따라 혁명을 추진하자는 것이므로, 바로 손문의 「혁명방략」이다. 그런데 후자의 방법은 「건국대강」에 찬성하는 단체로 정부를 건립하겠다는 것이

---

36 「致胡漢民電」(1924.10.26), 『孫中山全集』 11, pp.248~249.

37 「中國國民黨第一次全國代表大會會議錄」, 第2號(1924.1.20, 오후), 中國第二歷史檔案館 編, 『中國國民黨第一, 二次全國代表大會會議史料』 上, p.14, p.15. 주석을 맡은 손문이 당일 회의에서 행한 이 발언은 '국민정부 조직에 관한 설명'이라는 제목으로 『孫中山全集』에 실려 있다. 「關于組織國民政府之說明」(1924.1.20), 『孫中山全集』 9, p.103, p.104.

니, 반직전쟁을 준비하고 있는 상황에서는 이해하기 어려운 방법이다. 따라서 후자의 방법은 반직전쟁 승리 때까지 일정 지역을 얻지 못해 국민정부를 건립하지 못했을 경우에 대비한 조처로 보인다. 토원전쟁의 결과를 전망하며 실패할 경우에 대비해 '호법'을 주장했던 것과 아주 흡사하다. 혁명의 전망에 대한 손문의 긴 안목, 예리한 '정치적 감각'으로 볼 수 있다. 여하튼 후자의 방법과 관련해 11월 10일 발표된 「북상선언」을 살펴보자.

본년 9월 18일 본당은 북벌 출사의 목적에 대해 일찍이 선언을 발표했다. 그 요지는 다음과 같다.

…… 북벌의 목적은 군벌을 타도하는 데만 있는 것이 아니라, 더욱이 군벌이 의지해 생존하는 바인 제국주의를 타도하는 데 있다. ……

국민혁명의 목적은 독립·자유 국가를 조성해 국가와 민중의 이익을 옹호하는데 있는데, 그 내용이 어떠한지는 본당의 제1차 「전국대표대회선언」에 이미 상술되어 있다. ……

북벌 목적의 선언은 이런 취지에 근거해 또 그 순서를 설명했다.

(1) 중국이 국제 평등의 지위에 오른 연후에는 ……

……

(6) 불평등조약의 폐지로 중국의 새 법률은 능히 전국 영토에 미치고, **모든 조계를 폐지한다.** 그런 연후에 음모, 파괴를 일삼는 반혁명 세력은 의지할 바 없게 될 것이다.

……

우리는 이에 다음을 증명할 수 있다. 무릇 **무력이** 제국주의와 결합하면 패하지 않을 수 없다. 반대로 **국민과 결합해 국민혁명의 진행을 빨리하면 승리하지 않을 수 없다.** 금일 이후는 국민혁명의 신시대로서, 무력으로 하여금 제국주의와 결합시키는 현상을 영원히 국내에서 없애버린다. 그 대신 일어나는 현상이란 **A) 제1보는 무력으로 하여금 국민과 결합시키는 것, B) 제2보는 무력으로 하여금 국민의**

무력이 되게 하는 것이다. 이러면 국민혁명은 반드시 성공을 고할 수밖에 없다. **금일 국민의 무력(즉 B)이란 물론 아직 말할 단계는 아니지만, 무력과 국민의 결합(즉 A)은 이미 그 조짐이 나타나고 있다.** ……

무력으로 하여금 국민과 서로 깊게 결합하고자 하면, 그로부터 가는 길은 두 가지가 있다.

a) **其一. 시국의 발전으로 하여금 국민의 수요에 적응하도록 하는 것이다. 이런 연후에야 시국 발전의 이익이 국민에게 돌아가고, 종전 각파 세력의 이익 과분 및 권리 농단의 죄악을 일소할 수 있다.**

b) **其二. 국민으로 하여금 그 수요를 선택할 수 있게 해야 한다. 이런 연후에야 국민의 수요가 충분히 표현되어, 종전 각파가 군중을 독점하고, 통제하고, 격리했던 죄악을 일소할 수 있다.**

이상의 두 개로 국민혁명의 신시대와 구시대는 확연히 구분된다. 대개 구시대의 무력은 제국주의가 이용하는 바이고, 신시대의 무력은 국민의 이익을 옹호하기 위해 그 장애물을 제거하는 것이다.

본당은 이상의 이론에 근거해, **시국에 대해서는 국민회의를 소집해 중국의 통일과 건설을 꾀할 것을 주장한다.** 그리고 국민회의 소집 이전에 예비 회의를 소집해 국민회의의 기초 조건과 소집 일자, 선거 방법 등의 일을 결정할 것을 주장한다.

예비 회의는 좌열(다음)의 단체의 대표로 조직한다.

1. 현대 실업 단체, 2. 상회(商會), 3. 교육회, 4. 대학, 5. 각 성(省)학생연합회, 6. 공회, 7. 농회, 8. **조오(曹吳)에 반대한 각 군**, 9. 정당

이상 각 단체의 대표는 각 단체의 기관이 파견하며, 인수는 적어야 소집의 신속을 기할 수 있다.

국민회의의 조직은, 그 단체 대표는 예비 회의와 같고, 다만 그 대표는 각 단체의 단원들이 직접 선거로 뽑으며 인수는 예비 회의보다 많아야 한다. 전국의 각 군은 모두 동일한 방법으로 대표를 선출해 국민회의에 열석(列席)시킨다. 회의 이전에 각 성의 모든 정치범은 완전히 사면되고, 아울러 각 지방 및 인민의

선거 자유, 제안 제출 및 선전 토론의 자유를 보장한다.[38] - 강조와 기호는 인용자

이보다 두 달 앞서 발표된 「북벌선언」과 비교해 「북상선언」의 내용과 의미를 살펴보자. 북벌의 목적, 북벌 후 국민혁명의 목적은 두 선언이 거의 대동소이하다. 다만 북벌 후 취할 행동에서 "불평등조약의 폐지로 중국의 새 법률은 능히 전국 영토에 미치고, **모든 조계에서도 실행된다**"라는 「북벌선언」의 표현이 「북상선언」에서는 "모든 조계의 폐지"라고 명확히 표기되었다. 물론 반제국주의의 주장은 동맹자들이 받아들일 수 없는 것을, 그들에게 제시한 것이다. 환계, 봉계와 동맹을 맺으면서 그 목적으로 반직 이외에 반제를 주장한 적은 없었다.

그런데 「북상선언」에서 돌연 나온 '무력과 국민'의 결합이란 도대체 무엇인가. '무력'과 '국민'이 일반적인 용어인지, 아니면 구체적인 내용을 지닌 것인지 분명하지 않다. 이 두 단어가 명확해야 그 둘의 결합을 이해할 수 있지 않겠는가. 국민회의 구성원에 '조·오에 반대하는 각 군'을 넣어, '직업단체로 대표되는 국민의 결집된 의사와 힘에 의거해 각 군을 국민의 편으로 견인함으로써 무력을 국민과 결합시키고자 했다'는 해석이 있다.[39] '조·오에 반대하는 각 군'이란 구체적으로 장작림, 단기서, 풍옥상, 노영상 등의 군벌들과 서남의 일부 군벌들이 포함될 텐데, 이 각 군들을 국민의 편으로 견인하는 것이 '무력과 국민'의 결합인 것인가. 좀처럼 이해되지 않는다. 따라서 앞의 인용문을 좀 더 철저히 분석해 볼 필요가 있다.

우선 "무력이 국민과 결합해 국민혁명을 속히 진행하면 승리할 수 있다"는 것이 무력과 국민 결합의 전제이다. 이 전제에 따르면 국민혁명을 진행하는 주

38 「北上宣言」(1924.11.10), 『孫中山全集』 11, pp.294~297.

39 유용태, 「손문의 국민회의소집론: 무력과 국민의 결합」, ≪역사학보≫, 제168집(2000), 200쪽.

체는 '무력'인데, 확실하지는 않다. 「건국대강」에 따른다면 국민혁명을 수행할 '무력'은 혁명정부인 국민정부이다. 여하튼 무력이 국민과 결합해 국민혁명을 진행하는 데는 두 단계가 있는데, 첫 단계인 A)는 '무력으로 하여금 국민과 결합시키는 것'이고, 다음 단계인 B)는 '무력으로 하여금 국민의 무력이 되게 하는 것'이라고 한다. 그런데 두 번째 단계인 B)의 국민의 무력은 현재로서는 실현 가능하지 않은 미래의 일이고, 다만 첫 단계인 A)의 '무력과 국민의 결합'은 현재 그 조짐이 있다는 것이다. 다시 정리하면 국민혁명을 승리로 이끌려면 현재 조짐이 있는 '무력과 국민의 결합'을 추진한 연후에 '국민의 무력'(B)이 가능하다는 것이다.

이어 「북상선언」은 현재 조짐이 보이고 있는 A)의 '무력과 국민의 결합'을 어떻게 할 것인지 설명하고 있다. 여기에도 두 단계가 있으니 첫 단계인 a)는 '시국의 발전으로 하여금 국민의 수요에 적응하도록 하는 것'이고, 다음 단계인 b)는 '국민으로 하여금 그 수요를 선택하게 하는 것'이다. 여기서도 '시국의 발전'이 무엇인지 모호하다.

그런데 이어지는 내용을 보면 어느 정도 정리가 된다. "a와 b는 국민혁명의 신시대와 구시대를 구분하는 지표인데, 구시대의 무력은 제국주의가 이용하는바"라고 한 것으로 보아, 구시대의 무력은 '군벌'이라는것을 알 수 있다. 그런데 "신시대의 무력은 국민의 이익을 옹호하기 위해 그 장애물을 제거하는 것"이라고 했으니, 신시대의 무력 즉 앞서 '무력과 국민의 결합'의 무력은 '혁명의 무력'이라고 칭할 수 있겠다. 이 혁명의 무력을 「건국대강」에 조응하면 혁명정부인 국민정부이다. 일단 이렇게 전제하자. 이어서 「북상선언」은 "본당은 이상의 이론을 근거로 해 시국에 대해 국민회의의 소집을 주장한다"고 한다. 따라서 '시국의 발전'이란 국민회의 조직이다. 이런 전제하에 다시 해석하면 다음과 같을 것이다.

a) 국민회의는 국민의 수요에 응해 혁명을 진행한다. 이렇게 하면 이후 국민회의에 의해 생긴 이익은 국민에게 돌아가고, 종전 각파 세력의 이익 과분과

권리 농단이라는 죄악은 일소된다. 즉 주체가 국민회의이다.

b) 단계에서는 "국민이 자신의 요구를 선택하는 단계여서, 국민의 요구가 충분히 표현되어, 종전 각파가 군중과 떨어져 만사를 독점했던 죄악을 일소할 수 있다"는 것이다. 이 단계에서 주체는 국민이다.

「건국대강」에 따르면 "군정 시기에는 일체의 제도가 군정하에 예속되며, 국민정부는 한편으로 병력으로써 국내의 장애를 제거하고, 다른 한편으로 주의를 선전함으로써 전국의 인심을 개화시키며, 국가의 통일을 촉진한다", 즉 앞 인용문의 a) 단계의 내용과 궤를 같이한다. 그리고 "훈정 시기에는 정부가 …… 자치를 준비하는데, 완전한 자치현이 되면 인민은 직접 관리를 선거하고, 직접 관리를 파면하며, 직접 법률을 창제하고, 직접 법률을 복결하는 권리를 지닌다"라고 했으니, b) 단계의 내용과 궤를 같이한다. 그렇다면 손문의 뜻은 국민회의를 통해 혁명정부인 국민정부를 건립하겠다는 것인가. 「북상선언」의 내용으로는 추론되는데, 국민회의를 통해 국민정부를 건립할 가능성이 너무 낮아 단정하기에는 의문이 생긴다. 그런데 12월 일본을 방문했을 때, 손문은 일본 중외상업신보(中外商業新報) 기자와의 회견에서 국민회의에 대해 다음과 같이 말했다.

> 현재 시국을 수습할 방책은 우리가 개최를 주장하는 국민, 즉 전국의 확실한 각 부문의 직업 단체를 기초로 한 국민회의를 개최해, **이 회의가 중심이 되어 정권을 집행하는 것이다.**
>
> ……
>
> **광동정부의 미래**에 관해 이야기한다면, 만약 국민회의가 개최되고 그 **국민회의가 정부를 만들고 근본대법을 정하면** 전국은 완전히 통일로 귀결된다. **그때의 국민정부는 전국 통일의 권력을 장악하는 유일한 정부가 될 것이다.** 그렇게 되기 전까지는 현재 상황을 유지할 필요가 있기 때문에, (광동정부가) 계속 존재해야 하는 것은 당연하다.[40] - 괄호와 강조는 인용자

국민회의가 국민정부를 건립하고 만들기 위한 근본대법은 물론 「건국대강」이다. 손문은 국민회의를 통해 혁명정부인 국민정부를 건립하려고 구상했다. 상술한 정식정부 건립에 대한 손문의 두 번째 방법이 '국민회의'에 의한 혁명정부의 건립으로 제시된 것이다. 북벌 초 「북벌선언」은 북벌에서 승리한 후 "혁명정부의 권력으로 반혁명의 악세력을 소탕해 인민을 해방시키고, 그리하여 자치를 도모하게 한다"[41]고 반직전쟁의 선후를 전망했다. 즉 북벌 과정에서 혹은 북벌 승리 후 장악한 지배 지역에 국민정부를 건립하고, 「건국대강」에 따라 혁명을 추진하려고 했다. 이랬다면 국민당 2전대회를 개최하거나 중앙집행위원회를 통해 국민정부를 건립했을 것이다.[42]

풍옥상의 북경정변이라는 돌발 변수로 북벌은 전혀 성과를 거두지 못한 채 끝나버렸다. 이제 국민정부를 건립할 기반이 없어졌다. 이에 손문은 정부 건립의 두 번째 방법으로 국민회의 개최를 제시했다. 만약 북벌에서 일정한 성과를 얻었다면 즉 지배 지역을 확보했다면, 손문은 국민회의를 제안하지 않았을 것이다. 아니 제안할 필요가 없었다. 그런데 '일전대회'의 연설에서는 두 번째 방법으로 '국민회의'를 제시하지 않고, "단체를 결합하게 하여 정부의 실현을 요구한다"라고 했다. 내용상 그다지 차이는 없지만, 손문에게 '국민회의'는 좀 뜻밖이었다.

손문의 국민회의 개최 주장은 오사 이래 민중의 힘의 분출에 영향을 받아 사상적으로 변화해 민의를 수용한 대표적 사례로 인용된다.[43] 그러나 이보다 1년 전, 국민회의류의 요구가 봇물처럼 쏟아질 때 손문은 의아하게도 참여하지 않았다. 의아하다는 것은 국민회의 주장이 바로 직계의 북경정부에 대한 저항운동이었고, 당시 손문은 반직을 위해 군벌과도 손잡고 동맹까지 맺고 있었기 에 직계

40 「與高木的談話」(1924년 11월 24일과 26일 사이), 『孫中山全集』 11, p.392.
41 「中國國民黨北伐宣言」(1924.9.18), 『孫中山全集』 11, p.77.
42 실제로 손문 사후 국민당 중앙집행위원회는 국민정부의 건립을 결정했다.
43 이에 대해서는 이승휘, 「손문과 국민회의」, ≪역사학보≫, 제166집(2000)의 「문제제기」 참조.

를 성토하기에는 정치적으로도 아주 좋은 소재였기 때문이다. 국민회의 운동에 참여하지 않은 게 아니라 손문은 반대했다. 직계의 북경정부가 조곤을 총통으로 만들기 위해 대총통 여원홍을 북경에서 내쫓자 북경정부에 대한 성토가 전국적으로 이루어졌고, 그 대안으로 국민회의가 제기되었다. 이때 마링은 손문에게 국민회의 운동에 참여할 것을 권했다. 손문의 국민회의 개최에 대한 손문의 견해는 다음과 같았는데, 이는 국민회의 개최를 주장한 「북상선언」이 발표되기 1년 4개월 전에 손문이 한 생각이다. 앞서 인용한 바 있지만, 다시 인용한다.

> 당은 단지 긴급 관두에서만 앞장선다. 현재 우리는 우리의 **군사 역량을 발전시켜야만 남방의 광동에 근거지를 건립**할 수 있다. 그런 연후 우리는 **동북 혹은 서북에서 군사 역량을 얻을 방법**을 세워야 한다. 이 역량들의 협력에 의지해야, 장차 혁명은 승리를 얻을 수 있다. **국민회의 개최는 불가능한 것이다. 상인들이 이런 점을 이해할 수 있게 되면, 내 쪽에 설 것이다.** 나는 그들이 (국민회의 개최를) 시도하는 데 반대하지는 않는다. **당원도 개인 신분으로 그 안에 들어가 도울 수 있다.** 당은 개입할 수 없다. 국민회의를 개최하자는 운동은 엄숙한 운동일 수 없다. 당은 일본에 대한 (상인들의) 보이콧 운동에 개입해서도 안 된다. 다만 당원 개인이 그렇게 할 수는 있다. **얼마 후 당**(국민당)**은 일본과 합작해 영국 및 미국과 대항**하지 않을 수 없기 때문이다.[44]

이 인용문은 손문의 「혁명방략」과 혁명관을 집약적으로 보여준다. 북벌 전 손문은 광동의 근거지를 확보한 후 북벌을 통해 장강 지역을 장악하고, 이후 북경의 신집권 세력(봉계와 환계)을 제거하기 위해 소련의 지원을 받아 서북이나 동북에서 군사적 발동을 하고자 했다. 여기에는 국민회의 개최 같은 정치 행위가 들어설 자리는 없었다. 많은 연구에서 '적극 무력'에 의존한 혁명관을 부정적으로 평가하려는 듯하다. 그래서인지 '적극 무력'이 아닌 민중과 결합한 운동

---

44 「致達夫謙和越飛的信: 北京危機與孫中山計劃」(1923.7.13), 『馬林與第一次國共合作』, p.287.

을 손문이 지지했다고 해석하려는 듯하다. 예컨대 앞의 인용문에서 "당원도 개인 신분으로 국민회의 운동에 들어가 도울 수 있다"라는 말을 근거로, 손문이 국민회의 개최에 반대한 것은 아니라는 평가도 있다.

'21개조'에 대한 손문의 대응을 다시 살펴보자. 1915년 2월 일본의 '21개조 요구'가 언론을 통해 알려지자 일본 유학생들은 격한 항의 시위를 했다. 이때 손문은 일본에서 혁명을 재기하고자 중화혁명당을 조직하고 있었다. 손문은 '21개조'는 중일 친선과 동아 평화를 위한 것이라며 일본 측에 찬성한다고 표시하고 있었다. 그러나 혁명당 내에서도 21개조에 대해 반대 성명을 내자는 의견이 나오자 손문은 '각자 개인의 이름으로 성명을 내는 것은 허락'했으나, 자신은 따로 대책이 있다며 함께하기를 거부했다. 이리하여 성명은 손문이 아니라 황흥의 이름으로 발표되었다.[45] '개인 신분으로는 할 수 있으나 당으로서는, 혹은 손문 자신의 이름으로 안 된다'는 것은, 반대는 하지만 대놓고 똑 부러지게 반대하는 것이 어려울 때 쓰는 우회적이고 정치적인 언어일 뿐이다.

손문은 반대하는 것에는 정치적으로 아무리 유리하더라도, 철저히 반대를 고수하거나 침묵을 지켰다. 대표적인 것이 1923년에 발표된 「2·7 참안」이다. 주지하다시피 참안은 직계의 오패부가 경한철도 노동자의 파업을 유혈 탄압한 사건이다. 사상적 변화의 증거로 종종 지적되는 국민당 개진을 손문은 참안 한 달 전에 단행했다. 참안 직전 손문은 요페와 연합선언을 발표했다. 손문은 요페와의 거래에서 오패부를 반혁명이라고 몰아붙였고, 반직동맹의 동맹자인 장작림에 대한 소련의 평가를 부정에서 긍정으로 바꾸는 데 온 힘을 쏟았었다. 따라서 참안은 손문 자신의 주적인 오패부를 공격하는 데 더할 나위 없이 좋은 소재였다. 그러나 손문은 침묵했다.[46]

손문은 오사사건에도 침묵했다. 학생들의 수업 거부 운동, 상인의 다양한 반

45 이 책 3장 6절의 132~133쪽 참조.
46 이 책 4장 1절의 172~173쪽 참조.

제 운동 등에도 그는 침묵하거나 의미가 없다고 평가했다. 그는 기본적으로 국민회의 운동과 같은 민중운동으로는 중국의 상황을 해결할 수 없다고 굳게 믿고 있었다. 해결할 수 있다고 굳게 믿는 것은 '적극 무력'에 의한 「혁명방략」의 실천이었다. 다만 '적극 무력'이라고 해서, 또 민중운동에 침묵하거나 소극적이라고 해서 반혁명적이거나 반민중적인 것은 아니다. 1920년대를 바라보는 시각의 문제이고, 또 그 시각에 따른 '전략·전술'의 문제이기 때문이다. 손문은 1920년대 중국에서 통일과 공화로 나가기 위해서는 '적극 무력'이어야만 가능하다고 생각했다. 문제는 "손문은 민중적이어야 하며, 민중운동으로 혁명을 추진해야 한다"는 전제에 입각한 연구라고 생각한다. 엄청난 양의 손문의 글이나 연설 속에서, 예컨대 '국민군', '인민의 심력', '신사상' 등과 같은 몇 개 단어로 손문의 사상적 변화를 설명하려는 견강부회한 연구에 더 문제가 있는 것은 아닐까.

과연 국민회의를 통해 선후 해결이 가능할까. 직업대표제란 직업 단위로 전국적 조직을 갖추어 그 제도가 정착될 만한 사회에서 선거제가 완성된 후, 지역대표제의 결함을 보충하기 위한 제도이다. 「북상선언」의 국민회의 구성 단체 중 첫 번째인 '현대 실업 단체'란 어떤 단체일까. 상회, 공회, 농회는 전국적 조직을 갖추고 있는가. 당시 대학이 없는 성(省)도 있지 않았을까. 물론 당장 실시할 가능성이 없다고 해서 의미를 폄하해서는 안 된다. 국민회의 운동은 그 실현 가능성 때문이 아니라, 민의의 수렴을 통해 군벌 정치를 바꾸려는 민중운동으로서 평가받을 수 있다. 다만 현실의 정치가이자 혁명가인 손문이 군벌 정치를 종식시키고 공화를 완성하는데, 당시의 민중운동을 통해서가 아니라 '적극 무력'을 통해서만 가능한 것이라 확신했다고 해서 반민중적이라고 평가해서는 안 된다. 물론 손문의 '적극 무력'이야말로 당시로서는 유일하고 적절한 '방략'이었다는 뜻은 아니다.

다시 「북상선언」으로 돌아가면, 손문에게 국민회의는 전쟁 선후만을 처리할 조직이 아니라, 국민정부를 건립할 조직이었다. 그러나 손문의 그 '심오한

뜻'을 헤아리기 위해서는 앞서 본 바, 문자 이면의 숨은 뜻을 해석해야 한다. 손문이 무언가 중대 결정을 할 때 주변의 의견을 듣고 결정하는 경우는 거의 없었다. 반대가 있다고 하더라도 손문의 '해설'로 대부분 해결되었다. 물론 손문의 "해설에도 반대를 계속할 경우 결국 충돌로 끝났으니, 1차 광동정부 때 광서 객군들이 손문의 결정에 반대해 대원수제를 7총재 위원회제로 변경해 무력화하자 손문은 광동에서 물러났고, 2차 광동정부 때는 진형명이 무력으로 반대해 손문은 광동을 도망쳐 나오다시피 했다.

그러나 3차 광동정부 때에는 상황이 조금 달라졌다. 국공합작하에서 보로딘의 의견을 무시할 수 없었고, 장작림 등 동맹자들의 도움도 필요했기 때문에 그들의 주장이 손문의 행동을 구속했다. 예컨대 손문이 정식정부를 일전대회에서 건립하고자 했으나 보로딘의 요구로 보류할 수밖에 없었고, 봉직전쟁이 발발하자 손문은 광동의 상황에 상관없이 북벌을 추진해야 했다. 내부적으로는 처음으로 장개석이 북벌에 꿋꿋이 반대했다. 기실 북벌에 반대한 것이 아니라 광동의 상황에 근거해 늦출 것을 주장한 것이나, 손문은 반직동맹하에서 북벌에 나서지 않을 수 없었다. 물론 손문도 봉직전쟁이야말로 북벌의 좋은 기회라고 생각했다. 그러나 반직동맹이 없었다면, 장개석의 반대를 무릅쓰고 북벌을 당장 추진하지는 않았을 것이다. 손문의 구상도 광동이라는 근거지를 확보한 뒤 북벌을 추진하는 것이었으니, 반직삼각동맹이 손문의 북벌을 어느 정도 규제하고 있음을 볼 수 있다.

손문의 뜻과는 다른 의견이 제시될 수 있는 환경으로의 변화가 반드시 나쁘지만은 않다. 예컨대 국민회의에 대한 결정이 그러하다. 북경정변으로 북벌이 실패하고 근거지와 명분도 없는 상황에서, 손문이 새로운 대책으로 국민회의 개최를 주장하게 된 데는 보로딘과의 협의가 있었기 때문이다.[47] 그런데 여기서도 손문과 보로딘이 생각하는 국민회의 개최의 '의도'가 서로 달랐다. 손문은

47 이에 대해서는 이승휘, 「손문과 국민회의」의 제3장을 참조.

국민회의를 통해 국민정부를 수립해 「건국대강」을 실현하고자 했다. 보로딘은 이미 중국공산당이나 상계의 주장인 국민회의, 즉 민의를 수렴할 수 있는 조직으로서 국민회의를 생각했다. 그런데 「북상선언」은 선언이다. 손문으로서는 나름의 속뜻을 품은 것이라고 해도, 이를 받아들이는 입장에서 볼 때 「북상선언」은 선후를 처리할 조직인 국민회의의 구성에 민의를 반영하자는 진보적 주장 이상은 아니었을 듯하다.

여하튼 국민회의를 조직하자는 것은 선후 '대계(大計)'이다. 북경정변 후 풍옥상, 단기서, 장작림 등이 손문에게 북경으로 와서 '대계'를 논의하자고 했고, 손문 또한 곧 올라가 함께 '대계'를 논의하겠다고 답장했다. 그것도 여러 차례 오갔다.[48] 그래 놓고서 갑자기 국민회의를 통한 선후 처리를 주장했다. 북상은 하지 않고 질질 끌면서, 북경정변 후 18일이 지나 동맹자들과 아무런 상의도 없이 돌연 '대계'를 선언한 손문의 행동을 두 동맹자는 어떻게 보았을까. 두 동

48 「馮玉祥, 胡景翼, 孫岳等致孫中山, 王士珍等電」(1924.10.23), 『各方致孫中山函電匯編』 9, p.140; 「張作霖復孫中山電」(1924.10.26), 『各方致孫中山函電匯編』 9, p.152; 「致段棋瑞電」(1924.10.27), 『孫中山全集』 11, p.251; 「張作霖致孫中山電」(1924.10.27), 『各方致孫中山函電匯編』 9, p.153; 「張作霖致孫中山電」(1924.10.28), 『各方致孫中山函電匯編』 9, p.154; 「致馮玉祥等電」(1924.10.27), 『孫中山全集』 11, p.252; 「復馮玉祥等電」(1924.11.4), 『孫中山全集』 11, p.277; 「復馮張作霖電」(1924.10.27), 『孫中山全集』 11, pp.277~278; 「馮玉祥, 胡景翼, 孫岳等致孫中山通電」(1924.10.28), 『各方致孫中山函電匯編』 9, p.154; 「張作霖致孫中山電」(1924.10.30), 『各方致孫中山函電匯編』 9, p.160; 「段棋瑞復孫中山電」(1924.10.31), 『各方致孫中山函電匯編』 9, p.162; 「馮玉祥致孫中山函」(1924년 11월 초), 『各方致孫中山函電匯編』 9, p.163; 「馮玉祥, 王承斌等致孫中山電」(1924.11.1), 『各方致孫中山函電匯編』 9, p.164; 「段棋瑞, 張作霖, 馮玉祥致孫中山電」(1924.11.4), 『各方致孫中山函電匯編』 9, p.172; 「馮玉祥, 胡景翼等致孫中山電」(1924.11.4), 『各方致孫中山函電匯編』 9, p.172; 「馮玉祥, 王承斌等復孫中山電」(1924.11.6), 『各方致孫中山函電匯編』 9, p.182; 「復馮玉祥等電」(1924.11.7), 『孫中山全集』 11, p.288; 「馮玉祥, 胡景翼等致孫中山電」(1924.11.7), 『各方致孫中山函電匯編』 9, p.183; 「復馮玉祥等電」(1924.11.8), 『孫中山全集』 11, p.290; 「馮玉祥致孫中山電」(1924.11.8), 『各方致孫中山函電匯編』 9, p.188; 「段棋瑞致孫中山電」(1924.11.10), 『各方致孫中山函電匯編』 9, p.195; 「段棋瑞復孫中山電」(1924.11.10), 『各方致孫中山函電匯編』 9, p.195.

맹자는 군벌이고, 손문은 혁명가이기 때문에 양해될 수 있는 것이 아니다. 상식적으로 보아도 무례하기 짝이 없는 처사이다. 그러나 두 동맹자는 전혀 개의치 않았다. 그들도 손문 못지않게 '무례'를 준비하고 있었기 때문이다. 같은 시기에 그들도 동맹자인 손문을 배제한 채 '대계'를 정하고 있었다. 「북상선언」이 발표되던 날, 천진의 단기서 집에서 장작림은 노영상, 풍옥상 등과 시국을 상의하고,[49] 이어 장작림, 풍옥상, 노영상, 호경익(胡景翼, 후징이), 손악(孫岳, 쑨웨) 등은 단기서를 중화민국 임시집정으로 추대하는 통전을 내놓았다.[50] 이때 손문은 북상하는 배 안에 있었다.

북벌이 포함된 반직전쟁은 말 그대로 군벌 전쟁이다. 새로운 목표, 새로운 질서를 위한 전쟁은 아니었다. 따라서 그 선후는 전쟁에서의 역할에 의할 뿐이다. 동맹자의 일원으로서 손문은 '승자'였으나, 군벌 전쟁의 결과로서는 '패자'였다. 추로에 의하면 북상에 임해, 정세가 위험하니 북상하지 말라고 말리는 당원이 많았다고 한다. '승자'로서 북상하는 것인데, 위험하다고 보는 것 자체가 '패자'임을 말해준다. 이에 대한 손문의 답이 걸작이다. "너희들은 나를 대원수로 생각한즉 이번 북상행은 진실로 위험하고, 만약 혁명당의 영수로 본즉 실로 위험이 없다."[51] 대원수는 군의 통수이니 대원수로 참가한다면 두 군벌과 같은 지위에서의 북상인 반면, 군벌 타도를 목표로 하는 혁명당의 영수로 참가한다는 것은 두 군벌과는 차원이 다른 지위에서의 북상을 뜻했다. 물론 손문 자신의 생각이지, 두 동맹자가 그렇게 생각했을 리는 없다.

군벌 타도를 목표로 하는 혁명당의 영수로 북상하기 위해서는, 걸맞은 무언가가 있어야 한다고 손문은 생각했을 것이다. 그것이 국민회의와 반제국주의였다. 더구나 이 둘은 두 동맹자가 결코 받아들이지 않을 것이기 때문에, 혁명당의 영수로서는 최적의 이슈였다. 그런데 국민회의는 선후 해결책으로 내놓

49 『孫中山年譜長編』, 1924.11.10, pp.2055~2056.
50 『中華民國史事日誌』1, 1924.11.15, p.843.
51 鄒魯 編, 『中國國民黨史稿』中, p.1136.

은 방안이다. 다만 반제국주의는 구체적 내용이 없으면 제시하기가 그리 쉽지 않은 제안이다. 그러나 여론은 시국 해결에 관심이 쏠려 있었다. 손문이 상해에 도착했을 때는 이미 단기서가 집정으로 결정된 뒤였다. 손문에게 쏠린 언론의 질문은 시국해결책에 대한 것이었다. "나의 선언은 이미 금일 신문에 보인다. 이 밖에 말할 것이 없다",[52] "이미 선언에 상세하다",[53] "광동을 떠날 때 발표한 선언에 있다".[54] 여행으로 피곤하다며, 기자들에게 「북상선언」을 한 부씩 배부하라고 하며 회견을 마치기도 했다.[55] 손문의 연설이나 기자와의 담화는 늘 긴 편이다. 특히 연설의 경우에는 서두에 혁명의 역사를 장황하게 이야기하고 출발하기 때문에 더욱 그렇다. 그런데 상해에서 기자에게 한 답변은 의외로 간단하다. 단기서의 집정 추대에 대해 소감을 묻는 질문에 "아주 좋은 일로서 나는 당연히 찬성한다"[56]고 답했지만, 이미 동맹자에서 제외된 자신의 처지에 힘이 빠졌을 듯하다. 한편 언론의 관심이 시국 해결에만 쏠려 국민회의만 제기할 수밖에 없어서인지, 기자가 질문한 것도 아닌데 "중국 내란은 실제로 외력의 지배를 받고 있는데, …… 국민이 일치해 제국주의에 반대해야 외국으로 하여금 그 정책을 바꾸게 할 수 있다"[57]고 손문 스스로 자신의 의견을 펼쳐야 했다.

4. 일본행

손문은 연설을 통해, 반제국주의 주장에 대한 여론을 조성하고자 했던 것 같

52 「在上海與歡迎者的談話」(1924.11.17), 『孫中山全集』 11, p.319.
53 「與≪申報≫記者康通一的談話」(1924.11.17), 『孫中山全集』 11, p.320.
54 「與上海新聞記者的談話」(1924.11.17), 『孫中山集外集』, p.316.
55 ≪申報≫, 1924.11.18(『孫中山年譜長編』 p.2067에서 재인용).
56 「與上海新聞記者的談話」(1924.11.17), 『孫中山集外集』, p.316.
57 「與『申報』記者康通一的談話」(1924.11.17), 『孫中山全集』 11, p.320.

다. 그렇게 하려면 시국해결책에만 관심이 있는 국내보다 반제국주의와 관련이 있는 국외가 효과적이라고 생각했는지, 손문은 돌연 일본으로 향했다. 상해로 떠나기 직전인 11월 14일 홍콩에서 기자에게 "이번 북행은 상해에서 약간 머물다가 북상해 입경할 것이며, 일정의 큰 변화는 없을 것"[58]이라고 했는데, 상해에 도착한 11월 17일 천진에 언제 갈 것인지를 묻는 질문에 "현재 아직 미정이다. 대개 북방의 변화가 어떤지를 보아 빠르고 늦음을 결정해야 할 것 같다. 만약 정국이 여전히 분란스러우면 속히 갈 것이고, 정국이 점차 안정되어 가면 약간 늦출 수도 있다"[59]라고 답해, 변동 가능성을 내비쳤다. 여기서 "정국의 안정"이란 단기서 정권으로 확정된다는 뜻이다.

손문은 11월 19일 상해 자택으로 신문기자를 불러 장시간 연설했다. 손문은 중국 문제를 해결하기 위해서는 "두 개의 화근을 동시에 단절해야 한다. 두 개의 화근이란 하나는 군벌이고, 하나는 제국주의이다. …… **군벌은 이미 우리에 의해 타파되었기 때문에 남은 것은 단지 제국주의뿐이다.** 제국주의를 타파하려면 전국이 일치해 국민회의 속에서 해결해야 한다"라고 주장하며, 기자들에게 "국민회의를 찬성하고, 국민회의를 고취시켜달라"며 연설을 마쳤다.[60] 봉직전쟁 승리로 군벌이 타도되었다면, 전승한 봉계와 환계는 군벌이 아닌 셈이다. 이것이 손문의 진심일까. 이에 대해서는 후술하겠다. 여하튼 이 연설에서도 "며칠 후 북경으로 갈 것"이라고 했다.[61]

11월 20일 단기서, 장작림, 풍옥상 등은 천진에서 모여 "던(段) 씨가 먼저 입경해 일체를 주지하고, 양자강 직계의 각 성에 대해서는 잠시 화평 방침을 취한다"고 의결했다.[62] 즉 '정국의 안정'이 이루어진 것이다. 세 동맹자 중 1명은

---

58 「與香港≪中國新聞報≫記者的談話」(1924.11.14), 『孫中山集外集』, p.315.

59 「與上海新聞記者的談話」(1924.11.17), 『孫中山集外集』, p.316.

60 「在上海招待新聞記者的演說」(1924.11.19), 『孫中山全集』 11, p.341.

61 같은 글, p.331.

62 『孫中山年譜長編』(1924.11.20), p.2070.

상해에서 자신의 '대계'(국민회의)를 주장하며 천진으로 빨리 갈 것인지 늦출 것인지를 저울질하고 있고, 다른 두 동맹자는 천진에서 다른 '대계'를 확정하는 묘한 상황이 전개되고 있었다. ≪국부연보≫ 11월 20일 자를 보면 풍옥상이 마백원(馬伯援, 마보위안)에게 전보를 보내 손문의 북상을 촉구했다고 하면서 전문을 게재한 뒤 "선생은 이미 일본을 경유해 천진으로 가기로 결정했다"라고 기록하고 있다.[63] 11월 22일 일본 기자가 "일전에 일본에 간다고 했는데 가실 거냐?"라고 묻자, "상해-천진 배편이 없어, 고베-천진 배편을 이용하려고 일본에 간다", "가는 길에 일본 조야의 일부 인사들을 만나고자 한다"[64]라고 답했다. "일전에 일본행을 손문 측이 말했다"는 것으로 보아 22일 이전에 이미 일본행이 결정되었던 것으로 보인다. 같은 날 신보 기자에게도 천진으로 빨리 가기 위해 일본 고베에 들러 간다고 했다.[65] 이렇게 보면 손문의 일본행이 결정된 것은 11월 20일이나 21일 양일 사이로 보인다. 단기서의 집정이 확정되자(정국의 안정), 일본행을 결정한 것으로 보인다.

손문이 아내 송경령과 함께 일본으로 떠나는 날(11.22),[66] 단기서는 장학량(張學良, 장쉐량), 풍옥상, 오광신(吳光新, 우광신), 허세영 등 10여 명을 대동하고 천진에서 북경으로 들어가 이틀 뒤 임시집정 자격으로 임시정부를 조직했다.[67] 손문이 일본을 돌아 천진에 도착한 것은 12일 뒤인 12월 4일이었다. 북경에 도착한 것은 12월 31일이다. 손문은 풍옥상의 북경정변이 발생한 지(10.23) 두 달이 지나 북경에 도착했다. 손문의 병은 악화일로에 있었다. 한편 남쪽에서는 북벌군이 공격을 받아 광동과 호남의 성 경계 지역으로 후퇴했고(1925.1.4), 진형명

---

63 『國父年譜』 下, 1924.11.20, pp.1158~1156.

64 「與日本記者的談話」(1924.11.22), 『孫中山全集』 11, p.359.

65 「與〈時報〉記者的談話」(1924.11.22), 『孫中山集外集』, p.318.

66 『國父年譜』에는 손문이 11월 21일에 상해를 떠났다고 되어 있지만(『國父年譜』 下, 1924.11.21, p.1159), 신문 기사에 적힌 22일이 옳은 날짜이다(『孫中山年譜長編』, 1924.11.22, pp.2073~2074).

67 『孫中山年譜長編』, 1924.11.22, 1924.11.24, p.2073, p.2075.

은 임호(林虎) 부대와 회동해 삼로로 나뉘어 광주를 공격했다(1925.1.7). 병세도 위중하고, 근거지라 할 수 있는 광동의 정세도 어려워 손문은 북경에서 무언가를 해볼 여지가 아주 적었다.

손문이 왜 일본을 경유해 천진으로 갔는가. 손문의 말대로 선편이 없어서 빨리 가려고 일본을 경유했다는 설명을 곧이곧대로 받아들이기는 어렵다. 상해에서 천진을 가는 데 12일이나 걸렸으니 말이다. 그렇다면 여유를 보일 상황이 결코 아닌데도, 굳이 일본을 경유한 데는 이유가 있을 것이다. 더구나 그의 일본행은 갑작스러운 결정이었다. '가는 길에 일본 조야 인사들과의 만남'을 일본행의 이유로 들기도 하는데, 실제로 몇 사람 만나기는 했다. 여하튼 당사자인 손문이 이유를 구체적으로 말하지 않으니 정확히 알 수는 없다. 따라서 많은 설이 있을 수밖에 없다. 필자도 명확히 밝힐 도리는 없지만, 일본으로 가기 전과 일본에서의 행적을 통해 살펴보고자 한다.

5. 이열균의 일본 파견

북벌 중 손문은 이열균(李烈鈞, 리례쥔)을 일본에 파견했다. 이 이열균의 방일이 손문의 일본행을 위한 것은 아닐지라도 그 결과가 큰 역할을 했다는 연구가 있는데, 주로 일본 외무성 기록에 근거한다.[68] 당사자인 손문과 이열균의 기록인 1차 사료를 살펴볼 필요가 있다. 손문이 이열균을 일본에 파견한 것은 북벌이 이미 시작된 10월 초였다. 일본에 간 이열균이 손문에게 돌아가겠다고 청하자, 손문이 계속 일본에 남아 임무를 수행하라고 전했다.

68 이는 1924년 12월 10일 상해의 矢田 총영사로부터 幣原 외상에게 보낸 편지(일본 외무성 문서)를 근거로 한다. 藤井昇三,『孫文の研究』, p.204.

이열균(李烈鈞,1882~1946)

자는 협여(俠如), 호는 협황(俠黃)으로 강서 무령(武寧, 우닝)인이다. 청 말 북경연병처(北京鍊兵處)의 육군 유학생으로 선발되어 일본으로 건너가 일본 육군사관학교에서 1년 동안 학습했다. 1907년 동맹회에 가입했으며, 귀국 후 신군(新軍) 내에서 혁명 활동을 계속했다. 1912년 중화민국 성립된 후 손문에 의해 강서도독(江西都督)으로 임명되었으며, 1913년 7월 강서 호구(湖口, 후커우)에 성립한 토원군 총사령부의 총사령으로 취임해 2차 혁명의 개막을 열었으나 실패 후 일본으로 망명했다. 지문 날인과 절대복종 선서에 반대해 중화혁명당 가입을 거절했다. 1914년 일본을 떠나 유럽을 방문했으나, 제1차 대전이 발생하자 귀국 길에 싱가포르에서 구사연구회(歐事研究會)에 참가해 진형명, 잠춘훤 등과 함께 남양의 혁명 활동을 전개했다. 원세개의 제제와 '21개조'에 결사반대하며, 중화혁명당에 가입했다. 1915년 채악 등과 함께 호국군을 조직해 토원전쟁에 참가했으며, 1917년 1차 광동정부에서 대원수부 참모총장으로 임명되었다. 2차 광동정부에서 양광 통일과 북벌에 참여했다. 1924년 1월 국민당 일전대회에서 중앙집행위원으로 당선되어, 손문의 명을 받고 일본으로 가서 활동했다. 손문 사후 장례를 주지했으며, 풍옥상의 초빙으로 국민군 총참의가 되었다. 이후 국민군이 봉군에 패배하자 국민군을 떠나 남하했고, 당시 조직된 서산회의의 반공 노선에 찬성을 표했다. 1927년 남경 국민정부에서 국민정부상무위원 겸 군사위원회 상무위원으로 임명되었으며, 1928년 10월 국민정부 개조 후에는 실제 권력을 잃고 상해에서 요양했다. 1931년 9·18 이후 장개석에게 대일 항전, 정치 개량, 언론 자유 등을 요구했으며, 1936년에 서안사변이 발생하자 화평 해결을 주장했다. 이후 고혈압 등 병이 중해져 요양하다가 1946년 중경에서 병으로 사망했다.

일본 도쿄의 이열균 선생에게 …… 일본에 파견해 주재시킨 이유는 (일본) **조야의 인사**들과 연락하기 위해, 그리고 **아시아대동맹**을 발기해 백인종의 침략에 저항하기 위해 형이 갔던 것이니 오래도록 일본에 주둔하며 이런 뜻을 선전할 임무를 행하라. 지금 홀연 명령을 거두어달라는 청을 했는데, 저 (일본) **정부**가 간이 콩알만 해 우리의 대아시아주의를 감히 받아들이지 못한다. 따라서 형은 절대로 일본을 떠나서는 안 되며, 오래 머물며 적극적으로 선전하고 **일본 정부가 공개적으로 내쫓는 명령을 내리기를 기다린 후**, 떠나면 비로소 일본의 진면목을 족히 드러낼 수 있다.[69]

일단 이 전문을 자세히 보면, 이열균이 일본에서 상대할 대상은 '조야의 인사'이지 '일본 정부'가 아니라는 것을 분명히 알 수 있다. 나아가 일본 정부에 의해 이열균이 공개적으로 내쫓겨 일본 정부와 대립한다는 것을 보이려는 의도이다. 파견한 이유는 백인종의 침략에 저항하기 위해 '일본 조야의 인사'들과 아시아대동맹을 발기하기 위해서이다. 여기서 말하는 '조야의 인사'란 일본에서의 중화혁명당 창당과 토원전쟁에서 손문이 거래하거나 원조받았던 일본 낭인들이라는 것을 쉽게 알 수 있다.

이열균이 파견된 10월 초는 북벌이 진행 중인 시기이므로, 당시 손문이 북벌의 실패를 예상하고 파견했을 리는 없다. 따라서 손문이 이열균을 파견한 이유가 훗날 자신의 일본행 때문이 아닌 것은 분명하다. 손문은 이 시기 북벌의 결과를 대략 장강의 지배로 예상하고 있었다. 따라서 북벌 후 선후의 최대 문제는 북경을 장악한 동맹자 장작림과 단기서와의 관계였다. 이를 위해 손문은 소련의 역할을 염두에 두고 있었다.

또 하나 손문은 동맹자들이 모두 친일임을 잘 알고 있었다. 친일이란 일본 정부와의 관계이니, 이에 손문은 일본 정부와 '대립할' 조야의 인사들과 '아시아대동맹'을 조직하고자 구상했던 것은 아닐까. 즉 "간이 콩알만 해 대아시아주의를 받아들이지 않을" 일본 정부는 서구 제국주의와 함께 주변 아시아를 침략하지만, 조야의 인사들은 대아시아주의에 입각해 주변 아시아와 손을 잡고 '백인종'에 대항하고자 하는데, 전자는 (반직전쟁 승리 후의) 북경정부와 손을 잡고, 후자는 강강 유역의 손문의 혁명정부와 연맹하는 구도를 만들기 위해 이열균을 파견했으리라고 생각된다. 손문의 주문에 따라 일본에 온 이열균도 방일을 환영하는 자리에서 손문의 뜻을 공개적으로 밝혔다.

> 이번 방일은 총리(손문)의 중대 사명을 받은 것인데, 이른바 중대 사명이란

---

69 「致李烈鈞電」(1924.10.13), 『孫中山全集』 11, p.180.

우리 당이 세계 조류에 비춰 **중국을 통일하기 위해서는 원대한 계획을 세워야 한다는 것**이다. 최근 **영미 제국주의가 동방에서 활약한 사실**을 제군들은 모두 알고 있을 것이다. **일본 또한 제국주의의 하나이다.** 이번 방일은 일본 제국주의와 타협을 꾀하려는 것이 아니고, **일본 조야의 명류 및 각 정당**을 방문해 우리나라의 진정한 의견을 제출하고, 동시에 일본 일반 인민의 심리의 귀추를 살펴 **동방 민족의 단결**, 세계 화평의 공고를 위한 것이다.[70] -괄호와 강조는 인용자

중국의 통일은 반직전쟁의 승리 즉 북벌의 승리로 완성되는 것이 아니라, '원대한 계획'이 필요하다는 것이다. 즉 반직전쟁 승리 후 통일을 위해 일본 정부가 아닌 일본 조야의 인사와 동맹이 필요하다는 것이다. 이런 동맹의 고리는 대아시아주의인데, 손문은 소련도 실제로는 아시아의 국가이기 때문에, 중·소·일의 연대가 가능하다고 보았다.[71] 이열균이 "일본 또한 제국주의의 하나이다"라고 공공연히 연설한 것은 일본 정부에 의해 쫓겨나는 상황을 만들어내고자 했던 것일지도 모른다. 여하튼 손문의 명으로 임무를 수행하던 이열균이, 일본에서의 성과를 다음과 같이 보고했다.

일본의 많은 민간 요인들은 대원수(손문)를 도와 조(曹)·오(吳)를 타도하고 중일이 연합해 영미 제국주의와 서로 싸우자고 합니다.[72]

---

70 「駐日中國國民黨歡迎李協和記盛」, 上海≪民國日報≫, 1924.10.20. 일본 측도 같은 내용을 정보로 주고받았다. 「광동총영사 天羽英二가 幣原 외상에 보내는 편지」(1924.10.24); 「幣原 외상이 九江 주재 江戶 영사 앞으로 보내는 편지」(일본 외무성 문서, 1924년 11월 11일발)(藤井昇三, 『孫文の硏究』, p.204에서 재인용).

71 藤井昇三은 "일본 제국주의와의 타협에 반대하는 손문이, 중·일·소 삼국 제휴의 실현 가능성에 대해 과연 어느 정도 기대했는지 심히 의심스럽다"라고 했는데(藤井昇三, 『孫文の硏究』, p.205), 손문이 말한 중·일·소 삼국의 '일본'은 일본 정부가 아니라 대아시아주의에 찬동하는 '일본 조야의 인사'이다.

72 「李烈鈞抵日報告」, 上海≪民國日報≫, 1924.10.23.

손문에게는 상당히 긍정적인 답변이었다. 즉 북벌 후 선후 처리에 친일인 북경의 동맹자와의 관계에서 일본의 역할을 찾아낸 셈이다. 반면 '일본의 많은 민간 요인'들이 손문을 도와 직계를 타도하고 중일이 연합해 영미 제국주의와 싸우자는 것은 당시 직계의 북경정부가 친영미였고, 특히 오패부의 반일 감정이 강했기 때문에 일본의 낭인들은 반직 세력을 도와 친일의 북경정부를 수립하고자 했을 것이다. 물론 손문도 반직 세력의 하나였으니, 일본 낭인들이 우호적 관계를 맺고자 했음은 당연하다. 그런데 이 보고를 받은 후 며칠 지나 북경정변이 발생하고(11.23), 손문은 북벌에 실패했다. 그 결과 북경정부는 친일의 환계와 봉계가 권력을 잡았다. 그러니 '일본 조야의 인사들'에게 손문의 '필요성'이 크게 감소했다. 그런데도 상술한 것처럼 손문은 상해에서 일본으로 떠나며, 일본 조야의 인사들을 만나는 것도 일본행의 이유 중 하나라고 말했다. 근거지도 없고, 정치조직도 없는 손문이 일본 조야의 인사를 만나 대아시아주의에 입각해 연대하자는 것이 가능한 일일까. 일본에서의 손문의 행적을 분석해볼 필요가 있다.

6. 일본에서의 손문의 활동

신해 이래 손문은 네 번 일본에 갔다. 첫 번째는 임시대총통을 원세개에게 넘겨주고, 중화민국철도협회장 자격으로 1913년 2월 14일부터 3월 5일까지 방문했다. 말 그대로 극진한 영접을 받았다. 정계, 재계의 최고위급 인사들이 손문을 만났다.[73] 중국의 실세인 손문은 중일 양국 관계에 매우 중요 인물이었기 때문이다. 한편 원세개의 북경정부가 친영적(親英的)이라고 생각해 장차 친일의 북경정부를 위해 대아시아주의를 내세워 손문을 끌어들이고자 했으니,

73 이 책 3장 1절의 103~104쪽 참조.

이것이 바로 손-가쓰라 회담이다.[74]

두 번째 방문은 2차 혁명이 실패한 후 1913년 8월 일본으로 망명해 1916년 4월 말 토원전쟁을 지휘하기 위해 귀국하기까지 2년 8개월간 일본에 거주했다. 이 시기 손문은 중화혁명당을 창당해 혁명의 재기를 꾀했다. 이때의 방일은 첫 번째와는 달리, 일본을 떠나라는 소리까지 들어야 했다. 이제 손문은 중국의 실세가 아니었다. 그러나 일본 낭인들은 손문을 적극 도왔는데, 이는 친영의 원세개 정부를 대신해 친일의 손문 정부를 구상했기 때문이다. 도야마의 배려로 도쿄에 마련한 손문의 거주지는 일본 정부의 감시 대상이었고, 일본 낭인들과 손문의 만남의 장소였다.[75]

세 번째 방문은 1918년 6월 1차 광동정부 실패 후 상해로 물러나는 길에 일본에 들렀으나, 일본이 단기서를 돕기로 한 것을 알고 10일간의 휴양만 하고 상해로 물러났다. 친일의 단기서 정부가 들어선 이상, 일본 낭인들이 볼 때 손문이 할 수 있는 역할은 별로 없었다. 그래도 이때 손문을 항구에서 영접한 이는 중화혁명당 창당 과정에서 관계를 맺은 일본의 낭인(頭山滿, 寺尾亨)이었다.[76]

네 번째는 반직전쟁의 승자의 일원으로 방문하는 것이었으나, 일본은 손문의 방문을 탐탁지 않게 여겼다. 반직전쟁 후 세 동맹자 중 손문의 처지가 어땠는지 일본의 태도에서 여실히 볼 수 있는 대목이다. 손문은 도쿄에 가서 이누카이 쓰요시(犬養毅)를 만나고 싶어 했다. 그러나 일본은 손문의 입경을 거절했고, 이누카이는 고지마 가즈오(古島一雄)를 보냈을 뿐이며, 일본 여론도 손문에 대해 냉랭한 태도를 보였다.[77] 이누카이, 고지마 모두 중화혁명당 창당 때 손문

---

74 이 책 3장 1절의 104~110쪽 참조.

75 이 책 1장 5절의 45~46쪽 참조.

76 이 책 8장 1절의 303쪽 참조.

77 이에 대해서는 藤井昇三, 『孫文の研究』, p.211, 주 4를 참조. 澁澤榮一에게도 전보를 보냈으나 답이 없었다. "시국 수습을 위해 북경으로 가기 전 …… 귀국에 들러 현량들과 동아의 대국을 이야기하고 싶습니다. 각하가 만약 神戶로 광림할 수 있다면 영광입니다. 아울러 조야의 현달에게 널리 전해주십시오." 「致澁澤榮一雷」(1924.11.23), 『孫中山全集』 11, pp.371~372.

일본에서의 활동을 정리하면 다음과 같다.

11월 23일 나가사키에서 일본 기자와 회견, 중국 유학생에게 연설

11월 24일 고베에서 일본 신문기자의 회견(이하 고베)

11월 25일 모치즈키 고다로(望月小太郎)와의 담화, 동아피압박민족 대표와의 담화, 재일본 국민당부 환영회에서 연설

11월 24~26일 ≪중외상업신보(中外商業新報)≫ 특파 기자(高木)와 회견

11월 26일 도야마 미쓰루(頭山滿)와 담화

11월 27일 후쿠바라 도시마루(福原俊丸) 등과 의견 교환

11월 28일 고베상업회의소 등에서 연설, 고베 상업 단체와 재일화교의 환영회에서 연설, ≪잉글리시 마이니치(The English Mainichi)≫ 기자와 회견

11월 29일 ≪고쿠지보(告知報)≫ 기자와 회견, ≪일본연감(日本年鑑)≫ 기자(福特)와의 회견

사진은 1923년 11월 23일 손문이 나가사키에 도착했을 때, 환영 나온 화교 대표들과 찍은 것이다.

과 거래하던 일본 낭인이다. 이누카이는 이때 체신대신(遞信大臣)으로 입각해 있었기 때문에, 손문이 그를 만나고자 한 이유는 일본 정부와의 관계가 아니라 대아시아주의로 통하는 내각 인사와 만나고자 했던 것이다. 일본 체류 중 손문이 만난 일본인도 모두 일본 낭인들이었다. 네 번의 방문 중, 환영받은 첫 번째 이외의 방문에서 손문이 만난 사람은 일본 낭인들뿐이었고, 모두 일본 정부는 입국에 부정적이라는 공통점이 있다.

일본 체류 10여 일간 손문은 네 차례 연설을 행했고, 네 사람과 만나 담화를 나눴다. 이 밖에 여섯 차례의 일본 기자들의 질문에 답했다. 먼저 네 차례의 연설을 보면 두 차례는 일본의 국민당 조직과 재일 중국 유학생을 대상으로 행한 연설이고, 다른 두 연설은 고베의 상업 단체가 조직한 환영 연회에서 행한 연

설이다. 전자를 먼저 보자. 손문은 고베로 가는 도중 오키나와에서 재일 중국 유학생 대표들에게 다음과 같은 연설했다.

> 우리가 국민회의를 조직하는 목적은 두 개의 대문제를 해결하고자 하는 것이다. 두 개의 대문제란 하나는 국내 민생 문제를 해결하는 것이고, 또 하나는 열강의 침략을 타파하는 것이다. **열강의 침략을 타파하는 것이란 바로 일체의 불평등한 조약을 폐지해 해관, 조계, 영사재판권을 회수하는 것이다.** 국민회의 개최의 이런 목적이 바로 우리 국민당의 최근의 주장이다. 이런 주장은 이미 우리의 선언(「북상선언」) 속에 발표되었다. 이런 주장을 완전히 실행하려면 전국의 지식 있는 계급이 일어나 분투해야 한다.[78] -괄호와 강조는 인용자

사실 국민회의의 개최가 불평등조약의 폐지와 어떻게 관련되는지는 명확하지 않으나, 손문은 불평등조약의 폐지를 위함이라고 했다. 그런데 불평등조약의 폐지는 '일체의 불평등조약의 폐지'로 해관(관세자주권), 영사재판권(치외법권)을 회수할 뿐 아니라 조계도 회수하자는 것이다. 이틀 뒤인 11월 25일 도쿄, 오사카, 고베의 국민당 조직이 마련한 환영회에서 손문은 더 넓은 의미의 반제국주의를 주장했다.

> 반혁명 역량은 바로 군벌이다. 왜 군벌은 이런 대역량을 갖고 있는가? **군벌의 배후에 제국주의의 원조가 있기 때문이다.** ……
>
> 만약 이후 진정으로 화평 통일하려면 **군벌을 멸종시켜야 한다(絕種). 군벌을 멸종하려면 군벌들과 짜고 악을 저지르는 제국주의를 타파해야 한다. 제국주의를 타파하려면 반드시 중외의 모든 불평등조약을 철폐해야 한다.** 이번 **내가 북경에 가는 임무는 바로 중외의 불평등조약을 폐지하려는 것이다.** …… (오패부와 상단사건에서 보듯이) 중

78 「在長崎對中國留日學生代表的演說」(1924.11.23), 『孫中山全集』 11, p.368.

국에서 외국인의 활동 역량을 없애려면 일체의 불평등한 조약을 폐지해야 한다. **일체의 불평등한 조약을 폐지해야 비로소 조계, 해관, 영사재판권을 회수할 수 있고, 중국은 비로소 외국의 속박에서 벗어나 우리의 원래의 자유를 찾을 수 있다.** ……

내가 북경에 가면 국민회의의 개최를 요구할 것이다. …… 가령 국민회의가 열릴 수 있다면, 먼저 제출하고자 하는 것은 두 가지로, 하나는 국민 생계를 개량하는 것이고, 다른 하나는 중외의 불평등조약을 개량하는 것이다. …… 오늘 밤 각 동지들이 나를 환영하러 왔는데, 나는 각 동지들이 산회 후 국민회의에 대해 분투노력하기를 바란다![79]

조계, 해관, 영사재판권을 회수하는 "일체의 불평등조약의 폐지"는 열강의 침략을 타파는 것일 뿐 아니라 제국주의가 군벌의 배후이기 때문이라는 것이다. 따라서 군벌을 멸종시키기 위해서는 불평등조약을 폐지해야 한다는 것이다. '군벌의 멸종'은 다분히 봉직전쟁 후 북경의 권력을 장악한 봉계와 환계를 의미한다고도 보인다. 그러나 일본으로 떠나기 전, 상해에서는 "군벌은 이미 우리에 의해 타파되었기 때문에 남은 것은 단지 제국주의뿐"[80]이라며, 북경의 봉계와 환계는 군벌이 아님을 밝혔다. 이는 국내용 '정치 언어'에 불과했다. 이 시기 손문의 머릿속은 '북경의 군벌에 어떻게 대처할 것인가'라는 생각뿐이었을 것이다. 이상의 두 연설은 국민당원들을 대상으로 한 것이다.

한편 손문은 연설 전날 찾아온 야마다 준자부로(山田純三郎)를 만나 이누카이의 방문은 불가능하고, 그 대신 도야마, 도지마가 고베로 와서 손문을 만날 것이라는 통보를 받았다.[81] 이 네 사람 모두, 손문이 중화혁명당을 창당하며 혁명을 재개할 때 손문에게 도움을 주었던 일본 낭인들이다. 앞의 인용문, 즉 "군벌을 멸종을 하려면 군벌들과 짜고 악을 저지르는 제국주의를 타파해야 하며, 제

79 「在神戶歡迎會的演說」(1924.11.25), 『孫中山全集』 11, pp.378~389.
80 「在上海招待新聞記者的演說」(1924.11.19), 『孫中山全集』 11, p.341..
81 「與山田純三郎的談話」(1924.11.24), 『孫中山集外集補編』, p.448.

손문과 도야마의 담화

1924년 11월 25일 손문을 내방한 도야마가 손문의 조계 철폐 주장에 대해 묻자, 여순과 대련을 포함한 일본의 조계에 대해서는 불문한다고 답했다. 이후 서구 신문기자와의 담화에서도 현재로는 일본뿐만 아니라 모든 나라의 조계에 대해 철폐를 생각하고 있지 않다고 답했다. 사진 앞 줄 왼쪽부터 오쿠보(大久保高明), 손문, 도야마이고, 뒷줄 왼쪽부터 야마다 준이치로(山田純一郎), 대계도, 이열균이다.

국주의를 타파하려면 반드시 중외의 모든 불평등조약을 철폐해야 한다"고 연설하기에 앞서 11월 25일, 손문은 도야마의 방문을 받았다. 다음은 이 방문에서 오간 대화를 정리한 신문 기사이다.

손 씨(손문)의 방일 목적에 대해 대천구(戴天仇: 대계도)가 통역을 했는데, 손문은 "각국과 중국이 맺은 불평등조약을 폐지하고자 한다"라고 전했다. 도야마가 이를 듣고 "이른바 불평등조약의 폐지라면 우리 일본이 만주, 몽골에서 기왕에 얻은 권리는 앞으로 어떻게 됩니까? 구체적으로 말하면 설마 여대(旅大: 여순과 대련의 조차지)를 회수하자는 것은 아니겠지요?"라고 반문했다. 이에 대해 손문은 "**여대 회수, 여기까지는 생각하지 않습니다.** 다만 홍콩, 오문(澳門, 마카오)은 회수해야 한다는 뜻입니다. …… **여대는 그 세력을 확대하지 않는다면 문제가 될 것은 없습니다.** 홍콩도 또한 그렇습니다"라고 답했다. …… 손문은 "금일 선생(頭山滿)에게 희망하는 두 가지 문제가 있습니다. 이 두 문제를 극력 도와주어, 귀국의 조야로 하여금 충분히 양해시켜주기 바랍니다. **하나는 치외법권의 철폐이고, 그 둘은 중국의 관세 독립입니다.** 치외법권의 철폐에 대해서는 귀국의 인사들이 동정을 표하지 않음이 없다고 생각합니다만, 관세 독립과 관련해 금일 중국에서의 일본의 상업 지위는 영미에 비해 동등한 지위에 있거나 그보다 더 앞섭니다. 그러므로 관세권이 중국에 회수되면 일본은 어느 정도 영향을 받기 마련입니다. 그러나 실제로는 그렇지 않습니다. 일본의 금융, 선박업, 운수 등의 세력은 영미에 크게 못 미칩니다. 그러나 **중국이 관세 독립을 얻을 경우에 일본의 지위는 또한 향상의 가능성이 있습니다.** 한편으로는 손해를 입을지 몰라도, 다른 한편으로는 또한 이익이 있다고 단연코 말할 수 있습니다"라고 했다.[82]

앞에서 본 연설과 달리 손문은 "일체의 불평등조약 철폐"가 아니라 치외법권의 철폐와 관세 독립만 주장하고 있다. 즉 조계의 회수는 생각하고 있지 않다는 것이다. 더구나 관세 독립의 경우 일본에도 불리할 게 없다는 식의 제안을 하고 있다. 손문이 원조를 구할 때 종종 쓰는 방법으로, 상대방에게 먼저 무언가 이권을 제시하는 듯한 느낌이다. 어찌 보면 손문에게는 '굴욕적'이고, 도야마는 '해명을 종용'하는 듯한 느낌마저도 든다. 1923년 3월 '여대 회수'를 둘러싼 중일 양국 간의 대립은 회수 운동, 나아가 대일 경제절교 운동으로 확대되었고, 그 후 '폐약(廢約)'운동으로 발전했기 때문에, 당시 '여대 회수'는 중국 국민에게는 불평등조약 폐지의 상징이었다.[83] 이에 도야마는 여대를 회수하자는 것이냐고 따지는 듯한 말투로 해명을 요구하자, 손문은 "여대 회수는 문제되지 않는다"라고 군색한 답변을 했다. 다만 조계 문제에서 마치 일본에만 특혜를 베푼다는 느낌을 준다고 생각했는지, 이후 영자 신문기자 대표들과의 대담하는 자리에서 조계 문제에 대해 확실히 대답했다.

기자 대표들이 "일본인 측에서 근자에, 손문은 현재 일본이 점령한 동삼성 토지 문제에 대해 잠시 거론하지 않는다고 하는데, 정확합니까?"라고 묻자, 손문

82 「孫中山在神戶記」(1924.11.25), 上海≪時報≫, 1924.12.4(「與頭山滿的談話」, 『孫中山集外集』, pp.318~319에서 재인용).

83 '旅大回收' 운동에 대해서는 菊池貴晴, 『(增補)中國民族運動の基本構造: 對外ボイコット運動の硏究』(東京: 汲古書院, 1974), 제5장 참조.

여대(旅大)회수운동

1898년 제정러시아는 여순과 대련을 25년간 조차했다. 이후 러일전쟁에서 승리한 일본이 여순과 대련을 점령해오다, 1915년 여순과 대련의 조차 기간을 25년간 연장한다고 강요한 것이 일본의 '21개조 요구'에 있었다. 1923년 3월 26일은 제정러시아가 최초로 조차한 이후 만기(25년째)에 해당하는 날이다. 여순과 대련을 반환하라는 중국 측의 요구에 일본이 '21개조'를 내세워 거부하자, 여대 회수 운동이 일어났다. 각계의 요구는 3월 25일 시민외교대회로 결집되었는데, 대회에 참가한 단체는 총상회 등 50여 단체 2만여 명에 달했으며, 이후 일본과의 경제절교로 운동이 전개되었다. 사진은 오사운동 당시의 현수막으로 "21조약을 승인하지 않으며, 여순·대련의 주권을 회수하자(不承認二十一條約收回旅順大連主權)"라고 쓰여 있다.

은 "아주 정확하다. 그러나 일본이 다른 열강과 다른 지위에 있다는 것을 의미하지는 않는다. 중국의 독립을 회복하는 운동은 현재로서 두 가지 점에 한정된다. 즉 하나는 치외법권의 폐지, 또 하나는 해관의 회수이다. 동삼성에서의 일본의 지위에 대해 본인은 홍콩, 마카오와 마찬가지로 현재 귀환을 요구하지 않는다"라고 답했다. 기자 대표들이 동삼성에서의 일본의 지위는 상해, 한구, 천진 등지의 조계와 유사하다고 하자, 손문은 "현재 나는 조계 문제에 대해서는 불문한다. 먼저 구하고자 하는 것은 치외법권의 회수와 해관의 회수만이다"라고 답했다.[84]

거의 같은 시기 이누카이가 대리로 파견한 고지마를 만난 자리에서, 손문은

84 「與≪告知報≫記者代表的談話」(1924.11.30), 『孫中山全集』 11, p.420. ≪告知報≫는 영국인이 일본에서 발행하는 영자 신문으로, 이 기사의 제목은 '중국의 굴욕에 대해 손문이 말하다(Sun Yat-sen on Subjection)'였다.

고지마 가즈오(古島一雄, 1865~1952)
효고현(兵庫縣) 도요오카시(豊岡市) 출신이다. 1888년 잡지 ≪일본인(日本人)≫의 기자가 되어 언론에 몸담았으며, 일본 신문기자로서 청일전쟁에 종군해 전황을 보도했다. 1898년 겐요샤(玄洋社) 계열의 ≪큐슈일보(九州日報)≫ 주필을 지냈으며, 1908년에는 ≪요로스조보(萬朝報)≫로 이직했다. 1911년 중의원(衆議院) 보궐선거에서 당선되었고, 이후 여섯 차례 더 당선되었다. 시종일관 이누카이의 측근으로 행동을 같이했다. 겐요샤의 도야마와 함께 손문과 신해혁명을 원조했다. 1924년 이누카이 체신대신 밑에서 체신 정무차관이 되었으며, 전후에는 정치와 거리를 두었다. 창가교육학회(創價教育學會: 創價學會의 전신)의 설립에도 적극적으로 참여했다.

놀라운 제안을 한다. 손문과 고지마의 대화 내용을 일본 언론은 다음과 같이 전하고 있다.

> 손문 씨는 지나(支那) 동란의 발단으로부터 금일에 이르는 현상을 거세(巨細)하게 진술하고, 아울러 씨(氏)의 다년간의 소론(素論)인 아시아 민족연맹이라는 중대사라고 할 만한 내용을 말했는데, 거기에는 **일본이 맹주가 되고, 여기에 일본, 러시아, 지나 삼국이 체맹(締盟)한다면, 동양의 영원한 평화는 기대할 수 있을 것**이라고 했다. 자신의 이런 회포를 피력하고 나서, **일본 조야의 제현**과 만나 어느 정도 양해를 얻고 싶다. 여정의 제한이 있기 때문에 어렵기는 하지만, 적어도 이누카이 씨는 만나고 싶다고 했다.[85]

일본을 맹주로 하는 아시아 민족동맹이란 훗날 대동아공영을 떠올리게 하는 충격적인 내용이다. 손문의 이 주장은 '일본을 맹주로 하는 아시아 민족동맹'을 원했다기보다는 '원조'를 얻기 위한 '선물'이었을 가능성이 크다. 그 '원조'란 치외법권의 폐지와 관세 철폐였다.

85 「亞細亞連盟 孫文氏素懷を犬養氏に」, ≪中外商業新報≫, 1924.11.26.

일본에서의 마지막 연설

일본을 떠나기 전날, 손문은 고베 상업회의소 등 5개 단체가 거행한 환영회에서 연설했다. "오늘 여러분들의 이런 열성적 환영을 받으니 정말로 매우 감격스럽습니다. 오늘 여러분들이 나에게 강연해달라고 청한 주제는 '대아주주의(大亞洲主義)'입니다"라는 데서 알 수 있듯이 연설의 주제는 일본 측이 요구한 '대아시아주의'였다. 이후 이 연설은 다양하게 해석되었으며, 일본의 중국 침략(대동아전쟁)에 이용되기도 했다. 사진은 11월 28일 고베고등여자학교에서 '대아시아주의'에 대해 연설하는 장면이다.

여하튼 당시 손문이 일본 조야의 인사들에게 원했던 바를 정리하면, 아시아 민족(일본, 소련, 중국)이 연맹해 백인종인 영국과 미국 제국주의의 침략에 공동으로 대처하는 것이고, 이런 동맹을 바탕으로 일본이 치외법권과 관세권을 중국에 돌려주기를 바란다는 것이다. 그렇다고 해서 일본이 손해 볼 것은 없다는 점 또한 강조하고 있다. 손문이 일본을 떠나기 전, 고베의 상업 단체들이 조직한 연설에서는 주로 '치외법권의 철폐와 관세자주권의 회수'를 '아시아연맹'과 함께 거론하며 강조했다. 흔히 손문의 '대아시아주의론'이라고 칭하는 11월 28일의 긴 연설에서 다음과 같이 역설했다.

> …… 아시아는 쇠약했다가 30년 전에 또다시 부흥했습니다. 그곳은 어디입니까? 바로 일본입니다. 30년 전 일본은 외국과 맺은 일부 불평등조약을 폐지했습니다. 일본이 불평등조약을 폐기한 그날이 우리 전 아시아 민족의 부흥의 날이었습니다. 일본이 불평등조약을 폐기한 후, 아시아 최초의 독립국이 되었습니다. ……
>
> 일본이 러시아에 전승(러일전쟁의 승리)한 날부터 전 아시아 민족은 유럽을 타도하려고 생각했습니다. 즉 독립운동을 일으켰습니다. ……

아시아 동부에서 최대의 민족은 중국과 일본이며, 중국과 일본이야말로 이러한 운동의 원동력입니다. 중국과 일본은 아직도 광범한 제휴를 이루지 못하고 있습니다. 장래 우리 아시아 동방의 민족은 반드시 제휴하지 않으면 안 됩니다. ……

현재 우리는 대아시아주의를 논하고 있는데, …… 그것은 바로 문화의 문제로서 동양문화와 서양문화 간의 비교와 충돌에 관한 것입니다. 동방문화와 서방문화를 비교해보면 동방문화는 왕도(王道)이고 서방문화는 패도(霸道)입니다. …… 우리의 대아시아주의를 조성하려면, 무엇을 기초를 삼아야겠습니까? 우리의 고유한 문화를 기초로 삼아야 합니다. ……

현재 유럽에는 하나의 새로운 국가가 있는데, 이 국가는 모든 유럽인들로부터 배척받고 있습니다. …… 소련은 현재 유럽의 백인종과 갈라섰는데, 소련은 왜 그렇게 하고 있는가? 그것은 소련이 왕도를 주장하고, 더는 패도를 주장하지 않기 때문입니다. ……

왕도문화를 발양할 수 있도록 하기 위해서는 일본과 중국을 중심으로 하는 아시아 민족들의 대연합, 즉 대아시아주의가 실현되어야 하며 현재 강권적 패도문화로부터 이탈해 나와 동양의 인의 도덕에 접근하고 있는 소련과의 연합도 모색해야 합니다.[86]

이런 대아시아주의를 바탕으로 일본은 중국을 위해 치외법권과 관세권을 돌려달라고 부탁했다. 앞서 도야마와의 대화를 굴욕적이라고 표현했는데, 일단 대화의 내용보다도 손문이 이 시기, 일본에 가서 왜 이런 정치행동을 했는가. 북벌 실패 후, 손문은 「북상선언」에서 국민회의와 반제국주의를 분명히 밝혔다. 물론 북벌 전쟁을 전후로 사상적 변화가 있었기 때문은 아니다.

새로 만들어진 정치 구도 속에서, 근거지가 없는 손문으로서는 북경 세력에

86 「對神戶商業會議所等團體的演說」(1924.11.28), 『孫中山全集』 11, pp.401~409.

대응해 내세운 것이 국민회의와 반제국주의였다. 즉 동맹자들이 받아들일 수 없는 내용이었다. 국민회의는 선후 처리와 관련되는 문제이니, 국내에서 제기하고 나아가 북경에 가서 제안하면 될 일이지만, 반제국주의는 무언가의 계기가 만들어지지 않는 이상, 예컨대 치외법권의 철폐나 관세자주권의 회수를 북경정부가 반대하지 않는 이상 북경정부와 거래할 수는 없는 것이었다. 따라서 반제국주의는 손문 자신의 목소리로 호소하는 수밖에 없었다. 그래서 손문은 아마 시간도 벌 겸, 또 제국주의 열강의 하나인 일본으로 가서 연설 등을 통해 주장하려고 했을 가능성이 있다.

그것이 반제국주의 일반, 즉 '일체의 불평등조약의 폐지'에 대한 호소였다면, 연설을 통해 충분히 표현될 수 있는 문제이다. 예컨대 유학생이나 국민당조직원들을 상대로 한 연설이 그러했다. 그러나 손문은 자신의 '옛 친구들'을 만나 '치외법권의 폐지와 해관의 회수'만이라도 가능하도록 도와달라고 '애걸'했다. 그리고 이를 위해 '대아시아주의'를 역설했다. 정말로 이해되지 않는 부분이다. 당시 손문이 이를 행할 수 있는 지위에 있었는가. 손문의 지위는 굳이 말하자면 대원수 혹은 국민당 총리이고, 반직 동맹자의 한 사람이었다. 전자는 정부와 전혀 관련이 없는 직책이고, 후자는 힘없는 동맹자에 불과했다. 더구나 손문은 자신의 요구를 일본 정부가 아닌 '조야의 인사'인 일본 낭인들에게 관철하고자 했다. 따라서 가능성은 없었다고 보아야 할 것이다. 손문이 일본 낭인들에 의해 치외법권의 철폐와 관세자주권의 회수가 가능하다고 확신했는지는 매우 의심스럽다. 그렇다면 무엇 때문에 손문이 이와 같은 일본행을 택했을까.

손문은 일본행과 비슷한 행적을 보인 적이 있다. 손문은 모두 세 번의 '성공'을 거두었다. 그러나 그 세 번의 '성공'에서 그의 역할은 없거나 미미했다. 두 번째 '성공'인 토원전쟁의 승자는 호국군이었고, 경쟁에서 밀린 손문은 '성공'(원세개 사망) 후 북경에 가지 않았다. 그런데 첫 번째 '성공'인 무창기의에서 손문은 아무런 역할을 하지 못했지만, 기의 성공자들은 '동지'였고, 또 귀국을 요구하고 있었다. 그런데 손문은 중국으로 곧바로 가지 않았다. 1911년 10월 12일 미국에서 무창기의 소식을 듣고 "먼저 외교 방면에서 힘을 쏟아 문제를 해결한 뒤 귀국하기로 결심했다"고 훗날 회고했다.[87] 영국, 프랑스를 돌며 차관 등 외교 활동을 하고, 홍콩을 거쳐 상해에 도착한 것은 약 두 달 반 뒤인 12월 25일이었다. 정말로 이해하기 힘든 행적이다. 손문은 무창기의와 직접적인 관련이 전혀 없었다. 물론 지위나 직책도 없었다. 그런데 그는 차관 등 외교 활동을 위해 영국과 프랑스로 갔다. 영국과 프랑스가 손문의 요구를 '외교'로 받아들일 리 만무했다. 손문이 중화민국정부의 임시대총통이 되고 나서도, 영국과 프랑스는 중화민국을 승인하지 않았다.

여기서 추론할 수 있는 것은, 무창기의에서 아무런 역할도 하지 못했기 때문에 귀국해 혁명군에 참여하려면, 무언가 '실적'이 있어야 한다고 생각했을지 모른다. 그리고 그 '실적'은 당시 혁명군이 할 수 없는 것, 즉 '외교'를 선택했다고 보인다. 이런 생각이 좋은 결과를 가져오리라고 기대할 수는 없었지만, 혹여 좋은 결과를 만들어낸다면 유익할 것으로 생각했을 것이다. 여하튼 보여줄 수 있는 '실적'을 내고자 유럽행을 택한 것이라고 필자는 추론한다. 그러나 결과 없는 '외교 활동' 때문이 아니라, 혁명의 원로로서 손문은 중화민국 임시대총통의 지위에 올랐다.

봉직전쟁에서 아무런 역할도 하지 못했고, 동맹자의 한 사람으로 가기 싫은 북경에 가야만 하는 처지였기 때문에, 기왕 간다면 무언가 '실적'이 있어야 한다고 생각했을지 모른다. 그리고 그 '실적'은 북경의 동맹자들이 할 수 없는 것, 즉 '반제'를 선택했다고 보인다. '불평등조약의 폐지'라는 국가 간의 문제를 넘어 제국주의 열강 전체의 문제가 정치 낭인들을 '설득'한다고 해서 '결과'를 얻을 수 있었겠는가. 아마 손문은 내각의 체신대신 지위에까지 오른 '옛 친구' 이누카이를 설득하면 혹 무언가 '결과'는 없더라도 '실적'의 가치는 높아질 수 있다고 생각했기에 그를 그토록 만나려고 했던 것은 아닐까. 손문 역시 '치외법

87 「建國方略-孫文學說」(1919), 『孫中山全集』 6, p.244.

권의 철폐', '관세권의 회수'가 도야마, 아니 이누카이에 의해 해결되리라고 생각하지 않았을 것이고, 다만 그들로부터 손문의 요구에 긍정적이라는 대답 정도를 듣고자 했을 것이다. 도야마, 아니 체신대신 이누카이라도 치외법권이나 관세에 대한 권리 포기를 결정할 수 있겠는가. 일본 정부도 열강과의 상의 없이 마음대로 결정할 수 없는 내용이다. 물론 어느 누구도 손문에게 긍정적인 답을 주지 않았다. 친일의 북경정부가 들어선 마당에, 일본 낭인들에게 이제 손문은 관계를 지속해야 할 상대가 아니었을 것이다. 무창기의 때와 마찬가지로 결과를 기대할 수 없지만, 여하튼 보여줄 수 있는 '반제의 모습'을 드러내고자 일본행을 택한 것이 아닐까 추론된다. 한편 「북상선언」에서 내세운 국민회의와 일체 불평등조약의 철폐를 묶어 언론을 통해 중국인에게 호소하면서, 북경의 동맹자들과 차이를 만들어내고, 이 차이를 통해 향후 정치 행보를 계산했던 것은 아닐까 생각된다.

일본에서 귀국한 후 단기서가 보낸 허세영을 만난 자리에서 손문의 이런 의도가 잘 드러난다. "외교단이 조약 존중을 요구했는데, 단기서 집정이 이미 윤허했다는 데 사실인가?"라고 손문이 묻자, 허세영이 아직 조회를 보내지는 않았지만 받아들이기로 했다고 답하자, 손문은 돌연 "**나는 밖에 나가 불평등조약을 폐지하려고 하는데**, 당신들은 북경에서 한사코 이 불평등조약을 떠받들려고 하는 것은 도대체 무슨 이유인가? …… 내가 온 것을 환영하는 것은 도대체 무슨 이유인가"라고 분노를 표했다고 한다.[88] 가정이지만, 만약 당시 손문이 단기서의 위치에 있었다면, 조약 존중의 요구를 받아들였을 거라고 필자는 확신한다.[89]

---

88 「與葉恭綽許世英的談話」(1924.12.18), 『孫中山全集』 11, pp.500~501. 이보다 앞서 북경 주재 미국, 영국, 이탈리아, 프랑스, 일본, 벨기에, 네덜란드 등 7국 公使들은 단기서 정부에 조회하며 불평등조약의 존중을 정부 승인의 조건으로 삼았다. 『孫中山年譜長編』, 1924.12.9, p.2093.

89 손문은 1921년 광주에서 '중화민국 대총통'으로 비상국회에 의해 당선되자 취임과 함께 행한 대외선언에서 "열강 및 그 국민이 조약, 계약 및 成例에 의해 정당하게 취득한 합법적 권리는 존중된다. 이제 최대의 利源, 천연자원 혹은 기술을 꾀하고 개발하는 데 문호개

손문의 장례

북경에 도착한 다음 날(1925.1.1) 독일인 의사에게 진료를 받았는데, 간암이었다. 1월 20일 이후 병세가 악화되어, 26일 협화의원(協和醫院)에 입원해 수술을 받았으나, 간암 말기로 치료가 불가능했다. 이에 중국국민당정치위원회는 북경에서 긴급회의를 열어, 유촉이 어려워지기 전에 고지해달라고 의사에게 청했다. 이후 며칠간 회복되는 듯하더니 다시 악화되어 2월 18일 협화의원에서 철사자호동(鐵師子胡同)으로 옮겼다. 왕정위가 유촉을 정리해 들려주자 이에 동의해 3월 11일 서명하고, 다음 날 서세했다. 사진은 손문의 영정을 지키는 친속으로, 오른쪽부터 공상희(孔祥熙), 송자문(宋子文), 손과(孫科), 송경령, 송미령(宋美齡), 송하령(宋霞齡)이다.

손문은 자신이 '적극 무력'으로 중국을 통일해 정부를 건립하면, 치외법권, 관세주권, 조계, 조약 존중 등은 문제가 되지 않는다고 생각했다. "외교는 순전히 내정에 따르니, 내정이 민약 좋다면 외교는 결국 문제가 되지 않는다. 우리는 **근본 문제**를 중시해야지 절대로 **잔가지**를 보아서는 안 된다"[90]라고(강조는 인용자) 생각했다. 손문에게 불평등조약 폐지 문제는 '잔가지'에 불과했으나 '근본 문제'인 북벌에 실패했으니, 손문도 '잔가지'로 승부를 건 셈이다.

방주의를 채택하며, 외국의 자본과 기술을 환영한다"라고 말했다. 「就任大總統職對外宣言」(1921.5.5), 『孫中山全集』 5, p.533.

90 「在廣州全國學生評議會的演說」(1923.8.15), 『孫中山全集』 8, pp.115~116.

손문을 추도하는 조문 행렬
1925년 3월 12일 오전 9시 30분 손문은 간암으로 북경 철사자호동에서 서세했다. 서세 하루 전 손문은 레닌의 유체처럼 보존 처리해주고, 장지를 남경(南京)으로 해달라고 유언했다고 한다. 유언에 따라 손문의 유체는 협화의원에서 방부 처리한 후, 남경에 안장될 때까지 북경 향산 벽운사(碧雲寺)에 안치되었다. 이후 북벌의 승리로 남경을 차지한 국민정부는 1926년 손문의 능인 중산릉(中山陵) 건조에 착수해 1929년에 완성하자, 벽운사에 안치된 유체를 이장했다. 사진은 손문의 장례 행렬(1925.18) 모습이다. 맨 앞의 남자가 카라한이며, 그 뒤로 게커와 보로딘이 보인다.

'재정통일, 정식정부의 건립, 북벌'을 결정한 1924년 1월 4일의 회의가 천만 년 후에도 대기념일로 남으리라는 희망 속에 출발했으나, 손문은 세 가지 모두 실패했다. '근본 문제'인 세 가지를 실패한 손문은 이제 '잔가지'만 가지고 북경에 들어가게 되었다. 아쉽게도 손문은 '잔가지'의 힘마저 보지 못한 채 세상을 떠났다. 그러나 '잔가지'는 이후 중국의 독립과 자유를 위해 '줄기'의 힘을 발휘했다. 손문의 마지막 선택은 자신의 뜻과 달리 매우 탁월했기에, 그가 '혁명가'로 인정받는 데 크게 일조한 것으로 보인다.

결론

손문 연구에 '빈 공간'이 많다는 지적으로 서론을 시작했다. 필자는 나름대로 이 '빈 공간'을 채우려 했는데, 이에 대해 먼저 간략히 정리해보고자 한다.

혁명을 진행함에 그 지도자의 역할이 클 수도 있고 작을 수도 있겠으나, 혁명의 목표나 전략을 지도자가 전적으로 결정하는 경우는 흔치 않을 것이다. 그러나 손문의 경우 '손문의 혁명'이라고 해도 지나치지 않을 만큼, 그의 역할이 결정적이었다. 특히 2차 혁명에 실패한 뒤 스스로 중화혁명당을 조직한 이후 그의 역할은 두드러졌다. 신해혁명 후 혁명당을 해체했기 때문에 혁명에 실패했다고 파악한 손문은 혁명의 완성, 즉 공화의 완성까지 혁명당이 혁명을 수행해야 한다고 생각해 중화혁명당을 조직했다. 총리 손문에 대한 절대복종의 표시로 선서, 날인 등을 요구했는데, 이는 '비민주적' 혹은 '비밀주의적'이라기보다는 신해혁명의 실패에서 기인한다고 보아야 할 것이다. 특히 '절대복종'을 둘러싸고 혁명파 내부에서 분열이 초래되었기 때문에, 중화혁명당은 손문 연구에서 그다지 주목받지 못하고 있다.

반면 1919년 10월 10일 창당한 중국국민당은 1912년 5당 합당의 국민당이 아니라는 것을 강조하며, '중국'이라는 두 글자를 덧붙인 것으로 그 차별성을 설명한 추로의 해석[1]은 오늘날 거의 모든 연구에서 받아들여지고 있다. 그러나

1919년 건립한 중국국민당은 5당 합당의 국민당과 내용상 같은 일반 정당이었지, 혁명당은 아니었다. 1년여 만에 당장과 규약의 개정으로, 1919년의 중국국민당이 사라지고, 다시 '중화혁명당의 중국국민당'이 부활했다. 손문은 1919년의 중국국민당에 대해 그 의의는커녕 창당 사실조차 언급한 적이 없다. 반면 중화혁명당은 혁명의 뿌리임을 계속 강조했다. "제군들은 무엇보다 먼저 알아야 한다. (1921년 당시의) 중국국민당은 정당이 아니고 일종의 순수한 혁명당이다. …… 금일 사용하는 이 중국국민당은 말하자면 바로 중화혁명당이다. 비록 명목상 어떠한 변화가 있을지라도 어떻든 실질적으로 늘 같았다."[2] 1923년 1월 손문은 신해 이래의 혁명을 정리한 「중국혁명사」라는 장문의 글을 썼다. 여기에서도 혁명당으로 중화혁명당이 언급되지만, 1919년의 중국국민당은 거론조차 되지 않는다.[3] 1924년 원단에 상해≪민국일보≫ 개조호(改組號)에 「11월 개조」의 세 문건을 게재하면서 "(1924년 당시의) **중국국민당은 중화혁명당에서 부화한 것**이지, 민국 2년(1913)의 국민당에서 나온 것은 아니다"라는 국민당의 성명을 함께 실었다.[4]

당을 조직한 당사자인 손문은 이렇게 평가하는데, 오늘날의 손문 연구에서는 그와는 전혀 다른 평가를 하고 있다. 1919년 중국국민당은 '비밀결사'의 중화혁명당을 새로운 '민주적 공개 정당'으로 거듭나게 했으므로, 손문 혁명의 새로운 시작으로 평가받고 있다.[5] 두 당을 어떻게 평가하든 손문은 '중화혁명당의 창당

1 鄒魯, 『中國國民黨史稿』 上, p.260

2 「在中國國民黨本部特設駐粤辦事處的演說」(1921.3.6), 『全集』 5, p.472.

3 「中國革命史」(1923.1.29), 『孫中山全集』 7卷, pp.59~71.

4 「國民黨過程中兩要點」, 上海≪民國日報≫, 元旦增刊號(1924.1.1).

5 대부분의 손문 연구가 그러하다. 일본의 한 사전의 중화혁명당에 대한 설명은 이런 연구의 흐름을 집약적으로 보여준다. "중화혁명당은 손문이 조직한 혁명적 비밀결사이고, 중국국민당의 전신이다. 일본으로 망명한 손문은 2차 혁명의 실패 원인이 혁명당의 엄밀치 못한 조직에 있다고 보아, 중화혁명당은 총리 손문의 명령에 복종하고, 엄한 규율하에 비밀을 엄수하는 당원에 의해 조직되도록 했다. 그러나 토원전쟁과 호법운동에서 테러리즘과 군사 활동에 시종했기 때문에 오사운동으로 나타난 대중적 신민주주의 투쟁을 지도할

정신과 「혁명방략」'으로 이후의 혁명을 진행했다. 반면 1919년의 중국국민당은 당시 손단동맹을 추진하기 위해 급조된 임기응변의 정치조직에 불과했다.

중화혁명당의 창당 정신이란 혁명당이 책임을 지고 혁명을 완수해야 한다는 것이며, 이를 위한 「혁명방략」은 혁명을 완수할 때까지 즉 공화를 완성할 때까지 '군정'과 '훈정'의 단계를 거쳐야 하며, 그 방법은 '적극 무력'이었다. 좀 더 부연하자면 일부 지역에서 혁명이 성공하면 혁명군이 군정을 실시하고, 이어 지역이 확산되면 혁명정부를 건립해 훈정을 실시하여 전국 통일과 함께 헌정에 들어간다는 구상이었다. 「혁명방략」이란 어찌 보면 '전략'이라고 할 수도 있을 텐데, 손문은 이를 '혁명의 원칙'을 삼았다. 중화혁명당 창당과 함께 만든 손문의 「혁명방략」은 동맹회의 「혁명방략」과 내용이 다르다. 동맹회 이전부터 구상하고 있던 손문의 「혁명방략」이 중화혁명당 창당과 함께 구체화되었고, 이후 내용상 약간의 변화는 있지만, 1924년경에 쓴 「건국대강」에 이르기까지 손문의 확고한 혁명 원칙이었다. 손문에게는 '원칙'이었지만 「혁명방략」이 '전략'의 성격을 갖는 한, 상황의 변화에 따라 '왜곡'될 수밖에 없었다. '원칙'과 '왜곡' 사이를 오가며 전개된 것이 '손문의 혁명'이었던 것이다.

이후 '손문의 혁명'의 전개 과정을 보기에 앞서, 오사사건과 손문의 관계를 살펴보았다. 오사사건에 대한 손문의 대응은 '손문의 혁명'의 전개를 설명하는데 여러 가지 문제를 제기하기 때문이다. '외국에 대한 북경정부의 아부', '국권의 상실', '북경 학생들에 의한 인심의 환기', '민족의 존망이 달린 거사'[6] 등으로, 오사사건의 내용과 의미를 표출한 데서 알 수 있듯이 손문은 오사사건의 의미를 나름대로 정확히 알고 있었다. 그런데도 손문은 오사사건에 대해 공식적으

수 없었다. 오사운동에 자극받아 사상 활동의 중요성을 재인식했지만, 편협한 비밀 조직의 당으로는 대중운동을 추진할 수 없었다. 여기에 대중적 정당으로의 전환을 목표로 1919년 10월에 중국국민당으로 개칭하고, 공개 정당의 형태를 취하며 점차 당의 체질을 개선하고자 노력했다." 『アジア歷史事典』 6(平凡社, 1959), p.191.

6 「復陳漢明函」(1919.5.12), 『孫中山全集』 5, p.54.

로 어떠한 성명도 발표하지 않았다. 그 배경에는 손문의 제국주의관, 특히 대일본관과 민중운동에 대한 평가가 그 배경을 이루고 있었다. '손-가쓰라 회담'에서 볼 수 있듯이 손문은 일본 낭인들의 대아시아주의에 공감하는 측면이 있었다. 더구나 이 낭인들을 통해 군사적 지원을 얻어야 하는 처지에, 일본에 의한 국권 침탈에서 비롯된 오사사건에 소극적일 수밖에 없었다. 한편 학생운동에서 출발한 오사운동이 노동자, 상인 계급의 참여로까지 확대되었다. 노동계급의 정치참여에 대한 우려에 공감하는 '손문과 대계도의 대화'는, 오사운동으로 분출된 '민중의 힘'에 대한 '거부 반응'이라고 할 수 있다. 학생들의 반제 시위보다 '500명 학생 손에 들린 무기'가 훨씬 효과가 있다는 손문의 지적을 볼 때, 손문은 '적극 무력'을 혁명의 유일한 방법으로 확신하고 있었음을 알 수 있다. 손문은 노동자나 학생뿐만 아니라 상인 운동에 대해서도 그 의미를 부여하지 않았으니, 상인들의 국민회의 운동 등을 혁명의 전개에 끌어들이려 하지 않았다. 당시 중국과 제국주의 열강 사이의 모순이 점차 커져가는 상황에 손문이 반제의 민중운동을 혁명과 결합시키지 않는 배경에는 혁명으로 공화를 완성하면, 즉 '적극 무력'으로 중국을 통일하면 제국주의와의 모순은 해결될 수 있다는 손문의 지나친 '낙관'에서 기인한다.

그렇다고 제국주의나 민중운동에 대한 손문의 인식이 오사사건에 대한 손문의 대응을 곧바로 설명하기에는 불충분하다. 이 시기, 손문과 북경정부와의 관계 때문이다. 당시 북경정부의 대총통은 서세창이었지만, 실제로는 환계의 단기서가 모든 것을 조종하고 있었다. 손문과 단기서는 1차 광동정부 때 서로 적이었으니, 손문에게는 북벌의 대상이었다. 오사사건 시기에 단기서는 파리강화회의에서 일본과의 일치를 주장하고, 오사사건의 학생운동에 대한 진압을 옹호하는 등 당시 민중의 공분을 사고 있는 터라,[7] 단기서의 친일 행위는 손

---

7 오사사건에 대한 단기서의 대응은 李鵬飛, 「論段祺瑞的對日外交思想」(吉林大學 碩士學位論文, 2004.5), pp.23~24 참조.

문에게 정치 재개를 위한 기회를 제공하는 셈이었다. 그러나 손문은 1919년 초부터 단기서와 동맹을 시작하고 있었다. 오사사건에 대해 손문이 공식적으로 대응하지 않은 직접적이고 주된 이유는 손단동맹에 있다. 사실 손단동맹은 북벌, 혁명정부 건립, 국공합작 등 손문의 혁명에 상당한 영향을 미쳤다.

다음으로 손문의 「혁명방략」의 전개와 함께 그 '왜곡'을 정리해보겠다.

'적극 무력'에 의한 단계적 혁명을 추진할 혁명당을 창당할 때만 해도, 손문은 혁명의 전도를 매우 낙관했다. 일본에서 귀국한 혁명당인들이 무장봉기로 일정 지역을 점령한 후 그곳에서 군정을 실시하다가, 이후 지역이 확대되면 혁명정부를 건립해 훈정을 실시하고, 전국이 통일될 무렵에 헌정을 실시해 공화가 완성되리라고 손문은 낙관했다. 그런데 '적극 무력'에 의한 혁명은 명분이 있어야 했는데, 원세개의 제제(帝制)가 기회를 제공했다. 그러나 이 기회는 손문에게만 주어졌던 것은 아니다. 시간적으로도 일본에 있던 손문의 토원군보다 본국의 호국군이 더 빨랐고, 이후 이들이 전쟁을 주도해나갔다. 그래서 토원전쟁을 호국전쟁이라고도 한다. 전쟁은 원세개의 사망으로 일단락되었지만, 결과는 손문의 '패배'였다. '패배'라고 하는 까닭은, 목표는 같은 '토원'이었지만, 손문은 전쟁을 호국군과의 '경쟁'으로 생각했기 때문이다. 일본 낭인들의 원조에 의존하며 국내에 근거지도 없이 봉천, 산동, 상해로 잠입해 전쟁을 수행했으니, 그 결과는 기대할 바가 없었다. 그러나 토원전쟁은 손문이 자신의 구상인 「혁명방략」대로 수행한 유일한 혁명이었다. 오로지 혁명당이 주체가 되어 '적극 무력'으로 혁명을 추진했기 때문이다.

그러나 출발 때의 '낙관'과는 달리 전세가 불안해 보이자, 손문은 자신의 「혁명방략」과 배치되는 '호법'을 주장했다. '호법'은 이후 혁명의 명분이 되었고, 그 기간도 손문 혁명의 대부분을 차지한다. 여하튼 토원전쟁에서의 실패로 이후 손문은 상해에 칩거하며 '기회'를 기다리는 수밖에 없었다. 복벽이 또다시 기회와 명분을 제공했다. 원세개의 제제와 마찬가지로, 이 역시 손문에게만 기회와 명분을 제공한 것은 아니었다. 특히 남방의 군벌들이 자기 세력을 확보하기 위해 '복벽'에 대항했다. 이에 손문은 광동으로 내려갔다. 남하하는 도중 단기서에 의해 복벽이 마무리되었으나, 이번에는 단기서가 명분을 제공했으니, '임시약법 체제'를 거부한 것이다. 손문은 서남 세력과 함께 '호법'을 명분으로 단기서의 북경정부와 대립했다. 임시약법 체제하의 국회의원들에 의해 대원수로 추대되자, 손문은 곧바로 북벌을 추진했다. 북벌, 즉 '적극 무력'은 「혁명방략」의 일환이었다. 그러나 그 나머지 「혁명방략」의 내용은 전혀 구현되지 못했다. 우선 혁명당이 없었다. 명분이 호법이었기 때문에 '훈정'이 들어설 자리도 없었다. 더구나 자신을 추대해준 서남 군벌이 북벌을 반대하니, '적극 무력'마저도 추진할 수 없는 형편이었다.

손문은 북벌에 실패하자 또다시 상해에서 칩거 생활을 시작했다. 손문의 「혁명방략」 추진에 가장 큰 문제는 근거지였다. 객군인 계계가 지배하고 있는 광동을 버릴 수는 없지만, 자신의 근거지가 절대적으로 필요했다. 이에 손문은 '서북'을 주시했다. 누구보다도 세계정세의 흐름을 파악하고 있던 손문은 러시아 혁명이 안정되면 그들의 '도움'으로 서북에 자신의 근거지를 만들 수 있지 않을까 생각했다. 물론 훗날의 '구상'에 불과했으나, 이후 손문의 혁명에 중요한 역할을 한다. 순조로운 혁명의 추진으로 일정 지역의 근거지를 확보해 군정을 행하고, 이어 확대된 지역에서 훈정을 실시한다는 것이 지나친 낙관임을 깨달은 것이다. 일단 일정 지역을 지배하는 데까지 '적극 무력'을 함께할 세력이 필요했다. 서남 세력은 '적극 무력'인 북벌을 반대하니, '적극 무력'으로 남벌하려는 환계의 단기서를 끌어들이려 한 것이다(근본해결). 이처럼 '과감한 구상'을 시작한 때는 1919년 초이고, 이것이 오사사건에 대한 대응을 어렵게 만들었다. 물론 서로 상응하여 환계의 단기서도 손문을 원해야 했는데, 이 시기 새로 등장한 직계가 단기서로 하여금 손문에게 접근하도록 했다. 더구나 직환전쟁에서 환계가 패한 후 손단동맹은 더욱 굳어졌다.

진형명의 광동 탈환은 손문에게 든든한 근거지를 제공했다. 광동을 늘 넘보던 광서까지 제압했으니, 이제 후방을 걱정할 필요도 없었다. 게다가 중화민국

(비상)대총통에 올랐다. 이는 북경의 중화민국을 부정한 것이다. 여기에 북경에서 직계와 각을 세우던 봉계까지 끌어들여 반직삼각동맹을 이루었다. 남은 것은 북벌뿐이었다. 그러나 이것은 손문의 「혁명방략」과는 어긋나는 것이었다. 혁명당이 할 수 있는 역할이 없었다. 손문을 대총통으로 추대한 것은 「혁명방략」에 따르면 혁명의 장애가 되었던 임시약법 체제의 국회의원들이다. 북벌의 가장 큰 걸림돌은 '명분'이었다. 북경의 직계 정권이 공화를 부정하지 않았기 때문이다. 오히려 직계의 실세인 오패부는 임시약법 체제를 회복하겠다고 하며, 호법을 선언했다. '명분 없는 북벌'은 결국 연성자치를 주장하는 광동 실세의 반란(진형명의 '반변')으로 실패하고, 손문은 또다시 상해로 쫓겨 왔다.

두 번째 실패 후 상해에 온 손문은 좀 더 세밀한 전략을 구상했다. 먼저 광동을 회복하는 것이다. 이후 북벌을 추진해 양자강 유역까지 지배하려면 반직삼각동맹이 꼭 필요하다고 손문은 생각했다. 그러나 공화의 완성, 중국의 통일을 위해서는 이후 북경을 장악할 동맹자인 환계와 봉계를 어떻게 할 것인지가 문제였다. 이를 위해 손문은 소련의 역할을 생각했다.

손문은 소련과 코민테른을 분명히 구분했다. 그가 접근할 상대는 소련이지 코민테른은 아니었다. 손문에게 필요했던 것은 소련이란 정부였기 때문이다. 또 손문에게 소련의 필요성은 시간에 따라 달랐다. 당시 중국의 어떤 정치가보다 손문의 세계를 보는 시야는 넓었다. 러시아 혁명이 발발하자 그에 대한 전망을 내놓았고, 이어 러시아 혁명의 발전 추이를 자신의 혁명 전략과 연결시키기도 했다. 그는 1차 광동정부 실패 후 상해로 오면서 '서북'의 중요성을 제기했다. 러시아 혁명이 안정된다는 것을 가정해, 자신의 근거지로서 계계가 장악하고 있는 광동보다 서북의 가능성을 '상상'했다. 그것도 소련으로부터의 원조가 아니라 러시아 혁명에 참가하고 있는 중국인 홍군을 끌어 모을 근거지로 구상했던 것이지만, 일시적 구상으로 끝났다.

러시아 혁명이 안정되어가자, 코민테른은 세계혁명 전략을 만들어갔다. 특히 '식민지, 반식민지에서의 민족부르주아와의 동맹'이라는 전략이 수립되자,

코민테른의 혁명가들은 중국에서 동맹할 민족부르주아를 찾아 나섰고, 그 대상은 단연 손문이었다. 손문의 견지에서 북벌을 하기에 환경이 가장 좋았던 2차 북벌 때, 즉 진형명의 반변이 발생하기 직전에 손문을 찾아온 달린은 손문과 관계를 맺고 싶다는 소련 측의 의사를 전달했지만, 손문은 거부했다. 북벌 환경이 상당히 양호했기 때문이기도 하지만, 소련과의 관계가 북벌에 장애(제국주의의 간섭)가 될 것을 우려했기 때문이다. 중요한 것은 소련의 접근을 '소련 정부에 대한 승인'을 위한 것으로 손문이 생각했다는 점이다. 2차 북벌 직전에 손문은 2주, 적어도 1개월 정도면 한구를 반드시 점령할 수 있다고 자신해 달린에게 "그때가 되면 나는 소련을 정식으로 승인해주겠다"[8]라고 흥분하며 이야기했다. 당시 자신이 건립한 중화민국을 승인해달라고 일본과 미국에 간청하던 때였으니, 아마 소련 측 인사가 자신에게 와서 관계를 맺자는 것을 정부 승인으로 생각했던 것 같다.

그러나 2차 북벌이 진형명의 '반변'으로 실패로 끝나고 상해로 돌아와 재정립한 손문의 전략에서 소련은 없어서는 안 될 존재가 되어갔다. 이 시기 손문의 전략을 정리하면, 우선 광동을 회복하고, 이후 반직삼각동맹하에서 반직전쟁에 승리하면 양자강 유역까지 확보한다는 계획이었다. 물론 손문은 반직전쟁 후 동맹자들과 함께 북경의 공동정권을 구상했던 것은 아니다. 따라서 자신의 정부가 필요했으니, 광동의 재탈환과 함께 혁명정부를 건립하고자 했다. 중화혁명당의 「혁명방략」에 따르면 혁명정부는 훈정기에 건립하게 되어 있었으므로, 혁명정부의 건립이 앞당겨진 것이다. 이런 전략이 순조롭게 진행된다면, 즉 반직전쟁에서 승리해 양자강 이남 지역을 지배하는 혁명정부가 이루어진다면, 소련의 승인이 절실해졌다. 또 반직전쟁 후 전개될 북경의 세력, 특히 봉계와의 전쟁을 생각했을 때, 서북의 군사 기지 건설, 만주에서의 소련의 역할이 무엇보다 필요했다. 복주(福州)의 복잡한 정세 때문에 복주에서의 군사 활동을

8 C. A. 達林, 『中國回憶錄(1921~1927)』, p.113.

접겠다는 장개석에게, 그동안 요페 즉 소련을 끌어들이는데 "사정의 복잡함, 사태의 번잡함이란 복주의 정세에 비하면 아마 백수십 배가 더할 것"[9]이라는 손문의 토로에 볼 수 있듯이, 요페를 자신으로 끌어들이는 데 온 힘을 쏟았다. 몽골과 중동철도 문제에서 소련의 요구를 수용했고, 공산당원의 국민당 입당을 흔쾌히 받아들였으며, 스스로 국민당 개진을 추진해 소련 측의 바람에 대응해줌으로써 마침내 성공했다. 손문이 기대한 것은 장래에 건립할 혁명정부에 대한 소련의 승인, 서북 군사기지 건설, 훗날 봉계 장작림과 대립 때 만주에서의 협력이었다.

손문과 연합선언을 발표하고 일본으로 요양차 간 요페로부터, 소련이 손문을 원조하기로 했다는 소식을 받았다. 원조의 내용도 생각 이상이었다. 손문은 원조 소식에도, 그리고 마링의 요구에도 아랑곳하지 않고 당 개조보다는 군사행동에 전력을 다했다. 그러나 코민테른이 아닌 소련이 파견한 보로딘이 광주에 오자, 손문은 당 개조에 착수했다. 이로부터 4개월이 지나지 않아 개최된 일전대회에서 당 개조가 완성되었다. 그러나 과정이 순탄하지는 않았다. 크게 보아 두 단계를 거쳐 이루어졌으니, 「11월 개조」와 「1월 개조」이다. 「개조선언」, 「당강초안」, 「장정초안」으로 이루어진 「11월 개조」의 문건이 발표된 때가 11월 19일이었으니, 보로딘이 도착한(1923.10.6) 후 한 달 반 만에 「11월 개조」가 만들어졌다. 「11월 개조」는 손문과 보로딘 양측의 말 그대로 합작이라고 평가할 수 있다. 손문은 당 개조의 이유를 '미비한 조직과 주밀하지 못한 훈련' 때문이라고 못 박아, 개조의 방향을 분명히 했고, 자신의 삼민주의는 불변의 혁명 원칙이라는 것을 보로딘에게 천명했다. 즉 「11월 개조」는 "단지 중국국민당의 사무 기관의 개조이지, 중국국민당 주의의 개조는 아니었다"[10]는 것이다.

---

9 「致蔣中正函」(1922.11.21), 『孫中山全集』 6, pp.616~617.

10 「國民黨過程中兩要點」, 上海≪民國日報≫, 元旦增刊號, 1924.1.1.

보로딘은 손문의 요구를 받아들였다.[11] 보로딘은 혁명에 대한 손문의 전략이나 사상으로는 혁명을 이끌어갈 수 없다고 생각했지만, 손문 없이는 당 개조도 불가능함을 알았다. 그러나 비록 개조는 손문에 의해 시작되고 추진될 수밖에 없다고 할지라도, 진정한 개조가 이루어지기 위해서는 손문의 '의리 중시'와 절대복종이라는 '국민당의 문화'를 바꾸어야 한다고 생각했다. 주의와 전략을 담은 「개조선언」, 「당강초안」을 손문의 뜻대로 양보하는 대신, 그는 「당장초안」을 통해 장기적 당 개조를 준비했다. 「당장초안」은 총리의 권한을 명시하지 않고, 최고 기관을 전국대표대회와 중앙집행위원회로 정하며, 당의 최하 조직인 구분부(區分部)를 당의 기본 조직으로 삼고, 지방 문제는 지방당부가 처리하도록 하고, 비당(非黨) 조직 속에 '민중 단체'로서의 '당단(黨團)'을 해당 지역의 당부가 지휘하도록 규정했다. 양측이 서로 양보한 합작이었다.

광주에서 「11월 개조」가 진행되고 있던 시기에 장개석 등은 모스크바를 방문하고 있었다. '소련 시찰단'이라고 칭했지만, 실제로는 손문의 서북군사계획에 대한 원조를 구체화하기 위해서였다. 이는 요페가 손문에게 전한 '소련의 원조' 속에 들어 있었던 것이지만, 장개석이 모스크바로 가기 전에 소련 정부는 '무모한' 서북군사계획에 대한 지원은 불가하다고 이미 결정하고 있었다. 서북군사계획에 대한 불가 방침을 전해 받은 장개석은, 이제 '적극 무력'의 「혁명방략」인 삼민주의를 지키기 위해 혼신을 다했다. '적극 무력'의 필요성을 강조하기 위해 현 단계에서 중국의 민중운동은 혁명에 도움이 안 된다고 강조했고, 공산주의는 큰 저항을 받을 수 있겠지만, 삼민주의는 군벌을 포함한 모두가 거부하지 않기 때문에 현시점에서 가장 바람직한 구호라고 역설했다. 특히 삼민주의는 공산주의를 공개적으로 주장하기 위한 전 단계의 구호라고 주장했다. 장개석으로서는 소련이 삼민주의를 폐기하자고 할까 봐 걱정했지, 내용은 문

11 예컨대 「당장초안」에는 "이른바 삼민주의, 오권헌법을 제창한 것이 우리 당 총리 손문 선생이므로, 그 내용에 대한 해석은 손문 선생의 말씀[說]으로 결정한다"라는 문구가 들어갔다.

제가 아니었다. 그 결과 코민테른 중앙집행위원회는 손문의 '말씀'이 아닌 코민테른의 '말씀'으로 해석한 삼민주의를 주된 내용으로 하는 「결의」안을 결정했다. 이 회의에 장개석도 참석해, 「결의」에 '합의'했다. 「결의」의 삼민주의 중 핵심은 민족주의였다. 「결의」는 민족주의를 '반제국주의'로 규정하고, 이를 위해 민중운동과 결합한 반제·반군벌의 혁명을 요구했다. 거기에 덧붙여 중국 내 소수민족의 '평등'을 요구했다.

「결의」는 코민테른의 결정이지만, 소련 정부의 승인을 받은 것이기 때문에 소련 정부는 북경의 카라한에게 전달했고, 카라한은 보로딘에게 「결의」를 보냈다. 손문은 장개석으로부터 「결의」에 '합의'했다. 「결의」는 「11월 개조」와 전혀 달랐다. '미비한 조직과 주밀하지 못한 훈련'을 보강하기 위한 개조가 아니라, 손문의 주의(主義)에 대한 개조였다. 상해에서 「결의」를 전해 받은 보로딘은 매우 난감해했다. 1월 중순 광주로 돌아와서는 어찌할 것인지 눈치를 살필 뿐이었다. 반면 손문은 한편으로 「결의」를 받아들이기로 결정하고(1월 12일 이전), 다른 한편으로 민족주의를 강연했다(1.13). 손문은 이날의 민족주의 강연을 1월 27일 다시 반복하고, 이후 장기간 삼민주의 강연을 이어갔다. 마치 「결의」의 삼민주의가 자신의 '말씀'인 삼민주의가 아니라는 것을 밝히기 위한 듯 강연의 내용은 「결의」의 그것과는 사뭇 달랐다.

손문이 「결의」의 삼민주의를 선뜻 받아들인 이유는 무엇인가. 1923년 후반, 특히 조곤의 뇌물 선거 이후 손문은 이제까지의 호법을 명분으로 한 혁명 전략을 버리고, 자신의 「혁명방략」에 의한 혁명을 준비했다. 이를 가장 극명히 보여주는 것이 1924년 원단에 한 '삼대 사건'의 결의였으니, 첫째, 정식정부를 건립하는 것이요, 둘째, 북벌에 나서는 것이고, 셋째, 재정을 통일하기로 결정한 것이었다. 즉 호법에 의지하지 않고 혁명정부를 건립해 혁명을 추진하는 한편, '적극 무력'으로 북벌을 시작한다는 자신의 「혁명방략」이었다.

「혁명방략」은 중화혁명당의 그것과 대동소이한 내용으로 「건국대강」이라는 이름으로 제시되었다. 북벌과 「건국대강」을 실천하기 위해서는 무엇보다 자금이 필요했기 때문에, 객군이 가로채가는 세금을 직접 거두어들일 수 있게 재정을 통일하는 것이 급선무였다. 재정적으로 뒷받침이 되면 북벌에 나서고, 건립한 혁명정부가 승리한 지배 지역에서는 「건국대강」에 따라 혁명을 추진해 종국에는 통일과 공화를 완성시키겠다는 것이 손문의 구상이었다. '호법'이라는 명분을 빌리지 않고, 자신의 「혁명방략」에 따라 혁명을 추진하기로 결정한 것이다. 그러나 중화혁명당 시기 「혁명방략」을 구상했던 때와 다른 점은 「혁명방략」(북벌, 「건국대강」)을 반직삼각동맹과 국공합작하에서 추진한다는 것이다. 바꾸어 말하면 「혁명방략」을 추진하기 위해 반직삼각동맹과 국공합작이 필요했을 뿐만 아니라 반직삼각동맹과 국공합작은 「혁명방략」의 추진을 규제하고 있었다.

객군으로부터 세수권을 회수하자는 '재정통일'은 당시 손문의 어려운 상황을 집약적으로 보여준다. 우선 3차 광동정부는 '광동인의 광동'을 밀어내고 손문이 끌어들인 객군에 의지하는 정부였다. 그렇다고 광동 전체를 지배한 것도 아니었다. 광주를 중심으로 한 일부 지역을 지배할 뿐이었고, 게다가 객군의 광동 지배는 광동인의 반발을 크게 일으켰다. 객군으로부터 세수권을 거둔다는 것은 어떤 면에서 객군과의 '전쟁'을 의미했다. 광주 주변의 일부 지역을 지배했기 때문에 세수액은 적을 수밖에 없었고, 그마저 객군이 일부를 취했다.

게다가 '광동인의 광동'이라 할 수 있는 진형명군과 싸워야 했고('討賊'), 다른 한편으로는 '배반'하는 객군과도 싸워야 했다. 여기에 북벌도 준비해야 했다. 객군에 의지해 성립된 3차 광동정부에 '재정통일'은 애당초 불가능한 일이었다. 그러니 지배 지역인 광주 주민을 상대로 증세할 수밖에 없었다. 3차 광동정부는 "광주 시민의 신임을 철저히 손상시켰다"[12]는 요중개의 말처럼 광주의 시민들은 반발했으니, 상단 사건도 그 연장선상에서 보아야 할 것이다. 내부로부

12 「Borodin의 札記와 通報」(1924년 2월 16일보다 빠르지 않다, 廣州), 『聯共(布), 共産國際檔案資料』 1, p.484.

터의 세수 확보가 불가능했으므로, 외부로부터 조력을 받아야 했다. 그것은 바로 반직의 동맹자(특히 장작림)와 소련이었다. '동맹'과 '합작'이라고 하지만, 불안한 근거지와 이에 따른 세수 부족은 손문에게 불평등한 '동맹'과 '합작' 관계를 받아들이도록 했다.

'정식정부'의 건립, 즉 혁명정부의 건립은 임시약법 체제의 국회의원들에 의한 '호법정부'와의 단절을 의미하고, 혁명정부(국민정부)가 「혁명방략」(「건국대강」)에 따라 혁명을 추진해 헌정(공화)에 이른다는 것이다. 「혁명방략」의 '이탈'과 '왜곡'으로부터 다시 회귀한 것이다. 그러나 먼저 손문의 측근들이 반대했다. 광동에서 안정된 근거지를 확보하지 못했고 재정이 어렵기 때문이기도 했지만, 가장 주된 이유는 동맹자들이 반대할 것이고 그러면 반직동맹이 깨질 우려 때문이었다. 실제로 동맹자 봉계의 장작림은 반대를 표명했다. 이런 반대에도 손문은 국민정부의 건립을 선언하고자 했으나, 이번에는 보로딘이 반대했다. 결국 손문은 일전대회에서 국민정부 건립의 필요성만 제안하는 데 그쳤다. 한편 혁명정부의 건립은 반직전쟁 승리 후 동맹자들에 대한 대응 명분으로 손문에게는 매우 필요했고, 또 혁명정부를 승인해줄 국가로 소련이 필요했다.

손문은 혁명정부의 건립을 일단 뒤로 미루었지만, 그 기간을 그리 길게 잡지 않았다. 그런데 반직(봉직)전쟁이 시작된 것이다. 혁명정부도 건립되지 않았고 근거지도 매우 불안정한 상황이었기 때문에, 북벌 전망은 매우 비관적이었다. 그러나 반직동맹의 동맹자로서 북벌에 나서지 않을 수 없었고, 게다가 손문의 '천부적 낙관'이 북벌을 재촉했다. 더구나 손문으로서는 아주 다급했다. 손문은 시급히 국민정부를 건립하고자 했다.[13] 반직전쟁에서 북벌이 일정한 성과를 거두지 못한다면, 손문의 「혁명방략」은 물거품이 되어버리기 때문이었다.

북벌은 분명 반직전쟁의 일환이지만, 손문은 반직이 목표가 아니었다. 즉 북벌을 포함한 반직전쟁이 승리를 거둔 후, 세 동맹자가 북경에 모여 권력을 공

13 「制定〈建國大綱〉宣言」(1924.9.24).

유하는 것을 손문은 구상하고 있지 않았다. 반직전쟁 기간 동안 북벌로 일정한 지역(양자강 유역)을 얻으면, 기왕에 건립한 혁명정부가 그 지역에서 「건국대강」을 실천하며, 승리한 북경 세력과 싸워 중국의 통일과 공화를 이룩하고자 했다. 이때 혁명정부는 소련의 승인을 얻고, 또 서북과 만주에서 소련의 양동 작전을 끌어내 통일을 기했던 것이다. 나아가 북경을 장악할 환계와 봉계가 친일 세력이었기 때문에 손문은 이에 대한 대응으로 이열균을 일본에 파견했다. 중화혁명당의 창당과 대아시아주의로 손문과 '우호 관계'를 맺고 있던 일본 낭인들과 '우호 관계'를 재개하고, 일본 정부와는 '대립 관계'를 조성하는 것이 이열균을 파견한 의도였다. 이리하여 반직전쟁의 승리 후 일본 정부와 손잡은 친일의 (봉계와 환계의) 북경정부와 대립하는 '국민정부'의 구도를 만들어내고자 했다. 이후 일본과 합작해 영미에 대응한다는 전망은 '대아시아주의'에 입각한 것이다. 여기에서 일본이란 일본 정부가 아니라 일본 낭인들(손문은 일본 국민이라고 표현한다)이고, 이 중일동맹에 소련까지 더해 중소일동맹을 구상했다.

암담한 재정 상황에 물질적 원조는 무엇보다도 필요했고, 이후 혁명정부에 대한 소련의 승인, 그리고 북경과의 전쟁을 위해 손문에게 소련은 없어서는 안 될 존재가 되었다. 따라서 손문은 소련에 세심하게 공을 들였던 것이다. 소련의 요구는 당 개조뿐이었기 때문에 몽골과 중동철도 문제에서 소련(요페)이 자신의 바람을 요구하기도 전에 받아들인다고 전했고, 공산당원의 국민당 입당과 국민당 개진을 자발적으로 실행했다. 이후 보로딘과 「11월 개조」를 합작해 냈다. 「11월 개조」라는 당 개조에 이르기까지 손문 혁명의 정신이라고 할 수 있는 삼민주의에 대한 자신의 해석은 지켜냈다. 그러나 손문은 이후 감내하기 어려운 「결의」를 받고서도, 손문은 이를 받아들이기로 결정해 「1월 개조」로 국공합작을 만들어냈다. 「혁명방략」의 추진에 소련은 그만큼 필요했다.

그러나 광동의 상황은 아주 불안했다. 황포에서 상단과의 전투를 지휘하고 있던 장개석은 광주마저 잃을 수 있다고 판단해 손문에게 북벌을 늦출 것을 요청했다. 물론 손문은 광주를 포기하더라도 북벌을 멈출 수는 없다고 했다. 손문은 자신의 「혁명방략」 속에서, 즉 공화의 완성까지의 혁명 과정 속에서 북벌을 보았고, 장개석은 북벌을 전투로 보았다. 손문이 혁명가이자 지도자였다면, 장개석은 장군이자 지휘관이었다. 북벌 추진을 둘러싸고 손문과 장개석이 밀고 당기는 사이, 북경에서 돌발 사건이 발생했다. 풍옥상의 북경정변으로 직계가 순식간에 무너지고, 반직전쟁은 '승리'로 끝났다. 북벌은 반직전쟁의 일환이었지만, 손문에게 승리는 아니었다. 손문이 「혁명방략」에 따라 추진한 전쟁은 두 번 있었다. 토원전쟁과 3차 북벌이다. 두 전쟁의 과정과 결과는 매우 비슷했다. 모두 지지부진하게 진행되던 중, 전자는 원세개의 사망으로, 후자는 북경정변으로 돌연 끝나버렸다. 그러나 승자는 '경쟁자'였던 호국군과 환봉(皖奉) 군벌이었고, 손문은 '패자'였다. '패자'라고 평하는 것은 「혁명방략」의 추진이 불가능해졌기 때문이다.

'승자'이면서 '패자'였기 때문에 혁명의 불씨를 살릴 명분이 없어 보였다. 그러나 손문은 예리한 정치적 감각이 있었다. 한편으로는 「혁명방략」에 따른 토원전쟁을 진행하면서, 다른 한편으로는 「혁명방략」과 배치되는 '호법'을 주장한 것이다. 전쟁이 예상대로 진행되지 못했을 때, 혁명을 재개하기 위한 명분이었다. 혁명당(중국국민당)으로 혁명정부(국민정부)를 건립해 「혁명방략」(「건국대강」)에 따라 적극 무력(북벌)을 추진하고자 했던 1924년 원단의 구상이 실패할 경우에 대비해, 손문은 또 다른 방법으로 "단체를 결합하게 하여 정부의 건립을 실현하자"고 제안했다. 북경정변으로 북벌이 무산되자, 손문은 '단체 결합'으로 '국민회의' 소집을 제안했다(북상선언). 군벌 정부에 대항해 민중의 조직으로 권력을 만들자는 국민회의 개최 주장은 새로운 것이 아니었다. 따라서 손문의 국민회의를 민중의 조직(직업단체)에 의해 구성되는 권력으로 받아들였다. 그러나 손문은 자신의 「건국대강」을 실현할 혁명정부를 건립할 조직으로 국민회의를 생각했다. 여하튼 국민회의에 의한 혁명정부 건립은 손문의 「혁명방략」은 아니다. 우선 '적극 무력'에 의한 혁명이 아니었다. 더구나 혁명정부를 건립하는 조직은 국민회의이지 혁명당이 아니었다. '적극 무력'과 '혁명당'이 빠져버렸으니, '호법'처럼 「혁명방략」의 '왜곡'이었다.

호법과 마찬가지로 국민회의 개최 주장은 새로운 북경정부(환계와 봉계)가 받아들이지 않을 것을 예상하고 제기한 것이다. 여기에 손문은 또 하나의 명분으로 반제국주의를 추가했다. 이를 위해 일본을 경유하면서 '일체의 불평등조약 폐지'를 강연을 통해 강력히 주장했다. 그러나 한편으로는 대아시아주의를 매개로 오랫동안 절친했던 일본 낭인들에게는 일체의 불평등조약이 아닌 '치외법권 폐지'과 '관세자주권'만을 요구하며, 조계를 회수할 생각은 없다는 것을 분명히 했다. 치외법권을 폐지하고 관세권을 넘길 권한조차 없는 대륙 낭인들에게 이런 요구를 한 것은, 아마 찬성한다는 정도의 답변을 얻으려 했을 것이다. 이 정도의 답변이라도 얻어낼 수 있다면, 대중적 지지를 얻어낼 수 있고 이후 북경에 들어가 두 동맹자와의 관계에서 유리한 위치를 차지할 수 있다고 계산했던 것 같다. 그러나 대륙 낭인들에게조차 어떤 답변도 얻어내지 못했다. 두 번에 걸친 「혁명방략」의 추진(토원전쟁과 제3차 북벌)은 '원세개의 사망'과 '북경정변'으로 무산되었다. 이에 대한 임기응변으로 내세운 '호법'과 '국민회의'는 명분으로서는 성공했으나, 구호에 그쳐버렸다.

손문의 '호법'에 대해 다시 생각해볼 필요가 있다. 「혁명방략」에 의한 토원전쟁을 시작한 이후 전쟁 전망이 그리 밝지 않자 손문은 '호법'을 주장했다. 1916년 4월 말경이다. 이후 혁명당에 의한 혁명정부의 수립, 「건국대강」에 따른 혁명의 추진을 결정한 1923년 말까지 손문은 '호법'이라는 명분에 의존했다. 1, 2차 혁명 실패 후 대부분의 기간 동안 호법을 명분으로 혁명을 진행했다. 물론 이 기간 동안 손문은 「혁명방략」을 포기하지 않았다. 임시약법을 제정했기 때문에 혁명이 실패했다고 하여 「혁명방략」을 제정했음에도, 임시약법을 수호하자는 투쟁으로 일관한 셈이다. 「혁명방략」과 호법은 논리적으로 대립 관계인데도 당시 손문의 정적(政敵)뿐만 아니라 정치평론가조차 이를 비판하지 않았고, 의견조차 제시하지 않았다. 아마 손문의 「혁명방략」이 무언지도 알지 못했기 때문일 것이다. 그런데 「혁명방략」을 알고 있을 법한 손문의 측근들도 이의를 제기하지 않았다. 혁명은 「혁명방략」에 따라야만 한다는 손문과는 달리 그들은 「혁명방략」을 절실한 원칙으로 받아들이지 않았을지도 모른다. 아니면 손문의 결정에 대응하는 것이 어려웠기 때문일지도 모른다. 그런데 더 기이한 것은, 「혁명방략」과 호법의 모순을 지적하는 연구도 없다는 점이다. 아마 '손문 신화'라는 연구 풍토 때문인지도 모르겠다.

그렇다면 정작 손문은 「혁명방략」과 호법의 모순을 알고 있지 않았을까. 그렇다. 손문은 알고 있었다. 1923년 1월 손문은 장문의 「중국혁명사」라는 글을 완성했다. 그동안 진행된 혁명의 역사를 정리한 것인데, 신해혁명 이래 12년 동안 혁명이 실패한 원인을 한마디로 간단하게 설명한다면 "「혁명방략」을 실행하지 않았기 때문"이라고 손문은 단정했다.[14] 그러면서 「혁명방략」과 호법의 관계에 대해 다음과 같이 자문자답했다.

> 임시약법에 대한 나의 불만은 앞서 서술했다. 그런 내가 「혁명방략」과 배치되는 이 약법을 왜 옹호하려는지에 대해 독자들은 매우 묻고 싶을 것이다. 이에 대해 나는 정중히 설명하고자 한다. 신해혁명 때 나는 중론을 따랐기 때문에 「혁명방략」을 실행할 수가 없었고, 북방의 장병은 원세개를 수령으로 삼아 나와 화의를 제의했다. 무릇 북방의 장병이란 혁명군과는 천양지차여서, 그들은 명명백백히 민국을 반대하는 자들이다. 저들이 당장은 민국에 복종한다고 말하지만, 그 속마음에 다른 뜻이 없다고 어찌 보장할 수 있겠는가. 그 때문에 내가 임시약법을 받들어서 복종케 한 이유는, 임시약법에 대한 복종을 민국에 대한 복종의 증거로 삼으려 했기 때문이다. 나는 그것도 믿을 수 없어서 원세개로 하여금 약법의 준수를 선서시켰던 것이다. 그런 연후에 화의를 허락했던 것이다. 그러므로 임시약법이란 남북 통일의 조건으로 민국이 구성되는 이유이다. 원세개가 임시약법을 폐기한 것은 서약을 위배한 것이며 민국에 복종한다는 증거를

14 「中國革命史」(1923.1.29), 『孫中山全集』 7, p.66.

취소한 것이기 때문에, 제제(帝制) 행위를 기다릴 필요도 없이 이미 민국이 그를 결코 용납할 수 없는 일이었다. 이후 원세개는 죽었으나 그 부하와 장병들은 원의 뜻을 답습해 민국에 대한 복종의 증거를 취소했다. 그러니 그들의 죄가 원세개와 같을 뿐 아니라, 민국이 용납할 수 있는 바가 아니다. 이 때문에 **약법의 옹호는, 곧 민국을 옹호하여 국민으로 하여금 민국에 대해 다른 뜻을 두지 않도록 하기 위함이다.** 나아가 나는 민국의 장래를 위해 **한편으로는 더 진보되고 더 알맞은 헌법으로 임시약법을 대체하고자 했고, 다른 한편으로는 임시약법의 존엄을 옹호해 국본(國本)이 흔들리지 않게 하고자 노력했다.** 그리하여 나는 민국 6년 이래 오늘에 이르기까지 분연히 한 몸을 바쳐 호법의 대임을 등에 지고 잠시도 쉬지 않았다.[15]

손문이 「혁명방략」과 호법 사이의 모순을 언급한 것은 이것이 유일하지 않을까 생각된다. 손문 이외의 어떤 사람, 어떤 연구자도 이 모순을 거론하지 않은 것 같다. 다만 손문의 자문자답을 보면 자문은 분명한데, 자답은 모호하다. 호법은 민국을 옹호한다는 뜻이므로, 한편으로는 호법으로 공화 이외의 뜻을 국민들이 갖지 않게 하지만, 다른 한편으로는 임시약법의 공화를 '자신의 공화'(삼민주의와 오권헌법의 서구 이상의 공화)로 대체하려고 했다는 것이다. 그렇다면 군정과 훈정은 어디에 위치시켜야 하는가. 마음은 「혁명방략」에 따른 혁명을 추진하고 싶은데, 현실은 그렇지 못해 호법을 주장했지만, 그렇다고 「혁명방략」을 포기할 수 없는 '심리상태'라고 해석할 수밖에 없을 듯하다.

국공합작의 과정은 「11월 개조」와 「1월 개조」의 차이를 통해 살펴보았는데, 「11월 개조」를 평가해보고자 한다. 「1월 개조」, 그것도 「일대선언」은 국공합작의 상징으로 누구도 부정하지 않는다. 이것 때문에 손문은 대륙에서도 '혁명가'로 인정받고 있다. 「일대선언」의 삼민주의는 이전 손문의 그것과는 전혀 달랐으니, 명실상부 '신삼민주의'라 불릴 만하다. 그중에서도 민족주의는 「1월

15 「中國革命史」(1923.1.29), 『孫中山全集』 7, pp.69~70.

개조」의 핵심 중 핵심이며, 민족주의는 반제국주의이다. 군벌은 제국주의와 결탁해 생존하는 세력이기 때문에, 민족주의는 반제이자 반군벌이다. 이 반제와 반군벌을 수행하기 위해 국민당은 민중과 함께해야 한다는 것이니, 민중에 대한 선전과 조직은 혁명당인 국민당의 가장 중요한 책무라고 규정했다. 따라서 「1월 개조」는 국공의 '공(共)' 측이 '국(國)' 측과 합작한 최후의 목적을 이룬 셈이다. 「1월 개조」는 "국민혁명과 전투 핵심에 초석을 닦아주었기에 당의 역사상, 국민혁명 운동의 역사상 하나의 전환점"이 되었고, "광주의 국민혁명 운동뿐만 아니라 중국 기타 지역의 국민혁명 운동에도 거대한 영향을 일으킬 것"[16]이라는 카라한의 말처럼 '공'은 단숨에 목표를 이룬 셈이다.

반면 「11월 개조」는 기존 삼민주의의 틀에서 벗어나지 못하고, 더구나 "삼민주의는 손문의 해석"에 따라야 한다는 구절까지 넣은 개조안을 합작으로 내놓았다. 결과를 놓고 볼 때 「11월 개조」는 「1월 개조」와는 천양지차가 있다. 광주에 도착한 보로딘은 단숨에 목표를 이룰 수 없음을 알고, '시간'이 필요하다는 것을 느꼈다. 즉 국민당을 개조하기 위해서는 손문을 중심으로 하는 국민당의 '유해한 관례'를 깨지 않으면 불가능하다고 판단했다. 그 결과가 「11월 개조」다. 따라서 「11월 개조」의 핵심은 「개조선언」도 아니고, 「당강초안」도 아닌 「당장초안」이었다. 당의 규정을 통해 최하층의 '구분부(區分部)'와 당단 조직에서 출발하는 상향식 체제를 만들어 당 개조를 추진하고자 했다. 말하자면 당의 조직 문화를 바꾸고자 했던 것이다. 시간을 요하는 합작이었다.

손문이 코민테른의 「결의」를 선뜻 받아들이자, 보로딘은 이에 '감격'해 자신이 만든 「11월 개조」를 버리고, 손문이 받아들인 「1월 개조」에 흥분되어 「11월 개조」는 "일전대회에 아예 제출하지도 않았다"[17]라고 하며, 마치 「1월 개조」가

16 「Karakhan이 Chicherin에게 보내는 편지」(1924.2.9, 北京), 『聯共(布), 共産國際 檔案資料』 1, pp.410~411.

17 「Borodin이 Karakhan에게 보내는 편지」(1924.1.25, 광주, 기밀), 『聯共(布), 共産國際 檔案資料』 1, p.403.

자신의 성과인 듯 과시했다. 실제로 「1월 개조」로의 이행은 오로지 손문의 '결단'에서 나온 것이지, 보로딘의 역할은 거의 없었다. 그러나 그 결단은 손문이 원치 않는 결단이었고, 「일대선언」은 '알맹이 없는 성과'였다. 몇 달 전만 하더라도 당원 등록조차 제대로 이루어지지 않은 국민당이었다. 보로딘이 광주로 오고 나서야 당원 등록이 시작되었고, 이어 기층 조직으로 구분부가 만들어지고, 구분부 회의가 열렸으며, 비당 조직에는 당단을 조직해 선전을 행하고, 이것이 위로 올라가 전국 대표대회 속에서 당의 방침을 결정하는 구조를 만들어 내는 것이야말로 이 시기 국민당에 가장 필요한 개조가 아니었을까. 이후 이런 구조 속에서 혁명의 방침이 결정된다면, 그 결정이 「일대선언」에는 못 미치더라도 '알맹이 있는 성과'가 아니었을까. 이런 점에서 「11월 개조」의 의미는 국공합작에서 「1월 개조」보다 더 높이 평가해야 하지 않을까 생각된다. 「1월 개조」는 외견상 손문의 '사상적 변화'를 보여주기에 충분한 내용이지만, 그 실질을 달랐다. 이런 '사상적 변화'의 허상 속에 「11월 개조」의 의의가 묻혀버렸다고 생각된다.

'손문 신화'는 손문 연구가 극복해야 할 중요한 문제임이 틀림없다. '국부'라 칭하며 흠잡을 데 없는 혁명가 혹은 '사상적 변화'를 거쳐 좌우에 균형 잡힌 혁명가로 평가하는 경우 등등 모두 '손문 신화'에서 벗어나기는 어렵다. 역사가가 가장 경계해야 할 것 중 하나가 '신화'이다. '신화'는 그 형성 과정에서 단점은 빼버리고, 장점은 부풀리기 마련이다. '신화'는 '실사구시'를 추구하는 '역사'와 배치된다. 그렇다고 '손문 신화'를 극복하려는 연구가 없었던 것은 아니다. 특히 구미 쪽의 사료를 바탕으로, 제국주의에 대한 손문의 인식과 행동을 통해 반제를 지향했다는 손문의 허상을 밝힌 연구도 있다.[18] 사실 혁명 추진 과정에서 손문은 제국주의를 지나치게 낙관적으로 평가했다. 즉 "외교는 순전히 내정

18 시프린의 연구가 대표적이다. 시프린(Harold Z. Schiffrin), 『孫文評傳』, 민두기 옮김(지식산업사, 1990).

을 따르니, 내정이 만약 좋다면 외교는 결국 문제가 되지 않는다"라고 낙관했던 것이다. 혁명이 성공해 중국을 통일하고 공화가 완성되면, 제국주의 문제는 해결될 수 있다는 것이다. 그래서 손문의 「혁명방략」에는 제국주의에 대한 내용이 없었다. 그러나 중국이 통일될 때까지, 공화가 완성될 때까지, 제국주의 열강이 간섭하지 않고 조용히 지켜만 보고 있지는 않을 것이며, 통일 후 중화민국의 '합리적인 교섭'에 응해 불평등 관계를 해결해줄 리 없었다. 이런 점에서 손문의 제국주의관이 안일했음은 분명하다.

그러나 손문은 열강을 제국주의 국가로만 보지 않았다. "외국인이 나쁜 점도 있지만, 좋은 점도 정말로 많아"[19] 배울 점도 있으니, 예컨대 중국의 건설에 있어 "영국의 공정한 태도, 미국의 원대한 규모, 프랑스의 애국정신, 독일의 인재와 학문, 나아가 심지어 소비에트 러시아까지도 중국의 실업 발전, 국가 건설에 족히 도움이 될 수 있다"[20]는 것이다. "민족해방 투쟁의 목표는 모두가 반제국주의일 뿐"이라는 「일대선언」을 놓고 볼 때 손문의 제국주의관을 안일하다고 비판할 수 있겠으나, 제국주의 열강을 배울 것이 있는 '외국'으로 보는 폭넓은 세계관이, 주저하지 않고 소련과 합작하도록 이끈 것은 아닐까.

1919년 이후 손문의 혁명은 손단동맹, 나아가 반직삼각동맹에 의해 규제받고 있었다. 이 시기 그의 정치 행위 대부분은 반직동맹과 연결되어 있었다. 그러나 '손문 신화'의 관점에서 반직동맹은 곤혹스러운 정치 행위였다. 그리하여 손문 연구에 반직삼각동맹은 그다지 주목받지 못했다. 그렇다면 손문의 혁명에서 '반제·반군벌'을 어디에 위치시켜야 할 것인가. 필자가 보기에 국공합작과 관련해 손문의 의중을 가장 잘 보여주는 것이, 등택여 등이 1923년 11월 「11월 개조」에 반발해 손문에게 올린 '상소'가 아닐까 생각한다. 물론 내용상 일부 오류가 있지만, '상소'는 「11월 개조」의 핵심이 「장정초안」이라는 것, 즉 「11월 개

19 「在廣州全國學生評議會的演說」(1923.8.15), 『孫中山全集』 8, p.119.
20 「在摩軒號艦對幕僚的談話」(1922.8.9), 『孫中山全集』 6, pp.516~517.

조」의 핵심을 꿰뚫고 있다. 게다가 반직동맹 및 국공합작과 관련해, 손문의 '반제·반군벌'의 의미를 정확히 평가하고 있다고 생각한다.

> (진독수, 공산당의) 대전제는 국민당의 몸을 빌려 공산당의 영혼을 주입하는 것입니다. 그 방략은, (갑) 우리 당을 국제적 원수로 만들고, (을) 우리 당으로 하여금 국내에서는 실력파의 협조를 단절시키는 것입니다. 이에 제국주의 타도, 군벌 타도를 표어로 내걸었습니다. **무릇 이 두 표어는 실로 정정당당해 시비할 바 없는 것입니다.** 그러나 운용해 구체적 정강으로 내걸어 (예컨대 「당강초안」의 1, 2 두 조문에 그 음모가 있습니다) 전 세계에 선포하니, 우리 당은 영원히 **국제상의 동정을 얻을 날이 없고**, 더욱이 우리 화교 당인이 해외에서 발 딛고 설 여지가 없게 하는 것입니다. 군벌에 대한 우리 당의 공격은 단지 조곤, 오패부에 한정되어 있는데, 이제 진독수파는 우리 당을 대신해 공언하는, 즉 장작림, 단기서에까지 미쳐 이로 인해 **국중의 실력파로 하여금 우리 당과 결렬하게 하여 우리 당으로 하여금 고립무원에 빠지게 하고 있습니다.** 이것이 우리 당에 대한 진독수 공산당의 음모의 강령입니다. 기타 여러 위해 행위는 헤아릴 수 없습니다.[21]

이른바 '국민당 우파'들도, 반제·반군벌을 '정정당당한 표어'로 평가하고 있었음을 알 수 있다. 다만 그 과정에서 국제상의 동정도 얻어야 하고, 반직 군벌의 도움도 얻어야 하기 때문에 '반제·반군벌'을 '표어'로 내세운다면 당이 고립무원에 빠질 수 있다는 것이다. 이런 점에서 손문과 국민당 우파가 지향한 것은 같다고 할 수 있다. 다만 이들보다 손문이 더 폭넓은 인식과 전략을 갖췄다고 할 수 있겠으니, 제국주의에도 배울 바가 있다고 생각한 점을 비롯해, 반직 군벌과 동맹을 맺지만 이후 이들을 소멸시켜 공화를 완성하겠다는 '긴 안목'의 전략도 구상하고 있었기 때문이다.

21 「鄧澤如等致孫中山函」(1923.11.29), 『各方致孫中山函電匯編』 7, p.341.

근래에 일본의 한 연구자가 기존 손문 연구에 대해, 그리고 손문 혁명에 대해 강하게 비판해 일본 내에서는 상당한 논란을 불러일으킨 듯하다. 비판은 손문의 제국주의관보다는 「혁명방략」에 초점을 맞췄다. 손문 개인에 복종하는 혁명당, '적극 무력'의 혁명 방법, 그리고 혁명당과 혁명정부에 의한 군정과 훈정 즉 손문의 「혁명방략」은 '군사독재'이며, 특히 훈정의 설정은 손문의 '우민관(愚民觀)'에서 비롯되었다고 비판한다.[22]

손문의 「혁명방략」 속에서 단어를 개별적으로 꺼내 조합해 '군사독재'라고 규정했다. 즉 '적극 무력'에서 '군사', 군정과 훈정에서 '독재'라는 단어를 취해 이를 합쳐 '군사독재'라고 부른 것이다. 기실 '군사독재'란 헌법 체제하에서, 즉 「혁명방략」에 따르면 헌정 시기에 권력자가 자신의 권력을 장기간 유지하기 위해 불법적 폭력(무력)을 동원해 인권을 탄압하고, 국민을 억압하는 체제를 말한다. 손문의 '적극 무력'은 독재정권에 저항하는 국민을 억압하는 '군사'가 아니다. 2차 혁명 실패 후 원세개에 대한 저항에 여러 방법들이 제시되었다. 예컨대 잠시 휴식기를 갖자거나 심지어 원세개와 함께 대외 저항에 힘을 쏟자는 주장도 있었다. 반면 손문은 1, 2차 혁명의 실패에 비추어 '적극 무력'만이 원을 타도할 수 있는 방법이라고 설정했던 것이다. '적극 무력'을 어떻게 '군사독재'의 '군사'로 해석할 수 있을 것인가.

다음으로 '군사독재'의 '독재'를 보자. 손문의 「혁명방략」뿐만 아니라, 동맹회의 「혁명방략」의 군정과 훈정이 독재라는 것이다. 즉, 군정기에는 "중국동맹회가 청조를 타도하고 군정부를 수립하는 것이니, 즉 중국동맹회 독재이다. 인민을 위한 혁명독재이다"라는 것이다. 이후 약법의 정치에도 "인민이 정치적으로 성숙할 때까지, 인민에게 참정권을 주어서는 안 된다. 그 과도기의 민

22 橫山宏章, 『孫文と遠世凱: 中華統合の夢』(岩波書店, 1996); 橫山宏章, 『素顔の孫文: 國父になった大ぼら吹き』(岩波書店, 2014); 橫山宏章, 『中國の愚民主意: 「賢人支配」の100年父』(平凡社, 2014).

주화는 기껏 지방정치에 한정되어야 한다. 중앙은 의연히 혁명당 독재에 의한 현인 정치를 견지할 필요가 있었다"는 것이다.[23]

「혁명방략」에 대한 이런 평가는 「혁명방략」의 내용을 제대로 파악하지 못한 데서 기인한다. 「혁명방략」이란 동맹회나 혁명당이 전국을 장악한 후, 바꾸어 말하면 중국을 통일한 이후의 방략이 아니다. 국내에 변변한 근거지도 없이 일본의 망명객에 불과했던 동맹회나 중화혁명당은, 혁명이 성공할 때까지 상당한 시간이 필요하다는 것을 알고 있었다. 비록 왕조 말기라고 하지만 청조가 갖고 있는 무력, 이후 원세개의 무력의 크기를 감안하고, 나아가 중국의 지역적 크기를 감안해, 국내에서 나름의 정치 세력으로 발전할 때까지 어떻게 혁명을 전개할 것인지에 대한 구상이 「혁명방략」이었다. 손문의 구상은 '적극 무력'을 발동해 일정한 지역을 확보하면 군정을 실시하고, 이어 지배 지역이 넓어지면 후방에서는 훈정을 실시하며, 그 후 지배 지역이 더욱 확대되면 (전국 통일 전이라도) 헌정을 실시하겠다는 구상이었다. 국내에 근거지를 갖지 못한 망명객의 방략이니 그 구상의 내용이 주밀하지 못해 어찌 보면 탁상공론처럼 보이는 면도 있으나, 이것이 권력 장악 후 독재를 위한 구상은 아니었다. 손문의 「혁명방략」의 내용을 오해하다 보니, "손문의 군정부독재론과 굿나우의 황제독재론이 별반 차이가 없다"[24]라는 결론에까지 이른 것 아닐까 생각한다. 「혁명방략」이란 근거지도 없는 손문이 앞으로 추진할 혁명을 전망한 것이고, 반면 굿나우의 주장은 권력을 장악한 원세개의 장기 집권을 위한 논리였다.

훈정을 설정한 것은 '우민론', '현인주의'에 입각한 손문 사상에서 기인한다고 요코야마는 주장한다. 이런 주장은 전국 통일 후 훈정이 실시된다는 오해에서 출발하지만, 그는 손문의 전근대적 사상(우민관)을 후일 나타난 중국 '독재정치'의 출발로까지 보고 있다.[25] 그러나 신해혁명 전에도 중국 국민은 '우민'이

---

23 橫山宏章, 『孫文と遠世凱』, pp.75~76.

24 橫山宏章, 『素顔の孫文』, p.158.

25 우민관이란 중국 사대부 계급의 일반적 가치관으로, 유덕한 현인이 강력한 군사 독재를

어서 공화가 불가하다는 주장에 대해 손문은 이렇게 말했다.

(이민족 지배에서) 광복하고 대공화국을 세워 세계에 과시하지 못하는 것은 실로 지극히 부끄러워해야 할 일이다. …… 저 필리핀은 토번이면서도 능히 스페인과 미국 두 대국을 물리치고 공화국을 세웠다. 또 북미의 흑인은 전에 모두 노루나 돼지처럼 준동하고 있었으나, 지금은 모두가 자유민이 되었다. 공화가 중국에 불가하다는 말은, 환언하면 중국인은 필리핀이나 북미의 흑인에게도 미치지 못한다는 말과 같다. 이 때문에 우리는 중국에 공화가 불가하다는 말을 할 수가 없다.[26]

국민이 우민이기 때문에 훈정 시기를 두어야 한다기보다, 전국 통일에 이르기까지의 기간에 '지방자치'를 통해, 이후 이루어질 공화제의 완성을 꾀하고자 했던 것이다. 또한 손문은 군주제이든 입헌군주제이든 모두 강력히 부정했고, 입헌민주제에 대한 그의 신념은 확고했다.

민권주의에 관해 살펴본다면 이것이 정치혁명의 근본을 이루는 것이다. 장차 민족혁명을 실행한 후에 현재의 열악한 정치는 물론 일소할 수 있겠으나, 더 한층 열악한 그 정치의 근본을 제거해야 한다. 즉 중국은 수천 년 이래 군주전제 정치를 해왔다. 이런 종류의 정치는 자유와 평등을 존중하는 국민이 받아들일 수 있는 것이 아니다. …… 우리가 만주정부를 타도하고 만인을 몰아내어야 한다는 그 자체는 민족혁명이지만, 군주 정체를 전복하는 것은 정치혁명이다. …… 우리의 정치혁명은 결과로 본다면 민주입헌정체의 수립이다.[27]

확보하고 위로부터 뛰어난 정치 개혁을 실시한다는 사고이다. 이런 점에서 볼 때 입헌군주제를 주장한 양계초 등과 아무런 차이가 없다는 것이다. 横山宏章, 『孫文と遠世凱』, pp.76~77.

26 「在東京中國留學生歡迎大會的演說」(1905.8.13), 『孫中山全集』 1, p.282.

혁명 과정 중 일정 지역을 지배한 훈정기에 주권재민의 민주제를 설정하지 않은 것을 우민관의 소이(所以)라고 한다면, 손문이 훈정을 주장하던 당시(1914)에 뉴질랜드를 제외한 전 세계 모든 국가가 "태생적으로 열등하다"는 이유로 전 국민의 반을 차지하는 이들에게 참정권을 주지 않는 우민정치를 행하고 있었다. 1928년에 이르러서야 '우민'인 영국의 여성이 참정권을 얻었고, 일본의 여성은 1945년 제2차 세계대전 패전 이후에나 참정이 가능했다. 아마 패전이 아니었으면 우민의 역사는 더욱 길어졌을 것이다.[28] 어느 나라가 먼저 주권재민의 민주제를 행했는가라는 시기의 문제가 아니라, 당시의 주장을 훗날 '완성된 민주제'와 무조건적으로 비교하는 데 문제가 있다고 하겠다. 진시황(秦始皇)이나 한 무제(武帝)가 '독재자'였다고 해도, 이를 오늘날의 주권재민으로 설명할 일은 아닌 것이다.

사실 요코야마의 저서는 연구서가 아니다. 따라서 주장에 근거를 제시하지 않고 있다. 그러나 그의 주장이 매우 도발적이어서 그런지, 일본에서는 상당한 논쟁이 있었던 듯하다. 필자는 이 논쟁에 참여할 의사도 없고, 또 그를 비판하는 글도 보지 못했다. 다만 요코하마가 자신의 주장을 반박하는 손문 연구에 대한 문제점을 제기해보고자 한다. "손문이 어떠한 국가를 건설했는가. 이 점을 손문의 저작으로부터 그려내는 데는 그다지 흥미가 없다. 손문의 저작으로부터의 언설 즉 손문이 무엇을 말했는가가 아니라 무엇을 실천했는가에서 손문의 본질을 찾아낼 수 있다고 확신한다"는 것이다.[29] 손문의 실천은 그의 언설을 통해 나타나지 않는다는 것인지, 아니면 손문의 언설은 미사여구여서 그대로 받아들일 필요가 없다는 것인지는 모르겠으나, 손문의 언설에 근거한 연구가 혁명의 본질을 어떻게 왜곡시키는지 알 수 없다. 사실 손문만큼 많은 언설을 남긴 인물도 없으리라 생각된다. 언설 등을 통해 실천의 의미를 잘 보여줄 수 있는 역

27 「在東京'民報'創刊周年慶祝大會的演說」(1906.12.2), 『孫中山全集』 1, p.325.

28 뉴질랜드는 1893년 세계 최초로 여성의 참정권을 인정했다.

29 横山宏章, 「孫文をどのように評價すべきか」, ≪東方≫, 419(2016.1), p.4.

사 인물 중 하나가 손문이라고 생각된다. 오히려 '손문 신화적' 연구야말로 손문의 언설, 즉 사료에 대한 세밀한 분석 없이 일부 자구만을 '편의적'으로 사용한 것 아닌가 생각한다. 요코야마 역시, 손문이 "중앙의 남경임시정부, 지방의 광동호법정부, 광동대원수부에서 권력을 장악했던 위정자였기 때문에, 이때 실제로 어떠한 정치 활동, 정책 제시를 실천했는지를 분명히 하는 것이 손문의 본질"을 밝혀준다고 주장한다.[30] 그런데 손문의 지배하에 있던 정권의 정치 활동과 정책으로 제시한 것이 군벌과 손을 잡았다든가(서남 군벌, 반직삼각동맹), 연성자치에 반대하고 북벌을 추진했다는 정도이다.[31] 그러나 손문에게서의 실천의 의미는 그의 언설을 포함한 세밀한 사료의 분석을 근거로 해야지, 단순히 군벌과 손을 잡았다든가 연성자치에 반대했다는 '실천'만을 갖고 해석할 수 있는 것이 아니다. 이는 손문 언설의 일부 자구만으로 해석하는 연구와 크게 다르지 않다고 본다.

요코야마는 자신을 비판하는 연구들이 "여전히 탈각해야 할 과거의 '혁명사관'에 지나치게 갇혀 있기 때문"이라고 반박한다.[32] 언제부터인가 중국 근현대사 연구에서 '혁명사관'에 대해 문제를 제기하는 것을 자주 볼 수 있다. 본문의 내용상 '혁명사관'과 별 상관이 없는 경우도 있다. '혁명사관'을 옹호하려는 것은 아니다. 다만 '혁명사관'에 문제가 있다면, 나름의 '사관'을 제시해야 하지 않을까. 나름의 '사관'을 제시하지 못하면서 '혁명사관'에 문제가 있다고 할 수는 없는 것이다. 정확히 말하면 '혁명사관으로 역사의 제 현상을 교조적으로 분석했다'는 설명이 옳은 문제 제기일 것이다. 유치하기는 하지만 '숲과 나무'를 예로 든다면, '사관'이란 숲에 해당할 것이고 역사의 제 현상은 나무에 비유될 것이다. 숲의 이론으로 숲속의 개별 나무를 그대로 해석할 때, 문제가 있기 마련이다. 그런데 '중국공산당이 중국을 해방시켰다', '중화인민공화국헌법으로 민

30 橫山宏章, 같은 글, p.4.
31 橫山宏章, 『素顔の孫文』, 5장 참조.
32 橫山宏章, 「孫文をどのように評價すべきか」, p.6.

주적 헌정이 실행되었다'고 주장하는 '혁명사관'을 비판하면서, 요코하마는 "중국은 공산당의 당천하(黨天下)의 독재국가로서, 이는 바로 손문의 이당치국에 기인하는 것"라고 설명한다. 즉 "중국에서는 손문 독재, 장개석 독재, 모택동 독재가 이른바 군정적 독재론, 훈정적 독재를 대의명분으로 하여 독재정치를 계속 실현해왔다"고 요코야마는 주장한다.[33] 이미 언급했듯이 설사 손문의 군사독재를 인정한다고 하더라도, 그것이 어떻게 장개석 독재와 모택동 독재로 연결될 수 있겠는가. 만약 이를 증명하려면, '세 독재' 사이에 존재하는 수많은 역사의 제 현상을 설명해야 할 것이다. '세 독재'가 서구 민주제와 현상적으로 다르다고 해서, 손문의 군사독재에서 비롯되었다고 단정하는 것은, 서구 민주제라는 숲의 이론으로써 숲속의 무수한 나무를 교조적으로 해석하는 것과 같다. 손문은 생전에 '손대포(孫大炮)'라고 비아냥거림을 받기도 했고, 요코하마는 자신의 저서의 부제로 달기도 했다.[34] '대포'란 허풍장이란 의미인데, 손문의 정치적 구상과 행위는 이런 놀림을 받을 만하다. 거대한 철도부설계획, 서북군사기지의 건설 등 비현실적 구상은 '기상천외의 구상'을 치부할 만했다. 또한 한편으로는 임시약법이 혁명을 무산시켰다면서, 다른 한편으로는 호법을 주장했다. 한편 군벌과 동맹을 맺으면서, 다른 한편으로는 반군벌을 위한 국공합작을 선언했다. 제국주의 열강의 원조를 끊임없이 구하면서, 다른 한편으로는 반제국주의를 주장하는 소련의 원조를 받았다. 이런 정치 현상만을 놓고 볼 때, 손문을 '허풍장이'라고 비아냥대도 틀린 말은 아닐 것이다. 그러나 본서에서 밝혔듯이 이런 손문의 정치적 구상과 행위의 최종 목적은 '공화의 완성'에 있었다. 어찌 보면 '공화의 완성'이야말로 가장 큰 '허풍'일 것이다. 신해혁명의 의의를 말할 때, 종종 '아시아최초의 공화국'을 거론한다. 손문을 비롯한 혁명가들이 입국의 모델로 삼고 있던 일본은 천황제하의 입헌군주국이었다. 어찌

33 橫山宏章, 같은 글 p.6.

34 橫山宏章, 『素顔の孫文: 國父になった大ぼら吹き』(岩波書店, 2014).

아시아의 최초만인가. 당시 서구에서 공화국이 몇 개나 되었을까. 혁명가는 '꿈'을 실현하고자 한다. 꿈을 현실적으로 불가능하다고 보는 사람들에게, 꿈은 '대포'이고 '허풍'으로 보인다.

1917년 러시아에서 혁명이 발생했다. 이제 일본의 최대 급무는 공산주의의 소련을 제거하는 일이었다. 그래서 중국을 끌어들였다. 친일의 단기서 정부가 들어서자, 일본(정부와 낭인 모두)은 손문을 버렸다. 북경의 단기서 정부와 대립하고 있던 손문을 끌어들여, 남북이 함께 일본의 시베리아 출병에 나서고자 획책했다. 일본을 입국 모델로 삼고 있었고, 일본 낭인들의 대아시아주의에 공감하고 있었고, 그들로부터 물질적 도움도 받았었으며, 일본의 도움을 바라고 있던 손문은 일본 낭인들의 제안을 단호히 거절하며 "본인은 공화 국제가 공고히 될 수만 있다면 정권을 포기할 수 있으며, 공화 국체가 만약 위태로워지면 공화를 유일한 생명으로 하는 본인으로서는 할 수 있는 모든 것을 다해 공화를 옹호할 것입니다"[35]라고 했다.

손문의 혁명이 모두 옳았다는 것은 아니다. '공화의 완성'이라는 '체(體)'를 이루기 위해, '용(用)'이랄 수 있는 '혁명방략'을 손문은 '체(體)'로 보았다. 따라서 많은 혁명의 왜곡이 있었던 것은 아닐까 생각한다. 그러나 진정한 왜곡은 그의 사후 정치세력에 의해, 그리고 연구에 의해 만들어졌다고 생각한다. 몇 가지 정치 행위나 몇 마디의 언설로 그의 혁명을 '신화'로 승격시키거나, 그를 '허풍장이'로 비아냥거리는 것이야말로 손문의 혁명을 왜곡시켰던 것은 아닐까 생각한다. 사료에 대한 정밀한 분석과 연구야말로, 실사구시야말로 신화적 손문 연구를 극복하는 길이 아닐까 생각한다.

앞서 '숲과 나무'의 비유를 들었는데, 숲의 이론으로 각각의 나무를 구체적으로 파악하기는 어렵고, 반대로 나무만 보고 숲을 설명하는 것 또한 쉽지 않다. 그러나 숲과 나무는 상호 관계가 있다. 그런데 양자 사이에 관계가 있더라도,

35 「復頭山滿犬養毅函」(1918.3.29), 『孫中山全集』 4, pp.421~422.

어떤 경우는 숲의 이론으로 파악하기 쉬운 나무가 있고, 반대로 그렇지 못한 경우도 있을 것이다. 아마 손문의 경우가 그렇지 않을까 생각된다. 손문은 오사사건을 거치면서도, 학생이나 노동계급이 혁명에서 역할을 할 수 있다고 생각하지 않았다. 그렇다고 부르주아(자산계급)에게 기대려 하지도 않았다. 중화혁명당을 결성한 후 중국에 돌아온 손문은 죽을 때까지 거의 반을 상해에서 보냈다. 바로 이 시기는 "중국 민족자본의 황금기"라 불릴 정도로, 중국의 부르주아 세력이 크게 신장했고, 또 그들의 정치적 목소리와 행동이 커졌던 때이다. 당시 그 중심은 상해였고, 그다음이 광주였다. 그러나 손문은, 어려운 자금 사정 때문에 군벌로부터 도움을 얻고자 했고, 심지어 소련의 원조를 구했지만, 상해나 광주의 부르주아에게 손을 내밀지 않았다. 광주에서는 그들과 대립해 전쟁으로까지 발전함으로써 손문의 마지막 북벌마저 실패하게 만드는 원인이 되었다. 그의 학생 장개석이 훗날 소련을 버리고, 상해 부르주아와 손을 잡았던 것과 비교된다. 손문과 만나 「11월 개조」를 만들어내고, 이어 「1월 개조」 때까지 4개월을 손문과 함께한 보로딘은 손문이라는 인물을 다음과 같이 평했다.

> 손은 공산주의자이고 국민당 좌파이며, 국민당 중파이면서 또 국민당 우파이기도 하다. 어떤 때 그의 언변은 극도로 혁명적이어서 우리 공산당인보다도 더 혁명적이고, 그러나 어떤 때는 혁명이란 말조차 깨끗이 잊어버리고 소자산계급의 용인(庸人)이 되어버린다. 그는 때로 버럭 노발대발하며 제국주의를 비판하고, 홀연 미국인은 중국 사무에 관여해야 한다고 미국 대사 서먼에게 말하면서 진정한 민족 이익을 주저 없이 배반하기도 한다. ……
>
> 그는 때로 소련에 전보를 보내, 이번 대표대회(일전대회)는 레닌 학설의 영향하에서 개최된 것이라 하고, 때로는 맥도널드(영국의 수상)에게 온갖 아첨을 다하며, 협약국이 터키를 도와 주권을 회복시켜준 것처럼, 중국의 주권 회복을 도와달라고 청한다. 때로는 몽골인(예컨대 몽골 당 주석 丹增)에게 국민당은 만주인이 저지른 여러 가지 불공평한 사건을 바로잡겠다, 즉 소수민족에게 자주권을

줄 것이라 하며, 때로는 또 맥도널드에게 중국의 역사는 동방의 지도자와 정복자의 역사라고 자랑한다. 그는 때로 국민당이 노농(勞農) 대중과의 연계를 수립하는 데 전적으로 동의한다고 하면서, 강령에 노동자의 경제 조직을 지지한다고 동의했다. 그러나 홀연 미업(米業) 노조 지도자의 잔혹한 피살에 대해 결의하는 데 반대했다. 광동성 공안국장의 말에 의하면, 미업 노동자들의 파업이 미가(米價) 폭등을 초래할 것에 대비해, 손문은 살인 사건이 발생하기 직전 피해자를 체포하라는 명령을 내렸다고 한다.[36]

인용문 말미에 보로딘은 손문의 이런 모순된 언설에 대해 "모순에 찬 중국 소자산 계급의 심리"라고 평했다. '혁명사관'의 보로딘에게는 '소자산 계급의 심리'로 이해할 수밖에 없었을 것이다. 물론 혁명과 전쟁의 시대에 한 정치가의 언설이 일관되기를 기대할 수는 없다. 그렇더라도 손문의 경우는 좀 심한 편으로 생각된다. 다만 손문을 계급적으로 파악하는 것은 문제가 있다고 생각한다. 손문의 언설뿐만 아니라 그의 행동도 어찌 보면 모순으로 가득하다. 단기서를 '거짓 공화'의 주역으로 내몰며, 체포령을 내리고, 나아가 그에 대한 북벌(호법전쟁)을 추진하다가 실패하고 광주를 떠나기로 결정한 것이 1918년 5월 4일이었다. 그러나 채 1년도 안 돼, 손문은 단기서와 동맹을 맺었다. "과거에는 호비(胡匪)의 두목이었고, 현재는 일본의 앞잡이"라고 장작림을 비판하더니(1921.8), 5개월이 채 지나지 않아 그와 동맹을 맺은(1922.1) 것이다. 더구나 이런 모순된 정치적 행동과 언설은 거리낌이 없었다. 「혁명방략」과 모순되는 호법투쟁도 마찬가지였다.

손문이 추진한 혁명 중 성공한 것은 없다. 실패의 연속이었다. 그러니 그에게 권력과 부가 따를 리 없었다. 그런데도 그의 주위에는 그를 따르는 사람들

36 「Borodin의 札記와 通報(摘錄)」(1924년 2월 16일보다 빠르지 않다, 廣州), 『聯共(布), 共產國際 檔案資料』 1, p.433.

이 있었고, 손문은 그들과 정치조직(중화혁명당, 중국국민당)을 운영했다. 성공이 그리 기대되지 않았으므로, 그의 추종자들이 권력과 부 때문에 손문을 추종했을 것 같지는 않다. 그렇다고 중국공산당처럼 이념으로 그들을 묶기에는 삼민주의와 「혁명방략」은 매우 산만했다. 아마 손문의 삼민주의를 제대로 이해하는 추종자는 없었을 듯하다. 삼민주의는 창시자인 손문조차 해석에 일관성을 갖지 못하는 주의였기 때문이다. 그런데도 1920년대 초 무수히 존재했던 정치조직이나 군사 세력 중 훗날까지 살아남은 것은, 중국공산당을 제외하고 손문의 정치조직뿐이었다. 빌렌스키는 군벌 전쟁이 한창일 때, 레닌에게 중국의 상황을 다음과 같이 보고했다. "현재 전 중국은 오직 **중국인만이 일으킬 수 있는 정치 분쟁**을 겪고 있다"[37](강조는 인용자). 손문의 혁명에 대한 평가와 해석은 당시 '중국인만이 이해할 수 있는, 중국에서만 할 수 있는' 그 무엇인가를 더해야 가능하지 않을까 생각된다. 필자의 능력과 구한 자료의 한계로 이 문제에는 전혀 다가가지 못한 채, 책을 마무리한다.

37 「Vilenskii-Sibiriakov가 Lenin에게 보내는 편지」(1922.3.15, 북경, 기밀), 『聯共(布), 共産國際 檔案資料』 1, p.75.

참고문헌

1. 사료, 자료, 공구서

廣東省社會科學院歷史研究所 外 合編. 『孫中山全集』(全 11卷). 北京: 中華書局. 1981~1986.

邱捷 外 編. 『孫中山全集續編』(全 5册). 北京: 中華書局. 2017.

尙明軒 主編. 『孫中山全集』(全 16卷). 北京: 人民出版社. 2015.

中華民國各界紀念國父百年誕辰籌備委員會學術論著編纂委員會 編. 『國父全集』 第1册. 臺北. 1965.

湯銳祥 編注. 『護法時期 孫中山佚文集』. 北京: 海洋出版社. 2011.

郝盛潮 主編. 王耿雄 外 編. 『孫中山集外集』. 上海人民出版社. 1990.

______. 『孫中山集外集補編』. 上海人民出版社. 1994.

羅家倫 主編. 『革命文獻』 第8輯(影印再版). 臺北: 中國國民黨中央委員會 黨史史料編纂委員會. 1978.

陶菊隱. 『北洋軍閥統治時期史話(1895~1928)』 1~4(2006年度版). 海口: 海南出版社.

復旦大學歷史系 中國近代史敎硏組 編. 『中國近代對外關係史資料選輯(1840~1949)』 上卷, 第2分册. 上海人民出版社. 1977.

傅學文 編. 『邵力子文集』 上册. 北京: 中華書局. 1985.

尙明軒 外 主編. 『孫中山生平事業追憶錄』. 北京: 人民出版社. 1986.

尙明軒 外 篇. 『雙淸文集』 上册. 北京: 人民出版社. 1985.

桑兵 主編. 『各方致孫中山函電匯編』(全 10卷). 北京: 社會科學文獻出版社. 2012.

張國燾.『我的回憶』第1册. 香港: 明報月刊出版社. 1972.
蔣中正.『蘇俄在中國: 中國與俄共三十年經歷紀要』(訂正本). 臺北: 中央文物供應社. 1957 (중국학회 옮김.『중국 안의 소련』. 隆宇社. 1958).
中國史學會·中國社會科學院近代史硏究所 編. 章伯鋒 主編.『北洋軍閥 1912~1928』第4卷. 武漢出版社. 1990.
中國社會科學院近代史硏究所 李玉貞 主編.『馬林與第一次國共合作』. 北京: 光明日報出版社. 1989.
中國社會科學院近代史硏究所 中華民國史組 編.『中華民國史資料叢稿: 大事記』第7輯(意見徵求稿). 北京: 中華書局. 1978.
中國社會科學院近代史硏究所 編.『五四運動回憶錄』上册. 中國社會科學出版社. 1979.
中國社會科學院現代史硏究室.『"一大"前後』(二). 北京: 人民出版社. 1985.
中國第二歷史檔案館 編.『中華民國史檔案資料滙編』. 江蘇古籍出版社. 1991.
______.『中國國民黨第一. 二次全國代表大會會議史料』上. 江蘇古籍出版社. 1986.
中央檔案館 編.『中共中央文件選集』第1册. 北京: 中共中央黨校出版社. 1989.
鄒魯.『中國國民黨史稿』上·中·下. 上海: 東方出版中心. 2011.
______.『鄒魯回憶錄』. 北京: 東方出版社. 2010.
馮自由.『革命逸史』第4集. 臺灣商務印書館. 1969.
湖南省社會科學院 編.『黃興集』. 北京: 中華書局. 1981.
『馬林在中國的有關資料』. 北京: 人民出版社. 1980.
『鮑羅廷在中國的有關資料』. 北京: 中國社會科學出版社. 1983.
ВКП(б). КОМИНТЕРН И НАЦИОНАЛЬНО-РЕВОЛЮЦИОННОЕ ДВИЖЕНИЕ В КИТАЕ ДОКУМЕНТЫ. Т. I. 1920~1925(1). Moscow. 1994(中共中央黨史硏究室第一硏究部 譯.『俄共(布). 共産國際與中國國民革命運動(1920~1925)』. 北京: 圖書館出版社. 1997; 李玉貞 譯.『聯共. 共産國際與中國(1920~1925)』第1卷. 臺北: 東大圖書公司. 1997).
ДАЛИН, С. А. КИТАЙСКИЕ МЕМУАРЫ 1921~1927. ИЗДАТЕЛЬСТВО〈НАУКА〉. Moscow. 1975(侯均初 外 譯.『中國回憶錄 1921~1927』. 北京: 中國社會科學出版社. 1981).
Черепанов, А. И. Записки военного советника а Китае. Moscow. 1976(亞·伊 切列潘諾夫 著. 中國社會科學院近代史硏究所飜譯室 譯.『中國國民革命軍的北伐: 一個駐華軍事顧問的札記』. 北京: 中國社會科學出版社. 1981).

原敬文書硏究會 編.『原敬關係文書』第2卷(書翰編). 東京: 日本放送出版協會. 1984.
兪辛焞 外 譯.『日本外務省檔案 孫中山在日活動密錄(1913.8~1916.4)』. 天津: 南開大學出版社. 1990.
日本國際問題硏究所中國部會 編.『中國共産黨史資料集』第1卷. 東京: 勁草書房. 1970.
丁秋潔·宋平 編. 鈴木博 譯.『蔣介石書簡集 1912~1946』. 東京: みすず書房. 2000.

羅家倫 主編. 黃季陸 增訂.『國父年譜(增訂本)』上·下. 臺北: 中國國民黨中央委員會黨史史料編纂委員會. 1969.
段云章·沈曉敏 編著.『孫文與陳炯明史事編年』(增訂本). 廣東人民出版社. 2012.
呂芳上 主編.『蔣中正先生年譜長編』第1册. 臺北: 國史館 中正紀念館 中正文教基金會. 2014.
蔣永敬 編著.『民國胡展堂漢民先生年譜』. 臺北: 臺灣商務印書館. 1981.
丁文江·趙豊田 編.『梁啓超年譜長編』. 上海人民出版社. 1983.
中國第二歷史檔案館 編.『蔣介石年譜』. 北京: 九州出版社. 2012.
陳福霖(美)·余炎光.『廖仲愷年譜』. 長沙: 湖南出版社. 1991.
陳錫祺 主編.『孫中山年譜長編』上·下. 北京: 中華書局. 1991.
湯志鈞 編.『章太炎年譜長編』上册. 北京: 中華書局. 1979.

木春山人.「夢大의 先覺者」下. ≪半島の光≫(朝鮮金融組合聯合會), 第65號. 1943.
「廣東省議會推陳炯明爲臨時省長電」(1922.6.21). 中國第二歷史檔案館 編.『中華民國史檔案資料滙編』第4輯(二). 江蘇古籍出版社. 1991.
「廣州參衆議院要求釋放學生嚴懲國賊通電」(1919.5). 中國社會科學院近代史硏究所. 中國第二歷史檔案館史料編輯部 編.『五四愛國運動檔案資料』. 北京: 中國社會科學出版社. 1980.
「大亞細亞主義與抗日」(1936.2.21). 中國國民黨中央委員會 黨史委員會 編輯.『胡漢民先生文集』第2册. 臺北: 中央文物供應社. 1978.
「沈定一致胡適」(1919.12.16). 中國社會科學院近代史硏究所 中華民國史硏究室 編.『胡適往來書信選』上册. 香港: 中華書局. 1983.
「亞細亞連盟 孫文氏素懷を犬養氏に」. ≪中外商業新報≫, 1924.11.26.
「楊宇霆爲不必爲聯合悲觀復葉恭綽函」(1924.1.8).「孫中山與段張建立反直同盟函電選」. ≪歷史檔案≫, 1986-3.

「楊宇霆促回粵報告聯合無慮復葉恭綽函」(1924.1.11).「孫中山與段張建立反直同盟函電選」.
≪歷史檔案≫, 1986-3.
「葉恭綽爲解釋對聯合憂慮復楊宇霆函」(1924.1.19).「孫中山與段張建立反直同盟函電選」.
≪歷史檔案≫, 1986-3.
「伍朝樞爲商告各事項致葉恭綽函」(1924.1.15).「孫中山與段張建立反直同盟函電選」. ≪歷史檔案≫, 1986-3.
「第五次全國學生總會開會記」. ≪學生雜誌≫, 第10卷 第10號(1923.10).
「中華革命黨黨務部爲駁斥籌安會謬論通告」(1915.9.18).『革命文獻』46.
「中華革命黨議事錄」. ≪近代史資料≫, 第61號. 中國社會科學出版社. 1986.
「胡漢民等爲注意聯合不應違反主旨致葉恭綽電」(1924.1.19).「孫中山與段張建立反直同盟函電選」. ≪歷史檔案≫, 1986-3.

居正.「中華革命黨時代的回憶」. ≪近代史資料≫, 第61號. 中國社會科學出版社. 1986.
屈武.「激流中的浪花: 五四運動回憶片斷」(中國社會科學院近代史研究所 編.『五四運動回憶錄』(下). 中國社會科學出版社. 1979.
______.「三見孫中山」. ≪團結報≫, 1980.3.4.
羅家倫.「從近事回看當年」(1942.5.4, 重慶).『黑雲暴雨到明霞』. 重慶商務印書館. 1943.
鄧家彦.「馬丁謁總理實記」.『革命文獻』第9輯.
柏文蔚.「五十年經歷」. ≪近代史資料≫, 第40號. 1979-3.
常宗會.「一九一九年在上海兩次見到孫中山先生. 尙明軒 外 主編.『孫中山生平事業追憶錄』. 北京: 人民出版社. 1986.
薛銜天 外 編.『中蘇國家關係史資料匯編: 1917~1924』. 北京: 中國社會科學出版社. 1993.
邵力子.「黨成立前後的一些情況」(1961年 7月). 中國社會科學院現代史研究室. 中國革命博物館黨史研究室 選編.『"一大"前後』(二). 人民出版社. 1985.
______.「孫中山先生的青年時代和他對青年的希望」.『邵力子文集』下. 北京: 中華書局. 1985.
邵元冲 口述. 許師愼 筆錄.「中華革命黨史略」. ≪近代史資料≫, 第61號. 中國社會科學出版社. 1986.
兪雲波.「孫中山先生與上海五四運動」. ≪團結報≫, 1988.5.3.
張益弘.『三民主義之考證與補遺』. 臺北. 1984.
朱仲華.「我有幸多次得見孫中山先生」. ≪孫中山與浙江≫, 1986.3.

______. 「五月憶漏」. ≪上海青運史資料≫, 1984年 第1期.
陳明 譯. 「有關孫中山. 黃興反對袁世凱鬪爭的日本外交文書選譯」. ≪民國檔案≫, 1988-3.
蔡開松. 「五四運動中的孫中山」. ≪團結報≫, 1992.5.6.
許德珩. 「紀念與回憶」. 『九三社訊』. 1956(「孫中山先生對五四學生運動的同情和支持」. 中國科學院歷史研究所第三所編. 『五四運動回憶錄』 下册. 北京: 中華書局).
______. 「孫中山先生對五四學生運動的同情和支持」. 中國社會科學院近代史研究所 編. 『五四運動回憶錄』 下册. 中國社會科學出版社. 1979.
______. 「五四運動在北京」. 中國社會科學院近代史研究所 編. 『五四運動回憶錄』 上册. 中國社會科學出版社. 1979.

친일인명사전편찬위원회. 『친일인명사전』. 민족문제연구소. 2009.
郭廷以 編著. 『中華民國史事日誌』(1912~1925) 第1册. 臺北: 中央研究院近代史研究所. 1979.
徐友春 主編. 『民國人物大辭典』. 石家莊: 河北人民出版社. 1991.
李松林 主編. 『中國國民黨史大辭典』. 安徽人民出版社. 1993.
任建樹 主編. 『現代上海大事記』. 上海辭書出版社. 1996.
中國社會科學院近代史研究所 主編. 『民國人物傳』. 中華書局. 1978~.
陳予歡 編著. 『黃埔軍校將帥錄』. 廣州出版社. 1998.
胡玉海·里蓉 主編. 『奉系軍閥大事記』. 遼寧民族出版社. 2005.

董建和 外 編. 『孫中山全集.集外集.選集綜合索引』. 浙江師大歷史系資料室編印. 1998.
陳興唐 主編. 『中國國民黨大事典』. 北京: 中國華僑出版社. 1993.
岡崎次郎 編. 『現代マルクス = レーニン主義事典(上). 東京: 社會思想社. 1980.

2. 신문

廣州≪民國日報≫.
上海≪民國日報≫.
重慶≪國民公報≫.
≪建設≫.

≪國民黨週刊≫(中國國民黨 臨時中央執行委員會).
≪努力週報≫.
≪大公報≫(天津).
≪盛京時報≫.
≪星期評論≫.
≪時報≫.
≪晨報≫.
≪申報≫.
≪嚮導週報≫.
≪香港華字日報≫.

3. 연구서

강창일.『근대일본의 조선침략과 대아시아주의: 우익낭인의 행동과 사상을 중심으로』. 역사비평사. 2002.
배경한.『왕징웨이 연구』. 일조각. 2012.
백영서.『중국현대대학문화연구』. 일조각. 1994.
유용태.『직업대표제, 근대중국의 민주유산』. 서울대학교출판문화원. 2011.
윤혜영.『중국현대사연구: 북벌전야 북경정권의 내부적 붕괴과정(1923~1925)』. 일조각. 1991.

郭劍林.『吳佩孚傳』下册. 北京圖書館出版社. 2006.
郭恒鈺.『共産國際與中國革命: 第一次國共合作』. 臺北: 東大圖書公司. 1991.
廣東民國史研究會 編.『廣東民國史』上册. 廣東人民出版社. 2004.
段藝章·邱捷.『孫中山與中國近代軍閥』. 四川人民出版社. 1990.
戴季陶.『日本論』. 上海. 民智書局. 1928(박종현 옮김.『일본론』. 도서출판소화. 2006).
茅家琦 外.『孫中山評傳』. 南京大學出版社. 2000.
尙明軒.『孫中山圖文全傳』(上中下). 北京: 新星出版社. 2016.
______.『孫中山傳』. 北京出版社. 1979.

徐徹.『張作霖: 一代梟雄』. 廣西師範大學出版社. 2007(유가현 옮김.『만주군벌 장작림』. 아지랑이. 2011).
蘇全有.『孫中山與三角聯盟』. 河北人民出版社. 1998.
宋春 主編.『中國國民黨史』. 長春. 吉林文史出版社. 1990.
楊奎松.『中共與莫斯科的關係. 1920~1960』. 香港: 海嘯出版事業有限公司. 1997.
楊天石.『找尋眞實的蔣介石 - 蔣介石日記解讀』(上). 山西人民出版社. 2008.
吳相湘.『孫逸仙先生傳』(上·下). 臺北: 遠東圖書公司. 1982.
王功安·毛磊 主編.『國共兩黨關系史』. 武漢出版社. 1988.
王永祥.『中國現代憲政運動史』. 人民出版社. 1996.
汪榮祖 編.『五四研究論文集』. 臺北: 聯經出版事業公司. 1979.
王聿均.『中蘇外交的序幕: 從優林到越飛』. 臺北: 中央研究院近代史研究所. 1963.
劉秉榮.『北伐秘史』上. 知識出版社. 1995.
兪辛焞.『辛亥革命期の中日外交史研究』. 東方書店. 2002.
劉永明.『國民黨人與五四運動』. 北京: 中國社會科學出版社. 1990.
李玉貞.『孫中山與共産國際』. 臺北: 中央研究院近代史研究所. 1996.
林家有. 周興樑.『孫中山與國共第一次合作』. 四川人民出版社. 1989.
______.『重讀孫中山遺囑』. 廣東人民出版社. 2011.
王奇生.『中國近代通史 第七卷: 國共合作與國民革命(1924~1927)』. 中國社會科學院近代史研究所 編. 南京: 江蘇人民出版社. 2006.
張玉法 主編.『中國現代史論集』第6輯(五四運動). 臺北: 聯經出版事業公司. 1981.
張秋實.『瞿秋白與共産國際』. 中共黨史出版社. 2004.
張憲文 外.『中華民國史』第1卷. 南京大學出版社. 2006.
朱順佐.『邵力子』. 保定: 花山文藝出版社. 1997.

高橋勇治.『孫文』. 東京: 日本評論社. 1944.
菊池貴晴.『(增補)中國民族運動の基本構造: 對外ボイコット運動の研究』. 東京: 汲古書院. 1974.
藤井昇三.『孫文の研究: とくに民族主義理論の發展を中心として』. 東京: 勁草書房. 1966.
小林道彦.『日本の大陸政策 1895~1914: 桂太郎と後藤新平』. 東京: 南窓社. 1996.
王樞之.『孫文傳』. 東京: 改造社. 1931.

宇野俊一.『桂太郎』. 吉川弘文館. 2006.
田中比呂志.『近代中國の政治統合と地域社會: 立憲·地方自治·地域エリ-ト』. 東京: 研文出版. 2010.
波多野善大.『國共合作』. 東京: 中央公論社. 1973.
横山宏章.『素顔の孫文: 國父になった大ぼら吹き』. 東京: 岩波書店. 2014.
______.『孫文と遠世凱: 中華統合の夢』. 東京: 岩波書店. 1996.
______.『孫中山の革命と政治指導』. 東京: 研文出版. 1983.
______.『中國の愚民主意:「賢人支配」の100年父』. 東京: 平凡社. 2014.

Chow, Tse-tsung. *The May Fourth Movement: Intellectual Movement and Revolution in Modern China*. Harvard Univ. Press. 1960(조병한 옮김.『5·4운동』. 광민사. 1980).
Frank, Harry A. *Roving through Southern China*. London: T. Fisher. LTD. 1926.
Holubnychy, Lydia. *Michael Borodin and Chinese Revolution. 1923~1925*. Michigan: University Microfilms International Ann Arbor. 1979.
Jacobs, Dan. *Borodin: Stalin's Man in China*. Harvard Univ. Press. 1981.
McDermott, Kevin and Jeremy Agnew. *The Comintern.* Palgrave Macmilan. 1996(황동하 옮김.『코민테른』. 서해문집. 2009).
Saich, Tony. *The Origins of the First United Front in China Ⅰ*. Leiden: E. J. Brill. 1991.
Wilbur, C. Martin. *Sun Yat-Sen: Frustrated Patriot.* N. Y.: Columbia Univ. Press. 1976.
Z. Schiffrin, Harold. *Sun Yat-sen: Reluctant Revolutionary*. Boston and Toronto: Little Brown and Company. 1980(민두기 옮김.『손문평전』. 지식산업사. 1990).

Славинский. Б. Н., Д. Б. Славинский. Советско-китай ские отношения и Япония: Дипломатическая история 1917~1937 гг(加藤幸廣 譯.『中國革命とソ連』. 東京: 共同通信社. 2002).

4. 연구 논문

김형종.「신해혁명에서의 반제문제의 인식과 실천: '혁명과분론'과 혁명파의 대응」. ≪동양사학연구≫, 제30집. 1989.
_____. 「신해혁명의 전개」. 서울대동양사학연구실 편. 『강좌중국사』 6. 지식산업사. 1989.
_____. 「청말 혁명파의 '反滿'혁명론과 '五族共和'論'. ≪중국현대사연구≫, 12. 2001.
민두기. 「중국국민당의 '改進'과 '改組': 제1차 국공합작에 있어서의 '개진'단계의 성격에 관한 시론」. ≪동방학지≫, 제33집. 1982.
백영서. 「『建設』誌와 朱執信의 역할: 五四期 중국국민당 지도층의 사상적 모색」. ≪동양사학연구≫, 제19집. 1984.
유용태. 「손문의 국민회의소집론: 무력과 국민의 결합」. ≪역사학보≫, 제168집. 2000.
이승휘. 「1920년대초 상해총상회의 정치적 성격」. ≪동양사학연구≫, 제20집. 1984.
_____. 「중국의 '국민회의운동'과 상해상공계층」. ≪역사학보≫, 제144집. 1994.
_____. 「손문과 국민회의」. ≪역사학보≫, 제166집. 2000.
_____. 「소련에 대한 손문의 '외교': 요페와 관련하여」. ≪중국현대사연구≫, 34. 2007.
_____. 「손문의 혁명방략」. ≪중국현대사연구≫, 55. 2012.
_____. 「오사사건과 손문」. ≪중국현대사연구≫, 58. 2013.
_____. 「민국 원년을 전후로 한 '약법'과 손문의 호법운동」. ≪중국현대사연구≫, 63. 2014.
이평수. 「20세기 초 중국의 공화혁명과 비밀결사: 동맹회와 천지회의 무장기의를 중심으로」. ≪중국근현대사연구≫, 제54집. 2012.
包茂宏. 「중화인민공화국 건국 후의 서북개발과 환경」. ≪동양사학연구≫, 제99집. 2007.

高俊. 「民初新政治實踐與孫中山"以黨治國"理論的衍生」. ≪廣東社會科學≫, 2014-1.
金毓黻. 「五四運動瑣記」. ≪歷史教學≫, 1951.6.
董德福. 「孫中山與五四運動關係辨正」. ≪學術硏究≫, 2006年 2期.
藤井昇三. 「二十一條交涉時期的孫中山和"中日盟約"」. ≪國外辛亥革命史硏究動態≫, 第5輯.
徐衛東. 「試論五四運動對孫中山的影響」. ≪江西教育學院學報≫(社會科學), 20-1. 1999.2.
徐衛東·瞿紅. 「試論孫中山聯俄政策的內在動因」. ≪江西電力職工大學學報≫, 15-1. 2002.3.
蘇生文. 「孫中山與五四運動」. ≪文史知識≫, 1999-4.
顔軍. 「從中華革命黨看孫中山"以黨治國"思想的形成」. ≪江漢論壇≫, 2011-4.
楊宏雨·肖妮. 「五四新文化運動與.≪星期評論≫的創刊」. ≪歷史教學問題≫, 2011年 第3期.
楊天石. 「1923年蔣介石的蘇聯之行及其軍事計劃」. 楊天石. 『國民黨人與前期中華民國』. 中國人民大學出版社. 2007.

______. 「孫中山與"租讓滿洲"問題」. 楊天石. 『國民黨人與前期中華民國』. 中國人民大學出版社. 2007.
楊天石·狹間直樹. 「何天炯與孫中山: 宮崎滔天家藏書札研究」. ≪歷史研究≫, 1987-5.
吳玉章. 「對孫中山先生的一段回憶」. 上海≪文滙報≫, 1956.11.11.
王業興. 「孫中山"以黨治國"思想的形成及其影響」. ≪廣東社會科學≫, 2005-5.
王永祥·李國忠. 「孫中山"以黨治國"論初探」. ≪史學月刊≫, 1994-2.
王友明. 「中華革命黨山東反袁鬪爭述論」. ≪軍事歷史研究≫, 2004-3.
王一凡·徐明 譯. 「確定對中國借款方針」. ≪近代史資料≫, 1981-2(45).
王曉華. 「中華民國國旗之爭」. ≪世紀≫, 2002-3.
劉道剛. 「孫中山謀求蘇俄軍事援助的嘗試」. ≪中國青年政治學院學報≫, 22-3. 2003.
劉麗. 「香港海員大罷工是國民黨領導的」. ≪近代史硏究≫, 1986-2.
兪雲波. 「孫中山先生與上海五四運動」. ≪團結報≫, 1988.5.3.
李國祁. 「德國檔案中有關中國參加第一次世界大戰的幾項記載」. ≪中國現代史專題硏究報告≫, 第4輯. 1982.6.
李鵬飛. 「論段祺瑞的對日外交思想」. 吉林大學 碩士學位論文. 2004.5.
李廷江. 「孫中山委託日本人設立中央銀行一事的考察」. ≪近代史研究≫, 1985-5.
李學智. 「民元國旗之爭」. ≪史學月刊≫, 1998-1.
張篤勤. 「辛亥革命前孫中山兩次組建中華革命黨論析」. ≪武漢大學學報≫, 64-4. 2011.
趙友慈. 「中華民國國旗考」. ≪文史春秋≫, 2000-3.
左瑞成. 「孫中山: "五四"背後的巨人」. ≪貴州師範大學學報≫(社會科學版), 2000年 第4期.
周建華. 「五四運動與孫中山政治思想的轉變」. ≪岭南學刊≫, 1999年 3期.
陳瑞云. 「孫中山以黨治國思想試探」. ≪吉林大學社會科學學報≫, 1995-3.
賀素敏. 「民國初年國旗問題反映的政治鬪爭」. ≪歷史教學≫, 2006-11.

高綱博文. 「ワシントン體制と孫文の大アジア主義 - 孫文の日中ソ提携論を中心として」. 池田誠 外 編. 『世界のなかの日中關係』. 法律文化史. 1996.
廣川佐保. 「1920年代. 内モンゴルにおける制度變革とモンゴル王公: 北京政府. 張作霖との關係から」. ≪東洋學報≫, 91-4. 2010.
青木雅浩. 「1923年のモンゴル人民政府とソ連の交渉: 中ソ交渉におけるソ連の讓步と外モンゴル」. ≪東洋學報≫, 91-3. 2009.

______.「ロシア·モンゴル友好條約締結交渉におけるウリヤンハイ問題」. ≪東洋學報≫, 89-4. 2008.
橫山宏章.「孫文をどのように評價すべきか」. ≪東方≫, 419. 2016.
禤倩紅·盧權.「香港海員大罷工是國民黨領導的嗎?」. ≪近代史硏究≫, 1987-5.

Feuerwerker, A. "The Foreign Presence in China." in John K. Fairbank(ed.). *The Cambridge History of China*, Vol.12. Cambridge Univ. Press. 1983.
Wilbur, C. Martin. "The National Revolution: from Canton to Nanking, 1923-28." in John K. Fairbank(ed.). *The Cambridge History of China*, Vol.12. Cambridge Univ. Press. 1983.

찾아보기

| 인명 |

| 용어, 책명 등 |

* 진하게 표시된 숫자는 본문에 별도로 처리된 글 상자의 쪽수이다.

지은이 _**이승휘**

서울대학교 인문대학 동양사학과를 졸업하고, 동 대학원에서 석·박사 학위를 취득했다. 세종대학교 인문대학 역사학과 교수를 거쳐, 현재 명지대학교 기록정보과학전문대학원 교수로 재직 중이다. 한국기록학회 회장, 중국근현대사학회 회장을 역임했으며, 투명사회를 위한 정보공개센터 대표, 한국국가기록원구원 이사장을 맡고 있다.

한울아카데미 2062

손문의 혁명(孫文的革命)

지은이 | 이승휘
펴낸이 | 김종수
펴낸곳 | 한울엠플러스(주)
편　집 | 최진희

초판 1쇄 인쇄 | 2018년 2월 23일
초판 1쇄 발행 | 2018년 3월 6일

주소 | 10881 경기도 파주시 광인사길 153 한울시소빌딩 3층
전화 | 031-955-0655
팩스 | 031-955-0656
홈페이지 | www.hanulmplus.kr
등록 | 제406-2015-000143호

Printed in Korea.
ISBN 978-89-460-7062-2 93910(양장)
978-89-460-6454-6 93910(학생판)

* 책값은 겉표지에 표시되어 있습니다.
* 이 책은 강의를 위한 학생용 교재를 따로 준비했습니다.
강의 교재로 사용하실 때는 본사로 연락해주시기 바랍니다.

이 저서는 2008년 정부(교육부)의 재원으로 한국연구재단의 지원을 받아 수행된 연구임(NRF-2008-812-A00277).